AF284210

© 2026 K. Theo Frank
Verlag:
BoD · Books on Demand GmbH, Überseering 33,
22297 Hamburg, bod@bod.de
Druck:
Libri Plureos GmbH, Friedensallee 273, 22763 Hamburg

ISBN: 978-3-7543-2987-0

Papa, bin ich noch links?

Ein limenistischer Essay

Von K. Theo Frank

Inhaltsverzeichnis

Dank
Vielen Dank an R.B., A.S., N.U. und S.S.!

Erklärung
Die dargestellten Meinungen sind ausschließlich die persönlichen und subjektiven des Autors.

***

1

Vorwort

Wo steht man heute, wenn man links ist? Was ist aus der Kritik am Neoliberalismus, am Konsumwahn und an der technokratischen Verwaltung geworden? Sind die daraus resultierenden gesellschaftlichen Verwerfungen heute verschwunden? Und was ist mit der großen Verweigerung, was mit der Anarchie? Dieser Essay beschäftigt sich mit der Interpretation einiger philosophischer Ideen und deren Anwendung auf die heutige Zeit. Darüber hinaus werden Betrachtungen angestellt, die als limenistische Philosophie (die Philosophie der Schwellen) zusammengefasst werden können. Ihr Prinzip lautet:

Jede Grenze ist eine Schwelle und jede Schwelle ist eine Grenze.

Die Limenistik postuliert, dass jedes Individuum nur in abgegrenzten Gemeinsamkeiten existieren kann, die es mit anderen Individuen teilt. Das Teilen von Gemeinsamkeiten macht ihre Ähnlichkeit aus. Gemeinsamkeiten sind ineinander integriert, sodass zwei beliebige Individuen grundsätzlich mindestens eine Gemeinsamkeit miteinander teilen, also in einem positiv-relationalen Verhältnis zueinander stehen. Gleichzeitig sind die Grenzen der Gemeinsamkeiten durchlässig, es handelt sich um Schwellen.

Die Limenistik geht (in der Tradition des Eudämonismus) davon aus, dass die Suche nach Glück Grundlage des menschlichen Handelns ist und sein sollte. Sie steht im Gegensatz zu Philosophien, die den Willen als höchste und unabhängigste Antriebskraft aller Bewegungen sieht, die Werte und Prinzipien allerhöchstens als Kolorierung jener Bewegungen anerkennt. Glück ist kein "erbärmliches Behagen". Es stellt vielmehr den höchsten Wert für die Willensbildung dar, steht jedoch über der Ökonomie biochemischer Satisfaktion. Glückserfahrung zeigt Weiter- bzw. Höherentwicklung an. Die Limenistik geht davon aus, dass der Erfolg bei der Glückssuche möglich ist und dass dieser Erfolg nicht nur auf bloßem darwinistischen Trial-and-Error beruht, sondern dass, basierend auf Erinnerung, eine methodische Vorausberechnung oder intuitive Erahnung von glücklichmachenden Handlungen jenseits der bloßen Wiederholung erfolgen kann.

Gleichzeitig postuliert die Limenistik eine immerwährende, omnipräsente, objektive Unzulänglichkeit, die das Glück weder vollständig berechenbar noch garantiert erahnbar, jedoch erst möglich macht. Der Mensch hat im Laufe seiner Geschichte Strategien entwickelt, die jenes Erreichen mit immer weniger Testschritten und damit begleitet von immer weniger Misserfolg und damit Leid erlaubt. Hierzu gehören bewusstseins- und erkenntnisbezogenen Strategien wie Mythos und Rationalismus, eigentümlichkeits- bzw. gerechtigkeitsbezogene Strategien wie Rechts und Links, freiheitsbezogene Strategien wie liberal und regulierend sowie elevationsbezogene Strategien wie konservativ und progressiv.

Die Limenistik postuliert, dass keine dieser Strategien oder Strategiebündel allein auf Dauer zu individuellem oder gemeinschaftlichem Glück führen. Das bedeutet auch, dass keine Strategie irgendwann evolutionär ausgelesen wird, bzw. sich als Irrtum der Geschichte herausstellt. Jede jemals gefundene, zum Glück beitragende Strategie hat für immer ihre Berechtigung, genauso wie jede neue, eigene oder fremde glücklichmachende. Dies resultiert daraus, dass das Universum in sich ähnlich ist. Die ausschließliche und uneingeschränkte Anwendung bestimmter Strategien entspricht dem, was heute als gesellschaftlicher oder politischer Extremismus verstanden wird.

Jene Strategien müssen sich nicht in irgendeiner Art von Gleichgewicht befinden. Sie sind ungleichberechtigt, trotzdem vergleichen sie sich ständig miteinander. Das heißt auch, dass sich die situationsabhängig jeweilig entgegengerichteten Strategien in ihrem Extremismus nicht gegenseitig ausgleichen, sondern aufschaukeln. Die Verantwortung, den Extremismus einer Strategie einzudämmen, obliegt den gemäßigten Subjekten der gleichen Strategie. Daher müssen Nationen den Nationalismus, demokratische Rechte/Linke den Rechts-/Linksextremismus, Liberale den Neoliberalismus, Gesetzgeber den Universalismus ihrer Vorgaben,

Traditions- und Kulturwächter den Partikularismus, Konservative den Konservatismus und Progressive den Progressismus zähmen. Wenn jene diese Aufgabe auf den jeweiligen Gegner abwälzen, ist das ein Irrweg.

Die Limenistik bejaht die Diversität der Strategien zur Erlangung von Glück. Die Diversität ist jedoch eingeschränkt, da sich Menschen ähnlich sind. Ein viele Menschen glücklichmachendes Strategiebündel kann beispielsweise von einem einzigen Individuum erkannt und verbreitet werden, wofür die Kommunikationsfähigkeit der Menschen Voraussetzung ist. Andererseits sind sich die Strategiebündel grundsätzlich ähnlich. Die Diversität bezieht sich auf die Erlangung von Glück und nicht auf die objektive Wahrheit. Das ist der wesentliche Unterschied zwischen Limenistik und der postmodernen Beliebigkeit.

∗∗∗

Der Essay gliedert sich wie folgt:

(1) Zunächst wird in Kapitel 1 die Grundlage der Limenistik beschrieben: die Unzulänglichkeit. Diese wird anhand der repressiven Wirkung des ökonomischen Systems erläutert. Dabei wird auf die Instrumentalisierung von Wissenschaftlichkeit und Rationalität eingegangen.

(2) In Kapitel 2 werden Möglichkeiten reflektiert, sich dem kapitalistischen Hamsterrad zu entziehen. Insbesondere wird der Einfluss des Konsumzwangs auf das Verhalten der Menschen betrachtet und wie sie diesem entgegentreten können.

(3) In Kapitel 3 wird die zwanghafte Bildung von verschiedenen Konsummilieus beleuchtet, innerhalb derer die gleichen Waren und Meinungen konsumiert werden. Die daraus entstehende Polarisierung der Gesellschaft und die Tendenz der Milieus, sich andere einzuverleiben, werden diskutiert.

(4) In Kapitel 4 wird die für die Entwicklung des Lebens verantwortliche Evolution beleuchtet. Insbesondere werden Parallelen zwischen der Evolution des Lebens und der gesellschaftlichen Entwicklung, speziell mit Hinblick auf den Kreationismus betrachtet.

(5) In Kapitel 5 wird die Erziehung des Menschen hin zur Selbstausbeutung betrachtet. Die Rolle von Verwaltung und Selbstverwaltung wird besprochen, insbesondere die Gefangenschaft in den Verwaltungsprozessen.

(6) In Kapitel 6 wird der Versuch unternommen, basierend auf den bisherigen Erwägungen, politische Entwicklungen zu betrachten.

(7) In Kapitel 7 werden die individuelle Kolonialisierung und die solidarische Ökonomie vor dem spätkapitalistischen Hintergrund betrachtet.

***

Kapitel I: Die Unzulänglichkeit

Papa!

Ja!

Bin ich noch links? Die ganzen Demos in den 80ern, die Oster-märsche, die Montagsdemonstrationen, und in den 90ern, Attac und Linksruck und so, habe ich doch mitgemacht?

Ich dachte immer, wenn man links ist, findet man die richtigen Ant-worten. Ich war so froh, als kürzlich fast alle Parteien anfingen, linke Politik zu machen. Ich dachte, die Welt würde jetzt ein bes-serer Ort, mit Deutschland als Vorbild, trotz seiner Vergangenheit.

Früher waren gerade mal die Grünen daran interessiert, die Natur zu schützen, z.B. aus der Atomkraft auszusteigen, Energie zu spa-ren und umweltfreundliche Technologien zu fördern. Die Unter-stützung von Armen und Schutzbedürftigen war Anliegen der So-zialdemokraten. Heute ist es doch so, dass sogar die CDU/CSU eine Wandlung vollzogen hat, zu einer guten Partei, die für den Atomausstieg und Elektromobilität steht, für Flüchtlingshilfe und Friedensinitiativen. Die Politik, die nach dem Zusammenbruch der sozialistischen Welt verfolgt wurde, hat doch dazu geführt, dass die Arbeitslosigkeit bei uns permanent sinkt, dass sich private Initiativen, Vereine, die Kirche, sogar sehr viele Unternehmer in sozialen und Umweltfragen engagieren. Auch Superreiche unter-stützen Organisationen, die sich gegen das Elend in der Welt ein-setzen. Wir sind wirtschaftlich und menschlich auf dem Höhepunkt.

Europa ist endlich ein freier Kontinent geworden. Menschen kön-nen grenzenlos reisen, andere Kulturen kennenlernen und so den Frieden stärken. Und wenn es einem Land in Europa schlecht geht, so gründet man einen Rettungsschirm und rettet dieses Land. Die Globalisierung führt doch dazu, dass die Menschen der Welt zu-sammenkommen werden. Und schließlich hilft unsere Regierung den Flüchtlingen aus vielen Ländern, gemeinsam mit Freiwilligen aus allen Schichten. Deutschland gehört zu den Guten in der Welt, zu denen, die für Werte stehen und nicht für nationale Interessen, anders als die undankbaren osteuropäischen Länder, Russland oder die USA, die sich ja noch nie mit Ruhm bekleckert haben.

Na dann ist doch alles super?

Das Gegenteil ist doch der Fall. Alles ist so undurchsichtig geworden, so unklar. Man versteht einfach nicht mehr, wie die Welt funktioniert. Die Menschen fühlen sich abgehängt, nicht mehr verstanden. Sie beschimpfen Politiker und Journalisten, obwohl es ihnen doch so gut geht und sie in abgesicherten Verhältnissen zu leben.

Und jetzt soll ich dir aus deinem ideologischen Schlamassel helfen? Du willst dem ganzen Hass und der Feindschaft, die man überall spürt, etwas entgegensetzen, etwas Gerechtes? Gut! Fangen wir mal ganz von vorn an: Kennst du das berühmte Höhlengleichnis von Platon [1]?

Ja! Es beschreibt die Schwierigkeiten bei der Befreiung aus einer verzerrten Wahrnehmung der Realität, aus einer Höhle der Unwissenden. Ich habe mich allerdings immer gefragt, warum Platon so viel Wert auf den Gefangenenstatus der Unwissenden legte. Sie werden angekettet und kniend dargestellt.

Meiner Meinung nach impliziert er damit, dass die Verzerrung des Weltbildes direkt mit der Repressivität des Systems verbunden ist, in dem der Mensch lebt. Die Verzerrung bzw. Selbstverzerrung der Wahrnehmung erfolgt schon allein deswegen, um in der Gefangenschaft nicht komplett irrezuwerden, inklusive des Lachens, mit dem sich der Mensch für einen Augenblick von dem gedanklich verzerrten Weltbild befreien kann, mit dem er die bewusste oder unbewusste Gefangenschaft vor sich selbst und Anderen zu erklären trachtet.

Gefangenschaft und die Verzerrung der eigenen Wahrnehmung bedingen sich also gegenseitig?

Ja!

Und wer sagt mir, was richtig und was falsch ist?

Der Nachweis der Richtigkeit einer Aussage/Tat erfolgt durch Verifikation, der Nachweis der Falschheit durch Falsifikation (z.B. durch Beweise oder Kritik). Die Suche nach dem Kriterium für richtig und falsch beschäftigt die Philosophie schon etwas länger. Für mich liegt der Ausgangspunkt der Betrachtung in der Feststellung, dass es die Kategorien "richtig" und "falsch" tatsächlich gibt, sie sich aber auf umgrenzte Bereiche beziehen.

Allerdings gibt es auch andere Prämissen.

Ja! Claude Henri de Saint-Simon und Auguste Comte führten im 19. Jahrhundert den Begriff des Positivismus ein [2]. Positivismus heißt eigentlich, dass Erkenntnisse nur aufgrund von Empirie, Fakten und systematisch-wissenschaftlicher Überprüfung gewonnen werden können. Meiner Meinung nach stellt der Positivismus einen der Versuche dar, dem Frühkapitalismus eine Ideologie jenseits der schon gegenüber Profit toleranten protestantischen Religion zu geben. Der Positivismus besagt, dass nur solche Tätigkeiten ausgeführt werden sollten, bei denen ein wohlüberlegter Plan in einer gemeinsamen Anstrengung zu einem angestrebten Ziel führt. Das Ergebnis der Anstrengung ist also festgelegt, so wie bei der frühkapitalistischen gemeinsamen Lohnarbeit zur Erschaffung eines geplanten Produktes. Die Verallgemeinerung des Positivismus zu einer umfassenden Philosophie dehnte diese Herangehensweise auf die (wissenschaftliche) Erkenntnis und gesellschaftliche Entwicklungen aus. D.h., nur die Erkenntnisse sind wahr, die die Ausgangsthese in einem planvollen Verfahren bestätigen. Insbesondere beförderte der Positivismus die Idee eines planbaren, somit finalen Ziels gesellschaftlicher Entwicklung.

Karl Popper [3] hingegen stand für einen offenen Ausgang wissenschaftlicher Überprüfungen oder gesellschaftlicher Entwicklungen. Für ihn ging eine starke Anziehungskraft von der Asymmetrie zwischen Verifikation und Falsifikation aus. Diese besteht darin, dass eine vermeintlich allgemeingültige Aussage durch bestätigende

Beispiele nie *100%ig* verifiziert werden kann, da es im unendlichen Universum möglicherweise immer noch ein Gegenbeispiel gibt, welches nicht dem Gesetz folgt. Das Gesetz wird jedoch durch das Finden jenes Gegenbeispiels zu *100%* widerlegt, entweder, weil es menschlich-kognitiv falsch erkannt wurde ("Schüler tragen rote Tücher!" In Wirklichkeit sind die Tücher rosa.), oder weil es in seiner Formulierung nicht allgemein gilt ("Schüler tragen rote Tücher!" In Wirklichkeit nur im Kommunismus). Letztere nenne ich "Gegenbeispiele im Popper'schen Sinne". **Die genannte Asymmetrie ist für den Menschen deswegen so wichtig, weil er zur Beherrschung der Natur und Gesellschaft, für die dafür nötige Vorhersage von Entwicklungen universelle Weisheiten benötigt.** Er muss die nächste Zukunft voraussehen können, um als Mensch zu überleben. Hieraus resultieren Erkenntnis, Hoffnung, Glaube, Sorge, usw. Popper formulierte eine Philosophie der wissenschaftlichen Forschung, die davon ausgeht, dass der Versuch der Falsifikation einer aufgestellten These, allerdings mit offenem Ausgang, das Ziel der Forschung und als Möglichkeit zu deren Weiterentwicklung sein müsse [4]. Weiterhin formulierte Popper ein Kriterium, welches wissenschaftliche von nichtwissenschaftlichen Aussagen abgrenzt, nämlich die grundsätzliche Falsifizierbarkeit dieser Aussagen: Alle wissenschaftlichen Thesen müssen so formuliert werden, dass sie falsifizierbar sind. Außerdem darf es keine institutionelle Unterdrückung der Falsifikation von Thesen geben.

Unterdrückung von Wissenschaft, gab es so etwas überhaupt?

Oh ja, z.B. das dogmatische geozentrische Weltbild [5], den Äther als Träger des Lichtes [6]. Außerdem gibt es die Möglichkeit, nicht falsifizierbare Aussagen durch semantische Tricks zu generieren. Politiker benutzen gern nicht falsifizierbare Konstrukte, wie "Wir werden alles daransetzen, dass unser Land unser Land bleibt." Journalisten neigen zu nicht-falsifizierbaren Sätzen, wie "Experten sind sich einig, dass ..." Popper sprach aber auch von der vorübergehenden Bestätigung von Thesen durch einmalig fehlgeschlagene und absehbar zukünftig fehlschlagende Falsifizierungsversuche, quasi von einer Falsifikation der Falsifikation, aber nicht von deren endgültigem Beweis, womit er sich deutlich von der Allmacht des Positivismus im Sinne induktiver Theoriebildung distanzieren wollte. Er nannte hierfür gern das Beispiel der Ablenkung des Sternenlichts durch die Masse der Sonne, wie sie von Albert Einstein vorhergesagt wurde. Der Fehlschlag des Versuchs der Falsifizierung, d.h., die Bestätigung dieser Ablenkung, sorgte für die Bestätigung der Allgemeinen Relativitätstheorie. Generell ist es, laut Popper, eben der Falsifizierungsversuch, der, bei dessen Fehlschlag, die Gesetze sehr viel deutlicher bestätigt als ein positivistischer Verifizierungsversuch.

Nach Popper sind auch Aussagen sozialwissenschaftlicher Theorien, wie des Marxismus, bezüglich eines festgelegten, mechanischen Ziels der gesellschaftlichen Entwicklung nicht wissenschaftlich, weil sie nicht falsifizierbar sind. Popper spricht in diesem Zusammenhang von einer offenen, d.h. entwicklungsoffenen Gesellschaft, die zwangsläufig aus der Fehlbarkeit des Menschen resultieren müsse. Die offene Gesellschaft [7] ist dadurch geprägt, dass dem Individuum alle Möglichkeiten gegeben werden, schädliche Politik zu falsifizieren und sie, oder die dafür Verantwortlichen, im Falle der Falsifizierung zu ersetzen. Die offene Gesellschaft wird daher eher von Gestaltern und nicht von Propheten bewohnt.

Eine Wissenschaft gilt also dann als solche, wenn sie falsifizierbare Aussagen produziert und eine Gesellschaft als offen, wenn man die Politik der Machthaber falsifizieren kann und darf.

Das ist aber, wie ich glaube, nicht die ganze Geschichte.

Aha! Und wie lauten nun deine Thesen? Jenseits von Kant [8]☺*.*

1. These: Der Erkenntnisgewinn des Menschen verläuft nach folgendem Schema: Die Generation einer wahren Erkenntnis besteht zunächst in der Aufstellung von zufälligen Thesen, der Entwicklung von Konsequenzen und deren Vergleich mit der Realität zum Beweis ihrer Richtigkeit oder Falschheit. Dieses Trial-and-Error-

Verfahren ist auch aus der Evolution des Lebens bekannt. In der nächsten Stufe werden die Thesen intuitiv entwickelt, möglicherweise unter Einbeziehung eines Trial-Anteils, und erhalten eine bestimmte Richtung. Diese Entwicklung erfolgt nicht wirklich bewusst-sprachlich (begrifflich), aber auch nicht mehr zufällig. Die letzte Stufe ist der Positivismus, bei dem begriffliche Thesen aus einer planvollen Weiterentwicklung bewusst präsenten (erinnerten) Wissens generiert werden, d.h., man kennt die Voraussetzungen, hat eine klare Erwartung und bestätigt diese im Rahmen der Erkenntnis.

2. These: Die Platzierung von Waren und Leistungen auf dem freien kapitalistischen Markt erfolgt ebenfalls nach den Gesetzen von These 1, beginnend auch mit zufälligen Tests, wobei man die Kategorie "wahr" durch die Kategorie "erfolgreich" ersetzt. Der Positivismus entspricht einer bewussten Wiederholung des Erfolgs und legt dessen Nachhaltigkeit offen.

3. These: Die Suche nach potenziell befriedigenden Bedürfnissen beruht auf dem Schema in These 1. Im Vergleich zum Erkenntnisgewinn wird die Kategorie "wahr" eben durch die Kategorie "zufriedenstellend" ersetzt. Die positivistische Zufriedenheit entspricht einer bewussten Wiederholung der zufriedenstellenden Bedürfnisbefriedigung und deren Verbreitung in der kommunizierenden Gemeinschaft, die die Nachhaltigkeit offenlegt. Der Bedürfnisbegriff scheint allgemeiner als die ersten beiden, da Erkenntnisgewinn und Erfolg am Markt wiederum Bedürfnisse innerhalb einer Gemeinschaft sind.

Deine Thesen sind aber mit Popper nicht vereinbar, oder?

Der Knackpunkt zwischen diesen Thesen und Popper sind die Kategorien "wahr", "zufriedenstellend" und "erfolgreich", die bei ihm "falsch", "unbefriedigend" und "erfolglos" heißen müssten. Der Punkt ist aber, dass die Motivation des Menschen sowohl für die Falsifikation als auch für die Verifikation zu wecken ist, meinem Gefühl nach stärker für die Verifikation. Sie wäre es nicht, wenn Letztere pauschal nie möglich wäre. "Und Gott sprach: Es werde Licht! Und es ward Licht. Und Gott sah, dass das Licht gut war."[9] Fatal wird es für Spezialisten, die sich quasi selbst permanent falsifizieren müssten, anstatt schließlich eine ersehnte Erkenntnis gewonnen zu haben. Möglicherweise wird so auch Selbsthass erzeugt. Ein weiteres Problem ist, dass eine dogmatische Verneinung der Möglichkeit zur Verifikation und die damit verbundene permanente Überprüfung von Erkenntnissen, Zeit und Antrieb rauben.

Ja. Die Gewissheit, grundsätzlich nur etwas Falsches herstellen zu können, raubt dem Menschen die Motivation. Aber ist das nicht lediglich ein psychohygienisches Problem?

Die Poppersche Herangehensweise birgt eine objektive *Terra incognita* der Erkenntnis. Im schlimmsten Fall oszilliert sie zwischen dem Widerlegen ohnehin ausgeschlossener (ungültiger) Behauptungen und verzweifelten Versuchen, innerhalb seines Gültigkeitsbereichs absolut Wahres zu widerlegen. Das begrenzt-universell Gültige würde so nicht erfasst. Es genügt, eine Vase aus Glas mit Schmackes auf den Steinfußboden zu schmeißen, um zu sehen, dass es innerhalb dieser Umstände bruchsicher ist, welche die Vase miteinschließen. Die Lichtgeschwindigkeit ist in unserem Universum konstant. Die Sonne steht sicher im Zentrum des Sonnensystems. Keine Argumentation der Welt kann die planetaren Bewegungsgesetze darin widerlegen. Es muss/wird erst eine bestimmte Schwelle überwinden, bevor andere Gesetze zur Geltung kommen. Innerhalb solcher Schwellen gibt es Verifikationsmöglichkeiten von Gesetzen: Z.B. besagt die Mathematik, dass man hierfür nur ein bestätigendes Beispiel benötigt, wenn man beweist, dass das jeweils nächste Beispiel ebenfalls dem Gesetz gehorchen muss. Die Induktion ist dann vollständig.

Die vollständige Induktion funktioniert aber nur bei natürlichen Zahlen, die ja alle aus der sukzessiven Addition von eins gebildet werden.

Richtig! Daher werden vollständige Induktionen auch als Deduktionen verstanden, denn in jeder steckt die von dir genannte Gemeinsamkeit, die alle natürlichen Zahlen zwingend teilen und durch die sie begrenzt werden. Aus ihr leitet die vollständige Induktion Gemeinsamkeiten natürlicher Zahlen ab, die zwingend mit ersterer Gemeinsamkeit verknüpft sind. Der Punkt ist, dass sich alle (im Rahmen ableitbaren) Gesetze aus der Gemeinsamkeit, natürliche Zahlen zu sein, ableiten und beweisen lassen, denn Begrenztheit bedeutet prinzipiell vollständige Erkennbarkeit innerhalb der Begrenzung. Auch das Formelsystem der Elektrodynamik, der Geometrie oder der Mechanik ist ausformulierbar und beweisbar, selbst wenn es intrinsische Unzulänglichkeiten gibt wie die Unberechenbarkeit der mechanischen Bewegung dreier Körper [10]. Das Wichtigste ist, dass alle diese theoretischen Systeme nur eine begrenzte Zahl von Gemeinsamkeiten in sich verknüpfen, welche nur von denjenigen Objekten geteilt werden, die den Gesetzen folgen und die jene Gemeinsamkeiten dadurch auf sich begrenzen bzw. von ihnen begrenzt werden. Wenn die "wirkliche" Mechanik nicht erkannt werden könnte, dann dürften sich die wirklichen Objekte, die die Gemeinsamkeiten teilen, welche von der menschlich erdachten Mechanik verknüpft werden, nicht an sie halten. Doch sie tun es, und zwar deswegen, weil sie von den anderen Gemeinsamkeiten, die eben nicht für die Mechanik relevant sind, getrennt sind, was wiederum bedeutet, dass es kein übergeordnetes Gesetz gibt, das sie vereint. Die Universalität der Gesetze ist begrenzt.

Die Mechanik ist Teil einer übergeordneten Theorie, aus der sie abgeleitet wird. Jene ist aus einer noch allgemeineren ableitbar.

Als ob alles aus einem einzigen Ursprung käme. Was aber, wenn universelle Weisheiten, aus denen sich angeblich alles ableiten lässt, gar nicht existieren und die Vorstellung von ihnen nur ein Echo der Religion ist? Was, wenn alle Gesetze lediglich begrenzte Gemeinsamkeiten untereinander dadurch ähnlicher und innerlich/im Zeitverlauf sich selbst ähnlicher Objekte reflektieren? Was, wenn immer mehr Objekte, alle miteinander, immer weniger Gemeinsamkeiten teilen, wenn also Gesetze, die ihr aller Verhalten beschreiben, immer unvollständiger bzw. trivialer werden? Was, wenn man für konkrete Vorhersagen für das Verhalten eines Objektes aus einem allgemeinen Gesetz immer Zusatzannahmen braucht, die für andere Objekte nicht gelten? Was, wenn jedes Objekt aus Gemeinsamkeiten mit anderen Objekten besteht, von denen keine einzige, außer der Existenz, von allen anderen gleichermaßen geteilt wird? Was, wenn man aus der bloßen Existenz der Dinge ohne weitere Annahmen nur auf deren Existenz schließen kann, und auf nichts anderes? In Bejahung dessen bestünde die Anpassung der Wissenschaft an die Realität in der Verneinung universell gültiger, *100%ig* zuverlässiger, zugunsten von Gesetzen, die "nur" im Rahmen begrenzt-universeller Gemeinsamkeiten befolgt werden, die "nur" eine begrenzte Menge von Objekten teilen.

Was meinst du mit begrenzt-universellen Gemeinsamkeiten?

Die Basiseinheiten der Limenistik sind Gemeinsamkeiten, also gemeinsame Merkmale, Attribute verschiedener Objekte (von unterschiedlichen Kompositions-, und Abstraktionsgraden, inklusive ihrer quantitativen Bestimmtheit), die sie teilen; z.B., zu existieren, aquamarinblau zu sein, Kinder einer gemeinsamen Mutter zu sein oder ein gemeinsames Produkt hergestellt zu haben. Objekte, die Gemeinsamkeiten miteinander teilen, bezeichne ich als Agenten. Zwei Agenten wären identisch oder "kohärent", wenn sie exakt die gleichen Gemeinsamkeiten teilten, also nur die Gemeinsamkeiten, die sie miteinander teilen (was aber nicht heißt, dass sie jene nicht auch mit anderen Agenten teilen). Sie wären vollkommen unterschiedlich bzw. "inkohärent", wenn sie keine Gemeinsamkeiten untereinander teilten und einander ähnlich oder "teilkohärent", wenn sie Gemeinsamkeiten miteinander teilten, aber auch mit anderen Agenten und manche nicht untereinander. Objektive Gemeinsamkeiten sind allen Agenten gemein, die sie faktisch teilen. Ist eine Gemeinsamkeit objektiv in einer Agentengruppe vorhanden, bestimmt sie das Verhalten ihrer Mitglieder. Gemeinsamkeiten, von denen einzelne Menschen glauben, dass Objekte sie teilen, sind subjektiv und können Fehleinschätzungen unterliegen. Ist jener Glaube allen Menschen gemein, bedeutet das nicht, dass er eine objektive Gemeinsamkeit ist. Ein gemeinsamer Glaube ist, die Menschen betreffend, jedoch eine objektive Gemeinsamkeit.

Generelle Annahme und Prinzip (grundlegende Aussage, Motivation) der Limenistik ist, dass Gemeinsamkeiten "begrenzt-universell" sind. Es handelt sich um begrenzt-universelle "Gemeinsamkeitsphären". Universell sind sie aus ihrer Definition heraus, denn diejenigen Agenten, die sie teilen, teilen sie (in erster Näherung) als exakt die gleichen, als identische Merkmale: Ist ein Merkmal *a* eine Gemeinsamkeit zwischen den Agenten *[AB]* und *[AC]*, sowie *[AB]* und *[AD]*, so ist es auch Gemeinsamkeit zwischen *[AC]* und *[AD]*. Limenistisch gesehen sind Gemeinsamkeiten auch insoweit universell, als dass alles, was existiert, (auf Dauer) nur in Gemeinsamkeiten existiert. Somit sind alle existierenden Objekte Agenten. Vom Agenten geteilte und dadurch in ihm erinnerte Gemeinsamkeiten werden synonym als Eigenschaften [vgl. 11], Eigentum, Eigenheiten usw. bezeichnet. Ich fasse sie mal durch den Begriff "Eigentümlichkeiten" zusammen. Eigentümlichkeiten. Die von einem/mehreren Agenten erinnerten Gemeinsamkeiten, die anderen innerhalb einer Gruppe jedoch nicht erinnerten, sind seine/ihre Besonderheiten. Beachte, dass Eigentümlichkeiten und Besonderheiten im Alltag oft synonym verwendet werden. Die eine Gruppe definierenden und dadurch begrenzenden Gemeinsamkeiten (denn jede Definition ist eine Begrenzung des Definierten) sind deren Besonderheiten gegenüber allen anderen Agenten. Agenten sind dennoch nicht primär durch ihre Unterschiede charakterisiert, denn jene vermeintlich unterschiedlichen Merkmale sind langfristig nichts anderes als Gemeinsamkeiten mit anderen Agenten. Wären Merkmale eines Agenten reine Besonderheiten, also keine Gemeinsamkeiten zwischen Agenten, verschwänden sie, und auch der Agent.

In der Limenistik stellt das Prinzip der Begrenztheit eine umfassende, objektive Unzulänglichkeit dar, die die begrenzt-UNIVERSELLLEN Gemeinsamkeiten letztendlich erzeugt, um nicht selbst unbegrenzt zu sein. Jede Gemeinsamkeit, bis auf die Existenz als solche, ist hinsichtlich der Agenten begrenzt, d.h., eine bestimmte Gemeinsamkeit, z.B. *a,* wird von bestimmten Agenten, z.B. *[AB]* und *[AC]*, geteilt (die wiederum *b* und *c* nicht untereinander teilen), von anderen Agenten *[BC]* jedoch nicht, bzw. teilt nur ein begrenzter Teil der Wirklichkeit dieselbe Gemeinsamkeit *a,* seine

Agenten *[AB]* und *[AC]* aber immer auch andere Gemeinsamkeiten *c,d* mit anderen Bereichen der Wirklichkeit. Gemeinsamkeiten und damit auch Agenten sind in umfassender Hinsicht begrenzt. Daher kann es (i) keine noch so kleine Anzahl von Gemeinsamkeiten geben, die von allen Agenten des Universums geteilt werden (außer der Existenz). Das gilt auch, wenn zusätzliche, partikulare Gemeinsamkeiten zugelassen wären. Es kann (ii) keinen noch so kleinen Teil der Wirklichkeit *[AB]* geben, in dem Agenten nur die ausschließlich von ihnen geteilter Gemeinsamkeiten *a,b* teilen, und es kann keine noch so wenigen Agenten - neben anderen - geben, die alle Gemeinsamkeiten des Universums teilen (außer dem Universum selbst). Beides schließt aus, dass Agenten/Gemeinsamkeiten hinsichtlich mindestens einer oder aller ihrer geteilten Gemeinsamkeiten/Agenten identisch sind, was die Teilung aller Gemeinsamkeiten durch alle Agenten miteinschließt. Bei absoluter Identität (Übereinstimmung) würden sie, Gottfried Wilhelm Leibniz folgend, in einen einzigen Agenten kollabieren. Bei absoluter Unterschiedlichkeit, dem Fehlen von jeglicher Gemeinsamkeit von vornherein, würden sich die Objekte im Chaos auflösen. Daher können nur solche Agenten existieren, die je mindestens eine Gemeinsamkeit (nicht) miteinander teilen. Das Verschmelzen von Agenten, die die gleichen Gemeinsamkeiten teilen, zu einem, sorgt für die Eindeutigkeit der Wirklichkeit (Faktizität). Anders gesagt: Zwar führt die Unzulänglichkeit zu räumlicher/temporärer Stabilität von Gemeinsamkeiten, aber auch zum allseitigen/ständigen Auftauchen+Erscheinen/Entstehen+Vergessen von Gemeinsamkeiten. Für Gemeinsamkeiten gelten keine Erhaltungssätze, weder für Agenten, noch für das Universum, außer für Existenz überhaupt.

Ein Agent teilt mehrere Gemeinsamkeiten gleichzeitig bzw. entfaltet sich unter ihrer Herrschaft. Darüber hinaus teilen zwei beliebig herausgegriffene Agenten *[AB]* und *[AC]* untereinander mindestens eine Gemeinsamkeit *a*. Eine Welt der begrenzt-universellen Gemeinsamkeiten bedeutet also, dass (i) alle Agenten im Universum bestimmte Gemeinsamkeiten mit anderen Agenten teilen (Universalität), (ii) bestimmte Agenten jedoch bestimmte Gemeinsamkeiten nicht teilen (Begrenztheit), wodurch (iii) Agenten einander (nur) ähnlich sind, also einander nicht identisch und nicht vollkommen unterschiedlich. Ihre Fraktionierung in begrenzt-universelle Gemeinsamkeiten ohne absolute Identität oder Unterschiedlichkeit der Agenten (bis ins Kleinste) erzeugt die limenistische SelbstÄhnlichkeit der Welt, eine Ähnlichkeit des "Nicht-Ganz-Identisch-Seins" und des "Fast-Identisch-Seins". Limenistik bedeutet die Begrenzung der Begrenzung, somit die Universalisierung des Begrenzens, wodurch sich die Universalisierung selbst begrenzt. Das immerwährende Begrenzen des Begrenzens von Gemeinsamkeiten erzeugt selbstÄhnliche Strukturen im Sinne begrenzter Universalität. Der Sohn ist die Universalisierung des Gemeinsamkeitenbündels des Vaters in zwei Agenten. Die Begrenzung dieser Universalisierung ist das Nicht-Ganz-Identisch-Sein des Sohnes mit dem Vater. Die Begrenzung jener Begrenzung ist das Fast-Identisch sein mit ihm.

Da Agenten mindestens eine Gemeinsamkeit mit jedem herausgegriffenen Agenten teilen, aber nie bzgl. aller Gemeinsamkeiten mit irgendeinem Agenten identisch sind, beinhalten sie im Falle eines (un)endlichen Universums (un)endlich viele Gemeinsamkeiten. Die geteilten Gemeinsamkeiten entsprechen dem Ähnlichkeitsgrad der Agenten. Je mehr gleiche Gemeinsamkeiten sie teilen - was dem Teilen von Gemeinsamkeiten untereinander entspricht - desto identischer sind sie. Ihre absolute Identität würde bedeuten, dass Agenten exakt die gleichen Gemeinsamkeiten teilen würden. Der Ähnlichkeits- oder Kohärenzgrad KG zweier Agenten ist über die Formel: $KG=1/(0,5e-i+1)$ berechenbar, wobei i die Summe der Gemeinsamkeiten ist, welche die Agenten miteinander teilen und e die Gesamtzahl der Gemeinsamkeiten darstellt, welche sie einzeln betrachtet teilen. Zwei Agenten, die ausschließlich die Gemeinsamkeiten a,b,c,d und a,e,f,g mit ihrer Umwelt und a miteinander teilen, hätten $e=8$, $i=1$ und $KG=0.25$. Weitere Spezialfälle sind:

- $e=2i \rightarrow KG=1$ *(Identität I, kohärent)*
- $e=40$, $i=16 \rightarrow KG=1/5$ *(ähnlich, teilkohärent ⅔)*
- $e=40$, $i=11 \rightarrow KG=1/10$ *(ähnlich, teilkohärent ⅓)*

- *e=40, i=10 → KG=1/11 (unähnlich, teilkohärent ⅋)*
- *e=40, i=1 → KG=1/20 (unähnlich, teilkohärent ⅋)*
- *e=40, i=0 → KG=1/(0,5e+1) (absolute Unterschiedlichkeit, inkohärent ⅋⅋, in der Mengenlehre "disjunkt": A ∩ B = 0)*

Reale Agenten sind einander immer "teilkohärent", d.h. kohärent bzgl. bestimmter Gemeinsamkeiten. "Teilüberkohärente" Agentengruppen teilen untereinander mindestens eine Gemeinsamkeit, die andere Agenten nicht teilen, und die jene Agentengruppe erst definieren. "Relativkohärente" Gruppenmitglieder teilen mehr Gemeinsamkeiten untereinander als mit Agenten außerhalb der Gruppe. Fiktive "überkohärente" Agenten würden sich nicht nur identisch sein, sondern nur die Gemeinsamkeiten teilen, die sie untereinander teilen.

Das Teilen von Gemeinsamkeiten bestimmt das Verhalten der Agenten. Gemeinsamkeiten, die kein Verhalten determinieren, sind keine Gemeinsamkeiten. Je höher der *KG*, desto identischer ist das Verhalten von Agenten. Agenten, die absolut gleiche Gemeinsamkeiten teilen würden, würden sich gleich verhalten. Nimm zwei Agenten *[AB]* und *[AC]*, die sich entsprechend der Gemeinsamkeit *a* verhalten, die sie untereinander teilen, und auch entsprechend den Gemeinsamkeiten *b* und *c*, die sie mit anderen Agenten, aber nicht untereinander teilen. Da keine Gemeinsamkeit außer der Existenz universell ist, haben alle Agenten des Universums keinen universellen gemeinsamen Wesenszug, außer zu existieren. Agenten teilen zwingend mehrere Gemeinsamkeiten, um ihre Ähnlichkeit mit den anderen Agenten zu realisieren. Jede Gemeinsamkeit *a* bildet mit anderen Gemeinsamkeiten, z.B. *b,c*, ein Bündel, also ein Gemeinsamkeitenbündel *<abc>*, und ist daher ein Teil eines solchen Bündels. Gemeinsamkeitenbündel bestehen im Inneren aus weiteren Gemeinsamkeiten. Mehrere Agenten können jene Bündel teilen, weshalb die Bündel selbst Gemeinsamkeiten sind. Gemeinsamkeitenbündel sind teilbar im doppelten Sinn, sozusagen die "Tomi" der Limenistik, im Gegensatz zu den "Atomi" eigentümlicher "Tropen".

Gesetze bzw. Gesetzmäßigkeiten sind wiederum Verhaltensvoraussagen, welche sich aus Gemeinsamkeitenbündeln ableiten bzw. jene reflektieren, z.B. blaue Kleidung tragen zu müssen. Sie ergeben sich nicht primär aus der zwingenden Zuordnung von Gemeinsamkeiten zu Agenten, sondern aus der zwingenden Verknüpfung von verschiedenen Gemeinsamkeiten. Die Verknüpfung des Agenten "Kind" mit "rot" und "Tuch" ist tatsächlich eine Verknüpfung mehrerer Gemeinsamkeiten(bündel), nämlich Kind, rot, Tuch. Gesetze reflektieren jene zwingend ineinander integrierte Gemeinsamkeiten und den Zwang selbst. Sie stellen eine zwingende Integration von Gemeinsamkeiten in eine integrierende Gemeinsamkeit bzw. zu einem zwingend integrierenden Gemeinsamkeitenbündel (*ZIG*) dar (das weder die integrierten Gemeinsamkeiten noch die Schwellen zwischen ihnen auflöst, Letztere jedoch ändert).

ZIG sind einteilbar in rein vorgestellte (*j*), einfach faktische (*f*, meist innerhalb eines Agenten) und doppelt bzw. fortdauernd faktische (*ff*). Vorgestellte *ZIG* sind (noch) nicht existent, das Gemeinsamkeitenbündel ist bestenfalls faktisch scheinend. Bei einfacher Faktizität handelt es sich um Gemeinsamkeiten, die nur durch ihre momentane Vorhandenheit zwingend verknüpft sind, beispielsweise, wenn zwei Billardkugeln zufällig/willkürlich/durch Spiel nebeneinanderliegen. Allerdings kann jemand die Anordnung zu einem Kunstwerk erklären und es wird *ff* bzw. als solches entdeckt. Der Zwang der Gemeinsamkeiten im *ff-ZIG* ineinander ist unendlich stark. Teilen Agenten *ff-ZIG*, (*ff-*)bedingen sich die *ff*-integrierten Gemeinsamkeiten gegenseitig, d.h. sie treten in den Agenten immer nur zusammen auf und bilden dadurch den sie verknüpfenden Zwang. Die Existenz selbst ist ein *ff-ZIG*, da sie Raum, Zeit, Materie, ... zwingend verknüpft (allerdings nicht alle Gemeinsamkeiten der Welt). Der Unterschied zwischen *f* und *ff* ist, dass *f*-verknüpfte Gemeinsamkeiten sich jenseits ihrer momentanen Faktizität eben nicht bedingen, d.h. die eine kann von Agent zu Agent jederzeit mit beliebigen anderen auftreten.

Das zwingende Teilen der Gemeinsamkeiten *a,b* durch den Agenten *[AB]* kann als Zwang *<>* verstanden werden, der die Gemeinsamkeiten *a,b* zu einem *ZIG* *<ab>* verknüpft, welches der Agent teilt und dadurch zwingend die Gemeinsamkeiten *a,b*. Der Vergleich von mehreren *ZIG* ergibt:

(i) Kohärenz=Identität *I*: $<ab>I<ab> \rightarrow <ab>$.

(ii) Inkohärenz, z.b. $<ab>\mathbf{}<cd>$, bei der nur $<ab>$ und $<cd>$ *ZIG*s darstellen, *bc, bd, ac* und *ad* jedoch nicht.

(iii) "Schneiden" oder "Schneidung", wobei mindestens zwei *ZIG* mindestens eine Gemeinsamkeit teilen, also teilkohärent sind, z.b.

(iiia) $<a(b>c)=<ab>{}<bc>$ oder (iiib) $<a(b><d)c>=<ab>{}<bd>{}<dc>$, wobei die Gemeinsamkeiten *ac* je kein *ZIG* darstellen. Die Verknüpfung geschnittener *ZIG* ist immer *ff*.

(iv) "Schachteln" oder "Schachtelung" entsteht, wenn *ZIG* bzw. Gemeinsamkeiten in ein übergeordnetes *ZIG'* gezwungen werden, z.b. (iva) $<a<bc>>'$ oder (ivb) $<<ab>{}<cd>>'$.

(v) Schachtelung geschnittener *ZIG*: $<<a(b>c)>'=<<ab>{}<bc>>'$, wodurch *a,c* ebenfalls in einem *ZIG* vereinigt werden.

Fall (ii) kann man sich als das Tragen weißer (*a*) Hemden (*b*) und Hosen (*c*) in Grau (*d*), allerdings nur aufgrund zweier jeweiliger Modeimperative, $<ab>$ und $<cd>$, vorstellen. Allerdings gibt es keinen Zwang, weiße Hemden und graue Hosen zusammen zu tragen. Fall (iiia) bedeutet das zwingende Tragen weißer Hemden und Hemden mit Hosen, (iiib) das zwanghafte Tragen weißer Hemden und Hosen in Grau mit dem davon unabhängigen Zwang, Hosen und Hemden gleichzeitig zu tragen, Fall (iva) den Zwang zum Tragen von Hemden und Hosen, beide in weiß, Fall (ivb) den Zwang zum Tragen grauer Hosen und immer auch weißer Hemden, Fall (v) das gleichzeitige Tragen von weißen Hemden mit Hosen. Die Fälle (iiia) und (v) sowie (iiib) und (iv) ergeben, trotz unterschiedlicher Historie/Hierarchie der Imperative, dieselben Effekte. Schneidung (iii) $<ab>{}<ac>$ bedeutet, dass *ab* und *ac* zwar zwingend ineinander integriert sind, *b* und *c* jedoch nicht. D.h., geschnittene *ZIG* setzen sich nicht automatisch zu einem einzigen $<abc>=<<ab>{}<ac>>$ zusammen. Schneidende Gemeinsamkeiten beeinflussen/modifizieren das Verhalten von Agenten jedoch gleichermaßen, die ansonsten unterschiedliche *ZIG* teilen (z.b. entfernt lebende Menschen in gleichen klimatischen Bedingungen). Die große Frage ist natürlich: In wieweit sind Gemeinsamkeitenbündel mit geschnittenen Gemeinsamkeiten zwingend ineinander integriert? Eine vollständige Bejahung dessen führt zu jeder Menge Missverständnissen. Ein Arbeiter mit blauer Hose hat sicherlich zwingend etwas mit jemandem zu tun, der die gleiche Hose für den gleichen Zweck trägt, nämlich beim Arbeiten. Er muss aber nichts mit einer Frau im blauen Abendkleid zu tun haben und wenn doch, dann nicht wegen der gemeinsamen Farbe.

Gesetz und Gemeinsamkeit als solche werden durch die Konzepte Herrschaft und Rahmenbedingung zwar versuchsweise universell formuliert, sie sind aber begrenzt, da sie "nur" für die sie begrenzenden und durch sie begrenzten Agenten gelten. Da die Herrschaft bestimmten Gemeinsamkeiten entspricht, kann Erstere sich nie außerhalb jener befinden, sie ist ebenfalls begrenzt. Entfaltung unter einer begrenzt-universellen Herrschaft ist letztendlich die Konsequenz und Ausdruck des zwingenden Teilens begrenzter, jedoch für mehrere Objekte gültiger Gemeinsamkeiten in Form von *ZIG*. Wie Agenten sind *ZIG* einander ähnlich anhand des *KG*-Wertes, d.h. sie integrieren eine begrenzte Anzahl begrenzt-universeller Gemeinsamkeiten. Daher könnte man **Agenten, Gesetze und Gemeinsamkeiten allesamt als (*j-,f-,ff-*) *ZIG* kategorisieren**, deren Verknüpfungen (auch untereinander) wiederum zu *ZIG* führen. Agenten unterscheiden sich aber von Gemeinsamkeiten und Gesetzen. Agenten erreichen untereinander niemals Kohärenzgrade von *KG=1* oder *KG=1/0,5e+1*. Daher gibt es immer nur ähnliche Agenten. Gesetze und Gemeinsamkeiten sind hingegen immateriell und auf Agenten identisch aufteilbar, da es sonst kein gesetzmäßiges Verhalten mehrerer Agenten geben würde. Jenes Verhalten ist untereinander aber nicht identisch, da ein Agent seine Gemeinsamkeiten einzigartig kombiniert. Außerdem können *ZIG* zwischen Agenten inkohärent sein. *ZIG* bewirken dennoch, dass unterschiedliche Phänomene teilkohärent bleiben. Eine Gemeinsamkeit kann außerdem viel schwerer zu einer reinen Besonderheit eines einzelnen Agenten verkümmern, wenn sie immer zwingend mit weiteren Gemeinsamkeiten zusammenhängt.

So vermeidet die Welt Universalität?

Unbegrenzte Universalität eines *ZIG* würde in ihrer strikten Auslegung bedeuten, dass die Entfaltung der gesamten Wirklichkeit nur innerhalb jenes einzigen, für alle Agenten gleichen *ZIG* und keinem anderen erfolgt, also einem Gesetz, aus dem alles ableitbar ist. Außerdem muss die Entfaltung unter mindestens einer universellen Gemeinsamkeit (außer der Existenz) ausgeschlossen werden. Somit sind die Schachtelung aller *ZIG* unter einem einzigen *ZIG'* $<...>'$ sowie die ununterbrochene Schneidung aller *ZIG* mit mindestens einer unbegrenzt-universellen Gemeinsamkeit a: $<abc>\}<ade>\}<afg>\}<ahi>\}$ ... unmöglich. Ununterbrochene Schneidung aller *ZIG* als eine Art unendlicher Kette $<abc>\}<ade>\}<dfg>\}<fhi>$... bzw. als Netzwerk aller *ZIG* würde ebenfalls einen unbegrenzt-universellen Zusammenhang darstellen. Das Vorhandensein von "echter" Inkohärenz ist daher zwischen *ZIG* zwingend nötig. Sie unterbricht die universellen Ketten und Netzwerke: $<abc>\}\}<def>\}\}...$

An dieser Stelle will ich die Aussage über die natürlichen Zahlen verallgemeinern: Ein wahres Gesetz, also die tatsächliche zwingende Verknüpfung von Gemeinsamkeiten, ist grundsätzlich beweisbar, wenn jene Gemeinsamkeiten begrenzt sind, d.h., wenn es Agenten gibt, die jene Gemeinsamkeiten eben nicht teilen und sich nicht an das Gesetz halten. Beispiele von außerhalb verifizieren also die Gesetze und widerlegen sie nicht, getreu dem Motto: "Ausnahmen bestätigen die Regel". Da die Welt, im limenistischen Verständnis, genauso begrenzt beschaffen ist, sind alle wahren Gesetze prinzipiell beweisbar. Stelle dir eine unbegrenzt-universelle Gemeinsamkeit a vor. Jedes Objekt im Universum teile diese Gemeinsamkeit. Tatsächlich gibt es eine solche Gemeinsamkeit, nämlich die Existenz. Oder ist sie vielleicht doch nicht universell? Die spezifische Existenz ist es nicht, denn die konkret existierenden Dinge verändern sich ständig. Selbst die stoffliche Existenz als solche ist nicht universell, denn sie betrifft nur stofflich Existenzfähiges. Der Mensch kann sich an Dinge erinnern, nachdem sie vergingen, Dinge antizipieren, bevor sie entstehen, sich Dinge ausdenken, die nicht existieren, einfach indem er Dinge, die er sieht, gedanklich in ihr Gegenteil verkehrt oder zu unmöglichen Dingen zusammensetzt, die in der Realität sofort auseinanderfallen würden. Menschen können das Existierende deswegen erkennen, weil sie es dem Nichtexistierenden gegenüberstellen können. Ohne diesen Vergleich würden wir in einer Welt mit Objekten leben, deren Existenz wir weder anschauen noch beweisen könnten.

Und wie beweist man die Existenz von etwas?

Existierendes ist begrenzt-stabil und lässt sich dadurch anschaulich als existierend nachweisen. Nimm einen Turm aus Holzklötzchen. Die Tatsache, dass perfektes Übereinanderstapeln der Klötzchen den Turm existieren lässt, können wir nicht nur durch den Aufbau selbst, sondern auch dadurch beweisen, dass wir den untersten Stein herausziehen und ihn dadurch zusammenbrechen lassen. Die Vorhandenheit des Turmes und sein Einsturz beweisen aber weder die Universalität noch die Fehlerhaftigkeit eines Gesetzes, das seine Stabilität beschreibt. Allerdings beweisen sie seine prinzipielle Existenz unter bestimmten Umständen in Form einer prinzipiell stabilen Verklebung von Gemeinsamkeiten. Die Popper'sche Herangehensweise bestünde darin, den Klötzchenturm mit allen Granaten des Universums zu bombardieren. Wenn er umfällt, wäre das Gesetz, das seine spezielle Bauweise für stabil erklärt, nachweislich falsch. Wissenschaft bedeutet aber, Gültigkeit auszuloten, an deren Rändern Stabilität und Instabilität, Falsifikation und Verifikation miteinander verschmelzen. Dass etwas weit außerhalb der Gültigkeit ungültig ist, ist trivial.

Das *ZIG*, dass den Klötzchenturm unter gewissen Umständen nicht zusammenbrechen lässt, ist *ff*, weil es ewig Bestand hätte, wenn die Agenten die Gemeinsamkeiten, welche sie im Rahmen des Gesetzes teilen, nicht wechseln würden. Das *ff-ZIG* ist dennoch begrenzt, da der Aufenthalt der Agenten in den Gemeinsamkeiten, die es integriert, (zeitlich) begrenzt ist. Sie können über Schwellen verlassen werden. Geht man konsequent von der begrenzten Universalität der Herrschaft in jeder Hinsicht aus, so muss man mit dem Nichtvorhandensein von unbegrenzter Universalität auf eine objektive Unzulänglichkeit schließen, die nicht nur darin besteht, dass es Agenten gibt, die nicht von bestimmten Gemeinsamkeiten beherrscht werden, sondern auch darin, dass die beherrschten Agenten sich nicht zu *100%* beherrschen lassen.

Objektive Unzulänglichkeit?

Die Unzulänglichkeit von Gemeinsamkeiten verneint Universalität bzw. Unbegrenztheit von Gemeinsamkeiten, somit auch ewige Gültigkeit. Beispielsweise kann man mit einem Fußball nicht nur Fußball spielen und nicht alle Jungs spielen gern Fußball. Unzulänglichkeit ist also Begrenztheit der Bestimmtheit bzw. bestimmender Gemeinsamkeit. Stelle dir Bestimmtheit am besten als die Übereinstimmung eines Agenten oder seines Verhaltens mit seinem "Vorbild" oder dem Befehl einer Herrschaft vor. Die Übereinstimmung mehrerer Agenten mit ihrem Vorbild macht alle Merkmale jenes Vorbildes zu Gemeinsamkeiten dieser Agenten und jene Agenten besitzen nur die Merkmale ihres Vorbildes. Übereinstimmung der Agenten untereinander bedeutet wiederum die Übereinstimmung in ALLEN ihren Merkmalen, wodurch sie ihr Vorbild, falls ursprünglich nicht vorhanden, quasi (spontan) produzieren. Nichtübereinstimmung von Agenten (mit dem Vorbild) ist Unzulänglichkeit. Sie macht die Gemeinsamkeiten begrenzt-universell, d.h. sie verhindert das Teilen einer beliebigen Gemeinsamkeit durch alle und das Teilen aller ihrer Gemeinsamkeiten durch zwei beliebige Agenten (unbegrenzt-universelle Gemeinsamkeiten). Nichtübereinstimmung ist aber begrenzt, da nichtgeteilte Gemeinsamkeiten zwischen zwei beliebigen Agenten nicht existieren, somit auch keine völlig unterschiedlichen Agenten. Das beste Beispiel für objektive Unzulänglichkeit ist das Dreikörperproblem der Mechanik [10], welches besagt, man könne die Bewegung dreier mechanischer Körper, z.B. Himmelskörper, nicht berechnen. Keine drei Himmelskörper besitzen ein Vorbild, mit dem sie identisch, d.h. permanent durch es determiniert wären. Somit ist ihre Bewegung nicht mit sich selbst identisch, obwohl Gemeinsamkeiten geteilt werden. Es handelt sich hierbei jedoch nicht um eine menschliche Unfähigkeit zu Berechnung der Bewegung, sondern um eine OBJEKTIVE und grundsätzliche "Unzulänglichkeit" der Natur.

Welche Wirkungen hat die Unzulänglichkeit?

Die SelbstÄhnlichkeit der Wirklichkeit erzeugt die intuitive/begriffliche Abstraktionsfähigkeit des Menschen. Sie ist die Voraussetzung für die Erkenntnis und für die Herstellung der für sein Fortbestehen so wichtigen, begrenzt-universellen Gemeinsamkeiten. Eine Umgebung ohne (erkannte) Gemeinsamkeiten wäre für ihn nicht beherrschbar, daher erforscht/erschafft er jene und beschreibt sie in Begriffen, die uns allerdings die fatale Möglichkeit geben, Gemeinsamkeiten jenseits der begrenzten herzustellen, wobei sie die bezeichnete Sache gleichzeitig in etwas zwingen, das sie gar nicht ist [vgl. 12]. (All)Identität bedeutet (unbegrenzte) Universalität. Ähnlichkeit bedeutet Nichtidentität, die dem Begriff immer anhaftet. Die Begriffe überdecken die instrumentelle Definierbarkeit ihres Inhaltes. Die objektive Unzulänglichkeit bewirkt andererseits begrenzte Gültigkeit von und daher Grenzen zwischen Gemeinsamkeiten. Begrenzte Gemeinsamkeiten als Rahmen für die selbstÄhnliche Entfaltung sind Ausdruck des Nichtvorhandenseins unbegrenzter Universalität: Das Aufblähen einer Gemeinsamkeit auf unendliche Größe bzw. die Schrumpfung aller (anderen) Gemeinsamkeiten auf null würde die Grenzen und damit die Begrenztheit vernichten. Grenzenlosigkeit von Gemeinsamkeit wäre nur durch absolute Gleichheit der Agenten bzgl. jener, also unbegrenzte Universalität der Gemeinsamkeit erreichbar. Ähnlichkeit hingegen erwächst aus dem Teilen von begrenzten Gemeinsamkeiten und damit von begrenzter Herrschaft bzw. Rahmenbedingungen. In einer selbstÄhnlichen Welt teilt jeder Agent mindestens eine Gemeinsamkeit mit einem anderen Agenten. Kein Agent ist von dem anderen in allen Punkten verschieden. Das bedeutet: Verlässt ein Agent eine Gemeinsamkeit, verbleibt er dennoch in vorhandenen oder geht in andere/neue über. Die unendlich vielen Gemeinsamkeiten existieren aufgrund ihrer Begrenztheit im unendlich offenen Sein.

25

Die Unzulänglichkeit durch begrenzte Gültigkeit kann man sich verdeutlichen, indem man Herrschaft und Entfaltung deduktiv-induktiv zu verstehen versucht. Deduktion bedeutet hier, dass es eine formulierte Gemeinsamkeit gibt, der prinzipiell beliebig viele Agenten während der Entfaltung folgen könnten, was aber tatsächlich nur eine Endlichkeit von Agenten tut. Verneint man die Unendlichkeit der Agenten pro Gemeinsamkeit aufgrund ihrer Unzulänglichkeit von vornherein und erkennt gleichzeitig an, dass sie Gemeinsamkeit induzieren, eben indem sie jene teilen (allein schon durch gemeinsame Wahrnehmung), ergibt sich, dass nur begrenzt-universelle Gemeinsamkeiten existieren. Schließlich induziert nur eine begrenzte Menge von Agenten die Gemeinsamkeit. Die Existenz von Agenten außerhalb jener bestätigt die Begrenztheit. Die Existenz von Agenten innerhalb bestätigt die Gültigkeit der Gemeinsamkeit.

Die Rahmenbedingung für die selbstÄhnliche Entfaltung, die Herrschaft, ergibt sich also aus den Gemeinsamkeiten ähnlicher und endlicher Agenten und somit auch das begrenzt-universelle Gesetz.

Der Begriff "Gesetz" beschreibt sowohl die Vorgabe, an die sich Agenten zu halten haben, als auch die daraus ableitbaren und für den Menschen wichtigen Voraussagen für deren Verhalten. Unzulänglichkeit bzgl. der Voraussagen erschließt sich bei ihrer Gegenüberstellung mit dem, was dann wirklich mit den Agenten passiert ist. Menschliche Unzulänglichkeit würde sich in den Fragen: "Habe ich das Verhalten der Agenten richtig vorausgesagt?" und "Habe ich mich gemäß der Vorgabe verhalten?" ausdrücken. Objektive Unzulänglichkeit würde durch die Beantwortung der Frage: "Teilte der Agent wirklich die Gemeinsamkeit, auf der das objektive Gesetz beruht?" aufgedeckt.

Unberechenbarkeit bedeutet also immer eine Nichtvorhandenheit von Agenten in den angenommenen Gemeinsamkeiten.

Gemeinsamkeiten determinieren das Verhalten der Agenten, die jene teilen. 'Vor dem Gesetz sind alle gleich' meint ähnliche, aber trotzdem individuelle Entfaltung unter gleichen Rahmenbedingungen, Gesetzen oder auch gleicher Herrschaft. Entfaltungen ohne begrenzende Rahmenbedingungen sind Krebs, Rahmen ohne Entfaltung sind Stillstand. Jeder Zwang in eine bestimmte Gemeinsamkeit determiniert, ihr entsprechend, das Verhalten des Agenten. Ist das Verhalten determiniert, lässt es sich auf Gemeinsamkeiten zurückführen. Ausdruck der Unzulänglichkeit von Gemeinsamkeiten ist die strikte Begrenztheit in ihrer Ausdehnung über die Agenten. Nur eine begrenzte Zahl von Agenten teilt eine bestimmte Gemeinsamkeit. Die Universalität jener Begrenztheit: das Teilen fixer Gemeinsamkeiten durch fixe Agenten, wird wiederum dadurch begrenzt/unzulänglich, dass die Sphärengrenzen in Wirklichkeit Schwellen sind. Agenten können ZIG sich wandelnd über eine Schwelle verlassen und in (weitere) ZIG transzendieren, was mit der Schaffung/Vernichtung von "neuen"/"vorhandenen" Gemeinsamkeiten oder dem Übergang in eine "fremde" bzw. "andere" Gemeinsamkeit einhergehen kann. "Neu" ist hier das Gegenteil von "vorhanden"; "fremd" und "anders" bedeuten "in der Gemeinschaft vorhanden" aber (noch) nicht eigen, wobei "fremd" gegenüber "anders" viel weniger bereits geteilten Gemeinsamkeiten im eigenen Bündel bedeutet. Transzendenz in neue Gemeinsamkeit ist die "Neuerung"/"Progression", Transzendenz in andere Gemeinsamkeit ist "Anderung". Oberbegriff der Transzendenz durch Agenten ist die "Wandlung". Ein für die Transzendenz wichtiger Parameter ist die Schwellenhöhe, die für die Transzendenz überwunden werden muss und gleichzeitig Motivation für die Überwindung ist. Unterwirft sich ein Agent nicht mehr einer determinierenden Herrschaft, bricht auch die spezifische (objektive) Gemeinsamkeit mit den anderen Agenten zusammen (Die Objektivität wird unzulänglich, und zwar jenseits der menschlichen Unzulänglichkeit in der Erkenntnis). Transzendenz bedeutet, dass sich ein Agent der (objektiven) Gemeinsamkeit entzieht/ihr beitritt, somit deren spezifischer Universalität bzw. den Determinismus, der von ihr ausgeht, verneint/eingeht. Transzendenz kann quasi-determiniert im Rahmen eines ZIG erfolgen, denn jene hält das ZIG zusammen. Durch Transzendenz werden aber auch (und zusätzlich) Abweichungen, Ausnahmen, Zufälle, freie Willensakte, Änderungen (Transzendenz in gemeinschaftlich zwar bereits vorhandene, aber noch nicht eigene Gemeinsamkeiten), Neuerung (Transzendenz in gemeinschaftlich nicht vorhandene, also neue Gemeinsamkeiten) möglich. Somit ist Transzendenz Ausdruck von Zeit.

Neben der Abwesenheit unbegrenzt-universeller Gesetze bedingt die Unzulänglichkeit somit Instabilität begrenzt-universeller Gesetze in den Randbereichen der Gemeinsamkeiten, die sowohl Gruppen ähnlicher Objekte als auch die einander ähnlichen Objekte selbst umgeben, unabhängig von deren anderweitigen Unterschiedlichkeiten. Es gibt scharfe Randbereichen von Gemeinsamkeiten und breite. Beidseits dieser Schwellen liegen, im limenistischen Verständnis, Gemeinsamkeiten, die sogar gegenläufige Entfaltungsbewegungen erzeugen können. Begrenzt-universell bedeutet also, dass Agenten begrenzte Gemeinsamkeiten teilen, jedoch durch Überwindung einer Schwelle in eine andere transzendieren können. Das heißt, dass über Schwellen hinaus weitere Gemeinsamkeiten existieren/entstehen, sich in der Entfaltung zusätzliche Gemeinsamkeiten bzw. Herrschaften entwickeln. In der Limenistik gibt es keine festen Horizonte, welche in der Realität die Realität scheinbar begrenzen aber dennoch unerreichbar, somit auch intranszendierbar wären. Die Transzendenz limitiert die Gemeinsamkeitengrenzen dahingehend, dass sie sie durchlässig macht. Transzendenz zerstört die Zulänglichkeit von Grenzen. Sie lässt den Agenten Grenzen zwischen Eigenem/Altem und anderem/Neuen überwinden und erschafft dadurch zusätzliche Gemeinsamkeiten in ihm. Jedoch ist die Transzendenz selbst unzulänglich. Die Präsenz von Agenten in mehreren Gemeinsamkeiten über die Sphärengrenzen hinweg ist die Integration, für die die Unzulänglichkeit der Transzendenz, d.h. deren Limitiertheit, wiederum Voraussetzung ist. Die Integration limitiert die Transzendenz nämlich dahingehend, dass sie Agenten das vollständige Verlassen von Gemeinsamkeiten verwehrt. In Kombination mit der Transzendenz bedeutet das, dass Agenten mehrere Gemeinsamkeiten gleichzeitig teilen, sie gar akkumulieren können. Die Integration ist somit Ausdruck der Erinnerung, damit auch der Möglichkeit zu lernen und (sich) zu konditionieren, der Irreversibilität, des Zeitpfeils und der Identität.

Integration von Gemeinsamkeiten in *ZIG* bzw. in Agenten als deren Träger ist wiederum unzulänglich, also auf (eine) bestimmte (Zahl von) Gemeinsamkeiten begrenzt. Diese Unzulänglichkeit nenne ich den IntegrationsWert. Er wird realisiert, indem Gemeinsamkeiten(gruppen) eigentümliche Bewertungen erhalten, wodurch Integration und Desintegration zwanghaft werden. Somit ist der IntegrationsWert letztendlich Ursache begrenzter *ZIG*, aber auch zwingend desintegrierter Gemeinsamkeiten. Die Bewertung hat insgesamt zwei Effekte: (i) Bei positiver (negativer) Bewertung bezüglich eines *ZIG* (des)integrieren sich Gemeinsamkeiten zu (aus) jenen *ZIG* bzw. werden von (aus) ihm zwingend (des)integriert. Diese Bewertung der Gemeinsamkeiten erfolgt innerlich bzw. gegenseitig durch jene Gemeinsamkeiten und erzeugt die jeweilige *j-*, *f-* oder *ff-* (Des-)Integrationsform bezogen auf bestimmte *ZIG*. (ii) Bewertung kann *ZIG* "verkleinern/aufblähen", sie für Agenten (mit bestimmten Gemeinsamkeiten) un-/attraktiv machen und jene so zum Verlassen/Betreten von Gemeinsamkeiten motivieren. Diese Bewertung von Gemeinsamkeiten erfolgt äußerlich durch die Agenten. Äußere und innere Bewertung sind insoweit äquivalent, als dass sie synonym für die Stärke des (Des)Integrationszwanges stehen. (i) ist ein eher idealistisches Modell, da es den Gemeinsamkeiten Bewertungshoheit gibt, (ii) ein eher materialistisches, da es die Agenten bewerten lässt. Aufgrund der Bewertung können insbesondere *j-* und *f-ZIG* (des)integrieren. *ff-ZIG* können nur im Ganzen betreten oder verlassen werden. Kurzfristig können *j-* oder *f-ZIG* allerdings attraktiver für Agenten sein als *ff-ZIG*.

Der IntegrationsWert besteht einerseits aus der Definition des un-/attraktiven *ZIG*, entweder durch eine bereits (des)integrierende Gemeinsamkeit bzw. Kategorie (oberbegrifflich definierte Gemeinsamkeitengruppe, die zur Abgrenzung der sie teilenden Agentengruppe dienen kann) oder anhand einer expliziten "Liste" von Gemeinsamkeiten (z.B. Farben in Farbmischungen, Größen in Mengenformeln, Farben, die nicht zusammenpassen). Die Liste kann aus nur einer einzigen Gemeinsamkeit bestehen. Grün ist für alles Grüne gleichzeitig Gemeinsamkeit und Imperativ. Andererseits braucht es eine positive bis negative Bewertung, auch neutrale Bewertungen sind im Rahmen der Abstufung möglich. Kategorien wie wahr/unwahr, objektiv/subjektiv, schön/hässlich, neu/alt sind ebenfalls IntegrationsWerte, wenn sie wiederum selbst bewertet werden. Jeder IntegrationsWert kann durch einen anderen selbst wieder positiv oder negativ bewertet werden. Bewertungen können zufällig, subjektiv oder objektiv erfolgen. Gemeinsamkeiten können z.b. deswegen hoch bewertet sein, weil man sie erkämpfen musste.

Entspricht eine Gemeinsamkeit einem IntegrationsWert, so ist sie innerhalb dessen *100%* wertvoll. Es kann aber Abstufungen geben: Beinhaltet das Gemeinsamkeitenbündel nur zum Teil wertvolle Gemeinsamkeiten, so ist sein Wert entsprechend geringer. Bündel können Alternativen zueinander darstellen. Eines von ihnen kann den IntegrationsWerten eher entsprechen als das andere, was den Vergleich und damit auch die Athletik zu einem fast unbegrenztuniversellen Phänomen macht. Athletik, die den im Vergleich besseren Weg für ähnliche Agenten aufzeigen möchte, nenne ich "lautere Athletik". Unter der Voraussetzung, dass die Bewertung einer Gemeinsamkeit für eine bestimmte Gruppe von Agenten gleich ist, erzeugt sie unter jenen Agenten Konkurrenz um die (Nicht)Überwindung der Grenze der bewerteten Gemeinsamkeit, insbesondere dann, wenn die (Nicht)Überwindung mit der Zunahme/Abnahme der sie teilenden Agenten schwieriger wird. Auch IntegrationsWerte sind unzulänglich. Es gibt also Wertegrenzen, SuperTranszendenz ("Umwertung der Werte"), d.h. aus hässlich kann schön werden, aus richtig falsch und umgekehrt, sowie SuperIntegration(sWerte). Die Grundbedingungen der selbstÄhnlichen Existenz - der einzig möglichen Existenz - sind die allgemeinsten SuperIntegrationsWerte. So ist es dem letzten Agenten im Universum nicht möglich, eine Gemeinsamkeit außer der Existenz zu teilen, die alle anderen Agenten im Universum teilen (*ff*-zwingende Desintegration). So muss ein neuer Agent im Universum immer mindestens eine Gemeinsamkeit teilen, die irgendein anderer, vorhandener Agent teilt (*ff*-zwingende Integration).

Die Unzulänglichkeiten sind zuerst Imperative und als solche prinzipiell unlimitiert, also zulänglich: Begrenze! Transzendiere! Integriere! Bewerte! Die Konsequenz in ihrem Begrenzen unlimitierter Grenzen wäre die Präsenz aller Agenten in ihren (ursprünglichen) Gemeinsamkeitenbündeln; die unbegrenzter nichterinnernder Transzendenz wäre die Präsenz jedes Agenten in jeweils nur einer Gemeinsamkeitsphäre; die der unlimitierten erinnernden Transzendenz wäre die Gleichteilung aller vorhandenen Gemeinsamkeiten (die maximale Entropie der Agenten); die eines unlimitierten Wertes wäre das erinnernde Teilen von Gemeinsamkeiten nur einer bestimmten Qualität. Insbesondere IntegrationsWerte erheben Gemeinsamkeitenbündel zu Imperativen, ihre Qualität zur moralischen Norm. (Imperative) IntegrationsWerte begrenzen Integration nicht nur, sondern stabilisieren sie auch, indem sie Agenten in die positiv bewerteten, also integrierenden Gemeinsamkeitenbündel "hineinzwingen". Positive Bewertung im Verhältnis zueinander macht Gemeinsamkeiten zu *ZIG*. Stabile Bewertungen sind somit die Grundlage aller Gesetzmäßigkeit. Die Regenbogenfarben inklusive der für die Regenbogenbildung nötigen physikalischen Gegebenheiten bilden als Regenbogen ein objektives, integrierendes *ff*-Gemeinsamkeitenbündel, in dem (nur) alle Regenbogenfarben objektiv positiv bewertet sind bzw. sich innerhalb des Bündels gegenseitig positiv bewerten, wodurch die Kategorie der Regenbogenfarben gleichzeitig entsteht. Die positive Bewertung kann für einzelne Farben durch diverse atmosphärische Störungen negativ oder neutral (fluktuierend) werden. Menschliche Subjektivität könnte Regenbogenfarben in einem als modisch kategorisierten Gemeinsamkeitenbündel zusammenfassen, das wiederum positiv, negativ oder neutral bewertet, also ein positiver, negativer oder neutraler IntegrationsWert sein kann. Als IntegrationsWert über der Mode könnte die politische Korrektheit liegen, die ebenfalls wiederum positiv, negativ oder neutral bewertet sein kann. Sogar (Super)IntegrationsWerte konkurrieren untereinander.

Die Existenz (die immer Existenz von/in Gemeinsamkeiten ist) ist zwar schwellenhaft, sie erstarrt aber nicht in ihren Unzulänglichkeiten, und zwar aus zwei Gründen. Zum einen limitieren sich die Unzulänglichkeiten gegenseitig, und zwar in alle Richtungen.

Grenzen limitieren nicht nur die Gemeinsamkeiten in ihrer Größe, sondern auch die Transzendenz, Transzendenz limitiert Grenzen und Integration, Integration limitiert Transzendenz und IntegrationsWerte. IntegrationsWerte wiederum limitieren Integration, damit Transzendenz und Grenzen. Mit der sich einstellenden/eingestellten Limitierung der Unzulänglichkeiten entsteht somit Freiheit. Aus Imperativen werden Möglichkeiten, so können Grenzen, deren Transzendenz, die Integration und die IntegrationsWerte eingestellt werden, ohne die Gemeinsamkeit als solche zu wandeln, und zwar durch die Natur, gemeinschaftlich wie auch individuell, vom Subjekt gegenüber sich selbst oder Anderen. Ein Fußballspiel funktioniert unabhängig von der genauen Platzgröße oder der Spielerzahl, wenn die Spieler ständig ausgewechselt werden, wenn es in ein Turnier integriert ist oder wenn Fußball unterschiedlich bewertet wird. Allerdings funktioniert es nie ohne Ball, Spieler, Feld und Tore. Zum Zweiten bedingen sich die Unzulänglichkeiten gegenseitig. Grenzen brauchen Transzendenz, um sie einzuschränken. Transzendenz braucht Grenzen, um sie in ihrem Begrenzen zu limitieren. Ohne Transzendenz - keine Integration, ohne Integration - keine Transzendenz um sie aufzubrechen. Ohne Integration - keine Werte und umgekehrt. Die sich gegenseitig bedingenden Unzulänglichkeiten sind als Aspekte ein und derselben Sache zu verstehen, der generalisierten Schwelle, d.h. alle Unzulänglichkeit wird durch eine generalisierte Bewertung der Gemeinsamkeiten zueinander festgelegt. Sie werden von den Gemeinsamkeiten mitgeschleppt, aber es gibt keine prinzipielle innerliche Zuordnung zwischen konkreter Gemeinsamkeit/Agent und Unzulänglichkeit. Gleiche Gemeinsamkeiten können unterschiedlich bewertet werden, unterschiedliche gleich. Allerdings ist eine Gemeinsamkeit immer unzulänglich, da ein Agent mindestens zwei davon teilt, was einer permanenten Transzendenz zwischen ihnen und deren positive Bewertng bedeutet. Unzulänglichkeiten sind außerdem die Voraussetzungen für Entwicklung und Vielfalt. Sie ermöglichen (Willens)Akte der freien Entfaltung: das Sich-In-Den-Gemeinsamkeiten-Abgrenzen (und den Möglichkeiten durch ihre Untergemeinsamkeiten), die Grenzdurchschreitung, die Integration/Teilhabe, die Bewertung, die natürlich alle zusammenhängen. Von der Gemeinsamkeit aus betrachtet: Jene wird durch

Grenzen begrenzt; verliert oder gewinnt Agenten durch Transzendenz; verbindet sich mit anderen aufgrund der Integration in mehrere Gemeinsamkeiten und wird in ein Gemeinsamkeitenbündel bestimmter Kategorie gezwungen. Veränderung von Gemeinsamkeiten ist immer das Hinzufügen oder Wegnehmen von Gemeinsamkeiten aus Gemeinsamkeitenbündeln, was bezogen auf das vorhandene Bündel immer mit einem Schwellenübergang und damit einer neuen/ anderen Gesamtbewertung des neuen Bündels verbunden ist. Vom Agenten aus betrachtet: Jener teilt eine begrenzte Gemeinsamkeit; transzendiert in eine weitere; schleppt die erstere im Rahmen der Integration mit sich; verbleibt in Gemeinsamkeiten derjenigen Kategorie, die vom IntegrationsWert vorgegeben wird bzw. wird in ein Gemeinsamkeitenbündel jener Kategorie hineingezwungen, dessen Gemeinsamkeiten er allesamt gleichzeitig teilt. Die Transzendenz in ein anderes Bündel bedeutet Umbewertung, die zu Schwellenüberschreitung führt.

Lass mich noch einmal zurück zur Erkenntnis kommen. Die Unzulänglichkeiten bedeuten, dass es kein unbegrenzt-universelles Gesetz gibt. Sie bedeuten auch, dass Gemeinsamkeiten zwar *ff* zusammenhängen, ihre Agenten sie jedoch verlassen können, um sich in andere/neue zu integrieren. Dass bedeutet, dass jedes Wissen letztendlich nur ein Wissen nach dem Falls-Dann-Schema ist, wobei dieses Falls-Dann selbst noch Unzulänglichkeiten enthält. Somit ist jedes Wissen ein Wissen, das sich auf bestimmte Rahmenbedingungen bezieht, die sich wiederum nicht vollständig kontrollieren lassen, da ihre Grenzen Schwellen sind. Jedes vermeintliche Wissen um das, was im nächsten Moment passiert, ist somit immer nur ein Glauben. Der Mensch kann sich weder von den objektiven Zwängen befreien, noch kann er sie vollständig vorausberechnen. Die Glaubensfähigkeit ist aber notwendig, um, trotz möglicher Ausnahmen, eine hinreichende Realitätsbeherrschung zustande zu bringen.

Ist die Freiheit unendlich?

Nein! Das Maß für die maximale Unzulänglichkeit/Freiheit nenne ich den ultimativen IntegrationsWert. Bedenke, dass das Fehlen von ultimativen IntegrationsWerten (also einer maximalen Zahl von Gemeinsamkeiten, die der Agent teilen kann) bedeuten würde, dass sich jeder Agent in alle Gemeinsamkeiten des Universums integrieren könnte. Ein Überstülpen aller vorhandenen Gemeinsamkeiten über alle Agenten würde sie einander identisch machen und die Ähnlichkeit ginge verloren. Ein einzelner Agent kann bezüglich aller Gemeinsamkeiten im Universum genauso wenig unbegrenzt-universell sein, sie also alle teilen (Monopolisierung), wie eine Gemeinsamkeit - aufgrund ihrer Begrenztheit - alle Agenten integrieren (Universalisierung). Ultimative IntegrationsWerte stabilisieren die Unzulänglichkeit der Agenten, um die Ähnlichkeit im Sinne von Nicht-Ganz-Identisch-Sein zu erhalten. Selbst wenn jeder Agent unendlich viele Gemeinsamkeiten teilt, so ist diese Unendlichkeit durch den ultimativen IntegrationsWert begrenzt. Überschreitet der Agent jenen Wert durch Hinzunahme weiterer Gemeinsamkeiten, so kommt es zur Desintegration. Jene kann zahlreiche Gemeinsamkeiten betreffen, insbesondere dann, wenn sich der Agent zur permanenten erinnernden Grenztranszendenz zwingt, aber aufgrund von deren schierer Menge nicht in allen angestrebten Gemeinsamkeiten gleichzeitig präsent sein kann.

Ist Freiheit Weltoffenheit?

Gängige Definitionen sehen die inverse "Weltoffenheit" eines Menschen als das Verhältnis zwischen den verbindlich auszuführenden Befehlen aus seinen abgespeicherten Trieben (hauptsächlich als Reaktionen) und den davon unabhängig entwickelbaren, kulturellen Verhaltensmotivationen [vgl. 13]. Die Weltoffenheit kann somit als Potenzial für den freien Willen verstanden werden. Die Limenistik definiert sie als das Verhältnis zwischen gerade geteilten und durch den Agenten potenziell zusätzlich teilbaren plus kündbaren Gemeinsamkeiten. Somit kann man bei einem nicht ansteigenden ultimativen IntegrationsWert schließen, dass die Weltoffenheit, und damit der freie Wille, mit der Zahl zwingender erinnerter Gemeinsamkeiten absinkt. Ich halte es darüber hinaus für sinnvoll, die Weltoffenheit nur als begrenzte Möglichkeit zu begreifen. Im Rahmen des freien Willens ist es zwar möglich, dass man sich aus einem IntegrationsWert herausnimmt, beispielsweise einen der Instinkte überwindet, andere überwindet man jedoch nicht. Außerdem gerät man in neue Zwänge hinein, die man sich durch den freien Willen selbst auferlegt. Nichts, was existiert, kann vollständig weltoffen sein, denn die durch absolute Weltoffenheit mögliche Verletzung des Imperativs "Existiere" führt zur Nichtexistenz (Einen Grünen Knollenblätterpilz kann man nur einmal verspeisen). "Weltabgeschlossenheit" bei Lebewesen wird mit einer reinen Triebgesteuertheit assoziiert. Dennoch gehe ich nicht davon aus, dass Tiere allein durch Triebe bestimmt werden. Auch sie kennen Weltoffenheit, somit den freien Willen, denn sie spielen, um zu lernen. Der Spieltrieb kann das Spielen jedoch nicht determinieren.

Weltoffenheit basiert auf der Unzulänglichkeit der Gemeinsamkeiten. Bezogen hierauf gibt es drei Arten von IntegrationsWerten. Die erste Art besteht im Zufall, welcher Agenten durch eine spontane Bewertung in Gemeinsamkeiten verharren, in sie transzendieren oder sie vermeiden lässt. Darüber hinaus zwingt der Zufall Gemeinsamkeitenbündel auseinander oder Gemeinsamkeiten ineinander, unabhängig davon, ob sie danach dauerhaft fortexistieren könnten oder nicht. Der zweite IntegrationsWert ist der freie Wille, der einen ähnlichen Effekt auf die Gemeinsamkeit und Gemeinsamkeitenbündel hat wie der Zufall. Der Unterschied besteht darin, dass dem Zufall für die Bewertung alle seine Möglichkeiten zur Verfügung stehen. Der freie Wille hingegen bewertet die Gemeinsamkeit bzw. Gemeinsamkeitenbündel entsprechend der begrenzten Bewertungsfähigkeit durch den Menschen und leitet daraus Transzendenz, Verharren und Vermeidung von Gemeinsamkeiten ab, und zwar vor dem Willensakt. Somit ist der freie Wille unfreier als der Zufall. Die dritte Art von Weltoffenheit ist evolutionär. Es werden diejenigen Gemeinsamkeiten zu (Anti)Imperativen, von denen sich herausstellt, dass sie die Agenten, die sie teilen, (nicht) existieren lassen. Sie mögen sich aufgrund von Zufällen oder freien Willensakten (willkürlich/Spiel) herausgebildet haben, doch der Agent muss die Gemeinsamkeiten des SuperIntegrationsWertes der selbstÄhnlichen Existenz einhalten. Der Unterschied zwischen dem evolutionären (anpassungsfinalistischen) und dem freiem Imperativ ist, dass der erstere die begrenzt-universelle Existenz der Gemeinsamkeiten bzw. des Bündels *per se* garantiert. Beim freien Willen (wie beim Zufall) ist das nicht der Fall. Er löst sich von der Existenz. Weder bedingt er sie, noch wird er (nur) von ihr bedingt. Willkür bedeutet die Freiheit, auch die Nichtexistenz, generell positiv zu bewerten.

Gibt es universelle Werte für den Menschen?

Existenz heißt zu existieren, heißt selbstÄhnliche Bewegung, Zeiterschaffung. Sie ist permanente Schwellenüberschreitung und gleichzeitiges Verharren, also Transzendenz und Integration anhand von Integrationswerten. Die Menschheit ist endlich. IntegrationsWerte können für die menschheitliche Existenz daher universell sein, müssen es aber nicht. Anders ausgedrückt: Aufgrund der Begrenztheit/Ähnlichkeit der Menschen gibt es für sie sowohl universell, gruppenspezifisch als auch individuell falsche oder richtige Gemeinsamkeiten.

Hat schon jemand mit dem Konzept der begrenzt-universellen Gemeinsamkeiten gearbeitet?

Das Konzept von Sphären und Bündeln wurde in ähnlicher Form früher etabliert. Beispielsweise wurde der Mensch als Summe seiner Eigenschaften gesehen (die von G. W. F. Hegel massiv kritisierte Bündeltheorie, die zuvor von David Hume eingeführt wurde [14]). Beziehungen zwischen Menschen beschreibt die Philosophie Peter Sloterdijks [15]. Eine Einführung findet sich in [16]. Die Autoren schreiben: "Wie für Heidegger ist für Sloterdijk der Mensch ein Wesen, das sich in der Welt einrichtet, indem es Nähe-Felder aus Menschen und Dingen einrichtet, wobei er diese Nähe-Felder" allgemein "als 'Sphären' bezeichnet." Menschliches Dasein ist das "Mitsein" mit anderen Dingen. Intime "Mikrosphären" von Beziehungen entstehen aus der Zweiheit. Sloterdijk nennt sie "Blasen", die mit zunehmender Komplexität der nunmehr multifokalen Beziehungen zu "Schäumen" werden. "Menschen, aber auch Dinge, Ideen etc. bevölkern mehrere Blasen und auch mehrere Schäume zugleich."

In der Limenistik sind Gemeinsamkeitssphären/bündel eine/mehrere, mehrere Agenten einhüllende Gemeinsamkeit/en, wobei die Limenistik zwischen den blasen- bzw. bündelbildenden Gemeinsamkeitssphären abgrenzende Gemeinsamkeitenschwellen annimmt. Die für das Wachstum der Sloterdijkschen Blasen notwendige "Unfertigkeit" des Menschen im Sinne von Handlungsfreiheit/Weltoffenheit entspricht der limenistischen Unzulänglichkeit. Transzendenz über die Schwellen bedeutet bei Sloterdijk "Zur Welt kommen" (in Anlehnung an Martin Heideggers "In der Welt sein"). Das Leben des Menschen als permanente Transzendenz sieht Sloterdijk (in Anlehnung an Hannah Arendt) als eine ständige Geburt an. Der Mensch besitzt neben der Möglichkeit, jederzeit zu sterben, also der Sterblichkeit, ebenfalls die Möglichkeit, jederzeit zu neuer/anderer Welt zu kommen, die "Geburtlichkeit". Letztere wird häufig so verstanden, dass man sich nach Belieben und ohne Anstrengung neu oder anders erfinden kann. Heideggers Begriff der "Geworfenheit" (dem er den des "Entwurfes" entgegensetzt) wird hingegen als eine Verdammnis des Menschen interpretiert, ewig in seiner Ursprünglichkeit zu schmoren und wenn er sie denn verlässt, würde er nichts anderes tun können, als sie wiederzuerlangen. Doch "... innerhalb seines Lebens muss der Mensch in immer neue Sphären ein- und umziehen und kommt dadurch ständig unter verschiedenen Umständen neu zur Welt." [16] Bedenke, dass Weltoffenheit, verstanden als Fähigkeit zum freien Willen unter der Voraussetzung von Unzulänglichkeit auf den Menschen (Dasein) und sein bewusst-sorgendes In-Der-Welt-Sein beschränkt ist. Verstanden als Synonym für Unzulänglichkeit, d.h. wenn jedes unzulängliche Objekt auch lernfähig im Sinne von gemeinsamkeiten(des)integrierend ist, ist menschliche Weltoffenheit begrenzt-universell im Sinne von einzigartig. Die Unberechenbarkeit der Bewegung dreier wechselwirkender Objekte geht nämlich nicht auf das mathematische Unvermögen des Menschen, sondern auf die Undeterminiertheit der Bewegung selbst zurück.

Blasen können nicht beliebig expandieren, d.h., Agenten integrieren, ohne zu zerfallen. Deswegen sind Gesellschaften auch keine einheitlichen Sphären, sondern Schäume aus benachbarten Blasen, die auf Austauschbeziehungen basieren. Jene Blasen berühren einander, weswegen ihnen ihre Wände gemeinsam sind. Für Sloterdijk " ...ist Gesellschaft 'ihre Raumtemperatur, sie ist die Qualität ihrer Atmosphäre' bzw. 'ein Aggregat aus Mikrosphären (Paare, Haushalte, Betriebe, Verbände) verschiedenen Formats, die wie die einzelnen Blasen in einem Schaumberg aneinandergrenzen und sich über- und untereinander schichten, ohne füreinander wirklich erreichbar noch voneinander effektiv trennbar zu sein." [16] Diese scheinbar sich ausschließende Gleichzeitigkeit ist die limenistische Schwellenhaftigkeit: Die Limenistik setzt Schwellen zwischen die Sphären und damit auch zwischen die Schäume. Sie ordnen sich in ihrem Wirken zwischen der "freien" Geburtlichkeit und der Geworfenheit ein und kombinieren beides. Sie ermöglichen den Entwurf bzw. die Geburt in ein anderes oder neues Leben und erschweren ihn/sie zur selben Zeit, eben wie eine Schwelle zum Eintreten einlädt und gleichzeitig ausgrenzend wirkt. Die heutige Gesellschaft sieht Sloterdijk als von individuellen Blasen geprägt, also von solchen, in denen sich je nur eine Person eingerichtet hat.

Und was sind deine geheimnisvollen Gemeinsamkeiten?

Ich habe hauptsächlich materielle Gemeinsamkeiten im Auge. Aber das ist meine subjektive Meinung. Du kannst versuchen, dich ihnen wie folgt zu nähern. Sage dir einfach, dass ein Gesetz darin besteht, eine Gemeinsamkeit *ff*-zwingend zu teilen. Diese Herangehensweise ist zwar denkbar unkonkret, hieraus erkennst du aber, dass die Menge $A1$ der Agenten, die sich an eine bestimmte Gesetzmäßigkeit halten, begrenzt ist und dass sie es über den Gemeinsamkeitsrand betreten/verlassen könnten. Außerdem gibt es Agenten der Menge $A2$, die sich dieser Gesetzmäßigkeit nicht unterwerfen, möglicherweise jedoch einer anderen. Die begrenzte und begrenzende Gemeinsamkeit, die sich in der Gesetzmäßigkeit reflektiert, nenne ich für die sie teilende Agentengruppe $A1$ "relevant" bzw. "irrelevant" für $A2$. Genauso gut ist $A1$ relevant und $A2$ ist irrelevant für jene Gemeinsamkeit. Naturwissenschaftliche, aber auch gesellschaftliche Konzepte können nur im Rahmen der relevanten Gemeinsamkeiten betrachtet werden, d.h., Gleichbehandlung gibt es vor einem zwar allgemein formulierten Gesetz, das sich aber tatsächlich auf einen begrenzten Bereich bezieht. Pauschalisierungen sind daher unzulässig.

Wenn auch die Naturgesetze unzulänglich sind, so muss sich niemand der eigenen, menschlichen Unzulänglichkeit schämen. Der psychische Zwang, zuverlässig immer das Vorausgeplante herstellen zu müssen, wird verneint, nicht nur aus menschlicher Unzulänglichkeit heraus.

In der Limenistik gibt es nur begrenzt-universelle Gemeinsamkeiten, aber auch nur begrenzt-universelle Gesetze, d.h. bestimmte Gemeinsamkeiten hängen zusammen (*j*-, *f*-, oder *ff-ZIG*), können aber in Richtung anderer *ZIG*, die jene Gemeinsamkeiten vollständig, teilweise oder gar nicht integrieren, über Schwellen verlassen werden, was die Zahl der Agenten, die bestimmten Gesetzen folgen, begrenzt.

Was ist mit sicheren Voraussagen?

Die für langfristige Verhaltensvoraussagen wichtigsten *ZIG* sind *ff-ZIG*. *ff*-zwingend bedeutet sowohl, dass bestimmte Gemeinsamkeiten zusammen *ff*-zwingend in *ff-ZIG* (nicht) integriert sind, als auch, dass Agenten, die bestimmte Gemeinsamkeiten im Rahmen eines *ff-ZIG* teilen, andere Gemeinsamkeiten *ff*-zwingend (nicht) teilen. Aber das ist kein Widerspruch. Tatsächlich sind (i) Agenten, die Gemeinsamkeiten teilen, und (ii) zusammenhängende Gemeinsamkeiten in der Limenistik äquivalent. Die Aussage: "Alle Frösche (*v*) sind grün (*g*)" ist nur dann zulässig, wenn es sich bei dem "Frosch" nicht zuerst um einen Agenten, sondern um eine bestimmte Gemeinsamkeit (*v*) handelt. Stelle dir vor, dass ein *ff-ZIG* die Gemeinsamkeiten *v* und *g* eventuell *ff*- (und nicht bloß *f*-) integriert. Findet man einen Agenten (*A1*), der *v* und *g* über seine gesamte Existenz hinweg tatsächlich teilt, so ist die Wahrscheinlichkeit dafür hoch. Allerdings ist nur der zwingende Zusammenhang *A1*=<<*v,g*>,...> gegeben. Für eine größere Agentenmenge *Ax* kann man den Beweis durch Abzählen aller Frösche (z.B. in Gärtner Krauses Teich = *gkt*) erbringen: *Ax*=<<*gkt,v,g*>,...> Jenseits des Teichs kann man versuchen, so viele Beispiele zu finden, dass die Verknüpfung der Gemeinsamkeiten $v \leftrightarrow g$ jenseits der statistischen Zufälligkeit liegt, also einer bloßen f-Verknüpfung. Ein empirischer Beweis, dass bestimmte Gemeinsamkeiten ff-zwingend zusammenhängen müssen, somit ein ff-ZIG bilden, ist also erbracht, wenn genügend Agenten die gleichen Gemeinsamkeiten untereinander genauso teilen. Die empirische Sicherheit steigt nicht nur mit der Zahl der Nachweise an Agenten, sondern auch mit der Zahl der Gemeinsamkeiten im ff-ZIG und mit der Auswahl der Agenten, sodass unerkannte ff-Verknüpfungen mit anderen Gemeinsamkeiten ausgeschlossen werden können.

Gibt es Verfahren zum Nachweis von ff-Verknüpfungen von Gemeinsamkeiten ohne auf empirische Statistik zurückzugreifen?

Ja, durch Ableitungen mittel Induktion, Analogie, Deduktion oder Hypothese/Abduktion [vgl. 17]. Sie sollen bestimmte, zwischen den Agenten einer Gruppe geteilten ff-ZIG isolieren, die durch das Teilen jener ff-ZIG begrenzt wird, was der Maximalgröße der die ff-ZIG teilenden Gruppe entspricht. Die grundsätzliche limenistische Frage lautet dabei: Gilt dieses ZIG ff für diese(n) Agenten? Nimm die Aussage: "Die Äpfel in Tonnen faulen!" und betrachten sie als ein Gesetz, d.h. als ein ff-ZIG mit den ff-integrierten Gemeinsamkeiten "Apfel", "Tonne" und "Faulen". Dennoch wird sich irgendwann oder irgendwo ein Apfel in einer Tonne finden, der nicht fault, was dieses Gesetz (als ein unbegrenzt-universelles) widerlegt (Poppersches Gegenbeispiel), was aber nicht heißt, dass es für die gefaulten Äpfel nicht gültig wäre.
(i) "Der Apfel in der Tonne ist faulig, also sind alle Äpfel in Tonnen faulig!" ist eine Induktion. Sie wäre unvollständig, wenn die Fauligkeit des einen Apfels ein f-ZIG wäre, es also keinen ff-Zwang gäbe. Anders gesagt: Zur Ableitung eines ff-zwingenden Verhaltens der Mitglieder einer Gruppe von Agenten (definiert durch mindestens eine Gemeinsamkeit untereinander) sind Beispiele untereinander geteilter Gemeinsamkeiten einzelner Mitglieder nicht ausreichend. Für die vollständige Induktion des ff-ZIG muss man zeigen, dass die Gemeinsamkeiten Apfel, faulig und Tonne, gesehen bei einem Agenten, ff-zwingend beim jeweils nächsten Agenten ebenfalls zusammen auftreten ("Wenn ein Apfel

in der Tonne faul ist und der jeweils nächste ist *ff*-gezwungenermaßen diesbezüglich genau wie jener, dann bilden Apfel, Tonne und faul ein *ff-ZIG*!").

(ia) Der Analogieschluss "Äpfel in Tonnen werden faulig, also werden auch Birnen dort faulig!" ist ebenfalls eine Induktion, allerdings nicht von einem konkreten Objekt auf ein nominell gleiches und damit auf die Objektklasse (Abstraktion), sondern von einer Objektklasse auf eine ähnliche bzw. die ihnen übergeordnete.

(ii) "Alle Apfelsorten werden in Tonnen gesetzmäßig faulig, also ist jeder Apfel in der Tonne faul!" ist eine Deduktion. Aufgrund der Begrenztheit der *ff-ZIG* können Deduktionen unvollständig sein, nämlich dann, wenn ein bekanntes Gesetz auf Agenten mit bestimmten Gemeinsamkeiten angewendet wird, z.B. "Apfel", die das dem Gesetz entsprechende *ff-ZIG* jedoch nicht genauso teilen, sondern andere *ZIG*, die jene bestimmten Gemeinsamkeiten ebenfalls integrieren, zusammen mit weiteren, z.B. unerkannten, zufälligen bzw. transzendierenden Gemeinsamkeiten. Anders gesagt: Zur Ableitung eines *ff*-zwingenden Verhaltens der Mitglieder einer Agentengruppe (definiert durch mindestens eine Gemeinsamkeit untereinander) ist das Heranziehen eines Satzes allgemeiner Gesetze, die bestimmte Gemeinsamkeiten mit der vorhandenen *ff*-verbinden, nicht ausreichend. Vollständige Deduktion bedeutet, dass das schon als *ff* bewiesene *ZIG* nur dann auf Agenten angewendet werden kann, wenn sie alle (nur) es in gleicher Weise teilen, d.h. letztendlich alle im *ZIG* integrierten Gemeinsamkeiten, und ebenfalls vom *ff*-Zwang beseelt sind. ("Wenn es ein Apfel-Tonne-faul-*ff-ZIG* gibt und die Äpfel in der Tonne *ff*-gezwungenermaßen genau jenes genauso teilen, dann sind alle Äpfel in der Tonne faul!").

(iii) "Alle Äpfel in der Tonne sind faulig, also stammt der faulige Apfel auf dem Tisch aus einer (dieser) Tonne!" ist eine Abduktion. Sie ist dann unvollständig, wenn die Fauligkeit des Apfels nicht aufgrund seiner Lagerung in einer (dieser) Tonne zustande gekommen sein muss. Anders gesagt: Zur Ableitung, ob ein bestimmter Agent ein *ff-ZIG* mit anderen Agenten teilt, genügt es nicht, dass er bestimmte Gemeinsamkeiten mit ihnen teilt, die zu jenem von den Agenten geteilten *ff-ZIG* gehören. Die vollständige Ableitung, dass ein Agent, der bereits Gemeinsamkeiten mit anderen Agenten teilt, bestimmte weitere Gemeinsamkeiten mit jenen Agenten teilt, verlangt, dass sie alle das *ff-ZIG* teilen, welches alle jene Gemeinsamkeit integriert. ("Wenn die Äpfel in der Tonne dem Apfel-Tonne-faul-*ff-ZIG* unterliegen und der faule Apfel auf dem Tisch *ff*-gezwungenermaßen diesbezüglich genau wie jene ist, dann stammt er aus der Tonne!"). Die Abduktion erheischt am stärksten die Untersuchung zwingender Integration der Gemeinsamkeiten Tonne, faulig und Apfel, die sich konkret mit dem momentanen, räumlichen Zustand des Agenten verbinden.

Die vollständigen Versionen dieser Verfahren sind darauf angewiesen, diejenigen Gemeinsamkeiten, welche der *ff*-Zwang zu einem bestimmten *ff-ZIG* vereint, als *ff*-erzwungen geteilte Gemeinsamkeiten der Agenten untereinander zu identifizieren. Umgekehrt: Wenn Agenten *ff*-zwingend die gleichen Gemeinsamkeiten untereinander genauso teilen, dann bilden jene ein *ff-ZIG*. Bei der vollständigen Induktion muss die diesbezügliche Übereinstimmung eines Beispielapfels aus der Gruppe, bei der Deduktion die eines idealen Apfels, bei der Abduktion die eines beliebigen Apfels mit allen anderen bewiesen werden. Insbesondere die Deduktion verlangt immer den Nachweis, dass sich die Äpfel zwingend dem übergeordneten Gesetz unterwerfen, was nicht automatisch gegeben ist, denn Gesetze sind immer begrenzt(-universell). Konkret gelten die auf die Situation in der Tonne adaptierten physikalischen und biochemischen Gesetze für alle die Äpfel, die sie dort zum Faulen zwingen. Sie sind deren gemeinsame *ff-ZIG*, wobei die durch die *ff-ZIG* integrierten Gemeinsamkeiten natürlich auch bei einem einzelnen Apfel *ff*-verbunden sind, ihn aber nicht vollständig beschreiben.

Muss man die Verknüpfung von Agent und Gemeinsamkeit beweisen?

Nein, oder besser, nicht vordergründig. Verknüpfungen zwischen Agenten und Gemeinsamkeiten werden in der limenistischen Erkenntnis durch solche ersetzt, die nur zwischen Gemeinsamkeiten bestehen. Statt das *ff-ZIG* über das *ff*-zwingende Teilen ihrer Gemeinsamkeiten durch die Agenten (bzw. deren diesbezügliche *ff*-

zwingende Übereinstimmung) nachzuweisen, wird der direkte *ff*-Zusammenhang der Gemeinsamkeiten nachgewiesen, inklusive des dem *ZIG* innewohnenden Zwangs (wodurch ebenfalls *j*- oder *f-ZIG* ausgeschlossen/nachgewiesen werden können). Dadurch verschmelzen die genannten Verfahren zur (nennen wir sie mal) "Eduktion". Durch die Eduktion erfolgt der Nachweis verknüpfter Gemeinsamkeiten und deren Verknüpfungsart, wovon die *ff-ZIG* im besonderen Fokus stehen, schließlich erlauben sie zuverlässige Verhaltensvorhersagen. Für die Agenten gilt: Ein *ZIG*, welches bestimmte Gemeinsamkeiten *ff*-integriert, bestimmt das Verhalten von Agenten nur dann in gleicher Weise, wenn jene die Gemeinsamkeiten **genauso *ff***, somit das *ff-ZIG* genauso teilen. ["Es gibt einen Zwang, der Äpfel in der Tonne (heute) faulig macht. Alle Äpfel in der Tonne, die (heute) jenen Zwang teilen, sind faulig!"].

Was ist die Eduktion genau?

Das Dilemma der Eduktion besteht darin, dass sie *ff*-zwingend integrierte Gemeinsamkeiten im *ff-ZIG* nachweisen will, was aber nur an dem Verhalten von Agenten erfolgen kann. "Süß" sei eine Gemeinsamkeit der Agenten*XY*. Ein die evtl. *ff*-zwingende Verknüpfung von süß und jenen Agenten reflektierendes Gesetz würde besagen: "Alle Agenten*XY* schmecken süß, wenn sie reif sind." Das genannte Gesetz kann man zunächst aus einer unvollständigen Induktion/Deduktion/Abduktion heraus vermuten, d.h., es ist egal, ob man zunächst einige Agenten*XY* probiert, die Gemeinsamkeit erkennt und die genannte These aufstellt oder zuerst die These aufstellt, weil man das Süß-Gesetz mit komplizierten chemischen Formeln errechnet hat und von dessen Gültigkeit für die betrachteten Agenten*XY* ausgeht. Die eduktive Verifikation erfolgt nun durch die direkte Erkenntnis von zwingender Integration. Dafür müssen die Agenten *XY* als Gemeinsamkeitenbündel verstanden werden. Die zwingende Integration der Gemeinsamkeiten jenes Bündels ineinander ist dann das Gesetz: "Agenten, die bestimmte Gemeinsamkeiten der Agenten*XY* teilen, schmecken süß, wenn sie reif sind." Somit ist ein Gesetz Ausdruck eines anhand expliziter Gemeinsamkeiten formulierten IntegrationsWertes, des expliziten IntegrationsWertes, der ein entsprechendes *ff-ZIG* erzeugt.

Kann der Mensch den expliziten IntegrationsWert erkennen?

Versteht man den Zwang in das *ZIG* als expliziten Integrations-Wert für begrenzte Gemeinsamkeiten, wird offensichtlich, dass sie selbst nur begrenzt gelten. Stell dir ein paar Leute vor, die zum gleichen Zeitpunkt von einer Klippe springen und auch gleichzeitig ins Wasser eintauchen. Die Menschen teilen offenbar die Gemeinsamkeit, gleich schnell nach unten zu fallen. Man könnte annehmen, das Gesetz des freien Falls "Körper fallen gleich schnell" (im Sinne einer Beschleunigung) sei ein unbegrenzt-universelles Gesetz. Tatsächlich stellst du beim genauen Beobachten jedoch Unterschiede in der Fallzeit fest. Eine Herangehensweise wäre nun, die objektive Begrenztheit des idealen Fallgesetzes anzuerkennen und zu erkennen. Die entgegengesetzte Herangehensweise wäre, alle möglichen Gemeinsamkeiten berücksichtigen zu wollen, um am Ende ein übergeordnetes Gesetz zu formulieren, das die Bewegung aller Körper zu jedem Zeitpunkt vorhersagt. Die Herangehensweise der Universalisierung ist fatalerweise der des Einschränkens sehr ähnlich: Man sucht nach zwingend zusammengehörenden Gemeinsamkeiten, allerdings nicht nach deren minimaler, sondern nach deren "unendlicher" Zahl. Im letzteren Fall stößt man irgendwann auf ein Problem: Aus einem Gesetz, das tatsächlich nur endlich viele Gemeinsamkeiten integriert, z.B. *<abc>*, kann man nämlich nicht auf Gemeinsamkeiten und deren zwingende Integration schließen, die es nicht enthält, z.B. *<cde>*. *ZIG* sind aufgrund ihrer Begrenztheit immer inkohärent.

Was bedeutet "zwingende ff-Integration?"

Für die Isolierung des Fallgesetzes muss man zunächst anerkennen, dass diejenigen Agenten, die sich daran halten, Gemeinsamkeiten teilen müssen, die über einen expliziten IntegrationsWert in die übergeordnete Fall-Gemeinsamkeit integriert sind. *ff*-Integration von Gemeinsamkeiten bedeutet wiederum nichts anderes, als dass sie sich innerhalb des *ff-ZIG* gegenseitig *(ff-)*bedingen, sich also jenseits einfacher Faktizität in Falls-Dann-Beziehungen befinden. Für ein bestimmtes *ff-ZIG* handelt es sich dabei um Nur-Dann-Wenn-Bedingtheit, denn ohne die in jenes integrierten Gemeinsamkeiten gibt es das *ZIG* nicht. Die Bedingtheit zwischen den Gemeinsamkeiten bedeutet, dass bestimmte Gemeinsamkeiten *ff*-zwingend nur mit bestimmten anderen/neuen Gemeinsamkeiten im Agenten auftreten.

Und wie werden die ff-zusammenhängenden Gemeinsamkeiten identifiziert?
Grob gesagt: Über die gemeinsame Transzendenz mindestens eines Agenten in/aus mehrere/n Gemeinsamkeiten. Da Agenten in eine begrenzte Zahl verschiedener *ff-ZIG* integriert sind, kann die Beziehung zwischen Gemeinsamkeiten im Agenten nicht-bedingend (j, f) sein, aber auch unidirektionales Falls-Dann (d.h. seine Integration in eine bestimmte Gemeinsamkeit setzt die Integration in andere voraus, aber nicht umgekehrt), oder bi-/multidirektionales Falls-Dann (d.h. seine Integration in bestimmte Gemeinsamkeiten setzt die Integration in andere, bestimmte voraus und umgekehrt). Sich-Bedingen bedeutet aber auch, sich gegenseitig hervorzurufen (und den Zwang) - d.h., dass es bestimmte Gemeinsamkeiten ohne den sie integrierenden Wert **gar nicht gibt** - und zusammen zu verschwinden (mit dem Zwang), wenn die Agenten eine der bedingenden verlassen. Sieht man den Zwang zur sauberen Straße als IntegrationsWert an, so ist der Straßenkehrerberuf die durch ihn, die saubere Straße und den Müll erzeugte, zusätzlich integrierte Gemeinsamkeit. Ohne die Straße oder den Müll würde er nicht existieren. Sieht man ein gemeinsames Produkt als Integrierendes (Erinnerndes) des zu seiner Herstellung Nötigen, so ist der Herstellungsprozess selbst eine zusätzliche Gemeinsamkeit, die es ohne den Marktzwang zur Herstellung des Produkts nicht gegeben hätte. Ein weiteres Beispiel ist das sogenannte Einstein-Podolsky-Rosen (EPR) Paradoxon [18]. Dabei stellt man sich einen Quantenzustand vor, der aus zwei Elektronen besteht, die entgegengesetzte Eigendrehimpulse (Spins) besitzen. Die Elektronen bilden einen gemeinsamen Quantenzustand. Wenn man einen der beiden Spins detektiert, löst sich der gemeinsame Zustand auf. Der

ff-Zwang nun besteht darin, dass jeder der beiden Spins dem anderen immer entgegenreichtet sein muss.

Also bedingen sich alle Gemeinsamkeiten gegenseitig?

Alles, was Agenten selbstÄhnlich existieren lässt, wird durch sie pauschal positiv bewertet und ist daher attraktiv. Jede faktische Gemeinsamkeitenakkumulation erzeugt ihre positive Bewertung selbst, sie legitimiert sich durch ihre Faktizität oder anders gesagt: Die Faktizität der Gemeinsamkeiten muss durch eine positive (negative) Bewertung ihrer selbst (der nichtfaktischen Alternativen) entstanden sein. Entsprechend dieser Asymmetrie erhält *ff*-Vorhandenes eine positivere Bewertung gegenüber *f*-Vorhandenem, und *f*-Vorhandenes dagegen eine positivere gegenüber noch nicht Vorhandenem *j*. In diesem Verständ-nis ist nicht-vorhandene Gemeinsamkeitenakkumulation *j* beinahe zwangfrei, bereits *f*-vorhandene in Form zufälliger/willkürlicher/spielerischer Gemeinsamkeitenverknüpfungen zwingend, wie auch *ff*-Vorhandenes, also sich gegenseitig *(ff-)*bedingende Gemeinsamkeiten.

(Gegenseitige) Bewertungen von Gemeinsamkeiten erscheinen willkürlich, Erstere schleppen ja nicht ständig die gleiche Bewertung mit sich. Sie dienen jedoch primär der Herstellung unzulänglicher (begrenzter) *ZIG*, weshalb einerseits die Ähnlichkeit (Gleichheit+Unterschiedlichkeit=Unzulänglichkeit) zwischen den Agenten garantiert, als auch die Überschreitung des ultimativen IntegrationsWertes durch zu viele integrierte Gemeinsamkeiten unterbunden werden muss. Beispielsweise teilt der Agent *[AB]* mit einem Agenten *[AC]* die Gemeinsamkeit *a* und mit einem anderen, *[BD]*, die Gemeinsamkeit *b,* wodurch er beiden ähnlich im Sinne von Fast-Identisch-Sein ist. Gleichzeitig teilt *[AB]* mit den Agenten *[AC]* und *[BD]* jeweils nicht die Gemeinsamkeiten *b* oder *a* und ist ihnen dadurch jeweils ähnlich im Sinne von Nicht-Ganz-Identisch-Sein. Das Szenario vollkommen unterschiedlicher/gleicher Agenten kann also nur durch die faktische Vorhandenheit von mindestens zwei unterschiedlichen Gemeinsamkeiten im Agenten verhindert werden.

Einfach faktische *ZIG* sind zwar intern leicht positiv bewertet, sind allerdings instabil. *f-<ab>* könnte sich auflösen und der Agent kann sich unabhängig entsprechend *a* oder *b* verhalten, d.h. die geforderte zwingende Verknüpfung mindestens zweier unterschiedlicher Gemeinsamkeiten wäre nicht mehr gegeben. *f-ZIG* können verschwinden oder sie werden *ff*, falls sie den Anforderungen der limenistischen Ähnlichkeit (Gleichheit+Unterschiedlichkeit aller sie teilenden Agenten) entsprechen bzw. über diesen SuperIntegrationsWert miteinander korreliert sind (Korrelationensystem). Allerdings folgt hieraus nicht automatisch die Ausbildung des *ff*-Zwangs, die (wie dessen "Übernahme") eine Schwellenüberschreitung durch den Agenten verlangt.

Ein Agent kann ein *ff-ZIG* nicht auflösen und seine Gemeinsamkeiten beliebig neu *ff* ineinanderzwingen. Er kann es nur verlassen und in ein (neben *j*- und *f*-) weiteres mögliches *ff-ZIG* transzendieren, dessen Möglichkeit durch *ff*-garantierende IntegrationsWerte gegeben ist. Der Sachverhalt möglicher und unmöglicher *ff-ZIG*, also dass nicht jedes denkbare *ZIG ff* sein kann, ist letztendlich eine Konsequenz der Forderung nach SelbstÄhnlichkeit der Existenz und kann nur durch die Unzerstörbarkeit möglicher *ff-ZIG* und die Zerstörbarkeit unmöglicher realisiert werden, wobei die Unzulänglichkeit durch die Transzendierbarkeit derer Grenzen gewahrt bleibt. Auch, wenn Entdeckung und Erschaffung unterschiedlich erscheinen, ist jedes Hervorbringen, jede Erschaffung eines *ff-ZIG* ist immer auch eine Entdeckung, nämlich von dem, was innerhalb des existenziellen Rahmens *ff* möglich ist, das sich zunächst jedoch selbst nicht kennt. Genau diese Aufgabe hat der Agent, da er Gemeinsamkeiten in sich vereinigen kann und entweder an ihnen oder mit ihnen zugrunde geht, oder sie als *ff-ZIG* weitergibt. Bedenke, dass das limenistische Korrelationensystem hierfür permanent *f*-verletzt wird, um die Auslese dessen, was existieren kann, zu ermöglichen, wobei diesem prinzipiell keine Grenzen gesetzt sind, sondern unter Behalt der SelbstÄhnlichkeit jeweils nur Schwellen.

Tatsächlich ist ein realer Agent räumlich und zeitlich begrenzt. Selbst ein *ff-ZIG* <*ab*> wird daher irgendwann/irgendwo von einem ihm nur ähnlichen *ZIG* abgelöst, allerdings nicht, weil <*ab*> falsch wäre (nur die sich bedingenden Gemeinsamkeiten in einem *ff-ZIG* bewerten sich gegenseitig immer unendlich positiv) sondern durch eine Umbewertung des gesamten *ZIG* durch jenen Agenten und die resultierende Transzendenz. Jedes *ff-ZIG* <*ab*> lässt sich wiederum durch Bestückung mit Agenten wiederherstellen, was wiederholbare Experimente ermöglicht. Man könnte auch sagen: Verlässt ein Agent *ff*-<*ab*> und übernimmt ein anderer seinen Platz, so bleiben jene Gemeinsamkeiten dennoch zwingend ineinander integriert, denn die Agenten bestehen aus ihren Gemeinsamkeiten (ohne sie vollends zu sein). Noch konsequenter: Da der Zwang auf nur gegenseitiger positiver Bewertung der Gemeinsamkeiten beruht, ist jeder Agent/jede Agentengruppe, der/die sie zwingend teilt, ebenfalls gezwungen, nur sie positiv zu bewerten. Der Weg aus dem Zwang heraus in einen anderen funktioniert durch Transzendenz in/aus *ZIG*, weswegen Abweichungen von jenem jederzeit und jeden Orts stattfinden können.

Bedingen bedeutet immer auch erzeugen. Zwei Gemeinsamkeiten *a,b* erzeugen, wenn sie ineinandergezwungen werden, immer die übergeordnete Gemeinsamkeit, welche sie integriert, d.h. ihre bloße Summe, aber auch diejenige Gemeinsamkeit, welche ihre zwingende Verbindung ausmacht und somit jeder zwingend integrierten Gemeinsamkeit anhaftet, ihre "Eigentlichkeit" *c*. Die Farbe Gelb ist die Eigentlichkeit der Farben Grün und Rot, wenn sich jene mischen. Grün, rot und gelb ergeben die integrierende Gemeinsamkeit, welche im Wesentlichen durch die Eigentlichkeit Gelb repräsentiert wird. Ein minimales *ZIG* besteht daher aus der integrierenden <> und drei zwingend integrierter Gemeinsamkeiten. <*abc*> ist sozusagen ein "minimales" Falls-Dann-Gesetz. Allerdings befindet sich z.B. *a* in einer weiteren Zwangsgemeinschaft mit *d*, sodass die Agenten in den *ZIG* <*abc*> und <*ade*> ähnliches Verhalten zeigen. Doch wird *d* wieder irgendwo integriert sein, sodass man scheinbar kein begrenzt-universelles Gesetz erhält. Allerdings kann man die Zahl der Gemeinsamkeiten bis auf eine bestimmte (gemeinsamkeitenabhängige) Zahl "(r)edu-zieren", bei der das gegenseitige Sich-Bedingen (so vorhanden) komplett zerfiele, wenn der Agent aus nur noch einer weiteren Gemeinsamkeit entfernt würde.

Und durch Eduktion legt man die zwingende Integration offen.

Genau! Stelle dir *ff-ZIG* in ihrer Zusammensetzung als unzerstörbar, *j*- und *f-ZIG* als in ihre Gemeinsamkeiten zerlegbar vor. Integrierte Gemeinsamkeiten können aus *ff-ZIG* also nicht entfernt werden, aus *j*- und *f-ZIG* schon. *ff-ZIG* zerfallen auch bei einer drastischen Umwertung der Werte nicht. Stattdessen verlassen Agenten *(ff)ZIG* über deren Schwelle und transzendieren in andere *ZIG*. Ist die betrachtete Gemeinsamkeit (Teil eines) *ff-ZIG*, so kann es nur insgesamt betreten/verlassen werden, allerdings können dessen Gemeinsamkeiten (aufgrund ihrer Teilbarkeit und Schwellenhaftigkeit) als oder in weiteren *ZIG* im Agenten erhalten bleiben. Dies bedeutet, dass ein Betreten/Verlassen einer betrachteten Gemeinsamkeit effektiv sowohl mit dem kompletten *ff-ZIG* (Idealfall) als auch teilweise erfolgen kann, bis hin zum effektiven Betreten/Verlassen nur des Zwangs und der Eigentlichkeit des *ff-ZIG*. Eduktion besteht nun darin, zu versuchen, Agenten in/aus Gemeinsamkeiten zu transferieren und zu beobachten, welche weiteren Gemeinsamkeiten mit ihnen im Agenten erscheinen/aus ihm verschwinden (Variation). Betritt/verlässt ein Agent ein *ff-ZIG*, betritt/verlässt er mit einer seiner Gemeinsamkeiten auch alle anderen, wobei das effektive Betreten/Verlassen einer bestimmten Gemeinsamkeit oft nur durch das des zugehörigen *ff-ZIG* funktioniert. Dabei zeigt der Gewinn/Verlust der Eigentlichkeit das Betreten/Verlassen des zugehörigen *ZIG* an (wobei nur Gemeinsamkeiten von *ff-ZIG*, die sich also gegenseitig *ff*-bedingen, endliche Eigentlichkeiten ausbilden). Beachte, dass die Variation immer an Agenten durchgeführt wird, somit konkret sie betrifft.

Die Isolierung eines abstrakten *ZIG* ⫶<*abc*>⫶ gegen äußere Einflüsse und die Isolierung seines inneren Zusammenhangs (*j, f, ff?*) unter den Bedingungen der Isolation ist die "(R)Eduktion". Die (R)Eduktion isoliert *a,b,c*, die sich bedingen, solange von anderen

Gemeinsamkeiten, bis nur sie sich bedingen. Sie wäre am einfachsten für (rein hypothetische) Agenten, die nur die vom Gesetz $<abc>$ reflektierten Gemeinsamkeiten teilten und nur jenem Gesetz folgten. Bei der (R)Eduktion ist darauf zu achten, dass der Zwang durch sie nicht erst erzeugt wird. Man kann nicht beweisen, dass alle Menschen mit Messer und Gabel essen, indem man ihnen erst dann etwas zu Essen gibt, wenn sie Messer und Gabel in der Hand haben. Die testweise (effektive!) Wegnahme von Agenten aus einer Gemeinsamkeit ist meist einfacher als die Hinzunahme von Gemeinsamkeiten, da erstere Gemeinsamkeiten endlich und bekannt sind, wohingegen die Möglichkeiten der Hinzunahme unendlich und unbekannt sind. Allerdings erhält man nicht alle gesetzmäßigen Abhängigkeiten, wenn man nicht alle zwingend integrierten Gemeinsamkeiten hinzunimmt. Eine andere Vereinfachung bietet die Anfertigung mehrerer Agenten (Testproben), in denen der Zustand weggenommener/hinzugefügter Gemeinsamkeiten quasi eingefroren wird und die anschließend miteinander verglichen werden.

Die Gemeinsamkeit gleicher Fallgeschwindigkeit kann nach mehreren einschränkenden Experimenten zwingend mit dem Vorhandensein von Masse und dem Befinden im Vakuum und dem homogenen Gravitationsfeld eines Planeten korreliert werden und nur mit ihnen. Genau das ist ein verifiziertes Gesetz und die Hinzunahme von Störfaktoren in die Betrachtung falsifiziert es nicht, denn es verknüpft die genannten Gemeinsamkeiten immer im gleichen Zwang. Nur wenn die Gemeinsamkeit des freien Falls existiert, müssen Vakuum, Gravitation und Masse vorhanden sein und nur, wenn die letzteren drei gemeinsam vorhanden sind, muss der freie Fall existieren. Nimmt man Gemeinsamkeiten weg, verschwinden die anderen aus dem Zwang des *ff-ZIG*. Möglicherweise vergisst die Welt sie ganz, es sei denn, sie sind woanders integriert. In exakten Werten würde dies bedeuten, dass der Agent die Erdfallgeschwindigkeit von *9,81 m/s²* verlässt, wenn das absolute Vakuum nicht mehr gegeben ist (gewichtsabhäniger Fall) oder wenn er sich auf dem Mars befindet (*3,7 m/s²*).

Die Gemeinsamkeiten in *ff-ZIG* bedingen sich gegenseitig, die in *f-ZIG* hingegen nicht. Der Nachweis von Bedingtheit für eine begrenzte Zahl von Gemeinsamkeiten ist die (R)Eduktion. Der Satz "Alle Körper fallen gleich schnell" ist nicht zulässig, allerdings ist der Satz "Körper fallen gleich schnell" richtig, nämlich bezogen auf (im Toleranzrahmen) zwingend gleich schnell fallende Körper. Aus: "Körper fallen gleich schnell" wird "Nur solche Objekte, die eine Masse haben und sich im Vakuum befinden, fallen im homogenen Gravitationsfeld gleich schnell." Die Nur-Dann-Wenn-Beziehung, welche das Gesetz formuliert, beinhaltet also immer (explizit oder nicht) die sich gegenseitig bedingenden Gemeinsamkeiten. Um ein Gesetz (r)eduktiv zu beweisen, genügt ein einziges, bestätigendes Beispiel, wenn man die Reduktion (bzw. Isolierung) herstellt und nachweist, d.h., dass Gemeinsamkeiten nicht aufgrund anderer Gewalten (zeitlich) gemeinsam transzendiert werden als der *ff*-Integration bzw. eine solche Transzendenz (empirisch/statistisch) ausgeschlossen ist. Würde man einen Agenten aus den bedingenden Gemeinsamkeiten holen, würden er auch aus den bedingten verschwinden. Kinder wären ohne Familie nur noch unerwachsene Personen. Aus Vätern würden wieder Männer und aus Müttern Frauen. Gemeinsamkeiten und *ff*-Zwänge können richtig erkannt werden. Ist eine solche Erkenntnis gegeben, gibt es kein Gegenbeispiel im Popper'schen Sinne. Entweder das *ZIG* $<abc>$ ist nur *j* oder *f*, dann bedingen sich a, b und c nicht, oder es ist *ff* und die gegenseitige Bedingtheit der Gemeinsamkeiten a, b, c ist nachweisbar. Agenten, die nicht $<abc>$ folgen, teilen jene Gemeinsamkeiten (teilweise) nicht oder sie teilen zusätzliche, die insgesamt ein anderes Verhalten der Agenten ergeben. Der Satz: "Tiere schwimmen nicht gern" ist von diesem Standpunkt aus nicht falsch. Das Gegenbeispiel eines Fisches ist unzutreffend, da dieser sich nicht innerhalb der für die Schwimmphobie relevanten Gemeinsamkeit befindet, die z.B. Katzen teilen. Aus dem Begriff "Tier" leitet sich keine tier-universellen Gesetze ab. Ein eduktives Gegenbeispiel zeigt also an, dass Gemeinsamkeiten oder ihr Zwang falsch erkannt wurden, nämlich dann, wenn sich zwei Agenten, die exakt die gleichen Gemeinsamkeiten teilen müssten und während jenes Teilens nicht aus jenen heraus oder in andere transzendieren (können), unterschiedlich verhalten.

Das ist aber eine ziemliche Breitseite gegen Popper.

Gehen wir z.B. von dem Gesetz/*ff-ZIG* aus, die Innenwinkelsumme eines Dreiecks betrage 180°. Beträgt sie bei einem Dreieck plötzlich 181°, so könnte (i) der Schüler sich vermessen haben, (ii) das Gesetz falsch sein oder (iii) das Gesetz absolut korrekt sein, das Dreieck jedoch nicht-euklidisch, somit einem allgemeineren *ff-ZIG* unterliegen. Das Gegenbeispiel allein beweist also keinesfalls die Falschheit des Gesetzes, die Aufklärung der Nichteuklidizität würde es sogar beweisen. Die Limenisitk geht über das Prinzip richtiger und deshalb verallgemeinerbarer Gesetze hinaus: Da es unbegrenzt-universelle Gesetze nicht gibt, existieren Gesetze nebeneinander, das bedeutet, dass es kein universelles *ff-ZIG* geben kann, aus dem sich das Verhalten aller Agenten ableitet. Existieren *ff-ZIG*, die jeweils nur eine begrenzte Zahl von Gemeinsamkeiten und Agenten zwingend integrieren, in- oder teilkohärent nebeneinander, so verliert das Popper'sche Gegenbeispiel seinen ultimativen Charakter. Wenn es kein übergeordnetes Gesetz gibt, falsifiziert der Agent *[BC]* das Gesetz *<ab>* (falls Zwänge und Gemeinsamkeiten *a,b,c* richtig erkannt wurden) nicht, sondern zeigt lediglich an, dass es begrenzt ist, d.h. es gibt Agenten, die sich nicht oder nur teilweise daran halten. Die systematische Suche nach Gegenbeispielen/Abweichungen, also Agenten, die einem bestimmten Gesetz nicht vollständig folgen, entspricht dem Ausloten des Randes der Gemeinsamkeiten im Bündel, nicht deren Widerlegung. Das Popper'sche Verständnis ist daher eher als Methode für das Ausloten anzusehen: Man findet ein Gesetz und erklärt es für universell, um die Generierung von Gegenbeispielen als Grenzanalyse des Gesetzes zu motivieren. Allerdings liegt die Begrenztheit des Gesetzes nicht an menschlicher Fehlbarkeit, am begrenzten Blick, der das darüberliegende universelle Gesetz noch nicht erkennt, sondern in der objektiven Vermeidung von Universalität. Eine unzulässige Popper'sche Schlussfolgerung zeigt folgende Geschichte [19]: Ein Erfinder von Robotern will beweisen, dass keiner jener Roboter ein gefühlloses Spielzeug sei. Also rüstet er einen von ihnen technisch soweit auf, bis er menschliches Bewusstsein zeigt. Dass bedeutete für ihn, dass jeder Roboter universell wie ein Mensch behandelt werden müsse. Nur teilen sie die für die Schlussfolgerung ausschlaggebenden Gemeinsamkeiten mit dem Aufgepäppelten nicht mehr. Der Punkt ist, dass die ordinären und der Superroboter jede Menge anderer Gemeinsamkeiten teilen, von denen man sich blenden lässt und daher gleiche Gesetzmäßigkeiten vermutet, wo keine sind. Die ewige Suche nach übergeordneten Gesetzen birgt sogar einen latenten Rassismus, denn es kann kein Gesetz geben, das z.B. die Hautfarbe mit Wissen korreliert, da erstere durch genetische Gesetze bestimmt wird und zweitere durch soziologisch-didaktische.

Also ist, innerhalb der Gemeinsamkeitengrenzen, das Verhalten immer exakt berechenbar.

Aus der Begrenztheit der Gemeinsamkeiten folgt, dass eine steigende Zahl betrachteter Agenten mittels begrenzter Gesetze immer unberechenbarer wird, da für die Voraussage konkreten Verhaltens die Gesamtheit der Gemeinsamkeiten betrachtet werden muss, welche individuell einzigartig und nicht aus einem universellen Gesetz, aus "Universalien", ableitbar ist. Daher sind auch die Popper'schen Gegenbeispiele wirkungslos. Ein Agent, der ein Gesetz falsifiziert, falsifiziert es nicht für die Agenten, für die es gilt. Aber die Berechenbarkeit wird prinzipiell nicht durch die Begrenztheit der Gemeinsamkeiten bzw. der *ff-ZIG* verhindert, sondern durch permanente Transzendenz und Integration, welche die Begrenztheit selbst wieder begrenzt, d.h., durch IntegrationsBewertungen, also die Konkurrenz verschiedener Zwänge. Stell dir jemanden vor, der mehrmals eine Klippe herabspringt. Auch er wird nicht immer zum gleichen Zeitpunkt ins Wasser eintauchen, denn er transzendiert jedes Mal in andere Gemeinsamkeiten, die das ideale Fallgesetz modifizieren. Stelle dir einen menschlichen Agenten vor, der mit zwei zunächst inkohärenten Zwängen geboren wurde. Allerdings kann er sie zwingend kombinieren, beispielsweise indem er daraus ein besonderes (eigentliches und eigentümliches) Talent entwickelt. Allgemeiner: In einem Experiment unter realistischen Umständen folgt kein Körper genau einem Gesetz. Es würde nur von denjenigen Objekten exakt befolgt, die gewaltsam in genau die Gemeinsamkeiten gezwungen würden, die es explizit integriert. Ohne diese hypothetische, unendliche Gewalt würden sie sich ständig in andere/neuere (konkurrierende) Gemeinsamkeiten integrieren als der explizite IntegrationsWert des Gesetzes vorschreibt. Der Gemeinsamkeitsrand des Fallgesetzes wird erreicht, z.B., wenn das Gravitationsfeld inhomogen wird, wenn die Zündung von Triebwerken den Fall verhindert oder wenn die Bahn eines fallenden Golfballs durch einen vorbeifliegenden Vogel modifiziert wird. Weder der Vogel noch der erkennende Mensch sind hierbei unzulänglich, sondern die objektive Natur. Besonders interessant sind diejenigen Agenten, die scheinbar in jene Gemeinsamkeiten integriert sind, dem Gesetz aber trotzdem nicht folgen. Man nennt sie Ausnahmen. Im Rahmen der Limenistik können sie nur durch (Super)Transzendenz von (Werte)Grenzen der Gemeinsamkeiten erklärt werden. Solche Transzendenz kann immer erfolgen, selbst bei noch so zwingenden IntegrationsWerten der begrenzten Gemeinsamkeiten. Problematisch wird es, wenn die Möglichkeit dieser Transzendenz verneint wird. Ausnahmen von dem Reif-Süß-Gesetz, z.B. Sauerkirschen, würden das Gesetz über süße und reife Früchte dann fälschlich (im Popper'schen Sinne) verneinen, obwohl es begrenzt-universell wahr ist. Gleichzeitig würde man die noch massiv vorhandenen Gemeinsamkeiten zwischen Sauer- und Süßkirschen mit einem übergeordneten Gesetz, möglicherweise mit einem Vorläufer beider Kirschensorten verwechseln, aus dem jene gesetzmäßig entsprungen seien.

Das Lautverschiebungsgesetz germanischer Worte ist ein anschauliches Beispiel für ein eduktiv verifiziertes begrenzt-universelles Gesetz mit jeder Menge Ausnahmen. Sie wird zeitlich in eine erste und eine zweite Lautverschiebung aufgeteilt. Während der ersten wurden beispielsweise die Laute *b*, *d* und *g* durch die härteren *p*, *t* und *k* ersetzt. (z.B. *kalt/Kälte*: lat. *gelū*, agriech. *gelandrós*, lit. *gelumà* → dt. *kalt*, nl. *koud*, engl. *cold*, norw. *kald*, got. *Kalds*) [20]. Während der zweiten wurde beispielsweise der Buchstabe *p*, der bei der ersten Lautverschiebung das *b* ersetzte, durch *f* oder *pf* ersetzt. (z.B. *schlafen/Schlaf*: nd. *slapen*, engl. *sleep* → dt. *schlafen*) [21]. Zunächst einmal gibt es jede Menge Ausnahmen von dem Gesetz, die u. U. durch weitere Subgesetze erklärt werden können.

Man muss jede Menge zusätzlicher Parameter kennen, damit eine genaue (direkt beobachtbare) Voraussage abgeleitet werden kann. Was die (R)Eduktion des Gesetzes angeht, so besteht die Zwanghaftigkeit in der Koppelung von Wörtern an eine bestimmte Lautverschiebung, z.B. *slapen* → *schlafen* oder engl. *pepper* → dt. *Pfeffer*. Man könnte jetzt annehmen, dass diese Verschiebung in allen Wörtern stattgefunden hat, welche bestimmte Laute beinhalten. Nur tat sie das nicht. Das Gesetz muss also systematisch auf die Wörter eingegrenzt werden, für welche die Lautverschiebung auch wirklich stattfand. Hierzu müssen weitere, mit der Lautverschiebung zwingend integrierte Gemeinsamkeiten gefunden werden. Zunächst einmal handelt es sich um germanische Wörter, außerdem betrifft die Lautverschiebung immer einen gewissen Zeitraum. Die erste fand zwischen ca. 1000 v. Chr. und 500 v. Chr. statt. Sie war mit der Besiedlung westeuropäischer Gebiete verbunden. Die zweite fand zwischen 600 n. Chr. und 800 n. Chr. statt. Dennoch reicht diese Einschränkung (im vermeintlichen Gegensatz zum Fallgesetz) nicht aus, um alle Ausnahmen auszuschließen. D.h., obwohl einige Agenten all diese Gemeinsamkeiten integrieren, halten sie sich nicht an das Gesetz. Dennoch gilt die Lautverschiebung, trotz dieser Ausnahmen, mit hoher Wahrscheinlichkeit. Das Gesetz ist wahr, nur objektiv unzulänglich, wobei jene Wahrscheinlichkeit das Maß für die Bedingtheit, also die Stabilität des *ZIG* gegenüber Transzendenz aus dessen Gemeinsamkeiten ist.

Ein weiteres Beispiel für Gesetze, die objektiv unzulänglich sind und trotz der Ausnahmen wahr, wäre eine fiktive Bauernregel. Das fiktive, objektive, begrenzt-universelle Gesetz, inklusive einer objektiven Unzuverlässigkeit wäre: 'Die Wahrscheinlichkeit gleicher Wetterlagen in Nordwesteuropa zwischen dem ersten und dem zehnten September sowie dem ersten und dem zehnten Oktober beträgt *80%*.' Eine hierauf basierende Bauernregel wäre: 'Zwischen dem ersten und zehnten Oktober regnet es meist immer, wenn es zwischen dem ersten und zehnten September geregnet hat.' Diese Aussage ist grundsätzlich falsifizierbar, allerdings aufgrund der Wahrscheinlichkeitsaussage 'meist' nicht nur durch wenige Gegenbeispiele. Die generelle Falsifizierung ist also schwieriger geworden. Aufgrund der zeitlichen Korrelation kann es sich auf der anderen Seite bei vielen bestätigenden Beispielen nicht um eine zufällige Häufung handeln. Die Zuverlässigkeit der Bauernregel wäre trotz vereinzelter Ausnahmen eduktiv verifiziert, sie wäre ein begrenzt-universelles Gesetz, wobei das Wort "meist" die Transzendenzoption als Teil des Gesetzes ausdrückt.

Sind Wahrheit, Erfolg und Zufriedenheit überhaupt erreichbar?

Begrenzt ist das möglich! Die Schwellen zwischen Gemeinsamkeiten werden allerdings nicht wegen deterministischer Bestimmtheit durch irgendeine Gemeinsamkeit, sondern während einer Transzendenz durchschritten, und zwar aufgrund der Bewertungen der jeweiligen Gemeinsamkeiten. Man sollte aufgrund des transzendierbaren Randbereiches der Gemeinsamkeiten eher mit Wahrscheinlichkeiten arbeiten statt mit scharfem, jede Einzelheit voraussagendem Determinismus, wie man es in der Quantenmechanik, der Statistik oder den Sozialwissenschaften sowieso tut, und vom Anspruch auf unbegrenzte Gültigkeit in Raum und Zeit absehen. Prinzipiell trägt jedes Gesetz aufgrund der Unzulänglichkeit bei seiner Realisierung statistischen Charakter. Es wird daher niemals ein Gesetz geben, mit dem es möglich wäre, exakte Voraussagen zu treffen, z.B. was das Wetter angeht, wie sich mehr als zwei wechselwirkende Körper bewegen oder wo exakt sich quantenmechanische Teilchen befinden [22]. Während Gemeinsamkeiten von ihrer inneren Determiniertheit ausgemacht werden, ist Transzendenz als Abweichung von der durch sie vorgegebenen Determiniertheit zu verstehen. Transzendenz erfolgt aufgrund von Bewertung, z.B. spontan oder willkürlich/spielerisch, ähnlich wie bei der *f*-Verknüpfung von Gemeinsamkeiten. Die Bewertung haftet jedoch weder Agenten noch Gemeinsamkeiten innerlich an, es sei denn, sie wären in ein übergeordnetes *ff-ZIG* integriert, wobei Agenten aus jenem und damit auch aus den integrierten Gemeinsamkeiten *j, f* heraustranszendieren können. Die statistische Abweichung von der exakten *ff*-Gesetzmäßigkeit spiegelt die Rate zufälliger/willkürlicher/spielerischer Transzendenzen zwischen Gemeinsamkeiten, deren Grundlage immer die Bewertungsentscheidung zwischen je zwei (zuvor) gleichbewerteten Gemeinsamkeiten ist (z.B. Galtonsches Nagelbrett). Die Dinge werden aufgrund der Unzulänglichkeit im Randbereich der Gemeinsamkeiten jedoch schwieriger. Verifizierte, begrenzt-universelle Gesetze können keine *100%ig* determinierten Voraussagen treffen, ohne deswegen falsch zu sein, da es eben nicht genauer geht. Andererseits ist die Falsifikation durch ein einziges Gegenbeispiel nicht mehr möglich, selbst wenn das Gesetz gar nicht als unbegrenzt-universell angesehen wird.

Wie soll man bei solcher Unsicherheit an Verifikation und Falsifikation herangehen?

Die (objektive) eduktive Verifikation/Falsifikation einer begrenzt-universellen Gemeinsamkeit bzw. eines Gesetzes bedeutet letztendlich die zwingende Zuordnung/Wegordnung der Gemeinsamkeit zu/von den Agenten und damit nichts anderes als die Erkenntnis zwingender Integration/Exklusion der Gemeinsamkeiten in einem Gemeinsamkeitenbündel im Agenten aufgrund eines Zwanges durch einen IntegrationsWert. In anderen Worten: Verifikation/Falsifikation bildet die Randbereiche von Gemeinsamkeiten bezüglich einer bestimmten Menge von Agenten ab, und zwar jenseits der menschlichen Unzulänglichkeit, d.h. unter Einbeziehung der objektiven. Begrenztheit bzw. Unzulänglichkeit bedeuten aber nicht nur eine Begrenzung der Zahl der Agenten(generationen), die eine Gemeinsamkeit teilen, sondern auch die permanente Transzendenz von deren Grenzen durch jene Agenten. Ohne diese Transzendenz gäbe es die zwingende Integration übrigens gar nicht, denn Integration bedeutet ja gerade die permanente Transzendenz der inneren Grenzen des *ZIG*, d.h. die gleichzeitige Präsenz der Agenten in dessen Gemeinsamkeiten. Transzendenz bedeutet einen sowohl zeitlich als auch räumlich begrenzten Aufenthalt eines herausgegriffenen Agenten in einer Gemeinsamkeit. Umgekehrt bedeutet sie die Begrenztheit der Gemeinsamkeit in Zeit und Raum, d.h. ihre Größe wandelt sich räumlich und zeitlich mit den sie teilenden Agenten(generationen) und sie verschwindet bzw. entsteht irgendwann und irgendwo. Eine zwingende, absolut exakte Zuordnung/Wegordnung von Gemeinsamkeiten zu/von Agenten in Form eines Gesetzes funktioniert daher nur in einem unendlich kleinen Raumbereich und in einem unendlich kleinen

Zeitabschnitt, also ohne die Präsenz von Agenten. Sie ist daher rein ideell, allerdings nicht falsch. Ein reelles Gesetz würde vielmehr das Ergebnis der (R)Eduktion, also die zwingende Integration bestimmter Gemeinsamkeiten ineinander, sowie eine Transzendenzrate in Form einer Wahrscheinlichkeitsangabe beinhalten, in wieweit Agenten jene besondere Zwanghaftigkeit durch Betreten anderer/neuer bzw. durch Verlassen vorhandener Gemeinsamkeiten modifizieren oder aufgeben können. Die Transzendenzrate ist für *ff*-existierende Agenten begrenzt, da deren integrierenden Gemeinsamkeitenbündel zerbrechen würden, wenn zu viele Gemeinsamkeiten verlassen würden. Die Transzendenzrate und damit die zeitliche Ähnlichkeit ist wiederum abschätzbar, wenn man herausfindet, welche und wie viele Möglichkeiten zur Transzendenz bestehen und wie die Gemeinsamkeiten, in die transzendiert werden könnte, vom Agenten bewertet sind. Gemeinsamkeiten und gemeinsamkeitsspezifische Randbereiche inklusive ihrer Transzendenzrate sind für den einzelnen Menschen oder eine kommunizierende Gemeinschaft prinzipiell fassbar: Wenn nicht aufgrund einer bewussten, begrifflich formulierten Beweisführung, dann eben durch die Intuition, die ein Maß für das nicht-begriffliche Verständnis von Gemeinsamkeiten und deren Grenzen, also Ähnlichkeiten ist. Diejenigen, die bewusste oder intuitive Kenntnis über (zwingend integrierte) Gemeinsamkeiten, Grenzen und deren Breite haben, nenne ich weise.

Wie erfolgen Falsifikation und Verifikation in einer Gemeinschaft?

Die Verfahren der Falsifikation und der Verifikation werden miteinander verbunden, und zwar zu etwas, das ich den WAHRHEITSVIRUS nenne. Dieser beinhaltet Begründungsanteile jenseits des Trial-and-Error, nämlich Plausibilität. Daher infiziert er seinen Träger und breitet sich innerhalb der kommunizierenden Gemeinschaft schnell aus. Die Motivation hierfür ist die Sucht der Menschen nach den für sie relevanten, begrenzt-universellen Weisheiten. Die Existenz des Wahrheitsvirus als quasi unabhängiges Lebewesen wird in der Alltagssprache reflektiert, z.B. durch

'Die Wahrheit kommt ans Licht!', ähnlich wie die Nicht-Nachhaltigkeit der Unwahrheit aufgrund der Falsifikationsoption 'Lügen haben kurze Beine!' Aber es existieren auch scheinbare Wahrheiten, solche, die die Unwahrheit in einen plausibel scheinenden Mantel hüllen. Diese können aus der Fehlbarkeit des Menschen resultieren. Außerdem kann es Partikularinteressen der jeweiligen politischen Herrschaft - im Sinne von Obrigkeit - an der Unwahrheit geben, so wie z.b. bei der Aufrechterhaltung des geozentrischen Weltbildes.

Die Methoden der Plausibilisierung von Unwahrheiten kann man unter dem Begriff der reinen Polemik zusammenfassen. Z.B. wird aus einem falsifizierenden Gegenbeispiel unvollständig auf eine Universalität geschlossen. Die Aussage "Die Sonne geht immer um 7:00 Uhr auf!" wird durch einen beobachteten Aufgang um 7:30 Uhr falsifiziert, was aber weder bedeutet, dass die Sonne immer um 7:30 aufgeht, noch dass sie nie um 7:00 aufgeht. Oft wird mit wenigen bestätigenden Beispielen gearbeitet und die falsifizierenden werden verschwiegen, wodurch eine falsche Gemeinsamkeit erzeugt wird. Eine hierauf basierende Verallgemeinerung wäre z.B. "Gestern hat mir ein Berliner über die Straße geholfen, alle Berliner sind nette Menschen" oder "Gestern hat ein Berliner meinen Keller ausgeräumt, alle Berliner sind Diebe." Polemik kann als Überspitzung in der Diskussion hilfreich sein, in reiner Form aber z.B. zu Rassismus führen.

Die Ausbreitung der plausibel klingenden, begrenzt-universellen (Un)Wahrheit kann z.B. über die Ausbreitung von Gerüchten untersucht werden. Sie reflektiert die Tatsache, dass der Wahrheitsvirus eine selbstmotivierte, gesellschaftliche Methode der Wahrheitsfindung bei neuen/anderen Weisheiten ist. Ein Beispiel: Neun Monate nachdem die isländische Nationalmannschaft am 27.6.2016 die englische bei der Europameisterschaft 2:1 geschlagen hatte, entstand das intuitiv plausibel und insbesondere *ff* klingende Gerücht, dass es zu einem allgemeinen Anstieg der Geburtenzahl in Island gekommen sei [23]. Letztendlich wurde es schnell falsifiziert, obwohl es sich in Verkleidung eines Wahrheitsvirus durch intensive Kommunikation schnell verbreitete.

Das ist aber ein sehr positiver Effekt. Die schnelle Verbreitung ermöglichte nämlich die schnelle Falsifizierung, auch wenn sich der Mythos aus romantischen Gründen hartnäckig hielt. Umgekehrt hätte eine tatsächliche Koinzidenz zu einer begrifflichen begrenztuniversellen Weisheit geführt, wie z.B. für den Zusammenhang zwischen Kitaangebot und Geburtenrate [24]. Die Verkleidung des Wahrheitsvirus findet beispielsweise in der ökonomischen Werbung statt: Ein Unternehmen infiziert eine für bestimmte Inhalte anfällige Gruppe, diese akzeptiert deren Plausibilität und erwirbt die Inhalte genau dieses Unternehmens. Die höchste Anfälligkeit für den Virus innerhalb einer menschlichen Gemeinschaft zeigen Agenten, die die durch ihn beeinflusste Gemeinsamkeit teilen. Diese Agenten werden letztendlich auch die erfolgreichsten bei der Wahrheitsfindung sein. Die Falsifikation der gewichtsabhängigen bzw. Bestätigung der gewichtsunabhängigen Fallbeschleunigung beispielsweise reflektiert den Wahrheitsvirus, der, nachdem Galilei infiziert war, zunächst die Wissenschaftlerkollegen und dann die übrigen Menschen erfasste. Die Entdeckung des Fallgesetzes ist auch ein Beispiel für perfekte konstruktive Falsifikation, indem es eine menschlich unzulängliche Erkenntnis durch eine rein objektiv unzulängliche ersetzt, eine erfolgreiche Transzendenz von Wissenschaftlern aus einer falschen in eine objektiv richtige Erkenntnissphäre bewerkstelligt.

Falsifikation oder Verifikation eines Gesetzes sind herausfordernd.

Die schnelle Verbreitung des Wahrheitsvirus beruht, wie gesagt, darauf, dass die Menschen begrenzt-universelle Gesetze benötigen, die möglichst spezifische Voraussagen generieren. Die eduktive Wahrheitsfindung (Falsifikation/Verifikation) beinhaltet eine intuitive/bewusste Überprüfung auf Ähnlichkeiten, also Gemeinsamkeiten, und deren Grenzen. Ihr Erfolg entsteht durch die hierzu notwendigen (fachlichen) Fähigkeiten aber auch durch Herrschafts- und Täuschungsfreiheit sowie Chancengleichheit im Diskurs [25]. Bedenke: Ohne eine intensive Kommunikation, insbesondere zwischen den die von ihm betroffene Gemeinsamkeit teilenden Agenten, ist keine Verbreitung/Überprüfung des Wahrheitsvirus möglich. Die Kommunikation, die übrigens begrifflich und nichtbegrifflich erfolgen kann, ist das Verbreitungsmedium des Wahrheitsvirus, wie die Atemluft oder die Körperflüssigkeiten für Krankheitserreger.

Und was ist mit der offenen Gesellschaft und der Demokratie?

Der Idealzustand der offenen Gesellschaft ist eine Demokratie mit allgemein verständlicher Gesetzgebung, starker Bürgerbeteiligung, umfassender, freier Information für alle, garantierter freier Meinungsäußerung, Wähl- und Absetzbarkeit der Machthaber. Die geschlossene Gesellschaft wäre das Gegenteil, also keine Beteiligung der Bürger an der Politik, keine freie Presse, keine freie Meinungsäußerung. Werden diese Kriterien systematisch von den Machthabern untergraben, egal in welche politische Richtung, befindet sich die Gesellschaft auf dem Weg in die Diktatur. In der offenen Gesellschaft ist der Wahrheitsvirus (und dessen Verbreitung durch Kommunikation) die Voraussetzung für die Falsifikation einer konkret fehlerhaften Politik durch demokratische Teilhabe. Was aber, wenn diese Bedingungen auch jenseits einer Demokratie gegeben wären und die Falsifikation sogar institutionell durchführbar wäre? Somit ist Poppers offene Gesellschaft kein zwingendes Kriterium für eine vollständige Demokratie, man kann die Popper'sche auch negative Demokratie nennen.

Was ist der Unterschied zwischen der Verifikation einer begrenzt-universellen Weisheit und dem Positivismus?

Der Positivismus verneint die Intuition sowie einen offenen Ausgang von Erkenntnis und Entwicklungen. Er verneint, dass man lediglich Dinge herstellen kann, die dem vorhergegangenen, oder geplanten, nur ähnlich, aber nicht mit ihm identisch sind. Den Positivismus komplett zu verneinen ist aber ebenso falsch. Positivistisch gesehen, kann man mit der Erkenntnis der Fallgesetze z.B. Glasfaserkabel in einem Fallturm herstellen und erwarten, dass diese immer die gleiche Funktion erfüllen werden.

Okay, ich glaube dir, dass die Menschen innerhalb einer Gemeinschaft selbstmotiviert versuchen, Behauptungen, die auf begrenzt-

universelle Erkenntnisse hinauslaufen, durch einen kollektiven Mechanismus entweder zu falsifizieren oder zu verifizieren, wenn ihnen das nicht institutionell verwehrt wird.

Die Verifikations-/Falsifikationsprozess beruhen auf dem individuellen bzw. gemeinschaftlichen Gedächtnis. Stell dir ein "Immunsystem" gegen die vermeintliche Erkenntnis vor, welche der/den Wahrheitsvirus transportiert. Das Immunsystem basiert auf bisher erfahrenen, als richtig bewerteten Weisheiten, die eine Art Sperrklinke erzeugen, besonders, wenn sie mit neuer/anderer Erkenntnis in einen Konflikt geraten. Diese Klinke ist wesentlich eine Schwelle. Das Ersetzen vorhandener durch neue/andere Weisheiten benötigt, abhängig von der Schwellenhöhe, viel Überzeugungsarbeit. Es stellt den Übergang von der vorhandenen Sphäre gemeinsamer Weisheit in eine neue/veränderte dar, somit die Anpassung an jene aus der Anpassung an die vorhandene heraus. Dabei ist Bewahrung von Weisheit keinesfalls immer passiv, sondern oft mit aktiven Verteidigungskämpfen verbunden. So stehen sich Überzeugungsmotivation und Barriere immer gegenüber.

Deine Thesen beschreiben durchweg Anpassungsmechanismen.

Richtig: die Anpassung von Verständnis an die Realität (Hierzu gehört auch die Anpassung des eigenen begrifflichen an das eigene nichtbegriffliche Verständnis als Voraussetzung für die Transzendenz der eigenen Erkenntnis in die Gesellschaft vermittels begrifflicher Kommunikation), von Waren an den Markt, von Bedürfnissen an die Gemeinschaft, und zwar aus zufällig, intuitiv oder positivistisch geprägten Versuchen heraus. Realität, Markt und Gemeinschaft sind Beispiele für Herrschaft. Verständnis, Waren und Bedürfnisse sind Objekte der Anpassung. Ich neige dazu, den Versuch des Verhaltens entsprechend einer herrschenden Gemeinsamkeit, die Entfaltung in und Anpassung an jene(r) als äquivalent und die Motivation zur Anpassung als grundlegend in Natur und Gesellschaft anzusehen. Wasser ist Wasser, indem es sich an Gemeinsamkeiten anpasst, beispielsweise wird es aufgrund der äußeren Frosttemperaturen zu Eis. Lebewesen passen sich durch natürliche Auslese an die spezifischen Gemeinsamkeiten mit ihrer Umwelt an werden so zu ihren Abbildern. Der Mensch passt sich den Gemeinsamkeiten bewusst sorgend, also nicht bloß evolutionär probierend oder aufgrund eines vorgespeicherten Programms an.

Die Frage ist natürlich, wie genau diese Abbilder sind.

Anpassung ist ein zeitlicher Prozess und als solcher selbstÄhnlich. Ein selbstÄhnlicher Veränderungszustand bedeutet für einen Agenten, niemals mit den Gemeinsamkeiten identisch zu sein, an die er sich dennoch angleicht. Betrachtet man sowohl den Agenten als auch die zu teilende Gemeinsamkeit als Gemeinsamkeitenbündel, so kann dieser Zustand realisiert werden, indem Agenten während des Anpassungsversuchs anderd/neuernd in weitere Gemeinsamkeiten (vorhandene negierend, ersetzend, addierend) transzendieren, aber dennoch in vorhandenen Gemeinsamkeiten konserviert werden. Z.B. würde die Anpassung an das Bündel mit den Gemeinsamkeiten *abcd* zur Anpassung an das Bündel *abefg* führen o.ä. Nur *ff-ZIG* werden im Ganzen verlassen/betreten (hier evtl. *a, b, c, d, e, f, g*). Entsprechend kann es unterschiedliche Grade der Anpassung geben. Umgekehrt gesagt: Die dauerhafte, identische Erinnerung einer Gemeinsamkeit, das Überdauern des Agenten, der jene Gemeinsamkeit teilt, in ihr wäre möglich, wenn sich andere Gemeinsamkeiten im Bündel permanent ändern, d.h. sie alle nicht *ff*-zwingend miteinander verknüpft sind. Doch selbst unter diesen Bedingungen würde die Gemeinsamkeit irgendwann abgestoßen.

Die Unzulänglichkeit der Gemeinsamkeiten erheischt Ähnlichkeit von Agenten und damit auch die von Raum und Zeit, da sie durch jene Agenten relational aufgespannt werden bzw. deren Ähnlichkeit treiben, wobei der Raum durch die Ähnlichkeit des Eigenen im Bezug zum anderen und die Zeit durch die des Eigenen im Bezug zu sich selbst erzeugt werden. Kollabierten Gemeinsamkeiten sowie Agenten zu je einer(m), der nur jene teilt, verschwänden Zeit und Raum (da kein Unterschied mehr zwischen alt, neu, eigen oder anders bestehen würde). Konsequenz/Ursache des Raums und der Zeit ist, dass es keine Selbstidentität wie auch keine perfekten Kopien von Agenten gibt. Aufgrund der zeitlichen Ähnlichkeit (im Sinne von Fast- und Nicht-Ganz-Identisch-Sein) muss der Agent permanent in die geteilte Gemeinsamkeit (rück)transzendieren, aber auch ständig zur Anpassung an weitere Gemeinsamkeiten gezwungen sein, was zu Entstehung/Vernichtung von Gemeinsamkeiten in jenen Agenten führt. D.h., Agenten wären nicht nur ohne Gemeinsamkeiten nicht existent, sondern auch ohne die Transzendenz derer Grenzen, wobei sie aufgrund des Fast-Identisch-Seins nie in vollkommen verschiedene Gemeinsamkeitenbündel transzendieren können. Transzendenz erzeugt Raum und Zeit. In einer Welt aus transzendenzunfähigen Agenten, deren Eigentümlichkeiten keine Gemeinsamkeiten mit anderen sind, würden Raum und Zeit in kleinste Blasen zerplatzen. Ohne die Zeit und Raum wäre Anpassung an weitere Gemeinsamkeiten nicht möglich, daher bewahren sie selbstÄhnliche Existenz, da jene das Teilen von sich wandelnden Gemeinsamkeiten erfordert. Sieht man Existenz als ein zuvorderst zeitliches Phänomen, muss sie die permanente Anpassung an Anderes/Neues beinhalten, da nur jene Wandlung darstellt und so die Zeit erst hervorbringt. Versteht man Existenz als unveränderte Existenz bis in alle Ewigkeit, eine finale Anpassung also, so lässt man die Zeit kollabieren (im Gegensatz zur Theologie, welche gerade die Unveränderung als Ausdruck zeitlicher bzw. logischer Ewigkeit sieht). Geht man davon aus, dass dies dieselbe Wirkung entfalten würde wie der Kollaps des Raumes, müsste der Kollaps der Zeit zur Vernichtung aller Existenz führen.

Betrachten wir das aus einer anderen Warte: Agenten passen sich während der Anpassung an eine Gemeinsamkeit ebenfalls an andere oder neue Gemeinsamkeit an, was wiederum dafür sorgt, dass sie infolge der Anpassung, im Sinne von Nicht-Ganz-Identisch-Sein, immer nur "beinahe" übereinstimmend die Gemeinsamkeiten integrieren, an die sie sich anpassen. Das gilt für Gemeinsamkeiten, an die sich weitere Gemeinsamkeiten während der Anpassung anlagern oder für Untergemeinsamkeiten, die sich aus ihnen lösen. Dennoch sind Gemeinsamkeiten, die ein Agent durch Anpassung an jene teilt, eigentümlich. Im limenistischen Modell zur Realisierung einer nicht-universellen (unzulänglichen) Welt strebt die Anpassung des Agenten an Gemeinsamkeiten immer die Identität mit ihnen und den anderen, sie teilenden Agenten an. Somit ist der Determinismus Folge der identitären Seite einer selbstÄhnlichen, weil unzulänglichen Welt. Identität wird gleichzeitig verhindert, indem beim Anpassungsprozess an Gemeinsamkeiten deren Grenzen überschritten werden. Statt *[A]⫶[C]* muss zwischen zwei Agenten *[AB]⫶[BC]* gelten, ansonsten würden sämtliche Gemeinsamkeiten verschwinden und mit ihnen auch alle Eigenschaften von Materie oder Geist. Statt der Wandlung *[A]➔[C]* muss außerdem *[AB]➔[BC]* gelten. Agenten hätten ohne Konservierung keine eigene Identität im Sinne von Erinnerung und Transzendenz würde unbegrenzt. Selbst wenn die Gemeinsamkeiten *a* und *c* des Übergangs *[A]➔[C]* "echte" Gemeinsamkeiten mit anderen Agenten wären, würde der Agent *[A]* in seiner Existenz auf einen nahezu verschwindenden Zeitabschnitt begrenzt, da jeder Agent zeitnah transzendiert, sich neu/anders anpasst, da nur so die Zeit entsteht. Gemeinsamkeit mit sich selbst ist die Voraussetzung für die Existenz von Agenten. Ohne sie wären Agenten als Träger mindestens einer Gemeinsamkeit in der Zeit nicht existent. Würde die Anpassung jedoch zum Ende kommen, wäre er identisch mit sich selbst und würde mit allen seinen zeitlichen Varianten in einem winzigen Zeitpunkt verschmelzen. Die unzulängliche Welt ist umfassend selbstÄhnlich, nie mit sich selbst identisch. In einer solchen Welt muss sich ein Agent permanent an Gemeinsamkeiten anpassen. Anders gesagt: Die Dynamik der Welt resultiert zwar aus dem Trieb zur Identität zwischen Agenten und Gemeinsamkeit, die aber nie erreicht wird. Die Realität passt sich an sich selbst an, woran sie teilweise scheitert, und dadurch erst entsteht. Man könnte auch sagen, dass Existenz die sich nicht erfüllende *100%ige* Angleichung durch Anpassung der Agenten an ihre Gemeinsamkeiten bedeutet, wobei genau dies ihre Mission ist und nicht etwa als frustrierend-verzweifelter Versuch zu verstehen ist, den Widerspruch zwischen Angepasstheit und Nicht-Angepasstheit endgültig aufzulösen. Der Antrieb zur Existenz ist somit ein positiver und kein negativer zum Scheitern, obwohl er die Kritik beinhaltet. Da die Gemeinsamkeiten, an die sich der Agent anpasst und diejenigen, an die er sich währenddessen tatsächlich anpasst, ähnlich sind, ist die Unzulänglichkeit in der Anpassung begrenzt und daher abschätzbar.

Was die Wechselwirkungen zwischen Agenten und Gemeinsamkeit angeht, so lege ich, das Bisherige zusammenfassend, folgendes Modell der limenistischen Ähnlichkeit zugrunde:

(i) Alle Objekte sind Agenten. Agenten existieren nur dann, wenn sie Gemeinsamkeiten teilen.

(ii) Nur, was mindestens zwei Agenten gemeinsam ist, existiert auch. Zwei Agenten teilen immer mindestens eine Gemeinsamkeit miteinander. Zwei Agenten teilen nie nur ein- und dieselben Gemeinsamkeiten. Das Eigentümlichkeitenbündel (erinnerte Gemeinsamkeiten) eines Agenten besteht gegenüber einem anderem mindestens aus einer Gemeinsamkeit zwischen ihnen und einer Besonderheit, also einer Gemeinsamkeit nicht mit jenem. Das individuell unterschiedliche Verhalten zweier Agenten rührt von der Integration in unterschiedliche Gemeinsamkeiten.

(iii) Erst die Anpassung der Agenten an deren Gemeinsamkeit macht sie zu jener. Die Anpassung an Gemeinsamkeit und damit deren Erschaffung bedeutet gleichzeitig deren (unzulängliche) Erinnerung und Äußerung durch das Individuum (Ich verwende hier nicht den Begriff Entäußerung, weil er als "Verarmung" an Gemeinsamkeiten verstanden werden kann). Erinnerung ist somit permanentes Sich-Anpassen an die dadurch erinnerte Gemeinsamkeit. Wahrnehmen/Vergessen (als Prozess) bedeutet die (meist kurzfristige) Erinnerung eines kleinen Teils des Gemeinsamkeitenbündels. Man kann sie als Betreten/Verlassen der Schwelle eines Bündels verstehen.

(iv) Gleichbewertete gleiche Gemeinsamkeiten erzeugen einen gleichstarken Anpassungtrieb an jene und auch gleiche spezifische Anpassungsbedürfnisse. Ein Teich ist eine objektive Gegebenheit und für alle darin schwimmenden Karpfen bildet er eine gleichartige Gemeinsamkeit mit gleichem Wert. Katzen würden ihn jedoch unterschiedlich bewerten. Der Teich ist selbst ein potenzielles Gemeinsamkeitenbündel, dessen Unteraspekte von unterschiedlichen Agenten unterschiedlich bewertet werden und damit unterschiedliche Anpassung erheischen. Bedenke, dass bereits die Sensibilität für bestimmte Gemeinsamkeit einer Wertung gleichkommt, denn Gemeinsamkeiten, die als solche erkannt werden, sind als wertvoller markiert als unerkannte. Jedoch können unerkannte Gemeinsamkeiten *per se* höher bewertet werden, beispielsweise bei Leid durch die vorhandenen. Um sich dem Teich so anzupassen, wie die Karpfen, müssten die Katzen zu Karpfen werden.

(v) Anpassung bedeutet das Anstreben von absoluter Übereinstimmung mit allen Gemeinsamkeiten, an die der Agent sich anpasst. Die damit verbundene Erstarrung der Anpassungsprozesse wird jedoch nie erreicht.

(vi) Erst die Anpassung erschafft Unzulänglichkeit der Gemeinsamkeiten und somit deren Transzendierbarkeit. Transzendenz kann daher nur während der Anpassung erfolgen. Gleichzeitig erfolgt sie während einer Anpassung immer, d.h. Agenten passen sich während des Anpassungsprozesses grundsätzlich an weitere Gemeinsamkeiten an, was ihre *100%ige* Identität mit dem Gemeinsamkeitenbündel, an das sie sich anpassen, verhindert.

(vii) Generell kann die Anpassung an mehrere Arten von Gemeinsamkeit gleichzeitig und in mehreren Stufen erfolgen.

(viii) Kommunikation unter den sie teilenden Agenten eröffnet die Möglichkeit der gemeinschaftlichen und damit effektiven Anpassung an Bündel kompliziert ineinander integrierter Gemeinsamkeiten, z.B., bei gemeinsamer Herstellung einer Ware.

Anpassung an Gemeinsamkeiten integriert ihnen ähnliche Gemeinsamkeiten, die das Verhalten der integrierenden Agenten bestimmen.

Verhalten (bzw. Verhaltensvoraussagen) aufgrund von Gesetzen ist immer Ausdruck von Anpassung an Gemeinsamkeiten, die jene Gesetze reflektieren. Anpassung führt aber nie (auch nicht bei einem maximalen äußeren Zwang) zu *100%iger* Identität der Agenten mit jenen Gemeinsamkeiten, sondern nur zur Ähnlichkeit mit ihnen. Darin unterscheidet sich die Anpassung von der Transzendenz und der Integration, die für sich genommen zulänglich sind. Anpassung ist hingegen das unzulänglich-selbstÄhnliche Existieren aus Begrenzen, Transzendieren, Integrieren, Werten, usw. Dennoch wäre ein (r)eduziertes Gesetz für diejenigen Agenten, die nur jenes teilen würden, *100%ig* korrekt, allerdings bildet es eine ideale Wirklichkeit ab, die der wirklichen nur ähnlich ist. Die (R)Eduktion berücksichtigt nämlich nur bestimmte, sich bedingende Gemeinsamkeiten, jedoch nicht die Transzendenz in ein anderes/neues *ZIG*. Agenten, die viele Gemeinsamkeiten miteinander teilen, zeigen nahezu identisches (Anpassungs-)Verhalten. Agenten, die nur eine Gemeinsamkeit unter vielen verschiedenen miteinander teilen, zeigen hingegen sehr unterschiedliches Verhalten. Sie sind sich dennoch ähnlich, da sie ja mindestens jene Gemeinsamkeit miteinander teilen, und sie passen sich dennoch an jene an (indem sie z.B. genau ein Produkt herstellen). Ähnliche Bewertung von Gemeinsamkeiten erzeugt ähnliche Gemeinsamkeitenbündel. Da die Existenz von Agenten nur durch das Teilen je bestimmter, jedoch einander ähnlicher Gemeinsamkeitenbündel möglich ist, werden ähnliche (gleiche+unterschiedliche) Agenten Gemeinsamkeiten, die sie zur Bewahrung ihrer Existenz zusätzlich/nicht mehr teilen sollen, dahingehend ähnlich bewerten, um die gegenseitige Ähnlichkeit aufrecht zu erhalten. Bei *ff-ZIG* mit vielen sich gegenseitig bedingenden Gemeinsamkeiten in den Agenten wird sich das Nicht-Ganz-Identisch-Sein in einer Polarisierung zwischen verschiedenen, stark kohärenten Gruppen ausdrücken. Bei geringerer *ff*-Verbundenheit wird die individuelle Diversität größer sein.

Die Diskussion von Ähnlichkeiten als eine bestimmte Zahl von Gemeinsamkeiten geht bis auf den Universalienstreit des Mittelalters zurück [26]. In diesem Streit wurde die Frage aufgeworfen, ob es die abstrakten Kategorien, unter die konkrete, reale Gegenstände subsummiert werden, tatsächlich gibt, also ob sich in jedem konkreten Baum, z.B. einer Birke, eine bestimmte "Baumigkeit" zeigt. Die Lager des Universalienstreites waren die Nominalisten, welche die Realität solcher "Universalien" verneinten und die Realisten, die sie bejahten. Allerdings spiegeln kategoriale Oberbegriffe niemals ihre komplexe kanonische Zusammensetzung, die im Kopf des Menschen entsprechend seiner Erfahrung von Gemeinsamkeiten innerhalb einer Kategorie präsent sind. Andererseits besteht die Gefahr, Begriffe mit vermeintlich universellen

Gemeinsamkeitenbündeln zu assoziieren, da sie ja deren (erworbene) Zusammensetzung und Begrenztheit nicht explizit enthalten. Das Hauptproblem ist jedoch, den Begriff der Gemeinsamkeit zu definieren. Die eher konkrete Gemeinsamkeit "blau" ist klar über das Wellenlängenspektrum des Lichts definiert. Die übergeordnete Gemeinsamkeit "regenbogenfarben" ist ebenfalls klar definiert. Die Gemeinsamkeit "Baum" ist es jedoch nicht. Man kann nun einen Kanon von Untergemeinsamkeiten festlegen, die Bäume zwingend gemeinsam haben müssen, um als solche zu gelten, wohingegen alle anderen Gegenstände, die jenen Kanon nicht (vollständig) teilen, eben keine Bäume sind. Agentengruppen können also explizit bzgl. vorhandener oder nicht-vorhandener, jedoch spezifischer Gemeinsamkeiten, d.h. mittels Teilüberkohärenz, definiert werden, d.h. bzgl. einer(s) bestimmten Gemeinsamkeit(enbündels). In der Limenistik gehen alle Gemeinsamkeiten auf konkrete, objektive und über Vergleichsstandards quantifizierbare Merkmale zurück. Tragen zwei Agenten, die zu einer Gattung gehören, zwingend die Farbe Blau, so ist sie nur deswegen die blaue Farbe, weil beide Agenten nur sichtbares Licht mit der Wellenlänge *430* bis *490* Nanometer abgeben. Erst wenn die Toleranz der Parameter, die eine Gemeinsamkeit festlegen sollen, so klein ist, dass sich die Gemeinsamkeit gegen andere durch Schwellen abgrenzen kann, eben indem sie von mehreren Agenten gleichermaßen geteilt wird (und andere nicht), ist sie eine begrenzt-universelle Gemeinsamkeit. In diesem Moment kann sie nur noch verlassen werden. Schwellenhafte quantitative Bereiche sind Gemeinsamkeiten und ermöglichen es Agenten, ihre Grenzen gewaltsam zu transzendieren.

Wie "identisch" können Agenten sein?

Die Ähnlichkeit im Sinne von Fast-Identisch-Sein, bedeutet, dass Entfaltung für alle die Gemeinsamkeit teilenden Agenten unter fast gleichermaßen gültigen Rahmenbedingungen erfolgt, z.B. bei einem Fußballspiel. Die Ähnlichkeit im Sinne von Nicht-Ganz-Identisch-Sein entspringt der Unzulänglichkeit der Gemeinsamkeiten im Sinne begrenzter Gültigkeit. Die Entfaltung zweier beliebiger Agenten erfolgt immer innerhalb sowohl gleicher als auch unterschiedlicher begrenzter Gemeinsamkeiten. Rot und Blau angezogene Menschen sind sich ähnlich, wenn sie gegeneinander Fußball spielen, obwohl sie einander nicht-ganz-identisch sind. Zwei identische Agenten würden hingegen genau die gleichen Gemeinsamkeiten teilen und nur jene, egal wie viele das wären. Sie würden so zu EINEM Wesen verschmelzen. Komplett unterschiedliche Agenten würden keine Gemeinsamkeiten teilen und wären daher nicht existent. Ähnlichkeit und Unzulänglichkeit beinhalten sich: Grenzen zwischen Gemeinsamkeitenbündeln (z.b. zwischen den rot und blau angezogenen Teams) bedeuten zwar, dass sich jenseits davon jeweils etwas anderes im Sinne von Nicht-Ganz-Identisch-Sein befinden muss. Die Gemeinsamkeitenbündel sind sich trotzdem ähnlich im Sinne von Fast-Identisch-Sein, da ohne mindestens eine Gemeinsamkeit mit der Welt jenseits ihrer Grenze keine integrierende Transzendenz in jene möglich wäre. So ist das Wesen (die Essenz) des Agenten in der Limenistik das ihn im Sein und Tun grundsätzlich bestimmende Bündel an Gemeinsamkeiten mit wesensgleichen, aber nicht gleichen Agenten.

Von der Gemeinsamkeit aus betrachtet, heißt Anpassung nichts anderes, als dass jene anstrebt, sich den sich anpassenden Agenten überzustülpen, sie also zu bestimmen, zu "determinieren", indem sie sich in das Gemeinsamkeitenbündel jedes Agenten quasi hineinkopiert, sich in ihm erinnert. Anpassung und Gemeinsamkeit verschmölzen in der Angepasstheit/Determiniertheit. Der angepasste Agent "sähe" sich selbst als teilweises Abbild der Gemeinsamkeiten, an die er sich anpasst. Doch das transzendierende Hineinkopieren wäre, wenn die Welt so bliebe, wie sie ist, überhaupt nicht nötig. Es wird erst dann nötig, wenn die Welt sich selbstÄhnlich reproduzieren soll. Vollständige Anpassung wäre die vollständige Aufnahme einer Gemeinsamkeit in einen Agenten, somit Integration. Ein Agent kann sich aber nie genau den Gemeinsamkeiten entsprechend verhalten, an die er sich anpasst, denn während er sich an sie anpasst, nimmt er Gemeinsamkeiten in jene Bündel auf oder gibt sie ab.

Aber wie äußert sich der Trieb, der Wille?

(Die Vorstellung von) Gemeinsamkeit ruft einen Anpassungstrieb an jene hervor, also den zur Identitätsherstellung zwischen Agenten und Gemeinsamkeiten, zum Determiniert-Sein durch jene. Passen sich Agenten an nahezu die gleichen Gemeinsamkeiten an, so erstreben sie gleichzeitig Identität untereinander, die aber immer nur in Ähnlichkeit resultieren kann. In einer solchen Situation ist es natürlich für einen Agenten einfacher, die anderen Agenten nachzuahmen, als ihre Gemeinsamkeit zu analysieren, an die er sich ebenfalls anpassen will. Die Anpassungsmotivation ist das Spannungs- bzw. Dringlichkeitsfeld zwischen einem ersehnten und einem noch nicht erreichten (angepassten) Zustand. Genauer: Motivation ist das Spannungsfeld, das sich aus dem Unterschied zwischen dem in der Zukunft liegenden angepassten und dem (ohne Anpassungsaktionen) antizpierten Zustand ergibt. Wenn man Hunger verspürt, ist es der Zustand der Sättigung, der ersehnt wird, aber noch nicht erreicht wurde, und der gar nicht crreicht wird, wenn man nicht etwas gegen den Hunger tut. Gibt es keinen Unterschied zwischen angepasstem und antizipiertem Zustand, gibt es auch keine Motivation, weswegen Gesellschaften, die jenen Unterschied nicht kennen, nicht motivationsbasiert funktionieren können.

Diverse Gesellschaften, deren Individuen sich nach dem Motto: "Ich will in dem und dem Aspekt so sein wie DIESER aber nicht so wie JENER." in die Zukunft entwerfen, bleiben effektiv unmotiviert, wenn
(i) Man nicht wie DIESER/schon wie JENER ist und man es definitiv bleibt (frustrierend),
(ii) Man schon wie DIESER/anders als JENER ist und man es definitiv nicht bleibt (frustrierend),
(iii) Man nicht wie DIESER/schon wie JENER ist und es definitiv nicht bleibt, und zwar ohne eigenes Zutun (zufriedenstellend),
(iv) Man schon wie DIESER/anders als JENER ist und es so bleibt (zufriedenstellend).
Nach dem Entwurf: "Ich möchte so sein wie DIESER und JENER" in homogenen Gesellschaften ergeben sich die Varianten:
(v) Man ist nicht wie DIESER und JENER und bleibt es definitiv (frustrierend),

(vi) Man ist schon wie DIESER und JENER und bleibt es definitiv nicht (frustrierend),
(vii) Man ist nicht wie DIESER und JENER und gleicht sich ihnen ohne eigenes Zutun an (zufriedenstellend),
(viii) Man ist schon wie DIESER und JENER und bleibt es definitiv (zufriedenstellend).

Während die frustrierenden Varianten zumindest einen inneren Widerstand erzeugen, sind die zufriedenstellenden ohne jede Spannung. Gesellschaften, die statt aus Schwellen aus unüberwindbaren Grenzen bestehen oder gar keine Schwellen besitzen, gehen an ihrer Motivationslosigkeit zugrunde.

Die Motivation erzeugt den Trieb, die Unangepasstheit als solche zu überwinden. Gemeinsamkeiten bringen nun konkrete Anpassungsbedürfnisse hervor, die letztendlich zu einem konkreten Anpassungsverhalten der Agenten zur Überbrückung des Spannungsfeldes führen angefangen vom tierischen Aufsuchen neuer Futterplätze bis zum Einschalten des Computers zwecks Abarbeitens einer Büroaufgabe. Die Dringlichkeit der Bedürfnisgenerierung und -befriedigung entspricht der Stärke der motivierenden Spannungsfelder. Man kann daher formulieren: Anpassung beinhaltet immer die Motivation zur Entwicklung von konkreten Anpassungsbedürfnissen basierend auf konkreter Gemeinsamkeit bzw. Herrschaft. Auf diese Weise entsteht z.B. das Bedürfnis, zu verstehen, warum Steine immer nach unten fallen, dasjenige, eine neuartige Kaffeemaschine auf den Markt zu bringen sowie das, nicht mehr so viele Plastiktüten zu verwenden.

Du kannst die Anpassung auch als den Versuch der Angleichung der einen an andere Bedürfnisse verstehen. Dazu musst du jeder Art von Gemeinsamkeit allerdings abstrakt Bedürfnisse zuschreiben, wodurch der Begriff des Anpassungsbedürfnisses einen doppelten Bezug erhält. Versteht man z.B. die Liebe als Gemeinsamkeit, so sind zwei Liebende motiviert, ihre Bedürfnisse denen der herrschenden Liebe anzugleichen. Ausgebeutete Proletarier haben das Verlangen, ihre Bedürfnisse an diejenigen des sie Ausbeutenden anzupassen. Fallende Steine und sich darüber Gedanken machende menschliche Gehirne verlangt es nach der Angleichung der eigenen an die Bedürfnisse der Erdgravitation. Bedenke das Folgende: Da Gemeinsamkeiten grundsätzlich immer von mindestens zwei Agenten geteilt werden, die sich dadurch ähnlich sind, sind alle Anpassungsbedürfnisse gemeinschaftliche Bedürfnisse. Somit wäre es das gemeinsame Bedürfnis von Planeten, Objekte in Richtung ihrer Mitte zu beschleunigen und von Steinen, daraufzufallen. Dort, wo die Existenz nur aus Gemeinsamkeiten besteht, sind alle Bedürfnisse Anpassungsbedürfnisse. Deine tatsächliche Frage, die nach dem freien Willen, kann ich mit Verweis auf die Unzulänglichkeit beantworten: Die motivierende Spannung kann losgelöst von der konkreten Gemeinsamkeit betrachtet werden. Somit kann sich der Agent motivieren, die Gemeinsamkeitgrenze gezielt (und nicht zufällig) zu durchschreiten und nicht nur Anpassungstests im Sinne von Identitätsherstellung mit der momentanen Gemeinsamkeit zu betreiben. Diese Fähigkeit ist Grundlage des freien Willens.

Wie unterscheiden sich Determiniertheit und Motivation?

Gäbe es nur eine einzige, also eine unbegrenzt-universelle Gemeinsamkeit, so würde sie die sie teilenden Agenten sich und untereinander gleich machen, sie würden nach ihrem Vorbild kausal determiniert. Strikte Kausalität entspricht einem Ursache-Wirkungs-Ereignis, bei dem die Wirkung die Ursache als Erinnerung beinhaltet. Keine Wirkung, welche ihre Ursache nicht enthält, ist eine strikte. Strikte Kausalität fehlt, wenn eine ursächliche Anpassung an eine Gemeinsamkeit in ihrer Wirkung die Ursache und damit die Gemeinsamkeit zwar teilweise reproduziert, jedoch neben dieser Konservierung weitere/vorhandene Gemeinsamkeit betreten/verlassen wird, und zwar nicht determiniert. Somit kann die Gemeinsamkeit, an die sich die Agenten anpassen, nie komplett identisch mit ihnen werden, sich jedoch in ihnen wiederfinden. Anpassung bedeutet selbstähnlich erinnernde Transzendenz und nicht-strikte Kausalität. Daher determiniert jede Gemeinsamkeit das Verhalten der sie teilenden Agenten nur teilweise. Was den aus der Begrenztheit der Gemeinsamkeiten folgenden Grenzbereich angeht, so steht die Frage, ob und wie Agenten noch/schon durch diejenigen Gemeinsamkeiten determiniert werden, auf deren Schwelle sie stehen. Schwellenhaftigkeit bedeutet: Mit dem Betreten der Schwelle einer Gemeinsamkeit determiniert diese einen Teil des Agenten vollständig. Jener Teil kann zunächst nahe null liegen und im Verhältnis zu weiteren möglicherweise anwachsen, wobei es das Ziel der Gemeinsamkeit ist, den Agenten vollständig zu determinieren, um weiterzuexistieren.

Ein Beispiel hierfür ist ein Doppelpendel [27] (z.B. ein Klöppel in einer schwingenden Glocke). Die Bewegung eines idealen einfachen Pendels (Klöppel in feststehender Glocke), kann mathematisch vorherberechnet werden. Doch selbst bei einem idealen Doppelpendel ergibt die mechanisch-mathematische Beschreibung der Bewegung keine strikte Voraussagbarkeit mehr. Das liegt daran, dass echte Zufälle zu unvorhersehbaren Wirkungen führen können, die sich wiederum verstärken. In der Physik spricht man von einer chaotischen Bewegung. (Der Grad der Unvorhersehbarkeit wird durch sogenannte Ljapunov-Exponenten beschrieben [28].) Das Doppelpendel kann zu bestimmten Zeitpunkten durch einen Zufall (Schmetterlingsflügelschlag) in eine bestimmte Richtung gelenkt werden. An jenen Stellen befindet sich das Doppelpendel auf den Schwellen gleich mehrerer Gemeinsamkeiten, ohne von ihnen determiniert zu werden. Von der Schwelle geht stattdessen ein doppelter Zwang aus, den ich Gewalt nenne, der aber nicht auf Determiniertheit beruht, sondern auf "Miniertheit". Das Doppelpendel wird sich ohne Determiniertheit in die eine oder andere Richtung bewegen, in welche, bestimmt die Gewalt. Sie zwingt dazu, sich an bestimmte Gemeinsamkeit (nicht) anzupassen. Was Agenten betrifft, die bereits Gemeinsamkeiten teilen, so geht der Anpassungszwang an vorhandene/andere/neue (zusätzliche oder ablösende) Gemeinsamkeit ebenfalls nicht von der Determiniertheit durch diese Gemeinsamkeit aus, sondern von der Gewalt, welche die Agenten in der Determiniertheit durch die Gemeinsamkeit hält oder andere/neue betreten lässt.

Die Gewalt besteht also gleichzeitig aus zwei Aspekten: Der eine (gi) speist sich aus der Motivation zur Transzendenz, der andere (gii) aus der zum Widerstand dagegen, also der zum Verharren.

Und jetzt kommts: Jede Gemeinsamkeit ist für Agenten gleichzeitig immer auch eine Schwelle, die von deren Betreten (Wahrnehmung) bis hin zur maximalen Angepasstheit verläuft. Befindet sich ein Agent in einer Gemeinsamkeit, so basiert der Anpassungsprozess an jene immer auf diesen beiden Gewaltaspekten gleichzeitig, da sich der Agent währenddessen IMMER auf der Schwelle aufhält, also miniert wird. Miniertheit bedeutet also für einen Agenten, dass von der Schwelle der Gemeinsamkeit *a*, die er teilt, immer eine Gewalt ausgeht, die verhindern möchte, dass er sie überschreitet, die ihn also zum Verweilen zwingt, wie auch eine Gewalt, die ihn einlädt, die Schwelle zu überschreiten. Die Schwellenhaftigkeit von *a* bedeutet somit einen Zwang zum gleichzeitigen Teilen und Nicht-Teilen von Gemeinsamkeit, der dazu führt, dass ein Agent die Gemeinsamkeit, an die er sich anpasst, nie 1:1 in sich aufnehmen kann. Trotz vermeintlicher Angepasstheit an bestimmte Gemeinsamkeiten wird der Agent durch die Gewalt der Miniertheit ständig zum Verlassen jener Gemeinsamkeit gezwungen, dem er mittels Gewalt entgegenwirkt, um sie weiterhin zu teilen, was ihm aber nie vollkommen gelingt. Maximale, dauerhafte Angepasstheit an festgelegte Gemeinsamkeiten kann also nur durch entsprechende Gewalt erreicht werden und bedeutet selbst dann nur ihre weitgehende Beibehaltung durch die Agenten. Analog bedeutet die Wiederholung eines Experiments nur die weitgehende Wiederherstellung der Gemeinsamkeiten der Experimentkomponenten durch Gewalt.

Woher kommt die Gewalt?

Aus der Bewertung! Die Gewalt durch die Miniertheit hat dieselbe Ursache wie die imperative Gewalt, die Agenten in Gemeinsamkeitenbündel zwingt und deren integrierte Gemeinsamkeiten so miteinander verklebt. Auch der echte Zufall verschiebt die Bewertung von Gemeinsamkeiten und ist sie zugleich selbst. Er bewertet die Richtungen, in die das Doppelpendel fallen kann, wodurch er zur Quelle von Gewalt wird. Gemeinsamkeiten geben hingegen die Blaupause für das Angepasstheitsverhalten der sie teilenden Agenten vor, die Determiniertheit. Determiniertheit übt aber keinen bestimmten Zwang aus, jener zu folgen bzw. eine andere für sie zu verlassen. Sich das Gesicht grün anzumalen, ist nicht zu jeder Zeit und überall gleich wichtig, obwohl das Ergebnis immer das gleiche wäre. Miniertheit hingegen bewirkt die (Nicht)Transzendenz von Gemeinsamkeitengrenzen. Anders gesagt: Determiniertheit gibt den Mechanismus strikter Kausalität vor, Miniertheit erzwingt sie, ohne selbst strikt kausal verursacht worden zu sein. Gewalt ist daher zwar unabhängig von Determination durch Gemeinsamkeiten, übt aber einen bewertungsinduzierten Zwang der Agenten hin zur Determiniertheit innerhalb einer bestimmten Gemeinsamkeit aus. Stelle dir mehrere Spiegel vor. In jedem spiegelt sich das gleiche Original. Das Spiegelbild des Originals ist gleichzeitig die Gemeinsamkeit, die alle Spiegelbilder teilen (sollten) und mit der sie Identität anstreben. Ist es maximal bewertet, werden die Spiegel ständig blank geputzt. Ebenfalls muss Gewalt angewandt werden, um einzelne Spiegelbilder aus der Gemeinsamkeit herauszuholen: Man muss sie zerschlagen. Ein weiteres Beispiel sind die Übergänge zwischen den Aggregatzuständen des Wassers. Das Verhalten als Flüssigkeit, wie auch als Dampf, ist prinzipiell determiniert. Doch der Übergang zwischen beiden braucht äußere Gewalt, und zwar gegen die innere Gewalt der Gemeinsamkeit selbst. Im Übergang zwischen den beiden Zuständen, auf den Schwellen, wird das Verhalten im Einzelnen unvorhersehbar. Einige Bereiche der besagten Flüssigkeit haben sich bereits in Dampf verwandelt, andere nicht. Gleichzeitig ist, global gesehen, das Temperaturverhalten des Wassers wieder eine determinierende Gemeinsamkeit aller Agenten, die Wasser beinhalten.

Jedes Bedürfnis zur Anpassung braucht also Bewertung.

Jede(s) Anpassung(sbedürfnis) ist auf Motivationen zurückzuführen, die aus der Bewertung folgen. Motivation oder motivierter Gewalt steht die Gewalt der Schwelle bzw. die Barrierengewalt gegenüber, ist ihr entgegengesetzt. Stelle dir eine Gemeinsamkeit *a* mit der Bewertung *a* vor. Der motivierten Gewalt zur Transzendenz (aus *a* heraus) stellt sich die Barrierengewalt entgegen, die eine Verharrung anstrebt. Andererseits steht der motivierenden Gewalt zum Verharren in *a* eine Barrierengewalt entgegen, die eine Transzendenz heraus aus der Gemeinsamkeit anstrebt. Transzendenz und Verharren sind in der Miniertheit äquivalent, denn die erstere ist ein permanentes Nichtverharren und die letzer eine permanente Rücktranszendenz bezüglich einer Gemeinsamkeit, weswegen das Verharren nicht ausschließlich als Passivität zu sehen ist. Die Stärke der Miniertheit ergibt sich aus der Bewertung zu verlassender und zu betretender Gemeinsamkeit mit den jeweiligen Werten a und b. Man könnte auch sagen, dass der Agent in a der bewertungsinduzierten Motivation ausgesetzt ist, entweder in einer höherbewerteten Gemeinsamkeit zu verharren, eine niedriger bewertete zu vermeiden oder eine höherbewertete zu betreten, wobei ihm jedoch gleichzeitig eine Barriere, die aus der gleichen Bewertung stammt, die jeweilige (Nicht)Transzendenz erschwert.

Ich bezeichne die Motivation als $m=|a\text{-}b|$ und die Barrierenhöhe als $h=(m+1)/2$. Der Offset von $1/2$ ergibt sich aus der Annahme, dass die Schwelle selbst eine Restbewertung besitzt, die sie grundsätzlich erhöht. Transzendenz zwischen oder Verharren in Gemeinsamkeiten erfolgen nur bei einer von null verschiedenen Motivation. Aus dieser Festlegung ergeben sich mehrere Fälle:

- $m<1 \rightarrow h>m$: Die Barrierengewalt ist aufgrund der niedrigen Bewertung immer höher als die motivierte Gewalt zum Verharren (bei $a>b$) oder zum Transzendieren (bei $a<b$). Im ersteren Fall leistet der Agent keinen erfolgreichen Widerstand gegen seine Verschiebung in Gemeinsamkeit b durch die Gewalt von h. Im zweiten Fall kann die Motivation zur Transzendenz die Barrierengewalt nicht überwinden. In beiden Fällen vermeidet der Agent die höherbewertete Gemeinsamkeit.

- $m=1 \rightarrow h=m=1$: Motivation und Barriere sind gleich groß.

- $m>1 \rightarrow h<m$: Die Barriere ist aufgrund der hohen Bewertung immer niedriger als die Motivation. Entweder wehrt sich der Agent erfolgreich gegen seine Verschiebung ($a>b$) oder er transzendiert ($a<b$). In beiden Fällen vermeidet der Agent die niedrigbewertete Gemeinsamkeit zugunsten der höherbewerteten.

- $h=0$: nicht erreichbar.

- $h=1/2$: minimale Barrierenhöhe, allerdings ohne jede Motivation.

Dieselben Gemeinsamkeiten sind höher bewertet, wenn sie existieren (f oder ff), im Vergleich zur Nichtexistenz j. Transzendenz von ff nach f oder gar j ist daher, vom jeweiligen Agenten aus gesehen, unattraktiv.

Beim Doppelpendel reicht eine geringe Transzendenz-/Verharrungsgewalt aus, denn die Barriere ist niedrig. Massiv verstärkte, echte Zufälle können jedoch auch hohe Schwellen überwinden. Bedenke, dass die Gewaltanwendung für Transzendenz/Verharren zwar motiviert wird, sich jedoch an der Schwellenhöhe orientieren muss. Somit existiert eine Differenz zwischen Motivation und Schwellenhöhe/Gewaltanwendung, eine Art Gewaltpotenzial *von* $p=|m-h|=|m-1|/2$. Zwei integrierte Gemeinsamkeiten, d.h., bei gleichzeitigem Aufenthalt der Agenten in beiden, müssen sie sich ständig gegenseitig positiv bewerten. Die ständige Umbewertung lässt vermuten, dass nur kleine relative Bewertungsunterschiede, damit geringe Motivationen, in jedem Fall eine niedrige Schwellenhöhe für die Integration notwendig sind. Somit senkt Integration die Gewalt(anwendung) durch die hierfür nötige Umbewertung auf ein Minimum ab und das Gewaltpotenzial auf null. In einem *ZIG* bewerten sich die inneren Gemeinsamkeiten abwechselnd/agentenspezifisch in einer Weise positiv, dass die Schwellenhöhe zwischen ihnen und die Gewalt minimal werden, unabhängig davon, wie stark sie gegenüber anderen Gemeinsamkeiten bewertet sind. Gemeinsamkeiten, die zueinander nicht niedrig genug bewertbar sind, können nicht integriert werden. Begrenzte Gewalt sorgt wiederum für eine hohe Ahnlichkeit, d.h. geringe Identität und geringe Verschiedenheit gleichzeitig, was durch unendliche oder nichtvorhandene Gewalt nicht erreicht würde. Gewaltbegrenzung scheint daher ausschlaggebend für die selbstÄhnliche Existenz zu sein. Beachte, dass die Gemeinsamkeiten selbst für diese Betrachtungen keine Rolle spielen. Auch bei gleichen Gemeinsamkeiten beidseits der Schwellen würde die Bewertung die Miniertheit bestimmen. Werte können, wie Gemeinsamkeiten, erinnert werden, die Anpassung ist aber immer eine Anpassung an durch sie definierte Gemeinsamkeiten. Jedes Gesetz basiert, obwohl es die betreffenden Gemeinsamkeiten reflektiert, zuerst auf Gewalt und nicht auf Determinismus, denn es reflektiert auch den integrierenden Zwang der Gemeinsamkeiten.

Wie steht der Begriff "Sinn" zum "Wert"?

IntegrationsWerte sollen Agenten dazu bringen, sich an bestimmte Gemeinsamkeiten (nicht) anzupassen oder zumindest den Katalog/die Qualität jener Gemeinsamkeiten nicht zu überschreiten. IntegrationsWerte können so definiert werden, dass sie einem bestimmten Ziel dienen, einen bestimmten Sinn haben. Selbst die sinn- und wertfreie Anpassung als Grundlage des Spielens und Probierens hat einen Sinn. Aus dem Sinn leitet sich also umgekehrt der IntegrationsWert ab. "Zieh dich warm an", entspräche einem IntegrationsWert inklusive aller integrierten Gemeinsamkeiten der integrierenden Gemeinsamkeit, warm angezogen zu sein, "damit du dich nicht erkältest!" hingegen seinem Sinn. Ein Sinn kann wiederum zu einem SuperIntegrationsWert werden, indem man ihn von einer Begründung in einen übergeordneten Imperativ verwandelt, wobei die Begründung jedoch verloren geht: "Du sollst dich nicht erkälten." Häufig werden Sinn und Zweck einer Bewertung auch aus einer Repression heraus erzeugt. Man weiß nicht genau, welchen Sinn eine (imperative) Bewertung hat oder möchte ihn sich nicht eingestehen.

Der ultimative Sinn der IntegrationsWerte ist, in Anlehnung an Spinozas Affektenlehre [29], die Erzeugung der stabilen Existenz der sich anpassenden Agenten und ihrer Gemeinsamkeiten. Wären sie instabil, würde beides nicht existieren. In diesem Verständnis wäre die Nichtexistenz sinnlos. Die Existenz ist also eine Gemeinsamkeit, die unbegrenzt-universell ist (Was existiert ist darin identisch, dass es existiert) und dadurch einen ewigen positiven Sinn besitzt. Ein hieraus formuliertes Gesetz könnte lauten: Je begrenzter eine begrenzt-universelle Gemeinsamkeit ist, desto konkreter die Vorhersagen, die man durch ihre Kenntnis treffen kann. Das Produkt aus konkreter Vorhersag-barkeit und Unbegrenztheit der Universalität muss immer endlich sein. Für die Existenz wäre diese Bedingung erfüllt, denn sie ist zwar unendlich universell, erlaubt aber keine konkreten Vorhersagen. Die Existenz bewirkt aber etwas anderes: Die Gemeinsamkeiten kleben zusammen allein durch ihre Existenz in dieser Form. Die Gemeinsamkeit der Existenz ist ihr eigener positiver IntegrationsWert und verleiht sich selbst einen Sinn. Allerdings funktioniert das nur dann, wenn jener Sinn und damit der IntegrationsWert wirklich eine Existenz erzwingen. Die integrierenden Gemeinsamkeitenbündel zwischen Herrscher und Beherrschten fliegen auseinander, wenn die IntegrationsWerte sie nicht absichern. Verlassen Agenten Gemeinsamkeiten aus einem Bündel, führt das irgendwann ebenfalls zu dessen Desintegration, da der Zwang nicht aufrechterhalten werden kann.

Macht die Integration immer einen Sinn?

Die *ff* existierenden Gemeinsamkeitenbündel stabilisieren sich über den Zwang zur inneren integrierenden Transzendenz, den ich Bedingtheit nenne und der auf der ständigen relationalen positiven Bewertung der anderen/neuen Gemeinsamkeiten (bzw. derselben durch die Agenten, welche ihre Grenzen permanent transzendieren) innerhalb des Gemeinsamkeitenbündels basiert. Man muss sich das so vorstellen, dass derjenige Agent, welcher sich an *ZIG* anpasst, die Grenzen der inneren Gemeinsamkeiten permanent transzendiert, wobei er Letztere mit sich schleppt. Beispielsweise integrieren Billardkugeln *ff* die Gemeinsamkeiten, die sich aus den Gesetzen der Mechanik ergeben. An dieser Stelle muss man sich fragen, ob es so etwas wie einfache Faktizität überhaupt gibt oder ob sich alles in Gemeinsamkeitenbündel gezwungen ist, dessen Spiegelbild sie werden. Tatsächlich muss sich nicht alles, was existiert, gegenseitig bedingen. Sehr viele Dinge sind zufällig, willkürlich, erspielt, unbegründet, stellen keine Regel dar und sind trotzdem faktisch. Billardkugeln sind in ihrer Bewegung nicht vollständig berechenbar (auch nicht durch Gott).

Die Integration *ff*-existierender Gemeinsamkeitenbündel erzeugt auch Beschränkungen. Ohne die Agenten konkret berücksichtigen zu müssen, kann man zwar davon ausgehen, dass Gemeinsamkeiten, die sich aufgrund einer imperativen (positiv konnotierten)

Qualität ineinander, z.B. zu Regenbogenfarbigkeit, integrieren, durch weitere Gemeinsamkeiten gleicher Qualität ergänzt werden können, ohne die Qualität und damit das Positiv-Etikett zu verlieren. Das bedeutet aber auch, dass es Gemeinsamkeitenbündel gibt (z.B. regenbogenfarben), die Agenten, die bereits anderweitig imperativ integriert sind (z.B. weiße Tasten auf einer Klaviertastatur), nicht ohne Weiteres integrieren können, es sei denn, alle Gemeinsamkeiten legten ihre bisherigen Zwänge ab. Hierdurch verlieren die Agenten als Träger der integrierten Gemeinsamkeitsphären jedoch ihre bisherige Zusammensetzung. Obwohl beide Imperative, regenbogenfarben und Klaviertasten, je positiv sind, verbleiben die Agenten in ihren jeweiligen Gemeinsamkeitenbündeln. Ein Ausweg wäre die zwingende Integration der Gemeinsamkeitenbündel ineinander (Klavierkonzert unter einem Regenbogen). Ein anderer Ausweg wäre die Ausnahme: Durch (zufällige) Grenztranszendenz verlässt eine (r)eduzierte Gemeinsamkeit *a* das Gemeinsamkeitenbündel. Normalerweise müssten der Zwang und das Gemeinsamkeitenbündel jetzt zusammenbrechen. Doch die verbliebenen Gemeinsamkeiten können durch andere ergänzt werden, die (exklusive von *a*) wieder einen Zwang, also ein positiv bewertetes, somit existierendes Gemeinsamkeitenbündel ergeben. Verbleiben viele der ursprünglichen Gemeinsamkeiten, sind sich Norm und Ausnahme sehr ähnlich, so wie Süß- und Sauerkirschen.

Bedenke, dass eine zwingende Integration von Gemeinsamkeiten nur durch die Hinzunahme einer weiteren gelingt, die erst durch jene Gemeinsamkeiten und den Zwang bedingt wird, also zu einer gegenseitig positiven Bewertung der Gemeinsamkeiten im Bündel führt. Bedingtheit ist der innere Kitt in einem, durch einen IntegrationsWert stabilisiertem/integrierendem Gemeinsamkeitenbündel und gleichzeitig dessen Fragilität (Kartenhaus). Es besteht aus allen, sich gegenseitig positiv bewertenden Gemeinsamkeiten. Dieses Bündel ist Teil des Agenten, der es trägt. Bedenke weiterhin, dass nur der beschriebene Mechanismus die Übernahme und das dauerhafte Überleben bisher (im Agenten) nicht vorhandener, also auch neuer Gemeinsamkeiten erlaubt. Außerdem ist jede entstandene zwanghafte Integration von Gemeinsamkeiten mit dem Teilen bisher nicht geteilter, also anderer, verbunden. Ich würde sogar behaupten, dass jede entstandene Gemeinsamkeit letztendlich im Rahmen eines Zwanges bedingt (worden) ist, denn erst durch die Bedingtheit von Gemeinsamkeiten ist Zwang zur Integration, und erst dadurch ist Ähnlichkeit aufgrund unterschiedlicher Kombinationen von Gemeinsamkeiten in Agenten möglich.

An dieser Stelle muss man das Wort "Bedingen" spezifizieren. Zum einen gibt es das Bedingen im Sinne von Determiniertheit, also das sich in einem Agenten widerspiegeln, dass Sich-In-Ihm-Erinnern durch Gemeinsamkeiten, an die sich der Agent anpasst. Zum anderen gibt es das Bedingen, welches eben nicht das Erinnern des Determinierenden im Determinierten bedeutet. Vielmehr ist jenes Bedingen der Zwang von Agenten in Gemeinsamkeiten und damit von mehreren Gemeinsamkeiten ineinander, der das Widerspiegeln erst ermöglichen will, wobei das "wollen" im Schopenhauer'schen Sinne letztendlich das Unvermögen aufgrund von Unzulänglichkeit ausdrückt, dieses Ziel *100%ig* zu erreichen. Jenes Bedingen geht auf den Imperativ eines IntegrationsWertes zurück, welcher der determinierenden Gemeinsamkeit anhaftet. Der Ehemann sowie die Ehe (im klassischen Sinn) existieren nicht ohne die Ehefrau. Doch ist Ersterer nicht das Spiegelbild Letzterer und beide sind nicht nur das Spiegelbild ihrer Ehe. Dennoch erzeugen beide die Ehe und sind für sie notwendig, wobei diese den Status als Ehemann und Ehefrau bedingt. Diese Bedingtheit resultiert letztlich aus und in dem Zwang des ehelichen Integrations-Wertes. Die Determiniertheit durch die Ehe ist somit vom Zwang/Wille zur Ehe durch positive Bewertung getrennt.

Wie muss man sich die zwingende Integration bedingender und bedingter Gemeinsamkeiten vorstellen?

ZIG's inklusive der integrierten Gemeinsamkeiten können spontan, quasi aus dem Nichts entstehen, denn sie sind nicht materiell. Die sie teilenden Agenten passen sich dabei an die *ZIG*-Gemeinsamkeiten an, wodurch sie sie und den Zwang erst erzeugen. Das so entstehende Gemeinsamkeitenbündel stabilisiert sich durch seine bedingende Konstruktion in seiner Existenz selbst. Aus den Gemeinsamkeiten *a,b* wird durch Integration jedoch nicht bloß ein zwingend integrierendes $<ab>$ als bloße Summe von a und b; schon gar nicht wird aus a,b eine vollkommen andere Gemeinsamkeit $<c>$, wenn sie sich zu einem Gemeinsamkeitenbündel zusammentun. Das kleinstmögliche *ZIG* besteht aus zwei Gemeinsamkeiten a und b und einer von ihnen hervorgebrachten Gemeinsamkeit c, der Eigentlichkeit.

An dieser, nächsten Stelle möchte ich den Begriff "Bedingen" aufspalten, und zwar in "Bedingen" und "Legitimieren". Das sich in einem *ff-ZIG* $<>$ befindliche c, die Eigentlichkeit der Verknüpfung der Gemeinsamkeiten im ZIG (nicht der Agenten), welche von a und b aufgrund des Zwanges hervorgebracht wird, ist die direkte (r)eduktive Bedingung für die zwingende Integration von a und b in das *ZIG*. Auf der anderen Seite legitimiert die Vorhandenheit von a und b im Zwang die Präsenz von c. Diese wechselseitige Beziehung kann man als $<ac,bc{\rightarrow}c>_c$ zusammenfassen. Dabei symbolisieren $<>_c$ das durch den IntegrationsWert erzwungene *ZIG* inklusive des Zwangs, "$\rightarrow$" die direkte Bedingtheit der Integration von a und b durch c, die Zusammenfügungen ac und bc die Legitimation von c durch a und b (beides im Rahmen des Zwangs zur Integration). Anders gesagt symbolisieren "$\rightarrow$" und ac, bc den besonderen Bezug von a,b,c und $<>$ aufeinander. Verkürzt gilt: $<ac,bc{\rightarrow}c>_c = <a,b{\rightarrow}c>_c$, denn (nur) innerhalb von $<>_c$ gilt: $<ac>_c = <ac{\rightarrow}c>_c = <a>_c$. Die bedingten/ legitimierenden Gemeinsamkeiten a,b benötigen einander wiederum immer, um gemeinsam im Rahmen des Zwangs $<>_c$ die Gemeinsamkeit c zu legitimieren/sich von ihr bedingen zu lassen. Man könnte sagen, dass sich die Gemeinsamkeiten a,b, die sich *ff* aneinanderheften, über ihre Eigentlichkeit c konform mit dem IntegrationsWert sind, der diesen *ff*-Zwang bewirkt. Andererseits können eine oder mehrere sich anheftende, legitimierende Gemeinsamkeiten ("Konformate") über die hervorgebrachte Eigentlichkeit alle anderen konform zum IntegrationsWert machen ("Deformate" bewirken das Gegenteil davon).

Mir kommt es so vor, als ob Du hier etwas mit sich selbst erklären würdest: Die legitimierenden Gemeinsamkeiten legitimeren etwas, das sie wiederum bedingt.

Diese Zusammenhänge sind nur scheinbar rein zirkulär, denn das sich (gegenseitige) Bedingen und Legitimieren von a, b und c geht letztendlich auf den (durch einen IntegrationsWert erzeugten) Zwang in das Bündel $<>_c$ zurück. Wenn ein solcher Bedingungszirkel für die Gemeinsamkeiten vorliegt, ist deren zwingende Integration beweisbar: Hemden sind im Rahmen einer weißen Hemdenmode weiß. Verschwinden/entstehen mit dem Weiß der Hemden auch die Hemden oder mit den Hemden auch das Weiß, so ist der spezifische modische Zwang bewiesen, durch die simultane Transzendenz eindeutiger als durch die bloße Erscheinung. Geschieht dies nicht, existiert der Zwang und mit ihm die Eigentlichkeit nicht (mehr). Ein Zirkelschluss hingegen enthält den Zwang im argumentativen Nachweis des Bedingens bereits: Der Müllmann bringt den Müll weg, weil Müllmänner Müll wegbringen. Was nicht bedeutet, dass Müllmänner dies nicht tun, dass bestimmte Gemeinsamkeiten der Müllmänner zwingend mit dem Müllwegbringen verbunden sind. Nur ist der Beweis ohne eine entsprechende (R)Eduktion nicht erbracht.

In der Limenistik gibt es also keine zwingende Koppelung zwischen dem Agenten und Gemeinsamkeiten. Der Agent besteht jedoch aus Gemeinsamkeiten, die an andere Gemeinsamkeiten zwingend ankoppeln.

Hart ausgedrückt: ja.

Du hast sehr viel über die losen und notwendigen Verbindungen der Gemeinsamkeiten untereinander gesprochen, aber nicht viel über die Verbindung der Agenten untereinander aufgrund ihrer Gemeinsamkeiten.

Kannst du deine Frage genauer erklären?

Ich meine: Stehen Agenten, die Gemeinsamkeiten teilen, in einer räumlichen, zeitlichen, sich irgendwie berührenden, historischen, bei Menschen durch Vernunft oder Emotion errichteten Verbindung?

Puh, das sind jede Menge Punkte in nur einer Frage. Zunächst kann man sagen, dass Agenten, die Gemeinsamkeiten teilen, in keinem besonderen Verhältnis zueinander stehen müssen. Zwei blaue Agenten sind nur insoweit räumlich und zeitlich verbunden, als dass sie in dem Teil des Universums existieren, in dem die blaue Farbe überhaupt definiert ist. Die Situation ändert sich, wenn der Blauton so spezifisch wird, dass er nur durch die zwingende Hinzunahme weiterer Gemeinsamkeiten erklärt werden kann. Meist läuft das auf ein Naturgesetz oder auf einen gemeinsamen historischen Ursprung der Agenten hinaus. Naturgesetze verbinden die Schicksale von Agenten, die bestimmte Gemeinsamkeiten teilen, zwingend miteinander, beispielsweise das Fallgesetz bei Lemmingen. Durch eine gemeinsame Historie - beispielsweise sind sie im gleichen Vulkan entstanden - waren Steine einst eng miteinander verbunden, haben sich berührt, bevor der Vulkan sie ausspuckte und kilometerweit verteilte. Vielleicht fand Jahrtausende später jemand ein solches Bruchstück und machte einen Schmuckanhänger daraus, den er von Europa mit nach Amerika nahm. Das bedeutet, dass jener Stein keine aktuelle Verbindung mehr zu seinen Kameraden besitzt.

Bedeutet es für Agenten, den gleichen Naturgesetzten zu unterliegen, nichts weiter, als die gleiche Historie zu besitzen? Aus dem Urknall entstanden zu sein?

Eine grundsätzliche Frage und nicht zu beantworten. Es gibt nur Annahmen. Einerseits könnte man behaupten die Naturgesetze seien ewig und unveränderbar wie die Gesetze der Mathematik. Andererseits könnten sie seit dem Urknall entstanden sein, genauso wie die Materie. Da Naturgesetze in der Limenistik zwingend integrierte Gemeinsamkeiten sind, die sich im Bezug auf die Agenten ständig verändern - Materie übrigens ebenfalls - gilt in der Limenistik das Letztere. In der Limenistik gibt es in gewisser Weise ideale (platonische) Gemeinsamkeiten, aber die Agenten streben nicht danach, sie in ihrer Idealform zu teilen, sondern, ihre Schwellen zu überwinden. Dadurch entstehen und verschwinden Gemeinsamkeiten ständig (Emergenz). Ganz ohne Naturgesetze und bloß mit einem gemeinsamen Ursprung kommst du aber argumentativ nicht aus, denn der gemeinsame Ursprung muss ja Gemeinsamkeiten schon zwingend integrieren, um die Ähnlichkeit der Agenten zu erzeugen.

Was ist mit den Menschen. Wie nahe stehen sie sich, wenn sie Gemeinsamkeiten teilen?

Menschen können - soweit es ihnen möglich ist - Gemeinsamkeiten bewusst transzendieren um den Zwang entweder zu verlassen oder durch konkurrierende Gemeinsamkeiten zu neutralisieren. Das nennt man freie Handlungen, die auch für die Erinnerung möglich sind. Steine "erinnern" sich an ihre gemeinsame Vergangenheit aufgrund ihrer spezifischen blauen Farbe. Von lebendiger Erinnerung im menschlichen Sinn kann natürlich keine Rede sein. Menschen können aufgrund ihrer gemeinsamen Vergangenheit eine gemeinsame Identität entwickeln, d.h., eine Übereinstimmung im Bezug zur Tradition, durch dessen positive Bewertung das Leben jener Menschen bestimmt wird. Der Mensch ist andererseits in der Lage, Tradition neutral oder negativ zu bewerten. Generell eignet sich jede Gemeinsamkeit dafür - selbst eine für diesen Zweck geschaffene - eine gemeinsame Identität, d.h., ein positiv wertendes Bewusstsein dafür zu entwickeln, zwingend oder nicht zwingend (meist nicht zwingend, zumindest nicht objektiv). Mit allen positiven und negativen Folgen.

Negative Folgen?

Ideologen können bestimmte Gemeinsamkeiten - oder ihr Fehlen - dafür nutzen, Menschengruppen aufzustacheln, ihnen universell positive Bewertungen zu geben, anderen, die jene Gemeinsamkeiten nicht teilen, hingegen eine universell negative Bewertung. Umgekehrt ist das auch möglich.

Was heißt umgekehrt?

Ich gebe dir ein Beispiel: Warum sollte ein Orchester nicht positiv herausgestellt werden? Wegen ihres hervorragenden Spiels, wegen ihres blendenden Aussehens, sogar wegen den melodischen Namen ihrer Mitglieder. Dabei sind die einzelnen Musiker spezialisiert, d.h., sie beherrschen unterschiedliche Instrumente bei der Aufführung des gemeinsamen Konzerts. Allgemein gesprochen: Gruppen und individuelle Menschen sind besonders und damit Kern der Vielfalt menschlicher Gesellschaften. Doch sowohl eine Negierung der Unterschiede als auch eine negative bis neutrale IntegrationsBewertung jener würde die Vielfalt auslöschen, insbesondere dann, wenn die herausgestellten Eigenschaften Individuen betreffen, da Individuen als kleinste Einheiten zusammen die größte Vielfalt erzeugen. Der häufig benutzte Begriff "Othering" führt das Problem am deutlichsten vor Augen. Einst erdacht, um die rassistische Stigmatisierung von Menschen zu vermeiden - also die Hervorhebung ihrer Andersartigkeit samt negativer Bewertung - hat er sich heute zu einem Automatismus entwickelt, der jede Hervorhebung von Besonderheit negativ bewertet. Anders gesagt: Die Benennung einer Besonderheit führt unvermeidlich dazu, dass jene zur Wesenstatsache erhoben und mit ihrer Benennung letztendlich auch die Besonderheit negativ bewertet wird. Damit wird die Besonderheit als solche negiert - und mit ihr der besondere Mensch - was tendenziell in Gleichmacherei mündet. Oder es kommt zu einer identitären Abgrenzung als Gegenreaktion der zu schützenden Minderheit, die im Rahmen der Othering-Vermeidung legitim erscheint. Zunächst erscheint das Verbot, die identitäre Sphäre zu betreten, als Genugtuung, auf lange Sicht vertieft sie die (Selbst)Stigmatisierung jedoch.

Um beide Aspekte zusammenzufassen: Agenten teilen Gemeinsamkeiten. Sie müssen aufgrund dieser Gemeinsamkeiten aber in keinem aktuellen Kontext zueinander stehen. Menschen können bestehende Gemeinsamkeiten zu Identitäten erheben, was sie zum Teil einer Gruppe machen kann, die jene Gemeinsamkeiten gleichermaßen bewerten - relativ zu anderen Menschen. Diese Bewertung (positiv oder negativ) kann weiterer, bewertender Kritik unterliegen.

Wie verhalten sich die Agenten zu den ZIG?

ZIG können nicht nur als von den sich bedingenden Gemeinsamkeiten, sondern auch als von den Agenten, die sie teilen, produziert verstanden werden. Jene Agenten (re)produzieren sich und die *ZIG* dadurch selbst. Stelle Dir Folgendes vor: Eine Gruppe von Personen trägt Pullover einer bestimmten, modischen Farbe und sie bedingen sich so als Träger eben jener farbigen Pullover gegenseitig, wobei diese dadurch erst legitimiert werden. Kleidungsstücke sehen unterschiedlich aus, aber sie bilden die eigentliche Gemeinsamkeit aus, den Menschen zu kleiden. Bestimmte Kombinationen von Kleidung können wiederum von allen Menschen in gleicher Form geteilt werden. Mit "Gemeinsamkeit" meine ich also nicht nur eine Schnittmenge, den "gemeinsamen Nenner", das Merkmal, welches zwei Objekte gleichzeitig besitzen, sondern auch kooperativ entstandene Gemeinsamkeit, die wiederum an den Kooperationspartnern haftet. Ich würde sogar so weit gehen, zu sagen, dass die gemeinsame Herstellung und das Teilen von Gemeinsamkeiten äquivalent sind: Indem eine Gruppe von Individuen die Farbe Blau teilt, stellt sie sie gleichzeitig her, egal ob es sich um weit entfernte Agenten handelt, die gleichzeitig blaue Kleidung tragen oder um physikalische "Ingredienzien" des Blaus, denn an Letzteren haftet das Blau genauso an, wenn sie es erzeugen, wie an denen, die es tragen. Der Zwang, der die Arbeiter zur Herstellung von blauen Pullovern zwingt, ist äquivalent zu dem Zwang, der die Träger blauer Pullover dazu zwingt, eben jene zu tragen. Je mehr Agenten betrachtet werden, desto weniger schneidende wie auch produzierte Gemeinsamkeiten besitzen sie untereinander.

Betrachten wir *ZIG* $<a,b{\rightarrow}c>_c$ von der Warte der Agenten, so kann sich der Agent, der jenes *ZIG* teilt, zum einen in allen integrierten Gemeinsamkeiten gleichzeitig befinden. Das *ZIG* ist bezüglich jenes Agenten "po-sitiv", wobei sich der das *ZIG* tragende Agent gleichzeitig in allen integrierten Gemeinsamkeiten aufhält inklusive der Eigentlichkeit. Das Korrelationensystem limenistischer (Selbst)Ähnlichkeit (Gleichheit+Unterschiedlichkeit) muss neben solchen jedoch auch *ff-ZIG* erlauben, die zwingend Gemeinsamkeiten beinhalten, in denen sich Agenten auf keinen Fall gleichzeitig befinden, sie gleichzeitig nicht teilen dürfen. Die Gemeinsamkeiten des *ZIG* werden also nicht zusammen in nur einem Agenten erinnert, sondern in mehreren, die sich jedoch nicht gleichzeitig in allen Gemeinsamkeiten aufhalten. Die Gemeinsamkeiten in solchen *ZIG* bedingen sich, bezüglich jener Agenten, "negativ". Sind Agenten bzgl. bestimmter Gemeinsamkeiten vorhersehbar unterschiedlich, also ne-gativ sich bedingend, so bildet jene Unterschiedlichkeit wiederum ein sie integrierendes *ZIG* (Chaos jedoch bedeutet das Fehlen jeglicher zwingenden Gemeinsamkeit im Sinne von Korrelation und damit die Unvorhersehbarkeit.) Darüber hinaus gibt es Agenten, die zwar nicht gleichzeitig in allen Gemeinsamkeiten eines *(ff)-ZIG* präsent sind, jedoch zwischen ihnen wechseln können (ohne die Eigentlichkeit zu verändern). Solche *ZIG* sind "po-gativ" gegenüber jenen Agenten.

Ein paar Beispiele:
(i) Die quantitativen Varianten bestimmter, sie integrierender Gemeinsamkeiten, können sich sowohl ne-gativ als auch po-sitiv bedingen. Farben beispielsweise sind quantitative Bereiche des Wellenspektrums des Lichts. Nimm als Beispiel den Regenbogen. Ein Luftmolekül, das in ihm z.B. eine rote Farbe erzeugt, kann nicht gleichzeitig eine blaue erzeugen, obwohl es natürlich Teil des Regenbogens ist und nur wegen seiner Existenz eben jene rote Farbe erzeugt. Der Regenbogen stellt ein ne-gatives *ZIG* dar. Der Regenbogen in seiner Gänze aber auch dessen Betrachter sind po-sitiv. Weiße Farbpigmente, die, als Agenten verstanden, alle Wellenlängen von Rot bis Blau gleichzeitig durchdringen, bilden, bezogen auf die Wellenlängen des Lichts ein po-sitives *ZIG*.
(ii) Ein Agent mit einer Masse, der sich gleichzeitig im Vakuum und dem Erdgravitationsfeld befindet, produziert die eigentliche Fallbeschleunigung von *9,81 m/s²* und mit ihr das gesamte Gravitationsgesetz. Der Agent teilt hierfür alle Gemeinsamkeiten im *ZIG* bzw. befindet sich gleichzeitig in jenen, wofür er permanent deren Grenzen transzendiert und so ihre Bündelung herstellt. Es handelt sich, bezogen auf jenen Agenten, um ein rein po-sitives *ZIG*.

(iii) Das beste Beispiel für die limenistische SelbstÄhnlichkeit ist die Sprache. Buchstaben sind die grundlegenden Gemeinsamkeiten zwischen Wörtern. Sie produzieren das Wort ne-gativ, das Wort selbst ist po-sitiv. Wörter sind Gemeinsamkeiten von Sätzen, Sätze sind Gemeinsamkeiten von Reden. Die Transzendenz des Sprechenden von einem Wort ins andere ist mit einer Schwellenüberschreitung verbunden. Der Zwang der Buchstaben in das jeweilige Wort und damit dessen Eigentlichkeit stammt aus deren Sinn, wobei Letzterer in einem rein strukturalistischen Verständnis ausschließlich aus deren praktikablem Gerbrauch zum Zwecke der Verständigung resultiert, was jedoch den inneren Klang und die Ästhetik der Wörter außer Acht lässt.

(iv) Zwei Arbeiter *[I], [II]* stellen ein Produkt $[ABC]=<a,b{\rightarrow}c>_c$ her. Dafür werden sie zu Spezialisten, indem sie für den Herstellungsprozess $<<1,c{\rightarrow}a>_a,<2,c{\rightarrow}b>_b,<a,b{\rightarrow}c>_c{\rightarrow}h>_h$ die Eigentlichkeiten *a* und *b* ausbilden (abgekürzt $<a,b,c{\rightarrow}h>$), die durch die Produktanforderung vorgegeben sind (den Produktrohstoff habe ich hier weggelassen). Die Spezialisten *[ICA]*=$<1,c{\rightarrow}a>_a$, *[IICB]*=$<2,c{\rightarrow}b>_b$ durchdringen die jeweiligen Gemeinsamkeiten des anderen dabei über das Produkt, beispielsweise indem sie sich in ihren Arbeitsschritten abstimmen. Das Produkt klebt sozusagen an ihnen. Es trägt die Eigentlichkeiten der Spezialisten als Legitimierende in sich und jene sind nur mit Hinblick auf das zu fertigende Produkt Spezialisten (Sieht man nur die letztere Hälfte des Zirkels, verfängt man sich schnell in einem falschen Strukturalismus, in dem die Person nur durch Produkt und Produktionsprozess bestimmt wird: *[ICA]→[CA]*; *[IICB]→[CB]*. Das ebenso falsche Gegenteil davon wäre: *[ABC]→[I, II]*).

(v) Die wohl längste Diskussion über po-sitive und ne-gative *ZIG* gab es in der christlichen Theologie. Die Trinität aus Vater, Sohn und Heiligem Geist aber auch die unmischbare Einigkeit aus menschlicher und göttlicher Substanz in Jesus Christus sind, bezogen auf die integrierten Personen bzw. Substanzen, ne-gative *ZIG*. Außerdem bewegt sich Gott gleichzeitig in Vater, Sohn und Heiligem Geist, Jesus Christus gleichzeitig durch seine menschliche und seine Logos-Natur, wodurch, bezogen auf Gott und Jesus Christus, po-sitive *ZIG* gebildet werden. Vater, Sohn und Heiliger

Geist "produzieren", von sich aus gesehen, unabhängig voneinander Gott, der jedoch selbst eher abstrakt zu verstehen ist, im Gegensatz zu Jesus Christus, bei dem es sich um einen Agenten handelt. Im Verlauf der theologischen Diskussion haben sich darüber hinaus relationale Modelle ausgebildet, d.h. eine gegenseitige direkte Bedingnis von Vater, Sohn und Heiligem Geist untereinander bzw. ein "Mitschleppen" von zwei Hypostasen durch die jeweils dritte. Die Eigentlichkeit der Trinität ist jedoch das spezifische "Und", das Vater, Sohn und Heiligen Geist ineinanderzwingt.

(vi) Die Trinität Gottes wird oft mit den Aggregatzuständen des Wassers: Eis, Flüssigwasser, Dampf, verglichen, denn alle drei Erscheinungsformen sind letztendlich Wasser. Aus limenistische Sicht bilden die drei Aggregatzustände ein ne-gatives *ZIG*, da ein Agent nicht gleichzeitig gefroren, flüssig und verdampft sein kann. Allerdings ist die Ne-gativität noch weitgreifender als bei den Farben des Regenbogens, da die Aggregatzustände bei gleichen Temperaturen nicht gleichzeitig vorliegen können. Sie sind nicht räumlich voneinander getrennt, auch nicht zeitlich, wie Kind, Erwachsener, Greis, sondern über den Parameter der Temperatur. Der Mensch kann nie und nimmer gleichzeitig alle jene Lebenszustände durchdringen und er kann nicht in vergangene zurückkehren. Bei Eiswasser handelt es sich hingegen um einen Agenten und auch einen Schwellenzustand, bei dem die Agenten (Moleküle) zwei Zustände gleichzeitig annehmen können, sich jedoch nicht gleichzeitig in ihnen aufhalten, aber auch nicht völlig getrennt voneinander sind, ganz ähnlich wie in einem Regelkreis. Im Gegensatz dazu "gerinnen" die Regenbogenfarben gleichzeitig im Regenbogen und die Fähigkeiten der Produzenten gleichzeitig im Produkt. Dennoch geht vom Wasser bzw. vom Menschen ein Zwang aus, der Eis sich eben nur in Flüssigkeit oder Dampf verwandeln lässt und Kinder nur in Erwachsene und Greise.

(vii) Verschiedene Baumsorten sind immer auch Bäume. Man könnte annehmen, dass sie sich aufgrund besonderer, nur ihnen eigenen, geschnittenen Gemeinsamkeiten als Bäume klassifizieren lassen, also durch diejenigen, die ihnen allen gemein sind und die kein anderes Objekt außer den Bäumen teilt. In der Beschreibung des Baumes fehlt tatsächlich der besondere Zwang, denn genauso gut könnte es sich um Agenten handeln, die zufällig (*f*) oder aufgrund von reiner Konvergenz jene teilüberkohärenten Gemeinsamkeiten teilen (so wie Delfine und Fische). Tatsächlich kommen bei der Anpassung noch die inneren Gemeinsamkeiten und vor allem deren Zwänge hinzu. Kein sich evolutionär anpassender Baum kommt über jene inneren Zwänge hinaus. Er kann sie teilweise umbesetzen, ja wandeln, allerdings nicht vollständig. Die Evolution ist daher nicht nur eine Anpassung an konkrete Bedingungen an einem bestimmten Ort, sondern ein Suchen nach den Bedingungen, die zu den möglichen inneren Zwängen passen. Wasser passt sich an die jeweiligen Temperaturen an und ist dabei flexibel, indem es seine Aggregatzustände entsprechend bewertet. Dem Baum fehlt diese Flexibilität aufgrund seiner inneren Zwänge. Die Evolution wird dennoch irgendwann abgebrochen und vernichtet den Agenten und damit sich selbst.

Die ne-gativen *ZIG* erlauben quantitative innere Modifikationen durch die Agenten: Die Zahl der Agenten pro legitimierende Gemeinsamkeit im *ZIG* einstellen. Bezüglich der Eigentlichkeit ergibt es allerdings ein Unterschied, ob ein Tisch mit einer Holzplatte und vier Stahlbeinen von vier Schmieden und einem Tischler oder von vier Tischlern und einem Schmied angefertigt wird. Die Eigentlichkeit des Tisches wird durch die quantitative Verschiebung mehr oder weniger stark verändert. Die Veränderung ist vom Imperativ, als von der Gewalt abhängig, die vom Zwang ausgeht. Das Produkt, dass unter maximaler Ungewissheit/minimalem Zwang hergestellt wird, muss natürlich nicht *ff* sein. Es kann sich um ein Testprodukt, einen Prototyp handeln, dessen Existenz sich im Nachhinein nur als *f* herausstellt. Andererseits strebt man bei der Produktion eine bestimmte Eigentlichkeit des Produktes, also ein funktionelles Zusammenspiel seiner Teile zwingend an. Doch selbst bei einem noch so starken Zwang wird sich die Eigentlichkeit, und damit der Zwang selbst, je nach quantitativer Besetzung der legitimierenden Gemeinsamkeiten im ne-gativen *ZIG*, verändern. Auf der anderen Seite kann durch einen starken Zwang und eine dynamische Umbesetzung ein Regelkreis geschaffen werden, der eine bestimmte Eigentümlichkeit konstant hält. Das kann ein Temperaturregler sein, der die Zimmertemperatur konstant hält oder ein Produktionsprozess, der immer ein in etwa gleiches Produkt hervorbringt, egal, in welcher Fabrik es hergestellt wird. Die Produkte und die Temperatur sollen gleich, nämlich so und so sein. Genau hier liegt die Herausforderung, denn es ist meist die Eigentlichkeit (eigentliche Funktion, eigentliches Gesprächsthema, ...), die konstant gehalten werden soll, was mittels veränderlicher legitimierender Gemeinsamkeiten nur in etwa möglich ist. Eine, im Mittelwert gleiche, Temperaturverteilung in einem Raum unterscheidet sich lokal, abhängig davon, mit welchen Wärmequellen sie produziert wird.

Erst die permanente Transzendenz in weitere Gemeinsamkeiten während der Anpassung verhindert die Identität zwischen Gemeinsamkeitenbündeln und dem sich anpassenden Agenten und somit der Agenten untereinander. Somit bringt jede Anpassung an Gemeinsamkeit a deren Verknüpfung mit einer neuen/anderen b, d.h. deren Beziehung $<a,b\rightarrow?>_?$ hervor, entweder einfach faktisch über $?=f$ oder doppelt faktisch über die begrenzte Eigentlichkeit $?=c$. ff-Transzendenz bedeutet einen Wechsel der Eigentlichkeit:

(i) $<a,b\rightarrow c>_c \Rightarrow <a,b\rightarrow k>_k$. Solche "degenerierten" a,b sind eher selten (Sie wohnen zusammen, sie sind eigentlich Freunde/ein Paar). Meist transzendieren für einen neuen/anderen Zwang andere/neue Gemeinsamkeiten ins *ZIG*.

(ii) $<a,b\rightarrow c>_c \Rightarrow <a,b,d\rightarrow g>_g$

(iii) $<a,b\rightarrow c>_c \Rightarrow <<a,b\rightarrow c>_c,<h,d\rightarrow i>_i\rightarrow j>_j$ (verkürzt: $<c',i'\rightarrow j'>$). Die Verschachtelung der *ZIG* ineinander kann bis zu einer gewissen, endlichen Komplexität fortgesetzt werden z.B.:
$<<<<\rightarrow>,<\rightarrow>\rightarrow>,$
$<<\rightarrow>,<\rightarrow>\rightarrow>\rightarrow>,<<\rightarrow>,<\rightarrow>\rightarrow>,<<\rightarrow>,<\rightarrow>\rightarrow>\rightarrow>$
$\rightarrow>$... Hierbei handelt es sich um eine fraktale Struktur, bei denen *ZIG's* in darüberliegende *ZIG'* integriert sind. Beachte, dass es genau aufgrund dieser Struktur der Wirklichkeit möglich ist, minimale zwingend (über die Eigentlichkeit) integrierte *ZIG* $<\rightarrow>$ durch (R)Eduktion von geschachtelten Strukturen zu erkennen, nämlich indem man die inneren Gemeinsamkeiten jeweils nur mit

ihren Eigentlichkeiten innerhalb des Zwangs korreliert und sie nach außen isoliert. Die Herstellung isolierter ff-ZIG macht Wissenschaft WIEDERHOLBAR. Räumlich/zeitlich wiederholbare Experimente sind Voraussetzung für die erfolgreiche Wissenschaft.

Also gibt es doch unbegrenzt-universelle Gesetze, schließlich ist nichts gegen äußere Einflüsse isoliert.

Teilkohärenz von *ZIG* bedeutet nicht deren ff-Klammerung. Das Verhältnis $<a,b{\rightarrow}c>_c^f<a,d{\rightarrow}g>_g=<c{\leftarrow}b,(a>_cd{\rightarrow}g)_g$ scheint mit *a* zwar eine Eigentlichkeit zu besitzen. Dabei handelt es sich jedoch um einen Trugschluss: Die Schnittmenge der Gemeinsamkeiten mehrerer *ZIG* ist nicht ihre Eigentlichkeit. Jenseits der äußersten Klammer einer Schachtelung liegen zwar oft noch solche Schneidungen, die Gemeinsamkeiten aus einem, durch einen IntegrationsWert erzwungenem *ZIG* mit Gemeinsamkeiten verknüpfen, die durch einen weiteren IntegrationsWert in ein anderes *ZIG* gezwungen sind. Doch selbst dieses gewaltige Netzwerk ist auf eine bestimmte Menge von Gemeinsamkeiten begrenzt. Es entsteht ein abgeschlossenes "Gebäude" wie das der mechanischen Bewegung oder der Zahlenmathematik. Ein Gebäude beinhaltet alle Verknüpfungen aller Gemeinsamkeiten in jenem Gebäude. Man könnte auch sagen, dass die vollständige Erkenntnis eines Gebäudes im Rahmen seiner Schwellen durch eine endliche Zahl von Eduktionsschritten möglich ist. Gebäude besitzen zwar keine umfassende Klammer, allerdings ist jede Gemeinsamkeit außerhalb (zunächst) bezüglich jeder Gemeinsamkeit im Gebäude ff und flüchtig oder f. Rote Kleidung zu tragen hat zunächst nichts damit zu tun, mit *9,81 m/s²* von einer Klippe zu fallen. Beide Gemeinsamkeiten gehören zu unterschiedlichen abgeschlossenen Gebäuden.

Über die Berechnung von Newton'scher Himmelsmechanik mittels der Relativitätstheorie Einsteins heißt es in [30]: "Im Rahmen der Allgemeinen Relativitätstheorie ... ist die exakte Beschreibung dieser Situation ein auch heute noch ungelöstes Problem." Möglicherweise beruht das Problem auf menschlicher Unzulänglichkeit, möglicherweise aber kann es kein übergeordnetes Gesetz geben, das alle Aspekte der Bewegung aller Arten von Massenverteilungen im Universum aus sich ableitbar macht. Kein vermeintlich universelles Gesetz steht beispielsweise für die Vereinigung der Allgemeinen Relativitätstheorie mit dem Standardmodell der Teilchenphysik zu Verfügung. Diese beiden Theorien haben nur in Teilen integrierte Gemeinsamkeiten, auch wenn dies dem ästhetischen, symmetriefixierten Empfinden der Physiker widerspricht [31]. Beim Vergleich zwischen mikroskopischen und makroskopischen Objekten wird die Begrenztheit der Gemeinsamkeiten noch deutlicher: Fast alle uns bekannten Körper folgen Newton'schen Gravitationsgesetzen. Sie bestehen jedoch aus winzigen Bestandteilen, die jenen Gesetzen einzeln eben nicht folgen oder nur stark verallgemeinerten. Dafür folgen diese Bestandteile Gesetzen, denen die makroskopischen Körper wiederum nicht folgen. Die kleinen Bestandteile können also in neue Gemeinsamkeiten transzendieren, indem sie sich zusammenschließen/wieder voneinander trennen.

Was die falsche Vermutung der Existenz unbegrenzt-universeller Gesetze angeht, so ist sie ein Trugschluss, der dadurch entsteht, dass jene Gebäude sehr groß sind. Hinzu kommt, dass die Begrenztheit der Gebäude selbst begrenzt ist. Die *ZIG* aus verschiedenen Gebäuden können in *f-ZIG* und, mit zusätzlicher Eigentlichkeit, sogar in *ff-ZIG* umgewandelt werden: $<<a,b{\rightarrow}c>_{c}^{f}\!\!\!/<e,d{\rightarrow}g>_{g}^{f}\!\!\!/...{\rightarrow}f> \Rightarrow$ $<<a,b{\rightarrow}c>_{c}^{f}\!\!\!/<e,d{\rightarrow}g>_{g}^{f}\!\!\!/...{\rightarrow}ff>$. Die zuvor einfach faktischen, teil- oder inkohärenten *ZIG* erhalten durch ihren Zusammenschluss ggf. doppelte Faktizität, sozusagen einen Sinn. Dieser Prozess kann nur innerhalb von Agenten erfolgen. Allerdings gehen die *ZIG* mit dem Agenten unter, der sie trägt, falls kein anderer Agent sie teilt. Ein Beispiel hierfür ist die blaue Farbe der Trikots eines Turnvereins *<Trikot,blau→nach Vereinssatzung>* und die blaugefärbten Haare eines neuen Mitglieds *<Haare,blau→nach Mode>*. Aus dem einfach faktischen kann ein doppelt faktischer Zustand werden, wenn das neue Mitglied die zum Trikot passende Haarfarbe erstrebenswert findet: *<Trikotblau,Haareblau→Uniformität>*.

Hieran ist gut zu erkennen, wie der IntegrationsWert der Mode, Vorschrift oder Uniformität an den integrierten Gemeinsamkeiten haftet, besonders an der Eigentlichkeit. Eigentlichkeiten können darüber hinaus inkohärente *ZIG* verknüpfen, indem sie ihnen einen Sinn geben: $<Trikotblau, Haaregrün \rightarrow Sinn>$.

Sind Agenten mit ihren ZIG identisch?

Für die Antwort kann man das Modell eines (r)eduzierten Agenten bemühen, indem man ein *ff-ZIG*, also eines, das eine Eigentlichkeit ausbildet, *1:1* mit einem Individuum identifiziert. Dieses Individuum teilt genau diejenigen Gemeinsamkeiten, welche vom *ZIG* zwanghaft integriert werden. Mr. Gravitation wäre dann jemand, der mit *9,81 m/s²* fällt, weil er eine Masse, das Erdgravitationsfeld und Vakuum in sich vereinigt, sie zwingend integriert. Er wäre das zwingende Vorbild für alle Agenten, welche ebenfalls nur diese Gemeinsamkeiten teilen. Die Frage ist: Entsprechen diese doppelt faktischen Modelle einem wirklichen Agenten? Während Identität und komplette Unterschiedlichkeit für doppelt faktische *ZIG* (Gesetze und Gemeinsamkeiten) erlaubt sind, sind sie es für Agenten nicht. Agenten bestehen daher niemals aus nur einem doppelt faktischen *ZIG*. Sie beinhalten *ff-ZIG*, allerdings sind sie - selbst als *ZIG* betrachtet - grundsätzlich nur einfach faktisch. Sie vereinen sozusagen mehrere Gebäude *j-* oder einfach faktisch in sich, wodurch sie jegliche unbegrenzte Universalität verhindern. Dieses Vereinigen bedeutet (noch) keine Ausbildung von Eigentlichkeiten, so wie der Billardtisch mit den beiden zufällig darauf liegenden Kugeln keinen Sinn jenes Zusammenliegens offenbart, obwohl der Agent aus Tisch und Kugeln sich gleichzeitig in jenen aufhält. Allerdings befindet sich der Agent immer auf der Suche nach Möglichkeiten, Eigentlichkeit herzustellen. Dieser Zustand der permanenten Sinnsuche verhindert die Unbegrenztheit jener Begrenztheit, also die Stabilisierung abgeschlossener Gebäude, indem sich der Agent entweder (teilweise) zerstört oder deren Gemeinsamkeiten tatsächlich in mindestens paarweisen *ZIG ff*, also sinnhaft, mit anderen/neuen jenseits des Gebäudes verknüpft. Solange sich jener Agent nicht findet, solange er jene Schwelle nicht erinnernd transzendiert, so lange bleiben die Gebäude getrennt und so lange bleibt die vollständige Erkenntnis des Gebäudes vollständig. Selbst ein Stein verbindet Gemeinsamkeiten aus den Gebäuden der Formen, Farben und Größen zu etwas Sinnvollem, das ihn begrenzt existieren lässt. Agenten sind die Reaktoren für die Synthese, wobei jede Analyse das Rückverfolgen von etwas ist, das bereits einmal synthetisiert wurde. Gleichzeitig sind sie die Entdecker der Möglichkeiten im Rahmen des limenistischen Korrelationensystems aus Gleichheit+Unterschiedlichkeit. Sie sind, im Gegensatz zu Gesetzen, individuell. Gesetze und Gemeinsamkeiten gelten hingegen für mehrere Agenten gleichartig, allerdings nicht für alle und können von ihnen verlassen werden. Gesetze und Gemeinsamkeiten sind für die Agenten, die sie teilen, stabil. Agenten sind keine Gesetze oder Gemeinsamkeiten und daher einfach faktisch bzw. instabil. Allerdings streben sie nach stabiler Existenz, indem sie sich gesetzmäßig zu machen trachten.

Was bedeuten Bedingtheit und Legitimation?

Direkte (r)eduktive Bedingtheit bedeutet das unausweichliche Verschwinden der bedingenden/legitimierten Gemeinsamkeit (aus dem integrierenden Gemeinsamkeitenbündel) beim Verschwinden mindestens einer der beiden bedingten/legitimierenden oder bei Hinzunahme einer weiteren. Im Rahmen des Integrationszwangs ist c als bedingende Gemeinsamkeit ja erst durch a und b legitimiert worden, und nur durch sie. Somit ist c die direkte Bedingung der Integration von a und b und nicht nur von deren Möglichkeit. Die Eigentlichkeit ist daher ein Splitter der Unendlichkeit. Legitimation bedeutet hingegen, dass c als Eigentlichkeit zwar die Gemeinsamkeiten a und b, und nur sie, als legitimierende/bedingte für seine zwingende Integration benötigt, umgekehrt gilt das jedoch nicht. Durch a und b im Zwang ist also nur die Möglichkeit der Integration von c als Eigentlichkeit gegeben. a,b können sich jedoch ohne c oder zusammen mit weiteren Gemeinsamkeiten und Eigentlichkeit zwingend integrieren. Legitimierende und die bedingenden Gemeinsamkeiten unterscheiden sich dahingehend, dass die Eigentlichkeit immer einzeln vorkommt und nur durch die jeweiligen legitimierenden Gemeinsamkeiten hervorgebracht werden kann. D.h., der Agent, der die Eigentlichkeit teilt, teilt auch das zugehörige *ZIG* zwingend.

Um deine Frage zu beantworten, analysieren wir ein besonderes, zwingendes Gemeinsamkeitenbündel, eine Freundschaft zwischen zwei Personen. Vor jener Freundschaft waren beide Einzelpersonen A, B, die man sich als Gemeinsamkeitenbündel vorstellen muss. Wenn A und B also eine Freundschaft eingehen, so werden diese Bündel jeweils um die Gemeinsamkeit der Freundschaft erweitert, d.h. aus *A und B* werden *A-Freundschaft und B-Freundschaft*, wodurch man beide als einander Freund bezeichnen kann. Beachte, dass beide zwingend die Gemeinsamkeit der *Freundschaft* teilen, jedoch (theoretisch) keine ihrer anderen Eigentümlichkeiten. An dieser Stelle nehmen wir an, dass die *Freundschaft* an jeweils nur zwei andere Gemeinsamkeiten andockt (und dadurch als bedingende/legitimierte erst entsteht), nämlich an a (im Bündel A) und an b (im Bündel B): *<a-Freundschaft,b-Freundschaft→Freundschaft>*$_{Freundschaft}$. Das bedeutet, dass a und b die *Freundschaft* erst legitimieren, während die *Freundschaft a* und b im Rahmen der *ZIG* erst bedingt.

Ist die einfache Faktizität ebenfalls ein Zwang?

Die einfache Faktizität legitimiert nur das willkürliche/spielerische oder zufällige Vorhandensein zweier Gemeinsamkeiten a,b in einem Agenten. Somit ist die zusätzlich aufgenommene, durch die einfach faktischen Gemeinsamkeiten legitimierte/ihre Integration bedingende Gemeinsamkeit die einfach faktische Existenz selbst. Das bedeutet auch, dass sich der Agent selbst bewertet, nur weil und damit er existiert, und aufgrund dieser Bewertung seine Gemeinsamkeiten a,b begrenzt-zwingend in einem Bündel integriert, dessen bedingende/legitimierte Gemeinsamkeit nur in seiner einfachen Faktizität f besteht. Daher gilt: $<a,b→f>$. Die einfache Faktizität kann als zwingende Integration in ein Gemeinsamkeitenbündel definiert werden, dessen begrenzt-universelle Gemeinsamkeiten lediglich legitimieren, aber nicht bedingen (f als solche wird als unbegrenzt verstanden). *ff-ZIG* besitzen begrenzte Eigentlichkeit, und wenn etwas *ff* werden will, braucht es jene. *f-*

ZIG besitzen nur ihre einfache Faktizität als Eigentlichkeit. Mit immer vager, d.h. universeller bzw. unbegrenzter werdenden *ZIG* bewegt sich die zwingende Gemeinsamkeit von *ff* zu *f*. Umgekehrt kann zufällig/willkürlich/spielerisch vorhandene *f*-Integration u.U. *ff* werden, z.b. als Voraussetzung für erwünschte Fähigkeiten, und *ff* kann *f* werden, wenn jene Fähigkeit nicht mehr gebraucht wird. Teilkohärenz bedeutet nicht unbedingt doppelte Faktizität *ff* in einem übergeordneten *ZIG*.

Einfach faktische zwingende Integration bedeutet, dass keine begrenzt-universelle Gemeinsamkeit bei der (R)Eduktion mit irgendeiner anderen verschwindet. Stelle dir einen schwarzhaarigen, musikalischen Handwerker vor. Wären die Gemeinsamkeiten schwarzhaarig, Handwerker und musikalisch *ff*-zwingend ineinander integriert, so wären alle schwarzhaarigen Handwerker musikalisch. Es ist aber offenbar, dass jenseits des einfachen Faktischen keinerlei zwanghafte Integration für diese Gemeinsamkeiten existiert. Würde man für Menschen, die schwarzhaarig, musikalisch und gute Handwerker sind, im Rahmen einer (R)Eduktion eine Variation dieser Eigentümlichkeiten durchführen, würde man ihre Unabhängigkeit voneinander erkennen. Dennoch existieren solche Handwerker. Das entsprechende Gemeinsamkeitenbündel ist aber stark unzulänglich. Es kann jederzeit/jeden Orts in seine Bestandteile zerfallen. Es stellt nur eine begrenzte Regel dar, die nur für eine kurze Zeit/einen kleinen Bereich für sich selbst gilt, dennoch aber von dem Agenten, der dessen inneren Grenzen transzendiert, unter der Gewalt seiner eigenen Existenz zusammengehalten wird. Trotzdem könnte man fälschlicherweise auf die Idee kommen, dass alle schwarzhaarigen Handwerker zwingend musikalisch sind oder, aufgrund eines Gegenbeispiels, dass die Faktizität (und auch die Existenz) schwarzhaariger, musikalischer Handwerker eine Illusion sei. Der schwarzhaarige, musikalische Handwerker ist aufgrund seiner einfachen Faktizität zwar u. U. auch noch am nächsten Tag derselbe: <*schwarzhaarig, musikalisch, Handwerker*→*f1*>. Verlernt das Individuum sein Handwerk, so wäre der schwarzhaarige, musikalische Handwerker jedoch verschwunden, die schwarzhaarige und musikalische Person aber nicht, auch wenn sie einen Teil ihrer bisherigen Identität aufgegeben hat:

<schwarzhaarig, musikalisch→f2>. Das Regenbogen-Klaviertasten-Problem gibt es hier nicht.

Was ist bewirkt die Eigentlichkeit?

Eigentlichkeit wird oft synonym für das gesamte, zwingend integrierende, also (reduzierte), Gemeinsamkeitenbündel <> verwendet, was aber nicht korrekt ist, da sie die anderen expliziten Bestandteile nicht unbedingt erinnert. Dennoch erlaubt die praktizierte Synonymität, ein Gemeinsamkeitenbündel als das zu verstehen, was es ist, nämlich eine begrenzte, mehr oder weniger stabile Einheit, die durch nur einen Begriff bezeichnet werden kann, den für die Eigentlichkeit. Die Eigentlichkeit ist für das *ZIG*, also die "richtige" Gemeinsamkeit, da sie dessen begrenzt-stabile Existenz erst bedingt. Über sie stabilisiert das Bündel nicht nur sich selbst, sondern auch die integrierten Gemeinsamkeiten. Ein "Leben" seiner Eigentlichkeit hält den momentanen Zustand des Menschen stabil. Das wohl deutlichste Beispiel von Eigentlichkeit erzeugt ein Kind, das Menschen zu Eltern macht. Die Agenten (und gleichzeitige Gemeinsamkeitenbündel) Mann und Frau werden in der (traditionellen) Ehe zunächst zu Ehepartnern: *<Ehe-Mann, Ehe-Frau→ Ehe>_{Ehe}*. *<>_{Ehe}* symbolisiert die Ehe im Sinne des *ZIG* und erinnert die Gemeinsamkeiten Mann, Frau und Ehe, Letztere als bedingende/legitimierte und eigentliche Gemeinsamkeit, weswegen es in der Ehe die Eigentlichkeit des Mannes ist, Ehemann zu sein und die der Frau, Ehefrau zu sein. Die eigentliche Ehe ist zusätzlich entstanden, wie das Weiß durch eine Farbmischung, verschwindet jedoch ohne die bedingten/sie legitimierenden Gemeinsamkeiten. Mann und Frau (verstanden als Agenten, die u.a. die Eigentümlichkeiten "Mann" und "Frau" besitzen) bewegen sich gleichzeitig in den Gemeinsamkeiten als Mann bzw. Frau und beide in der ehelichen Eigentlichkeit. Man kann die Eigentlichkeit also begrifflich "verstecken", indem man die Agenten als Ehefrau und Ehemann bezeichnet, was jedoch als eine dekonstruktivistische Reduktion von Menschen auf die Gemeinsamkeit der Ehe missverstanden werden kann. Bei Elternschaft (im klassischen Modell) gilt: *<Eheleute-Elternschaft, Kind-Elternschaft→Eltern-*

schaft$>_{Elternschaft}$. $<>_{Elternschaft}$ symbolisiert die Familie als *ZIG*, welche alle Familienmitglieder erinnert. Die bedingende/legitimierte Elternschaft ist mit der Familie nicht identisch, denn das Kind als Agent teilt das Kindsein und die Elternschaft (Es wird u.a. zu Tochter/Sohn.), die Eheleute hingegen die Ehe und die Elternschaft (Sie werden u.a. zu Mutter/Vater).

Wo kommt die Eigentlichkeit her?

... und wo geht sie hin? Die Gemeinsamkeiten *a* und *b* in $<a,b\rightarrow c>_c$ können mit oder ohne eine Gemeinsamkeit *d* eine ganz andere Eigentlichkeit als *c* ausbilden. Wichtig dabei ist, dass die Eigentlichkeit immer die exakte Zusammenstellung der bedingten/legitimierenden Gemeinsamkeiten vorgibt. Gibt es hier nur einen Unterschied, so ist die Eigentlichkeit derjenigen vor der Transzendenz zu *100%* ungleich. Gibt es keinen, besteht immerhin die Möglichkeit unterschiedlicher Eigentlichkeiten. Wenn der Agent aus $<a,b\rightarrow c>_c$ heraustranszendiert, verschwindet die Eigentlichkeit *c* als solche und *g* ersetzt sie. Transzendiert er jedoch zurück in *a,b*, bildet sich sofort wieder der Zwang $<>$ aus und damit auch *c*, falls beide nicht unterdrückt werden oder *a,b* degeneriert sind.

Für die Evolution der Eigentlichkeit gibt es mehrere Möglichkeiten:
(i) Sie kann von legitimierenden Gemeinsamkeiten neu hervorgebracht werden: Ich besitze neuerdings einen Führerschein (*ü*), Fahre (*f*) gern Auto (*a*) und besitze auch eines. Also bin ich eigentlich ein Autofahrer: $<ü,a\rightarrow f>_f$.
(ii) Sie kann als Wunsch vorhanden sein. In diesem Fall "holt" sie sich die legitimierenden Gemeinsamkeiten, um den Zwang zu erzeugen: Ich möchte eigentlich Autofahren und besitze nun einen Führerschein. Also leihe ich mir das Auto von meinem Nachbarn.
(iii) Sie kann als legitimierende Gemeinsamkeit bereits innerhalb des *ZIG* vorhanden sein. In diesem Fall kann sie durch die Hereinnahme/Abgabe einer weiteren legitimierenden in die Eigentlichkeit umgewandelt werden: Der Fahrer (*f*) transportiert (*t*) Waren (*w*) mit einem LKW (*l*), aber er wird entlassen und wird zu einem

Autofahrer, der er schon immer sein wollte: $<\ddot{u},f,w,l{\rightarrow}t>_l{\Rightarrow}<\ddot{u},a{\rightarrow}f>_f$.

(iv) Jede Eigentlichkeit c kann, nachdem sie ihr eigentliches Gemeinsamkeitenbündel verlassen hat, in einem anderen als legitimierende wirken. Allerdings kann c nicht in einem anderen als $<a,b{\rightarrow}c>_c$ als Eigentlichkeit fungieren.

Verlässt die bedingende Eigentlichkeit das *ZIG* indem der Agent die legitimierenden Gemeinsamkeiten verlässt, so verlässt er auch den Zwang, wobei es evtl. zur Transzendenz in ein neues *ZIG* kommt. Die Eigentlichkeit (Bin ich eigentlich deine Mutter?) ist dennoch kein Synonym zur Ursprünglichkeit im Sinne einer bestimmten Herkunft (Bist du eigentlich Berliner?) Eigentlichkeit ist außerdem zwischen Agenten teilbar, indem sie sich in anderen Zwängen in legitimierende/bedingte verwandelt oder indem sie ihre legitimierenden Gemeinsamkeiten mit sich schleppt und somit eigentliche Gemeinsamkeiten bleibt. Allerdings wandelt sie sich nach dem Teilen durch Anpassung und Hinzunahme/Abgabe von Gemeinsamkeiten im *ZIG*. Aufgrund des Unterschieds zwischen Eigentlichkeiten und legitimierenden/bedingten Gemeinsamkeiten innerhalb eines Zwangs gibt es bei der zwingenden Integration eine Asymmetrie mit, zum einen, statistischer Natur: Im Gegensatz zu c kann a mit b und d (oder nur mit d) eine neue/andere Eigentlichkeit g legitimieren. a hat also viel mehr Möglichkeiten zum Legitimieren/Bedingtwerden als c zum Bedingen/Legitimiertwerden innerhalb eines Zwangs. Geht man, zum anderen, von mindestens drei Gemeinsamkeiten aus, so ist das Sich-Zwingend-Integrieren für eine einzelne Gemeinsamkeit viel schwieriger als für zwei, da das integrierende Bündel durch die integrierten Gemeinsamkeiten konstituiert wird. Eine einzelne Gemeinsamkeit müsste sich noch zwei andere "suchen", zwei hingegen nur eine. Bedenke, dass die zwanghafte Integration keinesfalls identische, weil zwingend integrierende Gemeinsamkeitenbündel erschafft.

Warum nicht?

In der Limenistik gibt es keine stabilen singulären Eigentümlichkeiten. Entweder sind sie unattraktiv und verschwinden wieder, spätestens mit ihrem Agenten, oder sie werden alsbald zur Gemeinsamkeit. Limenistisch-ontologisch gesehen ist ein Agent also nur, indem er zwingend integrierte Gemeinsamkeiten teilt, sich ihnen also permanent anpasst. Durch die Anpassung wandelt er das (unzulängliche) Gemeinsamkeitenbündel permanent, ist also nie mit sich selbst identisch, durch Ausübung der Anpassungsgewalt an sich selbst jedoch Subjekt und Objekt in einem [vgl. 32]. Das Anpassungsszenario lässt sich auf die gesamte Existenz anwenden. Dazu betrachtet man ideale Agenten als momentan akkumulierte Gemeinsamkeiten an die sie sich *100%ig* angeglichen haben. Ein Stein, verstanden als Gemeinsamkeitenbündel, teilt mehrere Gemeinsamkeiten mit anderen Dingen. Die physikalischen und chemischen Bindungen in seinem Inneren sowie der äußere Wind werden ihn im Rahmen seiner Anpassung an jene zu deren Abbild zu machen trachten. Im Maximalfall *100%iger* Angleichung wird ein Stein genau das abbilden, was die *100%ige* Gleichheit mit jenen Gemeinsamkeiten hervorbringen würde. Ein zweiter Stein, der theoretisch all jene Gemeinsamkeiten mit dem ersteren teilen würde, würde sein *100%iges* Abbild sein.

Aber Agenten sind doch nicht gleich.

Das ist richtig. Erstens beinhalten Agenten mehrere Gemeinsamkeiten, einfach oder doppelt faktisch in verschiedenen *ZIG* zusammengesetzt. Zweitens ist die *ff*-Integration immer auch begrenzt. Sie wird zerstört, wenn Gemeinsamkeiten verlassen oder andere/neue hinzugenommen werden. Hierfür gibt es mehrere Varianten:
(i) Der Agent verlässt a und/oder b, damit auch c und $<>_c$, wobei sich relativ schnell ein modifizierter Zwang aufbauen kann, wenn z.B. a darin verbleibt und neue/andere Gemeinsamkeiten hinzunimmt, schließlich wird das integrierende Bündel von den integrierten Gemeinsamkeiten konstituiert.
(ii) a,b sind f, d.h., der *ff*-Zwang $<>_c$ fehlt, somit auch c, d.h., a und b bedingen sich innerhalb des Zwangs nicht mehr gegenseitig.
(iii) a,b,c sind vorhanden, doch keine von ihnen ist eigentlich.

a,b können sich mit anderen/neuen Gemeinsamkeiten zu anderen/neuen Bündeln integrieren, z.B. $<a,b{\to}g>_g$ oder $<a,b,e{\to}d>_d$). Folgt ihnen der Agent, indem er seine bisherig geteilten Gemeinsamkeiten zugunsten der anderen/neuen aufgibt, so kann er sich, trotz der starken Ähnlichkeit alter und neuer $<>$, von einer richtigen (falschen) Gemeinsamkeit lösen. Auf der Schwelle zwischen beiden $<>$, dort wo er in beiden präsent ist, führt das zu entsprechender Frustration (Erleichterung). Die wichtigste Frage ist jedoch, ob (iv) die Agenten in den Gemeinsamkeiten, die sie teilen, identisch sind und ob man in diesem Fall überhaupt noch von Gemeinsamkeiten sprechen kann. Geht die Unzulänglichkeit so weit, dass jeder individuelle Agent eine andere Schwarzhaarigkeit, Musikalität oder handwerkliche Begabung besitzt? Um es drastischer zu formulieren: Unterscheidet sich das Froschgrün von einem froschgrünen Frosch zur anderen, obwohl das Froschgrün für froschgrüne Frösche schon besonders ist? Müssen wir uns fragen, ob eine Integration nicht auf das Grün zurückwirkt, sodass es sich von demjenigen Grün in einem anderen integrierenden Gemeinsamkeitenbündel unterscheidet?

Setzt man die Rückwirkung von individueller Integration auf die integrierten Gemeinsamkeiten voraus, so muss die Antwort der Limenistik auf die Frage nach der Identität der Ausprägung der Gemeinsamkeiten von unterschiedlichen Agenten "Nein!" lauten. Das ist auch nicht verwunderlich, denn kein Agent kann sich *100%ig* an eine fixe Gemeinsamkeit angleichen und somit ist keine Identität mit anderen Agenten bezüglich jener Gemeinsamkeit möglich. Während jeder Anpassung an eine Gemeinsamkeit transzendiert der Agent (zusätzlich) in eine, wodurch er sich nicht an (genau) jene anpasst. Somit kontaminiert der erinnernde, zwischen den Gemeinsamkeiten hin und herspringende Agent die eine zwingend mit einer anderen Gemeinsamkeit. Er kontaminiert Gemeinsamkeiten mit einer Störung, was zu individuellem Verhalten aufgrund einer Abweichung führt. An dieser Stelle können wir die Gemeinsamkeiten generalisieren, indem wir die Unzulänglichkeiten u (Grenzen, Transzendenz, Integration, IntegrationsWert) ebenfalls als Gemeinsamkeiten betrachten. Nehmen wir als Ausgangspunkt eine hypothetische unbegrenzt-universelle Gemeinsamkeit a, so ergibt sich ein unzulängliches *ZIG* $<a{\to}u>_u=<a>_u$. Die spezifische Unzulänglichkeit u als Eigentlichkeit macht $<a>_u$ unterschiedlich zu a. Wie die Unzulänglichkeit ist auch die Existenz x mit jeder anderen Gemeinsamkeit von Existierenden a in zwingender Verknüpfung: $<<a>_u{\to}x>_x= <<a>_u>_x$. Somit sind die Gemeinsamkeiten realer Agenten auch insoweit nicht ganz universell, als das zwei Agenten keine einzige, bei jedem, absolut identische Gemeinsamkeit teilt. Kein Frosch teilt das gleiche Froschgrün wie die anderen froschgrünen Frösche. Agenten können nur näherungsweise gleiche *ff-ZIG* (unter anderen) besitzen, was ihre jeweilige Besonderheit ausmacht.

Sind Bedürfnisbefriedigung und Glück Synonyme?

Bedürfnisbefriedigung - im Sinne des Versuchs - kann synonym zu konkreten Entfaltungs- und Anpassungsakten verstanden werden. Sie kann mehrere Arten von Zufriedenheit oder Unzufriedenheit erzeugen: die Zufriedenheit bei erfolgter Anpassung an eine Gemeinsamkeit, an die im Rahmen der definierten Integrations-Werte richtige Gemeinsamkeit oder an die durch richtige IntegrationsWerte definierte richtige Gemeinsamkeit. Vergängliche Zufriedenheit, Unzufriedenheit, Leiden reflektieren die Anpassung an nur kurzfristig richtige oder falsche Gemeinsamkeiten bzw. die falsche Herrschaft. Sie falsifizieren jene. Mittel- bis längerfristige Zufriedenheit und Glücksgefühl ergeben sich aus der Anpassung an die richtigen Gemeinsamkeiten. Sie verifizieren jene. Verifikationen/ Falsifikationen erfolgt mitunter doppelt, indem, z.B. im Rahmen des Erkenntnisgewinns, einerseits eine Vermutung verifiziert/falsifiziert und zum anderen Zufriedenheit/ Unzufriedenheit über die erfolgte Verifikation/ Falsifikation erzeugt wird. Genau hier liegt der Unterschied zwischen Wahrheit und Zufriedenheit. Die gleiche Wahrheit (z.B. die Feststellung, beim Schach verloren zu haben), kann bei einem Menschen Unzufriedenheit (z.B. dem Verlierer) und bei einem anderen Menschen Zufriedenheit (z.B. dem Gewinner) hervorrufen. D.h., Erkenntnis kann objektive Wahrheit hervorbringen, sie anzuerkennen/umzusetzen ist aber möglicherweise nicht richtig im Rahmen von IntegrationsWerten.

Die Grenzen zwischen richtigen und falschen Gemeinsamkeiten sind wegen der Unzulänglichkeit existent und transzendent, egal, wie jene ursprünglich eingeschätzt wurden. Die Anpassung an ein Problem kann durch sein direktes Angehen erfolgen, normalerweise entspricht das der Anpassung an die richtige Gemeinsamkeit, oder durch das Streben nach demjenigen Profit, den man durch (aus dem man) dessen Lösung erwartet, welcher eigentlich die falsche Gemeinsamkeit darstellt.

Es gibt also viele falsche Gemeinsamkeiten, auf die der Mensch hereinfallen kann.

Anpassungsprozesse können an (falsche) richtige Gemeinsamkeiten erfolgen, zu denen nicht nur (ir)relevante [offensichtlich (nicht, nur scheinbar) vorhandene, (nicht) für die betrachteten Agenten geltende, (pauschale, fixe, ausschließliche), (un)vollständige, (herbeigelogene, eingebildete)], sondern auch bewahrende, (erwiesenermaßen zerstörerische), (nicht)realisierbare Anpassungswege(-sackgassen) und deren Mischungen gehören. Mechaniker können (üblicherweise) kein gutes 5-Sterne-Menü kochen. Sie können aber erfolgreich eine Waffe reparieren, mit der später wiederum Verbrechen begangen werden. Die (gesellschaftliche) Toleranz gegenüber falschen Gemeinsamkeiten kann ihre Ursache in objektiver Unzulänglichkeit sowie menschlicher Unzulänglichkeit (Dummheit, Leichtgläubigkeit, Gewohnheit, falsche Wahrnehmung, falsche Vorstellung) haben.

Ich nenne (für den Agenten) falsche/richtige Gemeinsamkeiten (im Sinne der Nicht/Konformität mit richtigen IntegrationsWerten), die Anpassungsbedürfnisse an jene, das Nähebedürfnis zu Agenten, mit denen man jene ausbildet und die Vernunft/den Verstand, die jene erdenkt, erklärt und toleriert, in Anlehnung an die Kritische Theorie der Frankfurter Schule, "instrumentell"/"praktisch". Für das (i) Verlassen, (ii) Betreten bzw. den (iii) Verbleib von (in) Gemeinsamkeiten durch Schwellenüberwindung kann man nun folgende Fälle unterscheiden:
(i1) selbstinduziertes Verlassen = "Emanzipation" des Agenten

(i2) fremdinduziertes Verlassen = "Entrückung" des Agenten/der Gemeinsamkeiten ("Ent-"/"Be-" meint im Weiteren die Weg-/Hinbewegung, welche z.b. durch "-rückung" präzisiert wird, nicht eine pauschale Negation wie bei "Entstörung" bzw. eine "Bestätigung".

(i3) langfristiges Verlassen = "Vergessen" durch den Agenten

(i4) kurzfristiges Verlassen = "Pausieren" durch den Agenten

(i5) Verringerung der Gemeinsamkeiten pro Agenten und Verringerung der Agenten pro Gemeinsamkeit = "Verarmung" des Agenten/der Gemeinsamkeit. Die Verarmung bedeutet eine metaphorische Entblößung/Nacktheit des Agenten, die beim Menschen sowohl ein Schamgefühl als auch ein Befreiungsgefühl erzeugen kann.

(i6) Verlassen instrumenteller Gemeinsamkeit: "Entinstrumentalisierung" des Agenten/der Gemeinsamkeit

(i7) Verlassen praktischer Gemeinsamkeit: "Entpraktisierung" des Agenten/der Gemeinsamkeit

(ii1) selbstinduziertes Betreten = "Annehmen" durch den Agenten

(ii2) fremdinduziertes Betreten = "Überstülpen" der Gemeinsamkeit/ "Bestückung" mit Agenten

(ii3) langfristiges Betreten = "Erinnern" durch den Agenten

(ii4) kurzfristiges Betreten = "Besuchen" durch den Agenten

(ii5) Erhöhung der Gemeinsamkeiten pro Agenten und Erhöhung der Agentenzahl pro Gemeinsamkeit= "Bereicherung" des Agenten/der Gemeinsamkeit

(ii6) Betreten instrumenteller Gemeinsamkeit = "Instrumentalisierung" des Agenten/der Gemeinsamkeit

(ii7) Betreten praktischer Gemeinsamkeit = "Praktisierung" des Agenten/der Gemeinsamkeit

(iii1) selbstinduzierter Verbleib = "Verharren" des Agenten

(iii2) fremdinduzierter Verbleib = "Fixieren" des Agenten

(iii3) langfristiger Verbleib = "Erinnerung" des Agenten/der Gemeinsamkeit

(iii4) kurzfristiger Verbleib = "Durchqueren" der Gemeinsamkeit

(iii5) Konstanthalten der Gemeinsamkeiten pro Agenten bzw. der Agenten pro Gemeinsamkeit = "Stagnation"/"Stabilisierung" des Agenten/der Gemeinsamkeit

(iii6) Verharren in instrumenteller Gemeinsamkeit = "Haftung" der Agenten/der Gemeinsamkeit
(iii7) Verharren in praktischer Gemeinsamkeit = "Währung" der Agenten/der Gemeinsamkeit

Abstufungen/Mischungen von (ii1) und (ii2) sind z.b.: annehmen - sich überstülpen - sich überstülpen lassen - übergestülpt bekommen. Auch Desintegration von ineinander integrierten Gemeinsamkeiten kann u.U. Entinstrumentalisierung oder Entpraktisierung sein, da sich die Agenten aus der integrierenden/eigentlichen Gemeinsamkeit zurückziehen. Anpassung an falsche/richtige Gemeinsamkeit kann durch die Verweigerung der Identitätsherstellung mit jener verhindert werden, was man als (teilweise) Anpassung an richtige/falsche Gemeinsamkeit interpretieren kann. Darüber hinaus gibt es ein "Wahrnehmen" der Gemeinsamkeit durch den Agenten bzw. die "Versuchung"/"Verlockung", also ein Sich-Nähern ohne vollständigen Besuch. Bezüglich der psychologischen Wirkung ist jedes Verlassen von vertrauten Gemeinsamkeiten (die nicht unbedingt positiv bewertet sein müssen), bzw. von Agenten, mit denen man sie teilt, eine "Entfremdung", und jedes Betreten unvertrauter eine "Befremdung" (Wobei man alles Menschliche für den Menschen *per se* als vertraut setzen sollte: "Nichts Menschliches ist mir fremd"). Jedes (Wieder)Betreten und gleichzeitiges Vertrautwerden von Gemeinsamkeiten ist "Betrauung" und jedes Verlassen nie vertraut werdender Gemeinsamkeiten ist "Enttrauung".

Bezüglich des Zwangs (nicht der Gemeinsamkeit) unterscheide ich die "Repression" als Zwang, der zur Entpraktisierung/Instrumentalisierung/Haftung führt und die "Befreiung" als Zwang, der zur Entinstrumentalisierung/Praktisierung/Währung führt. "Lösung" ist die Lösung von jeglichem Zwang und Zwang ist das Ende des gelösten Zustandes. Sowohl das zwingende Verlassen von, das Betreten von als auch das Verharren in Gemeinsamkeiten kann positive oder negative Gefühle hervorbringen, je nachdem, ob sie in richtige Gemeinsamkeiten führen oder nicht. In den Begriffen Befreiung/Entinstrumentalisierung/Praktisierung/Währung bzw. Repression/Instrumentalisierung/Entpraktisierung/Haftung sind die positiven bzw. negativen Wertungen bereits enthalten. In den anderen der obigen Begriffe sind sie es nicht bzw. sollten es nicht sein. Daher sind die von ihnen ausgehenden Gefühle situationsabhängig. Gewisse Ausnahmen bilden die Begriffe der Be-/Entfremdung und Be-/Enttrauung, in denen positive bzw. negative Wertungen zumindest mitschwingen, die aus der innerlich oft fest gefügten Hyperbewertung des IntegrationsWertes "vertraut" als richtig und "fremd" als falsch resultiert. Die **Entfremdung** ist wohl die Art der Transzendenz mit den **stärksten** psychischen Effekten (**Verlust, Mangel, Misstrauen**). Lösung und Zwang sind ebenfalls besondere Fälle, denn sie vermitteln oft ambivalente Gefühle. Besonders die Lösung vermittelt zugleich das Positive der "Erlösung" wie auch das Negative der "Auflösung", also des Verlusts und der Leere.

Grundsätzlich kann man alles das, was falsche Gemeinsamkeiten verneint/richtige bestätigt, als Befreiung zusammenfassen und alles, was richtige Gemeinsamkeiten verneint/falsche bestätigt als Repression. Die dauerhaften Anpassungsbedürfnisse an die falsche/richtige Gemeinsamkeit sind letztendlich repressive/befreiende Bedürfnisse, egal ob jene selbst- oder fremdbestimmt erzeugt werden. Aufgrund der generellen Unzulänglichkeit hat jede Anpassung instrumentelle Anteile. Außerdem ist objektiv nicht mit praktisch und subjektiv nicht mit falsch zu verwechseln. Subjektivität bedeutet, dass etwas nicht subjektunabhängig messbar ist. Trotzdem kann es für die Subjekte eine richtige Gemeinsamkeit darstellen. Die instrumentelle ist nicht mit der intuitiven Vernunft zu verwechseln, die zum richtigen Tun animiert, obwohl nicht alle Zusammenhänge begrifflich durchschaut, objektiv gemessen und erklärt wurden.

Der Mensch muss also immer das Richtige tun.

Selbst wenn er das möchte, so ist für ihn das Richtige oft schwer zu erkennen. Hinzu kommt, dass der Mensch aufgrund seines Wollens immer das Falsche tun kann. Allerdings können nicht alle Menschen immer nur das Falsche tun, ansonsten hätte er sich schon ausgerottet. Vom Falschen geht auch immer eine Repression aus, die sie durchweg negativ bewerten, mit ihr deren Ursachen, sofern sie sie erkennen.

Dann sollte man also alles Repressive verneinen, um die falschen von den richtigen Gemeinsamkeiten zu trennen.

Von jeder Gemeinsamkeit, an die sich der Agent anpasst, geht eine Gewalt aus, die das Anpassungsbedürfnis motiviert. Dieser Zwang existiert zunächst auch dann, wenn es sich um die, im Nachhinein, falsche Gemeinsamkeit handelt, er ist also kein Indikator für richtige oder falsche Gemeinsamkeit. Man muss also die Repression zur Anpassung an explizit falsche Gemeinsamkeit klar von anderen Arten der Gewalt trennen, beispielsweise von normativer Gewalt für die Anpassung an Gemeinsamkeiten, die durch IntegrationsWerte für gesellschaftlichen Fortschritt definiert werden (die selbst falsch oder richtig sein können).

Wohin führt die Anpassung?

Neue/andere Gemeinsamkeiten rufen neue/andere Anpassungsprozesse hervor, die für die Wirklichkeit typische SelbstÄhnlichkeit bedingt ähnliche Anpassungsprozesse. Aufgrund der Unzulänglichkeit kommt es nie zu einer vollständigen Identitätsherstellung mit der Gemeinsamkeit durch die Anpassung, also zu keiner statischen Reproduktion der (subjektiven/objektiven) Gemeinsamkeit durch die Anpassung selbst, weswegen Anpassung immer auch andere/neue Gemeinsamkeiten aufnimmt/erzeugt. Sich selbst durch Anpassung nahezu unbegrenzt reproduzierende oder die Zahl der sie teilenden Agenten sogar vergrößernde Gemeinsamkeiten nenne ich "Attraktoren". Der Anpassungsprozess an nahezu unbegrenzt-universelle Gemeinsamkeiten ist "attraktiv" oder "systemisch". Tätigkeiten der Individuen zur nahezu unbegrenzt-universellen Reproduktion von Gemeinsamkeiten bezeichne ich als Routine. Der Begriff "nahezu unbegrenzt" umfasst hier eine Skala von der fiktiven *100%igen* Unbegrenztheit bis zu einer, gerade noch so, bemerkbaren Begrenztheit der Gemeinsamkeit. "Sichtbar begrenzte" Gemeinsamkeiten hingegen umfassen den Bereich zwischen der gerade noch so bemerkbaren Wandlung und der fiktiven instantanen absoluten Vernichtung jener Gemeinsamkeit. Ich nenne diesen Existenzbereich "unattraktiv" oder "katastrophal". Aufgrund ihrer Attraktivität dominieren Systeme in der Natur. Systeme und Katastrophen können falsche, also instrumentelle Gemeinsamkeitenbündel sein, was bei den sich reproduzierenden Systemen langfristig zum Problem wird. Jedes systemische Gemeinsamkeitenbündel kann sich aber jederzeit wandeln, indem seine Agenten in weitere Gemeinsamkeiten transzendieren, was einem Attraktivitätsverlust der verlassenen Gemeinsamkeiten gegenüber den Agenten gleichkommt.

Sind stabile, praktische Systeme frei von Widersprüchen?

Limenistisch gesehen sind Gegensätze bzw. -teile Gemeinsamkeiten, die in einem bestimmten Verhältnis zueinander stehen, beispielsweise Teil eines Agenten/*ZIG* sind (da sie zusammen positiv bewertet sind), oder sich in ihnen gegenseitig ausschließen (da sie zusammen negativ bewertet sind). Ist die Bewertung von Gemeinsamkeiten negativ bzw. desintegrierend, befinden sie sich hinsichtlich *ZIG* in einem Widerspruch. Ist die Bewertung positiv, bilden die Gemeinsamkeiten eines *ZIG* bzw. des jenes tragenden Agenten einen Widerspruch bezüglich der Desintegration.

Die Widersprüche hinsichtlich ZIG erscheinen mir einleuchtender.

Das hat damit zu tun, dass das "Zusammenhalten" in Systemen primäres Ziel ist. Widersprüche bezüglich *ZIG* nenne ich antagonistisch, wenn die betreffenden Gemeinsamkeiten prinzipiell nicht in Agenten oder teilüberkohärenten Gruppen vereinigt werden können, also nicht miteinander vermittelbar sind, nicht einmal ein *f-ZIG* bilden. *j-ZIG* sind in der Limenistik hingegen aus allen Gemeinsamkeiten bildbar - wenn auch nicht immer begründbar. Antagonistische Widersprüche sind nicht universell. Widersprüche sind nur bezogen auf bestimmte Agenten(gruppen) antagonistisch, für andere jedoch nicht, und daher temporär. Wenn man z.B. eine Gesellschaft als einen Agenten betrachtet, so kann jener Agent im Kapitalismus Proletariat und Kapitalisten in einem sein, also beide

Gemeinsamkeiten in sich vereinen. Ein einzelner Mensch kann das nicht, aber er kann zwischen Proletarier und Kapitalist wechseln. Selbst Kommunismus KO und Kapitalismus KA lassen sich in einer Überproduktionsgesellschaft mit einer Reflexionsbeziehung als $KO(m)=KA(m)$ vermitteln, wobei man $m \neq 0$ als die gemeinsame Maxime der in dem Doppelsystem lebenden Menschen sehen kann, die hauptsächlich im gleichen Konsum bestehen. Identifizieren sich verschiedene Agenten(gruppen) jedoch ausschließlich über vermeintlich antagonistische ZIG, führt das zur Unvereinbarkeit der Agenten(gruppen), die eine maximal negative gegenseitige Bewertung bezüglich eines ZIG erlaubt. Widersprüche können halbantagonistisch sein, d.h. in einem Agenten treten Gemeinsamkeiten des gleichen ZIG, welches jener teilt, zwar nicht gleichzeitig auf, aber sie wechseln sich in ihm ab. Solche Agenten befinden sich in po-gativen ZIG. Oder das ZIG kann nur von mehreren unterschiedlichen Agenten zusammen realisiert werden, die eben nicht alle Gemeinsamkeiten des ZIG teilen. Jene befinden sich in einem ne-gativen ZIG.

Binäre Widersprüche sind nur eine mögliche Variante, wie widersprüchliche Gemeinsamkeiten einander gegenüberstehen können. Sie können sich auch als ternäre, quaternäre usw. gegenüberstehen. Z.B. sind verschiedene religiöse Lehren gegensätzlich/konkurrierend, doch ein Agent kann allen möglichen Religionen gleichzeitig anhängen. Widersprüche sind die extreme Konsequenz der Unzulänglichkeit im Sinne von Abgegrenztheit. Zu ihnen gehören Liebe und Hass, Freiheit und Repression. Liebe beispielsweise ist eine Gemeinsamkeit, die die Gemeinsamkeit des Hasses begrenzen kann (den Hass somit hasst) und damit sein unendliches Aufblähen, d.h., die Absorption sämtlicher Agenten, verhindert. Die Begrenzung der Liebe durch den Hass ist umgekehrt ebenfalls möglich. Das bedeutet, dass sich Agenten an Gemeinsamkeitenbündel, die Gegensätze integrieren, durch die gezielte Transzendenz derer Grenzen anpassen, so eine Einheit bilden und das Liebe-Hass-System stabilisieren. Das Gemeinsamkeitenbündel einer privaten Beziehung bleibt bestehen, auch wenn sich Liebe und Hass darin anteilig verändern. Aufgrund der Unzulänglichkeit wird die Abgegrenztheit also aufgeweicht. Agenten (entstehen, und) transzendieren die Grenzen widersprüchlicher Gegensätze. Sie integrieren sie sogar in *ZIG*, sie bringen Widersprüche erst hervor, um Systeme zu sein.

Aber tatsächlich kooperieren Gegensätze, um sich zu erhalten.

Widersprüche können sich konservieren/entwickeln (Dialektik) oder auflösen, wenn sich die Agenten aus den widersprüchlichen Gemeinsamkeiten zurückziehen. Laut Hegel sollten alle Dinge immer gemeinsam mit ihrem (widersprüchlichen) Gegensatz als Einheit begriffen werden [33]. Gemeinsamkeitenbündel können sich evtl. erst durch ihre inneren Gegensätze reproduzieren oder produktiv sein - wie eine dialektische Batterie.

Batterie? Das klingt doch ein wenig verrückt.

Auch eine technische Batterie ist eine dialektische Batterie, denn sie bildet trotz innerer Gegensätze eine Einheit. Sie besitzt zwei Pole, einen Plus- und einen Minuspol. Das Prinzip der Batterie beruht darauf, dass in ihrem Inneren sogenannte galvanische Zellen befinden. Stelle dir eine solche Zelle vor, die aus einem Apfel und zwei Elektroden besteht. Die Elektroden werden durch einen Stab aus Zink und einen aus Kupfer gebildet. Beide stecken in einigem Abstand in dem Apfel drin. Die Säure im Apfel führt dazu, dass das metallische Zink in positiv geladene Zinkionen umgewandelt wird, die in gelöster Form in die Säure im Apfel wandern. Dabei bleiben negativ geladene Elektronen im Zinkstab zurück. Über einen Draht zwischen Zink- und Kupferelektrode werden sie zum Kupfer geleitet, das im Inneren des Apfels positive Wasserstoffionen in neutrales Wasserstoffgas verwandelt.

Dann sollte man den Apfel aber hinterher nicht essen.

Das wäre keine gute Idee. Das gelöste Zink ist giftig. Zunächst einmal stabilisiert der Gegensatz zwischen Plus- und Minuspol die Batterie als solche. Ohne ihn wäre sie natürlich keine Batterie. In dem Sinne ergänzen sich die beiden Pole.

Hast du weitere Beispiele?

Der Gegensatz zwischen verschiedenen Mitgliedern der Familie stabilisiert jene ebenfalls. Die Auseinandersetzung zweier Diskutierender, inklusive der These und der Antithese produziert Synthesen. Das Ende der Gegensätze bedeutet das Ende dieser Produktion. Auch die Produktion von Wissen ist, meiner Meinung nach, effektiver, wenn Gegensätze aufrechterhalten werden. Damit meine ich aber nicht nur entgegengesetzte Thesen und Antithesen, sondern auch Alternativen zu ihnen.

Und wie sieht das in der Politik und Wirtschaft aus?

Dialektische Batterien sind effektive Produzenten von Anpassung. Von der Evolutionstheorie her gesprochen: Die zufällig hervorgebrachten Gegensätze in einer Gemeinschaft stabilisieren jene, indem sich die Zahl ihrer Mitglieder zwecks Anpassung in Richtung des einen oder anderen Pols verschieben. Eine Gemeinschaft kann ebenfalls Anpassung für eine andere Gemeinschaft produzieren. Hinsichtlich der Politik gilt: Ein stabiler Staat beruht auf gegensätzlich ausgerichteten Parteien und nicht auf maoistischen Einheitsparteien. Auch der Gegensatz zwischen den staatlichen Gewalten, man spricht auch von Gewaltenteilung, erzeugt eine Batterie, die anstelle von Strom Gerechtigkeit und somit Zusammenhalt in der Gemeinschaft produziert. Die Aufhebung dieser Gegensätze würde zumindest die europäischen Gesellschaften über kurz oder lang kollabieren lassen. Was die Wirtschaft betrifft: Eine dialektische Batterie kann durchaus Innovation produzieren, nicht nur aus der Athletik heraus, sondern auch aufgrund von Kooperationen. Die dialektische Batterie hat nicht ausschließlich mit Konkurrenz zu tun.

Die beiden Pole einer Batterie kooperieren trotz ihrer Gegensätzlichkeit miteinander, um Strom zu erzeugen.

Stelle dir zwei Handwerker vor, die aus unterschiedlichen Berufen stammen, sagen wir einen Schmied und einen Tischler. Die Unterschiedlichkeit ist natürlich nicht in allen Bereichen gegeben, denn der Schmied und der Tischler haben bis auf den Werkstoff, mit dem sie arbeiten, viele Gemeinsamkeiten miteinander. Beide würden nun die Aufgabe bekommen, eine einfache, höhenverstellbare, bequeme Sitzgelegenheit zu entwickeln. Die Aufgabe führt sicherlich zu einem konvergenten Ergebnis, zu einem Stuhl. Gibt der Auftraggeber vor, die entstehende Sitzgelegenheit, je nach deren Qualität, nur von einem der Handwerker zu beziehen, so werden die beiden nicht kooperieren. Die Berufserfahrung, über die die Handwerker jeweils verfügen wird sich auf die Ausführung der Stühle niederschlagen: Der Schmied erzeugt den Stuhl aus Metall (und bloß nicht mit Komponenten aus Holz), der Tischler aus Holz (und bloß nicht mit Komponenten aus Metall). Gibt der Auftraggeber jedoch vor, dass er nur die Stühle abnehmen wird, die besser sind als die, die es sonst so zu kaufen gibt, egal, aus welchem Material die bestehen, werden die beiden Handwerker kooperieren. Jeder wird das Beste aus seinem Metier beisteuern. Der Stuhl würde vielleicht einen Fuß aus Stahl besitzen und der Sitz wäre aus Holz. Die Produktion von Innovation wäre aus einer dialektischen Batterie entstanden. Wichtig dabei ist jedoch nicht nur die Kooperation, sondern die Unterschiedlichkeit, die Vielfältigkeit innerhalb der Kooperation, die zu einem Vorteil wird. Das Geheimnis ist es, den dialektischen Spannungszustand und gleichzeitig den Austausch, also die Verschiebung zwischen den Polen innerhalb der Gemeinsamkeit dauerhaft aufrechtzuerhalten.

Das heißt also: Sich wandelnde Gemeinsamkeiten sind auf lange Sicht wahrscheinlicher als stagnierende.

Nahezu reproduzierende Gemeinsamkeiten entsprechen aufgrund der SelbstÄhnlichkeit der Wirklichkeit der alltäglichen menschlichen Erfahrung. Der Mensch reproduziert sich nahezu selbst, so wie es das Ökosystem der Erde tut, dessen Teil er ist. Er empfindet Sterbens-, Verlust- oder Veränderungsangst. Die Existenz attraktiver bzw. systemischer Gemeinsamkeiten in der Gesellschaft hat

daher mit dem alltäglichen Umgang des Menschen mit nahezu reproduzierenden Prozesse zu tun, in die er selbst involviert ist:
(i) Die nackte Reproduktion ist aufgrund des Überlebenstriebes das primäre Ziel der menschlichen Anpassung an eine Wandlung, z.b. durch Naturgewalten.
(ii) Der Mensch antizipiert immer das Gefühl einer Erfüllung durch sein Tun. Er kämpft für eine Verbesserung, von der er erwartet, dass sie eine längerfristige Beständigkeit hat.
(iii) Systemische Gemeinsamkeiten-bündel (Systeme) treten aufgrund der Ähnlichkeit im Alltag des Menschen, der selbst Teil dieser SelbstÄhnlichkeit ist, häufiger auf als katastrophale. Durch diese Konditionierung kann eine repressive Ökonomie, eine Obrigkeit, die einzig und allein sich selbst zu reproduzieren bestrebt ist, den Menschen leichter auf eben jene Reproduktion konditionieren, als ein Wahrheitsvirus eine Wandlung gegenüber dem antrainierten Immunsystem durchsetzen kann. Auf diese Weise reproduziert sich auch die Repression. Allerdings ist die mikroskopische Katastrophe, d.h. das komplette Verlassen einer zugunsten einer völlig anderen Gemeinsamkeit wiederum nötig, um die makroskopische (Selbst)Ähnlichkeit im Sinne von (sich) Nicht-Ganz-Identisch-Sein zu ermöglichen. Der Umgang mit sichtbar Wachsendem und Vergänglichem im unmittelbaren Alltag (Geburt, Tod) kann die fatale Illusion einer unbegrenzt-universellen systemischen Beständigkeit aufbrechen. Ähnliches gilt für die Etablierung eines gesellschaftlichen Langzeitgedächtnisses, das besonders die Erinnerung katastrophaler Entwicklungen als Spiegel der Unzulänglichkeit lange konserviert.

Obwohl Systeme Ausdruck von Nachhaltigkeit im Sinne von "erhalten" sind, können sie sich wandeln. Wandlung bedeutet hier, dass die zahlenmäßig begrenzten Agenten motiviert sind, den Gemeinsamkeitsrand nicht nur im Rahmen einer (zufälligen) Ausnahme, sondern im Rahmen einer Anpassung oder Entwicklung zu durchdringen. Dadurch transzendieren sie in attraktivere Gemeinsamkeiten, in denen sie verharren werden. Alternative aber unattraktivere Gemeinsamkeiten verlassen sie schnell wieder oder betreten sie erst gar nicht. Hieraus ergibt sich eine weitere Anpassung, nämlich die an die Erinnerung, die ebenfalls als Gemeinsamkeit und Herrschaft zu verstehen ist.

Und wo soll diese Art der Anpassung hinführen?

Erinnerte Gemeinsamkeit ist diejenige, die der Mensch nicht (nochmals) unmittelbar sinnlich erfahren muss, um Anpassungsprozesse daran abzuleiten. Konditionierung, z.b. die auf die Obrigkeitshörigkeit, den Profit, den gleichen oder einen immer stärkeren Kick bedeutet das Anpassungsbedürfnis an einseitig präferierte, ja sogar falsche Gemeinsamkeit. Erinnerung und damit der Aufbau eines Immunsystems werden oft mit Wiederholung assoziiert. Man glaubt, sich Dinge deswegen gut zu merken, weil man sie mehrmals, im doppelten Sinne, realisiert. Tatsächlich verweist die Wiederholung zuerst auf das Zuverlässige, weshalb sich die Erinnerung des sich Wiederholenden auch lohnt. Die Erinnerung ermöglicht aber nicht nur die Identifikation des Zuverlässigen, sondern auch des wirklich Neuen und der Höherentwicklung, also des Betretens höherentwickelter Gemeinsamkeitenbündel. Höherentwicklung verläuft streng rekursiv bzw. selbstreferenzierend, und zwar bezüglich der Gemeinsamkeiten und deren Unzulänglichkeiten: Eine Entwicklung ohne Erinnerung, die auf dem reinen Zufall basierte, würde auf absehbare Zeit keine Höherentwicklung hervorbringen, sondern sich ständig in falschen Konzepten wiederholen. Dasselbe gilt für die Anpassung des Lebens an die Umwelt und die daraus folgende Höherentwicklung. Letztere erscheint aufgrund der Nutzung gespeicherter genetischer Informationen, also der genetischen Erinnerung an das, was unter ähnlichen Bedingungen funktioniert hat, mitunter gelenkt. Befinden sich Menschen in einer Gemeinschaft, mit der sie auf den ersten Blick keine gemeinsame Erinnerung haben, so müssen sie diese, auch wenn sie nur in Fragmenten vorhanden sein sollte, in einer gemeinsamen Anstrengung offenlegen bzw. eine gemeinsame Erinnerung schaffen, um sich gemeinsam entwickeln zu können.

Und wie erfolgt Höherentwicklung? Auch dialektisch?

Hm! Du meinst bestimmt Gegensätze als Triebkräfte der Entwicklung. Das können zwei Diskutierende auf der Suche nach einem Konsens oder Materie und Antimaterie bei der Annihilation in Strahlung sein. Ein Widerspruch zwischen zwei Polen führt aber nicht unbedingt in ein vernünftiges oder höherentwickeltes Gleichgewicht, sondern ggf. in eine Vernichtung, wie der kriegserhaltende Gegensatz von Gewalt und Gegengewalt zu immer mehr Gewalt führt. Außerdem muss keiner von zwei Kämpfern unbedingt die Wahrheit oder das Gute auf seiner Seite haben. Beide können abgrundtief verdorben sein. Das höherentwickelnde Aufheben eines Meinungswiderspruchs entspricht eher einer Differenzierung des Modells des Wahrheitsvirus und des Immunsystems und nimmt direkten Bezug auf die Erinnerung. Der Wahrheitsvirus entsteht aus dem Anpassungsbedürfnis des Verstandes des "Patienten null" an die sich wandelnden Realität. Die Ausbreitung des Wahrheitsvirus entspringt dem Anpassungsbedürfnis des Verstandes aller an die durch ihn transportierte vermeintliche Erkenntnis, die eine, zunächst attraktive, Gemeinsamkeit der Infizierten darstellt. Durch die "Lebendigkeit" des Wahrheitsvirus, seine Ausbreitung und seine "Mutation" während des Diskurses, kommen (Un)Wahrheit, (Miss)Erfolg und schließlich (Un)Zufriedenheit im Rahmen der Verifikation/Falsifikation ans Licht. Der Übertritt in die Gemeinsamkeit des angepassten Verstandes und damit die Überwindung des Immunsystems der vorhandenen Erinnerungen sowie der Einbau des Wahrheitsvirus in das Immunsystem, entspricht der merkwürdigen Tendenz des in der Gemeinschaft wahren/vernünftigen Gedankens, sich innerhalb jener Gemeinschaft schließlich durchzusetzen, egal ob er aus falscher Intention oder zufällig verbreitet wurde. Dies geschieht aber nicht durch ultimative gegenseitige Vernichtung: Die komplette Abwehr (inklusive des Vergessens) der vermeintlichen Erkenntnis aufgrund von Falsifikation wäre zwar eine *0%ige*, ihre Akzeptanz (inklusive des Vergessens vorhandener Erinnerung) aufgrund von Verifikation eine *100%ige* Angleichung. Diese Extreme sind aber nur hypothetisch, da der Mensch die Informationen des Wahrheitsvirus (erinnerte) immer berücksichtigt, und sei es als Antiinformation.

Lass uns bei Hegel beginnen, wobei ich den "Roten Faden" aus [34] anwende. Hegel übt Kritik am Positivismus mit Hinweis auf einen Streit, bei dem jede Seite behauptet, sie habe recht, und die gegnerische Meinung nicht in sich abbildet. Dabei sind sich widersprechende Aussagen die Quelle für die Lösung ihres Konflikts durch dessen Aufhebung im logischen Sinne (Vernichtung des einen durch den anderen) oder im dialektischen Sinne (Verhältnis der Aussagen). Gleichzeitig fragt sich Hegel, woher die Widersprüche in der Welt überhaupt kommen.

Seine Philosophie ist zunächst stark in sich gewandt: Wahrheit ist Identität eines Arguments a mit sich selbst: $a=a$ (auch J. G. Fichte und F. Schelling [35]). Diese Gleichung entspricht einer Total-Reflexion von a, durch die es sich als es selbst bestimmt, sich trivialerweise nur! mit sich selbst vermittelt. Die Vorstellung, dass etwas wahr ist, wenn es mit sich selbst übereinstimmt, folgt beispielsweise aus der Tatsache, dass übereinstimmende Aussagen zweier unabhängiger Zeugen als wahr angesehen werden. Außerdem gilt etwas als wahr, wenn es nach einer bestimmten Zeit/Wiederholung noch immer es selbst ist (nochmal hinschauen, Probe). Wenn das Argument $a=a$ mit sich selbst identisch ist, wird es zum Begriff, der sich selbst bedingt und legitimiert. Ein lediglich selbstidentischer Begriff ist wahr, aber ansonsten unendlich frei. Da nichts auf irgendeiner Seite der Gleichung steht, das ihm seinen Inhalt vorschreiben würde, kann er immer er selbst sein. Das Sein von $a=a$ als Begriff ist das logische Sein, die reine Unmittelbarkeit ohne irgendeine Begründung, wobei jene Unmittelbarkeit (das bloße Gleichheitszeichen) bei Hegel das Wesen jenes Seins ist. Dem logischen Sein gegenüber steht die negative Total-Reflexion: $a=-a=G(a)$, wodurch $a=0$ gilt. $-a$ steht für das exakte Gegenteil von a, erzeugt durch den Gegenteiloperator: $G(a)=-a$. Es gilt: $a+(-a)=0$. $-a$ ist das Negative von a, wobei $G:a \rightarrow -a$ die Negation bzw. Negativierung ist. Jedes Argument und sein Negatives stehen im logischen Widerspruch zueinander. Sie ergeben zusammen eine Nullaussage, wenn man sie laut $a=(-a)$ gleich(wert) setzt oder laut $a+(-a)=0$ zusammensetzt, wobei das Argument immer im Gegenargument enthalten ist und beide in der Null "aufgehoben" sind, freilich unsichtbar. Das Negative enthält sowohl sich selbst als auch das Positive. Somit enthält Nicht-Sein das Sein, Differenz die Übereinstimmung, Antiferromagneten ↑↑↓↓↓ die Ferromagneten ↑↑↑ und ↓↓↓, aber nicht umgekehrt.

Wie erfolgt die konkrete Bestimmung von Begriffen?

Über die reale Vermittlung/Setzung. Die Konkretisierung der wahren Begriffe jenseits der Trivialvermittlung *(a=a)* mithilfe von Funktionen *(f,g)* und anderen Argumenten *(b,c)* ergibt reale Vermittlungen *f(a=a,b)=g(a=a,c)*, wobei die Vermittlungsvorschrift das Wesen des Begriffs ist. Sie realvermittelt das Argument *a* mit bestimmten Beträgen (z.B. *a=a=1*) oder anderen Argumenten gemäß *a=a=f(b)* ("Sitz bitte so still wie Lisa!") Die Lösung der expliziten Gleichung *a=a=f(b)* bedeutet, dass eine Weisheit *a* anhand eines Gesetzes *f(b)* aus sogenannten Ersten Prinzipien *b* abgeleitet wird. Die allgemeinere, implizite Form *f(a,b)=0* (Nur solche Paare *a* und *b* befolgen *f(a,b)=0*, bei denen die Anwendung der Funktion *f* eine Null ergibt) lässt sich oft nicht explizit umformen und ihre Lösungen können mitunter nur durch Probieren gefunden werden. Reale In-sich-Reflexionen, vermitteln das Argument mit sich selbst gemäß *f(a)=g(a)*, z.B. $a^2=cos(a)$ mit den Lösungen *±0.362*. Bei rückgekoppelten Vermittlungen bezieht sich der End- auf den Ausgangszustand, beispielsweise bei der Abhängigkeit der Zahl der Raubtiere von der ihrer Beutetiere, wobei deren Zahl von der der Raubtiere abhängt. Die Vermittlung erfolgt durch nichtlineare Differentialgleichungen, die zu einer stabilen Ordnung, Oszillationen, Fraktalen, ins Chaos führen können.

Für selbstkonsistente Vermittlungen der Form *f(a)=a* werden Lösungen gefunden, indem man mehrere Iterationsschritte ausführt, d.h. man beginnt mit einem bestimmten, sinnvollen Wert *a*, berechnet *f(a)* und setzt den errechneten Wert wieder als *a=f(a)* in die Gleichung ein. Nähert sich die Differenz zwischen *a* und *f(a)* null an, hat man die Lösung gefunden. Beispielsweise ist die Gleichung *a=0.5a+2* iterativ lösbar. Beginnend mit *a=0* erhält man iterativ die aufeinanderfolgenden *a*-Werte *2, 3, 3.5, 3.75* usw., bis sich die Folge der tatsächlichen Lösung *a=4* annähert. Selbstkonsistente mathematische Verfahren findet man in der Quantenmechanik [36]: Stelle dir eine "Suppe" aus umherfliegenden Elektronen vor. Nun möchtest du gern wissen, wie sich die Elektronen zwischen all ihren Kollegen bewegen. Du könntest berechnen, wie jedes Elektron mit jedem anderen über seine Ladung in direkter Wechselwirkung steht: Ein Nachbarelektron übt eine bestimmte elektrische Kraft auf dein Elektron aus, ein anderes Elektron wieder eine andere und so weiter. Man kann sich den "Hintergrund" der elektrisch geladenen Elektronen und der Kräfte, die sie auf das Lieblingselektron ausüben, aber auch als sogenanntes Potenzial, als ein Kraftfeld vorstellen. Man setzt zunächst eine mathematische Gleichung an, annehmend, dass sich die Elektronen so bewegen würden, als ob es ihre jeweiligen Kollegen gar nicht gäbe. Hieraus berechnet man nun ein Kraftfeld, das einfach nur der Summe der von den nicht miteinander wechselwirkenden Elektronen verursachten elektrischen Kräfte entspricht. Berechnet man jetzt die Bewegung unserer Elektronen in diesem gedachten Kraftfeld, so entspricht sie nicht mehr der zuerst angenommenen wechselwirkungsfreien Bewegung der Elektronen - erwartungsgemäß. Also nimmt man die für das falsch berechnete Kraftfeld errechnete Bewegung der Elektronen und errechnet hieraus wiederum ein neues Kraftfeld. Man kann davon ausgehen, dass das Kraftfeld mit jedem weiteren dieser Iterationsschritte der Realität immer näherkommt. Schließlich erreicht man Selbstkonsistenz, d.h., das Kraftfeld, das man aus der Bewegung der Elektronen berechnet hat, erzeugt wieder jene Bewegung. Das Elektronensystem ist stabil.

Selbstkonsistentes in der Psychologie ist Verhalten entsprechend der Fähigkeiten und Vorlieben [37]. Ein Kind, das jene herausfinden will, übernimmt zunächst die Verhaltensmuster seiner Eltern oder älteren Geschwister. Scheitert es in ersten Tests (an sich selbst), wird es sie ändern und sich so schrittweise seinen Fähigkeiten/Vorlieben anpassen, die es durch den Prozess gleichzeitig entdeckt bzw. entwickelt. Auch hier funktioniert die selbstkonsistente Verifikation nur durch Probieren als Variation eines geschickt gewählten Ausgangszustands. Da das Kind intuitiv weiß, dass es seinen Eltern und Geschwistern ähnlich ist, wird es deren

Ausgangszustand zunächst kopieren, um daraus seine eigenen begrenzt-universellen Verhaltensmuster zu finden.

Limenistisch gesehen bedeutet selbstkonsistente Vermittlung die schrittweise Anpassung an Gemeinsamkeiten anhand des Integrations Wertes. Hierfür wird eine Anpassungsaktion aus dem Imperativ abgeleitet und deren Ergebnis mit ihm verglichen, woraus die nächste Aktion resultiert. Die Aktionen führen durch iterative Differenzbildung schließlich zur Angepasstheit (Fehlen von Differenz) an die Gemeinsamkeiten des Integrations Wertes, wodurch jener sich ggf. erst enthüllt.

Lässt sich gutes, gesellschaftliches Handeln auch vermitteln?

Ein Gesetz soll Menschen zum gesetzeskonformen Handeln bringen. Als Gleichung geschrieben heißt das: $h[w(m)]=h'[g(m')]$, wobei die persönlichen/gesetzlichen Maxime m/m' zum Willen/Gesetz w/g und schließlich zu einer konformen Handlung $h=h'$ führen sollen. Dies kann repressiv gemeint sein, d.h. g wurde despotisch festgelegt und h muss! nun so ausgeführt, bzw., w und/oder m (selbst)manipuliert werden, dass am Ende $h=h'$ gilt. Oder die Gleichung ist demokratisch gemeint, d.h. freiwillig kohärente $w_{ij}(m_i)$, die demokratisch festgelegten $g_j(m')$ gleich sind, führen zu einheitlichen $h_{ij}=h_j'$ (wobei i das Individuum und j den Sachverhalt repräsentieren). Für Letzteres gilt, dass die Handlungen h_{ij} der Einzelnen mit denen, die ein allgemein (selbst)verfasstes Gesetz fordern würde (h_j'), nicht identisch sein können, da, aufgrund der Unterschiedlichkeit der Menschen, deren individuelle Maxime m_i und Willensbildungsprozesse w_{ij} untereinander nie übereinstimmen. Bei $h_{ij}=h_j'$ handelt es sich also immer um eine Vermittlung, somit Forderungen. Die Erfüllung $h_{ij}=h_j'$ mit unendlich vielen Handlungsoptionen würde immer $m_i=m'$ und $w_i=g$ erfordern. Man hätte es mit einer vollständigen Anpassung der Einzelnen an das durch sie zu bildende, allgemeine Gesetz zu tun, also mit Unfreiheit, die freilich nicht so stark ist wie die einer despotischen Gesetzgebung. Für maximale individuelle Freiheit, also Handlungen h_{ij} aus frei gewählten Maximen $m_i{\neq}m'$ und Willensformen w_i, müsste man entweder $h_j'{\neq}h_{ij}$ hinnehmen oder individuelle g_{ij} so wählen, dass die Handlungen entsprechend $h_j\{g_{ij}[g_{ij}^{-1}w_{ij}(m_i)]\}$ dennoch konform zu h_j' wären. Dies bedeutet aber eine Fraktionierung der Gesetze nach i, wodurch sie individuell, also als Gesetze unsinnig werden: Für jeden, der bei Rot über die Straße gehen will, müssten extra Übergänge gebaut werden. Somit kann sich das Gesetz, wenn gleiche Maxime oder Willensbildungsprozesse nicht erzwungen und Gesetze keine Flickenteppiche werden sollen, nur auf begrenzte Sachverhalte j beziehen, was Handlungsdiversität zulässt.

Was ist mit der Gleichheit in der Gesellschaft?

Menschen können einerseits durch ein Gesetz oder einen Befehl als dessen Kopie Gleichheit erlangen, wobei ich nicht nur die Verhaltensgleichheit, sondern auch das Wirken an der gleichen Sache einbeziehe. Zum anderen kann sich Gleichheit von selbst in der Gemeinschaft herausbilden, wobei es oft so scheint, als sei sie von einer höheren Macht vorgegeben. Stell dir eine anarchische Gesellschaft vor, in der jeder tut, was er möchte, soviel verdient, wie er möchte und mit anderen teilt, was er möchte. Um Gemeinsamkeiten in dieses (Nicht)system zu bringen, stellt man Gesetze auf, die beispielsweise die Solidarität regulieren und so zu einem gewissen Ausgleich im Lebensstandard sorgen. Ausgleich ist die Basis stabiler Systeme, da sie ein Synonym für Gemeinsamkeit darstellt. Der Punkt ist aber, dass ein sich erhaltendes System nicht primär durch eine überlegene Macht angelegt wird – auch wenn politische Systeme schon seit der Römerzeit in primitivere Gesellschaften exportiert wurden – sondern sich in der Gemeinschaft von selbst herausbildet, eben, um es zu einem stabilen System zu machen. Was z.B. den Sozialismus angeht, so ist er alles andere als anarchisch, da man hier einen umfassenden Ausgleich in allen Bereichen des Lebens anstrebt. Das Problem ist, dass es für den Ausgleich der Parameter $a_i=m{\cdot}b_j$ (wobei i und j Agenten repräsentieren) oft nur einen Faktor gibt, nämlich $m=0$, wodurch $a_i=b_j=0$ gilt. Freilich sind Parameter in menschlichen Gesellschaften nicht unvereinbar fix, allerdings sind zentrale Gesetzgebungen bezüglich des Ausgleichs gegenüber individuellen Lösungen $a_i=m_{ij}{\cdot}b_j$ häufig im Nachteil, ebenso andere zerstückelte Lösungen (z.B. in Partnerschaften). Die Ausbildung von schwellenbegrenzten Blasen mit je gleichen Gemeinsamkeiten wird sich daher auch in der Gesellschaft nicht vermeiden lassen.

Erzeugt die reale Vermittlung reale Existenz?

Reale Vermittlung lässt wirkliche, endliche Objekte im Universum gerinnen, die in Einheit mit dem Begriff, der sie hervorbringt, Ideen sind $[f(a=a,b)=g(a=a,c)]_i$, sich somit auf ihren Begriff bringen (lassen). "Idee ist der adäquate Begriff, das objektive Wahre, oder das Wahre als solches. Wenn irgend Etwas Wahrheit hat, hat es sie durch seine Idee, oder Etwas hat nur Wahrheit, insofern es Idee ist." [38, S. 462-469]. Käte Hamburger [39] erklärt diesen Sachverhalt wie folgt: Es genüge nicht, dass eine Erscheinung inneres und äußeres Dasein besitze, um die Wahrheit ihrer Existenz zu reflektieren. Dabei könnte es sich nur um Schein handeln. Die Realität müsse dem Begriff gemäß sein, um wahre Realität zu sein, wobei der Begriff den Erscheinungen innewohne und dadurch erst ihr Wahrsein begründe. In der dem in die Wahrheit setzenden Begriff nachfolgenden Wirklichkeit bringt sich die Idee zur Existenz und damit zum Erscheinen. Die Wahrheit wäre also auch nicht die Wahrheit, wenn sie nicht schiene und erschiene [vgl. 39]. Anders gesagt: Mit dem Ziel, real zu werden, muss sich der Begriff mit sich selbst zu etwas vermitteln, das anhand der Idee hinter jener Vermittlung als Idee Realität wird und dort erscheint. Das Argument, freundschaftliche Partnerschaft zur Zufriedenheit der Partner zu pflegen, wird in Form der Freundschaft als selbstvermittelter Begriff zur Idee, damit real und wahr.

Wird der vermittelte Begriff als Idee Realität (z.B. "Er freut sich, weil ihm die Sonne ins Gesicht strahlt!"), sollte die Wahrheit (das Wesen, die vermittelnde Vorschrift) durch seine "Erscheinung" hindurchscheinen. Allerdings "scheinen" alle möglichen Reflexionen in seiner Erscheinung, allen voran sein begriffliches Negatives bzw. Gegenteil: $-a=-a$ ("Freut er sich auch, wenn ihm die Sonne nicht ins Gesicht strahlt?"), seine Vernichtung: $a=G(a)=-a$, seine Vermehrung/Vergrößerung $2a=2a$ und weitere Ähnlichkeitstransformationen (Spiegelung, Drehung, Verzerrung, ...), da sie alle das Argument a enthalten. Das bedeutet, dass jedes Objekt in sich widersprüchlich scheint. "Schein" kann also unwahr sein, ist dabei aber nie Täuschung, sondern der Wahrheit wesentlich, weswegen auch ein Kunstwerk keine unwürdige Täuschung ist [vgl. 39]: In allem Schein einer Idee befindet sich das gleiche Argument a ("Er - sich freuen - Sonne"), was die Erkenntnis der realen Vermittlung erschwert. Der Schein, insbesondere der Gegenteiloperator G, eröffnet jedoch eine weitere Reflexionsbestimmung (Wesen) des Begriffs $a=a$ als das Gegenteil seines Gegenteils, die doppelte Negativierung von a: $GG(a)=G(-a)=a$. Sie ergibt logisch den Ausgangszustand, ist also eine Totalreflexion.

Und hier kommt der Knall und Kern des Hegelschen Idealismus: die Vereinheitlichung von Wesensvermittlung, Selbstbewusstheit, Vernunft, Erkenntnis, Totalität, Negativität und zeitlichem Werden. Hegel führte ein Kriterium dafür ein, warum etwas existiert und nicht etwa nicht existiert: Wenn es innerlich mit seinem Begriff übereinstimmt und dadurch (mit ihm) eine Idee ist $(a=a)_i$. Doch nur vernünftige Ideen können dauerhaft sein. Sie entstehen über VERNÜNFTIGE Vermittlung ihrer Begriffe. Weil ein Nilpferd am Nil, ganz im Gegensatz zu einem Elefanten auf dem Mond, eine vernünftige Idee ist, wird es durch den Begriff dauerhaft in die Wahrheit gesetzt und existiert dort. Die Vernunft kommt bei Hegel aus dem Geist. Geist ist Bewusstsein, ein Denken, dass sich seines Denkens selbst bewusst ist. Dies entspricht vernünftigem Denken. Die "reale" (Selbst)Vermittlung des Geistes (um Geist zu sein), und damit sein selbstbezüglicher Wille, beruht somit nur auf einem einzigen Prinzip: Geist ist Bei-Sich-Sein, das nichts anderes ist als sein Selbst-Bewusstsein als das seiner Selbstbestimmtheit bzw. seines selbstbezüglichen FREIEN Willens. ("Ihre Majestät" suggeriert maximale Selbstbestimmtheit durch Bei-Sich-Sein, "Untertan" maximale Fremdbestimmtheit durch Nicht-Bei-Sich-Sein). Selbst-Bewusstwerdung ist die Erkenntnis der eigenen Selbstbestimmtheit, Selbst-Bewusstsein deren ständige Selbst-Versicherung, somit permanente Selbst-Bewusstwerdung. Geist ist das sich selbst denkende Denken, das durch die Sich-Bewusstwerdung seiner Selbstbestimmtheit im Denken SICH selbst-bewusst ist.

Etwas Wahres ist vernünftig, wenn es die Idee eines selbst-bewussten, sich selbst erkennenden Geistes ist, wobei Unvernünftiges noch/nicht oder nicht mehr vernünftig ist. Die Auswahl derjenigen Idee, die es wert ist, dauerhaft wirklich zu sein, kann daher gleichzeitig als vernunftevolutionär (nachträglich prüfend) und als vernunftgestiftet verstanden werden. Hegel setzt den absoluten, unendlichen Geist als höchste geistliche Hypostase: ein (gegenstandsloses) ständiges Sich-Denken, das in seinem Denken unmittelbar bei sich ist, sich nur mit sich selbst vermittelt. Der absolute Geist ist der sich als solcher wissende Geist, der Geist in seiner absoluten Wahrheit, er ist NUR bei sich, d.h. an sich (sein eigener Begriff, damit absolute Idee) und für sich (sich selbst denkend/vermittelnd) seiende und sich ewig hervorbringende Einheit seiner Objektivität und seiner Idealität oder seines Begriffs [vgl. 40]. Er ist die Einheit bzw. Identität von Denksubjekt und -objekt, somit von der für das Sich-Selbst-Denken (und nur dies tut der absolute Geist) notwendigen Identität und Nichtidentität [41]. Diversifiziert sich der Geist unendlich in endliche Ideen, ist er entweder als ein subjektiver Geist in den einzelnen Menschen oder als objektiver im Zwischenmenschlichen bzw. Materiellen. Die Selbst-Bewusstwerdung bzw. Selbsterkenntnis des ENDLICHEN Geistes (auch die des menschlichen) als die seiner Selbstbestimmtheit und damit seiner selbst, ist nur durch die Erkenntnis bzw. Ausführung seiner Selbstbestimmtheit durch das Bei-Sich-Sein im ANDEREN möglich. Selbst-Bewusstwerdung des Geistes - und damit Vernunftstreben - ist bei Hegel die einzige Triebkraft für Entwicklung und Erkenntnis, für menschliches Denken und natürliche Prozesse. Auch limenistisch ist "an sich" (faktisch teilen) und "für sich" (anpassen) ein Sein/Existieren in Gemeinsamkeiten, somit nie ein "nicht wie die anderen".

Wie genau wird der endliche Geist seiner selbst bewusst?

Der Geist kann als eine sich selbstbestimmt ausführende Bewegung verstanden werden, von der sämtliche vernünftigen Begriffe/Ideen beseelt sind, sie den Geist somit beinhalten. Diese "vernünftige" Bewegung hat immer nur einen Zweck: die Selbst-Bewusstwerdung. Die vom Geist beseelte Idee führt als Idee nach dessen Willen w Bewegungen aus $[w(a)=w(a)]_i$. Führt der (dadurch ggf. erst entstandene) Andere das Gegenteil $[Gw(a)=w(Ga)]_i$ jener Bewegung aus, kann der Geist die Bewegungen $w(a)$ und $w[G(a)]$ durch eine weitere Operation G in sich zur Deckung bringen: $[Gw(Ga)=w(GGa)=w(a)]_i$. Durch diese doppelte Negativierung ist der Geist bei-sich im Anderen (bzw. mit dem Anderen bei-sich), so wie ein Mensch, der vor einen Spiegel tritt und durch selbstbestimmte Bewegungen in/mit seinem Spiegelbild, und durch deren Rückbezug auf sich selbst, sich seine Selbstbestimmtheit versichert und sich so ihrer bzw. seiner bewusstwird (Seins-, Selbst-Bewusstwerdung und Selbsterkenntnis).

Tatsächlich ist die "vernünftige" Bewegung $w(a)$ vor dem Spiegel auf die Erzeugung von $G(a)$ im Spiegelbild gerichtet. Die "vernünftige" Bewegung zur Selbst-Bewusstwerdung des Geistes ist gleichsam die Operation G mit dem (durch den Vernunftanspruch) eingeschränkten Willen $w=G$. Der Logikpfeil $a \rightarrow G(a) \rightarrow GG(a)=a$ ist somit auch Bewegungspfeil $\Rightarrow$. $a=GG(a)$ ist Begriffssetzung, aber auch reale Veränderung mit einer Spanne von $2a$, wobei GG abwechselnd $-a$ und a hervorbringt. Die doppelte Negativierung $GG(a)$ des Begriffs a ist Grundlage der selbsterkennenden Reflexion. Bei Selbst-Bewusstwerdung des Geistes handelt es sich allerdings nicht um eine Totalreflexion $GG(a)=a$, sondern um eine doppelte Negativierung ohne Vergessen (NN), die gleichzeitig eine Vernichtung ist: $NN(a)=N[a+G(a)]= a+2G(a)+GG(a)=2[a+G(a)]=0$. Während der ersten N wird a negiert und gleichzeitig erinnert, in der zweiten N wird jenes Ergebnis ebenfalls negiert und erinnert. Die Addition von $a=GG(a)$ und $G(a)$ zu null ist entscheidend für die Selbst-Bewusstwerdung des Geistes. Zwischen dem Begriff $a=GG(a)$ und dem ihm gegenteiligen anderen $G(a)$ besteht ein eigentlicher Hegelscher Widerspruch, der für die Selbst-Bewusstwerdung des Geistes nötig ist.

Dagegen führt ein "doppelter" (ein eigentlicher+uneigentlicher) Widerspruch, entstanden durch ein falsch erkanntes Gegenteil $a+G(a') \neq 0$, zu $NN(a)=N[a+G(a')]=a+G(a')+G(a)+GG(a')= a+a'+G(a+a')$. Der uneigentliche Widerspruch kann nur durch die (korrigierende) Umwandlung aller Begriffe zu a, a' oder zum

Kompromiss $a+a'$ eliminiert werden. Durch "Ich denke mich selbst" beschreibt sich das "selbst", in dem sich das "ich" und das "mich" gegenübertreten, aber auch als eine rekursive Formel, die das "selbst" als "ich" so lange wieder in den Denkprozess einfüttert, bis der selbstkonsistente Zustand erreicht ist, d.h., sich das "selbst" trotz des ständigen Sich-Denkens nicht mehr ändert. Die "Negation der Negation" $NN(a)$ (auch "Negativität") erzeugt vernünftige+wahre Begriffe. NN ist Selbsterkenntnis, Selbst-Bewusstwerden, Werden und zugleich Wesenssetzung vernünftiger Begriffe, ihr wahres Sein, das Scheinen des Seins in sich selbst, das "in sich gegangene Sein" [42, S. 231-236]. Selbst-Bewusstwerdung mittels NN ist das (Bewusst-) Werden im Wesen, die reflektierende Bewegung von Nichts zu Nichts und dadurch zu sich selbst zurück [vgl. 43, S. 246]. Ontologisch gesehen ist das wahre, vernünftige Sein die Selbst-Bewusstwerdung des Geistes. Er führt Bewegungen und Erschaffungen (durch Bewegungen) immer nur dafür aus, weshalb sie allesamt doppelte Negationen sind. Selbst-Bewusstwerdung findet ständig statt, wobei sie ihren Horizont $a+G(a)$ nicht überschreitet und den Widerspruch $G(a)\leftrightarrow a$ darin aufhebt. Doch es gibt ein Problem: Dieses Sein ist in Wirklichkeit Nichts.

Weil irgendwann alles nur noch $G(a)+a=0$ *ist, also nichts?*

Richtig. Doch anders als in der Logik bilden Begriff und Gegenteil in der Dialektik keine logische Null, es handelt sich nicht mehr um mathematische +/- Gegensätze mit gleichen Beträgen. Dialektisch ist das Negative von etwas jenem Etwas im Sinne von "unterschiedlich" entgegengesetzt.

Dennoch nutzt du Formelzeichen der Mathematik.

Hegel experimentierte mit Formelzeichen, da die Mathematik ein guter Ausgangspunkt für seine Logik darstellt, sozusagen die nullte Näherung. Formeln können Hegels Logik jedoch nicht erfassen, dienen aber - heuristisch und symbolisch verwendet - als kompakte, didaktische Verdeutlichung, da die Hegelsche Sprache aufgrund des ständigen Selbstbezuges mitunter kompliziert ist. Das Gleichheitszeichen in $a=GG(a)$ ist daher nicht mathematisch zu verstehen, sondern heuristisch. Es ist der Selbstbezug bzw. der Selbstsetzung des Begriffs als das hegelsche Negative seines Negativen $GG(a)$, d.h. die Rückkehr zu einem differenzierten $a=GG(a)$ aus dem Selbstunterschied $G(a)$. Beide Gegenteile gehören zu einer endlichen Totalität $\Theta=G^{\theta}(a)+a$, einem "sichtbaren Nichts" bzw. einer "sichtbaren Null". Θ ist die Identität von Identität und Nichtidentität [vgl. 41], das Entgegensetzen und Einssein in Einem. Begriffe $a(\Theta)$ können nur bezogen auf jene Totalität Θ ihrem Gegenteil gegenübertreten, als $G^{\Theta}(a)=(\Theta-a)$. D.h. jede Gemeinsamkeit ist über Θ immer in seinem Gegenteil enthalten. Die logische Null ist hingegen eine unendliche Totalität, die alle a und auch ihre Gegenteile $-a$ enthält bzw. von ihnen gebildet wird. So können alle Begriffe im Nichts vorhanden sein und dennoch kann Letzteres nichts sein. Die konkreten Gegenteile, die in einer endlichen Totalität Θ enthalten sind, bilden Θ als ein Verhältnisganzes, wodurch sie erst zu Gegenteilen werden, also zu denjenigen Begriffen, über die sich der Geist in den anderen bewusstwird, eine Bewegung, die das Verhältnis(ganze) erst erzeugt.

Laut Hegel bestimmt sich etwas, und damit die Totalität Θ, erst in der Negation der Negation als ein Aufheben in dreifacher Hinsicht, welches die Negation des Begriffs $a(\Theta)$ mittels seines Gegenteils bzgl. Θ negiert: $a^{NN(\Theta)}=[a+G^{\Theta}(a)]^{N(\Theta)}=a+2G^{\Theta}(a)+G^{\Theta}G^{\Theta}(a)=2[a+G^{\Theta}(a)]\equiv[a+G^{\Theta}(a)]$. Beide Gegenteile lösen ihren Widerspruch in der Totalität $a+G^{\Theta}(a)=\Theta$ auf (erstes Aufheben) und bewahren ihn dadurch in ihr auf (zweites Aufheben). Da sich der Geist mittels jener Gegenteile seiner selbst bewusstwird, ist ihr Widerspruch drittens auf eine höhere Stufe gehoben. Der Widerspruch ist noch vorhanden, allerdings in seiner dreifach aufgehobenen Form. Das Sich-Erkennen des Geistes aus dem einen im anderen Gegenteil erfolgt durch die Negation der Negation des ursprünglichen Begriffs bezogen auf Θ. Die Totalität Θ ist dabei prinzipiell mit der NN identisch, $NN(\Theta)\equiv a+G^{\Theta}(a)=\Theta$.

Offenbar ist alles Entwicklung, alles Bewegung.

Bestimmte Elementarteilchen wandeln sich als quantenmechanische Wellenfunktionen [22] zeitlich periodisch ineinander um. Das Teilchen lässt sich während des Prozesses permanent von seinem Anderen ersetzen, bildet aber dennoch eine Einheit mit ihm. "Für das sich Bewegende ist die Setzung des Anderen die erste Negation, die dann aber nicht so stehen bleiben darf, sondern wieder negiert werden muß: erst die Negation der Negation erreicht eine neue Einheit."[44] Die vernünftige Bewegung eines Agenten entspricht der *NN* als Selbst-Bewusst-Werdung des ihn beseelenden Geistes hinsichtlich/identisch zu dessen zeitlicher Totalität. Der endliche Geist wird seiner selbst bewusst, wenn sich der von ihm beseelte Begriff hin zu seinem Negativen bewegt und aus jenem Negativen zwangsläufig wieder zu sich zurück. Die *NN* einer Pflanze ist die Negativierung(sbewegung) vom Samen, aus dem sie wächst, zu ihr selbst, die jenen Samen hervorbringt, zurück zum Samen aus dem sie wiederum wächst. Die Einheit dieser Bewegungen ist wieder die Pflanze. Da der endliche Geist ständig vernünftige Ideen zum Zwecke seiner Selbst-Bewusstwerdung stiftet, kommt es zur permanenten Negation der Negation. Dadurch beweist er sich seine selbstbestimmte Existenz und den vernünftigen Ideen gleichzeitig ihre Vernünftigkeit. Unvernünftige Ideen folgen jener langfristigen Negativität nicht. Der menschliche Verstand (subjektiver endlicher Geist) wiederum bewegt seinen Körper, der ihm die Bewegung zurückmeldet. Jemand baut Maschinen, die genau das tun, wofür er sie geplant hat. Menschen nehmen sich (vernünftigerweise) Partner, denn ein subjektives Bewusstsein wird sich seiner Wirklichkeit am stärksten bewusst in der Anerkennungsbewegung (seiner Spiegelung) durch ein anderes Bewusstsein, das zwar auch subjektiv, wie das erstere jedoch frei ist, also in der gegenseitigen Anerkennung, die ein gemeinsames Ganzes erzeugt. Die Annahme, im Sein versuche der menschliche Geist nichts anderes, als sich seiner Selbstbestimmtheit bewusst zu werden, hat ganze Psychologien und Anthropologien begründet, mit Diagnosen wie dem Zurückziehen im Für-Sich-Sein (ohne Weg nach draußen), dem sich zwanghaft Wiederkennen-Wollen im Anderen, dem sich Auflösen Wollens in seiner Umgebung (ohne Weg zu sich selbst).

Bei der Forschung nach Hegels Quelle für die Ausformulierung der dialektischen Negativität, wird die christlichen Trinitätslehre hervorgehoben, auf die er selbst verweist [45]: "Wir sagen: Gott erzeugt ewig seinen Sohn, Gott unterscheidet sich von sich; so fangen wir von Gott zu sprechen an: er tut dies und ist in dem gesetzten Anderen schlechthin bei sich selbst (die Form der Liebe). Aber wir müssen wohl wissen, daß Gott dies ganze Tun selbst ist. Gott ist der Anfang, er tut dies, aber er ist ebenso auch nur das Ende, die Totalität: so als Totalität ist Gott der Geist. Gott als bloß der Vater ist noch nicht das Wahre (so ohne den Sohn ist er in der jüdischen Religion gewußt), er ist vielmehr Anfang und Ende; er ist seine Voraussetzung, macht sich selbst zur Voraussetzung (dies ist nur eine andere Form des Unterscheidens), er ist der ewige Prozeß." Die beschriebene Abhängigkeit von Vater und Sohn ist eine Rekursion, bei der sich der Vater als sein Sohn selbst wieder hervorbringt und dadurch erst zum Vater wird. Allgemein gesprochen kreiert man einen Ausgangswert a, auf den man eine Funktion $f_n(a)$ anwendet. Das Ergebnis setzt man wiederum als Argument a in die Funktion f_n ein. Auf diese Weise erhält man a-Werte, deren Anzahl n der Zahl der Iterationen entspricht. Wird n unendlich, können die aufeinanderfolgenden a-Werte ebenfalls gegen Unendlich streben (Divergenz), gegen einen bestimmten Wert oder einen periodischen Zyklus (Konvergenz) oder sich innerhalb endlicher Grenzen chaotisch verhalten. Zwischen Konvergenz und Divergenz liegen begrenzte, dennoch unendlich detaillierte Wertereihen, die Fraktale.

Fraktale sind in strenger Weise selbstähnlich. Sie bestehen aus Grundelementen, die sich bei jeder Iteration nach einer bestimmten Vorschrift vervielfachen (z.B. um einen Faktor verkleinern). Die Gesamtstrukturen kennzeichnen sich dadurch, dass sie, wie in einem Mikroskop, bei beliebiger Vergrößerung dennoch immer in ähnlicher Form erscheinen. Sie enthalten sich sozusagen im Kleineren selbst und erzeugen sich ins Größere. Sie sind ihr Anfang und auch das Ende. Jede Substruktur ist ein (ähnliches) Abbild der Totalität. Die Vorschrift für die Erstellung eines Grundelements (Begriffs) sowie dessen selbstähnlicher Vervielfältigung muss jedoch so gesetzt sein, dass eine selbstähnliche Totalität daraus erzeugt wird. Z.B. wird das "Goldene Rechteck" mit den Seitenlängen *1* und *a* in ein Quadrat *a×a* und ein Rechteck *(1-a)×a* zerlegt, Letzteres in ein Quadrat *(1-a)×(1-a)* und ein Rechteck *(1-a-a)×(1-a)* usw. [46]. Der Vater *a* ist auf diese Weise in seinem Sohn aufgehoben und dieser in seinem usw. Und sie alle müssen unsterblich sein. Historisch entstandene Strukturen können an einem kritischen Punkt der Entwicklung auf die rekursive Entwicklungsvorschrift selbst zurückwirken, wodurch sie sich völlig anders ordnen, inklusive der bereits bestehenden. "Es kam zu einem qualitativen 'Sprung' an einem bestimmten Punkt der zeitlichen Entwicklung. Typisch für diese Entwicklungsschritte ist das Zurückwirken von selbst-veränderten Bedingungen." [47] Eine Analyse der Hegelschen Philosophie bzgl. Fraktalen findet sich bei A. Schlemm [47-50].

Die Totalität als komplexes System?

Fasst man Totalität als Oberbegriff auf, ist eine Menge dahingeworfener Objekte die niedrigste. Doch bereits jene besteht nicht nur aus den Einzelobjekten, da sie z.B. historisch im Verhältnis zueinanderstehen. Erhöht sich die Totalität/Komplexität, besteht die Totalität aus immer mehr aufgehobenen Gegensätzen, bis hin zum "vernünftigen" komplexen System, dass reagiert, ausgleicht, sich negierend entwickelt und dadurch stabil ist.

Hilft die Negation der Negation dem Menschen beim Erkennen?

Im Denken offenbart sich bei Hegel das dreifache Aufheben als Einsicht in die innere Struktur der Totalität Θ. Sich einen Begriff von einer Totalität zu machen, heißt, den Begriff die *NN* an sich selbst vollführen zu lassen. Die Allgemeinheit (die freie Setzung *a=a*) steht für die Tatsache, dass sich der Begriff nicht bloß aus einer Ansammlung von Unterbegriffen bestimmt. Dennoch setzt sie sich selbst als Besonderheit (erste Negation), als Bestimmtheit des Begriffs (i) gebogen nach außen (als Besonderheit gegenüber anderem innerhalb einer höheren Allgemeinheit), und (ii) nach innen (zurückgebogen in sich selbst als sein immanenter Charakter). In negativer Einheit mit sich selbst, im An-und-für-sich-Bestimmtsein ist der bestimmte Begriff die Einzelheit. Der Begriff setzt sein Negatives, sein eigenes Anderes, setzt sich als differenziert von sich selbst und macht diese Differenz zu einem Moment der Totalität, die er selbst ist. (Hegel lehnte einen transzendenten Außenraum ab.) Diese "Bildung" ist die Einzelheit, in der der Begriff als vernünftige Objektivität gesetzt ist (im subjektiven Bewusstsein erscheint dies als sinnhaftes Erfassen). Einzelheit als Negation der Bestimmtheit lässt letztere sich auf sich selbst beziehen und so zur Allgemeinheit zurückkehren. Der endliche Geist erkennt sich selbst innerhalb der dreifach aufgehobenen Gegensätze der Totalität. Innerhalb von Momentaufnahmen sind dem endlichen Geist so objektive/vernünftige Wahrheiten über Totalitäten zugänglich, d.h. alle Komponenten θ, G^θ, a im reflektierten $\theta=G^\theta(a)+a$, der Begriff $a=a=\theta=a+G^\theta(a)$ ist als Einzelheit die mittels Integration der Besonderheit in sich zurückgekehrte Allgemeinheit. Zugleich ist er Besonderheit, insofern diese die Allgemeinheit als ihren substanziellen "Leim" in sich trägt und so zur Einzelheit vermittelt. Und er ist Allgemeinheit, insofern diese die Besonderheit benötigt, um nicht leer zu bleiben, sondern als strukturierter Begriff zur Einzelheit zu werden.

Das Moment der Allgemeinheit (besser: des All-Gemeinen) ist der Modus der Selbstkonsistenz eines Systems, d.h. seine Stabilität trotz Veränderung als Selbstbezug: Logisch wie auch zeitlich bleibt die Totalität trotz Negation G^θ stabil $\theta=a+G^\theta(a)=G^\theta(\theta)=G^\theta(a)+GG^\theta(a)=...$ Allgemeinheit ist die Substanz des Begriffs - wie die Zugehörigkeit zu einer Gattung ihre Arten durchdringt. Die Besonderheit ist die Ausdifferenzierung des Begriffs, die Einzelheit ist das In-sich-Zurückgehen dieser Bestimmtheiten, also die konkret strukturierte Totalität, in welcher der Begriff sich als reflektierte Einheit fasst, sozusagen als Gesamtwerk. Der Denkprozess kehrt zur Allgemeinheit zurück, die aus der Unbestimmtheit durch Negation der Negation sich nun als Einheit strukturiert hat. Jedes dieser Momente ist nicht bloß ein Teil des Begriffs, es trägt den ganzen Begriff in sich. Doch erst in der Einzelheit, im Subjekt, ist der Begriff als Totalität gesetzt [vgl. 38, S. 296-301; 42, S. 311-316].

Die Erkenntnisse durch den Menschen entsprechen der Selbsterkenntnis des Geistes, nicht wahr?

Des endlichen Geistes. Die unendliche Erkenntnis absoluter Wahrheit vollzieht sich bei Hegel in der einen Idee, die an und für sich ist; die unendliche Idee, in der sich der Geist seiner selbst bewusst wird, die das absolute Wissen ihrer selbst ist [38, S. 462-469]. Der Mensch erfasst nur Teile dieser Idee in Form von Momentaufnahmen. Der Erkenntnisprozess vollzieht sich als Negation der Negation, in der Denk-Widersprüche jeweils in einer höheren, begrifflichen Einheit aufgehoben bzw. versöhnt werden und damit Allgemeinheit, Besonderheit und Einzelheit ineinander überführt werden. Da sich ebenfalls die Realität auf diese Weise ständig entwickelt - schließlich ist sie die fortschreitende, nie abgeschlossene Selbsterkenntnis des Geistes - ist die menschliche Erkenntnis ebenso nie abgeschlossen, hält aber mit der realen Entwicklung zunehmend besser Schritt, vorausgesetzt, der Mensch kann durch (R)Eduktion "Schnappschüsse" des ihn interessierenden Teils der Realität erstellen. Nimm eine Abfolge von Tanzschritten. In der Allgemeinheit erkennt die Harmonie der in sich stimmigen Figur. Betrachtet man die besonderen Tanzschritte isoliert, ohne die Allgemeinheit im Kopf zu haben (analytisches Erkennen), erscheinen sie wie zufällig zusammengestellt. Erst in ihrer Einzelheit, der Einheit, die jeder Tänzer verkörpert, ergibt sich wieder eine harmonische Figur (synthetisches Erkennen) [vgl. 38, S. 511-512]. Um dies alles zu erkennen, muss die Figur mehrfach unverändert wiederholt werden. Das ist die nötige (R)Eduktion.

Lass mich das von der limenistischen Warte erläutern: In der Limenistik werden die Hegelschen Begriffe durch die Gemeinsamkeiten ersetzt, die von Agenten geteilt werden. Eine Totalität entspricht einem Bündel "vernünftiger", also über die NN vermittelter Gemeinsamkeiten, stellt somit selbst einen Begriff dar. Stellen wir uns eine solche Totalität vor, so bilden ihre Agenten ein sichtbares

Nichts, ein Gesamtbündel mit einer begrenzten Menge an Gemeinsamkeiten, die allesamt Gegenteile zueinander sind. Versteht man Agenten als zugehörig zu einer Totalität Θ, so vereinigen sie bezüglich der Totalität Allgemeinheit, Besonderheit und Einzelheit in sich. Diese Bezeichnungen kategorisieren die Gemeinsamkeiten, die Agenten in Relation zu einer Totalität teilen, z.b. einem Spielmannszug. Die Allgemeinheit ist die zunächst unsichtbare Verbindung, durch die sie überhaupt als Spielmannszug gelten. Diejenigen Uniformdetails und Instrumente, die ein Agent mit bestimmten anderen Musikanten teilt oder nicht teilt und durch die er sich als Teil des Zuges bestimmt, bilden seine Besonderheiten innerhalb der Totalität. Der Agent fungiert hier begrifflich als Einzelheit, in der sich diese Bestimmungen bündeln. Die Einzelheit ist sein totalitätsbezogenes Eigentümlichkeitenbündel, der Brennpunkt, in dem sich Allgemeinheit und Besonderheit vermitteln. (Dabei teilen Agenten zugleich Gemeinsamkeiten aus anderen Totalitäten, die für den Spielmannszug irrelevant sind.) Der Spielmannszug selbst ist wiederum eine Einzelheit höherer Ordnung, die als Begriff unter Begriffen in einer weiteren Totalität steht.

Wie erkennt man nun die Struktur der Totalität?

Indem man denkend die Momente von Allgemeinheit, Besonderheit und Einzelheit ineinander überführt. Die Totalität strukturiert sich durch die sukzessive Reflexion der relationalen Bestimmungen der Einzelheiten: Jeder Agent (Musikant) zeigt durch seine Besonderheiten in Bezug auf andere, wie sich die Gesamtheit konstituiert. Auf diese Weise wird die Struktur der gesamten Totalität/der sichtbaren Null allmählich erkennbar. Es ist ein iterativer Prozess, die Spielmannszug-relevanten Gemeinsamkeiten und Unterschiede zwischen den Agenten zu finden, der darauf hinausläuft, dass das Wissen (der Geist) im Gewussten sich-selbst-bewusst macht. Dies geschieht zweifelnd, in oszillierenden Gegensätzen - der fortwährenden Negation und Versöhnung der Momente - als ein sich vollbringender Skeptizismus: "Das ist ein Wolf (*abc*)." vs. "Das ist doch kein Wolf! Die sind größer. Das ist ein Hund (*abd*)." vs. "Wölfe können klein sein, aber ein Hund hat kein solches Fell. Es ist ein kleiner Wolf" usw. Dieser Erkenntnisprozess entspricht einer *NN* [vgl. 51]: $(abc)^{NN(\Theta)} = [abc + G^{\theta}(abc)]^{N(\Theta)} =$ $n[abc + G^{\theta}(abc)]$ zum Ausdifferenzieren der Totalität $\Theta = (abcd) = abc + abd$ aus Hunden und Wölfen, ihrer Gemeinsamkeiten a,b und ihrer Unterschiede c,d im Rahmen von Θ. Solange $G^{\theta}(abc) \neq abd$ und $G^{\theta}(abd) \neq abc$, d.h. $(abc)^{NN(\Theta)} \neq n[abc + abd]$ ist keine Selbstkonsistenz bzgl. Θ erreicht und das Wissen ist sich nicht selbst-bewusst.

Für die Selbst-Bewusstwerdung werden die Gemeinsamkeiten nicht nur als geteilte bzw. nicht geteilte Gemeinsamkeiten innerhalb der Totalität Θ erkannt, sondern als "gegenteilige" Besonderheiten, d.h., als deren "Gegenteilung": $G^{\theta}(abc) = abd$, wenn $c = G^{\theta}(d)$. Gegenteile sind z.B. die unterschiedlichen Formen dennoch gleichfarbiger Mützen der Trommler und der Schalmeispieler, die außerhalb des Spielmannszuges freilich keine Gegenteile wären. Keine Gegenteile im Zug wären die Stoffe ihrer Unterhemden. Θ ist ein *ff-ZIG*, dessen Eigentlichkeit der selbst-bewusste Geist ist, den alle Agenten der Totalität teilen. Die Bewegung von der Allgemeinheit über die Besonderheit zur Einzelheit geteilter und gegengeteilter Gemeinsamkeiten innerhalb von θ ist die erkennende Negation der Negation. Die Wegnahme von etwas aus einer Mannigfaltigkeit, die Bestimmung dessen in der Gleichheit, im Unterschied zum Rest und das Wiederzusammenfügen, ergibt die Struktur der Mannigfaltigkeit. Durch die Erkenntnis der Struktur/Allgemeinheit der Totalität werden die Widersprüche in ihr aufgehoben, sowohl die uneigentlichen, indem durch Wiederholung des Prozesses Fehler ausgemerzt werden und Selbstkonsistenz erreicht wird, als auch die eigentlichen, eben durch die Selbstkonsistenz.

Verschwinden alle Widersprüche irgendwann?

Meiner Meinung nach: nein. Eine Gesellschaft wäre nach diesem Muster vernünftig, wenn sich jedes Mitglied in jedem weiteren als dessen Gegenteil wiedererkennt, was sie zu einer sich innerlich ergänzenden Totalität macht, in deren Stabilität der Einzelne ver-

136

schwände. Doch keine Totalität ist universell und keine ist innerlich unaufspaltbar. Jede Totalität Θ ist Ausgangspunkt einer weiterführenden Bewusstwerdung in deren Gegenteil $G^{\Theta}{}'(\Theta)$ als Teil eine übergeordneten Null $\Theta' = G^{\Theta}{}'(\Theta) + \Theta$. Θ kann sich seinerseits in n Subtotalitäten Λ mit $\Theta = \Lambda_t(\Theta)$ spalten (mit $t = 1...n$), deren innere Begriffe gegensätzlicher zueinanderstehen als zu anderen in der übergeordneten Totalität Θ. Die (Begriffe von) Totalitäten können mit weiteren (Begriffen in weiteren) Totalitäten jedoch ebenfalls Verhältnisganzheiten bilden. Totalitäten sind verschachtelt, beispielsweise in der Dreiecksbeziehung von Hunden, den Katzen und Mäusen, die wiederum in der Totalität des Bauernhofs aufgeht, die wiederum in der Agrarwirtschaft aufgeht.

Aber das ist noch nicht alles. Denken und Entwicklung entstehen bei Hegel aus der Selbst-Bewusstwerdung des Geistes mithilfe von Ideen (Agenten), also dem Streben nach Vernunft als Garantie für Langfristigkeit, das wiederum Triebkraft für die Aufhebung der dadurch entstehenden Widersprüche ist. Für eine $NN(\Theta) \equiv \Theta$ mit $\Theta = (abcd) = abc + abd$ kann man zunächst zyklisch wiederkehrende Gemeinsamkeiten $NN^{\Theta} = abc \Rightarrow abd \Rightarrow abc$ in nur EINEM Agenten annehmen, mit den Einzelheiten a, b und auch den Besonderheiten b, c der jeweiligen Entwicklungsabschnitte. Doch der Zyklus erzeugt eine Vernunft-Rückkoppelungsschleife, die den endlichen Geist in sich gefangenhält. Die Idee verschmilzt mit ihren zyklischen Varianten zu einer einzigen Idee. Wird der Geist so seiner Selbstbestimmtheit beraubt, wird Θ unvernünftig. Das Gleiche würde bei $NN(\Theta)$ mit verschiedenen Agenten $\in \Theta$ passieren (Wölfen und Hunden). Auch strenge Fraktale oder die Selbst-Bewusstwerdung in einhüllenden Übertotalitäten würden den Geist in zyklischen Bewegungen erstarren lassen. Dem steht eine selbstÄhnliche Weiterentwicklung der Totalität $\Theta \rightarrow \Theta'$ gegenüber: Θ hebt seine rein zyklisch-fraktale (Re)Produktion auf, indem $\Theta = (abcd)$ nur teilweise zu sich selbst zurückkehrt, z.B. durch die Konservierung der Begriffe a, c und d und die Vernichtung von b. Der gewandelten Wirklichkeit $\Theta' = (acd)$ folgt die Reduzierung des doppelten Widerspruchs $G^{\Theta'}(abd) \neq abc$ durch die Korrektur $G^{\Theta'}(ac) = ad$ zugunsten von Θ', wodurch die Negativität

$(ac)^{NN(\Theta)}=ac+2G^{\Theta}(ac)+G^{\Theta}G^{\Theta}(ac)= 2(ac+ad)$ wieder Selbst-Bewusstwerdung und Vernünftigkeit erzeugt. Eine vernünftige $NN(\Theta)$ kann auf Dauer also nie sie selbst bleiben.

Entwicklung bedeutet echte Vernichtung, echtes Vergessen.

Und echte Erzeugung. Entwicklung setzt sich in keiner strengen, sondern einer limenistisch selbstÄhnlichen Vervielfältigung/Reproduktion der Totalität fort. Nichts n und Sein s sind miteinander verbunden, da jedes von beiden im anderen verschwindet und durch sein Verschwinden das andere erzeugt: $G(s)$ bedeutet Vernichtung [+], $G(n)$ Erschaffung, der Positivoperator $P(s)= GG(s)=s$ bedeutet Konservierung des Seins. In der NN ist Erschaffung und Vernichtung als $G(n)$ und $GG(n)$ prinzipiell möglich und auch nötig, damit der Geist nicht in ewiger Selbstkonsistenz erstarrt. Die Totalreflexion eines Begriffs a über die doppelte Vernichtung [++]: $a^{++}=0^+=a$ ist jedoch nicht möglich, da die logische Null keine Erinnerung an ihr Entstehen hat. Stattdessen enthält die null jedes $(a,-a)$. Vernichtung a^+ sollte nicht mit Negativierung $G(a)$ verwechselt werden, wogegen die Verwendung von konkreten Konservierungs-/Erzeugungsoperatoren ^{a} eindeutig ist: $a^+=0^a=a$. $GG(a)$ ist vermittels jener Operatoren darstellbar: $GG(a)=a^{+(-a)+a}=0^{(-a)+a}=(-a)^{+a}=0^a=a$. Betrachten wir nun den Prozess: $a^ab^+c^cd^d\equiv abcd^{a+cd}=ab^+cd=a0cd=acd$. Sieht man $\Theta'=(ab^+cd)$ mit der vernichteten Gemeinsamkeit b als höherentwickelt gegenüber $\Theta=(abcd)$ an, hin zu einer permanenten und umfassenden Vernünftigkeit, d.h. Selbst-Bewusstwerdung des beseelenden Geistes, so ist die Bewegung $abcd \Rightarrow ab^+cd$ ein Aufheben in dreifacher Hinsicht [52], ein Aufheben (im Sinne einer Vernichtung) einer überlebten Meinung (b), ein Aufheben (im Sinne von konservieren) bewährter Überzeugungen (a,c,d) und damit ein Aufheben, also nach oben Heben der Meinung (Höherentwicklung, Hochschritt oder Elevation). Ich würde gern noch das Aufheben neuer, bisher unbekannter Gemeinsamkeiten e vom Boden (Emergenz) und deren Einarbeitung in die vorhandenen in Entwicklungen einbeziehen: $acd^{acde}=acde$, im Gegensatz zu "Alienzen", d.h. in der Gemeinschaft vorhandenen, aber bezogen auf den Agenten "anderen" Gemeinsamkeiten. "Deshalb ist Evolution und Entwicklung kein 'Auswickeln' von etwas schon Vorhandenem. Im Vorherigen sind vielfältige Möglichkeiten angelegt, die erst zur Wirklichkeit im Moment der Entstehung vom Neuen kommen." [47] Die evolutionäre Vermittlung im evolutionären Werden bezieht sich auf den SuperIntegrationsWert der selbstÄhnlichen Existenz, d.h. der Begriff wird so in eine Idee umgesetzt, dass sie in Form eines sich (selbst)Ähnlich wandelnden Agenten sich wandelnd existieren kann. Nur ohne zyklische Wiederkehr wird sich der Geist selbstbewusst, d.h. nur durch echtes Vergessen und echte Emergenz, d.h. nur in immer neuen doppelten Widersprüchen, nicht bloß in seinem Spiegelbild.

Die Vernichtung und die Emergenz sind miteinander verknüpft, da das Erinnern von etwas Neuem oft mit der platzschaffenden Vernichtung von etwas Altem verbunden ist. Ich fasse beide unter dem Begriff Progression (Fortschritt, nicht Anstieg) zusammen. Progressivität heißt somit, Neues einzuführen, radikale Progressivität, dafür Vorhandenes abzuschaffen. Konservierung heißt, Vorhandenes zu bewahren, radikale Konservierung, Neues deswegen zu blockieren. Konservierung ist Ausdruck der zeitlichen (Selbst)Ähnlichkeit im Sinne von Fast-Identisch-Sein und Progressivität im Sinne von Nicht-Identisch-Sein bis hin zur Katastrophe. Höherentwickelnde Konservierung ist die Bewahrung von tatsächlich Bewahrenswertem und höherentwickelnde Progressivität ist die Neuerung von tatsächlich Neuerungswertem. Beides zusammen ist die Elevation. Ohne Konservierung verliert die Welt ihre SelbstÄhnlichkeit und ihre Erinnerung. Sie versinkt im Chaos. Ohne Progression sind die Stagnation und damit der Untergang das Schicksal jedes Agenten. Dennoch kann als falsch/richtig Erwiesenes (in etwa) wiederhergestellt werden (Reaktion/Restaurierung). Als "Regression" bezeichne ich die bewertungsfreie zeitliche Rückentwicklung. Kombiniert man die Begriffe, so verteidigt z.B. regressiver/progressiver Konservatismus Vorhandenes gegen Neues/Altes. Höherentwickelnder Konservatismus bejaht das richtige "Jetzt", er verneint die Reaktion.

Gibt es das wirklich Neue?

In der Limenistik ist Entwicklung die Bewegung von Agenten durch sich ähnliche *ZIG* aufgrund oft schmerzhafter Schwellentranszendenzen von denen die Negativierung $a{\to}\text{-}a$ die dramatischste ist. Teilen von Gemeinsamkeit bedeutet Sich-Anpassen, aber auch Integration, d.h. Erinnerung jener Gemeinsamkeit. Jede Gemeinsamkeit, die verschieden von jeder ist, die durch die jene Gemeinsamkeit teilenden Agenten erinnert wird oder im Rahmen ihrer Wahrnehmung präsent ist, ist eine Emergenz, das wirklich Neue (an etwas). Neue Gemeinsamkeiten können also nur durch Grenztranszendenz, deren Ausgang innerhalb des bestehenden Gemeinsamkeitenbündels unbekannt ist, entstehen. Einen solchen *game changer* beinhaltete beispielsweise die Erfindung der Kommunikation über Kabel Anfang des 19. Jahrhunderts. Der Unterschied, zwischen den Begriffen "neu" und "anders" lässt sich dabei wie folgt ableiten: Eine Gemeinschaft besteht aus Agenten, von denen jeder mindestens eine Gemeinsamkeit (nicht) teilt, über die die Gemeinschaft definiert wird. Stelle dir eine relativkohärente Gemeinschaft vor, in der die Agenten mehr Gemeinsamkeiten untereinander teilen als mit jedem Agenten außerhalb der Gemeinschaft. Jedes Individuum innerhalb der Gemeinschaft ist trotzdem anders als jedes andere, da es eine einzigartige Komposition von Gemeinsamkeiten teilt. Zwar wird jede dieser Gemeinsamkeiten bereits von mindestens einem anderen Individuum geteilt. Bezogen auf den Einzelnen gibt es aber Gemeinsamkeiten, die er nicht teilt, die also anders sind als jene, die er teilt, obwohl sie bei mindestens zwei Agenten der Gemeinschaft vorhanden und die daher in der Gemeinschaft (und auch ihm) nicht neu sind. Diese Gemeinsamkeiten sind, bezogen auf den betrachteten Agenten, anders. Neuheit bedeutet hingegen, dass eine Gemeinsamkeit von der Gemeinschaft aufgenommen wird, die noch kein einziges ihrer Individuen geteilt hat. Sehr häufig werden neue Gemeinsamkeiten als Kombinationen von Emergenzen und anderen Gemeinsamkeiten gebildet: Man erkennt, dass etwas aus einem anderen Fachgebiet über eine angeheftete Emergenz auf das andere anwendbar ist.

Landläufig werden die Begriffe "neu" und "anders" oft synonym verwendet, da anderes, bezogen auf die konkrete Person, für sie immer auch neu ist. In der Limenistik bezieht sich der Begriff "neu" dagegen auf innerhalb der Gemeinschaft/der Zivilisation, noch nicht Vorhandenes, der Begriff "anders" auf bereits Vorhandenes aber dem Agenten nicht Eigenes. Eine Verwandtschaft besteht jedoch, weil beide Begriffe Grenztranszendenz von Agenten(gruppen) ausdrücken, nämlich zwischen alt und neu (Neuerung/Progression), sowie zwischen Eigenem und anderem (Anderung). Progression kann innerhalb der Grenzen des Eigenen auftreten, Anderung nicht. Der Übergang ins andere entspricht dabei eher dem Erwerb einer perfekten Kopie (weil es ja schon da ist), der ins Neue dem des neuen Originals.

Wie entsteht Emergenz?

Emergenz entsteht einerseits durch Anpassungsprozesse an die Erinnerung (die zur Transzendenz jener führt). Bedenke, dass sie von äußeren, Störungen (z.B. an die Befehle eines Eroberers, Naturgewalten) ausgelöst oder spontan auftauchen kann. Emergenz spiegelt sich in neuen Erkenntnissen, Waren, Bedürfnissen. Aufgrund der objektiven Begrenztheit des Momentanen und Vergangenen ist das Neue keine "ewige Wiederkunft" des immer Selben, aber auch kein festes Vermögen auf Gottes Bankkonto. Die Neuheit kann im Rahmen der Anpassung an die gemeinschaftliche Erinnerung positiv verifiziert oder falsifiziert werden. Diese erzeugt nämlich einen Unterschied zwischen Altem und Neuem: Ersteres kann nicht mehr für das Zweite gehalten werden und umgekehrt. Die Herbeiführung von Neuem unterliegt jedoch immer der Gefahr des unerkannten Recyclings des Alten, weswegen die Weisheit bzgl. der Grenze zwischen Altem und Neuem so wichtig für die Verifikation der Progression ist.

Progression schließlich ist Ausdruck der Transzendenz während der Anpassung und führt aus dem Erinnerten heraus ins ehemals Nichterinnerte, wodurch neue, ggf., auf Kosten alter Gemeinsamkeit erzeugt wird. Das wäre ohne die Transzendenz der Gemeinsamkeitengrenzen eben nicht möglich und ist es nur im Rahmen der Anpassung an die Gemeinsamkeit. Stelle dir eine zunächst leere Gemeinsamkeitsphäre vor, in die Agenten während der Progression übergehen und sie dadurch entstehen und die alte (zumindest in der bisherigen Form) vergehen lassen. Die Attraktivität der neuen Gemeinsamkeitsphäre generiert über den Wahrheitsvirus die Motivation für die Transzendenz in jene. Aufgrund der Unzulänglichkeit der Transzendenz existiert die Emergenz nie singulär. Sie heftet sich an bereits vorhandene Gemeinsamkeitenbündel oder umhüllt sie, selbst wenn sie Teile davon verneint. Allgemeiner gesprochen ist Wandel (im Sinne von Neuem) nichts anderes als die absolute Vernichtung/Neuentstehung einzelner Gemeinsamkeiten im/am/um das Bündel. Das durch die Progression, dieses (ersetzende) Anheften, entstehende geneuerte Gemeinsamkeitenbündel, z.B. die verbale Kommunikation per Telefon, stellt eine Integration konservierter und progressiver Gemeinsamkeiten ineinander dar. Gemeinsamkeitenbündel werden also bei der Progression nie zu *100%* zerstört. Progression und Konservierung treten immer zusammen auf. Man kann sagen, dass zuvor Vorhandenes (minus das Vergessene) und Emergenz ineinander integriert sind. Sie führen zu Neuem, das dem Alten ähnlich ist, da alt und neu das Konservierte gemeinsam haben.

Was ist mit dem Vergessen?

Bedenke, dass es nur zwei Agenten braucht, um eine Gemeinsamkeit herzustellen, jedoch müssen sie alle Agenten bis auf einen verlassen, um sie zu vernichten. Die Konsequenzen dessen lassen sich anhand einer einfachen statistischen Überlegung verdeutlichen. Stellt man zwei riesige Becher mit Zuckerwasser für alle Ameisen des Universums auf, so werden sie vielleicht zwischen ihnen hin und her krabbeln, aber die Becher als ihre Gemeinsamkeit bleiben erhalten. Stellt man einen dritten Becher mit Zuckerwasser hinzu, so wird auch er bald zur Gemeinsamkeit. Bei statistischem (nicht intentionalen) Verhalten ist es nur möglich, einen Becher zumindest temporär zu leeren, wenn es mindestens in etwa so viele Becher wie Ameisen gibt, wenn sie sich bezüglich der Becher also so gut wie überhaupt nicht ähneln. In dem Fall würden bei statistischem Herumgekrabbel permanent Gemeinsamkeiten zusammenbrechen (vergessen) und neu entstehen. Man hätte es nicht mehr mit Ähnlichkeit, sondern mit einer chaotischen Situation zu tun. Erlaubt man den Ameisen, ihre Becher zu kopieren und mit sich zu schleppen, erreicht man Integration und sie gleichen sich einander in ihren Gemeinsamkeiten wieder an. Aufgrund der Transzendenz verlassen (vergessen) Agenten einzelne Gemeinsamkeiten dennoch, was wieder zu Unterschieden führt. Der Punkt ist jedoch, dass wir so über die vorhandenen Gemeinsamkeiten nicht hinauskommen. Im besten Fall können wir "Vergessenes" reaktivieren. Dennoch würde sich alles wiederholen.

Wie hängen Emergenz, Erinnerung, Zeit und Zeitpfeil zusammen?

Die Zeit hat ihre Ursache in der Existenz von Veränderung, im Verhindern des Verbleibs im stationären Zustand ($<a> \rightarrow <a> \Rightarrow$). Transzendenz benötigt Veränderung, aber keine Erinnerung, d.h. kein Mitschleppen alter Gemeinsamkeiten aus *ZIG* in neue *ZIG*. Integration hingegen bedeutet Erinnerung von Gemeinsamkeiten des alten im anderen/neuen *ZIG*, d.h., die Aufhebung der vollständigen Transzendenz. Dennoch ändern/neuern sich die *ZIG* insgesamt aufgrund der veränderten Eigentlichkeit, die wiederum aus dem Übertritt in neue Gemeinsamkeiten resultiert. Allerdings können sich Eigentlichkeiten als widerstandsfähig erweisen. Sowohl der Schwellenübertritt in andere/neue Gemeinsamkeiten als auch die Konservierung von Gemeinsamkeiten während dieses Übertritts erfolgt durch höhere IntegrationsBewertungen der neuen bzw. konservierten Gemeinsamkeiten. Die Prozesse des Erinnerns und Vergessens erwachsen aus Bewertungen. Als Zeitpfeile gelten häufig Ursache-Wirkungs-Abfolgen, Finalismus, Entropieerhöhung oder der Zufall selbst, den man sich als durch unendlich viele Ursachen bewirkt vorstellen kann, weshalb er auf gleichem Weg unumkehrbar ist.

Limenistisch liegt die Ursache des Zeitpfeils in der Erinnerung während der Transzendenz [vgl. Henri Bergson, 53], in der Tatsache, dass Gemeinsamkeiten aus der Vergangenheit in die Zukunft übergehen. (i) Der Agent "erinnert" sich an die Vergangenheit, da er aus ihr (teilweise) besteht. Ohne Konservierung (d.h.: $<abc>\Rightarrow$ $<def>$) könnten sich Agenten nicht an die Vergangenheit erinnern, so, wie eine übersprungene Generation die Art auslöscht, wäre auch der Zeitpfeil ausgelöscht. Ohne Erinnerung brächten Prozesse keinen Zeitpfeil hervor. Die Wirkung erinnert sich an ihre Ursache, allerdings sind mechanische Ursache-Wirkung-Zusammenhänge vorab berechenbar, erzeugen also nichts völlig Neues. Doch (ii) ohne Neues, das die Zeit erst zum Fließen bringt, gäbe es den Zeitpfeil ebenso wenig. Doch alle tote Bewegung, alles Physikalische ist bei Bergson nicht mit einem Zeitpfeil verbunden. Entropieerhöhung scheint nur den Zeitpfeil vorzugeben. Sie zielt auf den Wärmetod des Weltalls ab, einen singulären Makrozustand, zwar mit so vielen Mikrozuständen, dass es eine maximale Zahl von Informationen braucht, um sie zu charakterisieren, doch auch dieser Makrozustand wäre inhärent angelegt. Ein neuer Anstoß - etwa durch die "Zerstrahlung" des Alls infolge des Wärmetods, die damit verbundene Neuskalierung der physikalischen Bezugsgrößen sowie der Entropie (verstanden nicht als thermodynamische Entropiereduktion) [vgl. 54] - würde lediglich in einem Kreislauf enden. Die dritte Voraussetzung für den Zeitpfeil: (iii) Bei Bergson greift die Vergangenheit in die Zukunft über, weshalb separierte Zeitpunkte nicht existieren und in Wirklichkeit "dauerhaft" sind in einem kontinuierlichen Fluss. Es geht hier nicht um die Aufhebung der Ursache in der Wirkung, sondern um die kreative Schaffung des absolut Neuen im Vergleich zum Vergangenen, vorausgesetzt, Vergangenes ist (virtuell) in der Gegenwart präsent, aus der Neues entsteht.

Das klingt nach dem psychologischen Zeitpfeil.

Der psychologische Zeitpfeil resultiert aus der Un/Fähigkeit des Menschen, in die Zu/Herkunft zu blicken. Der Bergsonsche funktioniert ähnlich, allerdings nicht im Sinne einer Unfähigkeit des Bewusstseins. Er setzt Bewusstsein für Erinnerung, Virtualität, Intuition (direktes Erleben von Dauer und ganzheitlichen Zusammenhängen, direktes Hineinversetzen) sowie Schöpfertum voraus. Die Evolution sieht Bergson - anders als Charles Darwin - schöpferisch, indem er dem Leben eine Art von Bewusstsein zuordnet, den "élan vital". Heutige Bergson-Anhänger sehen sogar im toten Universum ein Proto-Bewusstsein, um ihm Kreativität von wirklich Neuem jenseits mechanischer Abfolgen und bloßen Zufällen zuzubilligen. Tatsächlich setzt er für den Zeitpfeil die Akkumulation der Informationen aus der Vergangenheit voraus, und zwar virtuell in der Gegenwart, als latent präsente Erinnerung außerhalb des momentanen menschlichen Bewusstseins, dennoch ist sie für den Menschen wahrnehmbar. Élan vital ist aber immer mit einem schöpferischen Drang, quasi einem Bewusstsein verbunden.

Der Bergsonsche Zeitpfeil lässt die gesamte Vergangenheit in einen momentanen Augenblick des Bewusstseins wirken. Die Limenistik erweitert diesen Zeitpfeil auf das Universum, allerdings etwas anders als die Vertreter des Proto-Bewusstseins. Denn ein SuperIntegrationsWert, der nur eine Gemeinsamkeit aus dem Urknall in die Ewigkeit rettet, ist aufgrund des limenistischen Universalitätsverbots ausgeschlossen (bis auf die Existenz). Die Richtung des limenistischen Zeitpfeils zeigt zur Schaffung des Neuen im Vergleich zu endlicher (virtueller) Vergangenheit, wobei es nur auf das Neue ankommt, nicht auf den Weg seiner Entstehung.

Dem Zeitpfeil folgen endliche Agenten.

Agenten sind sogar Träger und Realisierer der Zeit. Transzendenzen ohne Integration lassen die Zeit jedoch ohne Zeitpfeil vergehen: $<abc> \Rightarrow <def>$. Mit jedem neuen Schritt ist jede Transzendenz wieder möglich. Wird jedoch erinnert: $<<ab>c> \Rightarrow <<ab>d>$, ist nicht jeder Schritt möglich, abhängig vom Ausgangszustand. Die Erinnerung/Konservierung der Gemeinsamkeiten $<ab>$ erzeugt den Zeitpfeil im Innern des Agenten über die Transzendenz $c \Rightarrow d$ hinweg, aber auch dessen Identität. Beides ist der Integration der Gemeinsamkeiten äquivalent: Positiv bewertete Gemeinsamkeiten a, b, speziell in größeren *ZIG*, lassen sich nicht einfach wegtranszendieren. Vergessen bestimmter Gemeinsamkeiten ist hingegen keine "Erinnerung" an jene, außer der Agent hat sich ein Bild von ihnen samt ihrer Bewertung gemacht (Vermissen). Um uns nun dem Problem mehrerer Agenten

und häufigerer Übergänge zu nähern, nehmen wir zunächst eine endliche Menge von nur drei integrierte Gemeinsamkeiten $<a,b{\rightarrow}c>_c$ an. Zeit kann durch aufeinanderfolgende Permutation von a,b und c erzeugt werden, wofür die folgenden Möglichkeiten zur Verfügung stehen: *(abc)*, *(bac)*, *(acb)*, *(cab)*, *(bca)*, *(cba)*. Man könnte nun weiter annehmen, dass die Reihenfolge der bedingten/legitimierenden Gemeinsamkeiten keine Rolle spielt (Ununterscheidbarkeit). Damit würden sich folgenden Kombinationen ergeben: *(abc)*, *(acb)*, *(bca)*. Aus den genannten Kombinationen ergeben sich folgende Zeitlinien: (i) Teilweise Permutation bedingender und bedingter Gemeinsamkeiten/Zeitpfeil innerhalb der Permutation (*a* verbleibt): $<a,b{\rightarrow}c>_c{\Rightarrow}<a,c{\rightarrow}b>_b{\Rightarrow}<a,b{\rightarrow}c>_c$; (ii) Vollständige Permutation:
$<a,b{\rightarrow}c>_c{\Rightarrow}<b,c{\rightarrow}a>_a{\Rightarrow}<a,c{\rightarrow}b>_b{\Rightarrow}<a,b{\rightarrow}c>_c$

Die Zeit entsteht durch den Unterschied zwischen den aufeinanderfolgenden Gemeinsamkeitenbündeln $<>$, der hier gegeben scheint. Auf diese Weise erhält man aber eine Zeit, die in Zirkeln verläuft. Um Zirkel zu vermeiden, könnte man eine unendliche Menge permutierender Gemeinsamkeiten für das All annehmen: $<a2,a3...a\infty{\rightarrow}a1>_{a1}{\Rightarrow}$
$<a1,a3..a\infty{\rightarrow}a2>_{a2}{\Rightarrow}<a1,a2...a\infty{\rightarrow}a3>_{a3}$ ... Scheinbar hat man es hier mit einem Zeitverlauf ohne Wiederkunft zu tun. Doch dies wäre nur als theoretische Möglichkeit zu sehen, denn für die Permutation müsste alles miteinander verwoben sein. Außerdem gibt es keinen Zeitpfeil. Die Zeit könnte genauso gut rückwärts laufen.

Aber das Universum ist doch unendlich.

Wir müssen uns fragen, was eine unendliche Zahl von Gemeinsamkeiten überhaupt bedeutet. Da wir eine unendliche Zeit für das Universum zur Verfügung haben, kann es nur bedeuten, dass ständig vollkommen neue Gemeinsamkeiten hinzukommen, nämlich die Emergenzen *e*. Das neue *ZIG*, in das ein Agent im Rahmen der Progression transzendiert, besteht also aus einer vollkommen neuen, der Emergenz *e*, und Teilen des bereits vorhandenen Gemeinsamkeitenbündels, wobei *e* erst im Zuge der Anpassung daran entstanden ist. Die Emergenz ist Ausdruck der zeitlichen (Selbst)Ähnlichkeit der Realität im Sinne von Nicht-Ganz-Identisch-Sein. Ein Verharren, also eine (hypothetische) radikale Konservierung würde ein permanentes Wieder-Verlassen aller auftauchenden e bedeuten. Für einen unendlichen Zeitverlauf benötigt man hingegen das Zulassen von Emergenz.

An dieser Stelle kommt der Zeitpfeil hinzu. Nimm an, du hättest es mit einem ZIG $<a,b{\rightarrow}c>_c$ zu tun. Wäre der Zwang unbegrenzt, so könnte $<>_c$ seine Gemeinsamkeiten nicht mehr verlieren, was aber nicht der Fall ist, denn Agenten in $<a,b{\rightarrow}c>_c$ können jederzeit/jeden Orts transzendieren, entweder in $<ae,be{\rightarrow}e>_e$. oder in $<ae2,e1e2{\rightarrow}e2>_{e2}$. Einmal ist e selbst die Eigentlichkeit eines ff-ZIG, im anderen Fall haftet sich $e1$ an eine vorhandene Gemeinsamkeit an und erzeugt eine Eigentlichkeit $e2$. Handelt es sich bei e und $e1$ um Emergenzen, so kann das Weltall nicht mehr in irgendeinen vergangenen Zustand zurückkehren, solange es jene Gemeinsamkeiten integriert. Man hat es auch mit einer negativen Erinnerung zu tun, d.h., nicht nur das aktuelle, sondern auch dasjenige (vergangene) Gemeinsamkeitenbündel, welches nach dem aktuellen Bündel nicht mehr realisiert werden kann, erinnert sich in ihm. Allerdings basiert der Unterschied zwischen Vergangenheit und Zukunft nicht einfach darauf, dass es in der Zukunft mehr Gemeinsamkeiten gibt als in der Vergangenheit. Das wird durch ultimative IntegrationsWerte verhindert. Vielmehr muss die Neuentstehung von Gemeinsamkeiten entweder mit der Zunahme der Agentenzahl, der der ultimativen IntegrationsWerte oder mit dem Vergessen einhergehen. Vergessen ist somit kein Mechanismus des Zeitpfeils, sondern des ultimativen IntegrationsWertes. Gehen Gemeinsamkeiten a,b,c durch die Progression eine Verbindung mit der Emergenz e ein, so gilt beispielsweise:

(i) ohne Vergessen, hochemergent: $<a,b{\rightarrow}c>_c {\Rightarrow}<a,b,c,e1{\rightarrow}e2>_{e2}$

(ii) ohne Vergessen, gering emergent: $<a,b{\rightarrow}c>_c {\Rightarrow}<a,b,c{\rightarrow}e>_e$

(iii) durch Austausch, hochemergent: $<a,b{\rightarrow}c>_c {\Rightarrow}<a,e1{\rightarrow}e2>_{e2}$

(iv) durch Austausch, gering emergent: $<a,b{\rightarrow}c>_c {\Rightarrow}<a,b{\rightarrow}e>_e$

(v) durch Vergessen, hochemergent: $<a,b,c{\rightarrow}d>_d {\Rightarrow}<a,e1{\rightarrow}e2>_{e2}$

(vi) durch Vergessen, gering emergent: $<a,b,c{\rightarrow}d>_d {\Rightarrow}<a,b{\rightarrow}e>_e$

Aber warum kommt uns die Zeit dennoch zirkulär vor?

Zeitliche Veränderungen verlaufen selbstÄhnlich, also innerhalb zahlenmäßig begrenzter Gemeinsamkeiten, deswegen erscheinen sie wie (fraktale) Wiederholungen. Was wäre, wenn die Begrenzung jener Begrenzung als maximale zeitliche Ähnlichkeit (im Sinne von gleichzeitigem Fast-Identisch-Sein und Nicht-Identisch-Sein) eine niedrige Emergenzrate voraussetzen würde? Dann würden sich die Emergenzen im Wesentlichen als Eigentlichkeiten an Vorhandenes anheften und es würde sich ein niedrigemergenter Zeitpfeil wie folgt ergeben:

$<a,b{\rightarrow}c>_c{\Rightarrow}<a,b,c{\rightarrow}e1>_{e1}{\Rightarrow}<a,b,c,e1{\rightarrow}e2>_{e2}{\Rightarrow}$ $<a,b,c,e1,e2{\rightarrow}e3>_{e3}$. An dieser Stelle wäre möglicherweise der ultimative IntegrationsWert erreicht. Würde sich das *ZIG* nun in der gleichen Weise zurückentwickeln, d.h. *e3*, *e2*, *e1* nacheinander wieder vergessen und dadurch zeitliche Zirkularität herstellen? Die Wahrscheinlichkeit hierfür ist bei großen *ZIG* oder Gebäuden sehr gering. Vielmehr ist von der Entstehung neuer Konstellationen auszugehen, weshalb sich neue Eigentlichkeiten bilden müssen:

$<a,b,c,e1,e2{\rightarrow}e3>_{e3}{\Rightarrow}<b,c,e1,e2{\rightarrow}e4>_{e4}{\Rightarrow}<b,c,e2{\rightarrow}e5>_{e5}{\Rightarrow}$ $<c,e2{\rightarrow}e6>_{e6}$. Auch hier wäre durch das Auftauchen der Emergenzen eine Rückkehr in die Vergangenheit nicht mehr möglich. Aufgrund dieses Mechanismus könnte es (i) vergessende Universen mit abnehmender Zahl von Gemeinsamkeiten geben, welche jedoch ins Chaos führen würden, (ii) ersetzende mit einer konstanten Zahl, aber auch (iii) akkumulierende, bei denen so gut wie alle Gemeinsamkeiten konserviert werden und ein echtes Vergessen fast nie auftritt. Zunächst bedeutet dies keine Verletzung der materiellen Erhaltungssätze, denn Gemeinsamkeiten sind immateriell. Allerdings wäre ein konstanter ultimativer IntegrationsWert nur dann einzuhalten, wenn auch die Zahl der Agenten mit der der Gemeinsamkeiten zunehmen, das Universum sich also vermittels Zunahme von Materie ausdehnen würde.

Ähnliches wie für die Integration der Emergenz und des Konservierten gilt für die Integration des Eigenen *b* und des anderen *a* (welches in der Gemeinschaft bekannt, also nicht neu ist). Da die zwingende Integration nur dann funktioniert, wenn sie eine weitere Gemeinsamkeit hervorbringt und integriert, die eigentliche Gemeinsamkeit c, gilt: $<ac,bc{\rightarrow}c>_c$, wobei die Positionen innerhalb der Klammer wieder durchaus anders sein können. Hieraus ist zu entnehmen, dass die Integration des Eigenen und des anderen niemals auf eine rein additive Weise funktionieren kann, sondern immer mit dem Hervorbringen von Eigentlichkeiten verbunden ist.

Ist jede Progression eine Elevation und bewahrt jede Konservierung das Richtige?

Dies ist wegen der Unzulänglichkeit, die gleichzeitig Voraussetzung für die Elevation ist, zu verneinen. Elevation bedeutet, dass durch die Anpassung an Gemeinsamkeiten höherentwickelte Gemeinsamkeiten betreten, bzw. deren Grenzen transzendiert werden. Hierfür bleiben Gemeinsamkeiten im Bündel, andere werden durch sich anheftende Elevate ergänzt oder ersetzt. Emergenzen bzw. Elevate sind Konformate. Sie sind Gemeinsamkeiten, die andere Gemeinsamkeiten, an denen sie (ersetzend) haften, konform zum Imperativ Neuerung bzw. Höherentwicklung machen. Das ursprüngliche Gemeinsamkeitenbündel war neuernd/höherentwickelnd, wenn die Anpassung an jenes die Emergenzen/Elevate hervorgebracht hat. Allerdings muss es weder stets neuernd/höherentwickelnd sein, noch muss es eine Art unendlicher Kette aus sich immer neuernder/höherentwickelnden Gemeinsamkeiten hervorbringen. Daher ist weder die pauschale Konservierung von vorhandenen (ehemals neuernden/höherentwickelnden) Gemeinsamkeiten neuernd/höherentwickelnd, noch sind alle emergenten Gemeinsamkeiten pauschaler Ausdruck von Höherentwicklung oder selbst wieder neuernd/höherentwickelnd. Vielmehr kann ein Bündel, das durch Anpassung der Agenten an dessen Gemeinsamkeiten in ein neues überführt wird, erst danach als höherentwickelnd verifiziert werden. Umgekehrt negiert die Endlichkeit jener Kette keinesfalls den höherentwickelnden Charakter der vergangenen Gemeinsamkeiten.

Mir scheint aber, als ob uns alles Neue voranbringen würde.

Die Bewertung des konkreten Neuen als richtig oder falsch ist entscheidend. Somit bringt uns auch falsifiziertes Neues elevativ voran, durch die befreiende "Rückkehr" aus falschen progressiven
Gemeinsamkeiten. Gleichzeitig ist es ein Trugschluss, dass alles
vom Menschen hervorgebrachte Neue deswegen richtig sei, weil
es neu ist. Tatsächlich stecken im planvoll erzeugten, richtigen
Neuem die erinnerungsbasierte Verneinung des vorangegangenen
Falschen und die Ähnlichkeit mit antizipiertem Richtigen. Die Unzulänglichkeit aufgrund der Begrenztheit der Gemeinsamkeiten,
inklusive der Transzendierbarkeit ihrer Grenzen ist für die Progression sowohl Voraussetzung als auch Zerstörer einer rein positivistischen Garantie sowohl jener als auch der Höherentwicklung.
Progression, das Auftauchen von etwas Neuem bei gleichzeitiger
Vernichtung alter Aspekte muss daher kein Elevationspotenzial
haben, sondern kann in falsche, nicht höherentwickelnde, hauptsächlich instrumentelle Gemeinsamkeiten hinein und schließlich
in die Vernichtung jener führen (neuer Grippevirus, Atombombe,
Weichmacher im Spielzeug). Eine falsche progressive Gemeinsamkeit bedeutet also, dass Bewahrenswertes überwunden
und/oder Zerstörerisches neu etabliert wird. Eine für die Elevation
falsche Progression kann dennoch zunächst attraktiv sein.

Warum?

Begrenzte Gemeinsamkeiten, an die sich Agenten anpassen, werden immer einen Parameter beinhalten, dessen zeitliche Entwicklung auch mathematisch eine Anpassung darstellt, d.h., einen
asymptotischen Verlauf zeigt. Die objektive Unzulänglichkeit verhindert eine finale Identität mit der Gemeinsamkeit, die nichts anderes als eine unbegrenzte Identität zweier Agenten, d.h., das Teilen nur jener Gemeinsamkeit darstellen würde. Der Agent kann
sich an die geteilten Gemeinsamkeiten auch am Ende der asymptotischen Annäherung nicht vollständig anpassen, weil durch
Transzendenz ständig neue hinzukommen oder verschwinden.
Gleichzeitig entkommt er aus diesem Zustand nur durch das Betreten der Schwelle neuer/anderer Gemeinsamkeit. Ein weiterer

Anpassungstrieb kann irgendwann nur noch aus weiterer Gemeinsamkeit entstehen. Jene bzw. deren Schaffung ist attraktiv für Agenten, die auf (bestimmte) Anpassung konditioniert sind. Sie stellt quasi eine Versuchung dar, die unabhängig vom Elevationspotenzial der Gemeinsamkeit ist. Neue/andere setzen niedrige Immunschwellen voraus, konservative Wiederholungen dagegen hohe.

Konservatismus erschien mir tatsächlich immer langweilig.

Nun, Neuheit kann ein imperativer IntegrationsWert sein, muss es aber nicht. Bei Auktionen erzielen meist die alten Stücke hohe Preise, weil sie eher als wertvoll angesehen werden. Konservative, also bewahrende Agenten, sind innerhalb sich schnell bzw. langsam neuernder Gemeinsamkeiten dann eher aktiv (Widerstand) bzw. passiv. Progressive Agenten sind hier eher passiv bzw. aktiv. Man könnte die Anstrengung der Konservativen, befindlich in einem Sturm, mit derjenigen der Progressiven bei Windstille vergleichen. Gehen wir von einer stark zwingenden Integration der Agenten in ihre Umgebung aus. Differenzierungen ergeben sich dann aus (i) dem Verweilen in einer Gemeinsamkeit innerhalb einer kaum sich neuernden Umgebung, (ii) dem Verweilen in einer Gemeinsamkeit innerhalb einer stark sich neuernden Umgebung, (iii) dem Verlassen/Betreten einer neuen Gemeinsamkeit innerhalb einer kaum sich neuernden Umgebung, (iv) dem Verlassen/Betreten einer neuen Gemeinsamkeit innerhalb einer stark sich neuernden Umgebung. Würde man Faktizitätsträgheit und Transzendenzträgheit gleichsetzen (z.B., wenn die transzendierten Gemeinsamkeiten in ein übergeordnetes *ZIG* integriert und die Schwellen/Gewalten zwischen ihnen niedrig sind), bestünde zwischen (i) und (iv) sowie (ii) und (iii) Äquivalenz bezüglich der Gewalt, die für die jeweiligen Ziele aufgewendet werden muss. Zwischen (i) und (ii) sowie (iii) und (iv) natürlich nicht. In einer sich kaum neuernden Welt erzeugt Konservatismus den Eindruck der Zulänglichkeit und damit der Unfreiheit. Progressivität erzeugt den Eindruck von Freiheit. In einer sich schnell neuernden Welt erscheint Konservatismus unzulänglich und damit als Freiheit.

Progressivität entsprechend der äußeren Neuerung erscheint zulänglich im Sinne von notwendig. (Das Gefühl, das ich mit der Zulänglichkeit verbinde, ist die Sicherheit, das, was ich mit der Unzulänglichkeit verbinde, ist das der Unsicherheit, aber auch das Freiheitsgefühl.) Die Betrachtung wird noch komplexer, wenn man die Gemeinsamkeiten nach richtig (a) und falsch (b) diskriminiert. Wären (ia) und (ib) gleichermaßen langweilig? Würden (iia) und (iib) dieselbe Geborgenheit vermitteln? Wären (iiia), (iiib), (iva) und (ivb) gleichermaßen aufregend?

Die große Frage ist natürlich, warum Agenten im Alltag eher beinahe identisch als beinahe ohne Gemeinsamkeit erscheinen, schließlich wäre die limenistische Ähnlichkeit auch dann gegeben, wenn der Kohärenzgrad KG sehr klein wäre. Zum einen ist es für den Menschen einfacher, Unterschiede zu erkennen, wenn die Agenten untereinander fast identisch sind. In diesem Fall wäre die Zahl der Unterschiede gering. Dass eine gelbe und eine rote Rose unterschiedlich sind, ist daher offensichtlicher als die Tatsache, in wieweit es sich bei einer Rose und einem Auto um unterschiedliche Dinge handelt, selbst wenn beide rot sind. Zum zweiten haben wir es bei Anpassungen immer mit einem zeitlichen Effekt zu tun: Die Agenten *[ABCD], [DEFG], [GHIJ]* hätten jeweils kleine KG, die Agenten *[ABCD], [ABCE], [ABCF]* jeweils große. Allerdings ist die Zahl der Gemeinsamkeiten insgesamt bei den Agenten mit höherem KG kleiner. Auf zeitlicher, also auf einer Entwicklungsschiene, ist zu erwarten, dass zeitlich benachbarte Agenten sich eben nicht stark unterscheiden, da sich die Bewertung der Gemeinsamkeiten in einem sich durch Wandlung erhaltenden Bündel eher nicht katastrophal ändern kann. Die Reaktion auf die Umbewertung von Gemeinsamkeiten kann nämlich nur langsam erfolgen, was mit der Schwellenhaftigkeit der Übergänge in andere/neue Gemeinsamkeiten und mit dem ultimativen IntegrationsWert zu tun hat. Bedenke, dass neue/andere und vorhandene Gemeinsamkeiten beim Übergang kurzzeitig ein vereinigtes Bündel bilden müssen. Katastrophale Wandlungen führen daher oft zur Vernichtung der Agenten und damit ihrer Gemeinsamkeiten. Da sich alles entwickelt, haben zeitliche Nachbarn eines Entwicklungsstranges

also immer hohe *KG*. Die SelbstÄhnlichkeit der Welt lässt die Ergebnisse zweier direkt benachbarter Schwellenüberschreitungen
somit fast gleich aussehen. Weit entfernte Schritte erscheinen hingegen sehr unterschiedlich. Dass Hechte und Störe nahe evolutionäre Verwandte sind, sticht aufgrund der die Unterschiede über-
wältigenden Gemeinsamkeiten sofort ins Auge. Menschen sind
weit entfernte Verwandte der Hechte, allerdings genauso weit entfernt wie Delfine und Wale. Wie die Gemeinsamkeiten der Lebewesen mit näherer Verwandtschaft zunehmen, beschreibt A.
Schlemm wie folgt: "99% aller jemals auf der Erde vorkommen-
den Pflanzen- und Tierarten gibt es nicht mehr. Der 'Rest' konnte
nicht mehr in seiner alten Form ... bestehenbleiben, sondern mußte
und konnte neue Existenz- und Zusammenhangsformen entwickeln ... Dabei jedoch - und hier ist die Hegelsche Dialektik un-
übertroffen - brauchen die sich weiterentwickelnden Lebensformen vieles von dem, was sich bis dahin entwickelt hatte. Es wurde
"aufgehoben" - also beendet und gleichzeitig aufbewahrt."[47]

Beinhalten Gemeinsamkeiten immer Elevationspotenzial?

Zerstörung ist die letzte Konsequenz der permanenten Anpassung
an falsche Gemeinsamkeiten. In der Limenistik bedeutet sie immer
die Zerstörung von Existenz, wobei Existenz von Agenten deren
systemische Entfaltung innerhalb geteilter Gemeinsamkeiten darstellt. Falsche Gemeinsamkeiten erhalten sich nicht höherentwickelnd, sondern vernichten sich, möglicherweise auch andere, mit
denen sie über *ZIG* verbunden sind und damit auch die Agenten,
die sie teilen. Gemeinsamkeiten können von vornherein falsch sein,
unabhängig davon, ob sie neu oder alt sind. In einer selbstÄhnlichen Welt sind sie außerdem immer nur begrenzt höherentwickelnd für sich und die Agenten. Sie werden irgendwann falsch.
Die Anpassung an stagnierende, nicht-höherentwickelnde Evolu-
tionssackgassen schafft Unzufriedenheit, ja sogar Leiden, eben
weil sie die Anpassung an eine falsche Gemeinsamkeit ist, einer
körperlich brutalen Sklavenhalterei durchaus vergleichbar. Ein
neuer Untertan eines Staates mag zunächst von diesem begeistert
sein, ihn später aber als falsch/repressiv empfinden.

Zur Illustration, hier ein Beispiel: Stelle die eine Gruppe vor, die permanenten Angriffen von außen ausgesetzt ist. Das können ein kleines gallisches Dorf sein oder eine große Nation. Siege in den einzelnen Scharmützeln führen selbstverständlich zu einem Befriedigungsgefühl innerhalb der Gemeinschaft. Auch Höherentwicklung gibt es zu dieser Zeit: Zwischenmenschlichkeit unter den schweren Bedingungen des Kampfes, die Einsicht, wie schrecklich die Kämpfe für Familien und Kinder sind. Was aber, wenn die Feinde besiegt, weitergezogen oder assimiliert worden sind. Würde die Fortführung der Gemeinschaft in einem permanenten Kriegszustand Sinn machen, würden weitere Kämpfe gegen eingebildete, gar nicht vorhandene Feinde oder gar Unbeteiligte weitere Befriedigungsgefühle im Rahmen einer Höherentwicklung erzeugen? Sicher nicht. In diesem Fall würde eine Anpassung an eine künstliche erschaffene, falsche Gemeinsamkeit jene verneinen und die Gemeinschaft bei ihrer repressiven Beibehaltung möglicherweise ins Unglück und den Zerfall führen.

Falsche Konservierung und Ignoranz gegenüber dem nötigen Neuen.

Die jedoch für Agenten attraktiv ist, die auf (bestimmte) Gemeinsamkeiten konditioniert wurden, auf deren Neuerung ihr Immunsystem besonders stark reagiert.

Trotzdem ist der Mensch ein besserer Elevator als andere Agenten.

Für einen Bewohner von Platons Höhle ist die Erkenntnis, nicht in einem freien Land, sondern in jener zu leben, bereits ein höherentwickelnder Gedanke. Wenn das Zukünftige inklusive der Emergenzen, so wie die Vergangenheit, eine Erinnerung im Gehirn ist, kann es wie jene in der Gesamtschau bewertet werden. Die Erinnerung des Zukünftigen, quasi dessen Simulation im Gehirn, ist somit die Grundlage bewusster/intuitiver Abwägung von Progression und Konservierung, somit der Elevation. Zukünftige Optionen können jedoch nur aus und durch den Vergleich mit der erinnerten Vergangenheit erzeugt und dadurch ihrerseits erinnert werden. Das Potenzial einer Gesellschaft zur Neuerung/Höherentwicklung ist somit durch deren Fähigkeit, sich dauerhaft Wissen anzueignen und durch die bereits erinnerte Menge an Vergangenem, von dessen Bewertungen und Ähnlichkeitsstrukturen gegeben. Der menschliche Verstand ist ein viel erfolgreicherer Neuerer und Elevator als der Zufall oder das nichtmenschliche Leben mit seinen genetisch gespeicherten Informationen im Erbgut, da er für die Etablierung einer Neuerung/Elevation die (erinnerten) als alt/falsch erwiesenen Anpassungsideen bzw. Rahmenbedingungen aussieben und die möglicherweise neuen/richtigen eingrenzen kann. In jedem Fall kann er sie in Gedanken schnell testen. Ein Beispiel: Die Abschaffung der Sklaverei [55] kann man sicherlich als gesellschaftliche Elevation betrachten. Sie reduzierte das Leiden von Menschen. Sie erfolgte jedoch nicht durch umfassende Repression oder nach langem Herumprobieren, aus der sie dann zufällig als ökonomisch oder sonst wie erfolgreich hervorging. Vielmehr wurde der Zustand der Abschaffung der Sklaverei als gesellschaftliche Elevation erinnert, bevor sie erfolgte. Die Tür in den attraktiveren Zustand wurde geöffnet. Jene wurde von den Agenten angenommen und durchschritten. Durch den Wahrheitsvirus erhöhte sich die Zahl der Agenten innerhalb des höherentwickelten Gedankens. Jede Etablierung unterliegt trotzdem immer der Gefahr des unerkannten Recyclings des falschen Alten oder der Etablierung des falschen Neuen.

Geht durch den Anpassungstrieb die Individualität verloren?

Da sich die Menschen trotz der Gemeinsamkeiten "nur" ähnlich sind, gibt es Individualität und persönliche Identität. Bezeichnungen wie "Eigentümlichkeit" sind dabei im Verständnis oft irreführend, da es sich, global gesehen, bei den Eigentümlichkeiten um geteilte Gemeinsamkeiten handelt. Kein Agent besitzt ein Merkmal, dass er nicht auf lange Sicht mit anderen/neuen teilt oder dass ohne jenes Teilen nicht wieder verschwindet. Identifizierung ist nicht zuerst die Erkenntnis der Unterschiede eines Individuums zu allen anderen, sondern von dessen Gemeinsamkeiten mit anderen. Klaus unterscheidet sich zuerst nicht von Marie, Peter, Walter und Patrick, sondern er besteht aus mindestens je einem Teil von ihnen.

Anpassung bedeutet das Aufnehmen von Gemeinsamkeiten in den Agenten durch Schwellenüberwindung. Bei maximaler Anpassung wäre sie Teil seines eigenen Gemeinsamkeitenbündels, im Extremfall *ff*-zwingend. Der Agent, der sich an bestimmte Gemeinsamkeiten anpasst, erinnert und äußert jene, jedoch unzulänglich, also nicht vollständig 1:1. Dabei müssen sie nicht ständig um ihn sein. Er schleppt sie quasi mit sich herum. Der Agent wird aus seinem Blickwinkel selbst zum integrierenden Bündel aus erinnerten und geäußerten Gemeinsamkeiten, die demjenigen anderer Agenten wieder "nur" ähnlich sind. Die Anpassung wiederum macht die (äußere/gesellschaftliche) Gemeinsamkeitsphäre, an die sich der Agent anpasst, zum Teil seines Eigentümlichkeitenbündels. Die beiden sind jedoch keinesfalls miteinander identisch. Eigentümlichkeiten sind der Versuch und das temporäre Ergebnis der Verinnerlichung von Gemeinsamkeiten. Sie sind wiederum ein Rahmen, innerhalb dessen man sich entfaltet und der sich durch jene Anpassung wandelt. "Individualität" ist als Anpassungsversuch an jenes individuell zusammengesetzte, erinnerte Bündel der Eigentümlichkeiten und dessen Ergebnis zu verstehen. Diese Individualitätsdefinition verallgemeinert andere Definitionen, die Individualität meist als Summe der Unterschiede des einen zu allen anderen Menschen (seine Besonderheiten) verstehen. Rüdiger Safranski [56] verwies in einem Gespräch über Schopenhauer darauf, dass nur das, was man tut, einem zeigt, wer man ist und nicht das, was man sich wünscht zu sein: Die Anpassung an dich selbst, an deine Eigentümlichkeiten, die Individualisierung, erfolgt also durch dein Tun. Dabei hast du oft die Wahl, an welche Eigentümlichkeit du dich (nicht) anpasst und jene dadurch (marginalisierst) verstärkst oder gar (vernichtest) entstehen lässt. (Selbst)Identität ist die (Selbst)Identifizierung, die Anpassung des Verständnisses des Individuums und der Gemeinschaft an die Individualität, somit die doppelte Anpassung an die Eigentümlichkeit. Das temporäre Ergebnis der versuchten Identitätsherstellung ist erinnerte Individualität. Entindividualisierung verarmt die Zahl der aktiven Eigentümlichkeiten und führt zu Identitätsverlust. Doppelte Anpassung an falsche Eigentümlichkeit führt zu einem zersplitterten Selbstverständnis bis hin zur Selbstaufgabe durch das Annehmen falscher, scheinbar alternativloser Identitäten. (Falsch) "identitär" meint (ausschließlichen) Bezug/doppelte Anpassung von Menschen oder Gruppen auf/an (EIN vermeintliches) Eigentümlichkeitenbündel, die Ableitung weiterer sich (angeblich) notwendig ergebender Eigentümlichkeiten und eine (feststehende) Bewertung jener. (Hutträger sind spießig/werden als spießig betrachtet, das sei schlecht). Intersektionale Identität wiederum birgt die Gefahr, dass das TEILEN der Gemeinsamkeiten mit anderen ignoriert wird: keine Zugehörigkeit.

IST der Agent seine Gemeinsamkeiten?

Der Agent passt sich permanent an sie an, ohne sie zu *100%* zu erreichen. Hier sind wir jedoch bei der Frage angekommen, wie ein Individuum einzigartig und wie es über seine Einzigartigkeit in der Gruppe identifizierbar wird. Eine Gemeinsamkeit zu erinnern/zu äußern, die es nicht mit anderen teilt, ist nicht möglich, da sie ja keine Gemeinsamkeit wäre. Individuelle Gemeinsamkeitenbündel kommen anders zustande. Der Schauspieler, der u.a. in den Filmen *A,B* und *C* mitgespielt hat, ist durch diese Angabe unbestimmbar. Ist er aber der einzige, der in den Filmen *A-Z* mitgespielt hat, so wird er dadurch zum Individuum, denn er unterscheidet sich von allen anderen Schauspielern jener Filme, obwohl er mit allen eine Gemeinsamkeit hat. Der Unterschied zwischen "Mama" und "Papa" wird für ein Kind erst klar, zumindest vermute ich das, wenn es andere Papas und Mamas kennenlernt und die Gemeinsamkeiten mit den anderen Eltern feststellt. Jeder Unterschied eines Agenten zu einem anderen ist also eine Gemeinsamkeit mit einem dritten Agenten. Somit besteht jedes Eigentümlichkeitenbündel immer aus Gemeinsamkeiten mit anderen Agenten. Ein Agent *[AB...]*, der die Gemeinsamkeit *b* mit *[BC...]* teilt, teilt die Gemeinsamkeit *a* nicht mit *[BC...]* Wohl aber teilt der Agent *[AC...]* die Gemeinsamkeit *a* mit *[AB...]*, aber nicht mit *[BC...]*, mit dem er die Gemeinsamkeit *c* teilt. Individualität entsteht somit bei einer Vielfalt an integrierbaren Gemeinsamkeiten automatisch. Aber das ist noch nicht der ganze Beitrag zur Individualität. Mit in *ZIG* zwingend integrierten Gemeinsamkeiten (z.B. $<ac, bc \rightarrow c>_c$

157

enthält der Agent die Eigentlichkeit c. Diese kontaminiert aufgrund des Zwangs alle anderen Gemeinsamkeiten im *ZIG*, wodurch die individuelle Kombination selbst zum Zwang wird. Eigentlichkeit als Zeichen für *ff*-Zwang bedeutet Individualität über die individuelle Zusammenstellung von Gemeinsamkeiten hinaus. Ist die Eigentlichkeit etwas vollkommen Neues, so kann sie der Zwang als etwas Einzigartiges über längere Zeit stabilisieren. Jene Individualität muss (zunächst) nicht mit anderen Agenten geteilt werden (allerdings geht sie mit dem ihr eigenen Agenten unter), oder man fühlt sich vom Nichtteilen selbst abgestoßen und strebt das Teilen an.

Die Zuordnung einer Gemeinsamkeit zu den sie teilenden Agenten, also die Feststellung gegenseitiger Relevanz, bezeichne ich als "Kategorisierung". Die Zuordnung aller Gemeinsamkeiten zu demjenigen Agenten, der sie alle teilt, nenne ich "Konkretisierung" (Im Gegensatz zur Konkretion, dem intuitiven Erfassen ohne Kategorisierung). Eine eindeutige aber ineffektive Methode zur Identifizierung wäre das Aufzählen aller Agenten mit bekannten Eigentümlichkeiten, mit denen der zu identifizierende wo oder wann Gemeinsamkeiten hat(te). Effektiver ist es, die Kategorien von den spezifischen (eher integrierten) bis zu den allgemeinen (eher integrierenden) aufzuzählen, bis eine einzigartige Kategorienmischung erreicht ist. Die unspezifischste, ausschließlich integrierende Gemeinsamkeit alles Existierenden ist die Existenz, die sich selbst umgreift und daher gleichzeitig ihr eigener IntegrationsWert ist. Spezifischere Gemeinsamkeiten (eher integrierte) sind solche, die nur von sehr begrenzten Gruppen geteilt werden und deshalb oft nach deren Agenten benannt sind. Ein Wolpertinger ist somit keine Mischung aus Reh und Hase, sondern er besitzt einen Hasenrumpf, Hasenohren und ein Rehgeweih. Kategorien werden durch ihre Benennung zu IntegrationsWerten und können zu expliziten Imperativen erhoben werden (Werde Schauspieler!). Der Individualismus als Imperativ ist mit DER Unteilbarkeit verbunden, bestimmte Gemeinsamkeitenbündel nicht mit anderen Agenten zu teilen. Diese Unteilbarkeit wiederum ist begrenzt, sodass es von anderen Agenten übernommen werden kann. Dennoch

ist es unaufspaltbar, wenn es *ff* durch einen IntegrationsWert zusammengehalten wird.

Ich versuche mal, unteilbare Gemeinsamkeiten und Agenten, die
selbst "nur" aus integrierten Gemeinsamkeiten bestehen, in Beziehung zu bringen. Hierzu greife ich auf ein doppelt individualisti-
sches Prinzip zurück. Individuell wird landläufig als unteil-bar im
Sinne von einzigartig verstanden. Der Agent teilt sein Eigentümlichkeitenbündel nicht mit anderen. Individuell kann auch als un-
teilbar im Sinne von unaufspaltbar verstanden werden. Doppelter
Individualismus bedeutet, dass es Eigentümlichkeitenbündel geben muss, die (i) unaufspaltbar und (ii) unteil-bar sind.
Zu (i): Die Farbe Blau existiert als solche nicht, allerdings als das
Blau eines blauen Hemdes. Das Gleiche gilt für das Hemd. Es existiert nicht, wenn es keine Farbe hat. Hieraus folgt die Notwendigkeit von expliziten IntegrationsWerten/Gesetzen für die Existenz:
Existenz gibt es nur dann, wenn mindestens ein Agent immer
gleichzeitig in mindestens zwei Gemeinsamkeiten präsent ist, sie
also zwanghaft ineinander integriert, z.B. "Hemd und farbig". Vermeintliche Synonymität von Gemeinsamkeiten sehe ich ebenfalls
"nur" als expliziten IntegrationsWert an, da es für mich keine echte
Synonymität gibt. "kugelförmig" und "rund" sind nicht eineindeutig synonym, da nicht alles Runde eine Kugel ist, nur eine Kugel
ist eine Kugel. Jede Gemeinsamkeit ist wiederum ein integrierendes Gemeinsamkeitenbündel. Es gibt aufspaltbare, die zufällig zu-
sammengekommen und daher instabil sind, begrenzt aufspaltbare,
wie "farbig", aber auch unaufspaltbare, also imperativ zusammen-
gehaltene Gemeinsamkeitenbündel wie die Farbe "blau", d.h. solche, die sich nur gedanklich, also wissenschaftlich-analytisch, aber
nicht real in verschiedene Untergemeinsamkeiten desintegrieren
und auf Agenten aufteilen lassen. Unaufspaltbarkeit von Gemeinsamkeitenbündeln bedeutet keinesfalls deren Universalität. Sie bedeutet, dass das Gemeinsamkeitenbündel verschwände inklusive
der Dann-Gemeinsamkeiten, die sie hervorgebracht hat, würde
man tatsächlich legitimierende Gemeinsamkeiten (agentenspezi-
fisch) daraus entfernen oder neutralisieren. Da die Gemeinsamkeit
der Ehe durch einen IntegrationsWert zusammengehalten wird,
bedingen/erzeugen sich die integrierten Gemeinsamkeiten (zum

Teil) gegenseitig. Eine geschiedene Ehe wäre keine Ehe mehr und die Eheleute wären nur noch Leute. Für Begriffe gilt etwas ganz Ähnliches: Hinter ihnen verbergen sich Vorstellungen, die über sie zwingend ineinander integriert sind, wobei die deutsche Sprache jene Gemeinsamkeiten über Wortzusammensetzungen besonders deutlich integriert. Ohne die zwingende Integration wäre ein Straßenfeger nur ein Mann mit einem Besen, der sich zufällig auf einer Straße befindet. Die erzwungene zusätzliche Gemeinsamkeit wäre das Fegen. Beachte bitte, dass Zuordnungen von Agenten zu unaufspaltbaren Gemeinsamkeiten, wie "Die Kleider sind blau!" oder "Die Körper fallen gleich schnell!", oder gar wie "Alle Kleider, die es im Laden zu kaufen gibt, sind blau!" oder "Alle Körper fallen im Vakuum gleich schnell!", uns sehr wichtig vorkommen, besonders dann, wenn es sich um neue und unerwartete (man lag bisher falsch) Zusammenhänge handelt. Das liegt daran, dass das Wissen um solche Zuordnungen eine immer genauere Berechenbarkeit/Beherrschbarkeit erzeugt. Die Berechenbarkeit des Einflusses von Agenten(gruppen) auf unsere Existenz ist für uns primär, deren Unterscheidbarkeit nur ein mögliches Abfallprodukt jener. Bei einer angreifenden Armee ist es gleichgültig, ob man deren Soldaten voneinander unterscheiden kann oder nicht.

Zur Unteil-barkeit (ii): Einzigartig ist das blaue Hemd, wenn nur ein Agent es trägt, z.B. Klaus, wodurch die Gemeinsamkeiten Tragen, Hemd und blau durch Klaus' individuellen IntegrationsWert verbunden werden. Letzterer würde das Tragen erzeugen, gäbe es jenes nicht und umgekehrt. Tragen weitere Individuen blaue Hemden, so wird diese individuelle (unteilbare) Integration teil-bar im Sinne von uneinzigartig. Aus "ich mache das so wie Klaus" wird "ich trage blaue Hemden." Wird sie zur Mode, entsteht ein IntegrationsWert, der die Integration unaufspaltbar und gleichzeitig teil-bar macht. Teil-bare unteilbare Gemeinsamkeitenbündel kommen der Universalität (und damit der unbegrenzten Existenz) am nächsten. "Alle Existenz ist blau/fällt mit gleicher Geschwindigkeit!" hat einen höheren Universalitätsgrad als "Alle Existenz ist bunt/fällt!" oder "Alle Existenz ist!" Zu deiner Frage: Der Agent als solcher ist, wie ich glaube, kein Trugschluss. Es handelt sich

160

bei ihm aber nicht vordringlich um die Summe seiner Gemeinsamkeiten. Seine Individualität macht vielmehr die Art seines individuellen Strebens nach Eigentlichkeiten aus, somit nach seinen persönlichen, expliziten IntegrationsWerten bezüglich seiner jeweils geteilten Gemeinsamkeiten bzw. *ZIG*.

Was ist mit der Identität von Gruppen?

Die kann sich tatsächlich von der des Einzelnen fundamental unterscheiden, nämlich dann, wenn es sich um eine teilüberkohärente Gruppe handelt, also eine, die nur diejenigen Agenten beinhaltet, die eine oder mehrere bestimmte Gemeinsamkeiten erinnernd teilen. Selbstverständlich teilen sie auch andere Gemeinsamkeiten mit den Agenten außerhalb der Gruppe, aber diese mindestens eine Gemeinsamkeit teilen nur sie und kein anderer Agent im Universum. Das Sich-Anpassen an jene ist zwar unzulänglich, sodass die Gruppe nicht teilüberkohärent bleibt, für einen bestimmten Zeitraum jedoch unterscheidet sie sich in jener Gruppeneigentümlichkeit von allen anderen Agenten. Dass es solche Gruppen gibt, liegt in der Natur einer begrenzt-universellen Welt und ist weder positiv noch negativ zu bewerten. Problematisch wird es, wenn die Selbst-Identifizierung der Gruppenmitglieder ausschließlich auf jenen Gemeinsamkeiten beruht.

Hat jemand die Theorien von Hegel weiterentwickelt?

Karl Marx führte die materialistische Dialektik ein [57]. Diese wandte die Dialektik von Hegel auf natürliche und gesellschaftliche Prozesse an. Als Vertreter eines neuen Marxismus gelten die Mitglieder des Instituts für Sozialforschung (IfS) an der Johann Wolfgang-Goethe-Universität in Frankfurt am Main, das 1923 gegründet wurde. Unter den Gründern waren Herbert Marcuse, Max Horkheimer und Theodor W. Adorno, deren System als Kritische Theorie bezeichnet wird [58].

Kritische Theorie?

Im Gegensatz zu Popper, der die Verbesserung der Gesellschaft in beständigen (kleinteiligen) Falsifikationen ohne deterministischen Geschichtsverlauf und ohne Aussicht auf ein endgültiges "Paradies" sah (Kritischer Rationalismus), bedeutet Kritische Theorie die Analyse gesamtgesellschaftlicher (totaler) Wechselwirkungen, insbesondere die Aufdeckung von Ideologien und Machtstrukturen (z.B. das kapitalistische Prinzip), die Wahrheiten in ihrem Sinn unterdrücken oder Falschheiten erfinden. Sich an die faktische Totalität zu halten bedeute unterdrückenden Positivismus [vgl. 59]. Die Ausrichtung der Forschung des IfS ist marxistisch unter Hinzunahme psychologischer Erkenntnisse. Die unbewusste Konditionierbarkeit der menschlichen Intuition, quasi durch ein antrainiertes soziales Stammhirn, macht deutlich, wie langfristig Repressionen wirken können. Der Mensch hat allerdings den Vorteil, dass er trotz der mentalen Versklavung, diese als solche erkennen und sich zumindest gedanklich aus ihr befreien kann. Der Mensch ist somit ein Zwitterwesen aus programmiertem Roboter und dessen Programmierer. Als das Hauptwerk der frühen Frankfurter Schule wird die "Dialektik der Aufklärung" [60] gesehen, eine Sammlung von Essays von Max Horkheimer und Theodor W. Adorno, die zuerst 1944 erschien. Sie wurde unter dem Eindruck des Faschismus in Europa geschrieben und beschäftigt sich mit der Frage nach der "rätselhaften Bereitschaft der technologisch erzogenen Massen, in den Bann eines jeglichen Despotismus zu geraten". Und weiter: "...an ihrer selbst zerstörerischen Affinität zur völkischen Paranoia, an all dem unbegriffenen Widersinn wird die Schwäche des gegenwärtigen theoretischen Verständnisses offenbar." Die Autoren vermuteten die Ursache für die Entstehung des Faschismus in der Mythisierung der Aufklärung: Aufklärung schlägt in Mythos um, bloße aufklärerische Erscheinung kann für die Beherrschung des aufklärerisch konditionierten Menschen also ausgenutzt werden.

Die Aufklärung sollte die Menschheit von den Mythen befreien, indem sie die Dinge rational erklärt.

Mythen sind Versuche, Zusammenhänge zu erklären, allerdings pseudowissenschaftlich. Deswegen wird Mythos nach genügend wissenschaftlicher Anstrengung irgendwann rational. Aber nicht alle Zusammenhänge lassen sich (je momentan) rational erklären. Selbst eine vernünftige Ethik (die Sammlung moralischer Grundsätze für richtiges und falsches Verhalten) kann schwerlich rational abgeleitet werden. Sogar bei Kant kommt "nur" diejenige (ethisch) vernünftige Wahrheit infrage, die sich in der Rücksicht als vernünftig erweist. Bei Kants praktischer Vernunft entstehen die Ideen der Vernunft als regulative Postulate, die sich die (isolierten) Menschen mit Rückblick auf andere (isolierte) Menschen selbst geben, "... nicht theoretische Dogmata, sondern Voraussetzungen in notwendig praktischer Rücksicht, erweitern also zwar nicht die spekulative Erkenntnis, geben aber den Ideen der spekulativen Vernunft im Allgemeinen (vermittelst ihrer Beziehung aufs Praktische) objektive Realität, und berechtigen sie zu Begriffen, deren Möglichkeit auch nur zu behaupten sie sich sonst nicht anmaßen könnte ..." [61] Kants Postulate sind die Unsterblichkeit (der Seele), das Dasein Gottes und die Freiheit (des Willens). Die sich dennoch etablierende Dominanz von Rationalität/Nutzenorientierung in der Moral wurde auch von Hegel kritisiert. Bewegt sich der subjektive Geist aus der reinen Selbstreflexion (Subjektivität) heraus, muss er sich innerhalb objektiver Totalitäten reflektieren, also an Gegenteilen, die sich in einer für viele Menschen organisierten Gemeinschaft (objektiver Geist) notwendig ergeben. Der objektive Geist - von dem eine Gemeinschaft vernünftigerweise gestiftet wird - ist ebenfalls Stifter eines vernünftigen zwischenmenschlichen Daseins und gibt - soweit man ihm Ausdruck verleihen kann - notwendige Ideen bezüglich der Moralität, der Sittlichkeit und des Rechts vor. Primär ist dabei nicht rationaler Nutzen, sondern die permanente Sich-Selbst-Bewusstmachung des objektiven Geistes: Er ist seine objektive Bewegung, die sich als intersubjektive Zwecktätigkeit desjenigen freien Willens versteht, welcher sich das Dasein seiner Freiheit zum Zweck gemacht hat. Seine Objektivität besteht darin, dass sich in den Bezügen der seine Freiheit bezweckende Wille (eines eben dadurch freien Geistes) seine Freiheit in Form von Notwendigkeit für geistiges, individuell-menschliches und zwischenmenschliches Leben gegeben hat (objektive Freiheit) [vgl. 62], getreu dem Motto: Freiheit ist die Einsicht in die Notwendigkeit(en zur Durchsetzung der Freiheit).

Hegels "Mythologie der Vernunft" [63] richtet sich gegen eine vernünftige Ethik als ein regulatives System praktischer Postulate, aber auch gegen ihre rein rationale Ableitung. [63] wurde von Richard Heinrich (Universität Wien) in einer Vorlesung beleuchtet [64]. Heinrich stellt bezüglich jenes "Ältesten Systemprogramms des deutschen Idealismus" [vgl. 65] zunächst die Frage nach der Beschaffenheit eines gleichzeitig moralischen und gesellschaftlichen Wesens, also eines insoweit glücklichen Wesens, dessen innere, naturhafte Maxime mit denen der gemeinschaftlichen Gesetze übereinstimmen. Der Staat (mit seinen Gesetzen) sei jedoch etwas (rein rational) Mechanisches ohne Ideenfreiheit. Laut [63] gibt es vom Staat keine Idee, denn der Staat ist nicht geistvoll. Er sei nur in der Lage, den freien Bürger als mechanisches Räderwerk zu behandeln, was er nicht dürfe. Was die Liebe und der Geist gäben, das lasse sich nicht erzwingen [66]. Hegel ging davon aus, dass der höchste, der ethische Akt der Vernunft kein mechanischer, sondern ein ästhetischer Akt sei, dass Wahrheit und Güte nur in der Schönheit (im Sinne von Poesie) verschwistert sind. Man könne in nichts geistreich sein ohne ästhetischen Sinn [63]. Daher braucht es eine neue, eine Mythologie der Vernunft: "Ehe wir die Ideen ästhetisch d.h. mythologisch machen, haben sie für das Volk kein Interesse, und umgekehrt: ehe die Mythologie vernünftig ist, muß sich der Philosoph ihrer schämen. So müssen endlich Aufgeklärte und Unaufgeklärte sich die Hand reichen, die Mythologie muß philosophisch werden, um das Volk vernünftig, und die Philosophie muß mythologisch werden, um die Philosophen sinnlich zu machen." [63]. Das klingt zunächst, als ob die Schönheit ein "Trojanisches Pferd" mit der Vernunft im Bauch wäre, die man bei den bei den Normalbürgern einschleusen wolle. Ich verstehe die Aussage aber eher so, dass die in der ethischen Vernunft enthaltene Ästhetik deren Wahrheit erst ethisch macht, dass vermeintliche Vernunft nur dann moralisch ist, wenn die darin eventuell enthaltene Ästhetik im Rahmen der neuen Mythologie offengelegt wird. Ohne jene Schönheit ist sie nur rationales trockenes Brot und derjenige, der an ihr zweifelt, tut dies zurecht, wenn er die Schönheit jenseits der Rationalität bereits kennt.

Um die Diversität der Rationalitätskritik/Wissenschaftskritik der damaligen Zeit zu beleuchten, bespricht Heinrich Friedrich Schillers "Über die ästhetische Erziehung des Menschen" [67]. Schiller verwies auf die scharfe Differenzierung und Exaktheit der Gesetze der Naturwissenschaften und des Staates, wodurch es ebenfalls zu einer Entzweiung der menschlichen Bündnisse gekommen sei. Intuition und spekulative Vernunft hätten sich feindlich gegeneinander abgegrenzt. Angesichts dieser Unvernunft stellte sich Schiller folgende Frage: Das Zeitalter ist aufgeklärt, die Wahrheit hat sich gegenüber dem Aberglauben durchgesetzt. Woran liegt es also, dass sich die Menschen noch immer nicht vernünftig verhalten? Im Gegensatz zu Hegel vermutete Schiller die Ursache hierfür nicht in der Erscheinungsform der Vernunft, sondern in den Menschen. In ihren Gemütern muss etwas vorhanden sein, was der Aufnahme der ethischen Wahrheit im Weg steht. Laut Schiller fehle den Menschen mitunter der Mut zur Freiheit, ihren Verstand zu benutzen. Um die Freiheit zu katalysieren brauchen die Menschen, laut Schiller, die Schönheit der Dichtkunst: "Der Übergang von dem leidenden Zustande des Empfindens zu dem tätigen des Denkens und Wollens geschieht also nicht anders als durch einen mittleren Zustand ästhetischer Freiheit ... Mit einem Wort: es gibt keinen andern Weg, den sinnlichen Menschen vernünftig zu machen, als daß man denselben zuvor ästhetisch macht." [67, 23. Brief] Im Gegensatz zu Hegel sieht Schiller die Schönheit also eher als persönliche Kraft zum selbstermächtigten In-Die-Welt-Bringen der ethischen Vernunft, während Hegel sie als eine Lehrerin ansieht, die sie denjenigen Menschen übermittelt, "die ... treuherzig genug gestehen, daß ihnen alles dunkel ist, sobald es über Tabellen und Register hinausgeht." [63]

Also zeigt Schönheit die erstrebenswerte Vernunft an?
`

Schönheit ist eine Kategorie, die zumeist positiv bewertet wird. Sie kann auf persönlichen Einschätzungen beruhen aber auch gesellschaftlichen Konventionen entsprechen, mit denen die persönlichen nicht übereinstimmen müssen. Dabei ist die mögliche Erfahrung von Schönheit *ad hoc* mit der sinnlichen Erfahrung gegeben. Eine der bekanntesten Definitionen von Schönheit stammt von Hegel selbst. Während Wahrheit und Idee im Wirklichen bei Hegel quasi Synonyme sind, muss das Verhältnis zwischen Schönheit und Idee separat beleuchtet werden: "Das Wahre, das als solches ist, existiert auch. Indem es nun in diesem seinem äußerlichen Dasein unmittelbar für das Bewußtsein ist und der Begriff unmittelbar in Einheit bleibt mit seiner äußeren Erscheinung, ist die Idee nicht nur wahr, sondern schön. Das Schöne bestimmt sich dadurch als das sinnliche Scheinen der Idee." [68, S. 151]. Das Schöne ist "durchweg der Begriff, der nicht seiner Objektivität gegenübertritt und sich dadurch in den Gegensatz einseitiger Endlichkeit und Abstraktion gegen dieselbe bringt, sondern sich mit seiner Gegenständlichkeit zusammenschließt und durch diese immanente Einheit und Vollendung in sich unendlich ist."[68, S. 152]. Käte Hamburger verweist darauf, dass die Verbindung aus dem Wahren (der Idee) und der Schönheit dadurch entsteht, dass das Wahre sinnliche und äußere Existenz gewinnt, sich äußerlich realisiert. Der Prozess des sich (für den Betrachter) sinnlich Realisierens des Wahren ist als schön zu verstehen [39].

Laut Hegel ist der Verstand jedoch nicht in der Lage, das in sich unendliche und freie Schöne im Rahmen der sinnlichen Erfahrung zu erfassen, also die Zusammenstimmung des Begriffs mit sich selbst in seinem Dasein, welche ihm im Schönen Erscheinung gibt und das Wesen des Schönen ausmacht. Der Grund dafür ist, dass der Begriff nicht unendlich erscheint, wenn er "seiner Objektivität gegenübertritt" und dadurch zum bloßen Gegenstück des Objekts zusammenschrumpft. Das Objekt ist nämlich endlich, da es für den Betrachter einen Zweck hat bzw. sich in äußere Verhältnisse (inklusive seiner Scheinbarkeiten) zerstreut, der Begriff sich somit nicht selbst bestimmt. Erst wenn das Objekt in seiner Existenz seinen eigenen Begriff als realisiert erscheinen lässt, sich seine Objektivität also ihm gegenüber zurücknimmt, kapselt es sich ab, wird vom Betrachter unabhängig und verwandelt für die Betrachtung seine unfreie Endlichkeit zu freier Unendlichkeit [vgl. 68, S. 153]. Die Schönheit eines Gemäldes von einem Apfel zeigt den Begriff vom Apfel in seiner unendlichen, freien Selbstbestimmtheit, als ein Apfel und mit ihm wahr zu sein. Für Hegel sind Schönheit und Wahrheit austauschbar. Dadurch werden die Schönheit

166

bzw. die Ästhetik als solche objektiv. Und genau hier liegt der Hase im Pfeffer: Alles, das wirklich ist, kann seine Idee in Schönheit scheinen lassen. Dabei ist es vollkommen egal, ob sich das Ding in einem richtigen oder falschen Zusammenhang befindet, wenn man den Hegel'schen Begriff nur "in sich" betrachtet und seine äußere Objektivität in der Betrachtung zurücktreten lässt. Somit ist Schönheit *per se* kein Indiz dafür, dass man es mit ethischer Vernunft zu tun hat. Vielmehr können Objekte wahr und ästhetisch sein, was nicht bedeutet, dass sie "richtig" im Sinne von Gutesbewahrend bzw. -hervorbringend sind. Das Problem ist, dass Anpassungen an alle möglichen Gemeinsamkeiten ästhetisch sein können, z.B. das Funktionieren des Rollstuhls, die Abstimmung des menschlichen Körpers auf den Rollstuhl beim Fahren, aber auch das technische Ineinandergreifen der Komponenten in einem Atomsprengkopf, das ihn sehr ästhetisch mach, die Vernunft, ihn als Waffe zu benutzen, jedoch nicht praktisch, ganz im Gegensatz zur Benutzung des Rollstuhls durch behinderte Menschen. Die relative Falschbewertung der Ästhetiken kann sogar zu einer Verwandlung der Praktisierung in eine Instrumentalisierung führen.

Folgt man Hegels Dialektik, so bedeutet Entwicklung den permanenten Übergang von einem widersprüchlichen Zustand zum nächsten. Da der Widerspruch nicht aus der Welt verschwindet, gibt es entweder keine innerlich widerspruchsfreie Wahrheit oder es gibt ständig neue/andere (subjektive) Wahrheiten, die aber gleich wieder in Widerspruch zu anderen stehen ("der Widerspruch einer Wahrheit, die zugleich nicht Wahrheit sein soll, - eines Erkennens dessen, was *ist*, welches zugleich das Ding-an-sich nicht erkennt." [38, S. 498-502]). Da Schönheit, laut Hegel, Wahrheit anzeigt und es Schönheit gibt, gilt offenbar das letztere Szenario. Man könnte defätistisch sagen, dass Schönheit nur ein Weg ist, um die sich ständig ändernden, begrenzten Wahrheiten vor sich selbst zu legitimieren. Schönheit ist tatsächlich nichts Fixes. In [31] wird darauf hingewiesen, dass die Urknalltheorie, kurz nachdem sie aufkam, als sehr hässlich galt. Heute gilt sie als ästhetisch. Früher galt das klassische Familienmodell als ästhetisch, heute wandelt sich das. Die Schönheit ist somit immer ein Ausdruck des Zeitgeistes und sie ist flexibel. Aufgrund ihrer Wandelbarkeit kann man einem Objekt (repressiv) eine Schönheit andichten, die es gar nicht hat, falls man existenziell davon abhängt oder dazu erzogen wird. Hinter diesen Missverständnissen steckt aber noch ein tieferes Problem, nämlich, dass sowohl Schönheit als auch ethische Vernunft Mysterien sind: Man kann sie aus keinen einfacheren Annahmen "berechnen". Man kann vielleicht das, was bei der einen Sache als schön gilt, auf eine andere übertragen. Aber man kann neue Schönheit nicht planen. Auch die ethische Vernunft lässt sich nicht aus rationalen Verfahren ableiten, weder ist ein linkes, rechtes, progressives, konservatives, utilitaristisches, religiöses oder deontologisches dafür geeignet.

Rationalität, Schönheit und Ethik sind nicht deckungsgleich.

Eine solche Gleichsetzung kann durchaus gefährlich sein, da durch sie ethische Grundsätze entstehen können, die instrumentellen [also falschen (aber für das/die Machtausübende/n vermeintlich vorteilhaften)] Zwecken dienen. Beispielsweise besitzt das Technisch-Rationale eine eigene Ästhetik, sowohl was greifbare, als auch organisatorische Dinge angeht. Die technisch-rationale Ästhetik kann totalitär werden, d.h. zur höchstbewertenden Kategorie auf allen Gebieten, was zur uneingeschränkten Anwendung der technischen Rationalität (Entmenschlichung), ja sogar zur Akzeptanz lediglich logisch erscheinender Pseudorationalitäten (z.B. Rassenlehre) als ethisches Grundsystem führt. Während Hegel davon ausging, dass Schönheit die ethische Vernunft erkennen lässt und sie transportiert, hat sie sich in der Moderne in eine Ästhetik der technischen Rationalität verwandelt. Selbst das, was lediglich rational, logisch, durchorganisiert scheint, ist ästhetisch und dadurch erst ethisch bzw. "wahr". Die Neigung, Schönes als positiv zu bewerten, wird hier genutzt, um Technisch-Rationales als (universell) vernünftige Ethik zu legitimieren, obwohl deren Grundsätze nicht auf die Ethik anwendbar sind.

Sollte man das Technisch-Rationale ablehnen?

Meine Kritik stellt die Notwendigkeit von technisch-rationaler Konformität für ein freieres Leben nicht in Abrede, auch nicht die

Ästhetik der Moderne. Rationalität dient der Befreiung der Menschen durch Naturbeherrschung, für die sie sich aber selbst beherrschen (lassen), ihre eigene Natur aufgebend disziplinieren (lassen) müssen, wodurch sie Freiheit wieder verlieren. Allerdings heißt es bei Horkheimer/Adorno: "Die Steigerung der wirtschaftlichen Produktivität, die einerseits die Bedingungen für eine gerechtere Welt herstellt, verleiht andererseits dem technischen Apparat und den sozialen Gruppen, die über ihn verfügen, eine unmäßige Überlegenheit über den Rest der Bevölkerung. Der Einzelne wird gegenüber den ökonomischen Mächten vollends annulliert."[60] Wird dieser Zustand irgendwann als ästhetisch aufgefasst, führt er - folgt man Hegel - in eine falsche Ethik.

Wie hat sich der Kapitalismus auf die Vernunft ausgewirkt?

Beginnen wir mit dem Begriff der Entfremdung, der von Marx eingeführt wurde, um den Verlust des emotionalen Bezugs des frühkapitalistischen Proletariers zu der von ihm geschaffenen Ware (W), zum Prozess der Arbeit (P), zu seinen Kollegen (K) und sich selbst zu beschreiben, der durch die kapitalistische Arbeitsteilung eintritt. Zur Erklärung: Die WPK teilen mit dem Proletarier die Gemeinsamkeiten, welche sich aus der Herstellung einer Ware ergeben. Der Proletarier passt sich an jene Gemeinsamkeiten an und macht sie damit zu seinen Eigentümlichkeiten, somit auch die WPK. Es entstehen eine emotionale und eine vernünftige positive Bewertung jener Gemeinsamkeiten, ihrer Agenten und der Anpassung im Rahmen der IntegrationsWerte. Entfremdung bedeutet hingegen den Abbau, die Vertreibung des Individuums aus dem Paradies jener erinnerten (vertrauten) Gemeinsamkeiten, also seine Entwertung und Verarmung. Entfremdung hat also sehr viel mit der Senkung der individuellen Erinnerungen zu tun. Georg Lukacs benutzte ein ähnliches Konzept, das er durch den Begriff der Verdinglichung beschrieb [69]. Von Theodor Adorno wurde es auf die zunehmend sinnlose erscheinende, weil immer effektivere und anonymere Produktion und Konsum erweitert [70].

Verdinglichung, das ist ein einigermaßen verrückter Begriff.

169

Hast du nicht schon einmal Lebewesen, Tiere, Pflanzen, als "Dinge" bezeichnet, obwohl sie doch keine bloßen Dinge sind? Das, was ich mit Verdinglichung meine, ist das Bedürfnis/der (Selbst)Zwang zur Anpassung an wertmäßig falsche = instrumentelle Gemeinsamkeiten, also Instrumentalisierung. Die Entpraktisierung entspricht hingegen dem Abbau richtiger/praktischer Gemeinsamkeiten. Beides geht oft Hand in Hand: (i) Sich selbst verdinglichen = Sich selbstentpraktisieren, (ii) Verdinglicht werden = Von sich selbst entpraktisiert werden, (iii) Etwas verdinglichen = Etwas von sich entpraktisieren, (iv) Etwas verdinglichen müssen = Von etwas entpraktisiert werden. Unter Berücksichtigung des ultimativen individuellen IntegrationsWertes beinhaltet dies immer die Verarmung des Menschen an seinem Menschsein und damit auch die Entfremdung von anderen Menschen, seine Transformation hin zu einer Nutz- bzw. Tauschware, deren Wert sich an der rein technischen Arbeitskraft orientiert. Der Mensch spürt die negativen Auswirkungen der Entfremdung und der Sinnentleerung durch den technisch-effektiven Arbeits- und Konsumprozess durchaus, gleichzeitig unterliegt er jedoch der Repression der sozialökonomischen Prozesse, weshalb er ihnen zumeist nicht entrinnen kann.

Aber ist denn jede Art von Instrumentalisierung falsch?

Vernunft ist Zwang und Vermögen (oft mit einer Begründung, mitunter nur mit dem Etikett "vernünftig") Schlussfolgerungen und Anpassungshandlungen entsprechend bestimmter IntegrationsWerte vorzunehmen. Der Mensch bewertet die Dinge eigenständig nach seinem freien Willen, dessen Freiheit in der freien Bewertung von Wahlalternativen besteht, inklusive der Wahl der Bewertungsmethode. Eine richtige/falsche ist eine praktische/instrumentelle Bewertung einer Gemeinsamkeit. Durch eine auf vermeintlicher Vernunft basierende, falsche Bewertung kann die eigene Vernünftigkeit instrumentalisiert werden, d.h. dem Bedürfnis nach Anpassung an falsche Gemeinsamkeit untergeordnet werden bis hin zum Erdenken neuer, passender IntegrationsWerte (beispielsweise aufgrund einer äußeren Repression). Um den Mechanismus hierfür zu verstehen, wollen wir praktische Vernunft des

170

Richtigen (*PV*) allein als die Vernunft zum moralisch Richtigen begreifen und die, im Horkheimer'schen Sinne, ästhetische (*ÄV*) und theoretische Vernunft (*TV*) von ihr unterscheiden. Die *TV* (*ÄV*) die Fähigkeit, objektive Gesetze (Schönheit) nach rational-wissenschaftlichen (ästhetischen) Prinzipien zu erkennen und zu nutzen. *TV* ist die Vernunft der objektiven Wahrheit und Rationalität, *ÄV* die der Schönheit, *PV* die der Moral. Die instrumentelle Vernunft (*IV*) ist hingegen eine Vernunft, die sich der menschliche Agent einredet, aus rücksichtslosem Egoismus, aus Angst, Dummheit oder falschen Tugenden. Sie wurde repressiv erzeugt und führt ihn in die falsche Richtung, am Ende gegen sich selbst. Die Motivationen der *PV* sollten für den Menschen gegenüber der *ÄV* und der *TV* primär sein ("Ich halte dafür, dass das einzige Ziel der Wissenschaft darin besteht, die Mühseligkeit der menschlichen Existenz zu erleichtern." [71]). Sie ist zwar weder mit der *ÄV* noch der *TV* gleichzusetzen, dennoch greift die Moderne für ihre Verwirklichung auf die *TV* (ggf. auf die *ÄV*) zurück und lässt sie als *PV* erscheinen, beispielsweise, wenn sie neue Medikamente entwickelt. Dabei ist die *TV* (die *ÄV*) ein Einfallstor für die *IV*, wenn das technische Funktionieren (die Ästhetik) von etwas über die Moral der Menschlichkeit gestellt wird. Dann werden (i) objektiv wahre Gesetze (Schönheit) gegen die *PV* eingesetzt (Eine Atombombe funktioniert objektiv und planmäßig, sogar technisch ästhetisch. Allerdings stellt das keine *PV* für deren Abwurf dar). (ii) Begrifflich nach *TV* (*ÄV*) klingende, letztendlich scheinbare Rationalität (Schönheit) wird zur Motivation genutzt, oder (iii) die je momentane Theorie/Technik (Schönheit) wird jenseits ihrer Gültigkeit angewandt.

Bei (repressiv induzierten) Anpassungsbedürfnissen an falsche Gemeinsamkeit, also unvernünftige Anpassung, eignet sich besonders eine vermeintliche *TV* für deren falsche positive Bewertung. Um Falsches zu legitimieren, muss sie sich jedoch von den richtigen Gemeinsamkeiten, die sie als IntegrationsWert subsummiert, lösen und quasi als leere Hülle übrigbleiben: "Je mehr der Begriff der Vernunft an Kraft einbüßt, desto leichter gibt er sich her zu ideologischer Manipulation und zur Propagierung selbst der dreistesten Lügen. Das Fortschreiten der Aufklärung löst die Idee der objektiven Vernunft auf." [72] Das bedeutet, dass die Aufklärung u.U. in die *IV* führt, weil sie die *PV* durch die Verabsolutierung der *TV* entkernt. Positiv gewendet: Die Aufklärung, will sie fortschreiten, muss die *TV* und technische Formalisierungen als mögliche Prinzipien der *PV* unterordnen. Da die *IV* (unbewusst) als auf ein nur vermeintlich vernünftiges Ziel gerichtet verstanden wird, reflektiert sie eher die Mittel, mit denen das Ziel und nicht warum es erreicht werden soll. Soll mit einem Hammer etwas Gutes getan, z.B. ein Regal hergestellt werden, dann steht bei der Begründung des Tuns der Nutzen jenes Regals im Vordergrund. Soll etwas Falsches getan, z.B. jemand erschlagen werden, so stehen die Technik, Ästhetik, die Präzision des Hammers im Vordergrund.

Von allen richtigen oder falschen Gemeinsamkeiten bleiben nur diejenigen übrig, an die sich der Agent tatsächlich anpasst, weil er dazu, ggf. erzwungen, motiviert ist. Genau aus diesem Grund ist es gerechtfertigt, die (Motivation zur) Anpassung an richtige bzw. falsche Gemeinsamkeiten als Selbst-/Praktisierung bzw. Selbst-/Instrumentalisierung oder Selbst-/Verdinglichung zu bezeichnen. Damit ist aber nicht die symbiotische Anpassung zu beidseitigem Nutzen oder das Zum-Glück-Zwingen durch einen Wohlgesinnten gemeint, die letztendlich eine Praktisierung ist. Außerdem muss die *PV* eines Einzelnen oder einer Gruppe nicht konform mit der vermeintlichen Vernunft der umgebenden Gesellschaft sein. Diejenige *PV*, mit der eine gesellschaftlich nichtkonform handelnde Person ihr richtig erscheinenden Handlungen vor sich legitimiert, schiebt jedoch oft unpassende, aber gesellschaftskonforme Erklärungen vor, was einer instrumentell scheinenden, doch einer *PV* entspricht.

Schadet die Instrumentalisierung allen?

Bei der Bewertung von Gemeinsamkeiten vergisst der Mensch oft, dass er sich immer an GEMEINSAMKEITEN anpasst, die er ja mit anderen Agenten teilt. Somit kann deren/seine Instrumentalisierung, d.h. deren/sein Zwang in falsche Gemeinsamkeit, die/den betrachteten Menschen ebenfalls in eine falsche Gemeinsamkeit zwingen, ihnen/ihm also Schaden zufügen (Gefährdung der Existenz). Instrumentalisierung ist also, im Sinne Kants [8], egoistisches "Gebrauchen" zum primären Nutzen des "Gebrauchenden". In diesem Fall scheint ausgeschlossen, dass der "Brauchende" durch das "Gebrauchen" selbst zu Schaden kommt. Das "Gebrauchte" trägt vermeintlich den gesamten Schaden davon. Als "Verbrauchtes" verschwindet es nach dem "Gebrauch" sogar, als "Missbrauchtes" erleidet es durch den "Gebrauch" Schaden. Im besten Fall erfährt es gar keine Wandlung. Die Praktisierung ist zwar ebenfalls ein "Brauchen" oder "Nutzen", allerdings ist sie pluralistisch, d.h. idealerweise zu Keines Schaden bzw. aller Beteiligten Nutzen. Z.B. ist das Forschen nach neuen Erkenntnissen (falls keine Kollateralschäden entstehen), rein praktisch vernünftig. Zusammenfassend gibt es also Taten, die,

[uu] (weil) unvorteilhaft für den/die Täter, (weil) unvorteilhaft für den/die weiteren Menschen;

[un] (weil) unvorteilhaft für den/die Täter, (weil) neutral für den/die weiteren Menschen;

[nu] (weil) neutral für den/die Täter, (weil) unvorteilhaft für den/die weiteren Menschen;

[nn] (weil) neutral für den/die Täter, (weil) neutral für den/die weiteren Menschen;

[nv] (weil) neutral für den/die Täter, (weil) vorteilhaft für den/die weiteren Menschen;

[vn] (weil) vorteilhaft für den/die Täter, (weil) neutral für den/die weiteren Menschen;

[uv] (weil) unvorteilhaft für den/die Täter, (weil) vorteilhaft für den/die weiteren Menschen;

[vu] (weil) vorteilhaft für den/die Täter, (weil) unvorteilhaft für den/die weiteren Menschen;

[vv] (weil) vorteilhaft für den/die Täter, (weil) vorteilhaft für den/die weiteren Menschen sind.

Die Varianten [vv], [vn], [nv] sind (eher) praktisch. Nehmen wir Motivationen zum Vorteil einer der beiden Seiten an, so sind die Varianten [uu], [un], [nu], [nn] (eher) instrumentell im Sinne von "Bullshit". Die Varianten [un], [vn] motivieren in einer individualistischen Gesellschaft zur Toleranz/Desinteresse der (des) weiteren Menschen gegenüber dem (den) Täter(n). Die Varianten [nu], [nv] motivieren in jener Gesellschaft zum Desinteresse des (der) Täter(s) am Schicksal der (des) weiteren Menschen. In einer Gesellschaft mit starkem Kollektivbewusstsein induzieren die Varianten [un] und [vn] in den (dem) weiteren Menschen Interesse für den (die) Täter, die Varianten [nu] und [nv] induzieren Interesse im (in den) Täter(n) für die (den) Weiteren. Die Variante [vu] entspricht dem landläufigen Verständnis von Instrumentalisierung, die Variante [uv] dem vom Opfer. Bei [vu] instrumentalisiert(en) der (die) Täter die (den) weiteren Menschen für seinen (ihren) vermeintlichen Vorteil. Bei [uv] wurde(n) er (sie) von den (dem) Weiteren instrumentalisiert. Aufgrund der Unzulänglichkeit gibt es insbesondere die Varianten [uu], [vv] oder [nn] nicht *100%*ig. Außerdem werden die Varianten [uv] und [vu] einer Seite nie dauerhaft zum Vorteil gereichen.

Wozu dient die instrumentelle Vernunft im Spätkapitalismus?

Die *IV* legitimiert die bewusste oder unbewusste Anpassung an falsche, letztendlich repressive Gemeinsamkeit. Im Spätkapitalismus funktioniert die *IV* aufgrund der Verdinglichung der sozialen Interaktion, d.h. dem durch sie verneinten Unterschied zwischen Arbeits-, Verwaltungs-, Konsum- und sozialem Alltagsverständnis. Ein Arbeiter, der planvoll immer die gleichen, vorgegebenen Waren am Fließband herstellt, wird insbesondere die vorgegebenen Machtverhältnisse im Alltag unkritisch hinnehmen (obwohl doch jede Herrschaft instrumentelle Anteile besitzt). Die *IV* ist somit die positivistische Allroundwaffe, um alle Gemeinsamkeiten als richtige zu legitimieren, die das spätkapitalistische System reproduzieren, auch wenn jene für Menschen jenseits des Profitschöpfungsprozesses falsch sind. Sie ist des Kaisers neues Kleid, der in Wirklichkeit aber nichts anhat. Dieses Nichts ist der praktische Wert der reinen *IV*.

Und wie genau kommt die Aufklärung ins Spiel?

Bei Horkheimer und Adorno hängen Aufklärung und ihr Gegenteil, der Mythos, prinzipiell zusammen. Ähnlich wie vernünftige Handlungen mit der Zeit zu Ritualen werden - egal, ob sie noch Sinn machen oder nicht - wird die Rationalität der Dinge, die durch deren Entmythisierung erst entstand, wieder zu Mythos. Vor allem die prinzipielle Aussage, dass das gesellschaftliche Leben in bestimmter Weise rational determiniert sei und man sich diesen Zwängen besser unterordne, trägt dazu bei. Genauer gesagt wird Aufklärung zu einer "Mythologie, die im Positivismus des Faktischen kulminiert, welcher die bestehenden gesellschaftlichen Verhältnisse als notwendige darstellt ..."[73]. "Wir ... zeigen, dass die Ursache des Rückfalls von Aufklärung in Mythologie nicht so sehr bei den eigens zum Zweck des Rückfalls ersonnenen nationalistischen, heidnischen und sonstigen modernen Mythologien zu suchen ist, sondern bei der in Furcht vor der Wahrheit erstarrenden Aufklärung selbst." Indem das an den "herrschenden Denkformen negativ ansetzende Denken als dunkle Umständlichkeit tabuiert", indem die Neuerungen in "abgegriffener Sprache eines eingeschliffenen Kategorienapparats" empfohlen werden, wird die Macht des Bestehenden verstärkt, welche die Aufklärung doch brechen müsste. [vgl. 60] Mit momentanem Wissen koexistiert immer auch Unbekanntes, denn Ersteres ist subjektiv/objektiv unzulänglich. Versteift man sich aufgrund einer repressiven positiven Bewertung totalitär auf jenes Wissen, mythisiert man es, indem man versucht, es als Grund für etwas heranzuziehen, das es gar nicht erklären kann. Das rational (technisch/organisatorisch/verwaltungstechnisch) Faktische geht als nicht-hinterfragbarer Fetisch ins Verständnis der Menschen ein und reduziert die Welt entweder auf das momentan rational Erklärbare oder erklärt das Nicht-Berechenbare, beispielsweise die Ethik, falsch. Die Mythisierung der Aufklärung erhebt insbesondere die Rationalität des zweckmäßig-reproduktiven Miteinanders zu Gott, in dem sich die Menschen auflösen.

Das erinnert mich an die Schlussszene von Goethes Faust.

Diese Schlussszene wird gewöhnlich als Goethes Vision einer freien Gesellschaft gewertet [74]. "Ein Sumpf zieht am Gebirge

hin, Verpestet alles schon Errungene; Den faulen Pfuhl auch abzu-
ziehn, Das Letzte wär' das Höchsterrungene....da rase draußen
Flut bis auf zum Rand, Und wie sie nascht, gewaltsam einzuschie-
ßen, Gemeindrang eilt, die Lücke zu verschließen ..." Obwohl sie
als Fausts Vision von einer befreiten Welt verkauft wird, verdeutlicht sie die Gefährlichkeit der unreflektierten Hinnahme der Ideen
der Aufklärung. Faust geht z.b. davon aus, dass ständig ein fauler
Pfuhl herumwabert, dass brave Menschen in einer Gemeinschaft
ständig von irgendwelchen Fluten bedroht werden. Die erste Frage,
die sich mir stellt, ist: Was passiert, wenn kein Pfuhl und keine
Flut mehr irgendjemanden bedrohen? Wird sich der Mensch in
dieser Konditionierung selbst irgendetwas suchen, was er bekämpfen kann, egal ob das notwendig ist oder nicht? Die zweite Frage:
Wer oder was ist überhaupt dieser Pfuhl und wer ist diese Flut?
Die Ästhetik des funktionierenden Systems und die Begeisterung
für korporatives Handeln verdecken, dass man in den Pfuhl und
die Flut alles Mögliche hineininterpretieren, sie mythisieren kann.
Es könnte sich um ein bestimmtes Volk handeln, das angeblich
unsere Freiheit bedroht und das wir wahlweise bekämpfen oder
bekehren müssen.

Die Fortsetzung dieser Betrachtung führt zur wichtigsten Ursache
menschlicher Unzulänglichkeit, den Begriffen. Begriffe haben einen hohen Wert für den Menschen, da sie die Naturbeherrschung
durch die Abstraktion ermöglichen, indem sie begrenzte Univer-
salität/Herrschaft abbilden können: Der Mensch begreift die Welt
in Begriffen, die ähnliche Dinge mit ähnlichen Begriffen identifizieren. Ein Mehr an Begriffen beschreibt die (Nicht)Zugehörigkeit
einer Sache zu unterschiedlichen Gemeinsamkeitsphären und bedeutet - so wie bei einer zur Fahndung ausgegebenen Person - eine
genauere Identifikation. Doch Adorno verwies in der "Negativen
Dialektik" [12] darauf, dass der Begriff die Sache, die jener beschreibt, nie genau erfasst. Begriff und Sache sind nicht identisch.
Begriffliche Identifizierungsprozesse beschneiden sie, können sie
sogar verfälschen oder nicht-identische Sachen vermeintlich identisch machen, indem sie sie auf ihre Gemeinsamkeiten reduzieren.
Außerdem versteht jeder Mensch unter einem bestimmten Begriff

etwas anderes und eine Kritik ist immer eine Kritik an einem Begriff, nicht an einer Sache, und zwar am eigenen Verständnis dieses Begriffes. Stattdessen sollen Objekt und Begriff wahr sein, eben wenn sie auseinandergewiesen und nicht wenn sie (wie bei Hegel) identisch werden (was bedeutet, dass auch der Begriff einer realen Sache nicht mit sich identisch ist und die Selbstreflexion nicht in ihn zurückführt). Adorno sieht somit nicht nur einen potenziell zerstörerischen Positivismus des Faktischen in der Aufklärung, die letztendlich Mythologie ist, sondern auch in der Nicht-Identität zwischen Begriff und Sache, weshalb er das Identitätskonzept der aufgeklärten Wissenschaft in Frage stellt. Der "negative" Weg des Auseinanderweisens von Sache und Begriff führt aus der positiven Wiederkehr der vermeintlichen Totalität, ihrer identitären Reproduktion heraus, die eine Pflanze beispielsweise auf ihren Reproduktionszyklus aus Samen und Blühen begrenzt und sie so allen anderen gleich macht.

Hast du noch ein Beispiel?

Für mich ist die Verwirrung um den Begriff "Wert" fatal und ein Ausdruck der Ökonomisierung des Alltags. Die Wertebegriffe sind einerseits allesamt miteinander verwandt und stellen IntegrationsWerte dar. Wertvoll sind Gemeinsamkeiten (auch im Sinne von Eigentümlichkeiten), die der Vorgabe des IntegrationsWertes entsprechen. Wertvoll sind Gemeinsamkeitenbündel, die viele Gemeinsamkeiten jener Qualitäten beinhalten. Ein wertvolles Werkzeug beispielsweise, mit dem sich der IntegrationsWert (die Anforderung) des Arbeitsplatzes erfüllen lässt, wurde anhand der vorgeschriebenen Gemeinsamkeiten, in die es integriert werden soll, angefertigt und jene Gemeinsamkeiten entsprechen daher seinen Eigentümlichkeiten. Ein 'wertvoller' Mitschüler, der anderen hilft, die schulischen IntegrationsWerte zu erfüllen, ist bereits in die durch jene IntegrationsWerte definierten Gemeinsamkeiten integriert. Sein Eigentümlichkeitenbündel beinhaltet jene. Der Mitmensch, der mir Trost spendet, kann mein Leid nachfühlen. Er ist für mich wertvoll, das hat andererseits aber nichts mit dem Geldwert der Kleidung zu tun, die er trägt. Die fehlende Differenzierung der Wertebegriffe ist für mich der Grund für die fatale Versuchung, die ökonomische Bewertung nicht von der des Menschen zu trennen bzw. nicht-ökonomische Werte zu ökonomisieren und alle Wertbegriffe als untereinander verrechenbar und als mit der Sache identisch zu verstehen. Im Kapitalismus kommt hinzu, dass nur profitfördernde IntegrationsWerte zur Norm erhoben werden bzw. die darin enthaltenen Gemeinsamkeiten eine positive Rückkoppelung erhalten. Menschliche Werte, wie die Opferbereitschaft, stoßen sogar oft auf Unverständnis, ganz zu schweigen vom anarchischen Austesten von Grenzen, das nur noch als profitmehrender Bruch von Tabus einen Platz im Spätkapitalismus hat.

Noch deutlicher werden die Schwierigkeiten bei der Trennung von Begriff und Sache, meiner Meinung nach, im Bereich der Bürokratie. Während sich die Gesetze der Physik mathematisch durch Mengenformeln beschreiben lassen, sind Vorschriften der Bürokratie sprachlich formuliert. Sie nehmen Bezug auf zu definierende Sachverhalte, also Abbildungen von Sachverhalten in Begriffen. Die Unmengen an Büchern, die bürokratische Vorschriften füllen, zeigt die Unmöglichkeit dieses Unterfangens. Das Anwachsen der Zahl dieser Bücher ist übrigens nicht Ausdruck einer anwachsenden Komplexität der Sachverhalte, sondern der des verzweifelten Versuchs, diese immer genauer zu beschreiben, was viele der Vorschriften zu Karikaturen macht. In einem falschen identitären Denken ist den Menschen diese Nicht-Identität nicht mehr bewusst. Somit wird das Positive der begrifflichen Abstraktion als rationales Mittel der Naturbeherrschung nun zu einem Mittel der Unterdrückung durch eine Verallgemeinerung und Kategorisierung. Ich würde gern noch einen Schritt weitergehen und die unreflektierte Gleichsetzung zwischen der Abstraktion und dem Gegenstand der Abstraktion als durch die Herrschenden gewollt einordnen, da es sie legitimiert. Unter dem Begriff der Herrschaft mögen viele einen gutmütigen, gerechten König und kluge Minister verstehen, auch wenn sie in Wirklichkeit von einer Bande raffgieriger Vollidioten regiert werden.

Eine hierzu in Beziehung stehende Erkenntnis aus dem Prinzip der begrenzten Universalität/objektiven Unzulänglichkeit ist, dass kein Gegenstand eines Begriffes zu einem anderen/neuen absolut identisch ist, trotzdem sie durch den gleichen Begriff beschrieben werden. Eine solche *100%ige* Identität käme einer unbegrenzten Universalität gleich. Um begriffliche Identität dennoch herzustellen, müsste man Bezeichnungen verwenden, die derartig beliebig sind, dass sie keine wirklichen Gemeinsamkeiten ausdrücken. Der belanglose, selbstidentitäre Begriff wäre dann die einzige Gemeinsamkeit und auch die einzige Eigentümlichkeit der Begriffsgegenstände. Man kann auch sagen, dass die Anzahl der nichttrivialen Gemeinsamkeiten bei einer repressiv-universellen Bezeichnung gegen null ginge. Dieser Gemeinsamkeitsverlust bedeutet nichts anderes als instrumentelle Verarmung.

Die Begriffsverwirrung im Rahmen der menschlichen Interaktion halte ich für die am meisten unterschätzte und gleichzeitig wichtigste Ursache für Chaos und Unglück. Sie wird relevanter, je mehr Menschen miteinander kommunizieren und je mehr sie ihr Schicksal selbst bestimmen. Möglicherweise verwirrte Gott in Babel nicht die Sprache, um den Turmbau zu beenden und die Menschen zum Verlassen von Babel zu bewegen [75], was oft als biblisch suggerierte Ursache der Sprachenvielfalt interpretiert wird, sondern vielleicht verwirrte er die Bedeutungen der Begriffe.

Du siehst einen Zusammenhang zwischen Gott und Begriffen?

Tiere kennen keine Götter, da Tiere über keine Begriffe verfügen. Begriffe sind Abstrahierungen. Sie beschreiben Zusammenhänge, die potenziell für die Unendlichkeit gelten. Mit der Entstehung der ersten begrifflichen Formulierung war der Weg frei für die Herrschaft von Fürsten und Kaiser. Gleichwohl sind begrifflichen Universalitäten im Bezug auf die begrenzte Existenz eines Kaisers nie verifizierbar, aber durch ein Gegenbeispiel universell falsifizierbar. Als der erste Begriff jedoch seinen praktischen, sichtbaren Inhalt verlor und zum Mythos wurde, wurde ein allmächtiger Gott geboren, der weder falsifizier- noch verifizierbar ist.

Wenn ich, trotz der Blasphemie, mal zusammenfassen darf: Du stimmst mit Popper insoweit überein, dass du den dogmatischen

Positivismus ablehnst und allem einen offenen Ausgang erlaubst - im Rahmen der Entfaltung bzw. der Anpassung. Im Gegensatz zu Popper glaubst du aber an die eduktiver Verifizierbarkeit von Gesetzen, nämlich begrenzt-universeller, wobei es unbegrenzte gar nicht gibt.

Das Streben nach Erkenntnis, Zufriedenheit und Erfolg kann ein zwar begrenztes, im Maßstab menschlicher Lebensalter aber universell gültiges, positives Ergebnis haben. Ausnahmen hiervon resultieren aus dem objektiven Zusammenbruch der Gemeinsamkeit, sind aber keine Popper'sche Falsifikation. Zum Erreichen der genannten Erfolgskategorien durch Entfaltung bzw. Anpassung führen nicht nur der Zufall, sondern auch die nichtbegriffliche Intuition und der Positivismus als Beweis für Nachhaltigkeit. Alle diese Kategorien können jedoch ein Trugbild sein, da die Diskrepanz zwischen der Begrifflichkeit und der Realität, d.h. das begriffliche Unverständnis des komplexen Seins, nicht nur tatsächliche Gemeinsamkeiten scheinbar zusammenbrechen lassen, sondern auch falsche Gemeinsamkeit vorgaukeln kann.

Aber man kann doch Abstraktion und Identität nicht verneinen?

Man könnte die Abstraktion und Kategorisierung als eine Unzulänglichkeit des menschlichen Verstandes sehen, der nicht in der Lage ist, die komplexen Dinge vollständig zu erfassen. Auf der anderen Seite lebt uns die Natur die Kategorisierung vor. Pflanzen, Tiere, Planeten, Sterne sind untereinander sehr ähnlich, in Flora und Fauna gibt es Gattungen und Arten. Die Natur scheint tatsächlich von einer Einheitlichkeit bestimmt zu sein, die die Menschen gerade durch Kategorisierung und Abstraktion beherrschen können.

Woran liegt das? Gibt es einen Willen oder Trieb zur Einheitlichkeit?

Komplexität bezieht sich nicht auf absolut gleiche, sondern ähnliche Strukturen. Die Schaffung von selbstÄhnlicher Komplexität erfolgt innerhalb gemeinsamer, begrenzt-unüberschreitbarer Rahmenbedingungen, die für Ordnung sorgen. Abstraktion und Identität sind somit wunderbare Dinge, die das Vermögen des Menschen verdeutlichen, diese Ähnlichkeiten in der Welt zu erkennen, sie in Begriffe zu fassen und sich der Gemeinsamkeiten auch emotional bewusst zu werden, um sich in sie integrieren zu können. Sie sind wichtig für die Naturbeherrschung, aber auch, wenn eine starke persönliche Beziehung zu dem konkreten Gegenstand des Begriffes besteht. Der hiermit verbundene Vorgang, oft Erweiterung der eigenen Identität genannt, kann zunächst einmal "nur" die Anpassung des Verständnisses an vorhandene Eigentümlichkeit bedeuten. Möglicherweise hat sich auch die emotionale Prominenz der vorhandenen Eigentümlichkeit gewandelt, wodurch eine neue Anpassung erfolgt. Möglicherweise hat man sich auch neue Gemeinsamkeiten mit anderen Menschen, aber auch mit Gegenständen angeeignet. Bei Letzteren ist es die Gemeinsamkeit des Erschaffungs- und Erhaltungsprozesses, die den Gegenstand zu einer Eigentümlichkeit (nicht zu Besitz) macht, ähnlich wie ein eigenes Kind. Und jetzt frage dich, ob eine neue Eigentümlichkeit den Menschen von den vorhandenen *per se* entfremden muss? Antwort: Die Anpassung an neue Eigentümlichkeiten führt nicht zu einer Schizophrenie, sondern zur integrativen Erweiterung der Identität, zum Sich-Identifizieren mit jemandem und mit dessen Problemen, ihn aufgrund der angeeigneten Gemeinsamkeit quasi in sich selbst zu spiegeln. Innerhalb der Familie erweitert man seine Identität bei gleichzeitiger Erweiterung der Individualität, indem man sich selbst als ein bestimmtes Familienmitglied versteht, somit also über zwei Identitäten verfügt, als Mitglied der Familie *xy* und z.B. als Tochter. Die Erweiterung der Identität ist für die Familie überlebensnotwendig, da sie sie abgrenzt, z.B. gegenüber Feinden. Die Eltern müssen außerdem die Bedürfnisse der Kinder, die sie versorgen, erfühlen können, indem sie sich in deren Eigentümlichkeit hineinversetzen, was wiederum die abstrakte Fähigkeit der Erkenntnis von Gemeinsamkeiten in der Gemeinschaft befördert. Basierend hierauf führt die Erweiterung der eigenen Identität auf die Gemeinschaft dazu, dass die vermeintliche Belohnung Anderer durch das eigene Tun als die eigene und die Gemeinschaft gleichzeitig als Prüfstein für jenes angesehen wird.

Die Verneinung der Identität eines Menschen, z.B. durch die seiner Rolle als ein bestimmter Teil der Familie oder durch die Kategorisierung und Pauschalisierung vermittels positivistischer Begriffe würde ihn zwangsläufig aus der Bahn werfen. Dagegen sollte es ein Individuum kaum aus der Bahn werfen, wenn sich herausstellt, dass seine Großeltern unvermutet keine Deutschen waren oder wenn im Haus gegenüber eine dunkelhäutige Familie einzieht. Wenn doch, ist aus der praktischen Identität eine instrumentelle Identität geworden, die aus der doppelten Anpassung an die falsche Eigentümlichkeit resultiert, eben selbst nicht dunkelhäutig zu sein.

Im Ignorieren der Unzulänglichkeit/Unmöglichkeit der Abstraktion liegt insbesondere die Gefahr, dass Menschen als absolut identisch und nicht "nur" ähnlich angesehen werden. Sie wären dann nur noch entmenschlichte Roboter, zu denen und durch die sich einfach ein Feindbild aufbauen lässt. Man muss sich daher durch immerwährendes Hinterfragen von der Dominanz der pauschalen positivistischen Begrifflichkeit verabschieden, auch wenn man dabei im Wesentlichen sich selbst kritisieren muss, da man selbst dem Begriff den Sinn gibt. Begriffe mögen identisch sein, ihr Inhalt ist es nicht. Dem Menschen steht aber der sich ausbreitende Wahrheitsvirus, inklusive des Zweifels, des Gefühls, der Intuition, der erlangten Werte zur Verfügung, um sich nicht von der instrumentellen Rationalität dominieren zu lassen. Ansonsten werden Begriffe zu reinen Fetischen.

Was meinst du mit "Fetisch"?

Der Fetischbegriff wurde von Marx im Sinne von Gegenständen angeblich hohen Wertes (bezüglich außerordentlicher Gemeinsamkeitenbündel) verwendet. Marx' Begriff des Warenfetischs [76, Band I, Kap. I, §4] bezieht sich darauf, dass Waren ein inhärenter, geradezu magischer, beinahe moralischer Wert, aber auch ein fantastisch erweiterter Nutzwert zugeschrieben wird. Dieser "natürliche" Wert ist nur scheinbar, in Wirklichkeit spiegelt er den Wert der Ware als gesellschaftliches Produkt zurück, der aufgrund jenes gesellschaftlichen Charakters als solcher nicht erkannt und wegen ihrer primären Nutzung als Tauschobjekt mit dem Tauschwert (eigentlich einer bloßen Marktabsprache) verwechselt wird. Ihre Magie scheint unterschiedliche Waren gleichen Tauschwerts ineinander verwandeln zu können und gleiche gegeneinander abzugrenzen. Ein teurer Teller ist fetischhafter für die Bedürfnisbefriedigung als ein identischer, billiger Teller. Er ist ein Zaubermittel, das den Besitzer gegenüber Anderen erhöht, selbst wenn man ihm den Unterschied nicht ansieht. Ein Geldschein scheint den Nutzwert der damit bezahlten Ware zu besitzen. Daher rührt der psychische Schock, wenn plötzlich der Wert einer Ware "Geld" fällt, z.B. bei Inflation. Die Eigentümlichkeit des Kapitals wäre es, sich über Zinsen selbst in seinem Wert steigern zu können, wie ein Fahrrad, das immer verkehrssicherer gemacht wird.

Die Fetischisierung ist eine mythische Gegenbewegung und somit Teil der Verdinglichung. Den Vernunftfetisch kann man ähnlich verstehen. Im Zuge der Aufklärung wurde das, was man sich nicht erklären konnte, keinem göttlichen Wesen, sondern einem noch zu erkennenden Mechanismus zugeordnet, der wiederum durch Wissenschaft erklärbar ist. Wissenschaftliche Erklärungen basieren auf ihrer intrinsischen Vernunft, deren wissenschaftlicher Wert sich in Fetischform aber nicht an der Befriedigung des Wahrheitsbedürfnisses orientiert, sondern an ihrem "Tauschwert". Der Tauschwert wissenschaftlicher Vernunft richtet sich danach (i) wer sie ausspricht und mit welcher Attitüde und (ii) inwieweit sie einen rationalen Charakter simuliert. Statt: 'Ich bin jetzt dein König, weil Gott mich dazu gemacht hat', gilt nun: 'Ich bin jetzt dein König, weil die Theorie der geschichtlichen Entwicklung das so vorsieht'. Die zweite Aussage klingt zwar wissenschaftlich, basiert aber auf rein instrumenteller Vernunft.

Man muss der instrumentellen Rationalität also, genauso wie dem Mythos, den gesunden Menschenverstand entgegensetzen.

Die instrumentelle Vernunft macht den Menschen zu einer Marionette von vermeintlichen Zwängen, die über ihm stehen und die er angeblich nicht verstehen kann, was er allerdings zu akzeptieren hat. Konkret kann man die Darwin'sche Theorie anführen, eines der besten Beispiele für eine theoretische Vernunft, wenn man sie im Tierreich und Pflanzenreich anwendet. Diese Theorie wurde mythisiert und in eine vermeintlich allgemeingültige (praktische) Vernunft überführt, die den Holocaust vermeintlich legitimierte. Das Perfide bei der Anwendung von Darwins Lehre auf die Gesellschaft war, dass dies nicht einmal korrekt erfolgte. Die Nationalsozialisten legitimierten damit die Vernichtung einer vermeintlich schwächeren vermeintlichen "Rasse". Darwin hingegen sprach vom Überleben der am besten Angepassten. Elefanten sind stärker als Kaninchen, allerdings können Elefanten nicht auf einem Vulkan überleben, Vulkankaninchen [77] schon. Das ist es, was die Nazis tatsächlich meinten, die repressive Anpassung an die Verwaltung des Regimes, die Belohnung der Verwaltungskonformität. Andererseits zeigt dieses Beispiel, wie stark die Gehirne kapitalistisch erzogener Menschen auf den Konkurrenzkampf konditioniert sind, sodass sie den Anpassungsmechanismus der Evolution allein mit dem Sich-Durchsetzen des Stärkeren innerhalb des Konkurrenzkampfes verwechseln.

Und ist das heute noch so?

Meiner Meinung nach spüren die Menschen momentan den repressiven Charakter der instrumentellen Vernunft sehr stark, was insbesondere eine Ablehnung der Rationalität bewirkt. Hierfür existieren im Wesentlichen die folgenden Gründe:
(i) Der Positivismus wird verabsolutiert, d.h., die Intuition komplett verneint.
(ii) Die Wissenschaft wird zur Begründung der Durchsetzung von Partikularinteressen instrumentalisiert. Heutzutage ist der Wissenschaftsfetisch für viele nicht mehr akzeptabel, weil es für jedes Partikularinteresse eine wissenschaftlich klingende Begründung gibt.
(iii) Der Rationalismus legitimiert die neoliberale ökonomische Mechanik und damit die vermeintliche Unentrinnbarkeit aus der Ausbeutung.

(iv) Die objektive Fehlbarkeit wird immer offensichtlicher. Die Natur ist nicht allmächtig, sie ist genauso fehlbar, wie der Mensch, was ihn unsicher macht.
(v) Den Menschen wird langsam bewusst, dass die von der Aufklärung gehypten Faktenwissen und Rationalität nichts mit moralischem Handeln oder Lebensglück zu tun haben.
(vi) Die rahmengebenden Gemeinsamkeiten werden immer häufiger durch irrationale Menschen festgelegt und nicht mehr durch die "nur" objektiv unzulängliche Natur.

Aus den genannten Gründen flüchten sich die Menschen in verschiedene Arten der Spiritualität, z.B. in Religionen, allerdings nicht die etablierten, da diese ebenfalls das herrschende Faktische repräsentieren, sondern in zunehmenden Maße in virtuelle oder alternative Realitäten, einer sehr bequemen Möglichkeit, um dem Positivismus des Faktischen zu entkommen. Diese Tendenz können politische und religiöse Demagogen ausnutzen, da die Lüge, das Postfaktische, einen vermeintlichen Weg aus der positivistischen Sklaverei aufzeigt. Dieser Weg wird aber nicht in eine neue Aufklärung, sondern in die Enttäuschung führen.

Und die Frankfurter Schule hat das alles bereits offengelegt?

Ja, quasi als neue (linke) Aufklärung.

Sagst du, dass die Ursache des heutigen Unglücks schon in den 1940er Jahren erkannt, jedoch wieder vergessen wurde?

Das stimmt nicht ganz. Eine breite öffentliche Besinnung auf die Frankfurter Schule erfolgte in den 1960er Jahren. Sie führte gleichzeitig in ihren größten Makel, nämlich die indirekte Legitimierung der Gewalttätigkeit in dieser Zeit und der RAF.

Du meinst die Rote-Armee-Fraktion?

Genau! Speziell Marcuse hat Rudi Dutschke in seinem Irrweg bestärkt, die Revolution sei nicht mehr durch die Arbeiterklasse

185

durchführbar, die angeblich verschwunden sei, sondern durch "Menschen" [78].

Alle Menschen?

Ich glaube, er meinte damit hauptsächlich sich selbst und seine Studentenbewegung.

Wusste Marcuse nicht, was er damit anrichtete?

Philosophen sind manchmal ziemlich eitel. Außerdem waren die meisten Marxisten nach den gescheiterten Revolutionen und wegen des Stalinismus enttäuscht. In der Nachkriegszeit haben sich die Kritischen Theoretiker daher meist auf das Verstehen des Faschismus fokussiert.

Aber der Faschismus ist doch falsch, oder?

Sicher, aber sein Erscheinen ist weder an bestimmte Länder noch Personen noch Ideologien gebunden. Ich verstehe ihn vielmehr als Geflecht aus Ideologien und Strukturen, die eine totalitäre Herrschaft ermöglichen, meist Führerdiktaturen. Zunächst einmal ist der Begriff "Faschismus" der Name für die Bewegung unter Benito Mussolini in Italien von 1922-1943/45 [79]. Er wurde später für staatliche, auch für kleinere Verwaltungen verwendet. Was gern übersehen wird: Der Faschismus ist eine intrinsische Schwäche von Verwaltungen, vor allem von solchen, die den Willen eines Souveräns abbilden sollen, also auch von demokratischen Staaten. Die Krux ist, dass die für jene Abbildung notwendige funktionale (Begriffs)Hierarchie in eine reine Machthierarchie abgleiten kann: Die Verwaltung entfesselt sich vom Souverän (Volk, Monarch, religiöser Text), beherrscht oder vernichtet ihn (z.B. durch eine Verwaltungsrevolution). Der Schwanz wedelt quasi mit dem Hund. Für die Herrschaft verstetigt die faschistische Verwaltung die eigenen hierarchischen Strukturen und überträgt sie auf die gesellschaftlichen Gemeinsamkeitenbündel. Außerdem legt sie die Art und Transzendierbarkeit derer Grenzen fest. Zwischen: "Diese Lebensweise ist die beste und nur eine bestimmte Gruppe, nämlich die beste, ist dafür ausersehen." und "Diese Lebensweise ist die beste und alle müssen sie teilen, da jene Lebensweise sie zu den besseren Menschen macht", ist jede Schattierung denkbar. Ein Ausbrechen des Individuums aus der zugewiesenen Lebensweise wird grundsätzlich unterdrückt. Man könnte auch sagen, dass faschistische Verwaltungen den Individuen die (und die durch die Anpassung an jene entstehenden) richtigen funktional-hierarchischen Gemeinsamkeiten verwehren und die Menschen dadurch entwerten. Am besten funktioniert das natürlich mit den passenden IntegrationsWerten, weswegen Faschismus oft sehr moralisch daherkommt. Die Welt wird schwarz-weiß dargestellt, in die "guten" geteilt, die die Wahrheit auf ihrer Seite haben und die "bösen" Lügner. Die fixierte machthierarchische Einteilung braucht und unterdrückt zumeist Minderheiten und deren Meinungen. Dies ist, ausgehend von einer Demokratie, jederzeit möglich, da sie auf der Herrschaft der Mehrheits- über die Minderheitsmeinung basiert.

Die faschistische Verwaltung legitimiert ihre hierarchischen Festlegungen ((Ent)Wertungen) durch chauvinistische Ideologien (Man gehört zu den Besseren, weil man hautfarben, Kommunist, Moralist, gottesfürchtig ist oder in der Abteilung 08/15 arbeitet). Zur Legitimation ihrer eigenen Entscheidungs- und Führungskompetenz und damit ihrer Herrschaft inszeniert sich die Verwaltung nicht nur als vom Souverän beauftragt (obwohl sie von ihm nicht mehr kontrolliert wird), sondern auch als den einzigen Garanten der vermeintlich unausweichlichen Hierarchie der Lebensweisen und Gruppen, die sie jedoch selbst kreiert hat. Die Mehrheit bleibt in dem Glauben, die von ihnen gewählte Verwaltung hätte die für sie richtige Lebensweise organisiert und wird sich fatalerweise an sie anpassen. Das faschistische System stabilisiert sich über die positive Rückkoppelung jener Anpassung durch die Verwaltung, obwohl das Umgekehrte der Fall sein sollte. Da faschistische Verwaltungen massiv in die Selbstbestimmung der Individuen eingreifen, treten ihre Führer immer autoritär auf. Sie präferieren Menschen mit einem schwachem Entscheidungs-Ich, d.h. solche, die von autoritären Strukturen angezogen werden.

Ist die Hierarchie als solche das Problem?

Erzwungene Gleichheit durch permanente Preisgabe von Eigentümlichkeit bedeutet, dass die funktionale Hierarchie im Sinne von Arbeitsteilung durch die Verwaltung unterdrückt wird. Das ist selbst eine Form von Faschismus, weil sie die entsprechende gesellschaftliche Universalität repressiv erzeugt und viele Freiheiten/ Unzulänglichkeiten verneint: Die Freiheit der Natur ist es, die Menschen mit unterschiedlichen Talenten auszustatten. Die Freiheit des Menschen ist es, spezialisierte Fähigkeiten zu erlernen, weiterzuentwickeln und innerhalb einer Hierarchie einzusetzen. Diese Art von Faschismus ist noch dazu paradox, da es mindestens eine hierarchisch höherstehende Verwaltungsinstanz geben muss, die jene Repression durchsetzt. Man könnte auch sagen, dass die erzwungene Gleichheit der Menschen ein virtuelles einheitliches Vorbild in ihnen induziert, also eine universelle Herrschaft, dem sie sich anzugleichen gezwungen sind. Der beste Schutz vor der Pervertierung funktionaler Verwaltungshierarchien ist deren demokratische Kontrolle und deren sichtbare Begrenzung auf ein bestimmtes Gebiet, nicht die Verneinung jener Hierarchie.

Faschistoide Strukturen können in kleineren, selbstverwalteten gesellschaftlichen "Zellen" auftreten, bekannt ist der Faschismus jedoch aus den entsprechenden staatlichen Diktaturen, wobei nicht alle Diktaturen faschistisch sind (z.B. Notstandsverwaltungen). Die Eigentümlichkeiten einer(s) faschistischen Diktatur (totalitären Staates) sind das Führerprinzip, d.h. die Verwaltung durch einen quasi allmächtig regierenden Herrscher(kreis) ohne die Möglichkeit, jenen durch den Souverän konstruktiv abzusetzen. Solche Staaten sind allseitig repressiv, da sie die (anti)hierarchische Ordnung entgegen dem Streben der Menschen nach Befreiung aus ihren Rollen aufrechterhalten. Bekannte Formen diktatorisch organisierter, potenziell oder tatsächlich faschistischer staatlicher Gemeinschaften sind der Nationalsozialismus, der Sowjetsozialismus und der Theokratismus [80].

Warum ging eine derartige Faszination vom Faschismus aus?

Zum einen kann man sich in solchen Strukturen immer als etwas "Besseres" fühlen, insbesondere dann, wenn eine wehrlose Minderheit von der Obrigkeit zum alleinigen Sündenbock erklärt wird. Aber es gibt noch einen anderen Aspekt. Horkheimer hat zum Ende seines Lebens hin den Satz geprägt: "Der wahre Konservative ist dem wahren Revolutionär verwandter als dem Faschisten, so wie der wahre Revolutionär dem wahren Konservativen verwandter ist als dem sogenannten Kommunisten heute" [81]. Dies bedeutet übersetzt nichts anderes, als das der aufkommende Faschismus der 20er-30er Jahre und seine nationalsozialistische Äußerung zum großen Teil als eine progressive Bewegung zu sehen waren, die sich nicht nur progressiv gab, sondern tatsächlich viele neue Fakten schuf. Andere Diktaturen, wie z.B. die sozialistischen, versuchten noch viel offener, progressiv zu sein und setzten ihre Taten definitorisch mit Progressivität gleich.

Hm, so kann man ja ohne moralische Verrenkungen die Faszination des Faschismus der 20er-30er Jahre für junge Menschen begreifen.

Genau! Umgekehrt kann man kommunistische Regime als faschistische Verwaltungen verstehen, wie das in der "Farm der Tiere" von G. Orwell [82] eindrucksvoll beschrieben ist. Außerdem hat Horkheimer, meiner Meinung nach, die Zeit vorausgesehen, in der es revolutionär sein wird, in bestimmten Bereichen konservativ zu sein.

Das klingt so, als ob die damalige kommunistische und die nationalsozialistische Bewegung ähnlich waren.

Beide Parteien waren gleichsam auf drastische Neuerungen aus, was sie phänomenologisch ähnlich machte. Meiner Meinung nach liegt die strukturelle Ähnlichkeit darin, dass beide Ideologien eine Minderheit für das Unglück der Menschen verantwortlich machten, während die Individuen dahinter verblassten. Die Stalindiktatur erdachte ein ganzes Wörterbuch an Bezeichnungen für "böse" Minderheiten, wie "Kapitalist", "Revanchist", "Konterrevolutionär". Während der Hitlerdiktatur waren es die "Finanzkapitalisten" und die "Juden", die zu jener Minderheit verschmolzen, die für alles Unglück angeblich verantwortlich sein sollte. Bei den Reichstagswahlen 1932 wurden, laut einer Studie von J. W. Falter und R. Zintl aus dem Jahre 1988 [83], sowohl die NSDAP als auch die Kommunisten zu einem deutlichen Teil von Arbeitern (*39%* und *81%*) und Mittelschicht (*61%* und *19%*) gewählt. Für viele Wähler waren Kommunisten und NSDAP nicht wirklich unterscheidbar. Trotz der Ähnlichkeit sind die beiden Bewegungen nicht gleichzusetzen [84]. Z.B. pflegte die NSDAP mitunter linke Rhetorik, stand aber klar auf der völkischen Seite des politischen Spektrums und keinesfalls auf der der Sozialistischen Internationale.

Woher kommt Chauvinismus?

Der Begriff wird am häufigsten auf Nationen bezogen, also synonym zu Nationalismus verwendet, aber auch auf abwertendes Verhalten von Männern gegenüber Frauen, hier also synonym zu Androzentrismus, Machotum und Sexismus. Mitunter verwendet man ihn spöttisch gegenüber Männern, die dazu neigen, sich ihrer Partnerin überzuordnen, ohne sich dessen bewusst zu sein.

Wie entsteht er?

Die Voraussetzung für Chauvinismus ist das (tatsächliche oder eingebildete) Vorhandensein einer Gemeinsamkeit in einer Gruppe, die alle anderen Individuen außerhalb der Gruppe nicht teilen. Die Gruppe ist bezüglich jener Gemeinsamkeit teilüberkohärent. Dabei kann es sich um Sprachzugehörigkeit, Geschlecht, Nationalität, Hautfarbe, Religion, Haarfarbe usw. handeln. Die gesellschaftliche Linke neigt heute dazu, Chauvinismus dadurch ausmerzen zu wollen, dass sie jene teilüberkohärenten Eigentümlichkeiten zu vernichten, aufzuweichen, oder gleichzuverteilen sucht. Dadurch werden Agenten aber auch von für sie richtigen Gemeinsamkeiten entpraktisiert bzw. ihnen werden unliebsame übergestülpt. Dass dies ein viel zu starker Eingriff ist, erkennt man allein schon daran, dass viele Opfer des Chauvinismus selbst teilüberkohärente Gemeinsamkeiten teilen. Die Gleichverteilung funktioniert jedoch in vielen Fällen, beispielsweise die von Sprache oder von Zugehörigkeitsgefühl zu einem bestimmten Gebiet.

Was kann man sonst noch tun?

Wie gesagt ist Überkohärenz nur eine Voraussetzung für Chauvinismus. Dieser Effekt kann abgemildert werden, wenn die teilüberkohärente Gruppe weitere Gemeinsamkeiten mit anderen Gruppen teilt. Wenn Männer und Frauen beispielsweise Kinder haben, teilt man sich die damit verbundenen Aufgaben. Das Problem für die mit dem Chauvinismus einhergehende Gewalt ist jedoch in der Bewertung der eigenen im Vergleich zu der anderen Gemeinsamkeit zu suchen. Bei Gleichbewertung ergäbe sich eine Transzendenzmotivation von null und ein Gewaltpotenzial von nur ½, oder, bei Symbiose, eine Transzendenzmotivation von eins (beispielsweise für gegenseitige Empathie) und ein Gewaltpotenzial von null. Das Gewaltpotenzial steigert sich, wenn zum Zwecke des Verbleibs in der eigenen Rolle, jene, im Vergleich zur anderen, übermäßig hoch bewertet wird. Geht man davon aus, dass sich die Individuen über die Gesellschaft in ihren Bewertungen beeinflussen lassen, so hilft wohl eine gesellschaftliche Gleichbewertung von Männern und Frauen am besten gegen jene Gewalt. Dies wird schwierig, wenn man die Grenzen zwischen beiden Gruppen aufheben möchte. Tatsächlich hilft es, die Unterschiede zwischen den Gruppen klar herauszustellen, aufzeigen, dass es die überkohärenten Gemeinsamkeiten gibt und dass man Gemeinsamkeiten auch bewerten kann. Dabei gibt es zwei Arten von Gemeinsamkeiten und Bewertungen. Das sind einmal die Gemeinsamkeiten, die Menschen offenkundig mit anderen Menschen teilen, andererseits diejenigen, die nicht für die Gemeinschaft offenkundig sind. Es sind die Selbstbewertung der Individuen und die Bewertung durch die Gemeinschaft. Die Identifikation einer Person oder einer Gruppe innerhalb der Gemeinschaft kann nur anhand offenkundiger Gemeinsamkeiten, d.h. anhand der Erscheinung und des Tuns erfolgen, wobei das Tun Anderen gegenüber die für die gemeinschaftliche Bewertung relevanteren Eigentümlichkeiten offenbart. Nun muss man deutlich machen, dass das Tun von Menschen und deren Erscheinung in vielen Fällen zwar miteinander zusammenhängen (Betrunkene werden sich mit hoher Wahrscheinlichkeit wie Betrunkene benehmen), aber dass viele anderen Erscheinungen keinesfalls das momentane Tun bestimmen, selbst wenn sie teilüberkohärent sind. Aus "Alle Blonden sind gleich!" würde dann: "Jeder Mensch ist unterschiedlich, vor allem in seinem Tun!" Ein solches Verständnis würde die alleinige Identifizierung mit der teilüberkohärenten Gemeinsamkeit auflösen, denn sowohl das Gleichsein durch jene als auch dessen hohe Bewertung aus "Alle Menschen sind gleich!" wären verneint.

Ist die Limenistik totalitär?

In der Limenistik bedeutet Totalitarismus, dass ein bestimmtes Gemeinsamkeitenbündel ausschließlich und für immer positiv bewertet ist, und nur jenes. Dabei ist es egal, ob es sich um ein *j*-, *f*- oder *ff*-ZIG handelt. Die Gewalt, die nötig ist, um dies zu bewerkstelligen, kann von Agent zu Agent unterschiedlich sein. Allerdings wären totalitäre Gemeinsamkeitenbündel grundsätzlich inklusiv bzw. universell. Die im Bündel bereits vorhandenen Agenten würden es keinesfalls verlassen und alle Agenten von außerhalb würden es betreten. Rechter bzw. exklusiver Totalitarismus ist ein Widerspruch in sich, da das Gemeinsamkeitenbündel nicht gleichzeitig universell und exklusiv sein kann. Linker und religiöser Totalitarismus ist authentischer. Die Limenistik ist aufgrund der propagierten Schwellenhaftigkeit der Welt dezidiert antitotalitär, ohne dabei deren Struktur aufzugeben. Totalitäten existieren, ihre Grenzen sind jedoch transzendierbar.

Hat die Frankfurter Schule konkrete Zukunftsentwürfe vorgelegt?

Deine Frage zielt auf eine Utopie ab? Da hat sich die Frankfurter Schule eher zurückgehalten. Ich denke aber, sie bejaht die freie Gesellschaft als Ziel der menschlichen Entwicklung.

Was meinst du mit der freien Gesellschaft?

Als freie/befreiende Gesellschaft betrachte ich kein garantiertes Ziel der Entwicklung, sondern die garantierte Möglichkeit, in ihrem Rahmen individuell und gemeinsam nach Glück und Befreiung von Leid zu streben. Glücksgewinn entsteht durch die Akkumulation (meist nachhaltig) praktischer und die Befreiung von falschen Gemeinsamkeiten. Leidgewinn entsteht durch den Verlust praktischer bzw. die Akkumulation falscher Gemeinsamkeit. Glücklichmachende und leidbringende Gemeinsamkeiten sind normalerweise verschieden, allerdings können Gemeinsamkeiten ihre Bewertung umwerten, sodass Leid zu Glück wird und umgekehrt. Man kann Leid (Glück) parallel akkumulieren, indem man immer mehr falsche (richtige) Gemeinsamkeiten erinnert, im Unterschied zu stillbarem Verlangen, z.B. bei Hunger und der unmittelbaren, vergänglichen Belohnung, dem Sättigungsgefühl oder dem ihm verwandten Befriedungsgefühl durch den Konsum bestimmter Produkte (falsches Glücksversprechen). Selbstverständlich können Gemeinsamkeiten, die Glück oder Leid bringen, gleichzeitig verlassen und betreten werden, z.B. Gesundsein und Kranksein. Der Mensch kann außerdem mit Leid bzw. ohne Glück leben. Er ist leidensfähig und begrenzt glücksunabhängig, was es ihm ermöglicht, langfristig Strategien für die Beseitigung von Leid und die Erlangung von Glück zu entwickeln. Allerdings ist auch die Glücksakkumulation durch den ultimativen IntegrationWert begrenzt. Das Verblassen von Glücks-/Leidgefühl trotz des Verharrens in zuvor glücklichmachender/leidbringender Gemeinsamkeit ist nicht auf ein Verblassen des Glücks/Leids als solche zurückzuführen, sondern darauf, dass die Gemeinsamkeit Falschheit gewinnt/verliert. Umgekehrt verschwinden Glück bzw. Leid sofort, wenn glücklichmachende bzw. leidbringende Gemeinsamkeiten verlassen werden.

Quantitativ geht es um mehr Glück und weniger Leid?

Bedenke bitte, dass die Limenistik nicht streng zwischen Qualität und Quantität unterscheidet. Beides sind Gemeinsamkeiten. Gemeinsamkeiten und grundsätzlich dadurch bestimmt, dass sie unter Agenten geteilt werden, und dass sie durch Schwellen getrennt und verbunden sind. Es existiert nichts außerhalb von Gemeinsamkeiten. Das gleiche gilt für IntegrationsWerte, dir auch nichts Anderes als Gemeinsamkeiten sind. Ein quantitativ skalierter Integrations-Wert muss sich aber immer auf eine bestimmte Gemeinsamkeit beziehen. Somit wird gerichtliche Verurteilung oder Rache den IntegrationsWert Trauer aufgrund des Verlustes niemals völlig kompensieren können, teilweise (im doppelten Sinn) ist das aber möglich. Die Limenistik widerspricht somit in gewissem Maße Henri Bergsons Philosophie, die "intensiven" Gemeinsamkeiten, den psychischen Zuständen, keine quantitative (extensive) Skalierbarkeit zuschreibt [53]. Für Bergson sind Leid und Glück niemals quantitative Ausprägungen derselben Qualität, messbar entlang einer Längenskala, etwa wie Farben, die sich entsprechend der Wellenlänge des Lichts ändern. In der Limenistik wiederum sind Freiheit/Glück IntegrationsWerte - Gemeinsamkeiten bezüglich der bewerteten Gemeinsamkeiten - die über die Schwellen erreichbar sind.

Wie soll die freie Gesellschaft verwirklicht werden?

Schau, generell war jeder der großen ökonomisch-gesellschaftlichen Philosophen in der Lage, eine scharfe Analyse der gesellschaftlichen Verhältnisse zu formulieren. Ihre Utopien, auch die der Marxisten, waren hingegen meistenteils bescheuert und haben viele der Menschen ins Unglück gestürzt. Das gilt für diejenigen, die in der sozialistischen Welt lebten und leben. Man kann auch die Opfer der RAF-Terroristen hinzuzählen. Ebenfalls können geistige Opfer der gegen den Humanismus gerichteten Linken aus der jüngeren Vergangenheit hinzugerechnet werden. Grundsätzlich unterscheidet die Kritische Theorie zwischen falschen (repressiven, leidbringenden) und richtigen (freien, glückbringenden) gesellschaftlichen Verhältnissen, während Henri Bergson zwischen geschlossener (verpflichtender, konditionierender, wissenschaftlich zementierter) Moral zur Stabilisierung der momentanen Gesellschaft und einer offenen Gesellschaft mit limitiertem sozialen Ego und geringem sozialen Druck sowie veränderlicher (strebender) Moral unterscheidet [85]. Für Bergson ist jedes Konstituieren fester Strukturen eine Verräumlichung, die Einführung von Abständen, die Berührungen ausschließen, im Gegensatz zur "Dauer"/Andauern, die aus der Erinnerung heraus immer wieder neues hervorbringt, auf dass jene sich mit der Zukunft verbindet [53].

Welchen der Kritischen Theoretiker magst du am meisten?

Ganz klar Marcuse, trotz seiner Makel. Er hat ein berühmtes Buch geschrieben, "Der eindimensionale Mensch" [86], in dem er unter anderem die Unfreiheit des spätkapitalistischen Menschen durch den Konsum beleuchtet. Ich werde mir nicht anmaßen, zu behaupten, die Bücher zur Kritischen Theorie verstanden zu haben. Meine Meinung habe ich mir aber auf deren Basis erarbeitet. Da man etwas sowieso nur durch Begriffe beschreibt, denen man selbst den Sinn gegeben hat, brauche ich mir gar keinen Kopf um die richtige Wiedergabe der Kritischen Theorie zu machen. Aber ernsthaft: Meiner Meinung nach muss heutzutage der Konsumaspekt noch konsequenter diskutiert werden, in Richtung der repressiven Bedürfnisse.

Was sind das für Bedürfnisse?

Wie bereits erwähnt: Konkrete Bedürfnisse entstehen aus Spannungsfeldern zwischen einem ersehnten und einem noch nicht erreichten Zustand. Diese Spannungsfelder sind die Motivationen. Aus dem Bedürfnis resultiert wiederum der konkrete Trieb, ja sogar eine Anpassungserregung oder eine Anpassungseuphorie, eine Handlung zur Überbrückung des Spannungsfeldes vorzunehmen, d.h. zur Bedürfnisbefriedigung. Generell gibt es mehrere Kategorien von Bedürfnissen, die wiederum aus bestimmten Motivationen entstehen. Z.B. das Bedürfnis zum Konsum, das Bedürfnis zur Arbeit und Bedürfnisse zur menschlichen Interaktion. Nehmen wir das Konsumbedürfnis zu essen. Die Motivation zum Essen kann die Selbsterhaltung, also rein materiell bzw. biologisch sein, aber auch die Lust am Geschmack, die Überzeugung durch andere oder die Langeweile. Auf der anderen Seite ist z.B. die Teilnahme an der gemeinschaftlichen Arbeit nicht nur materiell motiviert, sondern auch durch ein Zufriedenheitsgefühl.

Aber im Frühkapitalismus geht dieses Gefühl verloren. Z.B. wird das Bedürfnis des Proletariers, zur Arbeit zu gehen, zwanghaft durch den Kapitalisten motiviert. Wer nicht arbeiten geht, bekommt keinen Lohn. Außerdem entfremdet sich der Arbeiter vom hergestellten Produkt.

Der Frühkapitalismus ist dadurch geprägt, dass der Gewinn aus der befremdeten Arbeit des Proletariers dem Kapitalisten als Besitzer der Produktionsmittel zugute kommt, wobei der Arbeitslohn zu nichts mehr dient als zur Absicherung des Überlebens des Proletariers (Essen, Wohnen, sich Kleiden) sowie der ausreichenden Reproduktion seiner Arbeitskraft. Als Konsument ist der Proletarier somit nur an der Befriedigung seines Bedürfnisses nach dem eigenen Überleben und dem seiner Familie interessiert.

Aber der Proletarier erwirtschaftet doch viel mehr als das, was er selbst konsumiert?

Das nennt man nicht-notwendige Arbeitsleistung. Umgekehrt betrachtet bedeutet das, dass nur ein Teil der tatsächlichen Arbeitszeit des Proletariers notwendig wäre, um die nackte Existenz aller Mitglieder der Gesellschaft, inklusive der nicht-arbeitsfähigen gerade so abzusichern. Das darüber hinaus erwirtschaftete Mehrprodukt, also das durch nicht-notwendige Arbeit erwirtschaftete, der Profit, wird vom Kapitalisten einbehalten, welcher zunächst seine eigene (zukünftige) Existenz, dann die (zukünftige) Existenz seines Unternehmens und dann zusätzliche Konsumbedürfnisse abdeckt. Ich spreche von in Kapitalform akkumulierbarem Profit.

Der Profit des Kapitalisten besteht doch aber im Kapital und nicht in der Ware. Er ist also gezwungen, seine Waren zu verkaufen, auch die, die aus nicht-notwendiger Arbeit entstehen.

Nicht-notwendige Arbeit muss in nicht-notwendigem Konsum resultieren. In den dafür nötigen zusätzlichen Konsumbedürfnissen liegt nun der Hund begraben. Das System konditioniert, beginnend von der frühkapitalistischen Phase, zuerst den eigenen Kapitalisten in einer Art und Weise, dass er immer neue, aber eigentümlich unnötige, Konsumbedürfnisse bei sich entdeckt, die er zur permanenten Reproduktion des kapitalistischen Systems befriedigen möchte. Der Schlüssel zu diesem Verhalten ist die Beeinflussbarkeit der menschlichen Psyche, deren Gesetze zuerst von Sigmund Freud beschrieben wurden. Der Beitrag des Proletariers als Konsument zum Profit ist dagegen im Frühkapitalismus durch seine rein materielle Natur fixiert und wird sich immer im selben Gewinnrahmen abspielen. Der Kapitalist hat hierauf zunächst keinen Einfluss, der Proletarier ebenso wenig. Unter diesen Voraussetzungen ist für die Kritik der kapitalistischen Ausbeutung eine Einbeziehung der menschlichen Psyche nicht relevant, da der Proletarier in dieser Form der Ausbeutung auf seine grundlegendsten Triebe reduziert wird, aus denen auszubrechen er intellektuell in der Lage wäre, allerdings nicht materiell.

Diese zusätzlichen Bedürfnisse, warum hat sie der Mensch? Reicht es ihm nicht, wenn er satt ist?

Nein! Dazu braucht man sich nur die hochkapitalistische Phase anzuschauen. Sie kann nur deswegen existieren, weil der Mensch ein historisches Wesen ist. Sie ist zugleich die Phase mit der höchsten Freiheit der Konsumenten. In dieser Phase ist die Überproduktion insbesondere aufgrund des technologischen Fortschritts so weit angestiegen, dass sich der Proletarier bzgl. seines Konsumverhaltens differenziert. Aus dem eigenen, gewachsenen freien Trieb heraus beschäftigt er sich mit Dingen, die über die bloße Überlebenssicherung hinausgehen.

Das heißt, der Mensch im Hochkapitalismus hat nicht nur egoistische Bedürfnisse? Er stellt auch ein Stück Freiheit dar?

Richtig! Kleinerer Luxus für sich und die Familie, Kunst, Kultur, etc., aber auch Wohlfahrt, Gemeinwesen, Vereine sind zwar bzgl. des blanken Überlebens nicht-notwendige Bedürfnisse, der Proletarier empfindet sie aber als befreiend und sie entwickeln ihn persönlich weiter. Sie werden durch die Erinnerung der Gemeinschaft, in der er lebt, bestimmt. Es gibt ebenfalls nur eine teilweise Konditionierung auf Profit: Wenn ein Bäcker auf die Idee kommt, sein Brot auch außerhalb seines Dorfes zu verkaufen, dann auch weil er von dessen Qualität überzeugt ist und Anerkennung antizipiert. Die hochkapitalistische Ökonomie ist als eine Art demokratischer Prozess zu sehen. Derjenige Produzent, der das herstellt, was viele Menschen für die Befriedigung ihrer Bedürfnisse benötigen, erhält zwar das meiste Geld. Gleichzeitig drückt der Erwerb eines Produktes Sympathie für die herstellende oder vertreibende Firma aus. Unter diesen Umständen funktioniert auch das aufgrund des Konkurrenzkampfes mehrerer Anbieter um die Gunst der Kunden entstandene Korrektiv an der Profitausrichtung durch den diversifizierten kapitalistischen Markt am besten. Außerdem gibt es ein Rollback der befremdeten Fließbandarbeit.

Tatsächlich wird sich der hochkapitalistisch ausgebeutete Mensch, da die Wirtschaft mehr und mehr auf die Befriedigung seiner Bedürfnisse ausgerichtet wird, seiner eigenen wertschaffenden Arbeit bewusst und entwickelt daher ein besseres Lebensgefühl. In diesem Moment sind auch der Proletarier bzw. der kleinere Unternehmer in der Lage, Profit zu erwirtschaften, d.h. Geld zu sparen. Das generelle Verständnis dabei ist, dass das Geld dazu dient, vergangene Arbeitsleistung in die Zukunft zu retten und der nächsten Generation zu deren Weiterentwicklung zur Verfügung zu stellen, ähnlich akkumuliertem Wissen oder dinglichen Errungenschaften.

Und das ist der "Biedermeier", über den man sich immer lustig macht.

Wie in der frühkapitalistischen Phase ist der Kapitalist aber nicht wirklich in die Schaffung dieser Bedürfnisse einbezogen, wird aber die Mittel zur Bedürfnisbefriedigung bereitstellen.

Er verdient nämlich daran.

Genau! Mach dir aber nichts vor, auch der Hochkapitalismus beruht auf Ausbeutung.

Warum hat der Weg über den Hochkapitalismus nicht in die freie Gesellschaft geführt?

Die Freiheit im Hochkapitalismus hat repressive Anteile im Sinne eines Imperativs. Sie beinhaltet, die Freiheit des Marktes nutzen zu müssen, also den Konkurrenzkampf mit offenem Visier zu führen. Das Resultat dieser Art des Liberalismus ist eine Präferenz dessen, der sich am besten an die Gemeinsamkeit des profitorientierten Konkurrenzkampfes angepasst hat. Das Einsickern seiner Prinzipien in die gesamte Gesellschaft ist durch das im Rahmen der hochkapitalistischen Ökonomie anerzogene Bedürfnis, zu den "Gewinnern" gehören zu wollen, letztendlich vorprogrammiert. Es kann in einer kompletten Erosion des sozialen Handelns resultieren, d.h., in der Schule und am Arbeitsplatz unterstützt man sich nicht mehr gegenseitig, sondern versucht, den Mitmenschen auszustechen. Man hat bemerkt, dass jemand einen Fehler gemacht hat oder machen wird, teilt es ihm aber nicht mit, um anschließend selbst besser dazustehen. Schlimmstenfalls wird einem Verletzten nicht geholfen, um ihn als Konkurrent auszuschalten. Es gibt dabei ein merkwürdiges Einvernehmen bzgl. dieses Prinzips. Derjenige, der spürt, dass er unterlegen sein wird, fragt weder um Rat noch hört er sich einen Rat des temporär Überlegenen, aber Wohlmeinenden, aufmerksam an. Das ökonomische Prinzip, der eine Mensch müsse erfolgreicher sein als der andere, wird sich irgendwann auf ganze Gruppen ausdehnen. In diesem Moment werden bestimmte Eigentümlichkeiten der Gruppe mit vorprogrammiertem Erfolg assoziiert. Jene Gruppe wird, *per se*, als angepasster im Sinne von stärker, klüger, moralischer, toleranter als die andere ansehen. Der marktliberale Hochkapitalismus trägt den Sozialdarwinismus also in sich.

Auf der anderen Seite gibt es für den Profit noch Luft nach oben. Ab hier beginnt das Versagen von Marx' Theorie. Neben der Schaffung neuer Konsumbedürfnisse ist die Unterdrückung der revolutionären Kraft der Proletarier essenziell für das Überleben des kapitalistischen Systems. Beginnend mit der asymmetrischen Korrumption der Proletarier zum Zwecke der Spaltung der Bewegung und zu deren Einschläferung, erkennt der Kapitalist den enormen Vorteil einer Situation, in der die notwendige Arbeitszeit bei nahezu null Arbeitsstunden liegt. D.h., der Proletarier schafft durch Lohnarbeit im Wesentlichen nur noch die Voraussetzungen für die Befriedigung von Konsumbedürfnissen, die nicht mehr existenziell oder historisch determiniert sind, sondern vom Kapitalisten selbst entsprechend dem erwarteten Profit vorgegeben werden können. Die repressiv motivierten Konsumbedürfnisse bzw. repressiven Konsumbedürfnisse des Spätkapitalismus entstehen, wobei das System möglichst viele Individuen, inklusive der Lohnarbeiter zur Befriedigung der hochprofitablen repressiven Bedürfnisse zu zwingen trachtet. Der Proletarier wird zwar weiter Lohn für seine Arbeit erhalten, möglicherweise sogar mehr als früher, aber gleichzeitig wird ihm vorgeschrieben, wie er ihn denn auszugeben hat. Gleichzeitig wird ein ausgedehnter Verwaltungsapparat notwendig, der den repressiven Konsum organisiert und mit der repressiven Lohnarbeit in Deckung bringt. Man kann somit allgemein von der Entstehung repressiver Bedürfnisse im Rahmen der Anpassung, der Konformität mit dem spätkapitalistischen System sprechen, die sich in alle Bereiche des Lebens ausbreiten.

Sind nur Menschen im Spätkapitalismus diesen repressiven Bedürfnissen ausgesetzt?

Menschen, die andere Menschen manipulieren, damit die etwas für ihren Vorteil tun, ist kein neues Phänomen. Stelle dir doch bitte nochmals Platons Höhle vor. Ein Aufseher zwingt einen der Gefangenen unter Androhung von Schlägen, ihm sein weniges Essen abzugeben. Diese Repression weckt nun wahrscheinlich in dem Gefangenen das Bedürfnis, dem Aufseher die Mahlzeit zu übergeben. Der Gefangene ist sich natürlich bewusst, dass er die Mahlzeit unter Zwang abgab, d.h., das Bedürfnis war repressiv, und zwar in sehr direkter Form. Fragt ihn nun aber sein Mitgefangener nach der Mahlzeit, z.B. indem er den Eindruck erweckt nahezu verhungert zu sein, so ist die Wahrscheinlichkeit hoch, dass er die Mahlzeit freiwillig erhält, wenn der erste Gefangene freundschaftliche

Gefühle für ihn hegt. Die Freundschaft kann aber falsch sein, d.h., der Mitgefangene hegt rein egoistische Interessen. Dann ist das geweckte Bedürfnis der Essensübergabe ebenfalls repressiv, und zwar versteckt. Der erste Gefangene glaubt, er habe dem anderen freiwillig etwas abgegeben, was er bei Kenntnis der wahren Umstände wahrscheinlich nicht getan hätte. Die instrumentelle Vernunft zur Legitimierung des repressiven Bedürfnisses zur Abgabe der Mahlzeit wäre hier eine selbstaktiviert erdachte Erklärung, für die der Gefangene das Verhältnis zwischen sich und dem Empfänger der Mahlzeit, an das er sich anpasst, bewusst oder aus Unwissenheit falsch einschätzt. Der Spätkapitalismus arbeitet mit allen Formen repressiver Bedürfnisse, je nachdem, welche dieser Methoden profitabler ist.

Aber diese Bedürfnisse wurden von Marx vorausgesagt, oder?

Ja, in etwa! Marx hat aber die Fähigkeiten des Kapitals übersehen, die menschliche Psyche zu manipulieren und sie zum ausschließlich profitorientierten Konsum zu verführen. Die Signifikanz dieses Umstands wurde von der Kritischen Theorie hervorgehoben. Diese, vom spätkapitalistischen System induzierten Konsumbedürfnisse sind der Schlüssel zum kontrollierten Profit.

Und beim Kapitalisten fällt jetzt der Groschen!

Der Kapitalist wird, sobald er sich der Möglichkeit einer explosionsartigen Steigerung des Profits durch die repressiven Konsumbedürfnisse, die er selber vorgeben und am antizipierten Profit ausrichten kann, bewusst wird, den Zustand des Spätkapitalismus unter Ausnutzung aller Möglichkeiten anstreben. Der technologische Fortschritt steht hierzu in bedingendem Verhältnis, da ja die Voraussetzungen für die Befriedigung hochprofitabler repressiver Konsumbedürfnisse, z.B. in Form hochtechnologischer Waren, erst einmal geschaffen werden müssen. Der Spätkapitalist wird die Repression sogar insoweit verstärken, sodass hochprofitable aber eigentümlich unnötige Konsumbedürfnisbefriedigung prioritär vor der notwendigen erfolgt. Besonders profitabel sind hierfür Bedürfnisse, die selbsterhaltend oder gar selbstverstärkend wirken. Die

Orientierung der repressiven Konsumbedürfnisse allein am Profit verhindert auch, dass die kollektive Anstrengung der Gesellschaft in Richtung der Linderung von Leiden, Schutz der Erde vor Zerstörung und menschlichen Fortschritt ausgerichtet wird. Ein Überlapp solcher Notwendigkeiten mit der spätkapitalistischen Ökonomie wäre rein zufällig.

Und wer sind die Mächtigen im Spätkapitalismus?

Die mächtigste wirtschaftliche Kategorie im Spätkapitalismus ist die der Großkonzerne. Diese befriedigen zum einen diejenigen Konsumbedürfnisse, welche im Wesentlichen konstant sind und nicht mehr wachsen. Entsprechend ist ihre Einflussnahme auf die Politik diesbezüglich eher auf die Konservierung des Bestehenden ausgerichtet. Sie treten mit diesen Produkten in der Öffentlichkeit aber kaum in Erscheinung. Allerdings ist ein Wirtschaften mit immer denselben Profiterwartungen nicht besonders attraktiv. Daher suchen die Konzerne ständig nach innovativen Möglichkeiten, mehr und vor allem gewinnbringendere repressive Konsumbedürfnisse zu erzeugen. Gelingt ihnen das, treten sie medial auf. Sie werden ihre Innovation in Medien und Politik intensiv reflektieren. Somit spiegelt der sichtbare Zeitgeist im Spätkapitalismus die Sucht nach immer neuen repressiven Konsumbedürfnissen wider, d.h., Politik, Medien, Kultur werden, entweder unter direkter Einflussnahme des Kapitalisten oder ihn imitierend, repressiv progressiv auftreten.

Repressiv progressiv?

Das ist die Progression ohne Elevation. Sie beinhaltet das Ersetzen von Vorhandenem durch "Neues" allein zur Profitmaximierung, also eine Mischung aus Wegwerfgesellschaft und Konsumhysterie. Konservative Weltbilder werden daher in den Hintergrund gedrängt, speziell wenn sie einen negativen Einfluss auf das entfesselte Kaufverhalten haben könnten. Ein sehr wirkungsvoller Trick dabei ist es, konservativ grundsätzlich synonym zu reaktionär zu

verwenden. Selbstverständlich bleiben das System und die eingefahrenen Profitmechanismen vom repressiven Progressivismus
unberührt.

*Wie, wenn man alle zwei Jahre seinen Fernseher auf den Schrott
wirft, weil einem irgendetwas daran nicht gefällt, und sich einen
neuen kauft, jedoch sich nie darüber klar wird, dass das Fernseh-
programm auf den Schrott gehört.*

Von der reinen Reproduktion des Systems, die einen Konservatismus darstellt, soll durch den Warenprogressivismus möglichst abgelenkt werden. Letzterer soll den Menschen Fortschrittlichkeit
vorgaukeln, um sie zu jener zu zwingen. Einer der bezeichnends-
ten Sätze hierzu ist: "Wir wollen uns unsere freie Lebensweise
nicht zerstören lassen", der die Systemreproduktion durch Progressivismus meint, allerdings die vermeintliche Bewahrung eines vermeintlich freien Lebens ausdrückt.

*Fortschrittsfreie Systemreproduktion durch Progressivismus, aha!
Wirkt sich der ökonomische Zwang auf die menschliche Seele aus?*

Stell dir spaßeshalber alles als eine Ware vor. Dein Auto, Omas
alte Kaffeemühle, deine Freundin, die Gefühle zu deiner Freundin,
vielleicht sogar dein Leben. Wie würdest du dich diesen Waren
gegenüber verhalten, wenn du konservativ wärst?

Wahrscheinlich würde ich sie behalten?

Und ist das immer gut? Sicher nicht. Stell dir nur mal vor, du liebst
deine Freundin nicht mehr und bleibst rein aus Gewohnheit mit ihr
zusammen. Andere Frage: Wie würdest du dich verhalten, wenn
du total progressiv wärst?

Ich würde die alte Mühle wegwerfen und eine neue kaufen.

Ganz genau. Und wäre das immer gut? Sicher genauso wenig. Stell
dir vor, du liebst deine Freundin und verlässt sie aus irgendwel-

chen idiotischen Gründen. Einen gesellschaftlichen Fortschritt garantiert totaler Progressivismus nicht, genauso wenig wie der totale Konservatismus. Es gibt aber einen Unterschied: Die total progressive Lebenseinstellung maximiert den Profit. Neben der zerstörerischen Ausbeutung der Ressourcen durch eine solche Einstellung gibt es noch einen weiteren negativen Aspekt: Die Dinge verlieren ihren ideellen Wert. Die Kaffeemühle, die *20* Jahre hält, ist teurer in der Anschaffung, wirft aber über die *20* Jahre weniger Profit ab. Trotzdem ist ihr ideeller Wert für den Konsumenten höher als eine Mühle, die nur ein Jahr hält. Das ist, nach der Entfremdung von der produzierten Ware und dem Produktionsprozess die dritte Entfremdung innerhalb des Kapitalismus, nämlich die des Konsumenten von der konsumierten Ware.

Gibt es für den Warenprogressivismus eine erklärende Philosophie, so wie den Positivismus für den Frühkapitalismus?

Die Popper'sche Idee von der ständigen Falsifikation vorhandener, gefolgt vom Erwerb neuer Weisheiten/Waren mit dem einzigen Ziel einer neuerlichen Falsifikation, würde in jedem Fall den konsumistischen, profitorientierten Progressivismus befördern, ein falsches, auf ständige Falsifizierung ausgerichtetes Verständnis von Poppers offener Gesellschaft ebenfalls. Eine weitere Gefahr in der Popper'schen Herangehensweise besteht darin, dass gegenteilige Meinungen künstlich zu einer Universalität erhoben werden können, die man durch ein einziges Gegenbeispiel komplett zu falsifizieren glaubt. Das ist eine einfache Methode zur Polarisierung der Meinungen, die als eine Motivation zum Konsum missbraucht werden kann. Die Idee der begrenzt-universellen Lebenswelt bejaht die offene, durch die sich entwickelnde Gemeinsamkeit bestimmte Gesellschaft, wenn auch aus etwas anderen Gründen als Popper. Ein falsches Verständnis dieser Idee könnte dagegen eine Gleichgültigkeit gegenüber der eigenen, menschlichen Unzulänglichkeit befördern.

Ist sich der Mensch des Kreislaufs aus Konsum und Ausbeutung bewusst? Sagt er zu sich: Jetzt konsumiere ich und jetzt beute ich aus?

Du hast gerade sehr gut den Konflikt zwischen dem Primat materialistisch-mechanischer Gesetze und dem des menschlichen Verstandes innerhalb der Gesellschaft beschrieben.

Deiner Meinung nach liegt die Wahrheit zwischen diesen Extremen.

Auf der einen Seite vermute ich, wenn die Dinge schieflaufen, primär einen Systemfehler. Allerdings benötigt der Kapitalismus Agenten, um zu funktionieren. Der Apfel am Baum ist der Agent des Fallgesetzes, Lebewesen sind Agenten der Vererbungsgesetze und Menschen sind Agenten der soziologischen, politischen und ökonomischen Gesetze. Vielleicht ist der Mensch irgendwann in der Lage, Körpern ihr Gewicht zu geben und so dem Fallgesetz seine Agenten zu entziehen. Der Mensch ist jetzt schon in der Lage, Lebewesen jenseits der Vererbungslehre genetisch zu wandeln und er ist in jedem Fall in der Lage, falls nötig, soziologische, politische und ökonomische Rahmenbedingungen zu wandeln. Die falschen Rahmenbedingungen müssen Objekte der Falsifizierbarkeit von gesellschaftlicher Herrschaft sein. Somit halte ich z.B. den Neoliberalismus, der sich nach 1990 intensiviert hat, gleichzeitig für systeminhärent als auch für durch Menschen gemacht und auch für durch Menschen falsifizierbar.

Ist das nicht ein Widerspruch?

Denke bitte an die Analogie zum sich selbst programmierenden Roboter. Meine persönliche Meinung ist, dass man die Kapitalisten nicht zu *100%* von ihrer Verantwortung freisprechen kann, indem man die Ausbeutung des Menschen ausschließlich als systembedingt betrachtet. Der Punkt ist, dass sich das spätkapitalistische System den Agenten sucht oder sogar schafft, den es gerade braucht, während jener sich finden und schaffen lässt. Es gibt KEINE Verschwörung.

Heißt das, die Ausbeuter sind sich der Ausbeutung gar nicht bewusst?

Schau dir doch viele der sogenannten Top-Manager an. Sie sind für mich das Paradebeispiel für repressive Autosuggestion. Sie reden roboterartig dem Profit nach dem Munde, wenn sie öffentlich auftreten, und glauben auch noch selbst daran, dass das spätkapitalistische System den Menschen ausschließlich zugute kommt. Deshalb halte ich das Konzept der "Ausbeutung des Menschen durch den Menschen" für teilweise irreführend. Es gibt zwar Sadisten, die sich am Leiden von Menschen erfreuen, das ist aber nicht die Motivation der Manager der Konzernverwaltungen. Stelle dir außerdem folgendes vor: Dem Proletarier wird in der Konsumwerbung eingeredet, dass er das neue Smartphone "Crystalclearbionanoeco" von der Firma "Menschenfreund" unbedingt haben will. Stell dir weiter vor, er wird angewiesen, es im Arbeitsprozess für Kosten von *10* Euro und einem Lohn von *90* Euro herzustellen und kauft es dann am nächsten verkaufsoffenen Sonntag für *500* Euro bei der Elektrokette UranusPro. Natürlich ist dieser Prozess wunderbar durch die be-/entfremdete Arbeit verschleiert. Woher der Proletarier die Differenz von *410* Euro nimmt, ist dem Spätkapitalisten egal. Der Punkt ist: Der Proletarier ist in keiner Weise materiell gezwungen, den Kauf zu tätigen, allerdings durch eine extrem repressive Konsumwerbung beeinflusst, die alle Möglichkeiten nutzt, die menschliche Psyche hierfür zu unterwerfen.

Die Anweisung zur Herstellung sowie die repressive Kaufmotivation erfolgt allein deswegen, weil diese spezielle Ware den höchsten Profit verspricht. Bei begrenzten finanziellen Mitteln des Käufers wird das repressive Konsumbedürfnis auf Kosten materieller oder wirklich nachhaltig zufriedenstellender Bedürfnisse (zu den Eltern reisen, Ausbildung für die Kinder usw.) erfüllt werden. Die repressive Konsumbedürfnisbefriedigung des Individuums ist konsequent als Ausbeutung zu betrachten, genauso wie die Lohnarbeit. Man kann auch von Konsumarbeit sprechen. Im Gegensatz zu ersterer findet sie vordringlich in der Freizeit statt. Im Rahmen der profitablen Effektivierung der Ausbeutung durch Konsum und deren Synchronisation mit der durch Lohnarbeit werden sich repressiv Konsummilieus herausbilden, deren Mitglieder ähnliche

Dinge konsumieren. Im Vergleich zum individuellen repressiven Konsum und der damit verbundenen individualisierten Repression ist der Zwang des Individuums in ein Konsummilieu natürlich viel profitabler. Der Konsum innerhalb des Milieus wird repressiv weiter homogenisiert, was z.b. zur Reduktion der Waren-, Meinungs- und Leistungsvielfalt im Vergleich zum Hochkapitalismus führen wird. Repressiv solidarisch subventionierte Maßnahmen als Pervertierung der ursprünglichen humanen Idee sind eine ideale Brutstätte für den Bazillus der repressiv induzierten Konsumbedürfnisse, wodurch der ideale Spätkapitalismus in Teilen als durchsolidarisierter Kapitalismus in Erscheinung treten wird.

Die spätkapitalistischen Konsummilieus stellen, ebenso wie Arbeitermilieus, Gemeinsamkeitenbündel dar, deren Gemeinsamkeit darin besteht, Profit durch Konsum zu generieren. Bei stabilen Profitaussichten definieren sich die Konsummilieus eher über gleichbleibende repressive Konsumbedürfnisse. Muss das spätkapitalistische System die Waren jedoch ändern/neuern, um maximalen Profit zu erzeugen, ist es eher die Toleranz, ein Bedürfnis zweiter Ordnung, auf die die Konsumenten konditioniert werden müssten, damit sie progressivistisch auf den neuen Warenkonsum einschwenken. Die Assimilation in Konsummilieus scheint einer Desintegration entgegenzulaufen, da Individuen ja in das Milieu integriert werden (klingt zunächst gut). Tatsächlich handelt es sich bei diesem Beitritt aber um eine repressive Integration, die die eigentümliche Idee der Integration, nämlich das Teilen einer Vielzahl von Gemeinsamkeiten, auch jenseits des Konsums, und damit die Transzendenz vieler Gemeinsamkeitengrenzen verneint. Kein Konsummilieu ist daran interessiert, dass Individuen es über die Gemeinsamkeitengrenzen verlassen, was sie sektenartigen religiösen oder sozialen Gemeinschaften ähnlich macht und ihrem Denken einen gehörigen identitären Anteil verpasst. Anders ausgedrückt: Die Konsummilieus sind hochinklusiv. Ihre Grenzen sind transzendent für neue Mitglieder, aber nicht für solche, die sie verlassen wollen und schon gar nicht für alternative Waren und Meinungen.

Aber warum sollte das solidarische Prinzip dem Spätkapitalisten helfen? Ich dachte, die Ausgebeuteten müssten es ständig erkämpfen.

Im Spätkapitalismus erhält der Proletarier oder erhalten Gruppen von Proletariern einen zusätzlichen Wert, nämlich den Konsumwert. Die individuell verfügbaren liquiden finanziellen Mittel sind dabei nur das Konsumvermögen, ein vages Potenzial. Im Unterschied zur Lohnarbeit ist der Proletarier nämlich nicht zum (nichtnotwendigen) Konsum gezwungen. Vielmehr muss er zum Konsum motiviert werden. Da der Spätkapitalist die konsumierte Ware anhand des Profits selbst bestimmen will, ist außerdem die Warentoleranz für ihn wichtig. Diese ist minimal, wenn der Konsument weiß, was er will und maximal, wenn ihm vorgeschrieben werden kann, welche Ware er konsumieren soll. Die individuelle Konsummotivation (und damit ist deren Stärke gemeint, die wiederum von der Art der Motivation abhängt) ergibt sich somit aus der Bereitschaft, Geld für den Konsum auszugeben multipliziert mit der Warentoleranz. Die (zeitlich begrenzte) Konsummotivation eines Milieus ergibt sich aus der Zahl der Milieumitglieder multipliziert mit deren mittlerer Konsummotivation. Der Konsumwert ist das Produkt aus Konsumvermögen und Konsummotivation. Ganz im Gegensatz zum Wert der Arbeitskraft, bei der aufgrund des direkten Zwangs zur Lohnarbeit die mittlere Wahrscheinlichkeit, zur Arbeit zu gehen und das Maximum seiner Kraft einzusetzen, bei einem konstanten Wert bei nahezu *100%* liegt, schwankt die Konsummotivation gern zwischen den Milieus.

Die gesellschaftliche Stellung des Menschen richtet sich somit nicht nur nach seinem Arbeitswert, sondern auch nach seinem Konsumwert.

Ich meine sogar, dass sich die gesellschaftliche Stellung eines Menschen in Zukunft nicht mehr vordergründig an seinem Besitz, sondern an seinem Konsum, d.h., dem Verbrauch von Waren pro Zeiteinheit orientiert. Und hier liegt die große Gefahr. Nicht nur, dass Gelder gezielt an Milieus mit antizipiert hoher Konsummotivation vergeben werden, außerdem werden unterprivilegierte

Menschen versuchen, eine exponierte gesellschaftliche Stellung eben durch Konsum zu erlangen, entweder finanziert auf Pump oder durch Schlimmeres.

Und gibt es noch mehr "Luft nach oben" für den Profit?

Reiner Kapitalismus heißt, dass Produzenten mittels Lohnarbeit Waren herstellen, die sie profitabel verkaufen, vielleicht über einen Händler. Diese Produzenten konkurrieren sich zu Tode, bis ein Monopolist übrigbleibt, der den Markt dann beherrscht. Momentan stehen wir vor einem neuen Abschnitt des Spätkapitalismus, der dieses Idealbild verneint. Schlagworte dieses Abschnitts sind "Internet", "Internet der Dinge", "Big Data", "Prosumers" als Kombination aus "professional" und "consumer". Alvin Toffler führte den Begriff ein [87] und beschrieb damit einen Konsumenten, der einen bestimmten individuellen, professionellen Anspruch an ein Produkt stellt.

Was steckt hinter diesen Begriffen?

Generell die totale Verdinglichung des Lebens durch Vernetzung. Konkret die Verschiebung der Profitgeneration von den produzierenden, hin zu verwaltenden Großkonzernen. Diese diktieren den Konsumenten die Preise und auch, was sie zu kaufen haben. Die Repression findet aber ebenfalls in Richtung der Produzenten statt, d.h., der Verwaltungskonzern schreibt dem Produzenten vor, was dieser gefälligst zu produzieren hat und zu welchem Preis er ihm das Produzierte abkauft. Das erlaubt dem Verwaltungskonzern, die Produktion zu kontrollieren und auf den eigenen Profit, aber nicht auf den des Produzenten auszurichten. Diese Verschiebung hat bereits die Lebensmittelindustrie erfasst und wird sich immer weiter fortsetzen. Für den Verwaltungskonzern wäre es noch besser, wenn die Konsumbedürfnisse selbstverwaltet (also durch selbstbestimmte Anpassung an den höchstprofitablen Konsum), z.B. über die Kommunikation im Internet (der Dinge), entstehen würden, er diesbezüglich also keinen Aufwand mehr hätte. Idealerweise stellt ein Individuum ein Produkt nach den Profitwünschen des Verwaltungskonzerns her, gibt es dem Verwaltungskonzern für *100* Euro und dieser verkauft es ihm dann für *500* Euro. Diesen Idealfall repressiver Konsum- und Produktions-bedürfnisse kontrolliert durch den Verwaltungskonzern strebt dieser natürlich an. Der Begriff des Prosumers oder Prosumenten wird daher heute im Sinne eines selbständigen Herstellers von Waren, z.b. vermittels eines 3D Druckers, verwendet, romantisiert durch eine vermeintliche individuelle Freiheit. Durch jene instrumentelle Vernunft wird die Prosumentengesellschaft befähigt, ihr Leben entsprechend den von ihnen antizipierten Interessen des Verwaltungskonzerns selbst zu produzieren und zu konsumieren.

Ist der Spätkapitalismus eine Konsequenz der Geschichte?

Meiner Meinung nach ist er die Konsequenz des bedingungslosen Profitstrebens. Außerdem glaube ich nicht an durch den Spätkapitalismus neu generierte Bedürfnisse des Menschen, sondern an die Wiedererweckung und Verstärkung kollektiv abgespeicherter Bedürfnisse zum Zwecke der Profitmaximierung. Dazu gehört sicher auch der Spaß. Das historisch vorhandene, befreiende menschliche Bedürfnis nach Spaß wird repressiv induziert und verstärkt, um den Markt an Spaßartikeln als sich reproduzierendes Konsumbedürfnis zu vergrößern. Ein weiteres Beispiel ist das gemeinschaftliche Bedürfnis, den Anderen zu beschützen und sich gegen Feinde zu verteidigen. Die repressive Pervertierung dieses Bedürfnisses ist das Prinzip des gemeinsamen Feindes. Es wirkt generell sehr stark und daher wird der Spätkapitalist immer versuchen, damit zu operieren. Dieses Prinzip erzeugt das Bedürfnis nach einer vorübergehenden Synchronisation der Interessen, um gegen einen gemeinsamen realen oder gedachten Feind vorzugehen. Ein Beispiel für die Anwendung dieses Prinzips ist die Erzeugung des Bedürfnisses zum Waffenkauf. Das beweist ein Kommentar von Wayne LaPierre, *National Rifle Association*, zu einem Schulmassaker in Newtown, Connecticut, 2012: "Das einzige, was einen Bösen mit einer Waffe stoppen kann, ist ein Guter mit einer Waffe" [88]. Die spätkapitalistisch erzeugten Bedürfnisse, ob es nun die zur Lohnarbeit, zum Konsum oder zur Verwaltung betrifft, sind also weder neu, noch zu *100%* repressiv, was sie umso schwerer als nicht hilfreich erkennbar macht. Gleiches gilt für die spätkapitalistische Vernunft, die nie zu *100%* instrumentell ist.

Die spätkapitalistische Repression zur Manipulation der menschlichen Psyche dient also der Aufrechterhaltung des Konsums. Das ist dann wohl der Angelpunkt der empfundenen Unfreiheit.

Es gibt zentrale Begriffe, die für die kritische Betrachtung der Gesellschaft wichtig sind: repressive Toleranz [89], repressive Integration und repressive Freiheit, womit explizit keine repressiven Mittel "der Guten" zum guten Zweck gemeint sind. Repression bedeutet hier den (Selbst)Zwang zur Anpassung an falsche Gemeinsamkeit und resultiert zum größten Teil aus dem Reproduktionsbestreben des jeweiligen (hier des spätkapitalistischen) politisch-ökonomischen Gesellschaftssystems. Je höher die Toleranz, desto einfacher fällt die Hinnahme der Anpassungshandlungen an alle möglichen Gemeinsamkeiten. Je stärker die Integration, desto mehr verschiedene Gemeinsamkeiten erlebt der sich Anpassende. Je freier die Entfaltung, desto freier ist auch die Wahl der Gemeinsamkeiten, an die man sich anpasst.

Integration bedeutet in der Gesellschaft die Einbindung von Personen in bestimmte Verhältnisse bzw. Gemeinsamkeiten. Diese Verhältnisse können einerseits konkreter Natur sein oder man meint die Integration als solche, d.h. die umfassende Integrationsfähigkeit und -bereitschaft. Repressive (instrumentelle) Integration bedeutet, Menschen auf eine positive Bewertung von technisch-spezifischer Integration in bestimmte, falsche Gemeinsamkeiten oder umfassender Integration zu konditionieren, Letzteres um ihren dauerhaften Zwang in falsche Gemeinsamkeiten zu legitimieren. Im falschen Leben ist die umfassende Integration immer repressiv. Im Spätkapitalismus beruht sie auf der Schaffung instrumenteller Gemeinsamkeiten zwischen der Ausbeutung und den Ausgebeuteten. Sie hebt sich von der vulgären Korruption des Proletariats des untergehenden Frühkapitalismus insoweit ab, dass sie den aktiven Widerstand gegen die profitbasierte Repression komplett in das spätkapitalistische System einbindet und abhängig von ihm macht. Der Widerstand "macht mit" und erwirtschaftet selbst Profit, weswegen er sich spaltet und schwächt (er verneint sich selbst). Ein Beispiel für die Allmacht der repressiven Integration ist der Begriff "Konsumgesellschaft" [90]. Obwohl dieser Begriff den repressiven Charakter des Spätkapitalismus treffend beschreibt und auch allen Menschen bekannt ist, schafft es die repressive Integration in den überbordenden Konsum, den klaren Blick auf diese Konsumgesellschaft und deren negative Konsequenzen zu verwehren. Ja sogar, den Begriff in einem rein positiven Licht erscheinen, ihn auf die scheinbare Freiheit und Sorglosigkeit durch Konsum hinweisen zu lassen oder ihn als Beschreibung eines gesellschaftlichen Fortschritts zu verwenden, inklusive der Befreiung von spätkapitalistischer Unterdrückung selbst. Der repressiven Integration bzw. Desintegration stehen die tatsächlich befreiende Desintegration bzw. Integration gegenüber. Neben der repressiven Integration von Agenten, d.h. deren Gemeinsamkeitenbündel, in falsche Gemeinsamkeit stellt sich die Frage nach der repressiven Integrierbarkeit zunächst richtiger Gemeinsamkeiten in der Weise, dass sie falsch werden. Meiner Meinung nach ist das nur begrifflich möglich, d.h. die Gemeinsamkeit a, die den Menschen weiterentwickelt hätte, wird aus Profitgründen durch die falsche Gemeinsamkeit b ersetzt, jene wird aber als "a" bezeichnet. Dennoch gibt es natürlich kein Gesetz, das besagte, dass alle Gemeinsamkeiten, an die man sich anpasst, weil man sie als profitsteigernd positiv bewertet hat, grundsätzlich die falschen sind. Allerdings können profitsteigernde falsche Gemeinsamkeiten nicht durch solche ergänzt oder abgelöst werden, deren Anpassung den Profit absenken würde. Die Frage ist, ob in die Profitgewinnung eingebundene richtige Anpassungen richtig bleiben können.

Toleranz wird technisch als Hinnahme kleiner Abweichungen bezüglich der Norm innerhalb relativ festgelegter Grenzen verstanden und gesellschaftlich als die Hinnahme von Ereignissen und Verhaltensweisen im Rahmen der gesetzlichen Normen. Diskussionen um Toleranz beinhalten weniger die Toleranz selbst, sondern kaprizieren sich auf eben jenen Rahmen. Fällt er weg, erhält man eine umfassende Toleranz, die alle Ereignisse und Verhaltensweisen hinnimmt. Repressive (instrumentelle) Toleranz beinhaltet den Zwang, technisch-spezifische Toleranz gegenüber bestimmtem, falschem Verhalten oder umfassende Toleranz positiv zu bewerten, Letzteres um pauschal alle Verhaltensweisen hinzunehmen, die einem Anpassungsprozess an falsche Gemeinsamkeiten entsprechen. Im falschen Leben ist die umfassende Toleranz immer repressiv. Das tolerante Hinnehmen jedweden Verhaltens wiederum macht den Menschen passiv, willenlos, unfrei bzw. resultiert aus genau jenen Eigentümlichkeiten. Die Forderung nach ausschließlicher Toleranz bedeutet, sich nicht mehr wehren zu dürfen. Im schlimmsten Fall kann er das, was um uns herum passiert, nur noch passiv konsumieren, um sich dadurch Befriedigung zu verschaffen. Da der Mensch den Zustand der Passivität ablehnen wird, wird er auch die Toleranz entweder ablehnen, oder er wird versuchen, das, was sowieso passiert, unnötigerweise aktiv voranzutreiben. Was mit Toleranz heutzutage tatsächlich gemeint ist, ist die Intoleranz gegenüber Kräften, die Menschen aus der Entfaltung in für sie richtigen Gemeinsamkeiten herauszuzwingen trachten. Im Spätkapitalismus entspricht repressive Toleranz der Aufgabe des inneren Widerstandes gegenüber solchen Anpassungsbedürfnissen, die nicht vordergründig auf das menschliche (auch das eigene) Wohl gerichtet sind, sondern auf die reine Profitgenerierung durch Konsum. Sie macht ein parteiisches Agieren einer - im doppelten Wortsinn - kritischen Menge von Individuen gegen die spätkapitalistische Repression unmöglich.

Die repressive Toleranz hat ihre materielle Ursache in den für den Spätkapitalismus notwendigen und deswegen ständig von ihm erzeugten repressiven Konsumbedürfnissen. Die repressiv toleranten Individuen passen ihren Konsum den maximalen Profitaussichten des jeweiligen Verwaltungskonzerns in der jeweiligen Situation an. Die idealen Varianten sind die folgenden: Bei niedrigen Warenherstellungskosten für viele verschiedene Waren und hohem Konsumwert der Individuen würde die repressive Toleranz zum hochfrequenten Konsum einer reichhaltigen Palette scheinbar immer neuer Waren führen. Der Profit wird dabei aus dem überladenen Kreislauf aus Erwerb der Ware und deren Entsorgung geschöpft. Anerkennung genießen Konsum-"Universalgenies". Aufgrund der tatsächlichen Limitiertheit der Warenvielfalt und der Aufnahmefähigkeit der Menschen, bilden sich bald Konsummilieus heraus, die gleichartige Waren konsumieren und die sich über Konsum-IntegrationsWerte identifizieren. Eine hohe repressive Toleranz ermöglicht es den Milieus trotzdem, an einem Tag komplett gegenteilige Waren zu konsumieren als an einem anderen, je nachdem, welche davon gerade den meisten Profit abwerfen, und dafür eine instrumentelle Vernunft zu entwickeln. Man könnte auch von Modeerscheinungen sprechen, die aber vom Spätkapitalisten und nicht vom Konsumenten gesteuert werden. Niedrige Produktionskosten nur für bestimmte Waren, und damit hohe warenspezifische Profite, führen dagegen zum Konsum einer temporär beschränkten Produktpalette innerhalb großer Konsummilieus, was gern mit Konsumintoleranz, z.B. aus Sparsamkeit oder Identität, verwechselt wird. Andauernde repressive Toleranz führt letztendlich zur Selbstaufgabe des Menschen. Die Kritische Theorie stellt der repressiven eine befreiende Toleranz entgegen, eine parteiische Toleranz gegenüber allem, was dem Wohl des Menschen dient und eine befreiende Intoleranz gegenüber allem, was ihm schadet. Pauschale Intoleranz/Toleranz dagegen bedeutet eine ungerichtete Verweigerung/Zulassung auch des Richtigen/Falschen, die aber angebracht ist, wenn das Falsche/Richtige in der Gemeinschaft überwiegt.

Die repressive Freiheit, die vermeintliche Freiheit zum Konsum, ist wohl am schwersten als repressiv zu erkennen und versinnbildlicht die diffizile Art der spätkapitalistischen Unterdrückung, insbesondere mit Hinblick auf die Transformation des Proletariers vom Lohnarbeiter hin zum Konsumproletarier. Die repressive Freiheit beinhaltet das falsche Versprechen, durch bedingungslosen Konsum, der als technisch-spezifische Freiheit oder Freiheit als solche verkauft wird, nicht nur kurzfristige Bedürfnisse zu befriedigen, sondern nachhaltig zufrieden, also glücklich zu werden. Genau gesagt redet der Spätkapitalismus dem Konsumenten ein, dass er sich mit dem Produkt, das er konsumieren soll, auch identifizieren sollte. Der Konsum jenes Produkts würde dann zu einem

Akt freier, persönlicher Entfaltung. Diese Art der repressiven Freiheit ist ein generelles soziales Problem im Spätkapitalismus. Beispielsweise soll sich ein Homosexueller mit derjenigen, vom System konstruierten Homosexualität, identifizieren, die ihm repressiv vorgeschrieben wird, wodurch er sich angeblich frei verwirklichen könne. Eine Möglichkeit, die repressive Freiheit als solche zu entlarven ist die Erkenntnis des kurzlebigen, nicht nachhaltigen Charakters des Zufriedenheitsgefühls bzw. des vermeintlichen Glücksgefühls. Es gibt nämlich ein Interesse des spätkapitalistischen Systems an einem permanenten Unzufriedenheitszustand des Menschen, der zum Konsum ständig neuer Sachen motivieren soll. Bezüglich des Unglücksgefühls existiert sogar ein ideologischer Überbau: Der Mensch müsse sich ständig unglücklich fühlen, damit er die Gesellschaft voranbringe - totaler Quatsch. Die Akkumulation von Glück trainiert die Intuition des Menschen darauf, das Richtige zu tun. Durch die permanente und krampfhafte Konservierung von Unglück als vermeintlichen Antrieb für den Fortschritt verstetigt sich der Unglückszustand eher und die Intuition für glücklichmachende Bedürfnisse geht verloren. Durch jenen Verlust wird die Etablierung repressiver Bedürfnisse einfacher. D.h., die repressive Bedürfnisbefriedigung kann sogar inhärent mit einer permanenten Reproduktion des Unglücksgefühls verbunden werden, am besten durch die Bedürfnisbefriedigung selbst.

Hast du auch Kritikpunkte an der Kritischen Theorie?

Selbstverständlich. Der erste hat mit der etwas unglücklichen Bezeichnung zu tun. Kritische Theorie bedeutet nicht nur eine Art Alleinanspruch auf Kritik, sondern auch das "letzte Wort" zu haben. Obwohl nur semantischer Natur, ist dieser Punkt ein Einfallstor für prinzipielle Unterminierung der Kritischen Theorie durch ihre Gegner. Das zweite Problem entsteht durch die Kritik an der Mythisierung von Wissenschaftlichkeit, die in die fälschliche Ablehnung von bestimmten objektiven wissenschaftlichen Ergebnissen führen kann. Darüber hinaus gibt es spezifischere Kritikpunkte. Die Frankfurter Schule impliziert gelegentlich, dass die Hochtechnologie die Ursache des Spätkapitalismus sei. Ich persönlich sehe das nur zur Hälfte so. Erst die Erkenntnis, dass die Etablierung repressiver Konsumbedürfnisse zu gewaltigen Profiten führt, hat dazu motiviert, die Voraussetzungen für deren Befriedigung durch hocheffiziente Technologien zu schaffen. Der Spätkapitalismus pervertiert dabei das Bedürfnis der Gesellschaft, sich technologisch weiterzuentwickeln. Natürlich bedingt ein massiver Anstieg der Produktivität, der schließlich die nicht-repressiven Konsumbedürfnisse der Bevölkerung um ein Vielfaches überkompensiert, die Notwendigkeit der massiven Steigerung repressiver Bedürfnisse. Ein in der Kritischen Theorie unterrepräsentierter Aspekt ist der der Ressourcen. Der beschriebene Spätkapitalismus strebt im Sinne einer Maximierung des Profits aus repressiven Konsumbedürfnissen auf eine quasi unbegrenzte Ressourcenausbeutung, speziell der natürlichen zu, die ihrerseits natürlich limitiert sind.

Kannst du das etwas genauer erläutern?

Im Extremfall lokal übersprudelnder Ressourcen und unendlicher Produktivität wären ALLE Einwohner, z.B. eines Landes, in diesen repressiven Konsumprozess einbezogen. Diese Situation strebt das lokale spätkapitalistische System natürlich an. Dies bedeutet aber, dass nicht nur der technologische Fortschritt, sondern beispielsweise auch die rücksichtslose Ausbeutung von koexistierenden Staaten im frühkapitalistischen Stadium, ja mitunter sogar deren Schaffung, sowie der Natur betrieben werden, anstelle, was auch möglich wäre, jenen Gesellschaften auf die ökonomischen Beine zu helfen bzw. die eigene Ökonomie primär naturverträglicher auszurichten. Gleiches gilt auch für ärmere Schichten innerhalb des spätkapitalistischen Landes, auf deren ständige Ausbeutung während der Lohnarbeit die Schaffung und Befriedigung von hochprofitablen, repressiven Konsumbedürfnissen durch ein anderes Milieu basiert. Die Unterprivilegierten stellen aber auch ein Konsummilieu dar. Auf diese Weise werden gegeneinander ausgerichtete Milieus geschaffen.

Aber ich dachte, die repressive Toleranz erzieht den Menschen dazu, alle möglichen Waren konsumieren zu wollen.

Richtig. Genau das ermöglicht es dem Spätkapitalisten, Milieus heranzuziehen, die toleranterweise die Waren konsumieren, welche ihm den meisten Profit bringen, und zwar mit maximalem Durchsatz. Da es sich zwecks Profitmaximierung innerhalb des profitablen Zeitraums immer um gleiche Waren handeln wird, kann man von einer Homogenisierung der Milieus sprechen. Die scheinbare Konsumfreiheit wird innerhalb der Milieus zu einer Konsumeintönigkeit, die sich nur bei Verschiebung des Profits wandelt. Die Ausrichtung der Milieus gegeneinander erhöht dabei die Konsumidentität der Milieus.

Früh-, Hoch- und Spätkapitalismus werden oft historisch vermittelt, als ob sie zwingend zeitlich aufeinanderfolgen würden.

Tatsächlich kann man alle ökonomischen Formen auf der Welt gleichzeitig antreffen, ja sogar zwischen den Staaten eines Kontinents und innerhalb von Staaten. Ursache hierfür ist der Konflikt zwischen der hochprofitablen spätkapitalistischen repressiven Konsumwirtschaft und den mangelnden Ressourcen und zu geringer Produktivität, den frühkapitalistisch Ausgebeutete im eigenen oder in fremden Staaten ausgleichen müssen.

Das kommt mir bekannt vor. Papa, kennst du das Konzept des Plaggenesch [91]?

Nein, was ist denn das?

Plaggenesch bedeutet Ausbeutung eines Bereichs der Natur durch den Entzug von dort vorhandenem natürlichem Dünger zum Nutzen der Bauern in einem anderen Bereich, der damit in eine blühende Landschaft verwandelt wurde. Die Erfindung des Mineraldüngers hat schließlich zum Aussterben der Plaggeneschmethode geführt.

Eine sehr nette Beschreibung einer sich selbst reproduzierenden repressiven Konsumsituation. Schauen wir uns doch einmal eine bilaterale Warenökonomie zweier Länder an. Beide stünden bei einer ökonomischen Warentauschbeziehung auch politisch und gesellschaftlich zusammen, da die Tauschbeziehung zum Vorteil beider Länder gereicht. Dieses Idealmodell kann man sich in jedem ökonomischen Strategiespiel verdeutlichen. Betrachten wir jetzt die Situation unter Berücksichtigung von akkumulierbarem Kapital. *Land 1* wird nun seine Waren und Rohstoffe in *Land 2* exportieren und dafür Geld bekommen. Dieses wird es wiederum verwenden, um Rohstoffe und Waren aus *Land 2* zu beziehen. Doch was passiert, wenn es Letzteres aus irgendeinem Grund nicht tut? Zunächst einmal wird sich in *Land 1* Kapital akkumulieren. *Land 2* bleibt auf seinen Rohstoffen und Waren sitzen. *Land 1* erzwingt also eine Reduzierung der Produktivität in *Land 2*. Gleichzeitig benötigt *Land 2* aber Waren für den Binnenmarkt und muss sich verschulden, da ja sämtliches Kapital in *Land 1* liegt. *Land 1* wird genau aus diesem Grund als Kreditgeber auftreten. An dieser Stelle setzt nun normalerweise der Konkurrenzkampf ein. *Land 2* beispielsweise würde *Land 3* Waren in Konkurrenz zu *Land 1* anbieten, auch wenn es z.B. eine viel geringere Produktivität aufzuweisen hätte. Das kann es tun, indem es seine Währung gegenüber den anderen Ländern abwertet. Andererseits kann *Land 3* gegenüber *Land 1* einen Strafzoll erheben, um dessen Waren gegenüber denen aus *Land 2* teurer zu machen. Man nennt so etwas einen Handelskrieg. Was geschieht aber in einer Freihandelszone? *Land 1* wird die umliegenden Länder mit billigen Waren fluten, ohne Strafzölle befürchten zu müssen. Auf diese Weise wird die produzierende Industrie in diesen Ländern zerstört. Hinzu kommt, dass die Freizügigkeit dazu führen wird, dass gut ausgebildete Fachkräfte für den Wiederaufbau der Industrie nicht zur Verfügung stehen. Trotzdem muss *Land 2* seine Einwohner versorgen. Wo das Geld für die Waren aus *Land 1* herkommt, ist dem Spätkapitalismus gleichgültig. Entsprechend ist *Land 2* gezwungen, z.B. Kredite aufzunehmen oder mithilfe der nationalen Notendruckmaschinen, Geld herzustellen oder Staatsanleihen, die sie dann an die Notenbanken geben bzw. über diese verkaufen. Dies würde normalerweise zur Abwertung der Währung führen, damit sich die Industrie in *Land 2* wieder erholen kann. Was geschieht aber, wenn die Freihandelszone eine Währungsunion ist? Die Verwaltung dieser Zone wird gegenüber den Gläubigern garantieren, die faulen Staatsanleihen von *Land 2* bzw. dessen Kredite zu bedienen, wofür sie auf Steuergelder als Garantie zurückgreift. Man nennt dies den Rettungsschirm. Der Schuldenabbau von *Land 2* soll durch Austerität erreicht werden, d.h. durch gezielte Absenkung der Einkommen in bestimmten Bereichen ohne Beeinflussung des Wechselkurses der Einheitswährung. *Land 1* ist natürlich daran interessiert, diese Situation aufrechtzuerhalten, ebenso wie *Land 2*, das an einer Transferunion interessiert ist, um seine Einwohner nicht verarmen zu lassen. Durch den genannten selbsterhaltenden Kreislauf aus offen repressiv erzeugten Konsumbedürfnissen in *Land 2* durch *Land 1* und deren Befriedigung durch *Land 1* manifestiert sich die ewige Abhängigkeit von *Land 2* vom Rettungsschirm. Vom verlorenen Selbstwertgefühl der Einwohner von *Land 2* und der politischen Kontrolle durch *Land 1* brauche ich ja gar nicht erst anzufangen. Wie du dir denken kannst, haben wir eine solche Situation momentan in der Euro-EU.

Aber irgendwo her muss das Ungleichgewicht in der Produktivität kommen. Sind Deutsche fleißiger als Griechen?

Vielleicht hatten wir bessere Voraussetzungen. Stichwort: Marshallplan. Und selbst wenn wir den nicht gehabt hätten: Eine niedrige Produktivität eines bestimmten Landes ist kein Verbrechen, wird aber gern mit Faulheit der Bürger gleichgesetzt. Es muss aber jedem Land überlassen werden, wie viele Abgase es durch die Exportproduktion in die Luft pusten will, auch wenn ein Weniger zulasten des allgemeinen Lebensstandards geht. Und selbst wenn alle Menschen gleich fleißig wären, die Verschuldung eines Landes muss nicht aus Faulheit und Dummheit resultieren. Es liegt im Interesse des spätkapitalistischen Systems, sich permanent reproduzierende repressive Konsumbedürfnisse als Mittel zur Profitmaximierung zu etablieren. Bezogen auf die EU würde dies die Manifestierung des Zustandes verschuldeter und politisch abhängiger Länder als Warensenken unter einer deutschen Dominanz bedeuten.

Und warum ist gerade Deutschland der "Böse".

Deutschland war aufgrund seiner strategischen Lage und seiner Rohstoffsituation seit dem Beginn der Industrialisierung schon immer verarbeitender Produzent und eine Exportnation von Waren. Deutschland könnte sich bzgl. der exportierten Waren breit aufstellen, muss das aber nicht, da es ja die gesamte Welt als Abnehmer zur Verfügung hat. Somit kann es sich die deutsche Industrie aus Effektivitätsgründen erlauben, im Wesentlichen nur ein Produkt für den Export herzustellen. Du weißt, welches das ist. Deutschland ist nicht unbedingt am Warenimport interessiert, solange die eigene Industrie den eigenen Markt - bei entsprechender Warentoleranz der Konsumenten - ausreichend bedienen kann. Entsprechend ist die geistige Konditionierung auf eine gewisse Einheitlichkeit ausgerichtet, die die profitable Exportproduktion widerspiegelt.

Am deutschen Wesen (den Produkten) soll die Welt genesen.

Die den Deutschen gern von außen bescheinigte Sucht, von allen Anderen geliebt werden zu wollen, ist in Wirklichkeit die Sucht nach der Liebe des Auslands zu den deutschen Exportprodukten. Meiner Meinung nach wird in Deutschland durch die Exportausrichtung auf eine eingeschränkte Palette ein Gleichschritt induziert, der die Binnennachfrage als Puffer zum Ausgleich von Exportdefiziten vorhält. In Zeiten der Krise wird Deutschland reflexartig mit einer noch stärkeren Vereinheitlichung der Gesellschaft reagieren. Bezogen auf die EU befürchte ich, dass diese nur noch als Euro-EU funktionieren wird, die den momentanen Status durch eine Transferunion nach innen manifestiert. Nach außen wird sie sich aber abschotten, speziell gegen die USA. Eine neue, eurosozialistische Ideologie wird dies überbauen.

Vielleicht wäre die Erfindung des Mineraldüngers, d.h. Überfluss für alle ein Ausweg.

Hat die Erfindung des Mineraldüngers die Bauern wirklich befreit? Führten sie danach ein freies, selbstbestimmtes Leben? Der erwirtschaftete Überfluss in der spätkapitalistischen Gemeinschaft führt nicht zu einer freien Entfaltung des Individuums. Die Unzufriedenheit und die Zwänge bleiben. Nehmen wir wieder an, der Gemeinschaft stünden übersprudelnde Ressourcen zur Verfügung und die Arbeit zur Befriedigung jedweder Konsumbedürfnisse würde ohne Zutun des Menschen ausgeführt. Krankheiten wären besiegt. Durch dieses Gedankenexperiment kann man sich nun zunächst von der zwanghaften Fixierung der Marxschen Theorie auf die Unfreiheit durch Lohnarbeit emanzipieren. Aber würde dieses Schlaraffenland zu einer freien Entfaltung des Individuums, Vertiefung zwischenmenschlicher Beziehung, ja gesellschaftlicher Weiterentwicklung führen? Im Gegenteil: Im spätkapitalistischen Wirtschaftssystem würde dieser Zustand zur Inflation repressiver, extrem profitabler Konsumbedürfnisse führen, durch deren Befriedigung sich das spätkapitalistische System selbst am profitabelsten reproduziert. Menschliche Arbeit würde neu erfunden und nur noch zur Befriedigung dieser Bedürfnisse ausgeführt (mehrfach nicht-notwendige Arbeit), die Freizeit würde durch erzwungenen Konsum dominiert werden, organisiert durch eine umfassende Verwaltung. Jede hochtechnologische, kapitalistische Ökonomie wird versuchen, in den spätkapitalistischen Zustand zu springen.

Ich glaube, ich komme noch nicht ganz mit.

Okay, versuchen wir es anders. Stelle dir eine Wundermaschine vor. Diese Wundermaschine hat einen Knopf und ein Mikrofon und wenn du hineinsprichst, bekommst du immer genau das, was du möchtest. Stell dir nun vor, diese Maschine habe einen Besitzer, der für die Dinge, die du dir wünschst, Geld bekäme. Es ist erst einmal egal, von wem das Geld kommt, du müsstest dafür nicht arbeiten gehen und es wäre in unendlicher Menge vorhanden. Der Besitzer ist allerdings auf die Anhäufung von Kapital konditioniert. Daher ist er zu allererst daran interessiert, dass du so oft wie möglich den Knopf drückst und dir möglichst profitable Waren wünschst. Du überlegst dir die ganze Zeit, wozu man den Besitzer überhaupt brauche und ob es nicht eine bessere Welt wäre, wenn die Maschine allen gehören würde. Eines Tages ist der Besitzer abwesend und du findest eine kleine Öffnung in der Maschine, durch die du hineinschauen kannst. Du siehst aber keineswegs ein

Perpetuum mobile. Du erkennst zwar eine hochproduktive Maschinerie, aber auch ärmliche, zerlumpte Menschen die im Akkord arbeiten müssen und außerdem nimmt die Maschine durch ein Rohr von unten ständig Rohstoffe auf und verpresst durch ein anderes Rohr giftigen Abfall in den Boden. Außerdem erkennst du, dass die vermeintliche Warenvielfalt doch nicht so breit ist. Vielmehr gaukelt die Maschine sie dir vor. Sie flüstert dir ein, was du kaufen sollst, bevor du den Knopf drückst und wie viel. Selbst wenn niemand arbeiten müsste und es keine Umweltgifte gäbe, wärst du in deinem Leben nur mit dem Konsum der Waren aus der Maschine beschäftigt. Dir wird klar, dass das Schlechte nicht verschwindet, wenn der Besitzer der Maschine verschwindet. Nun überleg mal, ob dir solche Wundermaschinen schon einmal untergekommen sind. Seit einiger Zeit gibt es kommunizierende Einheiten, die du ins Wohnzimmer stellen kannst.

Wenn Steve Jobs noch lebte, hätten wir die schon 2012 gehabt.

Wenn du nun zur absoluten Warentoleranz erzogen wärst, würdest du dieser Einheit irgendwann nicht mehr sagen, was sie dir liefern soll, sondern du wirst sie fragen, was sie für dich bestellen soll. Wenn du zusätzlich darauf konditioniert wärst, alles als Ware anzusehen, wirst du die Einheit irgendwann fragen, welche Partei sie für dich wählen soll, welche Frau aus dem Datingportal sie für dich einladen und welche Musik sie für dich aus der Online-Mediathek abspielen soll. Sie würde dein ganzes Leben verwalten.

Verstanden! Was meinst du mit Verwaltung?

Die Verwaltung ist innerhalb der Kritischen Theorie ebenfalls für die repressive Integration des Widerstandes verantwortlich, da sie generell eben die spätkapitalistische Gesellschaft reproduziert. Du erinnerst dich an die repressiven Konsumbedürfnisse? Diese werden vom Spätkapitalisten vorgegeben und der Mensch wird sie aus einem Bedürfnis heraus befriedigen. Der Kapitalist wird ihn nicht in den Laden tragen müssen, damit er sich dort das neueste Smartphone kauft, er wird es selbst tun. Trotzdem muss es einen Apparat geben, der den Massenkonsum organisiert und die Produktion hierfür verwaltet, die spätkapitalistische Verwaltung. Diese Organisation soll möglichst viele gleichartige und billig produzierte Waren (Leistungen, Meinungen) in großer Menge teuer verkaufen, um den Profit zu maximieren. Die Verwaltung wird in jedem Fall von den Schultern von Proletariern getragen. Der Proletarier verrichtet in diesem Sinn Verwaltungsarbeit.

Glaubst Du an das ewige Leben der spätkapitalistischen Demokratie?

Die kapitalistische Demokratie ist als politische Verwaltungsform zunächst von Vorteil für die spätkapitalistische, hochproduktive Produktionsweise. Über die Teilhabe an politischen Entscheidungen versucht das Volk nämlich, an den Segnungen der Warenproduktion teilzuhaben, was zu einer Erhöhung des Konsums führt und damit eine Erhöhung von Produktion und Produktivität erheischt. Die kapitalistische Demokratie wird irgendwann aber an ihre Grenzen stoßen, da die Teilhabe des Volkes an der Politik den spätkapitalistischen Verwaltungsprozess zunehmend lähmt. Sie wird daher mehr und mehr eingeschränkt werden. Die spätkapitalistische Demokratie wird aber ohne Teilhabe des Volkes dem Untergang geweiht sein. Letzterer wird aber nicht zu einer befreienden Gesellschaft führen. Für den Spätkapitalismus gibt es Wege zur weiteren Effektivierung des Verwaltungssystems jenseits der Demokratie. Zum einen generiert die Zusammenlegung von Produktion, Politik, Medien, Sozialem, Arbeit, Konsum, usw. in die gleiche Hand eine effektive Totalverwaltung ohne störende demokratische Prozesse. Man kann diese nicht-demokratische Verwaltungsapparatur zur Organisation der repressiven Konsumbedürfnisbefriedigung und der Produktion heutzutage wohl am ehesten in der EU-Verwaltung sehen. Momentan ist hier die Entdemokratisierung nicht abgeschlossen, außerdem liegt noch genügend Macht bei den Parlamenten der Staaten. Der weiteren Entdemokratisierung spielen die sich momentan etablierenden weltweiten Verwaltungskonzerne in die Hände, die ihrerseits Nachfrage und Produktion kontrollieren. Beide Verwaltungen, die aus der politischen und der wirtschaftlichen Richtung kommenden, werden irgendwann so viel Kapital und politische Macht akkumuliert haben, dass ihre Vereinigung in eine Totalverwaltung unausweichlich ist. Eine massive Totalverwaltung wird aber nicht das Ende der Effektivierung sein. Außerhalb von Diktaturen kann sie in einem nächsten Schritt, der repressiven Selbstverwaltung, eingedampft werden.

Was meinst du genau mit dieser repressiven Selbstverwaltung?

Die repressive Selbstverwaltung ist die dritte Möglichkeit jenseits der demokratischen Teilhabe und der Totalverwaltung, die dem spätkapitalistischen System für seine Reproduktion zur Verfügung steht: Stelle dir vor, alle Menschen würden ein Bedürfnis entwickeln, das spätkapitalistische System selbst zu reproduzieren, und zwar unentgeltlich, ja sogar Strukturen zwischen Menschen etablieren, die diese Reproduktion noch weiter optimieren. Dieses Bestreben würde sich in selbstaktivierten Verwaltungsakten ausdrücken, der Selbstverwaltung. Der selbstverwaltete Mensch würde seine Intelligenz, seine Intuition nutzen, um Gefahren für die Reproduktion des Spätkapitalismus zu antizipieren und abzuwenden. Begriffe ohne praktischen Sinn werden der die Selbstverwaltungsakte legitimierenden, sich ständig dem Profit anpassenden instrumentellen Vernunft den flexiblen Rahmen geben. Das heißt auch, dass es kaum noch Individuen geben wird, die sich nicht an die Regeln des Systems, die Direktiven halten. Unter diesen Umständen wird sich eine ausgedehnte professionelle Verwaltung nicht halten können. Die Erziehung zur Selbstverwaltung erfolgt zunächst über die offen-repressiv aktivierte, die vergütete Selbstverwaltung. Die selbstaktivierte Verwaltungskonformität bewegt sich hin zur selbstaktivierten Selbstverwaltung (freiwillige Selbstverwaltung oder auch nur Selbstverwaltung) innerhalb des repressiven Systems.

Die offen repressiv aktivierte Selbstverwaltung arbeitet mit direkten Sanktionen, um den Prozess zur Erfüllung von Vorgaben in Gang zu setzen. Ein sehr drastisches Beispiel für die offene Repression ist die Einrichtung der "Judenräte" zwischen 1933 und 1945 [92]. "Judenräte" hatten in den von Deutschland besetzten Gebieten, bei Androhung von Tod und Deportation, unter anderem die Aufgabe, das Leben im Ghetto zu organisieren, sie stellten auch die Ghetto-Polizei welche die Ordnung aufrechterhielt. Der "Judenrat" diente natürlich einzig dazu, die Vernichtung der Juden selbstverwaltet zu organisieren. Hin zur selbstaktivierten Verwaltung gibt es eine Zwischenstufe, nämlich die vergütete Selbstverwaltung. D.h., man weiß, dass man Geld erhält, wenn man Selbstverwaltungsprozesse entsprechend der Vorgaben ausführt, also Formulare sucht, diese ausfüllt und schließlich Ämter aufsucht, um sie abzugeben. In diesem Zusammenhang entsteht die Verwaltungskonformität, d.h., selbst ohne die Aussicht auf Vergütung oder Repression folgt der Mensch den selbst antizipierten Anforderungen der professionellen Verwaltung, die er aus vorgegebenen Möglichkeiten auswählt.

Der Mensch wird über das repressive Konformitätsbedürfnis hinaus ein repressives Selbstverwaltungsbedürfnis entwickeln, für das er keine konkreten Verwaltungsvorgaben und auch, bis auf eine greifbare Entität, keine Verwaltungsinstitutionen mehr benötigt. Er wird es aus den sich ergebenden Notwendigkeiten der Reproduktion des spätkapitalistischen Systems antizipieren. Selbstverwaltung, die der Ausführende als scheinbar richtig und notwendig erachtet, erfolgt aus der Konditionierung von Intuition und begrifflichem Denken auf die Reproduktion des repressiven Systems und endet in einem falschen Leben, das nur noch aus routinemäßigen Selbstverwaltungsakten besteht. Während dieser rein systemreproduzierenden "Fließbandroutine" wird der Menschen in eine Art Trance versetzt, die sowohl bewusste Reflexion als auch das intuitive Schweifen der Gedanken für die Emergenz neuer Ideen verhindert. Heutige Akte der freiwilligen repressiven Selbstverwaltung sind z.B. der Erwerb von Sonderangeboten, auch wenn man tatsächlich bewusster einkaufen könnte, sowie die Abgaben von "Like"-Wertungen in den sozialen Medien.

Sind heute alle Menschen zu ihrer Selbstverwaltung fähig?

Sicher noch nicht. Zum einen fehlt die Selbstverwaltungsintelligenz, die durch entsprechende Bildungskonzepte möglichst breit antrainiert werden muss. In diesem Zusammenhang ist ein Anstieg der Studentenzahlen mit dem Fortschreiten des Spätkapitalismus zu erwarten. Zum anderen gibt es noch Widerstand bzw. Verweigerung der Selbstverwaltung. Das System versucht natürlich, diese Defizite auszugleichen. Eine für den Spätkapitalismus vorteilhafte Methode ist die Aufspaltung in eine zahlenmäßig kleine, weisungsmächtige Elite und ein eher breites, weisungsempfangendes Milieu. Es ist nämlich durchaus effektiver für das spätkapitalistische System, wenn die Selbstverwaltung mit dem Ziel der Systemreproduktion zunächst ausschließlich von dieser Elite umgesetzt wird. Jene wird zur Avantgarde der verwaltungsbasierten Systemreproduktion. Durch ihre Weisungsmacht können sie die Selbstverwaltungsakte auf die breite Schicht der Weisungsempfänger übertragen und diese gleichzeitig zu Selbstverwaltung erziehen, anfangs durch explizite Anweisungen, später durch kleinere Lenkungsmanöver in die "richtige", d.h. die systemerhaltende Richtung. Die Menschen werden so auf eine besondere Sensibilität, einen Alarmismus gegenüber kleinen Hinweisen auf nötige Systemreproduktionsakte konditioniert. Dabei ist die Intelligenz des verwaltungselitären Milieus und später der breiteren Schichten auf die schöpferischen Fähigkeiten begrenzt, die für die Reproduktion wichtigen Verwaltungsakte zu generieren.

Das privilegierte Milieu kann mit steigender Zahl selbstverwaltungsintelligenter Individuen, z.B. durch Bildung, anwachsen. Allerdings nur bis zu dem Punkt, an dem die schiere Zahl der verwaltenden Individuen für die Funktion als Selbstverwaltungsavantgarde hinderlich wird. Besonders interessant wird es, wenn die breite Masse zur Selbstverwaltung übergeht, also weder Anweisungen noch Hinweise benötigt, wodurch sowohl die institutionelle Bürokratie als auch die Selbstverwaltungselite überflüssig werden. Letztere wird in diesem Moment nur noch darauf bedacht sein, sich (auf extravagante Weise) selbst zu legitimieren bzw. zu reproduzieren, und nicht das spätkapitalistische System. Dieser Moment wird sie zum kleiderlosen Kaiser machen und die neue, breite Selbstverwaltung wird sie assimilieren oder stürzen.

Und wann wäre der Zeitpunkt für die Revolution?

Der Übergang in ein neues/anderes Gemeinsamkeitensystem kann nur durch Gewalt erfolgen, d.h. er ist nicht durch (erinnerte) Gemeinsamkeit determiniert. Mit der Etablierung der totalen freiwilligen Selbstverwaltung innerhalb des repressiven Systems würde nur ein "schlanker Staat" übrig bleiben, eine greifbare Entität, die militärisch nicht in der Lage wäre, die gesellschaftliche Umwälzung durch die unfreien Individuen zu unterdrücken. Wenn die greifbare Entität beseitigt wäre, würden sich die sich ständig reproduzierenden repressiven Bedürfnisse jedoch nicht sofort durchbrechen lassen, da die Menschen auf die repressive Selbstverwaltung trainiert sind. Ohne eine geistige Befreiung würde die greifbare Entität alsbald wiederhergestellt werden. Die Menschen werden ihren Käfig zurückhaben wollen. Die geistige Befreiung ist somit viel wichtiger als die Befreiung von der greifbaren Entität, allein schon, um deren Notwendigkeit einschätzen zu können. Das Anliegen der Kritischen Theorie ist es, den repressiven Anteil in den Bedürfnissen zu erkennen und ihn von dem befreienden Anteil zu trennen, das Falsche im Richtigen als Falsifikation und das Richtige im Falschen als Verifikation.

Und was, wenn die spätkapitalistische Repression, inklusive der Ausbeutung von Menschen und Natur der Preis ist, den wir für unsere Höherentwicklung bezahlen müssen?

Wenn du das denkst, hat dich das spätkapitalistische System in der Tasche. Es hat dich vergessen lassen, dass sich ihrer Geschichte bewusste Wesen einen alternativen Weg für die Höherentwicklung einschlagen als evolutionierende Pflanzen.

Deine Limenistik orientiert sich sehr stark an dem Materialismus der Kritischen Theorie. Wie verhält sie sich zu deren "romantischen" Gegenstücken, zu Nietzsche oder Heidegger?

Nietzsche geht von den Willen des Menschen bestimmenden Werten aus. Er kann sie verändern hin zu Werten, die das Leben bejahen, d.h., den Willen zur Macht gegen dessen Unterdrückung durch andere Mächte, durch lebensfeindliche Werte, die wiederum als konkurrierende Willen zur Macht verstanden werden, z.B. die

Wertsetzung durch Priester, die ihre eigene Macht sichern wollen. Um das zu erläutern würde ich gern auf einen Vortrag zum Thema "Nietzsche und Heidegger über die Kunst der Moderne" von Günter Figal aus dem Jahr 2010 zurückgreifen [93]. Figal zitiert zunächst Gottfried Benn: "Eigentlich hatte alles, was meine Generation diskutierte, innerlich sich auseinanderdachte, man kann auch sagen: erlitt, man kann auch sagen: breittrat, alles das hatte sich bereits bei Nietzsche ausgesprochen und erschöpft, definitive Formulierung gefunden. Alles andere war Exegese. Seine gefährliche, stürmische, blitzende Art, seine ruhelose Diktion, sein Sich-Versagen jeden Idylls und jeden allgemeinen Grundes, seine Aufstellung der Triebpsychologie, des Konstitutionellen als Motiv, der Physiologie als Dialektik, Erkenntnis als Affekt, die ganze Psychoanalyse, der ganze Existenzialismus, all dies ist seine Tat. Er ist, wie sich immer deutlicher zeigt, der weitreichende Gigant der nachgoetheschen Epoche."

Figal verweist darauf, dass Exegese nicht nur bloßes Vorlesen des vom Autor Formulierten bedeutet. Sie bedeutet vielmehr Stellungnahme des Lesers und Reflexion des Wirkens des vom Autor Formulierten auf ihn. Hierzu muss der Leser bzgl. des Autors einen gegenüberliegenden bzw. entfernten Standpunkt einnehmen, und zwar hinsichtlich einer gemeinsamen Sache. Es muss sich, wie Heidegger sagt, um eine "Auseinandersetzung" handeln, und zwar im wörtlichen Sinne. Ein "Auseinander Setzen" macht es nämlich möglich, Nietzsches Denken wirklich zu denken und es nicht nur zu verfolgen und so zum Gegenstand von Ressentiments und Vorurteilen zu machen. Heidegger hat durch jene Auseinandersetzung in Nietzsche als erster den großen Philosophen entdeckt und nicht nur den "breitgetretenen" Intellektuellen. Das zweideutige Denken Nietzsches wurde von den akademischen Philosophen zurückhaltend betrachtet, für die Künstler war sie hingegen anziehend. Nietzsche habe seinerseits die Kunst als Modell für jede geistige Tätigkeit und für das Leben selbst begriffen. Den Abstand zu Nietzsche versuchte Heidegger zu erreichen, indem er die Absage an die akademische Philosophie zugunsten der Kunst wiederum als Philosophie zu verstehen versuchte. Laut Heidegger ist das, was Kunst im Vergleich zur traditionellen Philosophie leistet, ebenfalls Aufgabe der Philosophie. Heidegger kommt diese Idee insoweit zupass, dass er selbst die Kunst als Stifterin des Seins sieht. Durch die Kunst käme, laut Heidegger, das geschichtliche Sein in die Welt. Hölderlins Dichtung beispielsweise spiegelte eine Zeit, in der sich die alten Werte (Götter) entwerten und neue Werte gefunden werden mussten. Heidegger nennt diese Zeit die "dürftige" Zeit. Sie steht im Zeichen des gedoppelten "nicht", dem "nicht mehr" der alten und dem "noch nicht" der neuen Götter.

Figal entwickelt nun die Kunst- und Künstlerkonzeptionen Nietzsches und Heideggers. Auch Nietzsche sah Künstler als Zeitenwender. Er habe zunächst versucht, Richard Wagner als einen solchen zu verstehen. Nur habe Wagner in seiner späten Phase den Parzival geschrieben und sich damit für Nietzsche als reaktionär entpuppt. Wagner hätte, in Nietzsches Verständnis eines Künstlers, neue Werte und neue Orientierungen schaffen müssen, anstatt sich alten religiösen Bildern hinzugeben. Nach der Abwendung von Wagner habe Nietzsche das Wesen der Kunst wie folgt gefasst: Künstler sei der, der macht, das noch nicht da ist. Jeder Machende sei ein Künstler. (Was jeden Möchtegern-Künstler den Istzustand ständig kritisieren und seine Umgebung paranoid überwachen lässt, um ja nichts Vorhandenes zu wiederholen.) Limenistisch gesehen ist ein Künstler ein bewusster Schwellenüberwinder, also jemand, der macht, was ER noch nicht ist. Ein lärmender Betrunkener ist kein Künstler, jemand, der sich zum ersten Mal betrinkt und herumlärmt genauso wenig. Ein Schauspieler, der keinen Alkohol trinkt, aber einen lärmenden Betrunkenen spielt, ist einer. Der künstlerische Philosoph sei der eigentliche Dichter und Fortdichter des Lebens. Der Philosoph sei der Dramenautor und die alltäglichen Menschen seien die Schauspieler in jenem Drama, wobei das Drama symbolisch für die gesamte Kunst stehe. Vom Blickpunkt des Lebens aus sei die Kunst jedoch "Schein". Schein sei, laut Nietzsche, nicht das, was die Wahrheit nur unvollkommen wiedergibt. Der Schein sei vielmehr ein notwendiger Ausweg gegenüber der Wahrheit. Die Welt sei etwas Unerfassbares, Unendliches und Chaotisches, dass nur in Teilen erfasst und abgebildet werden könne. Wahr sei nur, dass sich die Welt nicht vollständig durch Wahrheiten erfassen lässt, sie sei in alle Ewigkeit Chaos jenseits von Ordnung und Verständlichkeit. Das Chaos im Sinne Nietzsches sei keine formlose Materie, die durch einen Formungsprozess in Ordnung gebracht werden könne. Vielmehr stellt es eine ungeordnete Mannigfaltigkeit an ungeordneten Möglichkeiten der Chaosbeseitigung dar. Figal sagt: "Das Chaos ist der chaotische Versuch der Chaosbeseitigung ... Die Welt ist Chaos, weil sie Wille zur Macht ist. Sie ist Wille zur Macht als unendliche, ungeformte Mannigfaltigkeit von unendlich vielen WILLEN zur Macht, die darin Willen Macht sind, dass sie ihre je geordneten aber im Gesamt einer Unordnung sich ausbildenden Möglichkeiten der Ordnung sind, denen (den WILLEN) es um nichts als die Möglichkeit der Ordnung geht." Diese Konzeption stellt eine dynamische Welt endlicher Wesen dar, die, mit partikularen Willen zur Macht ausgestattet, in einem nie geklärten Verhältnis zueinander stehen. Auch Wissenschaften sind Wille zur Macht im Sinne eines partikularen Willens zur Ordnungsherstellung im Weltverständnis.

Der partikulare Willen zur Macht ist nichts Feststehendes, da er ständig in Beziehung zu den anderen Willen steht. So ist jede Ordnung, die man zu erkennen glaubt, nur Schein, da sie ein Schnappschuss dynamischen Ordnungsverlangens ist. Der dynamische Ordnungsprozess der Willen könne keine Gesamtordnung bilden (Nietzsche meint damit eine universelle Ordnung). Es fehle ein übergreifender Gesichtspunkt. Keine behauptete Ordnung sei die Ordnung desjenigen Lebens, aus dem sie selber komme. Sie sei eben immer nur Schein. Der Schein sei, im Sinne Schopenhauers [94], die (Ordnungs)vor-stellung, in der sich die Dynamik des Lebens manifestiere, die aber niemals wahr sein könne, weil das Leben ungeordnet sei. Es spiegele sich nur unvollständig in Ordnungsbildern. Der Künstler sei, im Gegensatz zum ordnungsfanatischen Wissenschaftler oder Philosophen, derjenige, der die Lebensdynamik am besten zur Geltung bringe. Die Kunst des Künstlers sei das Modell für den Willen zu Macht, Kunstwerke aber trotzdem immer nur Schein. Nur gebe es, laut Figal, bei Nietzsche eine Variante dieses Verständnisses. Die Kunst habe sich mit dem Schein ausgesöhnt und sei an der korrekten Wiedergabe der Lebensdynamik gar nicht mehr interessiert. Vielmehr erzeugten

Künstler einen vollkommenen Schein (einen Gott), der zwar ästhetisch ist, sich aber in bewusster Distanz zum Willen zur Macht
befindet. Künstler betrachten das reale Ordnungsverlangen aus der
Ferne. Die Kunst sei nicht nur das Modell für den Willen zur
Macht, sondern auch der gute Willen zum Scheine, der Abstand
zum Willen zur Macht gibt. Die Kunst sei aber eine Torheit, eine
doppelte Täuschung. Sie kann weder die Wahrheit noch den absoluten, von der Wahrheit unendlich weit entfernten Schein herstellen, da sie selbst aus dem Leben und damit aus dem Willen zur
Macht kommt.

Heideggers Verständnis von Nietzsche ist an der Idee vom Philosophen als dem Dichter und Fortdichter des Lebens orientiert. Laut
Heidegger ist die Kunst das eigentlich Schaffende, die eigentliche
Gesetzgebung für das Sein. Sie stellt wesentliche Möglichkeiten
geschichtlichen Lebens aus dem Verborgenen (Erde) ins Offene
der Welt. Die Kunst, wie Heidegger sie versteht, sei die Erringung
von Klarheit und Maß gegenüber dem Chaos Nietzsches. Die auf-
gehende Welt bringe das Unentschiedene und Maßlose zum Vorschein (zunächst ohne es zu entscheiden oder zu mäßigen) und er-
öffne so die verborgene Notwendigkeit von Maß und Entschieden-
heit. Laut Figal sollte es keine exakte Gleichsetzung zwischen
Nietzsches Chaos und Heideggers Erde geben, sowie zwischen
Nietzsches Ordnung und Heideggers Welt. Jedoch ist die Bewegung, in die die Begriffe eingebettet sind, bei beiden Philosophen
die gleiche: vom Unlebbaren zum geschichtlichen Sein. Allerdings
existiert, laut Figal, ein fundamentaler Unterschied zwischen dem
Verständnis der beiden, was die Kunst angeht. Ich gebe ihn mal in
meinen Worten wieder: Laut Nietzsche lebt der Künstler den Willen zur Macht und kann daher neue, scharfe, aber auch nur Schein-
Bilder in allen möglichen Entfernungen davon machen. Jeder
Schein kann in sich zulängliche Aspekte haben, entspricht aber nie
der Wahrheit. Heidegger sieht hingegen das Ins-Werk-Setzen der
Wahrheit als Kunst an. Sowohl das (noch) Verborgene als auch
das Offene gehören in die Wahrheit, da Wahrheit das Geschehen
der Offenheit aus dem Verschlossenen ist. Dadurch wird die
Wahrheit unzulänglich, bleibt aber dennoch wahr. Das landläufige
Verständnis von Kunstwerken ist aber nicht, dass sie Wahrheiten

bezüglich einer geschichtlichen Welt eröffnen, sondern dass sie schön sind. Heidegger jedoch ignoriert den Begriff der Schönheit nahezu. Schönheit ist laut Heidegger nur eine Durchgangsstation zur Wahrheit des Seins. Bei Nietzsche sei die Schönheitsempfindung nur das spiegelbildliche Er-Scheinen der eigenen Ordnung im Kunstwerk (Resonanz). Vielleicht ist es aber auch das Schöne, die Besonderheit des Kunstwerks, die nirgendwo sonst auf der Welt existiert, das radikal Individuelle, die Offenbarung einer singulären, neuen Eigentümlichkeit. In der Limenistik entspricht Kunst der Erschaffung einer neuen, potenziellen Gemeinsamkeit, die aber zunächst nur von einem Agenten (dem Künstler) betreten wird. Die Limenistik lehnt jedoch reine Besonderheit ab. Somit würde das zunächst singuläre Kunstwerk verschwinden, wenn keiner sich dafür interessieren würde. Die Limenistik erlaubt, aufgrund der Ähnlichkeit der Welt, dass jeder Mensch eine für alle Menschen neue, attraktive Gemeinsamkeitsphäre erschaffen kann. Somit kann jeder ein Künstler sein. Die Leistung des Künstlers entspricht wiederum der Transzendenz der Gemeinsamkeitgrenze, die im besten Fall aus den vorhandenen IntegrationsWerten hinausführt. Es ist als nicht der attraktive Konsens, den Künstler suchen, sondern der attraktive Dissens.

Man kann die Überschneidungen deiner Wiedergabe von Figals Rede und der Limenistik durchaus erkennen.

Nietzsches Ordnungszustände entsprechen den limenistischen Gemeinsamkeiten. Die limenistische Unzulänglichkeit entspricht der Scheinhaftigkeit bzw. dem Verborgenen in Heideggers Wahrheit, wobei in der Limenistik nicht nur die Erkenntnis, sondern auch die Realität nie vollkommen identisch mit der Realität, also selbst Schein ist. Nietzsche verneint leider die Identität zwischen Schein und Wirklichkeit, ohne einzuschätzen, bis zu welchem Grad sich beide ähnlich sind. Er impliziert im schlimmsten Fall eine unendliche Unzulänglichkeit des Scheins. Doch selbst die Unzulänglichkeit ist begrenzt, da sie messbar ist. Nietzsches Willen zur Macht entspricht (in meinen Augen) dem reinen limenistischen Anpassungstrieb. Aus dem Anpassungswillen an die noch nicht vorhandene (eigene) Ordnung folgt der Wille zu jener Ordnung im Verlaufe des Anpassungsprozesses, wobei Identität von Ordnungszustand und angepasstem Zustand angestrebt wird. Gemeinsamkeitschaffung und Anpassung daran sind somit das Gleiche. In der unbelebten Natur ist dieser Wille zumeist stark determiniert. Ein Fluss schneidet über Jahrtausende ein Tal in die Landschaft. Das Ergebnis dieses Prozesses ist aufgrund der Naturgesetze vorgegeben und könnte, beispielsweise, durch ein Erdbeben oder Ähnliches verhindert werden. Menschen können das gleiche Ergebnis mithilfe von Baggern und LKW hervorbringen. Es kommt zu einer Resonanz zwischen dem Tun der Arbeiter und den erforderlichen Prozessschritten. Der Wille geht aber noch immer von dem Prozess aus und nicht von den Arbeitern. Das geschieht erst, wenn sich jene aus der Gemeinsamkeit der Arbeit befreien (unzulänglich werden) und die Baggerei ablehnen. Der Mensch kann den Willen zur Ordnungsmacht verneinen, weil er die Unzulänglichkeit zu seinem Werkzeug gemacht hat, ähnlich wie die Evolution, nur um eine neue/andere Ordnungsmacht herzustellen.

Woher kommt der Willen zur Macht?

Meiner Meinung nach ist der Wille zur Macht Konsequenz der Existenz selbst. Das Problem beim Begriff Existenz ist, dass er in seinem Abstrahieren vereinfacht und damit unkonkret wird. Der konkrete Vorschlag der Limenistik ist, dass Existenz nur auf begrenzten Strukturen basieren kann. Diese werden mit Gemeinsamkeiten assoziiert, die ihre Träger, die Agenten, begrenzen und determinieren. Im nächsten Schritt folgt, dass keine zwei Agenten die genau gleichen Gemeinsamkeiten teilen. Mit dieser Annahme landet man automatisch bei den Unzulänglichkeiten, den Schwellen und damit bei der selbstÄhnlichen zeitlich-räumlichen Diversität der Gemeinsamkeitenbündel aus Nicht-Ganz-Identisch-Sein und Fast-Identisch-Sein. Ohne die separierenden Schwellen zwischen den Gemeinsamkeiten würde das Universum seine Strukturen verlieren, die räumlichen und zeitlichen Abstände würden verschwinden. Eine komplette Aufgabe von Gemeinsamkeiten wiederum, d.h. unähnliche Diversität, entspräche der Materialisierung eines Chaos aus ins Unendliche fraktionierten, unähnlichen Willen.

Kein Agent hätte irgendeine Gemeinsamkeit mit einem anderen. Da sie selbst jedoch aus Gemeinsamkeiten bestehen, würden sie komplett desintegrieren, in ihre Einzelteile zerfallen und jene Einzelteile wieder in deren usw, bis sie schließlich verschwänden. Die Agenten sind also Sklaven der selbstÄhnlichen Diversität. Nietzsches neu-/andersordnender Wille ist Ausdruck ihrer Verwirklichung, quasi der Selbsterhaltungtrieb des Universums, da ohne Diversität die Existenz nicht möglich wäre. Er muss ständig von Neuem/anderem wirken, da sonst die genannte Diversität vernichtet würde und damit die Existenz selbst. Nietzsches Willen zur Macht ist somit konservativ und richtet die Realität dynamisch-selbsterhaltend aus. Er entspricht dahingehend einem der Grundprinzipien der Limenistik, nämlich dass nur Verwandlung die Existenz bewahren kann. Das Problem des Willens zur Macht ist jedoch, dass er bei unendlich vielen Ressourcen und ohne Konkurrenz die Universalisierung einer bestimmten Gemeinsamkeit anstrebt, da er diese nicht als begrenzten Anpassungsrahmen begreift.

Nun zurück zu Nietzsches Chaos. Jenes ist, wie bereits gesagt, nicht materiell. Die Materie ist hingegen immer geordnet. In ihr wütet, laut Schopenhauer, der Wille. Die Idee des Willens folgt aus Schopenhauers Annahme, alles, was existiert, habe in seiner Entstehung immer einen bestimmten Grund. Hieraus folgen direkt die Kausalität(skette), die Notwendigkeit von Raum und Zeit (denn alles muss darin vermöge eines Grundes entstanden sein), die Subjekt-Objekt-Verschmelzung (alles wird zur Ursache für etwas). Das, was für das grundhafte Werden noch fehlt, ist der besagte Wille, eine Antriebskraft, die selbst grundlos, zeitlos und raumlos, also unfassbar ist. Eine in Kausalität, Raum und Zeit eingesperrte, selbstbeschnittene Erscheinung des Schopenhauer-Willens eines Tisches ist es, mit seinem Gewicht auf den Fußboden zu drücken und sich mit seiner Platte gegen die Teller zu lehnen, wodurch er erst zum Tisch wird. Für den Moment wird der Wille nicht über den Käfig des Tisches hinauskommen. Schopenhauers "Wille" sperrt sich in seinen selbstgeschaffenen Gefängnissen (den Begriffen) ein, wodurch sie erscheinen.

Was ist der Wille?

Schopenhauers Wille ist grenzenlos und, durch den Menschen, unfassbar. Er kann daher nur so beschaffen sein, dass er sich niemals befriedigt und sich insbesondere nie in materieller Form, in der Realität befriedigt (Wohingegen die Anpassung in der Limenistik eine beinahe Angepasstheit erreichen kann, die den Angepassten für gewisse Zeit konserviert). Dabei führt das Versagen des Willens, sich - obwohl er es will - in Materie vollständig zu äußern, erst zur Unerkennbarkeit ihrer gesamten materiellen und ideellen Struktur, da er sie in seinem Willen zur Äußerung immer wieder über die Erkennbarkeit hinausgehen lässt. Da Schopenhauers Willen grenzenlos und daher auf ewig unbefriedigt ist, leide die Welt insgesamt, vom kleinsten Elektron bis hin zum klügsten Menschen. Der Wille sei ein wütender Gott, der in der Realität gezwungen ist, sich an die Kausalität zu halten, sowohl an die "Wenn-Dann-Kausalität" aus Ursache und Wirkung, die "Falls-Dann-Kausalität" aus Voraussetzung und Gesetz als auch auf die, auf einen Zielwert gerichtete, teleologische "Um-Zu-Kausalität", bei der die Ursache immer in der Zukunft liegt. Keine von beiden ist zwingend auf eine allgemeine Ordnung gerichtet. Dies offenbart sich in irrationalen, egoistischen, zerstörerischen Trieben. Schopenhauer hat deswegen in späteren Jahren die Askese als Selbstverweigerung gegenüber dem Willen propagiert. Der Wille transformiert sich bei Nietzsche in ein gedachtes Chaos an unbegrenzten Möglichkeiten im ordnungsschaffenden Willen zur Macht, aus denen Letzterer ständig neue, begrenzte Ordnungs- bzw. Wertezustände in der Realität generiert, damit sie nicht erstarrt und die Zeit dadurch kollabiert. Anstatt Schopenhauers wütenden Gottes oder eines schaffenden Gottes, der sich das Chaos in der Welt anschaut und daraus diejenige Ordnung in der Welt erzeugt, die ihm am besten in den Kram passt, sind gedachte Mikro-Götter am Werk, deren Willen in ihrem Zusammenwirken die Dynamik der Existenz herstellt. Derjenige Mikro-Gott, welcher mit seiner Ordnungsidee zum Zuge kommt, legitimiert seinen Machtanspruch durch diesen Erfolg und ist der (befriedigte) Mächtige (aber nicht unbedingt der Schlauste). Dabei ist es nicht wichtig, ob die Ordnungsidee wirklich die eigene ist. Vielmehr ist es die Aussicht auf das das Durchsetzen selbst, das die Mikro-Götter antreibt. Ein Angestellter wird, in diesem Verständnis, eine Anweisung vom Chef durchsetzen, weil er auf das ordnungsschaffende Durchsetzen als solches aus ist und nicht primär auf seinen Lohn (was daran zu erkennen ist, dass sinnlose, also nicht-ordnungsschaffende Anweisungen nur geringen Umsetzungstrieb erzeugen). Anders ausgedrückt: Der Chef nutzt zuerst des Angestellten Willen zur Macht, um seinen eigenen Willen durchzusetzen. Das Wirken der Mikro-Götter erschafft die Ordnung dennoch selbstkonsistent. Wenn einer von ihnen seinen Willen zur Ordnungsmacht in der Realität zu etablieren versucht, stößt er auf den Widerstand anderer Mikro-Götter. Er muss seinen Versuch somit anpassen, bis eine selbstkonsistente, selbstÄhnliche Ordnung entstanden ist. Damit die Zeit nicht kollabiert, wird aus dem Chaos der Mikro-Götter eine weitere Ordnung hervortreten und so weiter. Die fraktalen Mächte der Mikro-Götter sind also die Wächter der Ähnlichkeit.

Mit dem "Zweikammersystem der Kultur" schlägt Nietzsche, als weitere Stufe, eine Selbstbeschränkung vor, eine Art von gutem Willen zur nächsten Macht, für die es eher intelligente Mikro-Götter braucht anstelle der egoistischen, die als ihre Beschränkung lediglich Ressourcen und Gegner (und nicht die welterhaltende Diversität) im Sinn haben. Jener gute Wille zur nächsten Macht verlagert den Kampf heraus aus der Realität. Er entspricht nicht dem guten Willen zum Scheine, da dieser keine Selbstkonsistenz innerhalb der Welt beansprucht. Die Kunst erzeugt dennoch mögliche Werteumwertungen für den guten Willen zur nächsten Macht, immer neue Werte, welche die Kunstprodukte sind. Die Selbstbeschränkung des nächsten Willens aufgrund der Berücksichtigung anderer oder antizipierter neuer Willen lässt die selbstkonsistente Ordnung (im günstigsten Fall) bereits vor der Realität, also im Willen selbst, entstehen. Du kannst dir ja denken, in welchem Organ und, heutzutage, in welchem technischen Netzwerk dieser Formierungskampf stattfinden muss, und dass sich darin nur wieder die Willen zur Macht tummeln, weswegen weiterhin keine universelle Ordnung entsteht (keine Zahl *42* [95]). Der Kampf verläuft, da er nicht in der Realität stattfindet, nicht tödlich. Es ist logisch, dass das gleiche Organ, in dem er entsteht, den guten Willen zur nächsten Macht auch umsetzen will. Für die Limenistik repräsentieren die beiden Kammern ein Abbild begrenzt-universeller Gemeinsamkeit und des durch sie geschaffenen/sie schaffenden Anpassungsdrangs, den sie wiederum auf sich begrenzt. Während Nietzsche den Willen vor dessen Beschränkung sieht, geht der Trieb in der Limenistik von der bewerteten Gemeinsamkeit aus und ist immer ein Anpassungstrieb von bewertenden Agenten.

Was ist mit der Vernunft? Was ist mit Immanuel Kant?

Nun, dann lass uns, Kant folgend, die Welt zunächst in die Außenwelt der "Dinge an sich" und die Innenwelt des Bewusstseins einteilen, wobei Letztere danach trachtet, die Dinge der Außenwelt abzubilden. Da in der Limenistik jene Dinge ineinander integrierte *ZIG* darstellen, sollte auch das erkennende Bewusstsein Gemeinsamkeiten und deren Zwänge offenbaren, im günstigsten Fall diejenigen der Realität. Die Erlangung von Wissen eines Subjekts über reale Zusammenhänge in einem Objekt oder von Objekten ist die Erkenntnis. Limenistisch gesehen dient die Erkenntnis einzig der Vorhersage von Verhalten, die Gegenstände sich nach der Erkenntnis richten zu lassen.

Für den Erkenntnisgewinn gaben vor Kant sogenannte Rationalisten dem reinen Nachdenken das Primat (Theorie), Empiristen der reinen sinnlichen Anschauung (Empirie). Kant versöhnte beide: "Alle unsere Erkenntnis hebt von den Sinnen an, geht von da zum Verstande, und endigt bei der Vernunft, über welche nichts Höheres in uns angetroffen wird, den Stoff der Anschauung zu bearbeiten und unter die höchste Einheit des Denkens zu bringen."[8] Die wirklichen Zusammenhänge, die Ziele des Erkenntnisprozesses, dringen nicht "von selbst" in den Verstand ein, sie entstehen durch die aktive Verarbeitung durch den Verstand. Dies ist schon in der Vorstufe der Erkenntnis der Fall: der Anschauung. Man gewinnt durch die Anschauung aber keine direkte Abbildung der Dinge an sich, auch keine teilweise, sondern nur von Erscheinungen, die zwar eine ihrer Ursachen in den betreffenden Dingen an sich haben, aufgrund der anderen Ursache aber verschieden von ihnen sind.

Erscheinung und Anschauung sind nämlich Ausdruck des momentanen subjektiven Anschauungsvermögens des Beobachters und als solche prinzipiell identisch (wobei die "Anschauung" eher die aktive Rolle des anschauenden Subjekts und die "Erscheinung" die des erscheinenden Objekts betont). Als Voraussetzung jenes Vermögens verstanden existiert vor jeder Anschauung (*a priori*) bereits ein individueller Apparat aus Begriffen, Formen, Operatoren, Prinzipien, Ideen (*BFOPI*) im Verstand, der von den sinnlichen Objekten getrennt, aber nicht ohne sie vorstellbar ist. *BFOPI* sind funktional, sie lassen uns die Welt erfahren und erkennen bis hin zu einer Sinngebung, wobei diese Funktion sowohl konstitutiv (ermöglichend) als auch regulativ (ordnend) angewendet werden. Aber bleiben wir erst einmal beim Erfahrungsprozess, d.h. der Verarbeitung von wahrgenommenen Sinnesreizen zu Anschauungen. Die Reize rufen die *BFOPI* aus dem just abgespeicherten *BFOPI*-Katalog auf, die sich über ebenfalls apriorische Schemata (ebenfalls *BFOPI*) in jene empirischen Reize projizieren. Auf diese Weise, in der Erfahrung, werden die Reize *ad hoc* in einen sinnvollen Zusammenhang gebracht. Phänomenhafte *BFOPI* bilden unsere Anschauung *(j-ZIG)*, in denen sie Untergemeinsamkeiten darstellen (ebenfalls *BFOPI*).

Das heißt auch: In allen Anschauungen bzw. Erscheinungen finden sich Konsequenzen unserer vorhandenen Art und Weise, anzuschauen, d.h. die apriorischen *BFOPI* bilden sich in ihnen ab. Genau hier liegt die Möglichkeit, aber auch die kardinale Fehlerquelle der menschlichen Erfahrung oder gar Erkenntnis: die falsche Zuordnung (Sinnestäuschung) und die voreingenommene Betrachtung (auf deren Kritik die Phänomenologie basiert). Ohne vorhandene *BFOPI* wäre eine Erfahrung, damit eine Anschauung ("Auf dem Feld steht eine Eiche."), allerdings nicht möglich. Eine Eiche wäre lediglich eine Ansammlung sich bewegender Äste, Früchte und Blätter und diese letztlich nur eine Ansammlung von unverständlichen Sinneseindrücken, wenn wir nicht bereits *BFOPI* über Bäume und deren Bestandteile überhaupt bereits besäßen. Erfahrung, d.h. die Erzeugung von Anschauungen, basiert auf *a priori* gegebenen *BFOPI*. Sie ist weder rein sinnesimmanent/*BFOPI*-transzendent (im Sinne einer Beschränkung auf die

238

Sinnesreize) noch sinnestranszendent/*BFOPI*-immanenten (im Sinne einer Beschränkung auf die *BFOPI*). Anschauungen allein auf Basis von *BFOPI* wären leer, allein auf Basis von Sinneswahrnehmungen wären sie zusammenhanglos und unbestimmt. Die Erfahrung ist bezüglich der *BFOPI* bzw. Sinneswahrnehmungen in dem Sinne immanent, als dass sie weder über die vorangestellten *BFOPI* noch über die empirischen Sinneswahrnehmungen hinausgeht.

Wie kommt man von der Anschauung zur Erkenntnis?

Für Kant wird das reale Objekt durch die Fähigkeit der "Einbildung" im Kopf des Betrachters zur Erscheinung bzw. Anschauung. Es wird dem Subjekt "ästhetisch bewusst" und lässt sich in jener ästhetisch bewussten Form jederzeit einbilden (vorstellen). Die Generierung von Anschauungen durch Erfahrung ist jedoch ein subjektiver, oft unbewusster Prozess, bei dem die apriorischen *BFOPI*, die in der Erinnerung bestimmten Sinneserfahrungen zugeordnet sind, in ihrer Zuordnung nicht hinterfragt werden. Die Erkenntnis hingegen tut das. Sie ist die "denkende Verarbeitung des Anschauungsmaterials nach apriorischen Prinzipien, Anwendung dieser Prinzipien auf das sinnlich Gegebene, Unterordnung desselben unter die Formen des erkennenden Bewußtseins, Eingliederung des so Geformten in einen *einheitlichen, systematischen Zusammenhang*." [96, S. 135]. Dieser Prozess geht auf die Verstandesvermögen Einbildungskraft, Denkkraft und Urteilskraft zurück. Einbildung ruft die sinnlich erfassten Gegenstände ins Gedächtnis. Denken wendet die *a priori* vorhandenen Denkwerkzeuge auf *a priori* vorhandene, ihnen zugängliche *BFOPI* sowie auf das Eingebildete an, das Urteil (Folgerung, Schluss) wiederum subsummiert das Besondere unter das Allgemeine der Vernunft, realisiert also die sinnvolle Bewertung im Rahmen des Apriorischen [vgl. 96, S. 563]. Die "Vernunft" als Oberbegriff ist die (individuelle) Sammlung der *BFOPI* und die Fähigkeit zu ihrer sinngebenden Anwendung. Vernünfte sind, nach meiner Interpretation, selbst *BFPOI*, Verstandeswerkzeuge, aber auch Urteile, diese ebenfalls *BFOPI*. Das menschliche Gehirn ist diesbezüglich zu maximaler Flexibilität in der Lage.

Aus Sinneseindrücken und sie einordnenden (*a priori*) *BFOPI* resultiert dem Menschen Erscheinendes (Phänomen), welches (möglicherweise) aus der Realität resultiert. Erkenntnisse sollen dem Subjekt Berechenbarkeit seiner Welt ermöglichen, welche wiederum die korrekte Abbildung jener Realität beweist. Erkenntnis soll den anderen, ihm ähnlichen Subjekten, mithilfe von Symbolen kommuniziert werden können (intersubjektive Objektivität), die wiederum Teil der apriorischen *BFOPI* sind. Dabei ist es zunächst die "sinnliche Erkenntnis", über die man sinnliche Anschauungen durch denkenden Umgang mit den apriorischen *BFOPI* zu erkennender Anschauungen verarbeitet: "Die Eiche wächst". Sinnliche Erkenntnis ohne direkten Erscheinungsbezug ist unmöglich, die intelligible (durch bloßes Denken errungene) Erkenntnis schon. Sie bezieht sich auf das Apriorische. Je mehr Apriorisches intelligibel verarbeitet wird, desto apriorischer, desto kategorischer ist die Erkenntnis selbst, desto "reiner", aber auch desto leerer ist sie. Ohne erinnerte Anschauung wäre sie völlig unmöglich. Kant unterscheidet zwischen analytischer und synthetischer (intelligibler) Erkenntnis. Grob gesagt bedeutet analytische Erkenntnis: Ich habe ein mir bekanntes Ding (*ZIG*) und beschreibe es durch seine inneren Bestandteile. Ein Junggeselle ist ein unverheirateter Mann, aber kein Witwer. Synthetische Erkenntnis hingegen bedeutet: Ich habe Dinge und setze sie zwingend zusammen (oder trenne sie zwingend). Beispielsweise nutze ich einen Trog und ein Paddel und erkenne, dass beides als Boot funktioniert. Ich bringe Menschen in einem Arbeitsprozess zusammen und erkenne, ob sie die geforderte Teamleistung bringen (können) oder nicht. Urteilen *a priori* bedeutet: Ich kann vor der bzw. ohne die Erfahrung ableiten, wie die Dinge aufgebaut sind, warum sie stabil oder warum sie nicht stabil sind. *A posteriori* bedeutet: Ich erfahre dies erst nach deren Beobachtung.

Die Realität ist Kants Ding an sich, also das, was hinter der Erscheinung steckt, sie aber nicht ist, somit für den Menschen prinzipiell nicht erkennbar ist, da jener nur das Ding "für ihn" (Phänomen) als das mittels apriorischer Verstandeskategorien "durch ihn Konstruierte" erkennt. Kants Ding an sich kann weder erfahrend noch denkend begriffen werden, da beides! an die Kategorien gebunden ist. Das Ding an sich unterliegt (zwingend) weder den Sinneseindrücken noch den menschlichen Verstandeskategorien. Es liegt jenseits von BEIDEM. Allerdings kann es das Ding an sich durch deren Negieren als "an sich" existierend gedacht werden. Auch die Notwendigkeit ist eine Kategorie, somit entspricht das Ding an sich dem kategorisch freien Willen, weshalb es Schopenhauers "Willen" oft gleichgesetzt wird. Gleichzeitig erwartet man in der Realität Ordnung, wobei Ordnung und Realität menschliche Kategorien sind, die nichts mit den Dingen an sich zu tun haben müssen. Schließt man kategorische Ordnung in den Dingen an sich nicht aus, gibt es reale Zwänge, die in Phänomene resultieren, und es gibt *BFOPI*, die jene Ordnung (quantitativ) ausdrücken, letztere jedoch als bloße Möglichkeit der Realität. Reine Erkenntnis kann in sich plausibel sein, aber jenseits der Realität liegen, als metaphysischer Schein.

Wann sind Erkenntnisse wahr?

Erkenntnisse strukturieren das Wissen nach den Prinzipien des "Schönen", "Wahren" und "Guten" (limenistisch gesprochen: des Richtigen im Sinne der Bewertung der anzupassenden Gemeinsamkeit nach den IntegrationsWerten für Schönheit, Wahrheit und Praktisierung). Schönheitsempfinden ist im Gegensatz zur Erkenntnis des Wahren oder Guten niemals auf einen Zweck gerichtet. Deshalb ist es unmittelbar. Es wendet unseren *BFOPI*-Schönheitskatalogs *ad hoc* an, um etwas als äußerlich (Erfahrung) oder innerlich (Erkenntnis) schön zu bewerten. Letzteres auch bei Abstraktem.

In den Naturwissenschaften sind wahre Urteile erwünscht, in der Ethik die des Guten, in den schönen Künsten die des Schönen.

Letztlich fällt alle Erkenntnis unter die Wahrheitsurteile, auch wenn gleichzeitig verschiedene "Vernünfte" zuständig sein können, die daher kritisch betrachtet werden müssen. Wenn eine Aussage entsprechend der theoretischen Vernunft wahr ist, dann ist es so objektiv wahr wie der wachsende Baum; wenn es gut ist, ist es wahrhaft gut; wenn es schön ist, ist es wahrhaft schön. Kant begreift Wahrheitserkenntnis als ein wahres Urteil infolge menschlicher Denkprozesse. Vor allem nach den Bedingungen der Möglichkeit synthetischer Wahrheitsurteile *a priori* sucht die Kant'sche Transzendentalphilosophie.

Das sind transzendentale Erkenntnisse.

Die "transzendentale Erkenntnis" ist zuerst die Erkenntnis von deren Art und Weise, der Anwendbarkeit des Apriorischen [96, S. 538]. D.h., durch die transzendentale Erkenntnis erkennt man, ob und wie die apriorischen Bedingungen im Verstand die Möglichkeit von Erfahrung oder Erkenntnis erzeugen, inklusive der Erkenntnis des Apriorischen selbst. Man erkennt, ob und wie sie das Ausschöpfen des Horizonts an Möglichkeiten erlauben, mit deren Hilfe die Grenzen momentaner Anschauung und des Wissens transzendiert werden können, freilich im Rahmen des Horizontes, der durch die *a priori* Bedingungen gegeben ist.

Transzendentale Erkenntnisse gliedern sich in die Erkenntnis, dass und wie apriorischen Bedingungen (i) eine sinnliche Erfahrung bzw. sinnliche (empirische) Erkenntnis hervorbringen, (ii) eine nicht-empirische Erkenntnis hervorbringen sowie (iii) menschliche Vernunft begrenzen, letzteres im Rahmen der Entdeckung und Auflösung des Scheins traditioneller metaphysischer Erkenntnis. (i) beschreibt die "transzendentale Ästhetik"; (ii) die "transzendentale Analytik" in der "transzendentalen Logik" und (iii) die "transzendentale Dialektik" in der "transzendentalen Logik" in Kants "Kritik der reinen Vernunft" [8]. Die Antwort auf die große Frage Kants lautet freilich: Im Rahmen der Bedingungen der Möglichkeit empirischer (sinnlicher) Erkenntnis sind reine *a priori* Erkenntnisse möglich, die innerhalb unseres Erfahrungshorizontes wahr sein können und außerhalb davon falsch sind [vgl. 97]. Theoretisiert man auf der Basis von Prinzipien, die jederzeit als Gesetze für die Beschreibung der jeweiligen Erfahrungswelt gelten können, ermöglicht dies wahre Urteile *a priori* innerhalb jener und beschränkt sie gleichzeitig auf jene. Die auf reiner Basis gewonnenen Erkenntnisse sind also legitim, selbst wenn sie sich auf etwas beziehen, das in der realen Welt (zunächst) nicht nachprüfbar, also bloß theoretisch ist [vgl. 96, S. 123]. Theorien können aber auch falsch sein, da die Anwendung von *BFOPI* außerhalb des durch sie ausgeleuchteten Erfahrungshorizonts nur Scheinwahrheiten erzeugt. "Es gibt Bäume auf dem Mond", würde dem Vernunfthorizont/dem gesunden Menschenverstand widersprechen, somit abgelehnt werden, selbst wenn der Befund korrekt ist.

Ist Kants Lehre nur auf die Erkenntnis anwendbar?

Kants "kopernikanische Wende", die Entdeckung Apriorischen als einzige Bedingung für die Möglichkeit von Erkenntnis und dessen Erkenntnismöglichkeit, liefert ein generelles Muster. Es gilt beispielsweise für das Verstehen niedergeschriebener Gedanken, der Hermeneutik, bei der man vor allem verstehen möchte, warum der Autor, d.h. basierend auf welchen *a priori* Bedingungen und welcher Verstandesleistung, zu diesen oder jener Formulierung gekommen ist. Man erkennt das transzendentale Ich des Autors. Apriorische Prinzipien (*BFOPI*) sind außerdem Quelle von Willen und Verhalten bzw. Handlungen, insbesondere moralischen. Dabei dient das moralische GEBOT der Entwicklung des Menschen hin zu einem moralischen Wesen zwar einem guten Zusammenleben, es ist aber kein von außen gegebenes Naturgesetz. Der Mensch ist nicht biologisch gezwungen, ihm zu folgen.

Nein? Wie kann der Mensch es dann realisieren?

Hier kommt der Kern der Freiheitslehre Kants: Die Freiheit, sich selbst-denkend der *BFOPI* zu bedienen, ist **für jedwede Erkenntnis, für Urteile und auch jedwedes Tun** (neben der nötigen "Muskelkraft") die allgemeine, grundlegende (transzendentale) *BFOPI*. Der Mensch benötigt seinen bewussten, freien Willen, auch für das praktisch-vernünftige Tun. Für die praktische Vernunft einer Gemeinschaft gilt nach Kant: "Frage dich selbst, ob die Handlung, die du vorhast, wenn sie nach einem Gesetze der Natur, von der du selbst ein Teil wärest, geschehen sollte, sie du wohl als durch deinen Willen möglich ansehen könntest?" [96, S. 568] Es handelt sich um eine Formulierung des berühmten kategorischen Imperativs. Ein ihm folgender Wille und daraus folgende Handlungen wären nach Kant an sich selbst gut, wobei das an sich selbst Gute (Wahre, Schöne) zwar veränderlich, aber doch notwendig angelegt sein muss, sozusagen als letzter Horizont ihrer eigenen Erkenntnis bzw. ihres Tuns (Universalität des *a priori*).

Das apriorisch-transzendentale Prinzip kann auf alle Formen des "Durchführens" von Existenz angewendet werden, wobei jede Existenz Bedingungen für ihre Möglichkeit braucht. Dabei kann es sich um Luft, Wasser, Schwerkraft, usw. handeln. Sie sind zwar notwendig, doch führen sie nicht zwingend in die Existenz, weswegen man auch nur von ihrer "Möglichkeit" spricht. Limenistisch gesprochen braucht es vielmehr die Fähigkeit der Agenten, Gemeinsamkeiten mit und aus ihrer Umwelt hervorzubringen (welche sie auch mit anderen Agenten in ihrer Umwelt teilen), um infolge ihrer Anpassungsanstrengungen an jene zu existieren. Erst diese Anpassungsfähigkeit führt zu ihrer Existenz. Ein Stein existiert, weil er sich mit Konsistenz, Form und Härte Gemeinsamkeiten anpasst, die er aus seinen Existenzbedingungen hervorbringt, um in jenen zu existieren. Damit haben ihn nicht einseitig jene Bedingungen zur Existenz gebracht, sondern er sich selbst, indem er die Gemeinsamkeiten, aus denen er besteht, aus ihnen hervorgebracht hat. Nur seine Existenz beweist, dass es die (vorerst) richtigen waren. Die Anstrengung hierfür kann hoch und verlustreich sein ("evolutionär"), d.h. der Agent muss seine Gemeinsamkeiten mit der Umwelt massiv wandeln, um in ihr (weiter)existieren zu können; oder sie sind gering ("volutionär"), d.h. der Agent schafft (durch deren gezielte Produktion) diejenigen Gemeinsamkeiten mit seiner Umwelt, an die er sich weiterexistierend anpasst. Die Palette der vorhandenen Bedingungen begrenzt allerdings die Möglichkeiten für Agenten und Agentengruppen, sich hervorzubringen, sich (sich wandelnd) fortzuführen oder sich zu vernichten.

Wir sind also verdammt, zu sein, als was man uns schuf.

Im Gegensatz zur göttliche Setzung des Seins eines Agenten (Das Sein wird entsprechend der Vorsehung gesetzt. Die permanente

Anpassungsfähigkeit der Agenten wird negiert. Schreiner sind laut Vorsehung Schreiner und sonst nichts.) oder zur strukturalistischen Setzung (Das Sein setzt sich so und so, um eine Funktion zur Systemreproduktion auszufüllen. Somit ist ein Mensch aus Systemnotwendigkeit Schreiner geworden, aber nicht aus eigenem Interesse.) bedeutet die transzendentale Setzung: Ein Seiendes setzt sein Sein aus den Möglichkeitsbedingungen seines Seins, worin sein Sein wesenhaft besteht. Das bedeutet, dass der Beruf des Schreiners die Möglichkeit des (angehenden) Schreiners für seine Seinsweise ist, quasi sein Horizont, beispielsweise in einem Familienunternehmen. In einem weiteren Schritt kann das wesenhafte Sein in der Setzung der Bedingungen der Möglichkeit für das Sein selbst bestehen, bzw. in der Setzung des wesenhaften Seins als Setzung der Bedingungen der Möglichkeit, die Bedingungen der Möglichkeit zur Setzung des Seins selbst zu setzen, d.h., in der Setzung des Seins als Freiheit, die Bedingungen der Möglichkeit der Freiheit jener Setzung zu entfesseln. Letztere Setzung klingt zwar zirkulär begrenzt, besitzt aber dennoch keinen expliziten Horizont, entspricht also nicht dem Apriorischen Kants: Das Sein transzendiert Gemeinsamkeitengrenzen als Bedingung der Möglichkeit seiner eigenen Weiterexistenz. Der Schreiner würde als Schreiner nicht existieren, wenn er sich als solcher nicht bewahren könnte. Schreiner können sich aber aufgrund von Bewertungen von Gemeinsamkeiten entwickeln, die der Schreinerei eigen sind, ihre Schwellen auch transzendieren, bis sie irgendwann keine Schreiner mehr sind, aber dennoch und aufgrund dessen als Nicht-Mehr-Ganz-Schreiner weiterexistieren.

Die Gemeinsamkeiten erhalten sich nicht immer gleich?

Nein. Die vom Agenten geteilten Gemeinsamkeiten ändern sich, allein schon durch die Anpassung an sie. Dabei ist die Anpassungsfähigkeit die Fähigkeit der richtigen Bewertung von neuen/anderen Gemeinsamkeiten zum Zwecke der existenziellen Anpassung. Sie hat die Kette von Zufällen zwischen den Determiniertheiten, mit denen sich z.B. ein Stein hervorgebracht hat/erhält, als die dafür nötigen Gemeinsamkeiten richtig bewertet. Der sich anpassende Agent erzeugt eine Bewertung und nur durch seine

Fortexistenz ist bewiesen, dass es sich um die richtige Bewertung gehandelt hat. Dies ist der einzige Weg, den die Natur geht, weswegen ohne das Risiko einer Anpassung an falsche Gemeinsamkeit auch keine an richtige erfolgen kann. Auch beim Menschen besteht die Gefahr, dass er sich verrennt, sich blind an etwas Falsches anpasst, z.b., weil ein bestimmter Anpassungsprozess (der Gegenstand der Bewertung kann dabei aus dem Fokus geraten) derartig attraktiv erscheint. Das kann gerade dann auftreten, wenn die Bewertung aus einer Gruppe heraus erfolgt, da die gegenseitige Bestätigung die absolute Richtigkeit der Bewertung vorgaukelt. Allerdings besteht auch für diese Fälle Hoffnung, denn die Chance auf korrekte Bewertungen steigt - aufgrund der Selbstähnlichkeit der Welt - mit der Zahl bewerteter Gemeinsamkeiten.

Entwickeln sich auch BFOPI weiter?

Im apriorischen Verständnis ist Erkenntnis nur im Rahmen vorhandener Bedingungen von Erkenntnis möglich. Es beantwortet aber nicht die Frage, ob sie schon immer, angeboren, genauso im Verstand waren und wenn nicht, wo sie hergekommen sind. Selbst wenn sich der Verstand daranmachen würde, neue Bedingungen der Erkenntnis hervorzubringen, so würde er die vorhandenen bestätigen, da sich sowohl die Erfahrung als auch das reine Nachdenken nur im Rahmen der vorhandenen bewegen und jene letztendlich nur reproduzieren, sie als allmächtig erscheinen lassen kann.

Also erstarren Kantianer in ihren Vorurteilen.

Nicht ganz. Das Verstandesvermögen bestimmt die Erkenntnisleistung. Der Verstand soll denkend mit den *BFOPI* umgehen, um jene Leistung zu realisieren. Der denkende Umgang mit ihnen kann sie nicht nur reproduktiv verstetigen, sondern durch Deduzieren, Analogien, Abduktionen, Negierungen wie auch das induktive Zusammenfügen aus/von vorhandenen Bedingungen zu "neuen" *BFOPI* führen. Das Transzendieren des Horizonts der Immanenz-Transzendenz ist jedoch bei Kant nicht vorgesehen. Außerdem können ihnen nicht-immanente *BFOPI* nicht zusätzlich erworben werden. Empirie sowie andere Überprüfungen (Probe,

Test, Gutachter) dienen zuerst der Bewertung der Verstandesleistung innerhalb der *BFOPI*; danach den *BFOPI* selbst, allerdings nur der Frage, ob sie als Bedingungen korrekt gewählt wurden; *BFOPI* auch infrage gestellt, aber nur, ob sie im Umgang mit anderen *BFOPI* einst richtig abgeleitet wurden.

Aber die Limenistik überschreitet diesen Horizont.

In der Limenistik sind alle Erkenntnisse dank einer Verstandesleistung erworbene, gedachte, zwingend integrierte Gemeinsamkeiten, den *j-ZIG*, wobei jene wiederum *BFOPI*/Kategorien sind. (Beim denkenden Umgang spielt ihre innere Struktur oft keine Rolle mehr und wird ausgeblendet). Erkenntnisse dienen zur Abbildung realer *ZIG* im Verstand, an denen äußere (vom Menschen angenommene) IntegrationsWerte haften. Diese Integrations-Werte lassen die (Des)Integration wahr, gut und/oder schön erscheinen. Eine äußerlich hochbewertete Erkenntnis wird, limenistisch gesehen, immer in einen Vernunftimperativ umgewandelt, wobei sie verallgemeinert, evtl. verstümmelt oder fälschlich generalisiert wird: *Erkenntnis ="Aus A folgt B wenn C weil D"*→*"Aus A folgt B wenn C"*→*"Denke A wenn C, weil B folgt!"*→*"Denke A, weil B folgt!"*→ *"Denke A!"* Zum Beispiel: *"Bäume wachsen, wenn man sie gießt"*, ist die Erkenntnis, also das *j-ZIG* eines *ff-ZIG* aus *"Bäume"*, *"man"* und *"gießen"*. In dieser Formulierung hat es einen niedrigen äußeren IntegrationsWert, denn der Agent kann es verlassen, wenn er sich nicht mehr für wachsende Bäume interessiert. *"Die Bäume muss man gießen, damit sie wachsen!"* entspricht jedoch einem *"BFOPI!"* im Sinne eines prinzipiellen Imperativs. Und ja, ich gehe davon aus, dass die *BFOPI!*-Imperative den Zwang und die Eigentlichkeit der zugehörigen *j-ZIG* ausdrücken.

Wir bewegen uns noch immer unter dem apriorischen Horizont?

Ja! Aber durch die Äquivalenz von *BFOPI* und *BFOPI!* haben wir ein Tor für wirklich neue *BFOPI!* aufgeschlossen: *BFOPI!?*→Test→Erkenntnis→*BFOPI!*: *Gieße den Baum und sieh, was geschieht!* (BFOPI!) → *Wenn der Baum gegossen wird, geht er nicht ein* (Erkenntnis) ➔ *Gieße den Baum, dann geht er nicht ein!* (bestätigte BFOPI!) ➔ *Gieße den Baum!* (BFOPI!) ➔ *Gieße* (BFOPI!). In der Limenistik können *BFOPI!* über sich selbst hinausgehen, somit auch Erkenntnisse, und zwar durch die Transzendenz in Anderes über Schwellen, was die Umwandlung der *BFOPI!* untereinander bejaht, in Neues durch Emergenz, wofür man sich aber nicht unter einem transzendentalen Horizont, sondern in einer selbstÄhnlich offenen Welt bewegt, d.h., abgespeicherte Gemeinsamkeitenbündel werden in ihre Bestandteile zerlegt und Emergenzen werden eingebaut, Nimm zwei als *j-ZIG* vorgestellte, reale *ff-ZIG* $<a,b{\to}ff1>_{ff1}$ und $<a,b,d{\to}ff2>_{ff2}$. Eine jenen sowie dem Vergleichsprinzip immanente Erkenntnis wäre, dass die beiden Bündel die Gemeinsamkeiten *a, b* teilen und dass sie *d, ff1, ff2* nicht teilen. Ist nur $<a,b{\to}ff1>_{ff1}$ bekannt, ist $<a,b,d{\to}ff2>_{ff2}$ nur emergent erkennbar, allerdings in Ähnlichkeit zu Bekanntem. In einem als solchem zunächst unerkannten Würfel macht erst die Emergenz die sechs schon bekannten Seitenflächen gedanklich zu einem Würfel. Sie offenbart den Zwang und die Eigentlichkeit der *ff*-zwingenden Würfel-Verknüpfung jener Flächen, freilich in einer selbstÄhnlichen Erkenntnisweise. Man entdeckt neue, quantenmechanische Effekte, verwendet zur Erklärung aber ein Wellenmodell-*BFOPI!*, das man aus der klassischen Mechanik bereits kennt, welches man aber mittels emergenter *BFOPI!* modifiziert. Verbrenne ich mir die Hand an einer Kerzenflamme, ruft das die reflexhafte Körperreaktion aus meinem Gedächtnis auf, außerdem die *a priori* Erfahrungs-*BFOPI!* Für die Erkenntnis der Kausalität Flamme➔Schmerz muss bewusst denkend mit den apriorischen *BFOPI!* umgegangen werden, inklusive des apriorischen Kausalitätsprinzips. Aber vielleicht erinnere ich bisher nur die *BFOPI!* der zeitlichen Abfolge: "Eins nach dem anderen!" Und vielleicht erlerne, entdecke, oder besser: erschaffe ich durch die Schmerzerfahrung erst das ihr ähnliche Kausalprinzip als neuen Bestandteil meiner vorherigen *BFOPI!*, die mir nun die Erkenntnis der Kausalität Flamme➔Schmerz erlaubt.

Also bedeutet Limenistik Freiheit zu jeglicher Erkenntnis?

… die in zweierlei Hinsicht begrenzt ist. Zunächst wegen der Forderung nach SelbstÄhnlichkeit. Die Untergemeinsamkeiten von *ZIG* sind zwingend ineinander integriert, und zwar in dem Sinne, dass alle Agenten (gleichzeitig) in allen zwingend präsent sind bzw. (unendlich schnell) zwischen ihnen hin- und hertranszendieren. Auf der anderen Seite ist JEDE Gemeinsamkeit letztendlich ein solches Bündel. Ergo beinhalten verschiedene Gemeinsamkeiten, weil sie ja selbst Bündel sind, möglicherweise Untergemeinsamkeiten aus anderen Bündeln, wodurch sich die Gemeinsamkeiten selbst ähnlich werden. Eine höhere Ähnlichkeit der Bündel im Sinne von Fast-Identisch-Sein bedeutet eine größere Menge von geteilten Untergemeinsamkeiten. Das bedeutet wiederum, dass jedes bisher unbekannte Gemeinsamkeitenbündel zum großen Teil mit vorhandenem Wissen erfasst werden muss bzw. kann. D.h., die SelbstÄhnlichkeit stellt nicht nur eine Begrenzung, sondern auch eine Erkenntnishilfe dar.

Darüber hinaus entscheidet in der Limenistik letztendlich nur die Existenz ob und wie stabil ein bestimmtes *ZIG* existieren kann. Deswegen ist es nur natürlich, dass die *j-ZIG* und damit die *BFOPI!* der Bestätigung durch die Existenz vorausgehen, egal ob durch evolutionäre Entwicklung gewonnen (die Gemeinsamkeiten grundsätzlich ebenfalls *a priori* hervorbringt) oder im Laufe eines Lebens. In diesem Sinn ist die Limenistik ebenfalls kopernikanisch gewendet. Erkenntnis kann sich nur im Rahmen der **zuvor** im Verstand vorhandenen (Kant!), aber auch der **hervorgebrachten, nicht *BFOPI!*-immanenten** *BFOPI!* bewegen (nicht Kant!) und erlaubt so ihre eigene Erkenntnis. Die "*Würfeligkeit!*" als *BFOPI!*-Bedingung der Würfelerkenntnis ist zunächst nicht in den *BFOPI!* vorhanden. Sie baut sich vor und während der Erkenntnis als imperativer Teil eines *j-ZIG* erst dort ein.

Erkenntnisse bringen so wirklich NEUE *a priori BFOPI!* hervor oder löschen vorhandene, sodass sich das Apriorische durch sie wandelt. Verstandesvermögen bedeutet also nicht nur, die empirischen Eindrücke in die vorhandenen *BFOPI!* einzuordnen. Vernünftigkeit geht nicht nur auf das denkende, bewusste Urteilen anhand von *BFOPI!* zurück, sondern genauso auf das Vermögen der

BFOPI!-Produktion. Entwicklung von *BFOPI!* bedeutet die denkende Ableitung von *BFOPI*-immanenten, zusätzlichen *BFOPI!*, aber auch deren emergente Erschaffung, was einzig durch "qualifiziertes Erraten" von *BFOPI!* funktioniert. Der Verstand testet emergent-selbstÄhnlich hervorgebrachte *BFOPI!*. Diese werden zur Einschätzung einer ähnlichen Erscheinung herangezogen, sind sie dabei erfolgreich, werden sie bewusst, hoch bewertet und werden als Imperativ abgespeichert. Das genannte Schema stellt die Umkehrung der imperativen Verstümmelung einer immanenten Erkenntnis dar, die selbst in eine Erkenntnis führt und entspricht der Herangehensweise in der modernen Forschung, die auf dem qualifizierten Vorschlag von *BFOPI!* deren Überprüfung bzw. der Offenlegung ihrer Gültigkeitsgrenzen beruht. Letzteres wird aufgrund eines merkwürdigen Universalismusanspruches (zurückgehend auf Kants Verständnis von *a priori*) oft vergessen oder die gesamte Erkenntnis wird wegen eines Gegenbeispiels eingestampft. Entsprechende Proben kann man an emergenten und abgeleiteten *BFOPI!* gleichermaßen durchführen. Doch die emergenten *BFOPI!* sind der wirklich transzendente Teil der Erkenntnis, d.h. durch die Erkennenden wird das Immunsystem des bisherigen Zwangs überwunden, eine Gemeinsamkeitengrenze transzendiert und dadurch das Ziel der Transzendenz gleichzeitig erschaffen. Die ausschließlich emergente Erkenntnis hat keine direkte Verbindung zu bisherigem Wissen, bis auf den Fakt, dass sie eben nicht dessen Spiegelbild, nicht dessen exaktes Gegenteil oder sonst wie aus ihm ableitbar ist, und dass sie aufgrund der Durchlässigkeit seiner Grenzen bedingt wurde.

Wie funktioniert das "qualifizierte Raten"?

Grundsätzlich ist eine hohe Produktionsrate von neuen *BFOPI!* für die Tests wünschenswert. Die Palette der im Gehirn bereits vorhanden *BFOPI!* erweitert und begrenzt die Zahl emergenter Kandidaten gleichermaßen. Da die Generierung von Emergenz im Verstand mit der Transzendenz von Gemeinsamkeitengrenzen ansteigt, steigt sie ebenfalls mit der Zahl vorhandener Grenzen, also mit der Komplexität vorhandener Erkenntnisse. Insbesondere die Betrachtung antithetisch bewerteter Gemeinsamkeiten erhöht diese Komplexität, schwächt die ursprünglichen Gemeinsamkeiten durch deren gegensätzliche, sich aufhebende Bewertung und erlaubt somit die Berücksichtigung von mehr Emergenzen. Eine diesem Verständnis scheinbar entgegengesetzte Auswahlverbesserung besteht in der Sortierung neuer *BFOPI!* vor dem Test durch weitere oder höherstehende *BFOPI!* (Wahrheitsanspruch, Nutzen, Gesetze), denen die Überwindung des alten bzw. die Installation des neuen *BFOPI!* entsprechen muss. Wichtig ist, die widersprechenden Emergenzen sofort auszusortieren, noch bevor sie Teil von falschen Erkenntnissen und damit instrumentellen *BFOPI!* werden. Trotzdem können höherstehende *BFOPI!* durch emergente schließlich ergänzt oder vernichtet werden, falls die Konsequenzen ersterer instrumentell sind.

Was bedeutet Vernunft in der Limenistik? Weisheit? Empirie?

Weisheit bedeutet die Erhöhung der Zahl und der gegenseitigen Verflechtung der *j-ZIG* in ihren Zwängen, ihrer Integration und Sinngebung, somit eine Eigentlichkeitszunahme der Vernunft. Neue Imperative *BFOPI!* sind der Schlüssel zu dieser Integrationszunahme. Die limenistische Erkenntnis bewertet sich aufgrund ihrer Konformität mit dem erinnerten *BFOPI!*-Normensystem jener Vernunft. Die Notwendigkeit der Verifikation der vermeintlichen neuen Erkenntnis ist normalerweise ein Teil dieses Systems. Die Möglichkeit einer direkten Prüfung an der Empirie ist allerdings, laut G. W. F. Hegel, eine Schimäre! Der einzige Prüfstein für die Erkenntnis ist die Vernunft selbst, denn eine Prüfung an der Realität ist nicht möglich, da sie sich außerhalb des Subjekts befindet. Man überprüft die neuen Erkenntnisse immer nur an den *a priori BFOPI!* und damit den Erkenntnissen selbst. Für Hegel widerspricht das dem Zweck der Erkenntnis nicht, denn für ihn dient die Erkenntnis lediglich ihrer eigenen Selbst-Bewusstwerdung (als solche) im Verstand (Selbstkonsistenz) und nicht primär der Erlangung objektiver Wahrheiten. Hegel trennt daher nicht mehr zwischen dem erkennenden Subjekt und dem zu erkennende Objekt. Vielmehr ist das Objekt, dessen Verhalten wir registrieren, bereits das Objekt in unserem Kopf, also schon einmal durch den erkennenden Prozess gelaufen, somit bereits durch den Erkennenden bearbeitet. Dieser "subjektiv-empirische" Prozess heißt nicht, dass die realen Vorgänge nicht korrekt abgebildet werden können. Trotzdem besteht die Erkenntnis bezüglich der vermeintlichen Beobachtungen oft (ungewollt) in der Erklärung von Vorurteilen mit anderen Vorurteilen.

Das ist ein großes Problem für die Erkenntnis.

Nun, bisher haben wir einen wichtigen Aspekt der *BFOPI!* außer Acht gelassen: ihre Bewertung als Wertgeber, wie er bei der Signalübertragung in den Synapsen des Gehirns existiert [98], die hinsichtlich ihrer Stärke, somit ihrer Relevanz, ebenfalls einer Lernfähigkeit unterliegt. Eine Umwertung der Werte muss dann erfolgen, wenn der Effekt einer Handlung - obwohl zunächst so bewertet - nicht (mehr) gut, wahr, schön an sich selbst ist, was man empirisch daran erkennt, dass sie immer seltener und schließlich gar nicht mehr von Agenten durchgeführt wird. Umwertungen können falsch sein, was an den Schwellen der *BFOPI!* liegt, die noch höher sind als die der *j-ZIG*, aus deren Bewertung sie gewonnen werden. D.h., es ist oft mit weniger Gewalt und damit Anstrengung verbunden, diejenigen *j-ZIG* in vorhandene (falsche) *BFOPI!* einzuordnen, die bereits zu jenen passen, und die anderen Fakten außer Acht zu lassen, als zu einer transzendenten oder gar emergenten Erkenntnis neuer *BFOPI!* zu gelangen. Dass jemand in einem Stadion pfeift, muss weder heißen, dass das Spiel (*j-ZIG*) schlecht ist (*BFOPI!*), noch muss es überhaupt eine negative Bewertung sein (*BFOPI!*). Der Mensch benötigt ein immer besseres Verständnis der Realität, weswegen die Wahrheitserkenntnis immer motiviert ist. Die rekursive Flexibilität der Vernunft ist ein Verstandesvermögen, das letztlich auf deren Zweck, die Erringung der Fähigkeit der Vorhersage bzw. die Bereitstellung der Methoden hierfür, zurückgeht. *BFOPI!* werden daher umgewertet, wenn sie Wahrheitserkenntnisse blockieren.

Sind ff-ZIG *immer wahrheitsgetreu abbildbar?*

Erkenntnis erheischt ihre Anwendung zur Vorhersage des Verhaltens von Agenten, die das erkannte *ZIG* in der Realität teilen. Bezogen auf einen Gegenstand sollen letztlich die Gemeinsamkeitenbündel bewusstwerden, die er integriert, sowie deren Zwanghaftigkeit jenseits und diesseits der einfachen Faktizität. Apperzeption bedeutet hierbei (in Anlehnung an Leibniz) die vollständige Bewusstmachung aller Gemeinsamkeiten, die der individuelle Gegenstand teilt. Perzeption ist eine nur teilweise Bewusstmachung jener Gemeinsamkeiten, wodurch der Agent anderen verwechselbar wird. Für die Limenistik sind die realen *ZIG* die Dinge an sich, die im Rahmen ihrer Schwellen grundsätzlich ergründbar sind. Somit ist das Ding an sich (das angeblich Jenseitige im Diesseits) kein unerreichbarer Erkenntnishorizont. Das bedeutet, dass die gedanklichen Zusammenhänge (*j-ZIG*), welche durch Erkenntnisse erzeugt werden, realen *ZIG* deckungsgleich sein und ihre ebenfalls realen Konsequenzen in erwartbare Erfahrungen umgemünzt werden können. Der fehlende direkte Zugang zu den Objekten ändert daran nichts, solange ihre Gemeinsamkeiten im Gehirn genauso verknüpft sind wie die Begriffe, welche sie beschreiben. Von der Unergründlichkeit der Dinge an sich bleibt lediglich die Unergründlichkeit aller (unendlich vielen) ergründlichen Dinge an sich.

Wie kommen die richtigen Zwangsverknüpfungen im Kopf zustande?

Über die Sprache. *BFOPI!* bilden *j-ZIG*, deren integrierte *j*-Gemeinsamkeiten (die wiederum *j-ZIG* sind) in bestimmten zwingenden Verhältnissen zueinanderstehen. Wenn die realen Gemeinsamkeiten, die sie bezeichnen, in den gleichen Verhältnissen zueinanderstehen, sind die gedanklichen Bezeichnungen richtig. Das exakt Gleiche gilt für die Entwicklung sprachlicher Begriffe, ohne die das gedankliche Bezeichnen gar nicht mögliche wäre. Ursprünglich definierte Noam Chomsky [99] den Begriff der Sprachlernfähigkeit. Er glaubt, dass die Fähigkeit zum Spracherwerb im Gehirn des Menschen eingeprägt sei und mithilfe einer angeborenen Universalgrammatik erfolgt (nativistischer Ansatz). Der spätere kognitive Ansatz hingegen besagt, dass die sprachliche Entwicklung strukturell untrennbar mit dem Erlernen des Denkens, der Übertragung von geistigen Bildern in Sprache verknüpft ist. Der interaktionistische Ansatz stellt die gemeinsame soziale, immer wiederkehrende, von Sprache begleitete Interaktion in den Vordergrund. Der behavioristische Ansatz geht von eingeprägten Assoziationen bestehend aus Zeigen und gleichzeitige Begriffsartikulation durch die Eltern aus. Der heutige Konsens besagt, dass Kinder nur durch aktiven Umgang mit Begriffen und Umwelt diejenigen kognitiven Strukturen entwickeln können, die Sprache ermöglichen. Er entspricht dem Kant'schen Erkenntnis-Verständnis.

... und beschreibt das Denken selbst.

Erst der bewusste Umgang mit *a priori BFOPI!* zum Zwecke der Erkenntnis der Umwelt ist Denken, das sich selbst hervorbringt. Die Limenistik geht davon aus, dass alle Erkenntnisse die Zahl der erinnerten *a priori BFOPI!* im Verstand erhöhen. Erkenntnisse ergeben nichts anders als *BFOPI!* sowie deren Verknüpfungen, die wiederum *BFOPI!* sind. Durch dieses rekursive Lernen werden die Fähigkeiten für weitere Erkenntnis in Form eines komplexen *BFOPI!*-Begriffssystems aufgebaut. Ohne dieses Wissen gibt es auch keine Möglichkeit weiterer Erkenntnis, und zwar aus zwei Gründen. (i) Neue Erkenntnisse (→*BFOPI!*) sind nur deswegen Erkenntnisse, weil sie andere Erkenntnisse zueinander und zu sich selbst in Beziehung setzen, so wie ein *ZIG* Gemeinsamkeiten zwingend (des)integriert, die wiederum *ZIG* sind. Ohne die vorhandenen Erkenntnisse (→*BFOPI!*) wäre das nicht möglich. (ii) Der zweite Grund für die Notwendigkeit vorhandener *BFOPI!* für die Möglichkeit des Hervorbringens einer Erkenntnis ist, dass jenen *BFOPI!* Unzulänglichkeiten anhaften, insbesondere die Transzendierbarkeit ihrer Grenzen. Denn nur die Anpassung an unzulängliche Gemeinsamkeiten erlaubt die Erkenntnis von dem, was über sie hinausgeht, also die Transzendenz des Bewusstseins in neu erkannte Gemeinsamkeiten. Die Erkenntnis kann also schaffen, was noch nicht ist (so wie es die Natur aufgrund der Unzulänglichkeit ständig tut).

Welche Arten von Fehlschlüssen kann der Mensch ziehen?

Die "Möglichkeit" für eine Erkenntnis resultiert aus den vorhandenen *BFOPI!* und der Unzulänglichkeit/Freiheit, die an ihnen haftet. Die Rekursivität der Erkenntnis, also die Bezogenheit auf vorhandene Erkenntnis, führt dabei zu zwei besonderen Phänomenen, (i) gedanklichem Konservatismus und (ii) dem ungewollten Plagiat (konvergente Emergenz). Zu (ii): In einem einfachen, evolutionären Modell entstehen emergente Ideen permanent und zufällig. Ihre Berücksichtigung wird durch Werte motiviert und sie müssen nach Entstehen, selbst wenn sie im Gehirn stabil erscheinen, bewertend aussortiert werden, um den (Super)Integrations-Werten tatsächlich zu genügen. Bei unveränderlichen imperativen IntegrationsWerten führt dies zu ähnlicher Selektion ohnehin schon ähnlicher Denkergebnisse. Selbst scheinbar unabhängig voneinander getroffene Aussagen müssen daher nicht richtig sein, wenn sie sich decken, da sie gleichen Auslesekriterien unterliegen. Gleiche falsche Annahmen führen über den Prozess der bewertungsinduzierten Konvergenz zu gleichen falschen Ergebnissen, wenn sie die Bewertungskriterien zu erfüllen scheinen. Durch Kommunikation verstärkt sich die Konvergenz und die erworbenen und als richtig bewerteten Erkenntnisse, unabhängig davon, ob sie tatsächlich richtig sind oder nicht, und die als erfolgreich bewerteten *BFOPI!* der kommunizierenden Menschen gleichen sich an. Die Einheitlichkeit der *BFOPI!* aufgrund der Kommunikation gaukelt wiederum vor, dass sie eine singuläre Ursache hätten, aus einer reinen "Angeborenheit", aus einer einheitlichen Wirklichkeit oder dem Willen Gottes resultierten. Dieser Eindruck verstärkt sich, wenn die *BFOPI!* ständig/unreflektiert, scheinbar instinkthaft, auf alles Mögliche angewendet werden. Bei einer Verneinung Gottes werden die *BFOPI!* aber selbst zu Göttern und ihre Vorgaben werden über den durch ihre Einheitlichkeit erzeugten IntegrationsWert zu Gewalt. Die Bedingung für nicht konvergente Ideen wäre daher die Aufhebung der IntegrationsWerte.

Gibt es grundlegende a priori BFOPI!*, die angeboren sind.*

Statt "angeboren" bevorzuge ich den Ausdruck "evolutionär erworben". Aber selbst die Vorstellung vom Raum als grundlegendes Werkzeug der Erfahrung wird frühkindlich differenziert. Andere *BFOPI!* entstehen im Agenten emergent oder durch Synthese neu. Wie Kant geht die Limenistik aber davon aus, dass die Gemeinsamkeiten und deren mögliche zwingende Integration (Exklusion) bereits vor der jeweiligen Erfahrung im Verstand gegeben sein müssen, um die Agenten, die jene Gemeinsamkeiten teilen, einordnen zu können und damit zu einer hoffentlich realen Anschauung zu kommen. Die limenistische, ungetrübte, sinnliche Erfahrung folgt dabei einem einfachen Prinzip: Sind die Sinneseindrücke eines Merkmals zweier Agenten gleich, so sind jene Merkmale auch real untereinander gleich. Sie sind Gemeinsamkeiten. Sind die Sinneseindrücke der Merkmale unterschiedlich, so sind sie real unterschiedlich. Ist z.B. der Sinnesreiz von der Farbe Grün an einem Agenten mit dem Sinnesreiz der Farbe Grün an einem anderen Agenten gleich, geht das Subjekt davon aus, dass die beiden Grün-Farben gleichen Dingen an sich entsprechen. Sind die Sinneseindrücke gleicher Merkmale aus der Realität also gleich, sollten es auch deren Symbole im Gehirn sein. Das Gleiche gilt für Gleichheit und Ungleichheit bei Transzendenz zwischen *ZIG*. Gleichheit und Unterschiedlichkeit spannen alle Anschauungsmöglichkeiten auf. Allerdings muss der Verstand die Symbole und deren Ähnlichkeiten erst vorschlagen, schließlich gibt es keinen fixen Automatismus der Natur, sich selbst in menschlichen Symbolen widerzuspiegeln, was die Subjektivität des Verstandes negieren würde. Umgekehrt gesprochen wäre eine Erfahrung überhaupt nicht möglich, wenn es nicht die einer selbstÄhnlichen Welt mit zwingenden Verknüpfungen wäre. Ohne Gemeinsamkeiten wären keine Erfahrungen möglich.

Also existiert neben Raum, Zeit und Kausalität als grundlegende *BFOPI!* noch eine weitere, die sich direkt aus dem SelbstÄhnlichkeitsprinzip der Welt ergibt: die Fähigkeit zum Vergleich, zur Feststellung von Gleichheit und Unterschiedlichkeit, als *a priori* Bedingung der Möglichkeit jeder Erfahrung/Erkenntnis. Sie entspricht genau dem logischen Grundgatter bei den Verknüpfungen zweier Eingänge in einem binären Computerprozessor [100]: AND/NAND, OR/NOR, XOR/XNOR. Das XOR/ XNOR-Gatter bewirkt die Offenlegung von Gleichheit/Unterschiedlichkeit überhaupt. Man könnte auch sagen, dass Gleichheit und Unterschiedlichkeit unterschiedlich bewertet werden. Die AND/NAND/OR/NOR-Gatter stellen hingegen unterschiedliche Bewertungen der Gleichheit/Unterschiedlichkeit konkreter Informationen dar. Die durch die voranschreitende Digitalisierung induzierte Beschränkung des Erkennens auf die Kategorien "absolut gleich" und "absolut unterschiedlich" versperrt jedoch den Blick auf die SelbstÄhnlichkeit der Realität.

Sind BFOPI! *nur IntegrationsWerte der Erkenntnis?*

Die Limenistik sieht *BFOPI!* als Imperative für Anschauung, Erfahrung, Erkenntnis, Sinngebung, Wille und Anpassungshandlungen gleichermaßen. *BFOPI!* sind IntegrationsWerte, d.h., die bewerten Gemeinsamkeiten für Agenten, hinsichtlich Schwellentranszendenz und Anpassung. *BFOPI!* verbinden die Kant'schen Prinzipien UND die Nietzscheanischen Werte. Bei Kant wären IntegrationsWerte (=Kategorien) starr, bei Nietzsche variabel (=Werte), sogar durch den individuellen Menschen für sich selbst gemäß seines Typus bestimmbar. In der Limenistik haben IntegrationsWerte umfassenden Charakter. Sie liegen zwischen den Polen absoluter funktionaler Notwendigkeit und temporärer Norm. Einen Baum zu gießen ist funktional zwingend, damit er überlebt. Dass er, z.B. in meinem Garten, überleben soll, ist bloß eine individuelle Norm. Stabile *BFOPI!* erwachsen immer aus evolutionär erworbener und erkenntnishafter Erfahrung, die sich in (gedanklich) empirischen Rückkopplungsschleifen selbstkonsistent stabilisieren. An irgendeinem Punkt wird der erkenntnishafte Hintergrund jedoch vergessen/ausgeblendet (allein schon aus Denk-Effektivität) und nur der Imperativ verbleibt. So entsteht der Eindruck, er sei schon immer dagewesen. Doch es existieren keine rein angeborenen Kategorien, die man nicht zumindest durch tätigen Umgang (*BFOPI!?* →*BFOPI!*) ausbilden müsste.

***

Kapitel II: Kompexität und Erotik

Gibt es für dich eine Theorie jenseits der Kritischen?

Die Kritische Theorie versteht gesellschaftliche Gemeinsamkeiten sowie deren Höherentwicklung hauptsächlich über Bedürfnisse. Spezifisch menschlich und Voraussetzung für die menschliche Entwicklung ist das Bedürfnis nach der Erkenntnis begrenzter Universalität zur Beherrschung von Natur und Gesellschaft. Die Systemtheorie (nach Niklas Luhmann) sieht die Gesellschaft noch viel mehr als die Kritische als ein System, das sich dynamisch lediglich selbst erzeugt. Der hauptsächliche Unterschied zwischen Kritischer und Systemtheorie ist, dass die Kritische Systeme, also stabile Gemeinsamkeitenbündel, eher als Konsequenz von (äußerlich gesetzter/sich reproduzierender) Herrschaft versteht, die falsch sein und die Agenten auf lange Sicht zerstören kann. Für die Systemtheorie ist hingegen die selbsterlangte Stabilität des Systems im Sinne von Selbstreproduktion das ausschlaggebende Kriterium für "Richtigkeit". Im Extremfall ist die Herrschaft - als ein Teil von ihm - sogar machtlos gegenüber dem Systemzwang und das herrschende Schlechte (wie auch das Gute, ja sogar der Nutzen) ist Konsequenz/Voraussetzung der Stabilität. Dies ist aber kein Widerspruch, denn das, was ein System in seinem Selbsterhalt hervorbringt, kann sich als für den Menschen mehr oder weniger richtig erweisen, wonach er es wählen oder abwählen kann.

In der Systemtheorie steht der Reproduktions-/Selbstschaffungs-/Autopoiesemechanismus des Systems im Vordergrund. Dies wird über Selbstreferenz erreicht [101-102], wie bei den komplexen Systemen in der Natur. Das System grenzt sich durch seine Operationen von der übrigen Welt ab, da nur im System jene Operationen erfolgen, die es erhalten, beispielsweise die Kommunikation in der menschlichen Gesellschaft. Somit dienen die Menschen (als Agenten der Gesellschaft) mit ihrer Kommunikation der Reproduktion jener Kommunikation und ihrer Grenzen, und zwar nur mit einem Teil von sich, nämlich demjenigen, der jene Kommunikation reproduziert. Stelle dir ein einfaches Regelsystem vor, bestehend aus einer Mutter, einem Baby und einer Wiege. Das Kind schreit - die Mutter schaukelt es - es hört auf zu schreien - die Mutter hört auf zu schaukeln - das Kind schreit usw. Das System besteht prinzipiell nur aus den Operationen Schreien und Schaukeln. Dies ist die Kommunikation, aus der es sich erschafft. Kind, Wiege und Mutter sind außerhalb des Systems und werden nur dadurch ein Teil der internen Kommunikation (bzw. wird ein Teil von ihnen dazu), indem sie schreien, schaukeln oder geschaukelt werden. Andere Teile von ihnen reproduzieren andere Systeme. Das Verhältnis von Welt und System muss insbesondere die Differenz zwischen System und übriger Welt ausdrücken und dennoch ihre Abhängigkeit voneinander beinhalten. Das System besteht aus den es erhaltenden Operationen (z.B. Babyschreien + Schaukeln). Der Teil der übrigen Welt, mit der es interagiert, um sich zu realisieren, sind Mutter, Baby und Wiege als solche (Umwelt). Das, was System und Umwelt teilen, sind die Teile Letzterer, die für die kommunikative Reproduktion des Systems gebraucht werden inklusive ihrer (menschlichen) Motivationen, die sich im strengen Sinne Luhmanns jedoch primär aus dem Stabilitätsanspruch des Systems ergeben. Diesen Teil der Umwelt nenne ich Systemumwelt. Die Welt der Systemtheorie besteht somit aus dem System als abgegrenzte Operationenmenge, Systemumwelt, der Umwelt (von der die Systemumwelt nicht zu trennen ist) und der Außenwelt, die nicht für die Stabilität des Systems nötig ist.

Die Systemtheorie ist dem Strukturalismus sehr ähnlich. Der Strukturalismus fokussiert sich jedoch mehr auf die Ausbildung von Strukturen für eine innere Funktionalität, z.B. Grammatik für den Informationsaustausch, nicht auf abgegrenzte Operationen, die nur operieren, um sich und die sie beherbergende Umwelt zu reproduzieren. Besonders am Herzen liegt der Systemtheorie der Möglichkeitenhorizont der Systeme, um sich zu reproduzieren. Die Systemtheorie fragt also nicht, wie Kant, nach den Bedingungen der Möglichkeit für etwas, sondern nach den Möglichkeiten als Bedingung für ein stabiles System. Die wichtigste Erkenntnis der Systemtheorie ist, dass es ohne Kommunikation keine Reproduktion einer Gesellschaft gibt - oder umgekehrt - jene als Operation systemreproduzierend ist und auf diese Weise definiert werden kann. Sie übersieht jedoch, dass ein System falsch im Sinne von intentional (selbst)zerstörerisch werden/sein kann. Ein Schwarzes Loch ist ein stabiles, offenes System, zerstört aber alle Sterne, die es aufsaugt. Ein stabiles kapitalistisches System kann seine natürlichen Ressourcen vernichten. Solche falschen Systeme sind repressiv, auch wenn sie sich selbst erhalten.

Was meinst du mit Komplexität?

Für mich bestehen komplexe Systeme aus Gemeinsamkeitenbündeln mit einer großen Menge innerer Unzulänglichkeiten und somit Freiheiten, also Grenzen, Transzendenz, Integration und Werten. Man könnte auch sagen: Je komplexer ein System ist, desto mehr innere Möglichkeiten besitzt es. Systeme sind hinsichtlich jener Möglichkeiten immer endlich, wobei deren Umwelt immer komplexer ist als sie selbst. Ein System wird nur dann stabil, wenn es die Zahl seiner Möglichkeiten im Sinne teilbarer/geteilter Gemeinsamkeiten gegenüber seiner Umwelt schrittweise reduziert. Beim ersten Schrei hätte die Mutter einen anderen Weg gehen können, beispielsweise das Kind schreien lassen oder ihren Mann holen. Dadurch, dass sie das Kind zu schaukeln begann, hat sie ein System geschaffen, von dem sie sich nicht mehr lösen kann. Der erste Satz in einem Buch hat alle Möglichkeiten, die die Fantasie des Autors zulässt, der letzte hingegen nur noch wenige, da das Buch selbst zum System geworden ist, das in sich kommunizieren/funktionieren muss. Umgekehrt gilt, dass mit der Zunahme von komplexer Freiheit immer mehr Agenten immer mehr Gemeinsamkeiten teilen (können). Allen Gemeinsamkeiten haften Unzulänglichkeiten an, die mit der Zunahme der Zahl integrierter Gemeinsamkeiten ebenfalls zunehmen.

Im limenistischen Verständnis sind Systeme der Systemtheorie zunächst keine *ZIG*, sondern Agenten, die *ZIG* teilen und sich an sie anpassen, indem sie sie in sich konservieren. Während der IntegrationsWert eines "komplexen" Systems auf dessen Selbstreproduktion mithilfe seiner inneren Gemeinsamkeiten und Unzulänglichkeiten lautet (von denen für die Möglichkeit des Selbsterhalts durchaus viele notwendig sein können), ist der IntegrationsWert

260

eines "komplizierten" Systems mit vielen Gemeinsamkeiten explizit, d.h. zu einem bestimmten Zweck nimmt das System zu bestimmten Anteilen bestimmte Gemeinsamkeiten ein, beispielsweise eine Maschine im Produktionsprozess. Das Verhalten der Maschine ist maximal determiniert und vorhersehbar. Komplexes Verhalten ist nicht vorhersehbar. Komplexe und komplizierte Systeme integrieren Gemeinsamkeiten zwingend, wobei man bei der Transzendenz innerhalb eines komplexen Systems (da es mehrere nicht-determinierte Möglichkeiten gibt) von interner Schwellenüberschreitung sprechen kann. Die innere Transzendenz der Agenten, aus denen das System besteht, ist nicht determiniert, sondern nur eingeschränkt. Komplizierte Systeme mir definierten Abläufen sind hingegen nur als determinierende Gemeinsamkeit zu betrachten. Sie sind schwellenfrei. Komplexe Systeme begrenzen die Gewalt in ihrem Inneren, komplizierte Systeme kennen in ihrem Inneren keine Gewalt, nur durch Defekte oder von außen. In der Limenistik ist die Transzendenz (eher als in der Systemtheorie) Grundlage der selbstÄhnlichen Welt. Bei komplexen limenistischen Systemen erfolgt sie präferenziell im Inneren des Systems, und zwar durch tatsächliche Schwellenüberwindungen. Die komplizierten Systeme sind hingegen schwellenfrei, wobei ein ideales schwellenfreies System auf Dauer nicht existiert. Eine Maschine kann sich abnutzen oder kaputtgehen, ein Agent, der zunächst einem einzigen (komplizierten) *ff-ZIG* folgt, transzendiert irgendwann in andere. Übernehmen viele Gruppen die Struktur/Kommunikation des Systems (ob nun kompliziert oder komplex), kann man dabei von *ff-ZIG* bzw. - im transzendentalen Sinn - *ff-ZIMG* (Zwingend Integrierten Möglichen Gemeinsamkeitsbündeln) sprechen.

Komplexe Systeme sind meist offene Systeme. Die metaphysische Essenz (limenistisch ist die Essenz (das Wesen) gleich dem konstituierenden Gemeinsamkeitsbündel) offener Systeme ist die permanente Aufnahme von etwas Aufnehmenswertem und die Abgabe von etwas, von dem das System sich besser befreit, z.B. Agenten, Materie, Energie, Information. Komplexe Systeme beherbergen kollektive, (ehemals) dynamische Phänomene, z.B. der Natur, der Ökonomie und der Gesellschaft. Sie entstehen durch selbstorganisierte Entfaltung innerhalb bestimmter Rahmenbedingungen, die mathematisch durch nichtlineare Differenzialgleichungen beschrieben wird, durch Rückkoppelung (Feedback) bzw. Selbstverstärkung. Dabei geht die momentane Menge in die Zeitentwicklung eben dieser Menge ein, was man auch als Erinnerung verstehen kann. Negative Rückkoppelung bedeutet Hemmung, z.b. des Auslösers einer Produktion durch das Endprodukt selbst und damit dessen Limitierung jenseits der Limitiertheit von Ressourcen. Positive Rückkoppelung hingegen bedeutet Verstärkung der Produktion, z.B. wenn eine zu geringe Menge des Endprodukts vorliegt. In einer Schulklasse führen gute/schlechte Noten aufgrund fleißigen Lernens/Faulenzens zu fleißigem Lernen.

In komplexen Systemen bilden sich stabile, komplizierte, selbstähnliche, u.a. durch Grenzen voneinander getrennte und trotzdem integrierte (komplexe) Strukturen heraus, aber auch chaotische Zustände, das sogenannte deterministische Chaos. Anders ausgedrückt: Die komplexen Systeme werden während der Entfaltung unter bestimmten Randbedingungen, aber unabhängig von den Startbedingungen, in einen sogenannten Attraktor einlaufen. Dies ist ein stabiler Zustand oder eine Zustandsabfolge, wobei Zustandsabfolgen auch chaotisch sein können. Letztere sind die "seltsamen Attraktoren" der Chaosforschung, die durch dramatische, nicht-voraussehbare Wirkungen nur sehr kleiner Änderungen gekennzeichnet sind, also durch Unberechenbarkeit [28]. Basierend auf der Stärke der Rückkoppelung kann sich ein System somit selbst in einem Attraktor stabilisieren, aber auch in einen katastrophalen Zustand übergehen. Systemerhaltende Rückkoppelung steht synonym für Anpassung als solche dadurch reproduzierende Gemeinsamkeit, die Anpassungsakte sind Versuche zur Systemerhaltung. Kommunizierte Rückkoppelungen, besonders die Erkenntnis der Bedürfnisse des Gegenübers, die Empathie, stabilisieren z.B. zwischenmenschliche Beziehungen und Gemeinschaften.

Die Freiheit/Unzulänglichkeit im Sinne der Transzendenz der Grenzen vorhandener Systemeigentümlichkeiten erlaubt es den sich anpassenden Agenten nicht nur, das System, trotz Störungen, in einer permanenten Wiederherstellung prinzipiell zu erhalten. Neben den einfachen Rückkoppelungsakten im Sinne eines Regelkreises und den Attraktoren ist die Emergenz [103], d.h. das plötzliche Sich-Herausbilden neuer Qualität im Sinne von neuen Ordnungszuständen, eine grundlegende Eigentümlichkeit komplexer Systeme. Emergenzen sind Ausdruck der selbstverstärkenden Reaktion auf Störungen von außen, allerdings können sie auch spontan/zufällig aufgrund von Anpassung an Fluktuationen entstehen, die man aber ebenfalls als Störungen von jenseits des Eigenen und damit als Transzendenz der Grenzen des Systems verstehen kann. Diese verallgemeinerte Offenheit führt über die Emergenzen zu Entwicklungsoffenheit: Emergenzen können das System und damit das Gemeinsamkeitenbündel, im Zuge der Anpassungsreaktion in einer sich selbstÄhnlich (erinnernd) wandelnden Form erhalten. Neue Gemeinsamkeiten und Entwicklung von Gemeinsamkeitenbündeln sind sozusagen die "Abfallprodukte" der Anpassung und würden ohne diese nicht auftreten. Anderseits wird das Verhalten gegenüber Störungen erinnert, somit ist das System trainierbar/konditionierbar.

Der Verkehrsfluss stellt ein Beispielsystem für die letztgenannten Phänomene dar. Die Gemeinsamkeit der Autofahrer kristallisierte sich im Verlaufe der Geschichte des Straßenverkehrs als niedergeschriebenes, aber selbstorganisiert entstandenes Verkehrsregelwerk heraus, das den Verkehrsfluss schließlich ermöglicht, z.B. durch das Gebot, auf einer bestimmten Seite zu fahren. Außerdem halten alle Autofahrer bei ähnlicher Geschwindigkeit einen ähnlichen Abstand zum Vordermann ein. Dieser Ordnungszustand entsteht ebenfalls selbstorganisiert bzw. selbstverstärkt, eine Niederschrift dieser Gemeinsamkeit ist nicht nötig. Bei der Gleichheit aller Agenten würden sich die Ordnungszustände nicht ändern. Allerdings sind diese einander lediglich ähnlich und deshalb von Randbereichen der Gemeinsamkeit umgeben. Sie bricht trivialerweise dann zusammen, wenn ein Fahrzeug die Straße verlässt, z.B., wenn der Insasse Hunger verspürt und ein Schild auf einen Imbiss hinweist. Dieser Zusammenbruch der Gemeinsamkeit kann sich verstärken, wenn auch andere Fahrer durch das Schild, die Uhrzeit sowie die Reaktion des ersten Fahrers auf die Idee kommen, dass es gut wäre, jetzt etwas zu Essen, was einen neuen Ordnungszustand erzeugen würde. Die ursprüngliche Gemeinsamkeit des gleichen Abstandes kann auch bei andersartigen Störungen zusammenbrechen: einem Unfall am Straßenrand, einer Einengung der Straße. Bei einer solchermaßen erzeugten Zunahme der Verkehrsdichte, auch bei einer sehr geringen, treten selbstverstärkt Oszillationen in der Fahrgeschwindigkeit und der Verkehrsdichte ein, die man als Emergenz ansehen kann. Jene ist zwar komplexer als die einfache Abstandsgleichheit und kann sich auch stabilisieren, ist allerdings ungewollt. Sie führt zu längeren Wartezeiten und über eine chaotische Stufe schließlich zu permanentem Stau. Staus könnten aber auch bei nahezu gleichen Rahmenbedingungen, ohne äußere Störung eintreten, da die Agenten wie gesagt lediglich einander ähnlich sind und sich kleinste Ausnahmen im Randbereich der Gemeinsamkeit verstärken können.

Ich will dir das noch ein wenig erläutern. Die klassische Thermodynamik operierte hauptsächlich mit abgeschlossenen Systemen und führte eine damals neue physikalische Größe ein, die Entropie. Die Entropie diente zunächst dazu, die Möglichkeiten auszuloten, durch den Betrieb einer Dampfmaschine Wärmeenergie in mechanische Energie umzuwandeln. Sie begrenzt diese Möglichkeit auf einen Wirkungsgrad von eins minus dem Quotienten aus der Temperatur des kalt und der Temperatur des warm gehaltenen Wärmereservoirs, also der Umgebung und des heißen Dampfes. Ein Teil der inneren Energie eines Arbeitsmediums muss nämlich immer als Abwärme abgeführt werden, damit eine Dampfmaschine in einem Kreisprozess kontinuierlich Arbeit verrichten kann [104].

Diese Begrenzung resultiert wiederum daraus, dass keine thermische Energie von selbst aus einem kälteren in ein sich erwärmendes oder dadurch Arbeit verrichtendes System fließen kann. Diese Prozesse finden, obwohl sie u.a. im Rahmen der Energieerhaltung grundsätzlich erlaubt wären, deswegen nicht statt, weil sie mathematisch unwahrscheinlich sind. Sie werden zeitlich durch eine gesetzmäßige, permanente Zunahme der Entropie bei allen thermischen Prozessen charakterisiert. Die Entropiezunahme erfolgt nicht nur aufgrund von Entropieaustausch mit der Umgebung, sondern auch durch Entropieproduktion, quasi aus dem Nichts, in einem auf ein Gleichgewicht, den thermodynamisch wahrscheinlichsten Zustand, zustrebenden System. Die Entropie hat somit zwei weit wichtigere Bedeutungen, da ihre Vermehrung einen Zeitpfeil festzulegen scheint und weil sie zum Zweiten die Wahrscheinlichkeitsrechnung in der Physik etabliert hat.

Die von Ludwig Boltzmann aufgestellte Formel für die Entropie [105] macht sie zu einer Funktion der möglichen Mikrozustände für einen bestimmten Makrozustand. Stelle dir ein Haus mit vier Zimmern vor, in dem Vater, Mutter, Sohn und Tochter leben. Der Makrozustand: "Alle befinden sich im selben Zimmer." hat vier Mikrozustände, da es ja vier Zimmer gibt. Der Makrozustand: "Jeder befindet sich allein in einem Zimmer." hat dagegen *24* Mikrozustände. Das Problem ist, dass das Boltzmannsche Gesetz *per se* nichts mit Wahrscheinlichkeiten zu tun hat. Die Voraussetzung dafür, dass der zweite Makrozustand wirklich wahrscheinlicher wäre als der erste, wäre eine Situation, in der sich die Familie zwar bewegt, in ihrer Bewegung aber komplett zufällig, planlos und, am wichtigsten, erinnerungslos verhält, also so wie thermische Fluktuationen. Die Familienmitglieder müssen natürlich genügend Energie aufbringen, um sich überhaupt zu bewegen und die Schwellenangst für jedes Zimmer zu überwinden. Nur unter diesen Umständen entsprechen die Wahrscheinlichkeiten der Zahl der Mikrozustände.

Demgegenüber stehen Prozesse, die eine Erinnerung bzw. Selbstverstärkung aufweisen und somit spontan Ordnung im Sinne der Reduktion der Boltzmannschen Entropie erzeugen können, eben durch die Besetzung von selteneren Makrozuständen. Bezieht man die Wahrscheinlichkeit nämlich auf erinnernde Prozesse, so ist es eben wahrscheinlicher, dass sich die Familie gemeinsam in einem Zimmer aufhält, gerade weil sie sich daran erinnert, dass es zusammen doch viel netter ist als alleine. Diese Idee verstärkt sich durch die Kommunikation zwischen den Familienmitgliedern von selbst. Die Boltzmann-Entropie drückt in jenem Fall nicht mehr die Wahrscheinlichkeit aus, die das Verhalten des komplexen Systems vorhersagen kann, also die größte. Allerdings ist sie immer noch bestimmbar. Der Wärmetod wäre jedoch besiegt.

Was ist der Wärmetod?

Man ist, basierend auf den Erkenntnissen der Thermodynamik, sehr lange Zeit davon ausgegangen, dass der sogenannte Wärmetod das des Universums und somit unser aller Schicksal sein wird: ein sich auf niedrigstem Niveau reproduzierendes, erstarrtes, eingefrorenes Universum als ultimativer Weltuntergang, verharrend bei maximaler Entropie. Papst Pius XII schlussfolgerte daraus, dass es ein göttliches Wesen geben müsse, das dem erstarrten Universum wieder Leben einhauchen würde [106].

Welchen Einfluss hatte Boltzmann auf die Philosophie?

Einen großen [107]. Heideggers berühmte ontologische Differenz, der Unterschied zwischen "Sein" und "Seiendem", beginnt für mich bei Ludwig Boltzmann. Aber zunächst zu Heidegger selbst. In seinem Vortrag aus dem Jahre 1962 [108], fasst er die wesentlichen Aussagen seines Buches "Sein und Zeit" [109] zusammen. Ich gebe mal wieder meine Interpretation zum Besten: Heidegger empfindet einen Unterschied zwischen dem "Sein" und dem "Seienden". In unserer Zeit der Funktionalitäten und des Funktionierens ist es nicht besonders schwer, dies nachzuempfinden. Der dünne Mensch in seiner Betrachtung als "Seiendes" wäre ein Sack voll Wasser, Knochen, Molekülen und Hirnmasse. Ein schwerer Mensch wäre eben ein schwerer Sack. Der Mensch wird in seiner Betrachtung als Seiendes, das "ist", dagegen durch seine Art zu leben, sein Verhalten, seine Beziehungen, seine Funktion in der Gesellschaft verstanden. Deswegen wird ein Lehrer auch als ein Lehrer bezeichnet, und nicht als ein mittelschwerer Sack aus Knochen und Wasser mit einer runden Brille auf der Nase. Mit Heideggers phänomenologischer Ontologie: "Seiendes sein" heißt, Aufgehen aus der Unverborgenheit des durch solche (seine) Überkommnis erst als von sich her Unverborgenes in der Unverborgenheit Ankommenden. "Seiendes sein" heißt, die Bergung in der Unverborgenheit zu überkommen (dynamisch, Sein) und sich auf diese Art entbergend in der Unverborgenheit zu bergen (statisch, Seiendes), was die Unverborgenheit, in der das Seiende als solches ankommt, in der es dadurch erst Gestalt und Sinn erlangt, öffnend hervorbringt [vgl. 110-112]. "Seiendes sein" ist die "Differenz" von Sein und Seiendem, die Einheit von Unterschied und Zueinander von Sein und Seiendem als der "Unter-Schied" von Überkommnis und Ankunft der entbergend-bergende Austrag beider. Die ontologische Differenz spiegelt also nur teilweise Thomas von Aquins "Wesen" und "Existenz" wider, die nicht als dynamisch, sondern als bloße "Washeit" und "Dassheit" verstanden werden.

Die ontologische Differenzierung betrifft alles "Seiende", das "ist", sowohl genetisch als auch reproduzierend. Ein Buch als etwas "Seiendes" "ist" aufgrund dessen, was der Leser daraus lernt. Der Leser wird daher selbst zum Autor des Buches. Buch und Leser legen ihre anfängliche Voreingenommenheit, anschließend die "Nacktheit" ab und entbergen sich gegenseitig, sich bergend in ihrer gemeinsam erzeugten, eingeschränkten Sinnhaftigkeit. Sogar ein ewiger Berg trägt sich entbergend-bergend aus. Mittels seiner bergigen Seinsart (Wie?) überkommt er - unter Ausnutzung ihrer dafür nötigen, öffnenden Wirkung - stets die Schwelle hin zur bergigen Seinsweise (Was?), kommt dadurch als bergig Seiendes (Wer?) sich in bereits Unverborgenem bergend an und beschränkt sich darauf (verbirgt den Rest von sich), wodurch er sich stabil zeigt: Er liegt "atmend" in (seinen Beziehungen mit) der Landschaft. Heidegger verneint keineswegs materiell Existierendes, nur wird es in seinem "Sein", d.h., in seiner Beziehung zu sich und anderen Dingen verstanden, weil eben diese Beziehungen das "Sein" des Dinges ausmachen. Heidegger anerkennt den ungemeinen Einfluss der Zeit auf die Dinge, ohne die für das "Seiende" ein "Sein" nicht möglich wäre und ohne die es daher auch nichts "Seiendes", also keine Existenz (in ihrem universellen Sinn) geben würde. Etwas "Seiendes" "ist", seine Bestandteile, seine Umgebung "sind" in der Zeit und werden nur über ihr zeitliches "Sein" erkannt und zum Sinn gebracht. Das In-Beziehung-Stehen von etwas "Seiendem", sein Sinn, erzeugt seine Erkennbarkeit. "Seiendes" hat einen Sinn, wenn es "ist". Da sich "Seiendes" und dessen "Sein" nie in Wirklichkeit trennen lassen, ist alles "Seiende" gleichzeitig in-Beziehung-stehend, prinzipiell erkennbar und hat einen Sinn.

Ist das nicht offensichtlich?

Der Mensch hat gedanklich immer die Möglichkeit, Gemeinsamkeiten (Sein) vom Agenten (dem Seienden), zu trennen. Er kann Agenten als Träger von reinen Eigentlichkeiten denken oder ohne Eigentlichkeiten/Gemeinsamkeiten überhaupt. Er kann Gemeinsamkeiten ohne Agenten denken. Er kann die Gemeinsamkeiten, die er selbst teilt - da sie grundsätzlich begrenzt gemeinsam sind - allein jemand anderem zuzuschreiben.

Und was hat das mit Boltzmann zu tun?

Ein Ensemble mechanischer Teilchen, z.B. Moleküle, befindet sich in durch Schwellen getrennten Seins- bzw. Gemeinsamkeitengebäuden. Einerseits bewegen sie sich nach mechanischen Gesetzen (und Zufällen), folgen also der mechanischen "Seinsweise" und sind deswegen mechanisch "Seiende". Andererseits folgen sie statistischen Gesetzen. Mechanisches "Sein" benötigt keine statistischen, statistisches keine mechanischen Gesetze. Ein nur mechanisch betrachtetes Molekül wäre ein (mechanisch) "Seiendes" ohne (statistisches) "Sein" und umgekehrt. Boltzmann beschrieb diese Trennung der "Seinsweisen" und die Zugehörigkeit des jeweils "Seienden", jedoch war er nicht in der Lage, die Entstehung komplexer Strukturen mit seiner fluktuationenbasierter Statistik nachzuvollziehen. Deren Seinsgebäude blieb ihm verborgen. Man könnte auch sagen, er versuchte, die Weise des "Seins" von etwas "Seiendem" ohne Berücksichtigung jenes "Seins" zu erklären. Der Versuch, "Sein" von etwas "Seiendem" nur aus dem "Seienden" heraus zu erklären, ist eine grundsätzliche Versuchung in der Wissenschaft, die in Wirklichkeit aber nichts anderes darstellt, als den Versuch, unbekannte mit bekannten "Seinsweisen" zu erklären. Positiv daran ist die Bemühung, Gemeinsamkeiten als solche zu erkennen, negativ ist die Tendenz zum zwanghaften Gleichsetzen inkohärenter Gebäude und, im Extremfall, zu einer angeblich "reinen" Wissenschaft, die Atomen gar kein "Sein" mehr zuschreibt.

D.h., man macht sie zu Prototypen von etwas "Seiendem", das nicht "ist" und versucht, das "Sein" der aus ihnen aufgebauten Dinge trotzdem aus ihnen heraus zu bestimmen. Heidegger interpretierend ist es grundsätzlich sinnlos, dass "Sein" des "Seienden" aus seiner bloßen atomaren Zusammensetzung heraus zu erkennen, da man letztendlich immer nur bei thermodynamischen Atomen landen wird. Das liegt daran, dass der atomistische Erkenntnisansatz das "Seiende" von dessen "Sein" geradezu entblößt. Die Methoden der Wissenschaft gründen die Erkenntnisversuche basierend auf der Verneinung des "Seins" auf der Hoffnung, die Ursache des "Seins" in etwas "Seiendem" zu finden, das nicht "ist". In diesem Sinne ist der Umschlag von Qualität in Quantität, wenn es ihn überhaupt gibt, weder relevant für das "Sein" noch für die Erkenntnis. Das Gleiche gilt beispielsweise für die Liebe, die keine bloße Wirkung von Pheromonen und Hormonen darstellt. Heidegger hat diese "atomistische" Methodik als Holzweg in der Philosophie entlarvt.

Heidegger spricht also von immerwährenden Beziehungen als Voraussetzung für das Sein des Seienden.

Ich spreche nicht von Beziehungen, sondern von Gemeinsamkeit(enbündeln). Alles "Seiende" "ist", weil es mindestens eine Gemeinsamkeit mit anderem "Seienden" teilt. Eine Gemeinsamkeit ohne ihre Agenten gibt es nicht, und umgekehrt. Der Lehrer ist Lehrer, weil er mit den Schülern die Gemeinsamkeiten besitzt (i) eine Schulklasse zu bilden, (ii) ihnen eine bestimmen Stoff zu vermitteln.

Was mich am Konzept der Trennung des "Seins" vom "Seienden" stört, ist, dass der Erinnerungsprozess im "Sein" außer Acht gelassen wird. Heidegger beschwört die Zeit im geschichtlichen Sein, vernichtet sie aber gleich wieder. Er sagt zwar, dass sich das "Sein" von etwas "Seiendem" über die Wandlung seiner Beziehungen räumlich und zeitlich wandelt. Gleichzeitig vermittelte Heidegger - ohne es explizit zu sagen - den Eindruck stark begrenzter Seinsmöglichkeiten, dass Seiendes über einen unveränderlichen, ursprungshaften Kern verfügt, erschaffen in einer Ursprünglichkeit (und nicht durch Erinnerungsprozesse), an dem Sein und Identität quasi "haften". Das geschieht vor allem durch die verwendeten Begriffe wie Eigentlichkeit, Sorge, Geworfenheit. Vor Heideggers "Kehre" sucht das Dasein aktiv sein Sein, nach der Kehre verhält es sich offen, gelassen, bereit, vom Sein erfasst zu werden. Letzteres kann man einerseits so interpretieren, dass das Sein selbst als schrankenlos in allen Seinsweisen sich über das Dasein legt, wenn dieses es zulässt. Es ist aber auch möglich, nur bestimmte Seinsweisen zuzulassen, worauf es aufgrund der Begrenztheit des Daseins immer hinauslaufen wird. Heidegger hat damit einen "romantischen" Trick gefunden, etwas als für immer unverwandelbar eigentümlich hinstellen zu dürfen (eben den Seinskern) ohne essenzialistisch zu werden und gleichzeitig ständige Wandlung zuzulassen, indem das begrenzt "Seiende" seinen Seinskern behält und indem das "Seiende" in einem ewig gleichen "Sein" des Seinskerns permanent ausgetauscht wird. Heideggers Leistung, Subjekt und Objekt zusammenzuführen, das Seiende - aufgrund DES Seins - in der Welt zu verankern, macht er zu SEINEM (des Seienden) Sein. Die Trennung von Subjekt und Objekt, z.B. technisch für objektive naturwissenschaftliche Experimente - Heidegger sieht das Ausgreifen solcher Methoden auf die Gesellschaft (Moderne) als negativ an -, würde im schlimmsten Fall eine Trennung des Seienden von SEINEM Sein bedeuten. Das impliziert auch, dass es "Seiendes" gibt, dessen "Sein" mit anderem "Sein" nicht kompatibel ist und niemals sein wird. Die Kerne stoßen sich quasi ab. Dieses Konzept blendet das Fremde bzw. Andere aus und fokussiert sich auf die eigene Person/Familie/Traditionsgemeinschaft/Nation usw. Heidegger impliziert ebenfalls, dass jene Kerne und damit das "Sein" in einer Singularität durch eine Art von Totalverarmung vollständig und damit erinnerungsfrei vernichtet werden könnten, beispielsweise von den "wurzellosen Agenten der Moderne" [113] (was seinen Antisemitismus [114] begründet). Da "Seiendes" ohne SEIN! "Sein" nicht existiere, würde mit der Zerstörung von Letzterem auch Ersteres verschwinden. In diesen Konzepten liegt die Ursache für Heideggers Angst vor Heimatlosigkeit, vor der Auflösung des "Selbst" nicht nur im falschen "Man" seelenlos technisierter Massen, sondern überhaupt im "Man", die die Inkompatibilität seiner mit linken bzw. inklusiven Philosophien ausmacht. Daher widerspricht Heideggers Philosophie selbst. Es ist nicht möglich, das Dasein als offenes Sein zu interpretieren - ob das Dasein es sich nun selbst wählt oder von ihm gewählt wird - und andererseits einer bestimmten, durch geworfene Gemeinsamkeiten vereinten Daseinsgruppe die historische Mission anzudichten, entweder die Bindung zwischen prinzipiellem "Sein" und "Seiendem" zu zerstören, einer "Art von Menschentümlichkeit, die schlechthin ungebunden die Entwurzelung alles Seienden aus dem Sein als weltgeschichtliche 'Aufgabe' übernehmen kann", womit Heidegger das "Weltjudentum" meint, oder einer anderen Gruppe zuschreibt - den Deutschen und nur ihnen - "das Abendland in seiner Geschichte retten zu können". [115]

In der limenistischen Interpretation sind "Seiendes" und "Sein" prinzipiell nicht voneinander zu trennen, d.h., die Agenten der Limenistik nicht von den Gemeinsamkeiten. Die Gemeinsamkeiten lassen die die Agenten aufgrund deren Anpassung an jene erst existieren. Dennoch können Agenten Gemeinsamkeitengrenzen (-schwellen) überschreiten. In der Limenistik beruht jeder Entwicklungszustand eines Agenten aber auf vorhergehender (Des)Integration von Gemeinsamkeiten. Die Anpassung als Bewegung an jene Gemeinsamkeiten bestimmt das Sein. Sein darf nicht durch einen gedacht vom konkreten Seienden getrennten Seinskern jenseits dieser Erinnerung, eine von der Erinnerung getrennte Ursprünglichkeit ersetzt werden. Andererseits ist die Negierung von Gemeinsamkeiten, die für eine begrenzte Zeit zwingend miteinander geteilt werden, ebenfalls abzulehnen. Der Seinskern des Seienden (im Sinne unüberwindbarer und unbetretbarer Gemeinsamkeiten) ist ein reales Konzept, aber nur im Rahmen von Erinnerung und für eine begrenzte Existenz.

Meiner Meinung nach kann man den Widerspruch zwischen Erinnerung und Seinskern über die Warenökonomie verdeutlichen. Das "Seiende", die Ware, "ist" in Bezug auf das "Sein" dessen, der sie erschaffen hat und auf das des Konsumenten. Man kann auch sagen, das "Sein" des Erschaffers, der Ware und des Konsumenten besitzen mindestens eine Gemeinsamkeit, was alle drei erst zu

"Seienden" macht. Der IntegrationsWert oder Sinn der Ware entsteht zum einen durch die Arbeitsleistung, die in sie eingeflossen ist. Marx spricht auch von geronnener Anstrengung. Damit ist gemeint, wie viel Zeit ihres "Seins" die Arbeiter aufbringen mussten, um sich auszubilden, das Erz zu fördern, den Stahl zu gewinnen, das Karossen zu bauen und das Auto schließlich zusammenzusetzen. Man kann diese geronnene Anstrengung durchaus als Erinnerung der Ware an ihre Erschaffung begreifen, als etwas Erlerntes, das wiederum auf der Erinnerung der Arbeiter beruht. Diese haben sich schließlich selbst in eine Maschine umgebaut, die die Ware herstellen kann. Andererseits ergeben sich der Wert und der Sinn der Ware aus ihrer Nachfrage am Markt, also aus dem "Sein" des Konsumenten, das jedoch ebenfalls Erinnerung enthält. Heutzutage würde niemand mehr ein Auto ohne Katalysator kaufen. Die Gemeinsamkeit, welche die Erschaffer, die Ware und die Konsumenten zu "Seienden" macht, deren "Sein" sich innerhalb der begrenzten Gemeinsamkeit der ökonomischen Interaktion definiert, ist immer eine geronnene Gemeinsamkeit, also kein ewig prinzipiell unverwandelbarer Kern. Gäbe es diese Kerne im Sein der Arbeiter, der Waren und der Konsumenten, würden sie einen großen Teil der geteilten Gemeinsamkeiten ausmachen und wären sie auf ewig unverwandelbar, so würde die Marktwirtschaft nicht funktionieren. Das bedeutet, das komplexe "Seiende" "war" und "ist" immer gleichzeitig in der Zeit. Es "warst" sozusagen. Für das/den Einzelne/n gibt es diesen Kern aufgrund der begrenzten Lebensdauer aber tatsächlich.

Und wie misst man Komplexität?

Komplexität aus der Entfaltung unter bestimmten Rahmenbedingungen hat mit Selbstähnlichkeit zu tun. Der Begriff "selbstähnlich" wird normalerweise verwendet, um Teile der Wirklichkeit zu beschreiben, die bei Vergrößerung, z.B. mithilfe eines Mikroskops, dieselben oder durch deren Multiplikation und Aneinanderreihung entstandene Strukturen aufweisen. Solche Strukturen nennt man auch Fraktale, die man sich wie die Verästelungen von Bäumen, Blutgefäßen und der englischen Küstenlinie vorstellen kann. Diese Art von Selbstähnlichkeit entspricht der bisher genannten insoweit, als das selbstähnliche Strukturen untereinander Gemeinsamkeiten aufweisen, nämlich den Multiplikationsfaktor oder den Aneinanderreihungswinkel. Der Grad der Selbstähnlichkeit dieser Strukturen wird über die fraktale Dimension D bzw. den Hurst-Exponenten H definiert. Auch Attraktoren in komplexen, dynamischen Systemen können fraktale Dimensionen haben, nämlich die seltsamen Attraktoren, welche beispielsweise turbulente Strömungen beschreiben. Die fraktale Dimension entspricht keiner ganzen Zahl. Sie charakterisiert z.b. die Zerklüftung der englischen Küste, indem sie sie als ein Zwischending zwischen einer zweidimensionalen Fläche und einer eindimensionalen Linie begreift. Tatsächlich wäre eine Schnur, die man um alle Feinheiten der zerklüfteten englischen Küste legen würde, unendlich lang. Je stärker die Zerklüftung, die durch die fraktale Dimension beschrieben wird, desto höher die Komplexität durch scheinbare Irregularität.

Fraktale Strukturen sind grundlegende Phänomene in der Natur. Strikt selbstähnliche Fraktale zeigen Strukturen, bei denen ein vergrößerter Ausschnitt exakt mit dem Ganzen übereinstimmt (Skaleninvarianz). Ein strikt selbstähnliches Objekt erhält man, indem man einen sogenannten Initiator exakt kopiert, an der Kopie festgelegte Ähnlichkeitstransformationen durchführt und sie unter strikten Vorgaben an das Ursprungsobjekt anheftet. Zu diesen Transformationen gehören Skalierung, Rotation, Translation, Spiegelung. Eine strikte "Baumkrone" entsteht z.B. dadurch, dass Zweige unter bestimmten Winkeln einem Baumstamm entwachsen (z.B. ±30°), Kopien jener um 90% geschrumpft wieder unter den gleichen Winkeln den ersteren herauswachsen, usw., die entstehende Verästelung also bis auf einen Skalierungsfaktor und die Translation exakt kopiert wird. Um den nicht-strikten fraktalen Strukturen in der Natur näherzukommen, lässt man ebenfalls Selbstaffinität zu, also Transformation durch Scherung, d.h. Verzerrung der Kopie gegenüber dem Original. Neben solchen determinierten können über eine stochastische Generierungsvorschrift stochastische Fraktale erzeugt werden, mit selbstähnlich erscheinenden, aber nicht strikt selbstähnlichen Strukturen, die bei Vergrößerung nicht deckungsgleich sind. Allerdings muss die statistische/zufällige Verteilung aus jener Generierungsvorschrift ebenfalls selbstähnlich/-affin sein, d.h. Vergrößerungen (Hineinzoomen) von Teilen des Fraktals müssen die gleiche Zufallsverteilung haben wie das gesamte Fraktal. Mathematisch strikt selbstähnliche Strukturen bewegen sich (auch zeitlich) immer in gleichen Gemeinsamkeiten. Limenistische Strukturen behalten, gewinnen oder verlieren jene im Rahmen von Konservierung, Progression und Elevation. Ich werde bezüglich der Limenistik bei den Begriffen "ähnlich" und "selbstÄhnlich" bleiben, obwohl ich sie auf letztere Fälle beziehe. Nun stelle dir vor, du sitzt in einem Flugzeug. Du fliegst über die Ostküste Englands nach Westen und schaust nach unten. Du bewunderst ihre zerklüftete Struktur, ihre Komplexität. Im Landesinneren aber erkennst du ebenfalls sehr komplexe Bereiche, zumindest hast du so ein Gefühl. Du erkennst Städte, Äcker, Wohngebiete, Fabriken. Alles ist irgendwie ähnlich, aber doch unterscheiden sich die Bereiche. Und sie haben etwas, das die zerklüftete englische Küste nicht hat.

Grenzen zwischen den Strukturen?

Ganz genau! Auch umgrenzte Bereiche von Gemeinsamkeit können Fraktale darstellen. Sie treten auch in biologischen Zellen auf. Eines der ältesten geometrischen Probleme, welches fraktale Strukturen abgegrenzter Bereiche hervorbringt, ist das des Apollonios von Perge (* ca. 265 v. Chr.; † ca. 190 v. Chr.) [116]. Bei diesem Problem soll man mit einem Zirkel und einem Lineal Kreise konstruieren, die drei andere, beliebig vorgegebene Kreise berühren. Die entstehenden Kreise berühren sich jeweils nur in einem Punkt und bilden eine fraktale Dimension. Das frappierende hierbei ist, dass die Kreise nicht etwa Grenzen sein müssen, die Bereiche unterschiedlicher Gemeinsamkeit abtrennen, z.B. zwischen festen und flüssigen Phasen. Nein, sie scheinen Grenzen zwischen Bereichen gleicher Gemeinsamkeiten zu sein, sie bilden Strukturen.

Umgrenzte fraktale Strukturen sind charakteristisch für komplexe Systeme. Die beschriebene fraktale Komplexität durch "schmale Grenzen" ist jedoch idealisiert. (i) In realen Systemen besteht der

Grenzbereich, so scharf er auch erscheinen mag, aus zwei Grenzen, nämlich zwischen Gemeinsamkeit *I* (Hauptphase) und der davon verschiedenen Phase *II* (Grenzphase) und wieder zwischen jener und Gemeinsamkeit *I*. (ii) Die Limenistik nimmt an, dass absolut identische Agenten in Raum und Zeit ineinanderfallen. Allerdings reicht nur ein Unterschied aus, damit sich zwei Agenten räumlich und zeitlich trennen. Die Phasenbereiche beidseits der schmalen Grenze sind sich also nur sehr ähnlich, aber nicht identisch. Ich würde sie daher nicht mit *I*, sondern als Phasen *I+a* und *I+b* bezeichnen, wobei *I*, *a,b* Gemeinsamkeitsphären sind. Was die Transzendenz von stabilen Phasengrenzen durch erinnernde Agenten angeht, so ist jene aufgrund der Integration immer mit deren Veränderung und der gleichzeitigen Veränderung der Phasen verbunden. Die Transzendenz der Doppelgrenze wäre bei einem sehr schmalen Phasenbereich *II* jedoch nur mit einem kurzzeitigen Verlassen von Phasen *I+a* oder *I+b* und einer nahezu nicht vorhandenen Integration in die Phase *II* verbunden. Nehmen wir für die beiden äußeren Phase entsprechend ähnliche Bewertungen von *a* und *b* an, so wäre die Transzendenz von der ersteren in die letztere mit einem nur kleinen Wert von *m=|a-b|* motiviert und die Barriere *h=(|a-b|+1)/2* wäre im Vergleich dazu höher. Somit wäre die Transzendenz unwahrscheinlich. Dennoch genügt für die Transzendenz eine nur geringe Bewertungsdifferenz von etwa *m=h=1*. Das beste Beispiel hierfür ist, meiner Meinung nach, der quantenmechanische Tunneleffekt [117], bei dem, z.B., ein Elektron durch eine hohe Potenzialwand "tunneln" kann und sie nicht etwa "überqueren" muss. Für Letzteres spielt die Wandhöhe die ausschlaggebende Rolle. Setzt man sie mit der Barrierenhöhe *h* gleich und nimmt sie mit *h=5* sehr hoch an, ergibt sich eine nötige Motivation von *m=9* mit einem Gewaltpotenzial *p=4* und einer nötigen Gewalt von *5*, um die Wand zunächst einmal zu "erklimmen". Eine Gewaltanwendung von *>5* wäre für die Überwindung der Wand nötig. Die Wahrscheinlichkeit des Tunnelns hängt zwar ebenfalls von der Wandhöhe ab. Sie ist aber bei sehr schmalen Wänden sehr viel größer als bei breiten, was die notwendige Gewalt für die Überwindung ebenfalls sehr viel kleiner macht. Man kann hier von einer effektiven Barrierenhöhe $1<h_{eff}<5$ sprechen.

Wozu gibt es überhaupt Grenzen zwischen derart ähnlichen Phasen?

Ein integrierendes System ist aufgrund seiner inneren Freiheitsgrade insgesamt gewaltfreier und auch stabiler als eine nichtintegrierte Gemeinsamkeit. Es wird unveränderlicher, mit allen Vor- und Nachteilen. Die Phasen im System können fast identisch/unterschiedlich sein oder in ihrer Bewertung. Die beiden Kriterien müssen aber nicht zusammenhängen. Die Notwendigkeit der Integration kann jedoch zu einer entsprechenden Bewertungsdifferenz von $m=1$ führen, beispielsweise aufgrund einer Vernunft, die die separate Existenz der fast gleichen Sphären aufrechterhält. Die kleinen, aber wichtigen Unterschiede beidseits der Grenzen sind dafür ausschlaggebend: Arbeitsteilung durch Spezialisierung beispielsweise benötigt solche transzendierbaren Grenzen. Weder deren Abwesenheit noch deren Verschlossenheit wären hierfür hilfreich. Das geplante Produkt wäre in diesem Fall die integrierende Gemeinsamkeit, die Nachfrage am Markt wäre der (Super)IntegrationsWert, die Fähigkeiten der Arbeiter sowie der Herstellungsprozess die integrierten Gemeinsamkeiten. Entsprechend vernünftig ist es, stabil zusammenzuarbeiten, auch wenn man sich ansonsten sehr ähnlich (oder sehr fremd) ist.

Also sind Grenzen etwas Wichtiges, Existenzielles?

Grenzen reflektieren das Unzulänglichkeitsprinzip. In komplexen (offenen) Systemen entstehen umgrenzte Strukturen dadurch, dass die Grenzen unzulänglich transzendiert werden, oder allgemeiner: Die eine Unzulänglichkeit wird durch die sie aufhebende Unzulänglichkeit stabilisiert. Die Betrachtung von Grenzen ist wichtig und ihre Ignorierung führt ins Erkenntnischaos. Inzwischen gibt es zahlreiche Arbeiten, die eine Philosophie der Begrenztheit und Beschränktheit formulieren. Dazu gehören in meinen Augen Peter Sloterdijks "Sphären" [15] und auch Konrad Paul Liessmanns "Lob der Grenze: Kritik der politischen Unterscheidungskraft" [118]. Auf die Gefahr hin altklug zu klingen: Es gibt zum Thema der Grenzen, meiner Meinung nach, aktuell viel zu wenige publizierte freie Gedanken, was in dem vermeintlichen Widerspruch zwischen Freiheit und Begrenztheit liegen mag. Die Schwellenhaftigkeit der Existenz wird, zumindest, was die sozialen Sphären angeht, bei Ralf Dahrendorf sehr gut abgebildet, und zwar mit den beiden Konzepten der Optionen (in den sozialen Strukturen gegebene Wahlfreiheiten) und der Ligaturen (Zugehörigkeiten, Beziehungen, welche das Handeln erst ermöglichen, aber den Menschen gleichzeitig binden und das Handeln daher limitieren). Die Lebenschancen werden aus dem Wechselspiel beider gebildet. Destruktion der Ligaturen können zur Erhöhung der Wahlmöglichkeiten, aber auch zur Be-/Entfremdung führen [119, 120].

Denkst du, dass die Erhöhung von Komplexität grundsätzlich einer Höherentwicklung entspricht?

Komplexe Systeme sind für mich integrierte Gemeinsamkeitssphären, also integrierende Gemeinsamkeitenbündel. Die Allgegenwart der Integration macht jede Gemeinsamkeitssphäre zum Teil eines Systems, wobei der Integrationsgrad der Komplexität entspricht. Hohe Komplexität/Integration wird z.B. im Verständnis der Evolution des Lebens, als höherentwickelt betrachtet. Komplexität kann durch die Anpassung an eine neue/veränderte Gemeinsamkeit wiederum abnehmen [121], was nicht als Höherentwicklung verstanden wird. Doch muss das für den Menschen gelten? Sklavenhalterökonomien, die wir heute selbstverständlich für reaktionär halten, können sehr komplex sein. Die Desintegration, z.B. bei der Zerschlagung der Sklaverei, kann eine erfolgreiche Anpassung sein und die Massentranszendenz in zahlenmäßig geringere, weniger komplex verwobene aber attraktivere Gemeinsamkeiten bewirken, was die "eine" höherentwickelte einschließt. Dadurch wird Komplexität verringert. Hohe Komplexität ist somit nur ein mittelfristiger Indikator für Höherentwicklung. Komplexität erhöht allerdings die Zahl der Prozesse und damit die Wahrscheinlichkeit für Unzulänglichkeiten und Emergenzen im System.

Reduktion der Gemeinsamkeiten bedeutet Reduktion der Grenzen.

Ja. Entgrenzung ist die Reduktion der Zahl der unterschiedlichen Gemeinsamkeiten, in die Agenten des Systems (unterschiedlich) integriert sind. Eine entgrenzende Gemeinsamkeit zieht auf Kosten anderer Gemeinsamkeiten immer mehr der zahlenmäßig begrenzten Agenten an, so wie es z.b. die BRD mit den DDR-Bürgern getan hat. Das gilt sowohl in Raum als auch in der Zeit, d.h., eine zeitlich entgrenzte Gemeinsamkeit kann räumlich begrenzt sein und umgekehrt. Totale Entgrenzung wäre ein zeitliches und räumliches Um-Sich-Greifen der Gemeinsamkeit, etwa in Form eines Imperiums. Dabei kann sie sich wandeln, ist aber als solche attraktiv/stabil. Ein entgrenzter Agent ist in Gemeinsamkeiten integriert, die sich auf Kosten vorhandener immer weiter aufblähen. Ein entgrenztes System beinhaltet entgrenzte Gemeinsamkeiten, in die alle Agenten folglich gleichartig integriert sind, wodurch die Grenzen zwischen den Agenten verschwimmen. Die Individuen kollabieren dann zu einem einzigen Makrowesen. Jene Gemeinsamkeiten werden zur Eigentümlichkeit des Makrowesens und jedem zusätzlich assimilierten Agenten. Im Fall extremer Entgrenzung besteht das System nur noch aus einer Gemeinsamkeit und das Makrowesen bleibt in jener erstickend eintönigen Eigentümlichkeit gefangen, denn Entgrenzung lässt kein Durchschreiten von Grenzen mehr zu, da jene ja verschwunden sind. Da es innerhalb dieses eindimensionalen Systems keine Grenzen mehr transzendieren kann, würde nur eine massive Repression verhindern, dass sich das Makrowesen oder gar die einzelnen Agenten attraktivere Gemeinsamkeiten suchen und dadurch entweder (i) das System durch Integration (mithilfe der Erinnerung) wieder begrenzen oder (ii) es (bis auf eine verblassende Erinnerung) in verschiedene Richtungen verlassen.

Entgrenzung und damit Attraktivitäts-/Stabilitätserhöhung von bestimmten Gemeinsamkeiten zuungunsten anderer ist somit die Gegenspielerin der Komplexität und der Integration. Anders herum kann auch eine hohe Integration das System destabilisieren. Das intrinsische Limit der Integration ist ein ultimativer (quantitativer) IntegrationsWert: Wenn die Dichte der Gemeinsamkeitengrenzen bezogen auf die Zahl der integrierten Agenten zu groß wird, führt das (selbst kurzzeitige) Verlassen von Gemeinsamkeiten (z.B. zum Zwecke der Anpassung an andere oder neue) zu deren Zusammenbruch, d.h., dass jene maximal unattraktiv werden. Dann erreicht die Integration den ultimativen IntegrationsWert, jenseits dessen das System ins Chaos, also in die Abwesenheit jeglicher begrenzten Gemeinsamkeit (und damit berechenbarer Gesetze) stürzt. Chaos entsteht also bei zu vielen integrierten Gemeinsamkeitssphären oder beim Entzug der Agenten aus dem System.

Die Anpassungs-/ Integrationsüberforderung die damit verbundenen Zusammenbrüche von Gemeinsamkeiten führen nicht unbedingt sofort ins totale Chaos, sondern zu Desintegration, d.h. Fraktionierungen in einander fremde Milieus, aber auch in korporatives Verhalten. Jenes entsteht bei gemeinschaftlicher Arbeit, Wahrheitssuche, Verteidigung gegen Feinde, Naturkatastrophen, aber auch Raub. Korporatives Verhalten erwächst also aus der Anpassung an eine nahezu entgrenzte (attraktive) zusätzliche Gemeinsamkeit und wirkt daher integrierend über unterschiedliche andere Gemeinsamkeiten hinweg. Werden jedoch Gemeinsamkeiten aufgrund der Überschreitung eines (gemachten!) ultimativen IntegrationsWertes unattraktiv, lösen sie sich auf. Bei starkem korporativem Anpassungsverhalten erfolgt die Anpassung also lediglich an die EINE (entindividualisierende) attraktive Gemeinsamkeit. (Die Komplexität kann zugunsten einer attraktiveren/entgrenzteren Gemeinsamkeit auch willkürlich zerschlagen werden.) Da jeder unkontrollierte Übergang in einen chaotischen Zustand (Verlust von Gemeinsamkeit) mit einem Erinnerungsverlust verbunden ist, konserviert jene einseitige Anpassung kaum, weder Gutes noch Schlechtes bzw. muss kein Immunsystem überwinden. Daher entspricht sie nicht der Hegel'schen Höherentwicklung, bei der der Übertritt in die attraktivere, höherentwickelte Gemeinsamkeit immer mit Konservierung von Bewahrenswertem verbunden ist. Jene korporative Gemeinsamkeit kann das System zu stark entgrenzen und damit kann sie nicht nur eintönig werden, sondern, wenn jene nicht schon von vornherein blödsinnig gewesen ist, auch vermeintlich universell, falsch und fetischhaft: Sklaven kann man nicht mehr befreien, wenn es keine mehr gibt.

Vieles was davor bestand, wird vergessen sein. Es sei denn, jemand hat all das aufgeschrieben.

Besser wäre es jedoch, entweder geschickt zu desintegrieren, d.h. beispielsweise im Rahmen der Höherentwicklung Gemeinsamkeiten auf Kosten anderer (und damit der Komplexität) zu entgrenzen oder die festgelegten Integrationslevel anzupassen, sodass an die meisten vergangenen Gemeinsamkeiten nicht nur in Büchern erinnert wird.

Gibt es immer eine menschliche Höherentwicklung?

Solange jene auf der umfassenden Anpassung an die Erinnerung beruht, ist jede menschliche Entwicklung auf lange Sicht eine nach oben, egal ob sie Komplexität generiert oder zerstört. Erinnerung ist Ausdruck der Integration von vergangenen und zukünftigen Gemeinsamkeitsphären. Die Anpassung an beide ist nicht nur die Voraussetzung für die Erkenntnis begrenzter Universalität, sondern auch für die Höherentwicklung. Die Höherentwicklung während der Entfaltung kann aufgrund der angenommenen Unzerstörbarkeit der gesamten Erinnerung nicht verhindert werden, jedoch kann die Entwicklung durch Erinnerungsverlust leidvoll zurückgeworfen werden.

Und was bedeutet das alles für die Gesellschaft?

Am Beispiel des Straßenverkehrs kann man erkennen, welche die notwendigen Voraussetzungen für die Entstehung von gesellschaftlicher Ordnung und Stabilität sind: die Gemeinsamkeit, inklusive deren Randbereiche, die Kommunikation und besonders die Rückkoppelung. Es ist nicht die Arbeit, nicht der Sieg über einen Feind und nicht der Konsum als solche, es ist die Rückkoppelung innerhalb der Gemeinsamkeit, die die individuelle Anpassung motiviert. Die Rückkoppelung ist insbesondere eine notwendige Voraussetzung für eine stabile Demokratie und nennt sich Mitbestimmung, d.h. eine sichtbare Verwirklichung von demokratisch entstandenen Bedürfnissen. Diese Art von Rückkoppelung stellt nicht etwa nur eine unnötige Beruhigungspille für das Volk dar. Das Problem ist nun, dass die selbstverstärkenden Mechanismen auch in der Gesellschaft zu chaotischen Zuständen führen können.

Das deterministische Chaos stellt den umfassenden Zusammenbruch von begrenzten Gemeinsamkeiten und damit von deren Grenzen dar.

Wie vergleichen sich Chaos und Katastrophen?

Katastrophen bedeuten schnelle Zustandswandlungen, in welche Agenten zwangsläufig hineingeraten können. Jene Zustände sind für sie nur einseitig attraktiv, d.h., sie hüpfen schnell von einer Gemeinsamkeit in die nächste. Chaos ist unbegrenzt-universelle Unzulänglichkeit. Es ist durch das Nicht-Vorhandensein von Gemeinsamkeiten gekennzeichnet, was man ebenfalls als nur einseitige Attraktivität virtueller Gemeinsamkeiten betrachten kann. Der Unterschied zwischen katastrophalem und chaotischem Verhalten ist, dass letzteres keinesfalls berechenbar ist. Auf einer metaphysischen Ebene kann man das Chaos jedoch durchaus als Gemeinsamkeit begreifen, nämlich als die der Nicht-Berechenbarkeit. Jene Gemeinsamkeit ist die einzige in dem von ihm beherrschten Existenzbereich. Chaos ist somit keinesfalls synonym für absolute Freiheit. Die Unzulänglichkeit des Chaos besteht darin, *100%* indeterminiert zu sein. Stabile chaotische Abläufe können von Vorteil sein. Beispielsweise werden dem gesunden Herzschlag chaotische Anteile zugeschrieben. Chaos ist aufgrund der Unberechenbarkeit jedoch in den meisten Fällen unerwünscht.

Und wie kann man chaotische Zustände verhindern oder einen falschen Ordnungszustand?

Die Vermeidung chaotischer Zustände ist durch die Begrenzung der Integration der zahlenmäßig begrenzten Agenten auf einem Level unterhalb des ultimativen IntegrationsWertes möglich. Die imperative oder freiwillige Einhaltung der ultimativen IntegrationsWerte stabilisiert das System. Der Schlüssel zur Trennung der Ordnung vom Chaos ist somit die Aufrechterhaltung begrenzter Gemeinsamkeiten. Der Punkt ist aber, dass die Anpassungsprozesse, über die wir schon sprachen, letztendlich in einer Konformität enden müssen, dem Synonym für die selbstverstärkte Stabilisierung des Systems, unabhängig davon, ob es sich bei dem Konformitätsattraktor wirklich um eine Gemeinsamkeit handelt, die weitere Höherentwicklung zulässt oder nicht. Anders gesagt: Der komplexe Ordnungszustand kann sich, wenn er das Potenzial dafür birgt, durch höherentwicklende Emergenz höherentwickeln, allerdings ohne dieses Potenzial in eine Sackgasse führen, in der die Agenten zugrunde gehen, ohne dass sie im Chaos enden müssen. Vielmehr verschwinden die Gemeinsamkeiten insgesamt.

Auch Gesellschaften laufen im Rahmen der Entfaltung in bestimmte Attraktoren ein, die entweder temporär stabile Gemeinsamkeiten oder chaotische Zustände darstellen. Im Rahmen einer selbstverstärkenden Anpassung können auch falsche, temporär stabile Ordnungszustände entstehen, das System kann schließlich in einen erstickenden, "bleiernen" Konformitätsattraktor einlaufen, der zwar dynamisch scheint, aus dem heraus aber nichts Höherentwickeltes erschaffen, (Sich)Höherentwickelndes sogar unterdrückt wird. Beispiele dafür sind Milieus, die für den Profit eines Konzerns ständig und mit hoher Frequenz konsumieren, z.B. ständig ihren alten Fernseher wegwerfen und einen neuen kaufen ohne das Programm verbessern zu können, um in deinem Bild zu bleiben.

Emergenzen, die den bleiernen Zustand verhindern könnten, entstehen aber eher bei hohen Integrationsgraden. Zumindest habe ich dich so verstanden. Muss ein System, das in seiner Entwicklung dynamisches ist, sich also immer am Rande des Chaos bewegen?

In der Gesellschaft haben integrationslimitierende Werte oft qualitativen, exkludierenden Charakter, d.h., es wird versucht, bestimmte Gemeinsamkeiten von der Integration auszuschließen oder ganz zu verneinen. Auf diese Weise sollen vordringlich Anpassungen an vermutlich falsche Gemeinsamkeiten verhindert werden, aber auch Integrationsschocks. (Leider lassen diese Werte oft keine Integration antithetischer/dialektischer Gemeinsamkeiten zu.) Es ist trotzdem verlockend, Integrationslimits in Form von Imperativen nahe am ultimativen IntegrationsWert, quasi auf Messers Schneide einzustellen, um hohe Komplexität zu garantieren.

In diesem Zusammenhang stellt sich die Frage, ob das Zustandekommen gesellschaftlicher Ordnungszustände und insbesondere solcher, die wiederum höherentwickelte Emergenzen beinhalten, unbedingt mit einer Offenheit der Gemeinsamkeit im Sinne eines Verlassens und Betretens jener durch Agenten verbunden sein muss. Die menschliche Gemeinschaft ist ja agentenoffen: Sie wird nicht nur durch Bewegungen von Menschen, sondern durch permanente Geburten und Tode über ihre Randbereiche verlassen und betreten. Der Verkehr ist in dieser Hinsicht jedoch kein offenes System (die Autos könnten auch im Kreis fahren). Dynamische Stabilität, Emergenz und Chaos sind hier durch selbstverstärkende Fluktuationen der Verkehrsdichte bestimmt. Auch eine dialektische Auseinandersetzung oder ein Brainstorming finden in abgeschlossenem Rahmen statt. Trotzdem geht man davon aus, dass dabei neue Ideen entstehen und nicht nur über die Anwendbarkeit vorhandener Verfahrensweisen abgestimmt wird.

Die Transzendenz der Randbereiche von Gemeinsamkeiten, somit das Vorhandensein von transzendierbaren Grenzen, ist die Voraussetzung für die Entstehung und Besiedlung neuer und höherentwickelter Gemeinsamkeit. Jenseits des globalen Agentenaustauschs wird sie durch eine übergeordnete und damit integrierende Gemeinsamkeit ermöglicht. Mit Letzterer wird ein System geschaffen, das ohne Zu- und Abfluss von Agenten auskommt. Der Anpassungsprozess an die übergeordnete Gemeinsamkeit kann trotzdem die Gemeinsamkeit und ihre Agenten höherentwickelnde Emergenzen hervorbringen, und zwar durch die Transzendenz innerer Grenzen. Im Falle des Brainstormings ist es die Transzendenz der Gemeinsamkeitengrenzen der Individuen durch die Kommunikation, die Emergenzen erzeugt. Emergenzen erscheinen also auch dann, wenn die integrierende Gemeinsamkeit selbst nicht physisch transzendiert wird, also niemand den Raum verlässt. Die Höherentwicklung der integrierenden wirkt auf die individuellen Gemeinsamkeiten zurück, weswegen die Integration der Gemeinsamkeitsphären deren Chancen auf Höherentwicklung verstärkt, sie aber nicht garantiert.

Um die Möglichkeit der Entstehung die Gemeinsamkeiten höherentwickelnder Emergenzen in Systemen einzuschätzen, würde ich
die dialektische Auseinandersetzung gern verallgemeinern. These:
Höherentwickelte gesellschaftliche Ordnungszustände können
durch das Vorhandensein von Gemeinsamkeitsmengen erzeugt
werden, die die Grenzen ansonsten antithetischer Gemeinsamkeiten durchschreiten, mit anderen Worten: Durch die Entfaltung innerhalb mehrerer, wenig überlappender Herrschaftsbereiche, wobei eine praktische Integration bewirkt wird. Die Aufrechterhaltung der Unterschiedlichkeit der integrierten Gemeinsamkeitenbündel ist deswegen so wichtig, weil dadurch (i) ein Bedürfnis-
konsens verhindert wird, sodass zur Integration nur noch der Weg
über die Emergenz neuer Gemeinsamkeiten möglich wäre und (ii)
die innere Struktur der integrierenden Gemeinsamkeit, d.h., die
transzendierbaren Grenzen und damit die Komplexität erhalten
bleiben bzw. durch fortschreitende antithetische Integration vermehrt werden. Somit macht die praktisch-antithetische die repressive Integration unwahrscheinlicher, da jene mit einer eindimensionalen Ausrichtung aller Gemeinsamkeiten möglichst ohne jegliche Grenzen einhergeht. Die Entstehung falscher gesellschaftliche
Ordnungszustände werden so nicht ausgeschlossen, vielmehr kann
man hoffen, dass die praktisch-antithetische Integration zumindest
eine höherentwickelte Emergenz unter vielen falschen kreiert.

Die praktisch-antithetische Integration verneint keinesfalls eine
Unterwerfung unter eine temporär dominierende Gemeinsamkeit,
z.B. das korporative Handeln. Im Gegenteil macht sie die Mechanismen der korporativen Selbstverstärkung erkennbar und nutzbar.
Der Unterschied zu einem undifferenziert entgrenzten korporativen Handeln ist aber, dass man sich der Grenzen der Gemeinsamkeiten, die dieses Handeln notwendig machen, bewusst werden
kann. Deswegen macht die praktisch-antithetische Integration das
korporative Handeln notwendigkeitsabhängig und endlich.

Warum handeln Menschen manchmal so blind?

Stelle dir einfach vor, eine Gruppe würde sich einer falschen Gemeinsamkeit unterordnen. Ihre Handlungen würden somit instrumentell, inklusive des korporativen Handelns. Man kann auch sagen, sie würden ein falsches Ziel verfolgen. Die Dynamik des korporativen Handelns kann jedoch die Offensichtlichkeit des falschen Zieles überdecken, wenn die Menschen auf eine Universalität des Ersteren konditioniert worden sind.

Wie reagiert der Mensch auf eine Höherentwicklung?

Mit positiven Gefühlen will ich meinen. Das beginnt schon mit der Erkenntnis von Ähnlichkeit. Ein jene kennzeichnendes Verhältnis ist der Goldene Schnitt [122]. Jener beschreibt eine bestimmte Art der Unterteilung einer Strecke, wobei die Länge des größeren Abschnittes sich zu der des kleineren so verhält, wie die Gesamtlänge zum größeren Abschnitt. Eine Darstellung mit einem Goldenen Schnitt entspricht der Darstellung von Selbstähnlichkeit, deren Erinnerung/Erkenntnis ja für die Ableitung begrenzt-universeller Zusammenhänge so wichtig ist. Auf ihr basiert die mittelfristige Höherentwicklung durch Komplexitätszunahme. Deswegen wird sie als ästhetisch, sogar als befriedigend empfunden. Diese Befriedigung ist allerdings gefährlich, eben weil Komplexität nicht die Ultima Ratio der Höherentwicklung darstellt.

Irgendwann sind es nicht mehr das Geld und die Macht, die den Menschen an einer rücksichtslosen Kapitalvermehrung mitwirken lassen, sondern die Ästhetik des funktionierenden, aber repressiven komplexen Systems.

Deswegen halte ich auch nichts von komplexer Ästhetik als ultimativem Fortschrittskriterium. Stattdessen ist es eine höhere Stufe der Zufriedenheit, das Glück, das von der Verifikation des hilfreichen Neuen auf Kosten des Überlebten und der Falsifikation des blödsinnigen Neuen zugunsten des Bewährten erzeugt wird. Glück bedeutet auch nicht, seinen momentanen Trieben zu entfliehen, sich in andere oder die Rationalität zu stürzen, sondern ihnen zu entfliehen, um sich, falls dadurch möglich, langfristig glücklichmachenden, also richtigen Gemeinsamkeiten anzupassen. Glücksgewinn/Praktisierung bezieht sich in der Limenistik immer auf die Höherentwicklung der geteilten Gemeinsamkeiten. Die Verifikation der das Gemeinsamkeitenbündel höherentwickelnden Emergenz erzeugt nachhaltiges Glück und die Befreiung von Leid. Anders gesagt: Der das Glück akkumulierende/sich von Leid befreiende Mensch erschafft erfolgreich einen Kokon aus (sich) höherentwickelnden Gemeinsamkeiten um sich.

Warum ist es gerade die Höherentwicklung, die Leid reduziert?

Die Limenistik bejaht, dass es eine letzte Vernunftmaxime gibt, welche (bei fühlenden Lebewesen) die Ursache für Leid (Missachtung) und Glück (Befolgung) darstellt: den SuperIntegrationsWert der Erhaltung der selbstÄhnlichen Existenz, der einzigen Existenz, die in der Limenistik (langfristig) möglich ist. Die Bewahrung begrenzt die integrierende Transzendenz innerhalb der Existenz auf sich durch Wandlung selbstÄhnlich erhaltende Strukturen, also wird diejenige Existenz (Existierendes, Existieren) erhalten, die sich im Sinne des Nicht-Ganz-Identisch-Sein wandelt und gleichzeitig im Sinne des Fast-Identisch-Sein konserviert. Das gilt (aufgrund der SelbstÄhnlichkeit) im kosmischen Maßstab wie auch im Kleinen, woraus folgt, dass auch der Erhalt der selbstÄhnlichen Existenz eines einzelnen Agenten dem höchsten IntegrationsWert entspricht. Alle anderen Vernünfte, also auch die Wahrheit, ordnen sich dieser Maxime unter. Streng genommen ist sie dogmatisch gesetzt, denn die Frage, ob das Sein oder das Nicht-Sein vernünftig ist, bleibt unbeantwortet. Limenistische Vernunft ist "Anpassungsvernunft". Praktisch/instrumentell vernünftige Anpassungshandlungen ergeben sich als Anpassung an richtige/falsche Gemeinsamkeiten, die der sich anpassende Agent (sich dadurch selbst erhaltend/zerstörend) teilt. Die praktische/instrumentelle Anpassungsvernunft kann auf die der positiven/negativen Bewertung einer zirkulär-transzendentalen Anpassung verkürzt werden, auf die Anpassung zum Erhalt der Bedingung der Möglichkeit für Anpassung, also an Gemeinsamkeiten überhaupt. Die Bejahung von zirkulär-transzendentalen Anpassungshandlungen bedeutet prinzipiell die Bewahrung von Existenz, denn, was sich permanent an Gemeinsamkeiten anpasst, erhält sich. Das limenistisch "Gute" ist somit jede Anpassung, welche die Anpassungsprozesse erhält, jedoch nicht die Anpassung nur an eine Gemeinsamkeit, denn mit der permanenten Schaffung der Bedingung der Möglichkeit der Anpassung an eine bestimmte Gemeinsamkeit reproduziert man jene Gemeinsamkeit nur. Doch nur durch integrierende Transzendenz (zeitliche SelbstÄhnlichkeit) ist weitere Anpassung möglich. Die stagnierende Gemeinsamkeit wird irgendwann falsch und dadurch jede weitere Anpassung und damit Existenz abgewürgt (zeitliche Selbstidentität). Andererseits trachten die attraktiven Gemeinsamkeiten danach, sich in den Agenten, die sie teilen, zu maximieren, was eine Attraktivitäts- und Faktizitätsschwelle erzeugt. Da neue/andere Gemeinsamkeiten meist einzeln und durch einzelne Agenten betreten werden, geht die Entwicklung nur bei einem hohen Kohärenzgrad KG zwischen den verschiedenen Entwicklungsschritten, quasi evolutionär vonstatten (deren Geschwindigkeit allerdings hoch sein kann), wobei insbesondere diejenigen Gemeinsamkeiten nie ersetzt werden, welche die selbstÄhnliche Bewahrung als solche begünstigen.

Es tut mir leid, jeder Fortschritt, mitunter sogar Vernichtung, scheinen nur dafür gedacht zu sein, der Konservierung zu dienen.

Evolutionär bedeutet, dass die Ursache für eine Wirkung zeitlich nach ihr liegt, d.h. die Existenz versucht, sich selbst über mehrere Fehlversuche zu realisieren, ohne jedoch im Vorfeld schon mit sich selbst identisch zu sein. Die unbedingt scheinende Existenz wird nachträglich bedingt. Der SuperIntegrationsWert zum Erhalt selbstÄhnlicher Existenz hat somit einen konjunktiven Anteil, d.h. die praktische Vernunft ist nicht durch ein höheres Wesen garantiert, sondern kristallisiert sich im Rahmen einer evolutionären Auslese während der Anpassungsprozesse heraus. Zuvor ist der individuelle Erhalt weder garantiert noch ist bekannt, was dafür nötig ist. Speziell der Mensch erlangt einen Willen zum Guten, indem er die konkreten Ursachen für seine Willensakte in der Zukunft findet, in die er sich zunächst entwirft und sie dann erfolgreich realisiert. Es überlebt also derjenige spezifische Integrations-Wert (inklusive der Gewalt), welcher die Attraktivität sich durch selbstÄhnliche Wandlung langfristig bewahrender Gemeinsamkeiten in ihm maximiert, die aufgrund von Unzulänglichkeit aber dennoch ins Falsche führen kann.

Durch das Sich-Entwerfen in die Zukunft und dem daraus abgeleiteten (beim Menschen bewussten) Werden in der Gegenwart, welches die Zukunft hervorbringt, erzeugt der Agent eine Rückkoppelungsschleife und daraus einen entsprechenden selbstÄhnlichen Zeitverlauf, der letztendlich aus der Erinnerung resultiert. Das, was hingegen nicht (mehr) existiert, tut es deswegen nicht, weil es nicht (mehr) durch bestimmte Gewalt bewahrt wird bzw. durch jene zerstört wurde (welche sich dann ebenfalls vernichtet). Zwang, Freiheit und Wille verschmelzen im SuperIntegrationsWert der selbstähnlichen Existenz miteinander, wodurch jeder Regress durch den letzten, allerdings nicht kettenkausalen Grund der Existenz gestoppt wird und jeder Progress durch die Nichtexistenz. Die Agenten nutzen sozusagen ihre Freiheit, um dem Zwang zur selbstÄhnlichen Existenz nachzugeben, sie dienen sich ihm an. Die Existenz erzwingt sich so selbst und will gleichzeitig existieren. Selbst das Leben hat einen Weg für seinen selbstÄhnlichen Erhalt gefunden, indem die Evolution permanent eine Identitätsherstellung der sich entwickelnden Agenten mit ihren sich dadurch wandelnden Gemeinsamkeiten innerhalb des IntegrationsWertes des Überlebens anstrebt. Moderner, bewusster Konservatismus als Weiterentwicklung des evolutionären bedeutet nicht, Vorhandenes um jeden Preis zu bewahren, sondern die globalen Folgen von Veränderungen und Beibehaltung, insbesondere hinsichtlich ihrer möglichen zerstörerischen Wirkung so genau wie möglich zu bestimmen.

Die Anpassung der Agenten an Gemeinsamkeiten(bündel) kann sie stabilisieren und/oder wandeln.
(i) Anpassung an stagnierende Gemeinsamkeitenbündel bedeutet für die Agenten die Existenz nur als jene und in jenen, falls sich das Bündel (in seiner Bewertung) nicht ändert, insbesondere nicht

durch die Anpassung selbst. Stagnierende Gemeinsamkeiten ermöglichen das nur kurze Überleben von in ihnen stagnierenden Agenten, denn limenistische Ähnlichkeit bedeutet Transzendenz in andere/neue Gemeinsamkeiten.

(ii) Die permanente Umbewertung von (antithetischen) Gemeinsamkeitsphären innerhalb eines Bündels (Transzendenz vorhandener, innerer Grenzen) ermöglicht, dass sich horizontal anpassende Agenten überdauern (Regelkreis). Die Agenten verlassen ihren Gemeinsamkeitenpool dabei nicht und gehen keine neuen ein.

(iii) Jenseits innerlich und äußerlich vorhandener (anderer) Gemeinsamkeiten liegt die Höherentwicklung. Sich durch Wandlung höherentwickelnde Gemeinsamkeitenbündel passen sich an neue an (Emergenzen) an, die jene Höherentwicklung bewerkstelligen. Die integrierende Transzendenz von Agenten aus einem von ihnen besetzten Gemeinsamkeitenbündel in eine höherentwickelte bewahrt Bewahrenswertes und integriert Etablierenswertes. Neue Gemeinsamkeiten ermöglichen und sich höherentwickelnde Gemeinsamkeitenbündel garantieren (rückblickend) das nachhaltige Sich-Bewahren sich selbstÄhnlich wandelnder Agenten, die sich an jene anpassen. Richtige Gemeinsamkeiten sind somit diejenigen, die Agenten, die sich an sie anpassen, in einem ähnlichen Zustand, allerdings mit immer neuen Eigent(üm)lichkeiten, wandelnd erhalten. Man kann die Höherentwicklung in zwei hierarchisch übereinanderliegende Stufen aufteilen:

(iiia) Die Weiterentwicklung bewahrt das Gemeinsamkeitenbündel und seine(n) Agenten durch Transzendenz in eine andere/neue Gemeinsamkeit, wobei die Entwicklungsstufe im Wesentlichen erhalten bleibt. Man kann bei der Weiter- trotzdem von Höherentwicklung sprechen, da Erhaltenswertes konserviert und hinzugewonnen, während Falsches abgeworfen wird, was auf lange Sicht mit einer Erinnerung verbunden ist. Aufgrund der Erinnerung gilt nämlich: $abcd^{a+c+}{\rightarrow}ab^+cd^+{\neq}ac$ und $ac^{aecf}{\rightarrow}ae^ec^f{\neq}aecf$. Das System erinnert sich an die Vernichtung $^+$, die Erschaffungen ^{ef} und die Gründe dafür. (iiib) Die Entwicklung auf eine höhere Stufe erlaubt es einem Gemeinsamkeitenbündel, bereits erfahrene und daher auch drohende (Zer)Störungen immer zuverlässiger abzuwenden. Die Bündel erlangen Wandlungskonzepte, die sie immer effektiver selbstÄhnlich bewahren.

(iv) Anpassung an falsche Gemeinsamkeiten vernichtet jene und möglicherweise ihre Agenten, in jedem Fall senkt sie die Fähigkeit des selbstÄhnlichen Erhalts, der grundlegendsten Eigentümlichkeit komplexer (im Unterschied zu komplizierten Systemen). Die Zerstörung von (richtigen) Gemeinsamkeiten durch Anpassung an falsche beendet auch die Elevation.

Höherentwicklung der Agenten = Anpassung an richtige (≠ falsche) Gemeinsamkeiten = selbstÄhnlicher Erhalt der Agenten und Gemeinsamkeiten = praktische (≠ instrumentelle) Vernunft = Glück (≠ Leid)

Höherentwicklung ist nötig, damit sich Agenten in einer sich selbstÄhnlich wandelnden Welt generationenübergreifend erhalten können. Überspitzt: Sich und ihre Agenten tatsächlich höherentwickelnde Gemeinsamkeiten erhalten sich durch den nächsten Urknall hindurch. Noah hat etwas Neues gebaut, nämlich sein Schiff, um die Schöpfung vor der Flut zu bewahren. Die Bewahrung der sich wandelnden Existenz in Raum und Zeit ist der einzige universelle, positive IntegrationsWert und alle Arten von Gewalt sind auf ihn zurückzuführen. Oder umgekehrt: Da die Existenz keine Illusion ist, gibt es bestimmte Gewalt, die zeitlich und räumlich selbstÄhnliche Existenz bewahrt. Sie wird entsprechend eingestellt bzw. stellt sich so ein, allerdings unzulänglich: Das Gute ist nicht garantiert, sondern besteht als sich selbst in Tests verwirklichende Möglichkeit. Gewalt ist also selbst kein Ausdruck von berechenbarer Determiniertheit, sondern evolutionär. Die Realität erscheint dem Menschen jedoch mitunter gestiftet, da (i) das, was fehlschlug, eben nicht sichtbar ist, weil (ii) das Existierende die Gemeinsamkeiten reflektiert, an die es sich selbst anpasst (als ob man sie extra für ihn gestiftet hätte) und weil (iii) der Mensch selbst stiftend auftritt. Tatsächlich ist das Existierende gestiftet, und zwar aus dem, was schon existiert bzw. existieren lässt und sich bei Transzendenz konserviert.

Noch ein Wort zu den Gottesbeweisen. Anselm von Canterbury sagte, Gott sei größer als alles, was gedacht werden können. Wenn aber etwas gedacht wird, kann es in seiner Größe gesteigert werden, indem es zur Existenz kommt, also muss Gott existieren (ontologischer Beweis). Thomas von Aquin führte zwei kosmologische Gottesbeweise an, in dem er annahm, dass alles, was sich bewegt bzw. alles, was eine Wirkung von etwas ist, auf einen Bewegungsanstoß bzw. eine Ursache zurückgeht, die selbst nicht angestoßen bzw. bewirkt wurde (unbewegter Beweger, unbewirkte Ursache). Der teleologische Gottesbeweis besagt, dass die Prozesse im Universum derart durchdacht, zweckmäßig und zielgerichtet sind, dass sie nur von einem intelligenten Lebewesen erschafft worden sein können. Aus der Limenistik ergibt sich noch ein weiterer, scheinbarer Gottesbeweis: Wenn erstens alle Existenz auf ihre eigene Bewahrung und damit immer bessere Methoden für ihre Bewahrung hinarbeitet, wenn zweitens das Universum bereits seit einer unendlichen Zeit existiert, so muss inzwischen ein Wesen entstanden sein, dass sich selbst in alle Ewigkeit erhalten kann, ein in seiner Existenz universelles Wesen. Der Trugschluss entsteht dadurch, dass das sich Wandeln nicht beachtet wird. Das sich für alle Zeiten erhaltende Wesen kann dies nur durch Wandlung tun, sodass es nach unendlicher Zeit keine Gemeinsamkeiten mehr mit sich selbst hat.

Was ist mit dem Menschen?

Für die Menschheit muss das nicht gelten, es sei denn, sie setzt die ihr zur Verfügung stehende Gewalt eben nur für ihren Erhalt durch Wandlung ein und nicht etwa für eine Auslese von ihren Gnaden. Der Unterschied des Menschen zur übrigen Welt liegt nämlich in seinem freien Willen, der keine evolutionär freigesiebte Präferenz der richtigen, weil bewahrenden IntegrationsWerte darstellt, sondern einen IntegrationsWert erzeugt, der VOR der Existenz liegt und nicht erst mit ihr hervorgebracht wird. Dieser Integrations-Wert macht den Menschen zu einem effektiveren Bewahrer als die Evolution, da er den Mechanismus des evolutionär erzeugten "besten" Zwangs zur Existenz nutzt, ihn jedoch nicht mit reinem Trial und Error, sondern mit Erkenntnissen über Ähnlichkeiten, beispielsweise mit anderen, bewahrend-höherentwickelnden Gemeinsamkeitenbündeln oder mit anderen Agenten, die bereits eine Lösung für ein Problem gefunden haben, füttert (Arbeitsteilung).

In einer selbstÄhnlichen Welt kann man nämlich davon ausgehen, dass ähnliche Agenten bei Anpassung an ähnliche Gemeinsamkeiten ein ähnliches Bewahrungspotenzial entfalten. Ein Mensch oder eine Gruppe, welche(r) die sich wandelnde Existenz seiner selbst und seiner Gemeinsamkeiten bewusst vorantreibt, kann das nur tun, wenn er sich beim Anpassungsprozess ständig von außen beobachtet und jenen bewertet. Er muss nämlich in die richtigen, sich auftuenden, durch Höherentwicklung bewahrenden Gemeinsamkeiten sich integrierend transzendieren, was aufgrund von gleichzeitiger Progression und Konservierung nichts anderes bedeutet, als dass er die existierende Gemeinsamkeit durch seine Anpassung ständig "berichtigt". Er kann das jedoch nur tun, wenn er, als sein eigener Beobachter, ständig seinen nächsten Zustand entwirft, wobei der entworfene der Idealzustand ist. Indem er sich von außen beobachtet und sich ins (temporär) Ideale lenkt, wird er quasi zu seinem eigenen Gott. Diese Konstellation erlaubt es ihm jedoch auch, seine Existenz mutwillig zu vernichten, und zwar völlig grundlos. Die "Schläue der Vernunft", die ihn am Ende doch das Richtige tun lässt, erklärt sich aus der Gleichsetzung der Vernunft mit dem Versuch der Umsetzung des SuperIntegrationsWertes der selbstÄhnlichen Existenz: Wäre die (praktische) Vernunft nicht schlau, würde sie ihre Existenz und die ihres Trägers beenden. Vernunft und ihr Träger haben somit prinzipiell das gleiche Ziel.

Das klingt für mich ziemlich trivial. Natürlich müssen die Menschen versuchen, ihre Existenz zu garantieren.

Stell die einfach vor, unsere Gehirne hätten diese Offensichtlichkeit durch etwas vermeintlich Wichtigeres ersetzt und wir würden auf die dumme Idee kommen, die Grundlagen unserer Existenz als sekundär zu betrachten. Doch Glück wird nur durch den Erhalt jener bewirkt. Es ist der höchste IntegrationsWert des Menschen.

Hm. Die Frage, die man sich stellen muss, ist, ob das Glück tatsächlich nur eine (biochemische) Belohnung für eine erfolgreiche Höherentwicklung von Eigentümlich-/Gemeinsamkeiten im Rahmen sich in Richtung ihres Erhalts höherentwickelnder IntegrationsWerte ist.

Möglicherweise steht der Sinn der Glückserfahrung jenseits dieses Ökonomismus, weist auf etwas hin, das darüber hinausgeht. Möglicherweise haben sich Glücks- und Leidensempfinden selbst ebenfalls höherentwickelt. Unabhängig davon gibt es keine zuverlässige strukturelle Möglichkeit, das Einlaufen von Gesellschaften in einen Attraktor falschen korporativen/konformen Handelns, die Anpassung an falsche Gemeinsamkeit, in eine Evolutionssackgasse des Unglücks zu verhindern, egal wie komplex die ökonomisch globalisierten Gesellschaften erscheinen.

Du meinst die neoliberale Ökonomie des reinen Profites.

Man kann generell davon ausgehen, dass die neoliberalen Randbedingungen der reinen Profitorientierung das gesellschaftliche System in den Spätkapitalismus als globalen Attraktor einlaufen lassen, mit all seiner Repressivität.

Wieso vermutest du das? Ich dachte, dass der Kapitalismus schließlich durch eine Revolution zerstört wird, z.B. nach einer Krise.

Solche Krisen gibt es natürlich. Man könnte meinen, dass die spätkapitalistische Produktionsweise zusammenbricht, wenn die Ressourcen ausgehen. Gegen schwindende Ressourcen ist der Spätkapitalismus aber zumindest temporär widerstandsfähig. Entweder wird er sich auf die Erzeugung und Befriedigung repressiver Konsumbedürfnisse innerhalb einer kleinen, aber finanzkräftigen Gruppe von Menschen konzentrieren, oder aber er wird ein homogenisiertes breites Konsummilieu mit dem gleichen Sortiment weniger Waren befriedigen, wie das in der DDR der Fall war. Es gibt einen Umstand, den der Spätkapitalismus nicht so einfach verträgt, nämlich den Einbruch der Motivation zum Konsum. Das System hat mehrere Mechanismen zur Verfügung, den Konsum wieder anzukurbeln. Neben der Intensivierung der Produktwerbung gibt es die Möglichkeit der Erschließung neuer Konsumentengruppen im

In- und Ausland, des Zwangskonsums durch Gesetze. Der vermeintlich finale Ausweg für das System aus der Erschlaffung des Konsumwertes ist die *Tabula rasa*.

Was meinst du mit Tabula rasa?

Einen Neuanfang. Bzgl. der kapitalistischen Krisen wird gern von Überproduktionskrisen gesprochen. Marx nannte den Widerspruch zwischen beschränkter Konsumption und Produktion als Ursache, wobei in der Krise Letztere über Erstere hinausschießt. Dieser Widerspruch führt zu einer Abwertung des monetären Wertes der überproduzierten Waren und damit zur Kapitalvernichtung. Nach der Kapitalvernichtung erholt sich bei Marx das frühkapitalistische System schließlich langsam wieder. Dagegen kann unkontrollierbare Kapitalvernichtung durch selbstverstärkende Effekte erfolgen, bei denen fälschlicherweise ein Wachstum des Konsumwertes einer Ware antizipiert wird, welcher aber schließlich zusammenbricht und sogar unter den Herstellungskosten der voreilig produzierten Waren bleibt (die aber trotzdem verkauft wird). Diese Voreiligkeit kann sich nicht nur auf produzierte Waren, sondern auch auf Finanzierungen beziehen (Spekulationsblasen). Die *Tabula rasa* stellt eine noch drastischere Konsequenz solcher Krisen dar, nämlich nicht die Kapital-, sondern die Warenvernichtung selbst, indem sie eben nicht verkauft werden. Das wird zunächst verderbliche, darüber hinaus aber auch andersartige Waren betreffen, z.B. Häuser, die verkommen. Ich würde aber nicht so weit gehen, die Kriege oder Revolutionen als geplanten Neustart zu bezeichnen.

Aber das wäre doch konsequent.

Dass der Neustart des Kapitalismus mittels Warenvernichtung durch Kriege geplant hervorgerufen wird, ist eine reine, möglicherweise antisemitische Verschwörungstheorie und eine entmenschlichende Unterstellung. Sie geht möglicherweise auf die Idee der schöpferischen Zerstörung von Joseph Schumpeter zurück. Laut [123] sah er sie aber als einen Prozess des Ersetzens, d.h. zuerst wird der Ersatz entwickelt, der das Ersetzte zerstört.

Krisen erfolgen außerdem unkontrolliert. Trotzdem kann der Wechsel aus Kapital- bzw. Warenzerstörung und ökonomischem Gleichgewicht ein Attraktor für die Gesellschaft sein.

Gibt es keinen Weg heraus aus dieser Todesspirale? Wir sind doch intelligente Menschen? Wir haben doch einen Willen.

Das stimmt. Ökonomie verläuft aber nach bestimmten Gesetzen. Der Mensch passt sich diesen Gesetzen notgedrungen, insbesondere unbewusst, an, damit die Ökonomie funktioniert (obwohl er sie ja bestimmt) und imitiert sie sogar. Durch die Kapital- und Warenvernichtung als Antwort auf die systemimmanente Krise, wird er beispielsweise konditioniert, in Neuanfängen ausschließlich etwas Positives, eine Heilung, eine komplette Problemlösung zu sehen. Ein anderes Beispiel: Der Wechsel aus Zerstörung und profitablem Neuaufbau wird in anderen gesellschaftlichen Bereich jenseits der Warenökonomie nachgeäfft, z.B. in der Verwaltung. Der Profit stellt hier im Wesentlichen akkumulierte Weisungsmacht dar. Die zerstörerischste Verwaltungsrevolution der Neuzeit mit vielen toten Verwaltungsagenten war die chinesische Kulturrevolution [124], während der der radikale Verwaltungsprogressivismus zur Ideologie erhoben wurde. Letzterer wird heute durch permanente Verwaltungsrestrukturierungen realisiert.

Wie stabil der spätkapitalistische Attraktor gegenüber Änderungen der Ausgangsbedingungen ist, sieht man an der Entwicklung der BRD nach dem Zweiten Weltkrieg. Tatsächlich ist ihre Geschichte, trotz der hoch ambitionierten Idee der sozialen Marktwirtschaft, eine zwangsläufige Abfolge kapitalistischer Systeme im Zeitraffer, beginnend mit dem Früh- und endend mit dem Spätkapitalismus, ähnlich wie die Entwicklung eines Embryos im Mutterleib. Man startete mit einer Art Turbo-Frühkapitalismus, dotiert durch den Marshallplan der USA, wobei man aber prinzipiell auf die Erkenntnisse und Methoden mehrerer frühkapitalistischer Phasen in Deutschland zurückgreifen konnte, so als ob man z.B. immer wieder das gleiche Werkstück herstellen würde, wobei die Erfahrungen aus den vorhergehenden Iterationen dessen Qualität bis zum

Maximum steigert und der Herstellungsprozess immer zügiger voranschreitet. Außerdem disziplinierte das Feindbild des Ostblocks die gesellschaftlichen Kräfte und spornte den Westen zur Produktionserhöhung und -effektivierung, z.b. durch internationale Kooperation an (Prinzip des gemeinsamen Feindes). Unabhängig vom beschriebenen Ausgangszustand, und besonders mit dem Wegfall des gemeinsamen Feindes als Randbedingung der gesellschaftlichen Entwicklung, wurde das System vollständig auf das spätkapitalistische Gleichgewicht aus der Induktion repressiver Bedürfnisse und deren Befriedigung ausgerichtet. Der Mauerfall in Deutschland im Jahre 1989 stellte ebenfalls eine *Tabula rasa* dar. Der Sozialismus hatte sich letztendlich als eine Diktatur zur Aufrechterhaltung einer bestimmten Form des Staatskapitalismus entpuppt, dessen repressive Wirtschaft aufgrund mangelnden Konkurrenzkampfes bzw. mangelhaften Ressourcenmanagements nicht aufrechterhalten werden konnte und daher in eine frühkapitalistische Form zurückfallen hätte müssen. Dies ist mit den meisten Ländern der sozialistischen Welt, bis auf die DDR auch geschehen. Letztere wurde vom spätkapitalistischen System der BRD assimiliert.

Um deine Frage zu beantworten: Ich bin der Meinung, dass ein stabiler Zustand genauso gut als begrenzt-finaler spätkapitalistischer Attraktor infrage käme, auch wenn damit eine Art dynamischer Wärmetod erreicht würde. Innerhalb dieses Wärmetodes würden die Menschen alles über sich ergehen lassen, was ihnen die Verwaltung vorgibt zu konsumieren, um das spätkapitalistische System ohne Katastrophen zu reproduzieren. Der Film "Wall-E" [125] stellt diesen Zustand hervorragend dar. In mehreren Szenen wird ein verblödetes Konsumproletariat auf dem Raumschiff "Axiom" gezeigt, das mit der Befriedigung rein repressiver Konsumbedürfnisse seine Freizeit vergeudet. Wall-E ist deswegen herausragend, weil er den spätkapitalistischen Wärmetod als Schlaraffenland bildlich darstellt, und zwar als ständig dasselbe konsumierendes, im Gleichschritt vor-sich-hin-lebendes, einheitliches Konsummilieu mit gleichem, stabilem Konsumwert. Diese Utopie unterdrückt im Übrigen sämtliche individuellen Motivationen, selbst den Konkurrenzkampf, da ja alle immer nur das Vorgegebene konsumieren.

Du sagst also, dass sogenannte alternative Wirtschaftssysteme nur die Überführung des Spätkapitalismus in ein langes aber berechenbares Einerlei bewerkstelligen würden, nicht aber in eine Befreiung.

Es gibt viele Ideen für alternative Wirtschaftssysteme. Diese sollen, wie du sagst, den Spätkapitalismus eher friedlich reproduzieren. Der Mensch wäre mit dem Schlagwort der Stabilität, meiner Meinung nach, auf die Akzeptanz dieses Attraktors konditionierbar, zumindest für eine gewisse Zeit. Er muss sich aber mit der Unfreiheit arrangieren. Klaus Mainzer [126] spricht sich diesbezüglich für ökonomische Frühwarnsysteme, ähnlich wie bei Krankheiten aus, um die drohenden chaotischen Weltwirtschaftsphasen zu vermeiden. Da solche Phasen allen Mitgliedern der Gesellschaft schaden würden, also sowohl den Proletariern als auch den Arbeitgebern, besteht hierfür ein gemeinsames Interesse. Auf der anderen Seite hat ein ökonomisches System zwar ein Gedächtnis, aber kein Gewissen, selbst wenn sich Kapitalisten und Proletarier einig wären. Es benötigt aber Individuen als Agenten für seine Zwecke, die es mit z.B. Geld locken kann. Das ökonomische System wird sich erst dann aufgrund eines Frühwarnsystems steuern lassen, wenn sich kein Individuum als sein willfähriger Diener findet. Somit muss dieses Frühwarnsystem realistischerweise mit einer offen repressiven Umsetzung der notwendigen ökonomischen Maßnahmen verbunden sein.

Wird der Spätkapitalismus auf diese Weise etwa in eine Planwirtschaft überführt, um die Nachfrage zu kontrollieren?

Man muss davon ausgehen, dass die (Selbst)Kontrolle der Konsumbedürfnisse die Basis des Spätkapitalismus ist. Diesbezüglich kann man von einer Planwirtschaft sprechen. Der Keynesianismus, welcher von John Maynard Keynes entwickelt wurde [127], ist hierfür ein gutes Beispiel. Er geht davon aus, dass Wohl und Wehe der Menschen im Spätkapitalismus allein von der Nachfrage abhängen, die aber wiederum nicht berechenbar ist. An dieser Stelle würde nun das ökonomische Frühwarnsystem einsetzen. Der Keynesianismus empfiehlt, dass in zufällig eintretenden, aber als solche erkannten Zeiten schwacher Konjunktur aufgrund geringer Nachfrage der Staat Investitionen tätigen sollte, um die Nachfrage wieder zu steigern. Außerdem sollte er die Zinsen kontrollieren, zu hohe und zu niedrige Guthaben- bzw. Kreditzinsen vermeiden.

Ein solches Eingreifen zur Kontrolle der Nachfrage erleben wir gerade in der EU.

Richtig, aber durch eine Finanzplanwirtschaft zur Weckung des erschlafften Konsumwertes, nicht durch staatliche Investitionen. Sie soll die Menschen hauptsächlich zum permanenten Konsum animieren, z.B. über Kredite. Das Problem bei Konsum über Kredite ist aber, dass Kreditnehmer während Hochzinsphasen eher überlegt bzgl. des Geldausgebens handeln. Baut eine Person beispielsweise ein Haus auf Kredit, so wird sie sich diese Entscheidung reiflich überlegt haben, da sie ja Zinsen auf ihr angelegtes Vermögen bekommt, das dann in die Vorleistung des Hausbaus geht, und hohe Kreditzinsen bezahlen muss. Niedrigzinsen oder Strafsteuern auf Vermögen würden dagegen die Versuchung für die Person erhöhen, ihr erspartes oder geliehenes Geld auszugeben. Eine spätkapitalistische Planfinanzwirtschaft vor dem Hintergrund erschlaffender Konsummotivation und übersprudelnder Ressourcen wird der Sucht des Systems nach Profit aus der schnellen Befriedigung von repressiven Konsumbedürfnissen nachkommen wollen und somit eine lang anhaltende Niedrigzinsphase zementieren. Diese geht voraussichtlich mit der Erhöhung der liquiden Mittel des Einzelnen einher, z.B. durch Alimentierung.

Glaubst du, dass vielleicht die bewusste Reduktion von Nachfrage und Angebot die Konsumversklavung und Umweltzerstörung lindern kann, ja vielleicht sogar in eine befreiende Gesellschaft führt?

Zur ersten Frage: Ja! Zur Zweiten: Nein! Kein spätkapitalistischer Attraktor würde eine Befreiung des Menschen darstellen, da jedes Streben des Menschen nicht seiner historischen Entwicklung, sondern der Reproduktion der Ausbeutung dienen wird. Nichtsdestoweniger kann man die Reduktion der Konsumnachfrage als einen Meilenstein in der weiteren Entwicklung in Richtung ökologischer Nachhaltigkeit sehen. Eine Idee geht davon aus, dass man den Stagnationsattraktor sogar politisch anstreben sollte, durch eine geplante "Postwachstumsökonomie" [128]. Setzt man den Hochkapitalismus mit einer Maschine gleich, die die grundlegenden und die INDIVIDUELLEN freien Bedürfnisse der Menschen befriedigt, so kann man davon ausgehen, dass die Profitrate hieraus im Vergleich zur repressiven Konsumbedürfnisbefriedigung irgendwann stagniert. Deswegen wird die erzwungene Stagnation der Nachfrage und Produktion umgekehrt als Trigger für eine dem Hochkapitalismus gleichwertige aber produktivere und nachhaltige Ökonomie genannt, eben die Postwachstumsökonomie. Eine solche Ökonomie funktionierte, meiner Meinung nach, nur durch eine gesellschaftlich reflektierte, konstruktive Warenintoleranz und eine gesellschaftliche Entpolarisierung von momentan gegeneinander ausgerichteten Gruppen, um die Konsummilieus ineinander zu integrieren. Sie bleibt jedoch ein Kompromiss aus Stabilität, Ökologie und Unfreiheit, hebt Letztere aber nicht auf. In jedem Fall ist die Idee der Postwachstumsökonomie eine Frechheit gegenüber - in Konsum und Produktion - sparsameren Ländern, die von Deutschland immer für ihre angebliche Faulheit gerügt werden.

Neben den genannten Modellen zur Vermeidung der Überproduktionskrisen des Kapitalismus gibt es, meiner Meinung nach, ein weiteres, in das wir im Moment streben. Es ist die Ökonomie der permanenten Mikro-*Tabula-rasa* oder des entarteten Keynesianismus. Bei Marx spielt bei den Überproduktionskrisen [76] des Kapitalismus die sinkende Konsumkraft der Arbeiter, die z.B. wegen der höheren Produktivität durch Einsatz von Maschinen entlassen werden, die entscheidende Rolle für den Konsumrückgang, nicht die Erschlaffung der Konsummotivation. Speziell diese Herangehensweise impliziert, dass die Arbeiter, wenn sie denn das Geld dafür hätten, sich alle produzierten Waren anschaffen würden. Jedoch würde selbst bei einer unendlichen Finanzstärke der Arbeiter die Nachfrage irgendwann erschlaffen, insbesondere nach nachhaltigen Produkten, Investitionen, die nicht kurzfristig ersetzt werden müssen. Der entartete Keynesianismus würde deswegen institutionell Waren präferieren, die eine sehr geringe Lebensdauer hätten. Dies würde selbst bei stagnierender Nachfrage zu ständigen Profiten aus Entsorgung der und Versorgung mit Waren führen, die extrem steigerungsfähig wären, wenn immer mehr Menschen einbezogen würden.

Also bauen wir am besten alle Straßen und Brücken aus Pappe, damit wir sie ständig neu bauen können.

Und genau diese Herangehensweise würde die ökonomischen Krisen und im Weiteren möglicherweise Kriege und Revolutionen verhindern.

Das klingt doch super.

Leider ist es das aber nicht. Der entartete Keynesianismus führt zu einer massiven Ausbeutung natürlicher Ressourcen, massiver Ausbeutung im Billiglohnbereich und, da er sich in alle Lebensbereiche ausbreiten wird, zur Beschäftigung der Menschen mit sinnlosen Quatscharbeiten, die die Bearbeitung der wirklich wichtigen Fragen, deren Beantwortung möglicherweise das Überleben der Menschheit absichern kann, verhindert. Kurzum, er befördert den Zustand der verwalteten Nicht-Nachhaltigkeit.

Aber was kann man tun, ich persönlich zum Beispiel?

Eine erfolgreiche Ökonomie lebt von der Spezialisierung. Der Spätkapitalismus lebt von einer horizontalen Flexibilität der Individuen. Je nach Profitaussicht sollen sie die Vorgaben in Konsum, Lohnarbeit und Verwaltung flexibel umsetzen und die dafür notwendigen spezialisierten Fähigkeiten individuell entwickeln, während anderweitige Individualität und Identität niemanden interessiert. Genau hier erkennt man die Schizophrenie des Spätkapitalismus, mit der sich das Individuum herumschlagen muss: Die Flexibilität, alle für die Systemerhaltung notwendigen Maßnahmen kurzfristig ergreifen und gleichzeitig jene Maßnahmen als vermeintlich innovativ und für das Leben wichtig verstehen zu müssen. Die horizontale Flexibilität verlangt ein nur geringes, flaches Erinnerungsvermögen und eine Toleranz, die eindimensional auf die Systemreproduktion ausgerichtet ist. Sie hat nichts mit der Erlangung von neuer Eigentümlichkeit zu tun, innerhalb der sich das Individuum entfalten könnte. Das Zauberwort bei Marcuse gegen solche Flexibilität heißt "Verweigerung" [86], d.h. das bewusste Verlassen der falschen Gemeinsamkeit und die Aufgabe der repressiven Integration in jene. Das spätkapitalistische System ist eben "nur" ein System. D.h., um zu funktionieren, braucht es willige Agenten. Das Problem ist nur, dass auch das befreiende Zusammenleben systemische Züge hat. Dem ungewollten System die Agenten zu entziehen und dem gewollten nicht, stellt sich mitunter sehr kompliziert dar.

Es nützt also nichts, einfach allem den Strom abzuschalten. Man muss gezielt vorgehen.

Im Sinne Schopenhauers wäre es eben die bewusste Überwindung des in der Gesellschaft herumwütenden "Willens" [56], die den Menschen in seiner Menschlichkeit erhöhen würde. Im Speziellen wäre es die Zähmung des spätkapitalistisch-mechanischen "Profitwillens". Für eine gerichtete Verweigerung, die diese Überwindung ermöglichen könnte, gibt es mehrere Möglichkeiten:

(i) Eine besonders wichtige, jedoch schwierig zu bewerkstelligende, gerichtete Verweigerung ist die der instrumentellen Vernunft. Die instrumentelle Vernunft wird durch Repression oder deren Antizipation, sowie menschlicher (in geringerem Maße objektiver) Unzulänglichkeit erzeugt. Sie zwingt das Individuum in die Akzeptanz falscher Gemeinsamkeiten im Rahmen von scheinbarer Plausibilität. Die gerichtete Verweigerung der instrumentellen Vernunft motiviert sich daher, meiner Meinung nach, nicht primär aus der Erkenntnis der Instrumentalisierung auf ein merkwürdiges

301

Ziel hin, sondern aus der Erkenntnis der Repression der praktischen Vernunft, speziell der Unterdrückung von Aussagen bzgl. der Begrenztheit im Sinn der Unvereinbarkeit von Taten mit der *PV*. Das Zwingen der Vernunft in die Akzeptanz falscher Gemeinsamkeiten lässt sich nämlich am besten durch vermeintliche Universalität und der damit verbundenen Begriffsbeliebigkeit bewerkstelligen, zumindest bis zu einem bestimmten Punkt, an dem offensichtliche Unvereinbarkeiten nicht mehr in eine synthetische falsche Gemeinsamkeit passen. Ein Beispiel: Es ist Winter und du siehst dich aus irgendeinem Grund motiviert und findest es vernünftig, eine Luftmatratze für den Badesee von der Firma "Rubberboat" zu kaufen. Möglicherweise wirst du nicht auf Anhieb mitbekommen, dass diese global agierende Firma ihre Matratzen auf der Südhalbkugel gerade nicht loswird und deswegen eine intensive weltweite Werbekampagne geschaltet hat. Aber du wirst erkennen, dass (ia) solch ein Kauf deiner persönlichen praktischen Vernunft widerspricht und (ib) alle möglichen Leute neben dir in der Schlange stehen, um eine solche Matratze zu erstehen, obwohl vielleicht nur einer von ihnen im Winter regelmäßig nach Australien oder in die Südsee fliegt und ein paar von ihnen eine Luftmatratzenallergie haben.

(ii) Du musst nicht den besser bezahlten Job als Manager einer Waffenfabrik übernehmen, wenn dich der im Kinderkrankenhaus glücklich macht. Umgekehrt: Verlasse eine besser bezahlte Stelle, wenn sie dich unglücklich macht. Mache dich nicht beliebig, bleibe konservativ bzw. werde progressiv, wenn dir deine Arbeitsstelle gefällt/nicht gefällt und du sie behalten/loswerden willst.

(iii) Du kannst dem Konsumzwang entgegentreten, z.B. dein verdientes Geld nicht gleich ausgeben, auch wenn die Zinsen niedrig sind. Du kannst kostenfreiem Vergnügen nachgehen: "Best things in life are for free!" Du kannst deinen Einkauf als demokratische Abstimmung über nachhaltige Produkte und Firmen verstehen, allerdings ist das für Familien mit niedrigen Einkommen oft schwierig. Allerdings besteht die Gefahr der repressiven Integration dieser Verweigerung, indem nicht-nachhaltige Konsum durch einen nur scheinbar nachhaltigen, in Wirklichkeit aber rein profitablen, ersetzt wird.

(iv) Eine weitere Methode der gerichteten Verweigerung ist das Teilen mit Bedürftigen. Das Konzept des bewussten, weder subsidiär noch institutionell zur Reproduktion des Systems instrumentalisierten Teilens, inklusive der freiwilligen Hilfe für Unterprivilegierte, ist im Spätkapitalismus unterrepräsentiert, eben weil es ein wichtiger Teil der gerichteten Verweigerung ist. Das Teilen entzieht dem spätkapitalistischen System nämlich auf der einen Seite die Kontrolle über das Kapital, zum anderen führt es dem Gebenden eindrucksvoll das Belohnungsgefühl durch Befriedigung eines Bedürfnisses jenseits des repressiven Konsums vor, ja sogar den unbefriedigenden Charakter des Letzteren. Freiwilliges Teilen fördert die Zwischenmenschlichkeit auf jeder Ebene. Das Prinzip des Teilens kann man sogar ökonomisch verallgemeinern. Es kann sich nämlich nicht nur auf Essen und Trinken oder Waren, sondern auch auf Werkzeuge, Produktionsmittel oder Informationen beziehen. Die hierauf basierende Wirtschaft nennt man solidarische Ökonomie, wobei damit eher eine demokratische Ökonomie gemeint ist als die spätkapitalistische Produktion von Waren, die dann solidarisch finanziert verkauft werden. Diese ist übrigens in weniger verwalteten Bereichen aller kapitalistischen Systeme Gang und gäbe, nämlich bei Kleinunternehmen, die trotz Konkurrenz von der gemeinsamen Nutzung, z.B. privater Baumaschinen, profitieren. Hieran erkennt man, dass die gemeinsame Nutzung PRIVATER Waren durchaus eine ökonomische Basis besitzt. Das ist der Unterschied zum Sozialismus, wo Waren kollektiviert, im Sinne von enteignet, wurden und somit niemand mehr Interesse an ihrer Weiterentwicklung hatte. Gleichzeitig ist sie geeignet, die Verdinglichung der Arbeit zurückzufahren.

Deine solidarische Ökonomie bedeutet aber doch nur: Wir teilen, um unseren Profit zu steigern.

Um das Superbedürfnis nach Profit durch Teilen zu überwinden, muss man sich zunächst vergegenwärtigen, dass es materielle Ursachen hat, nämlich die Akkumulation des Geldes für die spätere Verwendung in der Not. Wenn man aber dem Menschen die Angst vor dem zukünftigen Mangel nimmt und ansonsten die bedürftigen

Mitglieder der Gesellschaft versorgt werden, so hätte man das Profitbedürfnis verneint. Eine momentan diskutierte Möglichkeit, den Menschen diese Angst zu nehmen, ist das bedingungslose Grundeinkommen. Die Vor- und Nachteile dessen wurden kürzlich zusammengefasst [129]: Die Vorteile bestünden in der gerechten Verteilung, weniger Sorge der Bürger um die Finanzierung ihres Lebens, speziell vor Arbeitslosigkeit und finanziellen Engpässen, mehr Freizeit für Ehrenamt oder Hobby, Vereinfachung der Bürokratie und des Steuersystems, Kosteneinsparung. Nachteile bestünden in der Demotivation zum Arbeiten, Erziehung zum Nichtstun bereits in der Jugend, Ansteigen der Migration.

Der Spätkapitalist könnte, meiner Meinung nach, ebenfalls Interesse am Grundeinkommen haben, ganz einfach, um den Konsum zu forcieren. Die wirklich benötigten Fachkräfte könnten dann mit höherer Entlohnung in die Arbeit gelockt werden, während die Anderen nur noch konsumieren. Ein weiterer Nachteil ist die Ausbeutung von Ländern, die in einem frühkapitalistischen Zustand gehalten werden, um das spätkapitalistische Grundeinkommen zu finanzieren. Des Weiteren kann man das bedingungslose Grundeinkommen als Vorstufe der Transformation der menschlichen Arbeit in eine reine Konsumtätigkeit sehen, deren Wahrscheinlichkeit mit zunehmender Robotisierung steigt, mit allen negativen Konsequenzen für den befreienden Aspekt der Arbeit. Es gibt aber zwei gewaltige Vorteile: 1. Das Gefährlichste am Geld ist der Zaubererfetisch, nämlich dass es praktisch jedes Bedürfnis erfüllen könne. Mit dem Grundeinkommen würde dieser Irrglaube abnehmen. 2. Die Menschen hätten Zeit, ihr Glück jenseits der spätkapitalistischen Repression zu suchen. Die Entfaltung im Arbeitsprozess wird ein Teil davon sein. Man muss für diese positive Wirkung allerdings voraussetzen, dass das bedingungslose Grundeinkommen den nicht-nachhaltigen Konsum verringert, was zunächst wie ein Widerspruch klingt.

Ich fasse also zusammen: Die gerichtete Verweigerung durch das Teilen, z.B. in Form von Werkzeugsharing und bedingungslosem Grundeinkommen, kratzen das spätkapitalistische System am Fuß, aber beseitigen es nicht. Vielmehr ist sie, wie die alternativen

Wirtschaftsmodelle, dazu verdammt, das System zu reproduzieren. Gibt es also radikalere Formen der gerichteten Verweigerung?

Adorno beschäftigte sich in der Minima Moralia [130] mit dem Gefühl einer Beschädigung des Lebens des Menschen, wenn er zu Tätigkeiten gezwungen ist, die er gar nicht ausführen möchte. Dies macht ihn irgendwann zum Flüchtling aus diesem Leben. Ausstiege aus der Gesellschaft haben lange Tradition. Es gibt teilweise Ausstiege, z.b. die Verweigerung von Schule. Zu weiteren Ausstiegsszenarien gehören: der Rückzug ins Private, aber auch der Komplettausstieg wie durch Wildnisaussteiger, Ökoaussteiger, Hippies, ideologischer oder religiöser Ausstieg, Sekten oder geographischer Ausstieg. Der Ausstieg wird inzwischen durchaus repressiv induziert und profitabel ausgebeutet, z.b. durch Internet-, Wellness-, Tourismus- und Survivalindustrie, die den Ausstiegsgedanken in ihre Produktwerbung einbauen.

Wie sieht es mit der Verweigerung der Verwaltung aus?

Die Verweigerung der Verwaltung deines Lebens ist heutzutage schwierig. Wirkliches Hippiedasein kann man zumindest in den etablierten Ländern Europas vergessen.

Vielleicht kann man die Absurdität und Unmenschlichkeit der Verwaltung durch ständige Karikatur entlarven.

In diesem Zusammenhang fällt mir das wunderbare Buch von Jaroslav Hašek "Der brave Soldat Schweijk" [131] ein. Innerhalb der spätkapitalistischen Verwaltung braucht es natürlich eine gewisse Intelligenz, aber nur so viel, um die horizontale Flexibilität zu garantieren, die man für die Verwaltungskonformität an den Tag legen muss. Gegen diese horizontale Intelligenz kann man natürlich eine horizontale Dummheit setzen, die diese ad absurdum führt.

Oder den "heiligen Zorn" leben.

Genau! Gehe demonstrieren, wenn du glaubst, dass du für eine gerechte Sache demonstrierst. Wehre dich gegen Ungerechtigkeit, auch wenn die durch Gesetze legitimiert zu sein scheint.

Und wieder kann ich zusammenfassen, dass diese Maßnahmen nur Steinchen im Schuh des Systems sind.

Sie müssen auch nicht mehr sein. Die gerichtete Verweigerung dient zu allererst dazu, breite Massen mittels Wahrheitsviren weg vom repressiven Konsum und Profitstreben des spätkapitalistischen Systems zu konditionieren, um die Voraussetzung für den Weg in die Freiheit zu schaffen. Der Punkt ist: Wenn es eine spätkapitalistische Repression gibt, gibt es auch eine befreiende, historische Repression? Eine Repression, die das Individuum motiviert, die Anpassung an falsche Gemeinsamkeiten aufzugeben und Bedürfnisse zu suchen und zu befriedigen, die sich selbst und die Gemeinschaft beständig weiterentwickeln? Also solche, die nicht nur das Individuum von Leid befreien und nachhaltig glücklich machen, sondern auch die Gemeinschaft. Eine Repression, die zur Selbstbestimmung wird.

Und, gibt es so etwas?

Da jedes Individuum nach einiger Lebenserfahrung für sich selbst weiß, wodurch es Zufriedenheit und Glück erfahren könnte, oder zumindest, welche Bedürfnisse ihm jene eher nicht bescheren, gehe ich davon aus. Konkrete Bedürfnisse entstehen aus den Spannungsfeldern zwischen einem ersehnten und einem noch nicht erreichten, angepassten Zustand. Diese Spannungsfelder sind die Motivationen, die immer Motivation zur Anpassung darstellen. Sie sind fundamentaler Natur und entstammen teilweise unserem tierischen Dasein. Spannungsfelder bestehen beispielsweise zwischen dem eigenen Ersehnten und dem Überleben bzw. der Unversehrtheit (Motivationsart: Reproduktion, Angst), dem herrschaftlich Geforderten (Konformismus), dem Erreichbaren (Opportunismus), dem Elitären, einzig Richtigen/Guten (Extremismus), dem Unerreichbaren (Omnipotenz), der Zugehörigkeit (Chorgeist), dem Schönen (Ästhetik), dem Tätigsein (Langeweile) und natür-lich dem geliebter Personen und Zustände (Nächstenliebe, Freund-schaft) und dem verhasster Personen und Zustände (Feindschaft). Besonders hervorheben möchte ich die Spannungsfelder zwischen dem Ersehnten und dem Verbotenen oder Unbekannten (Erotik) und dem des Gegners (Athletik, inklusive des Individualismus und mit Neid als negativer Spielart), die ich, neben der Angst, für be-sonders stark und lange verwurzelt erachte. Motivationen können kombiniert, voneinander abgeleitet und schwächere durch stärkere unterfüttert werden. Chorgeist, d.h. die Motivation zum korporati-ven Agieren, sehe ich beispielsweise als Ausdruck der Motivation des Menschen zur Erkenntnis begrenzt-universeller, d.h. durch alle anderen Individuen bestätigter/falsifizierter Gesetze. Die Motiva-tion zum nicht-notwendigen Konsum ist viel jünger und schwä-cher, weswegen sie gewöhnlich durch weitere Motivationen emo-tional unterfüttert werden muss.

Der Mensch ist zu allererst aus existenziellen Gründen motiviert, irgendein Bedürfnis zu entwickeln, z.B. zu Essen um zu überleben und zur Arbeit zu gehen, um Geld für den Erwerb des Essens zu verdienen. Aber das ist nur die halbe Wahrheit. Die Athletik ist komplett immateriell und trotzdem die wichtigste Motivation des Konkurrenz-kampfes. Sie dient, neben den grundlegenden materi-ellen Motivationen, zur Erzeugung des kapitalistischen Arbeitsbe-dürfnisses. Die Athletik wurde/wird ständig vorgelebt, z.B. durch allerlei Wettbewerbe. Die psychische Konditionierung ist im Spätkapitalismus nicht nur auf das repressive Arbeitsbedürfnis, sondern auf das Konsumbedürfnis ausgerichtet. Der Spätkapitalis-mus nutzt alle möglichen vorhandenen oder antrainierten Motiva-tionen aus, um den Menschen zur Entwicklung von repressiven Konsumbedürfnissen zu überreden. Ein Beispiel hierfür ist wieder die Athletik. Sie ist nämlich auch eine Motivation innerhalb der Konsumrepression: das Bedürfnis, etwas Teureres zu besitzen als der Andere oder einen schöneren oder reicheren Partner.

Eine weitere Motivation, die repressiv in den spätkapitalistischen Konsum integriert wird, ist die Angst. Durch den Missbrauch der überlebensnotwendigen Angst lässt sich der Konsum nicht nur maximieren, sondern auch steuern. Eine generelle Angstkonditionierung des Menschen ist hierfür natürlich sehr hilfreich: Man müsse immer Angst haben, vor bestimmten Menschengruppen, vor dem Euro, usw. und entsprechende Meinungen konsumieren.

Die Konditionierung des Menschen ist also der Schlüssel, ihn zur Befriedigung vorgegebener repressiver Bedürfnisse zu überreden?

Die Kritische Theorie und die Systemtheorie basieren auf einer quasi-ökonomischen Grundannahme, die in ihrer einfachsten Beschreibung davon ausgeht, dass ein Mangel zu einem Bedürfnis und die Befriedigung des Bedürfnisses zu einem antizipierten biochemischen Belohnungsgefühl führt, wobei hiermit der Befriedigungsprozess selbst (Lust) als auch dessen Abschluss (Zufriedenheit) gemeint ist. Natürlich existieren auch die negativen Varianten, die Qual, die Enttäuschung im Rahmen einer Bestrafung und daher die zukünftige Vermeidung. Der Mensch ist in diesem Modell motiviert, der Zufriedenheit nachzugehen, weil er das Belohnungsgefühl aufgrund einer Erinnerung antizipiert. Ein Mensch, der aufgrund seiner Erinnerung eine Belohnung/Bestrafung mit einem bestimmten Verhalten assoziiert, geht davon aus, dass etwas Ähnliches, d.h. etwas, das damit Gemeinsamkeiten hat, ebenfalls zufriedenstellend/enttäuschend sein wird bzw. ein positives/negatives Feedback in der Gemeinschaft erzeugt. Die Fähigkeit, diese Gemeinsamkeiten unbewusst/unbegrifflich zu erkennen, ist wiederum die Intuition. Fokussiert man sich auf ein System unter einer Herrschaft, so reproduziert die Belohnung/Bestrafung eben jene Herrschaft, betrachtet man es als Selbsterhaltungsmaschine, so dient die Belohnung/Bestrafung jenem Erhalt, wodurch sie zu einer Selbstbelohnung/Bestrafung wird.

Die Anpassungsmotivationen basieren auf allen möglichen Erinnerungen. Dazu gehören Verhaltensmuster aus dem tierischen Dasein, Belohnungsszenarien, die selbst oder gemeinschaftlich erfahren oder durch Fremde dokumentiert wurden und eben solche, noch nicht erlebte oder dokumentierte, die jenen aber ähnlich sein könnten. Konditionierung [132] bedeutet die Änderung dieser Erinnerung, ihrer Bewertung oder ihrer Bewusstheit, sodass ehemalig enttäuschendes plötzlich zufriedenstellendes Verhalten werden kann. Ich glaube, dass der Mensch grundsätzlich auf alle möglichen Motivationen und Bedürfnisse konditionierbar ist [133-134], natürlich auch repressive, wie die reine Profitakkumulation.

Der Mensch könnte seine Konditionierung, meiner Meinung nach, jederzeit, allerdings mit Aufwand, verneinen. Repressive Bedürfnisse, also solche, deren Befriedigung der Mensch gar nicht nötig hat, die ihm eventuell sogar schaden und die nicht seiner Höherentwicklung dienen, sind sicher nicht mit nachhaltiger Zufriedenheit oder gar Glück verbunden. Der Trick des spätkapitalistischen Systems ist hier zwiefältig. Es redet dem Menschen das antizipierte Glücksgefühl bei Befriedigung eines vorgegebenen repressiven Bedürfnisses ein. Wohl wissend, dass dies nur von kurzer Dauer ist, erklärt es nachhaltiges Glück für schlicht unmöglich, ja sogar das permanente Unglücksgefühl als für den gesellschaftlichen Fortschritt unabdingbar. Diese spezifische psychologische Konditionierung ist, meiner Meinung nach, die alleinige Ursache dafür, dass die spätkapitalistische Ökonomie ein globaler Attraktor ist.

Du meinst, die Suche nach wirklich nachhaltigem Glück kann tatsächlich erfolgreich sein?

Nimm die vermeintlich knallharten ökonomischen Zwänge unserer Zeit. Die Frage ist doch, woher kommen die und die ihnen untergeordneten repressiven Bedürfnisse? Antwort: Sie ergeben sich aus der Entfaltung der Menschen innerhalb der Gemeinsamkeit, den maximalen Profit generieren zu müssen. Das Superbedürfnis des Profitstrebens ist nur scheinbar ultimativ. Seine Verneinung setzt aber die der Konditionierung auf den Profit voraus.

Und ohne Profitstreben werden die Menschen glücklich?

Um deine Frage versuchsweise zu beantworten: Hier kommt die, meiner Meinung nach, wichtigste Konsequenz aus Adornos Betrachtungen zur Nicht-Identität aus Begriff und Gegenstand zum

Tragen. Einer der interessantesten Gedanken ist nämlich der in der Verfassung der USA verankerte Grundsatz, dass jeder Mensch ein Wesen ist, das beständig nach dem Glück strebt und insbesondere das Recht dazu hat. Das Glück ist ein abstrakter Begriff. Jeder kennt ihn, aber jeder versteht darunter etwas anderes und insbesondere kann jeder auf ein bestimmtes Glücksverständnis konditioniert werden. Dieses Verständnis wird instrumentell, wenn aufgrund der Konditionierung unter Glück ausschließlich die Profitmaximierung verstanden wird, obwohl das spätkapitalistische System tatsächlich nur an einem kurzfristigen Zufriedenheitsgefühl interessiert ist. Die Toleranz gegenüber dem kurzfristigen Glücksverständnis ist die Randbedingung, die dieses System am Laufen hält.

D.h., die meisten Motivationen führen nicht automatisch ins Glücklichsein, auch wenn der Mensch konditioniert wurde, dies zu erwarten.

Ich glaube aber, wie gesagt, dass bestimmte Bedürfnisse die Individuen innerhalb der Gemeinschaft nachhaltig glücklich machen und die Gemeinschaft gleichzeitig zum Höheren entwickeln. Ich nenne diese Bedürfnisse historisch-frei. Sie sind nicht vordringlich vom ökonomischen System induziert, vermitteln aber ein nachhaltiges Glücks- und Befreiungsgefühl auch bei vermeintlich reguliertem Agieren. Die Akkumulation dieser Gefühle drückt die Höherentwicklung der Gesellschaft aus. Dabei bezieht sich Nachhaltigkeit nicht nur auf zeitliche Langfristigkeit, sondern auch auf die unmittelbare Selbstverstärkung innerhalb der Gemeinschaft. Jene ruft negative (das macht mich hier unglücklich) bzw. positive (das macht mich glücklich) Rückkoppelung bei allen Mitgliedern und nicht nur bei instrumentell ausgewählten Gruppen jenseits der für sie relevanten Gemeinsamkeit hervor.

Und woher stammt dieses Gefühl?

Befriedigungsgefühle resultieren aus der Anpassung an die richtige Gemeinsamkeit aus einem Anpassungsbedürfnis heraus. Nachhaltige Glücks- und Befreiungsgefühle entstehen nur aus der

Falsifikation repressiver und der Verifikation in der Gemeinschaft historisch-freier Bedürfnisse und stellen die ultimative Verifikation der höherentwickelnden Anpassung an die Erinnerung der kommunizierenden Gemeinschaft dar. Anders betrachtet: Der Wahrheitsvirus, mit dem Aussagen, Produkte oder Bedürfnisse abgelehnt oder bestätigt werden, macht Gemeinschaften zu komplexen Systemen, da er einen (de)motivierenden Rückkoppelungsmechanismus etabliert.

Die eduktive Falsifikation oder Verifikation begrenzt-universeller Gesetze findet notwendigerweise in einem begrenzten Rahmen von Gemeinsamkeiten statt, die von den Diskutierenden geteilt werden. Die Frage ist, welche Gruppe teilt genau die Gemeinsamkeiten, die für die eduktive Verifikation/Falsifikation der Aussage nötig sind. Oder anders: Wie verschiebt sich der Wahrheitsgehalt einer Aussage in Abhängigkeit vom Gemeinsamkeitenbündel, in dem diskutiert wird? Meine Vermutung: Nur die Agenten in dem durch die Aussage betroffenen Gemeinsamkeitenbündel liefern eine korrekte Einschätzung, allerdings sind die Grenzen der Gemeinsamkeit für den Virus transzendent in einer Weise, dass sich die Wahrheit bei umfassender Kommunikation als integrierende relevante Gemeinsamkeit schließlich durchsetzt. Die praktische Integration ist durch die Ansteckung ansonsten antithetischer Gemeinsamkeitsphären mit einer hohen Rate, die repressive durch die prothetischer Gemeinsamkeitsphären mit geringer Rate, aber starkem äußeren Zwang zur Übernahme einer prinzipiell schon feststehenden Aussage gekennzeichnet. Die praktische Integration schafft also nicht nur die Voraussetzungen für das Erscheinen von höherentwickelten Ordnungszuständen, sondern auch für deren eduktive Verifikation oder Falsifikation. Ein Beispiel wäre die Erkenntnis der gemeinsamen Unfreiheit trotz der verschleierten Wirklichkeitswahrnehmung in einer durch das "Teile und herrsche!" Prinzip unterdrückten Gesellschaft.

Und was ist die Motivation für die historisch-freien Bedürfnisse?

Die historisch-freien Bedürfnisse entsprechen begrenzt-universellen Aussagen bzgl. des nachhaltigen Glücks. Sie resultieren rekursiv aus der menschlichen Erinnerung, aber nicht als bloße Wiederholung. Vielmehr sind sie Anpassungsbedürfnisse an höherentwickelnde Gemeinsamkeiten. Sie ergeben sich aus einem zusätzlichen Spannungsfeld (Harmonie), nämlich dem zwischen dem ersehnten und dem historisch-freien Zustand. Die Konditionierung des Menschen auf dieses Spannungsfeld, was in etwa dem Kant'schen Pluralismus [8] entspricht, ist die Randbedingung für jenes Glück. Das Spannungsfeld entsteht aus antizipiertem, gerade erlebtem, als auch erinnertem Glück (und Leid). Glaube und Zuversicht an die Fähigkeit für Falsifikation falscher und die Verifikation historisch-freier Bedürfnisse resultieren aus Erinnerung an bisherige Erfolge und Misserfolge und deren Ähnlichkeit mit zukünftigen. Die bereits erwähnte Erschaffung von Eigentum durch eine Gemeinschaft beispielsweise ist ein höchst rückkoppelnder Prozess. Positive Rückkoppelung aller Beteiligten macht es wertvoll, nachhaltige positive Rückkoppelung hingegen superwertvoll, also glückbringend, und die Entfremdung davon führt zu Leid. Interessant hierbei ist, dass die Nachhaltigkeit des Glücks und die Notwendigkeit der Wandlung der glückbringenden Bedürfnisse in einem scheinbaren Widerspruch zueinander stehen. Tatsächlich kann der SuperIntegrationsWert der Glückserlangung verschiedene Bedürfnisse beinhalten und selbst systemisch sein. Die große Frage ist, wie ähnlich sich jene Bedürfnisse sind und welcher integrierenden Gemeinsamkeit sie entsprechen, die an allen Gemeinsamkeiten anheftet, die bestimmte Agenten durch Anpassung an jene glücklich machen.

Das mit der Harmonie musst du mir genauer erklären.

Das Konzept des harmonischen Spannungsfeldes ist zugegebenermaßen abstrakt. Hier ist ein Beispiel für die Erkenntnis eines historisch-freien Bedürfnisses durch gerichtete Verweigerung: Nehmen wir an, die materiellen Bedürfnisse seien alle befriedigt und das Individuum verwehrt sich die Befriedigung eines historisch-freien Bedürfnisses.

Woran erkennt man es?

Nur historisch, d.h., dass der Versuch der Nichtbefriedigung und die stellvertretende Befriedigung aller möglichen repressiven Bedürfnisse nicht zur Zufriedenheit oder gar zu Glück führen wird. Verwehrt sich ein Individuum den ersehnten Besuch bei einem Verwandten und versucht, dieses durch eine repressive Konsumbedürfnisbefriedigung, z.b. Shopping zu kompensieren, kann diese Ersatzhandlung nicht zu einem längeren Zufriedenheitsgefühl führen. Falls es das doch tut, war das Bedürfnis des Verwandtenbesuchs ebenfalls rein repressiv (z.b. Kampf um eine Erbschaft).

War das Bedürfnis aber historisch-frei, so wird sich das Individuum zu einer höheren Stufe entwickeln, z.b. indem es die Relevanz zwischenmenschlicher Kontakte für ein nachhaltig glückliches Leben innerhalb einer befreienden Gesellschaft erkennt und verinnerlicht. Gleichzeitig entwickelt es in seinem Bestreben, das aus dieser Höherentwicklung resultierende Glück zu mehren, eduktiv eine harmonische Motivation und eine Intuition für ähnlich gelagerte historisch-freie Bedürfnisse. Das Individuum wird außerdem zum Initiator eines Wahrheitsvirus über die Freiheit bzw. eines Befreiungsvirus, der aufgrund von Erinnerung, nicht mehr vernichtet werden, es sei denn, der Erkenntnisträger wird vernichtet. Der Befreiungsvirus wird sich innerhalb der kommunizierenden Gemeinschaft ausbreiten. Die Individuen werden auf die harmonische Motivation konditioniert und historisch-freie Bedürfnisse ebenfalls intuitiv bzw. später begrifflich/positivistisch daraus ableiten.

Und worin besteht nun die historische Repression?

Du kannst das harmonische Motivationsfeld mit allen weiteren möglichen Motivationen vergleichen. Nimm das Motivationsfeld der Selbsterhaltung durch Nahrungsaufnahme. Es resultiert z.B. im Bedürfnis zu Essen. Nimm jetzt an, du kommst in eine komplett unbekannte, wilde Umgebung und hättest noch nie zuvor etwas dort gegessen. Möglicherweise würde sich ein Tier so fühlen, dass unvermittelt aus dem Zoo in die Wildnis entlassen wird. Entsprechend der menschlichen Erkenntnisgewinnung würdest du, um dein Ernährungs-bedürfnis zu befriedigen, zunächst an allem möglichen herumkauen, was du zufällig findest, dich bei genügend Mustern dann auf die Intuition verlassen und schließlich den positivistischen Zustand erreichen. Nimm jetzt das harmonische Spannungsfeld. Du willst etwas tun, was dich innerhalb der Gemeinschaft und sie auch nachhaltig glücklich macht. Du weißt, in Analogie zur Nahrung, noch nicht, ob die Befriedigung des Einzelbedürfnisses, eine Frucht oder einen Zweig zu essen, dir ein solches Glückserlebnis bescheren wird. Daher wirst du zur Befriedigung dieses Bedürfnisses dieselbe Probiertechnik anwenden und schließlich eine Intuition für die konkreten Bedürfnisse, die aus diesem Spannungsfeld resultieren, entwickeln. Allerdings wird das mit vielen Enttäuschungen verbunden sein, wobei Falsifizierung und Verifizierung am besten wieder durch die Kommunikation zwischen den Individuen erfolgt. So kann die Erkenntnis eines historisch-freien Bedürfnisses auch in das Gedächtnis der Gesellschaft aufgenommen werden. Je stärker die Interaktion, desto schneller.

Die so entstehende Ethik enthält Grundsätze, die über längere Zeit Bestand haben, im Rahmen der Höherentwicklung also eher konserviert werden. So entsteht innerhalb der Gemeinschaft eine intuitive Repression, dieser Ethik zu folgen. Das ist die historische Repression, die mit der Entwicklung und Befriedigung historisch-freier Bedürfnisse übereinstimmt. Die historische Repression beruht nun allein auf gesellschaftlicher Konditionierung in Richtung der harmonischen Spannungsfelder und der Ausbildung der diesbezüglichen Intuition. Eine individuelle Verwehrung der Befriedigung historisch-freier Bedürfnisse in einer ansonsten befreienden Gesellschaft käme einer maximalen Bestrafung gleich, die in einer repressiven Gesellschaft aber aufgrund mangelnder nachhaltiger Glückserfahrung nicht als solche empfunden werden könnte. Die Bewusstmachung der persönlichen Nachteile durch diese Verwehrung beinhaltet die historische Repression.

So, als würde man ein Kind, dem es immer verboten war, Schokolade zu essen, zwingen, jene zu probieren, um sie ihm bei Bestrafung wieder wegzunehmen.

Ja! Die Offenlegung eines historisch-freien Bedürfnisses generiert ein nachhaltiges individuelles Glücks- und Befreiungsgefühl bei den kommunizierenden Mitgliedern der Gemeinschaft. Ein Ausschluss von Individuen aus der historisch-freien Bedürfnisbefriedigung würde, wie gesagt, umgekehrt eine Bestrafung darstellen. Da historisch-freie Bedürfnisse ein Echo des Zusammenlebens in einer befreienden Gesellschaft darstellen, kann man sie in allen Kulturen in ähnlicher Form finden, was insbesondere für die begrenzt-universellen (unveräußerlichen=unverkäufliche) Menschenrechte gilt. Das bedeutet umgekehrt, dass die Bewahrung der kulturellen Diversität der kommunizierenden Gemeinschaft die Offenlegung historisch-freier Bedürfnisse begünstigt. Auch in diesem Sinn werden sich historisch-freie Bedürfnisse als Wahrheitsviren verbreiten. Der Export des Befreiungsvirus, z.B. der der Abschaffung der Sklaverei oder der Gleichberechtigung der Geschlechter, ist daher definitiv zulässig.

Historisch-freie Bedürfnisse stehen damit im Gegensatz zu jenen repressiven Bedürfnissen, die aus der expliziten Anpassung an eine Obrigkeit resultieren. Jene Bedürfnisse wechseln mit wechselnder Obrigkeit. Sowohl sie, als auch das mit ihrer Befriedigung verbundene Zufriedenheitsgefühl, sind kurzlebig und auf eine bestimmte Gemeinschaft begrenzt. Sie verhalten sich zur historisch-freien Ethik so wie die Erfindung der Kaffeemaschine zur Abschaffung der Todesstrafe. Die spätkapitalistische Repression wird irgendwann danach trachten, Bedürfnisse zu erzeugen, die immer nur zum Teil mit historisch-freien Bedürfnissen übereinstimmen, zu *100%* aber mit dem Profit, um dem Menschen Freiheit vorzugaukeln.

So als würde man einen Alkoholiker in die Abstinenz bringen, indem man ihn von teureren Drogen abhängig macht.

Die historische Repression muss in jedem Fall das Vergessen der Erkenntnis historisch-freier als auch repressiver Bedürfnisse innerhalb der Gesellschaft verhindern, wie eine historische Sperrklinke. Nur auf diese Weise wird das Wechselspiel zwischen Konservierung und Progression zu einer rekursiven Höherentwicklung führen können, da diese Sperrklinke zwar die Anpassung an eine falsche Herrschaft, nicht aber die Höherentwicklung verhindern oder verzögern kann.

Im Internet wird nichts vergessen.

Das Internet ist tatsächlich eine Möglichkeit, die Kommunikation zum Zwecke des Überführens von Weisheit in die gemeinschaftliche Erinnerung zu verstärken, und zwar nicht nur in lokalen Gemeinschaften, sondern innerhalb der gesamten Menschheit. Leider wird auch Quatsch nicht vergessen, die Desinformation. Einen anderen Aspekt des Internets, der es als umfassende Realisierung der historischen Sperrklinke teilweise disqualifiziert, stellt die nicht vorhandene persönliche Kommunikation von Angesicht zu Angesicht dar, was die nichtbegriffliche Erinnerung einschränkt.

Und umfassende Erinnerung ist die Grundlage der historischen Sperrklinke.

Die Tatsache, dass der Mensch ein historisches, erinnerndes Wesen ist, ist dem Spätkapitalismus in mehrfacher Hinsicht hinderlich. Tatsächlich genügt dem System die konditionierende Erinnerung an Repressionsakte, um eine automatische Selbstverwaltung zur Systemreproduktion zu garantieren sowie die kurzfristige Erinnerung an die Werbejingles für den gelenkten Konsum. Langfristige bewusste Erinnerungen dagegen sind dem System nicht förderlich. Zum einen können positive Erinnerungen die systemgewollte Unzufriedenheit verneinen. Zum anderen besteht für das spätkapitalistische System die Gefahr, dass repressive Bedürfnisse aufgrund von negativer Erinnerung nicht angenommen werden, insbesondere solchartige Konsumbedürfnisse, deren Befriedigung sich bereits als nicht-nachhaltig herausgestellt hatte. Zuviel Erinnerung schränkt im Spätkapitalismus also die Warentoleranz ein.

Zum Dritten ist die Erkenntnis der Unfreiheit durch den Vergleich mit erinnerten, historisch-freien Werten eine Gefahr für das spätkapitalistische System selbst. Lediglich von ihm profitorientiert erschaffene Pseudowerte würden in einer erinnernden Gemeinschaft (i) durch die ständigen Tabubrüche, mit denen die Werbung arbeitet, verneint werden können, nach dem Motto: "Kauf dieses Produkt/Meinung, dann gehörst du zu den coolen Unangepassten!" oder (ii) nach dem moralisierenden Motto: "Kauf dieses Produkt/Meinung, dann gehörst du zu den Guten!" zum Kauf animieren. Die angestrebte Konsummotivation würde jedoch mit der Zeit verflachen. Aus den genannten Gründen wird das spätkapitalistische System versuchen, dem Menschen die Erinnerung in großen Teilen zu rauben bzw. die relevanten Erinnerungen durch irrelevante und falsche Vorstellungen zu überlagern. (Die Entfremdung vom Gegenstand durch die Verringerung seiner sinnlichen Wahrnehmung, beispielsweise durch Internetkauf statt Ladenkauf, erleichtert die Manipulation der Vorstellung.) D.h., die Desinformation ist systemgewollt. Die komplementäre Methode wäre, direkt an relevanten Erinnerungen anzudocken, insbesondere an unbewusste, und sie zu instrumentalisieren, um die Konsummotivation für ein bestimmtes Produkt zu steigern. Dazu gehört das Spiel mit der Angst und neuerdings wieder das mit der Moral.

Die Auswirkungen der Verneinung großer Teile der positiven Erinnerungen auf die menschliche Psyche müssen fürchterlich sein.

Der Tod des geliebten Menschen beispielsweise wird mehr und mehr als Verneinung all dessen, was man mit ihm bis zu dessen Ableben an schönen Dingen erlebt hat, verstanden.

Verstehe ich alles richtig: Die Bewahrung und Entwicklung der historisch-freien Ethik ist Aufgabe der kommunizierenden Gemeinschaft und die Suche und Erkenntnis historisch-freier Bedürfnisse eine Sache des Individuums auf seiner Suche nach Glück und Befreiung?

Somit ist das Streben nach Glück nicht nur ein Recht, sondern eine Pflicht des Individuums. Die glücklichmachende Gemeinsamkeit ist sozusagen das "Geschenk" des Individuums an seine Gemeinschaft und damit auch sich selbst, wobei die Gemeinschaft ihm über die Kommunikation jenes Glück ggf. bestätigt. In der Konditionierung auf das harmonische Motivationsfeld liegt der Schlüssel zum nachhaltigen Glück des Individuums innerhalb einer Gemeinschaft und der Gemeinschaft selbst. Die Herausforderung für die Konditionierung liegt nun zunächst darin, dass das harmonische Motivationsfeld schwer greifbar ist. Es braucht ein viel direkter wirkendes Motivationsfeld.

Vielleicht die gerichtete Verweigerung, die du schon genannt hast. Anhand der gezielten Nichtbefriedigung von Bedürfnissen kann man deren Relevanz erkennen.

Bewusste Abstinenz für ein zunächst eher abstraktes Ziel? Nur wenige Menschen würden sich alle möglichen Bedürfnisse bewusst zu verweigern, um die für sie wichtigen zu erkennen. Auch die Aussicht auf das gesellschaftliche Belohnungsgefühl durch die Befriedigung eines erkannten historisch-freien Bedürfnisses ist speziell im spätkapitalistischen System nicht direkt und individuell genug. Es braucht also ein starkes, direktes Motivationsfeld, welches dich auf die permanente Suche nach historisch-freien Bedürfnissen durch eine von innen kommende, gerichtete Verweigerung schickt.

Du meinst die Erotik?

Ich denke, ja. Schau! Die Erotik erscheint zwar bzgl. des gesellschaftlichen Fortschritts ungerichtet. Gegenüber der Athletik bestehen in der Erotik mit Hinblick auf die Befreiung von mentaler Sklaverei aber zwei wesentliche Vorteile: Sie motiviert die Menschen zur Infragestellung sämtlicher Direktiven der repressiven Verwaltung und damit zur Überwindung der Unterdrückung. Die Athletik, die die kapitalistische Gesellschaft bisher dominiert hat, stellt hingegen die Verhältnisse nicht infrage, so wie Boxer nicht den Boxring infrage stellen. Die Anstrengungen eines Gefangenen, seinem Gefängnis zu entrinnen basieren nicht etwa darauf, dass er sich schneller befreien will, als der Gefangene nebenan, sondern auf der erotischen Beziehung des Gefangenen zur Freiheit. Zum Zweiten ist die Erotik in einem repressiven System, das komplett auf die herrschaftserhaltende Erziehung zur Konformität ausgerichtet ist, nicht wirklich ungerichtet.

Sind die konsequente Befriedigung erotisch motivierter Bedürfnisse und deren Kultivierung nicht gefährlich für die Gesellschaft?

Für die Überwindung des spätkapitalistischen Jammertals kann man ausnutzen, dass das Verbot der Befriedigung von Bedürfnissen immer ein erotisches Spannungsfeld erzeugt, z.B. die Versagung des Verwandtenbesuchs im oberen Beispiel, aber auch Tabuthemen des gesellschaftlichen Konsenses. Durch die Befriedigung erotischer Bedürfnisse und die rückwirkende Erkenntnis historisch-freier Bedürfnisse werden repressive Bedürfnisse entlarvt und deren Befriedigungsversuche verhindert. Diese repressive historische Konditionierung ist dann die Gegenkraft zur repressiven Konsum- und Konformitätskonditionierung des Spätkapitalismus. Die "Unerträgliche Leichtigkeit des Seins" als Sinnbild der erotischen Spannung ist eine kräftige Motivation für das Bedürfnis nach immer neuen Tests. Die Befriedigung erotischer Bedürfnisse wird somit zu einer durch die Verwaltung nicht mehr kontrollierbaren Auflehnung gegen das repressive System führen.

Mir ist aber überhaupt nicht klar, ob die historische Repression bestehend aus der Kultivierung des erotischen Spannungsfeldes und der allseits zugänglichen Information ausreicht, um den Attraktor der spätkapitalistischen Ökonomie in einen Attraktor für die befreiende Gesellschaft umzuwandeln.

Malen wir uns doch zur Beantwortung dieser Frage das Leben eines erotischen im Vergleich zu einem eindimensionalen Menschen aus. Der eindimensionale Mensch wird Dinge ausprobieren, z.B. eine neue Marmelade beim Frühstück, die angeblich viel besser schmeckt als die alte, weil ihm das jemand, mit dem er sich identifiziert, in seinem lokalen Idiom innerhalb von Produktwerbung so vermittelt hat. Der erotische Mensch wird eine Sorte ausprobieren, die gegen Konventionen, z.B. innerhalb des nachbarschaftlichen Milieus verstößt, z.b. vegan oder tierisch ist, je nachdem. An dieser Stelle kann man natürlich sagen, dass dies ebenso erotisch repressiv beworben werden kann. Das spielt aber keine Rolle, da sich der erotisch konditionierte Mensch nicht in ein Konsumschema zwingen lassen wird. Anschließend bringen beide Arbeiter ihre Kinder in die Schulen.

Die eindimensionale Schule wird dem Kind die Naturgesetze in rein positivistischer Weise vermitteln: Ein Stein fällt immer mit der gleichen Beschleunigung, zwei schwarze Kaninchen werden immer schwarze Junge haben und die kapitalistische Demokratie ist zwar nicht so toll, ab es gibt nichts Besseres, und überhaupt ist sie faktisch. Ihnen wird vermittelt, dass alle Menschen gleich sind und möglichst im Gleichschritt mit dem gleichen Stahlhelm über den Augen alle anderen/neuen sich gleich machen müssen. In der erotischen Schule dagegen wird man vermitteln, dass kein Gegenstand wirklich mit der gleichen Beschleunigung fällt, außer kugelförmigen Pferden im Vakuum, dass Naturgesetze Dinge vorhersagen, die wahrscheinlich und nicht bestimmt sind und dass es besser ist, den Fetisch, den die Mehrheit anbetet, in Zweifel zu ziehen, anstatt ihm blind zu folgen. Die Lehrer werden den Kindern die Freude daran vermitteln, nicht-konform zu sein, etwas zu erkennen, was die große graue Mehrheitsmeinung nicht für möglich gehalten hätte. Ihnen wird vermittelt, dass alle Menschen unterschiedlich sind.

Auch die Arbeitsprozesse werden sich unterscheiden. Die erotisierte Gesellschaft wird grundsätzlich Vorhaben durchführen lassen, die den Konventionen widersprechen. Statt: Lasst uns etwas machen, was die Anderen garantiert nicht haben, entsteht: Lasst uns etwas machen, was die Anderen garantiert überrascht. Dieses erotische Gefühl färbt auf den Arbeiter ab, der nun ähnlich motiviert ist wie durch die Athletik. In der Freizeit wird der eindimensionale Arbeiter mechanisch seinem Konsum nachgehen, der mehr und mehr der Befriedigung historisch-freier Bedürfnisse, wie der Pflege zwischenmenschlicher Beziehungen, entgegenwirkt. Der erotisierte Arbeiter wird in seiner Freizeit grundsätzlich einer erotischen Motivation folgen, z.B. indem er mal in eine Moschee und nicht in eine Kirche geht, oder umgekehrt. Die erotisch konditionierte Ökonomie wäre eine Ökonomie des infrage Stellens. Die erotische Konditionierung der Konsumenten würde die Ökonomie zwingen, für jedes Produkt ein Gegenprodukt zur Verfügung zu stellen. Auf diese Weise wird die Homogenisierung des Produktmarktes unmöglich gemacht. Der so entstehende Attraktor wäre sogar produktiver durch die antithetische Integration.

Wow! Trotzdem kann ich mir das noch nicht wirklich vorstellen. Der ständige Wechsel der Präferenzen. Das macht doch ein glückliches Zusammenleben unmöglich. Und was ist, wenn jemand Erotik mit Skrupellosigkeit verwechselt?

Nimm einmal an, ein erotisch und ein athletisch konditionierter Mensch würden an einer roten Ampel stehen. Die Ampel stünde auf Rot. Der erotisch konditionierte Mensch könnte sich plötzlich fragen, warum er diese Vorschrift hinnehmen soll und überquert die Ampel bei Rot. Der athletisch konditionierte Mensch sagt sich, dass er viel cooler wäre als die anderen, wenn er bei Rot über die Straße ginge. Beide werden es trotzdem nicht tun, da es historische Erfahrung ist, dass man beim Überqueren der Straße bei Rot überfahren werden kann. Noch ein Beispiel: Das Wechselspiel zwischen erotischer Motivation und historischer Sperrklinke ist, ähnlich wie die Athletik, Teil der Selbsterziehung junger Menschen. Das rebellische Verhalten dient dazu, etablierte Bedürfnisse auszutesten, um dann durch die soziale Umgebung eine Rückkoppelung zu erhalten, die das Testresultat innerhalb der Gemeinschaft als zufriedenstellend oder auch nicht einstuft. Das Ziel dieses Verhaltens ist jedoch nicht dessen Etablierung als Lebensmaxime, sondern die Entwicklung einer Intuition für angepasstes bzw. historisch-freies Verhalten.

Du meinst also, die Menschen befinden sich gerade in einer gesellschaftlichen Pubertät?

Wenn du es so sehen willst? Die Höherentwicklung der Gemein-schaft beruht aber nicht nur auf wahllosen Tests. Der effektivste Mechanismus der Höherentwicklung ist nämlich der der mensch-lichen Erkenntnis, wie ich ihn dir schon vorhin erklärt habe. Wenn der Mensch also durch die Befriedigung erotischer Bedürfnisse für sich selbst herausgefunden hat, welche Bedürfnisse ihn nachhaltig glücklich machen, also historisch-frei sind, wird er diese immer wieder haben wollen und er wird im Entdecken neuer solcher Be-dürfnisse nicht mehr die erotische Motivation benötigen, sondern mittels der harmonischen Intuition solche Bedürfnisse direkt er-kennen. Zum Antrainieren der harmonischen Intuition ist die ero-tische Kultur extrem wichtig. Erotik und Harmonie sind somit zwei Seiten der gleichen Medaille.

Aber wird sich das System nicht gegen die Kraft der Erotik vertei-digen, diese sogar verbieten?

Im Spätkapitalismus wird das Gegenteil der Fall sein. Die Erotik wird bald eine instrumentelle Hauptform der Konsummotivation ausmachen. Bezieht man die Definition der Erotik nicht nur auf das Feld der Sexualität, wird klar, warum im Spätkapitalismus die Erotik mehr und mehr genutzt wird, um repressive Konsumbedürf-nisse zu schaffen, indem ein permanenter, medial überpräsenter Tabubruch insbesondere bzgl. gesellschaftlicher Normen (ob nun vernünftige oder unvernünftige) inszeniert wird. Am besten wäre es natürlich, wenn jene Tabus weltweit einheitlich sind, um große Konsummilieus zu erschaffen. Die so pervertierte Erotik wird zwar zur Befriedigung neuer Konsumbedürfnisse führen, das Spannungsfeld der Erotik wird aber zunehmend ausgelaugt und der Mensch abgestumpft, was weitere, intensivere Tabubrüche zur Folge hat. Gehe bitte ebenfalls davon aus, dass der Spätkapitalis-mus das harmonische Spannungsfeld repressiv integrieren wird. Er wird den Menschen dazu bringen, die falsche Konformität mit der spätkapitalistischen Verwaltung mit einem historisch-freien Be-dürfnis, ja sogar mit moralischem Handeln zu verwechseln. Dadurch wird ihm die naive Intuition eines Kindes antrainiert, für das es ja lebenswichtig ist, sich innerhalb der Familie konform zu

322

positionieren und diese Positionierung zunächst als zufriedenstellend zu empfinden. Die repressive Verwaltung wird aber, wenn er
erwachsen ist, sein Beherrscher sein und nicht seine Familie. Die
falsche Konformität wird ihn nicht nachhaltig glücklich machen.

Erotik und Harmonie sind Motivationen, um die geistige Befreiung
der Menschen von der Repression voranzutreiben, und trotzdem
nutzt sie das repressive System für seine Zwecke.

Auch die geistige Befreiung selbst und der Mechanismus des
Wahrheitsvirus werden instrumentalisiert, um Profit zu generieren.
Nehmen wir die Unterhaltungsindustrie. Diese wird heute von klu-
gen Leuten gesteuert. Das sieht man an der Tiefe, mit denen sogar
Geschichten für Kinder erzählt werden. Sie werden tatsächlich
gleichzeitig als Vehikel zur gesellschaftlichen Kritik am Spätkapitalismus aber auch zur profitablen Ausbeutung des Interesses des
Publikums an Aufklärung über die Methoden des repressiven Systems genutzt. Dies ist besonders an Animationsfilmen für Kinder
(aber auch Kinderbüchern und -serien) zu beobachten. Neben der
begrüßenswerten Aufklärung der Zuschauer oder Leser über die
Gesellschaft, muss man jene natürlich auch als Konsumenten begreifen. Speziell in den früheren Disneyfilmen wurde die kindge-
rechte Handlung mit komödiantischen Momenten gespickt, die nur
Erwachsene verstehen konnten. Auf diese Weise transformierte
man das Konsumprodukt in eines für Kinder UND Erwachsene,
auch bekannt als *all-age* Produkt, und konnte so den Profit erheblich steigern. Diese Spielart des *all-age* ist heutzutage abgenutzt.
Heute spricht man Erwachsene vielmehr durch systemverneinende,
anarchische Figuren an, die die Befreiung aus Platons repressiver
Konsumhöhle, egal wohin, symbolisieren, oder durch die Thema-
tisierung gesellschaftlicher Probleme. Welches Bedürfnis ist repressiver als das, gegen Bezahlung eine Reflexion des individuellen Gefühls der Unfreiheit zu erhalten?

Hast du dafür Beispiele?

Ja, den Film "Wall-E" als eine kritische Beschreibung des repressiven spätkapitalistischen Systems hatte ich dir ja schon genannt.

Der gleichartige Konsum durch alle Individuen auf dem Raumschiff "Axiom" verdeutlicht die repressive Milieubildung. Z.B. gibt es einen Serviceroboter, der selbstmotiviert die Haare schneidet, als Sinnbild der entmenschlichten Produktion, aber auch des entmenschlichten Konsums. Das Steuerrad des Raumschiffs "Axiom", genannt "Auto", ist das Sinnbild für die greifbare Entität. "Auto" ist die unmenschliche, mechanische Systemreproduktion, ein Steuerrad, das sich selbst steuert. Ganz kurz wird eine Liebesbeziehung zwischen zwei Bewohnern als mögliche Befreiung angedeutet. Auch die Rekultivierung der Erde am Ende des Films steht für die Befreiung der Menschen, ebenso wie Wall-E selbst als anarchisches Element. "The LEGO Movie" [135] ist eine Kritik an repressiven Methoden zur Aufrechterhaltung des Systems durch eine despotische Verwaltung. Der Hauptheld Emmett ist ein typisches entindividualisiertes Mitglied der auf homogenisierten repressiven Konsum ausgerichteten Gesellschaft. Präsident Business symbolisiert die Totalverwaltung. Er strebt nach der finalen mentalen Immobilisierung seiner Untertanen unter der symbolischen Verwendung eines Plastikklebstoffs. Die im Film ständig laufende Fernsehserie "Wo ist meine Hose" mit immer wieder dem gleichen Gag ist Ausdruck der repressiven Unterhaltung: Man lacht nicht mehr, weil etwas witzig ist, sondern weil es in einem Kontext dargestellt wird, der es als witzig etikettiert. Der Film "Oben" [136] enthält eine Kritik an der Ausgrenzung von konsumschwachen Milieus. Das "kleine Glück" der Fredericksens besteht in einem eigenen kleinen Haus als historisch-freies Bedürfnis. Das Haus der Fredericksens wird als Fremdkörper im gentrifizierten Stadtgebiet gesehen. Mr. Fredericksen befreit sich schließlich und wird zum Freund und Vaterersatz eines kleinen Jungen: Russel.

Kennst du noch mehr Filme, Serien, Bücher dieser Kategorie?

Ja, z.B. "Momo" von Michael Ende [137] beschreibt den Diebstahl von Zeit, die besser für freie Bedürfnisse hätte verwendet werden können. "Timm Thaler oder Das verkaufte Lachen" von James Krüss [138] porträtiert ein Leben in unbeschränktem Konsum auf Kosten der Fähigkeit, Lachen zu können. "A Christmas Carol in Prose, Being a Ghost-Story of Christmas" von Charles Dickens

[139] dient zur Verdeutlichung der Glückserfahrung durch Teilen. "Der kleine Prinz" von Antoine de Saint-Exupéry [140] übt generelle Kritik an der Kälte der technologischen, auf bedingungslosen Fortschritt getrimmten Gesellschaft [141]. Bereits 1895 wurde die zukünftige Versklavung der Menschen durch Maschinen und deren Besitzer, deren Verdummung, Verkindlichung und Enthumanisierung und der Übertünchung jenes Lebens durch vermeintliche existenzielle Sorgenfreiheit von H. G. Wells beschrieben [142]. In "Schöne neue Welt" von Aldous Huxley geht es um eine auf Konsum konditionierte, zukünftige Gesellschaft [143]. Man kann erwarten, dass die momentan ansteigende Repressivität durch die ansteigende Intensität der versteckten Systemkritik in der Kunst angezeigt wird.

Zusammenfassend kann man sagen: Die Konditionierung auf das harmonische Motivationsfeld bedeutet, eine Intuition für höherentwickelnde/nachhaltig glücklichmachende Gemeinsamkeiten zu erlangen. Die Anpassungsbedürfnisse an die sich durch sie höherentwickelnde Gemeinsamkeit nenne ich historisch-frei. Den Anpassungszwang nenne ich historische Repression, im Gegensatz zu der Repression, die den Menschen an diesem Übergang hindert oder in eine falsche Gemeinsamkeit zwingt. Ein harmonisch konditionierter Mensch wird irgendwann die sich höherentwickelnden Gemeinsamkeiten selbst schaffen, quasi eine Fabrik historischfreier Anpassungsbedürfnisse. Der Weg dorthin liegt in der großen gerichteten Verweigerung, d.h. Motivationen nachzugehen, die der ausschließlichen Reproduktion des repressiven Systems entgegenlaufen können. Die stärkste Motivation dieser Art ist die Erotik, die zu Bedürfnissen nach Nichtkonformität und des In-Frage-Stellens, nicht aber des pauschalen Progressivismus oder Konservatismus, führen wird. Zur Nichtkonformität gehören im Spätkapitalismus das Teilen von Eigentum, der Warenkonservatismus, die Verwaltungssatire und die historische Sperrklinke, die gerichtete Verweigerungsbedürfnisse darstellen.

Das spätkapitalistische System wird, im Gegensatz zu Diktaturen, die vermeintliche Offenheit der Gesellschaft nicht unbedingt verneinen, noch wird es die große gerichtete Verweigerung institutionell verbieten. Seine Waffe dagegen ergibt sich automatisch aus der repressiven Integration aller vorhandenen Motivationen, deren Instrumentalisierung für den Konsum. Die hieraus erwachsenden Bedürfnisse sind aber nicht nachhaltig glücklichmachend. Man muss sich dessen nur bewusst werden, um die Repression durch die Integration von harmonischer und erotischer Motivation erkennen zu können. Paradoxerweise muss man im Spätkapitalismus sogar von der Nichtkonformität mit der Erotik und von disharmonischer Harmonie sprechen. Mit diesem Bewusstsein wird es jedoch möglich sein, die repressive Integration dieser beiden Motivationen abzustreifen und mit ihrer Hilfe historisch-freie Bedürfnisse hinsichtlich Waren, Meinungen oder Gefühlen offenzulegen.

Und mit der Etablierung von Harmonie und der Freiheit wäre die Erotik dann überflüssig?

Deine Annahme, eine harmonische, befreiende Gesellschaft wäre unerotisiert, resultiert aus einem falschen, unbegrenzten Verständnis von Befreiung bzw. Glück als finales, erstarrtes Entwicklungsziel. Nachhaltiges Glück und Befreiung sind zwar begrenzte UNIVERSALITÄTEN, so wie begrenzt-universelle Gesetze, wenn auch mit einem hohen individuellen Anteil (weswegen persönliches Glück ein stabiler Zustand sein kann). Nichtsdestoweniger sind begrenzt-universelle Gemeinsamkeiten objektiv unzulänglich. Daher ergibt sich die Erotisierung der befreienden Gesellschaft in zweierlei Hinsicht. Erstens ist die bewusste Schaffung begrenzt-universeller (sich) höherentwickelnder Gemeinsamkeiten mit massiven Herausforderungen verbunden. Zu jenen Herausforderungen gehören nicht nur intellektuell oder körperlich anspruchsvolle, sondern auch solche, die Überwindung kosten. Eine solche Herausforderung ist die Nichtkonformität mit Gemeinsamkeiten, in die der Agent bereits integriert ist oder mit solchen, die ihm in Aussicht gestellt werden, wobei der Verbleib in diesen bzw. der Übertritt in jene, dem Agenten durch seine Umgebung leicht gemacht wird bzw. das Gegenteil davon schwer. Es ist mitunter nichtkonform, dort und dort zu verharren oder dort und dort hinüberzutreten. In einigen Ländern ist es konform, den technischen

Einsatz nuklearer Reaktionen zur Systemerhaltung gut zu finden, trotz der Gefahren. In anderen Ländern ist es konform, deren Verneinung zwecks Systemerhaltung zu bejahen, trotz ihrer Vorteile.

Die objektive Unzulänglichkeit aus der Nichtidentität zwischen Individuum, Gruppe und Gesellschaft entspricht sowohl der Möglichkeit (Freiheit) des nichtkonformen Übertritts oder Verbleibs, als auch der erotischen Anziehungskraft, die von den begrenzt-universellen Alternativen jener gesellschaftlich präferierten Gemeinsamkeiten ausgeht. Das gilt - und jetzt kommts - gerade in der (teilweise) befreienden Gesellschaft, in der die Freiheit, der erotischen Motivation folgen zu dürfen, die Sensibilität für sie noch erhöht. In Diktaturen ist diese Sensibilität eingeschränkt, da die erotischen Gemeinsamkeiten von den diktatorisch festgezurrten Integrations-Werten vorgegeben werden, und zwar als Gegenteil der den Werten der Diktatur entsprechenden. Erst eine Verschränkung der erotischen mir der harmonischen Motivation bringt historisch-freie Anpassungsbedürfnisse an die richtigen Gemeinsamkeiten und die Verweigerung der falschen hervor. In Diktaturen existiert diese Möglichkeit nicht.

Und was ist mit freieren Gesellschaftsformen?

Neben diesem Aspekt, der sich auf alternative Gemeinsamkeiten, die es aufgrund des Unzulänglichkeitsprinzips auch in der befreienden Gesellschaft immer geben wird, und deren erotische Ausstrahlung bezieht, existiert eine zweite Quelle der Erotik, die auf der Nichtkonformität mit der Freiheit selbst basiert. Dürfen die Menschen ständig danach streben, glücklichmachende Anpassungsbedürfnisse zu befriedigen, wird die Erotisierung des Lebens nicht etwa abnehmen, sondern sich eher intensivieren, da maximale Freiheit gleichzeitig maximale Unzulänglichkeit darstellt. Der Mensch wird sich in seinem Streben nach Akkumulation begrenzter UNIVERSALITÄT niemals mit der Unzulänglichkeit konform geben, was die Freiheit, also jenes Streben, wieder einschränken wird, womit er sich ebenfalls nicht konform gibt.

Anders ausgedrückt: Das Bedürfnis nach Zulänglichkeit/Unfreiheit, d.h. begrenzter Universalität, ist in einer befreienden Gesellschaft erotisch motiviert, wie auch das Verlassen begrenzter Universalität aufgrund von deren Unzulänglichkeit/Freiheit. Die große Frage ist nun, ob erotisch motiviertes Streben in der befreienden Gesellschaft gleichbedeutend mit harmonisch motiviertem ist oder umgekehrt, ob befreiende Gesellschaften vielleicht dadurch gekennzeichnet sind, dass erotisch motiviertes Streben gleichzeitig einer harmonischen Motivation folgt, sodass das Streben nach begrenzter UNIVERSALITÄT dem Streben nach Glück und Befreiung immer gleich ist.

Hierzu habe ich ein Beispiel für dich, den Sport: Er kann einerseits Ausdruck lauterer Athletik sein, um die eigene Identität im Vergleich zu anderen Individuen zu bestimmen. Sport simuliert, in einem weiteren Verständnis, auch den freien, glücklichmachenden, individuellen Höherentwicklungsprozess als gleichzeitig erotisch und harmonisch motivierte Anpassung als solche dadurch höherentwickelnde begrenzt-universelle Eigentümlichkeit. Teilt ein Mensch zunächst die Gemeinsamkeit, zu den zehn schnellsten Menschen der Welt zu gehören, wird sie irgendwann für ihn unzulänglich. Mit der Freiheit in Richtung der begrenzten Universalität, sich nämlich zum schnellsten Menschen der Welt höherzuentwickeln, wird sich der Sportler nicht abfinden und nach eben jener Universalität streben, um diese Freiheit zu verneinen. Erreicht er diese Universalität, wird er sich nach der Freiheit sehnen, sein Niveau zu halten oder weiter zu verbessern, also noch mehr begrenzte Universalität zu generieren. Der Trainer und der Sportler wissen aufgrund erinnerter Gemeinsamkeiten und deren Grenzen bewusst und intuitiv, an welche höherentwickelnde Gemeinsamkeit (Training) Letzterer sich anpassen muss, damit er selbst sich höherentwickeln und zum schnellsten Menschen der Welt werden kann. Und er weiß, dass das die richtige Gemeinsamkeit für ihn und seine Umgebung ist.

Du unterscheidest zwischen unglücklichmachender Repression, die die Weiterentwicklung und damit das Überleben unterdrückt

328

und glücklichmachender Befreiung, die sie bewirkt. Sind Anpassungen an Gemeinsamkeiten, die durch IntegrationsWerte als richtige definiert wurden immer befreiend?

Die (z.B. durch einen Bösewicht erzwungene) Anpassung an einzelne falsche Gemeinsamkeiten führt genauso zu Repressionsgefühl und Unglück, wie die Anpassung an falsche Gemeinsamkeiten, die durch IntegrationsWerte als vermeintlich richtige definiert wurden. Deswegen ist die Erotik, die von Gemeinsamkeiten jenseits der IntegrationsWerte ausgeht im Hinblick auf die Überwindung falscher Wertesysteme so wichtig.

Du siehst die befreiende Gesellschaft also als ein erotisches System, das sich aufgrund der harmonischen Motivation zur Erlangung menschlichen Glücks stabilisiert?

Mit dieser Frage begeben wir uns an den Gültigkeitsrand der Kritischen Theorie. Jene sieht, meiner Meinung nach, die befreiende Gesellschaft als effektive Glücksmaschine, in der die Unzulänglichkeit der Freiheit entspricht, die Emergenzen für deren und die individuelle Höherentwicklung zu generieren. Auf diese Weise kann das System in seiner höherentwickelnden Instabilität stabilisiert, also historisch-repressiv stark entgrenzt werden. Die Akkumulation des Glücks würde einer harmonischen Intuition und nicht dem Zufall unterworfen, es sei denn, die historische Repression würde nicht mehr funktionieren. Dann benötigt man die Anarchie und den bewussten Blick in die Vergangenheit, auch auf die Gefahr hin, dass nur wenige, in der Anpassung an sie unvorhersehbare Gemeinsamkeiten attraktiv auf die Agenten wirken werden. Dadurch wird Komplexität zwar verloren gehen. Die kurze Frist ohne System würde jedoch immer wieder in ein neues führen. Die befreiende Gesellschaft wäre ein entwicklungsoffenes System, dessen Offenheit durch die Erotik aufrechterhalten würde. Ob jene Gesellschaft der Weisheit letzter Schluss ist, darf selbstverständlich bezweifelt werden, da sie ohne selbstverstärkende/stabilisierende Rückkoppelung aus Glück und Leid nie funktionieren würde, die momentan auf einer Ökonomie aus Geben und Nehmen basiert.

✳✳✳

Kapitel III: Die Konsummilieus

Bietet der wissenschaftlich-technische Fortschritt, der Wohlstand, den er gebracht hat, nicht eine Befreiung von allen Zwängen?

Der zunehmende Wohlstand befreit uns von dem Zwang, unser Leben lang auf Nahrungssuche zu gehen, uns gegen ebenfalls hungrige Konkurrenten zu verteidigen, Beziehungen und Privatleben den Zwängen von Überlebenskampf und Krieg anzupassen. Er nützt uns aber nichts, wenn der Abbau der materiellen und frühkapitalistischen Zwänge durch eine massive Zunahme spätkapitalistischer Repression zunichtegemacht wird, durch die der Mensch im Konsumwahn sein Glück zu finden glaubt.

Werden die Menschen irgendwann nicht mehr konsumieren können? Wird ihr Bedürfnis, die vorgegebenen Waren zu kaufen erschlaffen? Muss sich der Spätkapitalist vor der Erschlaffung des Konsums fürchten?

Schauen wir uns doch mal die Entwicklung der Menschheitspopulation und somit der potenziellen Konsumentenzahl genauer an, und zwar basierend auf S. P. Kapitzas Artikel "Mathematisches Modell für das globale Bevölkerungswachstum" von 1992 [144]. Analysiert man die zeitabhängige Bevölkerungszahl eines Landes oder Volkes, so kann man Phasen von Wachstum, Sättigung und Schrumpfung der Wachstumsrate unterscheiden, Letzteres dann in hohem Entwicklungszustand. Bzgl. der Weltbevölkerung N haben frühe phänomenologische mathematische Beschreibungen immer ein stetiges exponentielles Wachstum vorausgesagt. Spätere Modelle gingen von einer strikt selbstähnlichen Wachstumsrate aus, ähnlich wie z.B. bei chemischen Prozessen, d.h. mit der Wachs-

tumsrate: $\dfrac{dN}{dT} = \dfrac{C}{\left(T_1 - T\right)^2}$, mit T als Zeit in Jahren und N als

Zahl der Individuen. Die Formel kann das tatsächliche Wachstum der Bevölkerung für einen gewissen Zeitraum gut simulieren, allerdings nicht für eine sehr weit zurückliegende Vergangenheit, für die das Modell die Existenz von *10* Urmüttern/Vätern zum Zeitpunkt des Urknalls annimmt, welche S. P. Kapitza deswegen ironisch als Kosmologieprofessoren bezeichnete. Das Gesetz gilt auch nicht für die moderne Zeit, für die es eine Singularität zum Zeitpunkt T_1 vorsieht, zu welchem die Wachstumsrate unendlich groß wird. Nach der Voraussage des alten Modells sollte eine jährliche Verdoppelung der Bevölkerungszahl um 2025 eintreten. S. P. Kapitza konnte das Problem lösen, indem er einen Parameter, die "Lebensdauer" τ einführte. Solche Lebensdauern werden in der Naturwissenschaft schon lange verwendet und beschreiben die mittlere Zeit, die ein System in einem gewissen Zustand verweilt, bevor es in einen anderen/neuen Zustand übergeht, so wie die Zeit zwischen Geburt und Tod. Nach Kapitza beträgt die Lebensdauer einer Generation *42* Jahre. Die neue Formel lautet dann:

$$\frac{dN}{dT} = \frac{C}{\left(T_1 - T\right)^2 + \tau^2}$$. Für die Zeit nahe T_1 bedeutet das eine

Absenkung der Wachstumsrate und schließlich deren Stagnation.

Der ausschlaggebende Punkt in Kapitzas Arbeit ist, dass für die Entwicklung der Weltbevölkerung diese Sättigung in jedem Fall erfolgt. Die Parameter $(C/\tau)^{0.5}$, T_1 und τ stellen die mittlere Zahl interagierender Menschen, z.B. solcher in Städten (nämlich *67000*), den demographischen Phasenübergang (nämlich das Jahr 2007) und die genannte Lebensdauer τ einer Generation (nämlich *42* Jahre) dar. Die genannten Parameter sind als unveränderlich anzunehmen. Allerdings existieren drei verschiedene Epochen mit drei unterschiedlichen Wachstumsgesetzen: Epoche *A* mit linearem Wachstum der Population, Epoche *B* mit hyperbolischem und mit Epoche *C* die moderne Zeit ab 1750, welche schließlich in einer Wachstumsrate von null und einer stabilen Weltbevölkerungszahl endet. Diese Selbstlimitierung ist allein durch die von Kapitza angenommenen internen Parameter gegeben.

Das ist doch eine gute Nachricht, oder? Die Weltbevölkerung bleibt irgendwann stabil.

Um eine Analogie aus der Personalverwaltung heranzuziehen: Kapitza hat möglicherweise die Zahl der offenen Stellen vorausgesagt, nicht die Zahl der Bewerber. Falls das stimmt, weiß ich nicht, wie die Menschen bei einem spürbaren Einsetzen der Selbstlimitierung reagieren werden, d.h., wenn kein Ausweichen und keine Verdrängung mehr möglich sind. Ich vermute sogar einen Anstieg von gegenseitigen Vernichtungskämpfen. Ein Hinarbeiten hin zur Verwirklichung von Kapitzas Vorhersagen bzgl. des Bevölkerungswachstums durch Geburtenkontrolle im Rahmen einer praktischen Vernunft könnte derartiges Leiden verhindern, allerdings müsste die Anstrengung global erfolgen. Die Selbstlimitierung ist unvermeidlich, die Frage ist nur, gehen wir egoistisch mit dieser Aussicht um oder nicht?

Der Spätkapitalismus ist kompromisslos auf Profitwachstum ausgerichtet. Wie wird er mit der stagnierenden Zahl an Konsumenten umgehen?

Laut Kapitza gibt es zwischen 1900 und 2025 eine höhere Bevölkerungswachstumsrate mit einem Maximum bei 1989, bevor die weltweite Stagnation der Bevölkerung um 2100 beginnt. Die Wachstumsrate in den Industrieländern stagniert dagegen schon seit Längerem, d.h., in den Ländern, die das spätkapitalistische System hinsichtlich repressiver Konsumbedürfnisse am effektivsten kontrollieren kann.

Eine lokal und ab 2100 global stagnierende Zahl von Einwohnern bedeutet nicht unbedingt eine Stagnation von Profit, vorausgesetzt große Gruppen von hochfrequenten Konsumenten ausschließlich vom Profit vorgegebener Produktpaletten entstehen. Diese Möglichkeit der Reproduktion des Spätkapitalismus, über die ich mit dir im Weiteren sprechen möchte, ist die Schaffung, die Homogenisierung bzw. Entindividualisierung und die Vergrößerung von Milieus in Richtung einer repressiven Gleichheit.

Wie ist im Rahmen des Spätkapitalismus der Begriff Gleichheit zu verstehen?

Die repressive Gleichheit pervertiert das historische Bedürfnis nach Zugehörigkeit zu einer menschlichen Gemeinschaft sowie den Trieb nach mitmenschlichem Handeln, insbesondere mit der wunderbaren Idee, unterprivilegierte Menschen am gesellschaftlichen Leben teilhaben zu lassen.

Aber ist denn Gleichheit ausschließlich etwas Schlechtes?

Gleichheit im Sinne von Gleichheit vor dem Gesetz gehört zu den wichtigsten Errungenschaften der Aufklärung. Das ist definitiv etwas ethisch Gutes im Vergleich zur feudalen Willkürherrschaft. Diese Gleichheit wird aber im Rahmen der repressiven Integration mythisiert, um sie zu instrumentalisieren, beispielsweise, indem man sie mit einer permanenten Grenzüberwindung zwischen den Individuen gleichsetzt. (Von dieser Art der Mythisierung ist oft auch der Freiheitsbegriff betroffen.) Jene führt aufgrund der Integration letztendlich zum Teilen der nahezu gleichen Gemeinsamkeiten.

Warum aber trachtet das spätkapitalistische System nach der Gleichheit der Menschen?

Zunächst einmal muss die repressive Gleichheit in ihrer Erscheinungsform beschrieben werden. Menschen teilen zwar Gemeinsamkeiten, sind aber offenbar nicht alle gleich, denn sie haben unterschiedliche Hautfarben, Geschlechter, Lebensjahre, Behinderungen, Vorlieben, Ängste erworben, sind nett, böse, usw. Redet man sich die Gleichheit trotzdem ein, so kommt man unweigerlich in ein Dilemma. Dieses kann man zunächst durch Kompromisse mildern, indem man z.B. anerkennt, dass äußere Unterschiede zwar vorhanden sind, die Menschen im Innern angeblich aber gleich sind, d.h. bzgl. ihres Charakters. In diesem Moment kommt es zu einem Paradoxon, nämlich dem des Ichbezugs. Wären die Menschen im Innern alle gleich, so wären sie sicherlich so, wie derjenige, der sich dies einredet. Geht diese Autosuggestion von einem bestimmten Milieu aus, so gehen die einzelnen Milieumitglieder im Umkehrschluss wiederum davon aus, dass das jeweils andere Mitglied so ist, wie sie selbst. D.h., sie sollten insbesondere die Lebensweise, politische Ansichten oder, und jetzt kommt's, Konsumverhalten teilen.

Gleichheit ist also Konsumgleichheit innerhalb von Milieus.

Der Druck auf ein repressiv integriertes Milieu, alle Menschen innerhalb und möglichst auch alle außerhalb als gleich anzusehen bzw. nach einiger Zeit sich repressiv selbst gleich zu machen, hat seine Ursache in der spätkapitalistischen Tendenz zur Vergrößerung der Zahl der Individuen, welche permanent die gleichen, durch den Profit vorgegebenen Konsumbedürfnisse befriedigen, d.h., gleiche Produkte konsumieren, und zwar mit hohem Durchsatz. Dies kommt einer extremen Erhöhung des Profits gleich. Anders ausgedrückt: Die Offenheit, Transparenz, der Inklusions-/Integrationswillen des Konsummilieus dient einzig seiner Vergrößerung und damit der Zahl der Konsumenten, von denen man einen ähnlichen Willen erwartet. Da das spätkapitalistische System nur an der Konsumgleichheit interessiert ist, gibt es keine Probleme, die repressiv implizierte Gleichheit weichzuspülen, z.B. indem Unterschiede wie sexuelle Neigung, Behinderung, Nationalität zugelassen, ja sogar überhöht werden, um vom vereinheitlichten Konsumziel abzulenken. Man kann in diesen Milieus zulässigerweise anders sein, Hauptsache aber man legt das gleiche Konsumverhalten an den Tag.

Was ist aber mit den objektiven Unterschieden der Individuen?

Die Zulässigkeit von Unterschieden bei gleichem Konsumverhalten innerhalb einer Gemeinschaft kann zu verschiedenen Verwerfungen führen. Die augenscheinlichste ist der Druck auf unterschiedliche Menschen, die gleiche Kleidung zu tragen, z.B. von einer bestimmten Marke. Dieses hat zusätzlich das psychologische Momentum, eine Art sichtbaren Chorgeist zu generieren und sich identitätsstiftend gegen andere Konsummilieus abzugrenzen (Prinzip des gemeinsamen Feindes). Eine weitere Verwerfung entsteht zwischen behinderten und nichtbehinderten Menschen. Die Konsumgleichheit beider Gruppen ist aus offensichtlichen Gründen zunächst nicht zu *100%* gegeben. Das spätkapitalistische System versucht bei behinderten Menschen das repressive Konsumbedürfnis nach Konsumgleichheit (=Anerkennung, Gleichberechtigung) zu wecken, indem es über die Methode der repressiven Inklusion eine Teilhabe, nicht am Leben der Nicht-Behinderten, sondern an deren Konsumverhalten hervorzurufen trachtet. Die befreiende Inklusion behinderter Menschen zu deren Teilhabe an der Gemeinschaft sollte sich, meiner Meinung nach, auf gegenseitiges Verständnis konzentrieren, statt auf die Verführung zum gleichartigen Konsum.

Bei einer fortschreitenden Durchsolidarisierung wird die spezialisierte Betreuung plus die repressive Konsumbedürfnisbefriedigung der behinderten Menschen, die in das nicht-behinderte Milieu inkludiert wurden, allerdings gewaltiges Kapital erbringen. In dieser Situation wird es auch dazu kommen, dass das Mehr an Bedürfnissen durch die spezialisierte Betreuung im Rahmen der repressiven Gleichheit ebenfalls für die nicht-behinderten Menschen als zusätzliches Bedürfnis übernommen wird. D.h., man wird Behinderungen an Menschen erkennen, die ohne die Konsuminklusion als gesund gelten würden. Man kann Letzteres zum Bild eines repressiven Gesundheitssystems verallgemeinern. Es schafft die Voraussetzungen zur Induktion repressiver Bedürfnisse nach körperlicher und geistiger Gesundung durch repressive Integration tatsächlich gesunder Menschen in die Maschinerie des (in Deutschland solidarisch finanzierten) Gesundheitssystems. Das unnötige Bedürfnis nach ärztlicher Behandlung werden erzeugt. Ebenfalls das Sterben wird ausgebeutet, um Konsumbedürfnisse nach lebensverlängernden Medikamenten zu generieren. Hinzu kommt, dass das spätkapitalistische System jegliche freiwillige Hilfe, die es nicht kontrolliert, zu verhindern versucht. Es vermittelt, dass nicht etwa das Teilen und die Hilfe der Freiwilligen gut und zufriedenstellend sind, sondern dass der Grund für die Hilfe toll ist: die Behinderung, die Diskriminierung. Das Konzept der repressiven Gesundheit kann durch Austausch des Begriffs "gesund" durch Begriffe wie "schön" oder "klug" auf alle möglichen Felder potenziellen Profits ausgedehnt werden.

Verwerfungen im Zusammenleben kann man auch bei der Synchronisierung der repressiven Konsumbedürfnisse unterschiedlicher Gruppen feststellen, die zwanghaft in dasselbe Konsummilieu gepresst werden sollen, z.b. zwischen Menschen verschiedener Nationalitäten, verschiedener Religionen, verschiedener Auffassungen über Familie, Rollen der Geschlechter. Die repressive Gleichheit kann sogar dazu führen, dass Menschen unter dem psychischen Druck Religionen aufgeben und neue annehmen, Fans von Sportarten werden, die sie eigentümlich nicht mögen, usw. Ich wage daher, daran zu zweifeln, dass die Anpassung/Entfaltung an und innerhalb von repressiv erzeugten Gemeinsamkeiten in einem Konsummilieu in ein nachhaltig glückliches Leben führt.

Das alles läuft mir zu sehr in Richtung Verschwörungstheorie.

Mit Verschwörungstheorie hat das nichts zu tun. Ein Stein und eine Feder haben sich auch nicht verschworen, gleich schnell nach unten zu fallen, wenn sie sich im Vakuum befinden. Eine Gruppe arbeitsloser Menschen, die zusammen vor der Suppenküche Schlange stehen hat sich genauso wenig dazu verschworen, wie diejenigen Abteilungsleiter, die sie aus ihrem Job entlassen mussten.

Und wie verläuft die Milieubildung?

Sie steckt bereits im freien Lassez-Fair-Kapitalismus, der seine philosophische Basis im "Objektivismus" hat [145]. Objektiv sind Gemeinsamkeiten dann, wenn sie tatsächlich von den betreffenden Agenten geteilt werden und daher unabhängig von einzelnen sind. Beispielsweise unterliegen alle Dinge auf der Erde der Erdanziehungskraft. Diese ist auch bezogen auf den Menschen objektive Gemeinsamkeit, aber auch juristische Gesetze sowie Waren, die viele Menschen kaufen. Alles, was von den Menschen objektiv als Gemeinsamkeit gewollt ist, ist im Objektivismus erstrebenswert. Allerdings sieht er die einzige Quelle dieser Gemeinsamkeiten im bewussten, vernünftigen Handeln von Einzelpersonen aus eigenem Antrieb heraus und für ihren, oder bei Geschäftspartnern, beiderseitigen Vorteil. Dabei gibt es keine moralische Pflicht, den eigenen Erfolg mit jemandem zu teilen. Dominieren bestimmte Waren jedoch den Markt, verschwindet seine Liberalität und zwanghaft konsumierende Milieus entstehen.

Bei den Konsummilieus handelt es sich um Gemeinsamkeitengebilde, wobei die dominierende Gemeinsamkeit der Konsumgleichheit entspricht. Diese Milieus sind nicht besonders komplex, vielmehr entgrenzt bzgl. Konsums von nur denjenigen Waren, die gerade den höchsten Profit generieren. Die repressive Integration zwingt die Agenten mittels der repressiven Konsumbedürfnisse in jene "guten" Konsumprozesse und hält sie dort fest. Solange die Milieumitglieder noch nicht zu einem einzigen konsumistischen Makrowesen - nach dem Vorbild der "Axiom" - kollabiert sind, limitiert ein - durch die tatsächliche wirtschaftliche Leistungsfähigkcit odcr durch Pseudowerte - eingestellter Konsumwert die Integration und hält das Milieu auf einem hohen instrumentellen Integrationsniveau stabil. Der eingestellte Konsumwert ist nämlich keine Obergrenze der Integration, sondern ihr Imperativ: Kaufe unbedingt das "Gute"!

Transformiert sich das Milieu zu dem besagten Makrowesen, das den Konsum als einzige und korporative Maßnahme zur Systemerhaltung versteht, ist jenes Wesen allein und gleichzeitig in alle dafür notwendigen Konsumprozesse integriert. Um das etwas zu erläutern: Stelle dir eine hochkapitalistische Wirtschaft vor, die ein Fahrrad, ein Auto und ein Busticket produziert. Je nachdem, ob jemand gern an der frischen Luft ist, es bequem mag oder die Umwelt schonen will, wird er eines dieser Produkte konsumieren. In der spätkapitalistischen Wirtschaft sind alle drei Konsumenten jedoch gezwungen, sowohl Fahrrad, Auto, als auch Bahn zu fahren, falls der damit verbundene Konsum genügend Profit abwirft. Die Konsumenten kollabieren zu einem Wesen, das, im Gegensatz zur hochkapitalistischen Situation, seine Zeit nun damit verbringen muss, allen diesen Konsumprozessen nachzugehen. Das kommt effektiv einer Reduktion der Agentenzahl gleich, wodurch das Limit für chaotische Situationen sinkt und der Pseudowert nach unten angepasst werden muss. Hierdurch sinkt die Integration in die

Konsumprozesse und damit erfolgt eine milieuspezifische Verkleinerung der ehemals reichen Produktpalette. Die damit verbundene Polarisierung jener Milieus wird durch den Abbau ihrer übergeordneten und für den Profit irrelevanter Gemeinsamkeiten zugunsten der repressiven Konsumintegration verstärkt und hilft dabei, den milieuspezifischen Konsumimperativ auf dem Niveau des ultimativen IntegrationsWertes und damit des maximalen Profits zu halten. Bei nur noch einem gleichzeitigen Konsumprozess als einzige Gemeinsamkeit des Milieus kann man nicht mehr von Integration oder Komplexität sprechen, vielmehr von Eintönigkeit. Ein solches System hat nur geringen Wert, da die einzige Gemeinsamkeit entweder nur einen geringen (oder gar keinen) Teil der durch die IntegrationsWerte vorgegebenen Gemeinsamkeiten abbildet oder jene Werte und die Gemeinsamkeit instrumentell gleichgesetzt werden: Verlässt das Makrowesen jenen einen Konsumprozess, bricht das Milieu als Gemeinschaft in sich zusammen.

Wertlosigkeit, bezogen auf die Integration, bedeutet also nicht Aussichtslosigkeit.

Wenn das Makrowesen nicht den repressiv induzierten Übertritt von einem Konsumprozess, der keinen Profit mehr abwirft in einen vermeintlich neuen, der wieder Profit abwirft, jene vermeintliche Progressivität, mit einem Ausweg verwechselt? Wenn es mit dem Übertritt nicht einfach nur in ein anderes Konsummilieu gerät? Wenn sich die Agenten wieder ausdifferenzieren und ihr individuelles Leben leben können?

An dieser Stelle können wir den Vergleich zwischen der Sklavenhalterökonomie und dem Spätkapitalismus ziehen, wobei Letzterer ja oft als Konsumsklaverei bezeichnet wird. Beide haben das Streben nach Profit als primäre Motivation gemeinsam. Alternative Motivationen, etwas zu erschaffen, wie die Linderung von Leiden, Heilen von Krankheiten, Schutz der Erde vor Kometen oder Klimawandel usw. spielen zwar auch eine Rolle, aber nicht die primäre. Die Unterschiede bestehen hauptsächlich in den unterschiedlichen Niveaus, auf denen sich die technologischen Fertigkeiten befinden und in der Diversität der Bedürfnisse der Konsumenten. Dadurch können Sklavenhalterökonomien komplexer sein als spätkapitalistische.

Die Personengruppen, die in den beiden Ökonomien der stärksten Repression unterliegen, d.h., denen entgegen der Höherentwicklung ihrer Individualität in konditionierender Art und Weise vorgeschrieben wird, was sie zu tun haben, sind jeweils die Sklaven und die Konsumenten. Selbstverständlich kann man die Art und Weise der Repression überhaupt nicht miteinander vergleichen. Insbesondere ist sie in Sklavenhalterökonomien deutlich sichtbar: Der Sklave trägt seine Ketten immer, egal, an welchen Herren er weiterverkauft wird. Er würde nie auf die Idee kommen, den Wechsel von einem Herrn zum anderen als etwa Progressives anzusehen. Es besteht vonseiten der Herren auch gar nicht die Notwendigkeit, ihm so etwas einzureden. Der Sklave weiß somit ganz genau, dass er sich immer in Gefangenschaft befinden wird, so lange er jemandem gehört. Beim repressiv erzeugten Konsum ist das anders. Hier ist es geradezu die Grundlage des Funktionierens des Systems, dass der Konsument seine "Fesseln" nicht erkennt und glaubt, mit seinem Konsum etwas Supertolles - in unserer aufgeklärten Welt etwas Fortschrittliches, in einer religiöseren Welt etwas Gottgefälliges - zu tun. Solange Profit generiert wird, gibt es immer eine Repression, die die Agenten in der Hoffnungslosigkeit der profitablen Gemeinsamkeit hält. Für den Konsumenten ist jene wesentlich schwieriger zu erkennen als für den Sklaven.

Im Spätkapitalismus wandeln sich nahezu alle Schichten zu repressiven Konsummilieus, auch die klassischen Arbeitermilieus des Früh- und Spätkapitalismus. Dabei ist die Milieubildung, wie in allen anderen Fällen, keine Erfindung der spätkapitalistischen Repression, sondern entspringt der Pervertierung von Subgesellschaften, die sich z.B. einfach aus Nachbarschaftsverhältnissen, Religionsgemeinschaften, etc. entwickelt haben. Die gemeinsamen repressiven Konsumbedürfnisse innerhalb dieser Konsummilieus werden weiter repressiv überbaut, z.B. mit der Synchronisation von Kleidung, Lebensweisen, Ernährung, Hobbys, politischen Ansichten. So gesehen ist davon auszugehen, dass Milieus immer mehr Einfluss auf die Tagespolitik sowie die Medien nehmen, ganz einfach um sich zu erweitern und die repressive Konsumbedürfnisbefriedigung effektiver zu gestalten. Daher nehmen sie immer mehr die Rolle von Lobbyisten der Waren ein, über die sie sich definieren. Die klassischen, direkt von der Industrie für ihre Arbeit entlohnten Industrielobbyisten sind hier somit überflüssig, da die Milieus diese Aufgabe sozusagen unentgeltlich übernehmen. Bedenke bitte, dass das "gute" Milieu nicht immer missionarisch agieren muss. Die "Stellen" für die Konsumarbeiter müssen oft aus Profitgründen limitiert werden, z.B. wenn die Warenmenge limitiert ist oder wenn eine Polarisierung abgegrenzter Milieus den Verkauf ankurbelt. Hierfür können sich die Milieus in repressiver Feindschaft gegeneinander abgrenzen. Die Hegemonie eines bestimmten Milieus wird jedoch einen offenen Konflikt oder eine Umwälzung verhindern. Auch jenes kann sich (friedlich) zum Zwecke der Konsummaximierung und -stabilisierung bipolar aufspalten. Bedenke bitte, dass sich ein bipolares Konsummilieu tatsächlich für zwei solcher Milieus hält und die beiden Pole für die Gesamtheit aller Möglichkeiten. Dabei sind das lediglich zweimal so viele wie bei dem unipolaren.

Die Spaltung in Konsummilieus zerstört ein parteiisches Agieren größerer Menschenmengen.

Ja! Stelle dir eine Demonstration gegen fremdenfeindliche Politik vor. Laufen dort alle Menschen mit, die gegen Fremdenfeindlichkeit sind, oder nur bestimmte Konsumgruppen? Stelle dir ebenfalls eine Demonstration für bessere Familienpolitik vor. Glaubst du, dass hier dieselben Konsumgruppen mitlaufen? Warum wird so selten eine Demonstration für Familien- und Fremdenfreundlichkeit organisiert? Am besten unter dem integrativen Motto: 'Papa gehört samstags mir, egal, aus welchem Land wir kommen!'.

Und ist die Milieubildung nicht auch die Ursache für die Kluft zwischen Arm und Reich?

Die Ungerechtigkeit bezogen auf den Konsum ist kein inhärentes Merkmal des Spätkapitalismus. Im Gegenteil, der Spätkapitalismus strebt maximalen Konsum mit maximalen Profiten an. D.h., die Verwaltung ist daran interessiert, dass alle Konsumenten superreich sind, um maximalen Konsumprofit zu erzeugen. Der springende Punkt ist, dass diese Vision nur bei unendlichen Ressourcen, unendlicher Produktivität und unendlichem Konsumwert real werden kann. Dies ist global gesehen nicht der Fall und genau das ist die Ursache für die Kluft zwischen Arm und Reich. Deren Anwachsen ist kein Zufall, sondern eine Konsequenz des Spätkapitalismus, da es mitunter profitabler ist, auf der einen Seite die repressiven Konsumbedürfnisse eines vergleichsweise reichen Milieus individuell zu befriedigen und auf der anderen Seite eine breite Schicht von - im Vergleich - Unterprivilegierten mit maximaler Konsummotivation zu einheitlichem Konsum zu verführen. Der Punkt ist, dass das reichere Milieu zu einer Art Konsumsupervisor wird. Die Unterprivilegierten haben also nicht nur die Aufgabe, die Voraussetzungen für die repressive Konsumbedürfnisbefriedigung durch Lohnarbeit zu schaffen, sondern sie werden ebenfalls dazu verführt, unerschwingliche Produkte zu konsumieren. Allein um dazuzugehören werden die Unterprivilegierten, unabhängig davon, ob ihnen Mittel zur Verfügung stehen oder nicht, versuchen ihren eigenen Konsum dem des reichen Konsummilieus anzugleichen.

Und wie soll das funktionieren?

Stell dir im günstigsten Fall für den kapitalistischen Profit vor, dass die Unterprivilegierten, die keine staatlichen Zuwendungen erhalten, *12* Stunden pro Tag für geringen Lohn arbeiten, und die es trotzdem noch schaffen, die vorgegebenen Waren zu konsumieren, und zwar für einen Preis, den sie sich eigentümlich nicht leisten können. Ob das Geld hierfür aus Kriminalität oder Verschuldung stammt, ist dem spätkapitalistischen System zunächst egal, wenn es trotzdem funktioniert. Konsequenzen hierfür können in der Unterversorgung der Unterprivilegierten mit Bildung, dem Mangel an zwischenmenschlichem Kontakt und materieller Konsumbedürfnisbefriedigung sein.

Demgegenüber steht aber das Sozialsystem. Es hilft doch den Menschen aus Verschuldung und Kriminalität heraus, oder etwa nicht?

Ein Sozialsystem, dass die Konsumhomogenisierung innerhalb des Milieus auch noch befördert: Die breite Alimentierung ist der wichtigste Unterschied des spätkapitalistischen gegenüber dem hochkapitalistischen System. Die Durchsolidarisierung im Sinne einer durch die Verwaltung kontrollierten Ausstattung von Bevölkerungsgruppen mit Geld kann sich nämlich an der antizipierten Konsummotivation bzgl. profitabler Waren ausrichten, d.h., ob die Bevölkerungsgruppe das in Empfang genommene Geld vollumfänglich für hochprofitablen Konsum ausgeben wird. Auf diese Weise wird ein Retorten-Konsummilieu entsprechend den jeweiligen ökonomischen Anforderungen, den Vorgaben der Konsumsupervisor geschaffen.

Stellen wir uns eine Gruppe vor, die zusammen *50.000* Euro liquide Mittel in einem Monat zur Verfügung hat sowie eine andere, gleichstarke Gruppe mit nur *2.000* Euro, aber mit *100%* Konsummotivation, d.h., die *2.000* Euro werden komplett ausgegeben. Ein Absinken der Konsummotivation bei Gruppe Eins auf unter vier Prozent würde diese für das spätkapitalistische System uninteressanter machen als die ärmere. Es würde Gruppe Eins fallen lassen wie eine heiße Kartoffel. Bei starker staatlicher Willkür bzgl. solidarischer Maßnahmen findet insbesondere ein Transfer von Geldern aus Gruppe Eins hin zu Gruppe Zwei statt, damit letztere entsprechend ihrer hohen Konsummotivation konsumieren kann. Falls sich jene irgendwann zwischen den beiden Gruppen wieder umkehren sollte, findet die Umverteilung wieder in die andere Richtung statt. In den Fokus des Spätkapitalisten rücken bei Erschlaffung der Konsummotivation in jedem Fall Gruppen, die entweder bisher finanziell nicht in der Lage waren, bestimmte gewinnbringende repressive Konsumbedürfnisse zu befriedigen, solche, die gesellschaftlich bisher im Verborgenen bleiben mussten, oder solche, die in das spätkapitalistische System quasi importiert werden.

Und führt die reiche Schicht im Vergleich zur unterprivilegierten ein freies Leben?

Sicher nicht. 'Schmeiß die alten Sachen weg, auch wenn sie noch okay sind, und kaufe dir nochmals das Gleiche, aber in einer neuen, teureren Version, weil du es kannst.' Diese progressivistische Herangehensweise ist für den Spätkapitalisten besonders komfortabel, wenn er das Motto in wohlhabende Schichten einpflanzen kann. Unter dem Anschein der Progressivität als vermeintlich originär bildungsbürgerlich werden diese Schichten auf eine hohe Konsummotivation getrimmt. Die Konsumelite wird sich selbst für fortschrittlich und demokratisch halten. Innerhalb der Konsumavantgarde spielt es nämlich keine Rolle mehr, ob die Menschen unterschiedliche Hautfarbe, sexuelle Orientierung, Sprachen oder Religion haben, da sie reich ist, stellt sich der Profit davon unabhängig ein. Die Existenz Unterprivilegierter wird dabei von ihr ausgeblendet.

Wichtiger als die Profitgenerierung aus dieser Schicht ist aber deren Vorbildfunktion für jene. Die Konsumavantgarde ist der wichtigste Baustein für die Verführung der breiten Massen zur Toleranz gegenüber profitablen Waren. Für die ärmeren Schichten ist nicht klar, ob dieser Progressivismus letztendlich nur wieder von Verhaltensregeln einer alten Obrigkeit zu Verhaltensregeln einer neuen Obrigkeit führt oder eine wirkliche Verbesserung bedeutet. Wahrscheinlich empfinden sie die Zur-Schau-Stellung dieses Progressivismus letztendlich als Protzerei der Reichen, die sie wieder mal ausgrenzen. Nachahmen werden sie sie trotzdem. Bzgl. des Konsums werden das reiche und das arme Milieu miteinander verschmelzen, nicht aber bzgl. ihrer Stellung in der Gesellschaft. Auf diese Weise wird die Solidarität der Konsumarbeiter auf lange Sicht verhindert und eine weitere Vergrößerung des Konsummilieus zwecks Profitmaximierung wird ermöglicht.

Du stellst dir die zukünftige Verteilung des gesellschaftlichen Reichtums im Spätkapitalismus als Kluft zwischen vielen Armen

und wenigen Reichen innerhalb eines Milieus vor? Glaubst du,
dass es zu einem Klassenkampf kommen wird?

Der Begriff der Arbeiterklasse ist zu allererst ein Begriff des Frühkapitalismus, der die Austauschbarkeit der Lohnarbeiter ausdrückt,
die in sich immer wiederholenden Arbeitsschritten Waren herstellen. Er wurde im Rahmen des Arbeitskampfes übernommen, um
Solidarität unter den ausgebeuteten Lohnarbeitern zu erzeugen:
Die Arbeiterklasse hatte sich organisiert, um sich gegen ihre massive Lohnausbeutung zu wehren. Hieraus sind die Gewerkschaften
entstanden. Im Spätkapitalismus sind alle, die unter dem Zwang
zu erniedrigender Arbeit, Konsumzwang und Verwaltungszwang
leiden, dieser Klasse zuzuordnen.

Ein parteiisches Agieren dieser neuen Klasse wird durch die repressive Integration in die verschiedenen Konsummilieus natürlich verhindert. Dazu gehört auch die romantische Legende der am
Fließband stehenden abhängig Beschäftigten als die immer noch
einzigen und wahren Repräsentanten des Proletariats und den zu
ihnen im antagonistischen Widerspruch stehenden unabhängigen
Ausbeutern. Heutzutage steht aber die Frage im Raum, wie viele
Arbeitgeber überhaupt noch unabhängige Unternehmer sind. Parteiisches Agieren muss also immer bzgl. der Zugehörigkeit zu einer bestimmten Konsumgruppe kritisiert werden, da die vermeintliche Klassenbewegung ansonten eine konsumidentitäre Bewegung ist.

Was ist mit Streik? 'Konsumenten aller Länder, vereinigt Euch!'

Das ist ein sehr interessanter Gedanke. Der Arbeitskampf beruht
ja auf der Verweigerung von Lohnarbeit für eine gewisse Zeit, um
Interessen, meist Lohnerhöhungen durchzusetzen. Das Konsumproletariat, welches mit dem Industrieproletariat am Fließband
nicht mehr identisch ist, kann man als den Teil der Bevölkerung
sehen, der hauptsächlich repressive Konsumbedürfnisse befriedigt.
Man könnte auch sagen: Der Lohnarbeiter produziert diejenigen
Waren, die ihm vom Verwaltungskonzern aufgetragen werden und
erhält dafür Lohn, den er auch für sein Überleben benötigt. Der

Konsumproletarier erhält, über die Mittel für seine bloße Reproduktion hinaus, Geld und konsumiert diejenigen Waren, die ihm vom Verwaltungskonzern aufgetragen werden. Eine Verweigerung der Bedürfnisse sollte Letzteren daher nicht so hart treffen. Außerdem trifft die Bestreikung von Warenkonsum speziell die Verwaltungskonzerne sehr hart. Die Bevölkerung könnte daher durch Bestreikung von Konsum Interessen durchsetzen. Gegenüber den klassischen Gewerkschaften, die die Lohnarbeiter ja erst einmal über deren Situation aufklären mussten, hätten Konsumgewerkschaften allerdings das Problem, dass der Konsum immer stärker entgrenzt wird, d.h., er findet nicht in einem umgrenzten Rahmen, wie die Lohnarbeit statt. Während die Gewerkschaft im Betrieb vor Ort viele Arbeiter gleichzeitig ansprechen kann, bliebe für Konsumgewerkschaften nur der Weg über die Öffentlichkeit oder der direkte Zugang zu den Konsummilieus. Konsumboykotts ausgelöst durch öffentliche Dabei kann sich die Konsumgewerkschaft den Umstand zunutze machen, dass Konsummilieus ihren Konsum zum großen Teil selbst steuern, und zwar durch sinnliche Rückkoppelungen. Entweder, weil die Mitglieder des Milieus tatsächlich zusammenleben oder weil sie elektronisch vernetzt sind. Auf diese Weise kann sich auch das Nichtkonsumieren bestimmter Produkte verstärken. Erfolgreiche Boykottaufrufe wurden in der Vergangenheit aber bereits durchgeführt, z.B. an BP-Tankstellen nach der *Deepwater Horizon* Katastrophe [146].

Der Spätkapitalismus ist aber langfristig nicht an einer Spaltung in verschiedene Konsummilieus interessiert, er will sie ja zwecks Profitmaximierung homogenisieren und ein Supermilieu schaffen.

Das spätkapitalistische System steht, ähnlich wie bei den Lohnarbeitern, diesbezüglich vor einem Dilemma. Einerseits will es möglichst große, standardisierte und selbstverwaltete Konsummilieus erzeugen, die einheitlich die repressiv vorgegebenen Konsumbedürfnisse befriedigen. Andererseits soll die Erkenntnis der Unterdrückung in großen Schicksalsgemeinschaften verhindert werden. Hinzu kommt, dass das Supermilieu eine enorme Warentoleranz an den Tag legen müsste, die, meiner Meinung nach, nicht erreichbar ist.

Der Begriff, mit dem das Supermilieu beschrieben würde, würde eine universelle Aussage darstellen, die sich als solche auf keine relevante Gemeinsamkeit bezöge. Man könnte zwar eine sinnentleerte begriffliche Hülle für das konsumidentitäre Denken erfinden, z.b. die "Guten" zu sein, eben indem man bestimmte Produkte konsumiert. Ohne Abgrenzung von denjenigen Produkten, die die "Bösen" konsumieren, die wiederum ein Konsummilieu darstellen, würde die funktionale Entindividualisierung der Menschen während des Fließbandkonsums des Spätkapitalismus allerdings in eine Schizophrenie führen, die nicht nur den Menschen, sondern den spätkapitalistischen Attraktor insgesamt destabilisieren würde. Um einen Kompromiss zu finden, wird der Spätkapitalismus versuchen, die Menschen darüber hinwegzutäuschen, dass sie in Konsummilieus zusammengefasst wurden, individuelle Bedürfnisbefriedigung vorgaukeln.

Die Digitalisierung gibt uns doch die Möglichkeit, jeden Menschen individuell anzusprechen, genau seine Bedürfnisse zu befriedigen.

Du sprichst von personalisierter Werbung und "Big Data". Letztendlich würde es sich dabei aber ebenfalls um die repressive Integration von Menschen in Konsummilieus handeln. In einer Talkshow wurde in diesem Zusammenhang kürzlich von Rasterfahndung gesprochen [147]. Meiner Meinung nach dient diese Rasterfahndung dazu, die potenziellen Mitglieder eines repressiven Konsummilieus zu erfassen und somit zusammenzufassen, auch wenn sie nicht in der gleichen Nachbarschaft wohnen. Man kann die erfassten Menschen dann großflächig zu einem profitablen einheitlichen Konsum animieren. Durch die Erfassung und Kategorisierung der Menschen nach Konsumgruppen und deren anschließende vermeintlich personalisierte Konsumverführung wird der Profit natürlich gesteigert. Außerdem hat man die Möglichkeit, den Konsum durch Vorschläge sanft zu homogenisieren. Auch die Wahlwerbung könnte in Zukunft vermeintlich personalisiert werden [147], indem man durch die Like-Klicks oder Befragungen solche Personengruppen identifiziert, die man zur Wahl eines bestimmten Kandidaten verführen kann. Auf diese Weise erschafft man weltweit homogene Milieus mit ähnlichen politischen Ansichten auf Kosten der Diversität.

Die scheinbare Individualisierung ist aber nur eine Möglichkeit, die Konsummilieus zu vergrößern, wobei immer die Gefahr besteht, dass die Konsumenten, auch wenn sie auf verschiedenen Kontinenten leben, über die gleichen digitalen Kanäle sich ihrer Manipulation bewusst werden. Auf der anderen Seite können sich die Mitglieder der Konsummilieus auf die Suche nach neuen Freunden begeben, sie in das Konsummilieu repressiv integrieren und mithilfe des Freundschaftsgefühls, welches zu einer instrumentellen Vernunft wird, deren Instrumentalisierung innerhalb des Konsummilieus ausblenden.

Es gibt also eine repressive Freundschaft?

Die repressive Freundschaft ist eine spezielle Form der repressiven Toleranz, die sich auf einen gedachten oder wirklichen Freund bezieht und, wie beim Prinzip des gemeinsamen Feindes, eine vorübergehende Solidarisierung zwischen Verwaltung und Bevölkerung generieren soll. Menschen werden zu Freunden erklärt, um schließlich ein bestimmtes Ziel zu erreichen. Beispielsweise in der Politik, um den Handel mit Diktatoren wohlhabender Staaten zu legitimieren. Auf der anderen Seite können Konsummilieus bisher unbeachtete Gruppen, evtl. sogar ehemalige Feinde plötzlich zu ihren Freunden erklären, sie ggf. alimentieren, um sie sich einverleiben zu können. Das ist ein wesentlicher Unterschied zum Prinzip des gemeinsamen Feindes und demgegenüber der entscheidende Vorteil für die Milieuerweiterung. Für das Milieu ist es dabei zweitrangig, was diese Freunde tatsächlich von ihm erwarten oder benötigen.

In Erweiterung dieses Prinzips ist die Erzeugung großer, hochprofitabler Milieus durch die Erschaffung einer, die Entindividualisierung innerhalb der Milieus kaschierenden Ideologie oder einer Art Religion möglich. Hierfür wird das Bedürfnis nach Zugehörigkeit zu einer Gruppe repressiv ausgenutzt und über das gemeinsame Konsumerlebnis hinaus erweitert. Hinzu kommt die Legitimation der für den maximalen Profit notwendigen Spaltung in eine kleine, reiche, weisungsmächtige Schicht als Vorbild für die Befriedigung repressiver Bedürfnisse und die Gruppe der zahlenmäßig starken, weniger betuchten Menschen, die dem Vorbild folgen.

Und welche Religion soll das sein?

Dazu nochmals ein Blick in die Geschichte. Vor der bürgerlichen Umwälzung predigte die Kirche ein karges, enthaltsames Leben und richtete sich damit an die Unterdrückten. Armut war die sündenfreie Idealform. Natürlich tat sie das, um die Bevölkerung in ihrer Armut und von einem Sturz der viel reicheren Feudalherren abzuhalten. Nach der Reformation entwickelten sich religiöse Standpunkte, die das Streben nach Reichtum durch Unternehmertum als gottgefällig darstellten. Es gab auch Mischformen, die den Reichtum als positiv ansahen, dessen zur Schau Stellung aber als Sünde brandmarkten. Fleißiges Arbeiten und bescheidenes Leben galten aber auch nach der Reformation als gottgefällig, besonders unter den Arbeitern, da die Produktivität noch viel zu niedrig war, um einen allgemeinen, ausufernden Konsum zu ermöglichen.

In unseren modernen Gesellschaften spielt die Religion aber keine so große Rolle mehr.

Zumindest in Europa wurde die Religion als Stütze des Systems ab dem Ende des 19. Jahrhundert überflüssig, da es sich ebenfalls über die populäreren rationalen Narrative der Aufklärung reproduzieren konnte. Die Akkumulation von Reichtum und der Konsum waren nun für jedermann legitimiert. Inzwischen pervertierte der Rationalismus zu einer instrumentellen technologischen Vernunft. Letztere erreicht heute die Grenzen ihrer Möglichkeiten für diese Reproduktion des Systems. Heute erkennen die Menschen die negativen Seiten des instrumentellen Rationalismus nämlich genau, wie ich dir ja schon erklärt habe.

Religionen haben dagegen das Potenzial, die instrumentelle technologische Vernunft durch etwas viel Einfacheres, Flexibleres und damit Profitableres zu ersetzen, und zwar, indem man den objektiven Kern der Vernunft komplett ablegt. Daher ist in Zukunft eine repressive Toleranz gegenüber identitären Religionen zu erwarten, und zwar denjenigen, die die profitabelsten Zusammensetzungen von Konsummilieus in einer Gesellschaft generieren. Die kommende, konsumistische Religion, die im Übrigen nicht unbedingt als Religion und deren Gott nicht als Gott bezeichnet werden muss, wird ein ideales Identifikationskriterium sein, welches über die Grenzen von Ethnien und Sprachen hinauswirkt. Sie wird zunächst die Milieuvergrößerung als oberstes Ziel haben. Zum Zweiten muss sie den Konsum als gottgefällig verkaufen und die Toleranz gegen alle möglichen neuen Produkte garantieren. Und zum Dritten muss sie in den Menschen eine Werbungshörigkeit zementieren bzw. die Entindividualisierung des Konsums ermöglichen.

Der erste Schritt erfolgt durch die Missionierung der "Nichtgläubigen". Immerhin ist der globale Verbreitungsmechanismus des "richtigen" Glaubens ein Vorbild für die moderne Verbreitung der "richtigen" Ware, unabhängig davon, ob sie tatsächlich begrenzt "richtig" ist oder nicht. Gleichzeitig wird den Konsummilieus bei Entrückung eines ihrer Mitglieder eingeredet, dass dieses jenseits des Milieus quasi im Höllenfeuer schmore. Begreift man den Konsum insbesondere der vorgegebenen Waren als die wesentliche Gemeinsamkeit der "Gläubigen", ja sogar einen Wettbewerb unter ihnen, gottgefälliger zu sein, so ist der zweite Punkt, der bedingungslose Konsum als wichtigste religiöse Identitätsstiftung zu begreifen. Der letzte Punkt ist im Rahmen des nicht-rationalen Mythos schwieriger zu vermitteln.

Ein Konsumpriester, der von der Kanzel predigt, dass man das neue Smartphone kaufen soll, ist schwer vorzustellen.

Aber man kann die Menschen auf die Akzeptanz der Werbung konditionieren, Werbung die durch ständige Wiederholung funktioniert. Sich ständig wiederholende Inhalte von Predigten lassen

349

den Menschen in sich ständig wiederholender Werbung etwas Gutes und Gottgewolltes sehen. Gleichen sich die räumlich verschiedenen Predigten und erreichen sie ein breites Publikum, so kann ein hoher Grad an entindividualisiertem Konsum mit hoher fokussierter Konsummotivation erreicht werden. Es wird dann genügen, die eingeschränkte Warenpalette durch stupide, sich wiederholende Werbesprüche anzupreisen.

Aber innerhalb dieser Konsumreligion sind doch alle Menschen gleich, oder? Wie soll sie das Auseinanderklaffen von Arm und Reich legitimieren?

So wie immer: Ungläubige sind nichts 'wert', Gläubige sind mehr 'wert' als Ungläubige und die "gottgefälligsten" Menschen haben den höchsten 'Wert'. Die Suggestion der glaubensbasierten individuellen elitären Position erzeugt eine Toleranz gegenüber Ungleichheit bzgl. des 'Wertes' von Menschen, die, so denke ich, auch die Existenz einer reichen Elite innerhalb des gleichen Konsumglaubens legitimiert: Letztere repräsentiert eine Konsumavantgarde zahlenmäßig schwacher, Individuen, quasi eine klerikal-feudalistische Denkfabrik des Konsums, welches die Konsumwerkhallen mit Aufträgen beliefert.

Nun, das ist nur eine Fiktion, oder?

Politisch instrumentalisierte Religionen waren und sind effiziente Apparate zur Kontrolle der Gedanken der Einzelnen und zu deren Erziehung hin zur Konformität. Ihre Führer sind natürlich daran interessiert, zu missionieren und ihren politischen Machtbereich auszudehnen, da sie auf das Erreichen von Omnipotenz konditioniert sind. Allerdings eignet sich jede Ideologie mit hohem Selbstverwaltungs- und Selbstmotivationspotenzial, lückenloser Kontrolle, Präferenz des Neuen vor dem Älteren sowie starker Konsummissionierungstendenz zur Etablierung idealer Konsummilieus. Es muss dem Individuum allerdings einfach gemacht werden, zu dieser Konsumreligion dazuzugehören. Idealerweise benötigt man hierfür keine spezielle ethnische Zugehörigkeit, keine gemeinsame Geschichte und keine gemeinsame Sprache. Die falsche

Gemeinsamkeit, auf der diese Religion basiert, wäre einfach das Ritual des käuflichen Erwerbs von Produkten.

Wie wird man sich stattdessen auf die wirklich befreiende Gesellschaft zubewegen können, und das auch noch durch die Befreiung von einem Mythos, der sich komplett vom Rationalismus der Aufklärung befreit haben wird?

Das, meiner Meinung nach, beste Beispiel für eine funktionierende, freie und intensiv kommunizierende Gemeinschaft innerhalb der Gesellschaft ist die der Fahrzeugführer innerhalb des Verkehrs. Fast jeder Autofahrer empfindet die Einhaltung der Verkehrsregeln als notwendig, ja sogar befreiend, da hierdurch die gemeinsame Benutzung der Straße, und somit das Erreichen der individuellen Ziele, ermöglicht wird. An diesem Beispiel erkennt man genau, unter welchen Bedingungen die befreiende Gesellschaft unmöglich wird, nämlich durch Egoismus und Dummheit bzw. unklare Regeln und, das Wichtigste, Herrschaft durch etwas anderes als die Notwendigkeit. Das Beispiel macht deutlich, dass der Mensch zur Teilnahme an der befreienden Gesellschaft eine entsprechende Schulung braucht, die aber, im Vergleich zu anderen Schulungen, überraschend wenig Zeit beansprucht, da sie sich durch die offensichtlichen Notwendigkeiten bei der Teilnahme am Fahrzeugverkehr sowie einer permanenten Kommunikation untereinander von selbst einprägt. Menschen, die oft am Verkehr teilnehmen sind eher auf eine befreiende Gesellschaft konditioniert als solche, die das nicht tun. Meiner Meinung nach trägt er mehr zum Erreichen der befreienden Gesellschaft bei als die Aufklärung oder Manifeste. Ein Schritt in die Freiheit liegt darin, allen Menschen die Teilnahme am Straßenverkehr zu ermöglichen. Da Lohnarbeit, Konsum und Verwaltung heutzutage repressiv von nicht-notwendigen Herrschaftsformen gesteuert werden, fallen diese als Mittel einer Erziehung hin zur befreienden Vernunft weg, ebenso wie der Sport, welcher, wenn man ihn zu sehr als Erziehungsmittel und nicht als Spaß sieht, die repressive Athletik befördert.

Heute kommen viele Migranten zu uns. Ist die liberale Migrations-
politik nicht exakt die, die man sich als Linker wünscht?

Migration war vor dem Corona-Virus das allbeherrschende Thema. Sie kann erzwungen/ungewollt sein, z.b. durch Krieg, Armut oder neoliberale Zwänge. Andere Arten von Migration sind freiwillig und Möglichkeiten, die Neugier auf andere Kulturen zu befriedigen und sich beruflich zu verwirklichen. Sicherlich gibt es auch falsche Vorstellungen unter den Migranten (bleiben wir mal bei diesem Oberbegriff) über die Verhältnisse im aufnehmenden Land, die andererseits auch geschürt werden, wie auch unlautere Absichten. Viele Menschen in Europa helfen insbesondere den Migranten, die vor Krieg und Elend fliehen, aus innerer Überzeugung und spüren dabei das nachhaltige Glück des Teilens, dass ihnen die Befriedigung dieses historisch-freien Bedürfnisses beschert. Hierzu gehören natürlich auch Politiker und Unternehmer. Erfolgreich ist man in kleinen Kommunen, in denen helfende Vereine und die Bevölkerung intuitiv mit deren Integration in den Straßenverkehr beginnen, vorrangig um ihnen Mobilität und Selbständigkeit, z.B. durch Fahrräder, zu geben, aber auch, um ihnen und den Einheimischen zu zeigen, dass die Notwendigkeiten des Zusammenlebens mehr als genügen, um Menschen zu vereinen, auch wenn man sich zunächst fremd ist.

Aber natürlich gibt es auch Profiteure.

Die repressiven Konsumbedürfnisse sind bzgl. ihrer Befriedigung je gewinnbringender, je teurer sie, im Vergleich zur Produktion, im Verkauf sind und je mehr Menschen pro Zeiteinheit das repressive Verlangen danach haben. Es ist aber überhaupt nicht gegeben, dass es sich bei repressiven Konsumbedürfnissen nur um vergleichsweise überflüssige Dinge dreht. Im Gegenteil, durch einen permanenten Kriegszustand in Reichweite eines spätkapitalistischen Systems werden offen repressiv existenzielle Bedürfnisse erzeugt, z.B. nach materieller Versorgung vor Ort aber auch nach der Flucht in das reichere und sicherere Land. Speziell die Migranten, die vor Krieg fliehen, sehen sich einer massiven Repression ausgesetzt, die einmal aus ihrer Hilflosigkeit und zum anderen aus ihrem gemeinsamen Bedürfnis nach Flucht resultiert. Das erzwungene Fluchtbedürfnis kann nun sehr brachial ausgebeutet werden. Dies geschieht z.b. durch Schlepper, denen insbesondere der permanente materielle Mangelzustand auf der Flucht über das Mittelmeer, quer durch Europa bis nach Norden, in die Hände spielt. Je länger sich die Migranten im Zustand des materiellen Mangels befinden, desto mehr Profit können diejenigen einstreichen, die sich auf die Ausbeutung der materiellen Bedürfnisse konzentrieren. Die Situation ist ähnlich den Goldgräbercamps in den USA des 19. Jahrhunderts. Obwohl die Goldgräber nicht arm waren, konnten Sie sich aufgrund des Mangels in der Wildnis kaum vernünftiges Essen leisten, denn wenn es ein Händler bis zu ihnen schaffte, waren die Preise für Lebens- und Genussmittel kaum bezahlbar. Brutale Geschäftemacher gibt es übrigens auch in Deutschland, gib dich keinen Illusionen hin.

Was ist mit den Migranten, die in dem spätkapitalistischen Land angekommen sind, die sind doch sicher?

Natürlich sind sie verhältnismäßig sicher, allerdings befinden sie sich jetzt im verwalteten Spätkapitalismus. Hier wird ihr gesamter Konsumprozess verwaltungstechnisch kontrolliert. Das ist aufgrund der extremen Abhängigkeit der Migranten möglich. In den Aufnahmelagern angekommen bilden die Migranten unabhängig von deren individuellem Schicksal nämlich ein einheitliches Konsummilieu. Die Verwaltung bestimmt nun (auch wenn das solidarisch gemeint ist), was die Migranten denn direkt nach der Ankunft brauchen könnten, stellt für die Befriedigung dieser als einheitlich definierten Bedürfnisse die Gelder bereit, gibt sie dem Migranten, zumindest bis auf Geld für "persönliche Bedürfnisse im Alltag" exklusive "Existenzsichernder Sachleistungen" [148], aber nicht, sondern überweist sie an die Träger der repressiven Bedürfnisbefriedigung. So entsteht eine repressive Gleichheit im Konsum, welche der Verwaltung ihre Arbeit erleichtert/sie legitimiert und stabilisiert und von der auch der Hersteller der Leistungen profitiert. Daneben herrscht ein verordneter Mangel an Möglichkeiten für die Migranten, trotz sehr starker Motivation zur Arbeit eine solche aufzunehmen, um sich dieser Repression zu entziehen. Da diese instrumentelle Hilfe trotzdem einen Überlapp der Interessen des Systems mit den Interessen von Helfern und Migranten darstellt, werden Letztere nicht nach irgendwelchen Spitzfindigkeiten bei der Motivation der Hilfe fragen, noch nicht.

Aber die Migranten verlassen doch irgendwann ihre Heime und führen differenzierte Leben.

Sie stellen aber immernoch ein einheitliches, sehr potentes Konsummilieu dar. Gruppen von Migranten aus nicht-spätkapitalistischen Verhältnissen, sind sehr engagiert bzgl. der Konsumgerechtigkeit, da die Teilhabe am Konsum der Machthaber in ihrer Heimat Teil ihres Klassenkampfes war. Außerdem haben speziell Kriegsflüchtlinge eine lange Zeit der Entbehrung erlebt. Die Flucht hat sie auf eine hohe Konsummotivation innerhalb des spätkapitalistischen Landes konditioniert. Diese Gruppe hat also, ähnlich wie die der DDR-Bürger nach der Grenzöffnung, einen hohen Konsumwert, sobald sie über die nötigen finanziellen Mittel verfügt. Wie DDR-Bürger werden sie als homogene Masse ohne individuelle Unterschiede wahrgenommen. Einer feindlichen Gegenüberstellung zweier Milieus geht immer deren jeweilige Gleichmacherei voran, sowohl durch sie selbst und den jeweiligen Feind. Sie besteht darin, dass die Individuen auf reale oder herbeigelogene Gemeinsamkeiten und daraus angeblich folgende reduziert werden. Diese Gleichmacherei kann auch zwischen freundlichen Milieus entstehen, d.h. die reduzierten milieuinneren Gemeinsamkeiten werden positiv bewertet. Da die Pauschalisierung auf diese Weise bereits stattgefunden hat, ist ein Umkippen in eine feindliche Beziehung ums einfacher.

Der Überlapp der Interessen besteht also deswegen nur scheinbar, weil das spätkapitalistische System händeringend nach neuen, flexiblen Konsumenten sucht?

Man könnte meinen, genau deswegen bekennen sich spätkapitalistische Staaten zur Aufnahme von Migranten, und zwar entsprechend der momentanen und antizipierten Konsummotivation, womit nicht deren finanzielles Konsumvermögen gemeint ist, sondern die Bereitschaft, Geld direkt in den Konsum der im spätkapitalistischen Land hergestellten Waren und Leistungen zu stecken. In der Argumentation, man könne die Migranten im Handumdrehen Bewohnern des spätkapitalistischen Landes gleichmachen, schwingt natürlich die Überzeugung der Verwaltung mit, dass die Migranten der neuen repressiven Konsumverführung im Lande schnell erliegen. Woher sie das Geld für diese Konsumbedürfnisbefriedigung nehmen, interessiert die Kapitalisten wie üblich nicht. Wahlweise kann eigenes Geld (was teilweise an den Staat abgegeben werden muss) ausgegeben werden, die Migranten gehen einer ausbeuterischen Arbeit nach, versuchen selbständig über die Runden zu kommen, werden straffällig oder es greifen solidarische Maßnahmen. Eine am Boden liegende Wirtschaft im zerstörten Heimatland sorgt im Übrigen dafür, dass das dorthin überwiesene Geld ebenfalls für die importierten Produkte aus dem spätkapitalistischen Land ausgegeben wird.

Hat die Migration ihre Ursache wirklich nur in dem erwarteten repressiven Konsum? Das ist doch etwas sehr weit hergeholt.

Das meine ich auch nicht. Die Annahme, dass ein antizipierter Anstieg des repressiven Konsums durch Migranten das spätkapitalistische System dazu bringt, zu diesem Zweck Krieg und Elend zu generieren, ist, meiner Meinung nach, in das Reich der Verschwörungstheorien zu verbannen. Das heißt aber nicht, dass der Profiteur einer vorhandenen prekären Lage der Migranten nicht versuchen wird, auf den Migrationsverlauf Einfluss zu nehmen, um seinen Profit zu mehren (Eine Nachfrage nach Menschen in dem einen oder ein Überschuss in dem anderen Land hat jene schon immer in eine Ware transformiert, sei es als Sklaven [55], Fachkräfte oder Konsumenten). Die Ursachen für Krieg und Elend können aber ganz woanders liegen. Ich hatte dir ja gesagt, dass die Frankfurter Schule, meiner Meinung nach, das Ressourcenproblem etwas außer Acht lässt. Dies kann man nicht nur auf die Umweltzerstörung beziehen. Der Spätkapitalismus benötigt nämlich für die profitable Befriedigung repressiver Bedürfnisse übersprudelnde

Rohstoffe, effiziente Technologien und billige Arbeitskräfte, Letztere um die immernoch begrenzte Produktivität auszugleichen. Krieg und Elend können also durch den spätkapitalistischen Drang nach geopolitischer Rohstoffkontrolle hervorgerufen werden, unmenschlichen Ausbeutung durch den nach billigen Arbeitskräften. Der springende Punkt ist, dass die so hervorgerufenen Migrationsursachen letztendlich in der Reproduktion der spätkapitalistischen Produktionsweise und besonders der Warentoleranz der Einwohner des spätkapitalistischen Landes liegen. Man redete sich dort allerdings gern ein, Krieg und Elend in der Welt seien Schicksal oder durch unbelehrbare Diktatoren verursacht, auf die man sowieso keinen Einfluss habe. Die eigene Verantwortung für den Kriegszustand, z.B. auch durch Waffenexporte, wird ausgeblendet.

Wie vergleichst du deine Betrachtungen mit den offiziellen Verlautbarungen während der Flüchtlingskrise?

Ohne dass Politiker die Migrationsursachen öffentlich detailliert analysierten, konnte man in Deutschland ab 2015 ein ganzes Potpourri an argumentativer Unterfütterung für die Aufnahme der Migranten beobachten, anstatt einfach den befreienden Charakter von Hilfe, sowohl für die Hilfeleistenden als auch die Hilfeempfänger herauszustellen. Es schien, als ob Politiker und deren Berater geradezu Angst vor einer derartigen Äußerung hatten. Traute die Verwaltung der deutschen Bevölkerung eine solche Hilfeleistung nicht zu? Oder reden sich Politiker ein, dass alles was passiert, ihr System stützen muss? Stattdessen wurde bzgl. der Migranten von neuen Arbeitskräften gesprochen. Dass der angebliche Mangel an Arbeitskräften in Deutschland angeblich durch die Migranten angeblich aufgehoben werden kann, ist extrem zynisch, weil impliziert wird, dass der Krieg als Ursache der Flucht für Deutschland willkommen sei und dass man auf die Verhältnisse vor Ort, die durch Arbeitskräftemangel geprägt sind, keine Rücksicht nehmen müsse.

Eine ähnliche Argumentation kann man übrigens gegen die nicht weniger zynische und pauschale Aussage anführen, die Migration würde Deutschland vor der Überalterung bewahren. Sind ältere

Migranten nicht willkommen? Ebenso wurden die positiven Effekte der ethnischen Vielfalt, neuen Engagements und neuer Chancen für alle hervorgehoben. Außerdem erweckte man gelegentlich den Eindruck, die Deutschen würden sich mit der Migrationspolitik von ihrer historischen Verantwortung loskaufen können, was sich mit der deutschen Besonderheit des geliebt werden Wollens paarte. Tuvia Tenenbom [149] sagte im Frühjahr 2017 bei einer Buchbesprechung: Die Deutschen wollen, dass man sie liebt, die Migranten wollen, dass man ihnen hilft. Es entsteht ein fatales Tauschgeschäft: Liebe gegen Hilfe. Die Widersprüchlichkeit der genannten Aussagen von Politikern und Massenmedien zeigt, dass die Verwaltung von der Legitimierung ihres speziellen Umgangs mit der Migrationskrise beinahe überfordert war.

Rassistische und nationalistische Demagogen nutzen dieses Chaos natürlich aus.

Man kann sich als etablierter Politiker bequemerweise zurücklehnen und die Schuld an der Ablehnung der Migrationspolitik durch beträchtliche Teile der Bevölkerung nur auf andere Leute schieben. Es wäre aber angebracht, sich einzugestehen, dass man sie mit hervorgebracht hat. Hinzu kommt, dass das Verhalten gegenüber Migranten, die in Deutschland ankommen, stark korporativ ist.

Korporatives Verhalten existiert schon seit Anbeginn der Menschheit. Es diente und dient Gemeinschaften zur kollektiven Gefahrenabwehr, z.B. bei Überschwemmungen oder Angriffen, zu deren Neutralisierung Behörden, Firmen und die Zivilgesellschaft zusammenarbeiten. Es wurde speziell während der Aufklärung ausschließlich positiv betrachtet, wie es J. W. v. Goethe auf den Punkt brachte [74]: Korporatives Verhalten kann nicht dasjenige von Egoisten sein. Dabei handelt es sich um eine fatale Pauschalisierung, die in der Geschichte zu zerstörerischem korporativen Handeln, wie z.B. in den Weltkriegen geführt hat. Starkes korporatives Handeln, bei dem die Individuen auf jenes Handeln reduziert sind, bedeutet nichts anderes, als das Ende von deren Ähnlichkeit im Sinne von Nicht-Ganz-Identisch-Sein. Somit ist die Reduzierung der Individualität ein Alarmsignal gegen Pauschalisierung und den daraus resultierenden Chauvinismen.

Durch die Migranten, die in Deutschland angekommen sind, ist wieder eine korporative Maschinerie in Gang gekommen, wobei die speziell von linksbürgerlichen Milieus gewünschte Integration und soziale Alimentierung, genauso wie die von rechter Seite gewünschte Abschottung, der Neutralisierung der "vermeintlichen" Gefahr gelten. Die undifferenzierte Betrachtung der Migranten als durch Integration, tatsächlich vollständige Assimilation, zu neutralisierende Erscheinung macht die linksbürgerlichen Milieus ebenfalls zu Subjekten rassistischen Verhaltens. Die pauschale Verkindlichung und vermutete universelle Hilfebedürftigkeit der Migranten ist letztendlich eine Selbstverzerrung des Empfindens vieler Linker, nämlich Angst. Man redet sich durch die Selbstverzerrung die pauschale gleiche Harmlosigkeit aller Migranten ein.

Ich kann mich an die Ostermärsche der Friedensbewegung von 2017 erinnern. Im Berliner rbb wurden die runtergeschrieben, als Sammelbecken für Verschwörungstheoretiker und Neurechte bezeichnet [150].

Das Problem liegt darin, dass sich die Medien und die Politik zwischen 2015 und 2017 fast nur auf die Willkommenskultur konzentriert haben. Das "Refugees welcome" klang, nachdem man die Notwendigkeit der Emigration in der öffentlichen Diskussion weg von dem Rettungsanker für Kriegs- und Elendsflucht hin zu ökonomisch-kulturellen Aspekten verschoben hatte, manchmal eher wie das "Members welcome" eines exklusiven Golfklubs.

Möglicherweise wollte man den Migranten eine neue, privilegierte Identität geben, das Gefühl, dass sie 'wertvoll' sind.

Gut gemeint. Der Schuss ging trotzdem nach hinten los. Vielmehr wurden fatale Fehleinschätzungen der unterschiedlichen Situationen der Migranten durch große Teile der Bevölkerung induziert. Die Zivilgesellschaft hat außerdem zu lange geschlafen und erst zu spät erkannt, dass die ausschließlich positive Beurteilung dessen, dass Migranten nach Deutschland kommen, die Ursachen hierfür, nämlich z.b. den Krieg und das Treiben der Schlepper, ebenfalls ungewollt in ein positives Licht rückte. Frag doch mal bitte einen der Helfer auf dem Mittelmeer, der jeden Tag Menschen aus Afrika vor dem Ertrinken rettet, die sich aufgrund mörderischer, kriegerischer Konflikte und der falschen Versprechen krimineller Schlepper hier wiederfinden, wie toll er es findet, dass durch die Migration die ethnische Einseitigkeit, der Fachkräftemangel oder die Überalterung Deutschlands überwunden werden können. Nein, es war bereits zu spät für bürgerliche Antikriegsdemonstrationen. An dieser Stelle hätte die Zivilgesellschaft zumindest kämpfen können, um sich das Thema Frieden und Abrüstung wieder zurückzuerobern.

Aber was können wir tun, um den Migranten wirklich zu helfen? Spenden und hoffen, dass es die richtigen trifft?

Gute Idee! Spenden helfen und laufen dem spätkapitalistischen System entgegen und sie haben daher einen erotischen Aspekt. Teil der gerichteten Verweigerung ist nämlich das Teilen des Reichtums mit den Unterprivilegierten. Unter Umständen können Firmen, welche diese Hilfe verwalten, jene profitabel vom spendenden Menschen entfremden, und jenen wiederum vom Empfänger seiner Spende. Der Spender oder Helfende kann durch das technisierte solidarische System nicht mehr persönlich nachvollziehen, wem geholfen wird, noch wo geholfen wird. Ihm fehlt also das Erlebnis der Erfüllung dieses historisch-freien Bedürfnisses, um sich weiter von den repressiven Bedürfnissen zu emanzipieren. Stattdessen wird er Teil eines Ablasshandels, d.h., das repressiv erzeugte Bedürfnis, sich von einer Schuld freizukaufen, dominiert das Bedürfnis zu Hilfe. Auch für die Bedürftigen wird durch ein technisches System die Hilfe be-/entfremdet, wobei sie natürlich zuerst an ihre materielle Versorgung denken werden: Aus Sporttrikots, deren Hersteller gleichzeitig einen Spendenverein betreibt, kann man sich zur Not auch einen Wintermantel zusammennähen.

Willst du etwa auf die "böse Hilfeindustrie" hinaus?

Ich sehe die Effektivierung der Hilfe durchaus positiv. Negativ wird sie erst durch die Be-/Entfremdung. In diesem Zusammenhang würde ich an deiner Stelle immer auf die Transparenz der Hilfe achten, ansonsten wirst du zum Hilfeproduzenten, dem ein Verwaltungskonzern vorschreibt, welche Art Hilfe er zu produzieren hat und dem Bedürftigen vorschreibt, welche Hilfe er zu konsumieren hat. Durch die entfremdete Art der Hilfe wird es ihren Gegnern leichtgemacht, humanistische Tendenzen in den voneinander entfremdeten Menschen zu unterdrücken, z.b. durch das offene Verneinen der Hilfebedürftigkeit überhaupt. Auf der anderen Seite wird der profitorientierte Missbrauch der Hilfsbereitschaft begünstigt. Dass unkontrollierte Strukturen mit solidarischer Mission aber permanentem Geldzufluss zu expandierenden, Profit anhäufenden Kraken werden können, ähnlich wie die Bürokratie, ist von US-amerikanischen Gewerkschaften bekannt. U.a. deren Kontrolle hatte der Racketeer Influenced and Corrupt Organizations Act (RICO) vom 15. Oktober 1970 zum Ziel [151].

Und warum nehmen die osteuropäischen Länder keine Migranten auf bzw. Deutschland so viele?

Nun, Ungarn beispielsweise nimmt wohl Reiche [152] und qualifizierte Fachkräfte [153] auf. Das hochkapitalistische System der osteuropäischen Länder bedarf hauptsächlich potenter Konsumenten mit eigenen Konsumvorstellungen und Arbeitern mit hoher Fachkompetenz, durch die es die angestrebte hohe Produktivität zu erreichen trachtet. Der Hochkapitalismus ist nicht darauf ausgerichtet, Menschen vermittels Alimentierung gezielt zu Konsumenten zu machen. Er hat es noch nicht nötig und er hat noch nicht die Mittel dazu. Ein Zuzug, z.B. von vielen armen, niedrig qualifizierten Migranten mit schlechter Ausbildung und mangelnder Sprachkenntnis, die, wie im Hochkapitalismus üblich, ohne staatliche solidarische Leistungen auf sich selbst gestellt, zwangsläufig in prekären Arbeitsverhältnissen mit geringer Produktivkraft enden würden, könnte die hochkapitalistische Erfolgsgeschichte nicht fortsetzen und der Sprung in den Spätkapitalismus würde sich verzögern. Geschäftemacher in diesen Ländern werden sich trotzdem nicht von der Ausbeutung der Migranten abhalten lassen, um sie anschließend loszuwerden.

Migranten, die nach Deutschland kommen, gibt es doch schon seit langem?

Deutschland, das mit der Industrialisierung zu einem Einwanderungsland wurde, ist tatsächlich ein gutes Modell um die Proletariergruppen zu identifizieren, die die unterschiedlichen kapitalistischen Ökonomien jeweils benötigten. Der von Mangel geprägte Frühkapitalismus (z.b. nach 1945, aber auch Ende des 19. Jahrhunderts) benötigte hauptsächlich Arbeitskräfte ohne größere berufliche Vorbildung. In der hochkapitalistischen Phase waren sehr gut ausgebildete Fachkräfte gefragt, die man inzwischen aus der eigenen Bevölkerung bzw. durch Abwerben von hoch Gebildeten aus anderen Ländern mittels ökonomischer Reize erzeugen konnte. Die spätkapitalistische Phase benötigt im Wesentlichen potente, tolerante, manipulierbare Konsumenten, bei denen eher die Konsummotivation als die Kaufkraft zählt, sowie die Verwaltungsintelligenz. Deutschland hat übrigens bei der repressiven Massenintegration von konsumsensiblen Zuwanderern die meiste Erfahrung in der jüngeren Vergangenheit, da es die DDR-Bürger integriert hat.

Und wie haben sich die Phasen auf die Integration in die Gesellschaft ausgewirkt?

Während man bestrebt war, die Zuwanderer direkt nach 1950 mit allen Mitteln in einfache Arbeitsprozesse zu integrieren und extrem tolerant, besser ignorant gegenüber ihrer Kultur war, wurde die gesellschaftliche Integration in dieser Zeit stiefmütterlich behandelt. Sie fand dagegen in den 70er und 80er Jahren statt, da man ja im Rahmen der hochkapitalistischen Differenzierung eine hohe Anzahl an Fachkräften und im beginnenden Spätkapitalismus eine Intelligenzschicht für die Verwaltung benötigte, die zur Erfüllung ihrer Aufgaben untereinander und vor allem mit der restlichen Bevölkerung kommunizieren mussten. Die spätkapitalistische Integration war auf die Konsummotivation der Zuwanderer ausgerichtet, man verhielt sich also extrem tolerant gegenüber allem, was jener zugute kam. So lässt sich erklären, warum die DDR-Bürger nach 1990 sofort konsumtechnisch integriert wurden, die kulturelle Integration, z.B. durch spezifische politische Bildung, jedoch ignoriert wurde, speziell in den Schulen. Dies ist bis heute noch der Fall. Möglicherweise deswegen, weil die totalverwaltete gesellschaftliche Kultur der DDR der vom spätkapitalistischen System angestrebten näherkommt als eine demokratische Kultur.

Besonders interessant fand ich eine Aussage von Frank Richter von der Landeszentrale für politische Bildung in Sachsen. Er sagte sinngemäß, dass viele Ostdeutsche immernoch erwarten, dass die Demokratie wie ein mechanischer Apparat, quasi mathematisch funktionieren sollte, ohne die Notwendigkeit der Mitgestaltung [154]. Meiner Meinung nach resultiert dies aus der Erziehung im Sinne der Marxschen geschlossenen Gesellschaft, d.h., dass die Geschichte nach einem festgelegten Plan ablaufen würde, den man sowieso nicht beeinflussen könne. Die gleiche Herangehensweise wird heute auf das neue politische und wirtschaftliche System übertragen. Das Problem bei der Geschichte ist aber, dass viele Migranten noch schlimmer enden könnten als viele DDR-Bürger, d.h. integriert ausschließlich bzgl. ihrer Rolle als Konsumenten, als auch bar ihres historischen Selbstbewusstseins und mit einer komplett falschen Vorstellung davon, was eine offene Gesellschaft bedeutet. Eine praktische Integration müsste zu allererst an der politischen Bildung und der Vermittlung des Grundgesetzes ansetzen.

Und wie sieht die Situation für die Einwanderer heute aus?

Heute gibt es sicherlich viele frühkapitalistisch ausgebeutete Einwanderer, für die keine Möglichkeiten der gesellschaftlichen Integration existieren, selbst wenn sie jene innerhalb der halben Stunde Freizeit, die ihnen zwischen ihrer auslaugenden Arbeit und der Familie zur Verfügung steht, verwirklichen wollten. Hierfür gibt es einfach kein Interesse des Systems. Hoch- und spätkapitalistisch ausgebeutete, spezialisierte Migranten sind systembedingt

integriert, d.h., sie sind mit ihrer Umgebung kommunikativ vernetzt, da sie, neben dem Konsum, ebenfalls Träger der Verwaltung
des Systems sind.

*Während der Migrationskrise wurden ja die Medien sehr stark kri-
tisiert.*

Viele Medienleute wollen heute vor allen Dingen spannende Geschichten erzählen. Die erzählerische Herangehensweise an die
Faktendarstellung wird inzwischen breit akzeptiert. Die bloße
Wiedergabe von Fakten ist nämlich sowohl eine intellektuelle Un-
terforderung als auch ein Verlustgeschäft, weswegen die Fakten
"verarbeitet" werden. Außerdem arbeiten Journalisten nach bestimmten moralischen Verpflichtungen und Selbstverpflichtungen
[155]. Derjenige, der sich nur durch die Medien und nicht vor Ort
informiert, z.B. als Helfer, wird daher immer eine Mischung aus
Story, Meinung und Fakten erhalten. Zum Zweck des profitablen
Verkaufs von Geschichten bedienen Medien bestimmte Konsummilieus und wirken sogar integrativ, d.h., sie sind an deren Schaffung beteiligt. Besonders interessant ist hierbei der politische Jour-
nalismus. Welche Bedürfnisse nach politischen Weltbildern führen zu maximalem Gewinn für das journalistische Medium bei deren Befriedigung? Natürlich diejenigen, die ein breites, finanzstar-
kes Publikum erreichen. Wenn dieses Publikum in homogenen
Konsummilieus zusammengefasst ist, wird die resultierende Konsumbedürfnisbefriedigung umso profitabler. Noch dazu wird man
die selbst mit erschaffenen Milieus gegeneinander ausrichten, was
dann zur gewünschten Auflagen- und Gewinnmaximierung führt.
Eine Möglichkeit der Ausbeutung einer solchen Situation ist der
sich ständig reproduzierende Tabubruch, um verschiedene Milieus
zu empören und so die Auflage zu steigern.

Aber welche Milieus sind für die Medien am profitabelsten?

Um das zu erkennen, muss wieder der Konsumwert des Milieus
betrachtet werden. Unter hochkapitalistischen Bedingungen wäre
die Warentoleranz sehr gering und die Milieus konsumtechnisch

divers (da sie sich ja nicht über den gemeinsamen Konsum definieren). Der Medienkonzern wäre darauf bedacht, die Informationen, die er verbreitet, an den Interessen der Konsumenten auszurichten, wobei er natürlich umso höheren Profit generiert, je höher die Zahl der Konsumenten seines Mediums ist und je nachhaltiger diese konsumieren, was er z.B. durch Informationsdiversität erreicht. Im Spätkapitalismus steuert der Konzern dagegen die Profitmaximierung und nicht der Konsument. Das wiederum bedeutet, dass bestimmte Inhalte nur noch durch bestimmte Medien transportiert werden. Auf diese Weise führt eine einheitliche Meinung innerhalb des Konsummilieus dazu, dass auch die gleichen Medien aus dem gleichen Konzern konsumiert werden. Der Schlüssel zur Profitmaximierung ist das repressive Bedürfnis der Milieumitglieder, eine bestimmte einheitliche Meinung zu vertreten, und zwar möglichst verlässlich und mehrheitlich. Daher konsumieren sie das gleiche Medium. Verringert sich plötzlich der Profit, der aus diesem bestimmten Medienkonsum generiert wird, muss sich die Meinung innerhalb des Milieus repressiv schnell wandeln lassen. Auf solche Milieus mit einer maximalen Meinungstoleranz richtet sich der Medienkonzern am liebsten aus. Medienpopulismus wiederum entspräche nicht der Rückkehr zur Informationsdiversität, sondern zu Texten und besonders Bildern, in die die Milieumitglieder die vorgegebenen Meinungen hineininterpretieren können und sie deswegen konsumieren.

Die Medien vermarkten also gleichartige repressive Bedürfnisse in Konsummilieus, die sie dadurch gleichzeitig auch schaffen.

Zunächst einmal ist das Bedürfnis, gleichartige Meinungen zu vertreten, ganz natürlich. Die korrekte eduktive Verifikation/Falsifikation ist wahrscheinlich, wenn mehrere Agenten (i) unabhängig voneinander, d.h. konvergent, oder (ii) in einer Form des Konsenses zu dem gleichen Ergebnis gekommen sind, wobei ich die Konvergenz für aussagekräftiger halte als den Konsens, dessen Vorteil wiederum im Austausch von Wissen liegt. Die Konsensausrichtung von Diskurs bringt jedoch mehrere Probleme mit sich: (i) Die priorisierte Anpassung an die Bedürfnisse einer alle Alternativen unterdrückenden Herrschaft bedeutet die Suche nach *100%igem*

Konsens, da er die vollständige Anpassung der Agenten an priori-tär jene Herrschaft reflektiert. Andererseits bedeutet der Konsens bei der Priorisierung eines Anpassungsziels die Anpassung der Be-dürfnisse einer Agentengruppe an die der zugehörigen Gemein-samkeit, d.h. die Herrschaft der Letzteren. Der Konsens allein sagt aber nicht aus, ob die konsensierten Bedürfnisse historisch-frei oder repressiv erzeugt wurden. Die parlamentarische Demokratie ist beispielsweise durch permanenten Dissens, ja Streit gekenn-zeichnet und durch den Mehrheitsbeschluss, der keinen vollstän-digen Konsens braucht, wobei die Qualifikation der Mehrheit, also der prozentuale Anteil an Stimmen, der für eine Progression nötig ist, davon abhängt, ob über eine Bewertung einer Gemeinsamkei-ten oder die Werte selbst abgestimmt wird.

Auf der anderen Seite bedeutet ein intensiver Gemeinwille keines-falls zwangsläufig die (unbewusste) Anpassung an das Bedürfnis eines repressiven Herrschers. (ii) Im Vergleich zur Konvergenz kann der Konsens die Wahrheit vorgaukeln. Wenn zwei Nachbarn gleichzeitig aus den Türen ihrer Häuser treten, ohne vorher mitei-nander gesprochen und auch ansonsten nicht viel miteinander zu tun zu haben, verifiziert der Fakt, dass sie Regenjacken tragen, dass es gerade regnet. Sie haben sich unabhängig voneinander über das Wetter informiert und sicherlich aus dem Fenster geschaut. Haben sie vorher jedoch miteinander telefoniert und einen Kon-sens bezüglich einer hohen Regenwahrscheinlichkeit erzielt, mög-licherweise aufgrund des Konsums der gleichen Wettervorhersage, bedeutet das nicht, dass der Regen auch eintritt, nur weil sie beide dieser Meinung sind. Das Gleiche gilt für zwei andere Nachbarn, die möglicherweise einen Konsens darüber erzielt haben, dass es gerade schneit.

Der milieuspezifische Konsens wirkt natürlich innerhalb des Mili-eus integrativ, egal ob nun falsches oder richtiges Wissen konsu-miert wird. Andererseits stehen die ersten Nachbarn den zweiten in ihren Meinungen polarisiert gegenüber. Diese Polarisation wird noch gesteigert, wenn sich die Meinungsmilieus gegenseitig als minderwertig einschätzen. D.h., man darf keinesfalls zu dem glei-chen Ergebnis kommen bzw. der gleichen Meinung sein wie das andere, vermeintlich minderbemittelte oder gar böse Milieu, was die Verifikation begrenzt-universeller Gesetze massiv erschwert. Über den sichtbaren Konsum und den milieuspezifischen Konsens kann sich ein kleiner Unterschied zwischen jenen Milieus selbstverstärkt zu einer schier unüberwindbaren Polarisierung steigern: Ein Mitglied des Milieus *A* kauft sich eine Flasche Apfelsaft. Milieu *B* wird dessen gewahr und meidet Apfelsaft in Zukunft zugunsten von Orangensaft. Milieu *A* hingegen meidet ab jetzt Orangensaft. Beide Milieus beginnen, eine instrumentelle Vernunft zur Rechtfertigung ihres Konsumverhaltens zu entwickeln und konsumieren die entsprechenden Medien, die sich wiederum auf die Polarisierung eingestellt haben und von ihr profitieren.

Die unter anderem durch die Medien geschaffenen Konsummilieus und die damit verbundene Pauschalisierung führen zu einem Paradoxon, das man als Verallgemeinerung des Ichbezugs verstehen kann. Das Wirgefühl der Konsumgruppen beruht nämlich darauf, dass man bestimmten Gruppen bestimmte Eigentümlichkeiten zuschreibt, die außerhalb des Konsums liegen. Man versteht die Gruppe nur über die Idee der Gruppe, nicht über deren Mitglieder. So begreift man z.B. die Gruppe der Radfahrer nicht nur als Sammelbegriff von Individuen, die zufällig ein Fahrrad ihr Eigen nennen, sondern die darüber hinaus die gleichen Eigentümlichkeiten haben, möglicherweise gleiche politische Ansichten und damit gleichen Medienkonsum. Diese Betrachtungsweise soll natürlich auf die Radfahrer zurückwirken, sodass sie sich ebenfalls als homogene Gruppe ansehen, die dann jenseits des Konsums von Fahrradöl auch weitere Dinge gemeinsam konsumiert. Das Paradoxon besteht nun darin, dass man von außerhalb der Gruppe gesehen annimmt, dass sich die Individuen darin ganz ähnlich verhalten und jeweils in einer Beziehung zueinanderstehen. Innerhalb der Gruppe betrachtet, redet man sich ein, dass man mit wildfremden Menschen irgendetwas gemeinsam habe, außer dem Fahrrad, was aber natürlich nicht zwingend der Fall ist. Einsame Geister können aber auf die Idee kommen, sich in das Konsummilieu der Radfahrer "einkaufen" zu wollen, indem sie sich z.B. ebenfalls ein Fahrrad anschaffen.

366

Und die öffentlich-rechtlichen Medien? Die sind doch unabhängig?

Insbesondere in Deutschland sind diese Medien stark querfinanziert, woran der Auftrag geknüpft ist, die Bevölkerung objektiv und unabhängig zu informieren. Daher befinden sich im Rundfunkrat der ARD "...Rundfunkratsmitglieder der beiden großen Konfessionen, der jüdischen Kultusgemeinden, der Arbeitnehmer und Arbeitgeber, Parlaments- oder in jüngerer Zeit eher Parteienvertreter sowie Regierungsvertreter. Die Amtszeit der Rundfunkräte beträgt zumeist vier, fünf oder sechs Jahre."[156] Diese Medien sollten aufgrund ihrer auskömmlichen Finanzierung eigentlich unabhängig berichten. Der beigeordnete Medienrat sollte dies zusätzlich gewährleisten. Trotzdem wird die Berichterstattung als eher einseitig empfunden. Was ist der Grund? Die Einflussnahme der Politik, die Herkunft der Journalisten aus bestimmten Milieus, die Steuerung der Medien durch fremde Mächte wie USA oder Russland? Nichts davon ist richtig. Der springende Punkt ist, dass die öffentlich-rechtlichen Medien bzgl. der Beurteilung der Qualität ihrer Beiträge ohne eine historische Repression orientierungslos sind. Daher haben sie eine vermeintliche Qualitätsbeurteilung geschaffen bzw. übernommen, die Zuschauerquote. Diese ist für private Medien unerlässlich, um Profit durch Werbung zu generieren. Für die spätkapitalistische Verwaltung ist sie ein Maß dafür, wie viele Mitglieder der Gemeinschaft zwecks repressiver Integration erreicht werden. Die Quote sorgt dafür, dass die öffentlich-rechtlichen Medien quasi wie private funktionieren und die in den privaten Medien erkannten Methoden zur Induktion repressiver Bedürfnisse kopieren und verstärken, was wiederum im Sinne der spätkapitalistischen Verwaltung ist.

Ich dachte immer, die Ausrichtung der Medien heutzutage auf linke Standpunkte würde aus Überzeugung der Journalisten erfolgen.

Für die Linksausrichtung vieler Medien gibt es, meiner Meinung nach, mehrere Gründe, sie alle bestimmen sich aber letztendlich

367

nach dem antizipierten Profit. Einer davon leitet sich aus den Besonderheiten der sogenannten werberelevanten Altersgruppe ab. Die Gruppe der jungen und sich jung fühlenden Menschen hat eher eine solidarische und tolerante Weltanschauung. Gleichzeitig ist sie eine motivierte Konsumgruppe. Die Jugend ist leicht manipulierbar und probiert immer neue Waren aus. Und sie kann sich flexibel anpassen.

Ist denn die Ausrichtung auf Kinder bei der Konsumwerbung ein typisches Phänomen, nicht nur eines der Medien?

Ja! Hinzu kommt, dass das spätkapitalistische System eine Vergrößerung dieser Konsumgruppe anstrebt.

Wie soll das funktionieren, durch mehr Geburten?

Im Spätkapitalismus findet eine Verkindlichung von jungen und sogar älteren Erwachsenen statt, indem ihnen ein Jugendwahn eingeimpft wird. Man bringt sie dazu, sich wieder jung zu fühlen, indem sie die zahlreichen Waren und Meinungen konsumieren, die eigentümlich für Kinder und Jugendliche bestimmt sind. Die andere Seite der Medaille ist die Zurückdrängung der Alten aus der Gesellschaft. Da sie nicht wie gewünscht immer Neues konsumieren, werden sie gern in Altersheimen entsorgt und aus Entscheidungsprozessen entlassen. Die Verkindlichung hat aber noch einen weiteren, für die Systemreproduktion viel wichtigeren Aspekt: Die historische Naivität, die mit gesellschaftlicher Amnesie gleichzusetzen ist. Auf diese Weise kommen verkindlichte Menschen gar nicht auf die Idee, ihre Lebenssituation kritisch zu reflektieren.

Eine weitere Ursache der momentanen ideologischen Ausrichtung der Medien liegt sicherlich in der historisch gewachsenen Attraktivität des links-bürgerlichen Milieus. Diese resultiert aus der Emanzipation der 1968er Generation von der Schuld ihrer Eltern, die sie durch eine verantwortungsvolle Intoleranz gegen den Faschismus und den damaligen Imperialismus ersetzen konnte. Dieses gemeinsame Erlebnis der Befriedigung eines historisch-freien Bedürfnisses hat sich langfristig in das Gedächtnis eingebrannt und ein harmonisches Spannungsfeld erzeugt, welches aber zunehmend repressiv integriert wird. Geht man davon aus, dass dieses Milieu momentan die höchste Konsumkraft bzgl. der etablierten Medien hat und dass Entscheidungsträger in diesen Medien selbst jenem Milieu angehören, werden die genannten Medien die für dieses Milieu interessante Themen und Meinungen reflektieren.

Wie verhält sich die Formierung von Konsummilieus zu den Informationsblasen?

Die Verifikation bzw. die Falsifikation von Thesen im Rahmen der Suche nach begrenzt-universellen Gesetzen beruht u.a. auf permanenten Rückkoppelungen mit der Umgebung. Man kann auch von Meinungskonsum sprechen. Erreicht man eine gewisse Selbstkonsistenz, d.h., bestätigt der Meinungskonsum diejenige Meinung, die man sich gebildet hat, scheint die Wahrheit gefunden zu sein. Allerdings ist sie objektiv nur dann, wenn man alle objektiven Informationen konsumiert, für die (die für) das Gesetz relevant ist (sind). Der Begriff der Informationsblase bedeutet, dass sich eine Meinung zu einem bestimmten Thema durch den fortschreitenden Konsum bestätigender Informationen verfestigt, die nur einen Teil relevanter Meinungen abbilden. Sie gaukeln dem Wahrheitssuchenden die Sättigung vor, weil er keinen Zugriff auf andere/neue Meinungen bekommt. Außerdem wird die sich selbst verstärkende Meinung verallgemeinert und auf andere Bereiche des gesellschaftlichen Zusammenlebens übertragen.

Ein Hauptgrund für dieses Phänomen ist die gewaltige Informationsflut durch das Internet, mit der wir momentan zu kämpfen haben. Das Internet simuliert dabei den Wahrheitsvirus, aber nur in eine Richtung. Das bedeutet, jemand der eine bestimmte Aussage verneinen oder falsifizieren möchte und sich deswegen auf eine Internetrecherche begibt, hört irgendwann nicht mehr die Agenten, welche die die Aussage reflektierenden Gemeinsamkeiten teilen. Es genügt nämlich nur ein kleiner Stoß, um das Meinungspendel in eine bestimmte Richtung ausschlagen zu lassen. Einmal unterwegs, wird der Rechercheur diese Richtung nicht mehr verlassen können und nur noch mit konformen "Fakten" bombardiert. Der

Stoß kann entweder geschickt durch eine versteckte Repression erfolgen oder dem Zufall überlassen werden, wobei die profitorientierte Repression die vermeintlich einzigen Alternativen zur Verfügung stellt, jedoch an allen verdient. Im Ersteren Fall wird ein bestimmtes Konsummilieu gezielt permanent vergrößert. Der zweite Fall führt zu einer starken Selbstpolarisierung gegeneinander ausgerichteter Konsummilieus. Bei hoher repressiver Toleranz (z.B. aufgrund von Amnesie) in der Gesellschaft können Individuen sogar innerhalb kurzer Zeit zwischen den Blasen wechseln. Gleichzeitig stellt die Informationsblase eine Abwehrreaktion des Menschen dar. Er ist nämlich durch die auf ihn einprasselnde Informationsflut gezwungen, sich zu sehr vielen verschiedenen Themen eine Meinung zu bilden. Dazu gehören heute:

-der Krieg in Syrien, die Rolle Russlands, der EU, der USA, der NATO, Assads, usw.

-die Aussagen von Donald Trump und Hillary Clinton vor den Wahlen in den USA

-der Klimawandel und das Verhältnis zwischen dem menschlichen Anteil und natürlichem Anteil daran

-die Flüchtlingskrise und das Verhältnis zwischen Kriegs- und Wirtschaftsflüchtlingen

Zu jedem dieser Themen müsste der Mensch sämtliche im Internet vorhandenen Quellen durchforsten, sie miteinander vergleichen, insbesondere auf deren Plausibilität prüfen, um schließlich eine Meinung zu präferieren, ohne die gegenteiligen auszublenden. Dies ist zeitlich nicht einmal für eines dieser Themen möglich. Für weitere Themen würde der zeitliche Aufwand quadratisch ansteigen. Daher schränkt der Mensch, in einer Abwehrreaktion, bereits von sich aus die möglichen Alternativen ein, wobei er meist nur noch die extremen zulässt. Für die oben genannten Themen würde das bedeuten, dass man:

(i) entweder Putin/Assad oder dem Westen glaubt,

(ii) entweder Clinton oder Trump für einen Lügner hält oder

(iii) die genannten Verhältnisse bei der Flüchtlingskrise oder beim Klimawandel entweder mit *0:100%* oder *100%:0* annimmt.

Um die Denkarbeit noch weiter zu verringern, werden Meinungen zu Themen, die über bestimmte Gemeinsamkeiten verfügen, anhand dieser Gemeinsamkeiten gebildet und nicht anhand der einzelnen Themen. D.h., die Anpassung erfolgt an eine falsche Gemeinsamkeit. Der letzte Punkt ist die Illusion der Transzendenz. Sind die Meinungskonsummilieus über alle Herren Länder, alle möglichen Kulturen und Sprachen verstreut, so entsteht für diejenigen Menschen, die sich bewusst aus vielfältigen Quellen informieren wollen die fatale Illusion einer wahrheitsfindenden Vielfalt.

Kann man sich aus der Blase nicht befreien?

Das Hauptproblem ist die Selbstverstärkung der falschen Rahmenbedingungen, die zu einer Entgrenzung bzw. Desintegration führt. D.h., Agenten werden durch eine sich aufblähende Gemeinsamkeit absorbiert, die dabei sämtliche anderen Gemeinsamkeiten und damit die transzenzierbaren Strukturengrenzen verneint. Das ist nicht nur aufgrund ultimativer IntegrationsWerte möglich (Man kann als Einzelperson nicht alle zugänglichen Fakten sichten), sondern auch solcher, die von den entgrenzten Gemeinsamkeiten selbst gesetzt werden. Stelle dir Agenten vor, die in zwei Meinungen integriert sind: (i) "Man sollte Sport treiben, um gesund zu bleiben" und (ii) "Man sollte sich gesund ernähren, um gesund zu bleiben". Das Aufblähen der Meinung (i) und die Absorption vieler Agenten bei gleichzeitigem Ignorieren oder Verneinen von (ii) durch einen entsprechenden IntegrationsWert würde die Meinung (ii) schließlich auslöschen.

Eli Pariser beschrieb die Informationsblasen in einem Vortrag [157]. Ich baue seine Argumentation mal in mein Verständnis ein: Zunächst beleuchtete er die Zerstörung der alten Informationslandschaften durch die Entstehung des Internets selbst, der aufgrund des grenzenlosen Informationsflusses ein Integrationsschock vorausgeht. Die selbstverstärkt entstandenen neuen Gemeinsamkeiten sind stark entgrenzt, d.h. wenig ineinander integriert und die wenigen Grenzen verlaufen lediglich um die Internetkonsummilieus, die Informationsblasen herum, jedoch nicht durch sie hindurch. Diese geringe Integration beruht darauf, dass Algorithmen entwickelt werden, die das Klickverhalten analysieren. In einem Beispiel verwies Pariser darauf, politisch eher progressiv eingestellt zu sein, aber durchaus Interesse an den Meinungen von konservativen Internetnutzern zu haben. Die Algorithmen blendeten jedoch aufgrund seiner Klickpräferenzen irgendwann die konservativen Meinungen aus. Trotzdem waren immernoch unzählige von progressiven Meinungen ihnen für Pariser zugänglich, sodass der Eindruck bei ihm entstehen konnte, dass die ganze Welt progressiv denke. Dieser Algorithmus führt ebenfalls dazu, dass die gleiche Suchanfrage bei unterschiedlichen Nutzern zu komplett unterschiedlichen Suchergebnissen führt, die nichts mehr mit deren weltweiter Popularität des Ergebnisses, sondern mit dem vermeintlichen Interesse des jeweiligen Nutzers zu tun hat: "Das Internet zeigt uns, was es denkt, das wir sehen wollen. Allerdings nicht das, was wir sehen sollten."

Die Blase entsteht nun dadurch, dass der Nutzer zum Konsum von bestimmten Meinungen gezwungen wird, von denen ein Algorithmus annimmt, dass es die für eben jenen Nutzer angenehmen Meinungen wären. Somit sind wir wieder beim repressiven Konsum innerhalb eines Konsummilieus angelangt. Der Grund für diese Algorithmen ist, meiner Meinung nach, nämlich in erster Linie die Maximierung der Werbeeinnahmen, indem man dem Kunden vermeintlich die Meinung bietet, die er mag. Dass er dadurch auf jene Inhalte konditioniert wird, ihm Meinungen möglicherweise anerzogen werden, ist ein einträglicher Nebeneffekt der Selbstverstärkung. Der Kunde findet sich also irgendwann in einer Blase vorgefertigter Meinungen wieder, die man wunderbar mit bestimmten Produkten assoziieren kann. Pariser beendete seinen Vortrag mit dem Hinweis auf die Notwendigkeit von "Torwächtern", die dem Nutzer das Tor zu unbequemen und herausfordernden Meinungen sowie alternativen Blickwinkeln offenhalten, die also einen hohen IntegrationsWert und damit Diversität garantieren.

Dominierende Milieus legen viel Wert auf die politische Korrektheit der Sprache. Was denkst du darüber?

Die Frankfurter Schule hat sich intensiv mit der Sprache beschäftigt. Das Erlernen der Sprache durch Kinder und die Entwicklung der Sprache, d.h., deren historische Evolution sind dadurch geprägt, dass die erlernten Begriffe zunächst nur nachgeplappert werden, dann in Wechselwirkung mit der kommunizierenden Gemeinschaft mit Bedeutungen belegt werden bzw. sogar mit neuen Bedeutungen im Laufe der Zeit. Umgekehrt bedeutet das, dass sich die Intuition, d.h., das nicht-begriffliche, nicht bewusst-diskursive Denken in Gemeinsamkeiten, in der Sprache widerspiegelt, z.b. durch gleichartige Wörter für gleichartige Zusammenhänge innerhalb grundverschiedener Felder. Die in der begrifflichen Sprache reflektierte SelbstÄhnlichkeit ist gleichzeitig Voraussetzung für ihre Existenz. Der Mensch hätte ohne Ähnlichkeit keine Möglichkeit, auf neu entwickelte Erscheinungen Bezug zu nehmen, da er sie nicht in einen metaphorischen Kontext zur vorhandenen setzen könnte.

Die Verbindung aus der von Theodor W. Adorno analysierten Nicht-Identität zwischen dem Begriff und dem Begriffsgegenstand und der begrenzten Universalität spiegelt sich darin, dass (Ober)begriffe grundsätzlich Universalität vermitteln, diese aber nicht existiert. Der Begriff "Katze" vermittelt das Gefühl der Identität aller Katzen im Rahmen von nur wenigen Gemeinsamkeiten aller Katzen im Universum: das Bild eines Wesens mit Schnurrhaaren, das miaut oder schnurrt, wenn man es streichelt. Man geht in einem eindimensionalen Verständnis davon aus, dass alle Katzen im Universum diese Eigentümlichkeiten besitzen und auch nur diese und auch nur Katzenfutter der Firma "Mauzmiauz" konsumieren. Eine Abkehr von der Eindimensionalität, die für die Etablierung der spätkapitalistischen Wareneintönigkeitstoleranz innerhalb von Konsummilieus verstärkt wird, kann, meiner Meinung nach, nicht dadurch gelingen, dass man die Diversität durch technische Abkürzungen zu erfassen versucht. Die Wirklichkeit ist unzulänglich. Eine Unterscheidung von "normalen" Katzen und NMONS-Katzen (Nicht Miauende Oder Nicht Schnurrende) macht die Unbeherrschbarkeit nicht beherrschbarer und die Welt nur weniger divers. Man sollte eher dazu übergehen, sich der

Diversität der Sprache zu besinnen und vermeintlich gleiche Objekte mit möglichst vielen unterschiedlichen Begriffen, sogenannten Synonymen, zu bezeichnen. Es kommt nicht von ungefähr, dass die Schöne Literatur möglichst viele Synonyme verwendet, Bauanleitungen für Möbel dagegen nicht: In der Literatur geht es um das Lebendige, Möbel sind tot, sie entwickeln sich nicht weiter.

In der "Dialektik der Aufklärung" von Max Horkheimer und Theodor W. Adorno [60] wird von einer "abgegriffenen Sprache" gesprochen, unter deren Verwendung sich keine Neuerung vermitteln lassen, da sie die Gedanken des Angesprochenen in die eingefahrenen Strukturen zurückbringt. Die eingefahrene Sprache wird selbstverwaltet aus Angst vor gesellschaftlicher Abweichung verwendet. Dazu heißt es: "Die Blindheit und Stummheit der Daten, auf welche der Positivismus die Welt reduziert, geht auf die Sprache selber über, die sich auf die Registrierung jener Daten beschränkt. So werden die Bezeichnungen selbst undurchdringlich, sie erhalten eine Schlagkraft, eine Gewalt der Adhäsion und Abstoßung, die sie ihrem extremen Gegensatz, den Zaubersprüchen, ähnlich macht." Ich glaube, dass gerade die deutsche Sprache mit ihrer Möglichkeit der Generierung neuer, imposant klingender Begriffe durch Aneinanderreihung vorhandener besonders anfällig für die Entstehung solcher Zauberspruchbegriffe ist. Auch H. Marcuse [86] diskutiert einen, meiner Meinung nach, sehr relevanten Aspekt, den ich hier mit meinen eigenen Worten wiederholen möchte: Die zunehmend bürokratisch-mechanische Organisation des repressiven Konsums schlägt sich auf die Sprache nieder. Begriffe werden zunehmend mechanisch verstanden. Die Sprache verliert dadurch ihre Intelligenz, ihre Intuition und ihren abstrahierenden Charakter. Die Entwicklung der historischen Weisheit in der Sprache wird durch das spätkapitalistische System rückgängig gemacht. Begriffe spiegeln immer mehr determinierte Prozesse wider.

Ein Beispiel ist das Messen. Ein Ingenieur versteht darunter die Aneinanderreihung von Aktionen zum Bestimmen der Länge einer Strecke, also Lineal nehmen, anlegen, ablesen, aufschreiben. Diese Abfolge entsteht nun im Kopf jedes Zuhörers, wenn er den

Begriff "Messen" hört. Die durch deren Evolution erlangte Intuition in der Sprache, verwandte Dinge mit verwandten Begriffen auszudrücken, z.b. "Bemessung", "Augenmaß", "Maßnahme", die nichts mit der genannten Abfolge zu tun haben, gerät in den Hintergrund. Die Begriffe werden weiterverwendet, allerdings ist ihre gemeinsame DNA nicht mehr verstanden. Ich bin sogar der Meinung, dass die Intuition der Sprache bei der repressiven Verwaltungsarbeit stört, weswegen heute mit Anglizismen und Abkürzungen gearbeitet wird, um sich dieser zu entledigen. Der eindimensionale Mensch ist derjenige, dessen Sprache hauptsächlich hieraus besteht. Eine Ausnahme sehe ich in befreienden identitären Begriffen, die sich Menschengruppen selbst gegeben haben, wie z.B. Bezeichnungen von Nationen und Völkern oder von Hautfarben, wie schwarz, *people of colour, native American.*

Was aber, wenn die Befreiung von der Repression neue Worte benötigt, die die alten teilweise ersetzt?

Da hast du recht, das war die Idee der Höherentwicklung. Eine einseitige Technisierung der Sprache stellt für mich aber keine Höherentwicklung dar. Im Gegenteil, sie streicht die Menschlichkeit aus der Sprache. Dies mag für die Berechnung der Stärke eines Fundamentes für ein Haus angebracht sein, nicht aber für die Beschreibung meiner Beziehung zu dir oder des Mitgefühls für Leidende. Technisierte Bezeichnungen im Bereich der Zwischenmenschlichkeit sind genau die "Zaubersprüche", vor denen Adorno gewarnt hatte.

Und sprechen unterschiedliche Milieus eine unterschiedliche Sprache?

Die spätkapitalistische Sprache steht ebenfalls in engem Zusammenhang mit der Milieubildung. Da der Spätkapitalismus die repressive Gleichheit konsumpotenter Menschengruppen anstrebt, hat er vordergründig zunächst kein Interesse an sprachlicher Repression. Ausgenommen sind diejenigen, die nicht am Konsum des dominierenden Milieus teilnehmen können oder wollen. Solche Personengruppen werden pauschal gern abfällig als dumm

oder asozial bezeichnet, manchmal gönnerhaft als Globalisierungsverlierer, unabhängig davon, ob der implizite Vorwurf gerechtfertigt ist, oder nicht. Das genaue Gegenteil, das aber dem
gleichen Ziel dient, ist der Gebrauch vermeintlich politisch korrekter Ausdrücke, um sich als zu dem guten (Konsum)Milieu ge-
hörig zu erkennen zu geben. Zum Dritten werden durch neue, technische Bezeichnungen neue, rein technisch identifizierte Konsummilieus definiert, z.B. die "Hartzer", das "Prekariat" oder die "Stu-
dent*Innen" [158].

Der Spätkapitalismus zementiert somit unter der Verwendung ab-
fälliger, technisch-faktisch klingender und politisch korrekter
Sprache (z.B. akademische) Konsummilieus als direkte und indirekte Identifikationsinstanz, nicht nur bzgl. des Waren-, sondern
auch des Meinungskonsums, unabhängig davon, wer sich diese
Bezeichnungen wann und warum hat einfallen lassen. Man kann
innerhalb der Milieus davon ausgehen, dass mit fortschreitender
Homogenisierung der Milieus Bezeichnungen immer stärker ent-
individualisiert werden, um auch den Konsum entzuindividualisie-
ren. Dies soll anzeigen, dass jeder zur Teilnahme am homogenisierten Konsum, welcher Ware auch immer, eingeladen ist. Ähnlich wie bei den Bedürfnissen oder der Ethik stellt sich die Frage,
wie viel von der Sprache jeweils repressiv durch die Herrschafts-
verhältnisse vorgegeben wird, oder sich historisch in Form einer
Höherentwicklung ergibt, also historisch-frei ist.

Haben die Begriffe so viel Macht?

Meiner Meinung nach, ja. Begriffe sind von der Realität prinzipiell
losgelöst. Ihr Sinn kann daher sowohl strikt festgelegt als auch beliebig sein. Aber natürlich wirken Begriffe in der Realität. Repressive begriffliche Konstrukte können im realen Leben, speziell
während des Diskurses, wie Käfige wirken. Sie können starre
(Macht)Strukturen, falschen Konsens wie auch repressive Mei-
nungs- und Warentoleranz zementieren. Das liegt daran, dass die
Sprache neben der Arbeit oder der Familie zu den wichtigsten
menschlichen Gemeinsamkeiten gehört, die wie jene begrenzt-
universellen und damit auch unzulänglichen Gesetzen unterworfen

376

ist. Ich gebe dir ein weiteres Beispiel: Die Bezeichnung von Menschen, die einer bestimmten Tätigkeit nachgehen oder ein Schicksal teilen mithilfe von I-Partizipien erinnert mich fatal an die ontologische Differenz Heideggers. Die begriffliche Formulierung dieser Differenz führt meiner Meinung nach immer zu dem gleichen Problem: eine unzulässige gedankliche Separation alles Seiendem vom Sein, aller Studierenden vom Studieren, aller Gewerbetreibenden vom Gewerbe, aller Flüchtenden von den Ursachen ihrer Flucht usw. Daraus erwächst die Angst vor einer objektiven Separation, einer totalen Verarmung an Gemeinsamkeiten und damit vor der Vernichtung des jeweiligen Seins. D.h. man verwechselt das Seiende, das sich durch das Sein erst definiert, mit realen Agenten, die sich tatsächlich von bestimmtem Sein emanzipieren können, und zwingt sie gedanklich in ein einziges, vorherbestimmtes Sein, eine letztendlich falsche (universelle) Gemeinsamkeit. Alkoholkonsumenten müssen immer Alkohol konsumieren, nichts anderes. Sie seien in dem passenden Milieu gefangen, bis sie als solche vernichtet werden.

Und wenn man die Sprache der Nationalsozialisten als negatives Beispiel nimmt?

Die Sprache der Nationalsozialisten war die in Worte gegossene instrumentelle Vernunft. Die Begriffe "Sonderbehandlung" für die Massenvernichtung und "Einheiten" für KZ-Häftlinge kennst du ja. In Victor Klemperers "LTI – Notizbuch eines Philologen" [159] beschreibt er die im Dritten Reich verwendeten neuen Abkürzungen, imposant klingende Worte, sowie Sport-Metaphern. Die Nazis haben die Sprache mechanisiert und bombastifiziert, um ihr Tun über diese Sprache, die den Eindruck abgeklärter Vernunft vermittelt, zu legitimieren und die Mitmenschlichkeit auszublenden. Sämtliches Mitgefühl mit den Leidenden und deren Individualität ist damit aus der Sprache gelöscht worden. Insbesondere wies Klemperer darauf hin, dass die Bewertungen, die bewertenden, vergifteten IntegrationsWerte und damit auch die vergifteten Motivationen selbst in kleinen Floskeln oder Wortgruppen transportiert werden. Der IntegrationsWert klebt sogar an der kleinsten sprachlichen Gemeinsamkeit, die er bewertet.

Im DDR-Sozialismus wies die offizielle Sprache nicht nur Abkürzungen und bedeutsam klingende Formulierungen auf, sie war auch durch Ablehnung bestimmter Formulierungen gekennzeichnet, die als subversiv verstanden werden konnten. Darüber hinaus hat sich die gesamte Antizipationsfähigkeit des DDR-Menschen, seine Intuition und Selbstverwaltung darauf ausgerichtet, vorauszusehen, welche Formulierungen denn opportun bzw. nicht-opportun seien könnten, um sich vor Repressalien zu schützen. Das hatte zur Folge, dass in den Medien, der Politik und im öffentlichen Diskurs nur eine begrenzte Zahl vorgekauter, konformer Formulierungen verwendet wurde, eine DDR-korrekte, armselige Sprache.

In George Orwells "1984" [160], das sich mit der Darstellung einer Diktatur beschäftigt, wird daran geforscht, eine Sprache zu entwickeln, die die Freiheit des Denkens einengt, sodass man gar nicht mehr die Möglichkeit hat, systemkritische Gedanken begrifflich auszudrücken. Beachte diese Zeichen und du wirst die Weiterentwicklung und Befreiung einer Sprache von der Einführung von Repression in die Sprache unterscheiden können. Heute muss man sich fragen, ob man durch die Identifizierung von Individuen durch die Benutzung technischer Abkürzungen und Zeichen, sie nicht ihrer Individualität beraubt. Die Verwendung solcher Begriffe wird dazu führen, dass eine neue, aber trotzdem abgegriffene Sprache etabliert wird, die die bezeichneten Menschen zu Objekten einer instrumentellen Vernunft macht.

Hm, wie wäre es denn dann mit "Student☺nnen" und "Rassist☻nnen", anstelle von "Student*Innen" und "Rassist*Innen"?
***

Kapitel IV: Die verwaltete Evolution

Ich habe immer daran geglaubt, dass wir die Halbwahrheiten und den Aberglauben der Religion hinter uns gelassen haben. Menschen können in unserer aufgeklärten Welt ohne Angst vor dem Höllenfeuer und ohne auf den Himmel hoffen zu müssen ihren Bedürfnissen nachgehen, sich selbst verwirklichen. Frauen müssen nicht mehr die angeblich gottgewollte Rolle hinter dem Herd und als Gebärmaschine einnehmen. Männer müssen nicht mehr den Macho spielen und können ihre Gefühle offen zeigen. Und weil es kein Leben nach dem Tod gibt, müssen wir doch zu Lebzeiten unser Bestes geben, um glücklich zu werden und Andere glücklich zu machen.

Ich war fest davon überzeugt, dass es keinen Gott gibt, und schon gar nicht glaubte ich daran, dass er die Welt und die Menschen erschaffen hat. Ich habe an die Wahrheit und die Wissenschaft geglaubt. Ich bin bei dem "March for Science" mitgelaufen und habe dort gegen die Lüge und gegen die Verbreitung der sogenannten alternativen Fakten demonstriert. Doch heute? Heute wird die Evolutionslehre Darwins ständig in Zweifel gezogen, gar als falsch bezeichnet. Überall häufen sich Vorträge und Bücher, die sie widerlegen wollen, die zeigen wollen, dass das Leben und die Menschen durch ein intelligentes Wesen geschaffen worden sind.

Es gibt unzählige Beispiele: Die Türkei hat im Jahre 2017 die Evolutionstheorie aus den Lehrplänen der Schulen gestrichen. Angeblich seien die Zusammenhänge der Theorie so kompliziert, dass Schüler sie nicht verstehen würden. In Polen haben die Nationalkonservativen dafür gesorgt, dass die Evolutionslehre in den Grundschulen kaum noch eine Rolle spielt. In den USA glaubt nicht nur die Mehrheit der Bürger, dass Gott bei der Entstehung des Menschen seine Hand im Spiel hatte, sondern auch viele renommierte Naturwissenschaftler.

Viele von ihnen glauben an den sogenannten Kreationismus. Der christliche Kreationismus besagt sogar, dass die Erde erst vor ein paar Jahrtausenden entstanden sei, als sie, wie es in der Bibel steht, von Gott erschaffen wurde. Neben diesen "Junge-Erde-Kreationisten" gibt es andere, die das wissenschaftlich ermittelte Alter der Erde anerkennen, trotzdem aber von der Schöpfung ausgehen. Dazu interpretieren sie die sechs Tage der Schöpfung in einen Zeitraum von mehreren Millionen Jahren um. Weißt du, es gibt auch Ideen, dass die Evolution tatsächlich in etwa so ablaufe, wie es die Wissenschaft beschreibt, Gott aber permanent darin eingreife, sie sozusagen lenke.

Und jetzt soll ich dir aus deinem ideologischen Schlamassel helfen? Du willst der ganzen Desinformation und den *fake news*, die einem von überall entgegenwehen, etwas entgegensetzen, etwas Wahres? Gut! Fangen wir mal ganz von vorn an: Stelle dir eine Hütte in der Bronzezeit vor. In dieser Hütte steht ein großer Tisch, an dem mehrere Männer sitzen und Bier trinken. Plötzlich kommt jemand aufgeregt hinein und hält eine flache Holzscheibe von vielleicht *20* Zentimeter Durchmesser in der Hand. Er legt sie vor den anderen Leuten auf den Tisch und platziert zwei kleine, selbstgeschnitzte Menschenfiguren darauf. "Schaut mal, Freunde", sagt er auf bronzezeitisch. "In Wirklichkeit befinden wir uns im Weltall auf einer solchen Scheibe, die von der Sonne und den Sternen umkreist wird, bei denen es sich ebenfalls um solche Scheiben handelt. Die sind mal größer und mal kleiner als die Erdenscheibe."

Die Anwesenden lachen ihn aus. Einer ist vom Biergenuss derartig übermütig geworden, dass er die Scheibe samt den Figuren wütend vom Tisch wischt. Sie fallen auf den Steinfußboden und die Scheibe zerbricht in zwei Hälften. Unser Freund, der Figurenschnitzer, zieht sich einen Splitter in den Zeigefinger, als er die Teile aufhebt.

"Willst du etwa sagen, dass wir irgendwann von unserem Acker herunterfallen, wenn wir zu weit laufen? Und wohin fallen wir dann? Etwa in den göttlichen Wagen, der die Sonne zieht", sagt der Wüterich und der Figurenschnitzer verlässt traurig die Hütte, um sich bei seiner Frau auszuheulen und ihr anschließend die Gewandnadel aus demselben zu ziehen.

Ich verstehe, was du meinst. Der Figurenschnitzer ist näher an der Wahrheit als die abergläubischen Männer am Tisch. Er hat begriffen, dass die Erde ein endlicher Planet ist, den man sogar verlassen kann.

Sein Kontrahent hat einen berechtigten Einwand vorgebracht, der sein Modell nicht komplett verneint, aber die Annahme einer Erdkugel und einer zentralsymmetrischen Anziehungskraft nötig macht. Nun stelle dir bitte vor, unser Figurenschnitzer wäre nicht irgendein dahergelaufener Typ, sondern der Stammesfürst und Herrscher über das gesamte bronzezeitliche Dorf. Würden ihm die Männer am Tisch widersprechen? Und wenn sie es täten, was würde der Fürst antworten? Wahrscheinlich würde er die Kritik zunächst unter Berufung auf seine Position abschmettern: Man solle das Urteil des Fürsten nicht infrage stellen. Möglicherweise aber würde er auch behaupten, dass die Kritik an seinem Planetenmodell den Stamm wieder in die finstere, abergläubische Steinzeit zurückwerfen würde, als man noch an Sonnenwagen glaubte, die von Göttern über den endlosen Himmel gezogen werden.

Du meinst also, die Evolutionslehre von Darwin ist falsch und würde nur aus instrumentellen Gründen oder gar Eitelkeit verteidigt? Meinst du, die Kreationisten hätten recht?

Darwins Lehre kann für bestimmte Aspekte richtig sein, ist aber natürlich nicht universell, so wie es von vielen angeblichen Verteidigern der wissenschaftlichen Wahrheit heute behauptet wird. Es handelt sich um eine begrenzte Universalität, deren Grenze einen bestimmten, allerdings den hauptsächlichen Teil des Lebens auf der Erde einschließt. Und selbst innerhalb dieser Gemeinschaft gibt es Randbereiche von Darwins Lehre, die von ihren Agenten regelmäßig und gesetzmäßig überschritten werden. Es muss daher möglich und darf keinesfalls verboten sein, die Evolutionslehre Darwins zu kritisieren, ohne sofort in die Ecke der göttlichen Kreationisten gedrängt zu werden. Eine solche Stigmatisierung ist übrigens eine phantastische Methode, die wissenschaftlichen Kritiker des Darwinismus zum Schweigen zu bringen.

Was besagt diese Lehre?

Es wundert mich doch sehr, dass du vehement etwas verteidigst, über das du gar nicht Bescheid weißt. Aber gut, versuchen wir, mithilfe von [161] Licht ins Dunkel zu bringen. Darwin hat seine Lehre in seiner berühmtesten Schrift [162] "On the Origin of Species by Means of Natural Selection, or the Preservation of Favoured Races in the Struggle for Life" aus dem Jahre 1859 dargelegt. Das Buch wurde zuerst 1860 unter dem Titel "Über die Entstehung der Arten im Thier- und Pflanzen-Reich durch natürliche Züchtung, oder Erhaltung der vollkommensten Rassen im Kampfe um's Daseyn." (deutsch von Heinrich Georg Bronn).

Was sind die grundlegenden Aussagen dieser Lehre und sind sie heute noch aktuell?

Also, die Darwin'sche Evolutionslehre besagt [161-163], (i) dass alles Leben auf der Erde einen gemeinsamen Ursprung hat: Das Leben hat sich aus Urformen entwickelt, (ii) dass sich die Arten im Rahmen einer Evolution ständig wandeln, (iii) dass jene Evolution allmählich und in ununterbrochener Generationenfolge verläuft, (iv) dass aus jener beständigen Wandlung die Vielfalt der Arten resultiert, und (v) dass aufgrund der natürlichen Auslese das am besten angepasste Lebewesen überlebt und die vorteilhafte Eigentümlichkeit an seine Nachkommen weitergibt. Diese Eigentümlichkeiten können physisch wie auch Verhaltensweisen sein. Im Weiteren werde ich sie durch den Begriff "ererbte Eigentümlichkeiten" beschreiben.

Die Prinzipien der natürlichen Auslese kann man wie folgt zusammenfassen:
(i) Es gibt eine Überproduktion an Nachkommen.
(ii) Die für das Überleben wichtigen Eigentümlichkeiten sind in der Vererbung variabel.
(iii) Aufgrund der begrenzten Ressourcen kommt es zu einem Daseinswettbewerb, der aber nicht mit gegenseitigen Vernichtungskämpfen zwischen gleichzeitig lebenden Wesen zu verwechseln ist: "Pflanzen kämpfen nicht (miteinander)."

(iv) Es überleben die besser angepassten Mitglieder einer Population.

Wozu ist die natürliche Auslese überhaupt nötig? Warum besteht das Leben nicht nur aus einfachen Regelkreisen?

Oh! Die Organismen sind voller Regelkreise, z.b. wird der Blutdruck im menschlichen Körper auf einen optimalen Wert geregelt. Allerdings kann ein einfacher Regelkreis nur innerhalb eines bestimmten Wertebereichs auf die Schwankung des Istwertes der Regelgröße reagieren. Kommt es zu drastischeren Wandlungen, z.b. des Nahrungsangebots, müssen die Variation und die Auslese für ererbt angepasste Lebewesen sorgen.

War Darwin der erste Wissenschaftler, der die Entwicklung des Lebens auf einen natürlichen Prozess und nicht auf ein göttliches Eingreifen zurückführte?

Nein! Interessanterweise wurde die Idee des Konflikts zwischen einer Überproduktion an Nachkommen im Vergleich zu den für deren Überleben nötigen Ressourcen zuerst in Bezug auf das menschliche Bevölkerungswachstum formuliert. Robert Malthus gab in seinem "Essay on the Principle of Population" [164] aus dem Jahre 1798 sogar ein mathematisches Gesetz für die Bevölkerungsexplosion an, eine geometrische Reihe. Gleichzeitig nahm er an, dass die Überlebensressourcen nur arithmetisch anwachsen würden. Darwin ließ sich von diesem Essay inspirieren.

Und bezogen auf die Evolution des Lebens?

Der bekannteste Evolutionsforscher vor Darwin war Jean-Baptiste de Lamarck [165]. Auch seine Theorie benötigte keinen göttlichen Erschaffer, d.h., er ging ebenfalls von einer rein natürlichen Entwicklung der pflanzlichen und tierischen Arten aus, wobei die Tierklassen seiner Meinung nach zwar auf Urformen, jedoch nicht auf gemeinsame zurückgehen. Der Trieb für die Entwicklung stammt bei Lamarck aus der Transformation hin zum immer Vollkommeneren und Komplexeren. Dabei werden durch einen gerichteten Anpassungsprozess ERWORBENE Eigentümlichkeiten durch Vererbung auf die Kinder übertragen. Zur Unterscheidung der Lamarckschen von der Darwin'schen Theorie dient das folgende Gedankenexperiment: Um die oberen Äste der Bäume und damit deren Blätter zu erreichen, entwickelte die Giraffe einen langen Hals. Laut Lamarck wäre der Hals der Giraffen durch das Sich strecken im Verlaufe ihres Lebens immer länger geworden. Dieser verlängerte Hals wäre dann von der Giraffe an ihre Nachkommen vererbt worden. Laut Darwin jedoch wären diejenigen Giraffen, die aufgrund der Variabilität bei der Geburt einen längeren Hals ausbildeten, besser an die hohen Bäume angepasst und hätten die Langhalseigentümlichkeit an ihre Nachkommen weitergegeben. Trotzdem ging Darwin von der Vererbung von Eigentümlichkeiten aus, die ein Wesen während seines Lebens, wie auch immer, erworben hat. Diese These wurde noch zu seinen Lebzeiten widerlegt.

Parallel zu und unabhängig von Charles Darwin entwickelte Alfred Russel Wallace eine eigene Evolutionstheorie. Darwin und Wallace tauschten sich durch Briefe aus und veröffentlichten gemeinsame wissenschaftliche Artikel. Die Auffassungen von Wallace und Darwin bezüglich der Evolution des Lebens werden als äquivalent angesehen. Charles H. Smith [166] wies darauf hin, dass Wallace jedoch zugeben musste, dass er über das Zustandekommen der "zufälligen" Variationen nicht wirklich etwas wusste. Selbstverständlich muss eine ausreichende Variabilität der relevanten Eigentümlichkeiten gegeben sein. Wenn der Hals der Giraffenkinder lediglich seine Farbe und nicht die Länge wandelt, so wird die Gattung unweigerlich aussterben. Somit ist die "Fitness" eines Ahnen die Fähigkeit, Nachkommen mit hoher Variabilität aller Eigentümlichkeiten zu generieren. Tatsächlich ließ die Darwin-Wallace-Theorie ALLE denkbaren und undenkbaren Variationen zu. Das bedeutet auf der anderen Seite, dass die Nachauswahl durch die natürliche Selektion keine Vorauswahl hatte, z.B. durch eine anpassende Rückkoppelung, ein Feedback der Umgebung auf die Population, deren Resultat an die Nachkommen weitergegeben wird. Es ergibt sich die Frage: Warum sind die Arten nicht sehr viel vielfältiger, z.b. indem sie Eigentümlichkeiten variieren, die für das Überleben keine Rolle spielen, wie die Farbe des Giraffenhalses. Das muss insbesondere für den Menschen gelten, der sich die Erde ja untertan gemacht hat und der daher mit jeder zufälligen Variation überleben könnte.

Also gibt es durchaus Fehler in Darwins Evolutionslehre?

Wie in jeder anderen von Menschen erdachten Theorie auch. Der Fehler, der wie gesagt, als erstes erkannt wurde, war Darwins Idee, dass erworbene Eigentümlichkeiten vererbbar wären. Laut [161] war es August Weismann [167], der feststellte, es gibt (i) keine Vererbung erworbener Körpereigentümlichkeiten, (ii) die Fortpflanzung bei Tieren erfolgt über Keimzellen und (iii) die Variabilität wird im Rahmen der die sexuelle Fortpflanzung abgedeckt. Den Punkt (i) wies er durch Experimente nach, bei denen er Mäusen die Schwänze amputierte und sie sich anschließend paaren ließ. Die Mäuse brachten immer wieder Nachkommen mit Schwänzen hervor. Weismanns Modell beinhaltet das Konzept der "Keimbahn". Dieses Konzept geht davon aus, dass die Informationen in den Keimzellen prinzipiell unsterblich und auch nicht durch die Umwelt beeinflussbar sind, während der Körper, der sie in sich trägt, sich aufgrund der Umwelt wandelt und sterblich ist.

Ist die Umwelt das einzige Selektionskriterium oder gibt es vielleicht doch eine Vorauswahl?

Bei der Vorauswahl kommt die von Darwin entdeckte sexuelle Selektion, die "Damenwahl" im Tierreich zum Tragen.

Gott ist also eine Frau?

Wer könnte daran zweifeln? Aber jenseits aller chauvinistischen Sprüche: Natürlich reagiert das Weibchen bei der Wahl des Männchens auf Feedback aus seiner Umwelt. Es passt ihr Fortpflanzungsverhalten somit aktiv an die momentane Situation an.

Und warum nur das Weibchen?

Eine Art Diskussion oder gar ein Konsens sind für die Gestaltung der Zukunft der menschlichen Gesellschaft sicherlich die angebrachten Werkzeuge. Für das nackte Überleben einer Population jedoch muss schnell und qualifiziert reagiert werden. Nur die Weibchen teilen, meiner Meinung nach, als zukünftige Mütter die notwendige qualifizierte Gemeinsamkeit.

Du sprichst von Matriarchat.

Diskussionen über matriarchale Gemeinschaften im Tierreich betreffen häufig die Aufrechterhaltung von genetischer Diversität in Säugetier-Rudeln. In [168] wird beispielsweise dargelegt, dass Hyänenweibchen ihre Fortpflanzungspartner solcherart aussuchen, dass Inzucht vermieden wird. Dies bedeutet nicht, dass Fortpflanzung unter Verwandten *per se* diskriminiert wird oder dass in das Rudel immigrierende Männchen gegenüber eingeborenen Männchen bevorzugt werden. Vielmehr paaren sich Weibchen mit Männchen, die noch nicht so lange wie sie selbst, aber im Vergleich zu anderen Männchen doch insgesamt schon länger im Rudel leben. Änderungen der demographischen Struktur, d.h., Fluktuationen der Anzahl junger Weibchen in verschiedenen Clans führen dazu, dass Männchen, je nach demographischer Situation, den einen Clan verlassen und sich einem anderen anschließen.

Wow! Denkst du, bei den Menschen passiert etwas Ähnliches?

Die Diskussion über die mögliche Existenz matriarchaler gesellschaftliche Strukturen in der Vergangenheit und heute ist leider stark ideologisch aufgeladen, obwohl die erste Abhandlung darüber bereits im Jahre 1861 veröffentlicht wurde [169]. Ich möchte nicht auf dieses Buch eingehen. Was mich jedoch überzeugt ist, dass die Matrilinearität [170] bei gleichzeitiger Bedeutungslosigkeit der Vaterschaft zu erhöhter Diversität bei den Nachkommen führt. Matrilinearität bedeutet, dass Kinder ausschließlich bei der Familie der Mutter aufgezogen werden. Als Vaterfigur fungiert der Onkel des Kindes, also der Bruder seiner Mutter. Der Kindsvater kann in solchen Gesellschaften bedeutungslos bleiben, was der

Frau erlaubt, verschiedene Geschlechtspartner zu haben. Allerdings kann sie auch mit einem einzigen Partner für eine längere Zeit zusammenleben. Jener Partner wird ebenfalls Teil der Sippe der Frau.

Also ist es der Mensch, der aufgrund seiner Intelligenz eine Vorauswahl treffen kann.

Davon gehe ich aus. Und ich meine nicht nur die Damenwahl. Interessant finde ich in diesem Zusammenhang die Hypothese, der Mensch hätte sich selbst einen ihn ständig höherentwickelnden Brutkasten erschaffen, der die Evolution durch die Festlegung der äußeren Kriterien für die natürliche Auslese in eine richtige Richtung zwingt. In kurzer Prägnanz hat dieses Konzept Peter Sloterdijk zusammengefasst, und zwar in einem Vortrag [171]. Sloterdijk sagt, dass mit der Menschwerdung eben durch die werdenden Menschen jener Brutkasten erschaffen wurde. Zunächst geschah das mit primitiven, später mit ausgefeilten Mitteln. Die Konsequenz dieses Gedankens ist, dass die Entwicklung vom Menschenaffen zum Menschen dadurch beschleunigt wurde, dass er seine aufkommende Intelligenz dazu benutzte, die Voraussetzungen eben dafür zu schaffen. Sloterdijk sieht die Erschaffung der höherentwickelnden Gemeinsamkeiten in der Etablierung neuer Gesten, (i) dem Werfen von Waffen gegen Feinde und zum Erlegen von Beute, (ii) dem Schlagen mit Steinen und damit der Erkenntnis des Inneren von Dingen und des Loches, (iii) dem Schneiden und damit der Entwicklung analytischer Intelligenz, (iv) dem Verbrennen und damit die Erkenntnis der gezielten Umwandelbarkeit und dem (v) Überlisten der Natur durch Technik.

Auch die sozialen Strukturen seien ein vom Menschen erschaffener Brutkasten, der nach Sloterdijks Meinung den Phänotypen, also die Erscheinung, das Aussehen des Menschen sehr stark mitbestimmt hat. Aspekte dieses Phänotyps, wie das Verschwinden des Fells, der Wegfall der Schnauze oder die Position des weiblichen Geschlechtsorgans seien aus sozialen Aspekten heraus selektiert worden und nicht aufgrund von Anpassungen an die Natur. Sloterdijk führt speziell diese Entwicklungen auf den Effekt der

Neotenie zurück, die das Beibehalten kindlicher Merkmale über die Geschlechtsreife hinaus beschreibt. Neotenie scheint gerade in menschlichen Populationen zu wirken, da sie über Generationen hinweg lange zusammenbleiben, weil der durch das kindliche Aussehen induzierte Fürsorgeimpuls einen Evolutionsvorteil erbringt. Übrigens wird die Neotenie auch dafür herangezogen, dass der Mensch Wölfe mit bestimmtem, ihm angenehmem Aussehen als Begleiter ausgewählt hat.

Okay, der Mensch züchtet sich selbst und auch andere Lebewesen. Aber gibt es ein intelligentes Design durch den Organismus selbst?

Um sich diesem Problem zu nähern, würde ich gern den Begriff des Kreationismus definieren. Für mich bedeutet er die Einschränkung der unbegrenzten Vielfältigkeit in der Ausprägung der Nachkommen. Ich unterscheide den natürlichen und den göttlichen Kreationismus. Vielleicht hast du schon einmal von der Konvergenz- und der Kontingenztheorie [172] gehört. Beide Theorien befassen sich mit der Frage, warum die Natur nicht viel vielfältiger ist als wir sie erleben. Es spräche doch nichts dagegen, dass Säugetiere mit sechs und nicht nur mit vier Beinen existieren würden. Es spräche nichts dagegen, dass die Hälse der Giraffen alle möglichen Farben hätten. Die Konvergenztheorie [173] erklärt das Phänomen damit, dass die natürlichen Rahmenbedingungen nur bestimmte Lösungen für die Anpassung zulassen, die dann zwangsläufig zustande kommen, egal welcher Art das Lebewesen angehört. Belege dafür seien die Ausbildung von Flügeln oder von Saugrüsseln bei Insekten als auch Wirbeltieren. Die Kontingenztheorie [174] hingegen besagt, dass gerade nach katastrophalen Veränderungen im Lebensraum unterschiedliche Formen der Anpassungen entsprechend den Möglichkeiten entstehen können. Daher würde die Wiederholung der Evolution zu ganz anderen Ausprägungen führen.

Beide Theorien verneinen aber jegliche Vorauswahl.

Richtig. Sie erwecken aber den Eindruck, dass die Begrenztheit der Vielfalt ohne Kreationismus, d.h., ausschließlich durch nachträgliche Auslese zustande gekommen sei. Tatsächlich gibt es einen natürlichen Kreationismus, der bestrebt ist, das Ausleseergebnis in etwa beizubehalten und nicht über die Maßen neu zu variieren, einen Kreationismus bzw. eine Vorauswahl, die auf der Hand liegt. Ich habe dir ja schon gesagt, dass für mich sowohl die erfolgreiche Anpassung an die Umwelt/Gemeinschaft als auch die Höherentwicklung auf der Anpassung, nicht nur an die momentane Situation, sondern an die Erinnerung beruht. Ich frage mich immer wieder, warum der Erinnerung in der Diskussion über den Kreationismus oder die Evolution kaum Beachtung geschenkt wird. Die selbstÄhnliche Welt, in der wir leben, ist deshalb selbstÄhnlich, weil zwischen Vergangenheit und Zukunft Gemeinsamkeiten existieren, wie auch zwischen den Generationen von Lebewesen, die sich an die sich selbstÄhnlich wandelnde Wirklichkeit anpassen und dadurch als solche reproduzieren können. Der Dienstag ist dem Montag ähnlich. Ohne die Erinnerung an den Montag gäbe es den Dienstag nicht. Schwerter sind Pflugscharen ähnlich. Man kann sie ineinander überführen indem man einen Teil davon breiter und einen anderen schmaler macht. Trotzdem kann die Erfindung einer Pflugschar aus einem Schwert heraus etwas ganz Neues sein. Der Punkt ist: Aufgrund der SelbstÄhnlichkeit der Wirklichkeit sind auch die erfolgreichen Anpassungsakte, d.h. die an richtige Gemeinsamkeiten, einander ähnlich. Die SelbstÄhnlichkeit in der gemeinsamen Wirklichkeit und in der Anpassung daran ist somit eine wichtige Ursache für den (in meinen Augen falschen) Eindruck, die Evolution sei durch einen göttlichen Kreationismus vorbestimmt. Ohne den natürlichen Kreationismus einer Erinnerung würde die Evolution andererseits nicht funktionieren. Gleiches gilt für die Entwicklung neuer Produkte. Aufgrund der Erinnerung und der damit verbundenen Erkenntnis von Ähnlichkeiten, der Erfahrung, ist es einfacher, neue, erfolgreiche Produkte zu entwickeln als ohne. Daher kommt es erfahrenen Entwicklern oft so vor, als ob ALLES Neue erfolgreich sei.

Wie wirkt sich die Erinnerung auf die Evolution aus?

389

Sie erleichtert sie ungemein. Je mehr Vergangenheit und Zukunft miteinander gemein haben, d.h., je "gleicher" sie sich sind, desto leichteres Spiel hat die evolutionäre Anpassung. Gäbe es keine Wandlung der Umgebung, wäre keine weitere Anpassung nötig und die Evolution entspräche einem erinnerungsbasierten, *100%igen* natürlichen Kreationismus. Meiner Meinung nach ist aufgrund der Allgegenwart der Transzendenz jedoch keine absolute Konservierung ein und desselben Zustandes möglich, d.h., das momentane und das zukünftige Gemeinsamkeitenbündel werden trotz ihrer Ähnlichkeit immer unterschiedlich sein. Tatsächlich verläuft die Evolution aber sehr langsam. So kann sie die prinzipielle Lebensfähigkeit der Nachkommen und die Vererbung vorteilhafter Eigentümlichkeiten garantieren. Je weniger Vergangenheit und Zukunft gemein haben, z.B. über Katastrophen hinweg, desto schwerer wird es für die Population, sich anzupassen, da in kurzer Zeit eine hohe Variabilität hervorgebracht werden muss. Die Anpassung an die Erinnerung wird u.a. in den Arbeiten von Gregor Mendel behandelt. Mendel war ein Augustinermönch und führte Kreuzungsversuche an Erbsenpflanzen durch. Er dokumentierte seine Experimente und die daraus abgeleiteten Erkenntnisse im Jahre 1866 [175]. Die Mendelschen Regeln kann man sich am besten vergegenwärtigen, wenn man von folgendem Modell ausgeht [176]: Nehmen wir zunächst an, Eltern würden ihren Nachkommen "Befehle" vererben, die ihre späteren Eigentümlichkeiten bestimmen. Man nehme weiter an, für ein bestimmtes Merkmal eines Wesens, z.B. die Blütenfarbe einer Pflanze, seien jeweils zwei "Erbbefehle" verantwortlich.

Und dieses doppelt gemoppelte kommt daher, dass sich die Lebewesen sexuell vermehren, d.h., männlich und weibliche Erbbefehle in sich tragen, sozusagen von Mutter und Vater.

Genau! Nehmen wir an, eine rote Blüte hätte beispielsweise die Erbbefehle "Rot"-"Rot" und eine weiße Blüte hätte die Erbbefehle "Weiß"-"Weiß". Solche Lebewesen heißen reinerbig. Die Erste Mendelsche Regel, die Uniformitätsregel oder Reziprozitätsregel besagt, dass alle Nachkommen solcher reinerbigen Eltern die gleichen Erbbefehle besitzen, hier "Rot"-"Weiß" und auch gleich aussehen. Ist der Erbbefehl "Rot" dominant gegenüber "Weiß", so ist die Blütenfarbe aller Nachkommen Rot. Ist er rezessiv, so ist die Blütenfarbe Weiß. Ist die Dominanz unvollständig, hätten die Nachkommen rosafarbene Blütenblätter. Sind beide Erbbefehle dominant, besitzen die Nachkommen weiß-rot-gepunktete Blüten.

Die Spaltungsregel (oder Segregationsregel) der Mendelschen Gesetze beschreibt was geschieht, wenn beide Elternteile sowohl den Befehl "Rot" als auch "Weiß" hinsichtlich ihrer Blütenblätter in sich tragen. Solche Wesen sind mischerbig. Bei klarer Dominanz und Rezessivität der Erbbefehle wären (i) ein Viertel der Nachkommen reinerbig mit zwei gleichen, rezessiven Erbbefehlen. Wäre der Erbbefehl "Weiß" rezessiv, so hätten zwei von acht Pflanzen weiße Blüten, die anderen wären rot, da mindestens ein Erbbefehl "rot" programmiert wurde. Bei (ii) unvollständiger Dominanz wären ein Viertel der Blüten reinerbig und weiß, ein Viertel wäre reinerbig und rot und die Hälfte der Blüten wäre rosafarben. Wären alle Erbbefehle dominant, (iii) wäre das Verhältnis zwischen weißen, roten und gepunkteten Blüten analog.

Die dritte Mendelsche Regel, die Unabhängigkeitsregel oder Neukombinationsregel besagt, dass bei der Kreuzung zweier Lebewesen mit dominant-rezessiven Erbbefehlen, die sich in zwei reinerbigen Eigentümlichkeiten unterscheiden, die erste Nachkommengeneration jeweils gleichaussehende Individuen erzeugt. Ist beispielsweise die rote Blütenfarbe rezessiv gegenüber der weißen und die glatten Blütenblätter rezessiv gegenüber den rauen, so werden alle ersten Nachkommen weiße, raue Blütenblätter haben. Für die zweite Nachkommengeneration wird's dann kompliziert und man muss eine Vererbungsmatrix aufstellen. Der Punkt ist jedoch, dass die Mendelschen Regeln keine neuen Eigentümlichkeiten kennen. Die einzige Möglichkeit der Pflanze, sich den Gegebenheiten anzupassen wäre es, rote, weiße, rosafarbene oder gepunktete Blütenblätter hervorzubringen. Und wären gerade die unpassenden Erbbefehle dominant, würde die Population sowieso aussterben.

Also kann Mendel die Variabilität, die Darwin'sche Fitness, gar nicht erklären? Wo liegt der Fehler?

Die Mendelschen Gesetze sind eine reine Anpassung an die Erinnerung des Erbbefehls. Außerdem hätte lediglich die Paarfindung einen zufälligen Anteil und würde daher Variabilität erzeugen. Der scheinbare Widerspruch entsteht nun dadurch, dass die Erbbefehle rein phänomenologisch aufgestellt wurden und eigentlich zu grob gefasst sind. Vielmehr sind die Erbbefehle auf Gene zurückzuführen, die vielfältigere Kombinationsmöglichkeiten erlauben.

Was sind diese Gene?

Gehen wir zur Vererbung von Merkmalen zurück [177]. Die Erbinformation ist in Chromosomen enthalten. Das betrifft alle Tiere, Pflanzen und den Menschen. Die Chromosomen treten in jedem Wesen in zweifacher Ausführung auf. Beim Menschen sind es insgesamt *22* vom Vater und *22* von der Mutter, also *22* Paare, wobei die einzelnen Paare aus zwei artgleichen Chromosomen gebildet werden.

Die aber natürlich unterschiedliche Erbinformationen enthalten, die von der Mutter und die vom Vater.

Richtig! Doch es gibt ein *23*. Paar, dessen Chromosomen unterschiedlich sein können. Das sind die Geschlechtschromosomen "*XY*" beim Mann und "*XX*" bei der Frau. Insgesamt haben wir es also pro Zelle mit *23* Chromosomenpaaren zu tun, also *46* Chromosomen und, da jedes Chromosom zunächst aus nur einem Chromatid besteht, *46* Chromatiden. Der Mensch hat aber bei Weitem nicht die meisten Chromosomenpaare [178]. Die Kartoffel besitzt mehr, der Tiger aber weniger als der Mensch. Ein bestimmter Abschnitt auf dem Chromosom wird als Gen bezeichnet. Es ist der Abschnitt, der für die Vererbung bestimmter Eigentümlichkeiten verantwortlich ist, also einem Erbbefehl entspricht. Der muss nicht nur für ein einziges Merkmal verantwortlich sein. Die vermutete Zahl der Gene, die ein Mensch besitzt, schwankte über die Jahre der Genforschung. Zwischenzeitlich ging man von über *100.000* Genen aus, inzwischen sind es *20.000* [179].

Und wie sieht das Chromosom aus?

Das Chromosom beinhaltet eine sogenannte Doppelhelix. Es handelt sich dabei um eine sehr stabile, ineinander verzahnte und verdrehte Leiter, die ihre Stabilität durch die Verstrebungen, den Sprossen erhält. Man nennt diese Doppelhelix DNS (von Desoxyribonukleinsäure). Die Sprossen selbst bestehen aus Basenpaaren. Die Doppelhelix wurde im Jahre 1953 von Francis Crick, einem Physiker, und James Watson, einem Biologen, an der britischen Cambridge-Universität entdeckt, die für die Entdeckung den Nobelpreis erhielten.

DNS befindet sich im Zellkern jeder Zelle. Jeder Zellkern des Körpers beinhaltet die gleiche Erbinformation, zumindest ging man sehr lange davon aus. Im Gegensatz zu ihrem Besitzer vermehrt sich eine Zelle gleichgeschlechtlich durch Teilung. Tatsächlich ist sie bestrebt, den Körper des Lebewesens in seiner ursprünglichen Form zu bewahren und erstellt daher eine Kopie von sich selbst. Sie erinnert sich also. Körperzellen teilen sich durch die sogenannte Mitose. Die Erbinformation liegt im Zellkern zunächst in einem eher gelösten, unter dem Mikroskop nicht sichtbaren Zustand vor. Lange vor der tatsächlichen Zellteilung wird damit begonnen, eine Kopie der ursprünglichen Erbinformation zu erstellen. Durch die Aufspaltung der Basenpaare, die die Sprossen der DNS bilden, werden sie chemisch reaktiv und passende freie Base in ihrer Nähe können an sie gebunden werden. Diese Aufspaltung ist kein ungewöhnlicher Prozess für den Zellkern, eigentümlich sein tägliches Brot. Er liefert nämlich die Baupläne zur planvollen Herstellung von Proteinen, welche die gesamte Zelle reproduzieren oder beim Stoffwechsel eine Rolle spielen. Für die Herstellung der Proteine, die Proteinbiosynthese erstellt der Zellkern eine Negativkopie des DNS-Originals, die sogenannte Messenger-RNS. Die sieht in etwa so aus wie der DNS-Abschnitt, der gerade von dem Original abgetrennt wurde. In den Ribosomen der Zelle lagern sich nun Aminosäuren an die Messenger-RNS an. Auf diese

Weise werden die Aminosäuren zu dem gewünschten Protein zusammengesetzt.

Die Proteinbiosynthese ist also der tatsächliche Job der Zelle.

Die DNS muss aber nicht nur für die Herstellung von Proteinen, sondern auf für die Zellteilung kopiert werden. Dabei entstehen aus einer Mutter-DNS zwei Tochter-DNS als möglichst identische Kopien. Der Prozess, man nennt ihn Replikation, findet im Zellkern statt. Bei der Replikation wird die DNS mithilfe eines Enzyms nach und nach aufgedröselt. Passende Basen werden an die beiden aufgespaltenen Stränge der Doppelhelix angefügt, sodass sich zwei Tochter-DNS-Stränge bilden, von denen jede einen der beiden Mutterstränge beinhaltet und nur der zweite neu angefügt worden ist. Übrigens können ganze DNS-Stränge heute im Labor verdoppelt werden, und zwar mit der Polymerase-Kettenreaktion (PCR), für deren Entwicklung der amerikanische Biochemiker Kary Mullis 1993 den Nobelpreis erhielt.

Nachdem die Kopiererei abgeschlossen ist, beginnt die tatsächliche Mitose. Dabei "kondensieren" zunächst die Chromosomen, d.h., die DNS zieht sich im Zellkern zusammen und wird dadurch im Mikroskop sichtbar. Zu diesem Zeitpunkt liegen bereits *46* Chromosomen, also *23* Chromosomenpaare vor. Jedes Chromosom besteht nach der Replikation aus zwei identischen Chromatiden. Für die Teilung des Zellkerns werden die Chromosomen auf dem Äquator des Kerns angeordnet. Danach wird jedes Chromosom in seine beiden Chromatiden aufgetrennt und die Chromatide werden zu den Polen des Kerns gezogen und so räumlich weitestmöglich voneinander getrennt. Anschließend teilt sich die Zelle. Die Chromatiden lösen sich im Zellkern auf und können sich für die nächste Zellteilung wieder verdoppeln, sodass davor wieder die gleichen *46* Chromosomen vorliegen.

Und wie funktioniert die geschlechtliche Fortpflanzung?

Spermien und Eizellen - erinnerst du dich? Beide nennt man Keimzellen. Keimzellen unterscheiden sich wesentlich von Körperzellen: Sie verfügen nur über *23* Chromosomen, wohingegen Körperzellen *46* Chromosomen besitzen. Die reduzierte Chromosomenzahl in Keimzellen ist deswegen nötig, weil nach der Verschmelzung von Eizelle und Spermium wieder genau *46* Chromosomen vorliegen müssen. Die Zellteilung der Keimzellen vor der Befruchtung nennt man Meiose.

Stelle dir einen der beiden zukünftigen Eltern vor, z.B. den Vater. Beachte, dass seine Spermatozyten Vaters nun jeweils einen Chromosomensatz von seinem Vater, also dem zukünftigen Großvater und einen von der zukünftigen Großmutter beinhaltet, insgesamt also *23* Chromosomenpaare [180]. Nach der Replikation der DNS-Stränge besteht jedes der *46* Chromosomen wieder aus zwei identischen Chromatiden. In der Vorbereitung auf das Verschmelzen mit der Eizelle, die Befruchtung, teilt sich die Geschlechtszelle. Dabei werden die Gene von Großvater und Großmutter in der Geschlechtszelle des Vaters durcheinandergewürfelt. Zu diesem Zweck finden die sich entsprechenden Chromosomen von Großmutter und Großvater zueinander und heften sich aneinander. Dabei kommt es zum Austausch von Genabschnitten zwischen den beiden. Anschließend werden die beiden Chromosomen wieder voneinander getrennt und die Geschlechtszelle teilt sich in zwei, genetisch nicht identische Zellen, die jeweils einen Chromosomensatz von *23* Chromosomen a zwei Chromatiden beinhalten. Die Zuordnung der beiden Chromosomen aus jedem Chromosomenpaar zu den beiden Tochterzellen erfolgt rein zufällig.

Die beiden Zellen teilen sich nochmals. Wie bei der Mitose ordnen sich die Chromosomen dabei zunächst auf dem Äquator des Kerns an, werden in ihre Chromatiden aufgespalten und je *23* Chromatiden werden zu einem Pol des Zellkerns gezogen, bevor sich jener teilt. Es entstehen insgesamt vier genetisch verschiedene Keimzellen, hier Spermien. Der Nachkomme erhält also mit der Befruchtung *23* Chromosomen von der Mutter und *23* vom Vater, die aus jeweils einem Chromatid bestehen. Den genetischen Austausch während der Vereinigung der Chromosomen des Großvaters und der Großmutter nennt man *crossing-over*. Die Neuanordnung der Gene und der Chromosomen durch die Meioseteilungen nennt man Rekombination.

Was du mir gerade erzählt hast, ist Wissen, mit dem sich jeder Abiturient herumschlagen muss, um es nach dem ersten großen Besäufnis nach dem Abi wieder vergessen zu haben.

Ich habe dieses Wissen dargelegt, um dir zu zeigen, dass es im Widerspruch zu dem von Darwin postulierten unendlichen Zufall steht. Vielmehr ist dieser Zufall sehr begrenzt. Selbst wenn wir uns von dem eher groben Modell Mendels wegbewegen hin zu den Genen, haben wir es an dieser Stelle "lediglich" mit dem Recycling vorhandener Gene zu tun, die in vielfältiger Art neu zusammengesetzt werden. D.h., das Neue, also das noch nicht Erinnerte, entsteht durch Auftrennen und Neuanordnen von ausschließlich bereits Vorhandenem. Ich nenne diese Art von Progression eine konservative Progression. Das bedeutet, die Vielfalt, die Darwin postulierte, ist durch die Zahl der vorhandenen Gene begrenzt und keinesfalls unendlich, weswegen sich Eltern und Nachkommen immer sehr ähnlich sein werden.

D.h., das Hervorbringen neuer Eigentümlichkeiten durch die Neuzusammensetzung vorhandener Gene unterliegt einem begrenzten Zufall.

Dieser Zufall führt bei 2^{23} Möglichkeiten zur Erschaffung neuer Chromosomen aus denen des Großvaters und denen der Großmutter sowie die Zufälligkeit beim Zusammenfinden der Chromosomen beim Verschmelzen vom Spermium des Vaters und der Eizelle der Mutter ohne Berücksichtigung des *Crossing-over* zu $64*10^{12}$ verschiedenen Variationen [181]. Das klingt viel. Die Weltbevölkerungszahl beträgt jedoch zurzeit circa acht Milliarden, wobei eine Zahl von zehn Milliarden, also 10^{10} prognostiziert wird. Das bedeutet, dass exakte Doppelungen der genetischen Eigentümlichkeiten eines Individuums in einer gleichartigen Menschenpopulation bei einer Besiedlung von *6400* Erden wahrscheinlich sind, und zwar ohne Berücksichtigung eineiiger Zwillinge. Diese

Zahl schränkt sich durch die Dominant-Rezessiv-Vererbung bezüglich der tatsächlich ausgebildeten Eigentümlichkeiten nochmals ein. Eine beliebige Vielfalt der Erbbefehle ist unter dieser Annahme unmöglich.

So als ob Gott uns einen Baukasten zum Spielen gegeben hätte.

Das sind tatsächlich ein Paradoxon und ein Einfallstor für theistische Kreationisten. Es hebt sich auch nicht auf, wenn man die Gene des Menschen mit denen von Tieren vergleicht. Es gibt nämlich immer Übereinstimmungen zwischen dem Menschen und anderen/neuen Lebewesen, sogar zu *50%* mit einer Banane [182]. D.h., sogar in Bezug auf alle Lebewesen ist die Vielfalt, die für die natürliche Auslese zur Verfügung steht, sehr begrenzt.

Was ist mit Mutationen?

Mutationen neuern Gene, und zwar spontan [183]. Mutation ist somit dasjenige Geschehen während der Evolution, in das niemand eingreifen kann. Im Mikroskop betrachtet bedeutet eine Mutation, dass sich aus einem vorhandenen Gen ein sogenanntes Allel bildet, dass immernoch ähnlich aufgebaut ist, wie das ursprüngliche Gen, sich aber an einigen Stellen geneuert hat, und zwar dauerhaft. Diese Neuerung kann evtl. gar nichts bewirken oder aber eine Wandlung derjenigen Eigentümlichkeit herbeiführen, für deren Ausprägung es verantwortlich ist. Die berühmtesten Mutationen beim Menschen, die dessen Evolution beeinflusst haben, sind die blaue Augenfarbe [184] und die Milchzuckerverträglichkeit über die Säuglingszeit hinaus [185]. Die Mutation schafft also ein neuartiges Gen, das zwar dem nichtmutierten ähnlich ist, aber zu Eigentümlichkeiten führt, die durch den bloßen Umbau nichtmutierter Gene nicht möglich wären. Somit ist die Mutation eine progressivere Progression als die Rekombination. Aufgrund der allgegenwärtigen Integration wird aber selbst jene Progression von einer konservativen Komponente flankiert (Die Eigentümlichkeiten waren bereits in der Kindheit präsent).

Und wie entstehen Mutationen, nur durch Zufall?

Bei Mutationen unterscheidet man die der Keimlinie, also solche, die an die Kinder weitergegeben werden und diejenigen, die mit dem Individuum sterben, also nicht vererbt werden [183]. Als Ursache für Mutationen wird zum einen die Spontanmutation genannt. Dabei ist die Spontanität echt, d.h., es gibt hierfür keine determinierende Ursache. Es handelt sich um reinen Zufall. Generatoren von Zufällen sind nicht einfach zu bewerkstelligen. In der Genetik wird u.a. der physikalische Effekt des Tunnelns von Protonen als Zufallsgenerator genannt [186]. Es gibt aber auch Mutationen, die eine äußere Ursache haben, z.B. radioaktive Strahlung. Es ist nicht voraussagbar, welche äußere Ursache welche Mutation hervorruft. D.h., auch diese Mutation hat eine hohe Zufallskomponente. In [183] wird die Häufigkeit der Mutationen mit *45* pro neugeborenes Kind angegeben, wobei *80%* davon aus den Spermien resultieren. Sowohl bei Männern als auch bei Frauen steigt die Mutationswahrscheinlichkeit mit dem Alter an. Bedenke bitte, dass Mutationen sehr schädlich, unbedeutend, aber auch positiv für die Anpassung sein können, wobei Letztere im Vergleich zu den schädlichen sehr selten auftreten. Darüber hinaus neuern sich Eigentümlichkeiten von Zellen nicht drastisch. D.h., trotz einer Mutation reproduzieren sich die vorhandenen Eigentümlichkeiten. Ein mutiertes Auge bleibt ein Auge, auch wenn sich dessen Farbe wandelt.

Die Mutation und die Rekombination erfolgen also planlos.

Mutation, Rekombination und natürliche Auslese werden als Evolutionsfaktoren bezeichnet, da sie die Evolution maßgeblich beeinflussen. Evolutionsfaktoren werden in der synthetischen Evolutionstheorie zusammengefasst, die man auch als das Standardmodell der Evolution bezeichnen kann. Sie entstand in der Mitte des 20. Jahrhunderts. Ihre Begründer sind Dobzhansky, Mayr und Huxley [187-189]. Die synthetische Evolutionstheorie beinhaltet zwei weitere Evolutionsfaktoren, die Isolation und die Gendrift. Gendrift bedeutet, dass aus einem vorhandenen Pool aus Genen, bestimmte Allele auf einmal häufiger auftreten als andere oder das Allele ganz verschwinden. Ursachen hierfür sind beispielsweise die dauerhafte Abspaltung einer kleinen Gruppe von Individuen aus der Ursprungspopulation (Gründer) oder der Flaschenhalseffekt, bei dem die Allelhäufigkeit durch eine Naturkatastrophe stark reduziert wird [190]. In beiden Fällen ist die Auswahl der überlebenden und der vernichteten Gene zufällig, im Gegensatz zur Züchtung.

Die Isolation und die komplementäre Migration werden, im Vergleich zu den anderen Faktoren, nicht so oft genannt. Sie spielen aber insbesondere für die Entstehung neuer Arten eine wesentliche Rolle. Kommen wir zunächst einmal zur geographischen Isolation, die am einfachsten nachzuvollziehende Art der Isolation: Dabei werden Mitglieder einer Population der gleichen Art geographisch voneinander getrennt, z.b. durch die Kontinentaldrift, Vulkanausbrüche, Inselbildung usw. Die geographische Barriere sorgt dafür, dass die Mitglieder der einen Population kein Genmaterial mehr mit der anderen Population austauschen können. Durch Mutation, Rekombination, genetische Drift und Auslese entwickeln sich die beiden Populationen auseinander. Irgendwann können Mitglieder der einen Population keine zeugungsfähigen Nachkommen mehr mit den Mitgliedern der anderen Population zeugen. Sie gehören somit nicht mehr der gleichen Art an.

Denn das ist die Definition einer Art im Tier- und Pflanzenreich.

Richtig. Lebewesen, die zeugungsfähige Nachkommen miteinander zeugen können, gehören zur selben Art. Andere Indikatoren spielen bei dieser Definition überhaupt keine Rolle.

Alle Menschen gehören zur selben biologischen Art.

Richtig. Das Konzept der Art ist dabei eine biologische Sperrklinke, die Wesen unterschiedlicher Anpassung voneinander trennt. Da Menschen zur selben Art gehören, befinden sie sich alle auf einer ähnlichen Anpassungs- und Entwicklungsstufe.

Ist die menschliche Art ebenfalls durch Isolation entstanden?

Bevor wir uns mit dieser Frage beschäftigen, würde ich dir gern die anderen Arten der Isolation erklären. Es gibt nämlich noch mehr [191]. Bei der Isolation, die zur Entstehung neuer Arten führt, handelt es sich nämlich um eine genetische Isolation. Jene kann auch dadurch erreicht werden, dass verschiedene Mitglieder einer Population, obwohl sie im gleichen Territorium leben, (i) unterschiedliche ökologische Nischen besetzen, (ii) zu unterschiedlichen Jahreszeiten geschlechtsreif werden, (iii) die Möglichkeit der Befruchtung mechanisch einschränken, (iv) sich durch unterschiedliches Verhalten voneinander isolieren oder (v) die Nachkommen bestimmter Paare der gleichen Art sind, z.B. aufgrund von Mutation, nicht mehr lebensfähig.

Das hört sich so an, als ob der Mensch als eine eigene Art durch ökologische Isolation entstanden wäre. Schließlich ist er von den Bäumen herabgestiegen und hat im Dauerlauf die Savanne erobert.

Das ist nicht die einzige mögliche Erklärung des aufrechten Ganges. Es wäre auch möglich, dass die Menschenaffen den aufrechten Gang bereits in den Bäumen erlernt hatten, dass er für den Dauerlauf energieeffizienter ist, dass es eine subjektive sexuelle Präferenz gab, dass die Hände für Werkzeuge frei wurden. Eine weitere Theorie besagt, dass sich der aufrechte Gang entwickelt habe, als die Menschenaffen das Wasser eroberten, d.h., Seen, Flüsse und Teiche als Nahrungsquelle nutzten, erlernten sie den aufrechten Gang beim Waten [192].

Eine sehr exotische Nische.

Zurück zu deiner Frage: Gab es jemals Menschenarten, die genetisch inkompatibel waren, indem sie sich beispielsweise durch die Isolation auseinanderentwickelt haben? Die bisher entdeckten Menschenarten sind [193]: *Homo antecessor, erectus, ergaster, florensiensis, georgicus, habilis, heidelbergensis, naledi, neanderthalensis, rhodensiensis, rudolfensis, sapiens.* Heute sind alle diese Arten, außer die letzte, ausgestorben. Gleichzeitig existiert haben höchstwahrscheinlich *erectus, neandertalensis* und *sapiens.*

Die große Frage ist jetzt: Handelte es sich wirklich um Menschenarten im biologischen Sinne oder bestand ein wie auch immer ge-
arteter Genaustausch, der die vermeintlichen Arten lediglich zu
Variationen einer einzigen macht?

Thomas Junker beschreibt in [194] den Streit dieser beiden Schulen. Die eine bezeichnet er als *Out-of-Africa* Verdrängungstheorie.
Diese geht davon aus, dass die Besiedlung der Welt durch die Gattung *Homo* in Emigrationswellen aus Afrika stattfand. Die jeweiligen Neuankömmlinge vermischten sich nicht mit den anderen
Menschenarten, sondern verdrängten sie. Die Anhänger des Mul-
tiregionalen-Modells hingegen glauben an einen beständigen Genaustausch zwischen den Menschen. Daher kam es zwar zu regionalen Anpassungen, jedoch nicht zu einer derart getrennten Evolution, dass Arten im biologischen Sinne entstanden. Die Analyse
der sogenannten Mitochondrien-DNA, die nur mütterlicherseits
weitervererbt wird, scheint die *Out-of-Africa*- Hypothese zu bestätigen, da sie alle momentan lebenden Menschen genetisch auf eine
Ureva zurückführen kann. Jedoch verweist Junker auf die Existenz
vieler weiterer "Adams" und "Evas", die zum Genpool der heutigen Menschen beigetragen haben. Emil Hoffman führt an [195],
dass es eine genetische Vermischung zwischen *neandertalensis*
und *sapiens* gegeben habe. Heutige Europäer und Asiaten besäßen
3-4 Prozent Neandertalergene, Afrikaner hingegen nicht.

Ich glaube, ich bin jetzt sowieso alles durchgegangen, was ich dir
über die Evolution und die Fortpflanzung sagen wollte. Wichtig
ist, dass du dir die Punkte merkst, die das moderne Standardmodell
der Evolution zusammenfassen [modifiziert nach 196]:
(i) Die Gene bestimmen immer die Merkmale, niemals umgekehrt.
(ii) Die Wandlungen werden durch die Evolutionsfaktoren Mutation, Rekombination, natürliche Selektion, Isolation und die
Gendrift bestimmt und sind auf die Anpassung gerichtet.
(iii) Der der Entstehung neuer Arten (Makroevolution) zugrunde
liegende Evolutionsmechanismus entspricht dem der Anpassung
innerhalb der Artgrenzen (Mikroevolution). Beide verlaufen hinsichtlich der Anpassung graduell.

Die natürliche Selektion ist der wichtigste Evolutionsfaktor. Sie führt dazu, dass sich bestimmte Gene in der Population häufiger vererben als andere. Bezüglich der Anpassung verläuft die Evolution gezielt, aber planlos, d.h., sie hat keine Vorstellung davon, wie die Anpassung aussehen wird.

Bis auf den Kreationismus der Erinnerung.

Richtig! Wie ich dir schon gesagt habe, schränkt der natürliche Kreationismus (im Gegensatz zum göttlichen) des Standardmodells die Variation der Nachkommen IM VORFELD der Fortpflanzung lediglich durch Anpassung an die genetische Erinnerung ein: Keine Population bringt immer wieder viele tausend komplett unterschiedliche Nachkommen zur Welt, von denen nur *0,1%* lebensfähig sind und von denen wiederum die am besten Angepassten überlegen. Der Grund hierfür ist, dass die Evolution durch die Hervorbringung der Gene ein einfaches Gedächtnis produziert hat, das trotz der Rekombination den Eltern sehr ähnliche Nachkommen hervorbringt. Das kann es tun, weil es die Selbst-Ähnlichkeit der Umgebung über viele Generationszyklen voraussetzt. Dieses Gedächtnis ist, meiner Meinung nach, die wichtigste Ursache für das Funktionieren der Evolution und die Höherentwicklung. Es ist mindesten genauso wichtig, wie der Zufallsgenerator. Der Gradualismus der Evolution ist somit ein notwendiger Aspekt des natürlichen genetischen Kreationismus im Rahmen des Standardmodells der Evolution.

Diese Art von Kreationismus ergibt aber keinesfalls die effektivste Art der Anpassung.

Bedenke bitte, dass die Gene nicht über eine vollumfängliche Erinnerung und deren Kategorisierung verfügen. Vielmehr führt die natürliche Auslese dazu, dass nur das in den Genen erinnert wird, was "funktioniert" hat, da ja nur die tatsächlich angepassten Lebewesen überlebt haben und sich daher weiter fortpflanzen konnten. Die Erinnerung in den Genen im Zuge der Auslese beinhaltet daher ausschließlich Informationen über erfolgreiche Anpassungsakte (Anpassungsversuche). Im Gegensatz zu jenen, die sich in der täglichen Existenz beweisen und daher zeigen, wozu sie nutze sind, ist bei nicht fortgepflanzten oder abgeschalteten Genen die Information, warum sie erfolglos waren oder abgeschaltet wurden, verloren gegangen. Man kann auch sagen, dass nur die positiven Rückkoppelungen während der Auslese erinnert werden. Daher werden bei einer evolutionären Anpassung entweder immer wieder die gleichen Fehler wiederholt, oder aber sie hält sich eng an die bisherigen Erfolge: Da das genetische Gedächtnis nicht weiß, was denn nun nicht funktioniert, hält es sich an das, was funktioniert hat. Daher sind sich die Mitglieder der Population sehr ähnlich, zu ähnlich. Trotzdem macht die Erinnerung der positiven Rückkoppelung die Evolution, die ich trotz Phasen der Stabilität und der Wandlung durch Anpassung und Höherentwicklung zu einer Einheit verallgemeinern möchte, zu einem komplexen dynamischen System. Solche Systeme, hier ist es das Leben, können auf äußere Wandlungen reagieren und sich dadurch entgrenzen. Das Problem für die Evolution ist aber die fehlende Erinnerung negativer Rückkoppelung im genetischen Gedächtnis. Für ein intelligentes Gehirn ist jene natürlich möglich. Sie senkt somit die Zahl der für eine Anpassung nötigen Anpassungstests bei intelligenten Wesen.

Warum besteht irgendein Interesse daran, diese Tests zahlenmäßig zu reduzieren?

Das ist genau die richtige Frage! Zunächst ein Beispiel: Stell dir eine menschliche Population vor. Die Natur bringt plötzlich einen neuen Feind hervor, den die Population bisher noch nicht kannte. Es ist ein Raubtier. Es zeigt sich, dass es nicht durch besonders lautes Gebrüll zu vertreiben ist. Vielmehr lockt das Gebrüll die Tiere an und sie reißen den Schreihals. Daher stehen lautstark brüllende Mitglieder für die Fortpflanzung innerhalb der Population irgendwann nicht mehr in großer Zahl zur Verfügung. Da die Evolution nur rein positive Rückkoppelungen erinnert, würden Individuen mit musikalischer Begabung, die das Getier über harmonische Laute besänftigen können, präferieren, da diese ja überleben und ihre Musikalität durch die Gene an ihre Nachkommen weitergeben. Die Gene der Nachkommen der dezimierten Schreihälse

403

hingegen erhalten keine Fähnchen auf denen draufsteht: "Schrei-halsgen vertreibt keine Raubtiere." Bei einem zwischenzeitlichen Verschwinden des Raubtieres aufgrund der Reduktion der Zahl der Schreihälse zugunsten der Sänger würden Erstere dann wieder zahlenmäßig zunehmen. In einer umfassend erinnernden Gemein-schaft würde die Korrelation Schreihals - böses Raubtier jedoch erhalten bleiben. Im Paarungsverhalten würden die Schreihälse nicht nur durch ihre Dezimierung das Nachsehen haben, sondern auch, nachdem das Raubtier temporär verschwunden wäre. Eine intelligente, erinnernde Gemeinschaft würde sogar die effektivsten Sänger erkennen und diese bei der Fortpflanzung präferieren, um sich im Kampf gegen das Raubtier aufgrund ihrer Erfahrung ef-fektiver zu wappnen. Wie bei dem genannten Produktentwickler gehe ich davon aus, dass die ausschließlich positive Erinnerung der Evolution, d.h. das Vergessen negativ rückgekoppelter Er-scheinungen, der Grund für die Neigung von Menschen ist, die rein positive Bewertung von Neuem zu tolerieren.

Und jetzt zur Beantwortung deiner Frage: Die natürliche, unintel-ligente Auslese ist tatsächlich ein leidvoller Kampf für die Indivi-duen, zwar nicht unbedingt untereinander, jedoch gegen die Wid-rigkeiten der Natur, an die sich die Populationen anpassen müssen. Ich würde sogar sagen, dass der Mechanismus der natürlichen Auslese letztendliche Ursache des Leides ist und es auch benötigt, während die Zufriedenheit eine seltene Erscheinung bleibt, wenn mehr Wesen scheitern, an falsche Gemeinsamkeiten angepasst sind, als gewinnen. Jede Art von Kreationismus, der die Zahl der Anpassungsversuche bis zum Erfolg reduziert, senkt daher Leid, so wie auch die Anpassung an negative Erinnerung: Es würden nicht mehr Tausende Schreihälse geboren, die bei der Rückkehr des Raubtiers unter Qualen zerfleischt werden.

Das heißt, zusätzliche negative Erinnerung bewirkt eine effekti-vere Anpassung und Höherentwicklung.

Wie du weißt, sehe ich die Höherentwicklung der menschlichen Gesellschaft darin, dass ihre Mitglieder sich nachhaltig von Leid befreien bzw. Glück akkumulieren, unabhängig davon, ob sie mit einer Erhöhung der Komplexität gesellschaftlicher Strukturen verbunden ist oder nicht. Zerstörerische Anpassung an zerstörerische Gemeinsamkeit erzeugt Leid, Anpassung an höherentwickelnde Gemeinsamkeit verneint Leid und erzeugt Glück. Man könnte daraus ableiten: Je weiter sich eine Spezies von den leidvollen Zwängen der zufallsbasierten natürlichen Auslese entfernt, desto eher überlebt sie und desto eher entwickelt sie sich weiter. Zu diesem Zweck müssen sowohl positive als auch negative Rückkoppelungen erinnert werden. Der Vorteil solcher Erinnerung und die damit verbundene Einschränkung von Variabilität sind in meinen Augen so groß, dass Gehirne zum Abspeichern von Bildern und Verhaltensweisen erzeugt wurden und nicht nur für die Steuerung der Körperfunktionen. Die erinnernden und die intelligenten Populationen haben einen Vorteil gegenüber den wenigerinnernden und den unintelligenten: Diese Individuen leiden in ihrer Anpassung und Höherentwicklung weniger, da immer weniger Vernichtungsauslese betrieben werden muss. Der erinnerungsbasierte natürliche Kreationismus verneint dabei nicht den Zufall als treibende Kraft, er schränkt ihn lediglich ein. Es gibt allerdings Diskussionen über einen natürlichen Kreationismus der Gene, der durch das Standardmodell der Evolution nicht abgedeckt wird, aber eben auch keinen göttlichen Kreationismus darstellt.

Eine Rückkoppelung zu Lebzeiten des Wesens wandelt die Keimzelle?

Ich unterscheide zwei Stufen dieser hypothetischen Art von natürlichem Kreationismus in den Genen, die gleichzeitig Eskalationsstufen mit Hinblick auf die Diskussion des das Standardmodells der Evolution darstellen:

Stufe I: Die Umwelt wandelt sich in bedrohlicher Weise - das Körpergen erkennt die Bedrohung und sucht sich aus der Bibliothek abgeschalteter Gene eines heraus, dass den Körper gegen eine ähnliche Bedrohung fit gemacht hat - die Keimzelle übernimmt die Strategie für die Nachkommen.

Stufe II: Die Umwelt wandelt sich in bedrohlicher Weise - das Körpergen erkennt die Bedrohung und mutiert, um den Körper gegen die Bedrohung fit zu machen - die Keimzelle übernimmt die Strategie für die Nachkommen.

Dieser natürliche genetische Kreationismus macht mehrere Annahmen notwendig, die vom Standardmodell der Evolution abweichen: (i) Die Wandlungen des sterblichen Körpers werden in der Keimzelle abgespeichert und an die Nachkommen übertragen. Dabei handelt es sich um Lamarckismus. (ii) Gene reagieren strategisch auf Umwelteinflüsse. Dies beinhaltet alles von einer Beschleunigung der genetischen Wandlungen, um sich besser an plötzliche Wandlungen anzupassen, bis hin zum planvollen, intelligenten Umbau der Gene.

Gibt es einen solchen genetischen Kreationismus wirklich?

Fangen wir mal mit dem Gegenteil davon an, den Antikreationisten. Der schärfste und lautstärkste heutige Ablehner jeglichen Kreationismus' ist Richard Dawkins. Nach meiner Interpretation bekämpft er ihn, wo er kann, tendiert aber gleichzeitig dazu, biologistische Ansichten auf andere Bereiche auszudehnen. Außerdem vermeidet er die Auseinandersetzung über einen natürlichen Kreationismus jenseits der positiven genetischen Erinnerung des Standardmodells, die er jedoch überhöht. Möglicherweise liegt das daran, dass ein solcher natürlicher Kreationismus ebenfalls als Indiz für einen göttlichen herhalten könnte, so wie die Idee des Big Bang für einen göttlichen Schaffungsakt gehalten wurde.

Wie argumentiert Dawkins?

Dawkins' bekanntestes populärwissenschaftliches Buch zu diesem Thema ist "Das egoistische Gen" von 1976 [197]. Er verdeutlichte die Konsequenzen aus der Erinnerung an die rein positive Rückkopplung dadurch, dass er den Genen einen Willen im Sinne Schopenhauers zuwies. Das Gen habe den Willen, von Generation zu Generation zu überleben und sich auszubreiten, wie ein Virus. Dawkins egoistisches Gen nutzt die es beinhaltenden Lebewesen und den auch Menschen dafür als "Vehikel". Diese Vehikel müssten so gebaut sein, dass sie möglichst viele vermeintlich "richtige" Gene produzieren und weitergeben. Die vermeintliche Richtigkeit besteht einfacherweise in der Übertragung des gleichen Gens. Das metaphysische Verständnis der Evolution basierend auf dem egoistischen Gen kann erweitert werden und die Entstehung von Brutpflege bis hin zu familiärer Bindung und familiären Clans begründen, ja sogar ein sich für das Überleben des Clans aufopferndes Familienmitglied, obwohl sein eigenes egoistisches Gen dadurch zerstört wird.

Dawkins hadert im Vorwort zum 30-jährigen Jubiläum seines Buches mit dessen ursprünglichen Titel, den er auf Anraten seines Verlegers besser in "Das unsterbliche Gen" umgewandelt hätte. Tatsächlich verlangt die Unsicherheit durch die fehlende Erinnerung der negativen Rückkoppelung, dass dasjenige Gen, welches sich einmal durchgesetzt hat, davon ausgeht, dass es die einzig mögliche Wahrheit auf seiner Seite hat. Aufgrund der gleichen Unsicherheit wird es alles dafür tun, um weiter zu existieren, in seiner momentanen Form an die Nachkommen weitergegeben zu werden. Es geht nämlich davon aus, dass ansonsten ein Gen unbekannten und unsicheren Erfolgs weitergegeben wird.

Gibt es Wissenschaftler, die den natürlichen genetischen Kreationismus jenseits des Standardmodells bejahen?

Im scheinbaren Widerspruch zu Dawkins steht das "kooperative Gen" von Joachim Bauer [198]. Bauer sieht sein Buch als direkten Gegenentwurf zu dem egoistischen Gen von Dawkins. Er vertritt, in meiner Interpretation, eine radikale These, die die evolutionsrelevante Rückkoppelung der Umwelt mit dem Erbgut beinhaltet. Bauer führt die Nobelpreisträgerin Barbara McClintock als die Expertin auf diesem Gebiet an. McClintock erhielt den Nobelpreis tatsächlich für die Entdeckung "springender Gene" im Erbgut, und zwar im Jahre 1983, *33* Jahre nach der Publikation ihrer Erkenntnisse. Letztere gewann sie aus Untersuchungen von Maispflanzen, deren Farben nicht aus den Mendelschen Regeln erklärbar waren. In ihrer Nobelpreisrede [199] legte sie dar, dass sich genetische

407

Abschnitte aus dem Erbgut lösen können, um eine andere Position darin einzunehmen. Außerdem können springende Gene Kopien von sich selbst erstellen, die sie dann an bestimmten Stellen des Erbgutes einfügen. Auf diese Weise werden (erinnerte) Genabschnitte, die bisher stumm waren, also für die Ausprägung der Eigentümlichkeiten nicht herangezogen werden, plötzlich aktiviert. Durch diese Aktivierung werden Nachkommen hervorgebracht, deren Eigentümlichkeiten sich deutlich von denen der Eltern unterscheiden können.

Und was sind die Ursachen dieser Änderung?

McClintock nennt sie Schocks: Das Erbgut ändert sich, da es auf innere oder äußere Schocks reagiert. McClintock nennt Virusinfektionen, Kreuzungen, Gifte, ja sogar drastische Umweltwandlungen als Ursachen. Die spannende Frage ist nun: Gibt es eine intelligente Rückkoppelung, d.h., erkennt das Erbgut die Art des Schocks und kramt diejenigen alten Erbinformationen hervor, die gegen ähnliche Schockarten funktioniert haben? Kreiert es gezielt eine überlebensfähige Alternative? Oder beschleunigen die springenden Gene einfach nur die Variation der Eigentümlichkeiten der Nachkommen, um im Rahmen der natürlichen Auslese schneller reagieren zu können?

McClintock spricht im letzten Abschnitt ihrer Nobelpreisrede ganz offen [199]. Auf Deutsch sagte sie sinngemäß: In Zukunft sollte das Erbgut als ein sensibles Organ betrachtet werden, welches ungewöhnliche und unerwartete Ereignisse "spürt" und darauf antwortet. Allerdings wissen wir nichts darüber, wie eine Zelle Gefahr erkennt und mit welchem Mechanismus sie darauf antwortet, wobei diese Antworten oft wirklich bemerkenswert sind.

Nun, das war 1983.

Der Fortschritt seit dieser Zeit besteht darin, dass springende Gene nicht mehr als Kuriosität, sondern als signifikanter Anteil der Reproduktion gelten. Es wird gemeinhin auch anerkannt, dass sie die

Evolution beschleunigen, ohne allerdings deren generellen Prozess aus ungerichteter Wandlung und natürlicher Auslese infrage zu stellen. Meiner Meinung nach erreichen die Erbanlagen bereits eine massive Kreativität, die Darwin noch nicht im Blick hatte, indem sie sich an bis dato abgeschaltete Gene erinnern und durch deren zufälliges Einschalten versuchen, auf die stressigen Umwelteinflüsse zu reagieren, auch wenn das nur zufällig erfolgt.

Joachim Bauer [198] steht den Arbeiten von McClintock in jedem Fall sehr zustimmend gegenüber, speziell den letzten Sätzen ihres Nobelvortrages. Auch er geht von Schocks aus, Stressoren, die die Erbanlagen zwingen, sich zu verändern. Er bezeichnet sie als "kreatives System", impliziert also eine planvolle Rückkoppelung zwischen Umwelt und Gen, welches auf deren Wandlungen gezielt reagieren kann.

Voraussetzung für eine solche Rückkoppelung ist aber die Vererbung der Abwehrstrategien gegen den Stress auf die Nachkommen.

Karin Moelling [200] bezeichnet die springenden Gene als "eingesperrte Viren", d.h., es handelt sich um ehemalige Viren, die im Rahmen der Evolution in das Erbgut von denjenigen Lebewesen eingebaut wurden, die sie infiziert hatten. Moelling weist darauf hin, dass die Veränderungen durch springende Gene bereits am Individuum selbst erfolgen. Vergiftet man beispielsweise eine bestimmte Art von Mäusen, ruft dieses Gift eine Genveränderung hervor, welches ihre Fellfarbe ändert. Diese Veränderung ist definitiv auf springende Gene zurückzuführen. Ohne das Gift wird das Gen, das die Fellfarbe gibt wieder abgeschaltet. Moelling verweist auf Studien, die sehr wohl die Vererbung solcher angeschalteten Zustände von ehemals stummen Genen über eine oder zwei Nachkommengenerationen, ja sogar, deren Verstetigung zeigen.

Dann hatte Lamarck wohl recht?

Bezogen auf die springenden Gene scheint es so. Mit dieser steilen These setzt man sich aber in der Fachwelt oft in die Nesseln. Der

409

Neolamarckismus ist aber nur ein Aspekt, mit dem man das Standardmodell der Evolution kritisieren kann. Die andere ist die Idee, dass die Anpassung an die Erinnerung der stummen Gene gezielt erfolgt, also eine durchdachte Anpassung an den Schock darstellen würde.

Damit lehnt man sich zu weit aus dem Fenster.

Die bisherige Meinung war, dass jede Zelle im Körper die gleiche Erbinformation besitzt. Das gilt für Körperzellen wie für Keimzellen. Die Keimbahn sorgt dafür, dass die Erbinformation weitergegeben wird, die bis auf alters- oder umweltbedingte Degenerierung, lediglich durch zufällige Mutation und Rekombination gewandelt wird. Keinesfalls soll die genetische Wandlung bestimmter Körperzellen Einfluss auf die Erbinformation der Keimbahn haben. Die springenden Gene haben gezeigt, dass das nicht so ist [201]. Ein Beispielfall hierfür sind die Mäuse, die bei bestimmten Diäten ihre Fellfarbe ändern und jene auf ihre Nachkommen übertragen [202].

In einem neueren Artikel [203] werden einige Aspekte der springenden Gene zusammengefasst:
(i) Springende Gene treten beim Menschen sehr häufig auf und sind aktiv, bei anderen Tieren, z.B. dem tasmanischen Teufel, gibt es sie gar nicht oder sie sind inaktiv.
(ii) Springende Gene treten besonders aktiv im menschlichen Gehirn in Erscheinung. Das Hüpfen erfolgt nicht planlos, sondern immer in bestimmte Bereiche des Erbguts.
(iii) Keine Zelle im Körper des Menschen verfügt über genau gleiches Erbgut. Sie sind sich sehr ähnlich, aber nicht identisch.

Ist die Annahme genetischer Systeme, die auf die Umwelt reagieren und die Reaktion weitervererben können, nun Wasser auf die Mühlen der göttlichen Kreationisten?

Die Probleme entstehen dadurch, dass das Standardmodell zu einem Dogma erhoben wird. Der Zwist zwischen den Verfechtern jener Dogmen und denen eines natürlichen Kreationismus jenseits des Standardmodells, angefangen von dem zufälligen Zugriff auf abgeschaltete Geninformationen bis hin zu deren hypothetischer strategischer Instrumentalisierung, ist für mich vielen Missverständnissen der heutigen Zeit ähnlich, die sehr viel mit vermeintlichen Universalitäten zu tun haben. Sie erwachsen aus der mangelnden Akzeptanz der objektiven Unzulänglichkeit, hauptsächlich aus Angst, in eine Beliebigkeit zu verfallen. Für mich werden begrenzte Universalitäten, also beispielsweise Gesetze, Gemeinsamkeiten durch die Agenten bestimmt, die sie teilen. D.h., sie sind begrenzt, da ihre Agenten begrenzt sind. Jenseits dieser Gesetze gibt es eine andere Wirklichkeit. Diese andere Wirklichkeit, z.B. jenseits der Flugbahn, die das Gravitationsgesetz einen Golfball zuschreibt, erreicht man, indem der Randbereich des Gesetzes transzendiert wird. Dies kann durch Zufall geschehen, z.B. wenn ein Vogel den Ball touchiert, aber auch systematisch oder durch zeitliche und räumliche Weiterentwicklung. Sowohl die Gültigkeitsgrenzen von Gesetzen als auch deren Transzendierbarkeit sind für mich objektive Unzulänglichkeiten. Die Verneinung dieser Unzulänglichkeiten macht die Gemeinsamkeit dogmatisch und ihre Grenzen scheinbar undurchdringlich, sodass sie irgendwann falsch wird.

Die Darwin'sche Evolutionslehre ist nun ein ganz besonderer Fall, da sie den Zufall sozusagen gesetzmäßig beinhaltet. Es ist also kein Problem, wenn statt eines vierbeinigen ein fünfbeiniges Kamel geboren wird, diese Wandlung wird halt durch die natürliche Selektion ausgesiebt. Die Grenze der Evolutionslehre besteht vielmehr in der Annahme des Zufalls als der alleinigen Ursache für die Entwicklung der Vielfalt des Lebens durch Anpassung. Die Transzendenz der Grenzen jener These würde in ein neues Gesetz führen. Der entscheidende Punkt ist, dass jene Transzendenz die Darwin'sche Lehre keineswegs falsifiziert. Sie ist immer noch wahr, aber wie alle Gemeinsamkeiten begrenzt und damit auch nur begrenzt gültig. Das gleichzeitige Teilen zweier, scheinbar sich widersprechender Gesetze durch Agenten nenne ich die Integration. Sie begrenzt die Transzendenz sozusagen. Gemeinsamkeiten können nicht zu *100%* verlassen werden. Die Integration ist wiederum begrenzt, und zwar durch den IntegrationsWert. Einmal können die Agenten nicht gleichzeitig in beliebig viele Gemeinsamkeiten integriert werden ohne im Chaos zu versinken. Andererseits macht das Befolgen einer Art von Gesetzen, das anderer Arten mitunter unmöglich. Und dazu gehört die Verneinung der Existenz eines göttlichen, intelligenten Designers auf der einen und seine gleichzeitige Bejahung auf der anderen Seite. Man sollte also den natürlichen und den göttlichen Kreationismus nicht in gleichem Maße ablehnen, da man sie sonst zu Verbündeten macht.

Und wie steht Dawkins zum göttlichen Kreationismus?

Da die natürliche Evolution, inklusive des Zufalls und der Auslese ein Fakt ist und den göttlichen Kreationismus obsolet macht, bedeutet Dawkins Weltbild einen radikalen Atheismus. Er erläuterte es in zwei Interviews im SPIEGEL. Das erste Interview fand 2007 statt [204], das zweite im Jahre 2011 [205]. Ich fasse die beiden Interviews mit meinen eigenen Worten zusammen und lasse zwischendurch meine Meinung einfließen. Somit handelt es sich hier nicht um wörtliche Zitate und meine Interpretationen können natürlich fehlerhaft sein. Zunächst legt Dawkins dar, dass die Entdeckung der Mechanismen natürlicher Evolution ohne die Annahme eines Schöpfers jene zu etwas Positivem, Schönem und Erklärbarem macht. Er setzt diese Schönheit in Gegensatz zu religiösen Erklärungen, die er für den Ausdruck von Faulheit hält. Die Annahme eines Gottes, durch den alles, allerdings ohne zusammenhängende Details, erklärt würde, hätte eine Unterdrückung des Forscherdranges zur Folge. Dawkins schreibt der Religiosität also einen schlechten Einfluss auf den Intellekt zu, da sie alles mit einer einfachen Annahme erklärt und die Suche nach der Wahrheit somit obsolet macht.

Für Dawkins ist Religion auch Ursache von Fanatismus. Er geht davon aus, dass obwohl nicht jeder religiöse Mensch fanatisch ist, sich religiöser Fundamentalismus, inklusive der Repression gegenüber Andersgläubigen aus der jeweiligen Religion selbst entwickelt, ohne jene also nicht existieren würde. Gleichzeitig prangert er die Toleranz der Gesellschaft gegenüber unvernünftigem, dummem und sogar schädlichem Verhalten von Individuen und

Organisationen an, die damit durchkommen, weil sie sich auf ihre Religionsfreiheit berufen. Vielmehr müsse eine radikale Intoleranz gegenüber den Religionen betrieben werden, um die Welt zu einem friedlicheren Ort zu machen. Das betrifft übrigens alle unbewiesenen, rein auf Glauben basierenden Ansichten, angefangen vom Islam, der zu Islamismus führt über das Christentum, das zu den Kreuzzügen geführt hat, zu sozialen Mythen, die selbstmörderische Sekten hervorbringen. Andererseits hält er einen evolutionären Vorteil für religiöse Gemeinschaften in der Geschichte für möglich, speziell wenn sie einem Kriegsgott huldigen.

Dawkins neigte in den Gesprächen dazu, das Evolutionskonzept aus Zufälligkeit und anpassender Auslese zu universalisieren. Er führt an, dass die Naturkonstanten in der Physik weder erklärt werden können noch irgendwelchen Schwankungen unterliegen. Sie sind sehr fein eingestellt, so als ob dies durch eine Art Uhrmacher, also ein Designer erfolgt wäre. Dawkins versucht, dies durch die Annahme von Multiversen anstatt nur eines Universums zu erklären, von denen eben nur diejenigen stabil sind, deren eingestellte Naturkonstanten jene Stabilität auf Dauer ermöglichen. Dabei wäre das Uhrmacher-Argument einfach zu widerlegen, da auch der menschliche Uhrmacher (das Vorbild für den göttlichen) die Uhr nicht aus leeren Gedanken erschafft, sondern auf die Erinnerung langer Erfahrungen, auch vieler anderer Uhrmacher, zurückgreift, die durch Nachahmung, Probieren und gedankliche Verknüpfung entstanden sind. Das Knowhow des Uhrenmachens ist also nicht aus einer reinen, von der Welt losgelösten Idee entstanden, genauso wenig wie die Natur selbst, die auf Probieren, Verknüpfen und Erinnern beruht. Einen weiteren evolutionistischen Ansatz hat Dawkins für die menschliche Gesellschaft erarbeitet, indem er den Begriff des "Mems" einführt. Meme sind gedankliche Analoga zu Genen. Es sind also Gedanken, die sich durch Kommunikation vermehren, sich dadurch auch wandeln können und der Auslese unterliegen.

So wie bei deinem Konzept vom Wahrheitsvirus.

413

Nicht ganz. Bei Dawkins gibt es egoistische Gedankenviren, die wie sein egoistisches Gen, innerhalb der Gemeinschaft unsterblich werden wollen. Sie sind bestrebt, sich mit allen Mitteln in Gehirne einzunisten. Letzteres ist das Vehikel des Mems, und es selbst ist das Vehikel von Nietzsches Willen zur Macht. Das egoistische Mem produziert einen umgekehrten Darwinismus. Nicht etwa das vernünftigste, an die Wahrheit am besten angepasste Mem setzt sich durch, sondern das gegenüber seiner Umgebung, dem Gehirn, repressivste und manipulativste. Daher entwickelt das egoistische Mem seine Umgebung nicht weiter. In der Limenistik hat jedoch nur der wahre und hilfreiche (die Zukunft voraussehende) Gedanke die Tendenz, sich in der Gemeinschaft letztendlich durchzusetzen und alle Mitglieder trotz ihres Immunsystems zu infizieren.

Und welche Argumente haben die göttlichen Kreationisten?

Mit jenen Kreationisten meine ich die Menschen, die an einen Schöpfer, ein höheres Wesen glauben. Erhebt man das Standardmodell der Evolution zu einem Dogma, so gibt man ihnen die Möglichkeit, jedes Indiz für dessen Unzulänglichkeit als Bestätigung des göttlichen Kreationismus zu sehen, was sie auch tun. Unter diese Strategie fallen die Beispiele, die du vorhin angebracht hast, nicht. Sie erscheinen mir zu primitiv, als dass man sich damit beschäftigen müsste. Es gibt inzwischen aber einen differenzierteren, sogenannten Neokreationismus, der sehr viel wissenschaftlicher daherkommt. Er propagiert ein göttliches *Intelligent Design*.

"Intelligent Design" klingt allein schon durch das Englische wissenschaftlich.

Meiner Meinung nach sind die Vertreter des Neokreationismus inzwischen viel eloquenter, intelligenter und phantasievoller als die Brachialkreationisten, aber auch als die Vertreter eines dogmatischen Standardmodells der Evolution. Sie nutzen, wie gesagt, die wissenschaftlich aufgedeckten Unzulänglichkeiten in der Evolutionslehre dazu, sie insgesamt zu verneinen und durch die Schöpfungslehre des *Intelligent Design* zu ersetzen. Man muss sagen, dass gerade die Kritik an wissenschaftlichen Postulaten eigentümlich Teil der Wissenschaft sein müsste. Da sie aber von Neokreationisten missbraucht wird, lassen sich die Anhänger des Standardmodells der Evolution in eine dogmatische Ecke drängen, die sie zu ihrer Selbstverteidigung naiverweise auch einnehmen. Dadurch wird es einfach für die Neokreationisten, die Verfechter der wissenschaftlichen Evolutionslehre als stur, verbohrt und unbelehrbar zu bezeichnen, die jede Kritik daran, ob berechtigt oder unberechtigt, rundweg ablehnen würden. Eine ähnliche Diskussion gibt es auch bei politischen Auseinandersetzungen: Man drängt den Gegner in eine argumentative Ecke und wenn er darin verharrt, bezeichnet man ihn als Diskussionsmuffel, der keine anderen/neueren Meinungen außer seiner eigenen zulässt. Damit haben die göttlichen Kreationisten dann irgendwann auch recht, auch wenn sie mit ihren Argumenten im Unrecht sind.

Wer sind diese Kritiker?

Kritik an den wissenschaftlichen Modellen der Evolution, die nicht unbedingt auf nachprüfbaren Fakten beruht, kommt nicht nur von theistischer, sondern auch von einer politisch-gesellschaftlichen Seite. Junker [194] wies darauf hin, dass politisch gesehen das *Out-of-Africa* Verdrängungsmodell bei der Besiedlung der Welt durch den Menschen viel opportuner sei, als ein Modell, das lange getrenntlebende und damit sehr unterschiedliche Menschenpopulationen postuliert. Des Weiteren attackieren verschiedene soziale Ideen, speziell aus der Geschlechterforschung, das biologistische Verständnis der menschlichen Spezies, woraus sich inzwischen ein veritabler Streit entsponnen hat, der auch auf einer moralischen Links-Rechts-Metaebene ausgefochten wird. Wenn du also auf deinen *March for Science* gehst, müsstest du auch alles das anprangern, was von dir sympathischen Politikern und Medien propagiert wird.

Und welche Argumente haben die theistischen Kreationisten?

Ich habe mir die Vorträge von mehreren theistischen Zweiflern am Standardmodell der Evolution angehört. Die Kritik wird teils wissenschaftlich, teils sehr emotional geführt. Der erste Punkt, der immer genannt wird, ist der, dass das Leben derartig raffiniert und komplex ist, dass seine Spielarten durch zufällige Prozesse prinzipiell nicht hervorgebracht werden können. Da aber Zufall und natürliche Auslese ein Dogma der Darwinisten sei, könne man nur an einen superintelligenten Schöpfer glauben. Zu diesem Zweck zählen Neokreationisten oft Eigentümlichkeiten von Lebewesen auf, die durch kein noch so modernes technisches Gerät übertroffen werden können. Dazu gehören das Sehvermögen, das Hörvermögen und natürlich die menschliche Intelligenz. Weiterhin versucht man, die Makro- von der Mikroevolution voneinander zu separieren. Neokreationisten lassen die Mikroevolution als Anpassung einer Art an gewandelte Umweltbedingungen zu. Das Gleiche gesteht man der Züchtung von Pflanzen und Tieren durch den Menschen zu. Die Makroevolution hingegen, d.h. die Entstehung neuer und vollkommen neu aussehender Arten hingegen allein durch die Evolution aus Zufall und Auslese, wird als unmöglich angesehen. Es gibt beispielsweise Neokreationisten, die abrupte Sprünge in der Evolution postulieren, die nur durch eine eingreifende Intelligenz möglich sei. Und es gibt solche, die Entstehung des Lebens in der Ursuppe der jungen Erde ebenfalls leugnen. Man behauptet, Gott habe die erste Zelle erschaffen, weil es im Labor noch niemandem wirklich gelungen ist.

Diese Taktiken sind schon viel ausgefeilter, als einfach zu sagen, Gott habe die Erde in sechs Tagen erschaffen und sie sei erst ein paar Tausend Jahre alt. Die, meiner Meinung nach, intelligentesten kritischen Antworten auf Dawkins Atheismus [206] stammen jedoch von John Lennox, einem emeritierten Mathematikprofessor von der Universität aus Oxford, an der übrigens auch Dawkins einen Lehrstuhl innehatte. Lennox hat seine Ansichten in drei Vorträgen zum Thema "Der Neue Atheismus" [207] dargelegt, zu der ich meine bescheidene Interpretation und Anmerkungen darlegen möchte. Die große Frage in der Debatte zwischen Wissenschaft und Religion wird von ihm wie folgt formuliert: Was ist der Status des Alls? Ist das All und alles, was es gibt, von einem Schöpfer erschaffen worden, der es ebenfalls trägt?

Der nach der Erschaffung nicht gleich abgehauen ist.

Richtig. Lennox fragt weiter nach dem Status des Menschen: Ist der Mensch ein Produkt eines ungesteuerten, ungelenkten Prozesses oder ist er nach dem Bilde Gottes erschaffen? Anschließend versucht er, die Neuen Atheisten zu charakterisieren. Damit meint er die vorhin genannten, "verbohrten" Verfechter des Standardmodells der Evolution. Lennox gesteht den Neuen Atheisten zu, dass sie an die Existenz einer Wahrheit glauben, so wie er selbst auch: Entweder ist die Welt erschaffen worden oder eben nicht. Er unterscheidet die Neuen Atheisten auf diese Weise von der Postmoderne, die auch mehrere Wahrheiten zulässt.

Was ist die Postmoderne?

Ich unterscheide die Postmoderne vom Poststrukturalismus. Poststrukturalismus stellt eine Hegelsche Aufhebung des Strukturalismus dar. Strukturalismus besagt, dass Begriffe lediglich Symbole (Signifikante) für Dinge darstellen, die selbst nichts mit den Dingen gemein haben, die sie bezeichnen (Signifikate). Die Sprache bildet sich dennoch als Struktur zur Beschreibung der tatsächlichen Wirklichkeit heraus, hauptsächlich deswegen, weil für unterschiedliche Dinge unterschiedliche Symbole verwendet werden, die entsprechend jener aufeinander verweisen. Allerdings ist diese Wirklichkeit immer nur die Wirklichkeit von Symbolen. Auch im Poststrukturalismus ist die Wirklichkeit des Menschen die der Symbole und deren Aneinanderreihung. Im Gegensatz zum Strukturalismus vermutet der Poststrukturalismus, dass die durch Begriffe/Narrative/Mythen geschaffene Wirklichkeit nichts mit der wahren Realität zu tun hat. Sie ist eine Ineinanderschachtelung von Symbolen und stößt daher nie auf einen realen Grund. Sie reflektiert lediglich den Einfluss der Mächte, die den Diskurs zur Wahrheitsfindung durch jenen Ein-fluss begrenzen, weshalb sie grundsätzlich aufgrund falsch strukturierter Diskurse gebildet wird, die Falschheiten mit strukturellem Charakter hervorbringen. Da der

Poststrukturalismus primär kritisch ist, zeigt er keinen Weg zur tatsächlichen Wahrheit, sondern deckt "nur" Falschheiten auf. In letzter Konsequenz würde er alle falschen Mächte im Diskurs offenlegen, sodass keine Aussage, auch keine tatsächliche (unverfälschte) Wahrheit zurückbleibt, denn jene besitzt aufgrund ihrer Entkoppelung von den Symbolen entweder selbst keine Macht (bzw. wird nie frei von der des Diskurshegemons sein). Ein Beispiel: Eine den wissenschaftlichen Diskurs dominierende Macht gehe davon aus, dass nur Männer Wissenschaftler sein können. Also unterscheidet sie männliche und weibliche Wissenschaftler, indem sie die Symbole für Wissenschaftler und männlich/weiblich miteinander verbindet. Im Diskurs wird aber nur der Begriff für den Wissenschaftler verwendet. Unter diesen strukturellen Voraussetzungen entsteht eine Wirklichkeit, in der nur die wissenschaftlichen Gedanken von Männern erwägenswert sind, weshalb sich die männliche Dominanz in der begrifflichen Diskursstruktur verfestigt. Der Poststrukturalismus kann diese falsche Wirklichkeit und die Macht dahinter erkennen, ist aber nicht dazu imstande, Strukturen zu schaffen, die den Diskurs in die tatsächliche Wirklichkeit führen, denn jede Änderung der Diskursstruktur spiegelt wiederum nur die Macht des anderen Diskurshegemons wider.

Der Postrukturalismus geht also davon aus, dass die Wahrheit/Wirklichkeit der Menschen nicht aus der tatsächlichen Wirklichkeit, sondern aus Reihen aufeinander verweisender Sprachsymbole gebildet wird, welche die tatsächliche Wahrheit (nicht) widerspiegeln (sondern nur den Einfluss von Mächten, die den Diskurs beherrschen). Die Postmoderne beziehe ich hingegen direkt auf die Moderne, welche die Realität (in der Tradition der Aufklärung) als durch rationale Wahrheiten beschrieben ansieht, vergisst dabei jedoch die objektive Unzulänglichkeit. Die Postmoderne versucht, sich von den mechanistischen Zwängen der Moderne zu lösen. Sie erkennt zwar, dass die Aufklärung Nachteile besitzt, sieht jene allerdings nicht in deren Verneinung objektiver Unzulänglichkeit, sondern sucht ihr Heil in einer Vielfalt vermeintlicher Zulänglichkeiten. Der Grund für die Entstehung der Postmoderne ist dem für die Entstehung der Romantik also ähnlich. Letztere akzeptiert objektiv-vernünftige Wahrheiten, glaubt aber, dass es jenseits davon noch etwas anderes gibt. Die Postmoderne möchte hingegen zu einer "gesunden" Mystik kommen, die unterschiedliche, koexistierende Wahrheiten zulässt. Das klingt befreiend, bemäntelt aber nur den Übergang vom positivistischen Hochkapitalismus hin zur repressiven Toleranz des Spätkapitalismus, der nicht nur eine Ware an einen Mann, sondern alle möglichen Waren einer breiten Palette an alle möglichen Menschen bringen muss, egal ob sie für jene falsch sind oder nicht. Instrumentelle Gemeinsamkeit ist falsche Gemeinsamkeit und die Anpassung daran wird in der technokratischen Moderne durch Funktionalität (eines falschen Systems) übertüncht. In der Postmoderne geschieht dies durch vermeintliche Wahl(Konsum)freiheit des immer Falschen, was die Freiheit zur Beliebigkeit macht. Falsches als alternative Wahrheit zu verstehen führt darüber hinaus zur vermeintlichen Gleichheit von ungleichen und Ungleichheit von gleichen Gemeinsamkeiten.

Die Postmoderne wird wegen ihrer inklusiven Waren- und Meinungstoleranz, die sie zu einem moralischen Imperativ erhöht, fälschlicherweise für eine linke Weltanschauung gehalten. Sie ist zwar nicht durch Amnesie bzgl. der Gemeinsamkeiten selbst gekennzeichnet, die ja für den Überkonsum hilfreich ist. Die postmodernen Konsummilieus kennen jedoch keine unterschiedlichen IntegrationsWerte oder SuperIntegrationsWerte (wie gut, böse, falsch, richtig). Die Bewertung erfolgt durchgängig als positiv bzw. wahr. Links bedeutet hingegen erinnernde Transzendenz in/aus Gemeinsamkeiten mitsamt und aufgrund von IntegrationsWerten: Das ist für dich das falsche Leben, also wechsle in das richtige und erinnere dich daran, dass das falsche falsch war. Die sich anpassenden Agenten sehen sich daher im Vergleich zur Postmoderne einer geringeren Zahl von potenziellen Gemeinsamkeiten gegenüber. Die Freunde der Postmoderne sind bedingungslose Flexibilität und Toleranz. Ihr Feind ist jegliche Intoleranz. Die linke, rechte, theistische und die atheistische Intoleranz gehören dazu.

Wie bewertet die Linke Gemeinsamkeiten?

Für die Linke steht die erinnernde Transzendenz im Vordergrund. Das Ziel ihrer Bewertung ist der Übergang in die besser bewertete Gemeinsamkeit, und zwar für alle, nicht etwa, die exklusive (rechte) Zuordnung jener zu jenen anderen, die sie bereits teilen.

Wie ist der Neue Atheismus entstanden?

Die Geburtsstunde des Neuen Atheismus sieht Lennox in den Anschlägen am 11. September 2001 in New York. Dawkins habe gesagt, dass ihn diese Anschläge zu einem radikalen Atheisten gemacht hätten. Die Neuen Atheisten sähen diese Anschläge als direkte Folge der Religion. Vernichtung von Religion vernichte, so hoffen sie, religiösen Terrorismus. Die kulturelle Autorität der Naturwissenschaften stelle das entsprechende Mittel zur Verfügung, um diese Vernichtung zu bewerkstelligen. Lennox schildert die Aggressivität, mit der die Vertreter des Neuen Atheismus aufträten, wenn jemand die Religion verteidigt. Gleichzeitig würden sie den geschichtlichen Atheismus moralisch überhöhen und dabei die Verbrechen von Atheisten wie Stalin einfach ignorieren.

Als Nächstes erläutert er das Konzept der "falschen Alternativen", mit denen die Neuen Atheisten oft arbeiten würden. Dieses Konzept ist dem der Falsifikation eines Gesetzes durch ein Gegenbeispiel ohne Beweis dafür, dass es sich auf die Agenten bezieht, die jenes Gesetz auch betrifft, sehr ähnlich. Lennox führt ein Zitat des Atheisten Douglas Adams an, das besagt, man könne sich auch über die Schönheit eines Gartens freuen, wenn darin keine Feen wohnen würden. Diese Alternative ist für Lennox falsch, da es ja immer noch einen Gärtner geben müsse, der diesen Garten angelegt habe. Man muss natürlich sagen, dass man die Existenz jedes Gartens bisher auf einen Menschen zurückführen kann, dessen Entstehung sich in der Evolution begründen lässt.

Anschließend holt Lennox zu seiner ersten umfassenderen Argumentation aus: dem Verständnis des Begriffs "Glauben". Neue Atheisten lehnen unter Verweis auf die Naturwissenschaften jeglichen Glauben ab. Allerdings würden sie den blinden Glauben meinen, z.B. aus dem Gehorsam gegenüber einer tyrannischen politischen Macht heraus. Allerdings sei nicht aller Glaube blind: Glaube beruhe auf Tatsachen, die zu Indizien für etwas würden, an dessen Wahrhaftigkeit man glauben würde. Tatsächlich existierten Indizien dafür, die den Glauben an eine Auferstehung Jesu Christi unterfüttern würden. Der Glaube daran sei also nicht blind. Die Ablehnung von Glauben würde daher die Ablehnung der Nützlichkeit von Indizien für die Wahrheitsfindung implizieren. Die Existenz Gottes könne man nicht abschließend widerlegen, weswegen der Atheismus ebenfalls ein auf Indizien basierender Glaube sei. Daher müsse man die rationellen Belege sichten, die Indizien, die entscheiden, wer an das Richtige glaubt.

Wobei aus faktischen Indizien auch eine falsche Schlussfolgerung gezogen werden kann.

Vielleicht kennst du den Film: "Prestige - Die Meister der Magie" [208]. Eigentlich hätte der in jeder fundamental-christlichen Gemeinde auf den Index gehört. Er zeigt, wie Zwillinge, von denen sich jahrelang einer vor der Öffentlichkeit versteckt, eine Auferstehung vortäuschen können, nachdem einer von ihnen getötet wurde.

Lennox weist darauf hin, dass auch die Naturwissenschaften auf Glauben beruhen. Er verortet strenge Beweisbarkeit ausschließlich in der Mathematik und in der Logik. Naturgesetze sieht er als nicht endgültig beweisbar an, ähnlich wie Popper. Allerdings geht er davon aus, dass sich der Mensch der Wahrheit immer mehr annähert. Das würde nur aufgrund seines Glaubens an die rationale Verständlichkeit des Alls funktionieren. Als Frage formuliert: Was macht uns so sicher, dass wir, wenn wir unsere Umgebung mit unserem begrenzten Gehirn verstehen, diese Ergebnisse auf das All übertragen können? Lennox geht sogar so weit, zu sagen, dass der Neue Atheismus mit seiner Fixierung auf das evolutionäre Zusammenspiel von Zufall und Auslese das Vertrauen darin untergräbt, das All zumindest teilweise verstehen zu können. Ich verstehe das so: Der denkende Mensch müsste ja immer erst abwarten, welche zufälligen Möglichkeiten (in seinem Gehirn) geboren werden, um dann höchstens abschätzen zu können, welche davon die gegebenen Umstände überleben.

Das hattest du in deinen Thesen so gesagt.

Um dann abzuleiten, dass es zwar keinen absoluten Positivismus, sondern eine Intuition aus der Ähnlichkeit der Welt heraus gibt, sich der richtigen Gemeinsamkeit anzupassen, indem man deren Ränder erkennt.

Für sein zweites Argument zur Verteidigung der Religion macht Lennox einen Ausflug in die Geschichte der Naturwissenschaft. Damit versucht er nicht, die Existenz eines intelligenten Designers zu beweisen, sondern er möchte Dawkins These widerlegen, dass Religiosität und der Glaube an Gott den Menschen träge und bezüglich der Gewinnung neuer Erkenntnisse faul mache.

Der Mensch könne ja alles, was er sich nicht erklären kann, auf Gottes unerforschliche Entscheidungen schieben.

Lennox widerlegt diese These, indem er auf die "Explosion" in den naturwissenschaftlichen Erkenntnissen des 16. und 17. Jahrhunderts in Europa verweist. Sie trat auf, obwohl so gut wie alle Menschen zu dieser Zeit religiös waren. Es war also keineswegs so, dass die damalige Wissenschaft Lücken in ihren Theorien mit der Annahme eines Gottes füllte, um sich nicht weiter um diese Lücken kümmern zu müssen. Vielmehr ging sie von einem von Gott für die Welt angefertigten, perfekten mechanischen Uhrwerk aus, dessen Funktion sie entschlüsseln wollte. Du musst dir das so vorstellen: Glaube geht in seiner einfachsten Stufe auf die Erinnerung an wiederholt auftauchende Gemeinsamkeiten bzw. deren Verknüpfung zurück und ist Ausdruck unvollständiger Induktion (Die Sonne ist bisher an jedem Morgen aufgegangen, also wird sie es auch morgen tun), Deduktion (Wir haben berechnet, dass die Sonne auf jedem Planeten aufgeht, also wird das auch bei der Erde so sein) oder Abduktion (Die Sonne geht auf jedem Planeten auf, also ist die Erde ein Planet). Dieser Glaube ist der Vorzustand des Beweises und somit des Wissens. Eine höhere Stufe erreicht er, wenn man hinterfragt, welcher Mechanismus/welches Wesen hinter bestimmten, regelmäßigen Ereignissen steht, beispielsweise, um deren Zuverlässigkeit zu beweisen. Man glaubt sozusagen an etwas, das bestimmte Dinge steuert, ohne dass man es sehen kann. Die dritte Stufe des Glaubens hinterfragt genau diesen Mechanismus, weil sie davon ausgeht, dass die Formulierung eines Gesetzes (egal ob von Gott oder aus der rationalen Forschung) nicht universell sein kann. Diese Glaubensstufe ist die Triebfeder der modernen Wissenschaft. Lennox leitet aus seinen Überlegungen ab, dass die christliche Lehre den Menschen sehr wohl ermutigt habe, Wissenschaft zu betreiben und ihnen darüber hinaus das Vertrauen in die Allgemeingültigkeit wissenschaftlicher Erkenntnisse gab. Die Menschen seien in der Lage, die Geheimnisse der Welt zu erkennen. Durch die Erkenntnis jener Gesetze wollten sie auch den Gesetzgeber, also Gott, erkennen, sich an seiner Omnipotenz erfreuen und sich ihm damit nähern.

Sie wollten selbst zu einem kleinen Gott werden.

Dieses Bestreben setzt sich, meiner Meinung nach, bis in die Neuzeit fort, da man speziell in der Physik versucht, die "Weltformel" oder das "Gottesteilchen" zu finden und damit Gottes "letzte Geheimnisse" zu lüften. Lennox' These klingt somit sehr plausibel, jedoch beweist sie nicht Gottes Existenz. Ich würde vielleicht noch anfügen, dass mit dem Aufkommen des Frühkapitalismus auch ein knallhartes finanzielles Interesse an der Kenntnis von Naturgesetzen und damit der Vorhersehbarkeit der Ergebnisse von, insbesondere mechanischen Herstellungsprozessen bestand. Die beiden Motivationen schließen sich jedoch nicht aus, sondern bestärken einander.

Der dritte und größte Argumentationsblock von Lennox betrifft die Ethik und die moralischen Werte. Er sagt, dass es keine naturwissenschaftliche Möglichkeit gäbe, eine Ethik für die menschliche Gesellschaft abzuleiten. Lennox beginnt diesen Block wieder mit dem Vergleich zwischen der eher relativierenden und toleranten Postmoderne und den kreationistischen bzw. atheistischen

Universalitäten. Dabei ist die Postmoderne sicherlich ebenso universalistisch in ihrem Relativismus zu verstehen, dessen Unsinnigkeit offenbar werde, wenn es um die notwendige Stärke eines Bergsteigerseils oder das tatsächliche Vermögen auf dem eigenen Bankkonto geht. Hier gäbe es keine zwei Wahrheiten. Der Unterschied zur Postmoderne ist also, dass für Kreationisten und Atheisten feste, ewige, unverrückbare Werte existieren. Für Lennox existieren absolute, gottgegebene Werte, die sogar unabhängig von der Weltanschauung sind. Wie du dich erinnern kannst, gehe ich auch von der Existenz solcher gesellschaftlichen Werte aus, die ein Echo der befreienden Gesellschaft darstellen. In meiner Herangehensweise sind das die Werte, die den Menschen erlauben, eine Gesellschaft zu führen, die nachhaltig Leid reduziert und Glück akkumuliert. Sie erlauben das nachhaltige Überleben ähnlicher, sich fortentwickelnder Agenten. Diese Werte sind jedoch, meiner Meinung nach, nicht völlig absolut, auch wenn sie in verschiedenen Ethnien ähnlich angetroffen werden können. Sie gelten nämlich nur für den Menschen, d.h., sie sind nur innerhalb der Gemeinsamkeit, zur menschlichen Gattung zu gehören, relevant. Dass sie über alle Ethnien ähnlich sind, hat mit der Ähnlichkeit der Ethnien zu tun.

Lennox geht dann auf die Differenz zwischen göttlichem Kreationismus und Neuem Atheismus ein. Die Frage lautet: Braucht man Gott, um eine dem Menschen hilfreiche Ethik zu begründen, also - in meiner Interpretation - eine solche, die Glück akkumuliert und Leiden reduziert. Lennox zitiert Jürgen Habermas, der auf die Wurzel der modernen Werte im Christentum hinweist. Die Neuen Atheisten hingegen würden behaupten, man könne die hilfreichen christlichen Werte bewahren, allerdings ohne Gottes-, sondern mit einem naturwissenschaftlichen Bezug. Eine Bemerkung von mir: Diese Herangehensweise gab es gerade in den sozialistischen Ländern vor 1990. Die Ethik wurde vermeintlich wissenschaftlich aus der Marxschen Theorie abgeleitet, entsprach aber in der DDR in etwa der protestantischen.

Die angebliche naturwissenschaftliche Ableitbarkeit der Ethik wird von Lennox durch den Kakao gezogen, indem er sagt, die

Naturwissenschaften würden uns zwar verraten, wie wir unsere Großtante vergiften können, um an ihr Vermögen zu kommen. Die Naturwissenschaft sagt uns jedoch nicht, ob wir unsere Tante wirklich vergiften dürfen. Zumindest gibt Lennox zu, dass es intensive Bemühungen von Seiten der Naturwissenschaft gäbe, eine funktionierende Ethik auf einer wissenschaftlichen Basis zu erarbeiten. Als Beispiel nennt Lennox den Utilitarismus, also das Ermöglichen höchstmöglichen Glücks und des minimalen Leids für ein Maximum an Menschen. Jenen versteht er nicht als einen fixierten Wertekodex, sondern als eine Ansammlung von Verhaltensweisen, die das Glück der Menschen erhöhen. Allgemein kann man formulieren, dass, im Vergleich, naturwissenschaftliche Axiome konkrete Vorhersagen erlauben, die empirisch allgemein zutreffend sind. Moralische Prinzipien sind wiederum Axiome, aus denen ihr Träger konkrete, zukünftige Verhaltensweisen ableitet, hier Bedürfnisse, die empirisch zu einem bestimmten Ziel führen, z.B. zu persönlichem ökonomischem Erfolg, in seinem Verständnis zur allgemeinen Leidbefreiung/Glücksvermehrung. Das Grundprinzip der utilitaristischen Ethik ist der historischen Repression durchaus ähnlich. Es steht, meiner Meinung nach, aber auch nicht im Widerspruch zur Intention der christlichen Ethik: Wenn Gott die Menschen wie seine Kinder liebt, so wird er sie glücklich machen wollen. Wenn Gott nicht existiert und die Menschen sich trotzdem gegenseitig lieben, so werden sie sich selbst glücklich sehen wollen. Das Problem ist nur, wie man die IntegrationsWerte richtig setzt, um dies zu erreichen, falls das überhaupt möglich ist. Der Mensch ist diesbezüglich fehlbar. Gott hingegen kennt die Werte ganz genau. Somit würde die Ethik, die eine gottlose Gesellschaft sich erdenkt, sowieso irgendwann in die christliche Ethik einlaufen. Das ist sofort an der Ähnlichkeit von christlichen und humanistischen Werten der Aufklärung zu erkennen.

Lennox bemerkt dementsprechend, dass vermeintlich rational abgeleitete "gottlose" Prinzipien ebenfalls so, oder so ähnlich schon in der Bibel auftauchen sowie in anderen Religionen. D.h., alle Menschen haben einen ähnlichen moralischen Kompass, der nicht-identisch mit dem Utilitarismus sei. Um den Utilitarismus ad absurdum zu führen, gibt er das hypothetische Beispiel eines Menschen an, der gesund sei, seine Leber, sein Herz, seine Lunge und seine Nieren jedoch an kranke Menschen spenden könnte und auch dazu gezwungen würde. Dadurch würden dem unglücklichen Spender vier glückliche Empfänger gegenüberstehen. Das Problem an dieser Argumentation ist jedoch, dass die kranken, auf die historische Repression konditionierten Menschen, zwar gesundeten, jedoch nicht glücklich würden, weil ihr schlechtes Gewissen sie plagte.

Eine allgemeinere Kritik an der Möglichkeit einer rational begründeten Ethik sieht Lennox in dem "Ist-Zu-Soll-Problem". Er sagt: Ein Istzustand könne niemals zu einem Sollzustand erhoben werden. Für die Neuen Atheisten muss der Sollzustand jedoch aus Istzuständen ableitbar sein. Bezogen auf die Kritische Theorie bedeutet das: Auch die historische Repression wäre als Imperativ nicht rational ableitbar, sondern nur eine Modifikation der ethischen Gebote, die Gott den Menschen für ihr Zusammenleben beschert hat.

Womit wir aber wieder bei einem bewussten Schöpfer angekommen wären.

Nur der Mensch braucht die menschliche Ethik. Daher kann er sich, meiner Meinung nach, selbst um sie kümmern und benötigt Gott nicht. Das hat er auch schon lange getan. Wer sagt uns denn, dass die Menschen vor *2000* Jahren nicht viel fähiger waren als die Menschen heute, eine Ethik für das menschliche Zusammenleben, z.B. in Städten, zu erdenken. Gerade diese Menschen hatten den Unterschied zwischen dem Dasein als Nomade und dem als Stadtbewohner ja direkt vor Augen.

Lennox zitiert nun noch einige Wissenschaftler, die die Gesellschaft eher als ein arbeitendes, schaffendes System sehen und die gemeinsamen Ethiken als Notwendigkeit betrachten, dieses System und insbesondere die dafür notwendige Kooperation am Laufen zu halten. Andere würden behaupten, Ethik wäre notwendig, damit die Menschen sich fortpflanzten. Lennox führt das Konzept der Gerechtigkeit und der Sünde an. Er nimmt an, dass Gott als Richter auftritt und die Menschen nach ihrem Tode richtet. Somit wären die Tyrannen, Menschen die seine Ethik missachten, sicher nicht davon ausgegangen, dass Gott auf sie herabschauen würde.

Im vierten Block bringt Lennox Beispiele, wie Verabsolutierung und Universalisierung der rationalen Naturwissenschaft widerlegbar sind. Nicht alles sei aus der Naturwissenschaft ableitbar. Er zeigt damit aber lediglich, dass die Naturwissenschaft Grenzen hat, speziell was die Anwendung biologischer Mechanismen auf die menschliche Gesellschaft angeht:
(i) Blinder Biologismus würde die Höherentwicklung verneinen und den Menschen wieder zu einem genetisch gesteuerten Tier machen.
(ii) Die Naturwissenschaft könne keine grundlegenden menschlichen Fragen beantworten, woher man kommt, wohin man geht, was der Sinn des Lebens ist. Wenn das so wäre, müsste man nicht nur die theologischen, sondern auch die geisteswissenschaftlichen Fakultäten schließen.
(iii) Naturwissenschaften könnten, laut Lennox, nicht die Ursache eines naturwissenschaftlichen Gesetzes erklären, dass sie allerdings richtig formuliert haben.
(iv) Auch Lennox greift in seiner Kritik an Dawkins die Feinabstimmung der Naturkonstanten und deren Erklärung auf. Die Alternativen, die oft genannt werden, seien die Existenz eines Schöpfers oder die von Dawkins genannten evolutionierenden Multiversen. Lennox bemerkt, dass diese Aussagen keinen Gegensatz beinhalten. Gott hätte kein Problem damit, Unmengen an Universen zu erschaffen. Auch das anthropische Prinzip, d.h., das Universum, wie wir es kennen, beinhalte uns, weil wir darin überleben können, sei kein hinreichendes Argument für die Verneinung Gottes.

Ich sehe die Dinge weder wie Dawkins noch wie Lennox. Meiner Meinung nach hat die Materie durch die Entfaltung im Rahmen ihrer Randbedingungen eben jene Randbedingungen eingestellt. Nimmt man an, es habe den "Big Bang", also die Entstehung des Weltalls und dessen Expansion gegeben, so benötigt man weder

Paralleluniversen noch den Schöpfer der Naturkonstanten. Vielmehr hat die Materie ihre eigenen Entfaltungsbedingungen und damit die Naturkonstanten bestimmt. Im jetzigen begrenzten Zeitabschnitt und in diesem begrenzten Raumabschnitt sind sie für die Lebensentstehung, wie wir sie kennen, geeignet.

Das heißt, Lennox verrennt sich zu sehr in die Widerlegung der Argumente seines Lieblingsgegners.

Lennox Argumente gegen die Verabsolutierung der Naturwissenschaften sind, meiner Meinung nach, zulässig, beweisen aber nicht die Existenz Gottes. Es ist nämlich mitnichten so, dass die Falsifizierung eines falschen, rein mechanischen Verständnisses der Gesellschaft die Existenz eines Schöpfers beweisen würde. Sie beweist nur, dass sich der Mensch fundamental von rein biochemisch getriebenen Maschinen unterscheidet, zu denen ich nicht einmal mehr die Wirbeltiere zähle. Lennox Totschlagargument zu diesem Thema ist, dass wenn alle Menschen nur durch ihre Gene getrieben würden, man keinen Mörder oder Terroristen für seine Taten zur Verantwortung ziehen könnte. Ein ähnliches Argument führt Egon Flaig unter ganz umgekehrten Vorzeichen an [209]. Bei ihm ist es die christliche Forderung, dass jeder Mensch für die Sünden jedes anderen Menschen verantwortlich sein soll. Auch Linke schieben die Verantwortung gern weg vom Individuum auf die kapitalistische Gesellschaft und das "System". Marxisten gehen von einer solchen Gesetzmäßigkeit der gesellschaftlichen Zusammenhänge aus, gegen die sich der Mensch angeblich nicht wehren könne. Selbst die Revolution sei ein gesetzmäßiger Zwang. Auch diese beiden Konzepte führen zu einer Verneinung jeglicher Verantwortung des einzelnen Menschen für seine Taten und damit auch seiner Freiheit im Rahmen der menschlichen und objektiven Unzulänglichkeit.

Du stimmst mit Lennox aber viel eher überein, als mit den darwinistischen Universalisten.

Bis auf einen Punkt: Lennox geht von einer (gottgegebenen) absoluten Wahrheit aus, so wie Popper, deren unvollständige Erkenntnis nicht an einer objektiven (also Gottes), sondern der menschlichen Unzulänglichkeit zurückzuführen ist. Die von Lennox als Neue Atheisten Bezeichneten halten es allerdings genauso. Objektive Unzulänglichkeit bei begrenzter Universalität jedoch bedeutet, dass auch Gott unzulänglich wäre. Wenn das nicht so wäre, wäre Gott dem unzulänglichen Menschen ähnlich. Ein unzulänglicher Mensch ist nicht nur in seiner Erkenntnis begrenzt, sondern auch in seiner Existenz. Somit wäre Gott in seiner Existenz begrenzt. "Gott würfelt nicht.", sagte Albert Einstein über die objektive Unzulänglichkeit der Quantenmechanik. Das bedeutet umgekehrt, dass jeder der zum Würfeln gezwungen ist, nicht Gott sein kann. Der einzige Ausweg, unter diesen Umständen weiterhin die Existenz Gottes zu postulieren, wäre, ihm die Allmacht zuzuordnen, die unzulängliche Objektivität mit Absicht geschaffen zu haben, den Ausgang jeden Würfelns aber - im Gegensatz zu Natur und Mensch - zu kennen.

Aber warum sollte er die unzulängliche Welt nicht so gemacht haben, dass die von den Darwinisten postulierte Evolution genauso funktioniert? Damit hätte man einen Weg gefunden, die Auslese, die springenden Gene und Gott ineinander zu integrieren, den Determinismus und die Vorbestimmtheit aber herauszulassen.

Die Frage ist: Würfelt Gott vielleicht doch, weil es ihm Spaß macht? Wenn das so wäre und er wegen der Überraschung würfelte, wäre er nicht Gott, weil er ja die gewürfelte Augenzahl nicht kennen würde. Würde er sie jedoch vorher kennen, würde er nicht würfeln, weil es ihm keinen Spaß machen würde. Das bedeutet, dass der Mensch ihm durch den Spaß am Würfelspiel überlegen wäre, weswegen Gott ebenfalls nicht Gott wäre. Dieses Gedankenspiel widerlegt Gottes Existenz nicht, allerdings widerlegt es das menschliche Gotteskonzept, wenn man von objektiver Unzulänglichkeit ausgeht.

Und wie geht es für den Menschen weiter?

Momentan irren die Menschen des Spätkapitalismus zwischen allen möglichen Konzepten umher. Dazu gehören die Postmoderne mit ihrer kultivierten repressiven Toleranz, der Rationalismus/Atheismus und der Theismus. Alle diese Strömungen machen ihre jeweiligen vermeintlichen Gegner für alles Unglück verantwortlich. Sie versuchen sogar, wissenschaftliche Argumentationen zu finden, warum das Schlechte nur aus der jeweiligen anderen Richtung kommen kann. Für die Postmoderne sind es die Intoleranten. Für die Atheisten ist es jede Form von Religion. Lennox sagt, Dawkins hätte die Vermittlung christlicher Ethiken an Kinder sogar als "Missbrauch" bezeichnet. Für die Theisten sind es die Ungläubigen, die sie, je nach Religion, bedauern, konvertieren oder bekämpfen. Und alle diese Gruppen sitzen in Wirklichkeit in eigenen Meinungskonsummilieus, wobei ihre Polarisierung gegeneinander jenen Konsum erhöht.

Der Punkt ist: Wenn der Mensch sich fortentwickeln will, dann muss er sich über diese Polarisierung und deren Mechanismen, insbesondere die der Darwin'schen Evolution, erheben. Der Mensch muss, meiner Meinung nach, zu einer kreativen oder verwalteten Evolution übergehen. Der Grund dafür ist nicht etwa, dass Gott oder die Evolution ihn dazu ausersehen, ihn auf eine göttliche oder naturwissenschaftliche Mission geschickt hätten, sondern die verwaltete Evolution ist jenseits der Darwin'schen der einzige Weg, sich höherzuentwickeln und dadurch zu überleben. Daher ist es kein Wunder, dass der Mensch die Existenz eines intelligenten Designers annimmt. Allerdings handelt es sich dabei um sein eigenes Spiegelbild. Es ist die intuitive Überzeugung des Menschen, dass er selbst zu diesem Designer werden muss, auch wenn er sie noch nicht bewusst aussprechen kann.

Aber wie schlägt man der Evolution ein Schnippchen?

Der, meiner Meinung nach, wichtigste Aspekt der verwalteten Evolution ist die Entwicklung von Strategien zur Reduktion fehlschlagender Anpassungsakte. Hierfür muss die umfassende ERINNERUNG in den natürlichen Kreationismus eingebaut werden:

(Ei) Die Erinnerung der Gene an die positive Rückkoppelung während der Auslese, wie sie das Standardmodell der Evolution beinhaltet, führt in langsam sich wandelnden Umgebungen zu einer massiven Reduktion von Leid: Wer bereits angepasst ist, leidet nicht unter einem Anpassungsdefizit.

(Eii) Die umfassende Erinnerung aus den Lebzeiten, insbesondere die an negative Rückkoppelungen, ist, meiner Meinung nach, die wichtigste Möglichkeit, Leid weiter zu verringern. Man geht nicht mehr in ein brennendes Haus, wenn man weiß, dass jemand darin verbrannt ist, anstatt viele verschiedene Nachkommen zu produzieren, von denen eines irgendwann an die Hitze angepasst ist oder durch Mutation ein "Ich-Gehe-Nicht-Ins-Feuer-Gen" entwickelt. Die Relevanz der negativen Erinnerung für die menschliche Gesellschaft erkennt man daran, dass deren Gesetze und Ethiken meist als Verbote formuliert werden. Das liegt an der hohen Komplexität der Gesellschaft und der damit verbundenen hohen Zahl an Freiheitsgraden für die Anpassung und Weiterentwicklung. Gesetze zur Beschreibung weniger komplexer Zusammenhänge, wie das Fallgesetz, werden hingegen als Gebote formuliert.

(Eiii) In einem weiteren Schritt ist die Erkenntnis von Ähnlichkeiten und deren Erinnerung geeignet, leidvolle Anpassungsakte an ähnliche Wandlungen des Gemeinsamkeitenbündels zu vermeiden. Erst die Ähnlichkeit der Welt ermöglicht dem Verstand eine derartige Voraussicht.

Die ausschlaggebende Frage ist jedoch, worin der Sinn für die Existenz von Leid als spürbare Rückkoppelung der erfolglosen Anpassung besteht, wenn die Erinnerung daran sowieso nicht vererbt werden kann. Das Standardmodell der Evolution enthält die generationenübergreifenden Erinnerungen (Eii) und (Eiii) nämlich nicht. Es benötigt aufgrund der Vielfalt auch kein Leid, um zu funktionieren. Es würde ein Pool an unterschiedlichen Wesen erzeugt, inklusive der existierenden Version, von denen die Geeigneten überleben. Die ausgestorbenen Arten könnten einfach sagen: Pech gehabt, der Bessere hat gewonnen. Das Konstrukt des egoistischen Gens hingegen steht synonym für begrenzte Gemeinsamkeit, die man zu verteidigen und auch zu verbreiten, also zu entgrenzen bestrebt ist, selbst dann, wenn das Vehikel des Gens offensichtlich nicht an die Umgebung angepasst ist. In diesem Modell ließe sich zwar der Überlebenskampf erklären, sogar eine Motivation sich zu opfern, wenn die Genträger zu sterben drohen, bevor sie sich zahlreich fortgepflanzt haben. Jenseits maximaler Fortpflanzungsquantität wäre es dem Vehikel jedoch egal, ob es nun besser oder schlechter angepasst ist. Was das Modell des egoistischen Gens auch nicht erklären kann, ist die Aufopferung für genetisch komplett Fremde oder für ohnehin Sterbende sowie die mögliche Einsicht in die besseren Überlebenschancen aufgrund der Implantation eines komplett fremden Gens in die Gemeinschaft, welches das egoistische Gen über die Generationen hinweg auslöschen würde. Um die Widersprüche zu lösen, würde ich Dawkins "egoistisches" durch ein "besorgtes Gen" ersetzen, das die Besorgnis auf sein Vehikel überträgt.

Besorgt zu sein bedeutet doch, dass man Leid antizipiert.

Stelle dir vor, die Evolution hätte Giraffen infolge der natürlichen Auslese nicht durch längere Hälse an die hohen Bäume angepasst, sondern sie hätte ihnen eine Metakompetenz dafür gegeben, STRATEGIEN für das Erreichen von Baumwipfeln beliebiger Höhe zu entwickeln, zu Lebzeiten selbstverwaltet auf ihre Unangepasstheit reagieren zu können. Ich meine mit den ererbten Metakompetenzen nicht etwa explizite ererbte Verhaltensweisen, sondern die Kompetenz, explizite Verhaltensweisen zu Lebzeiten hervorzubringen, beispielsweise durch den Nachahmungstrieb, aber auch durch Spielen/Probieren. Ohne die Fähigkeit zum Lernen, die Erinnerung jenseits der Gene im Sinne der Punkte (Eii) und (Eiii) sowie ohne (Mit)Leid durch die negative Rückkoppelung aufgrund der Unangepasstheit, der Sorge um die (drohende) Niederlage im Ausleseprozess, würde die Metakompetenz keinen Vorteil erbringen und daher im Rahmen der Evolution auch nicht auftauchen. Alle Wesen, die solche Metakompetenzen entwickelt haben, sind also leidensfähig. Der Wermutstropfen: Mit dem Auftauchen des Leids werden jede Unangepasstheit und auch jeder Rückschritt leidvoll.

Bedeuten die ererbten Metakompetenzen und die Erfindung von Leid einen effektiveren natürlichen Kreationismus?

Sicher! Nimm das Beispiel der Damenwahl. Eine geringere Zahl an nichtangepassten Nachkommen bedeutet immer auch geringeres Leid. Das besorgte Gen zieht der tödlichen Auslese daher, basierend auf den ererbten Metakompetenzen, Leidreduktion durch eine (Si) Vererbungsstrategie vor. Das bedeutet einerseits, dass es sich, wie das egoistische, erhalten und verbreiten (entgrenzen) will, auch gegen Widerstände von Konkurrenten, da das Vehikel aufgrund von Auslese bereits an eine nur langsam sich wandelnde Situation angepasst ist, also eine positive Rückkoppelung erhalten hat. Es bedeutet aber auch, dass es sich selbst vernichten kann: Clans pflanzen sich insbesondere mit Mitgliedern anderer Clans fort, um Variabilität zu erzeugen und um Gene offensichtlich besser angepasster Vehikel zu übernehmen bzw. die Paarung mit schlechter angepassten zu meiden, wobei sie auf das Überleben des egoistischen Gens pfeifen. Diese "Selbstzüchtung" ist jedoch nur die einfachste Konsequenz der Metakompetenz.

Welche Strategien ergeben sich aus den Metakompetenzen?

Lebewesen werden ihre ererbten Metakompetenzen nutzen, um (Sii) zu Lebzeiten Anpassungsstrategien zu entwickeln, sie inklusive derer, die nicht funktioniert haben, zu erinnern und (Siii) die Erinnerung durch Kommunikation auf die nächste Generation zu übertragen, z.B. während der Aufzucht der Nachkommen. Insbesondere der Mensch wird (Siv) äußere, also nicht-ererbte Gemeinsamkeiten intuitiv/bewusst weiterentwickeln, inklusive der hierfür nötigen Kompetenzen, anstatt sich lediglich durch zahlreiche Fortpflanzung und zufällige Variabilität ererbter Eigentümlichkeiten daran anzupassen. Ein die Population bedrohendes Raubtier beispielsweise ist in dem Sinne keine universelle Gemeinsamkeit der

433

Individuen mehr. Durch das Zusammenleben wandelt sich die Gemeinsamkeit. Das Tier kann für eine primitive Population tatsächlich gefährlich sein, für eine höherentwickelte mit Waffen nicht mehr. Die erstere Population leidet, die andere nicht.

Da die Qualität der erschaffenen Gemeinsamkeit jedoch im Wesentlichen von der Gemeinschaft bestimmt wird, kann jedes Individuum einfach in die attraktivere Gemeinsamkeit wechseln, ohne sich großartig verbiegen zu müssen. Jene Art der Weiterentwicklung der Gesellschaft verhindert also einen allzu leidvollen Anpassungsdruck. Statt zu vieler Nachkommen sollten daher zu viele nicht-ererbte Gemeinsamkeiten produziert werden, in die die Agenten wechseln oder die die Agenten für sich übernehmen können. Eine derart metakompetente Gemeinschaft kann sich insbesondere an schnell veränderliche Bedingungen anpassen, solange sie sich im Rahmen ihrer Möglichkeitenbibliothek bewegen. Das Wechseln in andere/neue Gemeinsamkeit ist übrigens keine Erfindung des Menschen. Bei der Verschlechterung klimatischer Bedingungen sind Lebewesen selbstverständlich dazu geneigt, sich woanders/woneues bessere Bedingungen zu suchen. Selbst eine Kerzenflamme neigt sich in die Richtung höheren Sauerstoffgehalts, anstatt zu verlöschen. Allerdings produzieren sie jene Gemeinsamkeiten nicht bewusst.

Die Fokussierung auf die Höherentwicklung äußerer, nicht-ererbter Gemeinsamkeiten beinhaltet außerdem die Möglichkeit leidvermindernder Kooperation. (Sv) Das besorgte Mem sagt: Ich habe aufgrund meiner ererbten Metakompetenz eine Möglichkeit gefunden, mein Leid durch Anpassung und Höherentwicklung zu reduzieren. Anstatt die Anderen, die diese Möglichkeit nicht kennen, leiden zu lassen, sie so als Konkurrenten zu eliminieren, teile ich sie mit ihnen. Dadurch mache ich diese Möglichkeit zu unserer aller angepassten, weiterentwickelten Gemeinsamkeit, weil ich ja das Gleiche von ihnen erwarte.

D.h., die menschliche Evolution findet an etwas anderem statt, nicht am menschlichen Körper.

Ja! Die Höherentwicklung der Gemeinsamkeit und der sie teilenden Agenten verlagert sich auf eine gesellschaftlich-technische Ebene, und zwar planvoll. Hierdurch wäre die Erzeugung einer hohen Zahl von Nachkommen mit variierenden ererbten Eigentümlichkeiten, von denen die Mehrzahl durch die Auslese verneint wird, nicht mehr wirklich nötig. Allerdings braucht man für diese Art von Anpassung Freiheit im Sinne von Ermächtigung und diese bedeutet Transzendenz von Gemeinsamkeitengrenzen und Integration von Gemeinsamkeiten, da ohne Besiedlung der höherentwickelten aus der höherentwickelnden Gemeinsamkeit heraus jene gar nicht erst entstehen kann.

Und mit dem Kreationismus der Metakompetenzen ist das Leid aus der Welt geschafft?

Sich entwickelnde Menschen werden immer irgendwann Leid verspüren, einen Indikator, der ihnen sagt, dass sie sich wieder anpassen und weiterentwickeln müssen. Es ist den Menschen zwar möglich, ihr Überleben durch sich mit ihnen höherentwickelnde Gemeinsamkeiten zu bewerkstelligen. D.h., man schafft Bedingungen und wechselt hinein. Aufgrund der Unvorhersehbarkeit der erfolgreichen Anpassung oder Elevation, die aus der objektiven Unzulänglichkeit erwächst, ist dafür jedoch das (Svi) Experimentieren im Sinne von Probieren nötig, und zwar in möglichst wenigen, ungefährlichen Testläufen. Der Spaß am Experimentieren resultiert letztendlich aus dem Vergnügen, die Evolution ohne Gefahr selbst nachspielen zu können.

Aber es gibt einen Weg, Leid weiter zu senken.

Bei gesellschaftlichen IntegrationsWerten handelt es sich nicht nur um die Beschränkung von integrierbaren Gemeinsamkeiten, sondern natürlich auch von den entsprechenden Anpassungsbedürfnissen. (z.B. "Keiner soll hungern!" oder "Strebe nach Profit!"). IntegrationsWerte sind hoch, wenn viele Agenten in die darunterliegenden begrenzten Gemeinsamkeiten integriert sind. Gemeinsamkeiten sind wertvoll, wenn viele Agenten sie im Rahmen der

IntegrationsWerte teilen. Metakompetenzen und imperative Integrations Werte (Ethiken) sind sich insoweit ähnlich, als dass beide die hypergemeinsame Qualität in Gemeinsamkeiten erkennen. Die Metakompetenz erlaubt die Anpassung an Gemeinsamkeiten einer bestimmten Qualität mithilfe ähnlicher Strategien. Die Ethik hingegen wählt Gemeinsamkeiten aus, deren Anpassungsbedürfnisse aufgrund einer bestimmten Qualität der Gemeinsamkeiten einem gesellschaftlichen Ziel dienen. Meiner Meinung nach spüren die Menschen intuitiv, dass Ethiken für das Erreichen von gemeinschaftlichen Zielen notwendig sind, da sie ständige Rückkoppelungstests obsolet machen. Allerdings gibt es bei der Erstellung von Ethiken mehrere Fehlerquellen. Zum einen kann die gemeinsame Qualität der Gemeinsamkeiten falsch erkannt worden sein. Das Ziel selbst kann, zum zweiten, der Anpassung an falsche Gemeinsamkeiten entsprechen, was nichts anderes bedeutet, als dass die durch die Ethik integrierten Gemeinsamkeiten falsch, also nicht leidmindernd sind. Zum Dritten verifizieren die Individuen die Richtigkeit der Ethiken eduktiv innerhalb ihrer abgeschlossenen Gemeinschaft. Das bedeutet aber, dass Verhaltensweisen, die "normal" erscheinen, d.h., von der Mehrheit der Individuen ausgeführt werden, die zugrunde liegende Ethik scheinbar verifizieren. D.h. wiederum, dass die Individuen sie selbst reproduzieren, es kommt zu einem "Herdentrieb", der bei richtigen Ethiken natürlich wünschenswert ist, bei falschen nicht.

Um die in Teilen immernoch leidvollen Besiedlungstests von gezielt oder zufällig gewandelten Gemeinsamkeiten zu reduzieren, ist es sinnvoll, wenn die qualitativen Merkmale höherentwickelnder und höherentwickelter, also leidmindernder Gemeinsamkeiten richtig erkannt und in einer Ethik zusammengefasst werden. Das Gleiche gilt für die Qualitäten leidfördernder/falscher Gemeinsamkeiten. Der Sinn solcher gesellschaftlichen IntegrationsWerte ist es, die Integration einzuschränken und der Gemeinschaft Gemeinsamkeiten aufzuzeigen, die leidmindernde bzw. leiderhöhende Anpassungsbedürfnisse erzeugen würden. Das Individuum muss sich dann nicht in einen rückkoppelnden Auslesekampf mit ungewissem Ausgang stürzen und dadurch leiden. Es weiß ab einem bestimmten Zeitpunkt seiner begrenzten Existenz, welche

Gemeinsamkeiten mit welchen Qualitäten es ausprobieren sollte und welche nicht. IntegrationsWerte sind zwar auch nur begrenztuniversell, allerdings viel weniger begrenzt als einfache Gemeinsamkeiten, wie z.b. einen Krieg gegen Ressourcenkonkurrenten.

Aber gibt es solche Kämpfe in der modernen Gesellschaft weiterhin?

Kämpfe um Ressourcen sind mit dem Leid der Verlierer verbunden. Die Gemeinsamkeit der einen Population, die Ressourcen besser zu nutzen als die andere, wird jene Gemeinsamkeit und damit die Population hingegen attraktiv machen. Allerdings existiert immernoch eine Konditionierung des Menschen auf den Konkurrenzkampf, der im Spätkapitalismus nicht gerade geringer wird. Deswegen gibt es einen Drang, der schlechter angepassten Population den Eingang in die besser angepasste zu verwehren, um sie als Konkurrenz auszuschalten.

D.h., intelligente Populationen benötigen auch einen intelligenten Umgang mit der Ethik.

Nun, Ethiken bzw. Werte sollten so gesetzt werden, dass ihre Befolgung leidbringende Anpassungstests längerfristig und für möglichst jeden überflüssig macht. Wenn du einen Theisten fragen würdest, ist eine solche Ethik bereits seit *2000* Jahren existent. Wenn du einen Freund der europäischen Aufklärung fragen würdest, so würde er eine solche Ethik aus Kants kategorischem (bindendem, nicht hypothetischem) Imperativ ableiten ("Handle so, dass die Maxime deines Willens jederzeit zugleich als Prinzip einer allgemeinen Gesetzgebung gelten könnte!" [8]). Selbst der Sozialismus hat sich eine entsprechende Ethik verpasst. Walter Ulbricht hat die zehn Gebote für den neuen sozialistischen Menschen im Jahre 1958 auf einem Parteitag der SED verkündet.

Allein deren Anzahl lehnt sich ja stark an die Bibel an.

Und natürlich schränkt der Spätkapitalismus die Gemeinsamkeiten hinsichtlich ihrer Profitabilität ein, indem er eine Ethik der Warentoleranz entwickelt. Eine Gesellschaft in der alles erlaubt wäre, müsste aber zumindest die Zahl der integrierten Gemeinsamkeiten einschränken, um nicht im Chaos zu versinken. Alle diese Systeme sind mehr oder weniger stabil, wenn sich die Agenten an die jeweiligen IntegrationsWerte halten.

Ist die leidreduzierte Gesellschaft wirklich frei von Rückkoppelungsakten?

Werte benötigen, im Unterschied zu Anpassungsbedürfnissen, über lange Zeit keine Rückkoppelung. Sie sind innerhalb dieses Zeitraums und innerhalb der Gemeinschaft universell. Historisch gesehen sind sie jedoch aus der Abstraktion jeder Menge rückkoppelnder Anpassungsbedürfnisse entstanden. Mit Abstraktion ist der Beweis jener nahezu universellen Gültigkeit gemeint. Das ist aber kein Widerspruch, da gerade das Prinzip der Leidensminimierung zwar nur begrenzt-universell ist, für leidensfähige Wesen und insbesondere den Menschen in seiner jetzigen Ausprägung durchaus als universell gelten kann und das Überleben durch Höherentwicklung eduktiv beweisbar garantiert. Auch zu kriegerischeren Zeiten war das Prinzip bereits gültig, jedoch stärker begrenzt auf die sich feindlich gegenüberstehenden Menschengruppen.

Also muss eine Ethik ständig weiterentwickelt werden.

Man könnte hierzu (i) rein evolutionär an das Problem herangehen: Lasst uns zufällig Verhaltensweisen generieren und testen, ob sie in einen glücklichen Zustand führen. Dann leiten wir ihren glücklichmachenden Kern ab. Oder aber (ii) historisch-evolutionär: Wir limitieren uns zusätzlich zu (i) auf diejenigen Verhaltensweisen, die in ähnlichen Situationen bereits erfolgreich waren. Oder (iii) historisch: Wir schneiden zusätzlich zu (i-ii) diejenigen Verhaltensweisen heraus, die unter ähnlichen Umständen nicht glücklichmachend waren. Oder (iv) historisch-bewusst: Wir spielen die übrig gebliebenen Möglichkeiten in unserem Gehirn durch, so gut wir das unter Berücksichtigung der Ähnlichkeit der Situation mit bisheriger Erfahrung können, um diejenigen Verhaltensweisen, die wahrscheinlich funktionieren, in die oberste Hälfte der Prioritätenliste verschieben und die anderen in die unterste. Aufgrund der SelbstÄhnlichkeit der Welt können wir auf die aus den Ähnlichkeiten abgeleiteten Qualitäten vertrauen.

Ethiken sind in der Vergangenheit bestimmt schon mehrfach weiterentwickelt worden.

Bleiben wir einfach mal bei den biblischen Geboten [210]:
"Das erste Gebot: Ich bin der Herr, dein Gott. Du sollst keine anderen Götter haben neben mir.
Das zweite Gebot: Du sollst den Namen des Herrn, deines Gottes, nicht missbrauchen.
Das dritte Gebot: Du sollst den Feiertag heiligen.
Das vierte Gebot: Du sollst deinen Vater und deine Mutter ehren.
Das fünfte Gebot: Du sollst nicht töten.
Das sechste Gebot: Du sollst nicht ehebrechen.
Das siebte Gebot: Du sollst nicht stehlen.
Das achte Gebot: Du sollst nicht falsch Zeugnis reden wider deinen Nächsten.
Das neunte Gebot: Du sollst nicht begehren deines Nächsten Haus.
Das zehnte Gebot: Du sollst nicht begehren deines Nächsten Weib, Knecht, Magd, Vieh noch alles, was dein Nächster hat."

Die Gebote unterteilen sich thematisch. Zunächst geht es um JHWH's Alleinanspruch auf Wahrheit. Ich denke, er weiß ganz genau, dass erst der abstrakte Begriff seine Existenz ermöglicht hat. Er weiß außerdem, wie einfach es ist, jenen Begriff mit mystischen Inhalten zu füllen, die dann selbst zu Göttern bzw. Fetischen werden können: Aufklärung, Kommunismus, Neoliberalismus, Kapital, Toleranz, ja die Liebe selbst. Später geht es um diejenigen IntegrationsWerte, die den Menschen direkt betreffen und das Gesellschaftssystem am Laufen halten. Da die Menschheit nur in Generationen überleben und ihre Errungenschaften bewahren kann, auf denen eine Weiterentwicklung beruht, ist z.B. die Ehrung von Mutter und Vater essenziell für die Bewahrung der weiterentwicklungsrelevanten Erinnerung. Die Gebote sechs bis zehn sind direkte Leidvermeidungsstrategien durch die Stabilisierung eines Gemeinschaftssystems ohne Rückkoppelungstests, z.B. die eines Don Juan. Dabei muss man Bedenken, dass das Streben nach Glückserfahrung bei andauernden Zufriedenheitszuständen dazu führen kann, dass das Individuum selbst nach Leid sucht, um Glück durch Leidverminderung zu erfahren.

Aber wie kann man den Menschen von seiner Fixierung, Konkurrenten ausschalten zu müssen, befreien?

Beginnen wir mit der Verbindung aus Mann und Frau. Mann und Frau kämpfen nicht egoistisch um ihr eigenes Überleben im Rahmen einer Auslese. Sie kooperieren, hauptsächlich um die Kinder großzuziehen. Die Bindung zwischen Mann, Frau und Kind bezeichnet man als Liebe. Diese Liebe ist die erste Gemeinsamkeit, die das Individuum ein stückweit vom Leid der Auslese entfernt. Es ist gleichgültig, ob ich ein Raubtiererschreckungsgen besitze oder nicht, wenn die mich liebende Person eins besitzt. Sie wird mich vor den Zähnen des Raubtiers bewahren. Somit ist es die Liebe, die das Leid schwächt.

In Dawkins Verständnis wäre diese Kooperation rein intrafamiliär und eine direkte Konsequenz der Erinnerung an die rein positive genetische Rückkoppelung. D.h., das egoistische Gen zwingt seine Vehikel dazu, Strategien zu entwickeln, die so viele egoistische Gene wie möglich überleben lassen. Darin enthalten ist die Relativierung von Leid, z.B. wenn sich ein individuelles Vehikel für den gesamten Clan, also die anderen Träger der egoistischen Gene opfert.

Und hier kommen wir zum populärsten Gedankenexperiment des Utilitarismus, den man als Gegenentwurf zum egoistischen Gen sehen kann. Das Gedankenexperiment geht wie folgt [211]: Du stehst an einer Weiche, die einen herannahenden Zug entweder auf eine linke oder eine rechte Schiene leiten kann. Am Ende der linken Schiene stehen fünf Bauarbeiter, die von dem herannahenden Zug nichts wissen. Am Ende der rechten Schiene hingegen steht nur einer. Utilitarismus, die Verringerung von Leid und Erhöhung von Glück für eine maximale Zahl von Individuen, würde vorschreiben, den Zug auf die rechte Schiene zu lenken.

Woher stammt der Utilitarismus?

Der klassische Utilitarismus geht auf Jeremy Bentham zurück, einen Philosophen, der um die Wende des 18. auf das 19. Jahrhundert in England lebte [212, 213]. Heute lauten die Prinzipien des Utilitarismus (verkürzt) wie folgt: (i) Konsequenzialismus, d.h. erst nach einer Tat ist zu bewerten, ob sie gut oder schlecht war, (ii) Wertneutralität, d.h., es gibt einen objektiven Wert, nach dem eine Tat beurteilt werden kann. (iii) Eudämonismus, d.h., einzig die Verringerung von Leid und die Erlangung von Glück sind ein Gut, (iv) Universalität, d.h., das Wohlergehen aller von der Handlung betroffenen Menschen ist ausschlaggebend. Letzteres macht den Utilitarismus zu einer unlösbaren mathematischen Gleichung.

Kann man nicht einfach die Liebesbeziehung unter den von der Handlung betroffenen Menschen verstärken.

Entsprechend wird im Neuen Testament der Bibel ein 11tes Gebot formuliert, welches eigentlich die Konsequenz der älteren zehn ist: "Liebe deinen Nächsten wie dich selbst."[214] Dieser Satz wird oft so verstanden wie: "Liebe alle Menschen wie dich selbst." Tatsächlich geht es aber um den Nächsten, d.h. denjenigen, der der betrachteten Person ähnlich ist.

Was ist der Unterschied?

Der Unterschied besteht darin, dass die eine Formulierung geeignet ist, das Leid auszutricksen. Die andere ist es nicht, weil sie lediglich das reine Menschsein zur Voraussetzung dafür macht, geliebt zu werden. Würden sich alle daran halten, würde Leidminderung sicherlich funktionieren. Ich habe aber das Gefühl, dass es sich hierbei um die falsche Gemeinsamkeit handelt und die Idee der universellen Philathropie daher nicht funktioniert.

Wie kann die Beschränkung auf ähnliche Personen das Leid aller Menschen reduzieren?

Dein Einwand ist auf der einen Seite gerechtfertigt. Mit einer misanthropischen Auffassung könnte man sagen, Ähnlichkeit bedeutet, zu den Vehikeln von Dawkins egoistischem Gen zu gehören, eben jenes Gen gemeinsam zu haben. Die Formulierung des 11ten Gebots würde dann die Kernaussagen von Dawkins Buch beinhalten [197]. Durch den Begriff "Nächsten", der mitunter durch "Fernsten" ersetzt wird, würde in diesem Verständnis die Neutralität oder gar der Hass gegenüber demjenigen, der nicht der Nächste/Fernste ist, zum inhärenten Bestandteil des elften Gebots. Man könnte aber auch sagen, dass mit dem Nächsten derjenige gemeint ist, der die Gemeinsamkeit des Den-Anderen-Liebens teilt.

Also hilft das 11te Gebot wirklich, das Leid der Gemeinschaft zu minimieren?

Es definiert vor allen Dingen die Gemeinschaft, und zwar nicht durch die Liebe zu irgendeinem Fetisch, ja nicht einmal zu Gott selbst (obwohl in [214] die Worte "Du sollst Gott, DEINEN Herrn, lieben von ganzem Herzen, von ganzer Seele, von allen Kräften und von ganzem Gemüte..." dem magischen Wort vom "Nächsten" vorangestellt werden), sondern zu den Individuen, die diese Liebe teilen. Jene übergeordnete Qualität (IntegrationsWert) integriert alle denkbaren angepassten, d.h. leidbefreiten Gemeinsamkeiten und erlaubt allen Individuen, sie zu betreten, ganz im Gegensatz zum Konkurrenzkampf des Sozialdarwinismus. Mit dieser Möglichkeit wäre das 11te Gebot tatsächlich dasjenige, welches die beste Strategie zum Abbau von Leid vermittelt.

Aber was ist dann mit den Bahngleisarbeitern?

Die Arbeiter besitzen eine bestimmte Gemeinsamkeit, sie arbeiten auf Gleisen. In einer sich höherentwickelnden, leidminimierenden Gesellschaft wird nach einem solchen Unglück alles dafür getan, um diese Gemeinsamkeit weiterzuentwickeln, beispielsweise die handbetriebene Weiche in eine intelligente Weiche zu verwandeln, die mit dem Zug kommuniziert, um bei ihm eine Notbremsung einzuleiten, oder es wird ein Gesetz bzw. eine Sperrung eingeführt, dass die Arbeit an dem befahrbaren Gleis grundsätzlich verhindert. Diese leidmindernde Gemeinsamkeit ist derartig attraktiv, dass alle Gleisbaufirmen sie übernehmen werden.

Und diese Bestrebung bringt uns das egoistische Gen, das ja ebenfalls am Überleben seiner Vehikel interessiert ist.

Nein! Wenn unter den Gleisbauarbeitern kein Verwandter des Weichenstellers ist, dann sollte das egoistische Gen eigentümlich daran interessiert sein, die Konkurrenz auszuschalten. Der Zug würde dorthin gelenkt, wo sich die meisten Arbeiter befinden. Falls doch, wird der Weichensteller den Zug in Richtung der geringsten Anzahl an Trägern seines Gens lenken. Meiner Meinung nach hat der Mensch den erweiterten Überlebenstrieb, welcher zunächst nur auf den Clan reduziert war, jedoch inzwischen weiterentwickelt und kann ihn auf alle Menschen projizieren, die bestimmte erinnerte Gemeinsamkeiten mit ihm teilen, unabhängig davon, ob er das egoistische Gen mit ihnen teilt oder nicht. Daher ist es eher das besorgte Gen, das nach dem Unfall versuchen wird, Leidreduzierung für alle Wesen, die die Gemeinsamkeit der Bahngleisarbeit teilen, zu bewerkstelligen. Das egoistische Gen wäre dazu nicht in der Lage.

Und worauf basiert dieser Sinneswandel?

Aus der Einsicht in die Vorteile der Kooperation! Hilfst du mir, so helfe ich dir, Leid zu reduzieren. Aus paarweiser Kooperation entsteht eine gesellschaftliche. Zunächst tat man sich in kleineren Gruppen zusammen, um den Überlebenskampf auszufechten. Später wurden die Gruppen größer und ihre Individuen waren nicht mehr verwandt. Das machte die Ableitung konkreter Normen aus dem Leidverminderungsgebot nötig.

Und wie kann man konkrete Gesetze aus Werten formulieren?

Leidmindernde Werte sind als Hypergemeinsamkeiten oder Qualitäten leidmindernder Anpassungsverhaltensweisen ableitbar. Aus ihnen sind zwar ohne weitere Randbedingungen keine konkreten Gesetze ableitbar, allerdings kann man bewerten, ob jene die Qualität der Werte wiederum enthalten.

Ist das Leid in der Gesellschaft immer auf menschliche Unzulänglichkeit zurückzuführen?

Das ist eine der wichtigsten Fragen überhaupt. Ihre Verneinung würde nämlich die Frage aufwerfen, ob es objektive Zusammenhänge, also begrenzt-universelle Gesetze gibt, die den Menschen in sein Leid zwingen, ohne ihm die Möglichkeit der Befreiung zu geben, seine Fortentwicklung also stoppen. Objektive Unzulänglichkeit birgt, meiner Meinung nach, aber die Freiheit, jeder falschen Gemeinsamkeiten und jedem falschen Wert zu entkommen. Ich will dir das am Beispiel des Ersten Weltkrieges erklären [215].

Warum gerade dieses Beispiel?

Ich habe dir ja schon mehrere Mechanismen genannt, allen voran den spätkapitalistischen, der die Menschen in einer auf Rückkoppelung basierenden Maschine gefangen hält. Es ist wichtig, die Mechanismen aufzudecken, die die damaligen Europäer in ihrem Taumel in den Abgrund bestärkt haben. Die Gefahr blinden korporativen Verhaltens ist nur eine Seite der Medaille. Die andere ist die Gefahr, die von blind reagierender Selbstverstärkung eines dynamischen Systems ausgeht, genannt Eskalation.

Christopher Clarks Buch über den Ersten Weltkrieg [215] beginnt mit der Schilderung eines politisch motivierten Mordes. Er beschreibt, wie 28 Offiziere der serbischen Armee am 11. Juni 1903 in den Königspalast in Belgrad eindrangen. Ziel der Attentäter war das serbische Königspaar, Draga und Alexander. Das Königspaar war wohl über die Maßen unbeliebt beim Volk. Es hatte zahlreiche Repressalien eingeführt, speziell was die Meinungsfreiheit betraf. Fast zwangsläufig kam es zu einer Verschwörung gegen die Monarchen. Ihre Ermordung wurde von den Bewohnern Belgrads in dankbarer Gleichgültigkeit hingenommen. Die Macht ging anschließend auf eine Regierung über, die durch die Parteien des serbischen Parlaments gestellt worden war. Peter Karadjordević, das Mitglied der Fürstendynastie, die mit der regierenden Obrenović-Familie seit 1804 um die Macht in Serbien konkurrierte, wobei sich beide Familien als regierende Monarchen des Öfteren ablösten, kehrte aus seinem Exil in der Schweiz zurück und bestieg den Königsthron. Der liberal eingestellte Peter tolerierte die Umwandlung des serbischen Staatswesens von einer Monarchie in eine Parteiendemokratie. Er signalisierte Österreich-Ungarn einen weiterhin freundlichen politischen Kurs. Allerdings überwarf sich die serbische Regierung schließlich mit Österreich-Ungarn. Lukrative serbische Rüstungsaufträge wurden nach Frankreich vergeben und nicht an die böhmische Firma Škoda. Frankreich wiederum gewährte Serbien einen Kredit. Österreich-Ungarn versuchte, sich mit einem Handelsboykott zu revanchieren, der der "Schweinekrieg" genannt wurde und von 1906-1909 dauerte.

Das hört sich ja nach einer komplizierten Situation an, wie bei "Game of Thrones".

Die Komplexität der Situation wird in einem Artikel von Jürgen Osterhammel zusammengefasst [216]. Für Deutschland führt er an, dass die politische Rechte, die kein Betätigungsfeld mehr hatte, nachdem der deutsche Nationalstaat konsolidiert und stabil war, im Wesentlichen eine Politik der Abgrenzung nach außen und der Aufrüstung betrieb. Der Aufbau einer Kampfflotte in Konkurrenz zu England sticht hierbei heraus. Gleichzeitig näherten sich England, Frankreich und Russland einander an und gründeten 1907 die Triple Entente. Auch auf dem Balkan kam es zu einer politischen Integration [217]: Nachdem Österreich-Ungarn 1908 Bosnien annektiert hatte, entstand in den Ländern des Balkans eine massive Empörungswelle. Schließlich wurde 1912 der Balkanbund aus Serbien und Bulgarien unter russischer Patronage gegründet. Nachdem sich Griechenland und Montenegro dem Bund angeschlossen hatten, war nicht mehr Österreich-Ungarn der primäre Feind, sondern das Osmanische Reich. Die Osmanen verloren im ersten Balkankrieg 1912 große Teile ihres Staatsgebietes. Nach dem Ende der Kämpfe zerstritt sich der Balkanbund und die Balkanländer führten gegeneinander Krieg, bei dem Bulgarien die meisten territorialen Verluste verzeichnete. Der zweite Balkankrieg endete 1913.

Deutschland blieben Österreich-Ungarn und Italien als Verbündete. Ihr Dreibund wurde bereits 1882 gegründet. Über die europäische politische Integration hinaus war Deutschland in die weltweiten wirtschaftlichen Prozesse integriert, was zumindest den nationalistischen Tönen im Land widersprach. Der Nationalstaat und die Globalisierung standen in keinem praktischen Widerspruch. Osterhammel schreibt, dass es in den Jahrzehnten vor dem Ersten Weltkrieg zu massiven gesellschaftlichen Umwälzungen kam. Er führt den technischen Fortschritt, die Urbanisierung, die sozialen Leistungen an. Es bildeten sich neue Formen der Arbeit und die zugehörigen Milieus heraus, beispielsweise eine zusammenhängende, organisierte Industriearbeiterschaft. Es bildeten sich neue Wissenschaften heraus, z.B. die Soziologie, da die neuen Formen des Zusammenlebens in einer immer schnelleren Gesellschaft erforscht werden wollten. Neue politische Strömungen entstanden. Alle diese Strömungen hatten aber eines gemeinsam: Sie waren national ausgeprägt und beinhalteten oft ein evolutionistisches Verständnis der Wechselwirkung der verschiedenen Ethnien auf der Erde. Man ging davon aus, dass sich Ethnien und Nationen in einem sozialdarwinistischen Überlebenskampf gegenüberstehen würden, bei dem die Schwächeren zugrunde gingen.

Aber es herrschte Frieden, bis auf die Geschehnisse auf dem Balkan.

Osterhammel betrachtet Europa vor dem Ersten Weltkrieg als hochintegriertes politisches System, das funktionierte und auf die unterschiedlichen destabilisierenden Kräfte reagieren konnte, ohne dass es zu Kriegen oder einer größeren Revolution kam. Auch die intranationale Integration konnte verstärkt werden, durch allgemeine Schulbildung oder erschwingliche Bahntickets. Die Schule stärkte den nationalen Zusammenhalt durch die Vermitt-

lung einer für das Meistern des komplizierteren und in der Arbeitswelt korporativ angelegten Alltags notwendigen einheitlichen
Sprache, was in den Vielvölkerreichen des Ostens nicht möglich
war. Hier wirkten die unterschiedlichen Sprachen eher desintegrierend.

Was ist dann 1914 schiefgegangen?

Die sich an das Attentat durch Gavrilo Princip im Juni 1914 anschließende (zunächst diplomatische) Julikrise beschreibt Christopher Clark als das "komplexeste Ereignis der heutigen Zeit, wo-
möglich bislang aller Zeiten." Sie endete damit, dass Österreich-
Ungarn Serbien zunächst ein nahezu unannehmbares Ultimatum
stellte, sein teilweises Entgegenkommen trotz dessen Unterstützung durch die Triple Entente ablehnte und ihm noch im Juli 1914
den Krieg erklärte. Bezüglich der Kriegsursachen verweist Osterhammel auf (i) das durch den Nationalismus geförderte internationale Misstrauen, (ii) den Rüstungswettlauf, den der technische
Fortschritt bedingte, (iii) die mangelnde demokratische Kontrolle
des Militärs und den öffentlichen Militarismus, (iv) die Angst vor
einer Verschiebung des Kräftegleichgewichts zuungunsten der eigenen Nation und die das damit verbundene Präventivdenken, (v)
die Hoffnung auf eine einfachere Welt nach einem klärenden
Krieg, (vi) die Vorstellung des Rassenkampfes, (vii) das Pulver-
fass Balkan.

Der für mich wichtigste Grund dafür, dass die Komplexität des
Systems Europa in einem Krieg endete, ist die Einstellung eines
falschen IntegrationsWertes. Die zehn Gebote der christlichen Religionen betrafen im Wesentlichen das Zusammenleben in einer
Stadt, in welcher ehemalige Nomaden zusammenkamen. Das 11te
Gebot des Neuen Testaments konnte man zwar als internationale
Integration der Menschlichkeit sehen, aber genauso gut als die rein
intranationale, da die "Nächsten" nun innerhalb der europäischen
monoethnischen Nationen vereint schienen. Die Werte der Aufklärung beinhalteten Freiheit, Gleichheit und Brüderlichkeit, aber
auch das Ideal der Entfaltung innerhalb einer geschützten Heimat.

Diese historischen Werte paarten sich nun mit dem neuen und hippen Wert des politischen Darwinismus.

Clark beschreibt in mehreren Interviews, dass die Integration Europas dadurch zustande kam, dass jedes Land dachte, das jeweils andere Land würde im Rahmen des Überlebenskampfes überfallen und vernichten, sobald es dazu in der Lage wäre. Dawkins egoistisches Gen war in den einzelnen Staaten zu einem ängstlichen und misstrauischen Gen geworden, dass sich selbst für vergleichsweise schwach hielt. Daher entstanden permanent veränderte Allianzen und Zweckfreundschaften zwischen den Ländern, ja es wurde der vermeintlich zwangsläufig eintretende Angriff des Nachbarn als Legitimierung für Aufrüstung, ja sogar für Präventivschläge angesehen. Europa befand sich in einem Zustand ständiger Rückkoppelungen, was die damaligen europäischen Werte als solche disqualifizierte, ungeachtet der hübsch anzuschauenden, hohen politischen Komplexität. So profan es aus heutiger Sicht klingen mag: Der richtige Wert wäre die Verneinung des Krieges gewesen und nicht der politische Darwinismus, nicht die zehn Gebote und nicht die Aufklärung.

Das klingt wirklich sehr altklug von dir.

In einer Gemeinschaft, die mit anderen Gemeinschaften um knappe Ressourcen kämpfen muss, ist der Krieg das einzige Mittel, welches Leiden für die eigenen, übrigens miteinander kooperierenden Menschen verhindern kann. Alternativ zum Krieg stünden Leid durch Ermordung und Versklavung. In der Vorkriegszeit gab es, trotz ansteigenden Lebensstandards und einsetzender Unabhängigkeit von den Ressourcen, dieses Verständnis noch immer. Osterhammel schreibt: "Frieden wurde damals in Europa als moralischer und politischer Wert nicht sehr hochgeschätzt. Die Friedensbewegung (der Pazifismus) ... hatte so gut wie keinen Einfluss auf die aktuelle Politik. "

Aber Friedensbewegungen gab es doch immer? Was soll daran neu sein?

Eben nicht. Es erscheint aus heutiger Sicht nur so. Ohne effektive Wertschöpfung kann ein Gesellschaftssystem z.b. nur dann stabil bleiben, wenn es Eroberungskriege oder Kriege um materielle oder menschliche Ressourcen führt. Auch die Tributpflicht im Römischen Reich war letztendlich leidvoll und immer mit der Androhung und dem Führen von Kriegen verbunden.

Also bewirkte der Erste Weltkrieg letztendlich eine Einsicht in die Notwendigkeit neuer IntegrationsWerte, allen voran einer Friedensordnung.

Auf Initiative des US-Präsidenten Thomas Woodrow Wilson wurde im Jahre 1920 der Völkerbund gegründet [218]. Er sollte Kriege durch ein System friedlicher Übereinkünfte und Ausgleiche ermöglichen. Nach dem Zweiten Weltkrieg wurde die UNO gegründet. Meiner Meinung nach war aber nicht die unbegründete Notwendigkeit des Friedens, sondern die begründete Überflüssigkeit von Kriegen für die Weiterentwicklung der Menschheit die richtige Erkenntnis gewesen.

Wie meinst du das?

Immanuel Kant war einer der wenigen Aufklärer, die von der Möglichkeit eines ewigen Friedens gesprochen hatten. Kant formulierte Artikel [219, 220], die er für Voraussetzungen für die Absicherung eines dauerhaften Friedens hielt. Das Problem mit Traktaten wie dem von Kant ist, dass sie den Eindruck vermitteln, der ewige Frieden sei etwas, was nicht auf den Wunsch der einzelnen Menschen zustande kommt, oder gar einen handfesten materiellen Sinn habe, sondern ihnen von feigen Diplomaten aufgezwungen werden müsse. Nach dem Motto: Wir Menschen wünschen uns Frieden, aber wir müssen Krieg für unsere darwinistische Weiterentwicklung machen, ihn schlucken wie eine bittere Pille. Beim Rassismus sieht das ähnlich aus, da es auch hier die scheinbar wissenschaftliche Unterfütterung durch den Darwinismus gibt. Das bedeutet nicht, dass es vor Darwin keinen Rassismus gab. Er war aber nicht durch irgendetwas legitimiert.

Also brauchen wir eine Begründung für Frieden, die alle Men-
schen nachvollziehen können? Das halte ich für überflüssig. Frie-
den ist eine offensichtliche Notwendigkeit.

Wirklich? Viele glaubten an menschliche "Rassen" und deren notwendigen "evolutionären" Kampf, nachdem sie mit Darwin in Be-
rührung kamen, und zwar entgegen jeglicher Mitmenschlichkeit.
Viele tun das heute noch. Eine Gegenrede zum Sozialdarwinismus
basierend auf dem evolutionär höherentwickelnden Leidabbau und
eine Begründung der Abschaffung von Krieg wäre die folgende:
Leid kennzeichnet für leidensfähige Wesen den Gegensatz zwischen dem Unangepassten (Überlebtem, blödsinnigem Neuen)
und dem sich auf dessen Kosten durchsetzenden Angepassten. Die
Evolution ist zwar geprägt von allgegenwärtigem Leid, zielt aber
auf dessen Reduktion durch angepasste und höherentwickelte
Nachkommen ab. Wenn der Indikator für Anpassung und Höherentwicklung leidensfähiger Wesen die Leidminderung ist, so
muss der Mensch diese zum Teil seiner Gesellschaft machen,
wenn er sich höherentwickeln will.

Welche anderen Möglichkeiten gibt es für den Leidabbau?

Zur Leidverminderung dienen nicht nur die Möglichkeiten des (Ei)
Standardmodells der Evolution, genetische Anpassungsprozesse
zu Lebzeiten des Individuums (deren Übertragung auf die Nachkommen momentan eher noch spekulativ ist) oder (Si) eine strate-
gische Fortpflanzung. Hierzu dienen ebenfalls typisch menschliche Möglichkeiten, die ich für dich nochmals zusammenfasse: Die
(Eii) nicht-genetische negative und positive Erinnerung, die (Eiii)
Erkenntnis von Ähnlichkeiten, (Sii) erlernte Anpassungsstrategien
(Siii) innerhalb der Generationen weiterzugeben, die (Siv) Verla-
gerung der Evolution auf die Wandlung von Gemeinsamkeiten
jenseits des Ererbten, welche alle Individuen für sich übernehmen,
im Rahmen der (Sv) Kooperation in sie hineinwechseln können
sowie das Experimentieren (Svi). Hinzu kommt die (Eiv) Ethik,
welche die Qualität von Anpassungsakten, die leidfördernd/leid-
mindernd sind, benennt. Für besonders wichtig halte ich die Strategie Siv. Der Krieg als Echo der Auslese durch die Eliminierung

von Ressourcenkonkurrenten ist die primitivste und uneffektivste Art der Anpassung und muss gegenüber der massiv leidabbauenden Evolution nicht-ererbter Gemeinsamkeiten zurückstehen.

Sind das alle Voraussetzungen für die Verringerung von Leid?

Nicht ganz. Voraussetzung für eine kooperative Leidverringerung durch Kriegsvermeidung ist, dass sich (Svii) das Individuum mit dem Leidenden identifizieren kann, also Leid sowie das zu erwartende Glück teilt, d.h., zu einem Teil seiner Individualität macht. Ein besorgtes Gen widerspricht der Vorstellung von der gesellschaftlichen Leidreduktion also keineswegs, insbesondere dann nicht, wenn es zu einem gesellschaftlichen Gen jenseits verwandtschaftlicher Zugehörigkeit mutiert. Das Anstreben der Leidreduktion entspricht dann nicht nur der Liebe innerhalb der Familie oder der Loyalität innerhalb des Clans, sondern der generellen Leidverminderung.

Aber wenn die Gemeinsamkeiten nicht mehr über die verwandtschaftliche Zugehörigkeit definiert werden, kann sie doch falsch sein.

Auch verwandtschaftlich definierte Gemeinsamkeit kann falsch sein, d.h., in der Anpassung an sie Leid produzieren. Der Erste Weltkrieg hat gezeigt, dass die Verwandtschaft zwischen Königshäusern Krieg verhindern, ebensoenig wie intensive Handelsbeziehungen.

Die Kriegsvermeidung bildet für dich also den ausschlaggebenden Wert, der sich aus der Leidreduktion ableitet und macht den Utilitarismus mehr oder weniger überflüssig.

Die Auslese als Weg für die pflanzliche und tierische Evolution beruht auf einem rein genetischen Gedächtnis (nur der angepassten Eigentümlichkeiten) und benötigt daher eine Überproduktion an Nachkommen für die Anpassungstests. Jenes Gedächtnis schafft als Vorstufe wiederum die Voraussetzung für die Etablierung durch Vorstellungen entwickelbarer gesellschaftlich-technischer

Gemeinsamkeiten (inklusive der Gemeinschaft selbst) mithilfe des menschlichen Verstandes, deren Evolution sehr viel effektiver ist als die träge, zufällige Wandlung ererbter Eigentümlichkeiten. Jene ist die Aufgabe des Menschen und er benötigt zur Leidverringerung zwar Ehrgeiz, aber keinen Auslesekampf auf Leben und Tod und damit keine Überreproduktion mehr. Insbesondere die Athletik muss sich vom Vernichtungskampf der Stärksten oder Klügsten zum (Ev) altruistischen Wettbewerb um die Bereitstellung der für möglichst viele Agenten leidreduzierendsten Gemeinsamkeiten wandeln. Der Lieferant von Äpfeln, die schmecken, wird immer die Lieferanten von denjenigen Apfelsorten ausstechen, die die Menschen konkret benennen, woraufhin jene Lieferanten jedoch immer nachziehen können und in ihrer Existenz nicht untergehen müssen.

Die *Vermeidung von Krieg* als Wert erlaubt eine leidreduzierte Anpassung des Menschen und ist gleichzeitig die Voraussetzung für jene und die Höherentwicklung. D.h., nicht etwa nur eine durch Massenvernichtungswaffen drohende Vernichtung in Folge eines neuen Krieges oder zitternde Knie von politischen Weicheiern begründen den Pazifismus, sondern dessen Notwendigkeit für die menschliche Entwicklung, inklusive der Erschaffung neuer Handys und Computerspiele für dich. Angebliche Technologiesprünge, die ohne Krieg nicht möglich gewesen wären, sind ein Märchen falscher Progressivisten. Man hätte sie genauso gut im Kampf gegen Krankheiten, Naturkatastrophen oder Hunger generieren können.

Aber was bedeutet die Vermeidung von Krieg heutzutage?

Krieg ist der Versuch von Menschen, andere Menschen zu verletzen oder gar zu töten. Die Vermeidung von Krieg ersetzt den Utilitarismus in eleganter Weise und man braucht sich nicht mehr den Kopf über irgendwelche Weichen zu zerbrechen. Der Unfall am Bahngleis bleibt, was er war, ein Unfall. Im krassen Gegensatz zu einem Verbrechen oder Fahrlässigkeit, trägt niemand Schuld an dem Tod des oder der Bauarbeiter. Es liegt einzig im Ermessen der Person an der Weiche, wie sie reagiert. Nach dem Unfall trifft sie keine Schuld, egal wie sie reagiert hat und welche Gründe sie dafür vorbringt.

Kriegsvermeidung entspricht also dem Fünften Gebot des Alten Testaments.

Das sich aber eher auf eine abgeschlossene Gruppe sich fremder Menschen, z.b. Stadtbewohner bezieht. Es geht bei diesem Gebot - ich spekuliere - weniger darum, globales Leid zu vermeiden als das System Stadt stabil zu halten. Dass jenes Gebot nicht global verstanden werden muss, erkennt man allein schon daran, dass Gott selbst sich überhaupt nicht daran hält. Somit ist das Fünfte Gebot alles andere als universell. Es ist, meiner Meinung nach, reiner Zufall oder der weisen Menschlichkeit der Autoren zu verdanken, dass das Fünfte Gebot gleichzeitig die Leidensminimierung als Indikator der Höherentwicklung vorausnimmt. Es hätte auch lauten können: "Du sollst nicht töten, es sei denn, es ist im Interesse deiner Stadt."

Aber wird die Kriegsverneinung durch bloße Einsicht über uns kommen?

Schau, Profitstreben ist ein IntegrationsWert, Sozialdarwinismus ebenso. Beispielsweise würde es innerhalb dieser Werte nicht möglich sein, all sein Wissen mit anderen Agenten zu teilen. Der IntegrationsWert der Kooperation würde das Gegenteil bewirken. Keiner dieser Werte ist jedoch *per se* kriegsverhindernd, auch nicht die Kooperation. Um den Wert der Kriegsverneinung global einzuhalten, muss dieser nicht nur aus der Leidverminderung begründet, sondern alles unternommen werden, um die konkreten BEDINGUNGEN, die den Krieg fördern, abzubauen. Dazu gehören (Bi) die Existenz von Kriegswaffen und (Bii) eine hohe Nachkommenzahl. Der leidvolle Kampf um die Ressourcen existiert nicht mehr, wenn das Verhältnis der Zahl der Individuen auf dem Planeten zu den Ressourcen für ihre Reproduktion konstant bleibt. Die Evolution durch natürliche Auslese überproduzierter Individuen ist aufgrund der Evolution nicht ererbter Gemeinsamkeiten obsolet. Sie funktioniert eh nicht mehr, wenn die Bevölkerungszahl auf ein konstantes Niveau einschwenkt. Drittens muss (Biii) das Leid vergangener Kriege erinnert werden. Diese Erinnerung würde es bei rein positiven Erinnerungsmöglichkeiten kaum geben.

Womit wir wieder beim Internet wären.

Im Moment erleben wir, wie ich meine, mit dem Internet das, was die Nomaden vor *3000* Jahren erlebten, als sie in die Städte zogen. Vollkommen fremde Menschen dringen plötzlich in ihre Privatsphäre ein, allerdings mit einem wesentlichen Unterschied: Das Internet ist anonym. Die ausgetauschte Eigentümlichkeit wird losgelöst vom Individuum.

Deswegen werden sich die Ethiken für beide Situationen unterscheiden.

Das Faszinierende für mich am Internet ist, dass wir gerade die Entstehung einer komplett neuen Ethik erleben, die durch das vernünftige aber auch nur probeweise Setzen von IntegrationsWerten passiert. Dabei wartet man keineswegs auf eine göttliche Eingebung. Der Mensch entwickelt sie auf der Basis neuer Gemeinsamkeiten, was aber auch mit vielen Fehlschlägen verbunden ist. Ich erinnere an das Verbot von Bildern bei Facebook, die stillende Mütter zeigen [221]. Dieses Verbot zeigt nicht etwa die Auswüchse einer puritanisch-amerikanischen Verschwörung auf, sondern das ethische Vakuum des Internets. Nach entsprechenden Protesten wurde das Verbot auch wieder gelockert.

Wie entsteht so eine neue Ethik?

Kommen wir nochmals auf den Wahrheitsvirus zurück. Tatsächlich gibt es zwei Arten dieses Virus. Beide Arten pflanzen sich aufgrund elektrisierender Plausibilität von Individuum zu Individuum fort. Jedoch bietet die eine Art dem Individuum in seinem Bestreben, sein Verständnis an die Realität anzupassen, den Zugang zu überprüfbaren Fakten, die als Beweise für die Verifizierung oder Falsifizierung des Wahrheitsvirus herangezogen werden müssen. In den Geschichtswissenschaften sind das die historischen Quellen. In den Naturwissenschaften sind das experimentelle Beweise und in der Kriminalistik Aussagen, Spuren, usw. Hinzu kommt, dass man zur Überwindung der eigenen Unzulänglichkeit Experten hinzuziehen kann, also Menschen, die die vom Wahrheitsvirus betroffene Gemeinsamkeit teilen.

Es gibt aber noch eine zweite Art des Wahrheitsvirus, der ohne solche Beweise auskommen muss und daher gewöhnlich sehr lange existiert. Das Finden einer begrenzt-universellen Ethik ist beispielsweise sehr viel schwieriger als das des begrenzt-universellen Fallgesetzes, da man bei Letzterem sehr genau weiß, wo seine Grenzen liegen und welche Arten von Ausnahmen es gibt. D.h., für die Etablierung wahrer ethischer Grundsätze können keine empirischen Beweise herangezogen werden. Vielmehr muss der hypergemeinsame Kern, die Qualität derjenigen Gemeinsamkeiten gefunden werden, die jene Sphären integriert, von denen wir glauben, dass sie potenziell glücklichmachend, leidmindernd und höherentwickelnd sind bzw. die gegenteiligen desintegriert.

Hört sich schwierig an.

Ohne Zugriff auf Beweise ist ein aufgestelltes Gesetz eher etwas Dynamisches, Instabiles. Stellt man gesellschaftliche Normen in diese Kategorie, so werden sie angreifbar. John Lennox hat diese Angreifbarkeit genutzt, um zu zeigen, dass die menschliche Ethik nicht durch den Menschen gemacht, sondern durch Gott gegeben ist [207].

Ich persönlich glaube, dass dieses Dilemma daher stammt, dass der Mensch noch nicht richtig verstanden hat, was er eigentümlich will. Für mich ist jedes Gesetz letztendlich eine Rahmenbedingung der Entfaltung. Der Trieb zur Anpassung lässt Agenten sich in diesen Rahmenbedingungen entfalten. Der Wille, Gesetze nur bedingt zu befolgen, ist nicht nur auf egoistische Ziele oder Leichtsinn zurückzuführen, sondern auch auf die Ethiken. Die Straßenverkehrsethik: "Jeder soll möglichst ohne einen Unfall zügig an sein Ziel kommen", ist prinzipiell in allen konkreten Verkehrsregeln enthalten bzw. umhüllt sie. In besonderen Situationen muss aber ein einzelnes Gesetz ggf. gebrochen werden, um den IntegrationsWert einzuhalten. Im Straßenverkehr leitet jener Wert sich aus einem Willen ab, der sich im Umgang mit eben jenem Straßenverkehr manifestiert hat.

Also entstammt die Ethik doch einem übergeordneten Willen.

Der sich im Menschen nach jahrelanger Anpassung manifestiert.

Und wie erhält man eine solche Ethik.

Man muss sich zunächst fragen, in wieweit eine Ethik mit moralischen Vorschriften objektiv sein kann. "Objektiv" bedeutet grundsätzlich, unabhängig vom einzelnen menschlichen Betrachter und gerade deshalb intersubjektiv gültig. Naturwissenschaftlich begründete Lehren, die ja unabhängig vom menschlichen Wirken gelten, sind *per se* intersubjektiv gültig, d.h. objektiv. Ethik, die ja nicht naturwissenschaftlich abgeleitet werden kann und abhängig vom menschlichen Wirken ist, kann, bezogen auf (limenistische) Gruppen, dennoch intersubjektiv gültig sein. Die grundlegende Voraussetzung für die Erstellung einer ethischen Formulierung, die intersubjektiv gültig ist, durch Subjekte ist die gegenseitige Anerkennung der Subjekte jener Intersubjektivität als unabhängige Gesprächspartner, was auch die grundlegende Bedingung der "Diskursethik" ist. "Du sollst nicht töten!" wäre die erste Voraussetzung für die Anerkennung der Menschen als Gesprächspartner. Andere wären, nicht zu lügen, sich nicht selbst zu widersprechen, nicht aufgrund von Gewalt andere Meinungen anzunehmen oder anderen die eigene aufzuzwingen, dennoch konsensfähig zu bleiben, den Diskurs zu einem Thema nicht mit einem anderen zu "betrügen", Partner nicht persönlich oder durch die Diskursumstände auszuschließen (z.B. Herabwürdigung), Unwillige aber auch nicht hinzuzuzwingen. Betrachtet man die Gesellschaft als reine Kommunikation und ihre Mitglieder als maximal kommunikationsbedürftig, so stellen alle Bedingungen für die Möglichkeit der Formulierung objektiver ethischer Grundsätze (im Rahmen eines praktischen Diskurses) bereits fundamentale ethische Grundsätze des Zusammenlebens dar. Im Maximalfall sind die Bedingungen für den Diskurs zur Formulierungsmöglichkeit objektiver ethischer Regeln genau jene Regeln. Andererseits müssen die (im Diskurs gefundenen) Grundsätze für das Zusammenleben Bedingungen für den Diskurs selbst sein und damit für die Möglichkeit der Formulierung ethischer Grundsätze. Der Diskurs darf den im Diskurs gefundenen Grundsätzen nicht zuwiderlaufen. Die Erkenntnis der Grundsätze ist somit zirkulär-transzendental, d.h. sie ist die Bedingung ihrer eigenen Möglichkeit.

Jürgen Habermas hat eine detaillierte Diskursethik formuliert [222]. Er glaubt an die Existenz objektiver Normen, die durch einen Konsens der Betroffenen im Rahmen eines realen, zwangfreien Diskurses gewonnen werden können. Sein Diskursprinzip besagt, dass nur solche ethischen Grundsätze Gültigkeit erlangen können, die im Rahmen eines Diskurses die Zustimmung all jener überhaupt finden können (und schließlich auch finden), welche direkt oder indirekt von den Auswirkungen jener Grundsätze betroffen sind (Also müssen jene Teilnehmer zu allererst von jenen Grundsätzen wirklich betroffen sein). Gleichzeitig müssen die Betroffenen den Grundsätzen hinsichtlich aller ihrer Folgen und Nebenwirkungen für die Gemeinschaft zustimmen (Wäre es für alle okay, wenn es alle so machen würden?). Habermas nennt dieses Prinzip das Universalisierungsprinzip. Ein kategorischer Imperativ für die Diskursethik wäre: "Handle nur aufgrund von Maximen, die, in Verständigung mit ihnen, von allen Menschen in einem praktischen Diskurs zwanglos akzeptiert we(ü)rden!" Die Diskursethik ist theoretisch und konkrete rechtliche Verfahren sind schwer ableitbar. Die Gefahr besteht darin, dass in Diskursen, deren Ergebnisse auf Fakten basieren müssen, jene Fakten zugunsten eines bloßen Kompromisses gleichberechtigter Diskursteilnehmer ignoriert oder andererseits von unhinterfragbaren Expertenmeinungen dominiert werden könnten. Allgemeiner gesagt: Auch wenn man die Gesellschaft als bloße Kommunikation betrachtet, so dient nicht jedes Gespräch der Formulierung ethischer gesellschaftlicher und Diskursgrundsätze, sondern z.B. der technischen Problemlösung. Das "Wie" des Diskurses für letztere wird einfach transzendental erkannt, d.h. es ist niemals ein direktes Ergebnis des technischen Diskurses selbst.

Das alles hört sich so an wie bei Popper, nur umgekehrt.

Bei Popper würde es wohl heißen: Alle diejenigen Grundsätze können nicht in eine allgemeingültige Ethik überführt werden, die von den Betroffenen abgelehnt werden. Da man aber immer die Gemeinsamkeitgrenze feststellen muss, um die Grundsätze eduktiv zu verifizieren oder zu falsifizieren, sind beide Herangehensweisen mit dem gleichen Aufwand verbunden. Um dem Wahrheitsvirus im Sinne des überzeugendsten Arguments zum Durchsetzen zu verhelfen, benennt Habermas Regeln [siehe 223], die auf einen herrschaftsfreien Diskurs abzielen. Jener von Habermas beschriebene Diskurs dient zwar dazu, Ethiken zu formulieren, jedoch soll er keinesfalls empirische Erkenntnisse ersetzen. Intersubjektive Akzeptanz darf nicht mit Wissenschaft verwechselt werden. Eine Gruppe zufällig herausgegriffener Soziologen kann sehr wohl diskutieren und festlegen, wie sie zu aller Zufriedenheit miteinander umgehen sollen. Sie können aber keinesfalls ohne die Kenntnis experimentelle oder historischer Fakten als wahr festlegen, wie schnell das Licht ist oder wie viele Hüte der Alte Fritz besaß, egal wie einig sie sich sind. Bedenke, dass die Kenntnis empirischer Wahrheit das Finden eines praktischen Konsenses erheblich vereinfacht.

Gelten die Diskursregeln auch für das Internet?

Die Anonymität des Internets hatte Habermas nicht auf dem Schirm. Sie bewirkt nicht nur die Entfremdung der Menschen untereinander, sondern auch die von ihrer Eigentümlichkeit und der Eigentümlichkeit anderer Menschen. Kann ein Internetdiskurs bei einer durch die Anonymität erzeugten Be-/Entfremdung zu einer für alle akzeptablen Ethik führen? Sicher nicht. Der wichtigste Punkt einer Internet-Ethik ist es daher, die Anonymität auf ein Minimum zu senken. Im gegenteiligen Fall würde sich das Individuum immer mehr von seiner eigenen Meinung, seinen Bedürfnissen, ja seiner Identität entfremden. Die im Rahmen der Werte integrierte Eigentümlichkeit wäre nicht mehr seine eigene und die Ethik würde nicht funktionieren.

Brauchen wir die Internetethik überhaupt?

Ohne eine funktionierende Ethik wird sich der User in permanenten Anpassungsakten verfangen, ähnlich wie die Staaten vor dem Ersten Weltkrieg. Jene Anpassungsakte entsprechen zu allem Überfluss Konsumakten digitaler Waren, die in nahezu unendlicher Menge kopierbar sind. Das Problem ist, dass das vom ursprünglichen User entfremdete Internetwesen ein Stück weit entfesselt von den Prinzipien des Users konsumiert. Aufgrund der hohen Konsumtoleranz dieses Wesens besitzt es auch einen hohen Konsumwert. D.h., die Anonymität des Internets ist aus Sicht des Spätkapitalismus nicht unerwünscht. An den digitalen Waren kann man übrigens erkennen, wie ein Spätkapitalismus übersprudelnder Ressourcen aussehen würde. Die Menschen wären irgendwann geradezu dazu gezwungen, sich in Konsummilieus aufzuspalten, weil sie nicht mehr alle, vielfach kostenlos zugänglichen digitalen Waren konsumieren können. Und hieraus leitet sich der zweite wichtige Punkt der Internetethik ab: die Reduktion digitalen Konsums.

Bedeutet das eine Reduktion des Angebots digitaler Waren?

Keine Angst. Es wird noch genug Gratisspiele für dich geben. Wie du weißt, setze ich die Erotisierung als Grundlage ethischer Harmonisierung voraus. Ich würde das Angebot gegensätzlicher, dem Konformismus entgegenarbeitende Waren und Meinungen als ausschlaggebend für eine praktische Konsumerotisierung anführen. Außerdem würde ich den Konsum nicht nur auf das Internet beschränken. Auf diese Weise wird er sich harmonisieren, es sei denn, die Filterblasen werden von einer repressiven Macht bewusst gezüchtet.

Komm schon, da fehlt doch noch eine dritte Komponente.

Stimmt. Daher die Frage: Im Internet stirbt niemand physisch. Ist daher ein Internetkrieg zulässig? Mit dieser Frage begeben wir uns in die Welt der Hacker vom Stamme der *White-, Grey-* und *Black-hats*. Stelle dir vor, ein genialer Virologe möchte herausfinden, welche Schwachstellen der menschliche Körper hat. Deswegen infiziert er alle möglichen Leute auf der Straße mit einem von ihm entwickelten Virus. Er schaut, welche Menschen daran sterben und leitet daraus ab, welche Schwachstelle im Immunsystem des Menschen existiert. Jedoch würde ihm statt wissenschaftlichem Ruhm und Ehre der Elektrische Stuhl winken. Im Internet sieht es da anders aus. *Whitehats* bzw. *Greyhats,* die Sicherheitslücken aufdecken und sich dabei nur halbherzig an die Gesetze halten, genießen kein schlechtes moralisches Ansehen, obwohl sie anderen Programmen schaden und damit auch deren Herstellern. Zur Gruppe der *Greyhats* zähle ich auch die sogenannten Whistleblower. Das sind Menschen, die in bestimmten Organisationen tätig sind und mögliche Fehlentwicklungen in jenen Organisationen publik machen, auch wenn sie dabei gegen Gesetze verstoßen. Als unethisch werden Blackhats betrachtet, die aus Profitgier oder Spaß an der Zerstörung Computerviren programmieren. Zu ihnen gehören heute vor allem Datensammler.

Wie sieht deine Limenistik das Internet?

Aus der Sicht der Limenistik bedeutet das Internet natürlich zu allererst schnellere Verbreitungswege für den Wahrheitsvirus, also einer plausibel klingenden Meinung, die durch möglichst viele kompetente Internetnutzer verifiziert oder falsifiziert wird, wodurch sich die Wahrheit schließlich in einer Eigendynamik durchsetzt. Deren Motivation liegt jedoch in dem Hunger des Menschen auf begrenzt-universelle Gesetze bzw. begrenzt-universelle Gemeinsamkeiten, um die Natur und die Gesellschaft beherrschen zu können. Ohne diese Motivation und ohne die Sichtung von Fakten und Quellen würde der Wahrheitsvirus instrumentell und somit nur *fake news* verbreiten. In engem Zusammenhang hiermit steht die Mythisierung des Internets. Die Bandbreite reicht dabei von "Alles im Internet ist richtig" über "Bestimmte Dinge, die im Internet zu lesen sind, sind richtig (z.b. Verschwörungstheorien in einer Filterblase)", zu "Alles im Internet ist eine Lüge."

Fake news zerstören die Öffentlichkeit.

Bernhard Irrgang legte seine Vorstellungen einer Internetethik in einem Vortrag dar [224]. Irrgang zitiert zunächst Habermas und verweist auf dessen Konzept des Strukturwandels der Öffentlichkeit [225, 226]. Habermas unterscheidet die bürgerliche Öffentlichkeit vom Privaten. Diese Unterscheidung erfolgte bereits in der griechisch/römischen Antike, wo allgemeine Belange auch öffentlich erörtert wurden. Im Gegensatz zur bürgerlichen sieht Habermas die repräsentative Öffentlichkeit der Monarchien (Anmerkung: oder heutiger Diktaturen), d.h., es wurde ohne die Notwendigkeit einer Rückkoppelung im Namen des Volkes gesprochen.

So wie in der repräsentativen Demokratie?

Sicherlich willst du mich mit dieser Frage nur provozieren. In jedem Fall wurde die monarchische repräsentative Öffentlichkeit vom Individuum eher als eine Einschränkung gesehen, das Private, Abgeschlossene eher als Freiheit. Das aufstrebende Bürgertum "erfand" die bürgerliche Öffentlichkeit, um sich gegen die repräsentative der Monarchen zu wehren. Aufgrund des hohen Repressionsgrades der Letzteren musste es die Öffentlichkeit nicht einmal in ihrem Sinne manipulieren. Habermas bezeichnete diese Umwälzung als Strukturwandel, also eine sehr umfassende gesellschaftliche Neuerung, in die alle Spieler involviert sind. Ich denke, die Menschen faszinierte der Gedanke, dass man sich nicht nur zu Hause die Rahmenbedingungen aussuchen konnte, in denen man sich frei zu entfalten gedachte, sondern auch in der Öffentlichkeit. Für die bürgerliche "Gegenöffentlichkeit" brauchte es aber Kommunikationsmöglichkeiten.

Im Gegensatz zum Medienkonsum bedeutet Öffentlichkeit die aktive Teilnahme jedes Individuums am bürgerlichen Forum. Medien führen in die falsche Richtung.

461

Nicht ganz. Medien, wie der Buchdruck, Zeitungen, Radio und Fernsehen reflektieren sehr wohl das bürgerliche Forum. Das bürgerliche Forum des anbrechenden Kapitalismus stufte Habermas jedoch als eingeschränkt ein, da nur privilegierte Personen daran teilnehmen durften. Flapsig würde man von Kungelei sprechen. Die spannende Frage ist: Wer muss an der Öffentlichkeit teilnehmen, um die Wahrheitsfindung zu ermöglichen? Habermas verweist auf den Verfall der bürgerlichen Öffentlichkeit im Spätkapitalismus durch die Vermischung von der ehemals getrennten Privat- und Öffentlichkeitssphäre. Der entstehende Zwischenbereich besteht aus Arbeit (Anmerkung: und Konsum). Die Öffentlichkeit wird von Politik, manipulativer Werbung und Massenmedien nur noch inszeniert. In Wirklichkeit gibt es eine Refeudalisierung, durch die mehr oder weniger privaten Gruppen ihre Interessen als die öffentlichen darzustellen trachten. Die Öffentlichkeit beinhaltet somit hauptsächlich falsche/instrumentelle Komponenten und wird wieder repressiv. Auch moderne Soziologen sehen die Gefahr der Refeudalisierung. Sie gebrauchen eher den Begriff der Postdemokratie [227]. Habermas forderte in diesem Zusammenhang eine Repolitisierung der demokratischen Öffentlichkeit.

Und die kommt durch das Internet zustande?

Irrgang sieht durch das Internet tatsächlich einen Strukturwandel, allerdings mit besonderen Aspekten. Er verweist darauf, dass in Zeiten des Internets niemand mehr das Private verlassen muss, um am Öffentlichen teilzunehmen.

Er muss nicht einmal zum Kiosk gehen, um sich eine Zeitung zu kaufen.

Laut Irrgang gibt es eine Motivation zu illegalem Verhalten, die durch das Internet transportiert wird, im Internet sei alles verschleierbar. Die Anonymität bedeutet auf der einen Seite Schutz, auf der anderen Seite ermöglicht sie jenes Verhalten. Irrgang nennt die folgenden Charakteristika der Internetkultur: Unabhängigkeit der Information und der Kommunikation; emotionale und intellektuelle Offenheit; freie Meinungsäußerung und Tabufreiheit; Innovation; Selbstgestaltung; Neugierde; Unmittelbarkeit und Echtzeit; Abneigung gegen Unternehmensinteressen; Vertrauen und Spaß. Die Innovation sei in unserer Gesellschaft zum zentralen Element geworden, worauf sich die Internetgemeinde gern einließe. Laut Irrgang entstehen Probleme, wie ich ihn verstehe, aus der Anonymität, Fehl- oder Desinformation, der einseitigen Suggestionen der Filterblasen und Plagiaten.

Gibt es konkrete Gebote einer Internetethik?

Das Institut für digitale Ethik in Stuttgart hat zehn Gebote auf ihrer Website veröffentlicht [228]:
"Erstes Gebot: Erzähle und zeige möglichst wenig von dir.
Zweites Gebot: Akzeptiere nicht, dass du beobachtet wirst und deine Daten gesammelt werden.
Drittes Gebot: Glaube nicht alles, was du online siehst und informiere dich aus verschiedenen Quellen.
Viertes Gebot: Lasse nicht zu, dass jemand verletzt und gemobbt wird.
Fünftes Gebot: Respektiere die Würde anderer Menschen und bedenke, dass auch im Web Regeln gelten.
Sechstes Gebot: Vertraue nicht jedem, mit dem du online Kontakt hast.
Siebtes Gebot: Schütze dich und Andere vor drastischen Inhalten.
Achtes Gebot: Messe deinen Wert nicht an Likes und Posts.
Neuntes Gebot: Bewerte dich und deinen Körper nicht anhand von Zahlen und Statistiken.
Zehntes Gebot: Schalte hin und wieder ab und gönne dir auch mal eine Auszeit."

Entsprechen diese Gebote dem, was du bisher gesagt hast?

Das Sammeln von Daten wird in den Geboten eins und zwei thematisiert, das klassische Verständnis von Leid in den Geboten vier bis sieben. Gebote drei und sechs thematisieren die Fehlinformation, die Gebote acht und neun die Entfremdung menschlicher Interaktion. Die Gebote sieben und zehn thematisieren die Konsum-reduktion. Jedoch entspricht Gebot eins nicht ganz meiner Über-zeugung. Die Wahrung der Anonymität als Gebot kann zu einer Eskalationsspirale führen. Ein Ausweg wäre ein Avatar, ein virtu-eller Repräsentant im Internet, mit dem sich der physische Mensch identifiziert, ihn aber nicht als sein Ebenbild begreift, eher als ei-nen Freund.

Und wie lautet das 11te Gebot der digitalen Ethik?

du meinst, das Pendant zum christlichen "Liebe deinen nächsten wie dich selbst!" Ich würde sagen: "Liebe deinen Avatar, wie dich selbst."

Kennst du das Buch "The Circle" [229]?

Ich habe den gleichnamigen Film gesehen [230]. Meiner Meinung nach hat endlich jemand begriffen, warum der Kapitalismus der Zukunft neokommunistisch sein und worauf er beruhen wird: auf dem unbegrenzten Teilen, dem Fluss von Daten mittels sozialer Netzwerke. Dort, wo solche Daten fließen, wo sie Grenzen von Staaten, Firmen, Vereinen, und der Privatsphäre überwinden, wird Geld verdient. Die Menschengruppe, auf die sich die Wirtschaft in Zukunft fokussieren wird, ist diejenige, die große Menge an Daten emittiert und absorbiert. Die, meiner Meinung nach, beste Szene im Film ist die, in der Tom Hanks/Eamon Bailey als Steve-Jobs-Verschnitt samt Kaffeetasse die Vorteile seiner neuen, knopfklei-nen Kamera, inklusive Biometrie und Lab-On-A-Chip-Funktion erläutert. Er wendet sich mit seinen Werbesprüchen nicht etwa an finstere Diktatoren oder staatliche Geheimdienste, die ihre Bevöl-kerung ausspionieren möchten, sondern an NGO's und Aktivisten. Sein Verkaufsargument ist, dass kein Geheimdienst und kein fins-terer Diktator jemals wieder die Menschenrechte unbeobachtet verletzen könne, wenn überall diese kleinen Kameras herumhän-gen würden. NGO's und Aktivisten könnten sich mithilfe des Vi-deo- und Datenmaterials immer gegen haltlose Anschuldigungen verteidigen. Eine zweite, ebenfalls hervorragende Szene ist die, in der Patton Oswalt/Tom Stenton in einer ideologisch überladenen

Rede darstellt, dass der Ausweg aus allem Übel die Transparenz sei, und damit meint er natürlich in letzter Konsequenz auch die Transparenz der Privatsphäre. Den Begriff der Transparenz kann man mit allen möglichen anderen Begriffen vertauschen, die für Daten stehen, die Grenzen überwinden und dadurch Profit erbringen: Toleranz, Integration, Progressivität.

Das Finale des Films zeigt in aller Konsequenz, wie die Bombardierung von jungen, kommunikativen Menschen mit einer Ideologie, die das unbegrenzte Teilen von Information als das ultimativ Gute darstellt und jeden Schutz von Privatsphäre als rückschrittlich brandmarkt, dazu führt, dass jene jungen Menschen tatsächlich deren Grenzen komplett aufgeben und auch noch glauben, dadurch eine neue, bessere Welt zu erschaffen.

Die Ursache hierfür ist letztendlich der soziale Druck, der durch die Netzgemeinschaft aufgebaut wird. Sie ist in der Lage, das Verhalten des einzelnen Users durch Lob zu belohnen oder durch Tadel zu bestrafen. Und die Netzgemeinschaft möchte diese Möglichkeit auch besitzen, denn sie verspricht gewaltige Macht. In einer transparent vernetzten Welt übernimmt sie die Rolle eines den User überwachenden und an seinen Taten messenden Gottes oder Big Brother. Allerdings wird das erst durch jene Transparenz möglich, weswegen sie die Netzgemeinschaft immer als positiv wertet. Zum zweiten sorgt der soziale Druck dafür, dass jeder Einzelne das (moralisch) "Richtige" tun will. Der User beginnt damit, das, was er im Netz zu veröffentlichen plant, im Hinblick auf die mögliche Reaktion des bewertenden Netzgottes abzuwägen. Man erkennt dieses Prinzip an sich selbst, wenn man beispielsweise den Versuch unternimmt, auf einen Twitterkommentar zu antworten. Aufgrund der Tatsache, dass alle anderen Twitternutzer, insbesondere die aus der eigenen ideologischen Blase, diese Nachricht lesen können, wird man die Worte anders wählen, als wenn das nicht der Fall wäre, d.h. wenn nur der Verfasser des Kommentars die Antwort lesen könnte. Der Unterschied ist noch eklatanter, wenn man einmal mit Klarnamen und einmal anonym im Netz unterwegs ist.

Der Unterschied zu Gott ist, dass die Netzgemeinde sofort auf eine Tat reagiert, während die erwartete göttliche Bestrafung/Belohnung erst im Jenseits erfolgt. Bei einer ultimativen Transparenz und permanenter Verbindung zwischen User und Netzgemeinde begeht er, im extrem linken Verständnis, seine Taten ausschließlich aufgrund des Druckes und mit dem Einverständnis aus dem Netz. Die Option, zu sündigen, fällt für ihn daher weg. Gleichzeitig wäre jeder einzelne Mensch, der am Überwachungs- und Erziehungsprozess des Users teilnimmt, für dessen Taten nicht mitverantwortlich, denn er kann seine Verantwortung immer auf alle übrigen Mitglieder der Netzgemeinde abwälzen. Kurioserweise verliert dadurch jeder Mensch jegliche Verantwortung für seine Taten. Dieser moralische Persilschein macht das vernetzte, transparente Konsummilieu in hohem Maße attraktiv, sodass das Ende des Films keine reine Utopie ist.

Was auf der anderen Seite mit Unangepassten oder In-Kollektive-Ungnade-Gefallenen geschieht, zeigen der Shitstorm und schließlich die Hetzjagd auf Ellar Coltrane/Mercer, die mit dessen Tod endet. Letztendlich ist das pannationale und transparente, scheinbar liberale/solidarische Konsummilieu also doch nur ein falsches identitäres, dessen Konsum sich entsprechend einer globalen und pannationalen Likeserhöhung (als Synonym für Profit) einheitlich steuert, was es als Freiheit interpretiert. Jenes Milieu kann ein gewaltiges Ausmaß annehmen, und zwar nicht nur aufgrund der hohen Produktivität des spätkapitalistischen Systems und damit der Unmengen konsumierbarer Informationen und Waren, sondern wegen der Möglichkeiten, die der blitzschnelle globale Transport von Informationen und Waren bietet. Der mögliche positive Aspekt eines Gottes, genannt Netzwelt, nämlich die Herstellung einer Öffentlichkeit, in der der Agierende und der Erfindende seine Aktionen und Erfindungen als vernünftig verifizieren kann ("Urteil der Welt"), wie das zum Beispiel bei der Veröffentlichung wissenschaftlicher Publikationen der Fall ist, geht durch die Selbstkommerzialisierung jener Öffentlichkeit (also des Milieus) verloren.

Gibt es eine Evolution des Bewusstseins?

Es gibt eine Kritische Psychologie, die meist mit dem Namen von Klaus Holzkamp [231] verbunden wird. Hier kommt meine Interpretation:

Günter Rexilius veröffentlichte einen Artikel, in dem er die Entwicklung der Kritischen Psychologie nachzeichnet [232]. Letztere basiert auf einer grundlegenden Infragestellung der traditionellen psychologischen Konzepte von vor 1968: "Bürgerliche bzw. traditionelle Psychologie ignoriert das Verhältnis des einzelnen Menschen zu seinen gesellschaftlichen Entwicklungs- und Existenzbedingungen und zu ihrem geschichtlichen Werden, sie übersieht, dass Theorien und Experimente der Psychologie sich auf ein abstraktes, von seinen gesellschaftlichen Verhältnissen und seiner historischen Gewordenheit abgetrenntes Individuum kaprizieren." Positiv ausgedrückt: Die Kritische Psychologie fußt, meiner Meinung nach, auf der Erkenntnis, dass der Mensch die äußeren Gemeinsamkeiten zu seinen Eigentümlichkeiten macht, und zwar nicht nur die unmittelbaren, sondern auch deren Historie. Er integriert sich in diese Gemeinsamkeiten und erinnert sie, seien es nun natürliche oder gesellschaftliche. Das bedeutet insbesondere, dass sich die spätkapitalistischen Lebensverhältnisse auf die Psyche des Menschen niederschlagen, den Menschen konditionieren und so das System stabilisieren. Diese Ansicht ist natürlich einseitig links, da sie die Eigenverantwortung für das Tun großteils auf die Gesellschaft schiebt. Ihren Einfluss auf die Psyche umgekehrt zu verneinen, wäre aber noch falscher. Laut Rexilius ist es nicht nur die Integration in die Gemeinsamkeiten, die den Menschen wandelt, sondern auch die Wahrnehmung der Gemeinsamkeiten wandelt sich in Abhängigkeit von jenen.

Und Holzkamp?

Holzkamp versuchte, die Erstarrung und Verarmung von Psyche und Handeln in einer "durchkapitalisierten" Gesellschaft zu verstehen. Gleichzeitig versuchte er, Methoden zur Emanzipation von der Anpassung an diese falschen Gemeinsamkeiten zu entwerfen.

Das Denken sollte sich, laut Rexilius, der begrenzenden politischen Korrektheit entgegenstemmen und sich nicht darin ergeben. Zu diesem Zweck sind eine lebendige Erinnerung und eine Parteinahme nötig. Das betrifft insbesondere die Erinnerung an Menschen, die durch die kapitalistischen Zustände offensichtlich leiden oder daran gar zugrunde gehen. Man darf diese Verelendung nicht vergessen.

So wie die "große Verweigerung".

Wohl etwas differenzierter. Rexilius spricht zunächst den von Russell Jacoby diagnostizierten Gedächtnisverlust in der Gesellschaft an, eine Amnesie, die den gesellschaftlichen Verhältnissen geschuldet ist, die sie nämlich benötigen, um sich zu reproduzieren. Jacoby spricht von der Verdinglichung als eine von der Gesellschaft "objektiv erzeugten Illusion". Sie entspricht einer Verarmung, dem Vergessen profitferner Gemeinsamkeiten und der damit verbundenen Eigentümlichkeit, Individualität und Identität. Holzkamp setzt, laut Rexilius, zum Abschmettern der Amnesie auf das Zurückerinnern und die Analyse der Gemeinsamkeiten, in die man integriert ist und nicht etwa die Analyse der Möglichkeiten, wie man sich am besten an jene falschen Gemeinsamkeiten anpassen sollte. Der Mensch müsse hierfür aber zum Denken befähigt bzw. ermächtigt werden. Er müsse zunächst einmal erkennen, in wieweit sein Denken und Handeln von seiner Verdinglichung innerhalb der kapitalistischen Produktions- und Handelsprozesse abhängt. Diese "Grundlegung" ist in meinen Augen äquivalent zur Ertüchtigung des Immunsystems gegen den Wahrheitsvirus.

Rexilius erwähnt die Reaktion des deutschen Staates der 1970er Jahre auf die damalige Revolte. Er interpretiert Erstere als eine Gegenreaktion auf die Bedrohung der kapitalistischen Verhältnisse, die der Staat abzusichern hätte. Der Staat reagierte mit Berufsverboten und anderen Arten der Bedrohung von Karrieren. Außerdem hätte es eine Ausgrenzung von Kritischer Psychologie aus dem Hochschulbetrieb gegeben. Auf der anderen Seite wurden viele Ideen aus der Revolte umgesetzt, wie die Teilhabe geistig Behinderter am täglichen Leben Nichtbehinderter, z.b. in Wohngemeinschaften, die Frauenhäuser, freie Schulprojekte, Kommunen, Arbeitsprojekte u.a. Die kritische Auseinandersetzung mit Holzkamp hat Rexilius u.a. zu der Frage gebracht, ob die Seele einen Platz in der Kritischen Psychologie habe. Außerdem attestiert Rexilius den Berliner Vertretern der Kritischen Psychologie eine gewisse Selbstgenügsamkeit. Die Kritische Psychologie ist somit in die Falle getappt, die sie aufzudecken geglaubt hatte.

Trotzdem hast du mich auf die "Grundlegung" neugierig gemacht.

Gut. Holzkamp beginnt in seiner "Grundlegung der Psychologie" [233] mit der Betrachtung von A. N. Leontjews Vorstellung von der Herausbildung der menschlichen Psyche. Der zentrale Begriff bei Leontjew ist die Reizbarkeit bzw. Sensibilität. Damit meint er die Befähigung von Lebewesen, alle möglichen äußeren Reize aufzunehmen und zu verarbeiten. Hohe Sensibilität ist offensichtlich ein Evolutionsvorteil. Wenn das Lebewesen fähig ist, seine Beute zu sehen, kann es ihr nachstellen. Wenn es in der Lage ist, seinen Feind zu hören, kann es sich vor ihm verstecken. Ein solches reines Rückkoppelungsprinzip benötigt keine Psyche, weswegen Leontjew von "Vorpsyche" spricht. Ich finde den Vergleich zwischen Pferd und Esel in diesem Zusammenhang interessant. Das Pferd lebte ursprünglich in der Steppe und ist ein reines Fluchttier. Sobald sich ein Feind nähert, rennt es einfach davon. Es muss sich darüber keine Gedanken machen. Der Esel hingegen lebte ursprünglich in den Bergen. Er überlegt daher, ob er sich in einer wilden Flucht nicht den Hals brechen würde und sich der Gefahr besser stellen sollte. Das Psychische beginnt für Leontjew in dem Moment, wo das Lebewesen durch seine Organe in die Lage versetzt wird, bestimmte Nahrungsmittel gezielt anzusteuern, z.B. durch Flossen, und vor bestimmten Feinden zu fliehen. Die Bewegungen der Lebewesen in der vorpsychischen Phase waren hingegen ungerichtet: Ich verändere meine Position, weil es hier nicht nach Nahrung riecht, aber wohin ich schwimme, weiß ich nicht.

Ich hatte dir ja schon von Motivationen und Bedürfnissen erzählt, z.b. den Hunger, und dem Bedürfnis, sich etwas zu Essen zu suchen. Holzkamp verweist diesbezüglich auf zwei grundlegende Aspekte. Erstens orientieren sich die Bedürfnisse immer an einem "Gradienten": Der Hungrige wird sich immer vom leeren Kühlschrank in der Küche hin zum vollen Kühlregal im Supermarkt bewegen. Sind beide voll, gibt es kein Bedürfnis. Der zweite Aspekt ist die Wandelbarkeit der Motivationen und Bedürfnisse mit der Zeit. Mit viel Phantasie kann man hier ebenfalls von einem Gradienten sprechen, allerdings einem zeitlichen, der das Spannungsfeld zwischen ersehntem und noch nicht erreichtem Zustand aufspannt, beispielsweise zwischen dem hungrigen und dem gesättigten.

Schließlich wird man ja zunehmend satter, je mehr man isst.

Die Empfindlichkeiten lassen das Wesen diese Gradienten mehr oder weniger stark wahrnehmen. Wesen können auf die erhöhte Empfindlichkeit bezüglich besonderer Gradienten konditioniert sein. Der springende Punkt ist, dass sich der innere Zustand des Lebewesens zeitlich und räumlich wandelt und damit auch die konkrete Art/Intensität der Motivation, auf inneres oder äußeres Geschehen zu reagieren. Die Erfahrung dieses sich wandelnden inneren Zustandes ist die Frühform der Emotionalität. Holzkamp zitiert die Definition von Emotionalität von Ute H.-Osterkamp als [233] "qualitative Bewertung von Umweltgegebenheiten am Maßstab des jeweiligen eigenen Zustands, damit als Aktivitätsbereitschaft, mithin Vermittlungsinstanz zwischen Kognition und Handlung." Die individuelle oder gemeinschaftliche emotionale Bewertung einer gewandelten Gemeinsamkeit generiert also eine bestimmte Anpassungsmotivation und die Dringlichkeit (Motivationsstärke), aus/mit der in konkretes Anpassungsbedürfnis abgeleitet und gehandelt wird. Nehmen wir an, der Chef würde dir und deinem Kollegen eine Aufgabe stellen. Wer sie zuerst erledigt, erhält einen Bonus. Du bist motiviert, dich mit deinem Kollegen athletisch zu messen, d.h., du spürst die Spannung. Da du ihn nicht leiden kannst und außerdem Geld brauchst, leitest du sofort konkrete Anpassungsbedürfnisse aus deiner Motivation ab, schreitest umgehend zur Tat und schmeißt den Computer an. Du könntest auch motiviert sein, mit ihm zusammenzuarbeiten und den Bonus zu teilen, da ihr Euch kürzlich vertragen habt. Oder du schwimmst im Geld, wolltest eh kündigen und bist daher komplett unmotiviert, entwickelst keine Bedürfnisse und keine Aktivitäten.

An dieser Stelle lassen sich nun mehrere Konzepte zusammenführen: Die inneren Zustände legen die Qualitäten derjenigen Gemeinsamkeiten fest, an die sich die Agenten anpassen sollen und wollen, um im Rahmen jener Qualitäten das Richtige zu tun. Es handelt sich also um IntegrationsWerte. Sie bestehen aber nicht nur aus ursprünglich eigenen, sondern auch aus verinnerlichten gemeinschaftlichen IntegrationsWerten, die natürlich alle in Konflikt miteinander stehen können. Normative Gewalt misst, wie dringlich es ist, sich situationsbedingt einer bestimmten Gemeinsamkeit anzupassen. Ihre Stärke ist der quantifizierte IntegrationsWert der Gemeinsamkeit. Man möchte nun meinen, dass der IntegrationsWert und die Motivation, sowie die Stärken von normativer Gewalt und motivierendes Spannungsfeld identisch sind, vorausgesetzt natürlich, die Motivation folgt dem SuperIntegrationsWert, das im Rahmen der IntegrationsWerte Richtige zu tun.

Um das zu beleuchten, bitte ich dich, dir die Gemeinsamkeiten als Kreise auf einem Blatt Papier vorzustellen. Der Durchmesser der Kreise sei durch ihren IntegrationsWert bestimmt. Ihr Wert und damit die auf sie bezogene Stärke der normativen Gewalt wandelt sich nun zeitlich, räumlich und individuell. Somit wandelt sich auch der Durchmesser der Gemeinsamkeiten. Falsche Gemeinsamkeiten sind wertlos oder ihre Durchmesser gar negativ, d.h., Anpassung soll an deren Gegenteil erfolgen. Aus jeder kreisförmigen Gemeinsamkeit entsteht ein dreidimensionaler Schlauch mit wandelbarem Durchmesser. Stelle dir nun vor, unser Blatt Papier mit den Gemeinsamkeitsschläuchen befände sich in einem weiteren Raum, dessen Dimensionen den möglichen Arten von IntegrationsWerten entsprechen, die der Mensch aufgrund seiner Sensibilität verinnerlicht hat. Jene werden von Vektoren angezeigt, deren Komponenten wiederum jene IntegrationsWerte repräsentieren sowie die Spannungsstärke, mit der jede Art zur gesamten normativen Gewalt beiträgt. In diesem Moment haben wir für jeden Punkt im Raum der Gemeinsamkeiten die dazugehörigen IntegrationsWerte und Stärken normativer Gewalt definiert. Soll dieser Vektor zu einem Anpassungsbedürfnis führen, so müssen seine Komponenten Motivationen sein und seine Länge muss der Gesamtstärke des motivierenden Spannungsfeldes entsprechen. Das Bedürfnis, einen Menschen nicht zu töten, kann z.b. aus Philanthropie, Angst vor dem Gefängnis o.Ä. motiviert werden. Nur entsprechen die Komponenten dieses Motivationsbündels wiederum IntegrationsWerten (Es ist ein IntegrationsWert, nicht im Knast zu sitzen), wodurch sich der Kreis schließt.

Hieraus folgt, dass die Motivationen zur Anpassung an und damit die Relevanz von verinnerlichten Gemeinsamkeiten IMMER aus IntegrationsWerten stammen und deren Dringlichkeit immer aus normativer Gewalt. Motivation resultiert also nicht aus dem bloßen Vorhandensein von Gemeinsamkeiten. Das bedeutet auch, dass es OHNE IntegrationsWerte keine Motivation geben kann, somit keine Anpassungsbedürfnisse oder Handlungen entstehen. Eine erfolgreiche Anpassung ist also nicht die an irgendeine Gemeinsamkeit, sondern an die richtige im Rahmen des IntegrationsWertes. In Friedenszeiten entspricht die Forderung, Menschen zu bekämpfen, keinem IntegrationsWert und man ist daher nicht dazu motiviert. In Kriegszeiten gilt das Gegenteil.

Wollen=sollen=swollen?

Nicht ganz. Es gibt einen Unterschied zwischen wollen und sollen: Die Handlungsmotivationen und -dringlichkeit, also das Wollen, entspricht einer individuellen Bewertung von Gemeinsamkeiten (inklusive Befehlen von außen, wobei ein direkter Befehl noch eher eine Vernünftigkeitskritik zulässt als eine selbstmotivierte Anpassung an selbstgenerierte (erratene) Herrschaft) im Rahmen ALLER IntegrationsWerte und der normativen Gewalten, die von ihnen ausgehen. Jene Bewertung ist an persönliche Erinnerung, Erkenntnisfähigkeit von Ähnlichkeiten, Sensibilität und Urteilskraft geknüpft und daher unzulänglich. Die Unzulänglichkeit der

Bewertung krümmt den Werteraum, das Sollen. Deswegen benötigt der (lernende) Mensch Rückkoppelung von den Verursachern der IntegrationsWerte, um zu wissen, ob er sich zur Anpassung an die richtigen Gemeinsamkeiten mit der richtigen Dringlichkeit motiviert hat. Falsche Bewertung führt letztendlich zum Anpassungsbedürfnis an, im Rahmen der "gesollten" IntegrationsWerte, falsche Gemeinsamkeiten, z.b. wegzulaufen und einen Abhang herabzustürzen, anstatt zu kämpfen und dadurch zu überleben. Bedenke, dass die maximale Übereinstimmung von "Sollen" und "Wollen", also von Bewertung und Motivation nicht unbedingt zur Realisierung des "Geswollten" führt, da durch die Unzulänglichkeit ständig Transzendenzen auftreten können, die in Gemeinsamkeiten führen, die nicht dem IntegrationsWert entsprechen.

Was ist der Unterschied zwischen Motivation und Emotion?

Eine wunderbare Frage, um darüber zu diskutieren, ob der Mensch lediglich ein intelligentes Tier ist oder mehr als das, ob er wirklich weltoffen ist. Das menschliche Anpassungsbedürfnis lässt sich in (i) die konkrete Gemeinsamkeit (z.b. sich mittels Steaks zu ernähren); (ii) die Anpassungsstrategie/das Bedürfnis (das Steak jetzt zu essen); (iii) die Bewertung der Gemeinsamkeit (positiv) aufgrund eines IntegrationsWertes (Du sollst dich von Steaks ernähren); (iv) die daraus folgende Motivation (sich mittels Steaks ernähren zu wollen); (v) das motivierende Spannungsfeld und damit die Dringlichkeit/normative Gewalt zerlegen. Anders gesagt: Man schätzt Ereignisse (Gemeinsamkeiten) anhand der abgespeicherten IntegrationsWerte ein und legt die Art und Weise, sowie Dringlichkeit fest, mit der man darauf reagiert (sich anpasst).

An dieser Stelle muss man sich fragen, welcher Art das motivierende Spannungsfeld ist. Lehnt man es an der Gewalt an, so muss es in irgendeiner Form gerichtet sein. Die Gewalt, die der Bewertung (unter der beschriebenen Berücksichtigung verschiedener IntegrationsWerte) entspringt, zwingt den Agenten oberhalb eines Schwellenwertes aus einer niedrigbewerteten Gemeinsamkeit hinaus und in eine höherbewertete hinein bzw. belässt ihn in der höherbewerteten. Entsprechend müssen das motivierende Spannungsfeld bzw. Dringlichkeitsfeld ausgerichtet sein. An dem abstrakten Begriff Dringlichkeit erkennt man aber bereits, dass sich dieses Feld dekonstruieren lassen kann, ähnlich wie der bereits erwähnte Gradient, in einen Anfangspunkt, ein Ziel, somit eine Richtung und eine Stärke. Die Frage ist, ob die Stärke unabhängig von der Richtung auftreten kann.

Bewusstsein, im Sinne von Julian Jaynes [234] bedeutet, dass sich der Mensch erklären kann, warum er die Dringlichkeit verspürt, so oder anders auf ein Ereignis zu reagieren. Mein Körper braucht Nährstoffe (Ausgangspunkt), also baue ich ein Dringlichkeitsfeld (mit einer gewissen Stärke) auf, das mich motiviert, zum Kühlschrank zu gehen (Endpunkt). In dieser Beschreibung entsteht das Dringlichkeitsfeld scheinbar aus rein rationalen Überlegungen. Für den Menschen sind solche Erwägungen möglich, zusätzlich wird er natürlich vom Hunger getrieben. Hunger entspricht einer Emotion. Allerdings bräuchte der Mensch sie nicht unbedingt, da er die Stoffwechselfunktionen seines Körpers ja aus der Schule kennt. Sie sind ihm bewusst. Der Hunger wäre somit lediglich ein "Knoten im Taschentuch". Das motivierende Spannungsfeld kann also nicht nur rein emotional erzeugt und mit Dringlichkeit versehen werden, sondern auch aufgrund des gesunden oder auch wirren Menschenverstandes.

Sowohl die rationale als auch die emotionale Dringlichkeit bezieht sich auf eine bestimmte Gemeinsamkeit, ähnlich wie die Gewalt der IntegrationsWerte. Ansonsten scheinen sie jedoch ungerichtet. Erst das Bedürfnis gibt die genauen Komponenten des Gradienten vor. Der Punkt ist, dass sich niemand ohne eine Emotion wirklich motivieren kann. Die Motivation und deren Dringlichkeit sind immer emotional. Auch das motivierende Spannungsfeld der theoretischen, praktischen oder instrumentellen Vernunft muss immer eine emotionale Farbe bekommen, um schließlich zu einem wirklichen Bedürfnis zu werden. Man könnte auch sagen, dass ein rationales Dringlichkeitsfeld erst in ein emotionales übersetzt werden muss, bevor es zu einem Bedürfnis werden kann. Der triebhafte IntegrationsWert: "Überlebe!" führt zur Emotion des Hungers, denn der führt zu dessen Einhaltung. Der eher rationale IntegrationsWert: "Iss, damit du für deine Familie morgen wieder Geld verdienen kannst!" führt zur Emotion der Verantwortung.

Kein bloßes "intelligentes Tier" zu sein bedeutet doch, einen freien Willen zu besitzen, und nicht nur, als notwendig Erachtetes über emotionale Dringlichkeit in Bedürfnisse umzuwandeln.

Die Bewertung von Gemeinsamkeiten basierend auf Integrations-Werten bringt Anpassungsmotivationen und Anpassungsdringlichkeit hervor, ein bedingtes Wollen: 'Ich will jetzt essen, weil ich Hunger habe. Menschen sollen schließlich überleben. Aber hey, Menschen sollen auch schlank sein. Ich will schlank sein! Also esse ich Suppe.' Letzteres ist das Anpassungsbedürfnis, die Vorstellung von einer konkreten Anpassungshandlung an die Gemeinsamkeit der auf dem Restauranttisch liegenden Speisekarte. Über das bedingte Wollen hinaus (inkompatibilistisches Prinzip) existiert objektiv auch ein freier Wille. Die freien und damit unzulänglichen Anteile innerhalb des Willens sind nicht erzwungen: Es gibt keine zwingende Gewalt, die den absolut freien Teil des Willens lenken würde.

So wie der Zufall?

Zufall bzgl. des Willens bedeutet, ständig die Würfel aus der Tasche zu holen und sich entsprechend dem Wurfergebnis entscheiden zu müssen. Der Zwang zur Zufälligkeit kann aber sehr hilfreich sein. Die gesamte Darwin'sche Evolution basiert auf zufälligen Wandlungen. Die Nutzung des Zufalls ist auch eine mögliche Strategie des Menschen. Er zieht ihm jedoch gewöhnlich die andere Art von unfreien Willensakten vor, nämlich eine optionale Tat zuungunsten einer anderen aufgrund von eindeutiger Bewertung im Rahmen der IntegrationsWerte. Ist keine Priorisierung aufgrund von bewusster Bewertung möglich und existieren keine abgespeicherten Handlungsoptionen, die zur Situation passen, so erfolgt sein Handeln intuitiv bis zufällig, zum großen Teil aber frei, da sich die zwingenden Gewalten gegenseitig aufheben.

Wie der Esel ist er manchmal gezwungen, zwischen mehreren kon-
kurrierenden Optionen zu entscheiden.

Oft muss irgendeine Entscheidung her, auch auf die Gefahr hin,
dass sie falsch sein könnte.

Was ist mit dem anarchischen Willen?

Du meinst, nicht nur etwas Zufälliges, sondern etwas komplett Un-
erwartetes zu tun? "Es ist Winter, also gehe ich in der Badehose
auf die Straße. Ich habe mir den Fuß verstaucht, trotzdem spiele
ich Fußball." Insbesondere Taten, die genau dem Gegenteil der
durch das Bewertungs- und Ähnlichkeitsszenario empfohlenen Tat
entsprechen, sind nicht vollständig frei, da sie sich ja immer auf
den empfohlenen Akt beziehen, der den Rahmen möglicher Gegenteile vorgibt, und die ihn niemals miteinschließen. Das gilt beispielsweise für die Verweigerung einer Anweisung durch den Lehrer, z.B., nicht mit dem Kuli herumzuwerfen und es trotzdem zu
tun, da die Anweisung jene Option ja bereits beinhaltet.

Mit dem Beispiel des verstauchten Fußes nähern wir uns dem landläufigen Verständnis des freien Willens: der autonomen Entscheidung, einer Anpassung an eigene Erinnerung. Diese besteht in einer permanenten Produktion von (zufälligen) Ideen (ähnlich wie
bei der Evolution, nur viel schneller), die sofort bewertet werden.
Letzteres geschieht durch die Feststellung von Gemeinsamkeiten
mit abgespeicherten Vorstellungen, die den abgespeicherten Wert
(nicht) aufweisen. Hieraus entsteht ein Wille, welcher der Bewer-
tungsgewalt unterliegt. Der SuperIntegrationsWert des immer besseren Erhalts ruft den autonomen Willen letztendlich hervor. Im
Vergleich zu ihm garantiert Fremdbestimmung diesen Wert nicht,
insbesondere dann nicht, wenn die Selbsterhaltung des Fremden
zulasten der eigenen gehen könnte. Mit dem autonomen Willen
sind wir am grundlegenden Dilemma der Existenz angekommen.
Existenz bedeutet nämlich die Anpassung an die Existenzbedingungen, also diejenigen Gemeinsamkeiten, welche die Existenz

bewahren und nicht vernichten. Nur kennt niemand diese Bedingungen. Aus diesem Grund muss experimentiert werden, um sie (erschaffend) zu betreten. Der Beweis, dass es sich um die im Sinne des SuperIntegrationsWertes richtigen handelt, kann aber letztendlich nur daran gemessen werden, ob sie die Existenz bewahrt hat oder nicht.

Die autonome Entscheidung ist idealerweise nur inneren Zwängen unterworfen, kommt also ohne den direkten Einfluss anderer Menschen zustande. Da eigentümliche IntegrationsWerte aber zum erheblichen Teil aus erinnerten (erlernten) externen bestehen, lässt sich der autonome Wille nicht vollständig vom externen trennen. Er ist insoweit frei, da er die momentane Bewertung von Gemeinsamkeiten und Eigentümlichkeiten durch Externe ausschließt. In jedem Fall ist er zum eigenen geworden, weil er den eigenen IntegrationsWcrtcn cntspricht. Die autonome Bewertung kann trotzdem repressive Bedürfnisse erzeugen: "Ich habe mir den Fuß verstaucht, aber ich zwinge mich, zu spielen, damit ich beim nächsten Mal wieder aufgestellt werde." aber auch nicht-repressive "Ich verzichte auf Fußball, weil mir meine Gesundheit am Herzen liegt."

In der Limenistik bedeutet freier Wille nicht einfach, sich für immer von jedweder Gemeinsamkeit zu lösen. Vielmehr lassen sich freie aus den autonomen Willensakten (deren Teilmenge die freien sind) wie folgt ableiten: Ein freier Willensakt ist das Annehmen/Ablehnen der Anpassung an eine Gemeinsamkeit in freier Entscheidung, d.h. aufgrund einer autonomen Bewertung OHNE einen vorhandenen IntegrationsWert berücksichtigen zu müssen (Das Nicht-Berücksichtigen-Können aufgrund der Tatsache, dass sich die von den Bewertungen ausgehenden zwingenden Gewalten gegenseitig aufheben, ist ein Spezialfall davon). Die prinzipielle Möglichkeit der Trennung von Gemeinsamkeit und Integrations-Wert ist aufgrund der Unzulänglichkeit gegeben: Gemeinsamkeiten schleppen ihre IntegrationsWerte in zwingend integrierenden Gemeinsamkeitenbündeln <> und Eigentlichkeiten zwar mit sich, allerdings sind die nicht absolut fest mit ihnen verknüpft, genauso wenig wie deren Grenzen, deren Transzendenz durch Agenten und deren Integration.

Das Freiheitsgefühl, das wir permanent spüren, resultiert aus den Möglichkeiten, die sich daraus ergeben und aus der Tatsache, dass wir sie ergreifen können. Der Mensch kann sich für irgendeine Anpassung motivieren, indem er im freien Willensakt eine freie Bewertung, eine freie Zuordnung von motivierender Dringlichkeit ausführt, wozu nur er fähig ist. Er kann dem Zwang des schmerzenden Fußes nachgeben und sich schonen oder ihn ignorieren. Durch die freie Bewertung hat er immer die Möglichkeit, sich von der Gemeinsamkeit, an die er sich momentan anpasst, zu entpraktisieren/zu entinstrumentalisieren. Von einer solchen freien Bewertung geht eine nicht-zwingende Gewalt aus, mit der er Erlerntes, ja sogar angeborene Triebe, also angeborene Bewertungen von Gemeinsamkeiten, kontrollieren kann. Im Unterschied zwischen Gewalt im Sinne eines Zwangs in unausweichliche Determiniertheit und der Möglichkeit der Entscheidung zwischen Verbleib und Transzendenz liegt die Weltoffenheit. Jene hängt nicht nur von der Fähigkeit zu autonomer, freier Bewertung ab, sondern auch von der Zahl frei wählbarer Alternativen.

Wenn ich mich sogar von Schmerzen im Fuß als Ausdruck des Zwangs lösen kann, muss ich wohl ein starkes Emanzipationsgefühl empfinden, dem die Verantwortung folgt, das Richtige zu tun und die Euphorie/Ernüchterung darüber, das Richtige/Falsche getan zu haben.

Der tiefere Grund für den freien Willen ist die prinzipielle Lernfähigkeit des Menschen. Anpassungsakte werden belohnt oder bestraft, je nachdem, ob sie an richtige oder falsche Gemeinsamkeiten erfolgen. Angeborene Triebe erzeugen (bei reiner Triebgesteuertheit) so etwas wie eine unendlich hohe Belohnung (Bestrafung), wenn sie (nicht) abgearbeitet werden. Auch das Erlernen, d.h. die Erinnerung von Gemeinsamkeiten inklusive deren richtiger/falscher Bewertung wird belohnt/bestraft (wobei das Spielen dafür belohnt wird, überhaupt die Fähigkeit zu erlernen, Gemeinsamkeiten zu bewerten). Selbstlernende Systeme in Natur und Technik funktionieren so. Um der Fähigkeit des Erlernens Willen hat ihnen die Evolution/der Ingenieur die Belohnung und die Bestrafung erst gegeben. Dieses Erlernen soll bewirken, das mit gleichen Gemeinsamkeiten aufgrund gleicher Bewertung immer gleich und mit ähnlichen Gemeinsamkeitenbündeln in ähnlicher Weise umgegangen wird, was allerdings nur funktioniert, wenn sich das Wertegefüge nicht umwertet. Dann stirbt derjenige, der die alten Bewertungsgrenzen nicht in die richtige Richtung transzendiert, aus. Selbst Metakompetenzen schützen nicht vor diesem Schicksal.

Nur ist dem Menschen bewusst, dass er sich immer nur selbst bestraft oder belohnt. Der Mensch könnte sich aufgrund dieser Fähigkeit (i) belohnen/bestrafen, ohne (genau) diejenige Aktion auszuführen, für die jene Belohnung/Bestrafung ursprünglich vorgesehen war. Er könnte sich (ii) für etwas belohnen und für das Gleiche bestrafen; sich (iii) für irgendeine Anpassung belohnen, für das Annehmen um des Annehmens Willen. Er könnte sich (iv) für jegliche Anpassungsverweigerung belohnen oder (v) Dinge tun, ohne sich überhaupt zu belohnen oder zu bestrafen. Wenn sich der Mensch also bewusst ist, dass er sich immer nur selbst belohnt oder bestraft, so muss ihm klar sein, dass die Bewertung von Gemeinsamkeiten ebenfalls nur durch ihn selbst erfolgt. Wenn er sich für die Anpassung an ein und dieselbe Gemeinsamkeit belohnen oder bestrafen kann, so kann er sie auch nach Belieben positiv oder negativ bewerten, und zwar mit allen möglichen Dringlichkeiten. Dies entspricht der Fähigkeit, sich von vorhandenen Zwängen zu lösen, um, unabhängig von jenen, das Richtige zu tun oder das Falsche zu fliehen oder umgekehrt. Deren Erkenntnis ist die Voraussetzung dafür, den freien Willen zu entfesseln.

Befindet sich ein Mensch auf der Schwelle einer Gemeinsamkeit (und wird nicht gewaltsam in die eine oder andere Richtung hinübergedrängt), so kann er sich also über eine freie Bewertung zu einem freien Willensakt motivieren, Miniertheit durch einen freien Bewertungsprozess erzeugen. Das Faszinierende ist, dass der Mensch mit der Bewertung auch die Schwellenhöhe für die gleiche Gemeinsamkeit einstellen kann und damit die Überwindungs- oder Verharrensgewalt selbst bestimmt, die er aufwenden muss.

Sobald er jedoch irgendeine Entscheidung bzgl. der (Nicht)Transzendenz einer Grenze getroffen hat, übernimmt er die volle Verantwortung für diesen Schritt [235]. Ist er auf der Schwelle von außen zwangfrei, kann er die Verantwortung nämlich nicht abwälzen. Weder ist ein Stein, der durch die Gravitation determiniert einen Berg herunterrollt, dafür verantwortlich, noch für seine Ablenkung vom vorausberechneten Weg durch einen Zufall.

Worin besteht die Freiheit des freien Willens genau?

Motivationen gehen letztendlich auf IntegrationsWerte zurück, das motivierende Kraftfeld auf normative Gewalt. Im freien Willen kann der Mensch zur Bewertung einer Gemeinsamkeit zum einen (i) Bewertungen explizit von einer vorhandenen Gemeinsamkeit auf eine andere übertragen, (ii) IntegrationsWerte, auf denen die Bewertung beruhte, dadurch verblassen lassen, sodass das reine Spannungsfeld der Dringlichkeit übrigbleibt, welches nicht mehr an bestimmte IntegrationsWerte gebunden, also ein unkonkretes Sich-Sehnen ist. (Wer sich nur dem Spannungsfeld als solchem hingibt, der verspürt Sehnsucht.) Da sich der Mensch weltoffen aus allen möglichen Gründen zu allem Möglichen motivieren kann, bedeutet das, dass er über die Dringlichkeiten frei verfügen kann. Er holt sie sozusagen hervor und klebt sie an die Motivation. Zum dritten können (iii) "willkürliche" IntegrationsWerte, also neue, erschaffen werden, um die Anpassung an die gewählte Gemeinsamkeit zu (de)legitimieren.

Diejenigen expliziten IntegrationsWerte, welche die das Dringlichkeitsfeld (de)legitimieren nenne ich Legitimate. Letztere scheinen den Willen wieder unfrei zu machen. Ich sehe jedoch die freie Bewertung primär und deren Legitimation sekundär (oder zumindest gleichrangig), d.h., zuerst wird eine Bewertung/Anpassungsmotivation für eine Gemeinsamkeit angenommen und jene anschließend mithilfe jener Legitimate (de)legitimiert, d.h., der freie Wille bleibt prinzipiell frei, denn die Wahl der Legitimate ist frei. Dennoch kann es zu einer Konkurrenzsituation zwischen angeborenen Trieben, erlernten (Glauben, Überzeugungen), abgeleiteten (Vernunft), willkürlichen IntegrationsWerten, ja sogar dem

Zufall kommen. Gesellschaften sollten daher SuperIntegrations-Werte definieren (Gesellschaftsverträge), einen Spielplatz, auf dem Konzepte ausprobiert werden können. Ohne diesen Vertrag wären die Agenten nicht dazu motiviert. Darüber hinaus sind solche SuperIntegrationsWerte geeignet, multilektische Batterien/antithetisch bewertete Gemeinsamkeitenbündel als wertvoll auszuzeichnen und somit Emergenz und Elevation zu verstärken.

Was ist mit der Motivation aufgrund rationaler Vernunft?

Bei theoretischer Vernunft (*TV*) zur Bewertung von Gemeinsamkeiten und der sich daraus ableitenden Anpassungsmotivation greift man zur Legitimation zuerst auf einen Pool wissenschaftlicher Begründungen zurück. Immerhin erfolgt hier die Bewertung einer Gemeinsamkeit hinsichtlich der Dringlichkeit der Anpassung an jene aufgrund rationaler Erkenntnisse. Das rationale Spannungsfeld ist dabei nicht von den konkret bewerteten Gemeinsamkeiten lösbar, da es auf deren Faktizität basiert, d.h. es geht immer eine gerichtete, zwingende Gewalt von der rationalen Bewertung aus. Konsequent verstanden entspricht die *TV* daher keinem freien Willen, da sie das einzig mögliche Legitimat darstellt und auch nur Anpassungsbedürfnisse an alternativlose Gemeinsamkeiten motiviert, und zwar unabhängig von der jeweiligen Person (Objektivität). Entsprechend sinkt in der Technokratie die Weltoffenheit und gleichzeitig nimmt die Verantwortung ab, da jene zwar nicht auf Triebe, aber auf rationale Notwendigkeiten abgeschoben werden kann. Genau hier liegt das Potenzial der Vernunft, instrumentalisiert und mythisiert zu werden.

Eine nicht so strikte Legitimation wie die *TV* beruht auf der bloßen Ähnlichkeit im Sinne von Fast-Identisch-Sein. Man bewertet ähnliche Gemeinsamkeitenbündel ähnlich wie Personen, die einem selbst ähnlich sind oder man bewertet Gemeinsamkeiten genauso, wie man sie unter ähnlichen Umständen schon einmal erfolgreich bewertet hat. Diese Strategie ist mitunter legitim. Die gesamte Triebhaftigkeit und das Lernen von richtigen Verhaltensweisen beruht darauf. Sie führt jedoch nicht immer zwingend zum selben

Resultat, da Gemeinsamkeiten nicht für jeden und immer die gleiche Bewertung mit sich schleppen. Ein Fisch schwimmt im Wasser, ein Mensch kann darin ertrinken und er könnte es noch am nächsten Tag. Besäße jede Gemeinsamkeit eineindeutig einen bestimmten, bekannten IntegrationsWert mit einer bestimmten Bewertungsstärke, so könnten wir nicht von einer freien Willensmöglichkeit sprechen. Freier Wille bedeutet ja gerade, dass die gleiche Gemeinsamkeit unterschiedlich bewertet werden kann: Eins plus eins ist zwei, das ist richtig, aber heute schlecht und morgen vielleicht eine gute Nachricht. Bedenke, dass bei immer gleicher Bewertung gleicher Gemeinsamkeiten durch alle Agenten, jene in die absolut gleichen mit gleicher Hierarchie transzendieren und identisch werden würden, und deshalb ohnehin nicht möglich wäre.

In seiner Erscheinung entspricht der freie Wille der (in ihren Folgen gut einschätzbaren) Verweigerung gegenüber zwingenden Gewalten (sogar angeborenen) und dem (weniger gut einschätzbaren) Entdeckertum unter Missachtung zwingender Gewalten. Allerdings gilt für den freien Willen ebenfalls das Prinzip: Ohne Emotionalität ist kein Bedürfnis motivierbar. Nur die Emotion motiviert den Menschen sowohl zu Taten, die von zwingenden Gewalten (angeborene Triebe, logische Rationalität, Ähnlichkeit, Befehle) vorgegeben werden, als auch zu solchen, welche von jenen Gewalten unabhängig oder ihr gegenläufig sind. Im bedingten Wollen ist die Emotion jedoch an die Gemeinsamkeit gebunden, im freien Willen ist sie eine unkonkrete reine Dringlichkeit, die der Mensch hervorholen und mit deren Hilfe er sich selbst motivieren kann, indem er sie an eine bestimmte Gemeinsamkeit heftet.

Wo liegen die Gefahren des freien Willens?

Der freie Wille kann Agenten bessere Gemeinsamkeiten betreten und erinnern lassen. Im Gegensatz zu einem selbstlernenden System erfährt er dabei nicht nur, was unter den gegebenen IntegrationsWerten richtig oder falsch ist, sondern er kann richtig und falsch selbst definieren. D.h., die Evolution hat ihm nicht nur die Belohnung/Bestrafung gegeben, sondern auch die Kontrolle über

sie. Darüber hinaus bedeutet freier Wille die Umkehrung des triebhaften bzw. rationalen Bewertungsablaufs. Jener besteht darin,
dass auf eine bestimmte Gemeinsamkeit mit einem abgespeicher-
ten/rational abgeleiteten Protokoll aus *Ereignis → Emotion (Legitimat) → belohntes Anpassungsbedürfnis/-handlung* reagiert wird:
*Ein Löwe erscheint → ich habe Angst (denn es ist eine Gefahr) →
also renne ich weg.* Dieser Ablauf entspricht dem bedingten Willen. Selbstlernende Systeme, zu denen auch der Mensch gehört,
können dazu neigen, selbstständig nur nach den belohnenden Ereignissen zu suchen oder, falls diese sich abnutzen, sich selbst
neue herzustellen. *Belohntes Anpassungsbedürfnis/-handlung →
bekannte Emotion (Legitimat) → Ereignis. (Ich spüre den Impuls,
ein Kätzchen zu streicheln → also sehne ich mich nach einem mit
einem weichen Fell → also nähere ich mich einem Kätzchen.)*

Im freien Willen stehen dem Menschen hingegen alle Dringlich-
keitsstärken und alle Legitimate für jede beliebige Anpassung frei
zur Verfügung. Er kann sich also, zum einen, für jedes beliebige
Verhalten selbst motivieren: *Anpassungsbedürfnis/-handlung →
erzeugte Emotion (Legitimat) → Ereignis. (Ich spüre den Impuls,
ein stacheliges Tier zu streicheln → Ich sehne ich mich nach einem
Tier mit Stacheln → also nähere ich mich einem Igel)* Zum anderen kann das Dringlichkeitsfeld als solches konsumiert und die
freie Bewertung daran ausgerichtet werden, was nicht einmal mit
einer Belohnung einhergehen muss. Vielmehr erwartet man (vage)
eine Belohnung und erzeugt deswegen Dringlichkeiten, womit
man aber nie eine belohnende Bedürfnisbefriedigung erreicht,
weswegen man die Dringlichkeit immer weiter verstärkt (z.B.
Workaholic).

Beachte, dass Dringlichkeitsfelder aus Vernunfterwägungen oder
rein emotional entstehen können. Das vernünftige Dringlichkeitsfeld kann instrumentalisiert werden, indem man sich passende Legitimate zusammenbastelt, z.B. aufgrund von falscher Moral, falschen Fakten, der Mythisierung der Wissenschaft oder aufgrund
falscher Logik trotz richtiger Fakten. Auch das rein emotionale
Feld kann manipuliert werden, und zwar ohne jegliche Legitimate.
Beispielsweise arbeitet die Werbung mit solchen Tricks: Ein Bild

erzeugt eine Emotion, z.B. Hunger, die sofort mit dem Produkt assoziiert wird, das sich ebenfalls auf dem Bild befindet. Durch solche Manipulation verliert der freie Wille seine Freiheit, die Gewalt wird wieder zwingend, weswegen man tatsächlich von Repression/Instrumentalisierung sprechen kann. Auf der anderen Seite sind freier Wille bzw. die Weltoffenheit anstrengend, weswegen mancher Zeitgenosse dazu neigt, sich hinter äußeren, triebhaften oder rationalen Zwängen zu "verstecken", auch um seine Verantwortung abzugeben. Aus der Wahlmöglichkeit aus verschiedenen möglichen Bewertungen wird dann Alternativlosigkeit: Ich hatte gar keine andere Möglichkeit.

Wie erlernt der Mensch den freien Willen?

Der Mensch kann vorhandene und neue Bewertungen inklusive der normativen Gewalt (emotionalen Dringlichkeit) prinzipiell auf eine bestimmte Gemeinsamkeit anwenden. Die Voraussetzung dafür ist natürlich, dass er bereits IntegrationsWerte erinnert und Bewertungen durchgeführt hat, dass er die Skala erfahrener emotionaler Dringlichkeit vom negativen bis zum positiven Maximum ausgelotet hat. Dabei geht es, wie gesagt, nicht primär um die Erinnerung der ursprünglichen Zuordnungen der Gemeinsamkeiten zur emotionalen Dringlichkeit, die genau jene erheischen, sondern um das emotionale Potenzial des Individuums für die zukünftigen Bewertungen. Nur eine breite emotionale Bandbreite ermöglicht einen freien Willen.

Beispiele?

Okay! Ich springe in ein Schwimmbecken ohne Wasser, (i) da ein Trieb mich dazu zwingt (keine Verantwortung/Weltoffenheit), (ii) da mir jemand zwingend logisch abgeleitet hat, dass ich das tun muss (keine Verantwortung/Weltoffenheit), (iii) da ich dazu gezwungen war, eine Münze zu werfen (keine Verantwortung/Weltoffenheit), (iv) da mich jemand gestoßen hat, den ich nicht kommen sah (keine Verantwortung/Weltoffenheit), (v) da sich noch niemand, der mir sehr ähnlich ist, dabei die Knochen gebrochen hat. Es gab nur ein paar Schürfwunden (kaum Verantwortung/Weltoffenheit), (vi) da mich jemand gestoßen hat, den ich kommen sah. Ich hätte mich vielleicht wehren können (wenig Verantwortung/Weltoffenheit), (vii) da mir jemand den Befehl dazu gegeben hat. Ich hätte aber vielleicht widersprechen können (mittlere Verantwortung/Weltoffenheit), (viii) weil ich dadurch jemandem helfe (hohe Verantwortung/Weltoffenheit), (ix) weil so eine Erfahrung vollkommen neu wäre und jemand gesagt hat, ich soll Neues immer ausprobieren (hohe Verantwortung/Weltoffenheit), (x) weil ich genau weiß, dass ich mir die Knochen dabei breche (sehr hohe Verantwortung/Weltoffenheit), (xi) obwohl ich genau weiß, dass ich mir die Knochen dabei breche (maximale Verantwortung/Weltoffenheit).

Ist der freie Willen wirklich frei?

Es gibt einen wichtigen Aspekt, den wir bisher übersehen haben: Beim freien Willen geht es um die Wahl bezüglich des Annehmens oder der Emanzipation von Gemeinsamkeiten. Allerdings teilt man jene, durch freie Bewertung gewählten Gemeinsamkeiten immer mit irgendeinem anderen Agenten. Selbst wenn man eine Gemeinsamkeit hervorbringt, wird sie alsbald geteilt oder verschwindet wieder. Somit ist der freie Wille in dem Sinne unfrei, als dass man sich von weiteren Agenten nicht emanzipieren kann. Man teilt immer mindestens eine Gemeinsamkeit mit ihnen. Selbst ein Einsiedler muss die gleiche Nahrung zu sich nehmen und die gleiche Luft atmen. Er kann diese Tatsachen verdrängen, hebt sie jedoch nicht auf. Andererseits überstülpt ein weiterer Agent einem anderen eine Gemeinsamkeit *noles volens*, denn schließlich muss er sie mit jemandem teilen, damit sie eine Gemeinsamkeit ist. Dieser Prozess ist synonym zur permanenten Transzendenz und Rücktranszendenz. Allerdings ist er unfreier als der Begriff des freien Willens impliziert. Er steht teilweise außerhalb der menschlichen Kontrolle. Was aber, wenn man es schaffen würde, die Gemeinsamkeiten komplett in den Hintergrund zu drängen, um sich von den anderen Agenten zu emanzipieren. Ich spreche hier nicht von Verarmung, sondern von Unsichtbarmachung. Man könnte Hegel folgen und sagen, dass die sinnliche Erfahrung der Schönheit als

Indikator der Wahrheit erst dann möglich ist, wenn man die Gemeinsamkeiten nach hinten treten lässt. Auf diese Weise bleiben zwei mögliche Dinge übrig: die gerade neue Gemeinsamkeit (die schnell als solche schwindet) oder das Zwingende als solches, das Hegel wohl den Begriff genannt hätte. Nur müsste selbst das Sinnhafte im Zwingenden (beispielsweise der Zweck) zurücktreten. Was bleibt also übrig? In der Limenistik ist sich offenbarende SelbstÄhnlichkeit potenzielle Schönheit, denn nur was selbstÄhnlich ist, ist auch wahr. Endliche Selbstidentität (Kopie) ist dabei ausgeschlossen. In Anlehnung an [236] betrachte ich den Quotienten aus der Zahl der Objekte in einer (bildlichen, sprachlichen, ...) Darstellung (gewichtet mit deren Erfassbarkeit) und die Zahl der Gemeinsamkeiten zwischen jenen Objekten (gewichtet mit deren Erfassbarkeit) OHNE Kopien als ein Maß *1/M* für inverse Schönheit bzw. Hässlichkeit. Eine besonders einfach erfassbare Gemeinsamkeit, die keine Kopie ist, ist die Spiegelung, denn kein Objekt kann sich in sein Spiegelbild verwandeln. Ein weiteres einfaches (weil in sich geschlossenes) selbstÄhnliches Element, das *per se* nicht selbstidentisch sein kann, ist der Goldene Schnitt. Der gemalte, einzelne Apfel ist dennoch schön, wenn der Sinneseindruck von seinem Bild die unendlich vielen ähnlichen Varianten des Apfels quasi als übereinanderliegende Bilder zeigt, also seine unendliche Apfeligkeit (nicht die kleinste Schnittmenge aller Äpfel) darstellt. Sie reflektiert Hegels unendliche Freiheit des Apfels, sich in seiner Einheit mit sich selbst als Apfel zu verwirklichen.

Gibt es auch extreme IntegrationsWerte?

Ich würde eher sagen, dass falsche IntegrationsWerte die Grundlagen für gesellschaftlichen Extremismus sein können. Das passiert dann, wenn ihnen monolektische Gemeinsamkeiten starr zugeordnet werden und wenn jene als die einzig richtigen/guten Gemeinsamkeiten betrachtet werden. Die extremistische IntegrationsWert wird mit dem SuperIntegrationsWert, das Richtige/Gute zu tun, gleichgesetzt, und zwar nicht nur für eine begrenzte Agentengruppe, sondern für alle Agenten. An einen bestimmten Gott zu glauben, ausschließlich linke, rechte, konservative oder progressive Strategien zu verfolgen, wird als einzig glücklichmachend, leidmindernd (auch wenn es Leid bringt) und höherentwickelnd dargestellt. Da sich aus IntegrationsWerten Motivationen und daraus konkrete Anpassungsbedürfnisse ableiten, ist Extremismus ebenfalls mit extremen Emotionen verbunden, die nur die Anpassung an das definierte Gemeinsamkeitenbündel als dringlich erscheinen lassen. Anders gesagt: Extrem gewählte, angeblich wertvolle Gemeinsamkeiten erzeugen extreme Emotionen. Holzkamp sieht die objektive Definition von Emotionalität in diametralem Gegensatz zu der vor 1968 üblichen, die im Schatten der repressiven Verhältnisse Emotionalität als rein subjektiv, rein innerlich und funktionslos betrachteten. Bezogen auf den Spätkapitalismus bedeutet das, dass nicht nur die falschen, nämlich auf den reinen Profit ausgerichteten und dadurch scheinbar wertvollen Gemeinsamkeiten den Warenkonsum bestimmen, sondern dass die Emotionalität sowohl die Unterfütterung der Konsummotivation (z.B. durch Konkurrenz, Chorgeist,...) bestimmt, als auch deren Stärke und damit die Stärke des spätkapitalistischen repressiven Bedürfnisses.

"Komm, wirf dir ein paar Tabletten ein und alles ist wieder gut", haben die Toten Hosen 1990 in "1000 Nadeln" gedichtet.

Holzkamp kommt mit dem genannten Rüstzeug in seinem Buch schließlich bei den Sozialstrukturen an. Zunächst beschäftigt er sich mit der Kommunikation, also dem gegenseitigen Aufeinandereinwirken zweier sich fremder Wesen, von denen das eine das zweite jeweils als das andere sehen sollte. Die Fähigkeit zur Identifikation anderer Wesen als Organismen und deren Unterscheidung von der unbelebten Natur bedeutet eine gehörige Abstraktionsfähigkeit. Über diese Fähigkeit hinaus muss es für die Legitimation noch anspruchsvollerer Kommunikationsfähigkeit einen evolutionären Vorteil für das sich gegenseitige Informieren geben. Für Holzkamp liegt der auf der Hand: die Kooperation. Kooperation ist hilfreich sowohl beim gemeinsamen Jagen als auch bei der gemeinsamen Flucht. Nur durch den Kooperationsvorteil setzt sich ein Erdmännchen auf einen Hügel, um seine Kollegen bei Gefahr zu warnen. Die Kooperation ist sogar derart vorteilhaft für das

Überleben, dass der Verlust oder das Opfer des Einzelnen zum kooperativen Leben, d.h. zum Erhalt von Gruppen mehrerer Lebewesen, dazugehört. Die Kommunikation gehört also zu den Metakompetenzen, die die Evolution den höherentwickelten Wesen mitgegeben hat.

Die Kommunikation ist die Grundlage aller Sozialbeziehungen, inklusive der familiären oder im Clan. Das Lernen (bzw. die Konditionierung) als eine weitere Metakompetenz beinhaltet nicht nur die Entwicklung eines Gedächtnisses für Fakten, sondern auch eines, das sich die Emotionen merkt, den inneren Zustand während eines faktischen Ereignisses, das emotionale Gedächtnis. Ein Schwert beispielsweise erinnert sich an die letzte Schlacht, weil seine Schneide Beschädigungen aufweist oder weil Blut und Dreck daran kleben. Es kann diese Fakten aber hinsichtlich ihrer Konsequenzen nicht beurteilen, sie also nicht konnotieren oder Dringlichkeiten des Handelns daraus ableiten. Es ist ihm gleich, ob die Schäden vor der nächsten Schlacht ausgebessert werden müssen oder ob Mrs. Schwert ausrastet, wenn ihre Wohnzimmercouch mit Blut und Dreck versaut wird. Menschen erinnern sich dagegen auf mehreren Ebenen.

Aus dem emotionalen Gedächtnis des Menschen und der Fähigkeit, ähnliche Situationen als solche zu erkennen, folgt eine effektive emotionale Bewertungsfähigkeit. Die Erkenntnis eines begrenztuniversellen Gesetzes ist dabei das Bindeglied zwischen der Beobachtung und der emotionalen Bewertung. Beobachtung: Mein kleines Kind fährt mit seinem Roller einen Abhang hinunter in Richtung Straße. Gesetz: Aufgrund der Gravitation wird es den Roller nicht stoppen können und auf der Straße von einem Auto überfahren werden. Emotionale Reaktion aufgrund des IntegrationsWertes: Ich renne los und stoppe den Roller selbst. Hieraus folgert Holzkamp das individuelle und objektive Phänomen der "Bevorzugung". Letztere kann erlernt werden, indem man z.B. IntegrationsWerte zu seinem inneren Zustand, seinen Eigentümlichkeiten, hinzufügt. Bevorzugung betrifft nicht nur Situationen, sondern auch Menschen. D.h., ich ziehe mich zurück, wenn ich Situationen oder Menschen eher nicht bevorzuge und öffne mich solchen, die ich bevorzuge.

Das heißt, wenn mir Menschen, die bestimmte Eigentümlichkeiten teilen, unsympathisch sind, ist das objektiv.

Zumindest im Rahmen der IntegrationsWerte. Bezieht sich der IntegrationsWert beispielsweise auf Hautfarben, wirst du bestimmte Hautfarben bevorzugen. Bezieht er sich auf bestimmte Verhaltensweisen, so wirst du Menschen bevorzugen, die sich in bestimmter Weise benehmen. Um sich die für die Bevorzugungsentscheidung notwendigen Informationen in neuen Situationen zu verschaffen, braucht es das "autarke" Lernen, das auf Neugier basierende, erkundende Lernen. D.h., der Erkundungsdrang orientiert sich an der vermeintlichen Neuheit (Andersheit) einer Situation. Der Plan ist jedoch, sie zu einer bekannten, also einer "alten" Situation zu machen, möglichst ohne an ihr zugrunde zu gehen. Als eine weitere Art des Lernens führt Holzkamp die Fähigkeit an, sich in einen bestimmten Sozialverband hineinzuentwickeln, also in dessen Gemeinsamkeiten hineinzuwechseln. Man lernt ein bestimmtes Sozialverhalten. Hieraus ist eine, im Vergleich zur genetischen Entwicklung, höhere Form der Weiterentwicklung ableitbar, die gesellschaftlich-historische. Diese Art der Weiterentwicklung führt Holzkamp ebenfalls konsequent auf die Erlangung von evolutionären Vorteilen zurück. Er geht sogar so weit, eine Rückwirkung der gesellschaftlichen auf die genetische Entwicklung abzuleiten. Später verneint er die Notwendigkeit weiterer genetischer Wandlungen des Menschen jedoch, da der gesellschaftliche Anpassungsprozess an selbst geschaffene, im Rahmen der Integrations-Werte richtige Gemeinsamkeit jene ersetzt.

Also sieht er es so wie du.

Richtig. In jedem Fall verbindet er mit dem Übergang von der genetischen hin zur gesellschaftlich-historischen Entwicklung eine grundlegende Neuerung des Psychischen. Während er die genetische Entwicklung als eher ungezielte Anpassung an nicht-beeinflussbare Umweltwandlungen sieht, bedeutet die gesellschaftlich-historische die gezielte und selbstbestimmte Schaffung von Gemeinsamkeiten. Natürlich gilt der Nachteil der menschlichen Fehlbarkeit. Hierbei stellt die Produktion von Waren und Lebensbedingungen einen zentralen Aspekt dar. Der Mensch produziert seine Realität (zum Teil) selbst, und zwar nicht nur in ihrer Rezeption. Man könnte auch sagen, dass die Wirklichkeit hierdurch zum Teil des rückgekoppelten Gesellschaftssystems wird und keinen unverrückbaren Rahmen der Entfaltung mehr darstellt. Der Mensch könnte sich dann nur noch an die Gemeinsamkeiten anpassen, die die durch ihn festgelegten IntegrationsWerte definieren. Nur wird der Mensch von der produzierten Realität wiederum (zum Teil) bestimmt. Diese Art der Selbstverstärkung birgt die gleichen Chancen und Risiken wie jede andere: Emergenz, Stabilisierung eines (möglicherweise falschen) Attraktors, Katastrophen, Chaos. Die maximale Freiheit für diese Art Produktion ist heute durch die virtuelle Realität gegeben. Beachte jedoch: Um in die virtuelle Welt abtauchen zu wollen, sollte man die reale als einen schlechten Ort betrachten. Diejenigen, die an ersterer verdienen, wissen das.

Was bringt uns die neue Form der menschlichen Entwicklung?

Bedenke bitte, dass die, wie auch immer erworbenen Unterschiede zwischen den Menschen nicht nur witzige Gimmicks sind. Sie sind die Voraussetzung für jedwede Arbeitsteilung während des Produktionsprozesses, weswegen sie sich bei gemeinschaftlicher Arbeit eher verstärken als ausgleichen. Die funktionale Hierarchie ist ein Teil dieser Spezialisierung. Innerhalb der gesellschaftlich-historischen Entwicklung hat die arbeitsteilende Kooperation bei der Produktion die individuelle Schaffung von Waren deutlich geschlagen. Die Spezialisierung innerhalb der Kooperation ist das Geheimnis hoher Produktivität. D.h., nicht jeder macht das Gleiche, sondern es gibt "Positionen" (ggf. Berufe) innerhalb der geteilten Arbeit, um die im konkurrenzbasierten Kapitalismus gekämpft wird.

Die mit der Arbeitsteilung einhergehende Entfremdung vom Gesamtprozess der Wertschöpfung kann zurückgedrängt werden, wenn es eine Rückkoppelung des Ergebnisses der Produktion von

Realität auf den Einzelnen gibt, der die jeweilige Position besetzt. Umgekehrt gesprochen: Wird sich das Individuum der Beschränktheit seiner Position bewusst, so wird es einen eigenen Antrieb zur Teilhabe an der Gestaltung der gesamten Produktion, also auch der Gesellschaft entwickeln. Geschieht das nicht oder wird es verhindert, wird das Individuum in der beschränkten Welt seiner Position gefangen. Insbesondere kann es keine Emergenzen herausbilden. Die Erweiterung dieser Gefangenschaft (obwohl sie als vermeintliche Befreiung daherkommt) ist die horizontale Flexibilität. Innerhalb dieser Flexibilität wird das Individuum nur darauf bedacht sein, sich unmittelbar selbst zu erhalten. Dass seine Teilhabe an den gesellschaftlichen Prozessen ihn letztendlich mit sehr viel höherer Wahrscheinlichkeit erhalten und weiterentwickeln würde, ist dem Individuum nicht bewusst. Die Lokalisierung des Individuums auf der Position (ohne die Möglichkeit, ein Hobby o.Ä. auszuüben oder zu reisen), der Welt aus der es seine gesamten "Reize" bezieht, beschränkt seinen Horizont also und lässt ihn asozial agieren. Innerhalb horizontaler Flexibilität gilt das Gleiche. Hier kommt das Herumirren von Position zu Position auf der Suche nach einer relevanten Rückkoppelung aus der Gemeinschaft hinzu.

Nun, das klingt ja sehr marxistisch.

Natürlich. Holzkamps Menschenbild geht davon aus, dass die Individuen diese Teilhabe uneingeschränkt wollen. Das ist zutiefst links und verneint die Tatsache, dass man mit dem Mist auch mal in Ruhe gelassen werden will, oder anders gesagt, dass der einzelne Mensch nur in begrenzte Gemeinsamkeiten innerhalb des persönlichen ultimativen Integrationswertes integriert sein kann. Das bedeutet nicht, dass er keine Teilhabe wünscht. Allerdings muss sich jene in einem zwar transzendierbaren, aber begrenzten Rahmen abspielen. Allerdings weist Holzkamp auf einen Trick der kapitalistischen Machthaber hin: Sie versichern dem Ausgebeuteten nämlich beständig, dass seine Teilhabe an der Erhaltung des kapitalistischen Systems identisch zur Teilhabe an der freien Gestaltung der Gesellschaft sei. Diese Art des Kapitalismus setzt den Ausgebeuteten nicht nur in seinen horizontalen Arbeitspositionen fest, sondern gaukelt ihm eine pluralistische Gesellschaft vor, ihn repressiv in die Systemerhaltung zu integrieren.

Und was bedeutet das für die Psyche?

Stelle dir vor, du kennst jemanden, der freundlich zu dir ist, mit dir zusammen Ausflüge macht und dir bei der Reparatur hilft, wenn dein Auto mal wieder streikt. Manchmal tust du ihm auch einen Gefallen. Es scheint ein Geben und Nehmen zu sein. Du hast aber immer das Gefühl, dass er dich in Wirklichkeit über den Tisch zieht, obwohl das ja gar nicht geht, da er ja ständig bei dir zu Hause herumhängt und dir hilft. Aber du siehst die Dinge nicht, bis du ihn mit deiner Frau erwischst.

Oha!

Da wir schon bei der Sexualität sind. Holzkamp glaubt nicht daran, dass sich durch die kooperative Form der Arbeit die Sexualität und die Fortpflanzung grundlegend vergesellschaften bzw. nach dem Vorbild der gesellschaftlichen Produktion ausdifferenzieren, was sie im Übrigen zu etwas Besonderem macht. Die Geschlechterrollen (Gender) und die Betreuung des Nachwuchses sind von der Vergesellschaftung und damit auch der Kapitalisierung der menschlichen Existenz sehr viel stärker betroffen als die Sexualität. Allerdings wird die Sexualität gesellschaftlich formbar und unterdrückbar. Ich würde in diesem Zusammenhang die prinzipielle Gegensätzlichkeit von "formen" und "unterdrücken" herausstellen. Nur das Individuum selbst kann entscheiden, ob seine neu errungene Sexualität eine Befreiung aus deren Unterdrückung oder eine gesellschaftliche Formierung darstellt. Holzkamp sieht auch die Sprache grundlegend von der Vergesellschaftung der Arbeit beeinflusst. Jene Arbeitssprache färbt letztendlich auf die persönliche Kommunikation ab.

Ich muss sagen, dass mir das bereits früher aufgefallen ist. Ich habe die verdinglichte Sprache jedoch immer für eine Zweitsprache im offiziellen Umgang gehalten. Ich wäre nie auf die Idee gekommen, dass es Menschen gibt, die nur jene beherrschen. Man kann davon

ausgehen, dass die verdinglichte Sprache bei einer fortschreitenden Arbeitsteilung zwischen verschiedenen Regionen auch die lokalen Dialekte und sogar Sprachen ablösen wird. Die Anglizismen
in der deutschen Sprache sind klare Zeichen hierfür. Diese Tendenz sorgt natürlich umgekehrt dafür, dass sich das Leben in den
lokalen Gruppen ebenfalls verdinglicht und dadurch jede Menge
lokaler Identität verloren gehen wird. Meiner Meinung nach fällt
die moderne Linke allzu gern auf die Chimäre der bedingungslosen Vergesellschaftung herein. Sie verkennt, dass sie dem Erhalt
des kapitalistischen Systems dient und keine Alternative hierzu
hervorbringen wird. Sie verwechselt die bedauerliche Vernichtung
von lokaler Identität mit deren solidarischem Teilen, wobei Letzteres jene erhalten würde.

Sprache und Schrift sind, laut Holzkamp, aufgrund der vergesell-
schafteten Arbeit inzwischen so ausgelegt, dass sie die räumlichen
und zeitlichen Grenzen des Individuums überwinden. Die ge-
schriebene Sprache sei ein Aspekt der gesellschaftlichen Verge-
genständlichung. Die Globalisierung (früher - der Arbeit, heute -
des Konsums) führt zu immer universelleren und totaleren Sprach-
ausdrücken, inklusive von Symbolen und Zeichen (heute Emojis).
Mit der Zunahme des gesellschaftlichen Handelns neuert sich das
Verhältnis der Menschen zueinander. Zunächst betrachteten sie
sich im kooperativen Produktionsprozess von Waren und Wirklichkeiten als notwendige Helfer für das Erreichen eines gemeinsamen Zieles. Außerdem sahen sie sich als Kommunikations-
partner, die die Produktion in wechselseitiger Beziehung miteinander planen. Das, laut Holzkamp, Neue ist die Entstehung des Bewusstseins und damit auch die Verwandlung des Anderen von einem Werkzeug zu einem mir ähnlichen, bewusst aber auch unzulänglich agierenden Wesen. Während die Toleranz gegenüber dem
für sich selbst oder die Gemeinschaft Irrelevanten/Ungefährlichen
bereits während des tierischen Daseins entwickelt wurde, liegt hier
der Ursprung der Toleranz gegenüber Unzulänglichkeiten und Bedürfnissen des Anderen und damit auch der Solidarität im Arbeitsprozess, die sich wiederum auf das gesamte Soziale abbildet. Die
große Frage ist, ob das Individuum eine freie Lebensweise inner-

halb eines arbeitsteiligen Produktionsprozesses von einer repressiven bewusst unterscheiden kann oder ob es die repressive nicht etwa falsch, sondern aufgrund der Kooperation richtig konnotiert erinnert, die Repression gar aus seinem Bewusstsein verdrängt. Bei einer Fixierung des Individuums auf einer oder mehreren (flexibel besetzbare) Positionen ist der repressiven Beeinflussung natürlich Tür und Tor geöffnet.

Zu deiner Anfangsfrage: Holzkamp sieht die Herausbildung des menschlichen Bewusstseins als das Ergebnis der Entwicklung hin zur rein gesellschaftlichen Reproduktion und Weiterentwicklung, im Gegensatz zur genetischen Evolution. Er geht davon aus, dass das Bewusstsein nicht schon vorher da war, um jene Entwicklung zu treiben. D.h., das Bewusstsein ist gesellschaftlich-historisch determiniert. Ähnlich wie ich sieht er das Bewusstsein als die Befähigung, Gemeinsamkeiten, d.h. Ähnlichkeiten in den Prozessen, Gruppen und Individuen zu erkennen, z.B. ähnliche Werkzeuge für ähnliche Verfahren zu benutzen, und zwar bewusst. Als ein weiteres Beispiel nennt er das Klassenbewusstsein, d.h., das Individuum spürt die Gemeinsamkeiten, die es mit anderen Individuen, trotz weitreichender Unterschiede, teilt, und zwar nicht nur intuitiv, sondern sie sind ihm bewusst. D.h., es kann die Gemeinsamkeit benennen, die darin integrierten Agenten abzählen, sich mit ihnen identifizieren und die Gemeinsamkeit zu seiner Eigentümlichkeit und Individualität machen.

Was denkst du über Holzkamps Argumente?

Im Wesentlichen stimme ich mit Holzkamps Argumentationskette überein. Allerdings gibt es mehrere Kritikpunkte, die aber mit der konsequent marxistischen und damit ökonomistischen Herangehensweise zu tun haben. Die menschlichen Gesellschaften werden als Systeme betrachtet, die existieren um zu produzieren und sich dadurch selbst, quasi mechanisch, zu reproduzieren. Damit verbunden ist das Verneinen freiheitlicher Konzepte, wie das der Verantwortung oder des individuellen Opfers, es sei denn, Letzteres dient der Reproduktion der Gemeinschaft in direkter Weise (wodurch es für mich kein wirkliches Opfer mehr darstellt). Diese

Idee ist der von Dawkins egoistischem Gen sehr ähnlich. Die Höherentwicklung der Menschen wird außerdem als permanent ansteigend betrachtet, ohne die Sackgassen, die die genetische Evolution selbst vorsieht. Das erinnert mich an die Idee von der durch die immer differenzierte Arbeitsteilung vorprogrammierten Abfolge von Sklavenhalterei, Feudalismus, Kapitalismus, Kommunismus im Rahmen der ökonomischen Entwicklung. Hierbei handelt es sich tatsächlich um Entwicklungspositivismus. Die Höherentwicklung selbst wird über den Vergleich aufeinanderfolgender qualitativer Entwicklungssprünge determiniert, und zwar einzig anhand der Produktivität bezüglich Waren, Menschen und Lebensumständen, jedoch nicht an der Leidreduktion und Glücksakkumulation.

Gibt es die Kritische Psychologie auch heute noch?

Nach Holzkamps Tod spielte sie wohl nur noch eine marginale Rolle, was sicherlich damit zusammenhängt, dass mehrere ihrer Positionen Eingang in die traditionelle Psychologie und den Alltag, z.B. bei der Unterrichtsgestaltung, gefunden haben. Tatsächlich gibt es noch einen aktiven Verein, die "Gesellschaft für subjektwissenschaftliche Forschung und Praxis e.V." in Berlin. Morus Markard hat kürzlich eine Neuauflage seiner "Einführung in die Kritische Psychologie" herausgebracht [237].

Die Kritische Psychologie kann also den Menschen in der heutigen Situation helfen?

Die Kritische Psychologie ist dann gefragt, wenn die ökonomischen Zwänge auf die menschliche Seele zunehmen, wie das momentan der Fall ist. Analog zu Holzkamps Beschreibung hat man es heute mit einer verstärkten Erziehung des Menschen hin zur Abschottung und der Entkoppelung von der gemeinschaftlichen Entwicklung zu tun.

Aber woher kommt diese Abschottung?

Das moderne Phänomen, Aufmerksamkeit permanent teilen zu müssen, bringt die Menschen dazu, sich in einen vermeintlich schützenden Raum zurückzuziehen bzw. jenen nicht zu verlassen. Aber das ist nur ein Aspekt. Konsum und Produktion von Waren und Meinungen sowie deren Verwaltung bestimmen den Großteil unseres Alltags. Beide unterliegen ähnlichen Gesetzmäßigkeiten. Dazu gehört Kooperation im Sinne einer gleichartigen korporativen (Konsum)Arbeit, aber auch der im Sinne von (Konsum)Arbeitsteilung/Spezialisierung. Zunächst zur Produktionsarbeit: Die neuen elektronischen Kommunikations- und Verwaltungsmittel machen die Produktion natürlich effektiver. Allerdings tauschen sich Mitarbeiter, die nur noch per Email kommunizieren, nicht mehr auf allen nötigen Ebenen aus. Ja ihre begriffliche Verständigung entwickelt sich sogar auseinander. Dadurch verschließen sich Grenzen, die transzendent sein sollten, während andere, notwendige Grenzen komplett wegfallen. Man identifiziert sich nicht mehr mit dem Mitarbeiter, entfremdet sich von ihm, da man ihn nicht mehr persönlich treffen muss und schließlich auch will. Andererseits nähert man sich dem elektronischen Abbild jenes Mitarbeiters auf obszöne Weise an. Bedenke bitte, dass im Vergleich hierzu persönliche Chats zwischen Freunden und Familienmitgliedern er so gestaltet werden, dass man möglichst die Gesamtheit des Gegenübers erfasst.

Um das Problem der zunehmenden Entfremdung vom Arbeitsprozess durch elektronische Spezialisierung zu kaschieren, werden in einer Gegenbewegung unglaublich wirkungs- und belanglose Evaluierungs-, Teilhabe- und Mitbestimmungsszenarien entwickelt, die eine Rückkoppelung zwischen Individuum und Produktion simulieren sollen. Man erkennt aber nicht, dass es nicht die kooperative Spezialisierung als solche ist, die das Problem darstellt, sondern die falsche Kommunikation. Eine horizontale Flexibilität, die jeden Menschen befähigen soll, jede Spezialisierung zu meistern, würde daher alles nur noch schlimmer machen. Umgekehrt könnte man sagen, dass der Durst der Menschen nach Teilhabe durch diese simulierte nicht gestillt werden kann. Die Motivation hierfür wird einfach erstickt, was letztendlich in individueller Abschottung endet. Das hat nichts mit dem Begrenzungswillen als Teil der individuellen Freiheit zu tun. Der, meiner Meinung nach, einzige Ausweg ist die Abschaltung der elektronischen Kommunikation, beispielsweise mehrere Stunden in der Woche.

Und der Konsum wandelt sich auch? Lösen sich in Zukunft die Konsummilieus auf, wenn der Mensch von der Produktionsgesellschaft in eine reine Konsumgesellschaft übergeht?

Schwer zu sagen. Die Fremdbestimmung beim Konsum wird vom Spätkapitalisten sicherlich genauso angestrebt wie die bei der kapitalistischen Produktion. Er würde dem Konsumenten am liebsten eine repressive Selbstverwaltung verpassen, damit sie das Produkt konsumieren, welches gerade Profit bringt, ohne dass er selbst genau weiß, wozu das Produkt gut ist.

Kooperativer Konsum?

Ja, die Konsumarbeit spezialisiert sich ebenfalls. Momentan konsumieren große, warentolerante Konsummilieus über bestimmte Zeiträume gleichartig diejenigen Waren, die gerade den meisten Profit erbringen. Die Milieumitglieder leben meist zusammen, sodass sich der einheitliche Waren- und Meinungskonsum über die Rückkoppelung durch alle Sinnesorgane regeln kann. Der Mensch wird die kooperativen Konzepte, die er aus der Produktion kennt, in Zukunft auch auf den Konsum anwenden, was wiederum die Entstehung von Milieus der Konsumspezialisierungen befördern wird. Die sinnlich rückgekoppelte Gleichartigkeit des Konsums wird in diesen Milieus nicht mehr im Vordergrund stehen. Wir werden es vielmehr mit kleineren, elektronisch vernetzten Milieus zu tun bekommen, die sich im Rahmen eines globalisierten kooperativen Profitmaximierungsprozesses bei Bedarf zusammenschließen, um spezialisiert und effektiv zu konsumieren. D.h., es gibt dann Konsumpositionen bis hin zu Konsumberufen. Voraussichtlich wird zur Profitsteigerung bald eine horizontale Flexibilität verlangt werden, die von möglichst jedem Individuum die Fähigkeit zur Besetzung jedes Konsumpostens erwartet: Spezialisten für Computerspielekonsum werden bei Bedarf zu Spezialisten für den Konsum bestimmter Medikamente usw. All dies wird erst durch die neuen elektronischen Informations- und Kommunikationskanäle möglich mit dem Smartphone als ultimativen Garanten des Funktionierens der konsumistischen Arbeitsteilung.

Warum?

Bedenke, dass im Vergleich zum Konsum, hinter den spezialisierten Produktionsprozessen ein Gesamtplan steht, den der Kapitalist kennt und der sich, trotz der Entfremdung der einzelnen Arbeiter vom Gesamtprodukt, anhand der Weitergabe des Produktrohstoffes zur Veredlung und zum Verkäufer für Jeden als geplanter, gesellschaftlich relevanter Prozess manifestiert. Dieser Prozess fand ursprünglich sogar in benachbarten Körperschaften statt, die für kurze Zeiten jeweils im Besitz des Produktes waren, wobei sich jenes nur hinsichtlich des Fertigungsstadiums veränderte. Beim spezialisierten Konsum ist es nun nicht so, dass der erste Käufer einen bestimmten Teil des Produktes konsumiert, es weitergibt, der zweite wieder ein anderes, usw. Eine gewisse Ausnahme bilden Waren, beispielsweise Fahrzeuge, die nach der Benutzung in den reichen Ländern in Entwicklungsländer weiterverkauft werden. Die Kooperation ist jedoch auch hier zwischenmenschlich nicht spürbar. Da der Konsumprozess nicht derart aufeinander aufbaut wie der Produktionsprozess, ist eine unpersönliche, fernwirkende Absprache für den spezialisierten Konsum nötig (und genügt hierfür auch), die über das Smartphone realisiert wird. Somit sind die durch Konsumarbeitsteilung entstehenden Konsumposten und -berufe noch viel stärker von dem gesellschaftlichen Gesamtprozess entkoppelt.

Die fernwirkende Konsumverwaltung durch das Smartphone führt außerdem dazu, dass die spezialisierten Konsumenten nicht mehr in klassischen Milieus zusammenleben. Die DDR beispielsweise war ein klassisches homogenes Konsummilieu, in dem jeder immer die gleichen drei bis vier erhältlichen Produkte konsumierte und sich mit jenen Produkten und damit auch deren anderen Konsumenten identifizierte. Ein unpersönliches, rein elektronisches Konsummilieu verliert diese Identifikationsmöglichkeit. Man ent-

fremdet sich also nicht nur vom gesellschaftlichen Prozess, sondern auch von den Mitkonsumenten. Im Vergleich dazu ist man
sich bei Produktionsprozessen bewusst, dass die elektronische
Kommunikation die Effektivität erhöht. Außerdem muss man innerhalb der acht Stunden Lohnarbeit nicht unbedingt zu jedem
Mitarbeiter ein tiefes soziales Verhältnis aufbauen. Beim Konsum
sieht das anders aus. Den erlebt man normalerweise gemeinsam
mit Freunden und Familie (gemeinsames Essen, Kinobesuch). Außerdem ist der oft solidarisch: Man lädt sich gegenseitig ein, gibt
sich Getränke aus. D.h., durch die elektronische Konsumarbeitsteilung brechen die bilateralen persönlichen Beziehungen in allen
Lebensbereichen weg.

Und was jetzt? Willst du die DDR zurück?

Natürlich nicht. Es gibt, meiner Meinung nach, nur eine Möglichkeit, gegenzusteuern, und zwar durch die Erhöhung der Identifikation mit dem Anderen durch die Intensivierung bilateraler persönlicher Begegnungen. Das sollte innerhalb von Gemeinschaften
jenseits der Arbeit und des Konsums, aber auch innerhalb jener
geschehen. Ansonsten besteht die Gefahr, dass sich die Menschen
abgeschottete, identitäre, korporative Prozesse mit viel Chorgeist
und menschlicher Nähe suchen. Du kannst dir sicher denken, welche das sein könnten. Es ist also kein Wunder, dass Großbritannien
ein Ministerium gegen Einsamkeit zu installieren gedenkt, obwohl
man in Deutschland darüber lacht.

Eine zutiefst linke Idee.

Vergiss aber nicht, dass die eher linke Idee der Integration von
Menschen in die grenzenlosen elektronischen Konsummilieus erst
für jene Einsamkeit gesorgt hat. Die Menschen haben keine Wahl,
als sich zurückzuziehen. Wenn sich die Kritische Psychologie von
ihrem rein linken Erbgut lösen könnten und die psychische Gesundheit auf begrenzte aber transzendierbare Gemeinsamkeiten
zurückführen würde, wäre sie gerade in der heutigen Zeit, in der
es entweder nur undurchdringliche Grenzen oder gar keine zu geben scheint, von hoher Wichtigkeit.

Gibt es eine limenistische Ethik?

Die limenistische Ethik im Kant'schen Sinne ("Was soll ich tun?") ist sehr einfach zu formulieren. Sie lautet als Imperativ: Strebe jederzeit die Überwindbarkeit von Grenzen an und bekämpfe gleichzeitig alle Gründe, dies zu tun. Für den Einzelnen: Gehe nur die Gemeinsamkeiten ein, die dich glücklich machen. Und von der Gemeinschaft aus betrachtet: Biete die Gemeinsamkeiten an, von denen du weißt, dass sie die Menschen glücklich machen. Somit wieder für den Einzelnen: Wirke bei der Bereitstellung von Gemeinsamkeiten mit, die die Gemeinschaft glücklich machen, indem sie dies für jeden Einzelnen tut. Die Konsequenz, die daraus folgt, ist, dass die Anbieter von Gemeinsamkeiten selbst darüber nachzudenken gezwungen sind, ob jene für die Agenten, denen sie sie überstülpen oder verwehren wollen, wirklich die richtigen bzw. falschen sind. Dadurch sind sie gezwungen, die Menschen in den Prozess der Bereitstellung einzubeziehen. Auf diese Weise wird Kadhäsion in der Gemeinschaft erzeugt, eine Mischung aus Kohäsion zwischen gleichen und Adhäsion zwischen verschiedenen Agenten sowie eine historische Repression, ähnlich wie durch den kategorischen Imperativ Kants [8].

Glücklichmachende Gemeinsamkeiten können mitunter nicht erkannt werden, weil sie als Eigentlichkeiten für etwas anderes begriffen werden, d.h. nur mit jenen eingegangen werden müssen. Freundlichkeit f und Vertrauen v werden z.B. als Eigentlichkeiten des gegenseitigen Warenhandels w gesehen, da jener durch sie erst funktioniert. Doch sie sind seine Entdeckung, nicht seine Erfindung. Es gilt nicht $<w \rightarrow f,v>$ sondern $<w,v,f \rightarrow x>$. Außerdem ist Kadhäsion nicht mit Kohärenz in einer Gemeinschaft zu verwechseln. Dieses Missverständnis unterdrückt jedwede Einzelinitiative zur Verbesserung der Situation, insbesondere durch Menschen, die von außen in die Gemeinschaft kommen oder jenen, die eine vollkommen neue Idee haben. Das Kohärenz-Kadhäsion-Dilemma kann auch nicht durch die Forderung nach einer Weltrepublik abgeschwächt werden. Die Weltrepublik transformiert die Menschheit in eine geschlossene Gemeinschaft, sodass Neues nicht mehr aus anderen Gemeinschaften kommen kann, sondern alles Neue quasi "im eigenen Saft" erzeugt werden muss. Die limenistische Ethik fordert keine solche Weltrepublik - im Gegenteil. Sie suggeriert vielmehr eine Fraktionierung in Gemeinschaften und deren Trennung durch Schwellen. Die Entscheidung zur Überwindung oder Nichtüberwindung der Schwellen ist Ausdruck von persönlicher Freiheit. Eine freie Weltordnung ermöglicht den Menschen somit die Überwindung der Schwellen, d.h. sie errichtet keine unüberwindlichen Mauern (was ohnehin nicht möglich ist), aber sie zwingt sie auch nicht zur Überwindung, sei es durch inklusive/exklusive Dogmen oder aufgrund von Unterschieden im generellen Lebensstandard. Bei maximaler Freiheit bleiben die Schwellen immer erhalten.

***

Kapitel V: Der verwaltete Mensch im Spätkapitalismus

Verwaltung und Selbstverwaltung sind keine rein spätkapitalistischen Phänomene. Sie treten immer dann auf, wenn Menschen in Gemeinschaften zusammenleben. Das spätkapitalistische System nutzt die Verwaltungsprozesse vorrangig zur Organisation der Konsumrepression. Sie werden gerade dann notwendig, wenn viele Menschen in profitablen Konsummilieus zusammengefasst sind. Die spätkapitalistische Verwaltung bewerkstelligt auch die repressive Integration des Widerstandes und der Verweigerung. Außerdem konditioniert sie die Individuen auf Verwaltungskonformität. Die Formen der Verwaltung sind die Demokratie (Gewählte Vertreter bestimmen, ob wir bei roter oder grüner Ampel über die Straße gehen sollen.), die Totalverwaltung (Alle gehen bei Grün über die Straße und warten bei Rot, basta!) und die Selbstverwaltung (Alle antizipieren, ob sie nun bei Rot oder grün gehen sollen.). Die spätkapitalistische Verwaltung geht in ihrer Repression weit über die historische hinaus, die eine befreiende Gesellschaft benötigte, um ein reibungsloses Zusammenleben der Menschen bei maximaler individueller Freiheit zu garantieren.

Die verwaltete Gesellschaft war eines von Horkheimers Lieblingsthemen. Am, meiner Meinung nach, klarsten wurde sie innerhalb eines Gespräches zwischen ihm, Theodor W. Adorno und Eugen Kogon in den 1950er Jahren umrissen [238]. Ich werde versuchen, das Gespräch in meinen eigenen Worten wiederzugeben, im Liveticker: Und schon geht es los. K. versucht das Eis zu brechen, indem er mit der Erwähnung des Termindrucks, dem die Anwesenden generell ausgesetzt sind, versucht, ein Sympathieband zu knüpfen. Ob das gelingt? Er stellt nun das Symptom des verwalteten Menschen fest: Herumirren auf der Suche nach seiner verlorenen individuellen Freiheit. A. verweist auf die Romanliteratur, die grundsätzlich freie Menschen mit freiem Willen beschreibt, während in Wirklichkeit der Mensch einer Verwaltung unterworfen ist, die ihn unfrei macht. Er verweist darauf, dass die Vorstellung vom Leben in der verwalteten Gesellschaft nicht mehr realisiert werden kann. H. stellt fest, dass die Menschen nicht mehr ihr eigenes Leben leben, sondern das Leben, was ihnen von der Verwaltung vorgegeben wird.

Obwohl die Mittel für ein von materiellen Zwängen gelöstes Leben inzwischen vorhanden sind, stehen alle sozialen Schichten unter einer gewaltigen Repression, aber sie könnten sich davon befreien. K. versucht, etwas Substanzielles beizutragen und unterscheidet zwischen innerer Freiheit im privaten Umfeld und der Repression der verwalteten Welt. Er folgert messerscharf ein Übergreifen der Verwaltungsrepression ebenfalls auf Ersteres und die Zurückdrängung der inneren Freiheit. A. versucht, den Harmoniebegriff hierfür zu verwenden. K. begreift nicht wirklich, dass A. die repressive Integration der Harmonie meint und freut sich, dass A. wohl einen semantischen Fehler gemacht hat. A. spricht des lieben Friedens willen diesbezüglich von fataler Übereinstimmung des Individuums mit der Verwaltung und einer Verringerung der Auswegmöglichkeiten. Das Individuum beginnt sich selbst funktional zu verwalten.

Anmerkung meinerseits: Speziell mit Hinblick auf die repressiven Bedürfnisse bedeutet das, dass der Mensch die Mechanismen zur repressiven Bedürfniserzeugung individuell übernimmt und automatisch abspult. Es ist kein gezielter Lobbyismus mehr nötig, der z.B. auf einen angeblichen Anstieg von Grippefällen verweist, und zwar genau in dem Moment, wenn sein arbeitgebendes Pharmaunternehmen ein neues Mittel gegen Grippe entwickelt hat. Vielmehr wird das Individuum den Schluss: Aha, es gibt ein neues Grippemittel, also muss ich mich damit eindecken bzw. meine Position als Journalist, Politiker, Schulleiter, Kindergärtner, Heimbetreiber nutzen, um den Kauf des neuen Mittels möglichst gesetzlich verankert und solidarisch finanziert zur allseitigen Pflicht zu machen. Instrumentelle Vernunft zur Legitimation: Das Pharmaunternehmen hat genau jetzt dieses Mittel erfunden, weil eben eine Grippewelle droht.

K. verweist nun eher unbewusst darauf, dass nach der physischen Sklaverei wohl eine Phase der menschlichen Freiheit existiert hat, die mentale Sklaverei durch die Verwaltung diese aber zu einem Ende bringt. H. erkennt das sofort und versucht, die freie Phase des Wirtschaftens in der Geschichte zu lokalisieren. Er vermutet den Hochkapitalismus der kleineren Unternehmen mit viel Wettbewerb als diese Zeit, verweist aber darauf, dass genau hieraus die totale Verwaltung erwachsen ist. K. bestätigt wortreich. Er stellt die Frage nach dem Unterschied zwischen der für das Zusammenleben und der Profitmaximierung notwendigen Verwaltung. A. stellt die Notwendigkeit der rationalen Verwaltung für das Zusammenleben fest. Er verweist darauf, dass dem Menschen die Verwaltungsprozesse als Freiheit und rationale Planung verkauft werden, dabei aber nur die Interessen einzelner Gruppen widerspiegeln und somit für die Gesellschaft unfrei und irrational sind. H. verweist auf die Konkurrenz von Individuen, die sich unter der Decke der Verwaltung abspielt, während die Wirtschaft verwaltet wird. K. hat wieder etwas beizutragen. Er spricht von der Verwirrung der Begriffe und Wirklichkeiten, z.B. wird die gleichförmige Verwaltung der Wirtschaft scheinheilig immernoch als Konkurrenzkampf bezeichnet. A. sieht eine große Gefahr für die menschlichen Eigentümlichkeiten in der Anpassung des Individuums an die Verwaltung, ja sogar den Verlust des der Anpassung hinderlichen Charakters und des "Ichs" als Voraussetzung für die Selbsterhaltung.

Und es ist Halbzeit. Ich sehe leichte Vorteile für das Team Frankfurt. Und schon geht es weiter: H. stellt den Verlust der Leidenschaft durch die Anpassung an das vorgegebene Leben fest. (Man diskutiert darüber, welche Leidenschaft tatsächlich gemeint ist.) Psychoanalytiker profitieren von den damit verbundenen psychischen Verwerfungen. K. stimmt zu, bezweifelt aber die Möglichkeit, sich durch Psychotherapie befreien zu können. H. stimmt zu und verweist auf die Mechanismen der Selbstverwaltung der eigenen Triebe im Rahmen der Psychotherapie. A. nimmt den Ball auf und entlarvt die Psychotherapie als Helferlein der Verwaltung, indem sie dem Individuum Werkzeuge gibt, die damit verbundene Unfreiheit zu ertragen. H. weist auf die Möglichkeit hin, menschliche Werte im Rahmen der kindlichen Erziehung zu vermitteln und vermutet eine Unterbindung dieser Option durch die Verwaltung in der Zukunft. A. beschreibt die Pseudoindividualisierung oder Entindividualisierung und deren Verschleierung: Obwohl wir alle gleichartig in die Verwaltung eingespannt sind, versucht uns das spätkapitalistische System weiszumachen, dass unsere Individualität im Vordergrund steht, z.b. indem wir am Arbeitsplatz Schildchen mit unseren Namen bekommen, ohne dass diese nötig wären. H. beschreibt, das Individualität zur reinen Ideologie wird: Die "Gleichheit" der Aufklärung wird durch "Standardisierung" von Waren und Menschen ersetzt. Waren werden tatsächlich für die Masse gemacht, aber als "speziell für dich gemacht" angepriesen und verkauft.

K. glaubt trotzdem noch an den göttlichen Funken im Menschen. A. präzisiert, was K. tatsächlich meinte und weist diesen Quatsch in seiner unnachahmlichen Arroganz von sich. Vielmehr glaubt er, dass die jetzt geborenen Menschen bereits in der Verwaltung aufwachsen und daher bereits als Kinder entsprechend konditioniert werden. Sie sind starr im Sinne, dass sie das spätkapitalistische System nicht überwinden können, müssen aber extrem beweglich innerhalb des Systems sein, alle Funktionen bzgl. Arbeit und Konsum zu adaptieren. H. verweist auf die Aufnahme der Verwaltungsprinzipien in das eigene individuelle Verhalten des Menschen. Solche verwalteten oder eindimensionalen Menschen sind stereotyp, denken in Kategorien von oben/unten, von Klassen, von "Rassen", schwarz (fremdes Milieu) /weiß (eigenes Milieu). Um innerhalb der Verwaltung zu funktionieren, muss das "Ich" der verwalteten Menschen schwach sein, weswegen sie sich nahezu hysterisch danach sehnen, zum weißen Milieu, also dem der Guten und Starken zu gehören. A. verweist auf die zunehmende Verfeindung der Milieus untereinander. K. wendet sich effektheischend an die Zuhörer und reitet schon wieder auf der Wachsamkeit des Menschen gegenüber der Verwaltung und der Selbstbefreiung herum. H. bezweifelt, dass wenn es diesen freien Menschentypen noch gibt, seine Zahl zunehmen wird. Jetzt wird K. religiös.

Ich glaube, keiner hört richtig zu. A. vermutet, dass für die Befreiung das Aussprechen der Wahrheit ohne ein "ja, aber" notwendig

ist. K. missdeutet diese Ignorierung seiner Funkenthese als Missverständnis und schleicht um den Begriff der Seele herum, wie die
Katze um den heißen Brei. H. versucht es nochmals mit ihm: Der
ständige Hinweis darauf, dass der Mensch sich ja frei entfalten
kann, lenkt gerade von der Stereotypisierung und der Versklavung
des Menschen durch die Verwaltung ab. Selbst die Verkündigung
des Guten könne eine gewaltige Gefahr darstellen, da sie das System glorifiziere. A. wirft auf, dass die Flucht von Menschen aus
der Verwaltung jene ja nicht abschaffen wird. Soll das ein Synonym für Revolution sein? K. weist den Gedanken, dass der Mensch
nur als Objekt zu sehen ist, von sich. H. fängt jetzt mit dem Blöd-
sinn an, dass die spätkapitalistische Verwaltung doch etwas Gutes
sei. Er stellt die Verwaltung als Ursache des hohen heutigen Lebensstandards dar. K. nervt diese Idee. Er will den Preis der Unfreiheit nicht für diese materiellen Bequemlichkeiten bezahlen.
Meine Meinung zu dem Thema ist: Man kann nicht auf der einen
Seite Vermutungen darüber anstellen, dass die Sprache durch die
spätkapitalistische Repression vergiftet worden sei und eine neue
erfinden wollen und auf der anderen Seite die repressiven Verwaltungsstrukturen als für die Befreiung geeignet ansehen. Die Idee
von der komplexen Verwaltungsstruktur, die in den Händen des
Kapitalismus böse und in denen der Arbeiterklasse gut seien, geis-
tert(e) durch alle möglichen revolutionären Theorien, reflektiert
aber nur die Angst der Linken vor der Desintegration, der Revolution selbst, was sie zu heimlichen Konservativen macht. Ende des
Spiels!

Klares Unentschieden.

Weitere bemerkenswerte Analysen der verwalteten Gesellschaft
von Max Horkheimer finden sich im SPIEGEL von 1970 [81] und
in einem Vortrag mit dem Titel "Was ist der Mensch" [239]. Bemerkenswert deswegen, weil Horkheimer die Auswirkungen der
Verwaltung auf Liebe, Ehe und Familie analysiert. Ich versuche
mal, das für mich Wichtigste wiederzugeben: Im Spiegelinterview
kommt H. an einem bestimmten Punkt auf die vermeintliche Un-
umgänglichkeit der Totalverwaltung zu sprechen. Er spielt ein

bisschen das Schreckgespenst und behauptet, dass ohne eine rationale Zentralverwaltung z.b. die Kontrolle der Nuklear-Energien und ihrer zerstörerischen Kraft nicht möglich wäre. Als ein weiteres Beispiel nennt er die individuelle Geburtenkontrolle durch die Pille. Nachdem der S. es genauer wissen will, verweist H. darauf, dass durch die Verwaltung z.b. der Geburten sowohl Nützliches als auch Gefährliches entstehen kann. Er vermutet aber, dass die Menschen ihre Kräfte in der Totalverwaltung nicht mehr frei entfalten werden, sondern, wo immer das möglich ist, sich an rationalistische Regeln anpassen werden, in Zukunft sogar selbstmotiviert. Der S. fragt nach dem freien Willen. H. verweist auf emsige Bienen und Ameisen und vermutet, dass es in der totalverwalteten Welt keinen freien Willen gäbe.

Der S. spricht H. nochmals auf die Pille und auf dessen vermeintliche Verteidigung von den ablehnenden Aussagen des Papstes an. Der S. glaubt nicht daran, dass man dieses Mittel der Geburtenregelung wieder zurücknehmen könne, unabhängig von der Meinung des Papstes. H. unterstellt ein Missverständnis, da er lediglich versucht habe, die Wirkung der Pille nach der Kritischen Theorie zu beurteilen: Die wahre Liebe als mögliches Fortschrittsopfer oder zumindest mögliche Verwerfungen in der Gesellschaft sollten doch angesprochen werden dürfen. Der S. lässt nicht locker und verlangt Beispiele. H. gibt das inzwischen verblasste Motiv der unerfüllbaren Liebe in der Literatur an. Der S. erkundigt sich, ob die verwaltete Welt eine lieblose Welt sei. H. vermutet, dass sich die Einführung der Pille negativ auf die sexuelle Treue in der Familie auswirken wird. Nach diesem kurzen Gedanken formuliert er seine Befürchtungen in einem größeren Kontext. Er hebt auf die durch viele soziologische und technische Wandlungen gewandelte Rolle des Vaters gegenüber seinen Kindern ab. Er verweist auf Freud und beschreibt die Erziehung als Abfolge von direkter Suggestion durch den Vater, das In-Frage-Stellen der väterlichen Weisheiten und des Vaters selbst in der Pubertät und die Akzeptanz menschlicher Fehlbarkeit, inklusive der des Vaters im Reifungsprozess. Die Abnahme der väterlichen Autorität sieht er als negativ für die Ausbildung eines Gewissens an. Er vermutet sogar, dass das Phänomen des Gewissens durch den Zusammenbruch der

Vaterfiguren ebenfalls zusammenbricht (etwas schwarzgemalt würde ich sagen).

Anmerkung von mir: Auf der anderen Seite hat das Konzept der alles vergebenden und sich kümmernden Mutter, meiner Meinung nach, eine besondere Wirkung auf junge Männer. Sie wird gerade heute durch die Zunahme der Zahl schwacher oder überhaupt nicht vorhandener Väter in der Gesellschaft zementiert. Die Erosion der traditionellen Vaterfigur ist übrigens nicht nur ein westliches Phänomen. Sie äußert sich weltweit in Macho- [240] und Hotel-Mama-Kultur [241], welche durch das Verhältnis der Mütter zu ihren vaterlosen Söhnen reproduziert wird.

H. reflektiert ebenfalls die Rolle derjenigen Mutter, deren Gedankenwelt sich durch den Arbeitsprozess, in dem sie sich jetzt befindet, verdinglicht wird und sie die Kindererziehung nicht mehr so liebevoll, sondern ebenfalls eher verdinglicht angeht. Letztere drücke sich auch in Sprache, Gebärden und unbewussten Reaktionen aus, die das Kind wohl stärker beeinflussen als direktes Ansprechen. Der S. gibt zu bedenken, dass die geringere Liebe in der Erziehung etwas mit der jetzt im Beruf verbrachten Zeit zu tun haben könnte, die bei der Erziehung fehle. Der S. fragt H., ob er die Zeit zurückdrehen wolle. H. antwortet mit der Essenz des praktischen Konservatismus: Man muss die negativen Seiten des Fortschritts sichtbar machen und somit Überliefertes bewahren. Das sei eine wichtige Aufgabe der Kritischen Theorie. Der S. fragt nach möglichen Konsequenzen aus der Erkenntnis der Verdinglichung mütterlicher Erziehung. H. schlägt vor, dass die Schule den Verlust an Erziehung wettmachen könnte, indem sie sich beim Vermitteln von Wissen nicht nur auf technische Aspekte konzentriert und jungen Menschen so einen Ausweg aus der Verwaltung zeigt. Leider legt H. hier nicht die Befreiung der Mutter nahe, wofür ich keinen Grund sehe. Was ich auch nicht verstehe, ist, warum H. aus der spätkapitalistischen Entfremdung zwischen Mutter und Kind nicht sofort einen Rückgang der Geburtenrate antizipiert. Der S. wechselt zum Thema Drogen als möglichen Ausweg aus der verwalteten Gesellschaft. H. spekuliert, dass ungefährliche Drogen von der Verwaltung erlaubt werden, um die Langeweile der verwalteten

Gesellschaft zu überbrücken. Der S. fragt, warum denn Letztere langweilig sein solle. H. erwartet eine Sinnentleerung durch Abschaffung der Religion sowie der Bagatellisierung der Philosophie zum Vorteil der technischen Geschäftigkeit. Der S. schlägt vor, dass der Mensch in Zukunft nicht mehr philosophieren, sondern spielen solle. H. stimmt zu, nicht ohne den Hinweis auf das Spiel der Tiere. Ein Synonym für die verkindlichte Gesellschaft?

In seinem Vortrag [239] äußert sich Horkheimer etwas differenzierter zur Rolle von Vater und Mutter. H. vermutet, wie auch im Spiegelinterview, dass die Wirkung der Gesellschaft auf den Menschen bereits mit seiner Geburt, wenn nicht sogar davor beginnt. H. vergleicht auch hier die ideale (ruhige) Erziehung mit der einer Mutter, die von gesellschaftlichen Zwängen getrieben ist. Das Kind imitiert dabei die Form der Kommunikation, obwohl es den Inhalt noch nicht versteht, und passt sich so der Familie und der Gemeinschaft an. Egoismus, tiefe Empfindungen, Hingabe als Eigentümlichkeiten des Charakters werden historisch durch die Erziehung vermittelt. So ist das spätere Weltverständnis auch gesellschaftlich determiniert. Die Neuerungen mit dem Übergang vom Hoch- zum verwalteten Spätkapitalismus schlägt sich auch auf den anerzogenen Charakter des Kindes nieder.

H. beleuchtet nun die Verteilung der Aufgaben in der klassischen kapitalistischen Familie: Vater als Ernährer und Despot, Mutter als Hausfrau, Sohn als Nachfolger des Vaters in Beruf oder Firma. Besonders die abnehmende Bedeutung des Einzelunternehmens im Spätkapitalismus führt zu einer Neuerung der Familienausrichtung weg von dieser Tradition. Die Kinder sind jetzt eher gehalten, ihre Ausbildung am Überleben im spätkapitalistischen System, speziell an der Verwaltungskonformität, auszurichten. In diesem System ist auch die Mutter Verdiener, der Vater ist vom Charakter her weniger ein Despot als ein Ratgeber. Der Preis hierfür ist aber eine stärkere Ausrichtung des Kindes an den repressiven Mechanismen der Gesellschaft, die zu einer Reduktion der freien Entscheidung, Phantasie und zum repressiven Bedürfnis nach Eingliederung und Übereinstimmung mit der Mehrheit oder einer Modellgruppe führt. Nun treten Leitbilder an die Stelle der Moral.

Die Gesellschaft des Spätkapitalismus ist immernoch eine Männergesellschaft. Die Frauen können nun aber ähnliche Entscheidungen treffen, wie die Männer. Frauen müssen das Leben selbst meistern. Heirat verliert an Bedeutung, verheiratete und unverheiratete Partnerschaften sind äquivalent, da die Partner eher Teams ähnlich denen in der Produktion oder im Sport sind. H. sagte fälschlicherweise ein Absinken des Heiratsalters voraus, da er die technischen Vorteile die Nachteile der Heirat überwiegen sah.

Was aber in anderen Ländern durchaus der Fall ist.

Die Bildung wird technischer ausgerichtet. Allgemeinbildung und differenzierte Bildung verlieren an Bedeutung. Eine versuchte Bewahrung der Universitäten vor der Transformation zur Fachschule für technische Fähigkeiten und Verwaltungskompetenz ist aussichtslos. In der verwalteten Wirtschaft sind die spezifischen Erfahrungen aus einem langen Berufs- oder Unternehmerleben nicht mehr in dem Maße gefragt.

Und die Zwischenmenschlichkeit?

Ich denke, man muss hier zwischen einer Ökonomisierung und einer technischen Verwaltung der Zwischenmenschlichkeit unterscheiden. In einem Beitrag von Barbara Bleisch [242] wurde "die Frage, ob erwachsene Kinder ihren Eltern als deren Kinder etwas schulden", untersucht. In meinem Verständnis sieht sie die filiale Pflicht oder "Kindespflicht" nicht aus einem Verhältnis zwischen Gläubiger (Eltern) und Schuldner ableitbar, da die dem Kind durch die Eltern entgegengebrachten Leistungen ja freiwillig erfolgen. Außerdem wäre eine adäquate "Wiedergutmachung" in Form von Leistungen und Waren gar nicht formulierbar, schon gar nicht vor dem Hintergrund der Liebe, die Kinder ihren Eltern entgegenbringen. Bleisch verweist stattdessen auf die relationale Vulnerabilität (Verletzbarkeit). Jene "begründet also keine Handlungspflichten, sondern stiftet moralische Gründe, die wir im Umgang mit unseren Eltern mitbedenken müssen." Die spannende Frage lautet jetzt: In wieweit wandelt sich die Eltern-Kind-Beziehung infolge der Konditionierung durch die spätkapitalistische Ökonomie und führt jene zur Ignoranz gegenüber der relationalen Vulnerabilität, z.b. durch konsumgetriebene finanzielle Ausnutzung?

Die Auswirkungen der kapitalistischen Warenökonomie auf die zwischenmenschlichen Beziehungen wurden in einem Gespräch zwischen Richard David Precht und Hartmut Rosa [243] beleuchtet. In ihrem Gespräch wiesen sie darauf hin, dass zwischenmenschliche Kategorien zur Tauschware geworden sind und die Beziehungen zu einer Art Marktplatz dieser Waren. Wie ich glaube, tauschen die (erwachsenen) Partner die Kategorien untereinander aus, Schönheit gegen Schönheit, Reichtum gegen Schönheit, usw. Zumindest einige Kategorien kann man kaufen, z.b. künstliche Schönheit. Die Ökonomie der Zwischenmenschlichkeit benötigt aber keine endgültige Übertragung der Kategorien von einem Partner auf den anderen. Die einzige Ausnahme bildet, meiner Meinung nach, die Kategorie der Aufmerksamkeit bzw. der Zuwendung. Der eine Partner verkonsumiert jeweils die Zuwendung, d.h. eine bestimmte Lebenszeitspanne des anderen. Hieran kann der Kapitalist ebenfalls verdienen, z.b. indem die Aufmerksamkeit durch Kommunikationsmedien vermittelt wird, oder indem Aufmerksamkeit nicht nur als gemeinsam verbrachte Zeit, sondern auch als Beschenkung verstanden wird. In einer spätkapitalistischen Gesellschaft, in der die Individuen auf maximalen Konsum konditioniert werden, wird das Bedürfnis nach Aufmerksamkeit als Konsumware nun repressiv verstärkt. Das sich selbst reproduzierende Aufmerksamkeitsdefizit ist somit ein direktes Symptom des Konsumzwangs im Spätkapitalismus, der sich auch anderweitig in die Zwischenmenschlichkeit hineinfressen wird, eben indem er das durch ihn selbst generierte Aufmerksamkeitsbedürfnis als durch Konsum stillbar darstellen wird.

Und hast du weitere Beispiele?

Die Diskussionen zu Geschlechterrollen sind beispielsweise geeignet, um die mögliche Wandlung menschlicher Identität im Rahmen des Konsumzwanges durchzudeklinieren. Zunächst einmal ist das Geschlecht eines Menschen bei der Geburt biologisch definiert und ich will gar nicht darauf eingehen, ob es nur Jungen und Mädchen gibt. Auf der anderen Seite kannst du davon ausgehen, dass die Geschlechterrollen durchaus instrumentell entsprechend den ökonomischen und politischen Gegebenheiten in der jeweiligen Gesellschaft festgelegt werden. Natürlich identifiziert sich das Individuum mit diesem Geschlecht, spürt aber die Repression der Instrumentalisierung. Der Früh- und Hochkapitalismus mit der Fokussierung auf die Lohnarbeit und dem subsidiären Verständnis der sozialen Absicherung bringt dabei eher das traditionelle Rollenverständnis mit dem Mann als Ernährer und der Frau als nichtlohnarbeitende Mutter der zukünftigen Arbeitskräfte und neuer Mütter hervor. Dabei werden abweichende Geschlechterverständnisse nur wenig toleriert. Menschen, die sich in ihrer Geschlechterrolle nicht frei fühlen, sind gezwungen, ein falsches Leben zu führen.

Mit der spätkapitalistischen Marginalisierung der produzierenden Lohnarbeit und der Zunahme der Verwaltungs- und Konsumarbeit kann dieses Rollenverständnis aufgebrochen werden. Jeder kann jetzt das Geschlecht annehmen, das ihm in Anpassung an seine Eigentümlichkeit ein individuelles Befreiungsgefühl vermittelt. Bezogen auf den Konsum sind diese Aufbruchbemühung zunächst nicht relevant, außer vielleicht, dass sich das spätkapitalistische System auf die neu(entdeckt)en Bedürfnisse aufgrund der neuen Identitäten einstellen muss, was es sicher auch gern tut. Allerdings wird die Situation für das Individuum problematisch, wenn die neuen Geschlechterrollen mit dem Konsum von profitablen Waren einhergehen, die Befreiungsbemühungen somit repressiv in die Profitschöpfung integriert werden. Die Geschlechterrollen werden dann, zwar nicht mehr hochkapitalistisch, aber konsumistisch vorgegeben. Das wird wieder den Drang erzeugen, dem falschen Leben, also den falschen, konsumistisch erzeugten Gemeinsamkeiten zu entkommen. Die Situation wird noch problematischer, wenn eine Art Konsumgeschlecht erschaffen, d.h. den Individuen eine flexible geschlechtliche Identität im Rahmen der repressiven Warentoleranz anerzogen wird. Die erkämpfte Freiheit würde wieder zum Zwang. Die repressive Toleranz der Individuen kann schließlich dazu führen, dass jene einer durch den Profit definierten Quote entsprechendes Geschlecht anzunehmen trachten. Dies würde die begrüßenswerte Quotenregelung zur Abschaffung der repressiven Unterscheidung der Geschlechter konterkarieren.

Und wie wirkt sich die um sich greifende Verwaltung auf die Zwischenmenschlichkeit aus?

Ein Beispiel hierfür ist die Entstehung von Verwaltungsmilieus. Solche Milieus kommen im Spätkapitalismus ganz automatisch aufgrund der Entgrenzung (d.h. Ausbreitung in alle Lebensbereiche) der professionellen Verwaltungsarbeit auf der einen, und der Zunahme der von vornherein entgrenzten Selbstverwaltungsarbeit auf der anderen Seite, zustande. Das führt dazu, dass die Vernetzung zum Zwecke der Durchführung von Verwaltungsakten auch auf privater Ebene erfolgt.

Die Verwaltungsmilieus treten heute insbesondere als elektronisch vernetzte Milieus in Erscheinung. Zwischenmenschlichkeit wird ausgenutzt, um die Verwaltungsarbeit besser verrichten zu können. Im schlimmsten Fall entsteht hieraus ein armseliges Privatleben innerhalb eines Bekanntenkreises, der sich lediglich aus professionellen Mitverwaltern zusammensetzt, die man auch von der täglichen Arbeit kennt. Demgegenüber steht die Verselbständigung und Ausfransung bzw. Binnendifferenzierung der institutionellen Bürokratie, die derzeit zu beobachten ist [244]. Die Ursache für diese entfesselte Verwaltung ist ein unbegrenztes selbstreferenzierendes Wachstum, bei dem die bürokratischen Systeme die Bedingungen bzw. Ressourcen während ihrer Reproduktion selbst verwalten. Ähnlich wie beim Krebs existiert keine Selbstlimitierung, wie z.B. durch extern begrenzte Ressourcen, gegenseitige Vernichtung und Konkurrenzkampf, gegenseitige Kontrolle, programmierter Tod.

Für die Bürokratie entspricht Geld der Ressource. In dem Moment, in dem die Bürokratie das Geld verwaltet, das sie für sich selbst verwendet, ist sie selbstreferenzierend und wenn viel Geld zur

Verfügung steht, kann die Bürokratie selbstÄhnlich immer weiter-wachsen. Insbesondere wird der Wachstumsprozess durch die Auslagerung von Entscheidungsprozessen an private Agenturen oder solche, die privates Arbeiten simulieren, verstärkt. Die Agen-turen werden sich auch gegenseitig kontrollieren, was zum kom-pletten Kontrollverlust durch die demokratische Regierung führt.

Wenn keiner produziert und alle nur verwalten, muss das Wuchern der Bürokratie doch irgendwann von selbst zum Stillstand kommen.

Und was, wenn das betrachtete Land Waren mit nahezu null Auf-wand in beliebiger Menge herstellen kann, sei es durch hohe Pro-duktivität oder massive Ausbeutung? Was wenn es durch den pro-fitablen Verkauf dieser Waren über fast unbegrenzte Geldmittel verfügen würde? Das Wuchern der Verwaltung würde kein Limit kennen.

Die verwaltete Gesellschaft steht uns allen also irgendwann bevor. Wir werden es aber eh nicht merken, da wir auf Konformität mit dieser Verwaltung getrimmt werden.

Die totalverwaltete Gesellschaft wird auf der Prämisse basieren, dass die Menschen IHREN eigenen Bedürfnissen, in Wirklichkeit aber den repressiven, nachgehen können, während sich die profes-sionelle Totalverwaltung um Politik, Produktion und Organisation der Befriedigung der Bedürfnisse kümmert. Gleichzeitig konditio-niert das spätkapitalistische System seine Bevölkerung bereits auf die Verwaltungskonformität und die Selbstverwaltung. Der re-pressiv selbstverwaltete Mensch antizipiert ganz generell Verhal-tensweisen, die den Spätkapitalismus reproduzieren, und setzt diese um. Er funktioniert selbst als Verwaltungsagent und bildet darüber hinaus vernetzte Mikroagenturen. Während im Rahmen der Etablierung der Totalverwaltung die privaten und die staatli-chen Verwaltungskonzerne fusionieren, fusionieren bei der Etab-lierung der totalen Selbstverwaltung die ausgefransten, institutio-nellen Agenturen mit den entgrenzten Selbstverwaltungsstruktu-ren, und zwar mithilfe intensiver Kommunikation. Auf diese Weise wird die professionelle Verwaltung überflüssig. Wichtig bei der Etablierung der nicht-professionellen Selbstverwaltung ist die zwischenmenschliche Vernetzung.

Es gibt also bald auch Selbstverwaltungsmilieus. Wie sehen die aus?

Das Zauberwort lautet "Subsidiarität".

In "Unterwerfung" [245] wird beschrieben, wie die Idee der Subsidiarität missbraucht werden kann, um eine Demokratie in eine religiös geprägte Diktatur zu verwandeln.

Du hast also die Seiten zwischen der ganzen Pornographie gelesen. Glückwunsch! Die Idee der Subsidiarität, also der Übertragung von rechtlicher Kompetenz für Aufgaben auf diejenigen untergeordneten Ebenen, die diese Aufgaben trotz ihrer hierarchisch niedrigeren Stellung bewältigen können, ist ein uraltes Prinzip. Die Dezentralisierung von Produktionsmitteln als auch von sozialen Aufgaben in kleinere gesellschaftliche Einheiten, z.B. Familienunternehmen, entspricht genau dem Subsidiaritätsprinzip. Gerade im Bereich der Sozialhilfe war die Subsidiarität auch in Deutschland bis vor wenigen Jahrzehnten der Normalfall, bevor sie durch die institutionelle Sozialhilfe höherentwickelt wurde.

Die in deinem Lieblingsbuch vorausgesagte Rückkehr der totalen Subsidiarität hat viel mit einer totalen Selbstverwaltung zu tun. Subsidiäre Verwaltungsstrukturen sind nämlich genau die vernetzten, aber vor allem - bis auf steuernde Alimentierungen - unterhaltskostenfreien Verwaltungseinheiten, von denen ich vorhin gesprochen habe. Und sie weisen für die Reproduktion des Spätkapitalismus gewaltige Vorteile auf, z.B. wie in der "Unterwerfung" teilweise dargestellt, die Zerstörung der institutionellen Sozialsysteme. Verstehe mich bitte nicht falsch, subsidiäre Solidarität bei Krankheit und Armut in Familie und Freundeskreis ist natürlich etwas Schönes und hilft, die spätkapitalistische Be-/Entfremdung durch die totale Verwaltung zu bekämpfen. Gleiches gilt für die Produktion in kleineren, solidarisch organisierten Selbsthilfewerkstätten, für nachbarschaftliche Kraft-Wärme-Koppelungsanlagen.

Problematisch wird es, wenn man in den subsidiären Strukturen repressiven Zwängen ausgesetzt wird, jemanden heiraten muss, den man nicht liebt usw. Subsidiäre Solidarität, die obendrein noch durch einen Familienpatriarchen organisiert wird, ist potenziell immer willkürlicher als eine institutionelle, auch wenn es für Erstere gesetzliche oder religiöse Vorschriften gibt. Daher dürfen die institutionellen Sozialsysteme nicht verneint werden. Doch auch hier können die Be-/Entfremdung und die repressive Integration ansetzen, was aber weniger ein Grund für die Verneinung der institutionellen Sozialsysteme, sondern für deren Transparenz sein sollte.

Der, neben der Kosteneinsparung, zweite Vorteil für die spätkapitalistische Reproduktion ist, dass die subsidiär ausgefransten Verwaltungsstrukturen nicht mächtig genug wären, um die professionellen Verwaltungen aufseiten des Profits in Schach zu halten. Deren repressive Mechanismen werden sich hierdurch garantiert auch in die subsidiären Strukturen übertragen, wodurch der Mensch sich zwischenzeitlich einer doppelten Repression ausgesetzt sieht und von der freien Entscheidung noch stärker entfremdet würde. Schließlich würde auch die professionelle Verwaltung, die während einer Übergangsphase weiter existieren würde, für die Reproduktion überflüssig. Die systemreproduzierende, totale Selbstverwaltung der subsidiären Strukturen wäre nicht nur im Konsum, sondern auch im Arbeitsprozess etabliert und die Selbstverwaltungsakte würden die Zwischenmenschlichkeit dominieren.

Dein Lieblingsbuch weist auch - neben der ausführlichen Beleuchtung individueller repressiver Toleranz und Korrumpierbarkeit - auf die Umsetzung einer funktionierenden, totalen subsidiären Selbstverwaltung jenseits der Aufklärung hin. Anstatt rational klingender, stecken jetzt religiöse Regeln den Rahmen für die totale Selbstverwaltung ab, mit dem Vorteil, dass man sie nicht noch krampfhaft wissenschaftlich erklären muss. Vielmehr erhält die Selbstverwaltung ein Korsett, aus dem man die Selbstverwaltungsaufgaben selbstaktiviert herleiten kann. Insbesondere kann sich die von Houellebecq entworfene Religion als das erstrebenswerte Ziel jeder gesellschaftlichen Entwicklung darstellen, als Gegenentwurf zur offenen Gesellschaft.

Die Großmutter der repressiv erzeugten Konformität und der Selbstverwaltung ist also die Ideologie.

Gut gesagt! In der "Dialektik der Aufklärung" heißt es dazu [60]: "Wie freilich die Beherrschten die Moral, die ihnen von den Herrschenden kam, stets ernster nahmen als diese selbst, verfallen heute die betrogenen Massen mehr noch als die Erfolgreichen dem Mythos des Erfolgs. Sie haben ihre Wünsche. Unbeirrbar bestehen sie auf der Ideologie, durch die man sie versklavt. Die böse Liebe des Volks zu dem, was man ihm antut, eilt der Klugheit der Instanzen noch voraus." Die Ideologie ist der Erklärungsversuch und damit die Legitimation der jeweiligen instrumentellen Ethik auf deren Basis das Individuum wieder die Verwaltungsakte willig antizipiert. Karl Marx und später Georg Lukacs haben die Ideologie als ein "falsches Bewusstsein" erklärt, mit dem sich das Individuum das Tun des herrschenden Systems, speziell das von totalitären Regimen erklärt und vor seinem Gewissen legitimiert.

Es handelt sich also um eine instrumentelle Vernunft.

Diese wird insbesondere dann notwendig, wenn das Individuum gezwungen ist, selbst Teil des Verwaltungssystems zu sein. In diesem Moment legt es sich vor seinem eigenen Gewissen eine Ideologie zurecht oder nimmt eine von der Verwaltung zur Verfügung gestellte an, um diese Teilnahme zu legitimieren. Du kannst selbstverständlich davon ausgehen, dass diese Ideologie ebenfalls die zwischenmenschlichen Beziehungen des Individuums beeinflussen wird, insbesondere wenn sie aus existenziellen Gründen angenommen wurde. Da ein Regime das nächste ablöst, kommt die neue mit der alten instrumentellen Ethik in Konflikt, wodurch die Ideologie angepasst werden muss um die resultierenden Gewissensbisse, die auf der alten Ideologie basieren, auszuräumen. So hat das Hitlerregime eine repressive, ausnahmslose Intoleranz z.B. gegenüber allen Kommunisten erzeugt, die darauffolgende DDR dagegen eine repressive, ausnahmslose Toleranz gegenüber jenen.

In beiden Fällen handelte es sich um Staatspolitik, sie wurde repressiv in das Wertesystem vieler Individuen integriert. Nach dem Wechsel vom Nationalsozialismus in den Sozialismus gab es bei vielen Menschen einen rein instrumentellen Wertekonflikt, der bis heute nicht überwunden ist.

Woraus schöpft die Verwaltung ihre Ideologien?

Lass mich das anhand des Beispiels der demokratischen Politik erklären. In den heutigen Demokratien stehen die Parteien gewöhnlich für bestimmte ideologische Aspekte. Progressiv und konservativ sind dabei keine Ideologien, sondern Aspekte der Höherentwicklung. Progressiv wird im Rahmen der parlamentarischen Gründungslegende gern als links und konservativ als rechts bezeichnet. Diese Zuordnung war aber nach kurzer Zeit nicht mehr anwendbar. Die Ideologien liegen heute jenseits dieser Aspekte.

Welche Ideologien sind das? Wie instrumentalisiert man sie?

Die ideologische Links-Rechts-Ebene jenseits des Konservatismus/Progressivismus findet sich in der politischen Philosophie bereits im Anschluss an Hegel, der mit seinem alle Ideen stiftenden Geist eine Instanz geschaffen hat, die in ihrem Sein zwar zwingend nach ihrer Selbstbewusstheit trachtet, aber ansonsten recht unbestimmt ist. Somit könnte es sich bei dem Geist, welcher insbesondere das menschliche Zusammenleben beseelt, durchaus um Gott handeln, aber auch um etwas Endliches, Begrenztes (Schwellenhaftes), somit auch Geschaffenes und "Einstellbares"/"Sich Einstellendes". Das rechte Verständnis des Geistes sieht ihn in einer feststehenden Gemeinschaft als feststehend an, schließlich ist seine Vernunft in jeden zwischenmenschlichen Prozess eingebaut. Ein Volk würde nach einer Revolution deshalb binnen kurzem wieder genau in dem Zustand landen, den sie mit der Revolution zu ändern hofften. Dieses Verständnis verbietet nicht den Fortschritt, solange er dem Geist der Gemeinschaft entspricht. Das linke Verständnis sieht den objektiven Geist des Zusammenlebens als veränderbar an, ggf. sogar durch materialistische oder Produktionsverhältnisse. Deswegen müssen nicht die Regierungsverhältnisse bei einer Revolution verändert werden, sondern die Produktionsverhältnisse, die den Geist direkt beeinflussen, während Verwaltungen in jedem Verständnis generell nur dessen Überbau sind. Man könnte auch annehmen, dass links und rechts rein strukturalistisch/systemisch entstehen, d.h. es handelt sich um dialektische Pole, welche die Gesellschaft (unbewusst) selbst erschafft, um sich in ihrer jeweiligen Situation zu bewahren oder weiterzuentwickeln, d.h. der Inhalt der Begriffe links und rechts ändert sich abhängig von der konkreten Situation.

Die angebotenen Ideologien resultieren, meiner Meinung nach, aber nicht aus dem Klassenkampf, vielmehr sind sie historische, innerhalb einer über lange Zeit stabilen Gemeinschaftsform (z.B. Familie) legitimierte Strategien, die das Überleben jener Gemeinschaft absichern sollen. Solidarität/links wäre die Legitimierung der Versorgung von Unterprivilegierten (Kinder, Ältere, arme Familienmitglieder) durch die Gemeinschaft, d.h. das Teilen und das "Mitteilen" von Eigentum. Sieht man diese Versorgung als Absicherung der Zukunft bzw. der Vergangenheit der Gemeinschaft, so stellt soziale Gerechtigkeit einen grundlegenden gesellschaftlichen Instinkt dar. Protektionismus/rechts wäre die Legitimierung der Verteidigung (der Familie) sowie von Maßnahmen zur materiellen Absicherung, also der Trieb zur Schaffung und Verteidigung von Eigentum (Vater, Mutter).

Die Prinzipien "rechts" und "links" sind in einer selbstÄhnlichen Wirklichkeit fundamental. Rechts und links sind Strategien im Umgang mit eigentümlichkeitsbezogenen Unzulänglichkeiten, wobei Eigentümlichkeiten durch Anpassen erinnerte Gemeinsamkeiten sind.
(i) Rechts reproduziert begrenzende Grenzen von Eigentümlichkeiten. Rechts fixiert Eigentümlichkeit und ist eine Spielart des Bewahrens, wobei ich Letzteres "Servierung" oder "servativ" nenne. Bedenke, dass Servierung *per se* erinnernd ist. Die rechte Art von Servierung richtet sich jedoch nicht gegen jede Transzendenz, sondern gegen die, im Vergleich zu den Eigentümlichkeiten des Agenten oder der Gruppe, ANDEREN Gemeinsamkeiten und

nicht gegen eigenentwickelte neue. Daher nenne ich sie "Reservierung", um sie von der Konservierung, also der Bewahrung des Vorhandenen gegenüber dem Neuen zu unterscheiden. Die Reservierung schließt hier die "Präservierung" ein, also den vorbereitenden Schutz der Eigentümlichkeitengrenzen. Reservierung dient dem Verbleib in vermeintlich richtigen Eigentümlichkeiten. Die postmoderne Form der Reservierung, ich nenne sie "Fixservierung", bewertet alle Eigentümlichkeiten für den sie besitzenden Agenten positiv, wodurch jeder Agent "richtig" liegt, der in SEINEM *status quo* verbleibt. Die Reservierung wird oft mit der Fixservierung gleichgesetzt, allerdings bewerten ein fixservierender Agent oder die Mitglieder einer fixservierenden Gruppe ihre EIGENEN Eigentümlichkeiten als die für sie richtige und die Eigentümlichkeiten einer ANDEREN Gruppe als richtig für deren Mitglieder. Eine reservierende Gruppe bewertet ihre Eigentümlichkeiten ebenfalls als für sie richtig, allerdings geht sie möglicherweise davon aus, dass ANDERE Eigentümlichkeiten wertmäßig unter den ihren stehen, was die positive Bewertung ihrer Eigentümlichkeiten zusätzlich forciert.

(ii) Links repräsentiert die Transzendenz von Eigentümlichkeitsgrenzen hin zum ANDEREN. Links mobilisiert Eigentümlichkeit. Die Transzendenz von Eigentümlichkeitsgrenzen nenne ich "Gression" oder "gressiv". Gression kann dauerhaft erinnernd sein, muss es aber nicht *per se*. Die für den repressiven Konsum immer gleicher Waren vorteilhaften erinnerungsarme Transzendenz nenne ich "Agression". Die linke Gression, also die Transzendenz von Agenten in Richtung ANDERER Gemeinsamkeiten, nenne ich "Exgression", um sie von der progressiven/regressiven/reaktionären/restaurierenden Transzendenz in als neu/vergangen/vergangen-falsch/vergangen-bewährt bewertete Gemeinsamkeiten zu unterscheiden. Exgression dient der integrierenden Transzendenz in "richtige" Eigentümlichkeiten. Sie erlaubt die Transzendenz aus der EIGENEN Sphäre heraus in eine ANDERE aufgrund einer Bewertung, ohne jene oder deren Bewertung zu vergessen. Auf diese Weise macht man den gleichen Fehler nicht zweimal, im Gegensatz zur Exagression. Die postmoderne Form der Exgression, ich nenne sie "Flexgression", bewertet alle Gemeinsamkeiten für die

Transzendenz gleich positiv. Dadurch tut jeder Agent, der transzendiert, das "Richtige". Die Exgression wird oft mit Flexgression verwechselt. Die Exgression bewertet jedoch bestimmte ANDERE Gemeinsamkeiten für die Transzendenz möglicherweise unterschiedlich, d.h., die Gemeinsamkeiten müssen innerhalb des Wertesystems die richtigen sein. Bei der Flexgression genügt es, wenn es sich um ANDERE Gemeinsamkeiten handelt, denn jene sind *per se* positiver bewertet als die eigenen Eigentümlichkeiten.

Bedenke, dass das Vorhandensein des ANDEREN in der Gemeinschaft Voraussetzung für die Exgression ist. Der Begriff der Exgression ist in vielen Fällen synonym zu dem der Inklusion zu verstehen. Letzterer betont jedoch die Übernahme der anderen Gemeinsamkeiten durch den Agenten stärker als die Übernahme der Eigentümlichkeiten des anderen Agenten durch die Gemeinschaft. Alle Gressionsarten setzen die Erreichbarkeit der Grenzen der Sphären voraus, die transzendiert werden sollen. Sind Grenzen und Agenten nur wenig beweglich, so ist die Erreichbarkeit der Grenzen nur durch eine hohe Agentendichte gegeben.

Was ist mit den Extremen?

Extreme (uneingeschränkte/ausschließliche) Reservierung bedingt Unterkomplexität, Ausgrenzung, Hierarchisierung und gegenseitige Be-/Entfremdung mit den bekannten negativen sozialen Auswirkungen. Exgression tendiert grundsätzlich zur integrativen Gleichteilung bzw. Gleichverteilung aller durch die Agenten positiv gewerteten Gemeinsamkeiten. Ihr stehen Ressourcenknappheit (keine unendliche Kopierbarkeit aller verfügbaren Gemeinsamkeiten) und der individuelle ultimative IntegrationsWert entgegen. Der ultimative IntegrationsWert eines Agenten muss nicht denjenigen IntegrationsWert abdecken, der die Exgression für das gesamte Milieu motiviert. Das gilt sowohl für das Annehmen ANDERER Gemeinsamkeit durch den Agenten durch Anpassung an jene als auch das Überstülpen eigener Eigentümlichkeiten auf andere Agenten. Bei geringer Menge an verfügbaren Gemeinsamkeiten und unendlicher Kopierbarkeit, kann extreme, exgressive Akkumulation aufgrund positiver Bewertungen aller zur Verfügung stehenden Gemeinsamkeiten durch alle Agenten (beispielsweise bei zufälliger Transzendenz, Habgier, Repression) zu einer sehr hohen Zahl jener Gemeinsamkeiten pro Agent führen, was wiederum in die integrative Gleichteilung führt. Dabei reduziert sich die Vielfalt der Eigentümlichkeiten im Vergleich der Agenten untereinander. Bedenke bitte, dass es bei Gleichteilung der Eigentümlichkeiten zwischen den Agenten zu einem Fehlschluss kommen kann. Jener basiert auf Euklids Gleichheitsaxiom: Sind zwei Größen derselben dritten gleich, so sind sie auch untereinander gleich [246]. Ersetzt man "Größe" durch "Mensch", so kann die überwältigende Erkenntnis, dass alle Menschen einander fast identisch sind, dazu führen, dass man die Gleichteilung der Eigentümlichkeiten der Agenten damit zu erklären versucht, dass sie Kopien eines übergeordneten Wesens seien - quasi nach seinem Bilde geformt. Beachte weiter, dass eine Verteilung der vorhandenen Gemeinsamkeiten auf kaum erinnernde (agressive) und erinnernde (gressive) Agenten zu unterschiedlichen Eigentümlichkeiten führen würde. Im ersten Fall besäßen die Agenten nur wenige Eigentümlichkeiten jeweils für einen kurzen Zeitraum (im Extremfall absolut nichtvorhandener Erinnerung und permanenter Transzendenz für eine Nullzeitspanne), im zweiten sehr viele. Bei einer geringen, fixen Anzahl von vorhandenen Gemeinsamkeiten und sehr häufiger Transzendenz teilen agressive Agenten im Mittel die gleichen Gemeinsamkeiten wie gressive, aber nur bei Gression stellen sie dauerhaft Eigentümlichkeiten dar.

Exgression in Richtung Gleichteilung kann auch deren Gegenteil, eine Fraktionierung (der Linken), erzeugen. Einerseits kann man durch Transzendenz in Gemeinsamkeiten mit schwer überwindbaren Schwellen gelangen, also in eine Reservierung. Andererseits können Ressourcen knapp oder die Menge an Gemeinsamkeiten für die individuellen (ultimativen) IntegrationsWerte zu groß sein. Beides verhindert die quantitative Maximierung von erinnerten Gemeinsamkeiten pro Agenten und von Agenten pro Gemeinsamkeit. Agressive Agenten schweben allerdings nicht in der Gefahr, ihren ultimativen IntegrationsWert zu überschreiten. Individuell ungleiche Verteilung von Eigentümlichkeit folgt aus asymmetrischer Exgression, d.h. Agenten (Gemeinsamkeiten) annehmen und emanzipieren sich von Gemeinsamkeiten (Agenten) ungleichmäßig. Die absolute Gleichteilung als Zustand maximaler Entropie erscheint zwar stabil. Tatsächlich hat das Teilen bestimmter Gemeinsamkeiten für unterschiedliche Agenten unterschiedliche Wertigkeiten, die nur repressiv in Richtung Gleichmacherei (Monopolisierung=ein Agent besitzt viele Eigentümlichkeiten, Universalisierung=eine Gemeinsamkeit integriert viele Agenten) gedrückt werden können. Gleiches gilt für die Ressourcen.

Extreme Fixservierung bedeutet eine ähnliche Erstarrung der Eigentümlichkeiten wie bei einer extremen Reservierung. Allerdings ist extreme Reservierung mit der Erhöhung der eigenen Eigentümlichkeiten und damit von sich selbst gegenüber anderen verbunden. Reservierende Agenten neigen gegenüber fixservierendenden dazu, sich auf Kosten anderer zu erhalten, als symbiotisch zu existieren. Die extrem flexgressive Herangehensweise hat das Problem, dass nach jeder Transzendenz die ANDERE Gemeinsamkeit, in die man sich integriert hat, zur eigenen wird. D.h., man erreicht jeweils einen ungewollten Zustand haftender Faktizität. Flexgression führt also zu Hypertranszendenz. Aufgrund der ultimativen IntegrationsWerte und natürlich des Selbsthasses flexgressiver Agenten ist dieser Zustand mit einer hohen notwendigen Vergessensrate verbunden und damit eher agressiv. Neben der Fixservierung und der Flexgression gibt es die Reservierung um der Reservierung Willen, die ich "Autoreservierung" nenne, sowie die Expression um der Expression Willen, die ich "Autoexgression" nenne. Sie werten jede Reservierung oder Exgression als Prozess positiv, wohingegen Fixservierung und Flexgression den Fokus bei jener Bewertung auf die Gemeinsamkeiten selbst legen. Das Resultat ist zumeist gleich.

Die extrem rechte Herangehensweise ist aufgrund permanenter Transzendenz zwischen Eigenem und anderem allerdings eine Illusion, denn jede Grenze ist auch eine Schwelle. Das Gleiche gilt für die extrem linke Herangehensweise, denn jede Schwelle ist auch eine Grenze. Nationalismus kann beispielsweise sowohl exkludierend als auch inkludierend sein. In der Realität treten linke und rechte Herangehensweisen gemeinsam auf, da sie sich auf begrenzte Gemeinsamkeiten beziehen. Links und rechts sind in diesem Verständnis nicht *per se* universalistisch, obwohl es universalistische Varianten gibt, wie (i) den extremen Nationalismus (eine Nation vernichtet/versklavt die anderen, weil sie angeblich die bessere ist), (ii) universelle Standesgrenzen, egal ob die Agenten sie transzendieren oder nicht, oder (iii) den Kommunismus, der sich als vermeintlich besseres System über alle Individuen stülpen muss. Links und rechts unterscheiden keinesfalls zwischen richtig und falsch. Heilmittel können an alle verteilt werden, wie auch Krankheiten. Heilmittel können zurückgehalten werden, wie auch Krankheiten. Die Zuordnung der Links-Rechts-Kategorie ist in jedem Fall abhängig von der begrenzten Identitätssphäre, auf die Bezug genommen wird, z.B. die Einzelperson, die Familie, die Nachbarschaft, die Religionsgemeinschaft, der Staat. Ein Vater, der seinen Kindern das Fußballspielen beibringt, teilt seine Eigentümlichkeit mit ihnen und ist links. Bringt er es anderen Kindern außerhalb der Familie nicht bei, schirmt er die Eigentümlichkeit ab und ist rechts. Besonders interessant ist die Übertragung von Eigentum von einer Generation auf die nächste. Ist jene nun eher rechts, weil sie das Eigentum in der Familie hält oder eher links, da sie Eigentumsgrenzen transzendiert? Die extreme Linke wird lokal begrenzte Gleichteilung alsbald überwinden und ihr Interesse grundsätzlich dem "anderen" zuwenden.

Nun zum Eigentum in der Gesellschaft. Erlangtes Eigentum ist angeeignete und entledigtes Eigentum enteignete Gemeinsamkeit. Allerdings können sich Agenten nicht allen Eigentums entledigen. Aufgrund der Unzulänglichkeit (i) ist Eigentum nicht nur begrenzt, (ii) sind Eigentumsgrenzen nicht nur transzendent, sondern (iii) ist die Transzendenz unzulänglich, d.h., Aneignen oder Enteignen ist immer auch Teilen von Eigentum, so wie die integrative Transzendenz von Gemeinsamkeitengrenzen das Teilen mehrerer Gemeinsamkeiten darstellt. Daher vermehrt sich individuelles Eigentum in einer immer komplexer werdenden Gemeinschaft, was sie in vielerlei Hinsicht weiterentwickeln kann. Durch den Verlust von

Eigentum, und ich meine hier nicht den Verlust von Besitz, sondern die Entfremdung des Eigentums, geht das Weiterentwicklungspotenzial dagegen verloren.

Rechts und links ergeben zwei Gerechtigkeiten: (i) den Schutz von erlangtem Eigentum und (ii) das Teilen von Eigentum. Zu jenem Eigentum gehören nicht nur materieller Besitz, sondern auch Wissen, aber auch Schuld. Gebe ich etwas aus meiner Eigentümlichkeit ab oder nehme es auf, so ist das links. Beschütze ich sie, ist das rechts. Linke Aktionen werden nötig bei pauschaler Ausgrenzung, rechte bei feindlichen Angriffen. Die Gerechtigkeiten funktionieren auch als IntegrationsWerte. Die Balance zwischen beiden verhindert die Aufhebung der Grenzen und das Chaos. Auf der anderen Seite kann man auch von einer ersten und einer zweiten Freiheit sprechen. Die erste beinhaltet die Freiheit, sich hinter bestimmte Grenzen zurückzuziehen. Die zweite erlaubt es, Grenzen zu transzendieren und sich jenseits dieser zu integrieren.

Ein Beispiel: Stelle dir eine Gruppe von Individuen mit dem gleichen Erkenntnisstand vor, der somit eine ihrer Gemeinsamkeiten darstellt. In dieser Gruppe gewinnt ein Individuum eine es höherentwickelnde Erkenntnis. Es eignet sich diese neue Gemeinsamkeit zunächst an, schafft eine Grenze um sich herum und gibt einen Teil der alten Gemeinsamkeit auf. In diesem Moment wird er zum Initiator eines Wahrheitsvirus. Die Verbreitung des Wahrheitsvirus in der Gemeinschaft entspricht dem Teilen und führt nun zum Anwachsen des individuellen Eigentums, da die anderen Individuen der Gemeinschaft sich die Erkenntnis ebenfalls aneignen. Der Wahrheitsvirus dehnt die Grenze der neuen Gemeinsamkeit aus und erhöht das individuelle Eigentum, vorausgesetzt, der vorhergehende Erkenntnisstand wird kollektiv erinnert.

Gibt es noch andere ideologische Richtungen, die aus der Familie stammen?

Freiheitlich/liberal entspräche, meiner Meinung nach, der Emanzipation der heranwachsenden Kinder von den Eltern. Das Konzept sieht die Chancen in der Unzulänglichkeit. Von der anderen

Seite betrachtet bedeutet Emanzipation als "Befreiung von" etwas, das als Repression empfunden wird, gleichzeitig die "Erlangung von" Selbstbestimmung, d.h. das sich Aneignen des eigenen Lebens. Weitere Ideologien haben sich unter anderem aus der französischen Aufklärung entwickelt. Sie werden heute gern den Kategorien liberal, links und rechts zugeordnet.

Und wie unterscheiden sich konservativ und rechts bzw. progressiv und links?

Auf den ersten Blick scheinen die Konzepte identisch zu sein, nicht wahr? Die Differenzierung der Begriffe "neu" und "anders" erlaubt jedoch ebenfalls die von "progressiv" und "links", sowie "konservativ" und "rechts". Rechts steht für die Begrenzung der individuellen Eigentümlichkeitenbündel verschiedener Agenten, aber auch der Gemeinsamkeitenbündel, denen sie angehören. Links entspricht der Transzendenz der Grenzen und der Integration. Das Konservativ-Progressiv-Konzept tut das Gleiche bezüglich der Sphären des Alten und der des Neuen. Der Unterschied zwischen den beiden Konzepten ist, dass das von rechts und links sich auf bereits existierende, eigene und nicht-eigene Gemeinsamkeitenbündel bezieht und in dem Sinne keine Emergenz kennt.

In diesem Verständnis ist die Emergenz (nicht der Tausch) von Eigentümlichkeit weder rechts noch links, ebenso wenig wie die Progressivität. Umgekehrt gesagt können sowohl linke als auch rechte Ideen in der Entwicklung progressiv, konservativ und sogar regressiv bzw. reaktionär sein. Was die Mischformen angeht, so wäre rechts-konservativ die Bewahrung des Eigenen. Rechts-progressiv wäre die Erneuerung innerhalb des Eigenen und zur Abschottung des Eigenen hin. Links-konservativ wäre die Bewahrung von Strukturen zur Gression des Eigenen, wie z.B. die Solidarität mit Fremden. Links-progressiv wäre die Erneuerung während der Gression und zur Gression des Eigenen/Fremden hin. Eine Gesellschaft, die sich zu intensiv mit Links-Rechts-Narrativen beschäftigt, verfügt wahrscheinlich über zu viel Eigentümlichkeit und läuft Gefahr, Erlangung von Eigentümlichkeit lediglich in deren Tausch und nicht in deren Schaffung zu sehen, also in seiner Entwicklung stehen zu bleiben.

Die Analogien und die Unterschiede zwischen den Eigentumskategorien links und rechts sowie den Entwicklungskategorien progressiv und konservativ betrachtet man am besten an einer Einzelperson. Besitzt ein Individuum Eigentümlichkeit, ist es links, wen es sie mit anderen Individuen teilen sowie Eigentümlichkeit von jenen empfangen möchte. Es ist rechts, wenn es diese Eigentümlichkeit für sich behalten möchte und auch von Anderen keine zu empfangen gewillt ist. Auch wenn man keine Eigentümlichkeit abgeben möchte, so kann man sie doch weiterentwickeln. Jemand ist konservativ, wenn er seine Eigentümlichkeit nicht komplett neuert und progressiv, wenn er sie nicht komplett bewahrt. In einer auf Erfolg konditionierten Gesellschaft wird sich ein Individuum, das mit seiner bisherigen Eigentümlichkeit erfolgreich war, konservativ verhalten, ein Versager eher progressiv.

Was ist der Unterschied zwischen einem Progressiven und einem Konservativen?

Der Hauptunterschied ist, dass der Progressive das noch Nicht-Vorhandene und der Konservative das Vorhandene positiv bewertet. Die Regression unterscheidet sich vom Konservatismus dadurch, dass sie im *status quo* vorhandene Errungenschaften pauschal aufgibt, nur um in zeitlich Zurückliegendes zurückzukehren. Daher bewertet ein Regressiver das Vergangene, zwar noch Erinnerte, aber von den Agenten im Sinne einer Anpassung nur in geringem Maße Geteilte positiver als alles im *status quo* Vorhandene. Somit bewertet der Progressive eine Welt positiv, die es bekanntermaßen noch nicht gibt, und der Regressive diejenige, die es bekanntermaßen nicht mehr gibt. Diese Welten sind aber viel unkonkreter als diejenige, die gerade existiert. Sowohl der Progressive als auch der Regressive haben es dadurch leichter als der Konservative, den Menschen ihre Vorstellungen schmackhaft zu machen, da in das Unkonkrete jede Menge positive Eigentümlichkeiten hineininterpretiert werden können. Ihr Nachteil ist, dass sie immer nur

527

mit Versprechungen handeln. Dennoch sind Progressive, Regressive und Konservative aufeinander angewiesen, um sich zu definieren, so wie Rechte und Linke.

Aber die Rechten sind doch die Bösen, oder Papa?

Der Versuch der Vernichtung einer essenziellen gesellschaftlichen Richtung wird, meiner Meinung nach, nicht zu einer Ausrottung von deren extremistischer Perversion führen. Das Erlangen und Verteidigen (rechts) sowie das Verteilen (links) von Eigentum, und dabei meine ich nicht nur materielles, sondern auch geistiges Eigentum, Gefühl bzw. Mitgefühl, machen die Gesellschaft erst zu einem stabilen, sich weiterentwickelnden System. Unter dieser Prämisse wäre eine moderate rechte Politik diejenige, die die rechtlichen Rahmenbedingungen garantiert und Eigentümlichkeit schützt und eine moderat linke Politik würde die bedürftigen Menschen durch Teilen jener versorgen.

Und kluge konservative bzw. progressive Politik?

Generell gilt: Progressivität bedeutet, Neues, meist zuungunsten des Alten, durchzusetzen und Konservierung bedeutet, das Alte, meist zuungunsten des Neuen zu behalten. Praktische Progressivität wäre die Abschaffung des Überlebten zugunsten des vielversprechenden Neuen. Praktische Konservierung wäre die Bewahrung der Errungenschaften zuungunsten des komplett blödsinnigen Neuen. Wie die instrumentellen Varianten aussehen, kannst du dir sicher denken. Konservativ pauschal mit schlecht zu identifizieren ist also Quark. Jeder, der sein Leben behalten will, ist konservativ. Niemand kämpft für etwas, von dem er ausgeht, dass es, wenn erfochten, sofort wieder verneint wird. Der auf Warenprogressivismus ausgerichtete Spätkapitalismus wird öffentlich geäußerte, konservative Meinungen allerdings eher in den Hintergrund rücken. Er wird versuchen, konservativ mit der krampfhaften Bewahrung schlechter, überlebter Meinungen und Verhaltensweisen gleichzusetzen. Dabei entsteht natürlich das Paradoxon, dass die Verteidigung erlangter, befreiender Werte, Weisheiten und Verhaltensweisen auf einmal kein Ausdruck von Konservatismus sein soll. Progressiv ist sie aber auch nicht. Nein, jeder, der sich an etablierte gesellschaftliche Werte hält, ist als konservativ zu bezeichnen.

Die erotisch motivierte Transzendenz des vorhandenen Gemeinsamkeitsrandes bzw. des Integrationsrandes bedeutet das Verlassen der alten Gemeinsamkeit bzw. des alten (festgelegten) Wertes und das automatisch damit verbundene Betreten von neuen. Dadurch wird die Notwendigkeit von Konservierung oder Progression im Rahmen der Höherentwicklung aufgedeckt. Der harmonisch motivierte und intuitiv/bewusst antizipierte Verbleib in richtigen alten Gemeinsamkeiten und der Übertritt in richtige neue Gemeinsamkeiten sind dabei mächtige elevative Fähigkeiten, die, meiner Meinung nach, nur dem Menschen zur Verfügung stehen. Mit einem pauschalen Progressivismus würde er sie aufgeben.

Um das Gesagte zusammenzufassen: Die Zuordnung rechts-konservativ und links-progressiv ist also nicht richtig, obwohl man rechts/protektionistisch mit konservativ und links mit progressiv verwechseln kann. Protektionismus neu zu etablieren wäre aber beispielsweise etwas Progressives, bestehende Solidarität zu zementieren etwas Konservatives. Links und rechts sind vielmehr Kategorien, die sich auf die Eigentümlichkeit und deren Grenzen beziehen. Konservativ und progressiv sind Kategorien der Hegel'schen Höherentwicklungsidee. Anders ausgedrückt: In einem neoliberalistischen, kapitalistischen System, dass seine Reproduktionsfähigkeit aus der Protektion akkumulierten Profits bezieht, ist eine rechte Partei immer eine konservative, da sie das Eigentum schützt, und eine linke ist progressiv. In einem sozialistischen System, das auf der Verteilung von Eigentum beruht, ist eine linke Partei konservativ und eine rechte progressiv. Im verwalteten Spätkapitalismus orientieren sich Verteilung und Eigentumsunterschiede am Gesamtprofit bzw. an der Wachstumsoption des verwalteten Bereichs. Man kann den Links-Rechts-Konservativ-Progressiv-Unterschied noch ein wenig plakativer beschreiben: "Das" ist Teil meines Eigentümlichkeitsbündels. "Dies" ist anders, nämlich Teil des Eigentümlichkeitsbündels meines Nachbarn. Aber "das" und "dies" sind nichts Neues in der Nachbarschaft.

Eigne ich mir "dies" an bzw. trete darin ein, oder gebe ich "das" meinem Nachbarn oder lasse ihn darin eintreten, so werde ich zu einem linken Aktivisten. Verbleibe ich im "das", werde ich ein rechter. Ein anderes Beispiel: "Das" ist alt, im Sinne von vorhanden. "Jenes" ist neu in der Nachbarschaft. Eigne ich mir "jenes" an, so werde ich progressiv, lehne ich es ab, werde ich konservativ.

Kannst du mir Beispiele zu linken, rechten, konservativen und progressiven Standpunkten nennen?

Die Links-, Rechts-, Konservativ- und Progressiv-Unterscheidung gilt für Gemeinsamkeitenbündel, aber natürlich auch für deren Objekte bzw. Agenten. Ein radikal-konservativer Umgang mit einem solchen Objekt erhält es, ein progressiver neuert es zu etwas, was es in der Gemeinschaft vorher nicht gab. Die alte Version des Objektes ist also, bis auf die erinnerten Teile, verloren. Linker und rechter Umgang erhält das Objekt, gibt es jedoch im ersten Fall jemand anderem bzw. teilt es mit ihm und behält es im zweiten Fall für sich selbst. Ich möchte dich daran erinnern, dass die verallgemeinerten linken und rechten Konzepte nicht isoliert voneinander auftreten. Der globale Liberalismus in der Wirtschaft ist eigentlich links, kollidiert aber mit der linken Idee der Solidarität, wenn die Gewinne hieraus nur wenigen Menschen zur Verfügung stehen. Daniel Binswangers Hinweis [247], dass man die Gewinne aus dem wirtschaftlichen Liberalismus doch solidarisch verteilen solle, würde daher zwei linke Konzepte miteinander verbinden. Der Protektionismus solidarisch aufgestellter Staaten gegen den Neoliberalismus (Abwehr von Billigkonkurrenz) wäre zwar antikapitalistisch, hätte aber rechte Anteile.

Nun zu deiner Frage. Aus heutiger Sicht entsprechen links-progressive Standpunkte beispielsweise dem Widerstand gegen die momentane Art der Reichtumsverteilung, dem Einsatz für weltweite ökonomische Solidarität, für die Entschärfung des Urheberrechtes. Die Kirche ist das beste Beispiel für eine links-konservative Organisation: Teilt mit den Armen, lasst die Schuldigen ihre Schuld mit euch teilen, aber nur so, wie JHWH es gesagt hat. (In

Deutschland) links-konservativ ist der Erhalt sozialer Errungenschaften, aber auch der gesetzlichen Gleichberechtigung sexueller Orientierungen, Religionen, ethnischer Zugehörigkeiten. Progressive rechte Standpunkte sehen momentan die Verstärkung der polizeilichen Überwachung aufgrund der erhöhten Terrorgefahr oder die Verschärfung des Urheberrechtes als notwendig an. Die Einführung der Hartz-IV-Gesetze sowie die Abschottung von Binnenmärkten zur Stabilisierung nationaler Ökonomien zähle ich auch dazu. Rechts-konservative Standpunkte sind der Schutz von Privatbesitz, juristische Gerechtigkeit, nationale Grenzen, aber auch zuverlässige politische Rahmenbedingungen für die Wirtschaft. Liberale Ideologien legitimieren den Widerstand gegen die Abschaffung individueller und gesellschaftlicher (erster und zweiter) Freiheiten. Progressiv liberal wäre z.B. die weltweite Aufhebung sämtlicher Handelsbeschränkungen, liberal-konservativ wären die Verteidigung des Datenschutzes oder des freien Verkaufs von Alkohol. Es gibt konservative Werte, die von vielen Linken, Rechten und Liberalen geteilt werden, und zwar, weil man sie als Errungenschaft der Höherentwicklung betrachtet und behalten will.

Gibt es auch linke Kriege?

Ich denke, schon. Rechte Kriege dienen dem Schutz oder der Vermehrung von Eigentümlichkeit, beispielsweise von Territorium, aber auch der von hierarchischen (Macht)Positionen von Gruppen oder Nationen gegenüber anderen. Verteidigungs- und Eroberungskriege sind daher rechte Kriege. Rechte Kriege sind mit dem Erwerb zum Zwecke des und dem Einbehalt von Waren durch dadurch privilegierte Menschengruppen zu vergleichen. Linke Kriege dienen eher der Gleichverteilung von Eigentümlichkeit. Es handelt sich dabei also eher um Missions- oder Revolutionskriege, in denen es darum geht, fremden Völkern eine bestimmte Lebensweise aufzuzwingen, die der Aggressor für die vortrefflichste hält. Linke Kriege lassen sich mit dem linken Kapitalismus vergleichen, der möglichst allen Menschen möglichst die gleichen Waren verkaufen möchte und sie mit dem dafür notwendigen Geld ausstattet.

Was hat es mit der Toleranz auf sich? Ist die links oder rechts.

Vielleicht erinnerst du dich daran, was ich dir über die Eduktion gesagt habe. Prinzipiell kannst du davon ausgehen, dass jedes formulierte Gesetz korrekt ist. Die Menge der Agenten, die ihm folgen, kann jedoch zwischen null und einem endlichen Wert schwanken. Gesetze, die Gemeinsamkeiten vieler Agenten beschreiben, sind begrenzt-universell. Falsifizierungsversuche durch Gegenbeispiele widerlegen das Gesetz als solches nicht, sondern loten den Rand der Gemeinsamkeit aus, die diejenigen Agenten teilen, welche das Gesetz befolgen. Trotzdem können begrenzt-universelle Gesetze eduktiv bewiesen werden. Die Eduktion, also die verallgemeinerte vollständige Deduktion und vollständige Induktion, muss die Logik, mit der sie die Gültigkeit des Gesetzes für Agenten ableitet, immer auf die Gemeinsamkeit beziehen, die jene Agenten teilen. Anders ausgedrückt: Die Logik, mit der ein allgemeineres Gesetz auf einen Spezialfall angewandt und ein spezielleres Gesetz verallgemeinert wird, darf nichts anderes als die Feststellung einer Gemeinsamkeit sein, die aber immer nur begrenzt-universell sein kann, sich also immer nur auf eine begrenzte Menge von Agenten bezieht.

Die sich an ihre Gemeinsamkeit anpassenden Agenten können jene durch den Anpassungsprozess aber verlassen, beispielsweise in Richtung einer attraktiveren, weil höherentwickelten Gemeinsamkeit. Dieser Prozess ist das Wesen der Höherentwicklung, die eben nicht linear erfolgt, sondern durch die Überwindung von Grenzen und Widerständen. Letzteres ist auch gut so, weil Grenzen und Widerstände die Menschen in den Gemeinsamkeiten halten, die zunächst für sie funktioniert haben.

Trotzdem können die Gemeinsamkeiten, an die sich die Individuen anpassen, ja zu falschen werden, beispielsweise wenn sich Gemeinsamkeiten objektiv wandeln, die Anpassung aber nach wie vor an die alten Gemeinsamkeiten erfolgt.

Und genau hier kommt die Toleranz ins Spiel. Bei der Toleranz handelt es sich um eine übergeordnete Fähigkeit des Menschen, wie beispielsweise das Lernen. Untergeordnete Fähigkeiten, wie das Zerstören einer Eierschale mit einem Stein, können angeboren sein. Die angeborene Lernfähigkeit jedoch erlaubt es dem Menschen, jene untergeordnete Fähigkeit erst zu entwickeln. Außerdem kann er das Lernen selbst weiterentwickeln. Toleranz dient dazu, bestimmte konkrete Verhaltensweisen hinzunehmen, die Voraussetzung für deren Anwendung.

Also ist hohe Toleranz ein linkes Phänomen?

Gegenüber allen Ereignissen und Verhaltensweisen ist auch die gesellschaftliche Linke nicht tolerant. Trotzdem vereinnahmt sie die Toleranz heute für sich und spricht der Rechten ab, tolerant zu sein. Meiner Meinung nach definieren beide Gruppen bestimmte IntegrationsWerte und damit Verhaltenskorridore, wodurch sie sowohl tolerant als auch intolerant sind. Die Links-Rechts-Kategorisierung teilt die Toleranz in diejenige gegenüber dem anderen und dem Eigenen, wobei sich das andere aufgrund der SelbstÄhnlichkeit der Welt nicht fundamental von dem Eigenen unterscheidet. Die Toleranz der Rechten bezieht sich auf die Schaffung von Eigentümlichkeitenbündeln mit undurchdringlichen Grenzen. Sie gesteht Menschengruppen, die bestimmte, sich voneinander unterscheidende Gemeinsamkeiten teilen, die Freiheit zu, ihre eigenen Anpassungsstrategien zu entwickeln, was insbesondere voneinander abgegrenzte Meinungen aber z.B. auch unterschiedlichen Reichtum beinhaltet. Ist sie wohlgemeint, kann man bei dieser Art von Toleranz auch von Respekt sprechen.

Die Rechte wird intolerant, wenn jemand versucht, diese Grenzen zu durchdringen. Die Toleranz der Linken besteht in dem Zulassen von Exgression. Die Intoleranz der Linken tritt bei der Blockierung jener zutage. Vom Individuum aus betrachtet, bedeutet linke Toleranz, jemanden in das eigene Eigentümlichkeitenbündel eindringen zu lassen. Linke Intoleranz bedeutet, jemandem das Bestehen auf das eigene, abgegrenzte Bündel zu verwehren. Rechte Toleranz lässt die Abgrenzung des anderen Individuums gegenüber der eigenen Sphäre zu, während rechte Intoleranz des einen dem anderen Individuum verweigert, die Grenzen seines Eigentümlichkeitenbündels zum Zwecke der Integration zu transzendieren. Für (Rechts) Links gilt auch die (In)Toleranz gegenüber dem Verlassen der eigenen Sphäre, ist aber in ihrer Bewertung als jene schwächer ausgeprägt. Linke und rechte (In)Toleranz ist immer mit instrumentellen Richtig-Falsch-Bewertungen von Eigentümlichkeiten verbunden und motiviert sich hieraus: Ich verlasse (behalte) meine Sphäre, weil ich sie für falsch (richtig) halte. Ich nähere mich (verwehre mich) der anderen Sphäre, weil ich sie für richtig (falsch) halte, jedoch bewerte ich häufig nur, um der Exgression (Reservierung) Willen. Das ist ein feiner Unterschied zu Marcuses parteiischer Verweigerung. Was wirklich richtig oder falsch angeht, ist die rein linke Herangehensweise ähnlich blind wie die rechte. Die rechte (linke) Toleranz ist zumindest dann nicht schädlich, wenn die Gemeinsamkeiten, in die man sich integrieren kann, mehrheitlich (nicht) zerstörerisch sind. Gleichwohl sind reine und linke und rechte Herangehensweisen rein theoretische Konstrukte, da sie in der Realität des zwischenmenschlichen Umgangs nicht voneinander zu trennen sind, was auch ein umfassendes Toleranzverständnis bzgl. jener Verhaltenskorridore erfordert.

Wozu ist die Toleranz nutze?

Die (In)Toleranz ist unerlässlich für die leidreduzierte und leidreduzierende Höherentwicklung. Stelle dir ein Gemeinsamkeitenbündel vor, das die begrenzte Gemeinschaft und damit auch sich selbst für eine begrenzte Zeit höherentwickelt. Die Gemeinschaft wird sie mindestens für eben jene Zeit konservieren wollen. Solche konservierten Gemeinsamkeitenbündel können genauso gut einen begrenzten horizontalen Progressivismus hervorbringen, wie den spätkapitalistischen Innovationsrausch, sie können Nachhaltigkeit, Stillstand, Solidarität und Protektionismus hervorbringen. Gemeinsamkeitenbündel sind aber grundsätzlich räumlich und zeitlich begrenzt. Jenseits dieser Grenzen liegen andere Gemeinschaften vor. Dort entsprechen die ursprünglichen Gemeinsamkeiten nicht mehr den IntegrationsWerten, sie werden falsch. Dabei kann die Gemeinsamkeit bewahrt sein, lediglich ihre Ausprägung gewandelt. Die Gemeinsamkeit kann sich jedoch ebenfalls beim Grenzübertritt wandeln. Toleranz beinhaltet die Akzeptanz von

Gemeinsamkeiten/Eigentümlichkeiten. Ohne jene Akzeptanz wäre es nicht möglich, die Gemeinsamkeiten und ihre Grenzen innerhalb der Gemeinschaft eduktiv zu verifizieren, sich an sie anzupassen oder gar sich weiterzuentwickeln, da man ja in die höherentwickelten Gemeinsamkeiten/Eigentümlichkeiten zuungunsten der alten nicht einfach hineinwechseln kann. Man würde stattdessen evolutionär ausgesiebt.

Das bedeutet, Toleranz ist überlebensnotwendig.

Richtig. Man kann die (In)Toleranz als Überlebens-, im Sinne von Anpassungsstrategien betrachten. Ein höherentwickeltes Gemeinsamkeitenbündel entsteht nämlich dadurch, dass sich die emergente höherentwickelnde Gemeinsamkeit daran angeheftet hat, indem tolerante Individuen es betreten, es zu ihrer Eigentümlichkeit gemacht, während sie falsche - bis auf die Erinnerung - verlassen haben, ihnen gegenüber also intolerant geworden sind. Aufgrund der Unzulänglichkeit ist die Weiterentwicklung in der Realität jedoch nicht garantiert. Aus dieser Unsicherheit heraus könnte man eine eher linke Strategie für die Weiterentwicklung verfolgen, indem man sich andere Eigentümlichkeiten ebenfalls zu eigen macht und die eigene in andere einbringt. Man könnte sich aber auch abschotten und auf eine Emergenz aus den abgeschotteten Eigentümlichkeitenbündel heraus hoffen. Letztere wäre eine eher rechte Strategie. Man könnte weiterhin eine konservative Strategie verfolgen, indem man sich misstrauisch gegenüber allem vermeintlich Neuen verhält und eine eher progressive, wenn man das Neue grundsätzlich begrüßt und übernimmt, egal welche Aussicht es hat, die Lage der Gemeinschaft zu verbessern. Die repressive oder instrumentelle Toleranz würde all das zulassen: Die Abschottung vor anderen und neuen Eigentümlichkeiten und die permanente Transzendenz in andere und neue Eigentümlichkeiten, inklusive derer, die zu einer Verschlechterung führen. Die praktische Toleranz würde versuchen, jene im Rahmen der Anpassung und Höherentwicklung auszuschließen. Alle Strategien sind sich jedoch ähnlich, da sich auch das Eigene, das andere, das Neue, das Alte, das Instrumentelle und das Praktische aufgrund der Begrenztheit ähnlich sind.

Aber keiner dieser Wege garantiert dauerhaften Erfolg. Irgend-
wann/wo kann die vormals/woanders höherentwickelnde Gemein-
samkeit als solche nicht mehr konserviert werden.

Jede Anpassung und somit jede Entwicklung, auch die von Ent-
wicklungsprozessen selbst, verlaufen kontingent, da der Ähnlich-
keitsindex, d.h. der Anteil geteilter Gemeinsamkeiten, niemals
100% (aber auch nicht *0%*) beträgt. Die genetische Evolution ist
eine Gemeinsamkeit, die ihre Agenten und sich selbst begrenzt-
universell höherentwickelt, und zwar in kontinuierlichen Schritten.
Aber sie ist nur eine mögliche. Die gesellschaftliche Entwicklung
ist ihr ähnlich, aber nicht gleich. Die Toleranz erlaubt es Agenten
hier viel stärker in Gemeinsamkeiten, auch alternative begrenzt-
universell-höherentwicklende, zu wechseln/ sie zu erschaffen und
daher mit diskontinuierlichen Wandlungen besser zurechtzukom-
men. Und damit meine ich nicht nur die Bereitschaft, sondern die
Fähigkeit zur Toleranz. Letztere ist besonders dann gefragt, wenn
es zu einem *game changer* kommt, d.h., wenn die sich und die
Agenten früher beständig höherentwickelnde Gemeinsamkeit sich
selbst zugunsten von einer neueren/anderen zerstört. Stelle dir einen Laden vor, der seine Betreiberfamilie über Generationen hinweg versorgt und glücklich gemacht hat, dessen Konzept aber neu
ausgerichtet werden muss. Der Ladenbesitzer muss nun sowohl
dem Neuen als solchem gegenüber tolerant sein, als auch mehreren
Alternativen des Neuen, denn sie alle können höherentwickelnd
sein. Der klassische Marxismus kennt jene Toleranz nur teilweise.
Er suggeriert vielmehr eine unausweichliche Abfolge historisch
und in der Entwicklung vertikal aufeinander aufbauender ökonomischer Gemeinsamkeiten. Dieser Prozess geschehe noch dazu
ohne Zutun der sie teilenden Agenten, die erst durch die Anweisung einer erleuchteten Avantgarde in die vorbestimmten Gemeinsamkeiten hineinwechseln und sich an sie anpassen müssen.

Was würde bei maximaler Toleranz in der Gesellschaft geschehen?

Deine Frage zielt auf das Toleranzprinzip und das Toleranzparadoxon ab. Das Toleranzprinzip besagt, dass die Gesellschaft ideal sei, wenn alle zueinander maximal tolerant wären. Allerdings entsteht ein unlösbares Dilemma, denn Toleranz ruft Intoleranz gegenüber sich selbst hervor. Das von Karl Popper formulierte Toleranzparadoxon zeigt es auf: "Uneingeschränkte Toleranz führt mit Notwendigkeit zum Verschwinden der Toleranz. Denn wenn wir die uneingeschränkte Toleranz sogar auf die Intoleranten ausdehnen, wenn wir nicht bereit sind, eine tolerante Gesellschaftsordnung gegen die Angriffe der Intoleranz zu verteidigen, dann werden die Toleranten vernichtet werden und die Toleranz mit ihnen." [7, Band 1: Der Zauber Platons] Poppers Einwand ist sicher richtig, aber was sind die Konsequenzen daraus? Momentan geistert die Formel: 'Keine Toleranz der Intoleranz', als neuer "Kategorischer Imperativ" durch die Welt. Transzendental gesprochen wird (In)Toleranz gegenüber den Bedingungen für die Möglichkeit von (In)Toleranz gefordert. Damit ist gemeint, dass die tolerante Gemeinschaft intolerant gegenüber Verhalten sein sollte, das die Grundlagen ihrer Toleranz unterminiert. Popper zog die überwiegend tolerante Gesellschaft stattdessen vor und sah die vernünftige Auseinandersetzung mit der Intoleranz als den besseren Weg an, als die Intoleranz ihr gegenüber. Schließlich würde man sonst eine Intoleranzspirale erzeugen. Das Problem bei der ganzen Sache ist jedoch, dass Toleranz und Intoleranz Metaebenen sind, die mit "richtig" und "falsch" keinesfalls identisch sind, aber heutzutage gern synonym zu diesen Begriffen verwendet werden. Eine umfassende Toleranz, also das Fehlen der Intoleranz, kann dennoch zu extremen Auswüchsen führen. Im eher rechten Verständnis bedeutet Toleranz: Jeder kann machen, was er möchte, solange ich tun kann, was ich möchte. Diese Herangehensweise ist stark ausgrenzend, desintegrierend und beruht fast ausschließlich auf gegenseitigem Desinteresse. Das eher linke Extrem besagt: Jeder soll der Transzendenz in (universell positiv bewertetes) Verhalten gegenüber tolerant sein, sodass alle irgendwann das gleiche Verhaltensspektrum aufweisen. Dieses Verständnis klingt gut, unterdrückt jedoch die Intoleranz gegenüber Verhalten, das ich für mich persönlich eben nicht akzeptieren würde.

Aber wie löst man das Toleranzparadoxon?

Es gilt als unauflösbar. Das Problem liegt halt darin, dass man nicht der (In)Toleranz gegenüber (in)tolerant sein sollte, sondern gegenüber dem (Falschen) Richtigen. Doch was für die einen das Richtige ist, ist für andere das Falsche. Befreiungs- und Unterdrückungsgefühle können sowohl gegenüber eingeforderter Intoleranz als auch Toleranz entwickelt werden. Aus verhaltensökonomischen Gründen stellt sich meist ein sogenanntes Nash-Gleichgewicht ein. Spieltheoretisch kann man folgende Situation entwickeln (nach Karl Sigmund): Die Deutsche Bahn beschließt, ein Jahresticket für Vielfahrer einzuführen. Es soll *210* Euro kosten. Leider gibt es auf der Strecke notorische Schwarzfahrer. Die Bahn befragt die Kunden, ob sie den Schaden durch die Schwarzfahrer auf die Tickets umlegen solle, was zu einer Preiserhöhung von zehn Euro führen würde, oder ob sie Kontrolleure einstellen soll, was den Ticketpreis um zwanzig Euro verteuern würde. Bei absoluter Transparenz stellt sich ein sogenanntes Nash-Gleichgewicht zwischen *220* und *230* Euro bei Ticketpreisen ein. Die Kunden tolerieren die Schwarzfahrer und den um zehn Euro erhöhten Ticketpreis, während die Schwarzfahrer ihr asoziales Verhalten derart einpegeln, dass der Ticketpreis nicht über *230* Euro steigen muss. Wenn sie es jedoch übertreiben, wird die Gemeinschaft intolerant und die Bahn führt Kontrollen ein. Die Toleranzschwelle wurde überschritten. Das Faszinierende daran ist, dass das Nash-Gleichgewicht den Eindruck einer absolut toleranten Kundengemeinschaft vermittelt, denn sie tolerieren genau das Verhalten, das die Schwarzfahrer an den Tag legen. Tatsächlich würde ohne das Damoklesschwert der Intoleranz irgendwann jeder schwarzfahren. Derselbe Fehlschluss kann auch umgekehrt entstehen, beispielsweise, wenn die Bahn die Ticketpreise von Anfang an auf *230* Euro festlegt und Kontrolleure einstellt. Wäre ihre Strategie intolerant? Stellt sie alle Fahrgäste unter Generalverdacht? Sicher nicht, denn sie stellt nur so viele Kontrolleure ein, wie sie für die wenigen erwarteten Schwarzfahrer für nötig erachtet. In die Gesellschaft kann man diese Situation wie folgt übertragen: Ist der Aufwand, ein bestimmtes Verhalten zu intolerieren/tolerieren größer als der, es zu tolerieren/intolerieren, so werde ich mich immer tolerant/intolerant verhalten. Anders herum: Ist es für mich aufwendiger/weniger aufwendig, mich einem bestimmten Verhalten anzuschließen als es zu ignorieren, so werde ich es immer ignorieren/mich ihm anschließen. Bedenke, dass diese "Moral" aus rein ökonomischen Erwägungen folgt. Eine menschlichere Moral würde Toleranz und Intoleranz nicht vom Aufwand, sondern, in Kants Sinne, vom allgemeinen Glück und vom Leidabbau abhängig machen, auf keinen Fall jedoch an (In)Toleranz um ihrer selbst willen.

Bleibt die Links-Rechts-Kategorisierung immer bestehen?

Bestimmt nicht! Seit der Präsidentschaftswahl in Frankreich 2017 habe ich das Gefühl, dass die Links-Rechts-Ideologien zukünftig von "entgrenzenden" und "begrenzenden" abgelöst werden, also auf die Abschaffung/Herstellung von Grenzen abheben und nicht auf deren Transzendenz. Die Gründe für die veränderten ideologischen Orientierungen sind, meiner Meinung nach, die ökonomische Globalisierung, die entgrenzte spätkapitalistische Selbstverwaltung und die momentane Schwäche der Sozialdemokratie. Die veränderten Antagonismen werden durch die Forderung nach räumlicher, zeitlicher und gedanklicher Grenzenlosigkeit auf der einen und die Sehnsucht nach Geborgenheit und Identität auf der anderen Seite schließlich in allen Lebensbereichen reflektiert werden. Die Befürworter der begrenzenden Ideologie fürchten das Verschwinden des Schutzraumes, den ihnen die Grenzen bieten. Die Befürworter der entgrenzenden Ideologie befürchten, dass sie innerhalb der Grenzen eingesperrt werden.

Allerdings kann sich eine Welt ohne Grenzen in etwas ganz anderes als eine mit schwellenhaften Grenzen verwandeln. Wenn das eine Lager die Dinge vor allem global sieht und hofft, dass lokal in ihrem Sinne gehandelt wird und das andere Lager die Dinge lokal sieht und hofft, das global in ihrem Sinne gehandelt wird, verlaufen sie für keines der Lager unkontrolliert/divers. Somit sind beide Narrative, die begrenzende (Ich bleibe hier, denn hier ist es überschaubar) als auch die entgrenzende (Ich brauche keine Gren-

zen, denn es soll eh überall so sein, wie ich es möchte) agentenbe-
zogen antipluralistisch. Kapitalistische Unternehmen können sich
in den beiden Polen wiederfinden. Die Unterschiede zwischen den
Staaten und Staatenbünden, z.B. beim mittleren Lohn, können einerseits für den Profit genutzt werden. Auf der anderen Seite kann
das Nichtvorhandensein von Unterschieden, z.B. im Konsum,
ebenfalls zu gewaltigen Profiten führen. Interessant ist das Verhältnis der Sozialdemokratie zu diesen ideologischen Bewegungs-
richtungen. Die entgrenzende Sozialdemokratie kann durchaus die
Idee der internationalen Solidarität (Gleichheit) abbilden, die begrenzende dagegen die der nationalen und europäischen Sozialsysteme zum Auffangen der Globalisierungsverlierer. Tatsächlich
läuft die Sozialdemokratie aber Gefahr, beim Vertreten begrenzen-
der sozialpolitischer Standpunkte für nationalistisch gehalten zu
werden und beim Vertreten pauschaler entgrenzender Standpunkte
für ignorant gegenüber dem globalisierten Kapitalismus und den
Unterschieden zwischen den Staaten. Somit kann sich die Sozialdemokratie durchaus zwischen den beiden Polen zerreiben.

Die Verneinung sowohl der internationalen als auch der nationalen
Solidarität findet man im Thatcherismus der 1980er Jahre. Die damalige konservative Politik wird in [248] beschrieben. Der funktionierte getreu dem Motto: Wir helfen weder den Losern im Inland,
von denen wir trotzdem Steuern kassieren, noch denen im Ausland,
mit denen wir trotzdem Handel treiben. Es bleibt abzuwarten, ob
die junge Generation die Grenzenlosigkeit moralisch kultivieren
wird oder ob diese nachhaltig ein Unglücksgefühl produziert. Im
ersteren Fall werden sich die entgrenzenden und begrenzenden
ideologischen Richtungen nachhaltig etablieren. Ich gehe jedoch
davon aus, dass das Abschaffen der Grenzen und damit auch deren
Transzendenz, zur Desintegration und Destabilisierung führen und
nicht von Dauer sein wird: Es werden neue Strukturen etabliert
werden, die, wie bei jeder Progression, falsche und richtige Gemeinsamkeiten beinhalten können.

*Und aus den ideologischen Strömungen entsteht der Extremis-
mus?*

Linksextremismus äußert sich in der gewaltsamen Bekämpfung von Eigentum und denjenigen, die mehr ihr Eigen nennen als andere. Den 'Wertlosen' der Gesellschaft sollen 'wertvolle' Gemeinsamkeiten aufoktroyiert werden. Rechtsextremismus idealisiert die Abgrenzung und bekämpft die Angehörigen ethnischer Minderheiten und die vermeintlich 'Wertlosen' in der Gesellschaft.

Doch wie soll man den Extremismus bekämpfen?

In den 1990er und den 2000er Jahren gab es im deutschen Alltag eine massive Einschüchterung der Bevölkerung durch Neonazis und Rassisten, die viele Menschen ermordet haben. Gegen diese hat sich ein breiter gesellschaftlicher, politischer und kultureller Widerstand gebildet. Man glaubte allerdings, politisch rechte Ansichten, identitäre Folklore und Gewalttätigkeit wären gleichzusetzen, d.h., man könne mit der Vernichtung der Ersteren auch die Letztere vernichten, wobei das politische Gegenteil von "rechts" ausschließlich gut wäre. Man hat aber nicht bedacht, dass man sich nicht etwa gegen eine politische Richtung wehren musste, sondern gegen Gewalttätigkeit, Rassismus und Extremismus selbst. Entgegen der Ansicht der Extremisten ist die Politik für sie nämlich zu einer rein instrumentellen Hülle verkommen.

Gibt es eine dominierende Ideologie in Europa?

Heutzutage kann man eine Ausrichtung des veröffentlichten Zeitgeistes in Westeuropa und den USA auf die linksbürgerlichen, progressiven Milieus beobachten, noch. Meiner Meinung nach liegt das an deren momentan hohem Konsumwert, über den wir ja schon geredet haben, sowie an der Konformität des Progressivismus mit der spätkapitalistischen Art der Profitmaximierung. Das heutige bürgerlich linke Milieu reklamiert das "gut" sein nach wie vor für sich, auch wenn seine Vertreter in der praktischen Arbeitswelt zu genau denselben Ausbeutern geworden sind, gegen die sie ursprünglich gekämpft haben. Dieser Widerspruch ist dem Milieu bewusst. Es versucht, ihn durch immer neue milieuspezifische Bedürfnisse vor sich selbst zu verschleiern. Die Entmenschlichung des vermeintlich Verantwortlichen ist hierfür ein probates Mittel.

541

Was meinst du mit dieser Entmenschlichung?

Wie du weißt, gehe ich davon aus, dass ein durch die Konditionierung auf ungezügeltes Profitstreben in Gang gesetzter Mechanismus das spätkapitalistische Jammertal erzeugt, ohne dass ich den Menschen von jeder Verantwortung freispreche. Regressive Antikapitalisten (die einer rückschrittlich/reaktionären, undifferenzierten Kapitalismuskritik anhängen) versuchen entweder, die Verantwortung für sämtliches Unglück dem "System" anzuhängen oder dem einen Prozent an vermeintlich unmenschlich agierenden Ausbeutern, die *99%* der Menschen ins Unglück stürzen. Der regressive Antikapitalismus überhöht den systemischen Charakter der kapitalistischen Ausbeutung oder negiert ihn vollständig, in jedem Fall das Zutun jedes Einzelnen, um stattdessen wenige vermeintlich verantwortliche Ausbeuter zu entmenschlichen. Dies geht stark in die Richtung von Verschwörungstheorien. Ich habe mir kürzlich einen Vortrag von Sebastian Voigt, gehalten 2012 bei der Amadeu-Antonio-Stiftung in Berlin, angehört [249]. Meiner Meinung nach kann man aus diesem Vortrag ableiten, dass solche Verschwörungstheorien heutzutage in allen antikapitalistischen Bewegungen Verbreitung finden.

Wie meinst du das?

Aus dem Vortrag von Voigt geht hervor, dass sowohl rechter als auch linker Antikapitalismus die Schuld am menschlichen Unglück häufig auf bestimmte Personengruppen schiebt. Meiner Meinung nach kann man diese Gruppen etwas lax wie folgt klassifizieren: Links hat z.B. Banker, Börsenmanager, global agierende Konzerne im Visier. Rechts schürt die Angst vor finanzstarken Ausländern, die Europa angeblich übernehmen wollen und der angeblichen jüdischen Weltverschwörung. (Freaks sehen Aliens oder Freimaurer als größte Gefahr.) Alle diese Argumentationen vermischen sich oft untereinander. Voigt macht deutlich, dass gerade die Kapitalismuskritik von Linken und Gewerkschaften, obwohl sie nicht wirklich konkret wird, sich ebenfalls nahe am Antisemitismus bewegt, insbesondere dann, wenn sie sich auf Finanzmärkte richtet. Die Nazis hatten eine ähnliche Argumentation als vermeintlichen Gegensatz zwischen schaffendem und raffendem Kapital formuliert. Das heute gern von links benutzte, ähnliche Schlagwort lautet: "Das Geld regiert die Welt, doch wer regiert das Geld?"[249]. Eine Anmerkung meinerseits: In DDR-Karikaturen zum Zwecke der Israel- oder USA-Kritik war die Bedienung antisemitischer Klischees Gang und Gäbe. Bilder, die Heuschrecken zeigen, die die brav arbeitende Bevölkerung aussaugen, erinnern auch heute an die Bildsprache der Nazis. Das Bild der Heuschrecken kann direkt mit der jüdischen Mystik in Zusammenhang gebracht werden. Meiner Meinung nach gibt es durchaus viele Linke, die die Nähe des regressiven Antikapitalismus zu dem der Nationalsozialisten erkennen. Leider sind jene primär bestrebt, die linke Identität als Anti-Nazi-Kraft zu bejahen, wodurch die Erwägung jener Nähe tabuisiert wird.

An dieser Stelle begeben wir uns auf das Gebiet der identitären Pauschalisierungen und Überhöhungen. Pauschal-identitär kann als die Zuschreibung von Wertungen und weiterer Eigentümlichkeiten zu einer bestimmten Zugehörigkeit/Herkunft verstanden werden, entweder als vermeintliche pauschal feststehende innere (rechts-identitär/rassistisch) oder als vermeintliche pauschale Zuschreibung durch alle anderen Menschen (links-identitär). Notwendig-identitär sind hingegen persönlich gewertete Gemeinsamkeiten, mit denen sich das Individuum identifiziert/sich an sie anpasst und so der Entfremdung entgegenwirkt. Die pauschale Überhöhung von Besonderheiten kann einerseits Hass gegen andere erzeugen, denn das Gefühl, zur Mehrheit der Guten zu gehören, die sich z.B. gegen wenige böse Ausbeuter zur Wehr setzt, ist sehr verführerisch. Dieser Konformismus wirkt gleichzeitig als Vorwand und als Massen-Psychotherapie. Jene ist vergleichbar mit der der DDR-Bürger nach dem Zweiten Weltkrieg: 'Im Westen wohnen die bösen alten Nazis, im Osten die guten Kommunisten.' Identitäre Überhöhung kann ebenfalls Konformismus und Dogmatismus innerhalb der überhöhten Gruppe erzeugen. Z.B. MUSS man in einem dogmatischen Linkssein Grenzen überschreiten, man MUSS immer der andere sein, man MUSS sich an die anderen angleichen, man MUSS sein ICH im Kollektiv auflösen, ob das nun gut für einen ist oder nicht. Dieser linke Dogmatismus kann zu einer wertfreien Flexibilität führen, die typisch für den Spätkapitalismus ist, und zu Vereinheitlichung, z.b. der Kleidung, Verhalten, Ansichten. Meist handelt es sich nicht um eine selbstorganisierte Vereinheitlichung, sondern um eine Orientierung der Mehrheit an bestimmten, dominanten Gruppen. Diese Phänomene führen zur Unterdrückung der individuellen Bedürfnisse. Zum dritten bewegt sich die Linke in einem pauschal-identitären Weltverständnis weg vom Kampf um gleiche Rechte und sozialen Ausgleich zwischen den Individuen hin zur Gegenüberstellung von Gruppen anhand weniger, gruppenspezifischer Besonderheiten. Zu jenen Gruppen gehören ökonomische Schichten und Klassen, aber auch ethnische oder religiöse Minderheiten. Diskriminierung von Gruppen existiert natürlich (Antisemitismus, Hautfarbenrassismus ...). Die Gefahr besteht jedoch darin, dass die identitäre Linke die individuellen Angehörigen jener Gruppen auf diese Besonderheiten reduziert, sie nicht mehr unterscheidet, somit entmenschlicht. Evtl. liegt im Bedürfnis nach Komplexitätsreduktion auch das nach identitärem Denken.

Weitere ideologische Links-Rechts-Auseinandersetzungen brachte sicherlich die Wahl von Donald Trump.

Es ist erstaunlich, mit welcher Hysterie die die linke Leserschicht adressierenden Medien versuchten, den Wahlsieg von Donald Trump nachträglich ungeschehen zu machen.

Na bestimmt kam die Empörung daher, dass dieser merkwürdige Mann überhaupt gewählt worden ist, oder denkst du nicht?

Aber warum hat man ihn überhaupt gewählt? Die Ursache für diese und frühere Verwerfungen ist, meiner Meinung nach, letztendlich die Relativierung grundlegender sozialdemokratischer Ideologiefragmente durch linke Parteien, die nach neuen Wählern in der vermeintlich wachsenden gehobenen Mittelschicht suchen, welche sich ja auch aus ehemaligen klassischen Arbeiterfamilien

entwickelt hat. In dem Artikel "Die rechte Linke" von Daniel Bins-
wanger in "Das Magazin" vom 17.12.2016 werden die Ursachen
für den Wahlerfolg von Donald Trump auf den Punkt gebracht
[246]. Die Hauptthese des Artikels ist, dass die politische Linke in
den letzten *70* Jahren eine grundlegende Wandlung vollzogen hat.
Der Autor unterscheidet die alte Linke vor der 68er Bewegung und
die neue Linke danach. Die alte basierte auf der in den Gewerkschaften organisierten Arbeiterschaft, die, durchaus mit viel Nationalstolz, versucht hat, Sozialpolitik mitzugestalten, soziale Forderungen durchzusetzen. "Die traditionelle Linke kämpfte für
Wohlstand und Würde der untersten Einkommenskategorien. Ihre
Botschaft war: Ihr seid ganz unten, weil ihr ausgebeutet werdet."

Über die 68er Bewegung hinweg hat sich diese alte Sozialdemokratie in eine neue Linke transformiert, die eher gesellschaftspoli-
tisch als sozialpolitisch agiert. "Der Vietnamkrieg brachte weite
Teile der amerikanischen 68er-Generation dazu, mit allen Formen
des Nationalismus zu brechen. ...Die Bürgerrechtsbewegung wiederum führte dazu, dass Minderheitenrechte, besonders die Emanzipation der Schwarzen, und die Gleichstellung der Geschlechter,
die vordringlichsten Programmpunkte wurden. Bis in die Sechzi-
gerjahre waren die Demokraten ganz einfach die Partei der Unterschicht. Dann setzte der schrittweise Wandel ein zur Partei der
Minderheiten, der Frauenemanzipation und der internationalen
Öffnung. Die demokratische Agenda begann immer mehr die
Werte der akademischen Mittelschicht und immer weniger die Anliegen der amerikanischen Arbeiterklasse zu spiegeln. Heute hat
die amerikanische Linke ihre eigentümliche Basis nicht mehr in
den Gewerkschaftsorganisationen, sondern an den Eliteuniversitä-
ten. Stammwähler sind nicht mehr die Arbeiter, sondern die *pro-
fessionals*, das heißt die hochqualifizierte, akademische Mittelschicht."

Mit Verweis auf den Harvard-Ökonomen Dani Rodrik führt der
Autor aus, "dass selbst gemäss der akademischen Freihandelsthe-
orie die Umverteilungseffekte massiv stärker sind als die Wohl-
fahrtsgewinne. In einer idealen Welt wäre das zwar kein Problem,
da das durch Freihandel erzielte zusätzliche Volksvermögen dazu

verwendet werden könnte, flankierende Massnahmen zu ergreifen, die Verlierer aufzufangen, umzuschulen, mit äquivalenten Jobs in anderen Branchen zu versorgen. In der realen Welt geschieht von alldem aber kaum etwas." Die beschriebenen Verlierer der Globalisierung haben zu Recht erwartet, dass sich der Staat mit der Botschaft 'Die Globalisierung wird Euch unter Druck setzen, aber wir fangen Euch mithilfe der Globalisierungsgewinne in einem angepassten sozialen Netz auf' an sie wendet. Stattdessen stellt der aktivierende Staat die Chancengleichheit innerhalb der globalisierten Wirtschaft in den Vordergrund: "Globalisierung lässt sich nicht aufhalten. Ihr steht im Konkurrenzkampf mit chinesischen und mexikanischen Arbeitern. Die einzige Lösung besteht darin, dass ihr produktiver, innovativer, konkurrenzfähiger werdet. Wir werden alles tun, was wir können – aber es ist leider nicht sehr viel –, um eure Leistungsfähigkeit zu verbessern. Durch Bildungspolitik, Förderung, Versicherungsschutz, rudimentäre soziale Abfederung. Wir kämpfen dafür, dass ihr auf dem Markt eine Chance bekommt. Aber wenn ihr nicht imstande seid, diese Chance zu nutzen, können wir nichts mehr für euch tun. Dann seid ihr selber schuld und bekommt, was ihr verdient."

Die amerikanische bzw. europäische Linke ist somit ein devoter Sklave der Globalisierung geworden, die die Arbeiterschaft inzwischen zum großen Teil negativ sieht. Hinzu kommt die merkwürdige Toleranz der neuen Linken gegenüber der Aushöhlung der institutionellen sozialen Netze, die man durch "Flexibilität" ersetzen zu können glaubt. Man wendet sich vom Kampf gegen etwas ab, dessen falsche Vernünftigkeit man fatalerweise akzeptiert hat. Aus diesen Gründen wurde der seit Langem bekennende Globalisierungsgegner Trump auch von den Arbeitern und Unterprivilegierten gewählt. Aus diesen Gründen glauben sie Politikern mit protektionistischen Herangehensweisen. Aus diesen Gründen feiern EU-Gegner in Europa Wahlerfolge bei der ehemaligen linken Klientel. Und aus diesen Gründen reagiert die neue Linke so hysterisch, da ihr schwant, dass sie ihren Rückhalt bei ihrer ursprünglichen Klientel verloren hat, die sich nun nicht mehr mit ihren ursprünglichen Vertretern identifiziert. In Deutschland ist die Gemengelage noch interessanter, da sich hier eine alternative Partei der Linken gegründet hat als auch eine Partei, die enttäuschte Arbeiter und enttäuschte Konservative binden kann. Die Stimmen für die Linkspartei und die Alternative für Deutschland (AFD) sind zum großen Teil Stimmen von ehemaligen Wählern klassischer Sozialdemokratie, den Arbeitern.

Der Autor führt ganz am Anfang seines Artikels ein Zitat des Philosophen Richard Rorty an: "An einem bestimmten Punkt wird etwas einreissen. Die nicht zur gehobenen Mittelschicht gehörende Wählerschaft wird beschliessen, dass das System gescheitert ist, und wird sich einen starken Mann suchen, den sie wählen kann – einen, der bereit ist zu versprechen, dass überhebliche Bürokraten, gerissene Anwälte, überbezahlte Finanzexperten und postmoderne Universitätsprofessoren unter seiner Regierung nicht mehr das Sagen haben (…)Die Fortschritte der letzten vierzig Jahre, die schwarze, braune und homosexuelle Amerikaner gemacht haben, werden ausgelöscht werden. Schlüpfrige Verachtung für Frauen wird wieder normal werden (…) Alles, was die akademische Linke inakzeptabel zu machen versuchte, wird zurückkommen. Das ganze Ressentiment, das Amerikaner ohne höhere Bildung empfinden, wenn sie sich ihr Benehmen von Universitätsabgängern diktieren lassen sollen, wird plötzlich durchschlagen." Fazit des Autors: "Eine Linkspartei erfüllt nur dann ihre Mission, wenn sie prioritär die Interessen der Unterschicht vertritt", trotz der Globalisierung. Die nächste Stufe der Auflehnung der Arbeiter kommt nämlich bestimmt - in Folge der Robotisierung der Produktion, die ohne soziales Netz ähnliche Effekte wie die Globalisierung haben wird.

Du hast von der regressiven Linken gesprochen. Was meinst du damit?

Der Begriff geht auf eine Religionskritik zurück [250], die heute leider auch von Demagogen missbraucht wird. Allgemein gesprochen ist die regressive Linke bzgl. der humanistischen Werte rückschrittlich. Die befreiende Toleranz gegenüber Minderheiten ist ein humanistisches Anliegen zur Verhinderung des Faschismus. Die regressive Linke übertreibt ihre Toleranzidee insoweit, dass sie sich tolerant gegenüber allen Standpunkten von willkürlich auserkorenen Gruppen verhält, egal ob diese den eigenen, historisch erworbenen Normen eklatant widersprechen oder nicht. Sie agiert repressiv tolerant. Möglicherweise resultiert das regressiv linke Verhalten aus dem Versuch, die eigene, durch repressive Integration erlangte Warentoleranz durch deren Übertragung auf gesellschaftliche Aspekte vor sich selbst zu legitimieren.

Ein Beispiel: Am 19.01.2017 erklärte Samuel Schirmbeck in einem Interview mit der "Jungle World" [251], dass er die Kritik an, in seinen Augen, reaktionären Zügen von Religionen als originär links betrachte. Als Linker der Pflicht zur Kritik nachkommend, würde er von deutschen linken Journalisten und Intellektuellen nicht etwa unterstützt, sondern als islamophob und rechts bezeichnet. Schirmbeck spricht in diesem Zusammenhang von der entfesselten, synonym zur regressiven Linken. Freunde wandten sich von ihm ab. Er verlor, wie auch momentan viele andere, die sich für Linke gehalten haben, seine politische Heimat.

Die Frage stellt sich allerdings, woher die Toleranz gegenüber der muslimischen Religion bei der Linken kommt.

Es ist wahrscheinlich eine Mischung aus der traditionellen Verbundenheit zwischen der westeuropäischen Linken und den zunächst antikolonialistischen, später antiisraelischen Bewegungen des Nahen Ostens und einer Art von Primitivismus, der mit der Romantik und Erotik des Orients zu tun hat. Schirmbeck sagt, dass die unreflektierte Hinnahme des Islamismus Ausdruck des linken Denkens aus den 70er Jahren sei, in dem zwischen der bösen Ersten Welt und der unschuldigen Dritten Welt unterschieden wurde. Die kapitalistischen Industriestaaten mit den USA an der Spitze seien dabei primär für das Unglück der Dritten Welt verantwortlich. Die muslimische Religion ist die heutige Inkarnation dieser Dritten Welt, auf den man sie von links bequemerweise reduzieren kann.

Der Islamwissenschaftler Bassam Tibi sagte in einem aktuellen Interview [252] augenzwinkernd, dass er im Zuge der 68er Bewegung in Frankfurt in kürzester Zeit von einem syrischen Fremdkörper im postfaschistischen Deutschland zu einem Star der Bewegung wurde, der nicht nur bei Horkheimer studierte, sondern noch dazu aus der vermeintlichen Dritten Welt stammte. In dieser Denke hat sich die regressive Linke seit *50* Jahren eingekuschelt. Somit ist jede Kritik am Islam die Kritik an dieser Weltanschauung und somit an der Identität der regressiv Linken. Heute sind die Verachtung der westlichen Industriestaaten und die moralische Überhöhung der Dritten Welt zur Folklore des vermeintlich linken Milieus geworden und sie werden durch die Medien, welche diese Milieus mit Informationen versorgen, reflektiert.

Und wie sieht es mit der Rechten aus. Die wird ja heute pauschal als reaktionär betrachtet.

Ähnlich wie bei der Linken hat es auch bei der Rechten eine Abwendung von ihrer Klientel gegeben. Die ursprüngliche rechte Klientel war das national orientierte Bürgertum, das nach der Unabhängigkeit von den feudalistischen Machthabern, einem freien Handel innerhalb der jeweiligen Nation sowie Protektion ihrer Interessen und ihres Besitzes strebte. Die Idee der Nation war besonders deswegen wichtig, da sie langfristig stabile Rahmenverhältnisse für die Wirtschaft garantierte. Aus diesem Grund wird die rechte Ideologie heute gern mit Konservatismus verwechselt. Die Blüte der rechten Narrative fand im 19. Jahrhundert statt, während der Zeit des engagierten Bürgertums. Diese Zeit wird nicht mehr zurückkommen. Trotzdem gehen die wirtschaftliche Wertschöpfung und Innovation noch immer von den kleinen und mittelständischen Unternehmen aus. Laut dem IfM in Bonn betrug deren Nettowertschöpfungsanteil im Jahre 2014 *55%*. Der Anteil sozialversicherungspflichtig Beschäftigter in diesen Betrieben einschließlich der Auszubildenden betrug *78,9%* im Jahre 2015 [253]. Die politische Rechte müsste diese eigentümlich vertreten.

Und warum tut sie das nicht?

Bereits am Ende des 19. Jahrhundert., *100* Jahre vor den linken, haben die rechten Parteien fast schon zwangsläufig ihre ehemalige Klientel verraten müssen. Neue Generationen des Bürgertums kooperierten zunehmend mit dem Ausland, was den nationalen Protektionismus relativierte. Außerdem wurde es aufgrund der Monopolisierung zahlenmäßig immer kleiner und konnte demokratische Wahlen somit nur noch indirekt beeinflussen. Die rechten Parteien haben versucht, neue Wählergruppen, insbesondere im Arbeitermilieu zu binden. Hierzu erweckten sie den Eindruck, durch clevere Wirtschaftspolitik, üppig entlohnte Arbeitsplätze und damit Eigentum eher schaffen zu können als die linken Parteien, sowie jenes Eigentum zu schützen. Auch der heutige sogenannte "Linksruck" der CDU zielt nicht vordringlich auf sozialistische Politik ab, sondern auf die Bindung von vielen Wählerstimmen. Ihr "Linksruck" ist nur die konsequente Umsetzung dieses Verständnisses und wurde in der Berliner Erklärung [254] anlässlich der Klausurtagung am 14. und 15. Januar 2010 zusammengefasst. Die Großen Koalitionen mit der SPD waren gleichbedeutend mit einer repressiven Integration der Sozialdemokratie in die CDU-Interessen, wodurch sie marginalisiert wurde. Das lag nicht nur an der Übernahme ihrer Themen, sondern auch daran, dass sie sich als eine sozial ausgerichtete politische Kraft unter dem Integrationsdruck in den Dienst mehrerer unsozialer Projekte stellen musste.

Die Notwendigkeit einer Öffnung der CDU nach allen politischen Seiten wurde aus dem Wahlergebnis der Wahl von 2009 abgeleitet. In dieser Wahl erreichten CDU und CSU nur *33,8%* der Wählerstimmen und konnten nur wegen des guten Ergebnisses der FDP (*14,6%*) in einer schwarz-gelben Koalition regieren. In der Berliner Erklärung bekannte sich die CDU/CSU unter anderem zu einer "menschlichen Sozialpolitik", allerdings ähnlich wie unter Gerhard Schröder zu einer, die die Eigenverantwortung und Chancengleichheit in den Vordergrund stellt. Sie bekennt sich zur Generationengerechtigkeit, zur Integration von Migranten, zu konsequenter Umwelt- und Klimapolitik, gegen die rein liberale Marktwirtschaft, aber trotzdem zu Steuererleichterungen und Bürokratieabbau. Ohne gleichgeschlechtliche Partnerschaften zu erwähnen, formuliert man die Erklärung: "Wir spielen verschiedene Familienmodelle und Lebensentwürfe nicht gegeneinander aus." Diese Erklärung machte keinen Hehl daraus, dass die CDU/CSU langfristig versuchen wird, Wählerstimmen bei den Grünen, der SPD und der FDP zu holen. Die CDU/CSU verhält sich damit beinahe wie ein Exportunternehmen, das Ideologiefragmente mit enormer Produktivität herstellt und, für die Einheitswährung der Wählerstimmen, verkauft. Somit konkurriert sie die überrumpelten anderen Parteien nieder.

Analog zur Linken kann man die CDU heute als gewandelte Rechte bezeichnen. Der Begriff ist nicht zu verwechseln mit den neuen rechtsnationalen Bewegungen, in deren Nähe ich sie auf keinen Fall rücken möchte. Der notgedrungene Verrat der gewandelten linken und rechten Parteien an ihrer ehemaligen Klientel für ein Mehr an Wählerstimmen sorgt dafür, dass es zu einem permanenten Wählertausch und gleichzeitig einer Austauschbarkeit der Ideologien kommt. Da die aus der Globalisierung resultierenden entgrenzenden und begrenzenden Narrative heute für die ehemals linke und rechte Klientel gleichermaßen attraktiv und abstoßend sind, wird die Ununterscheidbarkeit der Parteien zunehmen.

Die demokratische Wahl politischer Parteien ist ja ein Paradebeispiel für einen selbstmotivierten Verwaltungsakt.

Die Wahl von Parteien, die ausschließlich ein System, möglicherweise sogar ein falsches, leidbringendes, reproduzieren, ist ein Aspekt der repressiven Selbstverwaltung. Der intellektuell wenig anspruchsvollen Totalverwaltungsgehorsam würde bedeuten, dass man unter offensichtlichem Zwang eine bestimmte Partei zu wählen gezwungen ist. Eine auf einem oder mehreren fremdproduzierten Ideologiefragmenten basierende rein systemreproduzierende Wahl ist eine intellektuell anspruchsvollere Verwaltungskonformität. Das repressive Bedürfnis nach Konformität dringt, meiner Meinung nach, momentan in alle gesellschaftlichen Bereiche ein.

Wie erzieht sich der Mensch aber zu dieser falschen Konformität?

Durch Imitation, dem direktesten Mittel für die Reproduktion der Verhältnisse. Imitation ist auch eine Methode, mit der der Mensch auf Verhaltensweisen reagiert, mit deren Trägern er Konformität anstrebt, insbesondere bei Orientierungslosigkeit. Ein bekanntes Beispiel ist der Primitivismus, eine Kunstrichtung, die in der Malerei, von Paul Gaugin (* 7. Juni 1848 in Paris; † 8. Mai 1903 in Französisch-Polynesien) vertreten wurde. Der Primitivismus geht davon aus, dass das Leben primitiver Völker moralisch reiner und erstrebenswerter ist, als das bürgerliche Leben dieser Zeit. Daher werden primitive Motive in der Kunst imitiert. Die Imitation funktioniert auch anders herum. Primitive Völker imitieren technologisch höherstehende. Dieser Trieb steckt tief in der menschlichen Psyche und entspricht nichts anderem als dem kindlichen Verfahren zum Lernen. Kinder imitieren das Erwachsenendasein, z.B. mit Puppen, mit selbst gebastelten Autos, Kaufmannsladen oder Worten, deren Sinn sie noch gar nicht verstehen. Entsprechend können Muster systemreproduzierender Verwaltungsakte durch Imitation auch in Bereichen auftreten, die zunächst nichts mit der Systemreproduktion zu tun haben.

Ein Beispiel für gesellschaftliches Konformitätsbestreben ist die Imitation der Konsumwerbung in nichtökonomischen Verwaltungsbereichen wie der demokratischen Politik. Außerdem imitiert man ökonomische Verwaltungen großer profitorientierter Unternehmen in nichtökonomischen Bereichen durch *benchmarking*, was übrigens auch das repressive Bedürfnis nach Jobs für professionelle Unternehmensberater und das Einbringen von deren Erfahrung in Bereiche außerhalb der Industrie schafft. Das betrifft den öffentlich-rechtlichen Rundfunk, aber auch immer mehr den Öffentlichen Dienst, inklusive der Schulen und Universitäten. Durch eine ausschließlich positive Markierung von Konformität innerhalb der psychologischen Konditionierung findet die Imitation ebenso Eingang in Kultur und Wissenschaft. Sie drückt sich im Wesentlichen durch die Verneinung von äußeren, regulierenden Kräften jenseits des *benchmarking* aus, ohne dabei das System selbst zu verneinen. Außerdem wird Perfektionismus in jeglicher Art von Anpassung, auch an die Unangepasstheit impliziert, ganz ähnlich wie bei der Anpassungsflexibilität in der Lohnarbeit.

Findet die Erziehung zur Verwaltungskonformität bereits in der Schule statt?

Das Bildungssystem im Spätkapitalismus ist ein wunderbares Subuniversum, um die Auswirkungen der repressiven Bedürfnisse auf den Menschen zu studieren. Grund hierfür ist, dass in diesem System ausgebildete Menschen wieder zu Lehrern werden, die nachfolgende Menschen in diesem System ausbilden. Durch diese Feedback-Schleife ist zu erwarten, dass die genannten Auswirkungen hier in viel stärkerem Maße zu spüren sind, als in anderen Subsystemen. Noch dazu ist das Bildungssystem in starkem Maße solidarisch finanziert und Eltern sind geneigt, Fehlentwicklungen in den Schulen zu tolerieren, um ihre Kinder nicht einer zusätzlichen Repression innerhalb der Schule auszusetzen. Was Eltern, deren Kinder die jeweilige Schule verlassen haben, nicht davon abhalten sollte, den Aufstand aus Solidarität mit den anderen/neuen Eltern zu versuchen.

Im Frühkapitalismus diente das Vermitteln von Wissen in der Ausbildung dazu, die Proletarier lediglich mit den geistigen Fähigkeiten auszustatten, die sie befähigten, ihre Arbeit zu verrichten, aber nicht das System der Ausbeutung (auch das der kirchlichen Gedankenkontrolle) zu durchschauen. Die Konditionierung der Schüler im Früh- und Hochkapitalismus ist speziell auf den Konkurrenzkampf ausgerichtet, nämlich auf das Belohnungsgefühl durch athletische Erfolge. Hierzu gehören nicht nur der Sport, sondern auch ganz generell die Schulnoten, über die die Schüler gern miteinander verglichen werden. Die Schulnoten selbst sind auch im Spätkapitalismus durchaus als Kapital zu verstehen, mit dem man später ein gutes Leben konsumieren kann.

Dasselbe passiert in den Universitäten, in denen die Studenten credit points sammeln müssen, um sich dafür dann ihren Bachelor- oder Mastertitel kaufen zu können.

Im verwalteten Spätkapitalismus kommt noch ein weiterer Aspekt hinzu: Jetzt dient die Schule dazu, die Kinder mit den geistigen

Fähigkeiten auszustatten, ihre zukünftigen repressiven Konsum- und Verwaltungsaufgaben zu erfüllen und die Fähigkeiten hierfür weiterzuentwickeln. Die Ausgebildeten werden auf ihre spätere Rolle als Mitglieder eines Konsummilieus und konform zur Verwaltung bzw. in Richtung der Selbstverwaltung konditioniert. Die Schulnoten sollen genau diese Konformität anzeigen.

Das Bildungssystem agiert zunächst selbst als beispielgebender Konsument. Lehrmittelproduzenten profitieren direkt vom Bildungssystem, d.h. vom Verkauf von Büchern, Taschenrechnern, Computern. Lobbyisten dieser Produzenten können bei angehenden Lehrern deren intellektuelle Begeisterungsfähigkeit ausnutzen. Über die Lehrmittelindustrie eingepflanzte, angeblich wissenschaftlich begründete, extravagante, sich ständig wandelnde Lehrmethoden stellen einen scheinbaren Ausweg aus der Unterforderungsfrustration junger Grundschullehrer dar. Man könne mit den Kindern "arbeiten", ja mit ihnen sogar "experimentieren", wozu man eben ständig neue Lehrmittel brauche. Letzteres ist das repressive Konsumbedürfnis.

Die negativen Folgen für die Kinder sind körperlich, wie der, aufgrund von Unmengen solidarisch finanzierter Unterrichtsmittel, schwere Ranzen und somit die Rückenprobleme, aber auch kognitiv. Ein Beispiel hierfür ist das Schweizer Modell des Pädagogen Jürgen Reichen. Dieser, enttäuscht von der Unfähigkeit der bemächtigten Philologen, die deutsche Rechtschreibung so zu vereinfachen, dass sie in den Schulen nicht zu ständiger Überforderung der Kinder führt, erdachte eine Art Revolution von unten, indem er empfahl, die Kinder so schreiben zu lassen, wie sie es hören, auch mit Fehlern, lediglich unter Zuhilfenahme einer Anlauttabelle [255]. Dadurch werden die Kinder tatsächlich motivierter schreiben. Dieses System führt aber insbesondere bei nicht-hochdeutsch erzogenen Kindern, wie Ausländern oder Dialektsprechern, zu ständigen Schreibfehlern. Der Fakt, dass früh erlernte fehlerhafte Schreibweisen sich im Gehirn festsetzen und später nur mit Mühen, meist gar nicht korrigiert werden können, wurde hier im Zuge des Enthusiasmus über die vermeintliche Befreiung des

Kindes einfach ignoriert [256]. Solche Befreiung hätte übrigens genauso gut über eine Rechtschreibreform erfolgen können.

Die Konsumkonditionierung findet aber auch in anderer Weise statt. Besonders bemerkenswert ist heutzutage das krampfhafte, geradezu hysterische Verwaltungsbedürfnis, Schülern den Umgang mit den elektronischen Medien vermitteln zu wollen. Die Hysterie resultiert aus der Geschwindigkeit, mit der sich die Dinge neuern. Das zukünftige Lesen von Texten auf elektronischen *tablets*, beispielsweise, vereint mehrere Aspekte. Zum einen ist es dem Lehrmittelhersteller möglich, noch profitablere Lehrmittel an die Schüler solidarisch subventioniert zu verkaufen, ohne sich den Aufstand der Eltern wegen zu schwerer Ranzen einzuhandeln, für die er ja ursprünglich selbst verantwortlich war. Zum anderen werden die Schüler an den Konsum eben dieser Medien gewöhnt, was sie im Erwachsenenalter dann als selbstverständlich ansehen werden.

Die Konformitätserziehung bzgl. eines bestimmten Milieus beinhaltet die Konditionierung der Schüler, unbedingt zu den Guten oder zur Mehrheit gehören zu wollen. Die Erziehung zum kritischen Diskurs gibt es in vielen Schulen fast nicht.

Die Verwaltungskonformität wird bei den Kindern besonders durch das Antrainieren der von Horkheimer angesprochenen horizontalen Flexibilität erreicht. Verschiedene Unterrichtsmodelle, speziell in nicht notwendiger Abweichung vom Frontalunterricht (welcher in instrumenteller Form wiederum zum Heranziehen von Befehlsempfängern geeignet ist), sollen diese Flexibilität in das Lebensgefühl der Kinder übertragen. Die erwähnte Anlauttabelle ist ebenfalls ein eingängiges Beispiel für die Konditionierung der Kinder auf die Selbstaktivierung bzw. Selbstmotivation, indem sie sich die Rechtschreibung in ausreichendem Maße selbst beibringen. Je intelligenter die Kinder, desto flexibler werden sie und desto eher werden sie selbst Verwaltungsprozesse generieren, anstatt nur befähigt zu sein, Verwaltungsanweisungen zu folgen oder die zur Systemreproduktion geeigneten auszuwählen.

Und wie geht es danach weiter? Was ist überhaupt die Zukunft der Arbeit im Spätkapitalismus?

Im Spätkapitalismus sind die Aufgaben des Proletariers die Entwicklung neuer repressiver Bedürfnisse, die Schaffung der Voraussetzungen für deren Befriedigung, die Befriedigung selbst, sowie Verwaltung. Er verrichtet also Lohn-, Konsum- und Verwaltungsarbeit. Hierzu stehen ihm jetzt sowohl die Lohnarbeitszeit als auch die Freizeit zur Verfügung. Im Zuge einer weiteren Steigerung der Produktivität wird er die genannten Aufgaben nicht nur be-/entfremdet, sondern zunehmend entgrenzt (d.h. nicht mehr an einem bestimmten Arbeitsort) und entmenschlicht (d.h. unter Verwendung von immer mehr künstlicher Intelligenz) durchführen. Außerdem werden sich alle genannten Bereiche vermischen.

Die Schaffung von repressiven Konsumbedürfnissen und der Waren für deren Befriedigung im Rahmen der Lohnarbeit gehen oft Hand in Hand. Dabei ist aus dem hochkapitalistischen 'Welche Probleme könnte der Kunde haben und wie können wir ihm bei der Lösung helfen?' ein 'Welche Probleme können wir dem Kunden aufschwatzen, für deren Lösung durch uns er möglichst viel Geld ausgibt, mit dem wir unseren Profit steigern können?' geworden. Die Ausführenden der, größtenteils in der Freizeit, erfolgenden repressiven Konsumbedürfnisbefriedigung gehören automatisch zu den Proletariern, also der Arbeiterklasse, denn sie erhalten für eine erzwungene, Profit schaffende Arbeitsleistung (den repressiven Konsum) keinen gerechten Lohn (nämlich gar keinen) und sind daher als ausgebeutet zu betrachten. Die Konsumarbeit wird sich in Zukunft ebenfalls be-/entfremden, entgrenzen und sogar entmenschlichen. Ausgangspunkt hierfür kann der im Internet eigenständig lebensmittelbestellende Kühlschrank sein. Dieser technisierte Konsumprozess wird sich in Zukunft nicht mehr auf Befriedigung rein materieller Konsumbedürfnisse begrenzen, sondern auf die aller repressiven Bedürfnisse ausdehnen.

In einer ersten Stufe, die wir jetzt schon erleben, werden vernetzte Sensoren versuchen, die profitablen Bedürfnisse selektiv zu erkennen und den Menschen entsprechend zum Konsum zu verführen.

Dieselben Sensoren werden irgendwann zu Aktuatoren, die dem Menschen den Wunsch zur Befriedigung eines profitablen Bedürfnisses einimpfen. Es wird aber nicht lange dauern, bis das spätkapitalistische System erkennt, dass der entmenschlichte Konsum wörtlich zu nehmen ist, d.h., viel besser ohne den Menschen abläuft. Auf diese Weise wird der Mensch letztendlich als Konsument überflüssig. Stelle dir einen Roboter vor, der Erz fördert, dann das Metall gewinnt, es mit irgendwelchen anderen Materialien mischt, daraus ein Smartphone baut, das ein anderer Roboter auseinandernimmt, die Metalle wieder trennt und sie in der Erde verbuddelt.

Welchen Anteil spielt die Verwaltung der Arbeit zukünftig?

Die auf selbstproduzierter instrumenteller Vernunft basierenden, systemreproduzierenden Verwaltungsakte, die Selbstverwaltung, haben den höchsten intellektuellen Anspruch. Der Arbeitsprozess wird in Zukunft stark durch Selbstverwaltungsarbeit bestimmt sein, weswegen Verwaltungskompetenzen eine viel größere Rolle spielen werden. Uwe H. Bittlingmayer beschreibt in einem Artikel aus dem Jahre 2002 mit dem Titel "'Spätkapitalismus' oder 'Wissensgesellschaft'?", veröffentlicht auf den Seiten der Bundeszentrale für politische Bildung (bpb) [257], akribisch die Herausforderungen bei der Erlangung der individuellen Voraussetzungen zur Teilnahme an der "Wissensgesellschaft". Ich persönlich erachte jene als Synonym für die Kompetenzen der Selbstverwaltung: "Zweitens werden von den sozialen Akteuren erweiterte Kompetenzprofile erwartet. Immer wichtiger wird die Fähigkeit zur Kommunikation und zur Teamorientierung, und zwar bis in den unmittelbaren Produktionsprozess hinein. Dabei werden fundierte Fachkenntnisse nicht etwa ersetzt, sondern erhalten den Status einer selbstverständlichen Handlungsressource." Weiter schreibt er: "Zentral ist weiterhin die Beherrschung von Metakompetenzen im Rahmen eines Wissens zweiter Ordnung, das darauf abzielt, die eigenen Fähigkeiten ständig im Sinne eines Kompetenzmanagements zu erweitern. In der Literatur sind Konzepte zur aktiven und selbstbewussten Begegnung der gesamtgesellschaftlich gestiege-

nen biografischen Unsicherheit benannt worden: Dazu zählen beispielsweise eine 'umfassende Selbstökonomisierung', 'Selfdevelo-
pment', 'Selbstvermarktug', 'aktive Biografisierung', 'Emotions-
management zur Selbstmotivation' und 'individuelle Sinngebung'".
Ähnliche Aussagen wurden bereits von Horkheimer im Rahmen
der Beschreibung der Selbstverwaltung getroffen. Die Metakompetenzen zur selbstverwalteten Entwicklung von Anpassungsbe-
dürfnissen/-strategien gehen aber keinesfalls automatisch mit einer
Garantie der Anpassung an die richtigen Gemeinsamkeiten einher.
Es erscheint aufgrund der erhöhten intellektuellen Leistung mitunter nur so.

*Du sagtest vorhin, alle Bereiche der Arbeit würden sich mit der
Freizeit vermischen, also Lohn-, Verwaltungs- und Konsumarbeit.*

Genau! Die Freizeit würde mit Zwängen gefüllt. Bittlingmayer
schreibt: "Drittens wird im Zuge neuer betrieblicher Organisati-
onsformen der Zwang zur Errichtung eines flexiblen Zeitmanage-
ments externalisiert. Sogenannte 'new forms of work', zu denen
eine Renaissance der Heimarbeit wie auch Arbeitsbefristungen
oder Werkverträge, Leiharbeit oder Teilzeitarbeit, Subunterneh-
mertum und Outsourcing zu zählen sind, zwingen den Menschen
ein Zeitregime auf, das die mit der klassischen Industriegesell-
schaft verbundene Trennung zwischen heteronomer Arbeit und
mehr oder weniger selbstbestimmter Freizeit faktisch aufhebt.
Stabile zeitliche Strukturierungen innerhalb der Arbeitswelt werden immer stärker betrieblich zurückgefahren, Arbeits- und Be-
schäftigungsverhältnisse entgrenzen. Das hat erhebliche Konsequenzen für die Alltagsorganisation, weil auf der Ebene der Le-
bensstile oder Lebensführung die Planung der Freizeit stärker als
bislang die Kompatibilität mit flexiblen betrieblichen Zeitregimen
berücksichtigen muss. Günter G. Voß spricht in diesem Zusammenhang sehr treffend von der 'Verarbeitlichung des Alltags'.
Auch diese Entwicklung hält Optionen bereit, allerdings lediglich
für diejenigen, die es verstehen, mit Zeit souverän umzugehen, und
welche die hierfür erforderlichen Unsicherheitsbewältigungskom-

petenzen im Sinne Peter A. Bergers erworben haben. Die systematisch gestiegene Zunahme von Unsicherheit und Flexibilitätszumutungen gilt es zu verarbeiten."

Bittlingmayer schlägt nun den Bogen zur Bildung: "Im Kontext der skizzierten Folgen des Wandels für jede/n Einzelne/n nimmt die individuelle Verfügung über Bildung offenbar eine Schlüsselstellung ein. Sie ist eine notwendige Voraussetzung für die Ausbildung von in Wissensgesellschaften wichtigen Kompetenzen zur Bewältigung von Unsicherheiten. Damit rückt die Frage nach schulischen Bildungsvermittlungsprozessen in den Mittelpunkt."

Schließlich schätzt er die angeblichen Chancen ein, durch Etablierung der Wissensgesellschaft zu mehr gesellschaftlicher Gerechtigkeit zu kommen: "Es ist unklar, worauf diese Hoffnungen beruhen. Weder hat beispielsweise die Bildungsexpansion zu einer Chancen- oder Leistungsgerechtigkeit beigetragen, noch sind durch die Produktionssteigerungen der letzten Jahrzehnte Phänomene sozialer Ungleichheit verschwunden."

Die Freizeit des Menschen wird von drei Seiten in die Zange genommen.

Ja, einmal dadurch, dass die Lohn- und Verwaltungsarbeit in die Freizeit verlagert werden und zum anderen durch den repressiven Konsum, der vornehmlich in der Freizeit stattfindet. Äußerungen des repressiven Bedürfnisses, den damit verbundenen Anforderungen gerecht zu werden, sind psychischer und physischer Natur, wie Schlaflosigkeit oder auch das permanente Teilen der Aufmerksamkeit in alle Richtungen zum Nachteil von Tätigkeiten, die eine Fokussierung der Aufmerksamkeit voraussetzen. Gern wird versucht, die Nacht als letzte Bastion der selbstbestimmten Freizeit ebenfalls repressiv zu übernehmen, z.B. durch Konsumverführung (Nachtleben), angebliche Schlafhilfsmittel aber auch medizinische Hilfsmittel zum Eingrenzen des Schlafes, getreu dem Motto: Wer nicht schläft, kann weitere ca. acht Stunden am Tag durch Konsum ausgebeutet werden.

Nun zur Vermischung zwischen Produktion und Konsum. Man kann in Zukunft davon ausgehen, dass die notwendige menschliche Arbeit im spätkapitalistischen Produktionsprozess nur noch einen marginalen zeitlichen Anteil ausmacht. Aber was passiert während des Rests der acht Stunden Lohnarbeitszeit pro Tag, fünf Tage pro Woche? Unter anderem wird die Lohnarbeit zur Konsummaschine. Die repressiven Konsumbedürfnisse werden nicht nur auf die Freizeit beschränkt bleiben, sondern auf die Lohnarbeit ausgedehnt werden. Deren Befriedigung liegt im Interesse des Gesamtsystems, weswegen Verschwendungen von Kapital sowie Verschuldung durch Konsumorientierung des Arbeitsprozesses inhärente Eigentümlichkeiten des Spätkapitalismus sind und nicht etwa durch diesen vermieden würden, wie es vielen Menschen logisch erschiene. Hierbei ist zu beachten, dass, im Gegensatz zu Einheiten ohne Konkurrenzdruck, d.h. Großkonzernen, Großbanken und Betrieben der öffentlichen Hand, die kleinen Unternehmen unter starkem Spar- und Konkurrenzdruck den nicht-nachhaltigen Einsatz von Kapital eher verspüren bzw. zu vermeiden bestrebt sind. Diese werden nun von der Verwaltung, der Politik durch Verordnungen und Gesetze gezwungen, während des Arbeitsprozesses unnötig zu konsumieren. Später gehen sie diesbezüglich zur Selbstverwaltung über.

Die Umfunktionierung des Arbeitsprozesses, z.B. im Öffentlichen Dienst, zur Konsummaschine wird von einem ähnlichen Lobbyismus wie dem in der Politik getragen. Diese Lobbyarbeit ist geeignet, die Verschwendung von öffentlichem Kapital weiter voranzutreiben. Beispiele hierfür sind verschiedene, unter anderem durch die öffentliche Hand finanzierte Bauprojekte. Die Vergabe der steuerfinanzierten Projekte an den jeweils günstigsten Anbieter ist dabei nur eine scheinbare Sparmaßnahme, da es regelmäßig zu Überschreitungen der veranschlagten Summe in signifikantem Maße kommt. Ein Zuschlag für das beste Preis-Leistungs-Verhältnis und nicht für den besten Preis ist erst in der Neufassung von *§127* GWB seit 04/2016 geregelt.

Kannst du dich an die Band "Geier Sturzflug" und das Stück "Bruttosozialprodukt" von 1978/1982 erinnern?

Ja! Der Song karikiert wunderbar die selbstmotivierte Arbeitswut, z.b. durch den Satz "Sie amputierten ihm sein letztes Bein und nun kniet er sich wieder mächtig rein." oder "Wenn Opa sich sonntags auf sein Fahrrad schwingt und heimlich in die Fabrik eindringt". Gleichzeitig wird die Konditionierung zum Konsum verdeutlicht: "An Weihnachten liegen all rum und sagen puh, der Abfalleimer geht schon nicht mehr zu, die Gabentische werden immer bunter, und am Mittwoch kommt die Müllabfuhr und holt den ganzen Plunder..." Was für eine schöne Verdichtung der Kritik am aufkommenden Spätkapitalismus als Ausdruck wirklich linken Denkens in den 70er/80er Jahren und was für ein schönes Beispiel dafür, wie diese Kritik, da sie die Erotik der Wahrheit gegen das spätkapitalistische System birgt, zum Konsum eben dieses Songs motiviert. Noch dazu gab der Sänger der Band, Friedel Geratsch, eine Anekdote zum Besten, nachdem der Song von Radiostationen boykottiert wurde, da er angeblich behindertenfeindlich und politisch inkorrekt sei. Eine anschauliche Verdeutlichung des Unterschiedes zwischen dem tatsächlichen und dem vermeintlichen linken Denken.

Der Song thematisiert ja auch die Nicht-Nachhaltigkeit.

Das Schlagwort lautet: Wegwerfgesellschaft. Eine geringe Lebensdauer, d.h. Nicht-Nachhaltigkeit von Produkten, ist bei beständiger Nachfrage eine Garantie für den Kapitalisten, regelmäßig Profit durch Neuverkauf des Produktes einzunehmen. Daher ist bei der Verstärkung des Triebes zur repressiven Konsumbedürfnisbefriedigung im Spätkapitalismus mit einer Intensivierung der Wegwerfmentalität zu rechnen. Im Rahmen des entarteten Keynesianismus wird diese sogar institutionalisiert. Interessanter als diese Offensichtlichkeit ist aber die Frage, ob sich die Wegwerfmentalität, im Sinne der Sicherheit, dass ich bei Verlust eines Gegenstandes, diesen durch einen neuen ersetzen kann, nun auch auf den Umgang mit Tieren, Nachbarschaft, Freundeskreis, Arbeitskollegen, den eigenen Angestellten, Beruf, Gefühlen, usw. in den spätkapitalistischen Milieus erweitert. Eine weitere Frage ist die, ob es einen direkten oder indirekten Zusammenhang zwischen der Lebensdauer einer Bedürfnisbefriedigung und dem Grad seiner Repressivität gibt und ob man hierüber Letzteren erkennen kann.

Wie wirkt sich der spätkapitalistische Arbeitsprozess nun auf das Befinden der Menschen aus?

Der Fetisch der Ware Arbeitskraft führt zu einer Lebensschizophrenie, nämlich zwischen dem 'Wert' als Mensch (böse-gut, arrogant-empathisch, usw.) und als Arbeitskraft (effektiv, geschickt). Viele Menschen können diese beiden Sphären nur schwer voneinander trennen, sie verquicken sie miteinander. Im Spätkapitalismus entsteht sogar eine dissoziative Lebensstörung, da der 'Wert' eines Menschen als Konsument hinzukommt. Letztere betrifft übrigens alle Mitglieder der Gesellschaft und nicht nur die Lohnarbeiter. Der Spätkapitalismus tendiert zur Aufteilung des Menschen in einen "guten" Konsumenten, den es zu schützen gilt und ein den Spätkapitalismus nicht reproduzierendes Wesen, das es zu vernichten gilt. Diese Aufteilung wird wissenschaftlich und moralisch überbaut, speziell wenn es um Integration oder Resozialisierung geht. Den größten Effekt auf die Psyche hat aber, meiner Meinung nach, das Einfordern hocheffektiver Selbstverwaltung.

Diese Selbstverwaltung soll natürlich die geforderte Flexibilität manifestieren. Jene ist mit der selbstmotivierten, permanenten individuellen Steigerung verbunden, die aus der Konditionierung auf das ökonomische Wachstum (aber nicht auf die Höherentwicklung) resultiert: Jeder Mensch soll jede Position im Arbeitsprozess einnehmen können, um die Effektivität der Produktion zu steigern. Die horizontale Flexibilität, inklusive der für ihre Optimierung notwendigen Metakompetenzen steht im Gegensatz zu der hochkapitalistischen Forderung, sich mit seiner lebenslang feststehenden Arbeitsstelle zu identifizieren. Der Gegensatz zwischen den beiden Ansprüchen, d.h., zwischen einer begrenzenden und einer entgrenzenden Arbeitsphilosophie, muss von den Ausgebeuteten momentan mit viel zu hoher Geschwindigkeit überbrückt werden. Die Frage ist, ob der Mensch in Zukunft nachhaltiges Glück aus der horizontal flexiblen Verwaltungs- bzw. Selbstverwaltungsarbeit schöpfen kann.

Und führt dieser Identitätsverlust zu einer tatsächlichen psychischen Störung des Individuums?

Hartmut Rosa hat den spätkapitalistischen Identitätsverlust auf die Fusion der eigenen Interessen mit den externen Interessen zurückgeführt (die, meiner Meinung nach, durch die horizontale Flexibilität im Arbeitsprozess erst hoffähig wird). In einem Streitgespräch mit Martin Dornes vom 6. 7. 2016 in der FAZ [258] führte er an, dass Burn-out dann eintritt, wenn alle Aufgaben die gleiche psychische Form annehmen. Wenn man das Gefühl habe, selbst der Kindergeburtstag sei einfach nur noch ein Eintrag in der To-do-Liste, den man abarbeiten müsse. In mehreren Thesen hat er die Voraussetzungen für das gesellschaftlich induzierte Burn-out spezifiziert. Er entsteht z.B., wenn sich Menschen engagieren aber jede Ziellinie aus den Augen verlieren, wenn kein Belohnungsgefühl und kein Aufstieg erwartet werden, man es/ihn sogar verneint. Rosa folgerte, dass sich der Mensch dem Hamsterrad in Zukunft entziehen möchte und sich stärker abschotten will. Er glaubt sogar, dass die momentanen weltweiten politischen Abschottungen hieraus resultieren, da die Menschen die schnelle, auf Selbstoptimierung ausgerichtete Flexibilität verneinen möchten, indem sie diejenigen wählen, die mit Abschottungsmetaphern argumentieren. Der jetzige Mensch sieht, wie ich glaube, ebenfalls seine Überflüssigkeit im Produktionsprozess kommen und versucht daher reflexartig, die Uhr der Geschichte zurückzudrehen. d.h., es werden Parteien gewählt, die eine Rückkehr zu den Produktionsverhältnissen der Vergangenheit versprechen.

Zum Glück haben wir die Work-Life-Balance. Damit kann man der Unfreiheit entfliehen, indem man weniger arbeitet.

Bist du dir sicher? Als Work-Life-Balance versteht man ja die Reduktion der täglichen Arbeitszeit unter Hinnahme von Verlusten beim Lohn, um mehr Freizeit für die eigene Entfaltung zu haben.

Die Work-Life-Balance ist ein sehr anschauliches Beispiel für die repressive Integration eines Befreiungsbestrebens durch Verweigerung. Sie zielt auf die vermeintliche Befreiung von der Lohnarbeit ab. Auf der anderen Seite ist das spätkapitalistische System daran interessiert, im Menschen repressiv Konsumbedürfnisse zu erzeugen, mit deren Befriedigung er sich dann während der neu gewonnenen Freizeit beschäftigen muss. Somit ist die Work-Life-Balance systemgewollt, da sie die Ausbeutung in Richtung des profitableren Freizeitkonsums auf Kosten der Lohnarbeit verschiebt, die für die Produktion aufgrund der Automatisierung sowieso nicht mehr in dem Maße gebraucht wird. Die repressive Integration des Work-Life-Balance Konzepts erschafft zwar keinen vollständigen Konsumproletarier, welcher nicht mehr arbeitet, aber eine Art Archäopteryx des Spätkapitalismus. Die Vereinigung von repressiven Konsumbedürfnissen sowie der ausbeuterischen Lohnarbeit ist die effektivste Methode der doppelten Ausbeutung des Individuums in der spätkapitalistischen Unfreiheit.

Aber irgendwann wird die Produktion von Waren doch automatisch ablaufen? Ein Aspekt der Unfreiheit wird wegbrechen.

Hast du meine Idee von der Wundermaschine vergessen? Wenn man davon ausgeht, dass die angeblich arbeitskräftefreie Wirtschaft 4.0 eine reine Legende ist, kann man sich ausmalen, wer, außer den Robotern, die Waren für die Konsumarbeiter herstellen wird. Eine massive lokale Reduktion der Wochenlohnarbeitszeit in den vereinigten Konsummilieus wird ein vermeintlicher Sieg der hier verorteten Linken sein, der jenen einen Wimpernschlag lang als zu leicht vorkommen wird.

Trotzdem, wäre die globale Entmenschlichung der Arbeit nicht ein Ausweg? Keiner muss sich mehr abrackern, wenn Roboter alles übernehmen.

Die Arbeit selbst ist ein Fetisch. Jener, der Arbeit (ähnlich wie Reichtum) hat und gut verdient, ist der bessere, schönere und 'wertvollere' Mensch. Die Entmenschlichung der Arbeit und damit die Überflüssigkeit des Menschen im Arbeitsprozess stürzen ihn, zumindest aus heutiger Sicht, in eine schwere Krise bzgl. seines Selbstwertgefühls. Es wird eine Vielzahl von Menschen geben, die im Lohn- und Verwaltungsarbeitsprozess nicht mehr gebraucht werden und daher zu ausschließlichen Konsumarbeitern werden, letztendlich darin ihre Zufriedenheit zu finden trachten.

Also muss jede Art von Entmenschlichung aufgehalten werden.

Die Entmenschlichung der Arbeit ist sowieso nicht vermeidbar. Sie erfolgt schon jetzt aufgrund des Druckes, die Produktivität stetig zu steigern. Die tatsächliche Sünde besteht aber darin, dass die frei werdende Zeit innerhalb des spätkapitalistischen Systems nicht dazu genutzt werden kann, die Menschheit weiterzuentwickeln, z.B. durch Zwischenmenschlichkeit, Bildung und Wissenschaft.

Das hört sich düster an, selbst für die ferne Zukunft.

Bei vom Gesamtprozess komplett be-/entfremdeter, entgrenzter und entmenschlichter Arbeit für die Herstellung von allen notwendigen und nicht-notwendigen Produkten hätte es der Mensch in seiner Arbeitszeit mit der Verrichtung von nun auch in philosophischer Hinsicht nicht-notwendiger Tätigkeit zu tun. Der Mensch wird die Sinnlosigkeit seines Tuns nun spüren und die Lohnarbeit wird ihren doppelten Belohnungscharakter komplett verlieren. Das Arbeitsbedürfnis würde nahezu ausschließlich als repressiv empfunden, ähnlich wie im Frühkapitalismus.

Der Mensch fühlt sich überflüssig.

Genau! Da der Mensch sich nur dann 'wertvoll' fühlt, und ich bin mir sicher, dass es sich hier um ein historisch-freies Bedürfnis handelt, wenn er einer sinnvollen Arbeit nachgeht, wird sein Wertgefühl mit der Verringerung dieser Art der Arbeit, nämlich der klassischen Lohnarbeit, abnehmen. Wie gesagt wäre es viel besser, wenn die Menschen statt einer nunmehr sinnlos gewordenen Lohnarbeit der Höherentwicklung, z.B. durch das Betreiben von Wissenschaft dienen könnten.

Papa, du bist doch selbst Wissenschaftler. Hat die Repression in der Verwaltung auch Auswirkungen auf die Wissenschaft?

Klar! Der eindimensionale Mensch existiert ebenfalls im Wissenschaftsbetrieb.

Kannst du mir die Idee der Wissenschaft nochmals erklären?

Die Frage nach Wissenschaft hängt direkt mit der Frage nach Erkenntnis zusammen. Wie du weißt, sehe ich die Motivation menschlichen Tuns letztendlich in SuperIntegrationsWerten, die hauptsächlich aus materiellen Zwängen entstehen. Der für mich wichtigste ist das Streben nach der Erkenntnis begrenzt-universeller Gesetze und deren Grenzen, damit der Mensch sein Leben und die Natur beherrschen kann. Das Interessante ist, dass solche Gesetze keinesfalls aus Logikschlüssen aus objektiven, d.h. messbaren Erscheinungen folgen müssen. Die einzig wichtige Forderung an die Erkenntnis jener Gesetze ist, dass die darauf basierenden Voraussagen funktionieren. Das Gleiche gilt natürlich auch für die Höherentwicklung und für das Glück. Aus dieser besonderen Bedingung folgt die Art und Weise, wie der Mensch Erkenntnisse generiert: Er erzeugt eine Vorstellung über etwas, wie es denn sein könnte und falsifiziert oder verifiziert jene Vorstellung anschließend.

Und hier liegt sicher die Gefahr.

In zweierlei Hinsicht: (i) Man hält an der falschen Vorstellung von einer Gemeinsamkeit fest, da jene besonders schön, logisch, komplex usw. ist, obwohl sie nicht der Wirklichkeit entspricht. Gesetze sind aber nur von Wert, wenn der Mensch mit ihrer Hilfe die Wirklichkeit ein stückweit besser beherrschen kann. (ii) Bei einer zu flachen Fokussierung auf die Nutzbarkeit bleiben tiefere Erkenntnisse verborgen. Die Vorstellung von der Wirklichkeit und die Wirklichkeit selbst stehen in einem komplizierten Verhältnis zueinander. Das eine Extrem dieses Verhältnisses wird von der Aussage, dass die Vorstellung nie und in keinem Punkt der Wirklichkeit entspricht, formuliert. Das andere Extrem besagt, dass die Vorstellung immer der Wirklichkeit entspricht und dass insbesondere das, was man sich vorstellt, garantiert irgendwo genauso existiert. Dazwischen liegt die Idee, dass die menschliche Erkenntnis nur eine Erkenntnis des Bildes sein kann, dass sich der Mensch von der Wirklichkeit gemacht hat, also eher eine Selbsterkenntnis. Ich würde an dieser Stelle wieder von Ähnlichkeiten zwischen Wirklichkeit und Vorstellung sprechen und damit zwischen Ähnlichkeiten verschiedener Vorstellungen. Jene sind aufgrund der Unzulänglichkeit nie identisch, aber auch nicht völlig verschieden.

Worin bestehen die Unterschiede?

Fangen wir mit den Gemeinsamkeiten zwischen dem erkennenden Subjekt und dem zu erkennenden Objekt an. Schon der Erkenntnisprozess ist eine solche Gemeinsamkeit. Auch das Ergebnis der Erkenntnis ist eine, zumindest der wahre Teil davon, also der, der den erkennbaren Teil der Realität richtig erfasst. Nun zu den Unterschieden zwischen Realität und Vorstellung, also zu falschen Vorstellungen: Der unwahre Teil, der vom Subjekt erinnert wird und der vom Subjekt nicht erkannte Teil, der nur vom Objekt erinnert wird, sind keine Gemeinsamkeiten zwischen beiden. Der unwahre (nicht der fehlende) Teil ist u.a. auf die Abstraktion zurückzuführen. Der Mensch verfügt, dank der Erfindung der Begriffe, über Abstraktionstechniken, um für die Erkenntnis seine Vorstellung zu erweitern, beispielsweise die gedankliche Vernichtung von dem, was er beobachtet. Er kann sich vorstellen, dass etwas, das existiert, nicht (mehr) existiert und umgekehrt.

Ein weiteres Beispiel ist das Erdenken bzw. das Identifizieren von Gegenteilen. Erstens existiert nie ein genaues Gegenteil zu einem Teil, welches also genau entgegengesetzte (sich ausschließende) Gemeinsamkeiten teilt (und keine anderen), denn zwei Teile teilen immer mindestens eine Gemeinsamkeit. Und zweitens müssen sich Teil und Gegenteil nicht unintegrierbar gegenüberstehen, schließlich ist die Wirklichkeit selbstÄhnlich. Dass falsche Vorstellungen aus der Ähnlichkeit resultieren, die sie selbst unfähig sind, zu erfassen, ist am Teil-Gegenteil-Konzept gut zu erkennen. Ein Wissenschaftler, der das Prinzip elektrischer Ladungen kennt, also von den sich abstoßenden Plus- und Minuspol, wird dies evtl. zu stark abstrahieren. Er wird, aufgrund der Ähnlichkeiten in der Wirklichkeit, erwarten, dass es ebenso in anderen Bereichen der Naturwissenschaft existiert. Möglicherweise wird er das Konzept sogar auf das soziale Leben übertragen. Doch, selbst bei dem der Elektrizität verwandten Phänomen, dem Magnetismus, existieren die magnetischen Pole nicht getrennt voneinander. Auch die sich begrifflich ausschließende Mischung von tot und dessen Verneinung, lebendig, wurde durch die Quantenmechanik (Schrödingers Katze) abgemildert.

Ein drittes Beispiel ist die gedankliche Synthese von existierenden Erscheinungen zu Nicht-Existierenden. Mithilfe der Vorstellung ist der Mensch befähigt, einem Kaninchen Flügel anzuheften und ein Geweih aufzusetzen. Den Wolpertinger gibt es jedoch nicht. Ganz neue Erscheinungen, die nicht existieren, können (dank Nietzsches Willen zum guten Scheine) gedanklich ebenfalls hervorgebracht werden. Ein viertes Beispiel ist die Ursachenforschung. Der Wissenschaftler hat irgendwo beobachtet, dass es für eine bestimmte Erscheinung eine offenbare Ursache gibt. Ich werfe den Blumentopf auf den Fußboden, er geht kaputt. Ich schenke meiner Frau eine schöne Kette, also lächelt sie. Sie findet das mit meiner Geliebten heraus, sie reicht die Scheidung ein. Die Abstraktion dessen führt dazu, dass der Wissenschaftler hinter allem irgendwelche Ursachen vermutet, eine Aktion, die jede Reaktion hervorgerufen hat. Dadurch entwickelt er ein überdeterminiertes Verständnis, der den freien Willen und den echten Zufall verneint. Mit Überdeterminismus ist hier die falsche Annahme ausschließlicher Determiniertheit der Agenten durch bestimmte Gemeinsamkeiten gemeint ohne deren Begrenzung (innerhalb des Agenten) und damit ohne jede Transzendenzmöglichkeit. In einem erweiterten Verständnis ist die Überdeterminiertheit als Fixierung der Unzulänglichkeiten auf bestimmte Parameter bzw. an bestimmte Gemeinsamkeiten zu verstehen.

Die Vorstellung der universellen Ursächlichkeit reicht bis in die Theologie. Die, meiner Meinung nach, einleuchtendste Kritik an der Gottesvorstellung ist nämlich die an der Idee von der Ursache. Man postuliert zunächst, dass alles eine Ursache haben muss. Also muss es (i) eine Ursache geben, die alles verursacht hat und sie müsste (ii) ständig präsent sein, um die Dinge weiterhin zu verursachen, da sie ja ohne Ursache und dem ihr innewohnenden Trieb nicht existieren würden. Wäre Gott diese Ursache, so hätte er das Universum erschaffen und er würde es lenken. Die erste Kritik lautet nun: Die Ursache Gott müsste, da ja alles eine Ursache hat, ebenfalls eine Ursache haben, die nicht Gott sein kann. Die zweite Kritik lautet: Wenn man beweisen kann, dass mindestens ein Ereignis keine Ursache hat, so widerlegt man die Notwendigkeit der Vorstellung, dass alles eine Ursache haben muss.

Ich würde gern noch eine Sache erwähnen, die sich aus dem Evidenzparadoxon ergibt [259, 260]. Evidenz bedeutet eine unmittelbare, begründungsfreie wahre Einsicht: Es ist sofort offensichtlich, dass eine Aussage wahr ist. Das Paradoxon bewegt sich zwischen den Sätzen "Alle Erkenntnis von Wahrheit beruht auf Evidenz." und "Evidenz enthält keine Wahrheit." Der erstere Satz kann nicht korrekt sein, da es Scheinevidenzen gibt, Zusammenhänge, die nur so aussehen, als würden sie die Wahrheit repräsentieren. Der letztere Satz repräsentiert ebenfalls einen Widerspruch, denn auch jener darf nicht auf Evidenz basieren, sondern muss begründet werden. "Begründungen gibt es also nur, wo es Überzeugungen gibt, die nicht selbst wieder durch Begründungen vermittelt sind, die als einer Begründung nicht bedürftig angesehen werden." [260] Man kann diesen Satz auch positiv formulieren, indem man die Begründung einer Weisheit auf unbegründete Axiome zurückführt, deren Verwendung sich in der Praxis als zutreffend erweist. Mit einem überdeterminierten Verständnis müsste man sich an dieser Stelle ebenfalls fragen, warum man die Axiome bzw. die Evidenzen nicht begründen kann. Das Evidenzparadoxon lässt sich nur lösen, wenn man annimmt, dass es Evidenzen gibt, die Wahrheit reflektieren, dass aber nicht jede Evidenz Wahrheit reflektiert. Hierzu sollte man, meiner Meinung nach, zwischen evidenten Beobachtungen und evidenten Schlussfolgerungen unterscheiden. Eine evidente Beobachtung wäre: "Meine Katze sitzt auf dem Tisch und die Schwanzfedern meines Kanarienvogels ragen aus ihrem Maul heraus." Die vermeintlich evidente Schlussfolgerung wäre: "Die Katze hat meinen Kanarienvogel gefressen." Jene Schlussfolgerung basiert aber bereits auf diversen Annahmen, was die gesetzmäßige Beziehung zwischen Katzen und Kanarienvogel angeht. Es könnte ja auch sein, dass sich der Vogel in selbstmörderischer Absicht in das Maul der Katze gestürzt hat. Die vermeintlich evidente Schlussfolgerung könnte also nur scheinbar wahr sein.

Was die Wissenschaft angeht, so ist die mögliche Scheinbarkeit evidenter Schlussfolgerungen unumstritten. Das Problem sitzt vielmehr woanders und hat viel mit der These zu tun, dass man sich der Wahrheit angeblich nur annähern kann, sie aber nie erkennt. Der Wissenschaftler geht in einem gewaltigen Selbstzweifel davon aus, dass selbst die direkte Beobachtung keine Evidenz sein kann. Diese Herangehensweise hat durchaus etwas Religiöses. Nimmt man an, dass Gott gleichzeitig unfehlbar als auch unergründlich durch den Menschen ist, wird er sich selbst genau erkennen und alle seine Details erfassen, wenn er sich im Spiegel betrachtet. Ein Mensch wird Gott aber nicht erfassen können, in keinem einzigen Detail, und ihn daher auch nicht abzubilden imstande sein. Das bedeutet, dass jeder Kunstmaler, der Gott darstellen möchte, von vornherein weiß, dass sein Bild von Gott falsch sein wird. Sein Bild beinhaltet schon vor seiner Fertigstellung nur scheinbare Evidenz. Malt der Künstler hingegen eine Katze, wird er davon ausgehen, dass das Bild der Katze genau die gemalte Katze darstellt, inklusive der Vogelfedern in ihrem Maul.

Der Wissenschaftler kann nun dazu neigen, jede Art von Wahrheit als unerreichbar zu betrachten, also die Wahrheit und Gott gleichzusetzen. Er wird also alles, auch jede beobachtete Evidenz, anzweifeln. Er wird insbesondere vermuten, dass die Katze keine solche und der Vogel kein solcher ist und sich schon gar nicht in ihrem Maul befindet. Um nunmehr zu ergründen, worum es sich in Wirklichkeit handelt, wird er, seinen Augen nicht trauend, vermeintlich zuverlässigere Instrumente anschaffen, mit Zeigern,

Displays und Bildschirmen. Durch diese hofft er, sich der Wahrheit über das, was ihm als eine Katze mit einem Vogel im Maul erscheint, annähern zu können. Nur sind solche Geräte oft nicht besser als die menschlichen Sinne. Ich kann mich daran erinnern, wie überrascht ich über die Aussage eines früheren Kollegen war, dass man radioaktive Zerfallsereignisse, deren freigesetzte Strahlung auf einem Fluoreszenzschirm abgebildet wird, am besten mit dem menschlichen Auge zählt und nicht mit einer teuren Spezialkamera. Letztere ist nämlich viel weniger empfindlich als das Auge.

In einer weiteren Eskalationsstufe kann der (Experimental)Wissenschaftler dazu neigen, nicht mehr die Wahrheit zu ergründen und darzustellen, sondern deren Unerreichbarkeit. Er huldigt sozusagen ihrer Göttlichkeit, anstatt sie festzunageln. Er beweist sich jene Göttlichkeit, indem er alle möglichen technischen Methoden verwendet und Messergebnisse in noch mehr Graphiken und Messpektren präsentiert. Er wird zufrieden damit sein, in keiner dieser Messungen die Wahrheit zu entdecken, da er dadurch die Existenz Gottes glaubt, bewiesen zu haben. Die objektive Unzulänglichkeit als Teil der erfassbaren Wahrheit, also die Nichtexistenz von Überdeterminiertheit, blendet er aus. Die beiden genannten Eskalationsstufen vereinigen sich häufig in Werbeclips. Zunächst bekommt man nur Ausschnitte eines Produktes zu sehen, die Kamera huldigt also dessen göttlicher Unergründlichkeit. Am Schluss sieht man meist das gesamte Produkt und ist fasziniert davon, das Unergründliche doch erfasst zu haben.

Zurück zu den Problemen, die die Wissenschaft in einer Konsumgesellschaft bekommen kann. Ursprünglich diente das Betreiben von Wissenschaft der (realen und nicht eingebildeten) individuellen und gesellschaftlichen Höherentwicklung des Menschen. Neben dem Erkenntnisgewinn stand dabei immer die Anwendung der Erkenntnisse im wahren Leben für dessen Beherrschung, z.B. in der Medizin oder der Technik im Vordergrund. Vor der spätkapitalistischen Phase hat sich eine gewisse Ethik innerhalb des Wissenschaftsbetriebes herausgebildet. Hieraus rühren für die weitere Betrachtung zwei wichtige Aspekte. Der erste Aspekt besteht in der Motivation. Die (Wilhelm von) Humboldtsche Idee von der Wissenschaft beschreibt eine ganzheitliche Bildung des Menschen, insbesondere eine Schulung der Persönlichkeit durch Ausbildung nicht nur im Spezialfach, sondern auch in Kunst und Geisteswissenschaften sowie Sprachen. Humboldt prägte ebenfalls die Begriffe der akademischen Freiheit sowie der universitären Einheit von Forschung und Lehre. Direkt mit diesem ersten ist der zweite Punkt verbunden, nämlich die akademische Unabhängigkeit von der Ökonomie als das Prinzip, nach dem die freie Wissenschaft organisiert ist. Diese ist nicht nur ein gut klingendes Ideal, sondern resultiert direkt aus der Maximierung des Erkenntnisgewinns. Die zeitliche Rate des Erkenntnisgewinns ist nämlich eine Funktion des vorhandenen zugänglichen Wissens. Die ökonomische Athletik ist zwar eine gute Motivation für das Forschen, die damit verbundene Geheimhaltung der Forschungsergebnisse läuft durch Unterbindung des Wissenszugangs aber der maximalen Erkenntnisrate entgegen. Somit müssen Erkenntnisse umgehend publiziert werden. Die Motivation hierfür war ursprünglich zum großen Teil harmonisch, d.h., die Forschung wurde als dem gesellschaftlichen Wohl dienend verstanden, aber natürlich auch erotisch und athletisch als Kampf um die Erstveröffentlichung.

Im Spätkapitalismus wird nun auch der wissenschaftliche Erkenntnisgewinn zu einem repressiven Verwaltungsbedürfnis. Hierzu gehört, dass die von der (Selbst)Verwaltung verlangte Erstveröffentlichung, ähnlich den Drittmitteleinwerbungen, zu einem Fetisch geworden ist, der als wichtiger als der eigentümliche Inhalt betrachtet wird. Der Wissenschaftler wird, ähnlich wie ein Konsument, vom Wesen der erworbenen Ware (hier Veröffentlichung, Drittmitteleinwerbung) abgelenkt. Das Einzige was zählt, ist, dass er sie (als Erster) erwirbt. Die repressive Wissenschaft dient außerdem in zunehmendem Maße dem kapitalistisch induzierten/verstärkten Verwaltungsbedürfnis nach der Forcierung des technologischen Fortschritts in Richtung der Profitsteigerung. Die Wissenschaft wird nun von einem eindimensionalen Wissenschaftler vertreten. Sämtliche Humboldtschen Ideale sind für den eindimensionalen Wissenschaftler nicht von Belang und werden durch diverse Reformen verwässert. Ein selbstbestimmtes Handeln des Wissenschaftlers und seiner Mitarbeiter und deren Entwicklung zu umfassend gebildeten Menschen weichen einer mechanischen Arbeitsweise. Eine wirklich freie Entfaltung des Geistes ist aufgrund des repressiven Charakters des Bedürfnisses nach Erkenntnis nicht mehr möglich. Die Motivation für die Publikation ist nicht mehr harmonisch in befreiender Hinsicht, sondern auf die selbstaktivierte Verwaltungskonformität reduziert.

Du meinst, der Wissenschaftler passt sich der Verwaltung an.

Ja! Der eindimensionale Wissenschaftler wird insbesondere nur diejenigen Themen zum Gegenstand seiner Forschung machen, die von der Bürokratie vorgegeben worden sind, innerhalb derer er aber glaubt, sich frei zu bewegen. Zunächst als Werkzeug der befehlenden Totalverwaltung, später innerhalb der an die Bürokratie angepassten Selbstverwaltungsprozesse und in Zukunft innerhalb einer totalen Selbstbürokratie wird er diese ohne Duldung von Widerspruch an seine Mitarbeiter weitergeben. Der eindimensionale Wissenschaftler wird ab einem bestimmten Punkt keine eigenen Ideen mehr frei entwickeln können, vielmehr Ideen aus der Reglementierung heraus als seine eigenen betrachten.

Und wie verhält sich der Wissenschaftler zum Positivismus?

Der ausschließliche Positivismus ist eine Haupteigentümlichkeit des eindimensionalen Menschen. Auch der eindimensionale Wissenschaftler wird seine Forschung absolut und ausschließlich positivistisch angehen. Durch die Bürokratie wird dieser Positivismus gleichzeitig verlangt, somit handelt es sich um einen instrumentellen Positivismus. Die Forschungsergebnisse werden der Abfolge von Fragestellung, Empirie, Auswertung, Schlussfolgerung so angepasst, dass Erstere und Letztere kohärent sind. So wird der eindimensionale Wissenschaftler Träger der instrumentellen Vernunft, des Wissenschaftsfetischs. Der im instrumentellen Positivismus versteckte Faschismus wird die weitere Denkweise des Forschers und seiner Mitarbeiter prägen. Die Verwaltungskonformität als wahre Motivation seiner Arbeit wird der Wissenschaftler wahrscheinlich ausblenden. Für sich selbst wird er die Athletik, im schlimmsten Fall den Extremismus als Motivation seines Tuns zulassen. Die Harmonie und Erotik der Forschung gehen komplett verloren. Das repressiv erzeugte Verwaltungsbedürfnis nach konformen wissenschaftlichen Erkenntnissen und ggf. deren Vermarktung wird als freie Forschung fehlinterpretiert, wofür sich der eindimensionale Wissenschaftler einen ideologischen Überbau zulegt, welchen er auch auf Gebiete außerhalb der Wissenschaft anzuwenden versucht.

Er blendet also die Realität aus?

Wenn die Vorstellung des Menschen in bestimmten Bereichen viel umfangreicher ist als die Realität, bedeutet das, dass es bestimmte Vorstellungen in der Realität nicht geben kann. Der verwaltete Wissenschaftler steht nun in dem Dilemma, dass er Argumente für die Begründung der Verwaltungsvorgaben erdenken kann, und zwar aufgrund der bereits genannten Abstraktionsmechanismen, die zu falschen Vorstellungen führen. Das Dilemma wird er zunächst mithilfe einer selektiven Art der Forschung zu lösen versuchen. Der eindimensionale Wissenschaftler wird dennoch irgendwann an einen Punkt kommen, an dem seine erlangten Forschungsergebnisse selbst bei größter Anstrengung nicht mehr mit den Vorgaben der Reglementierung übereinstimmen. Zu diesem Zeitpunkt wird er den Bezug zur Realität endgültig verlieren und seinen Intellekt dazu benutzen, die Realität der Reglementierung manipulativ anzupassen. Der eindimensionale Wissenschaftler wird sich mehr und mehr von der Empirie entfernen, sie zwar durchführen, seine Schlussfolgerungen aber unabhängig von empirischen Ergebnissen formulieren, meist bereits in deren Vorfeld. Das experimentelle Forschen wird für ihn als Quelle von Wissen nebensächlich.

Die Genehmigung von Projekten und Drittmitteln ist also kein Ausdruck der wissenschaftlichen Qualität mehr?

Das momentane System zur Wissenschaftsförderung beruht darauf, dass bestimmte Projekte, die von einem kompetenten Wissenschaftler in Form von Anträgen bei Förderungsagenturen eingereicht werden, von unabhängigen Wissenschaftlern begutachtet werden, die nicht nur die Kompetenz des einreichenden Wissenschaftlers, sondern auch die Neuartigkeit und die Erfolgsaussichten des Projektes evaluieren. So weit, so gut. Auf der anderen Seite ist zu konstatieren, dass die Begutachtung wissenschaftlicher Projekte zu irgendeinem Zeitpunkt überflüssig bzw. irrelevant wird, da die Verwaltung nur noch diejenigen Projekte zu fördern bereit ist, die der spätkapitalistischen Reproduktion dienen. Anders ausgedrückt: Das von der Verwaltung bereitgestellte Projektgeld wird zu einem Fetisch, d.h., es drückt in keiner Weise mehr die wissenschaftliche Qualität des Antragstellers oder des Projektes aus. Es soll denjenigen Wissenschaftler belohnen, der durch seine Vorarbeiten (Kompetenz) sowie durch die Projektidee bewiesen hat, dass er vor allem verwaltungskonform ist. In einer Zwischenphase wird es dazu kommen, dass sich fachlich extrem kompetente Wissenschaftler anderen Wissenschaftlern gegenübersehen, die bzgl. der Verwaltung mit extrem guten Anpassungsmechanismen ausgestattet sind.

Und wie wird die unabhängige Bewertung der wissenschaftlichen Leistung garantiert?

Wissenschaft ist, laut ihrer ursprünglichen Idee, in den meisten Ländern ein gesellschaftliches Anliegen und arbeitet daher nicht profitorientiert, sondern erkenntnisorientiert. Entsprechend schwierig sind die Messung und die Bewertung der wissenschaftlichen Leistung. Da die Kommunikation der Wissenschaftler über Veröffentlichungen funktioniert, bietet sich die Erfassung der Publikationen als Bewertungskriterium für die wissenschaftliche Leistung des Individuums an. Im Spätkapitalismus wird die Verwaltung das ökonomische System imitieren und jeder Publikation einen Tauschwert zuweisen. Momentan wird dieser Wert noch halbwegs unabhängig durch Gutachter der einzelnen Arbeiten ermittelt.

Die Verwaltung wird aber in Zukunft ein mechanisch-automatisches System erfinden, dass die individuelle Begutachtung abschafft.

Der 'Wert' des Wissenschaftlers, d.h. der Publikationswert (=Publikationszahl Anzahl mal Einzelwert) wird dabei als Währung zum Erwerb von Personalstellen (inklusive der eigenen) verwendet. Die Publikationswährung hat interessante Eigentümlichkeiten, die sie vom Geld unterscheidet. Beispielsweise gibt der Wissenschaftler die Publikationswährung nicht wirklich aus. Vielmehr kauft er die Ware, erhält das Geld danach aber zurück. Die Rückzahlung von Geld trotz Erwerb einer Ware ist aus der Wohlfahrt bekannt. Das Geld verbleibt hierbei im ökonomischen Kreislauf. Diese Option besteht bei der Publikationswährung ebenfalls, d.h., es können neue Projekte mit dem gleichen "Geld" erworben werden. Allerdings verfällt diese Währung mit einer Lebensdauer von ca. fünf Jahren für den Erwerb der Projektanträge, da hierfür ja neue und nicht alte Erkenntnisse Voraussetzung sind. d.h., die Währung ist nach dieser Zeit entwertet, man kann sie nicht über längere Zeit ansparen. Man kann sie auch nicht (oder nur sehr begrenzt) übertragen. Da jeder Wissenschaftler gezwungen ist, immer mehr Projekte zu konsumieren, um verwaltungskonform in seiner Karriere voranzukommen, wird aus diesen beiden Gründen eine nicht mehr zu bewältigende Flut von Publikationen eintreten, deren Desinformationspotenzial nicht zu unterschätzen ist.

Schützt Poppers Verfahren nicht vor der wissenschaftlichen Eindimensionalität? Wissenschaftler wenden es doch ständig an.

Aufgrund des Unzulänglichkeitsprinzips ist der Ansatz der Gegenbeispiellogik zur Kritik einer bestehenden These legitim, aber nur, wenn die Gemeinsamkeitengrenzen bedacht werden. Der eindimensionale Wissenschaftler wird sie ignorieren bzw. aufrichten, wenn die These seiner Selbstverwaltung widerspricht bzw. entspricht. In den Naturwissenschaften ist dies freilich schwierig, weil die Thesen empirisch besser nachprüfbar sind. Naturwissenschaftler werden also nicht die Wahrheit selbstverwaltet anpassen, sondern die Themen, die sie bearbeiten und die (wahren) Ergebnisse, die sie publizieren.

Ein Smartphone muss technisch funktionieren. Und über Smartphones müssen die Menschen nicht hinauskommen.

Ja! Die größte Revolution im Alltagsleben der letzten Jahre ist das Smartphone. Es ist quasi überall auf der Welt präsent. Es erfüllt heutzutage nicht mehr nur den Zweck der Kommunikation, sondern stellt gleichzeitig ein mobiles, ständig aktuelles Nachschlagewerk sowie eine Orientierungshilfe dar. Steckt nun außerhalb dieser offensichtlichen Aspekte noch mehr hinter dem hohen Interesse des Spätkapitalismus am Smartphone? Ganz einfach, es ist das momentan wichtigste Instrument zur vernetzten Selbstverwaltung um die Systemreproduktion rund um die Uhr durch den Benutzer organisieren zu lassen. Für komplett entgrenzte Selbstverwaltungsakte ist das Smartphone das ideale Werkzeug, da es praktisch den ganzen Tag und auch in der Nacht präsent ist. Es verhindert, dass der Mensch diese Akte abstellen und der ständigen Hab-Acht-Stellung entfliehen kann. Die Bedürfnisse, die durch den Erwerb eines Smartphones erfüllt werden können, sind vielfältig. Sie beinhalten sicherlich freie, wie die Kommunikation mit Freunden und Angehörigen. Auf der anderen Seite hat das Smartphone massiven Einfluss auf den Konsum, den es ebenfalls entgrenzt:

*Zunächst einmal ist der Erwerb eines Smartphones durch möglichst viele Menschen die Garantie für einen gewaltigen Profit für die Hersteller der Smartphones, insbesondere dann, wenn die Menschen nur auf wenige bestimmte Modelle konditioniert werden.
*Ein weiterer Konsumaspekt besteht darin, dass sich der Träger des Smartphones dem Mehrheitskonsummilieu anschließen möchte. Er strebt daher an, zu bestimmten Messengergruppen zu gehören.
*Die Informationen des Smartphones sollen repressiv über Möglichkeiten des Konsums aufklären. Inzwischen ist diese Produktaufklärung über das Smartphone sowohl orts- als auch personenbezogen. D.h., dass das Smartphone über personenbezogene

Werbung den Nutzer an jedem Ort und jederzeit gezielt zum Konsum verführen kann. Man kann diese Art der Werbung bereits als Vorstufe einer künstlichen Konsumintelligenz betrachten. Das heißt, die Gewöhnung des Menschen an das Smartphone ist eine Präkonditionierung zum entmenschlichten und entgrenzten Konsum.

In der weiteren Entwicklung der künstlichen Konsumintelligenz wird das Smartphone in der Lage sein, dem Träger jederzeit nur ein Produkt anzubieten, welches als Schnittmenge aus repressiver Konsumkonditionierung sowie dem Maximum an Profit entsteht. Der Träger muss dann dem Erwerb des Produktes nur noch sein "Okay" geben oder aber einen Flat-Rate-Vertrag abschließen, durch den der Konsum automatisch erfolgt. Im nächsten Schritt überlässt er dem Smartphone die Entscheidung, was er erwerben und konsumieren möchte. Ein letzter wichtiger Punkt ist die digitale Amnesie. Der Artikel "The Internet Has Become the External Hard Drive for Our Memories" von Daniel M. Wegner und Adrian F. Ward vom [261] sowie eine Studie von Kaspersky [262] beschreiben, dass das Internet als Erweiterung des eigenen Gedächtnisses zu verstehen ist. Dinge wie Telefonnummern können im Smartphone, besser in der Cloud, gespeichert werden und werden daher auch nicht mehr im Langzeitgedächtnis präsent sein. Das Internet wird zu einem allwissenden Freund, der Antworten mitunter schneller parat hat als das eigene Gehirn. Somit wird das Smartphone als Ding vermenschlicht, was umgekehrt die Verdinglichung von Menschen, insbesondere des Nutzers, akzeptabler macht.

Außerdem wird das menschliche Gedächtnis einer Amnesie unterworfen. Das Vergessen wird in den Artikeln als positiver Aspekt der menschlichen Anpassungsfähigkeit gesehen, da Platz für Neues frei wird. Jenseits dieser möglichen Chancen macht die *Tabula rasa* des Gedächtnisses den Menschen, meiner Meinung nach, empfänglich für neue repressive Bedürfnisse. Auf der anderen Seite wird die individuelle historische Sperrklinke gelöscht, d.h., das erinnerte Glück an die historisch-freien Bedürfnisse verschwindet und macht den Menschen zu einem effizienten und skrupellosen Verwalter. Das Smartphone bewirkt ebenfalls einen schützenden Bereich um den Benutzer herum. Tatsächlich nehmen viele Menschen ihr Smartphone zur Hand, um z.b. im Bus oder der U-Bahn nicht in irgendeine Art von unkontrollierter Kommunikation mit den übrigen Individuen treten zu müssen. Das Smartphone erzieht die Menschen quasi zu diesem Verhalten, was dem spätkapitalistischen System entgegenkommt, denn ohne die zwischenmenschliche Kommunikation ist weder die Wahrheitsfindung noch die Etablierung historisch-freier Bedürfnisse möglich, der Mensch bleibt empfänglich für die repressiven Bedürfnisse. Die Kommunikation mithilfe des Smartphones wiederum blendet viele nichtbegriffliche Faktoren aus. Sicher ist die eine oder andere Email von dir schon einmal falsch verstanden worden. Dann weißt du, wovon ich rede. Auch Emojis helfen nicht dagegen, die Kommunikation bleibt rein technisch. Ich gehe daher davon aus, dass protektionistisches Verhalten von Individuen heute auch mit der Einführung des Smartphones zu tun hat. Man überträgt die durch das System präferierte, rein technische Kommunikation auf alle Lebensbereiche, während man sich von der nicht-technischen Kommunikation abnabelt.

Die aus meiner Sicht größte Verunsicherung für die Gesellschaft, die das Smartphone und die künstliche Intelligenz mit sich bringen, erwächst nicht aus der spätkapitalistischen Repression als solcher, sondern aus der Tatsache, dass die Subjekte der Repression nicht mehr nur vermeintliche oder temporäre Unmenschen mit Stechuhr und Fließbandsteuerung sind, sondern tatsächliche Unmenschen, nämlich Computer. Eine vollständig künstliche Verwaltungsintelligenz bedeutet nicht etwa die Rückkehr der Totalverwaltung der Ökonomie, mit der man sich vielleicht hätte noch anfreunden können, sondern die Übertragung der Selbstverwaltung vom Menschen auf die künstliche Intelligenz, die Unmenschen. So wird nicht nur die Konsumökonomie effizienter, sondern der Mensch verliert das Selbstbewusstsein, seine Ziele selbstaktiviert durchsetzen zu können.

Danke! Jetzt hast du mir den Spaß am Smartphone komplett ver-
dorben. Zum Schluss: Gibt es neben historisch-freien Bedürfnissen
auch eine historisch-freie Selbstverwaltung?

Die historisch-freie Selbstverwaltung ist, wie die historisch-freien
Bedürfnisse, positiv zu bewerten. Die historisch-freien Regeln des
Zusammenlebens stellen zwar eine Repression dar, allerdings eine,
unter der die Menschen nachhaltig glücklich werden können. Die
spätkapitalistische repressive Selbstverwaltung führt dagegen gesetzmäßig zu einem Unglückszustand des Individuums. Bedenke
aber, dass die Repression auch hier nie ganz *100%* beträgt, was die
Emanzipation von ihr so schwierig macht.

Es existiert also eine befreiende (Selbst)verwaltung?

Die repressive Emsigkeit der Ameise macht sie unglücklich, die
befreite Emsigkeit der Ameise macht sie nachhaltig glücklich, um
in Horkheimers Bild zu bleiben. Bei der Betrachtung der Idee der
befreienden Gesellschaft ergeben sich gewöhnlich einige ihrer
Echos, z.B. durch das Schlagwort "Freiheit ist die Einsicht in die
Notwendigkeit" von Hegel [263], dass in der DDR gern zur Begründung einer Repression benutzt wurde, die ich gern als die "idi-
otische" bezeichnen würde. Nichtsdestoweniger ist der rein notwendige und weiterentwickelnde Charakter der Rahmenbedingungen für das gemeinsame Zusammenleben das ultimative Kriterium
für die befreiende Wirkung der abgeleiteten Verwaltung und
Selbstverwaltung, quasi deren historisch-freier Charakter. Dabei
spielt nicht nur die offene Kritik sämtlicher repressiv induzierter,
instrumenteller Verwaltungsakte, sondern auch der aufgrund
menschlicher Fehlbarkeit falscher Verwaltungsakte ("gut gemeint,
schlecht gemacht") eine entscheidende Rolle. Die Bestätigung befreiender Verwaltungsakte und der zugrunde liegenden Gemeinsamkeit lässt sich, frei nach Hegel, wie folgt ausdrücken: 'Freiheit
ist die Einsicht in die Zufriedenheit'. Es gibt eine innere Freiheit,
die das Befreiungsgefühl aus der Bejahung der Grenzen der Entfaltung erhält und eine äußere Freiheit, die es aus der Bejahung der

Transzendenz dieser Grenzen erhält. In diesem Kontext ist der Begriff der Einsicht synonym zu erinnerter Unzulänglichkeit zu verstehen.

Und wie funktioniert die befreiende Verwaltung?

Ich denke, es ist wichtig, sich über eine hypothetische Verwaltung Gedanken zu machen, die sich von der spätkapitalistischen Repression befreit hätte und sich die Frage zu stellen, unter welchen Umständen diese Verwaltung die Menschen wirklich nachhaltig zufriedenstellen könnte. Wie würde der Rahmen für eine befreite Gemeinschaft aussehen? Welche Gemeinsamkeiten und welche Unterschiede benötigt sie für die glücklichmachende Entfaltung? Wie scharf dürfen die Ränder der Gemeinsamkeiten sein? Gibt es ideale Populationsgrößen und Bevölkerungsdichten? Können starke Abweichungen von diesen Idealen die befreiende wieder in eine repressive Selbstverwaltung überführen?

Vielleicht meinte Horkheimer ja, dass die repressive Konditionierung auf die Selbstverwaltung im Spätkapitalismus es den Menschen einfacher macht, das Reich der Freiheit zu erschaffen.

Ich verstehe, dass das Bewusstsein einer Gruppe, ihre gemeinsamen Ziele selbstverwaltet innerhalb der Lohnarbeits-, Konsum- und Verwaltungsprozesse erreichen zu können, dieser Gruppe auch genügend Selbstbewusstsein für den Kampf um ihre politischen Ziele geben kann, sei es bei der Mitgestaltung in einer Demokratie oder für eine Befreiung aus einer Diktatur. Das Problem ist nur, dass sich die spätkapitalistisch selbstverwalteten Menschen bei der Umsetzung der Befreiung in denjenigen Verwaltungsmechanismen bewegen werden, die tatsächliche Ursache ihrer Eindimensionalität sind. Somit ist diese Art des politischen Widerstandes in meinen Augen nichts anderes als eine Form der repressiven Integration.

Die spätkapitalistischen Selbstverwaltungsmechanismen sind, meiner Meinung nach, eher geeignet, die freie Selbstverwaltung auf sehr lange Sicht unmöglich zu machen, den Menschen in seinen Antizipationsmechanismen sozusagen zu vergiften. Die Vergiftung der Intuition und des Denkens, wie sie bereits durch die Konformität innerhalb des Konsummilieus erfolgt, wird durch die repressive Verwaltungskonformität noch verstärkt. Außerdem besteht bei einer entfesselten spätkapitalistischen Selbstverwaltung die Gefahr, dass die systemreproduzierenden Verwaltungsakte die praktisch notwendigen und vernünftigen dominieren werden, was man heute sowohl anhand der profitorientierten Instrumentalisierung als auch des kompletten Ignorierens des praktisch notwendigen und vernünftigen Umweltschutzes beobachten kann. Eine plötzliche Abkehr von der repressiven Selbstverwaltung nur durch die Beseitigung der greifbaren Entität infolge einer kurzen Revolution wäre illusorisch.

Der Punkt ist, dass die Rahmenideologie für die repressive Selbstverwaltung nicht von einem Tag auf den anderen aus den Köpfen der Menschen gelöscht werden kann. Nach der Vergiftung der Gedanken der Deutschen während der Hitlerdiktatur hat es *20 Jahre* gedauert, bis eine wirkliche Verneinung dieser Gedanken begann. Ich bin auch der Meinung, dass viele politische Bewegungen nach 2010 dazu dienen, sich endgültig von der mentalen Vergiftung durch die Sowjetdiktaturen, sowohl im Osten Europas, wo sie noch stärker nachwirken, als auch im Westen, zu befreien. Dieser Prozess ist aber wesentlich komplizierter und wird daher viel länger dauern als die Entnazifizierung. Die nächste geistige Befreiung muss die von der Kälte des Neoliberalismus sein. Das Leben ist zwar kein Ponyhof, aber auch kein Schlachthof. Stellt man sich die Indoktrination durch eine Ideologie wie eine Psychose vor, so kann man davon ausgehen, dass deren Heilung Jahrzehnte lang dauern kann oder niemals erfolgen wird. Nein, je früher man die Krankheit erkennt, desto kürzer der Heilungsprozess.

***

Kapitel VI: Die spätkapitalistische Politik

Papa, wie war das 1968? Kommen diese Zeiten wieder?

Stelle dir die damalige Situation doch einmal vor und vergleiche sie mit der heutigen. Die BRD ist in beiden Zeiträumen von Großen Koalitionen regiert worden. 1966 begann die erste Rezession, die bis 1968 nachwirkte sowie die Währungs- und Wirtschaftskrise in Frankreich. Die Administrationen bestanden 1963-1966 aus CDU/CSU+FDP, Kanzler war Ludwig Erhard, 1966-1969 aus CDU/CSU+SPD, Kanzler war Kurt Georg Kiesinger, 1969-1974 aus SPD+FDP, Kanzler war Willy Brandt. Neue Parteien waren die NPD, die seit 1966 in den meisten Landtagen vertreten war und die DKP, meist mit unter einem Prozent Stimmenanteil. Im Vergleich dazu muss man ab 2007 von einer Finanz- und Bankenkrise und einer Arbeitslosigkeitszunahme in Südeuropa sprechen. Die Administrationen waren von 2005-2009 die CDU/CSU+SPD, von 2009-2013 die CDU/CSU+FDP und von 2013-2017 die CDU/CSU+SPD. In allen drei Legislaturperioden war Angela Merkel Kanzlerin. Neue Parteien dieses Zeitraums waren Die Linke, die seit 2007 in den meisten Landtagen und im Bundestag sitzt und die AFD, die seit 2014 in mehreren Landesparlamenten und seit 2017 im Bundestag vertreten ist.

Haben die beiden Perioden politische Gemeinsamkeiten?

Beiden Perioden gemein sind verschiedene Versuche der Verabschiedung von Gesetzen zur Erhöhung der staatlichen Macht und zur Aushöhlung der Gewaltenteilung, wie die Notstandsgesetze 1968, das Mehrheitswahlrecht 1968, welches gescheitert ist, die Vorratsdatenspeicherung 2015, das BND-Gesetz 2016 und das Anti-Terror-Paket 2016. Außerdem wurde der Handlungsspielraum für Großkonzerne weiter erhöht, und zwar mit dem Stabilitätsgesetz 1967, dem Tarifeinheitsgesetz 2015 und der Erbschaftssteuerreform 2016. Zum Dritten gab es konjunkturpolitische Maßnahmen 1967, intelligente Stromzähler 2016, das "Erneuerbare Energiegesetz 2016."

Gibt es Gemeinsamkeiten und Unterschiede hinsichtlich der politischen Extreme?

Beiden Phasen ist auch die Stärkung der extremen Ränder gemein, d.h. eine Stärkung der linken außerparlamentarischen Opposition (APO) 1968 und der linken und rechten APO seit 2014 sowie eine starke Spaltung der Gesellschaft und Politisierung der Medien. Hierzu gehört besonders die einseitige, teilweise falsche Berichterstattung über die Studentenunruhen Ende der 1960er Jahre u.a. durch die Springer-Medien [264] sowie die über die Kriminalität oder Nicht-Kriminalität von Migranten und Einheimischen ab 2015 durch verschiedene Medien [265]. Die Unterschiede bestehen in der Intensität der Aktionen der linken APO. Grund hierfür ist, meiner Meinung nach, dass die 1966er Phase gesellschaftlich und politisch eher nationalkonservativ geprägt war. Daher waren rechte Tendenzen in der Regierung eher abgebildet als linke. Die heutige Phase der Politik reflektiert eher die Befindlichkeiten linker und progressiver Milieus als die konservativer und rechter. Daher hat sich 2014, im Vergleich zur linken, eine lautstarke rechte bis nationalistische APO gebildet.

Die APO der 68er Bewegung hat ihre politische Heimat heute wohl mehrheitlich bei der Partei "B90/Die Grünen" gefunden [266]. Die führenden Köpfe sind dort integriert worden. Die Revolutionäre waren damit weg von der Straße.

Ja. Die repressive Integration beschränkt sich aber nicht nur auf die 68er. Es gibt weitere Beispiele der repressiven Integration von APO in das Parteiensystem, so die der Piratenpartei, aus einer Internet-APO heraus und die der AfD aus einer rechtsgerichteten APO heraus. Im Fall der Grünen kann man gut sehen, dass nicht nur Menschen, sondern auch Themen repressiv integriert werden können. So ist das Thema Umweltschutz heutzutage bei allen Parteien einer der wichtigsten Punkte auf der Agenda, auch weil hieran inzwischen großes wirtschaftliches Interesse besteht.

Und wie erhalten Politiker ihre Macht, während sie die Dinge ändern, basierend auf den Idealen, die sie sich angeeignet haben.

Repräsentative Demokratie bedeutet, dass Menschen andere Menschen aus ihrer Mitte wählen, um durch jene Repräsentanten die Lösung ihrer Probleme und ihre Fortentwicklung anzugehen. Die Idee dabei ist, dass das durch Parteien repräsentierte Volk diese wählt, je nachdem ob es diejenigen Themen in den Parteiprogrammen repräsentiert sieht, die es bewegt. Falls ein wichtiges Thema nicht von den vorhandenen Parteien repräsentiert wird, so gründet sich einen neue, die diese Lücke füllt. Letztendlich erfolgt die Besetzung neu entstehender politischer Themen durch neue Parteien aber nicht nur aus politischer Weitsicht heraus, sondern aus Konkurrenzdenken. Hieran erkennt man, dass lautere Athletik durchaus dabei helfen kann, die gesellschaftliche Pluralität aufrechtzuerhalten. Die repräsentative Demokratie imitiert jedoch zunehmend die spätkapitalistische Ökonomie. Für den Spätkapitalismus typisches, instrumentelles Handeln führt zur Suggestion gesellschaftlicher Lücken, wo gar keine sind, um die Existenz und schließlich Wählbarkeit bestimmter Parteien zu legitimieren. Das Ganze funktioniert auch andersherum: Parteien, deren Programm eine Lücke füllen sollen, wird die Existenzberechtigung abgesprochen, indem die Lücke mit Hilfe instrumenteller Vernunft verneint wird.

Die spätkapitalistische, demokratische Politik der Parteien imitiert also, in Ermangelung bzw. Unterdrückung besserer Ideen, immer mehr die repressive Konsumökonomie und legitimiert somit auch die Ausbeutung durch das Vorleben gleicher Mechanismen. Sie geht dazu über, dem Souverän zu diktieren, welche Forderung er haben soll, setzt sie in Gesetzen um und zwingt das Volk gleichzeitig dazu, diese zu befolgen, ähnlich wie in einem spätkapitalistischen Verwaltungskonzern. Parteiprogramme und Politiker werden so zu konsumierbaren Produkten, deren Konsum die Befriedigung repressiver Bedürfnisse verheißen. Der Wähler kauft sich, z.B. bei einer Parlamentswahl, sozusagen ein gewisses Produkt und die Währung, mit der er bezahlt ist seine Stimme. Es gibt das Prinzip von Angebot und Nachfrage, es gibt die Produktwerbung, es gibt die Stimmkapitalakkumulation beim Politiker (nicht beim

Wähler), die das tatsächliche Ziel des Wahlprozesses ist. Im Wahlsystem der USA ist die Akkumulation des Stimmkapitals aufgrund des Prinzips "The winner takes it all" am konsequentesten. Sie entspricht einer temporären Monopolisierung in der Wirtschaft. Das Nicht-Einhalten von Versprechen entspricht Fehlkäufen oder Produktmängeln. Ein interessanter Unterschied ist, dass der Wähler, d.h., der Konsument, für den Erhalt seiner Stimme keine Lohnarbeit verrichten muss.

Der Wahlprozess ist somit mit dem Konsumverhalten verschiedener, aber komplett durchsolidarisierter Milieus zu assoziieren. Er entspricht eher dem Konsum in einem sozialistischen Staat mit gleicher Kaufkraft aller Konsumenten bei beschränkter Produktvielfalt. Während sich der sozialistische Verkäufer von dem durch den Warenerwerb eingenommenen Geld auch wieder nur Waren aus dieser Produkteinfalt kaufen konnte, kann sich der Politiker für die Stimmen etwas unendlich Attraktiveres kaufen, Omnipotenz. Entsprechend repressiv richtet sich die Wahlwerbung aus. Ökonomische Konsumwerbung: 'Kaufen Sie bei uns den Bunker 'Protektor Eins', um sich vor Atomangriffen der Russen zu schützen.' Wahlwerbung: 'Wählen Sie die BPD (Beschützerpartei Deutschlands), dann brauchen Sie keine Angst vor den Russen zu haben (Und kriegen für Steuergeld noch einen Bunker 'Protektor Eins', der vom Schwager des BPD Vorsitzenden hergestellt wird.)'. Somit spielt die Wahlwerbung mit ähnlichen Mechanismen, wie die spätkapitalistische, repressive Produktwerbung und nutzt alle möglichen Motivationen um den Wähler dazu zu verleiten, sein Zahlungsmittel (die Stimme) einer bestimmten Partei zu geben, wie hier das Prinzip des gemeinsamen Feindes.

Das nennt man Populismus, oder?

Ja! Er nimmt heutzutage eine besondere Stellung ein. Das verwundert jedoch nicht, denn er ist eine intrinsische Schwäche der Demokratie, besonders einer, im Popper'schen Sinne, offenen Demokratie mit einfachen Falsifizierungsmöglichkeiten der momentanen Herrschaft. Der Populismus kann (muss aber nicht) in eine autokratische Herrschaft oder eine faschistische Verwaltungsdiktatur führen, nämlich dann, wenn die vermeintlich einzigen Vertreter der Bevölkerungsmehrheit mit diesem Argument die Gesellschaft offen repressiv schließen und ihre Verwaltungsstrukturen verstetigen können. Alternativ kann die Herrschaft durch einen Dauerpopulismus bestimmt sein, deren Stimmenakkumulation entweder auf klassischen (Erzeugung von Angst, Verprechungen) oder auf subtileren spätkapitalistischen Mechanismen zu Profitakkumulation beruht.

Der politische Populismus versucht, mit allen Mitteln eine Mehrheit an Wählerstimmen zu erhalten, anstatt jene Wähler von möglicherweise besseren Ansichten zu überzeugen. Auf diese Stimmenakkumulation richtet der Populist seine Abbildung der Meinung des Volkes aus oder aber er manipuliert jene, sodass sie zu der angebotenen Ideologie passt, ähnlich wie im Spätkapitalismus die Bedürfnisse repressiv dem Warenprofit angepasst werden. Ich unterscheide den monoideologischen Populismus, der sich an der Ideologie der jeweiligen etablierten Partei orientiert und den multiideologischen, der sich tolerant gegenüber allen Ideologien verhält, um sie flexibel instrumentalisieren zu können. Der Populist spielt mit ähnlichen Bildern, die auch der Spätkapitalist für die Erzeugung repressiver Konsumbedürfnisse verwendet. Dazu gehören auch gedanklich prägnante Schlagworte, die Zahlen drei oder sieben, die für viele Menschen eine Bedeutung haben bzw. Wörter zum Ausdrücken von Massivität, wie Million. Im Zuge der Präsidentschaftswahl in den USA hat Donald Trump unter anderem versprochen, drei Millionen kriminelle Ausländer abzuschieben [267], außerdem wurden angeblich drei Millionen illegale Stimmen an Hilary Clinton abgegeben [268]. Der Populist forciert außerdem die ständige Neuerfindung von politisch inkorrekten Phrasen, da diese ihm den für die Konsummotivation im Spätkapitalismus typischen ständigen Tabubruch (im Verhältnis zu einer ebenso künstlich erzeugten Moral) zwecks Aufmerksamkeitserzeugung ermöglicht.

Aber ich sehe den Zusammenhang zwischen dem Spätkapitalismus und dem Populismus nicht.

Der politische Populismus profitiert vom Warenpopulismus, der repressiven Warentoleranz, auf den der spätkapitalistische Konsument getrimmt wird und knüpft an ihn an. Warenpopulismus bedeutet: 'Kauft bitte diese zwei, drei Waren (hier Standpunkte), an denen ich am meisten verdiene (nämlich Wählerstimmen) und nehmt bitte alle möglichen Argumente, die ich euch liefere, egal wie blödsinnig die sind, um euch für den Kauf zu motivieren!' Der politische, multiideologische Populismus ist, meiner Meinung nach, trotzdem substanziell. Er nutzt die kleinstmögliche Menge an Substanzen (Ideologien) skrupellos für Machterhalt/-erringung aus. Dadurch hebt er sich vom monosubstanziellen, monoideologischen Populismus (einseitig rechts, links, progressiv, konservativ...) ab, aber auch vom substanzlosen, rein relativ ausgerichteten Populismus, der Substanzen lediglich verneinen kann.

Wie hängen Populismus und die Ideologien von Parteien zusammen?

Ich denke, sehr stark. Jörg Baberowski hatte kürzlich eine Rede zu den Ursachen des heutigen Populismus bei der Konrad-Adenauer-Stiftung gehalten [269]. In seinem Vortrag sah er die Hauptursache in der Entfremdung der repräsentativen Demokratie und ihrer Parteien von der Meinung des Volkes. Ein Über-Das-Volk-Hinwegregieren sei etabliert worden, für das die Eliten sich in einen Raum zurückgezogen haben, in dem sie keine anderen Meinungen zulassen als die ihren. Dies wird im autoritären Umgang der EU mit Griechenland und in den Entscheidungen während der Migrationskrise deutlich. In der Gesellschaft beobachtet er eine Entfremdung der Bürger von ihrer unmittelbaren Umgebung, den Zerfall klassischer Milieus, ursprünglich generiert aus kirchlichen und arbeitssozialen Gemeinsamkeiten, den Verlust der durch den Nationalstaat garantierten Sicherheit sowie einen Terror der öffentlichen Meinung, der sich bis in das persönliche Leben erstreckt. Letzterer drückt sich in der politisch korrekten, moralisierenden Sprache aus. Definiert wird die vermeintlich richtige Meinung von Eliten, die den Kontakt zu den Bürgern verloren haben, aber trotzdem Zwängen ausgesetzt sind. Hinzu kommt eine massive Entfremdung der Bürger von der demokratischen Politik, da gesellschaftliche

Wandlungen nur noch als erlebt und nicht mehr als mitgestaltet empfunden werden und die Bürger so in Untertanen transformiert würden.

Baberowski nennt die Politik des Terrors der öffentlichen Einheitsmeinung eine identitäre Politik. Sie versucht, die Menschen einheitlich glücklich zu machen, anstatt den Schutzraum zu garantieren, innerhalb dessen die Individuen ihre Unterschiedlichkeit ausleben können. Wo der Populismus ansetzt, macht Baberowski im Wesentlichen am Terror der moralisierenden Einheitsmeinung fest: Derjenige Populist, der sich offen provozierend dagegenstellt, bricht das moralische Tabu, was die Aufmerksamkeit erregt, die er braucht. Baberowski verweist außerdem auf den identitären Charakter dieser Meinung, die bestimmte Gruppen als Opfer darstellt und so ihren Gegnern erlaubt, sich ebenfalls zu Opfern zu erklären. Die dritte und, meiner Meinung nach, wichtigste Andockstelle für den Populismus ist die der Verneinung offensichtlicher Gewissheiten durch die Eliten. Baberowski nennt hier das Beispiel des Sozialstaates, der ohne einen politischen Staat innerhalb bestimmter Grenzen nicht funktioniert und beruft sich dabei auf Milton Friedman. Besonders fatal ist, dass diese offensichtliche Weisheit jedem bewusst ist, die Bürger sich, wenn sie gefragt worden wären, zur Durchsetzung dieser Weisheit bekannt hätten, die Eliten jedoch nicht nur diese Weisheit verneinen, sondern dem Bürger auch das Recht absprechen, mitzuentscheiden, ob diese durchgesetzt werden soll oder nicht. Der multiideologische Populismus nutzt nun die Schwäche jenes monoideologischen Populismus für sich aus.

Aber warum kann sich das etablierte System nicht gegen den die beiden Arten des Populismus wehren?

Monoideologien stoßen in einer informativ vernetzten Welt an ihre Grenzen. Identitäre linke und rechte Parteien verfolgen solche Monoideologien bzw. monoideologischen Populismus. Ich will versuchen, dir das noch genauer zu erklären. Das repräsentative Demokratiesystem, das wir heute kennen, stammt aus einer Phase des aufstrebenden Bürgertums. In dieser Zeit herrschte eine allgemeine Diversität, die als solche positiv in der Gesellschaft bewertet wurde. Die politischen Parteien, die traditionell bestimmte Arbeitsmilieus vertraten, Glaubensgemeinschaften, Gewerkschaften, sowie andere Organisationen, stellten den Bürgern aus jenen Milieus passende Ideologien zur Verfügung, mit denen sich diese identifizierten. Die Motivation für das Bedürfnis, eine bestimmte Ideologie zu vertreten besteht darin, dass die gefühlte Realität durch diese Ideologie erklärt wird. Im Spätkapitalismus nimmt die Diversität durch den Übergang zu den großen Konsummilieus ab. Dadurch werden Ideologien immer weiter repressiv ineinander integriert, ihre Anzahl wird geringer. Politische Parteien bieten jeweils nur noch eine, homogenisierte Ideologie an, außerparlamentarische Ideologien nehmen ab.

Was bedeutet für dich monoideologischer Populismus?

Monoideologischer Populismus bedeutet, dass sich die Parteien von den anderen Ideologien abgrenzen müssen. Durch Verschweigen von Tatsachen versuchen sie daher, die momentan gefühlte Situation kohärent mit ihrer eigenen Ideologie zu analysieren. Monoideologischer Populismus besteht außerdem darin, die allgemeine Wahrnehmung in die eigene Richtung zu lenken. Hier sind zwei Beispiele zum Thema monoideologischer Populismus und Angst: In den linken Milieus ist parteiisches Agieren momentan nur noch gegen harte Rassisten und Fremdenfeinde zu spüren. Stelle dir mal vor, der Mehrheit der Deutschen wäre es inzwischen egal, welche Hautfarbe und welchen Glauben jemand hat. Die antirassistische Legitimierung der linken Parteien wäre dahin. Sie wären darauf angewiesen, den Rassismus irgendwie aus seinem Grab auferstehen zu lassen, um sich zu legitimieren. Daher wird Angst vor einem vermeintlichen Anstieg von Rassismus in der deutschen Bevölkerung geschürt, was mit der beobachteten Wahrheit nicht übereinstimmt, obwohl es natürlich ernst zu nehmende Übergriffe von Rassisten gibt. In den rechten Milieus agieren die Parteien im Wesentlichen gegen Fremde und Andersgläubige, sie verbreiten Angst vor deren vermeintlich angeborenem Hang zu Diebstahl und Gewalttätigkeit, vor deren Unzivilisiertheit. Stelle dir mal vor, der Mehrheit der Deutschen wäre es inzwischen egal, welche Hautfarbe und welchen Glauben jemand hat. Die rassistische Legitimierung der rechten Parteien wäre dahin. Sie wären darauf angewiesen, die ethnisch bedingte Gewaltbereitschaft irgendwie aus ihrem Grab auferstehen zu lassen, um sich zu legitimieren. Daher wird Angst vor einer vermeintlich gewalttätigen Mehrheit der Zuwanderer geschürt, was mit der beobachteten Wahrheit nicht übereinstimmt, obwohl es natürlich ernst zu nehmende Übergriffe von kriminellen Zuwanderern gibt.

Es kommt zu einem Widerspruch zwischen erlebter und ideologisch abgebildeter Wirklichkeit.

Derjenige, der sein Weltverständnis prioritär aus Monoideologien gewinnt, gerät in einer Welt mit hoher Informationsdichte irgendwann mit der wahrgenommenen Wirklichkeit in Konflikt. Auch das "Herauspicken" von monoideologiekonformen Realitätsfragmenten (Filterblase) ist irgendwann nicht mehr möglich. Der Grund dafür ist nicht nur, dass die Monoideologie einseitig ist, sondern auch die gefühlte, spätkapitalistische Realität, da eine homogenisierte gefühlte Realität wiederum eine starke Motivation für einen homogenisierten Konsum immer gleicher, profitabler Waren ist. Gleichzeitig wird der einheitliche Konsum tatsächlich eine einheitliche Realität erzeugen. Der Unterschied zur Monoideologie ist, dass sich die gefühlte Realität warentoleranter Milieus an den jeweiligen Profitaussichten orientiert, sich abhängig von ihnen also wandeln kann. Sobald der Unterschied zwischen der - zur Legitimierung einheitlichen Konsums - repressiv vereinheitlichten Wahrnehmung und der angebotenen statischen Monoideologie zu kontrastreich wird, bekommen die etablierten Parteien Probleme, aber auch Individuen, die sich noch vor Kurzem für ideologisch links hielten aufgrund der gewandelten Einheitswahrnehmung plötzlich rechts stehen und umgekehrt.

Der monoideologische Populismus hinkt dem Warenpopulismus hinterher?

Ja, und dieser Konflikt zwischen gefühlter Realität und Monoideologie kann natürlich das Vertrauen in Letztere erschüttern. Spätkapitalistische multiideologische Populisten reflektieren dagegen die repressiv induzierte, nur temporär einheitliche Lebenssituation, die von vielen Wählern so empfunden wird, sehr treffend, ohne sich dabei von monoideologischen Fesseln behindern zu lassen. Das ist ihr wichtigster Vorteil und führt dazu, dass sie gegenüber den Wählern ehrlicher daherkommen als monoideologisch-politische Parteien.

Der multiideologische Populist spricht also die unerhörte Wahrheit als einziger aus, die zudem noch von der Bevölkerung als solche empfunden wird, und die etablierten Parteien stehen als Lügner da.

Genau!

Aber du kannst doch nicht sagen, dass jeder der die gesellschaftliche Situation richtig analysiert, ein Böser ist.

Genau aufgrund dieser Argumentation ist der multiideologische Populismus so gefährlich. Er führt keineswegs zu einer Rückkehr der weltanschaulichen Diversität. Vielmehr wird er die eintönige spätkapitalistische Realität mit denjenigen Argumenten zu erklären versuchen, die ihm möglichst viele Wählerstimmen einbringen. Dabei legte er eine hohe Flexibilität an den Tag, kann sich aber auch auf die repressive Toleranz der spätkapitalistischen Zuhörer verlassen, die durch seine überzeugende Analyse der gefühlten Realität wie auf Knopfdruck eingeschaltet wird.

Der Populist verspricht einfache Antworten, die der einfachen gefühlten Wirklichkeit entsprechen.

Für den Populisten ist es immer erfolgversprechend, irgendwelchen Minderheiten oder Popanzen gemäß dem Prinzip des gemeinsamen Feindes die Schuld in die Schuhe zu schieben: 'An allem sind die Mexikaner schuld!' oder auch 'An allem sind die Lin-

ken/Rechten schuld!'. Zwischen den sich scheinbar widersprechenden, einfachen Antworten kann der multiideologische Populist aufgrund der allgegenwärtigen repressiven Toleranz nach Belieben hin und her springen, auch nachdem er die Macht errungen
hat. Er bringt irgendein politisches Argument auf den Markt und
die Wähler akzeptieren irgendeine Begründung, warum sie es ihm
abkaufen sollen, so wie sie irgendeine Begründung dafür akzeptieren, warum sie eine momentan profitable Ware konsumieren sollen: "Hat es die letzte Woche geregnet? Stimmt! Dann kauft Son-
nenschirme und es hört auf zu regnen!" In Wirklichkeit ist der multiideologische Populist ein Egoist im Kant'schen Sinne, der auf Basis dieser Toleranz seine Interessen durchsetzt. Baberowski sieht,
in meiner Interpretation, die Bekämpfung des Populismus nicht direkt bei den politischen Eliten, sondern im Sichentfalten der Individualität und der individuellen Meinung, der Exzentrik, für die
der Staat den sicherheitspolitischen Rahmen schaffen muss. Ich
leite aus dem Vortrag ab, dass man das Aussprechen seiner Meinung, auch wenn sie unerhört ist, nicht den Populisten überlassen
darf. Die erotische Motivation zum Aussprechen des Nichtkonformen würde sich dann verselbstverständlichen und ihnen die
Grundlage entziehen.

*Und was geschähe, wenn Populisten in Regierungsverantwortung
kämen?*

Meiner Meinung nach würden sie nicht entzaubert. Im Gegensatz
zu einer "Großen Regierungskoalition" aus mitte-links und -rechts
würde sogar die innere Auseinandersetzung fehlen. Die Populisten
würden einen "geschlossenen" Eindruck vermitteln. In Anlehnung
an Slavoj Žižek [270] würde ich sagen, dass eine ehemals multiideologische populistische parlamentarische Mehrheitspartei jene
einfachen Normen schaffen wird, die nur sie an der Macht hält.
Dadurch würde sie nur durch die Wahl von vermeintlichen Extremisten demokratisch abgewählt werden können. Der Kreis
schließt sich, da sich der zwecks Machterringung multiideologisch
ausgerichtete Populismus in den dominierenden monoideologischen Ideologiereproduzenten verwandelt hat, durch dessen Kritik
er seine Wahl ursprünglich legitimierte. Gerade aus diesem Grund

ist es nötig, sich in der Regierung abwechselnde, monoideologische, nichtpopulistische Parteien moderater Ausrichtung nicht zu verneinen.

Populismus und Rassismus werden ja oft in einem Atemzug genannt.

Weil man Letzteren eben für populistische Minderheitenschelte bzw. zur Selbsterhöhung missbrauchen kann. Im Extremfall glaubt man, dass mit der fremden Gruppe alles Böse verschwinden würde oder mit der eigenen alles Gute. Ein Weg in den Rassismus ist somit die Generierung eines Überlegenheitsgefühls. Die repressive/instrumentelle Überlegenheit entspricht dem pervertierten historischen Bedürfnis, in mehreren Belangen anderen Menschen innerhalb eines Wettbewerbs (Athletik) überlegen zu sein. Die repressive/instrumentelle Freiheit, den kapitalistischen Konkurrenzkampf offen und unsolidarisch zu gestalten, führt unter Umständen in eine pauschale Assoziation von Erfolg mit einer (meist der eigenen) Gruppe und schließlich von moralischer Überlegenheit mit einem (meist dem eigenen) Konsummilieu.

Eines der Hauptprobleme des Rassismusbegriffs ist, dass es keine klare Definition hierfür gibt. Die meisten Definitionen sind Tautologien, wie "Rassismus ist, wenn jemand rassistisch beleidigt wird." Nach dem landläufigen Verständnis ist Rassismus die pauschale Exklusion von Menschengruppen aufgrund mindestens einer ihrer, meist äußerlichen, Gemeinsamkeiten oder gar die pauschale zwingende Zuordnung von weiteren Gemeinsamkeiten zu Ersterer. Ursprünglich handelte es sich dabei um Menschen bestimmter Hautfarben oder Ethnien, heutzutage bezieht man Gruppen ein, die eine gemeinsame Kultur oder Sprache teilen. Eine rassistische Exklusion setzt voraus, dass mindestens eine Gemeinsamkeit einer Gruppe angeblich durch keinen Menschen außerhalb jener geteilt werden kann bzw. dass es mindestens eine Gemeinsamkeit der anderen Menschengruppe gibt, die angeblich kein Mensch jener Gruppe teilt. Es handelt sich also um eine Verneinung der Unzulänglichkeit und eine gedankliche Desintegration.

Aufgrund dieser Voraussetzung können die Gemeinsamkeiten der Gruppe exklusiv bewertet werden. Exkludierender Rassismus entspräche der Aussage: "Gruppe *A* mit Gemeinsamkeit *a* ist grundsätzlich schlau (negativ konnotiert), Gruppe *B* mit Gemeinsamkeit *B* dumm (positiv konnotiert)." Sie wäre nur dann kein Rassismus, wenn (i) die Gruppen anhand bezüglicher, sich momentan tatsächlich ausschließender Eigentümlichkeiten (schlau/dumm) definiert wären und erst recht keiner, wenn die Gemeinsamkeiten der Gruppen *A/B* nicht bewertet werden. Rassismus ist hauptsächlich ein rechtsextremes Phänomen. Die Frage ist: Gibt es auch inklusiven, also linken Rassismus? Hierfür käme die Aussage "Gruppe *B (A)* kann genauso schlau (dumm) werden wie Gruppe *A (B)*." infrage. Die Aussage ist ebenfalls pauschalierend und dann unwahr, wenn die Ausnahme (i) gilt und sich durch Ermächtigung nicht verneinen lässt.

Wie ist das Problem zu lösen?

Der Rassebegriff stammt ursprünglich aus der Zucht von Tieren und Pflanzen. Dabei werden durch gezielte Auslese durch den Menschen Individuen hervorgebracht, die besondere Eigentümlichkeiten haben. Das bedeutet, Individuen, die zufällig jene Eigentümlichkeiten besitzen werden vermehrt, um Kopien von ihnen zu erstellen. Somit handelt es sich bei der Züchtung tatsächlich um ein "Klonen". Die verschiedenen Rassen unterscheiden sich somit, stellen aber keine Arten dar und können sich daher ohne Weiteres untereinander fortpflanzen, wobei die Rassen als solche nicht erhalten bleiben würden, sobald die Auslesebedingungen wegfielen. Innerhalb der natürlichen Auslese entsprächen die Rassen spezifischen Anpassungen an die Umwelt, die keine neue Art bilden. Rassismus hinsichtlich des Tier- und Pflanzenreichs würde somit bedeuten, dass man eine bestimmte Anpassung gegenüber anderen bevorzugt. Da die Unterschiede zwischen genetisch unterschiedlich angepassten Menschengruppen sehr gering sind und für die Menschlichkeit als solcher keine Rolle spielen, würde ich sie eher als "Facetten", denn als Rassen bezeichnen. Die Bevorzugung einer genetischen Facette von Menschen gegenüber einer anderen wäre somit als genetischer "Facismus" zu bezeichnen. Da die unterschiedlichen Facetten die menschliche Daseinsweise nicht berühren, ist im Übrigen eine auf alle Menschen beziehbare Ethik möglich, deren Prinzipien für alle Angehörigen der Spezies Homo sapiens gleichermaßen gelten. Selbst zu dem Menschen nächstverwandten Arten besteht eine ethische Beziehung (Tierethik).

Basierend auf dem Gesagten kann der Rassismus verschiedene Stufen eingehen:

(i) Rassismus als Facismus, d.h. die vorhandenen Facetten werden hinsichtlich der Menschlichkeit bewertet, obwohl sie auf das Menschliche keinen Einfluss haben. Hautfarben-, Sprach-, ethnischer bzw. Herkunftsrassismus hebt auf tatsächliche Unterschiede von Gruppen ab, weist ihnen jedoch Bewertungen rein menschlicher Eigentümlichkeiten zu, wo Bewertungen nicht möglich sind.
(ii) Rassismus im Bezug auf vermeintliche menschliche "Rassen" oder gar Arten (die es aus rein biologischen Gründen nicht gibt) erzeugt erst diese "Rassen" in den Köpfen, auf die er bewertend abhebt.
(iii) Kulturrassismus hebt auf tatsächliche kulturelle Unterschiede ab, die aus persönlicher Sicht prinzipiell bewertbar sind: Ich mag dieses kulturbasierte Verhalten nicht, es passt nicht zu meinem. Dieser Rassismus verneint jedoch die gegenseitige Transzendier- und Integrationsfähigkeit.

Man neigt heute gelegentlich dazu, den Rassismus zu bekämpfen, indem man die unterschiedlichen Facetten und Kulturen von Menschengruppen bzw. deren diesbezügliche Unterschiedlichkeit verneint. Tatsächlich ist Unterschiedlichkeit nur eine notwendige, aber keinesfalls eine hinreichende, also zwingende Voraussetzung, die Rassismus unausweichlich hervorruft. Der Begriff der Diskriminierung (von "discernere"; trennen, unterscheiden) erfasst ihn also nicht. Die Ursache von Rassismus besteht aber in der pauschalen und falschen Bewertung der Eigentümlichkeiten, nicht in ihnen selbst. Aus limenistischer Sicht bedeutet Rassismus die Aufstellung eines falschen Gesetzes, d.h. die falsche zwingende Zu-

ordnung von bestimmten Gemeinsamkeiten zu anderen Gemeinsamkeiten und deren Bewertung, aber nicht die Verneinung von
Gemeinsamkeiten überhaupt. Die von mir daher präferierte Definition von Albert Memmi [271] lautet: "Der Rassismus ist die verallgemeinerte und verabsolutierte Wertung tatsächlicher oder fiktiver Unterschiede zum Nutzen des Anklägers und zum Schaden
seines Opfers, mit der seine Privilegien oder seine Aggressionen
gerechtfertigt werden sollen." Die Definition hat mehrere Vorteile
im Vergleich zu den üblichen Tautologien. Zum einen steckt in der
Erwähnung des Anklägernutzens und der fiktiven Unterschiede
der Hinweis, dass der Rassismus letztendlich eine ausnutzende, instrumentelle Unvernunft ist. Weiterhin verneint sie die tatsächlichen Unterschiede, wie auch die Gemeinsamkeiten zwischen den
Menschen nicht. Aus der Definition lässt sich daher der ethnische
oder Hautfarbenrassismus ableiten. Außerdem sind der kulturelle
Rassismus bzw. die Fremdenfeindlichkeit miteingeschlossen. Leider fehlt in der Definition die Unterscheidung des Rassismus vom
lauteren, athletischen Vergleich. Außerdem gibt es keinerlei Hinweise auf den indirekten Rassismus, z.B. die Mitglieder einer Minderheit z.B. aufgrund ihrer Hautfarbe, pauschal als die Besseren
anzusehen (und damit alle anderen als die Schlechteren). Aus diesem Grund würde ich die Definition wie folgt modifizieren: 'Der
Rassismus ist die verallgemeinerte und verabsolutierte Wertung
tatsächlicher oder fiktiver Unterschiede zum Nutzen des Anklägers und/ODER zum Schaden seines Opfers, mit der seine VER-
MEINTLICHE ÜBERLEGENHEIT oder seine Aggressionen gerechtfertigt werden sollen.' Die erste Änderung schließt den indirekten Rassismus ein, die zweite lässt die lautere Athletik unberührt vom Rassismusvorwurf. Basierend auf dieser Definition
kann man nun verschiedene Arten von Rassismus ableiten:

1. Direkter Rassismus, d.h. zum Nutzen des Anklägers und zum
Schaden seines Opfers: Dieser betrifft die pauschale Bewertungen
von Mitgliedern von Menschengruppen aus der Überlegenheitsil-
lusion heraus, die zu einem tatsächlichen Schaden des Opfers bei
gleichzeitigem Nutzen für den Ankläger führen.
2. Indirekter Rassismus, d.h. zum Nutzen des Anklägers oder zum
Schaden seines Opfers: Dieser betrifft die pauschale Bewertung

(vermeintlicher) Unterschiede, sowohl in gönnerhafter Weise zur eigenen Erhöhung und nicht primär zur Erniedrigung des Opfers als auch in abwertender Weise zur Erniedrigung des Opfers, Letzteres ohne einen sichtbaren eigenen Nutzen, beispielsweise aus Ignoranz. Liegt eine tatsächliche Überlegenheit einer Gruppe gegenüber den Mitgliedern einer anderen vor, z.B. einer Fußballmannschaft mit Trainingsrückstand, so ist deren Bewertung kein Rassismus.

Und wie kann man Alltagsrassismus bei sich und Anderen erkennen?

Jeder der pauschal von Ausländern spricht und dabei die Teilmenge der kriminellen Ausländer meint und jeder, der jemandem, der von kriminellen Ausländern spricht unterstellt, er würde alle Ausländer als Kriminelle abstempeln, ist ein Alltagsrassist. Du kannst den direkten oder indirekten Alltagsrassismus entlarven, indem du versuchst, die Hautfarben und Nationalitäten von Menschen nicht mehr wahrzunehmen. Ich würde mal die folgenden beiden Situationen als Gedankenexperimente anbringen:

1. Du befindest dich auf einer Party. Es gibt eine Bar, eine Tanzfläche, man spielt moderne Musik, die Menschen feiern ausgelassen. Alle sind bester Laune. Es gibt Männer (*Gruppe 1*) und Frauen (*Gruppe 2*) auf der Party, die teilweise tanzen, sich aber nicht kennen. In die Party platzen auf einmal andere junge Männer (*Gruppe 3*), die sich offensichtlich kennen. Sie betreten die Tanzfläche und fangen an, die Frauen in den Arm zu nehmen und zu küssen. Stell dir vor, dass *Gruppe 1* eine handfeste Schlägerei mit *Gruppe 3* beginnt, um die Frauen vermeintlich zu beschützen.
2. Stelle dir jetzt eine Schulklasse vor. Die Klasse besteht aus Schülern (*Gruppe 1*) und zwei Lehrern (*Gruppe 2*). Die Lehrer kündigen an, dass sie heute von Lehrern (*Gruppe 3*) einer befreundeten Schule aus dem Ausland besucht werden. Die fremden Lehrer treten in die Klasse und alle begrüßen sich. Ein Lehrer der *Gruppe 3* streicht den Mädchen in der Klasse durch ihr Haar und sagt, wie schön das volle Haar doch ist. Dann überreicht man den Schülern der *Gruppe 1* stolz Unterrichtsmittel und versichert ihnen,

dass man ihnen den Gebrauch dieser Geräte, den sie bisher sicher noch nicht beherrschen, schnell beibringen wird. Ordne nun den erwähnten Gruppen, *(1), (2)* und *(3)*, die Hautfarben schwarz, *people of colour, native American*, weiß zu, und zwar nach deinem Gefühl. Das Gleiche kannst du mit Pannationalitäten oder Staatszugehörigkeiten versuchen.

Du hast sicher damit recht, dass man gerade heute zu den verschiedenen Situationen automatisch bestimmte Menschengruppen zuordnet. Im Fall 1 schweben mir bei Gruppe 3 eher nicht-weiße Männer und im 2. Fall bei Gruppe 3 eher weiße Frauen mittleren Alters und bei Gruppe 1 eher nicht-weiße Kinder vor.

Genau in diesen Vorurteilen besteht Alltagsrassismus. Was, wenn du mit den Hautfarben recht hättest, aber im ersten Fall sich die Partner der tanzenden Frauen (*Gruppe 3*) nur verspätet hatten, weil es einen Verkehrsstau gab? Dann verhält sich *Gruppe 1* nämlich rassistisch. Was, wenn die Unterrichtsmittel im 2. Fall überhaupt nicht benötigt werden oder unzulänglich sind? Dann verhält sich *Gruppe 3* ziemlich rassistisch.

Kann man Rassismus wirklich ablegen?

Wie lange der Rassismus aufgrund von Pauschalisierung nachwirkt, kann man am Antisemitismus erkennen. Ich möchte dich auf eine besondere Form des heutigen Antisemitismus hinweisen, die von vielen Menschen in allen möglichen Milieus geteilt wird: Die Darstellung des Holocaust vermittelt mitunter ein, von vornherein, ausgrenzendes Bild von der damaligen jüdischen Bevölkerung Europas. Es wird der Eindruck erweckt, als ob die Nazis mit den Juden ein Volk auslöschen wollten, das irgendwo außerhalb der europäischen Gesellschaft, quasi hinter den sieben Bergen wohnte. Tatsächlich hatte man es mit Menschen zu tun, die speziell in Deutschland ein oft durchschnittliches Leben geführt haben. Es handelte sich um Nachbarn, Freunde, Kollegen. In der Vermittlung der Geschichte des Holocaust, wird dieser Aspekt gern verdrängt, und zwar zum Nutzen der Nachkommen früherer Ankläger.

Ist der Populismus in Zukunft der einzige Weg, um an die Mehrheit der Wählerstimmen zu kommen?

Erinnere dich an die Mechanismen der Selbstverwaltung. Die spätkapitalistische demokratische Politik wird in den Mitgliedern der Gesellschaft das repressive Verwaltungsbedürfnis wecken, die Garanten der permanenten Reproduktion des Spätkapitalismus selbst immer wieder zu wählen, und zwar nicht wegen ihrer populistischen Versprechungen, sondern aufgrund ihrer Qualifikation zur Aufrechterhaltung der Systemfunktionen. Aufgrund der kollektiven Selbstverwaltung wird eine Regierung, die sich konservativ und gleichzeitig progressiv inszeniert, nach dem Motto: "Nur wir garantieren den Fortschritt der Gesellschaft bis in alle Ewigkeit", eher in eine längere Amtszeit gewählt werden, als eine, die sich als konsumierbare Ware inszeniert. Solche langen Amtszeiten gilt es durch Gesetze zu verhindern, damit die Gesellschaft nicht in eine Verwaltungsdiktatur abgleitet.

Eine Diktatur kann über kurz oder lang wiederkommen?

Um das zu beantworten, muss man sich erst einmal fragen, wie der Mensch in den Verwaltungsdiktaturen: Nationalsozialismus, Sowjetsozialismus, Theokratismus funktioniert? Die genannten Formen der Diktatur stellen nichts anderes dar, als den Versuch der Verwaltung, eine ideale Version der spätkapitalistischen Repression gewaltsam, d.h. durch einen starken Staat zu etablieren, quasi in den Spätkapitalismus zu springen. Die Motivation für solche Versuche ist letztendlich die antizipierte Möglichkeit, den profitabelsten Konsum nicht eben nur durch Verführung, sondern auch durch direkte, staatgelenkte Repression zu erzeugen.

Im Nationalsozialismus war die Gesellschaft in Teilen repressiv durchsolidarisiert und auch der Konsum war durchorganisiert, sowie die Produktion. Der Nationalsozialismus überschätzte sich allerdings dahingehend, dass die notwendige Technologie sowie die Ressourcen für die Etablierung des idealen spätkapitalistischen Systems nicht vorhanden waren. Er versuchte, basierend auf einer

menschenverachtenden Ideologie, dieses Defizit durch den Erobe-
rungskrieg nach innen und außen auszugleichen, der das System
eine Zeit lang reproduzierte.

Die sozialistische Ökonomie imitiert den Spätkapitalismus mit den
immer profitabelsten (weil gleichen) produzierten und konsumierten Waren, allerdings innerhalb einer Mangelversorgung, ohne
Konsuminnovation und ohne wirkliche Profitorientierung. D.h.,
die Warenpalette wandelt sich nicht. Der Versuch der Etablierung
dieser Variante des idealen spätkapitalistischen Systems muss daher trotz massiver ideologischer Konditionierung zugrunde gehen.
Die sozialistische Ideologie beschreibt die Ökonomisierung und
Profitausrichtung des spätkapitalistischen Alltags sehr gut, insbesondere die repressive Verwaltung. Die gleiche Verwal-
tung/Selbstverwaltung wird jedoch übernommen und zu einer angeblich befreienden, selbstbestimmten Verwaltung umetikettiert.
Interessant an der sozialistischen Ideologie ist die Nähe zu Horkheimer. Ebenso wie er geht die sozialistische Lehre von einer im
Kapitalismus entstandenen Verwaltung aus, die nach einer Umwälzung weiter bestehen bleibt und durch eine neue Repression,
die Diktatur des Proletariats ersetzt wird, durch welche nur die
richtigen Bedürfnisse befriedigt werden. Das Problem ist, dass das
vermeintliche harmonische Spannungsfeld nicht aus der individuellen Höherentwicklung und befreienden Intoleranz resultiert, sondern aus einem Diktat aus dem Nichts heraus, formuliert von in-
kompetenten Machthabern. Das Scheitern des Sozialismus hat diesen Irrweg entlarvt.

*Ist es denn wirklich legitim, Kommunismus und Nationalsozialis-
mus gleichzusetzen.*

Der Historikerstreit [84] hat dies letztendlich verneint. Allerdings
sind sie in einem Punkt gleich: Kein Mensch sollte in diesen Diktaturen leben müssen. Ihre pauschale (Un)Gleichsetzung ist sehr
oft instrumentell. Sie wirkt einerseits als Apologetik/Entsingulari-
sierung der nationalsozialistischen Diktatur. Auf der anderen Seite
drückt sie kommunistische Diktaturen auf die demokratische Seite,
die sich ja ebenfalls als nicht-nationalsozialistisch definieren.

Der Theokratismus verfügt über eine starke Ideologie basierend auf der Stärke einer geführten Mehrheitsgemeinschaft im Konflikt mit Minderheiten bzw. gemeinsamen Feinden, den Nicht-Gläubigen. Kombiniert mit einer starken staatlichen und klerikalen Repression werden, statt einer kompletten Durchsolidarisierung, massive Teile der Bevölkerung in einer vergleichsweise moderaten Konsumstufe gehalten und sogenannte privilegierte religiöse Schichten zu exklusiven Konsumproletariern pervertiert. Somit setzt der Theokratismus die schon beschriebene Konsumreligion als eine Art Neofeudalismus um. Ich persönlich erwarte, dass diese Form der Diktatur die stabilste ist. Sie wirkt nach außen oft wie Hochkapitalismus, ein Trugschluss, der zur Toleranz dieser Diktaturen durch demokratische Staaten führt.

In wieweit ist die spätkapitalistische Demokratie mit einer Diktatur zu vergleichen?

Die klassische Idee einer Diktatur basiert auf der repressiven Kontrolle der Ökonomie (zumindest zu einem gewissen Grad) als auch der Bevölkerung und insbesondere deren Freizeit. Man geht gewöhnlich von einem sichtbaren Diktator aus, der die Macht innezuhaben scheint. Im Zusammenhang mit einer Diktatur steht eine Ideologie oder eine sogenannte Religion, die den Menschen im Wesentlichen eine Möglichkeit zur Verfügung stellt, sich mit dem Regime und seiner Verwaltung zu arrangieren. Diese Idee beschreibt also eine totale Verwaltung durch einen alle Gewalten in sich vereinenden Diktator und einen starken Staat.

Die spannende Frage ist: Leben wir bereits in einem solchen System?

Im Gegensatz zu den Diktaturen, die auf einem starken Staat basieren, geschieht in den westlichen Demokratien seit den 1980ern etwas, was man nicht unbedingt erwartet, nämlich die Reduktion der öffentlichen Verwaltung, speziell in den Bereichen Soziales, Schulbildung und Sicherheit getarnt als Bürokratieabbau. Diese

Reduktion entspricht der von Uwe H. Bittlingmayer [257] beschriebenen (bereits erläuterte) Selbstaktivierung in betrieblichen Verwaltungsprozessen. Die Demokratie entwickelt sich dementsprechend in Richtung eines schlanken Staates, ganz einfach deswegen, weil man davon ausgeht, dass keine ausgedehnte professionelle Verwaltungsapparatur mehr nötig ist, um das spätkapitalistische System zu reproduzieren, wenn jeder sich selbst verwaltet und jeder den Anderen diesbezüglich kontrolliert.

Dieser Versuch des Kapitalismus, sich vor der Zeit in einen idealen spätkapitalistischen Zustand zu stürzen, ist also die Etablierung der totalen gesellschaftlichen Selbstverwaltung. Einen entscheidenden Anteil hieran haben insbesondere intelligente Menschen, ähnlich wie in Bittlingmayers "Wissensgesellschaft", die sich überdies einreden, dass ihre Selbstverwaltung etwas Gutes sei, obwohl sie in Wirklichkeit eine neue Form der Ausbeutung, die freiwillige Anpassung an eine Repression darstellt. Frank Oschmiansky veröffentlichte am 1.6.2010 den Artikel "Aktivierender Staat und aktivierende Arbeitsmarktpolitik" auf der Website der bpb [272]. Aus diesem Artikel wird klar, auf welcher Stufe in Richtung der verwalteten Gesellschaft wir uns jetzt befinden. Dem Konzept des aktivierenden Staates liegt die gut gemeine Vision einer selbstbestimmten Gestaltung des gesellschaftlichen und privaten Lebens ohne bevormundendes Eingreifen durch den Staat zugrunde.

Das klingt nach einer Beschreibung der befreiten Gesellschaft.

Die Definition des aktivierenden Staates im Online-Verwaltungslexikon lautet [273]: "Konzept einer 'neuen Verantwortungsteilung zwischen Staat und Gesellschaft', das der Selbstregulierung Vorrang vor staatlicher oder hierarchischer Steuerung oder Aufgabenübernahme einräumt. Im Verhältnis Staat zu Gesellschaft ist das Konzept eine Weiterentwicklung des Gedankens der Subsidiarität der katholischen Soziallehre: Begrenzung staatlicher Regulierung und/oder Leistungserbringung zugunsten gesellschaftlicher Kräfte (der Einzelne, Gruppen, Verbände), ggf. Unterstützung dieser Aktivitäten. Auch intern (innerhalb der Exekutive) gilt der Vorrang der Selbstregulierung, z.b. durch Kontraktmanagement, umfassender das Neue Steuerungsmodell und speziell die Variante Wirkungsorientierte Verwaltungsführung." Zur Geschichte des Begriffs führt Oschmiansky aus: "In Deutschland liegen die Wurzeln des aktivierenden Staates in politischen Bestrebungen zur Stärkung der individuellen Verantwortung (FDP) oder gesellschaftlicher Selbstregulierung (DIE GRÜNEN) sowie im Subsidiaritätsprinzip der katholischen Soziallehre. Stärkeren Eingang in die politische Debatte fand das 'Aktivierungskonzept' allerdings erst durch das berühmt gewordene Schröder/Blair Papier ... aus dem Jahr 1999..."[274]. Ich glaube, den politisch erzwungenen Schwenk in Richtung der spätkapitalistischen Selbstverwaltung kann man nicht deutlicher formulieren. Tatsächlich ergeben sich vor dem spätkapitalistischen Hintergrund der Abbruch sämtlicher Schranken vor der totalen Selbstausbeutung und deren Bemäntelung durch eine faktisch klingende Ideologie. Zum Zeitpunkt der Veröffentlichung des Artikels wurde noch der Fetisch des Europas der Regionen vor sich hergetragen, was die subsidiäre Selbstverwaltung zusätzlich motivieren sollte.

Die praktische Umsetzung des aktivierenden Staates erfolgte z.B. durch die Hartz-Gesetze oder die Programme zur Überführung von Langzeitarbeitslosen in den Arbeitsmarkt. Folgende Ergebnisse konnten bisher verzeichnet werden: "1. Es zeigt sich eine starke Auswahlwirkung nach dem Prinzip 'arbeitsmarktferne Gruppen haben geringere Chancen auf Zugang zu Maßnahmen im Vergleich zu arbeitsmarktnahen Gruppen'. 2. Bescheidene Netto-Effekte: Von *100* ehemaligen Teilnehmern, die im Anschluss an eine Maßnahme wieder eine Beschäftigung aufnahmen, hätten allerdings durchschnittlich *90* bis *95* ohnehin eine Arbeit gefunden. Für Aktivierungsprogramme zugunsten von 'Personen mit multiplen Vermittlungshemmnissen' lägen bislang lediglich aus den Niederlanden und aus Dänemark Ergebnisse vor, die sogar auf 'tendenziell negative Beschäftigungseffekte' hindeuteten. 3. Positive Effekte hinsichtlich der Überwindung sozialer Isolation: Aktivierungsmaßnahmen tragen dazu bei, soziale Exklusion zu verhindern bzw. zu beseitigen und können dabei Erwerbsfähigkeit herstellen oder erhöhen."

Was war der Auslöser für den Versuch dieses Sprunges in die totale Selbstverwaltung?

Die Koinzidenz mit der Notwendigkeit des Einsparens öffentlicher finanzieller Mittel. Christian Nürnberger [275] wies in diesem Zusammenhang auf die komplett neuartige Situation nach 1990 hin, innerhalb derer der Spätkapitalist unter einer Vielzahl neuer, konkurrierender Staaten mit unterschiedlichen Arbeitsstandards wählen konnte. D.h., er konnte auch die westeuropäischen Staaten quasi erpressen, diese Standards zu senken, wobei Gerhard Schröder diesem Druck nachgeben musste, sich allerdings nie zum Aussprechen dieser Wahrheit durchringen konnte. Auf diese Weise entstand, meiner Meinung nach, in Westeuropa die fatale Situation, dass man weiter so konsumierte wie bisher, der Konsum, angefacht von der allseitigen Euphorie, teilweise auf Pump, sogar noch gesteigert wurde, man es aber in Konkurrenz zu den ehemaligen sozialistischen Ländern in Westeuropa plötzlich mit viel geringeren Arbeitsstandards, sozialer Absicherung und Lohnniveaus zu tun hatte. Das Defizit wurde von vielen Unterprivilegierten dadurch zu kompensieren versucht, dass täglich immer länger gearbeitet wurde, teilweise in mehreren unterbezahlten "Jobs". Diese Formel verspricht natürlich den maximalen Profit für den Spätkapitalisten und führt letztendlich zu einer immer größer werdenden gesellschaftlichen Kluft.

Die Politik des aktivierenden Staates ist aber gescheitert.

Die Diktatur der totalen Selbstverwaltung beinhaltet selbstaktivierte systemreproduzierende Verwaltungsprozesse, die sich quasi selbst hervorrufen und als zufriedenstellende Bedürfnisse verstanden werden sollen. Ich habe nie geglaubt, dass die Diktatur der totalen Selbstverwaltung langfristig Bestand hat. Eine kollektive Selbstaktivierung zur Etablierung einer flächendeckenden kommunizierenden Selbstverwaltung ist unter repressiven Bedingungen, meiner Meinung nach, nicht allein in Form einer selbsttragenden *bottom-up* Entwicklung möglich. Vielmehr muss sie auch das

Ergebnis einer *Top-down-Etablierung* einer verzweigten, selbst-Ähnlichen Bürokratie sein oder zumindest von dieser flankiert werden. Wir hatten über das Wuchern der Bürokratie ja bereits gesprochen. Es wird irgendwann einen Trick geben, der beide Selbstverwaltungsformen verbindet und die professionelle Verwaltung verneint.

Die heutigen professionellen Verwaltungsprozesse verlaufen dagegen noch vergleichsweise zentralistisch. Unter den momentanen gesellschaftlichen Bedingungen ist dieser "große Sprung" also nicht machbar, speziell die Selbstmotivation innerhalb der Gemeinschaft ist noch nicht vorhanden. Die mechanischen Reaktionen des Staates auf das flächendeckende Nicht-Funktionieren der totalen Selbstverwaltung durch einen aktivierenden Staat sind die Verstärkung der Überwachung bei Einschränkung der individuellen Rechte durch die Kontrollgremien. Statt einer Stärkung der demokratischen Diversität generiert man einen zentral überwachten, repressiv aktivierenden Staat.

Gut! Nehmen wir an, ich möchte mich ab sofort dagegen wehren, dass Deutschland eine Diktatur von politischen Verwaltungsrobotern wird. Kann ich als Einzelner an der Politik teilhaben?

Neben der repressiven Integration politischen Engagements und dessen Pervertierung in eine konforme und nutzlose Beschäftigungstherapie, treibt das spätkapitalistische System die Entpolitisierung des Volkes zum Zwecke der Überführung von noch mehr Lebenszeit in den repressiven Konsum und zur Legitimierung einer entdemokratisierten Verwaltung voran, anstelle politische Debatten und philosophische Reflexionen zu fördern. In Deutschland funktioniert die Entpolitisierung momentan über die Erweckung des Eindruckes, dass die politischen Machthaber auch OHNE die Teilhabe des Volkes das Funktionieren der Gesellschaft garantieren könnten. Den Menschen wird eingetrichtert, dass sie sich mit dem Funktionieren der Demokratie nicht zu beschäftigen bräuchten, sondern ihre Freizeit besser mit etwas vermeintlich Wichtigerem füllen sollten, nach dem Motto: 'Alles ist ruhig, keiner ist arm, keiner ist gefährdet, konsumiert fleißig weiter. Um das Funktionieren der Demokratie kümmern wir uns schon. Eure Regierung!'

Aber der Staat funktioniert doch tatsächlich.

So weit! Mein Politikverständnis orientiert sich an dem Prinzip begrenzter Universalität. Die tatsächliche Demokratie, d.h. die "Regierung des Volkes durch das Volk und für das Volk" (Abraham Lincoln, Gettysburg) ist allein schon deswegen nötig, weil eine Regierung, die beispielsweise nur für die Menschen regiert und nicht durch die Menschen Gefahr läuft, in den Neofeudalismus oder den Machiavellismus abzugleiten. Darüber hinaus können die gleichen Regierungsstrategien nur für eine begrenzte Zeit und für eine begrenzte Zahl von Menschen die richtige Politik hervorbringen. Allerdings nicht für alle Individuen und für immer. Das macht die demokratische Teilhabe geradezu notwendig, einfach aufgrund der nötigen neuen/anderen Ideen.

Die Verneinung der demokratischen Teilhabe wäre ein unglaublicher Selbstbetrug. Zwischen 1949 und 1989 zementierte die Einpflanzung eines abgeschlossenen, von der Marxschen Lehre vorgegebenen Gesellschaftsmodells in die Hirne vieler DDR-Bürger zunächst die Macht des Politkaspertheaters, genannt Politbüro der SED. Die damit verbundene Unterbindung, weil Nutzlosigkeit der demokratischen Mitgestaltung, führte zu dessen Vernichtung. Und diese Tendenz, welche die Lähmung aller Motivation zur Mitgestaltung bewirkt, verbreitet sich heute über die gesamte BRD. Gegenüber der DDR hat der demokratische Spätkapitalismus nun einen Vorteil: Die Gegenrede ist prinzipiell erlaubt, obwohl sie das spätkapitalistische System natürlich repressiv integrieren will. Trotzdem liegt hier die Chance des konstruktiven Widerstandes durch Teilhabe.

Politische Teilhabe ist nichts anderes als ein Synonym für eine erlebbare Rückkoppelung. Die Menschen, die sich heute mehr direkte Demokratie wünschen, wollen tatsächlich sehen, dass ihr Beitrag und ihre Meinung sich in konkreten politischen Beschlüssen widerspiegeln. Der Grund für jenen Wunsch ist, dass die Bewohner des demokratischen Staates wissen oder spüren, dass nur diese Rückkoppelung ihr befreiendes System stabilisiert, also bedingt entgrenzt und Emergenzen für dessen Weiterentwicklung hervorbringt. Dabei ist die Form der Umsetzung von Bürgerwille in Gesetze zweitrangig, Hauptsache es gibt eine und sie generiert die besagte Rückkoppelung. Die repräsentative Demokratie sehe ich in diesem Zusammenhang als eine Weiterentwicklung des republikanischen Forums, der Volksversammlung der Antike [276], welche die damaligen Demagogen in identifizierbare Politiker verwandelt und deren Motivation damit erkennbar gemacht hat. Die Meinungsfreiheit des Forums ist jedoch Grundlage des korrekten Funktionierens der Rückkoppelung, auch heute.

Wie sieht das parlamentarische System Deutschlands aus?

Fangen wir mit den Kommunen und Lokalparlamenten an [277]. In kleineren Städten und Dörfern bestehen sie, im Unterschied zu größeren Städten, aus Abgeordneten, die diese Aufgabe generell ehrenamtlich, d.h., unentgeltlich wahrnehmen. Die Kommunen bieten aber prinzipiell die meisten Möglichkeiten der direkten politischen Teilhabe an. In den Landesparlamenten existiert, trotz ihres streng repräsentativen Charakters, eine gewisse Möglichkeit der Volksgesetzgebung, die aber von Land zu Land variieren kann. Die politische Teilhabe auf der Ebene der Bundespolitik ist stark beschränkt. Die Ernennung der Abgeordneten des Bundestages erfolgt halbwegs direkt durch die Stimmen bei der Bundestagswahl sowie die Direktmandate. Die Ernennung der Funktionsträger und Gremien ist aber streng repräsentativ. Direkte Demokratie gibt es auf dieser Ebene nicht.

Trotzdem muss sich der Bundestag an das Grundgesetz halten.

Ja. Das Grundgesetz wurde aber im Verlaufe der Zeit ständig abgewandelt [278]. Dem Bund wurden dabei immer mehr Kompetenzen und Mitsprache, inklusive Finanzierungsmöglichkeiten als Durchsetzungsmittel übertragen, d.h., der Föderalismus wurde eingeschränkt. Dabei ist der Bund clever genug, selbst ausreichend

Steuermittel abzuschöpfen, um sich gegenüber den Ländern und Kommunen quasi als reicher Onkel zu präsentieren, der deren finanzielle Lücken im Austausch gegen politische Einflussnahme füllt, anstatt das Steueraufkommen direkt an die Länder weiterzugeben, die es dann selbstbestimmt ausgeben.

Wie denkst du grundsätzlich über Abwandlungen unseres Grundgesetzes, die in den letzten Jahren ja so zugenommen haben?

Das Grundgesetz ist Ausdruck unserer IntegrationsWerte. Empfinden wir diese als befreiend, als nicht von oben aufdiktiert, so sollten wir uns überlegen, ob wir Aspekte dieser Gemeinsamkeit abwandeln möchten. Wir müssen uns bewusst sein, dass Abwandlungen des Grundgesetzes Abwandlungen von Gemeinsamkeitsqualitäten darstellen, Menschen aus der bisherigen Gemeinsamkeit hinauswerfen und neue Anpassungstriebe generieren.

Also muss es eine hohe Hürde für Grundgesetzänderungen geben.

Tatsächlich besitzen die Mehrheiten, die zur Progression führen, verschiedene Qualitäten. Die Erbauer repräsentativer Demokratien sind sich sehr wohl bewusst, dass Entscheidungen unterschiedliche Qualitäten besitzen. Einerseits kann über die Anpassung an Gemeinsamkeiten im Rahmen des vorhandenen Wertesystems entschieden werden: Richtet sich die Politik eines Staates z.B. nur nach dem Profit seiner Unternehmen, handelt es sich bei der parlamentarischen Diskussion lediglich um die Bewertung von Ideen zur Gewinnmaximierung der Industrie. Diese Bewertung kann erfolgreich ohne Bürgerbeteiligung erfolgen, indem man auf Industrievertreter und Wirtschaftsexperten zurückgreift. Man nennt ein solches System auch Technokratie. Andere Wertesysteme sollen beispielsweise den sozialen Frieden wahren, bestimmte Gruppen oder möglichst viele Menschen möglichst zufriedenstellen. Mit diesen Ansprüchen steigt die Notwendigkeit der Bürgerbeteiligung als auch höherqualifizierter Mehrheiten für kurzfristige oder nachhaltige Wandlungen des Wertesystems. Wertesysteme werden aufgrund der weitreichenden Konsequenzen also eher konservativ behandelt, schließlich garantiert keine Progression den angestrebten Erfolg. Der Bundestag unterscheidet einfache Mehrheiten (mehr als die Hälfte der abgegebenen Stimmen, z.b. für Auslandseinsätze der Bundeswehr), absolute Mehrheiten (mehr als die Hälfte der möglichen Stimmen, z.b. für die Wahl der Bundeskanzlerin oder für die Vertrauensfrage) und Zweidrittelmehrheiten. Letztere ist für Grundgesetzabwandlungen oder die Feststellung des Verteidigungsfalls nötig [279].

Solche Abwandlungen sind also durch die Parlamente nicht so einfach durchzusetzen. Außerdem werden sie kontrolliert.

Ja, durch die Verfassungsgerichte, den Bundespräsidenten und den Bundesrat.

Soll man die Teilhabe an der politischen Gestaltung nun umsetzen, oder sie verweigern?

Die demokratische Teilhabe an der Politik entspricht einer gerichteten, konstruktiven Verweigerung, man schwebt aber grundsätzlich in der Gefahr der repressiven Integration, besonders dann, wenn man über Parteienzugehörigkeit mitgestalten will. Die repressive Integration und damit die erotische und harmonische Demotivation können im Zwang zur Parteiräson, in der Untergrabung von Initiativen durch Interessengruppen und in der Fokussierung auf kurzfristige, vermeintliche Tabus liegen. Ein weiteres Problem besteht in der Tatsache, dass die Avantgarde der Ausgebeuteten oft kein zahlenmäßiges Potenzial für die Einleitung von Plebisziten, Streiks, oder Wandlungen von Parteiprogrammen hat.

Der Ausweg aus diesem Dilemma ist allerdings möglich, da sich Mehrheiten von dem Bedürfnis nach der Erlangung der Wahrheit anstecken lassen. Somit ist die Erlangung der Mehrheit weder eine Frage der Anzahl an Menschen, die sie zuerst vertreten, noch deren Position innerhalb der politischen Hierarchie, sondern eine Frage des Fleißes. Die Teilhabe bietet durchaus Möglichkeiten, die Unfreiheit im System zu bekämpfen. Allerdings nur unter sehr hohen

individuellen Anstrengungen, mit denen du nicht nur die individuelle Bequemlichkeit oder Schüchternheit, sondern auch die institutionellen und populistischen Widerstände überwinden musst, die
mit weiterem Fortschreiten des Spätkapitalismus zunehmen werden. Ich würde dir aber raten, deine Teilhabe eher über die Akqui-
rierung von Mitstreitern zu organisieren. Der Wahrheitsvirus wird
sich nämlich von Mensch zu Mensch übertragen.

Wie stellst du dir den Kampf für Freiheit konkret vor?

Es gibt sicher Stücke der befreienden Gesellschaft überall auf der
Welt. Die offene Gesellschaft Poppers enthält viele solcher befreienden Aspekte. Allerdings werden sie im Spätkapitalismus durch
die repressive Toleranz verdeckt bzw. durch die repressive Integration verneint, Letzteres durch permanente instrumentelle Falsifizierungsversuche, verkleidet als vermeintliche demokratische
Neuverhandlungen, die insbesondere nicht durch das Volk erfolgen. Daher kann die offene Gesellschaft als Vorstufe der freien,
meiner Meinung nach, nur in Zusammenhang mit einem Gesellschaftsvertrag funktionieren, für dessen Abwandlung es hohe Hür-
den gibt, z.B. indem das Volk dafür zuständig ist. In dem Moment
erfolgt die befreiende Entfaltung innerhalb der selbst gestalteten
Gemeinsamkeit.

*Kann ein starker Gesellschaftsvertrag überhaupt demokratisch er-
zeugt werden?*

Du weißt, dass ich den Fahrzeugverkehr gern als Beispiel für eine
befreiende Gesellschaft heranziehe. Ist der Straßenverkehr eine
Demokratie? Scheinbar nicht, denn man hält sich an Regeln, und
bestimmt, etwa anhand eines Mehrheitsvotums, nicht ständig, wer
denn nun Vorfahrt hat. Trotzdem sind alle happy. Der Punkt ist,
dass der Straßenverkehr sehr wohl demokratisch ist, da über die
Notwendigkeit der Regeln ein demokratischer Konsens aller Verkehrsteilnehmer herrscht. Außerdem werden die Regeln durch den
Wahrheitsvirus ständig weiterentwickelt, ich erinnere an die Übernahme des grünen Rechtsabbiegerpfeils aus der Straßenverkehrs-

ordnung (StVO) der DDR. Trotzdem wird sich aus der Notwendigkeit, entweder nur auf der rechten oder der linken Seite zu fahren, nichts ändern, während eine konsumistische Regel, z.B. dass alle Verkehrsteilnehmer, die teure Autos über *100.000* Euro fahren, immer Vorfahrt haben, sich nicht durchsetzen könnte. Somit ist die StVO ein freier, demokratischer Gesellschaftsvertrag. Allerdings sind seine Rahmenbedingungen sehr streng, hauptsächlich auf Sicherheit ausgerichtet und nicht auf Höherentwicklung.

Also gibt es bessere Verträge?

Solche Gesellschaftsverträge sind Prinzipien, die das gute Zusammenleben in einer Gemeinschaft ermöglichen sollen. Außerdem sollen konkrete Gesetze konform mit ihnen formuliert werden. Hier stoßen wir wieder auf das Problem der Eduktion. Gemeinsamkeiten werden erst dann zu Gesetzen, wenn man sie so formuliert, dass sie den Agenten zuordnet sind, für die sie gelten (sollen). Besteht die Gemeinsamkeit nicht zwingend (z.B. aus Zufall), ist sie als Gesetz wertlos. Anerkennt man die Notwendigkeit der Zuordnung, werden Gesetze zu expliziten IntegrationsWerten. Neben den expliziten gibt es noch weitere, qualitative Imperative, beispielsweise: "Tue alles, um maximalen Profit zu gewinnen!" oder "Tue alles, damit den Menschen kein Leid widerfährt!"

Ein Blick zurück: Thomas Hobbes [280] hatte die Vertragstheorie aus der antiken Versenkung geholt und festgestellt, dass der Urzustand der menschlichen Gemeinschaft als permanenter Krieg zu verstehen ist. Diesen Zustand verabscheuen die Menschen, weswegen sie einen Herrschaftsvertrag unter einer absoluten Autorität herbeisehnen. Jean-Jacques Rousseau [281] hingegen sprach von einem paradiesischen Naturzustand, der durch die gesellschaftlichen Ungleichheiten zerstört worden sei. Durch einen Gesellschaftsvertrag gleichberechtigter Individuen sollte wieder ein gemeinschaftliches Paradies hergestellt werden. Die Individuen sollen hierzu einen Gemeinwillen entwickeln. Immanuel Kant vertrat ebenfalls die Vertragstheorie, allerdings hatte sich bei ihm der Gemeinwille dem kategorischen Imperativ zu unterwerfen [8]. Laut "Handle so, dass die Maxime deines Willens jederzeit zugleich als

Prinzip einer allgemeinen Gesetzgebung gelten könnte", unterscheidet Kant den Egoisten und den entgegengesetzten Pluralisten. "Der logische Egoist hält es für unnötig, sein Urteil auch am Verstande Anderer zu prüfen; gleich als ob er dieses Probiersteins (*criterium veritatis externum*) gar nicht bedürfe." Insbesondere ist der Egoist derjenige, der seine Interessen im rücksichtslosen Ellbogenkampf durchsetzen will, während der Pluralist derjenige ist, der die Interessen gesamtverantwortlich oder zumindest mit Blick auf seine Banknachbarn formuliert. Der Pluralist ist streng genommen nicht an bestehendes Recht und Gesetz gebunden. Die Insubordination ist Teil des kategorischen Imperativs Kants, wenn man ihn negativ formuliert: "Handle so, dass die Maxime deines Willens jederzeit den falschen Prinzipien der Gesetzgebung widersprechen". Er schreibt also keineswegs starre Verhaltensregeln fest, sondern beinhaltet den Fortschritt selbstkonsistent. Von der Gesellschaft aus betrachtet, kann man (imperativ) sagen, dass jedes Mitglied etwas dazu beitragen sollte, Bedingungen zu schaffen, die für viele Menschen die Möglichkeit bieten, durch Anpassung an jene (begrenzt) zu existieren und glücklich zu werden bzw. Leid zu vermeiden. Die Gefahren des Kategorischen Imperativs bestehen eher darin, dass er (i) untertranszendent(al) missverstanden wird, nämlich als: "Handle so, dass die Maxime deines Willens sich jederzeit der Gesetzgebung unterordnen!". Die vom Individuum ausgehende Gewalt wird in diesem Missverständnis nicht zur höherentwickelnden Transzendenz, sondern zum Beibehalt des *status quo* oder irgendeiner anderen falschen Gemeinsamkeit verwendet werden. Der Kategorische Imperativ bewertet außerdem (ii) die Universalität extrem hoch und versagt daher in den Bereichen, wo es sie nicht gibt, bzw. blendet sie dort ganz aus ("Wenn dein Handeln nicht auf universellen Maximen beruht, dann handle nicht!"). (iii) Er kann (zum Willen) zur unangebrachten Teilüberkohärenz einer begrenzten Gemeinschaft führen, d.h. zur Abnahme von Diversität und z.B. Blasenbildung: "Teile deinen Mitmenschen nur das mit, was du selbst von ihnen hören willst oder glaubst, dass sie von dir hören wollen." Er trägt andererseits (iv) das In-Betracht-Ziehen des vorhandenen "Wir" nur indirekt in seiner Formulierung, d.h., ein besessener Revolutionär könnte auf den Gedanken kommen, dass seine Heilslehre allgemeines Gesetz werden muss, um die Menschen glücklich zu machen. (v) Der Kategorische Imperativ, wie die gesamte Transzendentallehre Kants, scheint das Vorurteil zu legitimieren. Genauso wie die transzendentale Erfahrung impliziert, dass der Mensch gar nicht anders kann, als die Welt aus seinen eigenen Vorurteilen heraus zu betrachten, impliziert der Kategorische Imperativ eine Handlungsweise, die auf den eigenen Vorurteilen bzgl. der allgemeinen Gesetzgebung beruht: "Um dich in der Gemeinschaft wohl zu verhalten, handle ruhig so, wie deine Vorurteile über jene Gemeinschaft es dich glauben machen". (vi) Bei Unsicherheit bzgl. der gewünschten allgemeinen Gesetzgebung kann der Kategorische Imperativ als "Handle so, dass die Maxime deines Willens jederzeit dem Gegenteil der Prinzipien deines Gegners entsprechen!" missverstanden werden. Auf diese Weise schaukeln sich extremistische Ansichten gegenseitig auf, die sich nur dadurch legitimieren, dass sie sich gegenseitig gut aufschaukeln und so den eigenen Standpunkt legitimieren.

Der kategorische Imperativ ist nichts anderes als die Anwendung des transzendentalen Prinzips auf die Ethik, also dessen Umwandlung in eine Norm. Der Kategorische Imperativ geht von bereits existierenden Prinzipien aus, die vom Subjekt auf die Mitmenschen angewendet werden, allerdings werden die Prinzipien so lange angewendet, bis sie durch Selektion und Kombination "praktisch" werden. Diese Reflexivität entspricht ebenfalls der wissenschaftlichen Forschung, bei der die vorangenommene Theorie dem Experiment angepasst wird, bis sie die Ergebnisse korrekt voraussagen. Eine solche praktische Offenheit hat auch die Ethik nötig. Praktische Vernunftprinzipien lassen die menschliche Welt "funktionieren", wozu wesentlich die Vermeidung von Mühsal und Leid gehört. Instrumentelle Vernunft ist falsche Vernunft, die aufgrund der transzendentalen Beschränktheit des Denkens der Vernunft stets innewohnt, ebenso wie den naturwissenschaftlichen Theorien.

Welche Bedeutung hat der Begriff des Pluralismus heute?

Die Aufklärer gingen von einer vorhandenen Vielfältigkeit aus, die sich unter einer verständnisvollen, pluralistisch eingestellten Herrschaft, unter dem Schutz der kategorischen und der diversen Verhandlungsimperative frei entfalten kann. Heute wird eher die Entfaltungsdiversität und nicht die Herrschaft mit dem Begriff des Pluralismus assoziiert. Diese Unterscheidung ist, wenn man die Diversität in der Entfaltung mit der in den Gemeinsamkeiten und damit der in der Herrschaft assoziiert, eher semantischer Natur. Der moderne Pluralismus begründet ebenfalls die Entscheidungsfindung in der Politik von Demokratien. Er bedeutet, dass unterschiedliche Meinungen nicht von oben unterdrückt werden, sondern ihren Weg tatsächlich auch in allgemeingültige Gesetze finden sollen. Wegen der spätkapitalistischen Homogenisierung ist allerdings von einem Abhandenkommen der Vielfältigkeit in den Gemeinsamkeiten auszugehen. Daher lauert auch hier die Mythisierung durch das vermeintlich Faktische. Nicht alles, was nach einem Gesellschaftsvertrag aussieht, ist auch einer; nicht alles, was nach einem kategorischen Imperativ im Sinne Kants aussieht, ist auch einer, speziell nicht im Spätkapitalismus. Und nicht alles, was Pluralismus heißt, ist auch Pluralismus. Der Begriff des Pluralismus wird heute mitunter fälschlicherweise synonym zu einer repressiven Toleranz gegenüber allem und jedem verwendet, die bei starken eindimensionalen repressiven Kräften letztendlich der Diversität entgegenwirkt. Das hatten die Aufklärer natürlich nie im Sinn.

Sie kannten ja den Spätkapitalismus noch nicht.

Für Kants Imperativ gilt, so wie ich ihn verstehe, vordergründig nicht die Konformität mit religiösen oder nationalen Interessen. Vielmehr macht die in die Gesellschaft eingebrachte Zufriedenheit den 'Wert' eines Menschen aus.

Ein Gesellschaftsvertrag soll so einen Pluralismus erzeugen?

Der Gesellschaftsvertrag soll die Gesellschaft zu einem System machen, dass sich selbstÄhnlich reproduziert, indem es seine Agenten höherentwickelt, also eine Glücksproduktions- und Leidvernichtungsmaschine darstellt. Dadurch muss er sich selbst ständig höherentwickeln, was ohne pluralistische Entfaltung und die damit verbundene Erschaffung von Emergenzen nicht funktionieren würde. Die Idee des politischen Gesellschaftsvertrages drückte sich später beispielsweise auch in dem von Julian Huxley begründeten evolutionären Humanismus aus [282]. Dessen Grundidee ist, dass man sich insbesondere von "unumstößlichen" religiösen Dogmen befreit und die gesellschaftlichen Normen von der Gesellschaft selbst evolutionär weiterentwickelt werden. Huxley bildet damit den Anpassungs- und Höherentwicklungsgedanken der Evolution geschickt auf die Gesellschaft ab, ohne zum Sozialdarwinisten zu werden. Der Trick: Wer den Höherentwicklungsgedanken in der Evolution verneint, verneint ihn auch in der Gesellschaft.

Auf diese Weise lässt sich, meiner Meinung nach, das Übermensch/Untermensch-Dilemma lösen. In Anlehnung an Nietzsche [283] besagt es: (i) Wir bejahen die Höherentwicklung, (ii) Wir bejahen, dass es daher höher- und niederentwickelte Wesen gibt, (iii) Aufgrund der Höherentwicklung des Menschen müsse bejaht werden, dass es zu irgendeinem Zeitpunkt einen Übermenschen gibt, der einem Untermenschen überlegen ist. So weit, so schlecht.

Geht man aber davon aus, dass in einer selbstÄhnlichen, integrierten Welt sich nicht die einzelnen Agenten höherentwickeln, sondern die Gemeinsamkeiten und mit ihnen die sie teilenden Agenten, ergibt sich ein differenzierteres Bild: Der Untermensch und der Übermensch verschmelzen zu ununterscheidbaren Personen, da sie sich grundsätzlich innerhalb der sie mitdefinierenden Gemeinsamkeit befinden. Die Individualität, d.h. den Menschen als eigenständiges Gemeinsamkeitenbündel zu begreifen, ändert aufgrund der Integration nichts daran. Im Gegenteil: Jeder Mensch besitzt mindestens eine Eigentümlichkeit, die der eines anderen überlegen ist, doch damit besitzen sie prinzipiell alle Menschen. Die Eigentümlichkeiten, die sie teilen, sind also immer zahlenmäßig größer als die, die sie nicht teilen. Nietzsches Fehler liegt also nicht im "Über", sondern in der Gemeinsamkeit "Mensch", die eine zwingende Integration darstellt, ähnlich wie ein Gesetz und die sich nur als solche höherentwickeln kann. Dieses Prinzip ändert sich auch nicht, wenn die zeitliche Integration abnimmt. Ein

Schimpanse ist kein Über-Regenwurm, da er mit Regenwürmern nicht genügend Gemeinsamkeiten teilt. Wenn es den "Über" also geben würde, wäre er kein Mensch und somit auch kein Übermensch.

Was den Effekt der Erkenntnis zwingender Integration von Gemeinsamkeiten angeht (d.h., die eine Gemeinsamkeit zieht die andere nach sich), bitte ich dich um folgendes Gedankenexperiment: Stelle dir vor, du müsstest dir eine Zahlenfolge merken, beispielsweise "*316901*". Als Eselsbrücke assoziierst du die Drei mit einem Schemel, die Eins mit einem Riesen, die Sechs mit einem Stern, die Neun mit der Farbe Grün und die Null mit einem Fleck. All diese Dinge können auch als Gemeinsamkeiten verstanden werden. Nur nützt dir die Eselsbrücke nichts, denn die Aufeinanderfolge Schemel, Riese, Stern, Grün, Fleck und Riese kann man sich genauso schlecht merken, wie die Zahlenfolge selbst. Was aber, wenn du die Zahlenfolge ineinander integrierst (kleiner Tipp: Eine paarweise Integration ist am einfachsten): "Auf einem Schemel sitz ein Riese; er schaut auf einen Stern mit grünen Zacken. Die Farbe tropft herunter und ein Fleck bildet sich auf dem Hemd des Riesen." Durch die zwingende Integration in die Geschichte ist die Zahlenfolge sehr viel besser zu merken, weil sie den Anschein eines Gesetzes hat.

Der wichtigste Bruch des Identisch-Seins ist der Generationswechsel der Agenten. Da zeitlich benachbarte Generationen trotzdem ineinander integriert sind, braucht es mehrere Generationen für (i) die minimale horizontale Anpassung, die oft nur eine Gemeinsamkeit durch die angepasste ersetzt. Es braucht jedoch sehr viel mehr Generationen für die (ii) deutliche Höherentwicklung, welche sehr viele vorhandene Gemeinsamkeiten verneint, durch höherentwickelte ersetzt oder solche hinzufügt. Die permanente katastrophale Höherentwicklung würde ich zugunsten katastrophal auftauchender, potenziell höherentwickelnder Emergenzen verneinen, deren mögliche Zahl pro Agenten(gruppe) wegen des ultimativen IntegrationsWertes/ Integrationsschocks jedoch begrenzt ist.

Das Prinzip der ewigen Wiederkunft?

Nietzsche sieht einen Widerspruch darin, dass die Welt einer gewissen Begrenztheit unterliegt, die Zeit aber unendlich ist. Da es z.b. nur acht Noten in der Dur-Tonleiter und bisher nur *118* Elemente im Periodensystem gibt, müssten Konstellationen in der Musik oder der Chemie immer wiederkehren. Für mich entspricht diese Beschreibung der zeitlichen Ähnlichkeit, die aus dem Zusammenspiel zwischen Konservierung und Progression rührt. Hierzu vielleicht so viel: Die (selbst)Ähnliche Wiederkehr ist, meiner Meinung nach, die energiesparendste Möglichkeit, die dem System zur Anpassung zur Verfügung steht und gleichzeitig die einzige, die es als solche über die Zeit erhält. Das liegt daran, dass der Übergang in eine neue Gemeinsamkeit IMMER mit der Überwindung einer Schwelle verbunden ist, also eine Gewaltanstrengung benötigt. Somit reflektieren (sich selbstÄhnlich wandelnde) Systeme eine Anpassung mit dem geringsten Aufwand. Das bedeutet, dass das Prinzip (selbst)Ähnlicher ewiger Wiederkunft auch dann gilt, wenn Raum, Zeit und Möglichkeiten allesamt endlos sind.

Zurück zur Gesellschaft: Egal, welchen Philosophen man präferiert, der Gesellschaftsvertrag stellt immer ein konservatives Element in der gesellschaftlichen Höherentwicklung dar. Er ist nichts anderes als der Versuch der begrifflichen Formulierung der Notwendigkeiten, die das höherentwickelnde gesellschaftliche Zusammenleben ermöglichen sollen, insbesondere deren Kerns in Form einer Ethik. Aufgrund der ständigen Anpassungen der Notwendigkeiten an die sich durch die Entwicklung wandelnde menschliche Unzulänglichkeit, werden Formulierungsversuche einer Ethik nie zu einem Ende kommen, vorangegangene Formulierungen jedoch auch nicht zu *100%* verneint werden. Im Gegenteil sind verifizierte Ethiken stabiler als einzelne Gesetze zu konkreten Sachverhalten.

Du meinst also, bestimmte Gesellschaften sind mehr wert als die anderen, weil sie höher entwickelt sind?

Diese Feststellung scheint nahezuliegen, auch wenn man als guter Humanist von der potenziellen Gleichwertigkeit aller Individuen ausgeht. Der athletische Vergleich von Gemeinschaften ist, meiner Meinung nach, beispielsweise zulässig. Es ist tatsächlich einfach, Gesellschaften, z.B. Staaten, miteinander bzgl. ihrer sportlichen Leistungen, der Exportleistung, des mittleren Einkommens oder der pro Einwohner zur Verfügung stehenden Wohnfläche zu vergleichen. Man kann auch die Zunahme der Komplexität als Indikator für die potenzielle Höherentwicklung sehen, so wie für die der nicht-menschlichen Wirklichkeit. Ich meine damit speziell die Diversität in Kunst, Kultur und Wissenschaft. Staaten können bezüglich solcher Indikatoren aufsteigen, stagnieren oder untergehen. Ich würde diese Art des Vergleichs aber eher in Richtung des technischen *benchmarking* verorten. Menschliches Glück und Freiheit stellen für mich dagegen eine Anpassung der Kategorie Komplexität an die wirkliche Höherentwicklung der Gesellschaft dar und machen sie ein stückweit von ihr unabhängig.

Kann man Staaten aber bzgl. ihrer Werte vergleichen?

Begrenztheit von Gemeinsamkeit sowie die Transzendenz der Gemeinsamkeitengrenzen sind Teil einer Unzulänglichkeitsspirale, die durch die Integration, also die Begrenzung der Transzendenz, und den IntegrationsWert weitergeführt wird. Letzterer beschränkt die Integration, d.h. das gleichzeitige Sich-Aufhalten in bestimmten Gemeinsamkeitsphären. IntegrationsWerte sind außerdem nicht starr und können auch falsch/instrumentell sein, d.h., in falsche Gemeinsamkeiten integrieren. Außerdem können falsch gesetzte Werte Integration zu stark beschränken, also zwar Chaos verhindern, aber auch Komplexität richtiger Gemeinsamkeiten und damit die Fähigkeit zur Höherentwicklung.

Gemeinsamkeiten und IntegrationsWerte sind miteinander verwechselbar, insbesondere, wenn es sich eher um integrierende als um integrierte Gemeinsamkeiten handelt. Der Unterschied ist, dass IntegrationsWerte Gemeinsamkeitenbündel über den bewertungsinduzierten Zwang stabilisieren. Eine Anpassung ist aber nur an konkrete Gemeinsamkeitenbündel möglich, die jedoch durch die gewaltinduzierte Anpassung stabilisiert werden. Zwänge allein disqualifizieren sich hingegen als einzige Rahmenbedingungen der Entfaltung. Der Satz: "Es ist schön, eine modische Kombination aus einem grünen Kleid und einem weißen Schal zu tragen." würde ohne die Begriffe grün, Kleid, weiß, Schal keine Anpassung erlauben. Alle diese Begriffe ergeben das integrierende Gemeinsamkeitenbündel, die Begriffe modisch und schön in positiver Konnotation den IntegrationsWert. Darüber hinaus führen IntegrationsWerte einen Imperativ mit sich, eben weil sie eine bestimmte Qualität von Gemeinsamkeiten positiv oder negativ bewertet und so den Zwang zur (Nicht)Integration erzeugen. Ein Verlassen der IntegrationsWerte disqualifiziert den Agenten andererseits von der Entfaltung innerhalb all derjenigen Gemeinsamkeiten, deren Grenzen im Rahmen der vom IntegrationsWert begrenzten Integration transzendiert werden. Umgekehrt kann jede Gemeinsamkeit zu ihrem eigenen, positiven IntegrationsWert erklärt werden, sogar um ihrer selbst oder der Anpassung Willen. Diese Art von Bewertung unterläuft jedoch den eigentümlichen Sinn von positiver Bewertung, nämlich Agenten und Gemeinsamkeiten sich wandelnd zu bewahren.

Wie kann etwas Wertvolles plötzlich wertlos sein?

Zum Beispiel: Nehmen wir als IntegrationsWert den Wohlgeschmack und als Gemeinsamkeitenbündel das Frühstück. Somit muss das Frühstück insgesamt dem Imperativ des Wohlgeschmacks genügen. Das kann beispielsweise durch Brötchen garantiert werden, welche die Frühmahlzeiten der Bäckerkunden zu einem schmackhaften Erlebnis machen. Der Bäcker und seine Brötchen sind Agenten, deren Eigentümlichkeiten durch die Kunden (teilweise) übernommen werden, wodurch auch die Brötchen sowie der Bäcker in die Eigentümlichkeitenbündel der Kunden integriert werden. Der Grund dafür ist, dass die verschiedenen Essensgemeinsamkeiten durch die Eigentümlichkeit des Bäckers, nämlich Brötchen zu backen, die wohlschmeckende Mahlzeiten erzeugen, und damit durch das Brötchen selbst, konform zum IntegrationsWert (Wohlgeschmack) sind. Man könnte auch sagen, dass sich der das wohlschmeckende Frühstück erzeugende Geschmack (w) des Brötchens (b) als Konformat an die Essensgemeinsamkeiten der Menschen anheftet (bzw. sie umhüllt): $<fw, bw{\rightarrow}w>_w$. (Wäre der IntegrationsWert nicht durch den Wohlgeschmack definiert, sondern als links, rechts, konservativ oder progressiv, so wären die Brötchen z.B. aus anderen Kulturen, aus Deutschland, nach alter oder nach neuer Rezeptur gebacken.) Brötchen fw sind also wertvoll. Sie haben einen hohen Wert jenseits des Tauschwertes, der ihn aber bedingt abbildet. Der Bäcker wird von seinen Kunden geachtet. Er disqualifiziert sich aber von den im Rahmen der IntegrationsWerte integrierten Gemeinsamkeiten, also vom weiteren Umgang mit den Kunden, wenn der Erfolg seiner Brötchen auf einer gesundheitsschädigenden Zutat beruht. Der geschäftliche IntegrationsWert, gut verkäufliche Brötchen zu backen, wird zwar eingehalten, der gesellschaftsbewahrende IntegrationsWert: "Jeder hat das Recht auf Leben und körperliche Unversehrtheit."[284], jedoch verletzt. Das Verkaufssystem des Bäckers zerstört sich aufgrund der teilweisen Nichtkonformität selbst. Bezogen auf das Gesellschaftssystem (auch das spätkapitalistische) gilt demnach: Dem individuellen 'Wert' für die Reproduktion und Höherentwicklung entspricht der Grad der Integration im Rahmen der systemerhaltenden und -höherentwickelnden IntegrationsWerte, inklusive der Schaffung neuer Gemeinsamkeiten und Grenzen. Das gilt für Bäcker, Menschen, Staaten. Dem 'Wert' der Menschheit entspricht der Grad ihrer Integration im Rahmen der Werte, die ihnen die Erde verbindlich aufzwingt.

Was, wenn es das Grundgesetz nicht gäbe?

Geht man von einem im Gesellschaftsvertrag abgebildeten Wertekanon aus, der eine gesellschaftliche Entwicklungsstufe von Staaten reflektiert, so kann man deine Frage von vorhin bejahen: Zwei Staaten, die z.B. durch eine Teilung entstanden sind und danach nahezu gleiche technische Entwicklungsparameter aufweisen, können sich vom selben Ausgangspunkt aus bezüglich ihrer Werte jeweils höherentwickeln, die Integration auf die menschliche Zufriedenheit ausrichten, oder degenerieren, z.B. Menschen nur in

profitable Prozesse integrieren. Die Messung der Entwicklungsstufe einer Gesellschaft hinsichtlich ihrer Werte ist aber sehr
schwer. Ein Echtzeitparameter wäre die Messung der individuellen Zufriedenheit als Reflexion des Selbstwertgefühls.

Also ist ein Gesellschaftsvertrag etwas, was die IntegrationsWerte
und nicht die transzendierbaren Grenzen der Gemeinsamkeiten
definieren sollte.

Wobei das Problem darin liegt, IntegrationsWerte und Gemeinsamkeiten bei der Gesetzgebung nicht miteinander zu verwechseln
und vor allem, nicht die falschen zu definieren. Allerdings ergibt
sich ein weiteres Dilemma, das man in der folgenden Frage zusammenfassen kann: Woraus resultiert in einem System die individuelle Motivation, ohne nachzudenken ins eiskalte Wasser eines
Sees zu springen, um fremde Kinder zu retten? Aus der Konditionierung, gottgefällig sein zu wollen? Aus der Angst, bei unterlas-
sener Hilfeleistung oder Befehlsverweigerung ins Gefängnis oder
gar die Hölle zu wandern? Wegen des Herdentriebs? Oder ist die
Opferbereitschaft Teil des harmonischen Spannungsfeldes, aus
dem nachhaltig glücklichmachende Bedürfnisse ableitbar sind?
Die sehende Opferbereitschaft würde zum treffendsten Indikator
für die gemeinschaftliche Höherentwicklung einer Gesellschaft.

So schön das alles klingt und so groß die Hoffnung auf die Existenz eines Systems ist, das automatisch Leid verringert und Glück
akkumuliert. Tatsächlich ist die Kritische Theorie darauf ausgelegt,
Systeme zu kritisieren, welche die Menschen für ihre Reproduktion zum Zwecke des Macht- und Kapitalgewinns in ein falsches
Dasein zwingen, während die Systemtheorie die Stabilisierung/Er-
haltung von Systemprozessen priorisiert (in die die Men-
schen/Menschlichkeit nur als Umwelt fungieren). Daher kennen
weder die Kritische Theorie noch die Systemtheorie die Konzepte
des unbedingten Opfers oder des freien Willens, wenn die Motivationen hierfür als frei von jeder Antizipation einer Belohnung bzw.
Rückkoppelung. Das betrifft sowohl offensichtliche, als auch versteckte oder unbewusste Konditionierungen. Jene wiederum gehen
auf erfahrene Belohnungen/Prozessstabilisierungen zurück, sei es

durch die Person selbst oder durch andere. (Dank des menschlichen Verständnisses für die Ähnlichkeit des Seins kann die Belohnungserfahrung nämlich verallgemeinert, projiziert (Mitgefühl) oder übertragen (Unterrichtung) werden.) Noch konsequenter: Wenn zur Erklärung eines bestimmten Verhaltens überhaupt keine Rückkoppelung antizipiert wird, die ja die Grundlage der Stabilität eines Systems bzw. des Auftauchens von Emergenzen und damit der Höherentwicklung sein sollen, und trotzdem aufopfernd und mit freiem Willen zum Wohle gehandelt wird, so markiert die Unerklärbarkeit dieses Handelns die Grenze sowohl der Kritischen als auch der Systemtheorie: Der Anpassungstrieb an die Gemeinsamkeit kann ohne Rückkoppelungserwartung nicht mehr erklärt werden.

Egon Flaig beleuchtete diese Grenze aus einem eher romantischen (im Gegensatz zum kritisch-ökonomischen) Verständnis [285]. Er kommentierte und "meditierte": "Es geht um den Zusammenhalt von Staatsvölkern. Dabei wird der Unterschied zwischen Gemeinschaft und Gesellschaft akut. Gemeinschaft und Gesellschaft sind keine Sozialformen, die einander historisch ablösten, ...sondern sie sind stets koexistent. Überall sind Menschen notwendigerweise Mitglieder der Gesellschaft und einer Gemeinschaft...Gesellschaften beruhen auf dem Tausch, Gemeinschaften auf dem Opfer... Gemeinschaften leben ... von Gaben ohne Gegengaben." Er legt dar, dass dies der Grund dafür sei, dass die Frankfurter Schule den Begriff des Gemeinwohls nie konsequent definieren konnte. Sie habe "die Idee des Opfers aus dem politischen Denken exorziert." Er zitiert die Frankfurter Schule: "Die Bereitschaft für fremde und anonym bleibende Mitbürger gegebenenfalls einzustehen und für allgemeine Interessen Opfer in Kauf zu nehmen, darf Bürgern eines liberalen Gemeinwesens nur angesonnen werden." Flaig kommentiert, dass dieses Diktum einen Bruch mit dem republikanischen Denken beinhalte. Es verwandele die Gemeinschaft in eine Gesellschaft und transformiere den Bürger in einen Gesellschafter, einen Shareholder. Er führt weiter aus, dass der Grad der Opferbereitschaft an der Kohäsion der Menschen untereinander festzumachen ist und diese (laut Ernst-Wolfgang Böckenförde) wiederum aus einem gemeinsamen Geschichtsbild erwachse.

Also kann die Kritische Theorie nicht alles erklären.

Die Diskursethik (die prinzipiell aus der kritischen Theorie stammt): "Handle nur aufgrund von Maximen, die, in Verständigung mit ihnen, von allen Menschen in einem praktischen Diskurs zwanglos akzeptiert we(ü)rden!", ist ein hervorragendes Anschauungsbeispiel für die Separation der Weltanschauungen in eine romantische und eine kritisch-ökonomische und die mögliche Verbindung beider. Im kritisch-ökonomischen Verständnis steht die objektive Wahrheitsfindung (Praktikabilität, Nutzen, Erfolg, ...) durch den Diskurs im Vordergrund, alles andere ordnet sich ihr unter. Daher dient auch die Diskursethik, d.h. die gegenseitige Anerkennung aller Diskurspartner als solche, zuerst der Lösung eines bestimmten Problems durch den Diskurs. Im romantischen Verständnis stehen die gegenseitige Empathie, zwischenmenschliche Zuwendung und Verständnis im Vordergrund, für welche die Wahrheitsfindung nur ein Vehikel ist. Man könnte die Kritik an der Kritik auf die Formel bringen (die gleichzeitig den Gegensatz zwischen Moderne und Romantik beschreibt): Laut der Romantik sollten grundlegende menschlichen Gefühle wie Freundschaft und Liebe oder Hass vor der Ökonomie liegen, da sie unabhängig von ihr sind. Der Marxismus, wie auch Kapitalismus selbst, sehen jene Gefühle letztendlich als von Ökonomien bestimmt. Sie kritisieren dies zwar, machen sich dieses Denken damit jedoch auch zu eigen, das dadurch auch in ihren (Er)Lösungsvorschlägen auftaucht. Das Problem im Fundament linker Theorien und ihrer marxistisch-universalistischen Variante ist die Fixierung auf die instantane und *1:1* Anpassung an produzierende Gemeinschaften (was die genaue Gegenreaktion, also die *1:-1* Anpassung miteinschließt). So ermöglicht/erheischt die Produktion immer neuer/anderer Waren die permanente Progression/Exgression der Gemeinschaft, die dadurch zu einem progressiv-linken Paradies würde. Daher wird, in einer überdeterminierenden Form, ausschließlich die Anpassung an gemeinsam erlebte Produktion von Waren für menschliches Verhalten verantwortlich gemacht, das aufgrund der gemeinschaftlichen Produktion bei allen Menschen gleich wäre: Gemeinschaftliche Produktion (und nur sie) determiniert die nächste

Wirklichkeit, determiniert die nächsten Eigentümlichkeiten und damit die nächste Psyche. Der Mensch wäre - bis auf ein kleines Restselbst - in diesem rein linken Modell in derjenigen Wirklichkeit gefangen, die im Rahmen der gesellschaftlichen Arbeit produziert wird und sein seelischer Zustand würde nur durch sie bestimmt. Eine rein rechte Herangehensweise wäre hingegen: Wirklichkeit ist menschenunabhängig und Menschen bleiben so, wie ihre angestammte Wirklichkeit sie geformt hat. Eine Mischung aus beiden wäre: Produktion erzeugt Wirklichkeit und die Menschen kommen aufgrund ihrer Fähigkeiten und Prägung psychisch damit schlecht/gut zurecht. Sie bewerten sie als falsch/richtig und repressiv/befreiend. Die aus dieser Mischung folgende Kontroverse wird von rechts durch universalistische Begriffe wie Heimat gelöst. In der Heimat werde eine Wirklichkeit erzeugt, in die der Mensch gehöre. Nur ungestört in ihr könne er ihren Fortschritt erzeugen. Außerhalb der Heimat gehe das nicht. Von links wird sie durch den marxistischen Universalismus gelöst: Die "richtige" gemeinschaftliche Produktionsweise mache jeden Menschen glücklich, egal woher er kommt. In der Konsequenz der linken Herangehensweisen gibt es keinen Menschen, der Teile der produzierten Wirklichkeit als befreiend (repressiv) empfindet, wenn ein anderer sie als repressiv (befreiend) erachtet. Das Gleiche gilt für die Produktionsweise. Sie kann, bezogen auf den Einzelnen, angeblich keine befreienden (repressiven) Wirklichkeitsaspekte erzeugen, wenn sie woanders eine repressive (befreiende) erzeugt hat.

Nietzsches Willen-Zur-Macht-Konzept ist diesem durchaus ähnlich. Bei beiden geht es um die Anpassung an durch diese geschaffene Ordnungszustände. Nur rührt bei Nietzsche der Trieb für die Ordnungsschaffung vom (unerschöpflichen) Anpassungstrieb und nicht von einem Fortschrittsgedanken oder einer universalistischen Verheißung, die für den "Willen zur Macht" lediglich Legitimation wären und nicht ursächlich. Doch selbst wenn man davon ausgeht, dass die Schwellen für die Transzendenz in produzierte Gemeinsamkeiten im Vergleich zum motivierenden Wert minimal niedrig sind, wenn man Freiheit, Unzulänglichkeit und freien Willen auf den ersten Blick nur als Möglichkeit für einen kurzzeitigen Verbleib hinter oder gar auf eben jenen Schwellen ansieht, so gilt gerade in Bezug auf das Individuum das Prinzip der objektiven Unzulänglichkeit, also kein *100%iger* Determinismus durch irgendeine Ursache. Die "determinierenden" Gemeinsamkeiten sind begrenzt, ineinander integriert und ihre Grenzen sind transzendierbar. Noch dazu entfalten sich die Individuen niemals innerhalb identischer Gemeinsamkeiten. Die Transzendenz kann neue/andere Gemeinsamkeiten jenseits des gemeinschaftlich produzierten Teils der Wirklichkeit erschaffen. Hinzu kommt, dass die Supermotivation aus Leidreduktion und Glücksakkumulation ja gerade auf die Realisierung von Befreiungszuständen ausgerichtet ist. Sie soll das Ausbrechen des Individuums, nicht nur aus den falschen erinnerten Gemeinsamkeiten, sondern auch aus (einem bestimmten) Determinismus bewirken. In dem Moment, in dem das Individuum seine Gemeinsamkeiten und damit die Anpassung an jene selbst bestimmt, löst sich die Determiniertheit auf.

Tatsächlich sind die Schwellen aber nicht minimal niedrig, d.h., der Übergang aus der einen in die andere/neue gesellschaftliche Gemeinsamkeitssphäre ist mit Widerstand verbunden, eventuell überhaupt nicht möglich. Man muss daher sagen, dass kein einfaches Gleichheitszeichen zwischen dem gesellschaftlich produzierten Teil der Wirklichkeit auf der einen und dem individuellen Verhalten auf der anderen Seite steht. Vielmehr wird das Individuum einem Zwang, einer Repression ausgesetzt, der es sich prinzipiell ergeben kann oder nicht. Diese Repression kann instrumentell oder historisch sein.

Und hieraus resultiert linker Extremismus?

Eine äquivalente Definition von (extrem) links und rechts lautet: (Extrem) links bedeutet die (uneingeschränkte/ausschließliche) Transzendenz zum Zwecke der Integration in das andere und (extrem) rechts bedeutet (uneingeschränkte/ ausschließliche) Exklusion des anderen. Ersteres hatte ich bereits mit Exgression, letzteres mit Reservierung bezeichnet. Die negativen (repressiven) Extremfälle von rechts oder links entstehen aus der uneingeschränkten/ausschließlichen Fixierung in falscher Gemeinsamkeit oder im

Überstülpen (Sich-Überstülpen-Lassen) der falschen (Instrumentalisierung) sowie der gleichzeitigen Vertreibung (Sich-Vertreiben-Lassen) aus richtiger Gemeinsamkeit (Entpraktisierung). Das einseitige, pauschalisierte Verständnis von Prägung (im Sinne erinnerter Gemeinsamkeit/ Eigentümlichkeit) ist Ausgangs- und Bezugspunkt beider ideologischer Verirrungen, die Singularität, innerhalb derer sie miteinander verschmelzen.

Die extreme Linke geht ausschließlich von einer "elastischen" Prägung der Eigentümlichkeiten des Menschen durch die momentane Gemeinschaft und damit von dessen instantaner Inklusion in jene aus, was eine gewisse Gleichformierung aller Individuen impliziert. Voraussetzung für die Inklusion des Menschen in die momentane Gemeinschaft ist, dass nur sie dessen Wirklichkeit produziert. Dadurch würde er sofort zum Spiegelbild der Gemeinschaft, wodurch alles Böse/Gute in ihm das Böse/Gute in ihr ist. Der Mensch wird im schlimmsten Fall als verantwortungsbefreite und willenlose Befriedigungsmaschine (gesellschaftlich) induzierter Anpassungsbedürfnisse gesehen. Er erscheint durch die ökonomistisch-positivistische Betrachtung einerseits seelenlos und erhält andererseits die Absolution, für seinen Zustand und seine Taten nicht selbst verantwortlich zu sein. Vielmehr sei es jene Wirklichkeit.

Inklusive Universalitäten (Marxismus, Religion, Konsum) gehen davon aus, dass die Menschen (und zwar alle) nur in deren Wirklichkeit glücklich werden, indem sie sich ihr anpasssen. Marxisten würden nie auf die Idee kommen, dass es ein Mensch als Instrumentalisierung/Entpraktisierung empfinden würde, wenn man ihm die sozialistische Gesellschaftsform einfach so überstülpte und ihn dafür aus einer anderen herausrisse. Dafür sehen sie die spätkapitalistische Produktions- und Konsumweise grundsätzlich als eine für den Menschen ungesunden Wirklichkeit an. Den Menschen sei es erst durch eine radikal linke Haltung möglich, geschlossen und vorherbestimmt in die vortrefflichste und dadurch attraktivste aller Gemeinsamkeiten einzutreten, nämlich die richtige Gesellschaft, und mit ihr zu verschmelzen. Hier spiegelt sich die fatale Tendenz des marxistischen Verständnisses wider, den Menschen in seinem

Sinne determinieren zu wollen. Durch jene Sichtweise büßt der Einzelne die Freiheiten ein, die ihm die objektiven Unzulänglichkeiten bieten, inklusive der Abgrenzung individueller Sphären. Ich denke, sein überdeterminierter Verständnisversuch menschlichen Verhaltens rührt daher, dass der Marxismus eine exakt-wissenschaftliche Attitüde besitzt. Exakte Wissenschaften wollen Verhalten lückenlos und (ästhetisch) einfach erklären, was schnell in Simplifizierungen endet. Hinzu kommt die beruhigende Überzeugung, dass sowohl die Wirklichkeit als auch individuelles Verhalten gesellschaftlich (vorher)bestimmt werden kann. Die Kritische Theorie geht primär vom Unglück der Menschen in bestimmten (falschen) Umgebungen aus, selbst wenn sie ihnen "natürlich" und nicht bloß "kulturell" erscheinen würden. Sie hält diesen Zustand für korrigierbar, wohingegen z.B. der Poststrukturalismus annimmt, dass jede durch (die Macht bestimmter) Menschen(gruppen) mittels Begriffe/Narrative/Mythen konstruierte Wirklichkeit für mindestens einen von ihnen immer die falsche ist.

Was ist mit der Anarchie?

Anarchie bedeutet, im strengen Sinne, die Abschaffung von jeder Art von Herrschaft. Sie resultierte aus dem Bestreben, sich aus der repressiven Herrschaft des Frühkapitalismus zu befreien, indem nicht nur jene, sondern jede Art von Herrschaft verneint wird. Aus "Die kapitalistischen Strukturen sind falsch!" wurde "Alle Arten von Strukturen sind falsch!" In der Limenistik bedeutet Herrschaft begrenzt-universelle Gemeinsamkeit. Ohne jene würde es keine Agenten geben. Daher kann die Anarchie niemals vollkommen sein und wird deshalb entweder mit maximaler Individualität (man arbeitet nur dann zusammen, wenn es wirklich nötig ist) oder mit der Abschaffung lediglich hierarchische Strukturen verbunden, wodurch beispielsweise Kollektivierungen anarchistisch legitimiert wird. Die antiautoritäre Herangehensweise stellt eine Versöhnung der anarchistischen mit der linken dar, da diese Grenzen benötigt, um sie (zum Zwecke der Integration) transzendieren zu können. Reste von Dissens bleiben jedoch, da insbesondere der Marxismus hierarchische Strukturen befürwortet, um die Diktatur

des Proletariats durchzusetzen. Nur kann in der linken Herangehensweise jeder Mensch jede Position auf der Leiter einnehmen.
Außerdem gingen Anarchisten dazu über, ihre erträumte gewalt-
freie Gesellschaft mit Gewalt durchsetzen zu wollen [286].

Wie argumentieren rechte, extreme Intellektuelle?

Sie gehen ähnlich simplifizierend vor wie linke, fixieren jedoch
das individuelle Verhalten. Hierfür verneinen sie jedwede Spiegel-
bildlichkeit zwischen momentaner Gemeinschaft und Individuum,
d.h. entweder das Inklusionsprinzip insgesamt oder zumindest die
gemeinschaftliche Produktion von Wirklichkeit. Die extreme
Rechte ist davon überzeugt, dass (i) alle Eigentümlichkeiten fest-
stehen und dass (ii) sie alle gruppenspezifisch zusammenhängen,
da sie ja einer "plastischen" (unveränderbaren) Vorprägung aus
natürlichen, familiären, ethnisch-/kulturellen oder religiösen Gemeinsamkeiten entstammen oder gar durch eine höhere Macht vorgegeben werden. Die spätere Umgebung ist somit nie für die Taten
des Individuums verantwortlich. Wechselt es in eine (hierarchisch)
andere, so kann es sich ihr, im Verständnis exklusiver Universalitäten (Adel, Nation, Geschlecht), nicht anpassen, die Gemeinsamkeiten nicht übernehmen (sie nicht zum Teil seines Eigentümlichkeitenbündels machen oder gar darin glücklich werden). Rechte
Universalismen gehen ähnlich überdeterminierend an die Dinge
heran, wie der Marxismus. Sie wollen jedwedes Verhalten aus einer ursprünglichen Prägung heraus erklären (im Gegensatz zur
permanenten Prägung durch die Produktion) und kommen hierfür
ebenfalls mit wissenschaftlich klingenden soziologischen Erklärungen daher. Das (Un)Glück in der vermeintlich richtigen (falschen) Gemeinschaft führen sie auf die (In)Komptabilität zwischen ihr und dem vorgeprägten Individuum zurück, nicht auf die
Verhältnisse, welche für den Menschen als solche gesund (schädlich) sind.

Gibt es weitere Berührungspunkte?

Beide Extreme arbeiten mit vereinfachten, mitunter komplett falschen, pauschal zugeordneten Gemeinsamkeiten. Die Linke meint,

die Menschen würden sich grundsätzlich wünschen, alle anderen Gemeinsamkeiten zu betreten oder dies zumindest zu können. Die Rechte meint, jeder würde in seinem Eigenen verbleiben und von dort aus den eigenen Fortschritt erzeugen wollen. Während die extreme Linke unanständig inklusiv ist, ist die extreme Rechte unanständig exklusiv. Letztere Unanständigkeit entspricht heute einem verallgemeinerten Rassismusbegriff. Im Gegensatz zur historischen Repression reflektieren beide Pauschalisierungen eine Fremdbestimmung durch die Gemeinschaft die niemals zur Selbstbestimmung innerhalb der Gemeinschaft werden kann und sie beide produzieren Identitäts- und Verantwortungsverlust. Bedenke, dass die exklusiven bzw. inklusiven Universalitäten immer links UND rechts daherkommen. Links bezüglich des ursprünglichen bzw. permanenten Betretens jener und rechts bezüglich des Verlassens der vermeintlich universellen Gemeinsamkeiten. Und noch etwas kommt hinzu: Der Mensch ist in erster Näherung als Mischung zwischen rechten und linken Herangehensweisen geprägt. Das macht die Schwellenhaftigkeit seines Seins aus: Er lernt etwas, es kommt in Konflikt mit anderem oder Neuem und er verändert seine Einstellung, indem er eine Schwelle überwindet. Sobald es aber zwischen dem für ihn Richtigen (Falschen) Konservierten/Reservierten und dem für ihn falschen (richtigen) Neuen/Anderen zu einem Konflikt kommt, beginnt er zu leiden. Das geschieht insbesondere dann, wenn man nur linke, rechte, progressive oder konservative Herangehensweisen für richtig hält. Der wohl wichtigste Punkt ist jedoch der freie Wille: Sowohl extreme linke als auch rechte Herangehensweisen lassen ihn nicht zu bzw. nehmen dem Menschen jedwede Verantwortung. Da der Mensch aber zum großen Teil von Weltoffenheit geprägt ist, also dem permanenten Entwickeln seiner Kultur auf Basis der Unzulänglichkeit anstelle eines reinen Marionettendaseins aus irgendwann erlernten Verhaltensmustern oder als Spiegelbild der momentanen Wirklichkeit, besitzt er einen freien Willen und damit auch Verantwortung.

Ein weiterer Berührungspunkt ist der Eskapismus, der aus linken und rechten Beweggründen erfolgen kann. Stelle dir vor, ein Agent habe das Maximum an Komplexität und damit an Unzulänglichkeit bzw. Freiheit erreicht. Mit der Integration in eine weitere Gemeinsamkeit würden alle anderen Gemeinsamkeiten ihre Stabilität verlieren und er würde im Chaos versinken. Zur Reduktion von Komplexität hat er nun mehrere Möglichkeiten. Er könnte sich auf das Vorhandene konzentrieren und (vorauseilenden) Eskapismus aus dem Neuen betreiben, sich auf das Eigene konzentrieren und Eskapismus aus dem Fremden/anderen betreiben oder sich auf Vergangenes konzentrieren, sich somit im positiven Fall restaurativ und im negativen Fall reaktionär verhalten. Es gibt aber auch die andere Richtung der Komplexitätsreduktion, die aber aufgrund der Notwendigkeit der Desintegration eskapistischer daherkommt: die Flucht in das Neue oder das Fremde. Abenteuerlust ist somit nicht nur der Ausdruck von Mangel, sondern auch von Überfluss an Gemeinsamkeiten.

Gibt es außerhalb der Soziologie extreme linke und rechte Herangehensweisen?

Ja, und sie alle weisen Überdeterminiertheit auf. Es gibt sie beispielsweise in der Genetik. Die extreme Rechte spricht von einer unterschiedlichen, unabänderlichen und umfassenden genetischen Prägung bestimmter Gruppen (oder gar Individuen), durch die das Verhalten bestimmt wird. Die extreme Linke marginalisiert jene Prägung oder deren Wirkung bis hin zur Annahme direkter (und nicht nur zufälliger) genetischer Anpassungen während einer Lebensdauer. Wenn sie relevante genetische Prägung zulässt, dann marginalisiert sie deren gruppenbezogene Unterschiedlichkeit. Es gibt extreme Richtungen aber auch in der Anthropologie. Sie sehen den Menschen als durch seine Hormone gesteuert, die für die extreme Linke situations- und altersabhängig ist und für alle Menschen gleichermaßen gilt, für die extreme Rechte wiederum auf eine feste Prägung von Gruppen oder gar Einzelpersonen zurückgeht. In allen Herangehensweisen ist der einzelne Mensch, aufgrund der Überdeterminiertheit, nicht für seine Taten verantwortlich, es seien immer die Hormone oder die Gene.

Deiner Meinung nach liegt die Wahrheit dazwischen, oder?

Natürlich ist es eine wichtige Erkenntnis, dass die Menschen beständig von ihrer (sozialen) Wirklichkeit geprägt werden und umgekehrt. Es wird trotzdem Gemeinsamkeiten geben, in die sich das Individuum besonders leicht oder besonders schwer bis gar nicht integrieren will oder kann (beispielsweise, wenn es physisch nicht in der Lage ist). In andere/neue Gemeinsamkeiten kann es sich durch Ermächtigung integrieren (wodurch das Defizit aber nicht verschwindet). Außerdem ist das Eigentümlichkeitenbündel der Gemeinschaft mit dem des Individuums nicht identisch. Anders ausgedrückt: Erinnerung und Lernen sorgen aufgrund des Zusammenspiels zwischen Wahrheitsvirus und Immunsystem dafür, dass sich die Eigentümlichkeiten nur träge mit den Gemeinschaften verändern. Rechte fehlinterpretieren diese Trägheit als ewige Fixierung in gleicher Eigentümlichkeit und ignorieren Anpassungsfähigkeit. Linke überbewerten Letztere und ignorieren die (gewünschte) begrenzt-unveränderliche Integration in Eigentümlichkeiten (z.B. Heimat, Tradition).

Diese Trägheit ist doch von Nachteil, oder? Schließlich führt ansteigender Anpassungsdruck zu Leid.

Das dem Stoffwechselprozess zur Erhaltung der Lebewesen entsprechende Verständnis sagt aus, dass das lebenserhaltende Anpassungsbedürfnis unmittelbar befriedigt werden muss und das nichtlebenserhaltende eben nicht. Für konformes Agieren gibt es eine instantane Belohnung, das Leben, für nichtkonformes eine Bestrafung, den Tod. Alles beruht auf Rückkoppelungen. Unmittelbaren (äußeren und inneren) Zwängen zu folgen, bedeutet nicht immer, das Richtige zu tun.

Das Konzept der Leidverminderung und Glücksakkumulation unterscheidet sich insoweit von dem Stoffwechselprinzip, als dass das leidensfähige Wesen bei fortgesetztem Leiden nicht sofort absterben muss bzw. dass es auf dessen Ersetzung durch Glück verzichten kann. Es kann sich über die instantane Belohnungs- und Bestrafungschemie hinwegsetzen. D.h., der Leidende hat für eine gewisse Zeit, innerhalb der er seinen begrifflichen Intellekt oder seine Intuition einsetzen kann, die Wahl. Die Fähigkeit zur Erinnerung begrenzt-universeller Gesetze sowie deren Anwendung für die eigene/gemeinschaftliche Befreiung setzt die Leidensfähigkeit also voraus. Ihr Vorteil ist, dass das Individuum nicht auf Gedeih und Verderb von den unmittelbaren Gegebenheiten ferngesteuert wird. Sein Bewertungsrahmen und die ihm sich eröffnenden Alternativen werden breiter. Diese Wahlmöglichkeit erlaubt es ihm, sich in Gemeinsamkeiten einzuschließen, sich konform mit unmittelbaren Zwängen zu geben oder in ganz andere/neue Gemeinsamkeiten zu wechseln. Allerdings weiß er nicht unbedingt, was die Entfaltung in der vorhandenen/anderen/neuen Gemeinsamkeit bewirkt. Objektive Unzulänglichkeit bedeutet nämlich auch, Grenzen zu leidbringenden, falschen Gemeinsamkeiten zu durchschreiten. Der einzelne Mensch kann also entweder weiterhin leiden, er kann im besten Fall in die ihn potenziell glücklichmachende Gemeinsamkeit wechseln (oder dort verbleiben), um sich und die Gemeinschaft höherzuentwickeln oder er wechselt, im schlimmsten Fall, in eine Gemeinsamkeit, die noch mehr Leid für eine maximale Zahl von Menschen bringt.

Um mit Stephen King zu sprechen [287]: " Ich denke, also bin ich. Da sind Haare auf meinem Gesicht, deshalb rasiere ich mich. Meine Frau und mein Kind wurden bei einem Autounfall schwer verletzt, darum bete ich. Es ist alles logisch, es ist alles vernünftig ... Niemand schaut auf die (andere) Seite, es sei denn er muss, und ich kann das verstehen. Du siehst sie, wenn du von einem Betrunkenen in einem GTO mitgenommen wirst, der ihn auf *110* Meilen hochtreibt und anfängt, über seine Frau zu reden, die ihn verlassen hat. Du siehst sie, wenn irgendjemand beschließt, durch Indiana zu fahren und Kinder auf Fahrrädern abzuknallen..." Die (andere) Seite, die der Leidmaximierung, ist aber Teil der vernünftigen, da sie ihr verneinendes Spiegelbild ist. Die beiden Seiten sind immer koexistent. D.h., es ist so gut wie nicht möglich, sich jenseits der (Anti)Ökonomie von Leid und Glück eine andere Wirklichkeit vorzustellen und damit auch keine ohne Rückkoppelungen und Anpassung an die Gesellschaft bzw. der (träge) Determinierung des Einzelnen durch sie. Tendenziell ist diese Ökonomie aber freier als die reine Stoffwechselökonomie. Somit kann man davon ausgehen, dass die Zukunft der Menschheit mehr Gestaltungsfreiheit und mehr freien Willen mit ich bringen muss. Damit verbunden ist jedoch mehr Unzulänglichkeit und somit mehr Verantwortung, was marxistische Theorien eher verneinen, da sie die Entwicklung der Gesellschaft von einem evolutionistisch-ökonomistischen Standpunkt her strikt determinieren.

Aber welcher ist der realistische Standpunkt?

Man könnte das Prinzip, das den Antrieb für die gesamte bisherige Entwicklung des Lebens gegeben hat, verneinen. Ohne das Leid-Glück-Prinzip wäre dann natürlich auch jener Antrieb weg, es sei denn, man erhielte etwas anderes dafür. Aber vielleicht ist das Prinzip des Erhaltens von etwas, im Sinne von Bekommen, ebenfalls irgendwann überholt.

Das Prinzip verneinen, d.h. Glück an Andere abgeben und dauerhaftes Leid für sich selbst tolerieren?

Geben ist seliger denn nehmen. Dieser Invertierungsgedanke ist wirklich interessant. Er ändert aber das Prinzip nicht. Man spiegelt das Belohnungs-Bestrafungs-Szenario der Anderen nur in sich selbst und ist wider in einer Gefühleökonomie gefangen. Möglicherweise reduziert sich jedoch die totale Leidmenge in der Gemeinschaft.

Warum willst du das momentane System aus Belohnung und Bestrafung für heutige Gemeinschaften infrage stellen?

Rückkoppelungen sind die Quelle (im Rahmen der Integrations-Werte qualifizierter) Erinnerung und daher unabdingbar für die Erkenntnis. Die Bestrafungs-Belohnungs-Ökonomien beruhen auf der Anhäufung positiv bewerteter Rückkoppelungsakte und damit der verneinenden Auslese von negativ rückkoppelnden und deren Objekten. Das Dogma der Evolution von Gesellschaftsformen entsprechend ihrer produktivitätsabhängigen Belohnungsfähigkeit, sei es nun das neoliberale "Profit für die, die ihn erzeugen!", das

spätkapitalistische "Profit für die Verwaltung!" oder das kommunistische "Gleicher Profit für alle = für niemanden!" ist ohne äußere Bremsen nur auf quantitatives Wachstum ausgerichtet. Das
Problem: Das System ist nicht selbstlimitierend. Gleichzeitig verneint es die Weiterentwicklung der Weiterentwicklung, da sich
jede Variante für das "Ende der Geschichte" hält. Tatsächlich hat
es aber bereits eine Entwicklung der Entwicklung gegeben. Aus
"Ich reproduziere mich und entwickle mich weiter, weil ständig
Futter an mir vorbeischwimmt" wurde "Ich reproduziere mich und
entwickle mich weiter, weil ich den Drang verspüre, nach Futter
zu suchen und bei Erfolg belohnt werde". Daraus wiederum wurde
"Ich reproduziere mich, entwickle mich weiter, weil ich Leid und
Glück zu verspüren vermag" und schließlich "Ich reproduziere
mich und entwickle mich weiter, weil ich diese Gefühle kontrollieren, selbst programmieren und zur Objektivität in abgrenzende
Relation setzen kann." Das ist übrigens gleichbedeutend damit,
Motivationen als Werkzeuge zu betrachten. D.h., das Belohnungs-
Bestrafungs-Szenario entkoppelt sich von den vorhandenen IntegrationsWerten und diese können neu gesetzt werden. Vielleicht sogar so, dass sie entgegengerichtete Anpassungsbedürfnisse hervorbringen, falsches Wachstum bei jeweiliger positiver Rückkoppelung limitieren (Beispiel: Emissionszertifikate [288]).

*Kann man die Belohnungs-Bestrafungs-Ökonomie anpassen, so-
dass sie mit weniger Leid verbunden ist?*

Das Glück-Leid-Prinzip der Fortentwicklung, die tatsächlich nur
dem Erhalt dient, ist auf deren Maximierung/Minimierung durch
Anpassung der Agenten an erhaltend fortentwickelnde, also wertvolle Gemeinsamkeiten ausgerichtet. Es beinhaltet also immer das
Sich-Anpassen an Gemeinsamkeiten, die sich dadurch verändern,
weswegen nie eine Identitätsherstellung möglich ist. Bedenke,
dass Leid als aufgeschobene Befreiung von falscher/in richtige
Gemeinsamkeit nie verschwindet, da mit der Anpassung aufgrund
der Transzendenz immer neue falsche/richtige Gemeinsamkeiten
entstehen. Wohl aber kann man das Leid minimieren, welches dieser Prozess verursacht. Jenes Leid ist für die Darwin'sche Evolu-

tion sehr hoch, auch wenn es durch die Gruppenevolution verringert wird. Bedenke, dass diese Art von Evolution aus Einzelinnovation/Einzelopfer und Kommunikation zur Verbreitung jener zum Wohle Vieler nur bei starker Ähnlichkeit der Agenten funktioniert und diese gleichzeitig herstellt. Bei zu starken Differenzen ist es für Agenten oft vorteilhafter, sich in Gruppen abzuseparieren um Teilüberkohärenz herzustellen. Um dies zu vermeiden und trotzdem in jenen Evolutionsmodus zu kommen, müssen Stadtbevölkerungen, die meist nicht aus Großfamilien zusammengesetzt und die starker Fluktuation unterworfen sind, Ähnlichkeit zwischen wildfremdem Menschen herstellen. Sie sind daher eher (fl)exgressiv bzw. progressiv eingestellt. Die gewachsenen Strukturen auf dem Land würden durch Fremde möglicherweise gestört, weswegen man sich dort reserviert und konservativ ihnen gegenüber zeigt.

Ökonomie ist eine weitere Methode jener Gruppenevolution und basiert auf Belohnung und Bestrafung: Ich liefere etwas Wertvolles für die Gemeinschaft und erhalte eine Belohnung, ich liefere Schrott und erhalte eine Bestrafung. Nur hat sich diese Ökonomie (Die letztendlich eine Bewertungsökonomie ist.) inzwischen zu einem Ökonomismus verselbständigt, da man Belohnungen gegen Belohnungen sowie Bestrafungen gegen Bestrafungen tauschen kann, so wie Geld oder Optionsscheine. In einem weiteren Schritt werden Bestrafung und Belohnung zu funktionalen Antonymen. Antibestrafung und Belohnung verschmelzen und man kann sie nun ebenfalls gegeneinander tauschen: Ich lasse dich in Ruhe, wenn du mich dafür belohnst. Bestrafe mich nicht, ich belohne dich dafür. Keiner der genannten Prozesse führt zu einer hilfreichen Gemeinsamkeit und ist eher ein Echo des Darwin'schen Konkurrenzkampfes, bei dem der Kampf oft einseitig aufgegeben wird, um Leid zu vermeiden. Im Gegensatz zu Belohnung und Bestrafung sind Leid und Glück akkumulierbar. Glück/Leid wird ökonomistisch als die dauerhafte Integration in etwas Positives/Negatives verstanden. Dadurch wird auch Leid/Glück vermeintlich tauschbar und auch sie werden zu funktionalen Antonymen: Leidfreiheit/-vermeidung wird zu Glück und das Fehlen/die Verweigerung von Glück zu Leid. Finanziell entsprechen diese Zustände der

Schuldenfreiheit und der Mittellosigkeit. Die vermeintliche Tauschbarkeit führt dazu, dass man versucht, Leid auf einem Gebiet mit Befriedigung auf einem anderen zu kompensieren. Außerdem geht man von einer merkwürdigen Konstanz in der Leid-Glück-Bilanz aus, wie in einem Unternehmen, das Ausgaben und Einnahmen ausgleichen muss: Ich leide für das Glück meiner Familie und nehme an, dass deren Glück nur erzeugt werden kann, wenn ich leide.

Auf diese Weise wird ein Belohnungs-Bestrafungs-Glück-Leid-Ökonomismus kreiert: Ich erhalte permanent etwas, dass ich als Belohnungen verstehe und erinnere sie als Glück. Ich erhalte permanent Bestrafungen und erinnere sie als Leid. Dieser Ökonomismus lenkt die Aufmerksamkeit weg vom selbstÄhnlichen Erhalt hin zu etwas Irrelevanten. Es ist nun nämlich vollkommen egal, worin die ursprüngliche Gemeinsamkeit war, die zu Bestrafung oder Belohnung geführt hatte. Die "gespielte" Glück-Leid-Ökonomie wird irgendwann zu echtem Leid führen, nämlich wenn es um existenzielle Angelegenheiten geht. Die Alternative zur Ökonomie wäre ein rein vernunftbasiertes Handeln, ein "freier Wille zur Vernunft" jenseits des Ökonomismus aber zum Erhalt der Existenz (nicht des *status quo*): Ich poste eine Nachricht, um meinen Mitmenschen eine wichtige Information zukommen zu lassen, nicht um Likes zu generieren. Ich leide keine Qualen, wenn ich keine erhalte und ich fühle mich auch nicht einzig dadurch glücklich, wenn ich welche bekomme. Wichtiger ist, dass die Menschen meine Erkenntnis wahrgenommen haben und sie ihnen hilft. Darüber hinaus bin ich bereit, meine sämtlichen Wertvorstellungen dem Imperativ der Bewahrung durch Wandel unterzuordnen, da ich weiß, dass sie aus ihm resultieren sollten. Stelle dir z.B. bestandswahrende Jägerei durch Tierfreunde vor, und zwar ohne vorherige Änderung ihrer eigenen imperativen IntegrationsWerte.

Die Kritische Theorie ist doch sehr stark auf ökonomische Zusammenhänge ausgerichtet, oder nicht?

Ja, und sie geht nicht wirklich darüber hinaus. Als Kritik des Bestehenden (und nicht der Zukunft) muss sie das auch nicht. Es ist die Kritische Theorie, die, meiner Meinung nach, die spätkapitalistische Ökonomisierung des Privatlebens, der Gemeinschaft und der Gesellschaft, am besten beleuchten kann, indem sie die Mechanismen aufzeigt, mit denen alles in eine Tauschware überführt wird. Probleme entstehen natürlich, wenn man exakt die Mechanismen, die man kritisiert, dafür benutzt, eine befreiende Alternative zu konstruieren. Tatsächlich sind es der vernunftgeleitete, freie Wille sowie die Opferbereitschaft, die der spätkapitalistischen Ökonomisierung in großen Teilen katastrophal entgegenlaufen. Der "freie Wille" ist die Grundlage für das Durchführen von Experimenten zum Zwecke des evolutionären Aussiebens, da die Anpassungstests ständig umbewertet werden müssen. Der "freie Wille zur Vernunft" führt zu weisen Entscheidungen bzgl. des Erhalts durch Wandlung, auf der Basis der Erinnerung und der Erkenntnis von Ähnlichkeiten. Wie die Verweigerung, mit der man die beiden auf keinen Fall gleichsetzen darf (schließlich wird immer verweigert, unabhängig von der freien Bewertung), können sie die Ökonomisierung in ihre Schranken weisen. Sie können durch sie aber auch repressiv integriert werden, zu allererst durch die Zerstörung ihrer Voraussetzung, die gemeinschaftlichen Erinnerung von Bewertungen.

Aufgrund der Unzulänglichkeit von Systemen entwickeln sich Hochkulturen wieder zurück und zerfallen.

Gesellschaftssysteme benötigen die Kommunikation (im Sinne von Transzendenz) zur Höherentwicklung, auch die zwischen verschiedenen Staaten und Kontinenten. Allerdings kann die Kommunikation zum Niedergang von einzelnen Staaten führen, da es für die Träger der Elevation unter Umständen einfacher sein wird, einem absteigenden System in Richtung eines vermeintlich attraktiveren zu entfliehen, sowohl physisch als auch mental. Noch problematischer ist die Situation für tolerante Minderheiten innerhalb einer toleranten Gesellschaft, die demselben Schrumpfungsmechanismus durch gerichtete Assimilation zum Opfer fallen werden. Eine Gemeinschaft solcherart unbegrenzter Integration von Gemeinsamkeiten ist wertefrei, eine Gemeinschaft begrenzter Integration ist eine Wertegemeinschaft. In diesem Sinne ist die Erde eine Wertegemeinschaft, genauso wie es die DDR war. Letztere verfügte allerdings über so stark degenerierte Werte, dass es den Trägern der Höherentwicklung sinnvoller erschien, der DDR den Rücken zu kehren anstatt weiter an der Höherentwicklung der Gemeinsamkeiten und Werte ihrer Bewohner zu arbeiten. Die Spirale der Degeneration wurde so nur noch beschleunigt. Meine These: Nur nach außen nichtkommunizierende aber massiv nach innen kommunizierende Wertegemeinschaften entwickeln sich kontinuierlich weiter. Deshalb wird sich auch die Menschheit als Ganzes weiterentwickeln, während einzelne Kulturen oder Nationen aufblühen und wieder zerfallen werden.

Aber widerspricht das nicht deinen ganzen Ausführungen hinsichtlich der Unzulänglichkeit und dem Prinzip der "offenen Gesellschaft"?

Und hier haben wir das Missverständnis auf dem Punkt. Der Widerspruch besteht nur scheinbar, da die offene eine entwicklungsoffene Gesellschaft der auf dem Planeten gefangenen Menschheit ist. Die sich auf dem Planeten bildenden transzendierbaren Gemeinsamkeitengrenzen bieten der Gesellschaft genügend Unzulänglichkeit für die Entwicklungsdynamik. IntegrationsWerte sind dabei die Unzulänglichkeiten, die es erlauben, die gesellschaftliche Höherentwicklung effektiv zu machen und die deswegen in Gesellschaftsverträgen bewusst formuliert werden sollten.

Wie sieht die Zukunft des Nationalstaates aus?

Der Nationalstaat ist eine Konsequenz des feudalen Absolutismus und diente der zentralistisch organisierten Ausbeutung der Bauern, Handwerkern und Kolonien. Deutschland war eine Ausnahme, in der das Feudalsystem auf der Ausbeutung durch mächtige lokale Fürsten beruhte. Nach der Überwindung des Feudalsystems waren der Nationalstaat quasi die erste Möglichkeit einer Freihandelszone und einer Währungsunion für das neue kapitalistische System, wodurch eine enorme Effektivierung der Ökonomie möglich wurde. Je größer diese Zone, desto größer der Profit, weswegen später die EU erfunden wurde. Heute wird der Nationalstaat als notwendiger Rahmen für das Recht, die soziale Absicherung und die demokratischen Prozesse, inklusive der Wahlen und der Parlamentsarbeit gesehen. Die EU wird als durch die demokratisch gewählten Parlamente der Mitgliedsstaaten gesteuert verstanden und nicht umgekehrt. Die Frage ist natürlich, in wieweit Nationalstaaten auf internationaler Bühne aus Eigeninteresse agieren.

Zur Zukunft des Nationalstaates machte sich Hannah Arendt ausführliche Gedanken [289]. Speziell durch die Beobachtungen aus der Mitte des 20. Jahrhundert hat sie die Überzeugung entwickelt, dass Demokratie und ein zentralistischer Nationalstaat nicht wirklich miteinander vereinbar sind. Sie geht davon aus, dass Nationalstaaten immer ihre nationalen Interessen verfolgen werden, seien es wirtschaftliche oder die Emanzipation von einer Fremdherrschaft. Aus diesem Grund werden die repräsentativ-demokratischen Nationalstaaten eher von einer Art national denkenden (ich formuliere es mal überspitzt) Parteienjunta regiert. Die repräsentative Demokratie der Parteien und die Zentralisierung macht dies insbesondere möglich. Außerdem geht Arendt von einem intrinsischen Zusammenhang zwischen Nation und Fremdenfeindlichkeit aus. Zentralistische Nationalstaaten würden weder Migranten noch ethnische Minderheiten menschlich behandeln können. Über die Flüchtlingswelle zwischen den Weltkriegen sagte sie [289], dass "der verfassungsmäßig garantierte Rechtsschutz des Staates und die im Lande herrschenden Gesetze ganz offenbar nicht für alle Einwohner des Territoriums galten, sondern nur für diejenigen, die dem Nationalverband selbst zugehörten."

Über Minderheiten sagte sie [289], wenn "sich innerhalb der Nation auch Menschen anderer volksmässigen Abstammung befinden, so verlangt das Nationalgefühl, dass sie entweder assimiliert oder ausgestossen werden. Dabei kann das Kriterium, wer zum eigenen Volk gehört, durchaus verschiedener Art sein. Je höher der kulturelle und zivilisatorische Stand des Volkes ist, desto eindeutiger wird die sprachliche Zugehörigkeit entscheidend sein, je barbarischer das Volksleben ist, desto mehr werden sich rein völkische Gesichtspunkte geltend machen. Aber das Prinzip, dass Bürger nur sein kann, wer zum selben Volk gehört oder sich ihm doch

völlig assimiliert hat, ist in allen Nationalstaaten das Gleiche."
Und weiter sagt sie: "Der damals", sie meint nach dem 1. Weltkrieg, "gefundene Ausweg, den Völkern, die es nicht zum eigenen
Staat gebracht hatten, Minderheitenrechte zu garantieren, hat sich
bekanntlich nicht bewährt. Die Minderheiten waren immer der
Meinung, dass diese Rechte eben mindere Rechte sind, während
das Staatsvolk in den Minderheitenverträgen entweder ein Provi-
sorium sah – gültig, bis die vom Nationalstaat prinzipiell geforderte Assimilation erreicht sein würde – oder eine Konzession an
die westlichen Mächte, deren man sich bei der nächst besten Gelegenheit entledigen würde, um den Minderheiten so oder anders
den Garaus zu machen."

Zur freien Meinungsäußerung und zu den Grenzen des Nationalstaates sagte Hannah Arendt [289]: "So wie wir heute aussenpoli-
tisch überall vor der Frage stehen, wie wir den Verkehr der Staaten
unter- und miteinander so einrichten können, dass Krieg als 'ultima
ratio' der Verhandlungen ausscheidet, so steht uns heute überall
innenpolitisch das Problem bevor, wie wir die moderne Massen-
gesellschaft so umorganisieren und aufspalten können, dass es zu
einer freien Meinungsbildung, zu einem vernünftigen Streit der
Meinungen und damit zu einer aktiven Mitverantwortung an öffentlichen Angelegenheiten für den Einzelnen kommen kann. Der
Nationalismus in seiner egozentrischen Borniertheit und der Nationalstaat in seiner wesensmäßigen Unfähigkeit, die eigenen Grenzen legitim zu transzendieren, dürften dafür die denkbar schlech-
testen Voraussetzungen bilden."

*Das klingt ja wie ein ganzes Giftbuch der entfesselten Linken, über
die du dich immer beschwerst.*

Das verstehst du falsch. Die entscheidenden Sätze sind der über
die Meinungsvielfalt durch die Aufspaltung des Staates (nicht dessen Abschaffung) und der über die Unfähigkeit des zentralistischen Nationalstaates, die Assimilations/Ausstoßungsdilemma
aufzulösen. Das Problem, das Hannah Arendt bzgl. der Assimilation von Minderheiten genannt hat, könnte theoretisch auch durch

die Etablierung eines eigenen, begrenzten Gebildes für jene Minderheiten gelöst werden, innerhalb derer sie die Mehrheit bilden würden. (Mitglieder des Heimatvereins beispielsweise bilden im Heimatverein die Mehrheit.) Dieses würde von den Menschen als Abschaffung von Repression, als Befreiung empfunden werden, nicht als Gefängnis.

Ach du Schreck!

Arendt wendet eine Abstraktion an, nämlich die, die Ursache der Zwangsassimilation bzw. der Ausgrenzung bei deren Fehlschlag nicht zu hinterfragen. Sie beschreibt stattdessen, dass das Zulassen der identitätswahrenden Diversität der Individuen bei Gleichheit aller vor dem Gesetz für sie die Eigentümlichkeit einer kulturell hochstehenden Gesellschaft ist. Anmerkung meinerseits: nicht etwa, die Menge an exportierten Waren. Ebenso spricht sie von nötigen legalen Möglichkeiten, nationale Grenzen zu überwinden, sowohl für Individuen, die sich durch internationale Kommunikation weiterentwickeln möchten, als auch für Migranten, und nicht von Einwanderung je nach Bedarf und Laune der Herrschenden. Sie erkennt, dass die Idee staatlich zementierter Ungleichheit von Minderheitengruppen (meiner Meinung nach ist es dabei egal, ob eine Minderheit besser oder schlechter gestellt wird als die übrige Bevölkerung) innerhalb eines von einer bestimmten Gruppe dominierten Nationalstaates nicht funktionieren wird. Arendt ist somit eine Verfechterin der Gleichheit vor dem Gesetz, der demokratischen Mitbestimmung durch alle Staatsbürger und Gegnerin der Instrumentalisierung von Minderheiten durch die Herrschenden. Arendt favorisierte das Rätesystem und Formen der direkten Demokratie [290]. Diese Arten politischer Mitgestaltung würden der Bevölkerung eher das Gefühl politischer Teilhabe vermitteln. Außerdem präferierte sie eine föderale Staatsform anstatt einer zentralistischen. Schließlich gib Arendt noch einen Ausblick [289]: "Die für den Nationalstaat typische Fremdenfeindlichkeit ist unter heutigen Verkehrs- und Bevölkerungsbedingungen so provinziell, dass eine bewusst national orientierte Kultur sehr schnell auf den Stand der Folklore und der Heimatkunst herabsinken dürfte."

Welches Verhältnis hat der Spätkapitalismus zur Nation?

Der Nationalstaat kann aus meiner Sicht hilfreich für den spätkapitalistischen Profit sein, nämlich dann, wenn die nationale Mehrheit den dominierenden Konsummilieus entspricht, möglicherweise aber auch hinderlich, wenn es um die Etablierung pannatio-
naler Konsummilieus geht. Die von Arendt angestrebte Diversität
gleichberechtigter Meinungen läuft den nationalstaatlich begrenzten Konsummilieus fundamental entgegen, weil sie eine identitätswahrende Integration anstelle einer konsumistischen Assimilation
proklamiert, aber auch den pannationalen. Aus Sicht der Kritischen Theorie wird sich die vom Spätkapitalismus angestrebte Homogenisierung trotz der unterschiedlichen Ethnien und Nationalitäten auf internationaler Skala im entgrenzten Konsum abbilden,
sowie in der Dominanz jener Ansichten, die diesen einheitlichen
Konsum begünstigen. Sie stellt somit eine Gefahr für die weltweite
Vielfältigkeit dar. Hinzu kommt, dass es keine "Weltflüchtlinge"
geben kann, d.h., ein weltweiter Verlust der Vielfältigkeit würde
den Außenseitern keine Flucht mehr erlauben, er würde sich trotz
Reisefreiheit eingesperrt fühlen, wie in Platons Höhle. Die profitorientierte Instrumentalisierung der Verfassungsstaaten kann nur
durch ihre politische und wirtschaftliche Selbständigkeit verhindert werden, die übrigens nicht mit tumbem Protektionismus verwechselt werden sollte. Eine allseits gedeihliche Kooperation von
Staaten mit ähnlichen, wertebasierten Gesellschaftsverträgen wäre
unter dieser Voraussetzung über nationale, religiöse und weltan-
schauliche Vielfalt hinweg möglich.

Egon Flaig hat in einem Vortrag über sein Buch "Die Niederlage
der politischen Vernunft: Wie wir die Errungenschaften der Aufklärung verspielen" [209] die Gefahren einer neoliberalen, globalisierten Ökonomie für die Nationalstaaten beleuchtet. Hier kommt
meine Interpretation von Teilen seiner Rede: Zunächst erklärte
Flaig die Ideen der Aufklärung zum Ergebnis einer opferreichen
gesellschaftlichen Höherentwicklung. Gleichzeitig stellten sie eine
politische Universalität dar, und zwar die momentan einzig richtige für die westlichen Demokratien und darüber hinaus. Anschlie-

ßend hat sich Flaig mit dem Begriff der politischen Vernunft beschäftigt. Die politische Vernunft beinhalte u.a., (i) dass die Bürger im politischen Rahmen selbstgesetzter Regeln kollektiv agierten, (ii) Konflikte, die aus der Konkurrenz zwischen den Universalitäten resultierten, auszufechten hätten und (iii) die unbedingte Verteidigung der wissenschaftlichen Wahrheit. Ein weiterer Gedanke Flaigs resultiert aus der (iv) Sterblichkeit und der Reproduktion der Menschen über die Generationen hinweg. Die Akkumulation von Errungenschaften sei nur durch ihre erfolgreiche Übergabe auf die nächste Generation möglich. Kant erhob die Dankbarkeit gegenüber der älteren Generation daher zur Pflicht. Flaig verwies auf Friedrich Schiller, der schrieb, dass sich die lebende Generation gegenüber der kommenden verpflichtet fühlen solle, da nur so die Dankesschuld gegenüber DEREN Vorfahren abstattbar sei (wobei jene Dankesschuld sich nicht auf die bloße Elternschaft bezieht, sondern auf die weitergegebenen Errungenschaften der (aller) Eltern, und am besten durch deren Konservierung und Weiterentwicklung eingelöst wird). Flaig verwies schließlich darauf (v), dass eine politische Vernunft, im Gegensatz zur praktischen oder buchreligiösen, nicht aus der Historie der Menschen herauszulösen sei.

Als Bedingungen für die Etablierung einer erfolgreichen politischen Vernunft nennt Flaig die Öffentlichkeit und die Urteilskraft. Die Öffentlichkeit solle wie ein republikanisches Forum agieren, in dem die Wahrheit in Form von Kontroversen gesucht würde. Die Wahrheitsfindung durch die Kontroverse würde aber nur bei der individuellen Freiheit zur Meinungsäußerung funktionieren. Außerdem müsse die Öffentlichkeit institutionellen Charakter haben, einen "Gerichtshof der Vernunft" darstellen. Geschwätz, Lüge, Hetze und Einschüchterung im öffentlichen Diskurs würden die Öffentlichkeit zerstören, das freie Wort sei nicht mehr aussprechlich. U.a. die angebliche Alternativlosigkeit politischer Entscheidungen, vor denen ebenso angebliche Sachzwänge und eine instrumentelle Moral hergeschoben werden, sei direkt mit jenem Diskussionsverbot verbunden. Die Qualität der politischen Urteilskraft wiederum speise sich aus dem Bewusstsein der Geschichtlichkeit. Diese sei das *a priori* der politischen Vernunft. Politische Gebilde ohne spezifische oder mit beschädigter Öffentlichkeit verfügten über keine gemeinschaftliche Urteilskraft für die Wahrheitsfindung.

Die Beschädigung der politischen Vernunft des Westens sieht Flaig in momentanen Diskursen, die (i) jeden einzelnen Menschen für alles auf der Welt verantwortlich machen und die Verantwortung damit pulverisieren, (ii) radikalen Kulturrelativismus betreiben und damit auch die Aufklärung relativieren, (iii) alles Übel der Welt im westlichen Kolonialismus sehen, wofür die westlichen Länder zu bezahlen hätten, (iv) alle Schuld in der Unfähigkeit und Bosheit der Regierungen und Offiziellen und nicht im einzelnen Täter sehen, (v) kulturelle Unterschiede vorbehaltlos anerkennen, ja sogar Sonderrechte für Minderheiten jenseits des Gesellschaftsvertrages, quasi eine inverse Diskriminierung einführen, was zur Fragmentierung der Gemeinschaft gleichberechtigter Bürger und zu Parallelgesellschaften führe, (vi) die starke Reduktion des klassischen, ethnischen Rassismus im Westen nicht wahrhaben und jede Benachteiligung von Gruppen als Rassismus bezeichnen.

Puh, das ist starker Tobak. Wie kann man Brüderlichkeit und Solidarität als falsch bezeichnen, obwohl jene auch Teile der Aufklärung sind, ja sogar den Kolonialismus relativieren?

Ich weiß, das schmeckt dir nicht besonders, da es sämtlichen linken Idealen zu widersprechen scheint. Flaigs Ausführungen sind sicherlich stark provozierend. Sind die Befürchtungen jedoch unberechtigt? Ist die Toleranz gegenüber den genannten Punkten, insbesondere der Unterminierung staatlicher Gesellschaftsverträge, die aus den aufgeklärten nationalen Öffentlichkeiten und deren Beschlusskraft resultieren nicht instrumentell? Flaig sieht die Ursache dafür im globalen Neoliberalismus. Er stellt fest: Der kapitalistische Internationalismus habe den proletarischen überholt und würde unter dem Deckmäntelchen des vermeintlich fortschrittlichen Antinationalismus die bedingungslose globale Verschiebbarkeit zum Zwecke der Profitmaximierung vorantreiben.

Nationale/verfassungsmäßige Souveränität würden als Populismus verunglimpft, da sie der neoliberalen globalen Welt ohne Grenzen entgegenstünden. Jene Welt propagiere darüber hinaus einen perfekt austauschbaren, eindimensionalen *Homo Economicus Purus*, ähnlich Marcuses horizontal flexiblem Menschen. Die Vielfältigkeit kultureller, religiöser oder nationaler Identifikation stehe dafür im Weg. Meiner Meinung nach drückt Flaig die möglichen Gefahren der neoliberalen Politik für die Verfassungsstaaten in Zeiten der Globalisierung sehr gut aus, zumindest vom Standpunkt einer aufklärerischen Universalität gesehen, sowie die Toleranzfalle, in die die Demokratien tappen können. Ich würde Flaigs *Homo Economicus Purus* aber explizit in einen Hersteller und besonders einen *Homo Consumens* [291] teilen, der seinen kulturellen Hintergrund, ohne zu zögern, gegen eine globalisierte Konsumreligion austauschen würde. Für mich bleibt jedoch die Frage, was passiert, wenn sich der globale Warenhandel für bestimmte Länder nicht mehr als profitabel erweist. Kommt es dort zu einer Rückkehr des rein national orientierten Waren- und Meinungskonsums? Wandelt sich Kulturprotektionismus in Kulturapartheid?

Allerdings stimme ich nicht mit der Flaig'schen Verabsolutierung des westlichen Verständnisses der Aufklärung als einzige moderne Denkweise überein. Wenn sie eine unbegrenzte Universalität darstellt und damit superattraktiv ist, warum gibt es die auf ihr basierende Weltrepublik noch nicht? Nur aufgrund von Dummheit und Repression? Hat die Aufklärung keine Schwächen? Sehnen sich die Menschen nicht auch nach Spiritualität anstelle bedingungsloser Rationalität in Job und Alltag? Beweisen die Existenz anderer Universalitäten und die Mythisierbarkeit der Aufklärung nicht ihre Begrenztheit, ihre Unzulänglichkeit? Diese Schwächen falsifizieren das republikanische bzw. verifizieren ein religionsbasiertes Modell keineswegs. Sie begrenzen das republikanische, aufklärerische Modell jedoch.

Und was jetzt? Politische Verweigerung der Globalisierung? Einrichtung von Diskussionsforen auf Marktplätzen?

646

Erinnere dich an Hannah Arendt und die durch sie geforderte Vielfältigkeit und Kommunikation über Grenzen hinweg? Sie verneint keinesfalls den Staat oder gar den Gesellschaftsvertrag überhaupt, was von einigen so verstanden wird, die entsprechend für die Abschaffung der europäischen Staaten und der Grenzen eintreten. Vielmehr verneint sie, dass eine im Nationalstaat dominierende, aus in vielerlei Hinsicht entindividualisierten Menschen bestehende Bevölkerungsmehrheit die nicht zu ihr gehörenden Individuen zwanghaft in ihre Gleichartigkeit assimiliert. Die Frage ist jetzt, wie sieht eine Form des organisierten Zusammenlebens aus, die die entindividualisierende Assimilation, egal ob national oder global, egal ob aus dem Bedürfnis eines feudalen, absolutistischen Herrschers oder aus den ökonomischen Zwängen des Spätkapitalismus mit seiner Konsumgleichheit heraus, verhindert?

Die Räterepublik?

Arendts Ansatz der Räte soll die nationale Parteienjunta verneinen und wäre, meiner Meinung nach, darüber hinaus geeignet, der Zwangsassimilation etwas entgegenzusetzen. Sie wird von vielen kritisiert, geradezu als utopischer Mumpitz bezeichnet. Tatsächlich hat keine der Räterepubliken wirklich funktioniert, weder die französische, noch die amerikanische, noch die sowjetische, noch eine der kleineren. Hannah Arendt ist sich dessen bewusst, ebenso der Tatsache, dass die Wahl von Räten die Elitenbildung befördern würde. Allerdings handelt es sich hier nicht um die Berufseliten der Parteienjunta, sondern um solche, die den Abordnenden ständig Rede und Antwort stehen müssten. Wie auch immer wurden die Räte entweder durch Diktaturen oder Parteiensysteme zerstört.

Die Räte repräsentieren das Volk und keine überbezahlten Amateure wie in den westlichen Demokratien.

Das mit den Amateuren siehst du nicht ganz richtig. Das Argument, die Politiker hätten keine Fachkompetenz und würden überbezahlt, bringt dich in eine sehr undemokratische, nämlich eine technokratische Denkweise. Es geht nicht darum, dass nur diejenigen Ressorts verwalten, die sie studiert haben. Es geht in der repräsentativen Demokratie darum, dass die Bevölkerung Menschen aus ihrer Mitte bestimmt, die ihren Willen in Politik umsetzen. Das fängt beim Parlament an und hört bei der Regierung auf. Insoweit sollte es eher ein Befreiungsgefühl vermitteln, wenn eine ehemalige Arbeiterin Innenministerin geworden ist und eben kein Mitglied einer elitären technokratischen oder familiären Seilschaft. Allerdings tendieren Demokratien trotz aller guten Vorsätze zu Letzteren.

Das scheint also in der Natur der Sache zu liegen.

Es gibt allerdings einen Bereich, in dem das nicht-elitäre Rätesystem erfolgreich überlebt hat, in dem der Schöffen und Geschworenen bei Gericht. Man könnte hieraus vielleicht lernen, dass beigeordnete und gleichberechtigte Räte für die Legislative, die sie beraten würden, von ebenso großem Vorteil wären wie für die Judikative bei Verhandlungen vor Gericht.

Gibt es Staaten, deren Verfassung den Ideen von Hannah Arendt zumindest nahekommt?

Hannah Arendt nannte konkret die Gründungsidee der USA als positives und anstrebenswertes Beispiel eines föderalen, diversifizierten Staates [292].

Gemäß ihrem Wappenspruch "Et pluribus unum".

Da es sich bei den USA immer noch um einen Konsumtempel mit imperialistischen Tendenzen handelt, kann man, meiner Meinung nach, aber nur von einer Vorstufe von Arendts Idee sprechen. Die Frage bleibt aber offen: Wäre ein föderaler Staat robust genug, quasi ein ideales System, um die Diversität und Meinungsfreiheit seiner Individuen zu verteidigen, und zwar gegen konsumtechnische, religiöse, ideologische oder rassistische Gleichmacherei?

Die Geschichte der USA scheint dieser Vermutung recht zu geben. Fehlentwicklungen wurden hier irgendwann unterbunden.

Auch der Gründungsprozess der BRD gibt einige von Hannah Arendts Ideen wieder. Dazu gehört die strikte Gewaltenteilung, um die Gleichheit vor dem Gesetz zu garantieren, der Föderalismus, die Kultur der Presse- und Meinungsfreiheit.

Die Diversität bietet möglicherweise einen Angriffspunkt für totalitär organisierte Feinde oder natürliche Gefahren.

Die gesellschaftliche Diversität hat im Ernstfall viele Vorteile, da man sich auf den Feind oder die Gefahr besser einstellen kann. Man muss aber erkennen, dass man gesellschaftlich an einem Strang ziehen muss, wobei die Entscheidung hierfür anhand der Notwendigkeiten zu erfolgen hat.

Was wiederum zur totalen Machtakkumulation in den Händen eines Einzelnen, unterstützt von einem selbstverwalteten "Volkskörper", führt und so wiederum zum Faschismus.

Was aber, wenn die Weisheit und die Kommunikationskultur der Menschen so weit gereift sind, dass ihnen die korporative Machtakkumulation zu praktischen, also pluralistischen Zwecken vernünftig erscheint und sie diejenige zu nicht-praktischen, also egoistischen Zwecken abstößt? Was, wenn korporatives Handeln großer Menschenmengen seine Ursache nicht in einer instrumentellen Identität hat, sondern in der praktischen Notwendigkeit? Was, wenn auf der anderen Seite die instrumentelle Diversifizierung zur Spaltung gemeinsamer Anstrengung nach dem Prinzip "Teile und herrsche" die Menschen intuitiv anekelt, während die praktische gesellschaftliche Diversifizierung ein Teil der menschlichen Vernunft geworden ist? Ein falsches korporatives Handeln wäre nicht mehr möglich.

Und was würdest du verbessern, um das zu erreichen?

Hier sind wir wieder beim Gesellschaftsvertrag. Meiner Meinung nach sollte er aus zwei Teilen bestehen. Im ersten Teil sollten die IntegrationsWerte in Form reiner Notwendigkeiten für den Leidabbau und gegen Leidvergrößerung im Zusammenleben der

GRÖSSTMÖGLICHEN MEHRHEIT formuliert werden. Alle anderen Ambitionen, z.B. ökonomischer Erfolg, sind Teil der Folklore und auszuschließen. Der zweite Teil des Gesellschaftsvertrages würde die historische Sperrklinke beinhalten. Diese Sperrklinke würde IntegrationsWerte auflisten, die sich in der Geschichte als falsch bzw. richtig erwiesen haben, da sie die Integration in falsche/richtige Gemeinsamkeiten zuließen. Dadurch würde die Aufnahme falscher IntegrationsWerte in Teil 1 erschwert bzw. richtiger begünstigt. Die Sperrklinke würde in vernünftigen Zeitabständen von der Gemeinschaft aktualisiert. Auf diese Weise würde man das Schicksal der in ähnlicher Weise aufgebauten Religionsbücher, d.h., ihre Überlebtheit und Unverständlichkeit (aufgrund angestrebter Universalität wird hier oft nur in Gleichnissen kommuniziert) vermeiden.

Die wichtigste Voraussetzung für die Akzeptanz eines solchen Vertrages durch die Menschen in einer Republik wäre, meiner Meinung nach, seine umfassende Säkularisierung er politischen Öffentlichkeit, und zwar nicht nur bzgl. der Religion, sondern auch bzgl. der nationalen und der ideologischen Verbundenheit. Sie macht den Weg frei für einen starken Gesellschaftsvertrag der reinen Notwendigkeiten, statt für einen Zirkus der Werte. Stärke bedeutet hier allgemein verständliche Plausibilität bzgl. der Notwendigkeiten und dass die Individuen, die jenseits des Vertrages agieren wollen, daran gehindert werden, Politik und Gesellschaft zu beeinflussen. Stärke bedeutet auch, dass der Vertrag nicht nach Gutdünken und ohne Mitwirkung der Bevölkerung erodiert werden kann.

Ich persönlich glaube, dass die Menschen einen solchen Gesellschaftsvertrag akzeptieren und mit Leben füllen würden. Er würde den Rahmen und den Schutzraum für seine erotisierte Entfaltung bilden, der speziell die Ungleichbehandlung von Individuen vor dem Gesetz verhindert, die Art und Weise der Entfaltung aber nicht vorschreibt. Das bedeutet insbesondere, dass die Verhaltensweisen, die im Gesellschaftsvertrag der Säkularisierung unterworfen werden, in ihrer kulturell-folkloristischen Bedeutung für das Individuum oder für Gruppen keinesfalls abgewertet, für politische Öffentlichkeit und den Gesellschaftsvertrag jedoch marginalisiert werden sollten. "Doch wozu brauchen wir Religion?", fragt Norbert Bolz in einem Artikel [293] über das Verhältnis von Religion und Kritischer Theorie. "Antwort: Weil sie die Schatzkammer des Sinns ist." In jedem Fall soll ein Gesellschaftsvertrag die identitätswahrende Integration von Individuen zu *100%* erlauben, da sie ebenfalls die Schatzkammer der Erinnerung ist.

Das klingt ja alles nett, aber man das politisch durchsetzen?

Meiner Meinung nach müssen die Gültigkeit des Gesellschaftsvertrages als gestaltbarer, aber ansonsten verbindlicher Rahmen (Gleichheit vor dem Gesetz) auf der einen und die Folkloretoleranz auf der anderen Seite garantiert werden (das Fehlen Ersterer hatte Arendt ja kritisiert). Das sollte innerhalb der Republik institutionell, gesellschaftlich und innerhalb der politischen Bildung geschehen. Insbesondere die Folkloretoleranz erscheint mir nach *50* Jahren der Bombardierung mit Bildern von bunten Musikanten, bei deren Anblick eine traditionelle Blaskapelle vor Schreck ins Wasser fällt und klatschnass wird, als zwingend notwendig. Solche Bilder sind heute weder erotisch noch revolutionär.

Wie würden Verstöße gegen den Gesellschaftsvertrag geahndet?

Die Ahndung von Gesetzesverstößen muss über institutionelle gerichtete Verweigerung (im Sinne von Einschränkung) der Befriedigung von historisch-freien Bedürfnissen erfolgen, z.B. durch Teilhabeverweigerung und Entindividualisierung im Rahmen von offen repressiven Verwaltungsakten, flankiert durch eine bildungsbasierte Konditionierung auf den Gesellschaftsvertrag hin. Diese Maßnahmen werden entweder resozialisieren, indem sie den Wert der befreienden Bedürfnisbefriedigung offenlegen, oder - aufgrund andauernder Teilhabeverweigerung - neutralisieren. Geld- und Freiheitsstrafen würden nicht abgeschafft, letztere aber durch die gerichtete Verweigerung ersetzt. Das funktioniert aber nur dann, wenn das Leben in der Republik auf befreienden, nämlich demokratisch gestalteten Gemeinsamkeiten beruht und nicht auf repressiven. Das bedeutet auch, dass bereits eine praktische Beteiligung von Kindern an demokratischen Prozessen, z.B. in der Schule, ihnen vor Augen führen muss, welche Freiheit sie durch die Möglichkeit der Mitgestaltung gewinnen und welche Unfreiheit der reine Empfang von Befehlen und die Verweigerung der Teilhabe mit sich bringt. Außerdem würden sie bereits erkennen, welche Formen der Manipulation des demokratischen Systems es gibt, bis hin zum Faschismus.

Wie flexibel wäre der Inhalt des Gesellschaftsvertrags nach deiner Meinung?

Eine Abwandlung des Vertrages dürfte nur aufgrund von gesellschaftlichen Notwendigkeiten möglich sein. Jene Notwendigkeiten kennt jedoch hauptsächlich die Gesellschaft selbst. Sie kann die Schwelle zum besseren Level nur selbst überschreiten. Erkenntnis ist hierfür die Voraussetzung. In der Limenistik erfolgt jene Erkenntnis entsprechend den schon genannten Thesen, wobei es egal ist, ob nur ein Einzelner oder Mehrere in die neue/andere Gemeinsamkeitsphäre eintreten. Wichtig ist, dass den Menschen die Möglichkeit gegeben wird, frei darüber zu entscheiden, ob sie diesem Schritt folgen wollen oder nicht. Daher wird eine Verstärkung demokratischer Teilhabe benötigt: eine Verstärkung der bürgerlichen Gestaltungsmöglichkeiten. In den Zeiten, in denen ein abgewandelter Gesellschaftsvertrag aufgrund abgewandelter Notwendigkeiten erstellt werden muss, treten jene Gestaltungsakte anstelle einer wuchernden Bürokratie und repressiver Selbstverwaltungsoptionen.

Sollten diese Gestaltungsmöglichkeiten nur für den Gesellschaftsvertrag gelten, also beispielsweise die Verfassung?

Meiner Meinung nach sollten sie die gesamte Politik betreffen. Die Garantie der Falsifizierbarkeit der Politik und der Politiker durch die Individuen ist mittels regelmäßiger Wahlen nach den Legislaturperioden und der Kontrollfunktion der Opposition nicht umfassend gegeben. Der Staat bräuchte so etwas wie einen unabhängigen Zerstörer innerhalb der Legislaturperiode der exekutiven Verwaltung, der nur dem Volkswillen unterstellt ist. Ansätze solcher Zerstörer gibt es. In vielen Ländern kann der Staatspräsident die Parlamente auflösen, allerdings nur in einer besonderen Situation. Die amerikanische Verfassung sieht grundsätzlich Amtsenthebungsverfahren vor, allerdings nicht direkt durch das Volk [294]. Eine rein negative (Popper'sche) politische Teilhabe des Volkes ist zwar ein Fortschritt gegenüber dem Absolutismus, allerdings verleitet sie zu destruktivem Verhalten. In Deutschland existiert das parlamentarische konstruktive Misstrauensvotum gegenüber Politikern, d.h., es ist nur bei einer arbeitsfähigen Alternative anwendbar. Dieses konstruktive Votum wurde, wie ich glaube, bisher als demokratische Gewalt unterschätzt. In erweiterter Form kann es eine wirkliche vierte Gewalt darstellen und sollte in Form einer "Konstruktive" (neben der Legislative, Judikative, Exekutive) direkt vom Volk ausgehen. Echos der Konstruktive gibt es bereits in Form der Demographie oder Schwarminitiativen im Internet, z.B. Petitionen, wobei Letztere eher den Protest kultivieren. Allerdings birgt das Internet wiederum die Gefahr von abgeschlossenen Filterblasen mit sich selbst verstärkenden falschen Meinungen.

Die Verwirklichung der konstruktiven politischen Gewalt könnte z.B. in dem Prinzip liegen, dass sich Bürger direkt in die parlamentarischen Gesetzesinitiativen einbringen, anstatt nur passiv an Pro-und-Contra-Plebisziten teilzunehmen. Gesetzesinitiativen werden heute ja nicht wirklich von den Parlamentariern gestartet, sondern von der Regierung, ganz einfach deswegen, weil sie dann aufgrund der Regierungsmehrheit und der Koalitionsdisziplin am ehesten durchkommen. Andererseits ist die Rückkoppelung der Auswirkungen der exekutierten Gesetze auf ihren Ursprung, die Legislative und die Wähler, heutzutage unterbrochen. Die Konstruktive würde diese Rückkoppelung dadurch realisieren, dass die Betroffenen über Petitionen und/oder parteiunabhängige Vertreter konstruktive Gesetzeskorrekturen einbringen, also den Parteienkompromissen konstruktiv misstrauen. Mit der sichtbaren Verwirklichung der politischen Bürgerinitiative zum Zwecke der Korrektur von Gesetzen würde die Konstruktive ein Rollback der politischen Be-/Entfremdung bewirken. Sie kann, meiner Meinung nach, zu vernünftigeren Gesetzen führen, die von der betroffenen Bevölkerung längerfristig akzeptiert werden. Der Staat würde nicht nur seine eigenen Interessen verfolgen können. Die Konstruktive könnte sogar Bürgerkriege verhindern, die die häufige Antwort einer von der Politik entfremdeten Gesellschaft, auf deren Entwicklung in Richtung einer politischen Sackgasse sind. Meiner Meinung nach müsste die Konstruktive aber verwaltet und die Initiativen professionalisiert werden, z.b. über das Büro des Bundespräsidenten.

Na toll, hast du noch mehr solcher Ideen?

Das, was wir als gesetzmäßiges Verhalten empfinden, sind die Gemeinsamkeiten, auf die sich die Entfaltung zwingend bezieht. Tatsächlich ermöglicht die Demokratie eine massive Rückwirkung der Entfaltung auf die Gesetze. Entsprechend könnte man eine Ökokratie definieren, bei der die liberale Ökonomie ihren IntegrationsWert, das Profitstreben, in Gesetzen ausdrückt. Bei der Theokratie, Gerontokratie, Phallokratie, Aristokratie, Plutokratie sind die Gemeinsamkeiten der Glaube, das hohe Alter, das männliche Geschlecht, der Adel, der Reichtum. Die Entfaltung innerhalb dieser Gemeinsamkeiten wirkt dann wiederum auf die Gesetze zurück. So entsteht der Attraktor, in dem die -kratie stabilisiert wird. Die -kratien sind aber bzgl. der politischen Teilhabe immer reduziert, d.h., große Teile der Bevölkerung befinden sich außerhalb der Gemeinsamkeiten. Auch die westlichen Demokratien basieren "nur" auf der Gemeinsamkeit derjenigen, die sich innerlich berufen fühlen. Die westlichen Demokratien sind also Efesiokratien.

Der gesellschaftliche Wahrheitsvirus funktioniert umso besser, je mehr Agenten an der Wahrheitsfindung teilnehmen, die die entsprechenden Gemeinsamkeiten teilen. Das ist durch eine hohe Integration aller Agenten in vielfältige Gemeinsamkeiten (und nicht in politisch abgeschlossene Parallelgesellschaften) sowie ihre hierarchische Unabhängigkeit [295] erreichbar, die insbesondere bei der Thesenbildung hilfreich ist. Die innerlich Berufenen sind also diejenigen, die die vom Wahrheitsvirus betroffenen Gemeinsamkeiten intuitiv wahrnehmen, sie sich also angeeignet haben und so

die auf die Gemeinsamkeit begrenzte Wahrheitsfindung ermöglichen. Die Efesiokraten benötigen, meiner Meinung nach, allerdings die genannten Werkzeuge der Mitbestimmung. Für Bundes-
tagswahlen als politischen Wahrheitsfindungsprozess besteht der
formale Gemeinsamkeitsbereich der Wähler heute möglicherweise nicht mehr nur in der deutschen Staatsbürgerschaft, sondern
in der Einwohnerschaft in ganz Europa, was auf jedes andere Land
Europas ebenfalls anwendbar ist.

Herfried Münkler hat in einem aktuellen Vortrag über die Krise
der Demokratie referiert [296]. Ich gebe jene Gedanken mit meinen Worten wieder und ordne sie ein. Das Plebiszit lehnt er aufgrund der mangelnden großräumigen Kompetenz der Bürger ab,
genauso wie die Rückkehr zu plebiszitär geführten Stadtstaaten,
die die Vorteile großräumiger politischer Strukturen zerstören und
insbesondere keine großräumige demokratische Teilhabe bedeuten würde. Der Konstruktive stellt er die prärogativen Gewalt entgegen: Die gewählte Exekutive habe das Vorrecht, ohne eine Eva-
luierung durch das Volk befürchten zu müssen, Entscheidungen zu
treffen. Die Prärogative sei nötig bei Gefahr im Verzug oder staatlicher Geheimhaltung. Wie ich es verstehe, sieht Münkler aufgrund der Beschleunigung und der Komplexität von gesellschaftlichen Prozessen in der modernen Zeit eine massive Stärkung der
Prärogative, die den Bürger - bis auf Einzelfragen - zum reinen
Politikkonsumenten, zum Schutzbefohlenen der Exekutive macht.

Der Bürger erhält zwischen Lohnarbeit und Warenkonsum nicht
wirklich die Gelegenheit, sich die Kompetenz zu erwerben bzw.
sich zu ermächtigen, an politischen Prozessen zu partizipieren.
Stattdessen legitimiert sich die Prärogative, indem sie angebliche
moralische Gründe, Alternativlosigkeit und die Beratung durch
Experten (*think tanks*, Nichtregierungsorganisationen), die aber allesamt keine demokratische Legitimierung haben, für ihr Tun jenseits demokratischer Partizipation anführt. Münkler lehnt Populismus ab, da jener auf die Ignoranz des Wählers setze und in Wirklichkeit einen politischen Elitenwechsel anstrebe. Münkler setzt
dagegen auf eine Rückgewinnung der demokratischen Kompetenz
durch die Bürger, z.B. durch ein zeitliches Opfer: Es sei besser,

sich um seine eigene politische Bildung und Urteilskraft zu kümmern, als anderen Dingen nachzugehen. Ich kann mir in diesem Zusammenhang (und das ist meine Ansicht) zwei Dinge nicht vorstellen: (i), dass es hierfür zu einer Freistellung der Bürger durch ihre Arbeitgeber kommen wird, selbst bei Lohnverzicht, und (ii), dass ein Bürgertreffen mit dem Thema "Wie Alternativlosigkeit, Moral und Nichtregierungsorganisationen unsere demokratische Mitgestaltung zerstören. Holen wir uns unsere Kompetenzen zurück!", in einem kühlen, ungestörten Rahmen stattfinden wird. Vielmehr würde es alsbald von Populisten gekapert. Allgemeiner gesprochen: Teile unserer Wirklichkeit bilden momentan einen prärogativen Dreiklang, der sich aus den für den Spätkapitalismus typischen "betreuten" Konsum, Lohnarbeit und Politik zusammensetzt. Erreicht die Fremdbetreuung die Universitäten und die Familien, so wird der Spätkapitalismus die eigene profitable Wirklichkeit produziert haben.

Brauchen wir Visionen?

Ich bin prinzipiell dafür, mit Visionen höherentwickelnde Gemeinsamkeiten zu reflektieren, innerhalb derer sich das Individuum entfalten, befreiende Bedürfnisse entwickeln kann. Der Gesellschaft muss es ein Hauptanliegen sein, diese Gemeinsamkeiten zu erkennen und nach innen zu transportieren.

Und wie, denkst du, ist Deutschland heute?

Siehst du in der hiesigen Politik eine Abkehr vom profitorientierten Denken? Siehst du eine Kultur von erotischer Entfaltung und von Verfassungspatriotismus und Demokratieverständnis, eine Befreiung der Menschen aus dem instrumentell-faktischen Leben bestehend aus technisierter Arbeit, Verwaltung und Konsum durch garantierte Rückzugsräume in Familie und Freundeskreis, eine gesellschaftliche Bildung jenseits der rein technischen, eine gedankliche Diversität oder eine pluralistische, harmonisch motivierte Gesellschaft? Ist es das richtige Leben, das du hier führst, oder das falsche? Ich bin fest davon überzeugt, dass die Konditionierung auf die erotische Motivation die massive Repression durch Konsumzwang, Verwaltung und Lohnsklaverei ans Licht bringen wird. Das wird hoffentlich früh genug passieren, sodass die Menschen ihre wirklich befreienden Bedürfnisse erkennen und den Fetisch des Geldes abstreifen können. Ein starker Gesellschaftsvertrag basierend auf gemeinschaftlichen Notwendigkeiten wird Gemeinsamkeiten hervorbringen, die in nachhaltig glücklichmachende, harmonische Geschäftigkeit führen werden. Dieser Prozess wird innerhalb der kommunizierenden und erinnernden Gemeinschaft einer efesiokratischen politischen Kultur auf die Höherentwicklung ausgerichtet sein. Ich muss aber zugeben, dass ich trotz der Idee der Folkloretoleranz, des säkularisierten Gesellschaftsvertrages bzw. öffentlichen politischen Raumes, der Konstruktive und der föderalen Struktur keine umfassende Lösung für das Problem des Gerechtigkeitsgefälles zwischen Minderheiten und Mehrheiten in Republiken sehe. Allerdings gibt es einen Ausweg.

Kannst du konkreter werden?

Das vordringliche Ziel des Gesellschaftsvertrages muss es sein, die Qualitäten von Gemeinsamkeiten aufzuzeigen, die im Anpassungsprozess höherentwickelnd und solche, die stagnierend oder rückentwickelnd sind. Die eine Sorte muss positiv, die andere negativ konnotiert werden. Der Gesellschaftsvertrag soll auf diese Weise einen normativen Zwang erzeugen, der im Nachhinein nicht als repressiv empfunden wird, da die Konformität mit ihm leidabbauend wirkt. Dabei besteht ein Unterschied zwischen einem fremdbestimmten oder einem selbstbestimmten Gesellschaftsvertrag.

Der einzelne Mensch integriert sich in seiner gesellschaftlichen Umgebung in mehrere Gemeinsamkeiten und unterwirft sich ebenfalls der normativen Gewalt, die letztendlich vom Gesellschaftsvertrag ausgeht. All jene Kräfte wirken auf den konkreten Menschen (den ich als Aufmenschen oder AUM bezeichne) in Form von Erwartungen. Die Erwartungen der Gesellschaft an den AUM stellen offensichtlich den Anpassungsdruck an ihn dar. Das Verständnis der Erwartungen des AUM an die Gemeinschaft ist hingegen nicht sofort klar. Allerdings haben sie etwas mit Identität zu tun. Das bedeutet, dass die Erwartungen des AUM an die Gemeinschaft nichts anderes sind, als ein Teil des Anpassungsdrucks an die Eigentümlichkeiten des AUM selbst. Er beinhaltet diejenigen Anpassungsakte, die der AUM nicht selbst leisten kann. Man kann davon ausgehen, dass jeder AUM aufgrund seiner Individualität andere Erwartungen an die Gemeinschaft hat. Allerdings gibt es Erwartungen, die alle Menschen gleichermaßen haben. Hierzu gehört z.B. die Schulbildung für ihre Kinder. Es existieren vier Arten von Erwartungen: die der Gemeinschaft an den AUM, die des AUM an die Gemeinschaft und die des AUM an sich selbst. Aus Symmetriegründen fehlen noch die Erwartungen der Gemeinschaft an sich selbst, die aber nicht Gegenstand des Gesellschaftsvertrages sein soll, da jener, meiner Meinung nach, immer auf das Individuum ausgerichtet sein muss. Darüber hinaus sind die Erwartungen des AUM an sich selbst für den Gesellschaftsvertrag irrelevant, da jener ja das Zusammenleben mit mindestens einem anderen Menschen regeln soll. Die Selbstreferenz für die Höherentwicklung des Zusammenlebens aufgrund des Gesellschaftsvertrages bezieht sich also letztendlich auf die gegenseitigen Erwartungen von AUM und Gemeinschaft. Jene können koinzidieren oder auch nicht, aber trotzdem erfüllbar sein.

Man kann sich jetzt überlegen, was passiert, wenn die erfüllten Erwartungen (EE) zwischen AUM und Gemeinschaft (GEM) in bestimmten Verhältnissen zueinander stehen. Ist das Verhältnis viel kleiner als Eins, so wird sich der AUM überlastet vorkommen, aber gleichzeitig gebraucht. Ist sie viel größer als Eins, so fühlt er sich entlastet, aber gleichzeitig nutzlos. Ein ausgeglichenes Verhältnis der Erwartungen wird somit sowohl zu einem Gefühl des Gebrauchtwerdens als auch zu einer akzeptablen Belastung führen. Zumindest wird das Gerechtigkeitsbedürfnis befriedigt. Für die unerfüllten Erwartungen (UE) gilt, meiner Meinung nach, genau das Gleiche.

Die Idee der gleichen Rechte und Pflichten.

Klingt nach Gerechtigkeit, funktioniert, was die Pflichten angeht, strikt aber nur bei gleichartigen Menschen mit gleichartigen Voraussetzungen in gleichartigen Rollen (z.b. Soldaten Armee). Jede diesbezügliche Unterschiedlichkeit macht das Prinzip sinnlos, selbst, wenn versuchen würde, sie durch Ermächtigung auszugleichen. Außerdem wirkt es der Ausdifferenzierung entgegen. Aus diesen Gründen wird es, als Forderung formuliert, eher als Zwang denn als Gerechtigkeit verstanden. Das Prinzip vom Gleichgewicht der Erwartungen ist dagegen allgemeiner und daher einfacher umzusetzen.

Der zweite Anspruch an den Gesellschaftsvertrag ist es, die gemeinsamen Qualitäten von denjenigen Gemeinsamkeiten herauszuarbeiten, die im Zusammenleben leidfördernd bzw. leidmindernd sind. Erstere sind mit Verboten zu belegen, Letztere mit Geboten. Diejenigen Erwartungen, die auf AUM- und GEM-Seite zu Leidreduktion führen, sehe ich als nichtrepressive erfüllte Erwartungen (NEE) an. Repressive erfüllte Erwartungen (REE) steigern Leid. Nichtrepressive unerfüllte Erwartungen (NUE) erzeugen ebenfalls Leid, während repressive unerfüllte Erwartungen (RUE) es reduzieren. Ein Gesellschaftsvertrag sollte daher die Möglichkeiten für die AUM beinhalten, NEE und RUE zahlenmäßig zu maximieren bzw. NUE und REE zu verringern. Man kann auch sagen: Das Verhältnis (REE+NUE) und (NEE+RUE) muss minimiert werden. Da man die Gemeinschaft im Vergleich zum AUM nicht als Senken bzw. Quellen für Leid und Glück ansehen kann, gilt das Gleiche für sie. Gleichzeitig gilt die Forderung nach der Ausgewogenheit der Erwartungen, d.h., für den theoretischen Idealfall muss (NEE+RUE) des AUM /(NEE+RUE) der GEM in etwa eins ergeben.

Klingt kompliziert.

Machen wir es uns einfacher und sagen, dass Normen, z.B. die aus dem Gesellschaftsvertrag oder diejenigen, die dem Volk von einer Kolonialmacht oder einem Despoten aufgezwungen werden, ein normatives Kraftfeld *"F"* erzeugen, welches die Auswahl der Gemeinsamkeiten steuert und zu diesem Zweck im Gesellschaftsvertrag beschrieben ist. Auch die Wechselbeziehung zwischen den Individuen der GEM erzeugt so ein normatives Kraftfeld, dessen Stärke von der Intensität der Wechselbeziehung zwischen dem AUM und den anderen Mitgliedern der GEM "I" abhängt. Dieses Kraftfeld durchdringt alle kommunizierenden Menschen. Nehmen wir an, dass der Koppelungsparameter I zwischen den Individuenpaaren positiv ist, wenn die Interessen übereinstimmen. Bezogen auf den AUM bedeutet das, dass die gelebte Beziehung zwischen dem AUM und der GEM aus EE besteht. Bestehen nur UE zwischen den Mitgliedern der GEM sei der Koppelungsparameter negativ. Stelle dir einfach die kleinste Einheit der Gemeinschaft vor, die für das Zusammenleben relevant ist, ein Paar. Einerseits können die EE und UE der Paarmitglieder komplett konträr sein. Andererseits können sie übereinstimmen. Falls sie übereinstimmen, entsteht ein gemeinsames normatives Kraftfeld der Stärke $F=2×I$. Falls sie nicht übereinstimmen, entsteht keines. Kommt nun ein dritter AUM hinzu, wird er sich der normativen Kraft nicht unterwerfen, wenn es jene gar nicht gibt. Er wird es aber evtl. tun, wenn sie existiert oder er wird die Gruppe wieder verlassen, wenn die EE mehrheitlich REE und die UE mehrheitlich NUE für ihn sind.

Aufgrund der Ähnlichkeit der Menschen wird es jedoch immer ein Kraftfeld $F=N×I×K$ geben, das eine Gruppe von N Menschen großteils als nichtrepressiv empfindet, also wiederum mit einem Anteil von K im Sinne der Norm agiert. Der Punkt ist, dass in jedem Fall Gruppen von AUM entstehen, deren EE und UE Anpassungen an das normative Kraftfeld darstellen. Die Maximierung der Mitgliederzahl der Gruppe von AUM mit positiven Koppelungsparametern kann einerseits durch eine hohe normative Kraft erzeugt werden, beispielsweise durch einen Diktator, der den Gesellschaftsvertrag vorgibt. Der zweite Weg ist die leichte Erhöhung normativer Kräfte zwischen den einzelnen AUM und deren Gruppen (Ermächtigung). Auf diese Weise bleibt das Kraftfeld in seiner Richtung und Stärke selbstbestimmt. Außerdem entsteht das Kriterium der direkten Kongruenz zwischen persönlicher Erfahrung und Gesellschaftsvertrag, deren Störung die selbstverwaltete

Anpassung an falsche Gemeinsamkeit anzeigt: "Kommt mir komisch vor, da stimmt also etwas nicht." Ich weiß, das klingt alles sehr naturwissenschaftlich. Nur bin ich der Meinung, dass erst die Erfahrung des Zusammenlebens nichtverwandter Menschen in großen Gruppen die Wissenschaftler aus ihrer Mitte dazu befähigt hat, Probleme mit vielen miteinander wechselwirkenden Komponenten zu lösen. Erst der Warenhandel hat die Wissenschaftler befähigt, ökonomistische Verhältnisse in der Natur und Bilanzen von Erhaltungsgrößen zu verstehen. Die Dominanz der Ökonomie macht andererseits das Verständnis von Nichterhaltungsgrößen wie der Entropie so schwer.

Worauf willst du hinaus? Sollen sich die Menschen etwa in Gruppen mit eigenen Gesellschaftsverträgen aufteilen?

Wie gesagt enthalten Gesellschaftsverträge keinesfalls Vorschriften für Gemeinsamkeiten, sondern idealerweise den Kern der leidmindernden und leiderhöhenden in positiver und negativer Konnotation. Aus diesem Grund gehe ich davon aus, dass ähnliche Menschengruppen ähnliche Gesellschaftsverträge entwickeln werden. Die Diversität der Gesellschaftsverträge wird letztendlich dafür sorgen, dass sich diejenigen AUM, deren NEE und RUE mit denen irgendeines Vertrages übereinstimmen, zu ihm hingezogen fühlen. Um nicht eine Völkerwanderung zu erzeugen und um die Normen überprüfbar zu machen, müssen sich die Gesellschaftsverträge von Nachbarländern durchdringen, indem sie auf diplomatischer Ebene miteinander verglichen werden, um der Ähnlichkeit der Völker einerseits gerecht zu werden, aber andererseits genügend Diversität zu erhalten.

Also keine Weltrepublik?

Nein, keine. Die Befürworter der vereinten Weltrepublik als "Ende der Geschichte" verwechseln Wirklichkeit und Wahrheit. Die Wirklichkeit um uns herum, ist offensichtlich wahr, denn sonst würde sie nicht existieren. Allerdings handelt es sich nur um eine mögliche Wirklichkeit, die wahr sein kann, ansonsten gäbe es keine Veränderung in der Welt. Sie kann also nicht durch eine einheitliche Ökonomie oder Politik vereinheitlicht werden, was jene ebenfalls ausschließt. Selbst wenn die Gesellschaftsverträge der einzelnen Staaten demokratisch erzeugt und säkularisiert sind, selbst wenn sie nur aus reinen Notwendigkeiten aufgebaut sind, so werden das in dem einen Teil der Welt andere Notwendigkeiten sein als in einem anderen. Von der identitätswahrenden/-stiftenden Folklore ganz zu schweigen. Ich setze daher eher auf die Kooperation souveräner Staaten mit ähnlichen Gesellschaftsverträgen, wozu auch die Idee gehört, die die EU-Gründung motivierte, sich hinsichtlich ökonomischer, gesellschaftlicher und (später) Umweltstandards besser abzustimmen sowie den internationalen Austausch zu intensivieren. Eine Weltrepublik hingegen würde immer nach (empfundener) Homogenität streben. Das würde der Diversität unterschiedlichen gesellschaftlichen Lebens nicht gerecht werden. Die Welt würde zwischen denen, die "dazugehören" und den, die "rauswollen" polarisiert. Das Schlimme an der Weltrepublik ist, dass es für Letztere keinen alternativen Ort mehr gibt, an den sie gehen können, außer sie ändern das System. Die vorhandene Weltrepublik könnte niemand verlassen, da die Erde endlich ist.

Ein Weltstaat würde die Menschen polarisieren und der Diversität entgegenwirken? Das klingt sehr widersprüchlich.

Auf den ersten Blick, ja. Ich würde vielleicht von einer anderen Seite an die Dinge herangehen. Nimm einfach an, die Menschen auf der Welt sind sich zwar ähnlich aber nicht vollkommen gleich. Gehe bitte davon aus, dass dies (i) wünschenswert ist und (ii) sich nicht ändern lässt: Es gibt also keine einzige konkrete universelle Gemeinsamkeit. Eine zentralistische Weltrepublik würde daher entweder durch eine triviale oder eine falsche/einseitige universelle Gemeinsamkeit geeint. Wenn du aber einfach Vertrauen in die Ähnlichkeit der Menschen, deren ähnliche Gesellschaftsverträge und den bilateralen Austausch hast, so kannst du davon ausgehen, dass die Menschen zwar keine konkreten universellen Gemeinsamkeiten besitzen, allerdings mehrere begrenzte. Die Ähnlichkeit der Menschen ist, meiner Meinung nach, geeignet, sie zu befähigen, zwar nicht in einer zentralistischen, sondern in einer föderalen Welt zusammenzuleben. Schaut man sich die menschliche Geschichte an, so kommt man zu der Überzeugung, dass die Menschen versuchen, solche föderalen Machtstrukturen aufzubauen, und zwar seitdem sie Handel miteinander treiben und Kriege gegeneinander führen. Dabei geht es nicht um Polarisierung, sondern um Spezialisierung, ähnlich der Organe im menschlichen Körper, allerdings ohne vertikale Bewertungs-/Gewalthierarchie. Aus dieser Überzeugung resultiert ein anderes Modell als die Weltrepublik, eines, in der die intranationale politische Säkularisierung von einem Pluralismus der verfassten Nationalitäten überbaut wird.

Du sprichst von Imperien.

Imperien sind über lange Zeit funktionierende gesellschaftliche Gebilde, die sich aus den unterschiedlichsten Ethnien und Nationalitäten zusammensetzen. Die monolithische Republik würde alsbald zu einer Nation werden und daher wieder den Nationalismus in sich tragen. Ein Imperium aus unterschiedlichen Nationen und Ethnien hingegen zeigt dessen Einwohnern aufgrund des imperialen Zusammenhaltes, wie ein multikulturelles und multinationales Zusammenleben funktionieren kann. Beispiele für über lange Zeit funktionierende Imperien sind natürlich das Römische Reich, das Heilige Römische Reich Deutscher Nation, das Britische Empire und die USA [297].

Wie in "Star Wars": der Kampf zwischen Republik und Imperium.

Wobei das Imperium dort grundsätzlich als grausam und kriegstreibend dargestellt wird. Imperien können aber für Frieden und Wohlstand sorgen. Im Editorial von [297] hebt Herfried Münkler auf die Aktualität der Betrachtung geschichtlicher Imperien ab. Es "...gewann eine der klassischen Rechtfertigungen von Imperien wieder an Überzeugungskraft: die nämlich, dass an den Rändern der Wohlstandszonen die Imperien gezwungen seien, Ruhe und Sicherheit, Ordnung und Frieden herzustellen, und es nur auf diesem Wege gelinge, die Menschen aus einer barbarischen Situation zu befreien, sie an den Segnungen der Zivilisation sowie an der

Prosperität partizipieren zu lassen, die sich in der imperialen Ordnung entwickelt habe." Moderne Imperien, so Münkler, würden eher die Ströme von Waren, Menschen und Kapital ermöglichen (also dem kapitalistischen System entgegenkommen) als zerstrittene Nationalstaaten. Außerdem würden sich moderne Imperien um pannationale Probleme wie Hunger oder Klimawandel kümmern können. Münkler geht davon aus, dass ohne die Vormächte, z.B. die USA, entsprechende Verständigungen nicht möglich wären. Die Friedensperioden, die durch die Imperien garantiert wurden, sind als *pax Romana, pax Mongolica, pax Britannica, pax Americana* und *pax Sovjetica* in feste Begriffe gefasst.

Brachte das Römische Reich auch solche Vorteile?

Das Römische Reich wurde von Alexander Demandt unter die Lupe genommen [297]. Er verweist darauf, dass es zu Beginn eher eine Konföderation als eine Ansammlung eroberter Provinzen darstellte. Das gemeinsame Interesse war der militärische Schutz. Das führte zu defensiver Expansion, da Nachbarn Roms, denen bei einem feindlichen Angriff römische Truppen zu Hilfe eilten, in die Verteidigungskonföderation einbezogen wurden. Andere erbetene Hilfeleistungen führten zu Konflikten, aus denen Rom meist siegreich hervorging, beispielsweise mit Karthago. Außerdem mischten sich die Römer in diverse bilaterale Zwistigkeiten Dritter ein. Rom wurde auf diese Weise zur Ordnungsmacht und als solche auch gebraucht und anerkannt. Nach der Umwandlung Roms in ein Kaiserreich kam ab der Jahrtausendwende zur Blütezeit, der *pax Romana*. Die größeren Städte in den Provinzen wurden während dieser Zeit einheitlich nach römischem Vorbild verwaltet. Es gab eine Gewaltenteilung. Ebenso gab es diverse soziale Zuwendungen für Arme. Demandt spricht von einem Rechtsstaat. Er verweist darauf, dass die römischen Kaiser nicht von einem Herrscherhaus gestellt wurden, das ggf. untergehen konnte. Diocletian beispielsweise hatte es vom Sklaven zum Kaiser gebracht. Im Jahre 202 wurde das römische Bürgerrecht an alle Reichsangehörigen vergeben. Voraussetzung hierfür war da Beherrschen der lateinischen Sprache. Zur Unabhängigkeit der Provinzen schreibt Demandt: "Die Römer haben überall die Zivilisation gefördert, die regionalen Kulte und Kulturen jedoch nicht angetastet. Zwar wurden...die...noch üblichen Menschenopfer verboten, sonst aber die Religionen geschont, ja durch Tempelbauten geehrt."

Also war das Römische Reich doch gar nicht so übel.

Trotzdem ging es unter. Demandt verweist darauf, dass die politischen Prinzipien, die das Römische Reich erfolgreich gemacht hatten, unter neuen den Rahmenbedingungen zu Beginn des dritten Jahrhunderts nach Christi Geburt nicht mehr funktionierten. Ich würde natürlich sagen, die römischen Machthaber passten sich an die falschen, weil falsch eingeschätzten Gemeinsamkeiten an. Sowohl die Attacken der Germanen von außen wie auch deren Integration in das Reich, also ihre Romanisierung, funktionierte nicht mehr. Die römischen Kaiser verfolgten trotzdem weiterhin eine fremdenfreundliche Politik, sie genehmigten das Eindringen germanischer Zuwanderer in das römische Staatsgebiet, weil sie an die zivilisierende Kraft ihres Systems glaubten. Gleichzeitig wurde die römische Bevölkerung des Militärdienstes überdrüssig und überließ das Militärische den Germanen, die entsprechende Karrieren machten. Aufgrund dieser Entwicklungen über-nahmen jene schließlich die Macht im Römischen Reich. Die römischen Kaiser wurden zu Marionetten: "Der Germane Odovacar, der 476 den letzten weströmischen Kaiser Romulus Augustulus absetzte, war kein fremder Eindringling, sondern stand in römischem Sold."

Was geschah nach dem Ende des Römischen Reiches?

Stefan Weinfurter [298, 299] beschreibt das "Einsickern" Germanen, genauer: Franken drangen im vierten und fünften Jahrhundert nach Christus in das weströmische Reichsgebiet zwischen Aachen und Paris ein. Auch dabei handelte es sich nicht um eine Eroberung. Vielmehr wollten sich die Franken in dem attraktiveren Reich niederlassen und wurden vornehmlich als Soldaten integriert. Ihre Leistungen ließen sie die Karriereleiter im römischen Heer schnell nach oben klettern. Schließlich übernahmen sie in Form der Merowinger die politische Führung in dieser Region. Interessanterweise behielten die neuen Herren römische Ordnungsstrukturen bei und es wurde weiter Latein gelehrt. Sie übernahmen auch das Christentum nach römischem Vorbild. Besonders interessant finde ich den Abschnitt über Karl den Großen in [298, 299], der von 768 bis 814 über das Frankenreich herrschte. Weinfurter beschreibt ihn als einen großen Feldherrn, dessen Überzeugung es war, dass sich das Frankenreich durch permanente militärische Siege als das beste darstellen konnte. Auf diese Weise sollte es attraktiv auf weitere europäische Stämme wirken, die sich ihm anschließen sollten, nach dem Motto: Wenn du ein Franke bist, gewinnst du deine Schlachten.

Das ist aber nur eine Seite der Medaille. Karl der Große war ebenfalls der Überzeugung, dass durch das Christentum transportierte Kultur und Werte die "bestmögliche Lebens- und Gesellschaftsordnung" darstellten. Daher sollte das Christentum allen anderen Völkern aufgezwungen werden. Die römische Lebensweise wurde von der christlichen abgelöst. Politische Strukturen wurden mit christlich-klerikalen verquickt. Die Christianisierung bildete die Möglichkeit, ganz unterschiedliche Stämme in das Frankenreich einzugliedern. Bedenke, dass man das Christentum sehr wohl auch als Instrument der Integration betrachten kann. Noch unabhängiger sind IntegrationsWerte, die sich aus der Art der Integration selbst ergeben, also weder ultimativ sind noch fremdvorgegeben werden. Entsprechend kann man, meiner Meinung nach, irgendwann von einer fränkischen Ausprägung des Christentums sprechen.

Das bedeutet, man will das Imperium haben und schafft sich die moralische Begründung hierfür selbst.

Die Franken sahen sich, laut Weinfurter, als die einzig Guten an, als die Auserwählten. Trotzdem ging ihr Reich durch Teilung unter und später auch das aus dem Ostfrankenreich entstandene Heilige Römische Reich Deutscher Nation im Jahre 1806, als der letzte Kaiser des Imperiums, Franz II. abdankte. Aber immerhin existierten beide Imperien über sehr lange Zeiträume. Weinfurter nennt als Ursachen für den letztendlichen Niedergang des Reiches die Herausbildung der Nationalstaaten, die Napoleonischen Kriege und die durch die Aufklärung vorangetriebene Säkularisierung. Schließlich beruhte das Reich ja auf der Idee eines regierenden Christentums.

Der Nationalismus hat also das Heilige Römische Reich zerstört.

Der Rückgang königlicher Macht ab dem 14. Jahrhundert ermöglichte es der deutschen Nationalität, als neue Identifikationskategorie herzuhalten. Das Deutsche wurde zum Erhabensten und Besten, die deutsche Sprache zur Ursprache erklärt. Der Widerstreit der Nationen mit der deutschen als angeblich vorausbestimmten Sieger wurde bereits im 16. Jahrhundert als Idee geboren, lange vor dem Darwinismus. Das war der Anfang vom Ende des Reiches, da es den kooperativen Widerstreit gleichberechtigter Nationen nicht mehr zuließ. Was letztendlich daraus geworden ist, weißt du ja. Man könnte auch sagen, Hegel hätte mit der Idee des Endes der Geschichte durch die Aufhebung des letzten Widerspruches den deutschen Nationalchauvinismus erst legitimiert.

Ich will die Nation jedoch nicht ausschließlich negativ darstellen, im Gegenteil. Die feudalistischen Imperien wurden von imperialen Machtzentren aus gesteuert und nicht etwa unter Einbeziehung der jeweiligen beherrschten Völker. Den Gegensatz hierzu bildet die republikanische Nation, also ein sich frei selbstverwaltender Bereich, wo alle seine Bewohner prinzipiell in alle Entscheidungen eingebunden werden müssen. Damit das funktioniert, muss die Zahl der Wahl- und Abstimmungsberechtigten auf die begrenzt werden, die die Gemeinsamkeit betrifft, über die abgestimmt wird, wobei die Zugehörigkeit zur Republik die wichtigste ist. Somit war die Abgrenzung der republikanischen Nation gegen andere essenziell für deren Legitimation.

Und das Britische Empire war Roms anderer Nachfolger?

Herfried Münkler unterscheidet zwischen Seeimperien und Landimperien, wobei erstere im Vergleich zu letzteren weniger daran interessiert sind, ihre Art von Zivilisation, Normen und Werten zu verbreiten. Peter Wende [297] beschreibt das im 17. Jahrhundert entstehende Britische Empire als reines Seeimperium. Politische Ambitionen gab es kaum. Vielmehr waren private ökonomische Initiativen, die unter der Protektion der königlichen Zentrale in England bzw. London standen, an Handelsmonopolen und an einer Kolonialisierung interessiert. Das Britische Empire entstand also mit dem Aufbau von englischen Handelsposten, Kolonien und Strafkolonien. Wende weist jedoch darauf hin, dass sich die Legitimation der imperialen Bestrebungen Englands im 19. Jahrhundert wandelte. Er spricht von der "globalen zivilisatorischen Mission" Englands und er zitiert Cecil Rhodes: "Die Briten sind die Rasse mit den besten Eigenschaften ..., und je mehr wir von der Welt in Besitz nehmen, umso besser ist es um die Zukunft der Menschheit bestellt."

Warum war das Britische Empire so lange erfolgreich?

Sein Erfolg speiste sich aus der Überlegenheit zur See. Es besaß eine starke Flotte aus Handels- und Kriegsschiffen. Die kolonialen Gebiete verwalteten sich unter den aus England entsandten Gouverneuren außerdem selbst. Im Wesentlichen sowieso wurden nur die Handelsaktivitäten reglementiert. Das Empire war sehr flexibel, was die Bindung der einzelnen kolonialen Gebiete an die Zentrale in London anbelangte [297]. Es gab *Dominions*, also ehemalige britische Siedlungskolonien, Indien als überseeischen Machtblock, Kolonien, Protekto-rate und Mandatsgebiete, die in mehr oder weniger indirekter Weise durch die Zentrale beherrscht wurden. Jene Herrschaft war allerdings durchweg autokratisch und in keiner Weise demokratisch legitimiert. Es gab lediglich Allianzen mit indigenen Volksgruppen, um Formen indirekter Herrschaft zu entwickeln. Man instrumentalisierte sie also, zwang sie, sich den britischen Interessen zu unterwerfen, wenn jene zufälligerweise mit den ihren übereinstimmten. Gleichzeitig galt die Maßgabe, "dass die unterworfenen Völker die finanziellen Lasten der britischen Herrschaft selbst zu tragen hätten, um im Interesse des britischen Steuerzahlers den finanziellen Aufwand für das Empire möglichst gering zu halten." Den langfristigen Erfolg des Britischen Empires sieht Wende in (i) den auf minimalen Konsens und Kooperation ausgerichteten Umgang mit den unterworfenen Völkern und der (ii) Abwesenheit internationaler Krisen, aus denen sich Großbritannien insbesondere aufgrund seiner Insellage heraushalten konnte. Daher begann der Zerfall des Britischen Empires mit den Weltkriegen, die die Zentrale in England schwächten. Es endete mit der Dekolonialisierung ab 1945. Die daraus hervorgegangen Staaten traten dem *Commonwealth of Nations* der ehemaligen britischen Kolonien bei. Viele von ihnen erkennen die britische Königin heute noch als ihr Staatsoberhaupt an. Wende verweist auf die modernen Streitigkeiten darüber, in wieweit das Britische Empire seinen Kolonien wirtschaftlichen gesellschaftlich-politischen Fortschritt und Nutzen gebracht habe. Dieser Streit bezieht sich im Wesentlichen auf Indien und Pakistan.

Die gleiche Frage könnte man sich bezüglich den USA stellen.

Auch in der USA und ihren Beziehungen zu anderen Staaten findest du die imperialen Aspekte wieder: Das Schutzbündnis der NATO, den Freihandel, die westlichen Werte und Normen, die Technologie und den Wohlstand, die finanzielle Hegemonie, die Ordnungsmacht, usw. Und natürlich die Überzeugung, dass ihr System das attraktivste ist, allerdings aus weniger rassischen Gründen als das beim Britischen Empire der Fall war. Der Aufstieg der USA zur Weltmacht beginnt mit dem Ende des Ersten Weltkriegs.

Detlef Junker [297] stellt sich zunächst die Frage, ob die USA tatsächlich eine Imperialmacht darstellt. Hierfür betrachtet er mehrere Argumentationsketten. Eine davon ist die der "Neuen Linken", die einen systemimmanenten Zwang des amerikanischen kapitalistischen Systems sehen, "eine globale, den Handels- und Kapitalbedürfnissen dieser Wirtschaft angepasste *Pax Americana* zu errichten." Dieses Bestreben wird von der Außenpolitik der USA flankiert, die sich, zumindest bis vor kurzem, gegen jeglichen Protektionismus ihrer Handelspartner gerichtet hat und jenen Protektionismus heute aufgrund ihrer sinkenden Wirtschaftskraft umso mehr betreiben. Junker formulierte 2010: "Das überragende Ziel der Neokonservativen, die man besser als 'konservative Revolutionäre' bezeichnen sollte, war... die Zonen liberaler und marktwirtschaftlich-kapitalistischer Systeme in der Welt systematisch auszuweiten." (Anmerkung: In meiner Sichtweise hat eine solche Ausweitung mit Konservatismus nichts zu tun, lediglich mit einer Verbreitung des Systems.)

Junker legt schließlich seine eigene Sicht dar. Er würde die USA durchaus als imperiale Macht bezeichnen, obwohl jene sich lediglich zu *leadership* bekennt. Zur Begründung führt er an, dass den USA offensichtlich das Schicksal der gesamten Welt, besonders Eurasiens, am Herzen liegt. Das zeigt sich in permanenten exterritorialen Kriegen. Als Grund hierfür sieht er die Leitmotive (i) des liberal-kapitalistischen Weltmarktes, (ii) der Sicherheit bzw. des vorbeugenden oder "heißen" Kampfes gegen Bedrohungen sowie (iii) der Unterstützung weltweiter demokratischer Bestrebungen in der amerikanischen Außenpolitik. Zu jener Politik gehören das Schmieden von Allianzen und die Anpassung der Bedrohungsszenarien (Böse vor 1945/Gut nach 1945 waren (West)Deutschland und Japan; Gut vor 1945/Böse nach 1945 waren Russland und China). Die Sendungsidee, die Freiheit in die Welt zu bringen, führt Junker auf die tief verwurzelte christliche Frömmigkeit der US-Amerikaner zurück, aus der auch heute keinerlei Hehl gemacht wird. Tatsächlich halte die Dreieinigkeit aus "Gott, Vaterland und Freiheit", also eine Verschmelzung aus Christentum und Aufklärung, die amerikanische Gesellschaft zusammen. Ähnlich wie im Heiligen Römischen Reich werden die Werte jener "Zivilreligion" als die richtigen angesehen, weswegen Amerikas Kriege als gerecht dargestellt werden.

Der Feind der USA war sicherlich das sowjetische Imperium.

Mit einer ähnlichen Sendungsidee. Nicht der freie Markt, sondern der Kommunismus sei die beste aller möglichen Lebensformen. Diese Idee legitimierte wiederum den Export des sozialistischen Systems, der das sowjetische Imperium vergrößerte. Gegenüber dem deutschen Nationalismus hatte die kommunistische Idee allerdings einen Vorteil. Die Sowjetunion musste sich nicht, wie die

Deutschen, als Herrenmenschen aufspielen, sondern sie zeigten, ähnlich wie Religionen, eine Weltanschauung an, in die man einfach hineinwechseln konnte, um selbst zum Überlegenen zu werden. Dieser identitäre Chauvinismus machte die Bewohner des Sowjetimperiums sehr leidens- und es selbst überlebensfähig.

Du hast mir nun anhand von vier Imperien erklärt, dass sie Vorteile wie auch Nachteile haben können. Der hauptsächliche Nachteil scheint der zu sein, dass die Völker nicht in die politische Gestaltung einbegriffen werden.

Stellen wir uns vor, die Europäische Union könnte ein modernes Imperium werden, das dessen Vorteile in sich vereint und seine Nachteile auslöscht, eine Föderation der demokratischen, verfassten Nationalitäten. Die Entstehung Letzterer sehe ich als DEN Schritt, um ein demokratisches und stabiles Imperium in der heutigen Zeit aufzubauen. Die EU wird gern mit dem Habsburgerreich verglichen, so auch von Timothy Snyder [300]. Snyder stellt sich zunächst die Frage, warum das Habsburgerreich so lange erfolgreich existierte. So vermutet er, dass die Idee der vermeintlichen systemischen Fehlerhaftigkeit der Habsburgermonarchie lediglich die Meinung der Siegermächte des Ersten Weltkrieges widerspiegelt. Außerdem seien z.B. die Tschechen mitnichten daran interessiert gewesen, dass der Habsburgische Staatenbund zerfällt, da es immer noch mehr Vorteile für die einzelnen Nationalitäten innerhalb des Verbundes gab als außerhalb. Drittens führt Snyder an, dass es Symbole gab, die die Integration beförderten, beispielsweise den "Kaiser als Übervater", der alle wichtigen Sprachen des Reiches beherrschte. Außerdem gab es eine gemeinsame Offizierskaste und ab 1867 ein repräsentatives Parlament, zumindest was den österreichischen und den slawischen Teil des Reiches (Cisleithanien) anbelangte. Darin waren die einzelnen Nationalitäten vertreten, zusammen mit Konservativen und Sozialdemokraten, also Parlamentsparteien, die die gemeinsamen Interessen vieler Nationalitäten widerspiegelten. Dieser Fakt ist für mich der wichtigste für den Zusammenhalt des Reiches in dem Jahrzehnt vor 1918, in dem auch das allgemeine Männerwahlrecht galt [301]. In den Jahren 1907 und 1911 wurden freie Wahlen durchgeführt, in deren Ergebnis ein national durchmischtes Abgeordnetenhaus entstand. Den Nationalitäten wurde für eine kurze Zeit bewusst, dass sie innerhalb des Reiches sowohl ihre Souveränität behalten und sich gleichzeitig gleichberechtigt in die Gestaltung des Reiches einbringen konnten. In diesem Sinne gab es formal auch keine Diskriminierung von nationalen Minderheiten. Allerdings war das Parlament Cisleithaniens mit nur wenigen Kompetenzen ausgestattet. Insbesondere war die Regierung nur dem Kaiser gegenüber rechenschaftspflichtig. Trotzdem konnten die Nationalitäten einen kleinen Vorgeschmack der demokratischen Selbst- und Mitbestimmung erlangen und Europa einen Ausblick auf die Parlamente einer zusammenfindenden EU.

Wieso zerfiel das Habsburgerreich?

Snyder nennt hierfür im Wesentlichen den Nationalismus als Grund. Allerdings geht er davon aus, dass dieser Nationalismus eher von außen in das Reich hineingetragen wurde. Speziell der deutsche Nationalismus strebte ein geeintes Deutschland an und wollte "seinen" Teil aus dem Habsburgerreich herauslösen. Zwei Anmerkungen von mir: (i) Man hätte auch umgekehrt den Eintritt des übrigen Deutschlands in die Habsburgermonarchie vorantreiben können, wie auch des übrigen Serbiens und des übrigen Polens. (ii) Der deutsche Nationalismus unterschied sich von den anderen insoweit, dass es keine deutsche Ethnie gab. Um sich selbst zu legitimieren "erfand" er daher mehrere Identifikationskriterien, wie die Sprache, die Kultur oder den Stammbaum, vor allem aber die vermeintliche Überlegenheit. Die deutsche Nationalität konnte Individuen willkürlich zugeordnet werden, was die aggressive Ausbreitung des Nationalismus ermöglichte. Snyder schreibt, dass die Bevölkerung während des Ersten Weltkriegs der äußeren Propaganda ausgesetzt war, die ebenfalls von Seiten der USA und Großbritanniens massive nationalistische Züge trug. Jene zielte auf die Spaltung und Schwächung des Reiches ab. Hinzu kamen Hunger und unvorteilhafte Abkommen nach dem Krieg.

Also haben die Nationalitäten das Habsburgerreich zunächst zusammengehalten aber schließlich zerstört.

Letzteres wäre ohne den Krieg und bei einer weiteren Demokratisierung, meiner Meinung nach, nicht geschehen. Sieht man einen Nationalverbund als Bestandteil der politischen Willensbildung an, so hat man es innerhalb des multinationalen Imperiums letztendlich mit einer Demokratie zu tun, deren Mitglieder, die Nationalitäten, in Selbstbestimmung ihren Gesellschaftsvertrag und in Mitbestimmung den des Imperiums festlegen und es dadurch stabilisieren. Umgekehrt gesprochen: Gibt man den Nationen das Gefühl, innerhalb des Verbundes freier und selbstbestimmter agieren zu können als außerhalb, so stabilisiert man einen Vielvölkerstaat. Erst eine "nationale Gegenintegration" würde ihn gefährden. Meiner Meinung nach kann dies sowohl durch äußere Kräfte erfolgen aber auch von innen, wobei die Verneinung von nationaler Selbst- und Mitbestimmung durch die Zentrale die gefährlichste Kraft der Dcsintegration ist.

Meinst du den heutigen Zustand der EU?

In seiner Rede aus dem Jahr 2012 beleuchtete Rainer Hank die heutige Situation der EU vor dem Hintergrund der Wirtschaftskrise [302]. Er stellt heraus, dass mit dem Euro die Idee der Europäischen Zentralrepublik im Prinzip schon verbunden war. Man hoffte damals auf eine der Euroeinführung nachfolgende Fiskal- und schließlich auf eine politische Union. Beides scheint jetzt einzutreffen, wenn auch nicht auf freiwilliger Basis. Vielmehr war, laut Hank, der Euro mit gleichartigen Zinsen in Europa verbunden. Diese gleichartigen niedrigen Zinsen hätten nicht etwa zu einer nationalen Sparsamkeit entsprechend den Maastricht-Regeln geführt, die ja die Staatsverschuldung begrenzen soll, sondern zur Aufnahme von immer mehr Krediten und damit zum Anwachsen der Staatsverschuldung. Hank vermutet weiter, dass die europäischen Maßnahmen zur Reduzierung der Staatsverschuldung zu Dauerzuständen werden. Er hebt besonders den EFSF (*European Financial Stability Facility*) heraus, der am 10. 5. 2010 gegründet wurde und inzwischen ESM (*European Stability Mechanism*) heißt. Dieser Rettungsschirm leiht sich Kapital am Finanzmarkt und gibt es an die Euroländer weiter, die ansonsten keine Kredite mehr bekommen würden. Er bürgt für jene Länder. Außerdem werden Schuldscheine und Staatsanleihen verschuldeter Länder durch die EZB aufgekauft. Geldüberweisungen im Rahmen des innereuropäischen Handels werden in Europa u.a. über Verbindlichkeiten und Forderungen gegenüber der EZB abgewickelt, also über Kredite der EZB (TARGET2). Während diese Maßnahmen die Selbstbestimmung der Geberländer "nur" im finanziellen Bereich einschränken, außerdem nicht nur durch ein Land getragen werden und als solidarisch, also als positiv konnotiert werden können, gibt es noch eine andere Seite der Schuldenmedaille: die Austerität. Die EU greift massiv und spürbar in die gesellschaftliche Selbstbestimmung der hoch verschuldeten Euro-Staaten ein. Sparprogramme müssen fremdbestimmt erarbeitet werden, der Öffentliche Dienst wird beschnitten. Gleichzeitig gibt es keine Programme für den Erhalt der lokalen Wirtschaft, deren Profitschöpfung in die reicheren Länder abwandert. Außerdem können die Zinskonditionen durch den Zinsgeber bestimmt werden.

Ja! Darüber hatten wir ja schon gesprochen.

Hank drückt es noch drastischer aus: Staaten wie Griechenland hätten sich die finanziellen Hilfen mit der Aufgabe ihrer Souveränität erkauft. Außerdem geht er nicht davon aus, dass diese Art der Solidarität die Unterschiede verringert. Sie werden eher vergrößert. Der ESM institutionalisiert und verstetigt sich. Er und andere Instrumente, die aus der Staatsschuldenkrise erwuchsen, sorgen dafür, dass eine Spirale der Fremdbestimmung der Mitgliedsstaaten durch die EU-Gremien in eine Zentralisierung der Macht in Europa führt. Von wem die Macht dann letztendlich ausgeht, kann man sich denken.

Wie die Zentralrepublik entsteht, ist doch egal?

Eigentlich nicht, denn mit Selbst- und Mitbestimmung hat das nichts zu tun. Hank fragt sich, was das für ein Europa würde, dessen Zentralisierung die Konsequenz einer europäischen Fehlkonstruktion bzw. des Schuldensumpfes sei. Er spricht davon, dass selbst ein europäischer Bundesstaat momentan nur ein "ökonomistischer *crétin*" wäre. Hank bezeichnet die momentane Situation als Ausnahmezustand. Dieser Zustand sei dadurch gekennzeichnet, dass man sich weder an den niedergeschriebenen Gesellschaftsvertrag bzw. an Absprachen hält noch an das Mehrheitsvotum der Bürger oder der Nationalstaaten. Die europäischen Staaten hangelten sich durch "alternativlose" Maßnahmen und EU-Gipfel. Der Ausnahmezustand sei irgendwann dadurch gekennzeichnet, dass die Dinge eine evolutionäre Dynamik erführen, also nach dem Prinzip des jeweils Stärkeren entschieden würden.

Also benötigen wir doch die Weltrepublik. Dessen Führer müssen entscheiden, was zu passieren hat.

Wenn ich Hank richtig verstehe, schlägt er, falls es zu einem Ausnahmezustand kommt, eine Rückkehr in die staatliche Souveränität vor. Nach dem Motto: Stelle dir vor, es ist Eurokrise und keiner geht hin. Genau diese Option ist auch der Vorteil einer föderalen Organisation, im Gegensatz zu einer zentralistischen, die, wie ich glaube, nach im Krisenfall eher einen Usurpator tolerieren würde. Dennoch ist das Erstarken der Nationen im Krisenfall gefährlich, da es das Imperium als solches infrage stellt.

Wie stellst du dir die Struktur des EU-Imperiums vor?

*Der erste Punkt ist die Attraktivität für die Mitgliedsstaaten. Das moderne Imperium muss seine Daseinsberechtigung daraus ziehen, dass es für sie attraktiver ist, dazuzugehören als isoliert zu bleiben. Die ewige Zementierung von Kreditflüssen aus einem reichen in einen armen Bereich des Imperiums, inklusive der Fremdbestimmung des Letzteren, ist sicherlich nicht attraktiv. Durch Unattraktivität würde das Imperium seine Daseinsberechtigung verlieren.

*Der zweite Punkt ist die rationale Subsidiarität. Innereuropäische Absprachen sollten nur diejenigen Bereiche betreffen, die durch jene Absprachen vernünftig geregelt werden können. Wobei Subsidiarität nicht bedeuten darf, dass nur Entscheidungen, die lokal getroffen werden können, lokal getroffen werden sollen, sondern dass alle Entscheidungen, deren Konsequenzen lokal interessieren, auch lokal, und Entscheidungen, die globaler interessieren, auch global getroffen werden sollen. Deshalb benötigt das imperial-föderale System einen Mediator zwischen Imperium und Mitgliedsstaaten, aber keine zentrale Generalexekutive.

*Der dritte Punkt ist der politische Ausgleich zwischen Imperium und Mitgliedsstaaten. Föderationen beinhalten nicht nur die subsidiäre Arbeitsteilung, sondern automatisch auch ein System von *checks and balances*: Das Imperium unterdrückt den Nationalismus der Mitglieder, die Mitgliedsstaaten unterdrücken den Imperialismus ihres Imperiums. Dieses System wird dysfunktional, wenn die Mitgliedsstaaten aufgelöst werden oder einander feindselig gegenüberstehen, bzw. wenn das Imperium entmachtet wird. Das Problem an diesem Gleichgewicht ist seine Trägheit bei Entscheidungen. Diese kann nur über imperiale Notfallregelungen überwunden werden. Allerdings muss sichergestellt sein, dass das Imperium dank dieser Regelungen nicht die gesamte Macht übernimmt, am besten subsidiär. Ein Beispiel sind die EU-Notfallregelungen in der Covid-Krise. Diese wurden subsidiär zwischen EU-Verwaltung (Impfstoffzulassungen, Beschaffung, Grenzverkehr) und Mitgliedsstaaten (Lockdowns, Einreiseverbote) geteilt.

*Der vierte Punkt ist der Schutz von nationalen bzw. territorialen Minderheiten in den Mitgliedsstaaten. (Auch, wenn es andere zahlenmäßige Minderheiten gibt, werde ich im Weiteren werde ich bei den Nationalitäten bleiben, da die Nationalität sicherlich die stärkste Identität der Menschen im Mitgliedsstaat oder im Imperium darstellt.) Ein unabhängiger Staat wird immer in seinem eigenen Interesse agieren mit den bereits beschriebenen Problemen für die kleinen Nachbarstaaten und die Minderheiten innerhalb des Staates. Ein Imperium, das Minderheiten anerkennt und sie als souverän betrachtet, würde dieses Problem lösen können. Die Minderheitenunterdrückung innerhalb der Staaten wäre nicht mehr möglich. Aus diesem Grund sind Minderheiten und kleine Nationen grundsätzlich an einem Verbleib in imperialen Strukturen interessiert. Das Imperium hingegen nutzt sie, um das Machtgleichgewicht zu den Mitgliedsstaaten zu halten.

*Der fünfte Punkt ist die demokratische Mitbestimmung durch die Nationalitäten (inklusiver der Mehrheitsnationalitäten). Das bedeutet, dass jene im Parlament des Imperiums vertreten sind, um an den Rückkoppelungsakten zur politischen Willensbildung und zur Formulierung des Gesellschaftsvertrages, insbesondere auch der Verfahren in Krisenzeiten, teilzuhaben. Die Demokratie ist das System *par excellence* für die selbstreferenzierende Höherentwicklung einer Gesellschaft. Stellt man sich jene als Gemeinsamkeitenbündel vor, so ist es egal, durch wen oder was eine potenziell höherentwickelnde Gemeinsamkeit daran angeheftet wird, in die Agenten der Demokratie hineinwechseln können. Die Rückkoppelung ist dabei die Grundlage des hierfür notwendigen Anpassungsprozesses der Individuen an ihre richtigen Gemeinsamkeiten und IntegrationsWerte, die ja durch die Gemeinschaft erzeugt werden. Die Anpassung der Individuen erfolgt wiederum aus ihren Identitäten heraus, also auch aus der Nationalität.

Die Ausbildung von Nationalitäten bewertest du positiv, oder?

Ich denke, sie ist notwendiges Resultat der Anpassung der Menschen an territoriale Gegebenheiten, die die Zunahme der Bevölkerungszahl, deren Sesshaftigkeit und die ökonomische Spezialisierung. Möglicherweise ist die Separation der Nationalitäten sogar durch die Vision einer Spezialisierung innerhalb eines Imperiums erfolgt. Meiner Meinung nach hat die Herausbildung der Nationalitäten daher nur wenig mit der Zementierung ethnischer Zugehörigkeit zu tun. Die Ausbildung gemeinsamer Sprachen und Kultur, die sich mehr oder weniger von denen anderer Gruppen unterscheiden, ist deren Konsequenz und nicht die Ursache. Am besten erkennt man das an Nationen, die sich erst in letzter Zeit herausgebildet haben, wie die USA. Beachte, dass in den USA Nationalstolz herrscht, aber keine Partei hauptsächlich die Nation(alitäten) vertritt.

So wie es auch im Nachkriegsdeutschland lange der Fall war.

Der Grund, warum Nationalitäten früher in Westdeutschland kaum eine Rolle in der Politik gespielt hat, ist, dass Parteien, die Nationalitäten vertreten, in politisch homogenen und von außen kaum bedrohten (oder aggressiven), demokratischen Nationalstaaten nicht gebraucht werden, was in jenen Staaten zu den bekannten Links-Rechts-Parlamenten führt. In einem multinationalen Imperium wie der EU mit eigenem Parlament sieht das anders aus. Hier werden die Nationalitäten versuchen, sich entsprechend ihrer Prägung in den demokratischen Prozess einzubringen und es werden, neben den anderen Parteien, Nationalitätenparteien entstehen, ähnlich wie in multinationalen Staaten (z.b. Spanien, Großbritannien).

Aber in der EU werden Nationalstaaten doch schon beteiligt.

Die Staaten, nicht unbedingt die Nationalitäten. Und sie agieren nicht im Parlament. Zwar weist die Verwaltung der EU formal eine Gewaltenteilung auf, mit einer Legislative (EU-Parlament als Bürgerkammer und Rat der EU/Ministerrat als Staatenkammer), der EU-Kommission als regierender Exekutive und dem Europäischen Gerichtshof als Judikative. Im Unterschied zu den Parlamenten der Einzelstaaten bringt in der EU NUR die Exekutive, also die EU-Kommission, die Gesetzesinitiativen ein [303]. Im Rahmen des ordentlichen Gesetzgebungsverfahrens findet ein Pingpongspiel zwischen dem EU-Parlament und dem Rat der EU statt, inklusive einer Beratung durch die EU-Kommission. Das Problem besteht darin, dass der Rat der EU nicht aus Interessenvertretungen von Nationalitäten besteht, die für jene Vertretung gewählt wurden, sondern lediglich die Exekutive (Ministerrat) der Mitglieder abbildet. Abgesehen von der Unterhöhlung der Gewaltenteilung können die Interessen der Bürger als Teil bestimmter Nationalitäten und die Interessen der Exekutiven der Staaten durchaus divergieren. Ein reformiertes EU-Parlament muss sowohl sämtliche Mitgliedsstaaten, sämtliche Nationalitäten und Parteien der verschiedenen politischen Richtungen (Sozialdemokratie, Grüne, Konservative) im Zweikammersystem beinhalten. Das Unterhaus ist eine demokratisch gewählte, suprastaatliche Kammer, die wiederum mit der Kammer der Exekutiven der Mitgliedsstaaten (Oberhaus) bei der Gesetzgebung zusammenarbeitet. Die Nationalitätenparteien wären im Unterhaus vertreten, sodass es nicht nur konservative, sozialdemokratische, linke etc. Fraktionen, sondern auch eine Fraktion der Nationalitäten gäbe. Eine Fraktion der Mitgliedsstaaten wäre wegen deren Präsenz im Oberhaus überflüssig. Gleichzeitig bewirkt die Nationalitätenfraktion im Unterhaus mit den Mitgliedsstaaten im Oberhaus ein eingebettetes Kontrollsystem. Die EU-Kommission würde in weiter die Regierung bilden, allerdings müsste sie vom Unterhaus bestimmt werden. Die Kommission muss die Macht des Imperiums gegenüber den Mitgliedsstaaten und deren möglichen Nationalismus ausüben. Es klingt ein wenig unlogisch, aber ich gehe davon aus, dass gerade die Nationalitätenparteien im Unterhaus daran mitwirken, denn sie sind gezwungen, zusammenzuarbeiten. Tatsächlich verläuft der Prozess des Nationalchauvinismus heute über die Parlamente der Mitgliedsstaaten: Die (notwendige) Fremdbestimmung durch die EU erzeugt tendenziell populistische Parteien. Diese Radikalisierung könnte durch transstaatliche Listen für Nationalitätenparteien verhindert werden, d.h., durch direkte europäische Zulassung.

Meinst du nicht, dass durch die Demarginalisierung den Nationalitäten der Chauvinismus zurückkehrt?

Mit den Nationalitäten, die als neue Kraft in den parlamentarischen Prozess eingreifen, meine ich solche Nationalitäten, die sich eine demokratische Verfassung gegeben haben. Man kann auch von verfassten Territorien sprechen. Die EU dient wiederum als Zulassungsinstanz für die Nationalitäten, indem sie z.B. Kleinststrukturen verhindert. Diese Nationalitäten definieren sich politisch über jene Verfasstheit. Ihre Identifikation mit der verfassten Nationalität wird lokale Kultur aber immer in einer folkloristischen Form beinhalten (Beispielsweise wird die Verfassung in der Sprache der Nationalität geschrieben werden. Man wird im Parlament die nationalitätentypische Kleidung tragen). Ihre Einbindung in die Politik des Imperiums wird eine Dominanz der einen Nationalität gegenüber anderen bzw. ihre Unterdrückung durch jene verhindern. Auf der anderen Seite muss das Imperium dafür sorgen, dass diejenigen Nationalitäten, die auf demokratischen Verfassungen beruhen möchten, sich jene auch geben können. Das heißt nicht, dass sie aus dem Staat ausscheiden müssen, in dem sie sich befinden. Momentan gibt es im EU-Parlament noch keine größeren Nationalitätenfraktionen [304]. Vielmehr besteht es aus supranationalen Fraktionen, die das übliche, eher ökonomisch erzeugte Links-Rechts-Schema abbilden. Du weißt, ich bin kein Freund identitärer Politik, Nationalitätenparteien würden jedoch zur Pluralität und zur kulturellen Diversität beitragen, die nationalen Traditionen im Hegelschen Sinn (Aufheben) integrieren, gleichzeitig die extrem rechten Parteien eindämmen, die sich gern als einzige Hüter der nationalen Interessen aufspielen. Jene treten rein populistisch auf, d.h., sie nutzen die parlamentarische Lücke, um Wählerstimmen für sich zu generieren. Oft spielen sie mit dem Gedanken der Loslösung von der EU, also dem genauen Gegenteil der Aufgabe, die die Nationalitätenfraktionen im EU-Parlament haben würde.

*Der sechste Punkt: Untereinander ähnliche demokratische Grundsätze müssen für die Nationalitäten, Staaten und das Imperium gelten. Das bedeutet, dass die Supergemeinsamkeiten, die die Gesellschaftsverträge besitzen sollen, demokratisch bestimmt und niedergeschrieben werden müssen. Die EU-Verfassung ist dennoch nicht als alleiniger Gesellschaftsvertrag geeignet und darf es auch nicht sein: Es ist insbesondere egal, ob die Mitgliedsstaaten des Imperiums zentralistische oder föderale Republiken sind. Undemokratische Staaten sind, auf der anderen Seite, durch den Verband unter Druck zu setzen. Ebenso muss pseudodemokratischen, in Wirklichkeit autokratischen, pannationalen Organisationen der politische Einfluss verwehrt bleiben.

*Der siebte Punkt ist der sensible Umgang mit der Außengrenze des Imperiums. Dieser sollte nach dem Prinzip der Schwellen (Limites) für Ein- und Auswanderer sowie staatliche Bei- und Austrittskandidaten funktionieren. Es gibt allerdings einen Spezialfall, bei dem die Außengrenzen ihre (friedliche) Schwellenhaftigkeit verlieren. Dieser Fall tritt ein, wenn sich alle Menschen innerhalb eines Imperiums chauvinistisch vereinigen.

Warum sollten sie das tun?

Wie ich dir bereits sagte, sehe ich die Weltgeschichte als Abfolge von Imperien. Die Menschheit testet aus, welche Arten von Imperien die für sie leidminderndsten sind. Einige haben besser, andere weniger gut funktioniert. Manche basierten auf dem Prinzip des gemeinsamen Feindes, manche auf Religion, manche auf Weltanschauungen. Das Problem entsteht dann, wenn die Unterschiede der Gruppen und der athletische Wettbewerb mit einer generellen Überlegenheit verwechselt werden. Das kann nach innen erfolgen, z.B. durch bestimmte Mitglieder (Nationalismus), oder nach außen, d.h., die Mitglieder des Imperiums fühlen sich Nichtmitgliedern prinzipiell überlegenen. In jedem Fall wird die Schwelle des Imperiums pervertiert werden. Die moderne Linke versucht leider, Unterschiede und die athletische Überlegenheit komplett zu verneinen, weil sie hofft, dadurch den Chauvinismus zu vernichten. Meiner Meinung nach sind es aber gerade die Vielfalt und die Athletik, die zeigt, dass das eine Individuum oder die eine Gruppe auf einem bestimmten Gebiet anderen überlegen, auf einem anderen aber unterlegen ist. Vielleicht sind die Deutschen die besseren Autobauer, vielleicht die Polen bessere Architekten, es wird sich mindestens ein Fachgebiet finden lassen, auf dem irgendeine Volksgruppe irgendwo auf der Welt den Deutschen oder den Polen überlegen ist. Dieses Verständnis würde, wie ich glaube, Chauvinismus minimieren, Kooperation befördern, ein funktionierendes Imperium ermöglichen und die Schwelle des Imperiums intakt halten.

*Der achte Punkt: Das Imperium braucht eine Hauptstadt. Ich erinnere dich an das Buch "Die Hauptstadt" von Robert Menasse [305]. Die SPIEGEL-Rezension des Buches [306] interpretiert, dass Robert Menasse die EU momentan als ein Netz ihrer Mitgliedsstaaten sieht, die aber nicht miteinander kommunizieren noch interagieren. Außerdem verweist der SPIEGEL auf das Verständnis des Autors Robert Musil, Österreich-Ungarn wäre als ein von Sprachenwirrwarr, Ethnienvielzahl, Nationalismus, Militarismus und Kaiserpomp untergegangen. So, als ob es jenseits des Josephinismus [307], einer aufgeklärten, jedoch autarken absolutistischen Herrschaftsform nach dem Motto: "Alles für das Volk nichts durch das Volk", keine andere Möglichkeit gegeben hätte, Österreich-Ungarn zu regieren. Tatsächlich gibt es durchaus Besorgnis, dass die EU in ein ähnliches Herrschaftsmotto abgleiten könnte. Der SPIEGEL schließt die Rezension mit dem Hinweis auf die Notwendigkeit einer durch die Europäer entworfenen Hauptstadt als Symbol für einen besseren Entwurf für Europa, das er momentan als supranationales Gebilde sieht, in dem seelenlose Pragmatiker und Strippenzieher das Sagen haben.

*Der neunte Punkt: Das Imperium benötigt einen IMPERATOR, der die Mediation zwischen den Nationalitäten und dem Imperium überwacht, die Konstruktive verwaltet und auf die Einhaltung des imperialen Gesellschaftsvertrages achtet. Da sich die Bewohner des Imperiums mit ihm identifizieren können, wirkt der Imperator stark integrativ. Er wäre also eher ein INTEGRATOR und gleichzeitig das Symbol für die die Eigentlichkeit des Zusammenschlusses. Der Integrator sollte für feste Legislaturperioden aus der Mitte der Völker gewählt werden. Es ist essenziell, dass die Völker erkennen, dass der Integrator einer von ihnen ist.

Das Zauberwort für das Imperium heißt also: Integration und Selbstbestimmung. Widerspricht sich das nicht?

Stabile, erfolgreiche Imperien leben von ihrer (friedlichen) Schwellenhaftigkeit. Das gilt nicht nur nach außen. Wichtig ist, dass die Schwellen zwischen den Mitgliedstaaten transzendierbar sind, ohne jene abzuschaffen. Das wird am besten dann erreicht, wenn das Imperium ein *ff-ZIG* mit gegenseitigen Bedingtheiten und vor allem sichtbaren Eigentlichkeiten ist, die - wie jede Eigentlichkeit - nur aus diesen Bedingtheiten resultieren. Konkreter: Die Nationalitäten müssen im supranationalen Parlament repräsentiert werden, und das Imperium muss Stärke zeigen durch supranationale, suprastaatliche Institutionen, die rechtliche und finanzielle Autonomie besitzen und sich gleichzeitig zur Identifizierung mit dem Imperium eignen.

***

682

Kapitel VII: Kapitalismus von links und rechts

Die kapitalistische Ökonomie ist doch rechts, oder?

Atmen bedeutet, fremde Luft einzusaugen, sie teilweise zu seiner eigenen zu machen und den Rest wieder zu enteignen. Kein System überlebt nur mit dem Eigenen oder neben dem Fremden. Weder der hochkapitalistische elitäre Konsum noch die postmoderne Beliebigkeit des spätkapitalistischen Konsums sind ausschließlich einem rechten Konzept zuzuordnen, im Gegenteil. Rechte und linke Konzepte sind zunächst einmal nicht automatisch gut oder schlecht. Ein rein linkes Konzept würde dich aus einer, für dich, repressiven Gemeinsamkeit befreien, aber auch aus einer glücklichmachenden herausreißen. Es würde dich in glücklichmachende Gemeinsamkeiten integrieren, aber auch in repressive. Rechte Konzepte würden dich sowohl in repressiven als auch glücklichmachenden Gemeinsamkeiten festhalten. Rechts bedeutet für mich: Schutz von Eigentümlichkeitgrenzen. Links bedeutet die Transzendenz jener Grenzen und die Integration von und in Eigentümlichkeit. Links beinhaltet daher die Solidarität, aber auch das Tun eines Robin Hood. Der Handel von Waren, egal ob es sich um einen Tauschhandel oder eine geldbasierte Ökonomie handelt, scheint ebenfalls zutiefst linke Anteile zu besitzen. Eigentumsgrenzen scheinen überwunden, Eigentümlichkeit geteilt zu werden. Es scheint eine Integration stattzufinden. Jemand, der mir eine Arznei gegen mein Leiden gibt, handelt solidarischer, als wenn er sie für sich behalten würde. Es ist daher fair, wenn ich mich selbst solidarisch zeige und ihm mit dem Kauf seiner Arznei genügend Geld gebe, damit er das Labor, in dem er sie herstellt, erhalten kann. Radikale Anhänger der freien Marktwirtschaft behaupten sogar, dass durch die Verfolgung des Eigeninteresses im Rahmen eines freien Warenhandels sich jenes Eigeninteresse mit dem Gemeininteresse harmonisiert. Das klingt doch so gar nicht nach Ausbeutung und Unterdrückung, oder? Kann der freie, hochkapitalistische Markt die spätkapitalistische verwaltete Konsumrepression sogar auflösen?

Ein weiterer Punkt ist die (kommunikative) Arbeitsteilung. In der Limenistik entsteht z.B. eine vermeintliche Erkenntnis durch die Anpassung des Verstandes eines Menschen oder Teams an die Realität. Die These wird über den Wahrheitsvirus verbreitet, wozu es Kommunikation braucht. Die Kommunikation bietet aber noch mehr. Verifikation und Falsifikation erfolgen am besten durch Arbeitsteilung bei der Überprüfung der verbreiteten These, ebenso das Finden der Anwendungsmöglichkeiten. Dafür muss man eine praktische Vernunft entwickeln, wie genau wildfremde Menschen die Voraussetzungen für die Möglichkeit bekommen sollen, miteinander in eine fruchtbare kommunikative Kooperation zu treten. Im besten Fall ist das Teilen aller nötigen Informationen während dieses Prozesses uneingeschränkt, d.h. die Menschen schotten sich nicht in Blasen gegeneinander ab. Aufgrund ihrer Vorteile wird sich die kommunikative Arbeitsteilung immer durchsetzen, und zwar überall, nicht nur bei der Thesenüberprüfung, sondern auch bei der gemeinsamen Warenproduktion.

Die Ursache des Tauschens von Waren ist einerseits die Tatsache, dass andere Menschen andere Waren herstellen können, die für Menschen, die sie nicht herstellen können, dennoch einen großen Nutzen für die Befriedigung ihrer Bedürfnisse, also einen hohen Gebrauchswert besitzen. Zum zweiten führt die kapitalistische Produktionsweise zwangsläufig zu Arbeitsteilung und Spezialisierung. D.h., jemand, der ein Gesamtprodukt zusammensetzen will, beispielsweise ein Auto, benötigt von den Zulieferern Bauteile, die er selbst nicht herstellen kann. Die kommunikative Arbeitsteilung und der Warentausch sind die stärksten linken Aspekte der Ökonomie. Das sozialistische Ideal: Ich produziere nicht für mich, sondern für die anderen, ist mit dem Beginn jeder Ökonomie gegeben, mit den entsprechenden psychologischen Aspekten von gemeinsamer Erfolgserfahrung und Zusammenhalt. Diese Erfahrung kann man aber auch bei einem arbeitsteilig geführten Krieg machen.

Und wie sieht das die Kritische Theorie?

Das Problem entsteht dann, wenn der Profit zum Selbstzweck wird. Dann ist es bedeutungslos, wer welche Arznei von wem bekommt,

Hauptsache, der Gewinn stimmt. Jean-Louis Laville [308] hat herausgestellt, dass die ursprüngliche Kritische Theorie letztendlich immer eine repressive Integration der ökonomischen und politischen Kräfte, egal ob linke oder rechte, in das System des maximalen Profits postuliert. Es sei sinnlos, Widerstand zu leisten oder sich selbst über die Systemmechanismen erheben zu wollen, weil man sich dadurch sowieso nur wieder darin integriere oder von ihnen integrierte werde.

Die linken Anteile der Ökonomie und die spätkapitalistische Repression widersprechen sich daher überhaupt nicht. Links bedeutet hier keinesfalls, in allen Aspekten antikapitalistisch zu sein, so wie rechts nicht automatisch bedeutet, kapitalistisch zu sein. Linker Kapitalismus bedeutet nur, die gesellschaftliche Verteilung von Eigentum (z.B. Geld) an der Profitmaximierung auszurichten, und zwar inklusive solidarischer Maßnahmen. Man kann es auch so ausdrücken: Stelle dir vor, ein auf maximalen Profit konditionierter Unternehmer stellt in Nullkommanix Unmengen von Waren her, und zwar ohne Kosten. Er wäre natürlich daran interessiert, dass jedermann genug Geld hat, um seine Produkte zu kaufen. Oder stelle dir einen Streaming-Dienst vor, der seine Abonnements subventioniert, um auf hohe Einschaltquoten zu kommen. Schließlich könnten seine Filme unendlich viele Zuschauer sehen. Der moderne Spätkapitalismus ist eher links, grenz-überschreitend und progressiv im Vergleich zum rechten, nationalorientierten und konservativen Hochkapitalismus. Aus: "Immer die gleiche, hochwertige Art von Waren für Wenige!" ist "Immer neue Waren für alle!" geworden, wobei "neu" nicht wirklich etwas prinzipiell Neues bedeuten muss, aber grundsätzlich mit "gut" gleichgesetzt wird. Die globalisierte Art des Spätkapitalismus hat sich selbst zur Norm erhoben und übt inzwischen eine normative Gewalt aus, der sich breite Mehrheiten, inklusive der Linken unterordnen bzw. sogar zu ihrer Exekutive werden. Auch wenn der Wohlstand insgesamt steigt, hat sich an der ursprünglichen Idee des Kapitalismus, Profit und Kapital zu generieren, nichts geändert. Aufgrund der Profitorientierung und der Kapitalakkumulation, -vermehrung und -protektion als Selbstzweck, wird das Ideal von gesellschaftlicher

Gerechtigkeit bezüglich des Geldvermögens und damit auch der Ermächtigung nicht erfüllt.

Woher kommt das Streben nach Profit?

Diese Frage kann ich dir auch nicht beantworten. Viele sagen, der Kapitalismus wäre ein System, in dem Arbeiter und Kapitalist unschuldig gefangen säßen. Andere sagen, die Profitakkumulation wäre ein Ausdruck von Tüchtigkeit und würde den Nutzen der verkauften Waren für den Rest der Welt anzeigen. Andere wiederum sehen im egoistischen Profitstreben ein Zeichen für mangelnde Tugenden. Lass mich ein wenig ausholen und mit dem Bezugspunkt der kritischen Theorie beginnen: dem Kapital von Karl Marx. Das "Kapital" [76] ist ein Wälzer in 3 Bänden mit insgesamt fast dreitausend Seiten. Es war in den sozialistischen Ländern das bekannteste schriftliche Werk. Nur hat kaum jemand darin gelesen. Entsprechend hatte jeder eine andere Vorstellung von seinem Inhalt. Nicht wenige glaubten, darin wäre eine Anleitung zur kommunistischen Revolution niedergeschrieben. Andere, denen die Worte "politische Ökonomie" im Untertitel aufgefallen waren, hielten es für einen Entwurf der kommenden, kommunistischen Wirtschaftsweise. Dass es sich tatsächlich um eine kritische Analyse der frühkapitalistischen Ökonomie im 19. Jahrhundert handelte, war vielen unbekannt. Auch hat man das Buch für eine Art Bibel gehalten, eine aus dem Nichts geborene Errungenschaft des größten Genies, das jemals auf der Welt gelebt hat. Dabei steht das "Kapital" in einer ganzen Reihe von ökonomischen Analysen, von Adam Smith bis David Ricardo, die Marx auch zitiert. Ich habe das gesamte Werk auch nicht gelesen, sondern stütze mich auf die Zusammenfassung in [309].

Marx lässt sich von einem konsequent objektiven und materialistischen Weltbild leiten. Da Ökonomie auf Motivationen der Menschen und deren Handeln basiert, nimmt Marx Ökonomie auch objektive Motivationen und objektives Handeln an (Wiederholbarkeit, nicht individuell). Die wichtigsten Größen seiner ökonomischen Theorie sind objektiv, d.h. sie gelten prinzipiell für alle Menschen gleich und macht sie im Rahmen ihrer Klasse auch

gleich. Zum Vergleich: Die Marx folgende "Neoklassische Ökonomie" legt ebenfalls eine rational-objektive Entscheidungstheorie
zugrunde, nach der der wirtschaftlich entscheidende Mensch immer nach dem maximalen Nutzten strebt, inklusive seinem eigenen
(stereotypes Individuum, *homo oeconomicus*), wobei er eigennüt-
zig und nicht klassenbewusst agiert. Die "Wiener Schule" hingegen nimmt ausschließlich subjektive, zeitlich veränderliche Hand-
lungsentscheidungen an, denen eine komplexe Theorie des
menschlichen Handelns zugrunde liegt, zu der die Ökonomie als
Teilgebiet jenes Handelns gehört [310].

Er verlagert die Eigennützigkeit nahezu vollständig in den Kapitalisten bzw. in die Kapitalistenklasse, dessen einziges Ziel die Profitmaximierung durch Warentausch ist. Ich kann mir vorstellen,
dass Marx lange nach einer Methode suchte, um der produzierten
Ware einen objektiven, materiell fassbaren Wert zuzuordnen. Man
kennt das Problem: Am Mittwoch fährt man zur Tankstelle und
stellt fest, dass das Benzin 3 Cent teurer ist als am Montag. Also
tankt man das Auto nur halb voll und fährt am Montag noch einmal
zur Tankstelle. Jetzt ist der Preis aber noch höher als am Mittwoch.
Und am folgenden Mittwoch stellt man fest, dass der Benzinpreis
um 6 Cent gesunken ist. Was also ist der tatsächliche, innere Wert
einer Ware, wenn es so etwas überhaupt gibt. Wie verhält er sich
zum Gebrauchswert oder zum Tauschwert/Preis?

In der Neoklassik ist der Preis einer Ware objektiv anhand des Nutzens (Maß für die Bedürfnisbefriedigung) bestimmt, somit als
Schnittpunkt (Gleichgewichtspreis) aus einem steigenden Angebot und einer fallenden Nachfrage/Zahlbereitschaft, die einem fallenden "Grenznutzen", d.h. einer Nutzensättigung oder gar einem
Schaden bei immer weiterer Emission von Waren (Arbeitskraft,
Einkommen) folgt. Mathematisch wird der Grenznutzen als diffe-
rentielle Ableitung des Nutzens einer Ware nach der (geplant) konsumierten Stückzahl berechnet. Bei Sättigung des Nutzens ist er
null, bei Schaden wird er negativ. Objektive *homines oeconomici*
würden den Wert einer Ware immer mit dem Grenznutzen gleichsetzen. Somit wäre er bei Sättigung null, was für jene dem inneren
Wert der Ware entspricht. Produktionsrate und Konsumptionsrate

sind im Gleichgewichtspunkt gleich und maximieren dort sowohl den Gesamtnutzen als auch den Umsatz (Profit). Die Neoklassik kennt also keinen Überkonsum und keine Überproduktion, im Gegensatz zur subjektivistischen Wiener Schule, denn hier wird der innere Wert einer Ware rein subjektiv festgelegt.

Marx ging, wie fast alle seine Vorgänger, davon aus, dass nur durch Arbeit und im Rahmen der Arbeitszeit tatsächlich Werte geschaffen werden. Einen inneren "natürlichen" Wert lehnt Marx als nur scheinbar, als einen Fetisch ab. Vielmehr nimmt er als inneren Wert einer Ware, beispielsweise eines Messers, die Arbeitszeit, die insgesamt darauf verwendet wird, sie zu produzieren, also das Erz aus dem Berg zu schlagen, es in Metall umzuwandeln, das Metall zu bearbeiten und die Klinge zu schärfen. Diesen inneren Wert werde ich im Folgenden als "Arbeitswert" bezeichnen. Der Arbeitswert ist bei Marx quantitative Grundlage des Tauschwertes. Verkauft der Hersteller unter dem Arbeitswert, macht er Verlust. Der Gebrauchswert (Nutzen) wird einer Ware durch nützliche Arbeit zugefügt. Ein Gut, in das keine Arbeit gesteckt wurde, kann dennoch einen Nutzwert zu besitzen. Z.B. hat Luft einen Nutzwert, aber keinen Tauschwert. Sie ist keine Ware.

Ein erhellendes Beispiel für die verschiedenen Wertformen ist Gold - früher ein Zahlungsmittel. Gold hat einen Arbeitswert (Gesamtzeit, die man für sein Auffinden, Schürfen, etc. benötigt), aber auch einen Tauschwert entsprechend seinem nominellen Wert in Form von Münzen. Als Vermittler des Tauschs von Waren besitzen Edelmetalle aufgrund ihrer spezifischen Eigenschaften (Teilbarkeit, Fälschungssicherheit, Prägbarkeit, Unzerstörbarkeit) einen hohen, objektiven Gebrauchswert. Das gleiche gilt für Gold, welches als technologisches Metall verwendet wird. Der Preis des Goldes beinhaltete also seinen Tauschwert (als Münze), den Gebrauchswert (als Metall) und seinen Arbeitswert. Es handelt sich jedoch um EINEN einheitlichen Marktpreis: den Tauschwert des Goldes.

Im Kapitalismus, so Marx, bezieht sich die Arbeitszeit nicht auf die eines spezifischen Arbeiters, sondern ist die mittlere Arbeitszeit in einer jeweils abgeschlossenen Gesellschaft, die gesellschaftlichen Arbeitszeit. Damit trägt er der Tatsache Rechnung, dass innerhalb einer kapitalistischen Produktionsgesellschaft der Konkurrenzdruck dafür sorgen wird, dass sich die Werte der gleichen Waren einander angleichen werden, d.h. die Arbeitszeit, in der sie hergestellt werden, aber auch der Preis, zu dem sie verkauft werden. Denn den "Arbeitswert" muss der Kapitalist in ihre Herstellung investieren. Verkauft er die Ware unter dem Arbeitswert, macht er Verlust. Verkauft er sie über dem Arbeitswert, werden sich Konkurrenten finden, die die Ware günstiger anbieten. Verkauft er sie über dem gesellschaftlichen Arbeitswert, weil sein Produktionsverfahren ineffektiv ist, geht er pleite.

Aus der Sicht des Kapitalisten ist der Arbeitswert dasjenige Kapital, das er in die Produktion, beispielsweise eines Apfels, investieren muss. Es zerfällt einerseits in konstantes Kapital c, also diejenige Arbeit, die in den notwendigen Produktionsmitteln steckt, beispielsweise den Zukauf von Dünger. Neben jener konservierten Arbeit kauft der Kapitalist lebendige Arbeit L ein, die im Herstellungsprozess mithilfe der Produktionsmittel eine angestrebte Ware erzeugen soll. Der innere Wert der Ware ist dann $c+L$. Ausschlaggebend für den Profit des Kapitalisten ist der sogenannte Mehrwert m, also diejenige Zeit, die der Arbeiter quasi unentlohnt für ihn arbeitet. L zerfällt somit in das sogenannte variable Kapital v, das der Kapitalist dem Arbeiter in Form von Lohn überlässt und das - zumindest im Kapitalismus des 19. Jahrhunderts - lediglich der Reproduktion seiner Arbeitskraft diente, und den Mehrwert m. Der Mehrwert ist derjenige Wert, den der Arbeiter einem Teil des Ausgangsmaterials unter Benutzung und Verschleiß anderer Teile (Verbrauchsmittel) unentgeltlich hinzufügt. Er drückt sich als Teil der lebendigen Gesamtarbeitszeit aus, die für die Produktion jenes Warenstücks benötigt wird. Gleichzeitig ist der Mehrwert diejenige Anzahl an Warenstücken, die der Arbeiter unentgeltlich für den Kapitalisten herstellt. Beide Größen sind ineinander umrechenbar.

Lass mich das Ganze an einem Beispiel erklären. Nehmen wir an, Apfelbauer Klaus produziert Äpfel und ernährt sich ausschließlich von diesen Äpfeln. In 4 Stunden kann er aus vorhandenem Rohmaterial (Dünger) zwei Äpfel produzieren, in 8 Stunden entsprechend vier usw. Seine Arbeitskraft ist also eine Ware, die einen Arbeitswert von zwei Äpfeln in 4 Stunden bzw. von 4 Stunden für 2 Äpfel besitzt. Pro vier Äpfel muss er einen Apfel als Dünger einsetzen, weshalb in jedem neuen Apfel 2 Stunden und 30 Minuten Arbeitszeit bzw. Arbeitswert stecken. Man könnte auch sagen, er habe der halben Stunde für die Produktion des Düngerapfels einen Arbeitswert von zwei Stunden hinzuaddiert, bzw. dem Viertel Düngerapfel einen Apfel, sodass der erzeugte Apfel einen Arbeitswert von 2,5 Stunden bzw. eineinviertel Äpfel besitzt. Die vermeintliche Verlustrechnung löst sich auf, wenn man bedenkt, dass er mehr Äpfel herstellen kann als er für die Reproduktion seiner Arbeitskraft konsumieren muss. Für den Erhalt seines Körpers und die Wiederherstellung seiner Arbeitskraft benötigt er nur 2 Äpfel, weshalb er seinen Arbeitstag im Mittel auf 5 Stunden beschränkt und in der übrigen Zeit spazieren geht.

Im Verlauf der Jahre verliert Klaus die Lust an seinem Beruf. Da will es der Zufall, dass er einem jungen Bettler begegnet. Er fragt den Bettler, ob er nicht für zwei Äpfel bei ihm arbeiten möchte. Der Bettler stimmt zu und wie Klaus selbst erarbeitet er aus einem Düngerapfel zwei frische Äpfel in vier Stunden. Klaus bezahlt ihm zwei Äpfel für die Reproduktion seiner Arbeitskraft. Er war aber schlau genug, die Arbeitskraft des Bettlers für 8 Stunden zu kaufen, für die versprochenen zwei Äpfel. Klaus lässt den ehemaligen Bettler, nennen wir ihn Alex, in 8 Stunden 4 Äpfel am Tag aus einem Düngerapfel herstellen. Da Alex 2 Äpfel genügen, um seine gesamte Arbeitskraft wiederherzustellen, macht ihm diese Mehrarbeit nichts aus. Daher produziert er in 8 Stunden lebendiger Arbeit 2 Äpfel für sich selbst und 2 Äpfel für Klaus. Der Mehrwert seiner täglichen Arbeit beträgt 4 Stunden bzw. 2 Äpfel.

Die von Marx eingeführte Mehrwertrate setzt das Mehrprodukt *m*, also die Mehrarbeit, die über die für die Lebensmittel zur eigenen Reproduktion hinausgeht, zu jener notwendigen Arbeit *L-m* ins

Verhältnis. 4 Stunden Mehrarbeit bzw. 2 Äpfel geteilt durch 4 Stunden für die Reproduktion der Arbeitskraft notwendige Arbeit bzw. zwei Äpfel beträgt eins, also einhundert Prozent:

$$Mehrwertrate\ nach\ Marx: m' = \frac{m}{L-m} = \frac{4h}{4h} = \frac{2\ddot{A}}{2\ddot{A}} = 100\% \ (1)$$

Die Mehrwertrate entspricht gleichzeitig dem marxschen Ausbeutungsgrad des Arbeiters. Würde er nur notwendige Arbeit für sich selbst verrichten, betrüge der Ausbeutungsgrad 0 %. Ein Arbeitstag, an dem ausschließlich Mehrwert erzeugt wird, beispielsweise weil der Arbeiter nur eine Maschine einschalten und kurz einstellen muss, würde einen unendlich großen Ausbeutungsgrad erzeugen. Der Arbeiter darf nach dem Einschalten der Maschine nicht etwa nach Hause gehen, sondern muss nacheinander unzählige weitere Maschinen einschalten, sodass sich der Mehrwert am Tag potenziert. Ausbeutung, die landläufig gern als Zwang zu harter körperlicher Arbeit betrachtet wird, ist bei Marx lediglich ein Verhältnis aus derjenigen Menge Äpfel, mit der der Arbeiter entlohnt wird, weil er sie mindestens für die Reproduktion seiner Arbeitskraft benötigt, und derjenigen, die er während der für ihn maximal möglichen Arbeitszeit herstellt.

Kehren wir zu Bauer Klaus zurück. Für ihn ist Alex' Mehrarbeit die einzige Basis seines Profits. Dieser Profit p besteht im genannten Fall aus den erzeugten 4 Äpfeln, minus der 2 Äpfel Lohn (v) minus einem Apfel als Dünger (c) für jene 4 Äpfel. Somit bleibt ein Apfel als Profit übrig. Nach Marx ist die Profitrate gegeben als:

$$Marx'sche\ Profitrate: p' = \frac{m}{v+c} = \frac{2\ddot{A}\ (Mehrwert)}{2\ddot{A}\ (notw.Lohn)+1\ddot{A}(D\ddot{u}nger)} =$$
66% (2)

Im Gegensatz zu Marx (2) werde ich die Profitrate nun implizit berechnen (3). Außerdem nehme ich von Marx' Idee Abstand, die Profitrate nur mithilfe des Mehrwertes berechnen zu wollen. Tatsächlich muss im Nenner der Profit für die Rate stehen und nicht der Mehrwert.

$$Implizite\ Profitrate: p' = \frac{p}{v+c} = \frac{1\ddot{A}\ (Profit)}{2\ddot{A}+1\ddot{A}} = 33\% \ (3)$$

Der eine Apfel genügt Klaus fürs Überleben, da er ja nur noch am Computer sitzt und Profitraten ausrechnet, statt körperlicher Arbeit nachzugehen. Allerdings könnte er sich durchaus vorstellen, mehr Profit zu erwirtschaften. Schließlich sind die Zeiten unsicher und ein bisschen Luxus würde er sich auch gern einmal gönnen. Er zögert eine Weile, denn noch mehr Äpfel zu produzieren würde bedeuten, sie verkaufen zu müssen, ein Gebiet, auf dem er sich überhaupt nicht auskennt. Schließlich hat Alex bisher nur für ihn und sich selbst produziert. Doch er wagt den Schritt und schafft eine Maschine an, mit der in 4 Stunden 4 Äpfel produziert werden können und nicht nur 2. Da Alex nach wie vor als Lohn nur zwei Äpfel am Tag benötigt, beträgt seine notwendige Arbeitszeit nun 2 Stunden, die Mehrarbeit also 6 Stunden, in produzierten Äpfeln ausgedrückt beträgt der Mehrwert 6 Äpfel. Die Mehrwertrate beträgt nach Marx (1) für 8 Stunden: $m' = {}^{6\text{Ä}}\!/_{2\text{Ä}} = 300\%$. Der Profit p beträgt 8 Äpfel lebendiger Arbeit minus zwei Äpfel Lohn minus 2 Äpfel Dünger minus 2 Äpfel, mit denen Klaus die neue Maschine abschreibt, also 2 Äpfel. Somit beträgt die Profitrate nach Marx (2) $p' = \frac{m}{c+v} = \frac{6\text{Ä}}{6\text{Ä}} = 100\%$. Die implizite Profitrate (3) für 8 Äpfel beträgt $p' = {}^{2\text{Ä}}\!/_{6\text{Ä}} = 33\%$. Die implizite Profitrate stagniert. Daher kauft Klaus ein Upgrade für seine Maschine, sodass sie nun 16 Äpfel am Tag produzieren kann. Damit entsteht eine Mehrwertrate nach Marx (1) von $m' = {}^{14\text{Ä}}\!/_{2\text{Ä}} = 700\%$, außerdem ein Profit von 16 Äpfeln lebendiger Arbeit minus 2 Äpfel Lohn minus 4 Äpfel Dünger minus 4 Äpfel, mit denen er die Maschine plus das Upgrade abschreibt, also 6 Äpfel. Die implizite Profitrate ist dann: $p' = {}^{6}\!/_{10} = 60\%$. Die implizite Profitrate steigt also.

Marx hat in seinen Formeln ein Gesetz des tendenziellen Falls der Profitrate gesehen, nämlich dann, wenn sich die Mehrwertrate nicht oder nur langsam ändert. Hierfür gestaltete er die Formel (2) wie folgt um: $p' = \frac{m}{v+c} = \frac{m/v}{1 + c/v}$, wobei m/v nichts anderes als die

Marx'sche Mehrwertrate m' ist, also der Ausbeutungsgrad des Arbeiters. c/v, also das Verhältnis aus konstantem und variablem Kapital, bezeichnet Marx als die organische Zusammensetzung des Kapitals. Für die implizite Rate p' des Profits p gilt Ähnliches:

$$p' = \frac{p}{v+c} = \frac{L-v-c}{v+c} = \frac{m-c}{v+c} = \frac{m/v - c/v}{1 + c/v}.$$

Über dieses Gesetz haben sich viele Leute den Kopf zerbrochen. Es bedeutet nämlich, dass bei konstantem Ausbeutungsgrad und einem hohen maschinellen Anteil an der Produktion tendenziell weniger Profit entsteht, ganz im Gegensatz zur empirischen Erfahrung. Bevor Klaus die Maschine gekauft hat, betrug das konstante Kapital für die Produktion von 16 Äpfeln 4 Äpfel für den Dünger, das variable Kapital betrug 8 Äpfel, da Alex vier Tage dafür Arbeiten musste. Die organische Zusammensetzung c/v betrug daher $\frac{4}{8} = 50\%$. Nach der Anschaffung des Upgrades gilt $c=8\ddot{A}$ für Dünger und Maschine, und $v=2\ddot{A}$, da Alex ja nur einen Tag arbeitet. Somit ist $\frac{c}{v} = \frac{8}{2} = 400\%$. Die Mehrwertrate nach Marx betrug vorher 100% und nach dem Upgrade 700%. Einsetzen in die Marxsche Profitrate ergibt vor dem Upgrade $p'=67\%$ und danach $p'=140\%$. Implizit gilt $p'=4/12=33\%$ vor dem Upgrade und $p'=6/10=60\%$. Der Profit steigt also, es sei denn, man lässt die Mehrwertrate konstant bei 100%. Das bedeutet, eine anteilige Erhöhung des Lohns, um Parität zwischen v und m zu erhalten, würde eine Bezahlung von Alex mit 8 Äpfeln statt nur 2 bedeuten. Somit ergibt sich für die Profitrate nach Marx: $p' = \frac{8}{8+8} = 50\%$ oder implizit: $p' = \frac{L-v-c}{v+c} = \frac{16-8-8}{8+8} = 0$. Die Profitrate ist gesunken und im intrinsischen Fall verschwindet sie. Durch die Innovation kann Alex nicht nach dem alten Verhältnis entlohnt werden und sein Ausbeutungsgrad muss ansteigen.

Meiner Meinung nach erwächst das Gesetz einer ökonomischen Trivialität, die lediglich besagt, dass in Maschinen investiertes Geld in Kombination mit der Arbeitszeit und dem konstanten Kapital tatsächlich Mehrwert erzeugen muss, um sich zu rentieren. Es ist ja gerade der Sinn einer Maschine, aufgewendete Arbeitszeit zu verringern, um den Arbeiter im Rahmen des Arbeitstages für noch mehr Produktion freizumachen. Was der Arbeiter bisher mit seinen Händen gemacht hat, übernimmt nun teilweise die Maschine, weshalb er anteilig weniger Lohn erhält. Was sich aus dem Gesetz jedoch ableiten lässt, ist, dass unser Freund Klaus eine Menge Äpfel absetzen muss, um die Maschine rentabel laufen zu lassen. Sollte er nur einen Apfel absetzen oder alle seine Äpfel zum Preis von nur einem, würde er tatsächlich Verlust einfahren. Nehmen wir also an, Klaus würde nur zwei Äpfel verwerten können, einmal für sich selbst und einmal zum Verkauf. Also kann er auch nur 2 Äpfel Profit erzeugen. Dann ergäbe sich eine Profitrate von:

$$p' = \frac{2\ddot{A}\,(Minderprofit)}{2\ddot{A}\,(notw.Lohn)+4\ddot{A}(Maschine)+x\ddot{A}(D\ddot{u}nger)}$$

Für die Gesamtzahl der Äpfel gilt: $G = 8\ddot{A} + x\ddot{A}$. Für den eingesetzten Dünger gilt: $G \cdot 0{,}25 = x$. Aus den Gleichungen folgt: $8\ddot{A} + \frac{G}{4} = G \rightarrow G = 10{,}7\ddot{A}, x = 2{,}7\ddot{A}, p' = 23\%$.

Im Fall, Klaus muss 14 Äpfel vernichten, weil er sie nicht loswird, ergibt sich folgende Profitrate: $p' = \frac{2\ddot{A}\,(Minderprofit)}{2\ddot{A}\,(notw.Lohn)+4\ddot{A}(Maschine)+4\ddot{A}(D\ddot{u}nger)} = 20\%$

Die Profitrate hat sich gegenüber den 60% bei vollem Absatz zum vollen Preis extrem geschmälert. Unserem Bauern Klaus obliegt es, dies zu verhindern. Er muss die richtige Maschine zu kaufen, die Konkurrenz im Auge zu behalten und vor allem: den Absatz zu erhöhen. Dafür wird er überall herumerzählen, dass Äpfel gesund sind, dass sie gut schmecken, dass sie das Klima schützen, dass man überhaupt zu den Guten gehört, wenn man sich nur von Äpfeln ernährt. Diese Argumentation wird auch vor Alex nicht haltmachen. Möglicherweise wird er dazu übergehen, intensiver zu arbeiten, um mehr Äpfel zu produzieren und so seinen Tageslohn zu erhöhen.

Ware wird erst zur Ware, wenn sie zum geldvermittelten Tausch genutzt werden kann. Im zweiten Band des "Kapitals" ordnet Marx

die kapitalistische Warenproduktion als Spezialfall in Handels-
kreisläufe ein, die man als verallgemeinerte kapitalistische Produktionsweise verstehen kann. Das Ziel des Kapitalisten ist nicht
die Anhäufung von Äpfeln, sondern von Kapital in Form von Geld.
Ein Handelskreislauf bedeutet, dass ein Händler an einem Ort Waren einkauft, dem Markt also Waren entzieht, und sie an anderer
Stelle teurer verkauft, sie also wieder auf den Markt wirft. Was er
dafür mindestens erlösen muss, ist der Einkaufspreis, die Kosten
für seine Reise und die Spesen, die er benötigt, um sich am Leben
zu erhalten. Verkauft er die Ware zu diesem Minimalpreis, ist jede
weitere Minute, die er in die Reise, Aufbau des Marktstandes usw.
investiert, Mehrarbeit im Rahmen seiner Selbstausbeutung. Obwohl sich die Ware augenscheinlich nicht verändert hat, besitzt sie
doch Mehrwert, den der Händler mindestens erstattet haben
möchte. Hierfür muss er sie irgendwo verkaufen, wo sie einen höheren Tauschwert besitzt, beispielsweise aufgrund eines höheren
Gebrauchswertes bzw. Nutzens. An dieser Stelle erkennt man eine
grundlegende Unsicherheit des Verkäufers im Umgang mit dem
Markt, die dem Beispiel mit dem geringen Äpfelabsatz entspricht.
Der Händler muss erst herausfinden, ob der Mehrwert, den er der
Ware durch seine Reise aufgeprägt hat, sich am Markt wirklich
einem höheren Tauschwert bzw. Verkaufspreis ausdrückt.

Der Kreislauf besteht nun darin, dass der Händler mit dem erworbenen Geld zum ersten Marktplatz zurückkehrt, Waren gleicher
Art erwirbt und mit jenen Waren zurück zum Verkaufsort fährt.
Bald wird er ein größeres Fahrzeug, später eine ganze Fahrzeug-
flotte kaufen müssen, vorausgesetzt, die Profitrate bleibt positiv.
Die zeitliche Rate oder "ZRate", mit der der Händler die Waren
einkauft, transportiert und verkauft bestimmt die ZRate seines Profits. Je geringer die Zeit ist, die der Kreislauf in Anspruch nimmt,
desto höher sein Profit pro Zeiteinheit. Marx betrachtet den Produktionsprozess von Waren in ähnlicher Form, wobei er darauf
hinweist, dass Produktion letztendlich nur ein Trick ist, ein notwendiges Übel, mit dem er die Ware, die er dem Markt zuvor ent-
zogen hatte (Rohstoffe + Arbeitskraft), in einer umgewandelten
Form teurer verkaufen kann. Unser Bauer Klaus nimmt also die
Profitäpfel, für die er letztendlich nichts investieren musste, und

trägt sie auf den Markt, um einen Reinerlös in Form von Geld zu erhalten. An dieser Stelle verschmelzen Handel und Produktion, denn Klaus wird versuchen - so er selbst dafür verantwortlich ist - seine Ware dort zu verkaufen, wo am meisten Geld dafür bezahlt wird. Für den Erlös wird er neuen Dünger kaufen, Upgrades für die Maschine usw., um noch mehr Äpfel produzieren und verkaufen zu können.

Der Kreislauf der Ware und des Geldes wird von Marx in einen Kreislauf des Kapitals übersetzt. Dabei meint Kreislauf nicht, dass sich das Kapital bewegt, sondern dass es im Rahmen des Kreislaufs verschiedene Formen annimmt. Marx unterteilt den gesamten Kreislauf in eine Zirkulationsphase I (Einkauf von konstantem und variablem Kapital), die Produktionsphase, die Zirkulationsphase II (Verkauf der Ware mit Profit). Ein Kapitalist, der auf dem Markt Waren einkaufen will, hat zunächst Geldkapital in der Hand. Weiß er bereits, welche Arbeitskraft (v) und welche Produktionsmittel (c) er kaufen will, um eine Ware herzustellen, handelt es sich um produktives Geldkapital. Nach der Zirkulationsphase I, dem Kauf von v und c, hat sich das produktive Geldkapital in produktives Warenkapital verwandelt. Das produktive Kapital erzeugt im Produktionsprozess Waren, in die als Warenkapital neben v und c auch den Mehrwert m enthalten. Das Warenkapital hat nun einen Wert von $WK=c+v+m$, also von konstantem + variablem Kapital + Mehrwert. Das Warenkapital verwandelt sich auf dem Markt wieder in Geldkapital, das allerdings gegenüber dem ursprünglichen aufgrund des zugefügten Mehrwertes gewachsen sein sollte. Für Marx erscheint der Verkaufsprozess schwieriger als der Einkaufsprozess. In jedem Fall steigt die ZRate des Profits mit immer kürzeren und sich zweckmäßig überlagernden Kreisläufen. Die Gesamtzeit für einen Kreislauf bezeichnet Marx als Umschlagszeit. Jedes Stocken der Produktions- oder Zirkulationsprozesse senkt den Profit wegen der Vergrößerung der Umschlagzeit. Der Profit/Kapitalgewinn pro Kreislauf ist die Kapitalverwertung, die mit der Zeit zum Selbstzweck wird und kein praktisches Ziel mehr hat.

Im "Kapital" scheint Marx der Versuchung zu unterliegen, die Arbeit, die während der Zirkulationsphasen verrichtet wird, nicht als wertschaffende Arbeit zu betrachten. Durch diese Arbeit wird den Waren kein Arbeitswert hinzugefügt. Seiner materialistischen Grundeinstellung folgend ist nur diejenige Arbeit nützliche Arbeit, welche die Ware physisch verändert oder erhält und ihr durch beide Prozesse Arbeitswert bzw. Mehrwert zufügt. Andererseits zeigt das Beispiel des Händlers, der dieselbe Ware durch seine Reise in einen höheren Gebrauchswert überführt, dass bloße Zirkulationsarbeit durchaus wertschaffend sein kann.

Kehren wir wieder zu Klaus und seinen Äpfeln zurück. Er hat sich inzwischen eine vollautomatisierte Supermaschine angeschafft, die eine Profitrate von $p' = \frac{8\text{Ä} \,(Profit)}{4\text{Ä}(Maschine)+4\text{Ä}(Dünger)} = 100\%$ pro Tag erwirtschaften sollte, wenn genug Absatzmärkte zur Verfügung stehen. Klaus benötigt Alex nun nicht mehr als Arbeiter. Dieser fühlt sich ungerecht behandelt, denn schließlich hat er das Kapital für die Maschine erarbeitet. Und auch wenn er nichts mehr bei der Apfelproduktion zu tun hätte, so würde doch nur die Tatsache, dass Klaus die Maschine besitzt, dafür sorgen, dass er auch den Profit einstreicht. Klaus fühlt sich tatsächlich ein wenig schuldig und bietet Alex an, im Vertrieb der Äpfel für ihn zu arbeiten und auch den Dünger einzukaufen. Er würde ihn am Gewinn beteiligen, verspricht er. Alex ist einverstanden. Er kauft für 4 Euro Dünger. Den schleppt er zu Klaus' Maschine, die an einem Tag 16 Äpfel daraus macht, somit einen Profit von 8 Äpfeln produziert. Anschließend verkauft er die 8 Äpfel auf dem Markt und erhält dafür 8 Euro. Prinzipiell ist sein Geschäft damit abgeschlossen. Es interessiert weder ihn noch Klaus, ob die Äpfel verzehrt werden oder nicht. Aber das sollte es, denn indem sie nun fleißig weiterproduzieren, kommen zu den Äpfeln am folgenden Tag neue hinzu. Es kommt zur Überproduktion, die entweder in der Vernichtung der Äpfel endet oder in einem Überkonsum von Äpfeln. Wie in der Neoklassik spielt hier für Wohl und Wehe des Kapitalisten die Nachfrage auf dem Markt die entscheidende Rolle. Deren Kenntnis zu erlangen, kann wiederum als lebendige Arbeit verstanden werden, die in das Produkt einfließt und als Mehrprodukt in den

Profit des Kapitalisten fließt. In diesem Verständnis gehören Marktanalysten und Fließbandarbeiter zur gleichen Klasse, der der Proletarier.

Wie wirkt sich die kapitalistische Produktionsweise im neoklassischen und im marxistischen Verständnis auf die Menschen aus.

Die Akkumulation von Kapital bestimmt das Leben der Menschen - laut Marx - in objektiven (materiellen) Zusammenhängen. Die tägliche Lohnarbeit der Proletarier formt laut Marx Geist, Körper, Familie, Zusammenleben, und das nicht zum Besten. War es zu Marx' Zeiten noch der knochenharte Arbeitstag, der die Menschen zerstörte, ist es in den heutigen, entwickelten Ländern der Überkonsum, der sie krank macht. Das Gleiche gilt natürlich auch für den Kapitalisten, der seine Menschlichkeit oft ablegen muss, will er maximalen Profit erzielen. Hinzu kommt die Verdinglichung des Proletariers und dessen Reduktion auf seine Arbeits- und Konsumkraft aufgrund seines Tauschwertes, die Überführung des Menschen in ein Produktions-/Konsummittel, über die wir bereits diskutiert haben. Im Vergleich zwischen Marxismus und neoklassischer Schule kommt noch ein wesentlicher Aspekt hinzu: die Wertschätzung der Arbeit selbst. Die Neoklassik weist keiner Ware einen Wert zu, wenn keine Nachfrage nach ihr besteht, egal wie viel Arbeitszeit und Fleiß jemand hineingesteckt hat. Das ist im Marxismus nicht so. Hier wird die Arbeit wertgeschätzt, jedoch verschleiert sie im Rahmen des Tausches ihre konkrete Wertform. Die Ware, in der sie steckt, wird durch den Tausch zum Fetisch, der scheinbar höher steht als der Produzent oder der Konsument. Sie ist der Herr, für den der Produzent schuften und der Konsument sein Geldopfer darbringen muss. Dieses Verständnis ist dem Urbild der Moderne ähnlich: Maschinen in Fabrikhallen, die von den Arbeitern versorgt werden müssen wie Kinder auf einer Geburtsstation. Aber auch dem Urbild des Spätkapitalismus/der Postmoderne: Die Ware im Kaufhaus spiegelt dem Kunden durch ihren gleichbleibenden Preis, die gleichbleibende Beschaffenheit, einen immer gleichen, hohen Nutzen vor, wie ein Zauberelixier. Hierdurch wir das Gesetz von abnehmenden Grenznutzen ausgehebelt und es kommt zum Überkonsum. Die Wiener Schule weist Waren, die neoklassisch wertlos sind, ebenfalls einen Wert zu, allerdings hat dieser nichts mit der investierten Arbeit zu tun - es sei denn, man fragt ihren Erbauer - und sie ist rein subjektiv. Andererseits besitzen Güter, in die noch keine Arbeit hineingesteckt wurde, im Marxismus keinen Wert, was einen verheerenden Blick auf die Ressourcen generiert. Diese können in der Neoklassik (der Wiener Schule) jederzeit einen hohen, objektiven (subjektiven) Wert erhalten.

Sind die Marxistischen und neoklassischen Modelle heute noch relevant? Ich meine: Wie lassen sich Profite, Innovation und Krise im gegenwärtigen Kapitalismus – einschließlich künstlicher Intelligenz – erklären?

Die klassische marxsche Theorie unterscheidet grundlegend zwischen lebendiger und toter Arbeit: Lebendige Arbeit - die Arbeitskraft/Arbeitszeit des Arbeiters - ist die einzige Quelle von Mehrwert, während tote Arbeit - Maschinen, Werkzeuge und Kapital - lediglich bereits geschaffenen Wert überträgt. Aus dieser Unterscheidung folgt das erwähnte "Gesetz der tendenziell fallenden Profitrate": Mit zunehmender Mechanisierung wächst angeblich der Anteil toter Arbeit, wodurch das Verhältnis von Mehrwert zu Gesamtkapital tendenziell sinkt. Empirisch zeigt sich jedoch, dass kapitalistische Ökonomien trotz weitreichender Automatisierung über lange Zeiträume stabile oder sogar steigende Profite erzielen. Dieser scheinbare Widerspruch resultiert aus Marx' ursprünglicher anthropologischer Restriktion, die lebendige Arbeit ausschließlich mit menschlicher Arbeitszeit gleichsetzt. Wird lebendige Arbeit jedoch funktional verstanden - als Erzeugung von "Differenz" -, lässt sich Theorie und Empirie besser in Einklang bringen.

Wohin führt diese "Differenz"?

Meine Hauptargumente sind: Schwellenüberschreitung und die Tatsache, dass es für Gemeinsamkeiten keine Erhaltungssätze gibt. Zusammengefasst: Innovation, ist die wahre lebendige Arbeit.

Nichts außer Innovation erzeugt den Mehrwert $U(t)$ (statt s), den ich jetzt definiere als: $U(t) = \alpha \cdot D(t)$. $D(t)$ ist die hervorgebrachte Differenz - also der neuartige, nicht vollständig reproduzierbaren Aspekt eines Produkts, Prozesses oder einer Idee. α misst die gesellschaftliche Effizienz, mit der diese Differenz in realisierbaren Mehrwert übersetzt wird. Jede andere Form von Arbeit, auch menschliche, ist funktional "tot", sobald sie standardisiert, reproduzierbar oder vollständig antizipierbar wird. In der gegenwärtigen historischen Phase stammt genuine Innovation ausschließlich aus menschlicher Praxis. Die Definition lebendiger Arbeit behält daher die anthropozentrische Grundlage bei. Sie löst sich jedoch von der reinen Arbeitszeit-Messung. Ohne materielle Grundlagen - oft unsichtbar und unterbezahlt - gäbe es aber keine Innovation, somit keine Differenz.

Du erweiterst Marx' Idee also?

Ich definiere "Lebendigkeit" um. Wie du weißt können - laut Marx - Maschinen keinen Mehrwert erzeugen, da sie geronnene vergangene Arbeit darstellen. Gerechnet für die gesamte, in sich abgeschlossene Volkswirtschaft ist p (Gesamtprofit) = s (Gesamtmehrwert). $K=v+c$ das insgesamt vorgeschossene Kapital aus konstantem Anteil (Produktionsmittel) und variablem Anteil (Löhne, Gehälter). Steigt das Verhältnis von variablem zu konstantem Kapital ($q=c/v$, wobei q die technische Kapitalzusammensetzung ist), fällt die Profitrate (pro Produktionszyklus) $p' = s/(c+v) = (m' \cdot v)/(c+v) = m'/(c/v + 1)$), wobei $m' = s/v$ die Mehrwertrate/Ausbeutungsrate ist. Dieses Resultat bildet den Kern des Gesetzes der tendenziell fallenden Profitrate. Fällt die Profitrate - d.h., der Profit pro eingesetztem Kapital -, kann das durch eine stärkere Ausbeutung ausgeglichen werden. Laut Marx kann der Einsatz von Maschinen die Tendenz nicht aufheben, sondern höchstens vorübergehend abmildern (z. B. durch Verbilligung des konstanten Kapitals). Langfristig verstärkt er sie sogar.

Die Innovation als Triebkraft - wie bei Joseph Schumpeter.

Dessen Theorie aus der Kritik an der Neoklassik resultierte, die im Gleichgewicht maximaler Konkurrenz den Zwang des Warenpreises in die Grenzkosten der Produktion, somit einen Nullgewinn postulierte. Die Preisgestaltung am Markt ist in der Neoklassik primär, ein vorgängiger, innerer Mehrwert der Ware existiert nicht. Dennoch weisen Unternehmen Gewinne auf. Schumpeter sieht deren Quelle in der Innovation [vgl. 311].

Dann versuchst du, Marx und Schumpeter zusammenzubringen.

Wird Innovation als lebendige Arbeit begriffen, hängt der effektive Mehrwert $U(t)$ nicht mehr ausschließlich vom Umfang menschlicher Arbeitszeit ab, sondern von der Fähigkeit, neue Differenz zu erzeugen. Das Problem ist nicht die Verdrängung menschlicher Arbeit an sich, sondern eine Stagnation der Innovation. Nie "neue" lebendige Arbeit ist lebendig, wenn sie Ergebnisse hervorbringt, die nicht reproduzierbar, nicht vorhersehbar und nicht standardisierbar sind. Innovation erfüllt genau diese Bedingungen. Sie erzeugt Differenz $D(t)$, die unmittelbar den Mehrwert $U(t)$ bestimmt und – vermittelt über das eingesetzte Kapital $K(t)$ – die Profitrate (jetzt r statt p') beeinflusst: $r(t) = \alpha \cdot D(t) / K(t)$. α ist kein neutraler technischer Koeffizient. Er sinkt unter scharfer globaler Konkurrenz (z. B. Billiglohnländer), steigt durch Monopole oder staatliche Protektion der Innovation. Standardisierte Tätigkeiten - Fließbandarbeit, Bürokratie, repetitive Wissensarbeit - sind "tot", da sie keine neue Differenz hervorbringen. Die zentrale Aufgabe des Kapitals besteht daher nicht in der Aneignung von Arbeitszeit, sondern in der Kontrolle der Erzeugung und Realisierung von Differenz, aber auch materieller Schichten. Die Beschränkung der lebendigen Arbeit auf Innovation beinhaltet nicht nur Erfindungen, sondern auch deren Umsetzung am Markt, solange die Diffusion in repetitive, globale Arbeitsprozesse nicht abgeschlossen ist (d.h. $D(t)>0$). Globale Ausbeutung von Lohnarbeitern in der Peripherie oder extraktive, naturschädigende Arbeit stützt die "innovativen" Zentren, die sich gern progressiv, inklusiv und umweltfreundlich geben.

Wenn der Innovationsfluss $I(t)$ hingegen nicht ausreicht, um die Standardisierung oder Sättigung früherer Innovationen $S(t)$ auszugleichen, nimmt die Differenz ab: $dD/dt = I(t) - S(t)$. Innovation ist der aktive, lebendige Faktor – und dieser Faktor ist derzeit rein anthropozentrisch. Beispiel: Die Erfindung des Transistors durch Bell Labs (1947) schuf genuine Differenz und ermöglichte die Computerrevolution, was Profite in der Elektronikbranche steigerte - im Kontrast zu standardisierten Industrien wie der Stahlproduktion, die in den 1970er Jahren (z. B. US-Stahlkrise 1973) einbrach.

Wird Innovation einzige lebendige Arbeit verstanden, verändert sich der Mechanismus der fallenden Profitrate grundlegend. Profite sinken nicht primär deshalb, weil menschliche Arbeitszeit durch Maschinen ersetzt wird, sondern weil erzeugte Differenz $D(t)$ im Zeitverlauf nivelliert, kopiert oder standardisiert wird. Der entscheidende Prozess ist nicht die Reduktion von Arbeit, sondern die Erosion von Neuheit. Aus $dD/dt = I(t) - S(t)$ ergibt sich die Profitrate aus dem Verhältnis von Mehrwert zu eingesetztem Kapital, wobei der Mehrwert nun direkt an die vorhandene Differenz gebunden ist: $r(t) = \alpha \cdot D(t) / K(t)$. Wenn der Innovationsfluss $I(t)$ kleiner ist als die Neutralisierung bestehender Differenzen durch $S(t)$, nimmt die insgesamt wirksame Differenz ab. In diesem Fall sinkt die Profitrate, selbst wenn viel Kapital zur Verfügung steht.

Dieses Modell erklärt, warum Industrien mit geringem Innovationspotenzial - etwa Textilproduktion, Bergbau, Schwerindustrie - dauerhaft niedrige Margen aufweisen, während technologiegetriebene Sektoren extrem hohe Profite erzielen können. Diese hohen Profite sind jedoch strukturell instabil. Sie beruhen auf temporärer Nicht-Reproduzierbarkeit und enden, sobald Innovationen standardisiert werden. Monopolistische Strukturen entstehen genau an diesem Punkt: Sie dienen dazu, α künstlich zu erhöhen, indem sie die Nivellierung von Differenz verlangsamen oder den Realisierungsgrad steigern. Patente, proprietäre Standards, Netzwerkeffekte und Plattformabhängigkeiten ersetzen fehlende Innovation durch Kontrolle über den Ausgleich. Die Krise des Kapitalismus ist daher primär eine Krise der Innovation.

Wie kann es eine Innovationskrise geben, obwohl sie den Profit generiert?

Wegen der Kontrolle von α. Beispielsweise produziert Ware nicht nur praktischen Wert, sondern auch Schein. Die "lügende Ware" täuscht mittels ästhetischer Gestaltung, symbolischer Aufladung Neuheit vor. Sie erscheint nicht als substanzielle Differenz, sondern inszeniert sie und verdeckt die Kontinuität der Reproduktion. In der postmarxistischen Warenkritik manifestiert sich dieser Schein vor allem im Gebrauchswert: Produkte versprechen mehr Funktionalität, Freiheit oder Individualität, als sie tatsächlich einlösen können. Dieser Mechanismus ist ein systematischer Bestandteil kapitalistischer Vergesellschaftung, insbesondere in gesättigten Märkten. Im Rahmen des hier entwickelten Modells lässt sich diese Dynamik präzise fassen. Scheininnovation ist keine Erzeugung neuer Differenz $D(t)$, sondern eine temporäre Erhöhung des Realisierungsgrads α ohne entsprechenden Innovationsfluss $I(t)$. Branding, Interface-Redesigns oder marginale Feature-Erweiterungen erzeugen Aufmerksamkeit und Zahlungsbereitschaft, ohne den Bestand wirksamer Differenz substanziell zu erhöhen. Scheininnovation wirkt daher kurzfristig profitstabilisierend, langfristig jedoch destabilisierend. Da keine neue Differenz entsteht, beschleunigt sich der Prozess der Standardisierung $S(t)$: Was als neu erscheint, wird schnell als leer erkannt, was zu verkürzten Produktzyklen, erhöhter Austauschbarkeit und wachsendem Innovationsdruck führt. Der Kapitalismus reagiert darauf mit immer schnellerer ästhetischer Variation und bis hin zum kulturellen Recycling, etwa in der Konsumgüterindustrie (z. B. jährliche Smartphone-Generationen mit marginalen Neuerungen) ebenso wie im digitalen Raum, wo Plattformen kontinuierlich "neue" Funktionen einführen, die primär der Nutzerbindung und Datenextraktion dienen. Die Ware bleibt funktional nahezu identisch, während ihr Erscheinungsbild permanent erneuert wird. Die Lüge der Ware liegt nicht im einzelnen Produkt, sondern in der systematischen Verwechslung von ästhetischem Wandel mit Innovation. α steigt durch Scheininnovation kurzfristig, während $D(t)$ stagniert oder sogar sinkt. Damit verschiebt sich die Profitabilität immer weiter von der Erzeugung lebendiger Arbeit hin zur Kontrolle von Wahrnehmung, Aufmerksamkeit und Erwartung. Scheininnovation ist somit ein Symptom der Erschöpfung realer Innovationsfähigkeit.

Aber die lügende Ware ist nicht die einzige Möglichkeit der Manipulation.

Die Vergesellschaftung von Innovation erfolgt heute über Märkte, Plattformen, Patente, Standards und Finanzierungsstrukturen. Gesellschaftlich wirksam wird nicht Arbeitszeit, sondern Zukunftspotenzial. Doch es wird selektiert, welche Differenzen $D(t)$ sichtbar, nutzbar und profitabel werden. In diesem Prozess agieren große Technologieunternehmen als Gatekeeper. Sie entscheiden nicht nur über Marktanteile, sondern über die soziale Existenzfähigkeit von Innovation. Beispiele hierfür sind:
• Apple: Kontrolle über App-Ökosysteme, Hardwarestandards und Distributionskanäle
• Google: Kontrolle über Suchalgorithmen, Werbemärkte und Sichtbarkeit von Information
• OpenAI: Kontrolle über Zugang zu KI-Modellen, Trainingsdaten und Anwendungsmöglichkeiten
Diese Akteure bestimmen, welche Innovationsströme $I(t)$ gesellschaftlich zugänglich werden und welche blockiert, aufgekauft oder neutralisiert werden. Damit verschiebt sich die Profitrate zunehmend auf den kontrollierten Teil der Differenz: $r(t) = \alpha\_controlled \cdot D\_controlled(t) / K(t)$. $\alpha\_controlled$ ist hier der durch Gatekeeping erhöhte Realisierungskoeffizient. Diese Form der Vergesellschaftung unterscheidet sich fundamental von der klassischen marxschen Vorstellung. Sie ist nicht auf kollektive Aneignung gerichtet, sondern auf asymmetrische Kontrolle über Zukunftsmöglichkeiten.

Könnte Künstliche Intelligenz den Menschen als Innovator ersetzen?

Ein wichtiger Gedanke. Künstliche Intelligenz (KI) stellt die traditionelle Grenzziehung zwischen lebendiger und toter Arbeit fundamental infrage. Die zentrale Frage lautet dabei nicht, ob KI

"menschlich" ist, sondern ob sie in der Lage ist, genuine Differenz zu erzeugen - also Neuheit, die nicht bloß aus der Rekombination bestehender Muster hervorgeht. Dabei ist entscheidend, ob KI einen eigenständigen Beitrag zur Differenz $D\_AI(t)$ leisten kann. Die Dynamik folgt prinzipiell derselben Logik wie menschliche Innovation: $dD\_AI/dt = I\_AI(t) - S(t)$. Der gegenwärtige Stand legt nahe, dass $I\_AI(t)$ bislang auf Variation und Optimierung vorhandener Strukturen beschränkt ist. KI-Systeme sind hochgradig effizient darin, bestehende Muster zu kombinieren, zu verfeinern und zu beschleunigen, erzeugen aber selten neue Problemräume oder Bewertungsmaßstäbe. In diesem Sinne operieren sie primär im Bereich toter Arbeit - selbst dann, wenn ihre Leistungsfähigkeit menschliche Routinetätigkeiten deutlich übertrifft. Ihre Entwicklung hängt zudem von menschlicher Ausbeutung ab: Trainingsdaten entstehen durch globale Lohnarbeit, die oft prekär ist. Prinzipiell ist jedoch nicht ausgeschlossen, dass KI lebendige Arbeit leisten kann, etwa durch:
• die Formulierung neuartiger wissenschaftlicher Hypothesen
• die Entwicklung radikal neuer Materialien oder Medikamente
• die Hervorbringung künstlerischer Formen, die nicht als Ableitungen bestehender Stile erklärbar sind
In diesem Fall würde KI zur Quelle gesellschaftlich wirksamer Differenz $D(t)$ und damit - funktional verstanden - zu lebendiger Arbeit. Paradoxerweise würde eine solche Entwicklung die kapitalistische Aneignung eher erschweren als erleichtern. Lebendige Arbeit - verstanden als genuine Innovation - entzieht sich strukturell vollständiger Kontrolle. Eine innovative KI würde α unvorhersehbar machen und die Realisierung des Mehrwerts destabilisieren. Politisch würde sie die Frage der Eigentumsrechte an Wertschöpfung neu stellen und die anthropozentrische Basis von Ausbeutung erschüttern.

Gibt es in deinem Schumpeter-Marx-Modell keine Klassen mehr?

Klassenbewusstsein entstand unter Bedingungen hochgradig homogener Arbeit. Identische Tätigkeiten, vergleichbare Löhne und gleichartige Ausbeutungsformen ermöglichten es Arbeitern, ihre Situation als kollektiv zu begreifen, etwa in den Fabriken Englands des 19. Jahrhunderts (z. B. Ludditen-Aufstände 1811-1816 gegen Maschinenzerstörung), in den Bergwerken des Ruhrgebiets (z. B. Ruhrstreik 1905) oder den Textilfabriken Frankreichs (z. B. Canut-Aufstände in Lyon 1831). Die Gleichförmigkeit der Arbeitsprozesse erzeugte ein gemeinsames Erfahrungsfeld, aus dem sich politische Organisierung ableiten ließ. Ausbeutung war sichtbar, vergleichbar und kollektiv erfahrbar. Diese Voraussetzungen sind heute weitgehend verschwunden. Arbeit ist fragmentiert, projektförmig organisiert und individuell bewertet. Selbst dort, wo Ausbeutung stattfindet, ist sie heterogen verteilt. An die Stelle des Klassenbewusstseins tritt daher ein Strukturbewusstsein. Es bedeutet, dass Agenten Muster, Abhängigkeiten und Kontrollpunkte erkennen - insbesondere im Hinblick auf Innovationsprozesse -, ohne sich als Teil einer einheitlichen Klasse zu begreifen. Konflikte verschieben sich von der Frage der Lohnhöhe oder Arbeitszeit hin zu Fragen des Zugangs, der Einflussnahme und der Kontrolle über Innovationsströme. Dieses Bewusstsein ist analytisch präzise, aber politisch schwer mobilisierbar. Es fehlt die gemeinsame Erfahrungsbasis, aus der kollektive Handlungsmacht entstehen könnte. Damit kollabiert nicht nur die Klassentheorie, sondern auch die Vorstellung eines automatisch entstehenden revolutionären Subjekts. Dennoch bleibt es an materielle Ausbeutung gebunden: Strukturbewusstsein entsteht oft aus der Erfahrung fragmentierter Arbeit, die globale Ketten der Wertschöpfung sichtbar macht.

Wie ist der Vergleich zur neoklassischen Ökonomie und zu Schumpeter?

In der neoklassischen Ökonomie erscheint Innovation meist als kontinuierlicher, berechenbarer Prozess, als exogener Faktor oder als stetiger Produktivitätszuwachs. Profite gelten in diesem Rahmen als Grenzerträge von Kapital oder Arbeit, die sich langfristig im Wettbewerb nivellieren. Unsicherheit, qualitative Sprünge und Nicht-Reproduzierbarkeit spielen in diesen Modellen eine untergeordnete Rolle. Diese Perspektive stößt dort an ihre Grenzen, wo reale kapitalistische Dynamiken von Diskontinuitäten, Krisen und abrupten Umbrüchen geprägt sind. Weder das Entstehen temporär extrem hoher Profite noch ihr plötzlicher Zusammenbruch lassen sich überzeugend erklären, wenn Innovation als gleichmäßiger, aggregierbarer Prozess behandelt wird. Joseph Schumpeter setzt genau an diesem Punkt an. Er bricht mit der Gleichgewichtsvorstellung, indem er Innovation ins Zentrum der ökonomischen Dynamik rückt. In seiner Theorie entstehen Profite nicht im Gleichgewicht, sondern durch dessen Störung. Innovation - verstanden als "neue Kombinationen" von Produktionsfaktoren - verschafft ihren Trägern temporäre Monopolstellungen und damit Extraprofite. Dieser Prozess der "kreativen Zerstörung" treibt den Kapitalismus voran: Alte Strukturen werden verdrängt, neue setzen sich durch, bis auch sie im Zuge von Nachahmung und Konkurrenz ihre Besonderheit verlieren. Schumpeter erkennt damit, dass ökonomische Entwicklung nicht kontinuierlich, sondern diskontinuierlich verläuft. Profite sind bei ihm grundsätzlich instabil und an Neuheit gebunden.

In funktionaler Hinsicht antizipiert er damit mein Modell: Wert entsteht nicht aus bloßer Reproduktion, sondern aus Differenz: Schumpeters neue Kombinationen entsprechen der Erzeugung gesellschaftlich wirksamer Differenz $D(t)$. Die Phase unternehmerischer Extraprofite entspricht einem erhöhten Realisierungsgrad α. Der Prozess der Nachahmung, Standardisierung und Marktsättigung entspricht der Neutralisierung von Differenz $S(t)$. Auch bei Schumpeter verschwindet Profit, sobald Innovation zur Routine wird.

Worin liegt dann der Unterschied?

Schumpeter verortet Innovation primär in der Figur des Unternehmers und begreift Monopole als vorübergehende Resultate erfolgreicher Innovation, die im Zuge neuer Innovationswellen wieder aufgelöst werden. Zwar erkennt er in seinen späteren Arbeiten die zunehmende Bürokratisierung und organisatorische Einbettung von Innovationsprozessen, doch bleiben sowohl die globalen Ausbeutungsverhältnisse, auf denen innovative Zentren beruhen, als auch die institutionelle Kontrolle von α und die durch das Gatekeeping verbundenen Innovationskrisen bei ihm randständig. Im gegenwärtigen Kapitalismus entstehen Monopole nicht mehr primär aus überlegener Innovation, sondern werden zunehmend institutionell stabilisiert. Patente, Plattformen, proprietäre Standards und regulatorische Schutzmechanismen dienen dazu, die Diffusion von Innovation zu verlangsamen und die Nivellierung von Differenz zu kontrollieren. Innovation wird nicht mehr primär erzeugt, sondern verwaltet. An die Stelle kreativer Zerstörung tritt eine Form kreativer Konservierung.

Mein neues Modell lebendiger Arbeit als Innovation greift Schumpeters Einsicht zwar auf, löst sie jedoch von der Unternehmerfigur und bindet sie systematisch an materielle Ausbeutungsverhältnisse. Innovation erscheint nicht als heroischer Akt, sondern als kollektiver, gesellschaftlich eingebetteter Prozess, der auf global verteilte Arbeit angewiesen ist. Profit ergibt sich nicht aus Arbeitszeit oder Kapitalmenge, sondern aus der Erzeugung und Kontrolle von Differenz über die Zeit. Ökonomische Dynamik entsteht aus temporären Ungleichheiten, nicht aus Gleichgewicht. α ist dabei kein technischer Produktivitätsparameter, sondern Ausdruck von Konkurrenz, institutioneller Macht und Kontrollstrukturen. Während Schumpeter Monopole als Übergangsphänomene begreift, erscheinen sie hier als strukturelle Reaktion auf eine Krise der Innovation selbst.

Neoklassische Modelle verfehlen diese Dynamik, weil sie Differenz als Abweichung behandeln, nicht als konstitutive Triebkraft kapitalistischer Entwicklung. Schumpeter erkennt diese Triebkraft, unterschätzt jedoch ihre historische Transformation. Erst durch die Verbindung von Innovationsdynamik, globaler Ausbeutung und institutioneller Blockierung wird sichtbar, dass die zentrale Spannung des gegenwärtigen Kapitalismus nicht zwischen Arbeit und Maschine verläuft, sondern zwischen der Notwendigkeit neuer Differenz und ihrer systematischen Begrenzung.

Was geschieht mit Innovation und Stagnation in der Zukunft?

Der Kapitalismus lebt nicht von Arbeit an sich, sondern von Differenz. Lebendige Arbeit ist Innovation; Profit entsteht aus der Aneignung temporärer Ungleichheiten. Obwohl die Marx'sche Unterscheidung zwischen toter und lebendiger Arbeit bei mir prinzipiell erhalten bleibt, verschwindet Klassenbewusstsein und wird durch ein Strukturbewusstsein ersetzt, das Kontrollmechanismen, Zugänge und Abhängigkeiten erkennt, aber kaum kollektive politische Subjekte hervorbringt. Technologieunternehmen fungieren als zentrale Gatekeeper dieser Ordnung. Sie kontrollieren den Zugang zu Differenz $D(t)$ und beeinflussen damit direkt die Entwicklung der Profitrate $r(t)$. Vergesellschaftet wird nicht mehr Arbeitszeit, sondern Zukunftspotenzial. Marx bleibt unter diesen Bedingungen relevant - nicht wegen seiner anthropologischen Gleichsetzung jeglicher menschlichen Arbeitszeit mit lebendiger Arbeit als einziger Quelle des Mehrwertes, sondern weil er den strukturellen Ursprung von Überschuss und dessen innere Widersprüche freigelegt hat. Die Perspektive der Innovation zeigt, dass Stagnation dort einsetzt, wo sie zum bloßen Recycling wird. Dann schrumpft die wirksame Differenz, und mit ihr die Dynamik des Systems. Ob künstliche Intelligenz diese Blockade verstärkt oder durchbricht, ist keine rein technische Frage. Sie entscheidet darüber, ob lebendige Arbeit eine historisch-menschliche Episode bleibt oder eine neue, post-anthropologische Form annimmt – und damit über die zukünftige Gestalt von Profit, Ungleichheit und gesellschaftlicher Entwicklung.

Der Kapitalismus benötigt Innovation. Er ist darauf angewiesen.

Gleichzeitig ist er "faul" in Bezug auf echte Neuerung: Es ist ökonomisch und ideologisch einfacher, bekannte Ideen, Produkte, Stile oder Zukunftsvisionen neu aufzulegen, zu recyceln oder leicht zu variieren, anstatt radikal Neues zuzulassen. Das spart Kosten, reduziert Risiko und stabilisiert bestehende Macht- und Eigentumsverhältnisse. Mark Fishers Analyse des "kapitalistischen Realismus" [vgl. 312, 313] lässt sich in mein Modell einbetten. Fisher beschreibt eine kulturelle und ideologische Blockade von Zukunft: Nach dem ideologischen Sieg des Kapitalismus sei es "easier to imagine the end of the world than the end of capitalism" [312], was bedeutet, dass echte Alternativen und neue Zukunftsentwürfe kaum mehr vorstellbar sind. Für Fisher ist diese Unfähigkeit, neue Zukünfte zu denken, kein zufälliges Phänomen, sondern eine systemisch wirksame Wirkung der kapitalistischen Ordnung: Innovation wird nicht im Sinne radikaler Neuheit, sondern als Variation des Bekannten produziert. Filme, Serien, Musik oder Konsumgüter recyceln bekannte Formen, nostalgische Motive (von Zukunft) oder marginale Veränderungen, wodurch kulturelle Scheininnovation entsteht.

In unserem Modell innovationsbasierter Mehrwertproduktion entspricht dies einer Situation, in der der Innovationsfluss $I(t)$ hinter der Neutralisierung bestehender Differenzen $S(t)$ zurückbleibt, während Profite temporär durch einen erhöhten Realisierungskoeffizienten α stabilisiert werden. Fisher selbst spricht nicht von ökonomischer Innovation, doch seine Diagnose kultureller Stagnation und ideologischer Reduktion von Zukunftsmöglichkeiten ist mit dem Konzept von Differenz als Quelle von Mehrwert kompatibel: Kapitalismus erzeugt oft nur scheinbare Differenz, während echte Neuheit blockiert oder unsichtbar gemacht wird. Fishers Kulturkritik zeigt, dass die Krise der Innovation nicht nur ökonomisch, sondern auch ideologisch verankert ist, und verdeutlicht die strukturellen Bedingungen, unter denen Differenz $D(t)$ erzeugt, neutralisiert oder nur simuliert wird. Zwei dieser Szenarien erzeugt Krisen.

Am Ende läuft es darauf hinaus, möglichst viel Geld mit wenig Aufwand zu verdienen. Dafür opfert man sogar den Kapitalismus.

Produkte sind als Gemeinsamkeitenbündel, also als Agenten zu verstehen, die die Produzierenden an ihre Planung anpassen, indem sie deren Identität mit den geplanten Produkt(teil)en herzustellen trachten. Durch diesen Anpassungsprozess wird jene Planung (begrenzt) in dem hergestellten Produkt "geronnen", also zu erinnerten Eigentümlichkeiten. Die Konsumenten wiederum passen sich durch Konsum der konsumierten Ware an. Die umgekehrten Verhältnisse sind ebenso interessant. Passt sich der Produzent der produzierten Ware an? Verinnerlicht er deren Gemeinsamkeiten und baut dadurch selbst Gemeinsamkeiten mit ihr auf? Erinnert die Ware die Konsumeigentümlichkeiten? In einem linken Verständnis würden sich die Eigentümlichkeitenbündel der Ware, der Produzenten und der Konsumenten erinnernd angleichen, in einem rechten Verständnis eher nicht, wenigstens nicht mit denen außerhalb einer angestammten Gruppe. Geld soll den Wert von Waren widerspiegeln. Eine Ware ist dann wertvoll, wenn sie von vielen Agenten in möglichst viele ihrer Gemeinsamkeiten integriert wird. Das bedeutet nämlich, dass genau jene Gemeinsamkeiten, die ja auch die Eigentümlichkeit der Ware ausmachen, die durch den IntegrationsWert bestimmte Qualität besitzen. Man kann es auch andersherum formulieren: Mit dem Erwerb einer wertvollen Ware erwirbt man deren Eigentümlichkeiten, die großteilig die von den IntegrationsWerten vorgeschriebene Qualität aufweisen. Durch den Erwerb fügt der Käufer jene, zumindest im begrenzten Maße, zu seinen eigenen Eigentümlichkeiten hinzu. Er hofft sogar, dass die Ware seine Eigentümlichkeiten infizieren könnte, um sie insgesamt, entsprechend den IntegrationsWerten, zu den richtigen zu machen.

Das Problem ist natürlich, dass unterschiedliche Waren unterschiedliche Werte für unterschiedliche Menschen darstellen. Hier ist ein Beispiel: Innerhalb der Gemeinschaft einer Ehe gibt es IntegrationsWerte, die das sich gegenseitige Belügen oder sexuelle Beziehungen mit anderen Menschen ausschließen und andere Gemeinsamkeiten zulassen, wie z.B., sich Aufmerksamkeit zu spenden. Das Symbol für die Gemeinsamkeiten, die allen ehelichen IntegrationsWerten entsprechen, ist der Ehering. Er hat daher für die Mitglieder der Ehegemeinschaft einen außerordentlich hohen Wert. Man kann es auch andersherum formulieren: Der Ehering ist das Symbol aller Gemeinsamkeiten, deren Qualitäten in den ehelichen IntegrationsWerten verankert sind. Da er selbst also alle Gemeinsamkeiten innerhalb der IntegrationsWerte symbolisiert, hat er den höchstmöglichen Wert für die Eheleute. Bei der Integration der Eheleute in alle anderen/neuen Gemeinsamkeiten, seien sie nun irrelevant für die Beziehung oder ihr gar entgegengerichtet, kann er abgelegt werden oder wird es sogar definitiv.

Was hat das mit Geld zu tun?

Die Geldökonomie funktioniert deswegen, weil die Menschen ähnlich sind und daher die Integration in ähnliche Gemeinsamkeiten präferieren, die von ähnlichen IntegrationsWerten begrenzt sind. D.h., nicht nur der Ehering ist innerhalb einer bestimmten Ehegemeinschaft wertvoll und in einer anderen nicht, sondern es gibt Gemeinsamkeiten bzw. Waren, die in einer gesamten Gesellschaft von großem Wert sind. Der (Geld)Wert von Waren ist aber anteilig subjektiv und die Subjektivität nimmt zu, wenn die gehandelten Waren keine existenziellen oder emotional stark konnotierten Bedürfnisse mehr befriedigen müssen, wie das in der Überflussgesellschaft der Fall ist.

Aufgrund der Abbildung des Wertes einer Ware vermittels Geldes kommt es zu einem Dilemma. Die hohe Nachfrage nach einer wertvollen Ware macht sie teuer. D.h., anstatt die überlebenswichtige Ware möglichst kostengünstig an alle Menschen zu verteilen, die sie dringend brauchen, wird ihnen deren Erwerb erschwert. Im kapitalistischen System funktioniert diese Teuerung aber nur dann, wenn das Gut nicht im Überfluss vorhanden ist (wie beispielsweise Luft), d.h., wenn das Angebot eher knapp ist. Bei einer Ware, die keinem etwas nützt, ist es egal, in welcher Stückzahl sie auf dem Markt vorhanden ist. Ihr Preis wird immer niedrig sein. Verknappt sich das Angebot für eine wertvolle, nachgefragte Ware, so steigt ihr Geldwert.

Ein hoher Geldwert bremst den Warentausch.

Ich denke, an dieser Stelle kommen wir zu einer ganz grundsätzlichen Frage, nämlich der, warum der Übergang von einer Gemeinsamkeitsphäre in eine andere/neue mit Widerstand verbunden ist. In der Physik gibt es dafür mehrere Konzepte.

Welche Konzepte?

Es geht dabei um Bewegung. Wenn man einen Körper in Bewegung versetzen will, so ist es das Naheliegendste, ihn einfach anzustoßen. Dieses Szenario gibt es bei einem Billardspiel. Man kann den Körper auch in ein Kraftfeld versetzen. Elektrisch geladene Körper erfahren in einem elektrischen Feld eine Beschleunigung, das Gleiche gilt für magnetische Körper in einem magnetischen Feld. Die sogenannte Starke Wechselwirkung bewirkt den Zusammenhalt im Atomkern, die Schwache Wechselwirkung kann keine Bindungen erzeugen, jedoch ist sie für den Zerfall von Elementarteilchen verantwortlich. Alle Körper, ob nun geladen oder nicht, unterliegen der Schwerkraft, der gegenseitigen Anziehung aufgrund ihrer Masse. Es entsteht ebenfalls eine gerichtete Bewegung, wenn sich der Körper in einem Bereich befindet, in dem es viele Körper von seiner Sorte gibt. Wenn der Körper ständig irgendwelche ungerichteten Stöße erhält, die ihn einen kleinen Sprung machen lassen, so wird er sich aus diesem Bereich in Richtung der geringeren Konzentration seiner Spezies bewegen. Das ist beispielsweise bei Molekülen der Fall, die aufgrund thermisch induzierter Fluktuationen mobil sind.

Der Bewegung hinderlich sind Gegenkräfte. Eine auf dem Billardtisch angeschraubte Billardkugel wird sich nicht wegstoßen lassen. Der Regalboden übt eine Gegenkraft auf die Bücher aus, die auf ihm herumliegen, sodass sie nicht nach unten auf den teuren Fernseher fallen. Außerdem gibt es Barrieren, die ein Körper erst überwinden muss. Stelle dir eine Achterbahn vor. Der voll besetzte Waggon muss erst auf eine bestimmte Geschwindigkeit beschleunigt werden, damit er den nächsten "Berg" überwinden kann. Bei zu viel Beschleunigung kann er sogar entgleisen. Ein weiteres Bewegungshindernis ist die Viskosität oder Zähflüssigkeit. Alle Flüssigkeiten und Gase haben Viskosität, d.h., sie bremsen Körper, die in sie eintauchen ab. Es gibt sehr zähflüssige Materialien, wie Leim oder Honig. Dabei spielt die Kohäsion, also die Anziehung zwischen den Molekülen des Mediums eine Rolle, deren innere Reibung wie auch die Reibung zwischen dem eintauchenden Körper und dem Medium. Interessant dabei ist, dass mit dem Eintauchen eines Körpers auch die Moleküle des Mediums in Bewegung versetzt werden. Je weiter weg man sich von dem eintauchenden

713

Körper befindet, desto ruhiger ist diese Bewegung. Die Viskosität misst das Verhältnis zwischen dem Gradienten dieses Geschwindigkeitsabfalls und der durch den eintauchenden Körper auf das Medium wirkenden Scherspannung senkrecht zu seiner Eintauchrichtung [314]. Die durch die Viskosität auf den eintauchenden Körper wirkenden Kräfte führen ebenfalls zu interessanten Effekten. Du hast bestimmt schon davon gehört, dass eine Münze auf dem Wasser "schwimmen" kann, ob wohl sie viel schwerer ist und daher wegen der Gravitation untergehen müsste.

Die Oberflächenspannung. Das hatten wir alles in der Schule.

Richtig. Die Münze liegt auf der Oberfläche des Wassers und kann nicht eindringen. Ein weiterer Effekt besteht darin, dass ein Körper, der sich im Gravitationsfeld der Erde beschleunigt bewegt, in einem Glas Honig in einer bestimmten Tiefe irgendwann zur Ruhe kommt. Der erstaunlichste Effekt für mich ist jedoch, dass ein Körper, der durch die Luft nach unten fällt, dies aufgrund des Luftwiderstandes u.U. mit einer konstanten Geschwindigkeit tut.

Aus dieser Beobachtung heraus ist man auf die Idee gekommen, die Masse, also die Trägheit von Körpern, mit einer Art von Viskosität zu erklären, nämlich der des sogenannten Higgs-Feldes [315]. Wie du weißt, kann man Körper nicht so einfach beschleunigen. Entweder sie liegen ruhig auf deinem Schreibtisch herum, oder du nimmst ein Blatt Papier, zerknüllst es und wirfst es weg. Dafür musst du Kraft aufwenden. Wenn die Kraft jedoch nicht mehr wirkt, bewegt sich das Papierknäuel mit gleichbleibender Geschwindigkeit in Richtung des Papierkorbes. Die "Higgs-Viskosität", die den Körpern Masse verleiht, unterscheidet sich jedoch von der, die wir aus dem Alltag kennen. Die Viskosität der Medien bremst die Körper ab, auch wenn eine Kraft auf sie wirkt bzw. lässt sie mit konstanter Geschwindigkeit sinken. Die Viskosität des Higgs-Feldes sorgt hingegen dafür, dass Körper, auf die kurzzeitig eine Kraft wirkt, sich nicht bis auf unendliche Geschwindigkeiten weiterbeschleunigen oder bis auf Nullgeschwindigkeit abbremsen. Der Grund dafür ist, dass dem Higgs-Feld absolute Geschwindigkeiten egal sind. Der Honigtopf fliegt sozusagen immer mit dem darin enthaltenen Körper mit. Der "Higgs-Honig" wirkt nur dann auf den Körper, wenn der seine Geschwindigkeit ändern möchte.

Stelle dir wieder die Gemeinsamkeitenbündel vor. Die Ähnlichkeit in der Welt bedeutet, dass zwei Agenten aufgrund von Unzulänglichkeit nicht ausschließlich die gleichen Gemeinsamkeiten teilen, dass sie aber grundsätzlich immer mindestens eine Gemeinsamkeit teilen. Ein Agent, der sich mit anderen Agenten in einer Gemeinsamkeitsphäre befindet, ist ihnen bezüglich dieser Gemeinsamkeit gleich. Da die Agenten aber mit jeweils anderen Agenten noch weitere Gemeinsamkeiten teilen, sind sie einander nicht identisch. Kommunikation macht den Menschen beides intuitiv und begrifflich bewusst. Hier ist der entscheidende Punkt: Die kommunikative Wechselwirkung zwischen den Agenten kann, je nach Art ihrer Gemeinsamkeit, zwar anziehend oder abstoßend (repulsiv) sein, ich schreibe den Agenten in den Gemeinsamkeitenbündeln effektiv trotzdem eine Kohäsion zu, somit sind jene Sphären am ehesten mit viskosen Medien zu vergleichen.

Kohäsion? Die betrifft doch identische Agenten.

Du hast recht. Man hat es bei der gegenseitigen Anziehung mit Ko- und Adhäsion, also mit einer Kadhäsion zu tun. Überwiegt die Kadhäsion die Repulsion, so besteht grundsätzlich eine Bindung zwischen den Agenten. Diese Bindung erzeugt eine Oberflächenspannung wie beim Wasser. Diese Spannung sorgt, wenn sie zwischen den Agenten jeweils gleich groß ist, wiederum für die sphärische Form sowie den Widerstand gegen eine Vergrößerung der Oberfläche, der auch unsere Münze auf der Wasseroberfläche "schwimmen" lässt. Die Kadhäsion sorgt ebenfalls dafür, dass die Agenten innerhalb der Gemeinsamkeitsphäre korrelierte Anpassungsbewegungen ausführen, aber auch, dass ein Agent die Gemeinsamkeitsphäre nicht ohne Problem verlassen kann. Die anderen Agenten halten ihn schließlich darin fest. Es entsteht also eine Barriere an der Grenze zwischen zwei Gemeinsamkeitsphären. Die Barriere ist umso höher, je stärker die Bindung zu den Agenten in der einen und die Repulsion zu den Agenten in der anderen/neuen Gemeinsamkeit ist. Aufgrund der Unzulänglichkeit der

Transzendenz, also der Integration, wird der Agent seine alte Gemeinsamkeitssphäre sowieso nicht komplett verlassen. Er wird sie teilweise mit sich an die neue Sphäre nehmen, als Teil seiner eigenen Eigentümlichkeit. Ihre ehemalige Wirkung auf ihn bleibt ihm als Erinnerung.

Was aber, wenn die Menschen der einen Sphäre den AUM genauso dringend haben wollen wie die der anderen?

Das Gemeinsamkeitenbündel, in dem sich der AUM befindet und damit auch sein Eigentümlichkeitenbündel, besteht aus Gemeinsamkeiten, die mehr oder weniger Wert im Vergleich zu den durch die Gemeinschaft erzeugten IntegrationsWerten besitzen. Deren normatives Kraftfeld erzeugt zwar nicht die direkte Anziehung zwischen den Menschen, wohl aber deren Zugehörigkeit zu bestimmten Gemeinsamkeiten, was sie wiederum sich gegenseitig anziehen lässt. Man kann auch umgekehrt sagen: Menschen, die sich nahe sein wollen, streben danach, Gemeinsamkeiten miteinander zu teilen und insbesondere solche, die deren hypergemeinsamen IntegrationsWerten entsprechen. Der Punkt ist: Die durch die Kadhäsion erzeugte und jene erzeugende normative Kraft sorgt für eine emotionale Bevorzugung bzw. Ablehnung bestimmter Gemeinsamkeiten durch einzelne Menschen. Ist die Ablehnung der gewandelten Gemeinsamkeit im Vergleich zu den vorhandenen zu stark, weil sie z.B. den alten erinnerten IntegrationsWerten widerspricht oder vom Individuum gar nicht erst erinnert und damit nicht bewertet werden kann, so wird das Individuum nicht in die gewandelte übergehen wollen. Die Barriere zwischen den beiden Gemeinsamkeitssphären ist zu hoch.

Nochmals: Was hat das alles mit Geld zu tun?

Ich denke, ein hoher Geldwert bedeutet eine hohe Barriere für den Weiterverkauf. Diese Barriere hat faszinierende Eigentümlichkeiten. Der Ehering wäre aus der Ehe heraus nur schwer verkäuflich. Die Eheleute würden ihn definitiv behalten wollen. Verliert z.B. der Ehemann seinen Ring, so wird ihn der Finder aber meist unentgeltlich zurückgeben. Die Barriere ist asymmetrisch. Muss der

Ehemann ihn aus Geldnot verkaufen, erhält er nicht den Preis, den er ihm persönlich zugeschrieben hätte, muss Letzteren aber auch nicht bezahlen, wenn er ihn zurückkauft. Für Waren, die in einer größeren Gemeinschaft nachgefragt werden und damit einen hohen allgemeinen Wert haben, z.B. ein Fischereigerät, das hohe Fangquoten erzielt aber trotzdem den gesetzlichen Bestimmungen des Fischfangs genügt, ist die Barriere symmetrisch und sehr hoch. Solche Waren sind sehr teuer. Die Barriere trennt aber auch die Menschen symmetrisch voneinander. Sie kann durch Solidarität bzw. solidarische Ökonomien jedoch abgesenkt werden, aber auch durch Überproduktion, wobei im letzteren Fall der Integrations-Wert der Ware angeblich sinkt, da sie keiner mehr benötigt.

Es gibt also eine bessere Ökonomie?

Um dieses Problem zu erhellen, möchte ich dir zunächst nahebringen, dass es einen Unterschied zwischen Besitz und Eigentum gibt. Außerdem sollten wir uns die Frage stellen, unter welchen Umständen (und ob überhaupt) die Anhäufung von Kapital ein Indikator dafür sein kann, dass derjenige, der es anhäuft, im Sinne der allgemeinen Leidreduzierung agiert. Doch erinnere dich zunächst einmal daran, dass die Konzepte von links und rechts immer abhängig von dem jeweiligen Bezugssystem sind. Selbst die Protektion von Eigentum durch einen einzelnen Menschen ist nicht nur rechts. Vielmehr nutzt er das, was er erarbeitet, um Aspekte seiner Eigentümlichkeit zu stabilisieren, auszubauen oder abzubauen. Er integriert erworbene und vorhandene Eigentümlichkeit. Bezogen auf ein größeres Bezugssystem, z.B. die Familie, würde ein egoistischer Einbehalt sämtlicher erworbener Eigentümlichkeit, eine Verweigerung der Transzendenz der Eigentümlichkeitgrenzen, das Individuum zu einem ausschließlich rechten System machen. Von der anderen Seite betrachtet wäre ein Individuum, dass seine erworbenen Eigentümlichkeiten (jenseits der notwendigen) wahllos nach außen gibt, ein rein linkes System. Ein solcher Mensch würde definitiv Ärger mit seiner Familie bekommen. Selbstverständlich verschieben sich diese Bezugssysteme je nach Sozialisierung und je nachdem, wie viel Eigentümlichkeit in einer Gesellschaft vorhanden ist bzw. wie viel davon ohne Verlust geteilt werden kann. Rechte Aspekte sind aufgrund der Endlichkeit von Eigentümlichkeit allerdings grundsätzlich notwendig. Eine komplette Enteignung wäre rein instrumentell.

Ein Glück, denn sonst würde ja niemand mehr motiviert sein, zur Arbeit zu gehen.

Dein Einwand ist so nicht richtig. Das Individuum ist natürlich motiviert, zur Arbeit zu gehen und Eigentümlichkeit zu erwerben, um sie für sich selbst zu verwenden. Es will ja nicht verhungern. Gleichzeitig aber tut es das, weil es seine Familie durchbringen will, aber es zeigt sich auch solidarisch mit seinen Freunden und Nachbarn, aber auch mit Anderen. Ein Arzt findet seine Erfüllung in der Behandlung wildfremder Patienten. Menschen sind motiviert, ihr Vermögen für humanistische Zwecke zu spenden. Das bedeutet, der Mensch hat sowohl das Bedürfnis, Eigentümlichkeit für sich selbst als auch für Andere zu erwerben. Er ist gleichzeitig links und rechts. Die Balance zwischen Protektionismus und Solidarität kann in Gesellschaften natürlich instrumentell verschoben werden, um bestimmte Ziele zu verfolgen, wie etwa den Kommunismus zu etablieren. Meist geschieht das, indem die Motivationen unter den jeweiligen Bedürfnissen ausgehöhlt und ersetzt werden, was ebenfalls eine Verschiebung der gemeinsamen Qualität der Anpassungsbedürfnisse, der Integrationswerte bedeutet. Das Bedürfnis, Krieg zu führen, kann beispielsweise aus der Notwendigkeit von Ressourcenerwerb für den eigenen Clan erwachsen. Die darunterliegende primäre Motivation ist nicht etwa, sich mit dem Gegner athletisch zu messen, sondern die Reproduktion des eigenen Clans. Daher hat der Clanchef gleichzeitig den Leidabbau für seine Leute im Sinn, nicht aber den für den Gegner. Wenn bei ausreichend vorhandenen Ressourcen das Bedürfnis nach Krieg tatsächlich allein aus einer athletischen Motivation heraus resultiert, beispielsweise im blinden Glauben an eine sozialdarwinistische oder religiöse Hegemonie, wird der Integrationswert ohne Not in Richtung eines leidbringenden Chauvinismus verschoben.

Was ist nun der Unterschied zwischen Besitz und Eigentum?

Hier hilft ein Blick in das Bürgerliche Gesetzbuch (BGB) [316]:
§ 903 Befugnisse des Eigentümers:
Der Eigentümer einer Sache kann, soweit nicht das Gesetz oder
Rechte Dritter entgegenstehen, mit der Sache nach Belieben verfahren und Andere von jeder Einwirkung ausschließen. Der Eigentümer eines Tieres hat bei der Ausübung seiner Befugnisse die besonderen Vorschriften zum Schutz der Tiere zu beachten.
§ 854 Erwerb des Besitzes
(1) Der Besitz einer Sache wird durch die Erlangung der tatsächlichen Gewalt über die Sache erworben.
(2) Die Einigung des bisherigen Besitzers und des Erwerbers genügt zum Erwerb, wenn der Erwerber in der Lage ist, die Gewalt
über die Sache auszuüben.

Zur Erläuterung des Unterschiedes der beiden Begriffe wird gern
die "Sachherrschaft" angeführt. Der Eigentümer hält die rechtliche
Sachherrschaft über ein Objekt, der Besitzer die momentane bzw.
tatsächliche, beispielsweise weil er sich das Auto von dessen Eigentümer geliehen hat. Soziologisch betrachtet stellt sich die Frage,
welchen Unterschied der Besitz und das Eigentum hinsichtlich der
Identifikation mit dem entsprechenden Objekt macht. Der langjäh-
rige Eigentümer einer Katze, der sich mit seiner Rolle als Katzen-
besitzer und mit ihr selbst identifiziert, wird beispielsweise hefti-
ger auf deren Verlust reagieren als der momentane Besitzer, der
über die Sommerferien auf sie aufpassen sollte, sie aber entwi-
schen ließ. Besitz und Eigentum stellen somit unterschiedliche
Stufen der Entfremdung dar.

Tun sie das auch im rechtlichen Sinn?

Sicherlich nicht. Die Katze kann sich schon jahrelang in meinem
Besitz befinden. Ich habe sie gefüttert, bin mit ihr zum Tierarzt
gegangen. Sie ist Teil meiner Eigentümlichkeit. Ich identifiziere
mich mit ihr und meinem Verhältnis zu ihr. Das rechtliche Eigentum hingegen kann lediglich auf eine bloße Kaufurkunde meines
Vaters zurückzuführen sein. An dieser Stelle erreichen wir eines

der Hauptprobleme der sozialistischen Staaten bzw. der kommunistischen Utopien: In jenen ist rechtlich alles das Eigentum des Volkes, also niemandes persönliches Eigentum. Die Frage ist, ob es dadurch auch soziologisch zu reinem Besitz verkommt oder ob es ein Teil der Eigentümlichkeit von Menschen werden kann. Falls nicht, werden die Menschen in einer kommunistischen Utopie von einer noch viel stärkeren Entfremdung von der Wirklichkeit geschüttelt, als in einem spätkapitalistischen System.

Das heißt, Utopien jenseits der Marktwirtschaft, wie wir sie kennen, funktionieren nicht?

B. d. S. Santos [317] unterscheidet zwischen einer konservativen und einer progressiven bzw. kritischen ökonomischen Utopie. Die konservative Utopie hält den Neoliberalismus als das "Ende der Geschichte" für das richtige System, auf das alles zustrebe und beweist dies im Rahmen der Kategorie der (i) Produktivität, mit der alternative Systeme angeblich nicht mithalten könnten (z.B. die sozialistische Welt). Weitere Taktiken für eine Verhinderung von möglichen Alternativen, ja sogar die Gedanken daran (Santos nennt das auch die "Produktion von Nicht-Existenz") sind (ii) die Verhinderung zusätzlicher Wissenschaft und Kultur, d.h. der Erhalt von "Monokulturen", die aus dem Neoliberalismus erwachsen sind, (iii) der Propagierung einer einzigen möglichen Zeitlinie, (iv) die dem Neoliberalismus dienliche Klassifizierung von Menschen und (v) die Globalisierung bestimmter Realitäten (Anm.: beispielsweise der westlichen kapitalistischen Demokratien als vermeintlich alternativloses System). Meiner Meinung nach kann das Konzept konservativ-repressiver Utopien nicht nur auf die neoliberale, sondern auch auf religiös oder andere politisch-ideologisch legitimierter Hegemonien angewandt werden. (Die Welt strebe auf eine bestimmte Religion oder den Kommunismus zu.)

Santos beschreibt letztendlich die Reproduktion eines in seinen Augen falschen Systems. Was ist seine Alternative.

Wie du weißt, kann momentane Progression in meinen Augen sowohl in einen höherentwickelten Zustand, als auch in eine Sackgasse führen. Ein System ist an keiner Alternative interessiert, wenn es durch sie nicht erhalten wird. Wie gesagt, beschäftigt sich Santos eher mit der Unterdrückung von alternativem und zusätzlichem Wissen als mit konkreten Utopien. Allerdings formuliert er unter den Schlagworten der "Soziologie der Abwesenheiten" und der "Soziologie des Aufkommens" die Notwendigkeit, jene Unterdrückung aufzuheben: "Während das Ziel der Soziologie der Abwesenheiten darin besteht, soziale Erfahrungen, die in der Welt verfügbar sind – obwohl sie durch die hegemoniale Rationalität für nicht-existent erklärt werden –, zu identifizieren und aufzuwerten, zielt die Soziologie des Aufkommens darauf ab, die Zeichen möglicher zukünftiger Erfahrungen, die als Tendenzen und Latenzen erscheinen und die von der hegemonialen Rationalität und dem hegemonialen Wissen ignoriert werden, zu identifizieren und zu erweitern."[317]

Man kann Santos Herangehensweise äquivalent zu einer Verneinung der rein konvergenten Evolution der Wirtschaft sehen, zur Bejahung einer kontingenten, die mehrere bisher unbekannte, einander ähnliche Möglichkeiten zulässt. Dabei nimmt er direkt auf das Weltsozialforum (WSF) Bezug: "Die utopische Dimension des WSF besteht darin, Alternativen zur neoliberalen Globalisierung für möglich zu halten."

Das heißt, es gibt möglicherweise funktionierende Alternativen. Wir kennen sie nur nicht und deren Erkenntnis wird uns schwer gemacht.

Der Hauptpunkt, an den sich ökonomische Alternativen messen lassen müssen, ist die ökologische/humane Produktivität. Produktivität ist das Verhältnis zwischen der Anzahl und der Qualität der produzierten Waren und Dienstleistungen sowie der in den Produktionsprozess investierten Ressourcen. Hierzu gehört die Zahl der Lohnarbeiter, deren Ausbildung, Arbeitszeit, Energie, materielle Ressourcen wie Rohstoffe usw. Eine erhöhte Produktivität würde es erlauben, immer mehr Menschen mit weniger Ressourcen zu versorgen. Bei einer Überversorgung wäre eine hohe Produktivität geeignet, entweder (i) Profit durch nicht-notwendige Arbeit zu generieren (das ist der *status quo*) oder (ii) die Arbeitszeit zu verringern und damit auch die Mühen der Arbeit und die Ausbeutung der natürlichen Ressourcen. Geht man vom Standpunkt der Kontingenz an die Sache heran, so sind mehrere Arten von Systemen zulässig, da mehrere zur höchsten Produktivität führen.

Eine alternative Wirtschaftsform muss also nicht unproduktiver als die jetzige sein.

Nein! Sie darf es auch nicht. Allerdings orientiert sich ihr Output nicht am maximalen Profit durch die schlichte Menge produzierter und konsumierter Waren, sondern an etwas anderem.

Gibt es aus der Kritischen Theorie heraus irgendeinen Hinweis auf eine ökonomische Utopie?

Die Kritische Theorie nennt sich deswegen kritisch, weil sie eben keine Utopie zur Verfügung stellt, sondern die Gefahren der rein kapitalistischen Wirtschaftsweise benennt, die zu Bedürfnissen führt, die den Menschen in ihrer Widersprüchlichkeit zerbrechen lassen. B. Rehbein formulierte das Fundament der Kritischen Theorie wie folgt: "Der Mensch ist historisch und gesellschaftlich bedingt, es gibt eine historische Höherentwicklung, die sich in einem idealtypischen Europa vollendet, die Analyseeinheit ist eine Totalität, die sich durch Widersprüchlichkeit auszeichnet und dementsprechend dialektisch zu erkennen ist, und die Totalität ist zu kritisieren, weil und wenn sie kein richtiges Leben verwirklicht hat."[318]. Weiter schreibt Rehbein: "Adorno ist in eine Aporie geraten, weil er gleichzeitig totale Kritik forderte und an zahlreichen positiven Sätzen festhielt – weil er zu wissen vorgab, wie die Wahrheit und das richtige Leben aussehen ... Er hat ihn (Anm.: den Widerspruch) nicht auflösen können, weil er an Hegels und Marx' Voraussetzungen festhielt, ohne deren Vertrauen auf die im richtigen Leben mündende Geschichte zu teilen." Ich persönlich halte das von Rehbein beschriebene Verständnis für durchaus gefährlich, da die Hegel/Marx - Utopie das Ziel einer widerspruchsfreien Gesellschaft beinhaltet, was für mich eher nach Stillstand klingt. Außerdem könnten Anhänger jenes Verständnisses einfach jedwedes Widersprechen einstellen und aufgrund des so entstehenden ewigen Konsenses in der Illusion leben, das Ende der Geschichte tatsächlich erreicht zu haben. Weiterhin gibt es Widersprüche, die keine aufhebenden Anpassungsbedürfnisse erzeugen (sollten) und somit konserviert werden, beispielsweise der zwischen Mann und Frau. Auch dialektische Widersprüche, die einen übergeordneten Zustand stabilisieren oder weiterentwickeln sollten sich durch Anpassung nicht gegenseitig aufheben. Meiner Meinung nach erheischen nur die leiderzeugenden Widersprüche zwischen Angepasstheit und Unangepasstheit an Gemeinsamkeit die permanente Motivation, Anpassungsbedürfnisse zu entwickeln. Bewegen sich jene im Rahmen des IntegrationsWertes der gemeinschaftlichen Leidminimierung, werden sie als höherentwickelnd verifiziert. Ein Ignorieren jener Art von Widersprüchen würde hingegen persönliches und gemeinschaftliches Leid ins Unendliche steigern. Wann würde ein Wirtschaftssystem jenen falschen Konsens repressiv erzeugen? Sicherlich dann, wenn der Leidabbau jenes System kritisch hinterfragen würde. Oder besteht möglicherweise ein Interesse bestimmter Wirtschaftssysteme, dialektische und leiderzeugende Widersprüche in einen Topf zu werfen, möglicherweise sogar Widersprüche dort zu sehen, wo es gar keine gibt? Sicherlich dann, wenn die Aufhebungsprozesse Profit abwerfen würden, unabhängig davon, ob das nun mit einer Minimierung echten Leids verbunden sind.

Welche Ökonomie bringt den echten Leidabbau hervor?

Schauen wir uns doch zwei utopische Ökonomien an, die aus dem Links-Rechts-Konzept erwachsen würden. Eine rechte Ökonomie würde sicherlich eher zu einer Ungleichverteilung von Eigentümlichkeit führen, sie verbleibt dort, wo sie erzeugt wurde, was insbesondere für Kapital gilt, eine linke würde eher zu einer Gleichverteilung führen.

Eine rein rechte Ökonomie bedeutet, alles was erarbeitet wird, behält der Erzeuger für sich. Das Hauptproblem für die Gesellschaft mit einer solchen Ökonomie ist, dass die erarbeiteten Eigentümlichkeiten nicht unbedingt all jenen zugute kommen, denen sie etwas nützen. Allerdings ergibt sich ebenfalls für das Individuum ein Problem, das die auf einem solchen Paradigma basierende Gesellschaft kollabieren lassen würde: Es ist sterblich. Die Unzulänglichkeit, sterblich zu sein, erzeugt somit die Unzulänglichkeit, die egoistischen Grenzen transzendieren zu müssen, um seine Eigentümlichkeit an die nächste Generation weiterzugeben. Es scheint an dieser Stelle paradox, dass Eigentum durch die Übergabe an die nächste Generation eine größere Priorität besitzt als bloßer Besitz. Das liegt daran, dass das Individuum jenes mühevoll errungene Eigentum erhalten möchte, und zwar über seinen Tod hinaus. Diese Herangehensweise ist eher konservativ als rechts, da das Individuum das Eigentum ja nicht mit ins Grab nehmen will. Das Individuum verzichtet auf ein solches Ansinnen, nicht weil sich jenes Eigentum wie ein egoistisches Gen verhält, sondern weil es davon ausgeht, dass jenes Eigentum und das mit ihm transportierte Wissen hilfreich für die nächste Generation ist. Es gibt jedoch eine Situation, in der die rein rechte Ökonomie funktioniert, nämlich dann, wenn das erworbene Eigentum eben nur dem einen, erwerbenden Individuum von Nutzen ist und keinem anderen. Die Zahl der Ausnahmen ist jedoch aufgrund der Ähnlichkeit der Menschen gering.

Und wie sieht es mit einer rein linken Ökonomie aus?

Diese Ökonomie beruht auf einer permanenten Enteignung aller Individuen. Die Enteignung sehe ich als Oberbegriff, der nicht nur das einfache Wegnehmen von Eigentümlichkeit zum Zwecke der Gleichverteilung oder der Vernichtung (Wenn es keinen Kaffee für alle gibt, gibt es für niemanden Kaffee) beschreibt, sondern ebenfalls den Verlust der eigenen Kontrolle über die Eigentümlichkeit. Das Eigentum gehört sozusagen der gesamten Welt und wird von einer Verwaltung gießkannenartig verteilt. Alles, worüber man verfügt, ist lediglich Besitz. Mit dieser Enteignung und der Gleichverteilung besteht wieder die Gefahr, dass Eigentum weder zu demjenigen kommt, dem es nützt, noch dass es an die nächste Generation weitergegeben wird. Eine rein linke Ökonomie würde also ebenfalls von den Menschen abgelehnt werden. Aber auch in ihrem Fall gibt es Ausnahmen, nämlich dann, wenn die Eigentümlichkeit keine (mehr) ist, weil sie bereits allen Menschen in ausreichender Menge zur Verfügung steht, oder wenn das Individuum die errungene Eigentümlichkeit beliebig kopieren kann. Die Produktion neuer Gemeinsamkeit durch ein Individuum, in die jedes andere Individuum zu Testzwecken hineinwechseln kann, entspricht solch einem potenziell unendlichen Kopieren der Gemeinsamkeit. Bestes Beispiel hierfür ist Wissen, das über das Internet verbreitet wird. Aber auch diese Ausnahme hat ihre Grenze: Nicht alle Gemeinsamkeiten sind im Rahmen der gesamten menschlichen Gesellschaft wirklich höherentwickelnd bzw. sind nicht alle für alle Menschen höherentwickelnd. Daher ist die nahezu gleichartig höherentwickelnde Gemeinsamkeit auf eine endliche Zahl von nahezu gleichartigen Individuen begrenzt. Auch hier ist diese Begrenztheit aufgrund der Ähnlichkeit der Individuen nicht absolut. Trotzdem ist das sich Ausbreiten von Eigentümlichkeit durch ultimative IntegrationsWerte limitiert: Niemand kann unendlich viele Kopien von Gemeinsamkeiten austesten.

Weder würden radikal linke noch rechte Konzepte funktionieren.

Das radikal rechte Verständnis reflektiert eine rein egoistische Motivation des Einzelnen für den Erwerb von Eigentümlichkeit. Man tut es nur für sich selbst und nicht, um Anderen durch Teilen zu helfen. Es erzieht den Menschen geradezu zum Sozialdarwinismus und untergräbt die Arbeitsteilung. Das radikal linke Konzept beruht auf einer falschen pluralistischen Anschauung. Sie besagt, dass ich alles, was ich erarbeite, nie (nur) für mich, sondern nur für andere erarbeite und es auch an jene abgebe. Die spätere Aufteilung kann in einem kollektiven Entscheidungsprozess oder von einer dafür einbestellten Verwaltung geschehen. Im trivialsten Fall der absoluten Gleichverteilung per Gesetz verschwindet jede Motivation zur Solidarität, da der erwartete zukünftige Zustand bezüglich der Anderen mit oder ohne mein Zutun der gleiche wäre und mit meinem Zustand ohnehin übereinstimmen würde. Eine triviale sozialistische Verteilung würde den Sozialismus somit in einer Art Wärmetod vernichten. Doch selbst wenn die Verteilung nicht trivial erfolgte, sondern anhand bestimmter Bedürfnisse aufgrund von Familien- oder Gesundheitsverhältnissen, würde eine anonyme Verteilungsmethode auf Dauer nicht funktionieren. Das liegt nicht nur an der Entfremdung des Menschen von seinem Produkt, dem erarbeiteten Geld oder der akkumulierten Lebensarbeitsleistung. Vielmehr wird die Rückkoppelung unterbrochen, die den Menschen mitteilt, dass das, was sie tun, tatsächlich ihrem Erhalt (oder dem des Kollektivs) dient: Erhalt (als Motivation) → Eigene Tat/Tat des Kollektivs → Erhalt (als erwartetes Resultat) steht gegen: Erhalt (als Motivation) → Eigene Tat/Tat des Kollektivs ⫶ Beschluss der Verwaltung → Erhalt (als erwartetes Resultat). Entweder misstraue ich der anonymen Verwaltung und erwarte, dass sie nichts für meinen Erhalt tut oder ich überantworte meinen Erhalt komplett der Verwaltung. Ersteres führt zur Umgehung der Verwaltung, Letzteres zum Nichtstun/das Falsche tun. Wohlgemerkt basiert diese zerstörerische Umverteilung nicht auf Freiwilligkeit. Im Rahmen einer instrumentellen Vernunft geht eine zentralistische linke Denkweise davon aus, dass der einzelne Mensch oder eine Menschengruppe einen verantwortungsvollen, solidarischen Umgang mit seinem erworbenen Eigentum niemals auf die Reihe bekommen würde. Dieser Denkraum lässt in letzter Konsequenz nur die Abschaffung von Eigentümlichkeitengrenzen und damit von Identität und Verantwortung überhaupt zu.

Man handelt doch verantwortungsbewusst, wenn man Anderen hilft?

Das Gefühl des Helfens würde eine rein linke Ökonomie jedoch nicht vermitteln. Ein radikal linkes Verständnis würde den Menschen aus all seinen Eigentümlichkeiten vertreiben, ihn von jenen entfremden und damit auch vom Helfen selbst. Da der enteignete Mensch nun nicht mehr kontrollieren kann, ob die Eigentümlichkeit sinnvoll eingesetzt oder ob sie in die nächste Generation transferiert wird, wird er gezwungenermaßen entweder zum Egoisten, indem er Eigentümlichkeiten verheimlicht, oder er ergibt sich in sein Schicksal und wird tolerant gegenüber der Fremdbestimmung der Verwendung seiner Eigentümlichkeit ("Die Partei hat immer recht!"). Der Schritt bis zur Toleranz gegenüber der fremdbestimmten Aneignung von Eigentümlichkeit ist nur ein kleiner. Das spätkapitalistische System, das dem Menschen vorschreiben möchte, was er immer wieder neu konsumieren soll, würde ein solches Selbstverständnis natürlich mit Kusshand annehmen.

Steht der Neoliberalismus eher auf der linksextremen oder auf der rechtsextremen Seite?

Der Neoliberalismus vereint beide Seiten. Seine linken Aspekte liegen in der Transzendenz individueller Eigentümlichkeits- und Staatengrenzen, ja über Kontinente hinweg, vermittels Waren und Kapital. Darin besteht gleichzeitig der linke Aspekt seiner Liberalität/ Unzulänglichkeit. Rechte Strategien hiergegen sind staatlicher Protektionismus und der Schutz der Privatsphäre. Die rechten Aspekte des Neoliberalismus liegen in der Anhäufung von Profit, worin auch der rechte Aspekt seiner Liberalität besteht, nämlich instrumentelle Eigentümlichkeitengrenzen zu ziehen und Kapital repressiv zu integrieren. Die Gefahr der hierarchisch-faschistoiden Aufspaltung der Gesellschaft durch unterschiedlichen finanziellen Reichtum ist damit immer gegeben. Linke Strategien, die dem entgegenwirken könnten, sind mehr Solidarität und Gleichverteilung. Auch die soziale Marktwirt-schaft ist eine Mischung aus beiden Anteilen. Sie lässt eine egoistische wie auch eine pluralistische Motivation für die Profitgewinnung zu und verteilt erworbene Eigentümlichkeit unter Einbindung der Erwerber und der Empfänger, jedoch nie gleichmäßig. Das klingt nicht schlecht. Die Gefahr bei der sozialen Marktwirtschaft besteht jedoch darin, dass die geregelte Verteilung von Konsumpotenzial dazu führt, dass noch mehr Profit durch geregelten Konsum angehäuft wird. Dabei ist es egal, in welchen Händen sich das Kapital akkumuliert. Hat die Gesellschaft die Profitmehrung verinnerlicht, richtet sich selbst die Wahl des Banktresors danach aus.

Menschen benötigen Eigentum, ansonsten lehnen sie die Ökonomie ab.

Eigentümlichkeit entsteht gerade dadurch, dass man sie teilt. Schließlich ist Eigentümlichkeit erinnerte Gemeinsamkeit. Ohne Eigentümlichkeiten existieren keine Individuen und ohne Individuen gibt es keine spezialisierte Arbeitsteilung. Am besten kann man diese Zusammenhänge, wie ich denke, anhand des Gefangenendilemmas aus der Spieltheorie beschreiben. Die Spieltheorie versucht, Strategien und Entscheidungsfindungen von miteinander interagierenden Individuen in spielartigen Situationen zu beschreiben. Dabei können alle Parameter bekannt sein oder es kann einen bestimmten zufälligen Anteil geben. Die Spieler können sich egoistisch verhalten, oder untereinander Allianzen bilden. Im letzteren Fall spricht man von der kooperativen Spieltheorie [319].

Das Gefangenendilemma ist das wohl eingängigste Beispiel, um zu verstehen, was mit kooperativer Spieltheorie gemeint ist. In seiner klassischen Variante geht es wie folgt [319]: Zwei Personen haben ein Verbrechen begangen und stehen diesbezüglich unter Verdacht. Die Anwälte der beiden gehen davon aus, dass sie aufgrund der geringen Beweislast mit einem Jahr Gefängnis davonkommen, wenn keiner von ihnen gesteht. Wenn sie jedoch geständig sind, erhalten sie nur die Hälfte der üblichen Gefängnisstrafe, nämlich fünf Jahre. Wenn jedoch einer der Verbrecher gesteht und den anderen dadurch überführt, obwohl jener bisher nicht geständig war, erhält der "Kronzeuge" keine Strafe und der andere die vollen zehn Jahre.

Wie würden sich die Verbrecher entscheiden?

Würden sich die beiden nach dem Verhör nie wiedersehen, würden beide egoistisch handeln und immer gestehen. Entweder würden sie dadurch freikommen oder nur *5* Jahre erhalten, nicht aber *10*. Falls sie sich in jedem Fall wiederbegegnen und die Gefahr einer Racheaktion besteht, würden sie kooperieren, d.h., keiner von ihnen würde gestehen. Das Dilemma setzt natürlich voraus, dass die Grundeinstellung der Verbrecher immer egoistisch ist, d.h., sie werden aus rein egoistischen Gründen kooperieren, Eine Art

"Ehre", ein IntegrationsWert, der beiden verbietet, gegen den anderen auszusagen und die somit die Grundlage von Kooperation wäre, bleibt hier außen vor.

Bitte stelle dir für ein weiteres Beispiel des Gefangenendilemmas zwei Nachbarn vor, die jeweils einen Hammer und eine Zange besitzen. Benötigt der erste Nachbar den Hammer nicht sehr häufig und würde lieber eine Zange haben, so könnte er zwecks Kaufs einer Zange in den Baumarkt gehen. Würde der zweite Nachbar einen Hammer brauchen, die Zange aber nicht mehr, könnte er das Gleiche tun und einen Hammer erwerben. Das wäre die egoistische und kostspielige Variante. Hinsichtlich der Kooperation gibt es nun zwei Möglichkeiten: Entweder, die beiden tauschen ihre Werkzeuge, und zwar solange, bis die jeweiligen Arbeiten abgeschlossen sind. Eine weitere Kooperationsmöglichkeit besteht darin, dass die beiden Werkzeuge an einem neutralen Ort abgelegt werden, wo jeder der beiden Nachbarn in Absprache mit dem jeweils anderen darauf zugreifen kann.

Das klingt super! Die beiden gewinnen immer, wenn sie kooperieren. Das linke Teilen von Eigentum ist besser als das rechte behalten.

Es gibt aber mehrere Probleme. Erstens wird wieder eine egoistische Grundeinstellung angenommen. Die Kooperation entsteht letztendlich aufgrund egoistischer Interessen. Man hat es mit einem egoistischen Pluralismus zu tun. Anders ausgedrückt: Der Charakter des Menschen wird als grundsätzlich egoistisch angenommen, aber aufgrund der Aussicht auf Wohlstand kooperiert er zähneknirschend mit seiner Umgebung. Der Egoismus bedeutet aber auch, dass jeder Nachbar sein Werkzeug pflegt, damit es nicht kaputtgeht. Somit hat das Verständnis vom Schutz des Eigentums positive Effekte. Im Falle der neutralen Ablagestelle wird das noch deutlicher: Im Verständnis der Nachbarn besitzen sie jetzt beide die Werkzeuge, sie sind Miteigentümer und würden sie sicherlich nur ungern jemandem geben, der nicht auch Miteigentümer daran wäre und deswegen sicher kein Interesse hätte, die Werkzeuge zu pflegen. Das ist eine eher rechte Einstellung: Man akkumuliert Eigentum und beschützt es. Stelle dir nun vor, alle Nachbarn überall auf der Welt würden ihr Werkzeug an eine neutrale Verwaltung abgeben müssen. Da vergleichsweise nur wenige Menschen an der Benutzung bestimmter Werkzeuge interessiert sind, gerade wenn es um Spezialwerkzeuge geht oder weil sie in der Benutzung ausgebildet wurden, sind diese Werkzeuge für die überwältigende Mehrheit der Menschen nutzlos. Sie können sich nicht mit ihnen identifizieren und haben daher kein Interesse daran, sie zu bewahren. Es wäre vernünftiger, von dieser drastisch linken Idee abzurücken und die Werkzeuge dem begrenzten Teil der Menschen zu geben, die die Gemeinsamkeit teilen, jene wirklich zu benutzen. Wenn sie zu deren Eigentum werden, wurden die radikal linken Verhältnisse durch eine Mischung aus rechten und linken verneint. Allerdings würden die Individuen unter dieser egoistischen Grundannahme sehr wohl die Aneignung aller Werkzeuge, die sie zu nutzen in der Lage sind, anstreben.

Die Körperzellen eines Menschen kooperieren aber doch nicht deswegen miteinander, weil sie lieber Krebszellen wären, sich aber in Konkurrenz mit den anderen Zellen in einer Pattsituation befinden und sich deswegen damit begnügen, dass bei einer strategischen Kooperation zumindest ein wenig an Profit für sie entsteht.

Das ist eine sehr interessante Frage: Kooperiert die Körperzelle mit den anderen, weil sie selbst in der sich höherentwickelnden Gemeinsamkeit überleben möchte oder weil sie sich das uneigennützig für die anderen Zellen bzw. für den gesamten Körper wünscht? Man kann das Gefangenendilemma durch die Annahme einer pluralistischen Grundeinstellung invertieren. Stell die vor, die beiden Verbrecher würden jeweils gestehen, um dem anderen die Chance einzuräumen, freizukommen, auch wenn die Kronzeugenregelung nicht angeboten wurde. Stell dir vor, jeder Nachbar benötigt sein jeweiliges Werkzeug dringend. Doch dem ersten Nachbarn ist zu Ohren gekommen, dass der zweite Nachbar dringend noch einen Hammer braucht. Da er gut mit ihm befreundet ist, verleiht der erste Nachbar seinen Hammer an den zweiten, woraufhin er sich tagelang die Vorwürfe seiner Frau anhören muss, weil die Reparatur noch nicht erledigt ist. Das Gleiche passiert ein paar Tage später, wenn der zweite Nachbar erfährt, dass sein Freund, der erste Nachbar dringend eine Zange braucht. Nach diesem Hin und Her beschließen sie, die Werkzeuge an einem neutralen Ort abzulegen, sodass jeder darauf zugreifen kann, natürlich mit Rücksicht auf den jeweils Anderen.

Die pluralistische Variante klingt in jedem Fall besser.

Nicht wahr? Und sie hat klare Vorteile für den gemeinsamen Wohlstand: Im Falle eines hohen Bedarfs an den Werkzeugen würden der egoistische Besitzer sein Werkzeug eher für sich behalten und den Fehlschlag der Reparatur in Kauf nehmen. Allerdings setzt die pluralistische Herangehensweise eine entsprechende Bindung zwischen den beiden Nachbarn voraus, und zwar über die des gemeinsamen Interesses an den Werkzeugen und der Fähigkeit, sie zu benutzen, hinaus. Und das ist genau das zweite Problem. Diese Herangehensweise ändert nichts an der Begrenztheit der Individuen, die für die Benutzung der Werkzeuge infrage kommen. Im Gegenteil kommen weitere Gemeinsamkeiten hinzu, die entweder bereits vorhanden sind oder in die Individuen erst hineinwechseln müssen, was eingedenk des IntegrationsWertes nicht immer möglich ist. Mancher möchte ja nicht mit jemandem gemeinsame Werkzeuge benutzen, der sie z.B. für Diebstahl verwendet. Oder positiv ausgedrückt: Im Falle der pluralistischen Grundannahme identifiziert sich erste Nachbar ebenfalls mit der Zange des zweiten und behandelt sie genauso pfleglich wie seinen Hammer, nicht aus egoistischen Gründen, sondern aus pluralistischen: Er möchte, dass sein geliebter Freund immer beide Werkzeuge in einwandfreiem Zustand vorfindet, damit er nicht unter den Vorwürfen von seiner Frau leiden muss. Ohne diese Freundschaft wäre die pluralistische Grundannahme nicht gegeben.

Ist die Gültigkeit von Werten ebenfalls begrenzt?

Ich glaube, wie du weißt, an den SuperIntegrationsWert der Leidreduktion. Welche konkreten Gemeinsamkeiten und Anpassungsbedürfnisse hierzu passen, hängt von der konkreten Gemeinschaft ab. Sie werden sich aber ähnlich sein, da sich die Gemeinschaften ähnlich sind. Rehbein hebt auf diesen Punkt ab: Er interpretiert die Idee der widerspruchsfreien Weltgesellschaft von Hegel/Marx/Adorno eurozentristisch: Die Welt strebe im Rahmen ihrer Höherentwicklung die europäische an. Laut Rehbein wird diese Idee momentan empirisch verneint [318].

Worauf beruht diese Verneinung?

Momentan wird der Aufstieg des globalen Südens beobachtet, zu dem China, Brasilien und weitere Tigerstaaten gerechnet werden. Die weltweite Industrie wandert in den globalen Süden ab, dessen Produktion inzwischen sprunghaft gewachsen ist. In den Boomregionen dieser Länder werden massive Investitionen getätigt. Man könnte nun vermuten, dass der globale Süden über kurz oder lang ebenfalls in eine eurozentristisch determinierte Form annehmen würde. Falls das nicht der Fall wäre, würden "alle Nationalstaaten dem chinesischen Vorbild folgen" [318]. Diese bipolare Konvergenzhypothese muss aber nicht richtig sein. Rehbein geht von einer multizentrischen Welt ohne EIN gemeinsames Entwicklungsziel aus. Diese habe, bis auf die kurze Phase des Kalten Krieges, ohnehin schon immer existiert.

Rehbein schlägt eine kaleidoskopische Dialektik vor, die jenseits des postmodernen Relativismus und einer weltweiten Universalität liegt. Er setzt voraus, dass die Art der in einer Gesellschaft gewonnen Erkenntnisse von den Mitteln abhängt, die jene Gesellschaft hervorbringt. Damit ist, meiner Meinung nach, nicht gemeint, dass diese Erkenntnisse falsch wären. Vielmehr bleiben Erkenntnisse bestimmter Qualitäten für bestimmte Gesellschaften versperrt. Die Gesellschaften sind aber nicht derartig unterschiedlich, dass ihre Grenzen nicht transzendiert werden könnten, um die Erkenntnisse auch dort anwenden zu können, wo man niemals auf den Trichter gekommen wäre. In einer allgemeineren Betrachtung schlägt Rehbein vor, Gesellschaften grundsätzlich innerhalb ihres

Bezugssystems zu verstehen, was den begrenzt-universellen Gemeinsamkeiten der Limenistik, möglicherweise auch Sloterdijks Schäumen [15] entspricht.

Was bedeutet das für die Ökonomie?

Ganz einfach: Die Ökonomie wird immer zu einem erheblichen Teil rechts sein, eben weil die Eigentümlichkeiten, inklusive der Weisheiten nur in begrenzten Gesellschaften (i) erarbeitet werden können und (ii) von Nutzen sind. Sie wird genauso gut zu einem erheblichen Teil links sein, weil (iii) Eigentümlichkeiten zum Zwecke ihres Erhaltes, der Erkenntnis und der Höherentwicklung geteilt bzw. über Generationen hinweg weitergegeben werden müssen. (iv) Außerdem sind sich Menschen so ähnlich, dass Inkompatibilitäten mit ein wenig Anstrengung überwunden werden können. Rechte und linke Ökonomie sehe ich daher als dialektische Gegensätze, die ihre Einheit, die Ökonomie stabilisieren.

Trotzdem sind die momentanen ökonomischen Verhältnisse doch ungerecht. Welche Alternativen gibt es?

Zunächst einmal musst du dir darüber im Klaren sein, dass jede Art von Alternative wiederum repressiv in die spätkapitalistische Profitmühle integriert werden kann. Mit diesem Gedanken im Hinterkopf, würde ich deine Aufmerksamkeit gern auf etwas lenken, das man die "Feministische Postkoloniale Theorie" nennt.

Die kenne ich!

War mir schon klar. Aber verstehst du sie auch?

Bitte erleuchte mich!

Ich habe nicht gesagt, dass ich sie in ihrer Komplexität verstehe. Allerdings habe ich sehr interessante Gedanken in dieser Theorie gefunden. Ich beziehe mich auf eine Wissenschaftlerin, die das Feld, meiner Meinung nach, sehr differenziert beleuchtet, Nikita

Dhawan. Insgesamt betrachte ich folgende Quellen [320-322], wobei ich deren Inhalte mit meinen eigenen Worten wiedergebe und interpretiere. Bitte nagele mich nicht auf Vollständigkeit fest. Das Gebiet der Feministischen Postkolonialen Theorie befasst sich damit, welche Wirkung der Kolonialismus auf Frauen hatte, welche Wechselwirkungen er mit den indigenen patriarchalen Strukturen eingeht und wie diese Mechanismen in der Zeit des neoliberalen Postkolonialismus überlebt haben und fortwährende Unterdrückung möglich machen. Die Diskussionen zum Thema sind offensichtlich sehr heterogen. Allerdings verwenden alle Diskutanten bestimmte Begriffe, die ich kurz erwähnen möchte:

*Intersektionalität beschreibt die Überschneidung verschiedener Diskriminierungsformen. Hier wären es im Wesentlichen kolonialer Rassismus und die patriarchale Unterdrückung der Frau.
*Interdependenz bedeutet die wechselseitige Abhängigkeit, beispielsweise auch koloniale Verflechtungen.
*Eurozentrismus besagt, dass westeuropäische Werte und Kultur den Nonplusultra-Bewertungsmaßstab für die Einschätzung anderer Kulturen darstellen.
*Androzentrismus besagt, dass der Mann den Nonplusultra-Bewertungsmaßstab vorgibt.
*Globaler Süden ist ein Begriff zur Bezeichnung der Entwicklungs- und Schwellenländer. Früher wurde auch der Begriff "Dritte Welt" verwendet.
*Globaler Norden ist ein Begriff zur Bezeichnung der entwickelten, westlichen Industrieländer, die insbesondere vom (Post)Kolonialismus profitieren. Der globale Norden wird oft nicht nur geographisch und ökonomisch definiert, sondern pauschal als der privilegierte Teil der Welt. Es werden auch Synonyme, wie "Westen" oder "Erste Welt" verwendet.
*Gender bezeichnet das gesellschaftliche Geschlechterrollenverständnis, in das ein Mensch fremdbestimmt hineingepresst (repressiv integriert) wird, oder dass er selbst wählen kann.
*Epistemische Ordnung beschreibt diejenige Ordnung, die für das Zustandekommen von Erkenntnis und Wissen verantwortlich ist. Für die Hexenverfolgung im Mittelalter wird beispielsweise die abergläubische Prägung der Bevölkerung verantwortlich gemacht,

die zur Erklärung der Kleinen Eiszeit und den Umgang mit ihr keine Alternativen zuließ. Bedenke bitte, dass eine epistemische Ordnung nicht nur ein konformes Wissen, sondern auch dessen Verneinung hervorbringt, das aber oft nur eine mögliche Alternative und kein Verlassen der epistemischen Ordnung bedeutet. Trotzdem ist die Bewertung der gegenteiligen Meinung der erste Schritt aus der epistemischen Ordnung heraus. Nachdem sie sie für eine Weile blockiert hat, öffnet die Erotik des Gegenteils die Sinne für die Erotik des Unbekannten.

*Epistemische Gewalt beschreibt das Phänomen, dass Menschen aus einer bestimmten Gruppe, eben weil sie zu jener Gruppe gehören, nicht gehört werden, ihre Meinung nicht wahrgenommen wird, insbesondere bei Angelegenheiten, die jene Gruppe selbst betreffen. Das führt dazu, dass in bestimmten Verhältnissen bestimmtes Wissen und bestimmte Arten, Wissen zu generieren, unterdrückt werden. Man kann die Wachen in Platons Höhle auch als Sinnbild epistemischer Gewalt betrachten. Die epistemische Gewalt ist nicht mit epistemischer Autorität zu verwechseln, also mit der Autorität des Wissensvorsprunges.

*Subalternes Subjekt bezeichnet ein untergeordnetes, sich unterordnendes Individuum. Hier ist das durch den Kolonialismus hervorgebrachte subalterne Subjekt gemeint.

*Orientalismus meint hier bestimmte Stereotype, mit denen Menschen im Orient assoziiert werden.

Nun zum Inhalt der Theorie: Sie ist in jedem Fall kritisch, weil sie das durch den (Post)Kolonialismus hervorgebrachte "Falsche Leben" des subalternen Subjekts, also der unterdrückten Frau, analysiert, ähnlich wie die Frankfurter Schule das mit dem eindimensionalen, spätkapitalistischen Menschen tat. Jenes Leben wird oft durch falsche gedankliche, pauschalierende Konstrukte legitimiert, deren Grenzen durchschritten werden sollen. Außerdem wird ein unmittelbarer, zirkulärer Zusammenhang zwischen dem menschengemachten Normensystem, der Wirklichkeit und der epistemischen Ordnung vorausgesetzt, weswegen diese Theorie eher links zu verorten ist. Sie knüpft, im weitesten Sinne bei Kant an [8]. Er setzt sein Prinzip von den Bedingungen für die Möglichkeit von Erkenntnis jedoch eher an denjenigen Denkstrukturen an, die

sich bereits im Kopf befinden, wobei er wohl von deren nur begrenzten Veränderbarkeit ausgeht. Linke Theorien sehen die Bedingungen für den Erkenntnisgewinn hingegen als täglich neu erzeugt an, und zwar direkt von der Umgebung der denkenden Individuen. Mit einer stark marxistischen Ausrichtung stünden hier die
Produktion und die dadurch produzierte Wirklichkeit im Vordergrund, bei der Kolonialismus/ Feminismusforschung sind es natür-
licherweise diejenigen Bedingungen, die durch die koloniale/mat-
riarchale Unterdrückung erzeugt werden.

In ihrer Antrittsvorlesung verweist Dhawan [321] auf die normative Gewalt, also der Gewalt, die von bestimmten Normen ausgeht
im Gegensatz zur Gewalt, die von einem Schlägertyp ausgeht.
Werden bestimmte Gruppen im Vergleich zu anderen in einer Gemeinschaft stärker unterdrückt, so ist die normative Gewalt formal
oder in ihrer Ausführung asymmetrisch. Sie geht gewöhnlich von
den normsetzenden Männern aus, während Frauen "Andere" sind.
In einem weiteren Vortrag [322] weist Dhawan darauf hin, dass
diese asymmetrische Gewalt auch für das Sprechen und das Zuhören während des Diskurses gilt. Es entspricht der Norm oder deren
Umsetzung, Frauen am Sprechen zu hindern oder ihnen nicht zu-
zuhören, was diese auch von der Normsetzung ausschließt. Jene
Gewalt ist die epistemische.

Allerdings erfolgt die Asymmetrisierung der normativen Gewalt
nicht immer derart offensichtlich und direkt. Dhawan weist auf
ihre Verschränkung mit dem Konzept der Verletzlichkeit hin, auf
die Annahme einer grundsätzlichen Verletzlichkeit von Frauen im
Vergleich zu den Männern. Mit der Prämisse der Verletzlichkeit,
welche meist aus der herrschenden epistemischen Ordnung erwächst, wird noch mehr asymmetrische normative (vorschrei-
bende) Gewalt gegenüber den vermeintlich Verletzlichen erzeugt,
die die Idee ihrer prinzipiellen Verletzlichkeit zementiert und damit Ursache jener Ordnung ist. Frauen werden von bestimmten
Funktionen ausgeschlossen (inklusive der Normsetzung). Da sie
sie nicht erfüllen, sind sie offenbar nicht dazu fähig und müssen
daher von ihnen ausgeschlossen werden: ein Teufelskreis. Jenes
Verständnis von Verletzlichkeit zieht auch die Annahme einer

prinzipiellen Unmöglichkeit der Ermächtigung von Frauen zur Selbstbestimmung nach sich, d.h., es ist ihnen von Natur aus unmöglich, weder per Gesetz noch sonstwie, einen "Panzer" anzulegen, der sie ebenso (un)verletzlich macht, wie es die Männer sind. Diese Grundannahme führt dazu, dass nicht etwa eine Ermächtigung der Frauen durch die Gesellschaft betrieben wird, sondern dass Maßnahmen ergriffen werden, die eine solche Ermächtigung überflüssig machen. Dazu gehören die Kameraüberwachungen öffentlicher Plätze oder gar die Empfehlung an Frauen, sich zu bestimmten Zeiten oder an bestimmten Orten nicht im Minirock in der Öffentlichkeit zu zeigen. Im Übrigen halte ich auch die Verwendung von Gendersternchen und Binnen-I für eine Manifestierung der subalternen Rolle sexueller Gruppen. Man versucht erst gar nicht, sie zu ermächtigen, sondern konstruiert ein überwachtes sprachliches Terrain, ausgestattet mit moralischen Wärmebildkameras, in dem sie vermeintlich geschützt sind.

Im nächsten Schritt wendet sich Dhawan Frauen in Kolonien zu, welchen eine doppelte prinzipielle Verletzlichkeit (weil weiblich + nichteuropäisch) ankonstruiert wird. Sie erläutert das in [320] am Beispiel der Witwenverbrennungen in Britisch-Indien. Unter anderem diente dieser grausame patriarchale Ritus der Einheimischen den britischen Kolonialisten dazu, den Kolonisationsprozess selbst zu legitimieren. Es würde sowohl in der Kolonie als auch im kolonialisierenden Staat eine Toleranz gegenüber der Kolonialisierung erzeugt. Der britische Kommandant würde beispielsweise sagen: "Hey, die Inder sind ja grausame Barbaren, die ihre Frauen zwingen, sich zu verbrennen." Möglicherweise hätte sein Adjutant geantwortet: "Ja, aber das ist doch deren Kultur und so. Sie sehen das alles voll eurozentristisch, Herr Kommandant." Woraufhin der Kommandant gesagt hätte: "Nix da! Die sollen froh sein, dass wir sie kolonialisieren und die armen indischen Frauen vor ihren brutalen Machos beschützen."

Warum solche grausamen Praktiken, wie auch die Sklaverei, durch die Kolonialmächte tatsächlich abgeschafft wurden, darüber herrscht in der Wissenschaft Uneinigkeit. Man ist sich zwar sicher, dass sich hieraus keine ökonomischen Vorteile für irgendeine der beteiligten Parteien ergaben. Allerdings geht das eine wissenschaftliche Lager davon aus, dass die Kolonialmächte bzgl. der Legitimierung der Kolonisierung unter politischem Druck standen und daher "liefern" mussten. Das andere Lager geht von der humanistischen Einsicht der eurozentristisch geprägten Kolonialherren aus und bewertet die Kolonialisierung insgesamt eher positiv. Sie hätte tatsächlich Leid reduziert. Auch wenn man anerkennt, dass Kulturen teilweise unterentwickelt oder gar grausam sind, kann man diesem Argument widersprechen: Der Mechanismus der historischen Kolonialisierung hat Subalterne in jenen Kulturen ja nicht ermächtigt, sondern sie wurden von den Kolonialherren fremdbestimmt. In jedem Fall würden Verbote traditionellen indigenen Machotums, laut Dhawan, eine entsprechende Antireaktion hervorrufen. Die indischen Männer würden sagen: Die Briten haben uns kolonialisiert und verbieten unsere Traditionen. Unser Befreiungskampf bedeutet, dass wir nach wie vor Witwen verbrennen müssen. Damit zeigen wir den Brits, wo der Hammer hängt. Und wenn wir sie endgültig rausgeschmissen und unseren postkolonialen Nationalstaat gegründet haben, dann behalten wir diese Tradition bei. Dieses Verständnis wiederum legitimiert die weitere Betreuung durch die Kolonialmacht, da die indigene Kultur unwandelbar grausam erscheint.

Aber die Briten haben doch die Frauen durch diese Maßnahme befreit, oder etwa nicht?

Die Frage ist doch: Ist irgendeine Witwe, der eine solche Prozedur angedroht wurde, fähig gewesen, zur Polizei zu gehen und die Übeltäter anzuzeigen? Und selbst wenn, hätte ihr die Polizei dann zugehört? Wichtig ist zu verstehen, dass keiner von beiden recht hat, weder der indigene Konservative noch der Kolonialist: Die durch die doppelte normative Gewalt zementierte Verletzlichkeit macht die Frau in einer Kolonie fälschlicherweise zu dem unterwürfigen Wesen, das der Orientalismus vor Augen hat.

Bei der Erläuterung der Theorie führt Dhawan weiter aus [321], dass früherer Feminismus sich gegenüberstehende gewaltempfangende (und gewaltunfähige) Frauen und gewaltausübende Männer postulierte. Tatsächlich beteiligen sich Frauen aber an der Gewalt und ziehen Privilegien daraus. Dhawan kritisiert weiterhin europäische Feministen und Linke. Jene gingen davon aus, dass die weibliche Gleichberechtigung bereits in den Werten der Aufklärung verankert sei. Insbesondere wird die europäische Aufklärung ja für die höchstentwickelte Form des zivilisierten Zusammenlebens gehalten. Allerdings hat die Aufklärung den Androzentrismus nicht wirklich beseitigt. In meinen Worten: Die benannten Feministen verhalten sich eurozentristisch und schwingen sich selbst zu ultimativen Vorbildern für die Frauen des globalen Südens auf, wodurch sie sich selbst erhöhen. UNO-Hilfsorganisationen unterstützen das Bild, die europäische Moderne würde die Frauen der Dritten Welt befreien, während die Traditionen des globalen Südens sie zu unterwürfigen Dummerchen machen würden. Dieser Glaube führt, wie ich meine, zu dem gerade in Deutschland wuchernden indirekten Rassismus gegenüber Flüchtlingen durch vermeintlich Wohlmeinende.

Wenn eine privilegierte Frau eine subalterne jedoch nicht repräsentieren darf, darf jene es doch nur selbst tun.

Diese ethnisch-biologistische Herangehensweise war eine Zeitlang durchaus populär unter Feministen. Dhawan verneint sie ebenfalls [322]. Es geht ihr, meiner Meinung nach, nicht darum, die Errungenschaften der Aufklärung, wie sie durch den globalen Norden vertreten werden, schlechtzureden oder deren Nutzen für die Dekolonialisierung in Abrede zu stellen. Allerdings muss der globale Süden selbst entscheiden, wie er die Werkzeuge der Aufklärung anwendet und kann nicht durch Eurozentristen bevormundet werden. Die Betrachtung des Postkolonialismus ist immer noch in der kolonialen epistemischen Ordnung gefangen oder nimmt ständig Bezug auf die europäischen Werte. Dhawan schreibt: "Es scheint einleuchtend, dass Europa kein Monopol auf die Wissensproduktion hat, das Problem besteht jedoch darin, dass subalternes Wissen innerhalb der hegemonialen Schauplätze der modernen Epistemologie Europas zum Verstummen gebracht wurde." Um die Dekolonialisierung voranzutreiben, müsse Europa in den Köpfen provinzialisiert werden.

Auf der anderen Seite, merkt Dhawan an, kritisieren europäische Feministen, die gezielt versuchen, nicht-eurozentristisch zu argumentieren, die nationale Befreiungsbewegung hinsichtlich ihres patriarchalen Charakters so gut wie nie. (Anmerkung: Sie verwechseln die Wiederherstellung patriarchaler Traditionen mit echter Ermächtigung.) Dhawan verneint die Verneinung des Staates als Manager der Umverteilung und als Beschützer seiner Bürger. Das Ende des Staates und seiner Grenzen (*failed state*) würde seine Bewohner nicht befreien, sondern entrechten. Sie sieht den Staat ebenfalls als potenziellen zukünftigen Garanten der weiblichen Ermächtigung. Daher strebt sie eher Staatsreformen zur Verbesserung der Lage von Frauen an.

Weiterhin kritisiert Dhawan das dogmatische Herumreiten der europäischen Feministen auf dem intersektionalen Dreiklang aus vermeintlicher "Rasse", Gender und Klasse [320]. Zum einen ist dieser Dreiklang situationsabhängig. Zum anderen hat speziell der Rassebegriff als Kriterium für die weibliche Unterdrückung in den postkolonialen Nationalstaaten keine Signifikanz. Eine falsche Bewertung der Intersektionalität bringt außerdem eine Art Hitparade der Ursachen für Ausbeutung hervor. Beispielsweise wird das weibliche Geschlecht von Feministen gern als vordringliche Ursache der Unterdrückung begriffen. Dies führt zu einem falschen identitären Denken, d.h., man versteht sich als, von Natur aus, unterdrückte Frau, weil man eine Frau ist. Gleiches gilt für die "Rasse". Solches Verständnis blockiert jede Ermächtigung. Dhawan befürwortet vielmehr die intersektionale Betrachtung verschiedener Formen der Unterdrückung, da sie zu einem heterogenen und keinem universellen Frauenbild führe. Dennoch sage ich: Intersektionale Identität birgt die Gefahr, dass das TEILEN der Gemeinsamkeiten, also die anderen Menschen, mit denen man sie teilt, ignoriert werden. Es gibt keine Zugehörigkeit mehr. Das Teilen von Gemeinsamkeiten reduziert sich auf vermeintlich singuläre Eigentümlichkeiten, die nur zur eigenen Definition verwendet werden. Das linke Prinzip der Intersektionalität wird so zu einem rechten. Grund dafür ist erneut die Reduktion von Komplexität.

Dhawan drückt aus, dass das orientalistische Frauen- und Menschenbild, inklusive deren vermeintlich ererbter Hilfsbedürftigkeit und Verletzlichkeit, zu unreflektierten konsumistischen (Hilfeleistungen) oder gar militärischen Interventionen des globalen Nordens zum Zwecke des Beschützens führen, sei es durch Staaten, die EU oder globalen Organisationen. Gleiches gilt für unreflektierte Destillate der freiheitlichen Prinzipien der Aufklärung, die als "Geschenk" an den globalen Süden daherkommen, die neoliberale Ausbeutung jedoch huckepack tragen. Menschrechtsorganisationen rollen dieses Trojanische Pferd häufig sogar selbst in die postkolonialen Länder. Dhawan geht davon aus, dass die repressive Integration der postkolonialen Nationalstaaten in den weltweiten kapitalistischen Produktionsprozess sowohl den Rassebegriff mit all seinen Minderwertig-Höherwertig-Stereotypen reproduziert, wie auch das durch die internationale Arbeitsteilung definierte Gender, d.h., "der Einsatz weiblicher Arbeitskraft, die nicht gewerkschaftlich organisiert ist, bildet ...die Hauptstütze für den gegenwärtigen Welthandel – auch noch im 21. Jahrhundert." Somit ist das subalterne weibliche Subjekt noch immer der patriarchalen indigenen Gewalt ausgesetzt, neuerdings aber zusätzlich auch der postkolonialen, wobei der Postkolonialismus die kolonialen Ausbeutungsformen durch eine neoliberale ersetzt.

Das bedeutet, die postkolonialen Länder können keine eigenen, vom globalen Norden emanzipierten Ideen entwickeln. Entweder sie folgen ihm oder sie versuchen das genaue Gegenteil davon.

Dhawans Frage ist, wie sich die Frau des globalen Südens von einem Objekt westlicher Barmherzigkeit in einen politisch und ökonomisch ermächtigten Akteur verwandeln kann. Das würde automatisch bedeuten, dass sich auch die Ökonomie der Dritten Welt nicht mehr am Neoliberalismus des globalen Nordens orientieren wird, sondern etwas Eigenes erfinden kann. Gleiches gilt natürlich auch für die Männer des globalen Südens, bei denen der Westen davon ausgeht, dass die ja nichts dafürkönnten, dass sie so sind, wie sie sind. Schließlich stammen sie ja aus einer bis in alle Ewigkeit rückschrittlichen Kultur, die man am besten sofort postkolonialisieren sollte. Man könnte auch sagen, dass die konstruierte

prinzipielle Verletzlichkeit in den Augen der vermeintlich Unverletzlichen (vor einem spätkapitalistischen Hintergrund) nur dann
ausgeräumt werden kann, wenn sich die vermeintlich verletzliche
ehemalige Kolonie technologisch dem globalen Norden angleicht
(oder ihm angeglichen wird).

Die von Dhawan eingeführten Verletzlichkeit-Gewalt-Schemata
würde ich gern zu einer individuellen Kolonialisierung, dem Gegenteil der individuellen Ermächtigung, verallgemeinern. Der individuelle Kolonialisierungsprozess beginnt mit der Feststellung
von, im Vergleich zur normsetzenden Kolonialmacht (Männer,
westliche Staaten, Kleriker, Kolonialherren, der Chef), permanenter Verletzlichkeit und der Reduktion des subalternen Individuums
auf jene Verletzlichkeit, die es von Natur aus habe. Dadurch wird
natürlich ein Großteil der Individualität ignoriert. Diese Reduktion
erzeugt im Rahmen der konstruierten epistemischen Ordnung der
Kolonialmacht eine allgemeine Toleranz gegenüber der Notwendigkeit individueller Kolonialisierung, d.h. der unangemessenen
Fremdbestimmung. Diese Toleranz zementiert die Verletzlichkeit
wiederum und blockiert damit die Ermächtigung. Die Reaktion des
kolonialisierten Individuums wird entweder die Selbstaufgabe sein,
d.h., es nimmt die Verletzlichkeit als seine dominierende Identität
an oder aber es kommt zu Gegenreaktionen, die die vermeintlichen
Verletzlichkeiten als Ausdruck der Selbstbestimmung glorifizie-
ren. Beides führt zu einer Verstetigung der Betreuungsmission
durch die Kolonialmacht. Bei hoher Toleranz des Individuums
kommt es sogar zu einer Selbstkolonialisierung, die mit Ermächtigung verwechselt werden kann. Eine asymmetrische epistemische
Gewalt ist umgekehrt ein Zeichen für eine erfolgte individuelle
Kolonialisierung.

Hast du Beispiele für individuelle Kolonialisierung?

Genderstereotype, religiöse/weltanschauliche Missionierung, die
historische (Post)Kolonialisierung von Gesellschaften und Sklaverei. Egon Flaig beschreibt das Wesen der Sklaven durch eine extrem reduzierte und auch falsche Identität [55]. Er spricht von Ent-
sozialisierung, d.h., (in meinen Worten) die Sklaven verlieren

durch die Verschleppung ihre Heimat und ihr soziales Umfeld; Entpersönlichung, d.h., Sklaven werden als lebendige Waren behandelt; Entsexualisierung, d.h., Sklaven werden von ihren Rollen als Väter und Mütter entfremdet und von Entzivilisierung, d.h., dem versklavten Menschen wird kein sozialer Status zugesprochen. Flaig formuliert weitere Aspekte des Identitätsverlustes, wie den der Religion, der Sprache oder des ihren Talenten und Vorlieben entsprechenden Lebenszwecks. Flaig sieht die Sklaverei als Ursache des Rassismus: Die Sklaven werden in eine Rolle gepresst, in eine quasi genetisch vorgegebene Minderwertigkeit wird konstruiert und an tatsächlichen Eigentümlichkeiten festgemacht. Der Begriff der Verletzlichkeit von Dhawan gefällt mit übrigens besser, weil er direkt die Betreuung durch die Unverletzlichen impliziert. Bei der Sklaverei legitimiert die angedichtete Minderwertigkeit der versklavten Individuen also deren "Betreuung" durch die vermeintlich höherwertigen Weißen. Der o.g. Identitätsverlust geht in die Verletzlichkeit und damit die Betreuungsmotivation ein und der Teufelskreis schließt sich. Definiert man Rassismus als postintitutinelles/-strukturelles Phänomen, dass sich auf die Institutionen Sklaverei und historische (Post)Kolonialisierung zurückführen lässt, kann man ihn (i) begrifflich als poststrukturelle von nichtstruktureller Diskriminierung unterscheiden und (ii) verläuft er als Hautfarbenrassismus immer von hellerer zu dunklerer Hautfarbe. Das liegt daran, dass es zwar in Gesellschaften gleicher Hautfarbe schon immer Kolonialisierung/Sklaverei gab, jene zwischen Völkern unterschiedlicher Hautfarbe immer zuungunsten der dunkleren verlief.

Wie stehen die Sklaverei und der Kolonialismus zueinander?

Beim historischen (Post)Kolonialismus waren es die kolonialisierten Gesellschaften, die aufgrund von angeblicher kultureller Minderwertigkeit "vor Ort" betreut werden mussten. Hierbei handelte es sich jedoch um die Kolonialisierung von Kollektiven durch Kollektive. Die Sklaverei ist hingegen die repressivste Form der individuellen Kolonialisierung. Die historische Sklavenhalterei diente vordringlich der ökonomisch motivierten Ausbeutung und erst in zweiter Linie der positiv rückgekoppelten Manifestation eines asymmetrischen Normensystems aus einem Willen zur Macht heraus.

Wobei man, Nietzsche folgend, hierüber streiten könnte. Vielleicht ist der Wille zur Macht primär und die angeblichen ökonomischen Vorteile die Ausrede dafür.

Der Willen zur Macht Nietzsches ist Freiheit, zwar im existenzialistischen Sinn, aber dennoch mit der Hegelsche Geist-Philosophie kompatibel. Der Wille ist das Instrument des Geistes (oder der Geist selbst), um sich im Anderen und sich selbst (als frei) bewusst zu werden. Die konstruierte Verletzlichkeit nahm den Sklaven den Willen zur Macht, die existenzialistische Freiheit, Verantwortung und Selbstbewusstsein. Sie legitimierte sowohl die Art der Arbeit, die sie zu verrichten hatten, deren Besitz und Behandlung durch die "Herren" sowie die von ihnen ausgehende normative Gewalt. Auch unter Sklaven kam es zu Selbstkolonialisierung, d.h. zur Entwicklung einer auf der normativen Gewalt der "Herren" basierenden Identität, d.h. die Annahme konstruierter Eigentümlichkeiten, deren negative oder positive Bewertung oder deren komplette Verneinung. Das letztere Identifikationsmuster entspricht nur dem Spiegelbild des kolonialen Konstruktivismus und ist ihm daher nahezu gleich.

Und Gender?

Was das Gender betrifft, würde ich nicht so weit gehen, zu behaupten, dass die asymmetrische normative Gewalt das weibliche Geschlecht erschaffen hätte. Allerdings dominiert das durch die individuelle Kolonialisierung festgelegte Geschlecht, meiner Meinung nach, das biologische, wenn letzteres nahezu komplett neutralisiert worden ist, wie das von Flaig formuliert wurde. Es gibt noch viele weitere Arten individueller Kolonialisierung. Religiöse individuelle Kolonialisierung beispielsweise zementiert die Sündhaftigkeit des Gläubigen als Verletzlichkeit von Natur aus und legitimiert die Fremdbestimmung durch religiöse Institutionen oder die Gemeinschaft der Gläubigen. Individueller Kolonialismus betrifft aber

auch die Moderne. Nimm beispielsweise die Geschichte Ost-
deutschlands seit 1945 als eine Geschichte von individuellem Kolonialismus und Postkolonialismus.

Kann man das überhaupt miteinander vergleichen?

Ein direkter Vergleich mit dem globalen Süden verbietet sich natürlich. Dafür ist die (post)koloniale Repression viel zu stark und
währt schon sehr lange. Ein Vergleich bestimmter Aspekte ist,
meiner Meinung nach, jedoch zulässig. Die indigene (patriarchale)
Tradition mit ihrer epistemischen Ordnung entspricht in Ostdeutschland der der Zeit zwischen 1848 und 1945, in der man den,
mehr oder weniger aufgeklärten, deutschen Nationalstaat sowie
die christliche Religion hochhielt. Hinzu kam die Idee von Natur
aus überlegener "Rassen", die man als eine Rückwirkung des historischen Kolonialismus, des Kapitalismus mit seiner Aufteilung
in von Natur aus Reiche und Arme sowie des Sozialdarwinismus
verstehen kann.

Aber Deutschland hatte doch gar nicht so viele Kolonien.

Dhawan verweist in ihren Reden mehrmals darauf, dass die Rückwirkung des Kolonialismus, inklusive des Rassismus auf den globalen Norden durchaus unabhängig davon war, ob ein Land selbst
über Kolonien verfügte oder auch nicht.

In Ostdeutschland erfolgte die erste Kolonialisierung durch die
Sowjetunion und das sozialistische Imperium im Jahre 1945 basierend auf der Verletzlichkeit der Deutschen, Kapitalisten zu sein
und zu Nazis mutieren zu können. Zwischenzeitliche eigene politische Ideen wurden unterdrückt. Die anschließende Phase der
kommunistischen Herrschaft zeigte plakativ, wie diese Art der Kolonialisierung epistemische Gewalt zementierte. Die Befreiungs-
phase nach 1989 war ebenfalls nur von kurzer Dauer. Jetzt wurden
eigene politische Ideen durch die Postkolonialmacht, den globalen
Westen in Form der BRD unterdrückt bzw. repressiv in das spätkapitalistische System integriert. Ostdeutsche wurden aufgrund ihrer Verletzlichkeit, da sie vom Kommunismus verdorben worden

sind, teilweise von der Normsetzung ausschlossen. Man kann daher von einer asymmetrischen epistemischen Gewalt gegenüber Ostdeutschen und Westdeutschen sprechen. Dekolonialisierende Gegenbewegungen zu jener Gewalt speisen sich aus der Zeit der Blüte des deutschen Nationalstaates, aber auch des Imperialismus, der Nazizeit, aus Destillaten der Sowjetherrschaft und natürlich jedweden Gegenteils des normierenden Mainstreams. Wie in den historischen postkolonialen Nationalstaaten wird die Stellung der Frau als Legitimierung bestimmter Narrative herangezogen, die tatsächlich aber als Abgrenzung von der Postkolonialmacht zu verstehen sind. Dazu gehört die Gleichberechtigung der Frau in der sozialistischen Arbeitswelt oder das Frauenbild aus der Zeit des Biedermeier.

Aber dem Osten Deutschlands geht es doch materiell sehr viel besser als vor der Wiedervereinigung.

Der Unterschied zum historischen (Post)Kolonialismus ist, dass Unsummen an Geld in den Osten geflossen sind, um die dortigen Lebensumstände zu verbessern. Das war aber nicht unbedingt mit einer Ermächtigung verbunden. Stattdessen wird eine bestimmte Verletzlichkeit zementiert. Die Argumentationskette ist dabei: "Wir haben so viel Geld in Euch reingepumpt und trotzdem fremdelt ihr mit der Demokratie. Ihr seid einfach durch eure kulturellen Anlagen nicht fähig dazu. Deswegen übernehmen wir das Kommando." Die Fremdbestimmung legitimiert sich durch Gegenreaktionen auf die unterlassene Ermächtigung und Einbeziehung in die Normsetzung selbst, da jene die Zementierung der Verletzlichkeit darstellen.

Ist man auch im Spätkapitalismus ebenfalls individuell kolonialisiert?

Im Spätkapitalismus erfolgt die individuelle Kolonialisierung über die repressive Toleranz, also die selbstverwaltete Hörigkeit hinsichtlich des Waren- und Meinungskonsums sowie die horizontale Flexibilität in der Verwaltung und der Lohnarbeit. Heute wird das über generell antiidentitäre Indoktrination, weniger über alternatividentitäre bewerkstelligt. Dazu weist man auf die Falschheit von bestimmten Identitäten hin. Hierzu gehören chauvinistisch unterfütterte wie auch vermeintlich antiquierte. Zum Zwecke der Zerstörung seiner gesamten Identität wird der spätkapitalistische Mensch auf diese falschen Identitäten reduziert und dadurch seine Verletzlichkeit, die mangelnde Toleranz, festgestellt. Die höchste Form dieses Tricks ist es jedoch, Identität als solche und die durch sie erzeugte Intoleranz als Verletzlichkeit darzustellen. Dadurch wird nicht nur die Betreuung von außen legitimiert, sondern auch eine Selbstkolonialisierung, die mit Selbstbestimmung verwechselt wird. Die Gegenreaktion besteht nämlich nicht nur im Beharren auf irgendwelchen Resten von (schädlichen) Identitäten, sondern auch in der Annahme der ultimativen Toleranz als instrumentelle Pseudoidentität. Das Individuum nimmt diese Pseudoidentität oft sogar dankend an, schließlich füllt sie eine Lücke. Der Effekt, der aus dem damit verbundenen Integrationsschock entsteht, ist nicht nur eine fremdbestimmte instrumentelle Toleranz, sondern auch die Vereinsamung, da sich das Individuum auch nicht mehr mit anderen Menschen identifizieren kann.

Man darf aber, meiner Meinung nach, nicht den Fehler machen, den individuellen Kolonialismus für alles Übel verantwortlich zu machen und die Menschen von jeder Verantwortung freizusprechen, sie also wieder zu, von Natur aus, hilflosen Objekten zu machen. Außerdem wäre das nicht fair gegenüber denjenigen, die tatsächlich selbst eine alternative, nicht-eurozentristische Ökonomie aufgebaut haben.

Und was sind die alternativen Ökonomien?

Alternative Ökonomien setzten grundsätzlich auf mehr Mitbestimmung derer, die die Waren produzieren und konsumieren in allen Produktions- und Konsumprozessen. Die Demokratie als Verwaltungsmodell für Staaten soll auf die Ökonomie übertragen werden. Hierdurch soll die oft schädliche, reine Profitausrichtung in einen mehr oder weniger lokalen ökonomischen *Commonwealth* umgewandelt werden. In seinen letzten Interviews hat Paul Singer,

Staatssekretär für die solidarische Ökonomie Brasiliens, sein Lebenswerk erläutert [323-324]. Ich möchte dir die Aussagen dieser Interviews näherbringen und sie interpretieren. Singer setzte die solidarische Ökonomie prinzipiell mit den Genossenschaften gleich, die die Arbeiterschaft im 19. und 20. Jahrhundert hervorgebracht hat. Genossenschaften waren für Singer das Gegenteil von Kapitalismus, da sie solidarische Kooperation vor Wettbewerb stellen. Jedoch bezogen sich die damaligen Genossenschaften im Wesentlichen auf Wohnhäuser und Konsumgüter, nicht auf die Produktionsmittel.

Die Gelegenheit, Produktionsmittel in genossenschaftliches Eigentum zu überführen, ergab sich im Brasilien der 1980er Jahre. Singer führt zunächst an, dass Brasilien im 20. Jahrhundert eine schnelle Industrialisierung durchlaufen hat. Ab 1980 gab es einen Stillstand der wirtschaftlichen Entwicklung. Es gab enorme Arbeitslosigkeit, Schulden und Inflation. Damals bildeten sich solidarisch organisierte Betriebe, beispielsweise über Initiativen der katholischen Caritas. Außerdem wurden bankrotte Betriebe durch ihre Arbeiter übernommen und mithilfe der Gewerkschaften wieder ertüchtigt. Diese Methode war sehr erfolgreich, da zunächst kein Profit erzeugt werden musste, während die alten Kunden und Zulieferer noch immer existierten und an dem Weiterbestehen des Betriebes interessiert waren. Singer erläutert, dass im Kapitalismus der Profit die alleinige Motivation des Unternehmers generiert, einen Betrieb zu leiten, und zwar inklusive der Reproduktion und Weiterentwicklung des Betriebes, und der Profiterwerb gleichzeitig der dominierende IntegrationsWert ist.

Und wie werden die solidarischen Betriebe geleitet?

In den Betrieben gibt es ein demokratisches Mitbestimmungsrecht. Falls keine Einigkeit über ein bestimmtes Problem herrscht, entscheidet das Mehrheitsvotum. Entscheidungsträger werden gewählt, und zwar auf eine befristete Zeit. Die demokratischen Entscheidungen dauern länger, wurden von Singer jedoch als qualitativ besser angesehen, als die Kommandos einzelner Besitzer. Außerdem bestimmen die Arbeiter selbst darüber, welche Art von

Gerechtigkeit als Balance zwischen der ersten und der zweiten eingeführt werden soll, d.h. beispielsweise, ob jemand ein wenig
schlechter entlohnt wird, wenn er ledig ist im Vergleich zu jemandem, der Kinder hat. Ganz anders verhält es sich in kapitalistischen
Betrieben, in denen eine starke epistemische Gewalt herrscht, d.h.,
es werden Vorgaben durch die wenigen Besitzer des Betriebes gemacht, die die Arbeiter dann widerspruchsfrei auszuführen haben.
Jene Arbeiter würden nie auf die Idee kommen, über Alternativen
nachzudenken. Meiner Meinung nach ist diese Art und Weise für
den Arbeiter auch bequem, denn der kapitalistische Besitzer ist
über den Geldfetisch - er erhält viel, also kann er viel - für die Arbeiter als derjenige erkennbar, dessen Befehle den Betrieb und ihr
eigenes Einkommen nachhaltig garantieren.

Wie stehen die Arbeiter zu ihrem solidarischen Betrieb?

Es gibt bei der Warenherstellung natürlich auch in jedem nichtso-
lidarischen Betrieb spezialisierte Berufe. Schließlich ist die Spezialisierung innerhalb der Kooperation das Geheimnis hoher Produktivität. Das Hauptproblem bei einer Spezialisierung ohne das
solidarische Verständnis des kooperativen Ineinandergreifens der
Berufe ist deren fatale "Bewertung". Einige Spezialisierungen
scheinen (in einem rechten Chauvinismus) von Natur aus wertvoller zu sein als Andere. Sie können nur durch von Natur aus "wertvollere" Menschen ausgeführt werden. Oder aber alle Spezialisierungen sind (in einem linken Chauvinismus) von beliebigem Wert
für die Kooperation und sie müssen von jeder beliebigen Person
ausgeführt werden (können), ob die das nun will oder nicht.

*Gegen diese Art von Chauvinismus hilft die solidarische Koopera-
tion.*

Die Ausrichtung auf zuerst solidarische Kooperation jenseits der
bloßen Spezialisierung wird dadurch hervorgebracht, dass sich der
Genossenschaftskörper nicht nur im Besitz seiner Nutzer befindet,
sondern auch deren Eigentum darstellt. Wird er zu deren Eigentümlichkeit, dann identifiziert sich jeder Arbeiter mit ihm, also mit
den Kollegen, den Produktionsmitteln, den Produkten und den

Kunden. Er versucht, sich an deren Individualität anzupassen. Man kann diesen Betrieb vielleicht mit einer Kuh vergleichen, die den Bauern und seine Familie mit Milch versorgt, weswegen sie quasi ein Teil der Familie und der eigenen Identität geworden ist. Die Identifikation mit dem Betrieb und seinen Komponenten ist also die Voraussetzung der solidarisch-kooperativen Herangehensweise und wird gleichzeitig von ihr erzeugt. Die gemeinsame Jagd, das Bekämpfen von Feinden setzte nämlich schon immer voraus, dass die Jagd- bzw. Kriegsgemeinschaft zur Eigentümlichkeit jedes ihrer Mitglieder wird. Jeder musste den anderen als seinen verlängerten Arm betrachten, seine Stärken und Schwächen im Vergleich zu den eigenen Stärken und Schwächen kennen. Letzteres galt übrigens auch für den Konkurrenten. Athletik ist also eine sehr gute Vorbereitung der Kooperation, kann aber zum Selbstzweck pervertiert werden.

Und wie erreicht man diese Identifikation?

Durch Mitbestimmung, die eine Selbstbestimmung ist. Die Reduktion der Entfremdung zwischen Betrieb, Beruf und den Arbeitern wird erreicht, indem der Betrieb durch die Mitbestimmung quasi zu deren Körperteil wird, da sie über dessen "Bewegungen" bestimmen können. Die Basis hierfür ist eine intensive, richtige Kommunikation, bei der mit allen über alles gesprochen werden kann. Das Gegenteil war in den Betrieben des Sozialismus der Fall, wo die Be-/Entfremdung durch die Kommandowirtschaft ein Maximum erreichte.

Und wie ist das Klima in solidarischen Betrieben?

Das Betriebsklima ist in der solidarischen Ökonomie durch eine flache Hierarchie bestimmt, sodass sich die Arbeiter gegenseitig helfen, inklusive eines Wissenstransfers, unabhängig von ihrer jeweiligen Qualifikation. Einen Chauvinismus der Berufe gibt es dort nicht.

Kann ein neuer Arbeiter dem solidarischen Betrieb sofort beitreten?

Die Beteiligung am Betrieb erfolgt über Anteile, die vom Arbeiter erworben werden. Die Aufnahme eines neuen Arbeiters als Mitglied in die Genossenschaft erfolgt erst nach einer Probezeit als Lohnarbeiter, und zwar nur in gegenseitigem Einverständnis.

Ist die solidarische Ökonomie erfolgreich?

Die Zahl der solidarischen Betriebe in Brasilien lag 2007 bei *22.000* Betrieben mit *1,7* Millionen Arbeitern [323].

Wie wirkt sich die solidarische Ökonomie auf die Gesellschaft aus?

Der linke Charakter der Körper spielt sich in ihrem Inneren ab, hauptsächlich aufgrund von gegenseitiger Hilfe, Wissenstransfer und Lohnverzicht zugunsten stärker Belasteter. Meiner Meinung nach muss die solidarische Ökonomie gleichzeitig als eine mit stark rechten Anteilen charakterisiert werden. Die Körper dieser Ökonomie sind nach außen abgeschlossen. Sie schützen ihre Existenz und sie sind nach außen keineswegs unbegrenzt solidarisch. Sie verleihen oder verschenken ihre Produktionsmittel nicht, wenn es dem Betrieb schaden würde und auch nicht ihre Produkte. Und die Körper stehen untereinander in Konkurrenz. Diesbezüglich hat sich, wie ich glaube, am kapitalistischen Prinzip nichts geändert. Sie sind also keineswegs in allen Aspekten links. Warum also kommt es nicht zu den damit verbundenen chauvinistischen Narrativen innerhalb und zwischen den solidarischen Körpern? Der Grund dafür ist, dass dem Einzelnen innerhalb des Betriebes eine Alternative vorgeführt wird, die sowohl eine epistemische Befreiung darstellt und gleichzeitig zeigt, dass es einer chauvinistisch verstetigten Hierarchie nicht bedarf, um ein Unternehmen erfolgreich zu führen.

Eine demokratisch organisierte Belegschaft kann den Betrieb genauso gut erfolgreich lenken, ähnlich wie ein demokratisch geführter Staat erfolgreich sein kann. Die Suggestion des Geldfetischs:

Wir bezahlen den Manager/Staatslenker durch unsere Arbeitsleistung/Steuern, also muss er uns doch "zu Schotter" führen können, wird als irreführend entlarvt. Daher ist die Konkurrenz zwischen den unterschiedlichen Körpern der solidarischen Ökonomie eher *soft* und erlaubt die Kooperation zwischen ihnen. Das ist kein Widerspruch, da im Falle einer Kooperation zwei solidarisch organisierte Körper temporär zu einem verschmelzen, mit dem sich beider Belegschaften wieder identifizieren können: Es kann ein einfacher Arbeiter sein, der den Vorschlag macht, mit der Firma *xy* ein gemeinsames Produkt herzustellen. Seine Stimme wird nicht unterdrückt. Die Arbeiter, die durch solidarische Ökonomie geprägt sind, tragen die Vorteile von demokratischer Selbstbestimmung und die epistemische Befreiung natürlich auch nach außen, sodass gesellschaftlich verstetigter Chauvinismus keinen Nährboden besitzt. In diesem Sinne ist das Spannungsfeld zwischen dem demokratisch geführten Staat und dem feudalistisch geführten Betrieb tatsächlich ein leidvolles, das zur Anpassung motiviert und ein Anpassungsbedürfnis erheischt. Jenes konkrete Anpassungsbedürfnis ist aber nicht die Verneinung des demokratischen Staates, sondern eher die Demokratisierung der Wirtschaft. Letztere ist im Vergleich zur Ersteren - zumindest innerhalb der eurozentrischen Epistemologie - kompatibel mit dem gemeinschaftlichen Leidabbau.

Wie stehen intellektuelle Eliten und einfache Menschen zueinander?

Singer beschreibt eine aus der solidarischen Ökonomie abgeleitete Annäherung zwischen Universitätsstudenten und einfachen, akademisch ungebildeten Menschen, die in Kontakt treten und die ihr akademisches Wissen und ihr praktisches Wissen miteinander tauschen und natürlich auch ihre Denkweisen [323].

Gibt es Nachteile?

Als vermeintliche Nachteile der solidarischen Ökonomie werden folgende Punkte angeführt:

*Betriebe der solidarischen Ökonomie werden sich hinsichtlich der Geschwindigkeit, mit der Entscheidungen getroffen werden, niemals mit einem kapitalistischen Betrieb oder mit einer staatskapitalistischen Nation, wie beispielsweise China, messen können.
*Die Qualifikation der demokratisch gewählten Manager kann mangelhaft sein. Die Konservierung eines erfolgreichen Managers wird aufgrund der begrenzten Amtszeit unmöglich gemacht.
*Gewählte Manager sind stärker für Korruption anfällig.

Das bedeutet also, die solidarische Ökonomie wäre, wenn man die Nachteile in den Griff bekäme, durchaus erfolgreich. Warum gibt es so etwas nicht bei uns?

Möglicherweise gibt es sie bei uns bereits, nur wissen wir nichts davon. Singer gibt an, dass selbst er als der zuständige Staatssekretär nicht genau wusste, wo und wann solche Betriebe entstanden. Selbst die Betriebe wussten oft nichts voneinander. Es liegt in der Natur der Sache, dass man sie zunächst nicht wahrnimmt.

Wie ist das Verhältnis zu üblichen kapitalistischen Betrieben?

Solidarische Betriebe stellen natürlich eine Konkurrenz zu den klassischen kapitalistischen Betrieben dar. Meiner Meinung nach ist die spätkapitalistisch selbstverwaltete Gesellschaft des globalen Nordens schon längst auf diesen Trichter gekommen und versucht, das solidarische Modell abzuwürgen. Das Interessante dabei ist, dass hier nicht die solidarische innere Organisation dieser Körper kritisiert und als kommunistisch diffamiert wird, sondern eher die rechte Erscheinungsform nach außen. Die Kritik kommt daher nicht nur von vermeintlich seriösen Marktexperten, die mit Zahlen und Fakten zu Produktivität und Profit um sich werfen, auch von durch den Spätkapitalismus indoktrinierten Teilen der Linken. Diese verneinen jede Art von Abgrenzung, Entfaltung innerhalb geschlossener Strukturen und vor allem die Identität und Eigenverantwortung. In solidarischen Betrieben gilt aber das Gegenteil: Ich stelle mein Produkt in meinem Betrieb her und verkaufe es eigenverantwortlich, weil ich von der Arbeit, die ich verantwortungsvoll geleistet habe, überzeugt bin. Ich identifiziere mich sogar damit und es fällt mir schwer, mich davon zu trennen. In jedem Fall hoffe ich, dass es dem neuen Eigentümer nutzt. Ich hoffe, dass er es möglichst lange behält und nicht gleich wiederverkauft oder gar wegwirft. Singer weist in diesem Zusammenhang auf den Ermächtigungseffekt der solidarischen Ökonomie für Frauen hin, die von den Männern diesbezüglich durchaus kritisch betrachtet wird, was Beweis für ihr Funktionieren ist. Eine Aufhebung der Eigenverantwortung würde die Körper der solidarischen Ökonomie tatsächlich delegitimieren. Im Betrieb würden alle nur herumsitzen und auf Anweisungen warten. Das Problem, welches aus dem Umgang der Linken mit dem solidarischen Regionalprinzip entsteht, ist, dass es tatsächlich attraktiv für alle möglichen Feinde linker Ideen wird. Ich will aber nicht leugnen, dass aus solidarisch organisierten Körpern Parallelgesellschaften entstehen können, deren lokale epistemische Ordnung zu falschem Wissen führt, insbesondere wenn sie undemokratisch werden und zu autark sind, ähnlich wie Sekten. Dazu gehört die verschwörungstheoretische Angst vor Kolonialisierung durch "die da oben".

Außerdem gibt es durch Teile der Linken eine schleichende Verneinung der Tatsache, dass sich die Gesellschaft in Generationen durch die Zeit bewegt, d.h., dass die Betriebe durch die Übergabe an die nächste Generation der Anteilseigner als solche erhalten werden müssen, ähnlich wie Familienbetriebe. Der Spätkapitalismus benötigt dieses Bewusstsein natürlich nicht, da er den maximalen Profit zu erzielen trachtet. Ob ein Betrieb zwischenzeitlich untergeht oder nicht, spielt keine Rolle. Also identifizieren sich seine Angestellten besser gar nicht erst mit ihm.

Gibt es neben den klassischen Genossenschaften sichtbare äquivalente Formen solidarischer Ökonomie im Westen?

Seit Langem solidarisch organisierte Körper im globalen Norden sind vor allen Dingen Universitäten und Wissenschaftsinstitute. Wissenschaft beruht auf Kooperation innerhalb von Arbeitsgruppen, weswegen flache Hierarchien im Sinne von geringer

"Schwellenangst" hier von enormem Vorteil sind. Diese Kooperationen können nicht aufgelöst werden, da der Wissenschaftsbetrieb sonst nicht funktionieren würde. Das Gleiche gilt für die epistemische Befreiung, da man ja einen erweiterten Blick auf die Wirklichkeit braucht, um neue Erkenntnisse zu gewinnen. Momentan findet in diesen Institutionen jedoch eine massive individuelle Kolonialisierung statt, deren Grund ich nicht erkennen kann, da sie nicht in einem ökonomischen Konkurrenzkampf stehen. Durch die Evaluierungen von Arbeitsgruppen, Instituten und Universitäten nach nur vorgeblich wissenschaftlichen Kriterien wird jedoch ein künstliches Klima der Konkurrenz erschaffen, das die Vorteile des solidarischen Vorgehens in der Arbeit verneinen wird, nach dem Motto: "Hey, wir in den Universitäten sind derart solidarisch. Aber das ist doch ein Makel, den wir selbst aber nicht abstellen können. Deshalb, liebe Unternehmensberater, evaluiert uns bitte. Und wenn unsere Forschung nicht relevant für das 'Gute' ist, dann macht sie bitte dicht." Selbstverständlich führt dieses Denken nicht zu einer Identifikation mit den Körpern, in denen man solidarisch zusammenarbeiten sollte. Vielmehr entfremdet man sich davon.

Kann die solidarische Ökonomie eine positive Rolle spielen?

Ich denke, dass die solidarisch geführten Betriebe ein starker Gegenpol zu jenem Identitätsverlust sind. Aufgrund ihrer internen demokratischen Struktur besteht nach nicht die Gefahr, dass sich Betriebe als höherwertig und andere als minderwertig von Natur aus begreifen.

Aber wie kann man die solidarische Ökonomie etablieren?

Meiner Meinung nach gerade über die Identität. Besonders interessant finde ich hierbei die Idee von Regionalwährungen. Dass es sich dabei um eine beachtenswerte Idee handelt, wird insbesondere daran deutlich, dass die EU selbst Lokalwährungen fördert [325-326]. Eine Einheitswährung, die heterogene, geographisch ausgedehnte Gebiete mit einer hohen Bevölkerungszahl abdeckt, neigt dazu, Geld ungleich zu verteilen. Die Banken werden es dort investieren, wo die höchste Rendite zu erwarten ist. Somit entsteht ein Teufelskreis: Investitionen werden dort getätigt, wo starkes wirtschaftliches Wachstum existiert und erzeugt wiederum Wachstum, während wirtschaftlich stagnierenden Regionen keine Investitionen abbekommen. Globalisierte Währungen leisten ebenfalls einen erheblichen Beitrag für die Entstehung falscher lokaler Identitäten: Der Mensch definiert sich wiederum über die Rendite, die seine Region produziert (Exportweltmeister), jedoch nicht z.B. als Europäer. Lokalwährungen hingegen würden die Identifikation mit der Region verstärken und Investoren die Chance geben, lokal zu investieren. Allerdings existiert eine Präferenz von Lokalwährungen, die sehr schnell an Wert verlieren und somit schnell ausgegeben werden müssen. Diese Eigentümlichkeit entspricht negativen Zinsen und scheint die Wirtschaft in Krisen anzukurbeln.

Wie sieht der Westen die solidarische Ökonomie?

Trotz der vorhin genannten Nachteile wird die Idee der solidarischen Ökonomie hier häufig positiv rezipiert. Das kann damit zusammenhängen, dass insbesondere die Bewohner des globalen Nordens darin einen Ausweg aus der letztendlich fremdverwalteten spätkapitalistischen Wirklichkeit sehen.

Wie steht die solidarische Ökonomie zur Globalisierung?

Wie ich dir schon sagte, halte ich nichts von der Idee, die Produktivität abzusenken, um wirtschaftliches Wachstum einzudämmen. Auch von wirtschaftlicher Deglobalisierung halte ich nichts. Globalisierung ist prinzipiell eine fortschrittliche Sache, weil es menschliche Sphären sowohl integriert - Menschen, die Waren tauschen, bekriegen sich nicht - als auch alternative individuelle Schutzräume eröffnet. Das Problem, welches wir im Moment haben, beruht auf einer instrumentell interpretierten neueren Gesellschaftsphilosophie. Die fatale Wirkung der Fehlinterpretation von Darwins Evolutionstheorie führte in den Sozialdarwinismus und die Legitimierung von rassistischer Verfolgung und den Weltkriegen. Die neue gesellschaftliche Theorie, die fehlinterpretiert wird, ist die Systemtheorie. Die Verabsolutierung der Systemtheorie führt direkt in einen staatlich gestützten Neoliberalismus. Ein System wird nämlich als ein notwendiges, sich selbst regulierendes, stabilisierendes und wachsendes Etwas bestehend aus Prozessen gesehen, das sich seine Grenzen selbst schafft. Wir müssen - in diesem Verständnis - nur die Ressourcen liefern - dann erhalten sich die Prozesse bestimmt selbst - mehr zählt nicht.

Denkst du nicht auch so?

Nicht ganz. Man muss immer bedenken, dass das falsche System momentan stabil sein kann und sich dennoch in seinen eigenen Untergang führt, insbesondere eines, das keine Rücksicht auf seine Ressourcen nimmt. Außerdem beziehe ich alle Individuen in das System ein, die es als Gemeinsamkeit teilen. Durch nur einen kleinen Teil der Individuen quasi feudalistisch festgelegte oder anderweitig einseitige, wenn auch selbsterhaltende Prozesse, können nicht für alle Individuen komplett richtig sein. Nicht jede Innovation, die zur Profitsteigerung führt, gereicht auch zur Leidminimierung. Sie kann auch in leidvolle Entwicklungssackgassen, z.B. Finanzkrisen, führen. Zum Thema globaler Finanzkrisen haben mehrere Referenten in der "SWR Teleakademie" Vorträge gehalten, hauptsächlich direkt im Zusammenhang mit der Euro-Krise ab 2010 [327-328].

Und was hast du Schönes gelernt?

Kehren wir zuerst zum Phänomen Geld zurück! Geld ist der Indikator des Tauschwertes von Waren. Ein Produzent oder Kaufmann beispielsweise produziert oder kauft eine Ware, von der er hofft, dass sie derart relevant und innovativ ist, dass die Menschen sie zu einem hohen Preis kaufen werden. Allerdings weiß er das vorher nicht. In jedem Fall sieht er einen hohen Verkaufspreis und hohe Verkaufszahlen für die Bestätigung, das für die Gemeinschaft Richtige getan zu haben. Von seinen Verkäufen gehen im Übrigen diverse Steuern und Abgaben ab, ebenso von der Produktion. Das bedeutet, dass sein Profit und all diese Abgaben in den Verkaufspreis der Ware eingehen. Man fand schnell heraus, dass man neben

den realen Waren auch andere Produkte handeln kann, die Finanzprodukte. Die Finanzprodukte erster Ordnung sind Kredite, die
von Banken gewährt werden und Aktien, die von Unternehmen
ausgegeben werden. Das Prinzip ist bei beiden Produkten das gleiche: Der Gläubiger, also die Bank oder der Aktienbesitzer, erwerben einen Teil des (zukünftigen) Eigentums des Schuldners, also
des Kreditnehmers oder der Aktiengesellschaft, der aber zunächst
in deren Besitz verbleibt. Die letzteren beiden geben damit das
Versprechen ab, die von der Bank oder dem Aktienbesitzer inves-
tierte Geldsumme zu mehren und ihnen eine Dividende zu zahlen.
Bei Fälligkeit der Schuld wird diese komplett zurückbezahlt.

Der Punkt ist nun aber, dass solche Eigentumsanteile selbst wieder
zur Ware werden, gehandelt werden können und damit auch Profit
erbringen. Eigentumsanteile, die momentan eine höhere Rendite
als andere erbringen, sind sicherlich gefragter und damit teurer als
jene mit niedriger Rendite. Es ist zunächst Spekulation, ob ein reales Produkt einen hohen Profit im Verkauf erzielt, ob ein Eigen-
tumsanteil in Zukunft eine hohe Rendite abwerfen wird. Aus den
Eigentumsanteilen leiten sich Finanzprodukte noch höherer Ordnung ab, Derivate. Bei Derivaten verspricht der Schuldner einen
bestimmten Verkaufs- oder Ankaufspreis für Eigentumsanteile
(aber auch Edelmetalle und Rohstoffe), die sogenannten Basiswerte. Der Gläubiger spekuliert entweder darauf, dass der Ankaufspreis auf dem Markt zu einem bestimmten Zeitpunkt niedriger ist, als der mit dem Schuldner vereinbarte. Er kann somit kurz
vor der Fälligkeit die Eigentumsanteile zu einem niedrigen Preis
erwerben und die vereinbarte Stückzahl dann zum festgelegten höheren an den Schuldner verkaufen. Oder er spekuliert auf einen
steigenden Verkaufspreis am Markt, wobei ihm der Schuldner die
Eigentumsanteile zum vorher festgelegten niedrigen Preis abtreten
muss. Neben diesen "Futures" gibt es auch CFD (*Contract for dif-
ference*), bei denen auf einen permanenten Anstieg oder auch Abfall eines Basiswertes innerhalb eines gewissen Zeitraumes gewet-
tet wird, und zwar ohne Stichtag für dessen Verkauf. Der Punkt ist,
dass auch diese Derivate wiederum gehandelt werden können, sodass Gläubiger und Schuldner nicht in den faktischen Besitz der
Basiswerte kommen müssen, nicht einmal bei der Fälligkeit des

Geschäftes. Meist behält der Besitzer der Basiswerte jene sogar und zahlt dem Schuldner den Differenzbetrag aus. Eine solche Regelung macht das Spekulieren mit Optionen noch unkomplizierter. Der spekulative Profit aus diesen *put* oder *call* - Optionen kann durch die Vereinbarung eines "Hebels" nochmals erhöht werden.

Haben Finanzprodukte denn überhaupt Vorteile?

Als ein eher nützlicher Effekt von Finanzprodukten werden die Erhöhung der Liquidität und eine gewisse Sicherheit genannt: Die Option, beispielsweise die Maisproduktion zu einem bestimmten Zeitpunkt zu einem bestimmten Wert verkaufen zu können, würde den Schuldner, also den Maisverkäufer, gegen Preisschwankungen auf dem Markt schützen. Er hätte Planungssicherheit. Man spricht daher auch von *hedge*, also absichern. Außerdem würde der Schuldner gezwungen sein, den zukünftigen höchsten Marktwert genau einzuschätzen. Das Gleiche gilt für den Gläubiger, der den niedrigsten Wert einschätzen muss. Auf diese Weise würde der tatsächliche Nutzen des Mais für die Gesellschaft im monetären Preis abgebildet und sowohl der Maisproduzent als auch der -käufer hätten eine preisliche Sicherheit. Es würde zu einem Vertrauensverhältnis zwischen Gläubiger und Schuldner kommen, möglicherweise zu einer Partnerschaft über Jahre hinweg.

Die negativen Effekte stehen jedoch heute eher im Fokus. Eine Bank kann sich beispielsweise gegen den Zusammenbruch eines Unternehmens, dem sie einen Kredit gewährt hat, versichern [329]. So weit, so gut. Was aber, wenn der Versicherungsbeitrag sehr viel höher ist als das von der Bank verliehene Geld? In diesem Moment ist die Versicherung selbst sehr attraktiv für andere Banken, die sie aufkaufen und auf die Auszahlung der Versicherungssumme und damit den Zusammenbruch des Unternehmens spekulieren. Umgekehrt spekuliert die Versicherung auf ein sehr geringes Risiko für das Unternehmen, um ihrerseits Gewinn aus der exorbitanten Versicherungssumme zu ziehen, falls das Unternehmen überlebt. Ist die Allianz aus Bank und Versicherung so mächtig, dass sie Einfluss auf den Staat nehmen kann, so wird sie eine Übernahme der Kosten für die eventuelle Fehlspekulation durch den Steuerzahler verlangen. Ein anderes Beispiel betrifft Preisgarantien für die die Abnahme oder den Verkauf von Lebensmitteln. Die Annahme ansteigender Lebensmittelpreise führt zu ebenfalls ansteigenden Optionswerten und damit, in der Realwirtschaft, zu tatsächlich ansteigenden Lebensmittelpreisen. Der Verbraucher ist quasi gezwungen, diesen Preis zu zahlen, um nicht zu verhungern. Der sogenannte Markt kann bei endlichen lebenswichtigen Ressourcen gar nichts regeln, da die Menschen ja nicht auf Nahrung verzichten können, um die Spekulanten abzustrafen.

Ein weiterer negativer Punkt ist, dass die Geldsummen, die der Schuldner verspricht, nicht durch materielle Werte gedeckt sein müssen. Die Spekulationen um Eigentumsanteile und Derivate verliert dadurch vollständig den Bezug zur realen Wirtschaft. Auf diese Weise löst sich auch der Wert der Aktie von dem Wert des Unternehmens, das sie einst repräsentierte. Der ursprüngliche solidarische Ansatz: "Ich kaufe einen Teil deines Unternehmens, weil ich glaube, dass es z.B. nachhaltig und umweltbewusst produziert und mit den Produkten auch noch das Leben der Menschen verbessern kann. Ich bin selbst am Wohlergehen des Unternehmens interessiert, da ich mir eine Rendite verspreche.", existiert nicht mehr. Hinzu kommt, dass man Geld, Aktien und daraus abgeleitete Derivate in beliebiger Menge herstellen kann, im Gegensatz zu realen Waren.

Du sprichst von Inflation.

Ein Betrieb, ein kapitalistischer wie auch ein solidarischer, ist Empfänger und Emitter von Geld. Sie benutzen es, um Rohstoffe für ihre Produktion einzukaufen oder ihre Waren zu verkaufen. Der Profit kann bewusst so eingestellt und verteilt werden, dass die produzierten Waren einen fairen Preis haben, die Arbeiter sozial gerecht entlohnt werden und der Betrieb genügend Rücklagen für Erhalt und Wachstum hat. Solche Betriebspolitik kann im Kapitalismus durch einen wohlmeinenden Patron umgesetzt werden, muss es aber nicht und kann es unter dem globalen Preisdruck auch nicht mehr. Vielmehr richtet sich alles darauf aus, Waren so günstig wie möglich zu produzieren und so möglichst teuer wie möglich zu verkaufen.

Eine Volkswirtschaft mit abgeschlossenen Grenzen hingegen stellt einen Finanzkreislauf dar, in dem das Geld im Idealfall nicht verschwindet. Ein Wirtschaftskreislauf, in dem fünf lebenswichtige Waren gehandelt werden und in dem *100* Euro in Umlauf sind, würde einen mittleren Warenpreis von *20* Euro hervorbringen, ein Kreislauf, in dem *200* Euro in Umlauf sind hingegen einen Preis von *40* Euro. Eine weitere Überschwemmung des Marktes mit Banknoten führt zu einer Inflation und damit zu einer mehr oder wenigen kontinuierlicheren Preissteigerung. Im Gegensatz dazu steht die Teuerung, die beispielsweise bei einer Verknappung von notwendigen Waren entsteht. Volkswirtschaften sind jedoch mit Staaten identisch, die im Regelfall nicht über alle Komponenten der Produktionskette verfügen. Daher besteht eine gewisse Öffnung und wirtschaftliche Beziehungen nach außen. In den Zeiten der Globalisierung existiert ein geschlossener nationale Kreislauf aber nicht mehr. Die Staaten sind selbst zu Betrieben geworden, die Waren/Geld emittieren und empfangen.

Bei diesem Gedanken liegt es absolut nahe, die Staatsgebilde nicht nur als demokratisch geführte Verwaltungen zu verstehen, sondern als Körper solidarischer Ökonomie. Demokratische Politik bedeutet, dass Repräsentanten des Volkes aus des Volkes Mitte jene Verwaltung auf die Beine stellen. Solidarische nationale Ökonomie bedeutet, dass sich das Individuum als Miteigentümer der Finanzen des Landes versteht. Das heißt, dass Repräsentanten der Steuerzahler aus der Mitte der Steuerzahler bestimmen, was mit den von ihnen in den Staatshaushalt eingezahlten Steuern geschieht. Dadurch, so hofft Paul Kirchhof [327], würden sich Gesetze etablieren, die eine hohe Staatsverschuldung verhindern würden. Wie schon gesagt würde eine innere demokratische Struktur der aus solidarischen Körpern zusammengesetzten Staaten, meiner Meinung nach, eine äußere undemokratische verhindern und internationale Kooperation vor Konkurrenz stellen.

Aber die momentanen Strukturen verhindern eine solidarische Staatsökonomie.

Der Punkt an dieser Stelle ist, dass es aufgrund der Transformation der Staaten und Regionen in Betriebe der globalisierten Welt mit unterschiedlichster wirtschaftlicher Dynamik zu einem ungebremsten Anstieg vermeintlicher Vermögen kommt. W. Hankel [328] machte das am Beispiel der Tulpenzwiebeln klar, die im Rahmen der "Tulpenmanie" im 16. Jahrhundert preislich massiv überbewertet worden sind. Das Ende des Wahns setzte erst ein, als ein Besucher eines Geschäftes eine solche Tulpe verspeiste und damit ein virtuelles Vermögen zunichtemachte. Bei dem Beispiel mit den Tulpen handelt es sich um eine Teuerung durch internationale Spekulation. Der Geldwert, der einem Produkt zugesprochen wird, kann ohne das Bewusstsein, sich in einem halbwegs geschlossenen volkswirtschaftlichen Kreislauf mir einer begrenzten Menge materieller Werte und zirkulierenden Geldes zu befinden, unendlich groß werden. Es gibt nämlich kein materielles Limit für finanzielles Vermögen, insbesondere, wenn Papier durch Computerbits ersetzt wird. Das finanzielle System ist nicht selbstlimitierend, im Gegensatz zum Wirtschaftssystem, das nur über endliche Ressourcen verfügt. Bei massivem Input frisch gedruckten Geldes, beispielsweise durch massive Ankäufe von Staatsanleihen, ist der Reichtum nicht nur ein Hirngespinst, wie bei den Tulpen, sondern liegt als vermeintlicher Wert auf der Bank, die massive Kredite generieren kann. Da das Geld keinen materiellen Gegenwert hat, kommt es regelmäßig zu Kapitalentwertungen, wenn die Menschen sich schließlich etwas für ihren vermeintlichen Reichtum kaufen wollen oder aber die vermeintlich gewinnbringenden Aktien abstoßen. Dies ist der Rahmen, den die Finanzwirtschaft kennt.

Welchen Ausweg gibt es?

Die Zentralbanken wurden über eine lange Zeit als regulierende Kräfte gesehen. Zentralbanken kontrollieren die Privatbanken und bestimmen den Leitzins. Allerdings neigen sie dazu, ihre "Kinder", die Privatbanken, durch Garantien retten zu wollen, die ihr "Stiefkinder", die Bevölkerung durch erarbeitete Werte abdeckt. Es gibt protektionistische Ansätze, wie eine Limitierung der Inflation, Steuern und Abgaben auf Finanzgeschäfte, ähnlich wie auf reale Waren, die Rückkehr zu staatlich kontrollierten Währungen oder eine umfassende Finanzaufsicht. Das Problem, dass Geld den Wert der Realität nur bedingt abbildet und im Gegensatz dazu zu unendlichen Mengen aufgebläht werden kann, bleibt aber in jedem Fall bestehen. Die intellektuelle Anforderung an eine Finanzwirtschaft ist es also, Rahmen zu setzen, die die Abbildung des Nutzens eines Produktes für die jeweilige Gesellschaft durch dessen monetären Preis maximal begünstigt.

Also benötigt man eine Welt-Volkswirtschaft.

Die Finanzwirtschaft induziert momentan eine globale Neokolonialisierung. Regulierende Staatsgrenzen werden zugunsten frei handelbarer Waren, Kapital und Menschen verneint, wodurch es zu einer (Selbst)Kolonialisierung der Staaten kommt, die ihre Identitäten den Anforderungen globaler Profite anpassen. Als Konsequenz werden voraussichtlich wachsende lokale Ökonomien im Euro-Raum mit Investitionen vollgepumpt und schrumpfende verlieren jene. Diese Investitionspolitik muss nicht einmal eine reale Ursache haben. Es kann sich vielmehr um eine selbsterfüllende Prophezeiung handeln. Momentan stellen die Nationalstaaten also eher subalterne Subjekte dar, die instrumentell in bestimmte Genderschemata gepresst werden, welche wiederum auf ihre Einwohner abfärben. Das bedeutet, dass man sie eher ermächtigen müsste, ihrer neoliberalen Kolonialisierung durch die global agierenden Konzerne Paroli zu bieten, und zwar ohne die Streuung von Feindseligkeiten zwischen den Ländern.

Wie soll das erreicht werden?

Ich bin der Meinung, dass sich die Finanzwirtschaft solidarisch umgestalten lässt und dass sie dadurch besser wird, auch global. Die Basis hierfür könnte eine teilweise solidarische Realwirtschaft in allen Nationen sein. Die Arbeiter wären dann nicht nur Anteilseigner der Produktion, sondern die Angestellten wären Anteilseigner der Banken, die Kredite vergeben und damit Anteilseigner der

Kreditnehmerprojekte. Die Börsenmakler wären Anteilseigner der Börse. Ein Einbruch der Kurse aufgrund überzogener Spekulation würde sie also direkt betreffen. Die momentane wirtschaftliche Globalisierung ist eine kapitalistisch-eurozentristisch normierte und noch dazu ohne jeden volkswirtschaftlichen Rahmen. Solidarische Ökonomien werden somit doppelt verhindert, sogar den Gedanken daran. Der erste Schritt wäre, wie ich denke, deren Provinzialisierung. Daher führt nichts an einer Ermächtigung alternativer solidarischer Wirtschaftsmodelle im Rahmen souveräner staatlicher Volkswirtschaften vorbei. Die bedeutet automatisch die Legitimierung von regionalem Protektionismus. In letzter Konsequenz würde das die Etablierung zusätzlicher regionaler Währungen bedeuten, deren Wechselkurs zur Globalwährung von den Notenbanken der Staaten festgelegt wird.

Das klingt nach dem Front National.

Er hat diese Idee, meiner Meinung nach, nur deswegen vor der Wahl in Frankreich propagiert, weil sie so schön nach Anti-Euroestablishment klang. Ohne eine Bindung an eine solidarische Ökonomie würde sie, wie ich denke, sowieso nur in eine Verstärkung der Ungleichverteilung von Investitionen führen. Witzigerweise waren es zuerst die Franzosen, die von der Notwendigkeit einer Doppelwährung als Zahlungsmittel innerhalb staatlicher Allianzen überzeugt waren. Man nennt das heute den Bimetallismus. Frankreich besaß in den Jahren 1803 bis 1876 ein bimetallisches Währungssystem [330]. Es beruhte auf der gleichzeitigen Präsenz von Gold- und Silbermünzen in der Finanzwirtschaft. Da die Relation von Silber- und Goldpreis Schwankungen unterworfen war, musste die nominelle Relation der Münzwerte zueinander staatlich fixiert werden. Nach dem Greshamschen Gesetz führt dies dazu, dass die vom Staat unterbewertete Geldsorte gehortet wird oder den Staat verlässt und die überbewertete als dominierendes Zahlungsmittel zirkuliert [331]. Bei einer möglichen heutigen europäischen Doppelwährung aus Regiogeld und Euro würde der Effekt jenes Gesetzes über die Wechselaktivitäten umgekehrt anzeigen, wie die nationale Notenbank den Wechselkurs festzulegen hat, um beide Währungen gleichartig im Umlauf zu halten.

Auch wenn das funktionieren würde. Zwei Kassen, einer für Euro und eine für die nationale Währung in jedem kleinen Laden, stelle ich mir sehr kompliziert vor. Außerdem sehe ich nicht, wie die Doppelwährung eine solidarische Wirtschaft begünstigen würde.

Man kann die Doppelwährung als Kompensationswährung verstehen. Was, wenn eine nationale Währung an Regionen mit solidarischen Betrieben ausgegeben würde? Auf diese Weise könnten die Regionen innerhalb eines Staates untereinander Handel treiben. Der volkswirtschaftliche Kreislauf wäre geschlossen und die Identifikation mit der Region und mit der solidarischen Idee würde ein sich selbstverstärkendes Auseinanderdriften in der Produktion und den Lebensstandards verhindern. Außerdem könnten die Regionen ihre eigenen Normen und eine eigene epistemische Ordnung entwickeln.

Und du denkst, das würde funktionieren?

Vielleicht kannst du dich erinnern, dass ich in unserem Gespräch zwei Arten der Selbstverwaltung betrachtet habe. Die eine Art der Selbstverwaltung reproduziert das spätkapitalistische Ausbeutungssystem. Natürlich kann diese Art der Selbstverwaltung flache Hierarchien und demokratisch anmutende Entscheidungen hervorbringen. Jene würden aber eher der demokratischen Entscheidung in einem Affenkäfig entsprechen, wie man die Zoobesucher vor dem Käfig am besten unterhalten könnte und nicht, ob man weiter sein Leben in dem Käfig fristen wolle. Natürlich gibt es auch Kooperationen, um die ökonomische Effektivität zu erhöhen. Bedenke aber, dass auch Soldaten, die ein anderes Land überfallen, miteinander kooperieren. Die andere Form der Selbstverwaltung, über die wir gesprochen haben, ist die der solidarischen Betriebe. Auch hier geht es kooperativ und demokratisch zu. Auch hier hat man ein Ziel und steht in Konkurrenz zu anderen Betrieben. Der Unterschied zwischen beiden Arten der Selbstverwaltung ist, dass die erstere letztendlich fremdbestimmte Anpassungsbedürfnisse an falsche Gemeinsamkeiten erzeugt, also an solche, mit denen sich die Agenten nicht in einem ausreichenden Maße identifizieren können. Daher empfindet der Mensch ständig eine Repression. Die Gemeinsamkeiten müssen nicht einmal feudalistisch, also durch eine egoistische Minderheit vorgegeben sein, sondern können aufgrund menschlicher und objektiver Unzulänglichkeit entstehen. In einem solidarischen Betrieb hingegen existiert zumindest die Überzeugung, dass jener ein Teil der Eigentümlichkeit ist. Man identifiziert sich mit ihm und empfindet viel weniger Repression als wenn man für die "unsichtbare Hand" [332] arbeiten und konsumieren würde. Stell dir nur vor, wie stark die Identifikation steigen würde, wenn man neben dem Allerweltsgeld eine eigene Währung hätte. Der Betrieb, die Region, die Währung wären wirklich das Eigentum ihrer Besitzer.

Und wie soll die Doppelgeld-Finanzökonomie genau geregelt werden? Ist das nationale Geld dann eher eines für den Umlauf, mit negativen Zinsen und der Euro ein wertstabiles Geld für Anleger? Wäre die Europäische Zentralbank noch vonnöten oder würden die finanztechnischen Strategien nur von den nationalen Banken bestimmt?

Die ökonomischen Strategien kann man natürlich durchspielen und die stabilste in die Realität übernehmen. Allerdings muss man schauen, ob man von einer eher egoistischen oder einer pluralistischen Grundannahme ausgeht. Richtet man die spieltheoretischen Modelle auf eine bestimmte Grundannahme aus, so zementiert die Anwendung der entwickelten Strategien jene Grundannahme im Menschen. Momentan sind die Grundannahmen durchweg egoistisch und Kooperationen entstehen wiederum aus Egoismus. Meiner Meinung nach können solidarisch organisierte Regionen als Inkubatoren für Pluralismus dienen, auch wenn sie scheinbar abgeschlossen sind.

Und wie?

Ich würde es ähnlich wie W. Hankel halten [328]. Meiner Meinung nach müsste es zwei Arten von Währung geben: die regionale für solidarische Körper und den Euro. Die EZB würde den Euro kontrollieren, die Staaten ihre Regionalwährungen. Durch die begrenzte Freigabe von Wechselkurs, Inflation und Zinsen würden unproduktive Regionen ihre Währung abwerten und negative Zinsen einführen können, produktive Regionen könnten ihre Währung sogar zu Anlageobjekten machen. In einem nächsten Schritt könnten die Regionalwährungen der verschiedenen Staaten durch feste Wechselkurse vereinheitlicht werden, wodurch ein Regiofinanzausgleich innerhalb Europas etabliert würde. Dieser würde der Idee der solidarischen Ökonomie jedoch nicht widersprechen, im Gegenteil. Außerdem wäre der Ausgleich aufgrund des Wechselkurses zum Euro transparent. Man hätte dadurch geschlossene regionale Wirtschaftskreisläufe, die trotzdem für Regionen anderer Nationen offen sind.

Und würde diese Geldpolitik zu einer Umwandlung der Wirtschaft in eine solidarische dienen?

Meiner Meinung nach würde sie sie befördern. Ob die Regionalwährungen gegenüber dem Euro attraktiver werden oder nicht, hängt davon ab, ob die damit gehandelten Waren attraktiver sind als die aus nicht-solidarischen Regionen. Das sind sie dann, wenn die Menschen sie wirklich benötigen, sie keinen zwangskonsumistischen Ballast darstellen und wenn sie human und ökologisch hergestellt werden.

Aber die Regionen sind doch im Nachteil, weil sie nicht durchglobalisiert sind.

Die Globalisierung ist tatsächlich ein gehöriger Produktivitätsfaktor: Man braucht keine Tomaten kompliziert in Alaska zu züchten, sondern kann sie aus wärmeren Gefilden beziehen, wenn es keine Handelsbeschränkungen gibt. Aber sie ist auch ein gewaltiger Ungerechtigkeitsfaktor: Waren werden da produziert, wo die Produktion am billigsten ist und da konsumiert, wo der Konsum am meisten abwirft. Durch die freie Verschiebbarkeit von Menschen, Konsum- und Produktionsmitteln verstärkt sich diese Ungerechtigkeit sogar. Trotzdem wäre es irgendwann möglich, eine einzige Regionalwährung für ganz Europa vorzusehen und damit verbunden eine komplette Parallelwirtschaft mit solidarischen Betrieben, Banken, Geschäften (Letztere würden anteilig auch den Kunden gehören) sowie deren Produkten, inklusive von Finanzprodukten. Das wäre eine andere Art Globalisierung.

Was für eine Art?

Die Basis dieser Globalisierung bildet eine praktische Identität, also die doppelte Anpassung an die richtige Eigentümlichkeit. Die spätkapitalistische Wirtschaft ist hingegen an flexiblen und toleranten Arbeitern und Konsumenten ohne tiefere Identifikation interessiert. Die demokratisch geleiteten Betriebe, deren zertifizierte Produkte mit Regiogeld gehandelt werden, erzeugen eine massive Identifikation der Betriebsleitung mit den Produkten, den Arbeitern, den Kunden und damit auch mit der Region. Gleiches gilt natürlich auch umgekehrt. Diese Verbundenheit und damit auch die Verantwortung für die Region werden der Betriebsleitung bei der Kooperation mit anderen Betrieben erhalten bleiben. Durch das einheitliche Regiogeld wird diese Identifikation auf die Betriebe anderer Regionen ausgedehnt. Die Parallelwirtschaft wird eine geographische Polarisierung daher vermieden, auch wenn das Regiogeld überall in Europa gleich ist. Die solidarische Parallelwirtschaft wäre mit der spätkapitalistischen Wirtschaft nur durch den Wechselkurs zwischen Euro und Regionalwährung verbunden, keinesfalls aber mit ihr wesensgleich. Diesen Wechselkurs würde eine europäische solidarische Notenbank festlegen.

Warum war es möglich, Staaten in Demokratien umzuwandeln? Bei Wirtschaftsbetrieben ist das bisher doch so gut wie gar nicht gelungen.

Das stimmt nicht ganz. Die soziale Marktwirtschaft nach westdeutschem Vorbild hat sehr demokratische Züge. Die Tarifparteien aus Arbeitgebern und der Gewerkschaft ringen um Tarifabschlüsse. Es gibt einen Betriebsrat, der die Interessen der Arbeitnehmer in der laufenden Produktion umsetzt. Gewerkschaft und Betriebsrat haben sich jedoch institutionalisiert und den Bezug zu den Arbeitern verloren. Diese Gefahr besteht auch in Demokratien, nämlich für die Parteien. Was Parteien besser machen, ist das Interesse der Wähler für ihre Pläne zu wecken. Diese Pläne werden durch das Wählervotum falsifiziert oder verifiziert. Dieses Vermögen der Parteien resultiert daraus, dass sie davon ausgehen, dass die Eigentümer eines demokratischen Staates deren Staatsangehörige sind und nicht sie selbst. Die Gremien in den Betrieben der sozialen Marktwirtschaft hingegen gehen davon aus, dass Betriebe Eigentümer haben, die mit der Belegschaft nicht identisch sind. Das gilt im Übrigen auch für staatliche Institutionen. Mit etwas mehr Mut könnte man auch in Betrieben "mehr Demokratie wagen". Es ist aber vorauszusehen, dass die Erhöhung demokratischer Mitbestimmung in Betrieben bis hin zu deren Aneignung durch die Arbeiter, die Frequenz vermeintlicher Innovation verlangsamen. Der Betrieb wird im Inneren zwar linker aber auch konservativer. Die Frage ist natürlich, ob die Menschen den momentanen Warenprogressivismus überhaupt nötig haben. Schließlich ist er ein Erzeugnis der spätkapitalistischen Konsumausrichtung.

Der massivste Vorteil der demokratischen Mitbestimmung ist, meiner Meinung nach, aber nicht der ökologische Warenkonservatismus. Vielmehr ist es der Abbau der durch die elektronischen Verwaltungs- und Kommunikationswege erzeugten Vereinsamung der Mitarbeiter. Diese Vereinsamung resultiert nämlich in kapitalistischen Betrieben nicht nur aus der entmenschlichten Kommunikation, sondern auch an deren Präferenz durch die (selbst)verwaltete Produktion, die sich im Rahmen der Vorgaben der Konzernleitung entfaltet. Gleichzeitig sorgt das demokratisch-efesiokratische Prinzip dafür, dass die Arbeiter ihren persönlichen IntegrationsWert nicht zu überschreiten gezwungen sind. Der solidarische Betrieb, der im Rahmen einer selbstbestimmten Verwaltung funktioniert, wäre somit ein Gegenpol zum spezialisierten und gleichzeitig tolerant/horizontalflexiblem entmenschlichten Konsum im Privatleben und könnte die Menschen zum Nachdenken über jenes bringen.

***

Schlusswort

Was macht einen Limenistiker aus?

Die Limenistik richtet sich gegen jede Art von Pauschalisierung und damit auch von falscher Universalisierung. Das bedeutet aber, dass ein Limenistiker immer die Fraktionierung einer Gemeinschaft bei gleichzeitiger Integration, also deren Schwellenhaftigkeit bevorzugen wird. Es wird sich dabei um eine Art kulturelle Fraktionierung handeln. Eine Planung für den Samstagabend könnte in einer solchen Gesellschaft so lauten: "Heute gehen wir ins italienische Viertel! Nein, wir gehen ins indische Viertel. Nein, wir gehen Burger essen im amerikanischen Viertel! Geschieht uns dort auch nichts? Nein, in jedem der Viertel sind wir sicher und können gemeinsam Spaß haben!"

Zurück zu meiner Frage: Bin ich noch links?

Der Begriff des Linksseins hat sich geändert. Links zu sein bedeutet heute für viele, pauschal zu den fortschrittlichen, den vermeintlich Guten zu gehören, ohne dafür irgendetwas Sinnvolles tun zu müssen. Der politische Begriff links bezieht sich auf keine relevanten Gemeinsamkeiten, hat keinen praktischen Inhalt mehr. Er ist zu einem Mythos geworden, zu einer leeren Begriffshülle, die, mit beliebigen Inhalten füllbar, ein falsches identitäres Bewusstsein vermittelt. Dieses Denken beinhaltet eine merkwürdige, weil flexible Universalität und reduziert das Individuum außerdem allein auf die falschen Eigentümlichkeiten, über die sich die linken Milieus definieren.

Innerhalb dieser vermeintlich progressiven Milieus haben Menschen, die sich gegen Dogmen, Meinungsunterdrückung, die Abschaffung von Werten wenden, nur eine Stimme, wenn diese milieukonform ist. Eine, wie ich finde, gefährliche Entwicklung, die letztendlich aus der repressiven Integration der linken Milieus in die Profitschöpfung resultiert und die sie eine Richtung einschlagen lässt, die die gesellschaftliche Linke an der Rechten immer kritisiert hat. Entschuldige meine direkte Ausdrucksweise, aber wenn die Linke weiter versteinert in ihren Milieus verharrt und jede für ihre Weiterentwicklung notwendige Kritik ignoriert, dann wird sie immer mehr enttäuschte ehemalige Linke produzieren. Die demokratische Rechte hingegen zieht sich momentan in Denkmuster aus der Vergangenheit zurück und wird ihrer Aufgabe nicht mehr gerecht. Von ihr erwarte ich, dass sie in den Zeiten, in denen linke Konzepte, wie Grenzenlosigkeit, Integration, eine offene Gesellschaft, Transparenz und Migration Voraussetzungen für den Profit globaler Konzerne werden, umgrenzte, geschützte Rückzugsräume für die Menschen schafft, sowie den Schutz ihrer Privatsphäre propagiert, und zwar ungeachtet ihrer ethnischen Zugehörigkeit oder Nationalität. Die demokratische Rechte sollte sich dafür einsetzen, dass Respekt gegenüber (für bestimmte Menschen und Menschengruppen richtige) Eigentümlichkeiten gezeigt wird, ohne dass sie selbst dabei in die Perversionen der pauschalen Ausgrenzung oder gar des Chauvinismus oder Rassismus abgleitet. Und die Rechte sollte Möglichkeiten aufzeigen, wie man den Überkonsum durch eine Fokussierung auf Eigenes reduziert, so wie die Linke Menschen motivieren muss, ihren eigenen Überkonsum durch solidarisches Abgeben zu verringern. Beide gesellschaftlichen Lager sollten sich heute mit DEM Problem befassen, das aufgrund der Globalisierung auf uns alle zukommen wird: dem Umgang mit der Migration von Menschen und Meinungen. Die alten Prinzipien von demokratischer Teilhabe und Rechtsstaat bezogen sich auf mehr oder weniger abgeschlossene Staatengebilde. Die Frage lautet heute, wie reguliert man die Demokratie in Zeiten, da die Grenzen zu Türschwellen werden.

Und wie lautet dein Rat?

Du solltest dich, meiner Meinung nach, immer fragen, welcher Art von Konformität dein Tun dient und wie plausibel die innerliche Legitimierung ist, die du dir möglicherweise dafür eingeredet hast. Berichtest du als Journalist umfassend oder nur darüber, was dem Weltbild deines Milieus entspricht bzw. was deinen Job erhält? Publizierst du als Wissenschaftler Ergebnisse vollumfänglich oder nur diejenigen, die dich in deiner Karriere weiterbringen? Verkaufst du als Unternehmer nur die Waren, die dir schnellen Profit einbringen, oder auch diejenigen, die deinen Kunden nachhaltig helfen? Allein, sich diese Fragen zu stellen, kann den Weg in ein falsches Leben verhindern. Die schlechte Nachricht ist, das falsche Leben zu falsifizieren und hierfür eine Intuition zu entwickeln ist schwerer als gedacht, die gute Nachricht dagegen ist, dass richtige Leben zu verifizieren ist leichter.

In meinen Augen bist du dann ein Linker, wenn du den Widerspruch zwischen der in die Gemeinschaft eingebrachten und aus der Gemeinschaft entnommenen Zufriedenheit als Gerechtigkeit erkennst, und dass Gerechtigkeit weder eine bestimmte Klassenzugehörigkeit, Nationalität, Hautfarbe oder Religion hat. Links zu sein bedeutet, weder die institutionelle noch die subsidiäre Solidarität mit den Unterversorgten und den Leidenden dem Missbrauch als Profitmaschine preiszugeben. Und ich meine hier nicht nur Solidarität bezüglich materiellen Eigentums, sondern auch bezüglich der Gefühle. Deine Aufgabe als Linker ist es, meiner Meinung nach, das Teilen, die Integration, das Überbrücken von Grenzen heute wieder in den Mittelpunkt zu rücken, um dich selbst und Andere aus den profitorientierten Konsummilieus und den hunderten falschen Gemeinsamkeiten zu befreien. Außerdem gilt es, die Vernunft von der Repression durch den Konsumterror zu lösen. Das Wichtigste ist aber, dass man Grenzen nicht durchschreiten kann, keinen Fortschritt erzielen kann, wenn man sie dauerhaft abzuschaffen trachtet und damit jegliche Gemeinsamkeiten und jegliche Integration auflöst. Allerdings kann das nur passieren, indem du deine Wahrheit aussprichst, auch wenn dich deine Freunde dann für einen bösen Rechten halten oder einen bösen Marxisten oder ein "Grünes Männchen" vom Mars.

Ich fürchte, du schickst mich damit in die Einsamkeit!
***

Literaturnachweis

1. Platons, "Politeia", De Gruyter Akademie Forschung, 2011
2. Christian Baertschi, "Positivismus" im Historischen Lexikon der Schweiz, http://www.hls-dhs-dss.ch/
3. Martin Morgenstern und Robert Zimmer, "Karl Popper", Deutscher Taschenbuch-Verlag, 2002
4. Karl R. Popper, "Logik der Forschung", Mohr, 1971
5. Eirik Newth, "Die Jagd nach der Wahrheit: Die unendliche Geschichte der Weltforschung", Carl Hanser, 1998
6. Reinhard Strehlow, "Grundzüge der Physik: Für Naturwissenschaftler und Ingenieure", Vieweg Verlagsgesellschaft, 1995
7. H. Kiesewetter (Hrsg.), Karl R. Popper, "Die offene Gesellschaft und ihre Feinde", Mohr Siebeck, 2003
8. Immanuel Kant, "Immanuel Kant: Die drei Kritiken - Kritik der reinen Vernunft. Kritik der praktischen Vernunft. Kritik der Urteilskraft", Anaconda Verlag, 2015
9. http://www.bibel-online.net/buch/luther_1912/1_mose/1/
10. https://www.spektrum.de/lexikon/physik/dreikoerperproblem/3389
11. Robert Musil, "Der Mann ohne Eigenschaften", Anaconda 2013.
12. Theodor W. Adorno, "Negative Dialektik", Hrsg. v. Axel Honneth u. Christoph Menke, Akademie, 2006
13. Max Scheler, "Die Stellung des Menschen im Kosmos", Bouvier Verlag, 2010
14. David Hume, "A Treatise of Human Nature", Oxford University Press, I, IV, §VI, 2000.
15. Peter Sloterdijk, "Sphären, Band 1: Blasen", 1998 ; "Sphären. Makrosphärologie: Band II: Globen", 1999; "Sphären. Plurale Sphärologie: Band III: Schäume", 2004; alle Suhrkamp Verlag
16. Tobias Boos and Simon Runkel, "Einführung: Die ungeheuerliche Raumphilosophie von Peter Sloterdijk", Geogr. Helv., 73, 261–272, 2018

17. Peirce, Charles Sanders: Collected Papers of Charles Sanders Peirce, Hrsg. von Charles Hartshorne, Cambridge 1960, S. 2623

18. Josef Honerkamp, "Was können wir wissen?: Mit Physik bis zur Grenze verlässlicher Erkenntnis", Spektrum Akademischer Verlag 2012

19. Westworld, HBO, 2016

20. Seite „Erste Lautverschiebung". In: Wikipedia, Die freie Enzyklopädie. Bearbeitungsstand: 21. Februar 2019, 17:56 UTC. URL: https://de.wikipedia.org/w/index.php?title=Erste_Lautvers chiebung&oldid=185912792

21. Seite „Zweite Lautverschiebung". In: Wikipedia, Die freie Enzyklopädie. Bearbeitungsstand: 10. Januar 2019, 10:02 UTC. URL: https://de.wikipedia.org/w/index.php?title=Zweite_Lautve rschiebung&oldid=184580027

22. J.P. McEvoy, Oscar Zarate, "Quantentheorie: Ein Sachcomic", TibiaPress, 2015

23. https://www.welt.de/sport/fussball/article163230248/Baby -Boom-nach-historischem-Erfolg-der-Islaender.html

24. http://www.tagesspiegel.de/wissen/zusammenhang-von-kitaangebot-und-geburtenrate-gelegenheit-macht-kinder/9273044.html

25. Jürgen Habermas, "Theorie des kommunikativen Handelns", Suhrkamp Verlag, 2011

26. Alain de Libera, "Der Universalienstreit: Von Platon bis zum Ende des Mittelalters", Verlag Wilhelm Fink, 2005

27. Friedhelm Kuypers, "Klassische Mechanik", Wiley-VCH, 2016

28. Heinz Georg Schuster, "Deterministisches Chaos. Eine Einführung", VCH Verlagsgesellschaft, Weinheim 1994

29. Baruch de Spinoza, "Ethik", CreateSpace Independent Publishing Platform, 2013, S. 93 ff

30. http://www.einstein-online.info/lexikon/post-newtonsche-naeherung; http://www.einstein-online.info/vertiefung/postNewton@set_language=de.htm l

31. Sabine Hossenfelder, "Das hässliche Universum: Warum unsere Suche nach Schönheit die Physik in die Sackgasse führt", S. Fischer, 2018

32. Friedrich Hölderlin, "Urteil und Sein", 1795

33. Reiner Winter, "Was ist Dialektik? Versuch einer Annäherung", http://hegel.net/Hegelfunde2014-01/Winter-dialektik-Versuch_einer_Annaeherung.pdf

34. Andreas Gelhard, "Hegels negative Dialektik", Vorlesung, Universität Wien, 2018, https://audiothek.philo.at/podcasts/hegels-negative-dialektik

35. Eisler, Rudolf, "Philosophen-Lexikon", Ernst Siegfried Mittler und Sohn, Berlin 1912, S. 173-180.

36. https://www.spektrum.de/lexikon/physik/self-consistent-field-verfahren/13197

37. https://www.spektrum.de/lexikon/psychologie/selbstkonsistenz/13928

38. G. W. F. Hegel, "Wissenschaft der Logik, Band 2: Die subjektive Logik", in Werke. Band 6, Frankfurt a. M. 1979

39. Käte Hamburger, "Wahrheit und ästhetische Wahrheit", Klett-Cotta, Stuttgart, 1979, S. 51-52

40. Rudolf Eisler, "Philosophen-Lexikon", Mittler & Sohn, Berlin 1912, S. 235-245.

41. Georg Wilhelm Friedrich Hegel, "Differenz des Fichteschen und Schellingschen Systems der Philosophie", Hofenberg 2013

42. G.W.F. Hegel: "Enzyklopädie der philosophischen Wissenschaften im Grundrisse", Werke. Band 8, Frankfurt a. M. 1979

43. G. W. F. Hegel, "Wissenschaft der Logik, Band 1: Die objektive Logik", in "Gesammelte Werke", Bd. 11, Felix Meiner Verlag Hamburg, 1981

44. Annette Schlemm, "Dialektik-die Kunst der Gesprächsführung und des Lebens", https://www.thur.de/philo/as141.htm

45. G. W. F. Hegel, "Vorlesungen über die Philosophie der Religion: Band 3: Die vollendete Religion", Felix Meiner Verlag Hamburg, 1995, S. 209

46. Hans Walser, "Der Goldene Schnitt", Edition am Gutenbergplatz Leipzig, 2013, S. 54

47. Annette Schlemm, "Selbstorganisation in der Gesellschaft", https://www.thur.de/philo/assoges2.htm

48. Annette Schlemm, "Selbstorganisation, Dialektik und wir." Naturwissenschaftliches Weltbild und Gesellschaftstheorie, Texte zur Philosophie, Heft 5, Leipzig 1998, S. 55-65.

49. Annette Schlemm, "Kann Selbstorganisationsdenken die Dialektik ersetzen?" Vorschein Nr. 25/26. Jahrbuch 2004/2005 der Ernst-Bloch-Assoziation (Hrsg.: Doris Zeilinger). Nürnberg : ANTOGO-Verlag 2006. S. 127-158.

50. Annette Schlemm, "Fraktale Selbstorganisation", https://www.thur.de/philo/asso.htm

51. Christof Schalhorn, "Hegels enzyklopädischer Begriff von Selbstbewusstsein", Felix Meiner Verlag Hamburg, 2000, S. 99

52. Walther Ziegler "Hegel in 60 Minuten", Books on Demand, 2015

53. Henri Bergson, "Zeit und Freiheit", CEP Europäische Verlagsanstalt, 2012

54. Edwin Cartlidge, "New evidence for cyclic universe claimed by Roger Penrose and colleagues", PhysicsWorld, 21. August 2018

55. Egon Flaig, "Weltgeschichte der Sklaverei", C. H. Beck, 2011

56. "Arthur Schopenhauer – ein globaler Denker", Gespräch mit Rüdiger Safranski, Radio-Kulturcafé DRS 2, Erste Ausstrahlung: Freitag, 15. Oktober 2010, 20:00 Uhr, DRS 2

57. Sahra Wagenknecht, "Vom Kopf auf die Füße? Zur Hegelkritik des jungen Marx oder Das Problem einer dialektisch-materialistischen Wissenschaftsmethode", Aurora Verlag, 2013

58. http://www.ifs.uni-frankfurt.de/
59. https://www.spektrum.de/lexikon/philosophie/positivismu
     sstreit/1604
60. Max Horkheimer und Theodor W. Adorno, "Dialektik der
     Aufklärung Philosophische Fragmente", Fischer
     Taschenbuch Verlag 1988
61. Immanuel Kant, "Kritik der praktischen Vernunft",
     Philipp Reclam jun., Stuttgart, S. 3, 1995
62. Hans Friedrich Fulda, "Hegels Begriff des absoluten
     Geistes", Hegel-Studien, 36, S. 171-198, 2001
63. "Mythologie der Vernunft", wird Georg Wilhelm
     Friedrich Hegel, Friedrich Wilhelm Joseph Schelling,
     Friedrich Hölderlin zugeschreiben, 1797
64. Richard Heinrich, "Hölderlin-Leopardi-Nietzsche",
     Universität Wien, Sommersemester 2019, Vorlesung 6,
     https://home.phl.univie.ac.at/~heinrir4/per/rh/ellvau/ss19/
     hln/
65. Christoph Jamme und Helmut Schneider, "Mythologie der
     Vernunft: Hegels "Ältestes Systemprogramm des
     deutschen Idealismus", Suhrkamp Taschenbuch
     Wissenschaft; 413, 1984
66. Friedrich Hölderlin, "Hyperion", Anaconda, 2005
67. Friedrich Schiller, "Über die ästhetische Erziehung des
     Menschen", Reclam, 2000
68. G. W. F. Hegel, "Vorlesung über die Ästhetik I" in
     "Suhrkamp Taschenbuch Wissenschaft Nr. 613",
     Suhrkamp, 1986
69. Georg Lukacs, "Geschichte und Klassenbewußtsein.
     Studien über marxistische Dialektik", Luchterhand, 1970
70. Martin Seel, "Adorno und das falsche Leben", Philosophie
     Magazin, https://www.philomag.de/artikel/adorno-und-
     das-falsche-leben-seel, 27.10.2014
71. Bertolt Brecht, "Leben des Galilei: Schauspiel",
     Suhrkamp, 1998, 14. Szene.
72. Max Horkheimer, "Zur Kritik der instrumentellen
     Vernunft", Fischer Taschenbuch Verlag, 2007

73. Heinz Duthel, "Dialektischer Materialismus Wissenschaftlicher Sozialismus - Die analytische Philosophie", Books on Demand, 2013

74. Johann W. von Goethe, "Faust: Der Tragödie zweiter Teil", Reclam, Philipp, jun. GmbH, Verlag, 2008

75. http://www.bibel-online.net/buch/luther_1912/1_mose/11/

76. Karl Marx, "Das Kapital. Kritik der politischen Ökonomie", Nikol Verlagsges.mbH, 2014

77. https://kaninchennetz.jimdo.com/wilde-verwandtschaft-hasenartige-lagomorpha/die-familie-der-hasen-leporidae/vulkankaninchen/

78. Rudi Dutschke: Reden 1966 - 1968.

79. Wolfgang Benz, Hermann Graml, Hermann Weiß (Hrsg.), "Enzyklopädie des Nationalsozialismus", Klett-Cotta, Stuttgart 1997

80. Hans-Martin Schönherr-Mann, "Was ist politische Philosophie?", Campus Verlag, 2012

81. Spiegel Interview mit Max Horkheimer, Spiegel 1/1970

82. George Orwell, "Farm der Tiere Ein Märchen", Diogenes, 1973

83. Jürgen W. Falter, Die Wahlen des Jahres 1932/33 und der Aufstieg totalitärer Parteien, http://www.blz.bayern.de/blz/web/100083/100083kapitel7.pdf

84. Steffen Kailitz, "Die Gegenwart der Vergangenheit: Der „Historikerstreit" und die deutsche Geschichtspolitik Taschenbuch", VS Verlag für Sozialwissenschaften, 2008

85. Henri Bergson, "Die beiden Quellen der Moral und der Religion", Meiner Verlag, 2019

86. Herbert Marcuse, "Der eindimensionale Mensch", Verlag: Neuwied /Berlin, Hermann Luchterhand, 1967

87. Alvin Toffler, "Die dritte Welle, Zukunftschance. Perspekti-ven für die Gesellschaft des 21. Jahrhunderts.", Goldmann, 1983

88. http://www.tagesspiegel.de/politik/mit-waffen-gegen-waffen/7557018.html

89. Herbert Marcuse, "Repressive Toleranz", in "Kritik der reinen Toleranz" von Robert Paul Wolff, Barrington

Moore, Herbert Marcuse, Alfred Schmidt, Suhrkamp, 1968

90. Jean Baudrillard, "Die Konsumgesellschaft: Ihre Mythen, ihre Strukturen", VS Verlag für Sozialwissenschaften, 2015

91. Fritz Scheffer, Paul Schachtschabel, Hans-Peter Blume, G. Brümmer, U. Schwertmann, R. Horn, I. Kögel-Knaber, K. Stahr u.a., "Lehrbuch der Bodenkunde 15", Spektrum Akademischer Verlag, Heidelberg, 2002

92. Dan Diner, "Jenseits des Vorstellbaren – Der 'Judenrat' als Situation." In: Hanno Loewy, Gerhard Schoenberner (Hrsg.), "Unser einziger Weg ist Arbeit." Das Ghetto in Łódź 1940–1944. Löcker, Wien, 1990

93. Günter Figal: Nietzsche und Heidegger über die Kunst der Moderne (21.01.2010), Ringvorlesung der Nietzsche-Forschungsstelle der Heidelberger Akademie der Wissenschaften am Deutschen Seminar der Universität Freiburg

94. Arthur Schopenhauer, "Die Welt als Wille und Vorstellung: Gesamtausgabe", dtv Verlagsgesellschaft, 1998

95. Douglas Adams "Per Anhalter durch die Galaxis", Heyne, 2001

96. Rudolf Eisler, "Kant Lexikon", Georg Olms Verlag, 1961

97. Jiří Chotaš, Jindřich Karásek, Jürgen Stolzenberg (Hrsg.), "Metaphysik und Kritik", Verlag Königshausen & Neumann, S. 7, 2010

98. Spektrum Kompakt - Formbares Gehirn. Neuroplastizität. Von Spektrum der Wissenschaft Verlagsgesellschaft mbH, 2021

99. Noam Chomsky, "Strukturen der Syntax", Reihe: Janua Linguarum. Series Minor 182, De Gruyter Mouton, 2011

100. Djamshid Tavangarian, Daniel Versick, "Basiswissen Rechnerstrukturen & Betriebssysteme", S. 42, W3L-Verlag, 2008

101. Niklas Luhmann, "Soziale Systeme: Grundriß einer allgemeinen Theorie", Suhrkamp Verlag, 1987

102. Niklas Luhmann, "Einführung in die Systemtheorie", Carl Auer Verlag, 2009
103. Wolfgang Krohn und Günter Küppers, "Emergenz. Die Entstehung von Ordnung, Organisation und Bedeutung", Suhrkamp Verlag, Frankfurt/M., 1992
104. Sadi Carnot, Wilhelm Ostwald, "Betrachtungen über die bewegende kraft des feuers und die zur entwickelung dieser kraft geeigneten maschinen", Ostwalds Klassiker der exakten Wissenschaften, nr. 37, Leipzig, W. Engelmann, 1892
105. Ludwig Boltzmann "Entropie und Wahrscheinlichkeit: (1872-1905)", Band 286 von Ostwalds Klassiker der exakten Wissenschaften, Herausgeber Dieter Flamm, Deutsch, 2000
106. Christian Sachse, "Die politische Sprengkraft der Physik: Robert Havermann im Dreieck zwischen Naturwissenschaft, Philosophie und Sozialismus (1956-1962)", LIT, 2006
107. Erhard Scheibe, "Die Philosophie der Physiker", C. H. Beck, 2006
108. Martin Heidegger - Zeit und Sein (Vortrag aus dem Jahr 1962)
109. Martin Heidegger, "Sein und Zeit", De Gruyter, 2006
110. Aleš Novák, "Der Begriff 'Austrag' als Bestimmung des Seins bei Martin Heidegger", Phänomenologische Forschungen 2014 (1), S. 205-216
111. Aleš Novák, 'Bleibendes Weilen' als Bestimmung des Anwesens bei Martin Heidegger, Heidegger Studies 30, S. 159-176, S. 166 f., 2014
112. Klaus Nielandt, "Der philosophische Grundgedanke bei Heidegger und die Krise der Moderne", Freiburger Zeitschrift für Philosophie und Theologie 54, S. 62, 2007
113. Donatella Di Cesare, "Heidegger, die Juden, die Shoah (Heidegger Forum, Band 12)", Klostermann, Vittorio, 2016
114. https://www.faz.net/aktuell/feuilleton/buecher/martin-heideggers-schwarze-hefte-beweisen-den-antisemitismus-des-philosophen-12844017.html

115. R. Wolin, "Heideggers 'Schwarze Hefte':
     Nationalsozialismus, Weltjudentum und Seinsgeschichte",
     Vierteljahrshefte für Zeitgeschichte, 63(3), 379–410, 2015
     https://doi.org/10.1515/vfzg-2015-0022
116. Heinrich Dorrie, "100 Great Problems of Elementary
     Mathematics (Dover Books on Mathematics)", Dover
     Publications, 1965
117. Günter Nimtz, Astrid Haibel, "Tunneleffekt - Räume ohne
     Zeit: Vom Urknall zum Wurmloch", Wiley-VCH Verlag
     GmbH, 2003
118. Konrad Paul Liessmann, "Lob der Grenze: Kritik der
     politischen Unterscheidungskraft", Paul Zsolnay Verlag,
     2012
119. Thomas Müller, "Ich kann Niemandem mehr vertrauen.
     Konzepte von Vertrauen und ihre Relevanz für die
     Pädagogik bei Verhaltensstörungen", Klinkhardt, Julius,
     2016, 196 f.
120. Ralf Dahrendorf, "Lebenschancen. Anläufe zur sozialen
     und politischen Theorie.", Suhrkamp, 1979.
121. Ulrich Kutschera, "Evolutionsbiologie", UTB, 2008
122. Albrecht Beutelspacher und Bernhard Petri, "Der goldene
     Schnitt", Spektrum Akademischer Verlag, 1995
123. http://www.bpb.de/wissen/A83MMKDen
124. Daniel Leese, "Die chinesische Kulturrevolution: 1966-
     1976", C. H. Beck, 2016
125. WALL·E – Der Letzte räumt die Erde auf Pixar
     Animation Studios und Walt Disney Company, 2008
126. "Komplexe Systeme und Nichtlineare Dynamik in Natur
     und Gesellschaft", Mainzer, Klaus (Hrsg.), Springer, 1999
127. John Maynard Keynes, "Allgemeine Theorie der
     Beschäftigung, des Zinses und des Geldes". Duncker &
     Humblot, Berlin, 2009 (Erstausgabe 1936)
128. Niko Paech, "Befreiung vom Überfluss. Auf dem Weg in
     die Postwachstumsökonomie." oekom verlag, München,
     2012
129. http://www.bento.de/politik/grundeinkommen-fragen-und-
     antworten-613691/

130. Theodor W. Adorno, "Minima Moralia Reflexionen ans dem beschädigten Leben", Suhrkamp Verlag AG, 2003

131. Jaroslav Hasek, "Die Abenteuer des braven Soldaten Schwejk", Rowohlt, 1961

132. Jürgen Margraf, F. Jacobi, "Lehrbuch der Verhaltenstherapie: Band 1: Grundlagen - Diagnostik - Verfahren - Rahmenbedingungen", Springer, 2003

133. Rüdiger Posth, "Gewaltfrei durch Erziehung: Versuch einer Pädagogik des friedlichen Zusammenlebens. Das Konzept der bindungsbasierten frühkindlichen Entwicklung und Erziehung (BBFEE), Waxmann, 2013

134. Georg Northoff, "Wie kommt die Kultur in den Kopf?: Eine neurowissenschaftliche Reise zwischen Ost und West", Springer Spektrum, 2015

135. "The LEGO Movie", Warner Bros., 2014

136. "Oben", Pixar, 2009

137. Michael Ende, "Momo", Thienemann Verlag, 1973

138. James Krüss, "Timm Thaler oder Das verkaufte Lachen", Oetinger, 2006

139. Charles Dickens, "A Christmas Carol: In Prose Being A Ghost Story Of Christmas", CreateSpace Independent Publishing Platform, 2015

140. Antoine de Saint-Exupery, "Der Kleine Prinz. Das Original", Rauch, Karl Verlag, 2016

141. http://www.derkleineprinz-online.de/interpretation/der-kleine-prinz-interpretation-die-themen/6/#fortschritt

142. H.G. Wells , "Die Zeitmaschine", dtv Verlagsgesellschaft, 1996

143. Aldous Huxley, "Schöne neue Welt: Ein Roman der Zukunft", Fischer, 1980

144. S. P. Kapitza, "A mathematical model for global population growth", Matem. Mod., 1992, Volume 4, Number 6, Pages 65–79

145. Leonard Peikoff, "Objectivism: The Philosophy of Ayn Rand", Plume, 1993

146. http://www.presseportal.de/pm/111206/1620379

147. Markus Lanz, ZDF, 26. Januar 2017

148. http://www.bamf.de/SharedDocs/Anlagen/DE/Publikation
en/Broschueren/das-deutsche-
asylverfahren.html?nn=1363218
149. Tuvia Tenenbom, "Allein unter Flüchtlingen", Suhrkamp
Verlag, 2017
150. https://www.rbb-
online.de/politik/beitrag/2017/04/Friedensbewegung-
Berlin-Ostermarsch-Unterwanderung-Russland.html
151. 18 U.S.Code Chapter 96
152. http://www.mdr.de/heute-im-osten/ungarn-reiche-
migranten-100.html
153. https://www.welt.de/politik/ausland/article158169909/Un
garns-Wirtschaft-sucht-den-perfekten-Einwanderer.html
154. Frank Richter, Direktor der sächsischen Landeszentrale
für politische Bildung, "Unwort Lügenpresse",
Kolloquium des Instituts für Gesellschaftswissenschaften
Walberberg, Bonn, 1. Mai 2015
155. http://nachhaltigkeit.axelspringer.de/de/grundsaetze/unter
nehmensgrundsaetze.html
156. http://www.ard.de/home/intern/fakten/abc-der-
ard/Rundfunkrat/456538/index.html
157. Eli Pariser, "Beware online filter bubbles"
158. http://www.taz.de/!5218668/
159. Victor Klemperer, "LTI Notizbuch eines Philologen",
Philipp Reclam Jun., 2010
160. George Orwell, "1984", Ullstein Verlag, 1994
161. Ulrich Kutschera, "Tatsache Evolution: Was Darwin nicht
wissen konnte", Deutscher Taschenbuch, 2009
162. Charles Darwin, "Die Entstehung der Arten", Nikol, 2008
163. http://www.daserste.de/information/wissen-kultur/w-wie-
wissen/sendung/2009/die-darwin-theorie-100.html
164. Robert Malthus, "Essay on the Principle of Population",
Empire Books, 2012
165. Jean-Baptiste de Lamarck, "Philosophie zoologique",
CreateSpace Independent Publishing Platform, 2015
166. Charles H. Smith: Wallace's Unfinished Business.
Complexity, Volume10, Issue2, Pages 25-32, Wiley
Online Library, 2004

167. August Weismann, "Die Entstehung der Sexualzellen bei den Hydromedusen: Zugleich ein Betrag zur Kenntniss des Baues und der Lebenserscheinungen Dieser Gruppe", Forgotten Books, 2018

168. O. P. Höner et al., "Female mate-choice drives the evolution of male-biased dispersal in a social mammal.", Nature 448, 798-802, 2007

169. Johann Jacob Bachofen, "Materialien zu Bachofens 'Das Mutterrecht', Hrsg. von Hans-Jürgen Heinrichs, Suhrkamp Verlag, Frankfurt am Main, 1975

170. Seite "Matrilinearität". In: Wikipedia, Die freie Enzyklopädie. Bearbeitungsstand: 18. März 2018, 18:50 UTC. URL: https://de.wikipedia.org/w/index.php?title=Matrilinearit%C3%A4t&oldid=175149564

171. Peter Sloterdijk, "Der Mensch als homo technologicus, "EMPA Swiss NanoConvention, 2007

172. Seite "Kontingenztheorie (Evolution)". In: Wikipedia, Die freie Enzyklopädie. Bearbeitungsstand: 18. September 2017, 11:30 UTC. URL: https://de.wikipedia.org/w/index.php?title=Kontingenztheorie_(Evolution)&oldid=169212338

173. Simon Conway Morris, "Jenseits des Zufalls: Wir Menschen im einsamen Universum", Berlin University Press, 2008

174. Stephen J. Gould, "Zufall Mensch", Fischer Taschenbuch, 2003

175. Gregor Mendel, "Versuche über Pflanzenhybriden.", Verhandlungen des Naturforschenden Vereines in Brünn. Band 4, S. 3–47, 1866

176. Seite "Mendelsche Regeln". In: Wikipedia, Die freie Enzyklopädie. Bearbeitungsstand: 21. März 2018, 16:31 UTC. URL: https://de.wikipedia.org/w/index.php?title=Mendelsche_Regeln&oldid=175246031

177. Anita Bach, "Grundlagen der Genetik. Vom Gen zum Merkmal. Warum sehen wir denn eigentlich so aus wie unsere Eltern oder wie unsere Großeltern?",

https://www.br.de/alphalernen/faecher/biologie/biologie-heute-gen-100.html, 2018
178. http://www.gerdlamprecht.de/ChromosomenAnzahl.htm
179. Andreas Sentker in "Wissen hält nicht länger als Fisch", http://www.zeit.de/2017/19/wissenschaftsphilosophie-erkenntnisse-wahrheit-korrektur/seite-2
180. http://www.ngfn.de/index.php/die_vererbung.html
181. http://www.chemgapedia.de/vsengine/vlu/vsc/de/ch/8/bc/v lu/evosex.vlu/Page/vsc/de/ch/8/bc/evosex/sex2.vscml/Sup plement/1.html
182. Markus Falkner, "Erbgut - der Mensch ist zur Hälfte eine Banane", https://www.morgenpost.de/kultur/berlin-kultur/article115517396/Erbgut-der-Mensch-ist-zur-Haelfte-eine-Banane.html, 2013
183. Seite "Mutation". In: Wikipedia, Die freie Enzyklopädie. Bearbeitungsstand: 27. März 2018, 13:35 UTC. URL: https://de.wikipedia.org/w/index.php?title=Mutation&oldi d=175461969
184. https://www.n-tv.de/wissen/Ein-gemeinsamer-Vorfahr-article51745.html
185. http://www.uni-mainz.de/presse/31628.php
186. P.-O. Löwdin, "Proton Tunneling in DNA and its Biological Implications", Reviews of Modern Physics 35, 724–732, 1963
187. Theodosius Dobzhansky, Stephen Jay Gould, "Genetics and the Origin of Species (The Columbia Classics in Evolution)", Columbia University Press, 1982
188. Ernst Mayr, "Systematics and the Origin of Species from the Viewpoint of a Zoologist", Harvard University Press, 1999
189. Julian Huxley, Massimo Pigliucci (Foreword), Gerd B. Müller (Foreword), "Evolution: The Modern Synthesis", MIT Press, The Definitive Edition", 2009
190. http://www.biologie-schule.de/evolutionsfaktor-gendrift.php
191. Wolf-Ekkehard Lönning, "Artbegriff, Evolution und Schöpfung", http://www.weloennig.de/Artbegriff.html

192. https://www.n-tv.de/wissen/Mensch-lernte-laufen-im-Wasser-article5821131.html

193. Seite "Homo". In: Wikipedia, Die freie Enzyklopädie. Bearbeitungsstand: 19. Februar 2018, 16:35 UTC. URL: https://de.wikipedia.org/w/index.php?title=Homo&oldid=174191204

194. Thomas Junker, "Die Evolution des Menschen", C. H. Beck, 2009

195. Emil Hoffmann, "Evolution der Erde und des Lebens: Von der Urzelle zum Homo Sapiens", Books on Demand, 2015

196. Seite "Synthetische Evolutionstheorie". In: Wikipedia, Die freie Enzyklopädie. Bearbeitungsstand: 31. März 2018, 19:46 UTC. URL: https://de.wikipedia.org/w/index.php?title=Synthetische_Evolutionstheorie&oldid=175622993

197. Richard Dawkins, Wolfgang Wickler (Vorwort), "Das egoistische Gen", Rowohlt Taschenbuch Verlag, 1996

198. Joachim Bauer, "Das kooperative Gen: Abschied vom Darwinismus", Hoffmann und Campe Verlag GmbH, 2008

199. Barbara McClintock, "THE SIGNIFICANCE OF RESPONSES OF THE GENOME TO CHALLENGE, Nobel lecture", 8 December 1983

200. Karin Mölling, Supermacht des Lebens: Reisen in die erstaunliche Welt der Viren , C. H. Beck, 2014, https://www.youtube.com/watch?v=rLpM7pPNm9o

201. Bernhard Epping, Roland Frommann, "DAS GROSSE SPRINGEN", Bild der Wissenschaft 9, Seite 38, 2009

202. Robert A. Waterland and Randy L. Jirtle, "Transposable Elements: Targets for Early Nutritional Effects on Epigenetic Gene Regulation", MOLECULAR AND CELLULAR BIOLOGY 23, p. 5293–5300, 2003

203. Michael Lange, "Genom in Aufruhr, Der Mensch ist genetisch instabil", Deutschlandfunk, http://www.deutschlandfunk.de/genom-in-aufruhr-der-mensch-ist-genetisch-instabil.740.de.html?dram:article_id=372348, 2016

204. Rafaela von Bredow und Johann Grolle im Interview mit Richard Dawkins, "Ein Gott der Angst", Der Spiegel 37, http://www.spiegel.de/spiegel/print/d-52909346.html, 2007

205. Markus Becker und Frank Patalong im Interview mit Richard Dawkins, "Religion? Die Wirklichkeit hat ihre eigene Magie", Spiegel Online, http://www.spiegel.de/wissenschaft/natur/richard-dawkins-religion-die-wirklichkeit-hat-ihre-eigene-magie-a-745672.html, 2011

206. Richard Dawkins, "Der Gotteswahn", Ullstein, 2007

207. John Lennox, "Der neue Atheismus: Drei Vorträge mit Oxford-Professor Dr. John Lennox", Christliche Literaturverbreitung 2009

208. "Prestige – Die Meister der Magie", Touchstone Pictures und Warner Bros., 2006

209. Egon Flaig, "Die Niederlage der politischen Vernunft: Wie wir die Errungenschaften der Aufklärung verspielen", zu Klampen, 2017

210. https://www.ekd.de/Zehn-Gebote-10802.htm

211. Yves Bossart, "Darf man opfern, um zu retten? Gedankenexperiment: Strassenbahn", https://www.srf.ch/kultur/gesellschaft-religion/filosofix/darf-man-opfern-um-zu-retten-gedankenexperiment-strassenbahn, 2015

212. Jeremy Bentham, "An Introduction to the Principles of Morals and Legislation (Dover Philosophical Classics)", Dover Philosophical Classics, 2007

213. Seite "Utilitarismus". In: Wikipedia, Die freie Enzyklopädie. Bearbeitungsstand: 16. Februar 2018, 09:39 UTC. URL: https://de.wikipedia.org/w/index.php?title=Utilitarismus&oldid=174069806

214. http://www.bibel-online.net/buch/luther_1912/lukas/10/

215. Christopher Clark , "Die Schlafwandler: Wie Europa in den Ersten Weltkrieg zog", Deutsche Verlags-Anstalt, 2013

216. Jürgen Osterhammel,
http://www.bpb.de/izpb/142137/1880-bis-1914?p=all,
2012

217. Seite "Balkankriege". In: Wikipedia, Die freie
Enzyklopädie. Bearbeitungsstand: 3. April 2018, 16:44
UTC. URL:
https://de.wikipedia.org/w/index.php?title=Balkankriege&
oldid=175728801

218. Seite "Völkerbund". In: Wikipedia, Die freie
Enzyklopädie. Bearbeitungsstand: 19. April 2018, 12:00
UTC. URL:
https://de.wikipedia.org/w/index.php?title=V%C3%B6lke
rbund&oldid=176669049

219. Seite "Zum ewigen Frieden". In: Wikipedia, Die freie
Enzyklopädie. Bearbeitungsstand: 11. März 2018, 21:14
UTC. URL:
https://de.wikipedia.org/w/index.php?title=Zum_ewigen_
Frieden&oldid=174922021

220. Immanuel Kant, "Zum ewigen Frieden: Ein
philosophischer Entwurf", Reclam, 2008

221. Jessica Mintz, "Stillen verboten?",
https://www.stern.de/digital/online/protest-gegen-
facebook-stillen-verboten--3422700.html, 7.1. 2009

222. Seite "Diskursethik". In: Wikipedia, Die freie
Enzyklopädie. Bearbeitungsstand: 6. April 2018, 22:07
UTC. URL:
https://de.wikipedia.org/w/index.php?title=Diskursethik&
oldid=176210219

223. Martin F. Meyer, "Habermas' Diskursethik im Kontext
einer modernen Moralbegründung" in Heinz U. Nennen
(Hrsg.), "Diskurs: Begriff und Realisierung",
Königshausen u. Neumann, 1999

224. Bernhard Irrgang, "Ethische Probleme Einer
Internetkultur", https://univideo.uni-
passau.de/2012/12/ethische-probleme-einer-internetkultur-
dr-phil-habil-dr-theol-bernhard-irrgang/, 2012

225. Seite "Strukturwandel der Öffentlichkeit". In: Wikipedia,
Die freie Enzyklopädie. Bearbeitungsstand: 24. Februar

2018, 10:57 UTC. URL:
https://de.wikipedia.org/w/index.php?title=Strukturwandel
der%C3%96ffentlichkeit&oldid=174340118
226. Jürgen Habermas, "Strukturwandel der Öffentlichkeit:
Untersuchungen zu einer Kategorie der bürgerlichen
Gesellschaft", Suhrkamp Verlag, 1990
227. Sighard Neckel, "Refeudalisierung der Ökonomie: Zum
Strukturwandel kapitalistischer Wirtschaft", MPIfG
Working Paper 10/6, Max-Planck-Institut für
Gesellschaftsforschung, Köln, Max Planck Institute for
the Study of Societies, Cologne, 2010
228. https://www.digitale-ethik.de/digitalkompetenz/10-gebote/
229. Dave Eggers, "The Circle", Knopf, 2013
230. The Circle", Universum Film GmbH, 2017
231. Klaus Holzkamp, "Kritische Psychologie", Fischer-
Taschenbuch-Verlag, 1972
232. Günter Rexilius, "Wie Klaus Holzkamp posthum auf den
Kopf gestellt wurde", Journal für Psychologie, Jg. 16,
Ausgabe 2, 2008
233. Klaus Holzkamp, "Grundlegung der Psychologie",
Campus Verlag, 2003
234. Julian Jaynes, "The Origin of Consciousness in the
Breakdown of the Bicameral Mind", Mariner Books, 2000
235. Jean-Paul Sartre, "Das Sein und das Nichts", Rowohlt
Taschenbuch, 1993
236. George D. Birkhoff. Aesthetic Measure. Harvard
University Press, 1933
237. Morus Markard, "Einführung in die Kritische
Psychologie", Argument Verlag mit Ariadne, 2016
238. Theodor W. Adorno, "Gespräche. 6 Kassetten. Mit Ernst
Bloch, Max Horkheimer, Eugen Kogon, Lotte Lenya,
Arnold Gehlen, Hans Mayer, Carl Auer", Systeme Verlag,
Heidelberg 1999
239. Max Horkheimer, "Was ist der Mensch ? - Zum Begriff
des Menschen heute", Sendung: 10.10.1965, SDR
Redaktion: Wissenschaft in "Philosophie als Kulturkritik,
Originalvorträge von Max Horkheimer" Quartino, Wissen
für Kopfhörer, 2008

240. Axel Sichler, "Die vaterlose Gesellschaft und ihre Folgen: Der Mangel an Vaterfiguren in der institutionellen Erziehung", Diplomica Verlag, 2015

241. http://www.spiegel.de/spiegel/hotel-mama-manche-eltern-fuerchten-den-auszug-der-kinder-die-trennung-a-1138299.html

242. Barbara Bleisch, " Rabentöchter? Rabensöhne? Zum Problem der Begründung filialer Pflichten", Zeitschrift für Praktische Philosophie Band 2, Heft 2, S. 237–272, 2015; http://www.praktische-philosophie.org/uploads/8/0/5/2/80520134/zfpp.2.2015.bleisch.pdf

243. Hartmut Rosa und Richard David Precht, "Precht - Rasender Stillstand, beschleunigen wir uns zu Tode?", in PRECHT, 14.06.2015

244. Tobias/Jan, Werner, "Animals in the Administrative Zoo: Organizational Change and Agency Autonomy in Germany", International Review of Administrative Sciences, 2010, S. 443-468.

245. Michel Houellebecq, "Unterwerfung: Roman", DuMont Buchverlag, 2015

246. Kurt von Fritz, "Grundprobleme der Geschichte der antiken Wissenschaft", De Gruyter, 1971

247. https://www.dasmagazin.ch/2016/12/16/die-rechte-linke/

248. Dominik Geppert, "Thatchers konservative Revolution – Der Richtungswandel der britischen Tories (1975–1979).", Oldenbourg, München, 2002

249. http://bak-shalom.de/index.php/2012/04/20/zur-kritik-des-regressiven-antikapitalismus-%e2%80%93-bericht-und-audiomitschnitt-der-veranstaltung-mit-sebastian-voigt/

250. Sam Harris, "The End of Faith: Religion, Terror, and the Future of Reason", W W Norton & Co Inc, 2005

251. http://jungle-world.com/artikel/2017/03/55593.html

252. Bassam Tibi, Der Politikwissenschaftler befragt von Frank A. Meyer Sonntag, 26. Juni 2016, 13.30 Uhr

253. http://www.ifm-bonn.org/statistiken/mittelstand-im-ueberblick/

254. https://www.cdu.de/artikel/berliner-erklaerung-unsere-perspektiven-2010-2013
255. Hannah hat Kino im Kopf. Die Reichen-Methode "Lesen durch Schreiben" und ihre Hintergründe für LehrerInnen, Studierende und Eltern. Heinevetter, Hamburg, 2001
256. Günter Dresselhaus, "Pädagogische Qualitätsentwicklung. Der Zweite Bildungsweg: Vorbild für neue Wege?", LIT, 2001
257. http://www.bpb.de/apuz/26055/spaetkapitalismus-oder-wissensgesellschaft?p=all
258. http://www.faz.net/aktuell/wirtschaft/menschen-wirtschaft/martin-dornes-und-hartmut-rosa-streiten-macht-kapitalismus-krank-14308526.html
259. Bazon Brock, Hans Ulrich Reck, "Utopie und Evidenzkritik / Tarnen und Täuschen", Philo Fine Arts, 2010
260. Franz von Kutschera, "Grundfragen der Erkenntnistheorie", De Gruyter, 1982
261. https://www.scientificamerican.com/article/the-internet-has-become-the-external-hard-drive-for-our-memories/
262. https://blog.kaspersky.com/files/2015/06/005-Kaspersky-Digital-Amnesia-19.6.15.pdf
263. Karl Marx/Friedrich Engels - Werke, "Herrn Eugen Dühring's Umwälzung der Wissenschaft", (Karl) Dietz Verlag, Berlin. Band 20. Berlin/DDR, 1962
264. Dae Sung Jung, "Der Kampf gegen das Presse-Imperium: Die Anti-Springer-Kampagne der 68er-Bewegung", transcript, 2016
265. Torsten Heinrich, "Nein, wir schaffen das nicht!: Warum die aktuelle Flüchtlingskrise zu einer Staatskrise wird", JUWELEN-der verlag, 2016
266. Andreas Pettenkofer, "Die Entstehung der grünen Politik: Kultursoziologie der westdeutschen Umweltbewegung", Campus Verlag, 2014
267. http://www.zeit.de/politik/deutschland/2016-11/trump-auslaender-ausweisung-mexiko-mauer
268. http://www.zeit.de/politik/ausland/2017-01/us-wahl-wahlbetrug-donald-trump-untersuchung

269. Jörg Baberowski in "Europa im 21. Jahrhundert zwischen Demokratie und Populismus", 5. - 8. Dezember 2016, Deutsch-Russisches Forum e.V./Konrad- Adenauer Stiftung/Moskauer Schule für gesellschaftliche Bildung

270. Slavoj Žižek, Buchmesse in Leipzig 2018, https://www.zdf.de/kultur/das-blaue-sofa/zizek-blaues-sofa-16-03-2018-100.html

271. Albert Memmi, "Rassismus", Hain Verlag, Bodenheim, 1997

272. http://www.bpb.de/politik/innenpolitik/arbeitsmarktpolitik /55052/aktivierende-arbeitsmarktpolitik?p=all

273. http://www.olev.de/a/aktiver_staat.htm

274. Tissy Bruns, Schröder-Blair-Papier, Der Tagesspiegel vom 10. Mai 2000

275. Christian Nürnberger, Interview mit Tom Aslan, 27.10.2013

276. http://www.bpb.de/izpb/248544/grundzuege-der-athenischen-demokratie?p=all

277. Heinz Laufer, Ursula Münch, "Das föderative System der Bundesrepublik Deutschland.", Opladen, 1998

278. http://www.bpb.de/geschichte/deutsche-geschichte/grundgesetz-und-parlamentarischer-rat/38992/veraenderungen?p=all

279. https://www.bundestag.de/ausschuesse/ausschuesse18/a12 /auslandseinsaetze/parlamentsbeteiligungsgesetz/247428; https://www.bundestag.de/parlament/aufgaben/rechtsgrun dlagen/grundgesetz/gg_10a/245146; https://www.bundestag.de/parlament/aufgaben/kanzlerwa hl; https://www.bundestag.de/dokumente/parlamentsarchiv/d atenhandbuch/13/kapitel-13/475960

280. Wolfgang Kersting, "Thomas Hobbes zur Einführung", Junius Hamburg, 2016

281. Günther Mensching, "Jean-Jacques Rousseau zur Einführung", Junius Verlag, Hamburg, 2000

282. Julian Huxley, "Der evolutionäre Humanismus : zehn Essays über die Leitgedanken und Probleme", München : Beck, 1964

283. Friedrich Nietzsche, "Also sprach Zarathustra", Anaconda, 2005
284. Deutsches Grundgesetz, Artikel 2/2
285. Egon Flaig, "Wie entscheidungsfähig sind Demokratien? Rückbesinnung auf Gemeinwohl und politische Kohäsion." Erstsendung: So. 15.10.2017, 7.30h, SWR Teleakademie, http://www.tele-akademie.de/begleit/video_ta171015.php
286. Alexander Straßner, "Sozialrevolutionärer Terrorismus: Theorie, Ideologie, Fallbeispiele, Zukunftsszenarien", VS Verlag für Sozialwissenschaften, 2009
287. Stephen King, "Rage", New English Library Ltd
288. https://www.bmz.de/de/themen/entwicklungsfinanzierung/innovativefinanzierung/emissionszertifikate/index.html
289. http://www.hannaharendt.net/index.php/han/article/view/94/154
290. Achim Wagenknecht, "Einführung in die politische Philosophie Hannah Arendts", Tectum Verlag, 1995
291. Wolfgang Schmidbauer, "Homo consumens", Resurrection Edition, 2013
292. http://www.hannaharendt.net/index.php/han/article/view/79/122
293. Norbert Bolz, "Die religiöse Wärmestube", 2004, https://www.welt.de/print-welt/article291079/Die-religioese-Waermestube.html
294. http://www.spiegel.de/politik/ausland/donald-trump-so-ist-eine-absetzung-des-us-praesidenten-moeglich-a-1132858.html
295. James Surowiecki, "The Wisdom of Crowds", Anchor; Auflage: New ed. Trade Paperback, 2005
296. Herfried Münkler, "Verkleinern und entschleunigen. Die Zukunft der Demokratie?", SWR Teleakademie, Erstsendung: So. 22.10.2017, 7.30h, https://swrmediathek.de/player.htm?show=d569c0a1-b59d-11e7-a5ff-005056a12b4c
297. Hans-Heinrich Nolte (Hrsg.), Zeitschrift für Weltgeschichte, Interdisziplinäre Perspektiven 11, Heft 2, 2010

298. Stefan Weinfurter, "Das heilige Römische Reich Deutscher Nation im Mittelalter", Komplett Media, 2008

299. Stefan Weinfurter, "Das Reich im Mittelalter: Kleine deutsche Geschichte von 500 bis 1500 Gebundene Ausgabe", C. H. Beck, 2008

300. Timothy Snyder, "Das Ende des Habsburgerreiches", Neue Züricher Zeitung, 21. Dezember 2013
https://www.nzz.ch/international/weltkrieg/das-ende-des-habsburgerreiches-1.18208672

301. Seite "Reichsrat (Österreich)". In: Wikipedia, Die freie Enzyklopädie. Bearbeitungsstand: 5. April 2018, 20:04 UTC. URL:
https://de.wikipedia.org/w/index.php?title=Reichsrat_(%C3%96sterreich)&oldid=175818083

302. Rainer Hank, "Der Ausnahmezustand. Europa in Zeiten der Gefahr", So. 09.09.2012, 8.00h, http://www.tele-akademie.de/begleit/video_ta120909.php

303. https://europa.eu/european-union/about-eu/institutions-bodies/european-parliament_de

304. http://www.europarl.europa.eu/meps/de/hemicycle.html

305. Robert Menasse, "Die Hauptstadt", Suhrkamp Verlag, 2017

306. Björn Hayer, "Europa, Union der Einzelkämpfer", 11.9.2017, http://www.spiegel.de/kultur/literatur/die-hauptstadt-von-robert-menasse-europa-bau-dir-eine-hauptstadt-a-1166788.html

307. Helmut Reinalter, "Josephinismus als Aufgeklärter Absolutismus", Böhlau Wien, 2008

308. Laville, Jean-Louis, "Kritische Theorie und solidarische Ökonomie: Von den Frankfurter Schulen zu den Epistemologien des Südens", Forschungsjournal Soziale Bewegungen, 29. 10.1515/fjsb-2016-0238, 2016

309. Karl Marx (Autor), Wal Buchenberg (Bearbeitung, Kommentator), "Das Kapital: Kurzfassung aller drei Bände (Akademische Abhandlungen zu den Politischen Wissenschaften)", VWF, 2005

310. Ludwig von Mises, "Menschliches Handeln: Eine Grundlegung ökonomischer Theorie", mises.at, 2019

311. Peter Kesting: "Schumpeters Theorie der Innovation und der wirtschaftlichen Entwicklung". Wirtschaftswissenschaftliches Studium 32, 34-38, 2003

312. Mark Fisher, "Kapitalistischer Realismus ohne Alternative?", VSA, 2013

313. Mark Fisher, "Gespenster meines Lebens: Depression, Hauntology und die verlorene Zukunft", Fuego, 2015

314. https://www.spektrum.de/lexikon/physik/viskositaet/15282

315. Harald Lesch, "Die Entdeckung des Higgs-Teilchens: Oder wie das Universum seine Masse bekam", C. Bertelsmann Verlag, 2013

316. https://www.gesetze-im-internet.de/bgb/

317. Boaventura de Sousa Santos, "Das Weltsozialforum: Für eine gegenhegemoniale Globalisierung", UTOPIE kreativ, H. 169, S. 1004-1016, 2004

318. Boike Rehbein, "Kritische Theorie nach dem Aufstieg des globalen Südens", Antrittsvorlesung, 18. Januar 2010, https://edoc.hu-berlin.de/bitstream/handle/18452/2390/rehbein.pdf?sequence=1

319. Morton D. Davis, "Spieltheorie für Nichtmathematiker: Mit einem Vorwort von Oskar Morgenstern", Oldenbourg Wissenschaftsverlag, 2005

320. Maria Do Mar Castro Varela, Nikita Dhawan, "Feministische Postkoloniale Theorie: Gender und (De-)Kolonisierungsprozesse Europa provinzialisieren? Ja, bitte! Aber wie?", Femina Politica 2, 9-18, 2009, https://www.budrich-journals.de/index.php/feminapolitica/article/viewFile/20634/18009

321. Nikita Dhawan: "Die Zukunft der Geschlechterforschung", Vortrag Innsbruck, 2015

322. Nikita Dhawan: "Sprache, Gewalt und Repräsentation", Vortrag Linz, 2014

323. Paul Singer über solidarische Ökonomie, Wien, 2010

324. "Genossenschaften mit Verrückten", Interview mit Paul Singer in der taz, 2015, http://www.taz.de/!5228527/

325. Euro, nein danke! 46 deutsche Regionen setzen auf ihre eigene Währung, 2016, https://www.focus.de/finanzen/clever-einkaufen/chiemgauer-elbtaler-carlo-wer-braucht-schon-den-euro-warum-46-deutsche-regionen-auf-ihre-eigene-waehrung-setzen_id_6377437.html

326. Zeitschrift für Sozialökonomie, "Regionale Komplementärwährungen", Folge 144, März 2005

327. Paul Kirchhof, "Die Gefährdung staatlicher Souveränität durch die Finanzkrise", SWR-Teleakademie, 20.03.2011

328. Wilhelm Hankel, "Spekulationsblasen in Geschichte und Gegenwart", SWR-Teleakademie, Sendezeit: So. 18.11.2012, 8.00h, Erstausstrahlung: So. 07.03.2010, http://www.tele-akademie.de/begleit/video_ta121118.php

329. Marc Chesney, "Derivative Finanzprodukte und ihre Systemrisiken. Wie die Suche nach Innovationen neben sinnvollen Instrumenten auch schädliche Werkzeuge hervorbringt.", Neue Züricher Zeitung Nr. 167, Mittwoch, 20. Juli 2011

330. Georg Friedrich Knapp, "Staatliche Theorie des Geldes", UNIKUM Verlag, 2012

331. http://www.wirtschaftslexikon24.com/d/greshamsches-gesetz/greshamsches-gesetz.htm

332. Javier Morato Polzin, Bernd Kirchner, Achim Pollert, "Duden Wirtschaft von A bis Z: Grundlagenwissen für Schule und Studium, Beruf und Alltag", Duden, 2013

Illustration, Gestaltung: Autor

***

Abkürzungen:

ÄV, *PV*, *TV*, *IV* - ästhetische, praktische, theoretische/technische, instrumentelle Vernunft

BFOPI - Begriffe, Formen, Kategorien, Prinzipien und Ideen

j-, f-, ff-ZIG - gedankliches, faktisches, fortdauernd faktisches *ZIG*

KG - Kohärenzgrad

ZIG - Zwingend Integrierte Gemeinsamkeiten

***

Autor: K. Theo Frank
-geboren in Mitteldeutschland
-Naturwissenschaftler

Bisherige Titel:

Philosophie:
-Papa, bin ich noch links? - Ein limenistischer Essay;
Limenistik - Die Leipziger Vorträge

Fantasy:
-Marie und die Zauberer; Marie und die Zauberer 2;
I.V.; R.I.

Dystopie/Sci-Fi:
-E.G.; E.G.2.; Angriff von Links! Angriff von Rechts!; Die Idee
über die Welt; Der Wunsch der Androiden

***